Management-Reihe Corporate Social Responsibility

Reihe herausgegeben von

Prof. Dr. René Schmidpeter, M3TRIX, Köln, Deutschland

Das Thema der gesellschaftlichen Verantwortung gewinnt in der Wirtschaft und Wissenschaft gleichermaßen an Bedeutung. Die Management-Reihe Corporate Social Responsibility geht davon aus, dass die Wettbewerbsfähigkeit eines jeden Unternehmens davon abhängen wird, wie es den gegenwärtigen ökonomischen, sozialen und ökologischen Herausforderungen in allen Geschäftsfeldern begegnet. Unternehmer und Manager sind im eigenen Interesse dazu aufgerufen, ihre Produkte und Märkte weiter zu entwickeln, die Wertschöpfung ihres Unternehmens den neuen Herausforderungen anzupassen sowie ihr Unternehmen strategisch in den neuen Themenfeldern CSR und Nachhaltigkeit zu positionieren. Dazu ist es notwendig, generelles Managementwissen zum Thema CSR mit einzelnen betriebswirtschaftlichen Spezialdisziplinen (z. B. Finanzen, HR, PR, Marketing etc.) zu verknüpfen. Die CSR-Reihe möchte genau hier ansetzen und Unternehmenslenker, Manager der verschiedenen Bereiche sowie zukünftige Fach- und Führungskräfte dabei unterstützen, ihr Wissen und ihre Kompetenz im immer wichtiger werdenden Themenfeld CSR zu erweitern. Denn nur, wenn Unternehmen in ihrem gesamten Handeln und allen Bereichen gesellschaftlichen Mehrwert generieren, können sie auch in Zukunft erfolgreich Geschäfte machen. Die Verknüpfung dieser aktuellen Managementdiskussion mit dem breiten Managementwissen der Betriebswirtschaftslehre ist Ziel dieser Reihe. Die Reihe hat somit den Anspruch, die bestehenden Managementansätze durch neue Ideen und Konzepte zu ergänzen, um so durch das Paradigma eines nachhaltigen Managements einen neuen Standard in der Managementliteratur zu setzen.

Weitere Bände in der Reihe http://www.springer.com/series/11764

Alexandra Hildebrandt · Werner Landhäußer
(Hrsg.)

CSR und Digitalisierung

Der digitale Wandel als Chance und
Herausforderung für Wirtschaft und
Gesellschaft

2. Auflage

 Springer Gabler

Hrsg.
Dr. Alexandra Hildebrandt
Burgthann, Deutschland

Werner Landhäußer
LOOXR GmbH; Mader GmbH & Co. KG
Leinfelden-Echterdingen, Deutschland

ISSN 2197-4322   ISSN 2197-4330   (electronic)
Management-Reihe Corporate Social Responsibility
ISBN 978-3-662-61835-6   ISBN 978-3-662-61836-3   (eBook)
https://doi.org/10.1007/978-3-662-61836-3

Die Deutsche Nationalbibliothek verzeichnet diese Publikation in der Deutschen Nationalbibliografie;
detaillierte bibliografische Daten sind im Internet über http://dnb.d-nb.de abrufbar.

Einbandabbildung: Michael Bursik

Planung/Lektorat: Janina Tschech
Springer Gabler ist ein Imprint der eingetragenen Gesellschaft Springer-Verlag GmbH, DE und ist ein Teil von
Springer Nature.
Die Anschrift der Gesellschaft ist: Heidelberger Platz 3, 14197 Berlin, Germany

Grußwort des Präsidenten des Deutschen Bundestages Dr. Wolfgang Schäuble

Dr. Wolfgang Schäuble (Fotocredit: Ilja C. Hendel/BMF)

Der digitale Wandel bedeutet enorme Veränderungen: Die technologischen Herausforderungen wie Chancen für Wirtschaft, Verwaltung und Gesellschaft erreichen immer neue Dimensionen. Sie gilt es anzunehmen, nicht zuletzt um im internationalen Wettbewerb weiterhin bestehen zu können. Zahlreiche neue Markteilnehmer – meist junge innovative Unternehmen – entstehen. Auch durch sie nimmt die globale Vernetzung weiter zu. Dieser Wandel bietet gerade unserem Land, mit der Weltwirtschaft eng verflochten, die Möglichkeit, unseren Wohlstand und unsere Lebensqualität weiter zu steigern und Deutschlands Zukunftsfähigkeit zu sichern. Dazu benötigen wir digitale Innovationen in allen Wirtschaftsbereichen. Mit ihnen werden wir unsere Produktivität und Wettbewerbsfähigkeit nicht nur erhalten, sondern weiter ausbauen können.

Zugleich gilt auch im digitalen Bereich: Niemand kann Innovationen planen – vor allem nicht der Staat. Er kann aber für innovationsfreundliche Rahmenbedingungen sorgen. Er kann selbst in Forschung und Entwicklung investieren und private Investitionen auf effektive Weise fördern – in der begründeten Erwartung, dass wohldurchdachte Investitionen und Innovationen Hand in Hand gehen.

Deutschland hat in den letzten Jahren als Standort für Forschung und Innovationen an Leistungsfähigkeit, Wettbewerbsfähigkeit und Attraktivität weiter zugelegt. Wir sind einer der führenden Innovationsstandorte in der Welt. Im Leistungsanzeiger Innovations-union der Europäischen Kommission gehört Deutschland bereits seit einigen Jahren zur Gruppe der Innovationsführer.

Zur Verbesserung der Rahmenbedingungen für private Investitionen arbeitet die Bundesregierung an der Umsetzung der Digitalen Agenda und der Hightech-Strategie. Wir stärken die Gründungsdynamik, etwa durch die Verbesserung der Rahmen-bedingungen für den Wagniskapitalmarkt. Gerade innovativen Unternehmen mangelt es oft an Finanzierung in der Gründungs- und Wachstumsphase, da Banken und andere Investoren sich insbesondere in der Frühphase der Unternehmensgründung zurückhalten. Hier ist Wagniskapital von erheblicher Bedeutung. Die Bundesregierung will deswegen die Rahmenbedingungen für den Wagniskapitalmarkt international noch wettbewerbs-fähiger gestalten – wie in unserem *Eckpunktepapier Wagniskapital* angekündigt. Seit Beginn dieser Legislaturperiode hat die Bundesregierung das Angebot an Wagniskapital mit zahlreichen Maßnahmen in erheblichem Umfang ausgebaut. Insgesamt steht über verschiedene Fonds und Förderinstrumente in den nächsten Jahren zusätzliches Wagnis-kapital in Höhe von zwei Milliarden Euro bereit.

Weiterhin arbeiten wir derzeit an der Behebung von Defiziten bei großvolumigen Anschlussfinanzierungen für Wachstumsunternehmen.

Der Finanzwirtschaft bietet die Digitalisierung technische Möglichkeiten, mit denen sie neue Märkte erschließen und von denen ihre Kunden profitieren können – etwa im Bereich des Wertpapierhandels, der Kreditvergabe und des Zahlungsverkehrs. Auch hier setzen wir uns für ein verlässliches, aber innovationsoffenes Umfeld ein.

Gleichwohl: Nicht alles, was rechtlich erlaubt ist, sollte auch gemacht werden. Nicht alles, was sich innovativ gibt, trägt zu einer guten gesellschaftlichen Entwicklung bei. Auf den Finanzmärkten haben wir gesehen, dass vermeintlich innovative Produkte erhebliche Risiken in sich tragen können. Auf der Suche nach höchstmöglichen Renditen wurden Geschäftsmodelle auf hochkomplexe neue Finanzmarktprodukte ausgerichtet. Das Ausmaß der dadurch verursachten globalen Finanzkrise war gewaltig.

Für den Glauben an die Überlegenheit innovativer Finanzmarktprodukte haben wir einen hohen Preis gezahlt. Fast so stark wie die finanziellen Verluste wog dabei der Ver-lust an Vertrauen in den Finanzsektor. Damit dieses Vertrauen Schritt für Schritt zurück-kehren kann, hat der Gesetzgeber in den letzten Jahren einen neuen regulatorischen Ordnungsrahmen zur dauerhaften Stabilisierung der Finanzmärkte geschaffen.

Trotz des gesetzlichen Ordnungsrahmens können wir auf eine gesellschaftliche Ver-antwortung des Finanzsektors wie der Wirtschaft insgesamt, die über die gesetzlichen Anforderungen hinausgeht, nicht verzichten: Die Regulierer sind in einem ständigen Wettlauf mit innovativen Märkten, die vor allem ihre Gewinne optimieren wollen. Dies ist die Triebkraft der Ökonomie. Und es ist auch ein Merkmal freiheitlicher Gesell-schaften, dass die Regulierung nicht vorausreguliert, sondern den Entwicklungen auf den Märkten folgt.

Gerade die digitalisierten Märkte mit ihren steigenden Interdependenzen und der Transnationalisierung ihrer Institutionen stellen das Regelungsmonopol der Nationalstaaten mehr und mehr infrage. Dieses „governance gap" kann am besten durch verantwortungsvolles Handeln der Unternehmen selbst geschlossen werden – durch das so oft beschworene „soft law". Dies ist auch im ureigenen Interesse der Unternehmen. Denn: Je verantwortungsvoller sie sozial, ökologisch und ökonomisch handeln, desto entbehrlicher werden gesetzliche Regelungen, die darauf abzielen, dieses Verantwortungsbewusstsein zu ersetzen.

Es ist gut, dass eine zunehmende Zahl von Unternehmen ihrer gesellschaftlichen, ökologischen und sozialen Verantwortung gerecht wird. Diese Entwicklung zeigt, dass es grundsätzlich richtig ist, auf das Prinzip der Freiwilligkeit zu setzen. Ergänzend kann der Gesetzgeber dann weitere Freiräume schaffen, etwa indem er digitale und medienbruchfreie Lösungen rechtlich zulässt. Deswegen bleibt es wichtig, dass wir den Dialog über neue technologische Möglichkeiten immer wieder führen. Nur so können wir sowohl die Chancen als auch die Risiken erkennen.

Dr. Wolfgang Schäuble
Präsident des Deutschen Bundestages

Dr. Wolfgang Schäuble wurde am 18. September 1942 in Freiburg geboren. Er ist evangelisch, verheiratet und hat vier Kinder. Schäuble studierte Rechts- und Wirtschaftswissenschaften und promovierte 1971 zum Dr. jur. Seit 1972 ist Schäuble Mitglied des Deutschen Bundestages, von 1981 bis 1984 als Parlamentarischer Geschäftsführer der CDU/CSU-Bundestagsfraktion. Anschließend war er Bundesminister für besondere Aufgaben und Chef des Bundeskanzleramtes, bevor er von 1989 bis 1991 Bundesminister des Innern wurde. Seit 1989 ist Schäuble Mitglied im Bundesvorstand der CDU. Von 1991 bis 2000 war er Vorsitzender der CDU/CSU-Bundestagsfraktion, ab 1998 zudem Bundesvorsitzender der CDU. Seither ist er Mitglied im Präsidium der CDU Deutschlands. Ab 2002 war Schäuble stellvertretender Vorsitzender der CDU/CSU-Bundestagsfraktion für Außen-, Sicherheits- und Europapolitik, bevor er 2005 erneut zum Bundesminister des Innern ernannt wurde. Von 2009 bis 2017 war er Bundesminister der Finanzen. Am 24.10.2017 wurde Dr. Schäuble als Nachfolger von Dr. Norbert Lammert zum Präsidenten des Deutschen Bundestages gewählt.

Vorwort des Reihenherausgebers: Digitaler Wandel als Chance für ein neues Nachhaltigkeitsparadigma[1]

Prof. Dr. René Schmidpeter (Fotocredit: privat)

Unsere Wirtschaft wandelt sich aufgrund der Digitalisierung derzeit in rasender Geschwindigkeit. Was vor rund 20 Jahren in den Führungsschmieden gelehrt wurde, bestimmte das gemeinhin anerkannte strategische Managementhandeln. Die in den 1990er-Jahren entwickelten Managementansätze (Stakeholder-Value-Maximierung) und Sichtweisen (rein meist monetär ausgerichtete Unternehmensstrategien) hatten in einer Zeit der vermeintlich grenzenlosen Ressourcen vorerst große Erfolge gefeiert und ihre Gültigkeit durch ein rasches ökonomisches Wachstum vermeintlich bestätigt. Dies änderte sich jedoch spätestens mit dem Zeitpunkt, in dem sich die globalen Rahmenbedingungen massiv veränderten. Denn knappe Ressourcen, demografische Veränderungen und nicht zuletzt die Finanzkrise haben aufgezeigt, dass Gewinne auch in einer globalisierten Wirtschaft nicht auf Dauer zulasten Dritter bzw. der Umwelt gemacht werden können.

Daraus ergaben sich in den letzten Jahren für die Unternehmen weitreichende Herausforderungen in der Gestaltung ihrer Wertschöpfungsstrategien und -prozesse. Insbesondere die Digitalisierung beschleunigt die längst notwendige Entwicklung neuer

---

[1]Im Sinne der leichteren Lesbarkeit schließt in diesem Buch die männliche Form jeweils auch die weibliche mit ein.

nachhaltiger Unternehmensansätze abermals. So werden derzeit ganze Branchen gleichzeitig sowohl vom verstärkten gesellschaftlichen Nachhaltigkeitsdiskurs als auch den disruptiven Innovationen insbesondere aus der IT-Branche erschüttert.

So leiden die Banken an fehlenden Geschäftsmodellen mit Bezug zur Realwirtschaft. Sie suchen daher die Flucht in neu geschaffene (selbstreferenzielle) Finanzmärkte, die jedoch durch Blasenbildung immer volatiler und instabiler werden. Die Energiebranche muss Antworten auf die Dezentralisierung der Energiegewinnung und Demokratisierung des Energiemarkts finden. Die Medienbranche sieht sich schon lange mit den neuen Vernetzungs- und Kommunikationsmöglichkeiten des Internets konfrontiert, die ehemals hochlukrative Geschäftsmodelle des Publizierens ad absurdum führen. Und nun wird auch in der Automobilbranche von namhaften deutschen Zuliefern vermehrt über die Zusammenarbeit mit großen amerikanischen IT-Unternehmen spekuliert. Die Automobil- und Unterhaltungsbranche nähern sich dabei immer weiter aneinander an und stellen immer weitreichendere Neuheiten und Konzepte im Bereich „Smart Cars" vor. Sowohl die fortschreitende Digitalisierung als auch die gesellschaftlichen Diskussionen um Klimawandel, Abgaswerte und Urbanisierung werden die Einführung emissionsfreier Antriebe weiter forcieren und die Geschichte der Mobilität neu schreiben.

Durch diese Effekte der Globalisierung und Digitalisierung, wird der externe Druck auf die grundlegende Veränderung der Geschäftsmodelle als Ganzes immer größer. Der Spielraum, auf die gegenwärtig massiven Veränderungen eigenverantwortlich zu reagieren, ist jedoch aufgrund der in der Vergangenheit forcierten eindimensionalen Prozessoptimierung, starren Anreizsysteme und damit fehlenden Handlungsspielräumen im Management oft nur schwer möglich. Es braucht daher ein neues Managementparadigma, das sowohl die menschlichen Bedürfnisse als auch die Eigenverantwortung wieder konsequent in alle Strukturen, Prozesse und somit in die Unternehmensentscheidungen (re-)integriert.

Zwar wurden in den letzten Jahren immer höhere betriebliche Nachhaltigkeitsziele definiert, um die Umwelt- bzw. Sozialbelastung zu verringern, jedoch wurde der positive Beitrag („positive impact") dieser Verantwortungsübernahme oft nicht ausreichend für die Wertschöpfungsidee des Unternehmens genutzt. Vielmehr wurde Nachhaltigkeit oft als rein defensives und limitierendes Konzept, das die ökonomische Leistungsfähigkeit bremst, gesehen.

Denkt man jedoch Nachhaltigkeit aus einer konsequent unternehmerischen Perspektive, geht diese weit über eine reine Vermeidungslogik hinaus. Denn für Unternehmer ist es insbesondere wichtig, die positiven Auswirkungen ihres Handelns zu managen bzw. zu steigern. Bei dieser progressiven Sichtweise geht es nicht mehr zentral darum, den Schaden unternehmerischen Handelns zu minimieren, sondern die Wertschöpfung des Unternehmens für die Gesellschaft zu erhöhen. Anstelle des Paradigmas der Schadensvermeidung bedarf es daher des neuen Paradigmas der positiven Wertschöpfung – dieses neue Corporate-Social-Responsibility(CSR)-Paradigma ist auch Basis für die notwendigen Innovationsprozesse in der Wirtschaft.

Dabei steht nicht das moralische Motiv des altruistischen Gebens im Vordergrund, sondern die ökonomische und gesellschaftliche Sinnhaftigkeit. Es geht bei diesem neuen CSR-Ansatz nicht um das Durchbrechen der Wettbewerbslogik, wie von Sozialromantikern oft gerne dargestellt, sondern ganz im Gegenteil: Es weitet die Marktmöglichkeiten durch die immer neuen Möglichkeiten der Digitalisierung aus. Dies schafft sowohl Mehrwert für die Gesellschaft als auch neue Geschäftsmöglichkeiten. Die offene Gesellschaft und soziale Marktwirtschaft sollen dabei gerade nicht durch sozialistische oder antiökonomische Ansätze ersetzt, sondern die Potenziale des freien Unternehmertums im Wandel der Digitalisierung effizient und effektiv genutzt werden, um die drängenden gesellschaftlichen Herausforderungen unternehmerisch zu lösen. Davon profitieren sowohl unsere Gesellschaft als auch die Unternehmen. Die Digitalisierung ist damit eine große Chance, Freiheit und Verantwortung neu zu denken! In der Management-Reihe *Corporate Social Responsibility* zeigt die nun vorliegende Publikation mit dem Titel *CSR und Digitalisierung* diese neue unternehmerische Sichtweise auf Verantwortung auf: zum einen durch neueste Erkenntnisse im Bereich der Digitalisierung, zum anderen durch konkrete Praxisbeispiele aus Wirtschaft, Politik und Zivilgesellschaft. Das Buch stellt damit erstmals innovative Instrumente für den strategischen Umgang mit den Herausforderungen der Digitalisierung unter Einbezug der aktuellen Nachhaltigkeits- und CSR-Diskussion zur Verfügung.

Alle Leserinnen und Leser sind damit herzlich eingeladen, die in der Reihe dargelegten Gedanken aufzugreifen und für die eigenen beruflichen Herausforderungen zu nutzen sowie mit den Herausgebern, Autoren und Unterstützern dieser Reihe intensiv zu diskutieren. Ich möchte mich last, but not least sehr herzlich bei Alexandra Hildebrandt und Werner Landhäußer für ihr großes Engagement, bei Michael Bursik und Janina Tschech vom Springer Gabler Verlag für die gute Zusammenarbeit sowie bei allen Unterstützern der Reihe aufrichtig bedanken und wünsche Ihnen, werte Leserinnen und Leser, nun eine interessante Lektüre.

Prof. Dr. René Schmidpeter
Köln, Deutschland
E-Mail: schmidpeter@m3trix.de

Prof. Dr. René Schmidpeter
ist ein international anerkannter Stratege für neue Managementansätze, insbesondere für Sustainable Business Transformation, sowie Speaker und Autor. Er hat die Professur für Nachhaltiges Management an der IUBH – Internationale Hochschule in München inne und ist Gründer der M3TRIX GmbH in Köln. Seit über 20 Jahren arbeitet und forscht er im Bereich gesellschaftliche Verantwortung von Unternehmen. Dafür bereiste er alle Kontinente und über 30 Staaten, um die länderspezifischen Unterschiede einer nachhaltigen Unternehmensführung zu beleuchten. René Schmidpeter vermittelt den Zuhörern in seinen praxisbezogenen Vorträgen, Referaten und Workshops neue Sichtweisen auf aktuelle Herausforderungen im Management. Er arbeitete in zahlreichen Praxisprojekten mit namhaften Unternehmen aus der Finanz-, Medien-, Automotive-, Energie- und Technologiebranche sowie mit Wirtschaftsverbänden, NGOs und Stiftungen zusammen. René Schmidpeter ist Gastlektor an renommierten Hochschulen im In- und Ausland. Als Herausgeber der innovativen Management-Reihe Corporate Social Responsibility bei Springer Gabler gehört René Schmidpeter zu den jungen Vordenkern der modernen Managementlektüre.

Vorwort von Judith Gerlach, Bayerische Staatsministerin für Digitales

Judith Gerlach (Fotocredit: Joerg Koch StMD)

Mit dem Thema „CSR und Digitalisierung" gelingt diesem Band die Zusammenführung zweier Jahrhundertthemen, die die wichtigsten Fragen unserer Zeit bündeln: Wie können wir sozial verantwortlich wirtschaften und: Welche Rolle kann und soll die Digitalisierung dabei spielen?

Seit der ersten Ausgabe dieses Bandes ist die Digitalisierung gewaltig vorangeschritten – die Themen, die hier ein gut ausgeleuchtetes Schaufenster erhalten, sind jedoch genauso aktuell. Von veränderten Arbeitsplätzen über Umweltfragen bis hin zu neuen Technologien wie Blockchain konfrontiert uns die Digitalisierung nahezu täglich mit der Frage, auf welche Art wir unser Leben mit den neuen Technologien einrichten wollen und: Wie wir einen verantwortungsvollen Umgang mit ihr kultivieren. Dabei ist die Digitalisierung selbstverständlich eine Herausforderung unserer Wirtschafts- und Gesellschaftsordnung, sie kann aber gleichzeitig auch die Lösung vieler unserer gegenwärtigen Probleme sein.

Der Freistaat Bayern hat diese Herausforderung angenommen und 2018 eine bedeutende Wegmarke gesetzt: die Gründung des ersten Digitalministeriums in Deutschland.

Seitdem darf ich mit meinen Mitarbeiterinnen und Mitarbeitern im Herzen Münchens zu den wohl spannendsten Fragen unserer Zeit nachdenken und Pläne schmieden. Wir sind der „Think Tank" der Digitalisierung in Bayern. Diese Rolle bringt uns in Kontakt mit der ganzen Breite aktueller Debatten: Mit welchen Zukunftstechnologien werden wir uns auseinandersetzen? Wie bereiten wir unsere Arbeitskräfte am besten darauf vor? Wo entstehen die Wertschöpfungsketten der Zukunft und wie können Bayern und Deutschland davon profitieren? Wie schaffen wir es, mehr junge Frauen für digitale Berufsfelder zu begeistern und „Diversity" und Digitales zu verbinden?

Wie können wir digitale Technologien nutzen, damit die Bürgerinnen und Bürger unseres Landes unkompliziert und ohne Vorbehalte mit staatlichen Stellen in Kontakt treten können – zum Beispiel um sich einen Gang auf das Verwaltungsamt zu sparen? Und nicht zuletzt: Wie geben wir den neuen Technologien einen angemessenen Rahmen, damit europäische Werte wie das Recht auf Privatsphäre und Datenschutz in diesem Wandel tatsächlich gelebt werden können?

Wir sind bei all diesen Fragen nicht nur die „Denker" im Digitalturm, sondern auch die Macher neuer Projekte im Freistaat. Gerne möchte ich meinen Blick auf zentrale Elemente einer gelungenen Digitalisierung mit Ihnen teilen und Ihnen Ausschnitte aus dem Engagement meines Hauses hierzu vorstellen:

Digitale Innovationen schaffen Wohlstand

Deutschland und der Freistaat Bayern verfügen über eine hervorragende Basis mit einer starken Wirtschaft und Industrie, die in den letzten Jahrzehnten unseren Wohlstand gemehrt hat. Diese Ausgangslage müssen wir nutzen, um auch bei den digitalen Technologien eine führende Rolle einzunehmen. Ob „smarte Netztechnologie" für unser Energiesystem, Software für das autonome Fahren oder der „digitale Zwilling" für das Management von Fabriken – Industrietechnik 4.0 wollen wir an unserem Standort entwickeln und herstellen.

Innovationen kommen jedoch nicht automatisch in die Welt, sondern müssen auch zielgerichtet durch den Staat befördert werden. Bayern investiert daher massiv in Zukunftstechnologien, damit unsere Kernbranchen ein Update erhalten und neue Geschäftsmodelle und Produkte entstehen können. Allein durch die bayerische Hightech-Agenda (2019) wird der Freistaat 100 neue Lehrstühle für Künstliche Intelligenz (KI) an unseren Hochschulen schaffen. Wir wollen, dass die nächste Generation von den Besten unterrichtet wird – sei es in der Medizintechnik, in neuen Mobilitätslösungen, Robotik oder Data Science. Die neuen Absolventen aus Hochschulen und Berufsschulen werden ihr Wissen in Bayerns Wirtschaft tragen und so Wertschöpfung von morgen gestalten.

Dabei setzen wir auf einen Mix an Zukunftstechnologien – neben KI und Data Science wird die Bayerische Staatsregierung beispielsweise Ökosysteme für die Entwicklung von Quantentechnologien und Blockchain-Lösungen unterstützen. Mit „[bc]²", dem „Bavarian Center for BlockChain" schafft das Staatsministerium für Digitales eine Einheit, die den Austausch von Blockchain-Experten befördert, praktische Anwendungen für den öffentlichen Bereich identifiziert und aktiv begleitet sowie Know-how für die staatliche Verwaltung aufbaut und bündelt. Wir wollen gezielt alle Akteure aus der Blockchain-Szene vernetzen, um Bayern als international führenden Blockchain-Standort zu etablieren. Durch Technologieführerschaft in den verschiedensten Bereichen erwirtschaften wir den Wohlstand der Zukunft, der unserer ganzen Gesellschaft zugute kommt.

Eine gelungene Digitalisierung speist sich aus allen Talenten unserer Gesellschaft – „Diversity" ist unverzichtbar!

Ich bin der festen Überzeugung, dass wir die Digitalisierung sozial gerechter machen, wenn viele verschiedene Talente an ihrer Gestaltung beteiligt sind. Bei neuen Computerprogrammen beispielsweise trägt Diversity in Entwicklerteams dazu bei, dass der Programmcode keine einseitige Sicht der Welt einhält.

Dies ist nicht nur eine Frage der sozialen Gerechtigkeit, sondern auch des wirtschaftlichen Erfolges. Aus zahlreichen Studien wissen wir, dass Unternehmen mit vielen Frauen in Führungspositionen als digital kompetenter eingestuft werden und auch wirtschaftlich wettbewerbsfähiger sind. Dabei ist es ein erfolgversprechender Ansatz beim Thema „Gender Diversity" zu beginnen, weil dies in einer Unternehmenskultur als Katalysator für andere Formen von Diversity dienen kann – zum Beispiel für ethnische Vielfalt.

Aus all diesen guten Gründen habe ich bereits einen Monat nach der Neugründung des Staatsministeriums für Digitales das Programm „BayFiD" – Bayerns Frauen in Digitalberufen – ins Leben gerufen. Es ist das Ziel meiner Initiative, mehr junge Frauen für Berufe in digitalen Zukunftsbranchen zu begeistern: Hier liegen enorme Möglichkeiten für eine berufliche Entwicklung, die die Frauen für sich erobern sollten. Wir bieten unseren weiblichen Digitaltalenten im Programm konkrete Einblicke in digitale Berufsfelder bei Unternehmen, Organisationen und in der Wissenschaft – sie dürfen von einem breiten fachlichen Austausch profitieren und Teil eines inspirierenden bayerischen Digitalnetzwerkes sein.

Sich dann aktiv um verschiedene Talente zu bemühen – hierin liegt eine der sozialen Verantwortlichkeiten von Unternehmen. Gleichermaßen gilt dies natürlich auch für öffentliche Institutionen wie mein Ministerium. „Practice what you preach" ist auch unser Grundsatz: Wir haben für dieses neue Ressort eine vielseitige Mitarbeiterschaft gewinnen können. Dies gilt zum einen für die fachlichen Hintergründe. Wir haben sowohl – klassisch für Ministerien – Juristinnen, aber eben auch Physiker und Geisteswissenschaftlerinnen an Bord.

Es gilt aber zum anderen auch eine moderne Führungskultur, um diese vielseitigen Talente in einer inspirierenden Organisationskultur zu beheimaten. „New Work" bedeutet für uns im besten Sinne, dass wir in flachen Hierarchien und ohne Silodenken neue, agile Organisationsformen wagen, um die Kreativität der Mitarbeiter bestmöglich zu befördern. „Culture counts" – die Kultur einer Institution zahlt auf ihren Erfolg ein – dies gilt für öffentliche Einrichtungen ebenso wie für Unternehmen, wenn sie digitale Talente für sich gewinnen möchten. Hier möchte ich mit meinem Ministerium Vorreiter sein und neue Wege gehen.

Digitalisierung soll unser Leben als Bürger und Bürgerinnen einfacher machen

In unseren Kommunikationsnetzen kann die Digitalisierung manches Mal überfordernd wirken: Ob die E-Mail-Flut im Büro oder Stress durch ständige Erreichbarkeit – wir müssen den digitalen Möglichkeiten kluge Grenzen setzen. Gleichzeitig sollten sie uns aber tatsächlich auch mehr Zeit verschaffen. Zum Beispiel durch digitale Angebote der Verwaltung. Wer Leistungen wie Familiengeld, Landespflegegeld oder die Baugenehmigung digital beantragen kann, muss seine kostbare Zeit nicht in Amtsstuben einsetzen. Wir möchten in Bayern beim Thema Digitale Verwaltung Vorreiter sein und haben uns ein ehrgeiziges Ziel gesteckt: Ende 2020 wollen wir den Bürgerinnen und Bürgern die wichtigsten Verwaltungsdienstleistungen online zur Verfügung stellen.

Hierfür haben wir uns starke Partner auf der Ebene der Landkreise und Kommunen gesucht, um unsere Ideen zu testen und dann bayernweit auszurollen. Darüber hinaus haben wir für die Bundesebene und für die Kooperation mit anderen Bundesländern eine interoperable Schnittstelle geschaffen.

Unser Ziel ist es, dass sowohl Privatpersonen als auch Unternehmen ihre Daten nur einmal eingeben müssen. Hier gilt: once only. Unsere digitalen Angebote werden nur dann genutzt werden, wenn sie einfach und bequem zu nutzen sind – diesen Standard kennen die Menschen von kommerziellen Onlineangeboten und sie dürfen ihn auch zu Recht vom Staat erwarten. Zudem wollen wir auch der steigenden Bedeutung des Smartphones gerecht werden: In unserem Programm „Smart Bavaria" entwickeln wir sukzessiv eine App, damit man jederzeit an jedem Ort auf Verwaltungsdienstleistungen zugreifen kann. Der Kontakt mit der bayerischen Verwaltung soll dadurch unkompliziert funktionieren und das Leben der Menschen leichter machen!

Digitalisierung darf nicht auf Kosten der Sicherheit geschehen – Cyber Security ist eine zentrale Aufgabe des Staates und der Gesellschaft

Die Digitalisierung schafft wunderbare neue Vernetzungsmöglichkeiten – ein wirklicher Gewinn ist diese erhöhte Verbindung vieler Menschen jedoch nur, wenn sie auf sichere Art und Weise geschieht. Deshalb hat mein Ministerium die Initiative „Online – aber sicher!" auf den Weg gebracht. Wir bieten den Bürgerinnen und Bürgern zum Beispiel an, ihre Passwörter auf Sicherheit hin überprüfen zu lassen.

Darüber hinaus haben wir in Zusammenarbeit mit dem Bayerischen Staatsministerium des Innern, für Sport und Integration und dem Bayerischen Landeskriminalamt eine Hotline geschaffen, die in Fällen von Cyberkriminalität schnelle und unkomplizierte Beratung leistet.

Zusätzlich haben wir eine Informationskampagne für Datensicherheit gestartet, damit Bürgerinnen und Bürger mit ihren Daten im digitalen Raum bedacht umgehen und so ihre Privatsphäre angemessen schützen. Bei all diesen Themen folge ich meiner Überzeugung: Sicherheit ist stets eine gesamtgesellschaftliche Aufgabe, bei der staatliche Stellen, Unternehmen und die Zivilgesellschaft zusammenwirken müssen – das gilt ohne Einschränkungen ebenso im digitalen Raum.

Wir wollen gezielt digitale Technologien im Kampf gegen den Klimawandel einsetzen

Es ist die Aufgabe unserer Generation, erfolgreiche Antworten auf den Klimawandel zu finden und Ökonomie und Ökologie in Einklang zu bringen. Die Digitalisierung verbraucht Ressourcen, sie kann aber auch dazu beitragen, ökologische Probleme zu lösen. Die Möglichkeiten, die neue Technologien hierzu bieten, sind vielfältig und faszinierend: Wir können über Satellitendaten und mithilfe von Computerprogrammen den Zustand unserer Böden, Flächen und Städte besser erfassen – hier steckt großes Potenzial für ein modernes Umweltmanagement. Wir können „digitale Zwillinge" unserer Fabriken und Logistiknetze erzeugen und dadurch neue Modelle für eine Kreislaufwirtschaft entwickeln. Wir können über Methoden Künstlicher Intelligenz neue umweltschonende Materialien entdecken, die weniger Ressourcen verbrauchen und leichter abbaubar sind. Dies sind nur drei Beispiele, wie Zukunftstechnologien zu einem verantwortungsvollen Umgang mit der Natur beitragen können. Gleichzeitig soll auch die IT-Infrastruktur, die der bayerische Staat beschafft und nutzt, künftig wesentlich energie- und ressourcensparsamer sein. Die staatliche Nachfrage nach „grüneren" Technologien, generiert so zusätzliche Anreize, sie zu entwickeln. Durch unsere Beschaffungsprozesse können wir auch hier einen Anstoß für zukunftsweisende Innovationen geben.

Insgesamt gilt: Deutsche und bayerische Umwelttechnologien geben bereits heute weltweit den Standard vor – mit den Chancen, die die Digitalisierung bietet, wollen wir diese Erfolgsgeschichte fortschreiben. Das Staatsministerium für Digitales setzt sich gemeinsam mit anderen Ministerien und Akteuren aus Wissenschaft und Wirtschaft dafür ein, sämtliche Potenziale hierzu zu nutzen.

Die digitale Transformation meistern

Die digitale Transformation fordert uns – technisch und wirtschaftlich, aber auch als Gesellschaft. Es liegt in den kommenden Jahren in unseren Händen, diesen Transformationsprozess positiv zu gestalten und zum Wohle der Gesellschaft auszurichten. Lassen Sie uns alle daran mitarbeiten, dass die digitalen Lösungen der Zukunft allen zugute kommen:

Sei es zum Beispiel, dass KI-Anwendungen gezielt dafür entwickelt werden, die Verbreitung von Krankheiten frühzeitig vorherzusagen, um sie schneller einzudämmen – ein Start-up konnte den Ausbruch der Corona-Pandemie eine Woche vor den offiziellen Meldungen durch Postings in sozialen Netzwerken erkennen und die Ausbreitung durch die Analyse von Flugverbindungen vorhersagen. Wenn wir diese Art von Innovationen vorantreiben, werden wir für Gesundheitskrisen der Zukunft besser vorbereitet sein!

Zum anderen können wir beispielsweise bedürftige Mitmenschen über digitale Tools besser mit Hilfsangeboten vernetzen. Wenn Senioren künftig über digitale Ehrenamtsbörsen Alltagshelfer leichter finden, ist allen gedient. Das macht unsere Gesellschaft sozialer und menschlicher.

Eine der faszinierenden Seiten der digitalen Transformation ist, dass wir neues Wissen und innovative Ansätze in Sekundenschnelle über den ganzen Erdball kommunizieren können. Daher hoffe ich, dass Sie aus diesem Band viel Inspiration schöpfen, er Sie zu neuen Ideen anregt und dass Sie diese Impulse in Ihren digitalen Netzwerken teilen – für eine Zukunft, die uns durch digitale Möglichkeiten bereichert und unser Verbundensein über soziale und nationale Grenzen hinweg stärkt.

Vita

Judith Gerlach, Jahrgang 1985, wurde im November 2018 zur Bayerischen Staatsministerin für Digitales berufen. Mit 33 Jahren ist die Aschaffenburgerin jüngste Ministerin im Bayerischen Kabinett geworden, nachdem sie bereits 2013 als jüngste Abgeordnete in das Bayerische Parlament eingezogen ist. Bis zu ihrer Berufung als Bayerische Staatsministerin war die studierte Juristin als Rechtsanwältin tätig. Als Staatsministerin koordiniert sie die Digitalmaßnahmen aller Ministerien und entwickelt eine Zukunftsstrategie für den Digitalstandort Bayern. Dabei steuert sie Bayerns Maßnahmen in verschiedensten Digitalbereichen – von der Entwicklung digitaler Spitzentechnologien wie Blockchain über den Ausbau der digitalen Verwaltung bis zur Förderung von Film und Games.

Timotheus Hoettges (Fotocredit: Deutsche Telekom)

Timotheus Höttges, Vorstandsvorsitzender der Deutschen Telekom AG

I. VERANTWORTUNG IN ZEITEN DER PANDEMIE

Die rasante Ausbreitung des Corona-Virus hat die Weltgemeinschaft erschüttert. Krankheit und Verlust, Gesundheitssysteme am Rande ihres Leistungsvermögens, ganze Gesellschaften im Lockdown. Der Ausbruch stellte uns alle vor gewaltige Herausforderungen. Und die Erschütterungen werden wir sehr lange spüren. Ganz sicher noch, wenn Sie dieses Buch in Händen halten.

Seine Freunde nicht treffen zu können, die Freizeit nicht wie gewohnt verbringen und Feste nicht feiern zu können: Das hat unser aller Leben beeinträchtigt. Zugleich erlebten wir große Solidarität untereinander, viel Rücksicht, viel Achtsamkeit und Gemeinsinn.

Die Überarbeitung des Vorworts zur zweiten Auflage erfolgt deswegen ganz unter den Eindrücken dieser weltweiten Krise. Während heute, im April 2020, niemand seriös sagen kann, welche Entwicklungen uns weltweit bevorstehen, zeichnet sich doch schon ab, dass unsere Sichtweise auf die Systemrelevanz bestimmter Branchen, auf die Wirtschaft insgesamt und eben auch auf Corporate Social Responsibility sich verändert. Sozialverträgliches Wirtschaften gewinnt immer weiter an Bedeutung. Denn wenn es buchstäblich um Leben und Tod geht, fragen Menschen zu Recht verstärkt nach dem Daseinszweck von Unternehmen, nach ihrem „Purpose".

Diese Frage ist nicht neu – sie wurde zu Recht auch schon vor dem Ausbruch von Covid-19 gestellt. Aber die Pandemie hat diesen Trend verstärkt. Wir bei der Deutschen Telekom erarbeiten schon lange Antworten auf diese Frage. Antworten, die nicht statisch sein können, wie wir jetzt in der Krise spüren, aber dennoch einen unverbrüchlichen Kern haben. Dabei lassen wir uns von zwei Fragen leiten:

1. Welche Verantwortung können und müssen Unternehmen wahrnehmen? Was kann und soll die Gesellschaft von Unternehmen erwarten?
2. Was konkret tut die Telekom, damit wir einen Beitrag für die Gesellschaft leisten? Was ist unser Purpose?

Um die herausragende Bedeutung von verantwortlichem Handeln unseres Unternehmens hervorzuheben, haben wir diesen Grundsatz deswegen erstmals und verbindlich in unserer Konzernstrategie verankert. Damit schreiben wir fest, dass bei geschäftlichen Entscheidungen die gesellschaftlichen und ökologischen Konsequenzen von Beginn an beachtet werden. Das gilt von der digitalen Verantwortung und Medienkompetenz bis zum Klima- und Ressourcenschutz. Auf Letzteres komme ich zum Schluss dieses Beitrags noch einmal zurück.

Wir setzen damit fort, was wir ohnehin schon seit vielen Jahren praktizieren. Glaubwürdiges und verantwortungsvolles Handeln entlang unserer gesamten Wertschöpfungskette. Und die Übernahme konkreter Aufgaben in der Gesellschaft. Durch Projekte, die an unseren unternehmerischen Kernauftrag andocken. Solche eben, bei denen wir auf Basis unserer unternehmerischen Erfahrung und Kompetenzen einen Mehrwert schaffen können.

Die Digitalisierung ist unsere Kernaufgabe, und mit unseren Diensten und Services helfen wir, Menschen miteinander zu verbinden. Festnetz, Mobilfunk und Internetzugang gehören zu den sogenannten kritischen Infrastrukturen. Im Kampf gegen das Corona-Virus erweist sich diese Infrastruktur als robust. Wenn Millionen Menschen ins Homeoffice wechseln, wenn Ausgangsbeschränkungen und Kontaktsperren das soziale Miteinander verändern, wenn Schüler digital unterrichtet werden, ist unser Netz besonders gefragt. Um bis zu 50 % nahm etwa der Verkehr im Festnetz in den ersten Tagen des Shutdowns zu. Es am Laufen zu halten, stabil und verlässlich trotz größter Belastung, war von Beginn der Krise an unsere wichtigste Aufgabe.

Aber es gehört zu unserem Selbstverständnis, dass wir darüber hinaus dazu beitragen wollen, die Auswirkungen des wirtschaftlichen und gesellschaftlichen Stillstands in unserem Land abzumildern. Im Kleinen wie im Großen. Indem wir Kollegen für ehrenamtliches Engagement freigestellt haben. Indem wir Schulen unbürokratisch zu Videokonferenz-Lösungen verhalfen. Indem wir allen Kunden freies Volumen zur Datenübertragung spendiert haben. Indem wir Altenheimen und Altenpflegeeinrichtungen 10.000 Smartphones inklusive kostenlosem Telefontarif zur Verfügung gestellt haben – für die vom Besuchsverbot besonders betroffenen Senioren. Damit sie wenigstens virtuell in Kontakt mit ihren Lieben bleiben konnten. Oder indem wir geholfen haben, schnell eine App auf den Markt zu bringen, die die Abfrage von Testergebnissen nach Corona-Abstrichen automatisiert hat.

Dies sind nur einige, wenige Beispiele. Ob wir genug getan haben? Ob wir noch besser werden müssen? Der Philosoph Jürgen Habermas sagte zu Beginn der Krise, als überall das öffentliche und wirtschaftliche Leben heruntergefahren wurde: „So viel Wissen über unser Nichtwissen und über den Zwang, unter Unsicherheit handeln und leben zu müssen, gab es noch nie."

Das beschreibt den Zustand in dieser Ausnahmesituation sehr gut. Aber ich bin auch sicher: Wir werden diese Unsicherheiten überwinden. Und wir werden in unserem Engagement nicht nachlassen. Es entspricht der Kultur, die wir bei der Telekom pflegen. Und es entspricht unserem Selbstverständnis. Denn Digitalisierung und Verantwortung – für uns gehört beides zusammen.

II. DIGITALISIEURUNG BRAUCHT NETZE

Digitalisierung braucht ein stabiles Netz. Das galt vor der Krise – und gilt natürlich weit darüber hinaus. Deswegen investieren wir mehr als jedes andere Unternehmen hierzulande in seinen Ausbau und die Weiterentwicklung. 13 Mrd. EUR im Jahr, allein 5,5 Mrd. in Deutschland. Denn der Bedarf nach Konnektivität und immer mehr Bandbreite wächst immer schneller. Etwa 20 Mrd. vernetzte Geräte gibt es auf der Welt derzeit. Ihre Anzahl soll in den kommenden fünf Jahren auf bis zu 75 Mrd. anwachsen. Und sie alle senden und empfangen Daten.

Und das mit immer größerer Geschwindigkeit. Mobile Übertragungsraten von 70 Gigabit in der Sekunde – wie wir sie in Laborumgebung bereits schafften – sind keine Utopie. Und doch sind sie nur ein Aspekt. Er ist wichtig für unsere Industrie – aber nur ein kleines Rädchen in der Riesenmaschine Digitalisierung. Und er verdeutlicht gut, wie rasch sich gegenwärtig Veränderungen vollziehen. Denn was wir gerne vergessen: Das mobile Netz als Massenphänomen und Datentransporteur spielt erst seit dem ersten iPhone eine bedeutende Rolle. Das kam Ende 2007 nach Deutschland – übrigens zuerst zur Telekom. Die Entwicklungsschritte, oder besser gesagt Entwicklungssprünge im Mobilfunk, finden ihre Entsprechung in allen Bereichen der Digitalisierung, und sie erfassen alle Industrien.

1886 gilt als das Geburtsjahr des modernen Autos. Der Begriff entstand aus dem französischen Ausdruck für eine mit Pressluft betriebene Straßenbahn: „voiture automobile", selbstbewegender Wagen. Aber erst dank Digitalisierung ergibt dieser Name heute, genau 130 Jahre nach dem Geburtsjahr des modernen Autos, wirklich Sinn. Im Silicon Valley haben selbstfahrende Autos schon mehr als eine Million Kilometer abgefahren. Nicht nur dort. Erste Versuche gibt es auch hier. So bedient in Monheim am Rhein bereits eine kleine Flotte selbstfahrender Busse kurze Linienstrecken.

Um beim Thema Auto zu bleiben: Künftig wird auch das kooperative Fahren an Bedeutung gewinnen. Dabei werden in den Antennenmasten für den Mobilfunk eigene Rechner installiert, auf denen Daten direkt verarbeitet und wieder ausgespielt werden können. Die Daten vorbeifahrender Autos (etwa zu Bremsmanövern, Schlaglöchern usw.) werden dort gesammelt und Informationen, die für andere Autos wichtig sind, an alle ausgespielt. Während selbstfahrende Autos mit ihren Sensoren nur bis zur nächsten Kurve gucken können, kann das kooperative Auto mithilfe der Mobilfunktechnik mehrere Kilometer vorausschauen. Es leiht sich sozusagen die Augen der anderen Fahrzeuge aus. Dadurch wird Mobilität noch sicherer.

Große Veränderungen stehen aber auch in anderen Bereichen an. Längst wird an humanoiden Robotern gearbeitet, die Menschen und deren Mimik und Gestik analysieren können und auf diese Emotionszustände entsprechend reagieren. Für die einen beängstigend, für andere ein Beispiel, wie weit wir es mit der Künstlichen Intelligenz (KI) schon gebracht haben. Klar ist aber, dass Maschinen immer besser werden. Und das lernende Systeme immer mehr Aufgaben übernehmen können, die heute noch von Menschenhand erledigt werden. Es gilt das Moravec'sche Paradox, nachdem alles, was leicht ist für Menschen, schwer ist für Maschinen – und andersherum. Wenn beide zusammenarbeiten, in der Mensch-Maschine-Interaktion, wird Künstliche Intelligenz einen unverzichtbaren Beitrag im Arbeitsleben leisten können. Das tut sie heute schon in vielen Bereichen. Ich komme gleich darauf zurück.

Auch die Hardware entwickelt sich in großen Sprüngen. Immer bessere Brillen erlauben das Abtauchen in die virtuelle Realität oder verknüpfen digitale mit realer Welt. Drohnen werden zu Arbeitswerkzeugen, 3-D-Drucker können so ziemlich alles herstellen und senken die Kosten für Einzelfertigung. Wir erleben im Kern eine Demokratisierung der Produktionsmittel. Mit dem 3-D-Drucker kann mittelfristig jeder zum Produzenten werden. Auch kleine Stückzahlen und personalisierte Produkte rechnen sich. In meinen Augen kann der 3-D-Druck in Teilen sogar eine Rückkehr zur klassischen Produktion in Manufakturen bedeuten.

Und auch diese Liste ließe sich beliebig fortsetzen. Und immer geht es um Daten. Ob Verkehrsprognose oder Plattform für Kleinanzeigen. Ob das selbstfahrende oder kooperative Auto oder die digitale Landwirtschaft. Es ist überhaupt nicht vorstellbar, wie wir dem exponentiellen Bevölkerungswachstum begegnen wollen, ohne die Möglichkeiten der Digitalisierung für die Versorgung so vieler Menschen in jeder Hinsicht zu nutzen.

Daten, ihre ständige Verfügbarkeit und – mehr noch – ihre smarte Verknüpfung und Auswertung in Echtzeit verändern unser Leben schon heute. Und doch spricht einiges dafür, dass wir gerade erst den Anfang erleben.

Spürbar sind die Veränderungen schon heute. Nur wenige Jahre haben wir gebraucht, früher einmal kaum Vorstellbares heute völlig selbstverständlich zu finden. Videos, Musik, Literatur: Alles kommt per Stream, wir müssen es nicht physisch besitzen. Mails lesen wir unterwegs, Videotelefonate führen wir überall, und unser Zuhause können wir aus der Ferne steuern. All diese Beispiele zeugen vom schnellen Wandel, den wir erleben und mit dessen Errungenschaften wir uns ebenso rasch anfreunden.

III. DIGITALE LEBENSADERN

Für Unternehmen der Telekommunikationsbranche sind das natürlich sehr gute Entwicklungen. Denn Digitalisierung braucht vor allem eines: Infrastruktur. Der weltweite Datenverkehr könnte nach Schätzungen von Experten von aktuell 40 bis zum Jahr 2025 auf 175 Zetabyte anwachsen. Das ist eine Zahl mit 21 Nullen. Da kommt einiges zu auf unsere Netze.

Mit unseren Produkten und Services helfen wir entscheidend mit, das Potenzial der digitalen Transformation überhaupt nutzbar zu machen. Für Millionen von Privatkunden, die Wirtschaft und die Gesellschaft insgesamt. Unsere Kommunikationsnetze bilden die Grundlage für die Digitalisierung. Vor allem die Industrie ist auf leistungsstarke und zuverlässige Netze angewiesen. Ohne sie ist vernünftiges Wirtschaften heute nicht mehr vorstellbar.

Dafür wurde das Netz selbst digital und funktioniert schon nahezu komplett auf Basis des Internetprotokolls (IP). Alles spricht eine Sprache: Mobilfunk, Festnetz, aber auch alle Anwendungen, die darüber laufen: der Anrufbeantworter oder der Fernseher und alle Geräte, die daran angeschlossen sind. Die Heizung oder die Haushaltsgeräte – und immer häufiger auch das vernetzte Auto.

Dieses Netz wird immer effizienter und leistungsfähiger. In Deutschland können wir inzwischen 80 % der Haushalte Geschwindigkeiten von mindestens 50 Mbit/Sekunde anbieten. Beim Großteil der Anschlüsse sogar bis zu 250. Die Abdeckung unseres LTE-Netzes im Mobilfunk beträgt inzwischen 98 %. Und der Ausbau der Nachfolgegeneration 5G ist bereits im vollen Gange. Auch bei unseren europäischen Töchtern investieren wir in die Netze. Das gilt auch für die USA, wo T-Mobile US nach der Fusion mit Sprint nunmehr fast 130 Mio. Kunden versorgt.

Viele unserer Kunden wollen am liebsten alles aus einer Hand: Festnetz, Mobilfunk und immer häufiger auch Fernsehen, zum Beispiel unser Magenta-TV. Welche Technik sie dafür nutzen, interessiert die wenigsten. Sie wollen einfach die beste Verbindung. Mit MagentaEins haben wir ein spezielles Konvergenz-Angebot, das genau diesen Wunsch erfüllt.

Bei unseren Geschäftskunden, vor allem für die aus der Industrie, kommt noch etwas anders hinzu. Für sie sind Sicherheit und Stabilität des Netzwerks und der entsprechenden Softwareplattformen ein absolutes Muss. Immer mehr Unternehmen machen digitale Technologien zum zentralen Leistungskern ihres Unternehmens. Immer mehr Produktionsprozesse werden digitalisiert. Sie produzieren Daten, die in Echtzeit ausgewertet werden. Mithilfe dieser Daten steuern sich die Maschinen teilweise selbst. Die Schraube, die mitteilt, mit welchem Drehmoment sie angezogen wird. Das Bauteil, das in der Lackierung kundtut, welche Farbe es braucht. Das Internet der Dinge benötigt nicht nur schnelle Datenleitungen, fix oder mobil, sondern bei steigendem Bedarf an Rechenkapazitäten steigt auch der Bedarf an digitalen Produktionsstätten.

Immer mehr Anwendungen kommen dabei aus der Cloud. Die Cloud, sie symbolisiert vielleicht mehr als jede andere Entwicklung das Wesen der Digitalisierung. Dahinter verbergen sich gigantische Rechenzentren, leistungsstark und hochsicher. So wie das Fort Knox der Deutschen Telekom – Europas größtes und modernstes Rechenzentrum in Biere in Sachsen-Anhalt.

Für die Unternehmen, die uns ihre Daten anvertrauen, ist nicht nur der permanente Zugriff auf Daten und Services – unabhängig von Zeit, Ort und Gerät – wichtig, sondern vor allem Sicherheit. Ein Aspekt, bei dem die Konkurrenz aus dem Silicon Valley nur bedingt mithalten kann. Trotzdem liegt nahezu der gesamte europäische Datenschatz

– sage und schreibe 95 % – nicht auf europäischen Servern. Mit Konsequenzen für die digitale Souveränität. Wir werden nicht müde, auf diesen Missstand hinzuweisen. Aber es gibt immerhin auch manch ermutigendes Zeichen. Zum Beispiel, wenn Microsoft auf Cyber-Security made in Germany setzt und die Deutsche Telekom zum Treuhänder seiner Daten macht.

IV. WAS PASSIERT MIT DEN DATEN?

Daten sind der Treibstoff der digitalen Transformation. Es gehört deswegen dazu, dass sie auch kommerziell genutzt werden. Aber wir wollen eben nicht alles machen, was technisch geht. Denn Daten erzählen immer auch eine Geschichte über den, der sie produziert hat. Ihr Schutz gewinnt entsprechend immer mehr an Bedeutung.

Wo buchstäblich alles sendet, kommuniziert und sich austauscht, fallen Daten in sehr großen Mengen an. Sie zu analysieren und sinnvoll mit unterschiedlichen Quellen zu verknüpfen – und dann schließlich auch die richtigen Schlüsse zu ziehen – nennen wir Big Data. Der Begriff ist in der Welt, manch einem macht er Angst. Und natürlich besteht die Gefahr von Missbrauch. Deswegen braucht es Regeln und Instrumente, die Missbrauch verhindern, die aber zugleich erlauben, die herausragenden Chancen zu nutzen.

Kluge Datenanalyse – wir sprechen deswegen auch gerne von Smart Data – führt auch zu immer besseren Empfehlungssystemen der Onlinehändler. Das betrifft längst auch das Fernsehen: Sehgewohnheiten, Bestellungen, Einkäufe in der Videothek. Längst nutzen große US-Firmen wie der Streamingdienst Netflix oder auch Amazon derlei Daten nicht nur für weitere Empfehlungen an ihre Kunden, sondern sie produzieren gleich selbst passgenaue Inhalte. Die sie dann wiederum mit großem Erfolg vermarkten.

Daten sind dabei also die Quelle für neue Geschäftsideen und für den Zugang zum Kunden. Es gewinnt, wer die Daten hat. Und das sind in vielen Fällen heute die Internetgiganten aus dem Silicon Valley: Google, Facebook, Apple und Co. Dabei gehen sie immer gleich vor. Sie schaffen – in der Regel kostenlose – Dienste, die darauf ausgelegt sind, möglichst schnell möglichst groß zu werden und Nutzerdaten zu aggregieren. Diese werden dann durch Werbung – aber auch durch Weiterverkauf – zu Geld gemacht und dazu genutzt, das eigene Produkt zu verbessern. Im nächsten Schritt wird dann der Wechsel zu anderen Anbietern erschwert.

Inhalte lassen sich jeweils nur schwer auf andere Systeme übertragen. Und schließlich werden die gesammelten Kundendaten dann genutzt, Vorlieben zu verstehen und entsprechende neue Produkte anzubieten. Wer heute sein Android-Handy mit all seinen Diensten nutzen will, wird gezwungen, sich ein Gmail-Postfach zuzulegen, und gibt dem Unternehmen damit zumindest die Chance, Inhalte zu scannen und entsprechende Werbung zu platzieren.

V. VERANTWORTUNG IM DIGITALEN RAUM

Und spätestens an dieser Stelle entspricht das Geschäftsmodell nicht mehr unserem europäischen Verständnis von Daten- und Persönlichkeitsschutz. Dahinter steckt eine Haltung, die davon ausgeht, dass erlaubt ist, was nicht explizit verboten ist. Und die alles macht, was technisch möglich ist.

Wir sehen das grundsätzlich anders. Die Telekom steht für Vertrauen. Wir achten die Privatsphäre unserer Kunden. Und wir setzen uns weiterhin für europaweite Harmonisierung des Datenschutzes ein.

Einige große US-Unternehmen, darunter zum Beispiel der Spezialist für Geschäfts- anwendungen Salesforce, nutzen übrigens in Europa unsere Cloud-Services. Die werden nach strengerem, europäischem Datenschutzverständnis und -recht betrieben als die ebenfalls verfügbaren Angebote von US-Unternehmen. Wir begreifen das als Bestätigung unserer Auffassung: Datenschutz ist ein sehr hohes Gut.

Die Diskussionen um das Thema zeigen sehr deutlich, dass Digitalisierung eine ganze Reihe von gesellschaftlichen Fragestellungen aufwirft, über die wir reden müssen. Und deren Beantwortung wir weder den Tech-Firmen aus den USA oder zunehmend China überlassen sollten noch den Behörden allein.

Als Deutsche Telekom wollen wir zu diesem Diskurs beitragen. Das verstehen wir unter Verantwortung im digitalen Raum. Nicht nur, indem wir unsere eigene Haltung deutlich machen. Sondern auch dadurch, dass wir diese Themen aus ganz unterschied- lichen Perspektiven beleuchten. Denn es geht nicht allein um Daten und ihren Schutz – auch wenn das besonders wichtig ist. Es geht auch um Bildung, um unsere Arbeitswelt oder schlicht um die Art und Weise, wie wir zukünftig zusammenleben werden.

Nehmen wir die Arbeitswelt: Die zunehmende Digitalisierung verändert ganze Berufsfelder, lässt manche ganz verschwinden, nicht nur physische Arbeit, sondern auch Routinetätigkeiten, die Denkleistung erfordern. Fast jeder von uns hat schon einmal online eine Reise gebucht. Die Steuererklärung machen wir immer öfter am heimischen Rechner. Nun betrifft es die nächsten Berufssparten. Es gibt heute schon Börsen- und Sportnachrichten, die automatisiert erstellt werden. Es gibt Systeme, die Fachliteratur und Gerichtsurteile analysieren und Anwälten ein Textangebot machen. Nur eine Frage der Zeit scheint es da zu sein, bis Roboter ebenso verlässliche medizinische Diagnosen stellen wie ein Arzt.

Die Pandemie jedenfalls sah Künstliche Intelligenz tatsächlich früher voraus als die Weltgesundheitsorganisation (WHO). Die Daten für die Prognose zog eine Software der kanadischen Firma BlueDot unter anderem aus Flugdatenbanken, offiziellen Gesund- heitswarnungen, regionalen Nachrichten sowie Blog- und Forenbeiträgen. Erst dann wurden die Berechnungen von Epidemiologen bewertet.

Aber zurück zur Arbeitswelt. Wo alte Berufsbilder wegfallen, entstehen auch neue. Als Unternehmen reagieren wir bereits darauf. Früher gab es bei uns noch den Beruf des Zählerfotografen. Der fuhr an die Verteilerkästen und fotografierte dort die Zählerstände der einzelnen Anschlüsse, auf deren Basis die Telefonrechnungen erstellt wurden. Heute bilden wir junge Menschen zu Fachleuten für Cybersicherheit aus. Und das ist nur ein Beispiel für Veränderung der beruflichen Bildung.

Im Stil von Massive Open Online Courses (MOOC) nutzen wir die Möglichkeiten der digitalen Vernetzung zur Fortbildung unserer Mitarbeiter. Auf ganz anderer Ebene setzen wir uns mit unserer Telekom-Stiftung seit Jahren für die Stärkung der mathematisch- naturwissenschaftlichen Fächer in den Schulen ein. Und wir wollen dazu beitragen, Medienkompetenz zu entwickeln. Damit schon Kinder den Wert von persönlichen

Daten verstehen. Und den Einfluss von sozialen Netzwerken auf die Meinungsbildung erkennen. Oder Fake News von echten Nachrichten unterscheiden können und
Hatespeech als solche benennen können.

Ich bin übrigens überzeugt: Wer die Digitalisierung zukünftig wirklich durchdringen will, sollte programmieren können. Was spricht dagegen, es verpflichtend
an den Schulen zu lehren, so wie wir auch Fremdsprachen lernen? Bei sogenannten
Code&Design Camps für junge Menschen sind wir hier gerne Gastgeber für Veranstaltungen, bei denen die Teilnehmer gemeinsam an Programmierlösungen arbeiten.

VI. EIGENE VERANTWORTUNG STÄRKEN

Noch eines erscheint mir sehr wichtig: Zur digitalen Verantwortung gehört auch das
Thema digitale Selbstverantwortung. Beim Datenschutz muss es auch darum gehen, dass
jeder Einzelne überlegt und sorgfältig mit seinen Daten – und denen anderer – umgeht.
Es geht darum, Persönlichkeits- und Urheberrechte zu respektieren, aber es geht vor
allem um die Sicherheit. So wie die Deutsche Telekom es als Teil ihrer digitalen Verantwortung begreift, Sicherheit im Internet auf größtmöglichem Niveau zu garantieren,
so ist auch jeder Nutzer digitaler Produkte und Dienste in der Pflicht. Das sicherste Tür-
schloss ist nutzlos, wenn der Schlüssel unter der Fußmatte liegt. Wenn jeder Nutzer
regelmäßig Sicherheitsupdates machen würde, wären viele Angriffe erfolglos. Und das
gilt nicht nur für PC und Laptop. Ein Smartphone ist kein einfaches Telefon, sondern
ein Hochleistungsrechner, der entsprechend geschützt werden muss. Auch gerade, weil
Smartphones für viele Menschen zur digitalen Aktentasche geworden sind, in denen sie
persönliche und sensible Daten mit sich herumtragen.

Neben dem Datenschutz gehört auch das persönliche, digitale Nutzungsverhalten zur
digitalen Selbstverantwortung. Ob ständige Vernetzung und permanente Erreichbarkeit Auswirkungen auf die Menschen haben können – etwa auf Konzentrationsfähigkeit und Auf-
merksamkeitsspannen – wird breit diskutiert. Wir haben die Möglichkeit, jedes noch so
kleine Zeitfenster – an der Haltestelle, im Wartezimmer oder in der Schlange an der Kasse –
mit digitaler Information, Unterhaltung oder der Erledigung von Aufgaben zu füllen. Durch
die steigende Mobilität nimmt die Entgrenzung von Arbeit und Freizeit zu – Stichwort:
„your office is where you are" – aber auch der gefühlte Druck zur ständigen Erreichbarkeit.

Es ist bezeichnend, wenn neue Begriffe wie „digital burnout" oder „digital detox"
heute zum allgemeinen Sprachgebrauch zählen. Oder wenn immer mehr Hotels ihren
Gästen eine „digital diet" anbieten: Sie geben beim Einchecken ihre Smartphones,
Blackberrys oder iPads ab und bekommen sie erst beim Check-out wieder. Im Gegenzug erhalten sie für die Dauer ihres Aufenthalts altmodische Freizeittools wie Literatur-
klassiker und Brettspiele. Nach dem Motto „unplug and recharge".

VII. DIGITALISIERUNG UND UMWELT

Beim Thema Digitalisierung kann man das Thema Umweltschutz nicht ausklammern.
Jeder Sucheintrag bei Google verbraucht Energie. Der Betrieb unserer Netze und
Rechenzentren noch viel mehr. Unsere Mobilfunkmasten, der Betrieb von Glasfaser: Die

Deutsche Telekom ist selbst einer der größten Stromfresser des Landes – mit rund einer Milliarde Euro Stromkosten im Jahr.

Als Unternehmen brauchen wir eine Antwort auf die Frage der jungen Generation: „Baut Ihr unsere Zukunft – oder verbaut Ihr sie?" Die weltweite „Fridays for Future"-Bewegung führt uns die Verantwortung vor Augen, die wir für die kommenden Generationen haben. Ihre Kraft übersteigt in meinen Augen sogar die, die einst vom Club of Rome und dem Bericht „Die Grenzen des Wachstums" ausging. Schon damals ging es dort um eine nachhaltige Stadtentwicklung. Darum, Umwelt(schutz), Soziales, aber eben auch Ökonomie als eine Einheit zu begreifen und entsprechende Projekte einzuleiten. Die Debatten über zu teuren Wohnraum in Metropolen oder Dieselfahrverbote in den Innenstädten zeigen: Gereicht hat es offenbar nicht. Und daran erkennen wir vielleicht das Dilemma.

Wir selbst verfolgen in unserer Strategie beim Klimaschutz einen ganzheitlichen Ansatz. Das bedeutet, dass wir nicht nur unsere Umweltbelastungen konsequent reduzieren, sondern auch die unserer Kunden. Und dass wir auch unsere Partner in die Pflicht nehmen und mit ihnen an einer grüneren Wertschöpfungskette arbeiten.

Unser Energieverbrauch soll ab 2021 zu 100 % aus erneuerbaren Energien kommen. In Deutschland haben wir dieses Ziel bereits erreicht: Seit Anfang des Jahres werden unsere Netzwerke, Rechenzentren und Bürogebäude mit 100 % erneuerbarer Energie versorgt. Und bis zum Jahr 2030 werden wir unsere eigenen CO_2-Emissionen um 90 % reduzieren. Die Emissionen der Kunden sollen entlang der Wertschöpfungskette im Jahr 2030 im Vergleich zu 2017 um 25 % reduziert werden. Und bis 2050 wollen wir gänzlich klimaneutral sein. Damit Digitalisierung verantwortungsvoll genutzt werden kann. Und sie damit zum Teil der Lösung wird – und nicht des Problems.

VII. SCHLUSS

Über all das müssen wir sprechen. Und auch darüber, wie wir unser Zusammenleben unter den Vorzeichen einer digitalen Gesellschaft insgesamt organisieren wollen. Wir müssen uns mit solchen Fragen auseinandersetzen. Und ich finde: je eher, desto besser.

Die Digitalisierung der Gesellschaft ist in vollem Gange. Es liegt an uns, was wir daraus machen. Ich bin sehr dafür, sie mit viel Optimismus anzunehmen. Für mich ist sie das größte Geschenk, das dieser Generation gegeben wurde. Weil sie neue Teilhabe verspricht, weil sie uns neue Technologien bringt, und ganz sicher auch neuen Wohlstand.

Von der Druckerpresse bis zum Fernsehen sind in der Geschichte der Technologie letztlich alle Neuheiten mit Warnungen vor negativen Auswirkungen begleitet worden. Bis hin zu Untergangsszenarien, von denen sich keines bewahrheitet hat. Die Nutzung neuer Technologien hat sich im Zeitverlauf an die Bedürfnisse der Menschen angepasst – nicht umgekehrt. Und so wird es auch weitergehen. Die Menschen im digitalen Zeitalter werden die Möglichkeiten der neuen Technologien wahrnehmen, aber nach ihren eigenen Regeln. Und vor allem: verantwortungsvoll.

Vita

Timotheus Höttges, Jahrgang 1962, ist seit Januar 2014 Vorstandsvorsitzender der Deutschen Telekom AG. Von 2009 bis zu seiner Berufung zum Vorstandsvorsitzenden verantwortete er als Mitglied des Konzernvorstands das Ressort Finanzen und Controlling. Von Dezember 2006 bis 2009 leitete Höttges im Konzernvorstand den Bereich T-Home. In dieser Funktion war er für das Festnetz- und Breitbandgeschäft sowie den integrierten Vertrieb und Service in Deutschland zuständig. Unter seiner Leitung gewann T-Home die DSL-Marktführerschaft im Neukundengeschäft und entwickelte das Internet-Fernsehen Entertain zum Massenmarktprodukt bei gleichzeitiger Stabilisierung der Ertragskraft.

Höttges verantwortet das konzernweite Effizienzprogramm „Save for Service", nachdem er solche Programme bei T-Home und in den europäischen Mobilfunktöchtern erfolgreich durchgeführt hatte. Von 2005 bis zu seiner Berufung in den Konzernvorstand war Höttges im Vorstand der T-Mobile International für das Europageschäft zuständig. Von 2000 bis Ende 2004 war er Geschäftsführer Finanzen und Controlling und später Vorsitzender der Geschäftsführung T-Mobile Deutschland. Höttges arbeitete nach seinem Studium der Betriebswirtschaftslehre an der Universität zu Köln drei Jahre in einer Unternehmensberatung, zuletzt als Projektleiter. Ende 1992 wechselte er zum VIAG Konzern in München, wo er seit 1997 als Bereichsleiter, später als Generalbevollmächtigter für Controlling, Unternehmensplanung sowie Merger und Acquisitions verantwortlich war. Als Projektleiter war er maßgeblich an der Fusion von VIAG AG und VEBA AG zur E.ON AG beteiligt, die am 27. September 2000 wirksam wurde.

Vorwort von Olaf Koch, ehemaliger Vorstandsvorsitzender METRO AG

Olaf Koch (Fotocredit: METRO)

Ihr Erfolg ist unser Ansporn

Heute sind der sogenannte Purpose und die Innovationskraft essenzielle Aspekte für die Zukunftsfähigkeit von Unternehmen. In diesem Kontext muss sich natürlich auch die METRO die Sinnfrage stellen: Wozu sind wir eigentlich da? Was ist unsere Existenzberechtigung und unser wesentlicher Nutzen für die Gesellschaft? Die Differenzierung im Markt können wir als Großhändler schließlich nicht mehr allein über die Qualität und Frische unserer Ware herstellen. Überlebensfähig ist nur, wer vorausschauend handelt, kontinuierlich mit neuen und relevanten Produkten sowie Dienstleistungen begeistert und neue Märkte erschließt. Damit ist Innovationsstärke im Zeitalter des raschen Wandels nicht mehr nur Kür, sondern Pflicht. Die Kernfrage dabei lautet, wie man unternehmerisch mit den veränderten Rahmenbedingungen, den Chancen und Risiken umgeht. Es ist auch entscheidend, die einzelnen Elemente der innovativen DNA eines Unternehmens zu einer ganzheitlichen Unternehmensgeschichte zusammenzuführen. So bauen wir unter dem strategischen Dach von „Wholesale 360" sukzessive unser Angebot an nachhaltigen Lösungen mit wirtschaftlichem Mehrwert für unsere Kunden aus. Doch dazu später mehr …

Die Geschichte der METRO zeigt, dass das Unternehmen die Kreativität und die Kraft besitzt, voranzugehen und neue Standards im Handel zu setzen. Das war schon bei ihrer Gründung vor mehr als 50 Jahren der Fall: Damals traf das bis dahin in Deutschland unbekannte Prinzip des „cash & carry" den Nerv professioneller Kunden und revolutionierte den Markt. Verkaufsflächen von mehr als 10.000 Quadratmetern, wie sie METRO in den 1960-Jahren eröffnete, bedeuteten eine neue Dimension im Großhandel mit Food- und Non-Food.

Aber jedes Geschäftsmodell hat einen Lebenszyklus. Auf die Pionierphase folgt die Zeit der internationalen Expansion – jedes Jahr ein neues Land – und schließlich die Zeit der Diversifizierung in andere Geschäftsmodelle. Da wächst das Selbstbewusstsein und es droht die Gefahr, selbstzufrieden und ignorant zu werden. Irgendwann zeigen sich dann Ermüdungserscheinungen, weil sich die Bedürfnisse der Kunden verschoben haben und ausdifferenzieren, die Wettbewerbssituation sich verändert hat oder externe Ereignisse wie eine Gesetzesänderung oder technische Entwicklungen neue Bedingungen geschaffen haben. Dann kommt es darauf an, das Geschäftsmodell zu überdenken und zu beleben – im besten Fall mit einer Idee, die den Markt erneut revolutioniert, zumindest aber einen Vorsprung im Wettbewerb verschafft. Die METRO hat ihr Geschäft mehrere Jahrzehnte mithilfe sehr erfolgreicher Formeln im In- und Ausland vorangetrieben und stark ausgebaut. Aber Größe allein ist heute nicht mehr entscheidend. Was zählt, ist die relevante Größe. Irgendwo auf dem Weg haben wir an Attraktivität verloren. Die Kunden blieben aus, der Umsatz ging zurück. Die Ermüdungsphase im Lebenszyklus hatte begonnen. Diesen Punkt frühzeitig zu erkennen und sich einzugestehen, dass es letztlich alternativlos ist, lange Zeit Bewährtes aufzugeben, ist nicht leicht. Manch einer mag in einer solchen Situation denken: Vielleicht ist es doch nur ein Knick in der Geschäftsentwicklung, eine Schwächephase, die bald wieder vorüber ist? Aber wer zaudert, notwendige Veränderungen umzusetzen, solange er noch die Kraft dazu hat, kann schnell Teil des Geschichtsbuchs werden.

So wurde es Zeit, sich der eingangs genannten Sinnfrage zu stellen. Und in unserem Fall war die Antwort sehr einfach und zugleich inspirierend: Unsere Aufgabe ist es, zum Erfolg unserer Kunden aktiv beizutragen. Ihr Erfolg ist unser Ansporn. Vor allem aber haben wir die Frage beantwortet: Wer ist eigentlich der Kunde, für den wir da sind? Es sind die unabhängigen Unternehmer in der Gastronomie, der Hotellerie, dem Catering sowie die selbstständigen Händler, die die Nahversorgung ihrer Nachbarschaften sicherstellen. Heute sind es 16 Mio. Kunden weltweit. Wir werden für sie Dinge leisten, mit denen sie heute vielleicht noch gar nicht rechnen, die aber eines immer stärker verdeutlichen werden: Wir kämpfen für ihren wirtschaftlichen Erfolg und eine langfristige erfolgreiche Zukunft. Was sich so selbstverständlich anhört, bedeutete den Abschied von alten Denkmustern und einen radikalen Schwenk in der Unternehmenskultur: weg vom international standardisierten Geschäft eines angebotsorientierten Formats, hin zum Dienstleister und Partner unserer Kunden mit lokal oder national zugeschnittenen Produkten, Dienstleistungen und Lösungen.

Doch wie funktioniert solch eine Transformation in der Praxis? Indem wir zunächst einmal die Mitarbeiter vom langfristigen Sinn unseres Unternehmenszwecks überzeugen und dabei manifestieren, dass es keine Alternative zur konsequent kundenorientierten Denkweise gibt. Die Frage muss stets lauten: Wie können wir unsere Kunden zukunftsfest machen? Sie sind eine besonders spannende und ungemein wachstumsstarke Zielgruppe. Was also können wir tun, damit sie erfolgreich sind? Wir müssen maßgeschneiderte Sortimente anbieten, Lösungen bereitstellen und unsere Märkte sowie die Belieferung vollumfänglich auf den Kunden ausrichten. Dabei kommen wir immer besser voran, was sich auch in der Umsatzentwicklung mit diesen Zielgruppen widerspiegelt. Wir wachsen seit sechs Jahren in diesen Kundengruppen kontinuierlich und progressiv. Für unsere Teams ist der Ansporn enorm, denn wir leisten einen Beitrag für die Unternehmer, deren Familien, Kunden und für die Vielfalt in der Branche und für unsere Gesellschaft. Die kleinen Händler und individuellen Restaurants und Cafés bereichern unser aller Leben. Was also können wir noch tun, um unsere Kunden zu unterstützen. Da sind wir schnell beim Thema Digitalisierung.

Das ist zugegebenermaßen nicht auf den ersten Blick intuitiv, verstehen sich unsere Kunden doch in erster Linie als gute Gastgeber oder gute Köche. Doch das komplette Umfeld dieser Kunden verändert sich gerade: Die Anforderungen durch Behörden und Finanzämter wachsen, es fehlen zunehmend Fachkräfte, internationale Food-Ketten expandieren aggressiv, die Finanzierungsmöglichkeiten sind restriktiv. Damit steigt die Anforderung an die Gastronomen, ihre Betriebe möglichst effizient zu steuern und sie vor allem in der digitalen Welt für jedermann sichtbar zu machen. Seit 2014 gehen wir daher konsequent der Frage nach, wie man durch innovative Lösungen den wirtschaftlichen Erfolg unserer Kunden weiter ausbauen kann. Wir sind dabei auf ein sehr breites Spektrum an Chancen gestoßen und haben 2018 mit unserer Gastro-Plattform DISH eine Online-Community ins Leben gerufen. Diese steht für Digital Innovations and Solutions for Hospitality und bietet Gastronomen eigene Entwicklungen oder Lösungen von Drittanbietern an – von der Kundenansprache und Vermarktung, über die Serviceprozesse bis hin zu Aufgaben in der Verwaltung. Seit dem Roll-out nutzen mittlerweile mehr als 180.000 Betriebe in 15 Ländern beispielsweise unsere Internetpräsenz – damit haben wir in der analogen Branche ein Zeichen gesetzt: Digitalisierung ist möglich!

Doch auch, wenn das Interesse an diesem Angebot stetig wächst, gibt es bei der Nachfrage noch viel Luft nach oben. Die selbstständige Gastronomie ist häufig abhängig vom Unternehmer, der oft mit unglaublicher Leidenschaft und Einsatz an die Sache geht. Das macht ja auch den Charme und die Seele unserer Branche aus. Doch im Gegensatz zur Systemgastronomie, in der viele Prozesse optimiert und digitalisiert sind, fehlt vielen unabhängigen Gastronomen das kommerzielle Wissen oder die Nutzung technischer Hilfsmittel. Das Potenzial ist allerdings gewaltig: Allein in Europa erwirtschaften 1,8 Mio. unabhängige Gastronomen einen Außenumsatz von ungefähr 420 Mrd. Euro. Unsere Schlussfolgerung: Wir können diesen passionierten Unternehmern noch mehr Unterstützung bereitstellen? Und wie es so oft bei Transformationsprozessen der Fall ist: Oft öffnen sich dabei ganz neue Kapitel. Und unser Kapitel heißt „Wholesale 360".

Hierunter fassen wir unser breites Portfolio an Produkten, Beratung, digitalen Tools, Dienstleistungen und Equipment sowie einen Online-Marktplatz. Gastronomen geben heute ungefähr ein Drittel ihres Budgets für Waren aus: Lebensmittel, Reinigungsmaterial, Equipment. Das heißt, zwei Drittel der Ausgaben gehen in Bereiche außerhalb des heutigen Kerngeschäfts von METRO. Für uns bedeutet das, wir suchen nach Möglichkeiten, unsere Kunden in anderen Bereichen zu unterstützen. So haben wir innerhalb der METRO die Tochtergesellschaft Hospitality Digital aufgebaut, die sich mit Leidenschaft für diese Branche engagiert und mit Technologie etwas verändern will. In diesem Umfeld muss ich Freiheit und Flexibilität erzeugen, das kann ich nicht in der Logik eines Großkonzerns. Das Gleiche gilt auch für unseren Online-Marktplatz für Gastronomen. METRO selbst betreibt schon seit mehreren Jahren eigene Onlineshops. Mit dem Team von METRO Markets gehen wir einen großen Schritt weiter, wir entwickeln uns zum Online-Marktplatzanbieter. Hierdurch bieten wir mittlerweile 250 Partnern eine Platt-form und werden zugleich für Gastronomen zur relevantesten Beschaffungsplattform im Internet. Außerdem: Die Vielzahl unserer Kunden sind immer wieder auf kurzfristige Kredite angewiesen, finden aber oft niemanden, der die gastrospezifischen Anforderungen wie etwa Saisonalität berücksichtigt. Unser Team von GastroFinanz arbeitet daher seit gut einem Jahr an Finanzlösungen für die Gastronomie – so etwa an Gastro-Krediten in Kooperation mit Fintech-Unternehmen oder an einer App, mit der Gastronomen nicht nur via Mobile-Banking ihre Konten, sondern auch mithilfe eines Gastrofinanz-Managers ihre Ausgaben und Steuerrücklagen jederzeit im Blick haben können.

Mit all diesen beispielhaften Lösungen richten wir unser Vertriebssystem neu aus. Dabei sind unsere rund 16 Mio. Kunden, die eine hohe Wertschätzung für unsere Marke und unsere Mannschaft entgegenbringen, unser größtes Asset. B2B bedeutet Leiden-schaft, Kompetenz und Vertrauen. Eine echte und nachhaltige Partnerschaft in der Wertschöpfung kommt nicht über eine rein transaktionale Handelsbeziehung zustande, sondern nur darüber, dass wir glaubwürdig mit der gleichen Leidenschaft wie unsere Kunden agieren. Innovationen können diese Beziehung nicht ersetzen, aber sie können sie amplifizieren und kombiniert mit einem relevanten Purpose als riesiger Verstärker für die Kundenbeziehungen wirken.

Vita

Olaf Koch war vom 1. Januar 2012 bis 31. Dezember 2020 Vorstandsvorsitzender der METRO AG. Er arbeitet seit 2009 für das Unternehmen, als er zum Mitglied des Vor-stands der METRO AG bestellt wurde und bis Dezember 2011 als Finanzvorstand tätig war. Vor seinem Wechsel zur METRO war er Managing Director Operations bei der Permira Beteiligungsberatung GmbH, zu der er nach seiner Tätigkeit bei der Daimler Chrysler AG wechselte. Bei Daimler Chrysler hatte er eine Reihe von Führungs-positionen inne: Von 2002 bis 2007 war er als Mitglied der Geschäftsleitung der Mercedes Car Group verantwortlich für Finanzen, Controlling und Strategie. Seine vor-herigen Positionen bei DaimlerChrysler beinhalteten die des Vice President Corporate e Business sowie des Director Corporate e Business Strategy und Konzernlagezentrum. Davor hatte er das IT-Unternehmen IT Networks GmbH gegründet, welches er von 1996 bis 1998 als Geschäftsführer leitete. Olaf Koch wurde am 1. Juni 1970 in Bad Soden am Taunus geboren. Er absolvierte ein Studium an der Berufsakademie Stuttgart mit Abschluss als Diplom-Betriebswirt.

Vorwort der Herausgeber

Warum wir eine globale Diskussion über Nachhaltigkeit in der digitalen Welt brauchen

Liebe Leserinnen und Leser,

wir freuen uns sehr, dass der von uns 2016 erschienene Band *CSR und Digitalisierung* nun in der 2., aktualisierten Auflage vorliegt und sich in vielen Punkten mit der Umweltpolitischen Digitalagenda https://www.bmu.de/digitalagenda/ des Bundesumweltministeriums (BMU) deckt, die einen wichtigen Beitrag zu einer zukunftsfähigen Gestaltung eines der bedeutendsten Innovationsfelder der Gegenwart darstellt. Sie umfasst mehr als 70 Maßnahmen, von denen einige schon auf den Weg gebracht wurden. Ziel ist es, die Digitalisierung in umweltverträgliche Bahnen zu lenken, aber auch ihre Chancen für den Klimaschutz zu nutzen. Die Digitalagenda ist die erste Strategie in Europa, die Digitalisierung und Umweltschutz konsequent miteinander verbindet. Begrüßenswert ist, dass der Fokus nicht ausschließlich auf den technischen Möglichkeiten liegt, sondern auch die Förderung von sozialen Innovationen sowie eine digitale Plattform für sozial-ökologische Innovationen vorgesehen sind. Das Umweltministerium möchte die fortschreitende Digitalisierung so gestalten, dass sie die Energie-, Mobilitäts- und Agrarwende und den Einstieg in die Kreislaufwirtschaft unterstützt und beschleunigt. Was das konkret bedeutet, wird allerdings nicht vertiefend ausgeführt.

Das vorliegende Buch ist deshalb auch eine Erweiterung der hier angesprochenen Themen, denn viele der vorgeschlagenen Maßnahmen basieren auf „weichen" Instrumenten. Um die negativen sozialen und ökologischen Effekte und Risiken der zunehmenden Digitalisierung einzudämmen und die nachhaltigen Potenziale zu fördern, genügen die klassischen Instrumente der Umweltpolitik nicht mehr. Vielmehr ist es erforderlich, sie durch innovationspolitische, industriepolitische wie auch wirtschaftspolitische Maßnahmen effektiv zu ergänzen. Zudem setzt eine nachhaltige Digitalisierung voraus, dass sich alle Ressorts der Bundesregierung die Ziele der Digitalagenda zu eigen machen, was eine enge Abstimmung der Ressorts und eine kohärente Politik erfordert.

Das komplexe Thema Digitalisierung birgt enorme Potenziale und vollzieht sich nicht im Tempo normaler industrieller Entwicklungen, sondern viel schneller. Das erfordert neue Methoden und Denkstile sowie neue Formen interdisziplinärer Zusammenarbeit, etwa mit Informatikern, Soziologen, Psychologen und Philosophen, deshalb ist auch die Neuauflage interdisziplinär angelegt. Wer sich mit dem Megatrend Digitalisierung, der die Welt disruptiv verändert, auseinandersetzt, kommt nicht umhin, auch sein Denken zu erneuern. Unsere Informationsflut verdoppelt sich etwa alle zwei Jahre. „Smarte" Technologien, mit denen sie geteilt und vernetzt werden, steigen exponentiell. Doch werden wir dadurch wirklich klüger oder verdummen wir? Das Thema erfordert Fortbildung, Qualifizierung, Prozess- und Medienkompetenz gleichermaßen, denn nur wer mit dem digitalen Wandel zurechtkommt, wird eine Chance auf dem Arbeitsmarkt haben.

Es werden derzeit zwar immer mehr neue Technologien eingeführt, doch mangelt es vor allem in Deutschland branchenübergreifend an digitaler Kompetenz – bis in die obersten Führungsetagen. Dabei ist sie ein entscheidender Faktor für die Zukunftsfähigkeit von Unternehmen. Immer mehr erkennen die Notwendigkeit, den innerbetrieblichen digitalen Transformationsprozess richtig zu meistern. Eine bereichsübergreifende Zusammenarbeit in der digitalen Transformation scheitert heute allerdings noch häufig an Abteilungs- und Silodenken sowie mangelhafter interner Kommunikation, wie auch zahlreiche Beiträge in diesem Band bestätigen.

Für die globale Wettbewerbsfähigkeit müssen Veränderungsprozesse strategisch auf allen Ebenen angebunden sein. Entscheidende Impulse und Maßnahmen müssen dabei von der Führungsebene ausgehen.

Wie Menschen die Digitalisierung der Arbeitswelt erleben, hat die Studie „Zwischen Angst und Verheißung" https://www.randstad-stiftung.de/publikationen/zwischen-angst-und-verheissung-wie-erleben-menschen-die-digitalisierung#fndtn-tab-subnav-sidebar-2018 schon 2018 gut auf den Punkt gebracht.

Es geht heute nicht nur darum, dass die Digitalisierung Unternehmenskulturen beeinflusst, sondern auch, ob diese die digitale Transformation ermöglichen. Beides ist gleichermaßen relevant. Um mit dem digitalen Wandel richtig umzugehen, braucht es Klugheit und Überlegung. Vor allem Traditionsunternehmen und Mittelständler sollten sich fragen, welche Dienstleistungen oder Produkte sie anbieten können und sich über ihren Kern bewusst sein. Im Mittelstand ist zwar ein Bewusstsein für die Notwendigkeit der Digitalisierung vorhanden, doch fehlt es häufig an Entscheidungen. Der Grund dafür ist vor allem mangelndes Wissen über die richtigen Technologien für die jeweilige Markt- und Kundensituation. Wer digitale Prozesse richtig managen will, braucht außerdem ein tiefergehendes Verständnis der eigenen Unternehmenskultur – ein kurzer Wandel ist nicht nachhaltig.

Deshalb werden hier zahlreiche Beispiele aus der Unternehmenspraxis gezeigt, von denen sich lernen lässt. Interessant ist, dass jene, die die Chancen der Digitalisierung erfolgreich nutzen, einen schweren und zuweilen schmerzhaften Weg hinter sich haben. Denn die Verabschiedung von alten Denkmustern ist nicht selbstverständlich und bedeutet einen radikalen Einschnitt in der Unternehmenskultur: weg von standardisierten Geschäften angebotsorientierter Formate, hin zum Dienstleister und Partner und Problemlöser der Kunden.

Die Digitalisierung fordert vor allem von mittelständischen Unternehmen die Fähigkeit zu grundlegenden Veränderungen ab. Gleichzeitig sind gerade KMU als wichtiger Impulsgeber für Innovationen im Umweltsektor ein Teil der Lösung der aktuellen und künftigen Herausforderungen. Dabei sind drei Faktoren entscheidend: der komplette Fokus auf den Kundenerfolg, die Entwicklung von innovativen Lösungen und agiles Handeln.

Je weiter die vernetzte Produktion fortschreitet, desto stärker wird die Nachfrage nach Mitarbeitern mit Kenntnissen in IT, Automatisierungstechnik und Robotik sein, die imstande sind, eine Helikopterperspektive einzunehmen, die es erlaubt, sich dem Detail zu widmen, ohne das Ganze aus dem Blick zu verlieren. Denn interdisziplinäre Probleme können nur mit einem breiten Horizont bewältigt werden. Allgemeinbildung (das, was Generalisten auszeichnet) ist kein Qualifikationsmangel, wie von Spezialisten oft behauptet wird, sondern eine Grundvoraussetzung im digitalen Zeitalter, Komplexität richtig zu meistern.

Bereits die Anpassung der Grundausbildung ist dabei von enormer Bedeutung. Niemand weiß genau, welche Qualifikationen in zehn Jahren gefragt sind. Deshalb sollten Studiengänge auf ein möglichst breites Fundament gestellt werden.

In der aktuellen Medienberichterstattung wird immer darauf verwiesen, dass IT der Schlüsselfaktor ist und sich Unternehmen künftig mehr als „Software-Schmieden" verstehen. Damit ist ein wichtiger Aspekt angesprochen, der in der Digitalisierungsdebatte häufig vernachlässigt wird: das Handwerk („Schmiede"), das mit Können und bestimmten Fertigkeiten verbunden ist. Bildung hat mit Hervorbringen zu tun, sie ist etwas Schöpferisches, keine Pflicht – und schon gar kein standardisiertes Prüfverfahren. Die Schularchitektur sollte entsprechend angepasst sein: kein Ort der Verwaltung, sondern ein Ort der Gestaltung. Dazu braucht es neue didaktische Konzepte. Das selbstständige und entdeckende Lernen der Zukunft umfasst unterschiedlichste Lernformen, bietet Abwechslung und Vielfalt – vom Printmedium bis zum PC. Dabei kommt es darauf an, digitale Hilfsmittel kompetent und selbstbestimmt zu nutzen. Eine solche Lernkultur ist notwendig, weil nachhaltige gesellschaftliche Entwicklung von jedem Einzelnen neue Kompetenzen abverlangt. Dabei geht es auch um die Herausbildung der eigenen Persönlichkeit und die Steigerung schulischer Bildungsqualität, zu der es heute auch gehört, unsere Kinder umfassend auf die Herausforderungen der Künstlichen Intelligenz vorzubereiten – sonst verspielen wir unseren Wohlstand und unsere wirtschaftliche Zukunft. Natürlich werden digitale Kompetenzen in Zukunft immer wichtiger. Aber sie werden nicht ausreichen, um ein voll gelebtes Leben zu führen. Es braucht auch Schwergewichte des Handelns und den praktischen Zugriff auf die Welt der Dinge.

Die „digitale Talentlücke", die Differenz zwischen der Nachfrage und dem Angebot an digitalen Talenten, vergrößert sich immer mehr. Die Problematik zeigt, wie dringlich das Thema für die Wettbewerbsfähigkeit unseres Landes ist – und dass sie eine der wichtigsten Aufgaben der Wirtschaftspolitik werden sollte, die nicht nur ein gesichtsloses Kollektiv, sondern auch das Individuum mit all seinen Talenten und Entfaltungsmöglichkeiten berücksichtigt.

Bereits 1809 schrieb der Bildungsreformer Wilhelm von Humboldt, dass man allerdings nur ein guter Handwerker ist, wenn man ein aufgeklärter Mensch und Bürger ist. Das ist eine Grundvoraussetzung für digitales Denken. Die amerikanische Computerwissenschaftlerin Jeannette M. Wing prägte dafür den Begriff „Computational Thinking", die ihrer Ansicht nach zur vierten Kulturtechnik neben Lesen, Schreiben und Rechnen erklärt werden sollte.

Mit der digitalen Transformation wird es künftig kaum mehr einen Arbeitsplatz geben, der nicht von IT durchdrungen ist. Deshalb muss bereits in den Schulen vermittelt werden, was bei der Digitalisierung eigentlich passiert und dass auch das handwerkliche (!) und räumliche Denken gestärkt werden muss. Zudem ist es eine elementar wichtige Aufgabe, daneben auch die Faszination für die Schönheit und die Wunder der Natur zu vermitteln, denn wir können nur für das sorgen, was wir lieben und mit positiven Eindrücken verbinden. Auch Umweltpsychologen erachten es für wesentlich, dass Kinder schon frühzeitig Naturerlebnisse erfahren. Umweltschutzbezogene Themen nehmen in diesem Buch deshalb ebenfalls einen besonderen Stellenwert ein.

Um die große Entwicklung zu verstehen und sie beeinflussen zu können, sollten Menschen befähigt werden, ihre „natürlichen" und digitalen Kompetenzen zu schulen und die neuen Medien kompetent, selbstbestimmt und verantwortungsvoll zu nutzen, um sich optimal auf die Zukunft vorzubereiten. Das spiegelt sich auch im Ansatz dieses Buches wider, in dem es nicht nur um die Analyse der großen Zusammenhänge geht, sondern auch um Details und Nebensächlichkeiten, die hier genauso ernst genommen werden.

Im Mittelpunkt stehen nicht nur aktuelle gesellschaftliche technologische Entwicklungen, sondern ebenso (im Sinn der Philosophin Hannah Arendt, die für viele Autorinnen und Autoren dieses Bands prägend ist) Denken, Verstehen, Erleben und Handeln.

Das Denken nimmt einen besonderen Stellenwert ein, denn wir brauchen heute ein neues Denken, das nur ein gemeinsames Denken sein kann, das den unbedingten Willen zur Zusammenarbeit braucht. Das erfordert auch eine kritische Distanz zur eigenen Bedeutung. Neues Denken muss aber auch in der Lage sein, viele Facetten und Perspektiven zu sehen, das große Ganze zu erfassen, aber auch ins Detail zu gehen und sich von alten Gewohnheiten und geistigem Ballast zu verabschieden. Denn wer nicht trennen kann, ist auch nicht urteilsfähig. Dazu braucht es Phasen der Reflexion und Distanz, des beweglichen Denkens, das sich im Althochdeutschen „sinnen" findet. Es bedeutete so viel wie reisen, gehen, unterwegs sein.

Das wichtigste Symbol für das, was heute um uns passiert und unsere Verlorenheit, aber auch unsere Hoffnung darstellt, ist das Meer: Hier sind wir verloren und gerettet. Hier begann unser Leben und unsere Wirklichkeit, aber auch die Komplexität, in der wir heute orientierungslos navigieren, wenn wir es nicht schaffen, vernünftig mit ihr umzugehen.

Das Meer steht aber auch für die Digitalisierung, für die viele Menschen eine tiefe Neigung haben, aber auch Sorge empfinden, weil das Neue und Unbekannte oft größer und gefährlicher als das Alte wahrgenommen wird. Das Wort „cyber" kommt aus dem Griechischen und bezeichnet die Steuerkunst des Seefahrers. Den Ausdruck verwendete der amerikanische Mathematiker Norbert Wiener in einem Buchtitel („Cybernetics") zur Bezeichnung der Wissenschaft von Steuerungs-, Kontroll- und Kommunikationsprozessen.

Mit dem Aufkommen der modernen digitalen Informationstechnik bekam „cyber" laut Duden die Bedeutung „die von Computern erzeugte virtuelle Scheinwelt betreffend".

Der Neurobiologe Manfred Spitzer beklagt in seinem Buch *Cyberkrank*, dass die digitale Informationstechnik mehr als jede andere Innovation jemals zuvor unser Leben bestimmt, das mit der zunehmenden Digitalisierung unzufriedener, depressiver und einsamer wird. Doch so schwarzmalerisch, wie einige Kritiker sein Buch sehen, ist es nicht – es gibt auch viele erhellende Stellen darin, die positiv stimmen:

„Nur wer schon in der Natur gut zu sehen gelernt hat, kann auch mit Bildschirmen etwas anfangen. Und nur wer schon etwas weiß, droht nicht im weiten Meer der Informationen unterzugehen." (Spitzer 2016, S. 206)

Wirklich gefährlich wird der Innovationsdrang im Digitalisierungsbereich, wenn er sich mit Allmachtsphantasien verbindet. Das ist schnell geschehen, wenn es zum Beispiel um Künstliche Intelligenz geht.

Zudem wird immer deutlicher, dass unsere Art zu leben und zu wirtschaften negative Folgen für unseren Planeten hat. Wäre das Internet ein Land, dann hätte es schon jetzt den drittgrößten Stromverbrauch der Welt. Allein das deutsche Datenaufkommen erzeugt jährlich etwa 33 Mio. t CO_2-Emissionen. Das ist etwa so viel wie der inländische Flugverkehr (Sandbichler 2020, S. 36). Den meisten Menschen ist nicht bewusst, wie viel Infrastruktur allein das Internet benötigt.

Um „nachhaltig" eine gerechte Chance auf eine gute Zukunft haben, brauchen wir mehr nachhaltige Entwicklung in allen Lebensbereichen. Hier setzt das Bundesministerium für Bildung und Forschung (BMBF) mit dem Aktionsplan „Natürlich. Digital.Nachhaltig" https://www.bmbf.de/de/digitalisierung-und-nachhaltigkeit-10466.html (Abruf: 14.01.2020) an. Digitalisierung und nachhaltige Entwicklung sollen gezielt zusammengeführt werden. Es soll dazu beigetragen werden, die Ziele für eine nachhaltige Entwicklung der Agenda 2030 der Vereinten Nationen (Sustainable Development Goals, SDGs) zu erreichen. Das fordert auch der Wissenschaftliche Beirat der Bundesregierung Globale Umweltveränderungen (WBGU), der 1992 von der Bundesregierung als unabhängiges wissenschaftliches Beratergremium eingerichtet wurde und globale Umwelt- und Entwicklungsprobleme analysieren sowie zur Lösung dieser Probleme Handlungs- und Forschungsempfehlungen erarbeiten soll. Bisher habe die Digitalisierung nicht den erhofften Beitrag zu den Nachhaltigkeitszielen (SDGs) geleistet. „Nur wenn der digitale Wandel und die Transformation zur Nachhaltigkeit konstruktiv verzahnt werden, kann es gelingen, Klima- und Umweltschutz sowie menschliche Entwicklung voranzubringen", so der WBGU. Dazu sei das Thema

Digitalisierung und Nachhaltigkeit systematisch im System der Vereinten Nationen zu verankern. Zu diesem Thema hat der WBGU das Gutachten „Unsere gemeinsame digitale Zukunft" https://www.csr-news.net/news/2019/07/12/wbgu-digitalisierung-soll-nachhaltigkeit-untersteutzen/ (Abruf: 14.01.2020) vorgelegt. Der Beirat empfiehlt

- mittels einer gestärkten Zukunftsbildung das Umweltbewusstsein der Menschen weltweit zu fördern – mit dem Ziel, Menschen zu einer aktiven Gestaltung des digitalen Wandels zu befähigen;
- eine digital gestützte Kreislaufwirtschaft zu etablieren;
- durch die Nutzung digitaler Lösungen die Nachhaltigkeitspolitik selbst zu modernisieren;
- zur Weiterentwicklung der globalen Nachhaltigkeitsagenda über 2030 hinaus einen UN-Gipfel zu „Nachhaltigkeit im Digitalen Zeitalter" einzuberufen.

Die Beiträge in diesem Buch zeigen, dass das Unbekannte aber auch generell Ängste verursacht, weil keine ausreichenden Informationen vorliegen, wohin die Reise führt. Und doch muss ständig entschieden werden, um auf dem Meer zu überleben.

Umso wichtiger wird unser Orientierungssinn, denn er hilft uns, Komplexität und Unsicherheiten aushalten zu lernen und die Realität besser zu verstehen.

In der Wirtschaftsgeschichte gab es vermutlich noch nie eine Ära, in der Unternehmensakteure in so vielen Bereichen ihre Strategien radikal überdenken und erneuern mussten, um zu überleben und relevant zu bleiben.

Weltweit findet in Wirtschaft und Gesellschaft die größte Transformation der Geschichte statt. Prof. Fredmund Malik prägte den Begriff Komplexitätsgesellschaft: Wir sind heute konfrontiert mit hyperkomplexen, ultradynamischen, vernetzten Systemkonfigurationen, die mit herkömmlichen Denkweisen nicht mehr begriffen werden können. Die alten Methoden sind untauglich geworden, um sie zu verstehen und zu managen.

Worauf es heute ankommt, ist die Beschäftigung mit neuen Formen der Organisation, die funktionieren müssen. Denn nur dann funktioniert auch eine Gesellschaft.

Ein Anspruch auf Vollständigkeit wird in diesem Band nicht erhoben. Was wir als Herausgeber lediglich können, ist, eine Auswahl zu treffen, Anregungen zum Weiterdenken zu geben und häufig unverbundene Themen miteinander in Beziehung zu setzen.

Die Dimension des Nichtabschließbaren und Offenen ist gewollt und spiegelt sich auch in einigen fragmentarischen Ansätzen dieses Bands. Es war uns wichtig, den jeweiligen Experten ein Forum zu geben und interdisziplinäre Ansätze miteinander zu verbinden. Dieser offene Ansatz soll Leserinnen und Leser in eine produktive Position im Umgang mit dem Thema Digitalisierung bringen. Dabei geht es um positive und negative Entwicklungen und Dinge, die unsere Identität und unser Handeln prägen. So finden sich viele Beispiele dafür, wie wir im Kleinen handeln können, ohne auf einen Strukturwandel von oben (Politik und Wirtschaft) warten zu müssen.

Mit diesem Herausgeberband möchten wir vor allem die Vielfalt zeigen, die mit dem digitalen Wandel verbunden ist, und dazu beitragen, nicht nur in Kategorien von Rausch und Ernüchterung, von schwarz (digitale Abstinenz) und weiß (vollmundige Verheißungen der schönen neuen Welt) zu denken.

So machte der verstorbene Herausgeber der Frankfurter Allgemeinen Zeitung Frank Schirrmacher in seinen Büchern *Payback* und *Ego* Algorithmen verantwortlich für die Endsolidarisierung der Gesellschaft und den „Siegeszug des digitalen Kapitalismus". Im SPIEGEL schrieb der Soziologe Harald Welzer 2016 in polemischer Weise von der „smarten Diktatur" eines Digitalimperialismus, den man bekämpfen müsse, denn das „gute Leben" sei analog (Welzer 2016).

Wir Herausgeber und die Autorinnen und Autoren dieses Bands nehmen die kritischen Erörterungen zur Digitalisierung ernst (die Akkumulation der Daten, die Manipulation des Konsumverhaltens etc.), doch möchten wir vor allem vermitteln, dass es heute um den Realitätssinn für das Thema gehen sollte und uns Alarmismus und Panik nicht weiterbringen: Digitalisierung muss weder gefürchtet noch verehrt werden (Technik ist nie gut oder schlecht und hängt vom Nutzen ab) – zuerst geht es darum, ihre Rolle zu verstehen, um sie mit entsprechenden Grundkompetenzen richtig zu gestalten. Dazu gehört, nicht unsere Gier, sondern unsere Neugier zu wecken, Gestaltungsräume aufzuzeigen und mit kritischem Urteilsvermögen Dinge zum Besseren zu verändern. Wir sind uns bewusst, dass eine nachhaltige Digitalisierung nur gelingen kann, wenn Menschen darauf vertrauen, dass sich ihr Leben durch die Digitalisierung signifikant verbessert. Wir können das Geschehen beeinflussen und die Dinge in der Hand behalten, wenn es uns gelingt, den gegenwärtigen und künftigen Herausforderungen mit einer entsprechenden digitalen Mündigkeit zu begegnen. Das bedeutet allerdings auch, sich rechtzeitig mit Risiken und Auswirkungen zu befassen.

Was es heute und in Zukunft braucht, ist ein reflektierter und ehrlicherer Umgang mit dem Thema Digitalisierung – in der Mitte der Gesellschaft und nicht an den Rändern. Die Beiträge der Autoren spiegeln nicht immer die Meinung der Herausgeber wider, tragen jedoch wesentlich dazu bei, die vielfältigen Facetten eines komplexen Themas zu zeigen. Das Neue soll auch heute buchstäblich weiter werden – gleichzeitig wird es aber gefürchtet und gefährlicher als das Alte wahrgenommen.

Das vorliegende Buch soll dazu beitragen, Antworten zu finden auf drängende gesellschaftliche Fragen, die sich dem Thema Digitalisierung widmen. Die letzten Korrekturen erfolgten mitten in der Corona-Krise, die einmal mehr gezeigt hat, wie wichtig die Digitalisierung per se ist, wie viel Nachholbedarf es noch gibt und wie essenziell es ist, dass der Nachwuchs digital gebildet wird. Diese Krise ist auch deshalb eine Herausforderung, weil sie zentrale Einschränkungen menschlichen Denkens und Handelns auf die Probe stellt(e): die Schwierigkeit, unter den Bedingungen von Ungewissheit (trotzdem) zu handeln und mit nichtlinearen Entwicklungen umzugehen – vor allem dann, wenn sie exponentiell werden.

Alle Menschen haben neue Erfahrungen machen müssen, um nicht veraltet auszusehen. Viele, die kein Internet-Banking, kein bargeldloses Bezahlen, kein Onlineeinkauf, keine sozialen Netzwerke mochten, haben eingesehen, dass aus der Not heraus all das notwendig geworden ist. Viele Unternehmen haben Verluste verzeichnen müssen, weil es ihre IT nicht zuließ, dass im Homeoffice gearbeitet werden kann. Auch das Schul- und Universitätssystem bekam zu spüren, dass die Erfahrungen mit E-Learning gering sind. Das Neue kommt nun schneller als gedacht, weil sich der Erfahrungsraum in der Krise vergrößert hat.

Wir danken allen an diesem Buch beteiligten Autorinnen und Autoren für ihre engagierte Mitwirkung, aber auch allen Menschen (Büroleiter, Assistenten, Kommunikationsverantwortliche), die dahinter stehen und dafür Sorge getragen haben, dass es in dieser Form erscheinen kann. Ein besonderer Dank gilt Ulrike Böhm, die unter herausfordernden Bedingungen während der Corona-Krise die Beiträge der Mader GmbH & Co. KG zusammengestellt und koordiniert hat.

Auch Janina Tschech vom Springer Gabler Verlag sei herzlich für ihr Vertrauen und die jahrelange wunderbare Zusammenarbeit gedankt.

Wir haben uns in unserer folgenden Einleitung für die Frageform entschieden, weil es uns vor allem darum geht, dass sich die Leserinnen und Leser ihre Meinungen selbst bilden. Mit Fragen beginnt die Zukunft, die wir nur begreifen, wenn wir uns ihr stellen.

In diesem Sinn wünschen wir Ihnen eine anregende und nachhaltige Lektüre.

Burgthann	Alexandra Hildebrandt
Leinfelden-Echterdingen	Werner Landhäußer
April/Mai 2020	

Literatur

Sandbichler R (2020) Digitaler Rausch. Schrot & Korn 2:36–42
Spitzer M (2015) Cyberkrank! Wie das digitalisierte Leben unsere Gesundheit ruiniert. Droemer Knaur GmbH & Co. KG, München
Welzer H (2016) Die smarte Diktatur. Der Angriff auf unsere Freiheit. Frankfurt a. M., S. Fischer

Digitalisierung beginnt mit Fragen

Alexandra Hildebrandt und Werner Landhäußer

Weshalb gehört das Wissen zur digitalen ALPHABETISIERUNG, dass die eigenen Handlungen im Internet Konsequenzen haben?

Wie verändert sich unser Leben im Zeitalter der ALGORITHMEN?

Wer ist schuld am schlechten Image der ALGORITHMEN?

Welche ALLTAGSGERÄTE eignen sich besonders zum Ausspähen durch Geheimdienste und Hacker?

Was ist AMAZONS Schlüssel zum Erfolg?

Was macht Menschen beim digitalen Jobwandel ANGST?

Geht uns in der Ära der Hochtechnologie bald die ARBEIT aus?

Wie verändert die Digitalisierung unsere Arbeitsweisen und -formen sowie den Charakter der ARBEIT?

Weshalb wird die Demokratisierung der ARBEIT zukünftig weitreichende disruptive Innovationen ermöglichen?

Wie muss der ARBEITSPLATZ der Zukunft aussehen und welche Arbeitsformen erleichtern den Umgang mit der Digitalisierung?

Welche Auswirkungen hätte eine solche zunehmend digitaler ausgerichtete Kollaborativ-Wirtschaft auf den ARBEITSPROZESS und den Arbeitsalltag von Arbeitnehmern?

Wie ändern sich die ARBEITSWELTEN der Zukunft, und welche Herausforderungen erwachsen daraus für die betroffenen Akteure?

Inwiefern wird das kulturelle Erbe durch die digitale ARCHIVIERUNG nachhaltig verändert?

Wo beginnt digitale AUFKLÄRUNG?

Welche Rolle spielen Hochschul- und betriebliche AUSBILDUNG sowie Weiterbildung für Innovationen bei Industrie und Dienstleistung 4.0?

Welche neuen AUSBILDUNGSBERUFE werden für das Gelingen des digitalen Wandels benötigt?

Wie verändert der Technologiewandel die AUTOMOBILBRANCHE?

Welche Industrie 4.0 -Technologien können nachhaltiges BAUEN fördern?

Weshalb braucht BEGREIFEN auch ein greifbares Erleben, echte Dinge und die Rückbesinnung auf deren Resonanzqualitäten?

Wie sollen die mit dem digitalen Wandel verbundenen finanziellen Transaktionen nachvollziehbar und erfassbar gemacht werden für BEHÖRDEN, die bislang nur konventionelle Methoden nutzen?

Inwiefern fördert die Digitalisierung atypische BESCHÄFTIGUNGSMODELLE wie flexible Teilzeitarbeit, Intrapreneurship sowie neue Arbeitsformen wie Crowdsourcing und Clickworking?

Warum ist die digitale Transformation nur durch die Erneuerung unseres gesellschaftlichen BETRIEBSSYSTEMS möglich?

Wie lässt sich das Thema Digitalisierung und Nachhaltigkeit in das gesellschaftliche BEWUSSTSEIN integrieren?

Wie verändert das digitale Zeitalter menschliche BEZIEHUNGEN?

Bedroht BIG DATA unsere Gesellschaft?

Wie verändert die Digitalisierung unsere BILDUNG?

Was würde passieren, wenn die notwendigen Impulse aus der BILDUNGSPOLITIK und von den Bildungsinstitutionen zu spät kommen?

Ist unser BILDUNGSSYSTEM überhaupt auf die Digitalisierung vorbereitet?

Warum wird die Digitalwährung BITCOIN immer wertvoller?

Inwiefern wird die BLOCKCHAIN die deutsche Wirtschaft in den nächsten Jahren verändern?

Was können Unternehmen tun, um sich der BLOCKCHAIN anzunähern?

Wie kann die digitale Wirtschaft zugunsten der BÜRGER organisiert werden?

Ist die CLOUD das Software-Nutzungsmodell der Zukunft?

Werden intelligente COMPUTER dem Menschen überlegen sein? Wer wird in diesen Szenarien die Kontrolle behalten?

Gibt es einen fundamentalen Unterschied zwischen menschlichem Denken, Fühlen, Abwägen und entsprechenden COMPUTERPROZESSEN?

Wie verwundbar ist die digitale Wirtschaft durch CYBERATTACKEN?

Muss die IT-Branche den COMPUTER neu erfinden?

Wie lässt sich COMPUTERKUNST bewahren?

Weshalb wird CONTENT im digitalen Zeitalter zur wichtigen Währung?

Weshalb ist die Verbindung von Content und COMMERCE heute ein entscheidender Erfolgsfaktor?

Wie verändert die CORONA-Krise unsere Arbeits- und Lebenswelt, und welche Rolle spielt die Digitalisierung?

Inwiefern ist CSR ein sinnvolles Werkzeug, um sich an den entsprechenden Fragen der Digitalisierung abzuarbeiten?

Wie gehen wir mit CYBERMOBBING um?

Wem gehören die DATEN, die wir täglich produzieren?

Sind digitale DATEN Informationen, die als Unternehmensgeheimnisse geschützt sind?

Was wird in Zukunft mit unseren DATEN geschehen?

Wie wird sich das Thema DATENANALYTIK weiterentwickeln?

Erstickt die Informationstechnik an der DATENFLUT?

Was ist momentan weltweit die größte Bedrohung für Innovation? Welche Rolle spielt dabei der DATENSCHUTZ?

Welche Infrastrukturen sind für den DATENSCHUTZ essenziell?

Haben wir überhaupt die Wahl, ob wir DATENSPUREN hinterlassen wollen oder nicht?

Wie lässt sich mehr DATENSOUVERÄNITÄT erreichen?

Inwiefern entscheiden DEMOGRAFIE und Digitalisierung über die Wettbewerbsfähigkeit Deutschlands?

Weshalb müssen Unternehmen aufgrund des DEMOGRAFISCHEN WANDELS lernen, mit einer alternden Beschäftigungsstruktur umzugehen?

Welche Auswirkungen hat der DEMOGRAFISCHE WANDEL auf die Wissensbasis, etwa in Form des Potenzials an Erwerbspersonen und Fachkräfte?

Wie wirken sich die sozialen Medien auf unsere DEMOKRATIE aus?

Weshalb nehmen im Transformationsprozess der Umgang mit Komplexität und das ganzheitliche DENKEN einen bedeutenden Stellenwert ein?

Was wird aus dem Menschen, wenn die Maschinen das DENKEN übernehmen?

Wie beeinflussen technische Neuerungen, Erkenntnisse und Möglichkeiten unser DENKEN?

Weshalb müssen wir unsere DENKWEISE über neue Technologien ändern, wenn wir eine demokratische digitale Zukunft schaffen wollen?

Warum spielen neue IKT und sich verändernde individuelle und soziale Bedürfnisse der Kundinnen und Kunden eine Schlüsselrolle für die Entwicklung neuer DIENST-LEISTUNGSANGEBOTE?

Welche nachhaltigen Beiträge kann die DIENSTLEISTUNGSFORSCHUNG zur Realisierung der bestehenden Potenziale leisten?

Was bedeutet der Trend zur DIENSTLEISTUNGSORIENTIERUNG für die Mitarbeiter?

Welche Fragestellungen werden hinsichtlich der gesellschaftlichen Folgewirkungen der DIGITALISIERUNG aufgeworfen?

Führt die DIGITALISIERUNG zum Diktat globaler Konzerne oder in eine Welt neuer Freiheiten?

Weshalb benötigen Unternehmen DIGITALISIERUNGSSTRATEGIEN, um ihren Anforderungen an die digitale Transformation gerecht zu werden?

Gibt es historische Muster für DISRUPTIVE PROZESSE?

Wie sieht die Zukunft des digitalen ERBES aus?

Weshalb braucht DIGITAL LEADERSHIP Substanz statt Sneakers?

Wie arbeiten DIGITAL-NOMADEN?

Vor welche Aufgaben stellt die Digitalisierung den Bereich E-COMMERCE?

Welchen Einfluss haben die sozialen Medien im E-COMMERCE?

Innovationen helfen der Menschheit, immer effizienter zu werden. Allerdings zieht EFFIZIENZ auch immer mehr Konsum nach sich. Müssen wir deshalb Effizienz neu denken und auch jene Innovationen identifizieren, die beispielsweise den Ressourcenverbrauch senken?

Wie kann die engere Verzahnung von Auto und Infrastruktur bei zunehmender Durchsetzung von ELEKTROMOBILITÄT (zum Beispiel die Nutzung von Kraftfahrzeugen als Energiespeicher) gelingen?

Warum hat sich der ELEKTROANTRIEB bei den Fernverkehr-Lkws noch nicht durchgesetzt?

Die Forderung nach Beschäftigungsfähigkeit oder EMPLOYABILITY nimmt bereits seit einigen Jahren eine große Bedeutung im Rahmen einer zukunftsorientierten Unternehmens- und Personalpolitik ein. Inwiefern erhält vor dem Hintergrund der aktuellen Trends und Entwicklungen in der Arbeitswelt die Diskussion noch einmal eine neue Dynamik?

Welche Einsparpotenziale beim ENERGIEVERBRAUCH werden mit digitaler Hilfe leichter erkannt und realisiert?

Wie wird die Digitalisierung und Energiewende den ENERGIESEKTOR verändern?

Welche digitalen Innovationen werden die ENERGIEVERSORGUNG verändern?

Wie kann die Digitalisierung zum Gelingen der ENERGIEWENDE beitragen?

Warum braucht Deutschland für die ENERGIEWENDE intelligente Netze?

Warum ist die digitale ENTGIFTUNG ein Thema für das betriebliche Gesundheitsmanagement?

Wo und wie können intelligente Netze im GESUNDHEITSWESEN die Folgen des demografischen Wandels meistern helfen?

Ist GOOGLE ein Vorbild für eine sich rasant ändernde Arbeitswelt?

Kann EUROPA mit dem digitalen Aufbruch in Amerika mithalten?

Wie können wir uns vor FAKE NEWS schützen?

Wie können FÜHRUNGSKRÄFTE den digitalen Wandel erfolgreich einleiten?

Wie sieht ein zeitgemäßes FÜHRUNGSVERSTÄNDNIS aus und wie muss sich die Organisation dafür verändern?

Vor welchen fundamentalen Veränderungen steht das GELD- UND BANKWESEN?

Inwiefern beeinflusst das digitale Zeitalter die Wahrnehmung und Bedeutung der menschlichen GESUNDHEIT?

Wie können von politischer Ebene aus Anreize geschaffen werden, DATENSUFFIZIENZ (Systeme mit weniger Datennutzung, ethische, ökologische Vorteile) als Ziel von Herstellern und Konzernen zu etablieren?

Weshalb ist DIFFERENZIERUNG eine wichtige Kraft des digitalen Marktes?

Welche Anforderungen stellt der DISRUPTIVE WANDEL, der in vielen Branchen durch die Digitalisierung entsteht, an Manager und Führungskräfte?

Welche Rolle spielt die digitale DOKUMENTATION möglicher Schwachstellen im Druckluftsystem?

Wie kann als Grundlage auch für soziale und ökologische Nachhaltigkeit im Digitalisierungszeitalter ein ökonomisch nachhaltiger FINANZMARKT gewährleistet werden?

Welche Anforderungen ergeben sich an eine zukunftsfähige Führungskultur aus den veränderten Rahmenbedingungen der FÜHRUNG und durch die digitale Transformation der Wirtschaft?

Weshalb sind zur strategischen Nutzung der ökonomischen Potenziale der Digitalisierung für Unternehmen neue und innovative GESCHÄFTSMODELLE erforderlich?

Welche existierenden Branchen sind durch Substitution von GESCHÄFTS-MODELLEN (Beispiele: Analogfotografie, Medienbranche) bedroht?

Wie kann eine GESETZGEBUNG aussehen, die die Transparenz der Algorithmen sozialer Netzwerke und Suchmaschinen intersubjektiv nachvollziehbar offenlegt?

Braucht es neue verfassungsmäßige GRUNDRECHTE über ihre Drittwirkung unmittelbar an private und ausländische Unternehmen? Welche haftpflichtrechtlichen Konsequenzen gibt es?

Wie lässt sich eine immer stärker technisch geprägte Kultur mit der traditionellen Idee eines GUTEN LEBENS verbinden?

Wie sind Deutschlands Zukunftschancen in der ELEKTROMOBILITÄT bestellt?

Wie kann es gelingen, in der Gesellschaft eine breite Akzeptanz der ELEKTRO-MOBILITÄT zu schaffen?

Muss in Deutschland für die ELEKTROMOBILITÄT das gesamte Stromnetz umgebaut werden?

Welche neuen Wege ergeben sich im Internet of Things (IoT) für ein intelligentes Management von ENERGIEANLAGEN?

Inwiefern ist die Digitalwirtschaft eine treibende Kraft für die zahlreichen Innovationen der ENERGIEWIRTSCHAFT?

Was wird aus unserer ERINNERUNGSKULTUR im digitalen Zeitalter?

Inwiefern verändern mobile Endgeräte, intelligente Computersysteme, Virtual Reality, KPI-basierte qualitative Analysen, digitale Communities, Wearables etc. das menschliche ERLEBEN?

Warum brauchen Informatiker ETHIK?

Welche menschlichen FÄHIGKEIT sind in Zeiten von KI wirklich noch relevant?

Wie werden sich Unternehmen, Management und FÜHRUNG im Zeitalter der Digitalisierung verändern (müssen)?

Inwiefern ist FUSSBALL nicht nur in Deutschland, sondern weltweit eine treibende Kraft der Digitalisierung?

Was kann das menschliche GEHIRN, was eine Maschine nicht kann?

Inwiefern trägt Digitalisierung zu einer Effizienzsteigerung bei nachhaltigen GELD-ANLAGEN sowie auch bei der ganzheitlichen Beratung bei?

Welche neuen GESCHÄFTSMODELLE entstehen durch die Digitalisierung für KMU, Handwerk und Dienstleistungen?

Welchen Einfluss wird die Digitalisierung auf GESCHÄFTSREISEN haben?

Welchen Einfluss hat die Digitalisierung auf die GESELLSCHAFT?

Ist es naiv zu glauben, dass sich die Technologieunternehmen zum Wohl der GESELLSCHAFT schon selbst regulieren werden?

Was ist ein GUTES LEBEN in einer digitalen Welt?

Welche persönlichen und gesellschaftlichen FOLGEN hat die Digitalisierung auch im Blick auf die eigene kognitive Innenwelt und die soziale Umwelt?

Mit welcher HALTUNG sollen wir der Digitalisierung unseres Alltags begegnen?

Warum brauchen wir einen digitalen FUSSABDRUCK?

Welche GEFAHREN birgt die Digitalisierung?

Was sollten Unternehmen tun, um einen Beitrag zur algorithmischen GERECHTIGKEIT zu leisten?

Wie verändern sich GESCHÄFTSMODELLE durch die Digitalisierung?

Was bedeutet die Digitalisierung für Unternehmen, deren GESCHÄFTSMODELL in Gefahr ist?

Wie kann es gelingen, die GESELLSCHAFT für die digitalen Herausforderungen fit zu machen?

Was macht eine digitale GESELLSCHAFT verwundbar?

Welche Folgen hat die Digitalisierung für die HANDSCHRIFT?

Welche HANDLUNGSSPIELRÄUME stehen Unternehmen bei der Gestaltung der unternehmensinternen Rahmenbedingungen des Innovationsgeschehens zur Verfügung?

Welche Aufgaben sollten HR-Verantwortliche jetzt auf der Agenda haben?

Ist E-HEALTH die größte Revolution im Gesundheitswesen?

Welche Methoden der Zukunftsforschung und Technikvorausschau können bei der Bewältigung aktueller HERAUSFORDERUNGEN Unterstützung geben?

Weshalb hängt künftig der GESCHÄFTSERFOLG vom Grad der Digitalisierung ab?

Wie finanzieren Menschen in der digitalen Welt ihren LEBENSUNTERHALT?

Wie verändert sich HUMAN RESOURCE MANAGEMENT im Zuge der Digitalisierung? Was sind Konzepte der Zukunft?

Und welche IDEEN und Strategien sind notwendig, um in dieser digitalen Welt auch zukünftig menschlich zu leben, demokratisch und sozial gerecht?

Wie kann ein INDIKATORENSYSTEM aussehen, in dem der Industrie 4.0 und die Anforderungen der Nachhaltigkeitsziele kohärent miteinander verknüpft sind?

Weshalb müssen ethische und moralische Fragen von INFORMATIK und ihrer Wechselwirkung mit gesellschaftlichen Prozessen bzw. Informatik als Teil der Gesellschaft bereits in der Schule als eigenes Fach behandelt und interdisziplinär diskutiert und ausgehandelt werden?

Wie kann es uns gelingen, die notwendigen INFRASTRUKTUREN aufzubauen, um die Potenziale der Digitalisierung optimal nutzen zu können?

Wie prägt der Megatrend INDIVIDUALISIERUNG das digitale Zeitalter?

Wie funktioniert INDUSTRIE im digitalen Zeitalter?

Wie prägt INDUSTRIE 4.0 den Produktionsstandort Deutschland?

Welche neuen INFORMATIONSTECHNOLOGIEN werden die zukünftige Entwicklung von Wirtschaft, Wissenschaft und Gesellschaft entscheidend beeinflussen?

Wie kann ein rechtssicherer Umgang für Unternehmen mit sogenannten nutzergenerierten INHALTEN gewährleistet werden?

Was sind nachhaltige INNOVATIONEN, und wie kann deren Wertsteigerung gesteigert werden?

Wie haben sich die digitalen INNOVATIONEN im sozialen Sektor in den vergangenen Jahren geändert?

Wenn die Produktion mit der Digitalisierung günstiger wird, lohnt sich kein aufwendiges Recycling. Es wird die Lebensdauer von Produkten verlängert, was sich auf INNOVATIONSZYKLEN niederschlägt: Es vergeht mehr Zeit, bis die effizienteren Produkte auf den Markt kommen. Wie kann dem entgegengewirkt werden?

Wie kann die Digitalisierung die soziale INTEGRATION stärken?

Wie können wir im INTERNET zu mündigen Bürgern werden?

Wie verändert das INTERNET DER DINGE unser Leben?

Wie wollen wir Menschen diesem Wandel der IT folgen? Sind wir passiv betroffen oder aktiv beteiligt?

Wie kann sich die Unternehmens-IT im Zeitalter neuer Technologien neu aufstellen?

Wie können Umwelt und Gesellschaft von effizienter IT profitieren?

Welche Sicherheitsstrategien und speziellen Versicherungen helfen gegen das Restrisiko digitaler Angriffe und IT-Störanfälle?

Wie bauen wir nachhaltig flexible und effiziente IT-SYSTEME?

Welche Voraussetzungen müssen für eine erfolgreiche Umsetzung einer agilen IT-Organisation geschaffen werden?

Welche agilen Kompetenzen werden von IT-Führungskräften künftig erwartet?

Was muss getan werden, damit die IT-Organisationen beim Übergang zur sogenannten All-Agile IT an der betriebswirtschaftlichen Steuerung nicht scheitert?

Wie gelingt es, agile Organisationsstrukturen zu etablieren und Business und IT näher zusammenzubringen?

Worin liegt die Kraft des digitalen JOURNALISMUS?

Wie können Menschen auf JOBS vorbereitet werden, die es gegenwärtig noch gar nicht gibt?

Ist Digitalisierung ein KATALYSATOR des Zivilisationsprozesses, oder geht es vor allem um Profitsteigerung?

Ab wann sollten KINDER an digitale Geräte herangeführt werden? Wie sinnvoll sind Regeln zur Dauer der Nutzung?

Wie kann das Konzept versorgungs- und energieautonomer KOMMUNEN durch Industrie 4.0 gefördert werden?

Welche KOMPETENZEN müssen Führungskräfte und Mitarbeiter mitbringen, um ein Unternehmen erfolgreich in die Zukunft zu führen?

Wie gelingt es, Unternehmen mit der zunehmenden KOMPLEXITÄT und Geschwindigkeit von Veränderungen Schritt zu halten, ohne zu „verbrennen" und den Fokus zu verlieren?

In welchen unterschiedlichen gesellschaftlichen KONTEXTEN wird Digitalisierung zunehmend diskutiert?

Welche KOOPERATIONSFORMEN braucht es auf Organisationsseite, um Wertschöpfungsnetzwerke transparent und nachhaltig zu gestalten?

Wie kann das KREATIVITÄTSPOTENZIAL von Mitarbeitern als Quelle der Innovation konkret erschlossen werden?

Wie kann die Transformation von der Verbrauchswirtschaft zur KREISLAUFWIRTSCHAFT umgesetzt werden und gelingen? Ist es nicht erst die Digitalisierung, die vollumfänglich geschlossene Ressourcenkreisläufe ermöglicht? Wie findet die Verknüpfung in Zukunft statt?

Warum ist KULTUR für einige Intellektuelle ein großer Datenverarbeitungsapparat, und warum wäre ohne den von ihr gesetzten Rahmen alles Denken und Tun nur Wahn und Willkür?

Reicht es, Methoden und Technologien zu implementieren. oder ist für die digitale Transformation ein (Unternehmens-)KULTURWANDEL erforderlich? Wenn ja, wie gelingt er?

Wie lassen sich KUNDEN auf der „digital journey" mitnehmen und begeistern?

Werden künftig Konzernbilanzen und Auswertungen des Controllings durch KÜNSTLICHE INTELLIGENZ gemacht?

Wie kann die Anpassungsfähigkeit der LANDWIRTSCHAFT an den Klimawandel durch smarte Technologien gefördert werden?

Was ändert sich beim LERNEN im digitalen Zeitalter, warum und wie sieht es zukünftig aus?

Wie können LANDWIRTSCHAFTLICHE WERTSCHÖPFUNGSKETTEN durch Datentransparenz nachhaltiger gestaltet werden?

Wie kann LERNEN an Schulen digitaler werden?

Welche Innovationspotenziale prägen die LOGISTIK der Zukunft (Echtzeitsteuerung von Warenflüssen etc.)?

Intelligente Maschinen übernehmen immer mehr Aufgaben, die bis dato Menschen vorbehalten waren. Wie beeinflussen Mensch und MASCHINE unsere sozialen Beziehungen?

Was bedeuten MENSCHENWÜRDE und Menschenrechte im digitalen Zeitalter?

Warum kommt in aktuellen Diskussionen über die Weiterentwicklung von NACHHALTIGKEIT und CSR Digitalisierung als Phänomen oder als eigenständige Kategorie so selten vor?

Weshalb wird digitale KOMPETENZ künftig eine Schlüsselqualifikation für Arbeit und Teilnahme am gesellschaftlichen Leben sein?

Welchen Beitrag kann die Digitalisierung für eine NACHHALTIGE ENTWICKLUNG leisten? Welche Rahmenbedingungen müssen wir hierfür schaffen?

Wo stehen wir beim Aufbau intelligenter NETZE in Deutschland?

Inwiefern haben sich durch die Digitalisierung die Macht und die Glaubwürdigkeit öffentlicher Aussagen von der Organisation auf das INDIVIDUUM verlagert?

Warum ist IT-SECURITY Chefsache?

KOMPLEXITÄT, an der Manager früher scheiterten, wird heute durch Algorithmen reduziert. Was ändert sich dadurch in der Unternehmensführung?

Wie kann unternehmerische KREATIVITÄT, die die Möglichkeiten der digitalen Technologien optimal ausschöpft, gefördert werden?

LERNEN unsere Kinder heute das Richtige für die Zukunft?

Mit Software lassen sich Warenströme optimieren. Welche Visionen hat die LOGISTIK darüber hinaus zu bieten?

Wie lassen sich Zukunftsmärkte für urbane Infrastruktur und LOGISTIK erschließen?

Weshalb gilt der Einsatz innovativer und digitaler Technologien als Schlüsselfaktor innerhalb der komplexen LOGISTIKPROZESSE?

Welche Anforderungen stellt der disruptive Wandel, der in vielen Branchen durch die Digitalisierung entsteht, an MANAGER im Digital Business?

Wer wird im Markt der digitalen MEDIEN überleben?

Welche Wirkung können die digitalen MEDIEN bei Konflikten und Menschenrechtsverletzungen entfalten, und inwiefern können sie gezielt dazu beitragen, die Entwicklung von Gesellschaften zu fördern?

Welche absehbaren MEGATRENDS müssen mit Innovationen auf unterschiedlichen Ebenen adressiert werden? Warum ist dazu eine langfristige Planung erforderlich?

Wie und wo können die richtigen MITARBEITER identifiziert werden?

Was bedeutet Digitalisierung aus Perspektive der MITBESTIMMUNG?

Inwiefern wird sich die MITTELSTANDSLANDSCHAFT durch E-Mobilität und Digitalisierung verändern?

Wie weit ist die Digitalisierung im MITTELSTAND angekommen, und wo besteht Nachholbedarf?

Was sind die Gründe für das teilweise zögerliche Verhalten des MITTELSTANDS, dem die Digitalisierung nicht nur Chancen, sondern auch zahlreiche Herausforderungen bringt?

Wie können vor allem MITTELSTÄNDISCHE UNTERNEHMEN gegenüber der digitalen Transformation offener werden?

Worin bestehen die NACHHALTIGKEITSDEFIZITE der Digitalisierung in den Bereichen Politik, Ökonomie, Ökologie und Gesellschaft?

Die digitale Transformation findet in einer Zeit kriegerischer Auseinandersetzungen und schlechter werdender Umweltbedingungen statt. Was kann NACHHALTIGKEITSPOLITIK zur Stabilisierung der Lage tun?

Wie und wo gelingt es aufgrund neuer technologischer und prozessualer Möglichkeiten im Bereich Industrie 4.0 NACHHALTIGKEITSZIELE besser zu erreichen?

Brauchen wir digitale ÖKOLOGIE als Schulfach?

Wie kann nachhaltiges Wachstum mit digitalen ÖKOSYSTEMEN generiert werden?

Worauf sollten Unternehmen der „OLD ECONOMY" achten, wenn sie einen Wandel zum Digitalen vollziehen wollen?

Inwiefern unterscheidet sich der ONLINEHANDEL vom traditionellen Verkauf?

Weshalb setzt OPEN INNOVATION ein Umdenken in den Unternehmen voraus?

Was ist digitaler OPTIMISMUS?

Weshalb werden sich in Zukunft große etablierte ORGANISATIONEN anders aufstellen müssen, und warum ist es notwendig, sie im Zuge der Digitalisierung auch zu demokratisieren?

Welche Strategien sind erforderlich, damit ORGANISATIONEN schneller und aktionsfähiger werden?

Wie lassen sich Informationssysteme, mobile Apps und eingebettete Systeme über ORGANISATIONSGRENZEN hinweg (Smart Ecosystems) vernetzen?

Wie können sich Unternehmen, Verbraucher, Wissenschaft und Politik konkret für eine fundierte ORIENTIERUNG bei der Gestaltung der Rahmenbedingungen der digitalen Gesellschaft einsetzen?

Welche Rolle spielen IT-gestützte Verfahren für eine objektivere PERSONALAUS-WAHL?

Was gehört zu den neuen Aufgaben der PERSONALBERATER?

Welche Rolle spielt Big Data im PERSONALWESEN?

Wie gestalten wir eine langfristige, strategische PERSONALPLANUNG und attraktive Vergütungs- und Nebenleistungspakete, um heute und in Zukunft Talente zu gewinnen und zu binden?

Weshalb sollten PHILOSOPHEN die digitalen Umwälzungen sachlich und vorurteilsfrei analysieren?

Wie kann es gelingen, dass sich die POLITIK an die Spitze der digitalen Gesellschaft setzt und nicht nur Getriebene bestimmter Entwicklungen und Strömungen ist?

Kann eine PRODUKTIONSANLAGE über die IT-Sicherheit abgesichert werden.

Wie können PROGRAMIERER helfen, Verantwortung für die Gesellschaft zu übernehmen?

Welche gesellschaftlichen und rechtlichen RAHMENBEDINGUNGEN werden in Deutschland benötigt, um die dringend notwendige Digitalreife zu erlangen?

Warum geht es im RECRUITING und Talent Management der Zukunft um Menschen statt Prozesse?

Ist RESILIENZ die Antwort auf die Fragen nach dem Umgang mit den Veränderungen dieser Zeit?

Heizt das Internet, das uns hilft, umweltfreundlicher zu leben, gleichzeitig den RESSOURCENVERBRAUCH an?

Welche sozialen und ökologischen RISIKEN und Gefahren ergeben sich durch digitale Technologien für Mensch und Gesellschaft?

Wie könnten wir die Welt durch ROBOTIK zu einem besseren Ort machen?

Welche Rolle übernehmen künftig ROBOTER? Sind sie dem Menschen gleichgestellt und sollten sie dann auch Steuern zahlen?

Weshalb braucht es auch in der SCHULE eine digitale Revolution?

Wie wird die Digitalisierung die Wertschöpfungsketten in den SCHWELLEN-LÄNDERN beeinflussen? Welche Einwirkungen entstehen auf Löhne, den Konsum und die Gesellschaft?

Verkümmert unsere SEELE in der digitalen Welt?

Werden unsere Chancen, die Angebote der Unternehmen des SILICON VALLEYS verstehen und hinterfragen zu können, geringer, je weniger wir Logik und Mathematik verstehen und je geringer unsere kognitive Leistungsfähigkeit in diesem Bereich ist?

Wie lässt sich SOFTWARE in Richtung nachhaltige Entwicklung steuern?

Weshalb ist automatisierte SOFTWAREENTWICKLUNG neben kulturellen und strukturellen Unternehmensfaktoren der Schlüssel zum Digitalisierungserfolg?

Weshalb verlangen die Umbrüche der Digitalisierung nach einer neuen SOZIAL-ORDNUNG?

Wie überlebt der SOZIALSTAAT die Digitalisierung?

Wie kann die Umsetzung von hohen SOZIALSTANDARDS in den Lieferketten durch Industrie 4.0/Plattformen gefördert werden?

Wie lassen sich in SMART CITY Energiekonzepte umsetzen, die die Energiewende fördern und welche technologischen Komponenten sind dafür notwendig?

Welche SPIELREGELN braucht das digitale Wirtschaften?

Weshalb liegt für den Produktionsstandort Deutschland ein großes Potenzial in der Verknüpfung von etablierten Industrieunternehmen mit aufstrebenden START-UPS?

Wie kann eine effiziente STEUERUNG der digitalen Transformation nachhaltig aufgebaut werden?

Welche Anforderungen an eine zukunftsfähige Führungskultur ergeben sich aus den veränderten Rahmenbedingungen der Führung und durch die digitale TRANS-FORMATION der Wirtschaft?

Wie ist digitale TEILHABE möglich, ohne dass die eigenen Grundrechte verletzt werden?

Was bedeutet digitale TRANSFORMATION, wie und wo äußert sie sich? Wie wirken sich bereits heute Hardware, Software und digitale Services auf uns, unser privates, geschäftliches und gesellschaftliches, kulturelles und politisches Umfeld aus?

Wie können Forschung, Entwicklung und Innovation bei digitalen TECHNOLOGIEN auf Spitzenniveau gebracht werden?

Welche Prozesse lassen sich durch den Einsatz digitaler TECHNOLOGIEN in der Produktion flexibler und individualisierter gestalten?

Was können UNTERNEHMEN, die einen hohen Digitalisierungsgrad aufweisen, besser als andere?

Weshalb fällt es UNTERNEHMEN so schwer, auf die neuen Herausforderungen der Digitalisierung adäquat zu reagieren?

Gehört zur Digitalisierung auch eine digitale UNTERNEHMENSKULTUR?

Welche VERKEHRSKONZEPTE sind zukunftsfähig?

Inwiefern nutzt die VERWALTUNG die Vorteile der Digitalisierung?

Wie verändert die Digitalisierung unser Verhältnis zur WELT?

Wie wird eine transformierte WELT aussehen?

Bleibt die deutsche WIRTSCHAFT in ihrem Erneuerungspotenzial hinter der internationalen Konkurrenz zurück?

Wie kann ZUKUNFT für das Unternehmen durch Crowdsourcing nutzbar gemacht werden?

Inhaltsverzeichnis

Dr. Alexandra Hildebrandt
(Fotocredit: Nicole Simon
Photography)

Dr. Alexandra Hildebrandt, Jahrgang 1970, ist Publizistin und Nachhaltigkeitsexpertin. Sie studierte Literaturwissenschaft, Psychologie und Buchwissenschaft. Anschließend war sie viele Jahre in oberen Führungspositionen der Wirtschaft tätig. Bis 2009 arbeitete sie als Leiterin Gesellschaftspolitik und Kommunikation bei der KarstadtQuelle AG (Arcandor). Beim Deutschen Fußball-Bund (DFB) war sie 2010 bis 2013 Mitglied der DFB-Kommission Nachhaltigkeit. Den Deutschen Industrie- und Handelskammertag unterstützte sie bei der Konzeption und Durchführung des Zertifikatslehrgangs „CSR-Manager (IHK)". Sie leitet die AG „Digitalisierung und Nachhaltigkeit" für das vom Bundesministerium für Bildung und Forschung geförderte Projekt „Nachhaltig Erfolgreich Führen" (IHK Management Training). Im Verlag Springer Gabler gab sie in der Management-Reihe Corporate Social Responsibility die Bände „CSR und Sportmanagement" (2014, 2. Aufl. 2019), „CSR und Energiewirtschaft" (2015, 2. Aufl. 2019) und „CSR und Digitalisierung" (2017, 2. Aufl. 2021) heraus. Aktuelle Bücher bei Springer Gabler (mit Werner Neumüller): „Visionäre von heute – Gestalter von morgen" (2018) und „Klimawandel in der Wirtschaft. Warum wir ein Bewusstsein für Dringlichkeit brauchen" (2020).

Werner Landhäußer
(Fotocredit: Hagen Schmitt
Photography/Mader GmbH
& Co. KG)

Werner Landhäußer, Jahrgang 1957, ist Gesellschafter der Mader GmbH & Co. KG und Co-Founder der LOOXR GmbH. Den süddeutschen Druckluft- und Pneumatikspezialisten Mader übernahm er 2003 zusammen mit Kollegen mit einem klassischen MBO aus einem internationalen Konzern. Nach langjähriger Konzerntätigkeit lernte er die kurzen Entscheidungswege und die offene Kommunikationskultur in einem mittelständischen Unternehmen zu schätzen. Die strategische Weiterentwicklung von Mader hin zu einem sozial, ökologisch und ökonomisch erfolgreichen Unternehmen steuerte er mehr als 15 Jahre lang gemeinsam mit Peter Maier, geschäftsführender Gesellschafter bei Mader. 2018 entschlossen sich die beiden zur Gründung des Start-ups LOOXR, einem Spin-off der Mader GmbH & Co. KG – mit dem Ziel, den gesamten Druckluftprozesses zu digitalisieren. Mitte 2019 verließ Werner Landhäußer die Geschäftsführung bei Mader, ein Jahr später trat er von seinem Posten als CEO der LOOXR GmbH zurück. In beiden Fällen übergab er die operative Führung an eine jüngere Generation. Mit seiner Vision einer nachhaltigen, werteorientierten Unternehmensführung hat er beide Unternehmen entscheidend beeinflusst und mitgestaltet. Er bleibt beiden Unternehmen als Gesellschafter erhalten und will seine Vision auch nach seiner Geschäftsführertätigkeit als Experte für nachhaltige Unternehmensführung weiterverfolgen.

Unsere Zukunft, unsere Entscheidung

Natascha Schwarzkopf

1 Die Pandemie

Innerhalb weniger Wochen hat eine weltweite, sich rasant verbreitende Pandemie, die zahllose Menschenleben kostet, unser öffentliches Leben stillgelegt und unseren persönlichen Alltag grundlegend verändert. Zum Zeitpunkt des Verfassens dieses Textes, Ostern 2020, ist noch nicht absehbar, wie lange wir in diesem vorläufigen Alltag verharren werden.

Viele Menschen erleben radikale Einschnitte in ihr Leben durch den Verlust geliebter Menschen, welche der Krankheit durch den Covid-19-Virus erliegen. Wer nicht unmittelbar von der Krankheit selbst betroffen ist, erlebt mit den Maßnahmen der Kontaktsperren in Deutschland ein Leben, welches zum Wohle aller und unserer Gesellschaft die Prinzipien der individuellen Freiheit, wenn auch temporär, einschränkt. Doch nicht nur in Deutschland, auf der ganzen Welt haben die Menschen mit der Herausforderung umzugehen, die Ansteckung durch das Virus unter Kontrolle zu bekommen. In manchen Ländern ist die Bedrohung akuter als in anderen. In manchen Ländern die Sorge vor dem, was die Pandemie mit sich bringt, größer als in anderen. Und doch, wir sind alle betroffen, kaum jemand kann sich dem entziehen. Noch ist nicht absehbar, wie lange wir in dieser Situation leben werden oder wann das Virus in den Ländern grassiert, die bisher noch wenig betroffen sind. Auch nicht, ob ein Ausbruch des Virus zu weit verheerenderen Umständen führt, als das in bereits betroffenen Ländern der Fall ist.

Wenn wir in der Geschichte der Menschheit zurückblicken, sind Pandemien keine Seltenheit. Auch die Pest und die spanische Grippe haben ihrerzeit erhebliche Schäden hinterlassen und zahllose Menschenleben eingefordert.

N. Schwarzkopf (✉)
Nachhaltigkeitsökonomin, Berlin, Deutschland

Pandemien führen den Menschen die Verletzbarkeit ihrer gesellschaftlichen Strukturen vor Augen. Generationen vor uns haben aus der Not heraus gehandelt, Auswege gefunden und Lehren gezogen. Keine Gesellschaft war nach einer Pandemie dieselbe. Die Pest gilt inzwischen gemeinhin als Ende des Mittelalters und Wegbereiterin für die Epoche der Renaissance.

Nun liegt es an uns, trotz und auch wegen der Umstände, welche wir erleben, Hoffnung auf ein Leben nach Corona zu erhalten und, wo nötig, wieder zu wecken. Denn neben den Erfahrungen von Verlust und Einschränkungen erleben wir ein Aufblühen von Solidarität, innovativen Ideen zur Lösung gesellschaftlicher Probleme und des Bewusstseins für all das, was unser Leben wirklich lebenswert macht. Diese Erfahrungen prägen uns.

So stellen wir uns die Frage, welche Konsequenzen wir als globale und europäische Gesellschaft, aber auch ganz konkret in Deutschland ziehen. Denn in unserem Zeitalter von Globalisierung, Digitalisierung und Klimawandel werden unsere Flexibilität, Kreativität, Solidarität und Anpassungsfähigkeit in kommenden Jahren immer wieder gefragt sein. Unsere Welt befindet sich im stetigen Wandel. Wir können nicht genau vorhersagen, wie sich der Klimawandel auf uns auswirken wird, auch nicht, vor welchen politischen, gesellschaftlichen und wirtschaftlichen Herausforderungen wir uns sehen werden. Doch wir wollen einen lebensfähigen und lebenswerten Planeten erhalten und ihn für uns und unsere Kinder besser machen.

Keine Entwicklung macht vor Landesgrenzen halt – die Corona-Pandemie hat uns erneut mit Nachdruck vor Augen geführt, wie unmittelbar sich lokale Ereignisse in unserer globalisierten und vernetzten Welt international auswirken. Wir müssen uns als globale Gemeinschaft die Frage stellen, wie wir uns auf künftige Entwicklungen einstellen wollen. Und ebenso, wie wir diese in ihrem Ausmaß durch Eindämmung menschlicher Eingriffe in unser Ökosystem möglichst gering halten.

In dieser Zeit, in der wir unsere wirtschaftlichen Aktivitäten weltweit auf ein Minimum reduziert haben, sehen wir die Chance, die Weichen unseres Wirtschaftssystems Richtung Zukunft zu stellen.

In dieser Zeit, in der wir soziale Kontakte auf ein Minimum reduziert haben, erkennen wir wieder, was wirklich zählt. Wir Menschen sind soziale Wesen. Wir merken schmerzlich, dass ein Gespräch über Bild und Ton eben doch nicht das Gleiche ist, wie ein persönliches Gespräch, eine Geste, ein Blick. Dieser Austausch kann durch keine Maschine ersetzt werden.

Und dennoch erweisen sich digitale Technologien als Rettungsanker in der Not, um unseren Alltag und die Funktionalität von Gesellschaft und Wirtschaft in möglichst gewohnter Weise aufrechtzuerhalten.

Was lernen wir aus dieser Ausnahmesituation? Wir besinnen uns, Teil eines Ökosystems zu sein, das so viel größer ist als wir. Wir erfahren die Stärken und Schwächen unseres Wirtschafts- und Gesellschaftssystems. Wir erkennen klarer die Grenzen und Potenziale der Digitalisierung, die bei der Gestaltung unserer Zukunft ein Hilfsmittel sein können.

Der Gestaltung einer Zukunft, die wir im Rahmen unserer ökologischen Möglich-keiten als globale Gemeinschaft innovativ und kreativ mit all ihren Herausforderungen leben und erleben. Dass wir dazu als Menschheit in der Lage sind, haben unsere Vor-fahren immer wieder bewiesen. Dass wir dazu fähig sind, wissen wir. Dass wir dazu bereit sind, können und müssen wir jetzt beweisen.

Wir sind es unseren Vorfahren, uns selbst, und unseren nachfolgenden Generationen schuldig.

2 Unser Defizit

Vieler der Schwächen unseres Systems sind wir uns bereits des Längeren bewusst. Wir leben in einem Wirtschaftssystem, das vom Wachstum lebt. Doch wie weit wollen wir wachsen auf einem Planeten mit begrenzten Ressourcen? Im Jahr 2019 haben wir den Welterschöpfungstag[1] bereits am 29. Juli erreicht, so früh wie nie zuvor. Das heißt, ab diesem Tag haben wir weltweit mehr natürliche Ressourcen verbraucht, als in einem Jahr wieder nachwachsen können. Im Jahr 1971 war dieser Tag zumindest noch Ende Dezember. Doch das bedeutet, wir leben bereits seit 50 Jahren auf Kosten der uns nach-folgenden Generationen.

Und dennoch stützen wir uns noch immer auf nicht-nachwachsende fossile Ressourcen, deren absehbare Erschöpfung bereits in ihrem Namen steckt. Wir wissen um den menschlichen Einfluss auf die Erderwärmung durch unseren Ausstoß von Treib-hausgasen. Ebenso um die weitreichenden ökologischen, sozialen und wirtschaftlichen Auswirkungen, die der Klimawandel mit sich bringt. Wir haben uns weltweit dem Klimaschutz verpflichtet und uns für eine nachhaltige Entwicklung ausgesprochen. Wir tun das, weil wir uns dessen bewusst sind, dass die Art, wie wir leben, dem Planeten schadet, soziale Ungleichheiten nicht auszugleichen weiß und somit auch nicht lang-fristig finanziell tragbar sein wird. Damit wir „heute nicht auf Kosten von morgen leben". Und doch tun wir es noch immer. Das soll nicht heißen, dass es nicht ernsthafte Bemühungen gibt, dies zu ändern. Jedoch überwiegt derzeit noch das Gegenteil. Warum?

„Klimaschutz und Nachhaltigkeit muss man sich leisten können."

Zu Teilen wegen dieses Paradigmas. Doch in dieser Haltung stecken gleich zwei Missverständnisse. Es ist ein Trugschluss, in diesem Sinne von „Klimaschutz und Nachhaltigkeit" zu sprechen. Denn beim Klimaschutz geht es um aktive Maßnahmen, um unseren Treibhausgasausstoß zu verringern. Dagegen handelt es sich bei der Nach-haltigkeit um ein umfassendes Konzept, das die systemischen Zusammenhänge unserer Welt umfasst. Jedwede Maßnahme kann nur nachhaltig sein, wenn sämtliche öko-logische, darunter der Klimaschutz, ökonomische und soziale Auswirkungen bedacht und abgewogen werden.

---

[1]www.overshootday.org, eine Initiative der Non-Profit-Organisation Global Footprint Network.

Wer davon spricht, „dass man sich Klimaschutz und Nachhaltigkeit leisten können muss", verkennt also, dass es sich bei dem Konzept der Nachhaltigkeit um weit mehr als um Klima- und Umweltschutz handelt. Es geht um die grundsätzliche Funktionsweise unseres Gesellschafts- und Wirtschaftssystems. Ebenso verkennt diese Aussage, dass wir uns ohne Klimaschutz in einigen Jahrzehnten womöglich gar nichts mehr leisten können, da wir uns bei zunehmender Erderwärmung im Zerfall unseres globalen Ökosystems, und somit unserer Überlebensgrundlage, wiederfinden werden. In einer solchen Situation wären wir dauerhaft damit beschäftigt, mit den Folgen von Umweltkatastrophen und ihren gesellschaftlichen Folgen wie Nahrungsknappheit und Klimageflüchteten umzugehen. Was das für unseren Wohlstand, globale Sicherheit und demokratische Strukturen bedeutet, erschließt sich von selbst.

Klimaschutz ist also nichts, was wir uns „zusätzlich" leisten, um unser Gewissen zu beruhigen und in internationalen Verhandlungen gut dazustehen. Ein Wirtschaftssystem, das uns langfristig ein lebenswertes Leben ermöglichen soll, muss den Klimaschutz ebenso wie den nachhaltigen Umgang mit natürlichen Rohstoffen in seine Prinzipien einbetten. Sicherlich, das Klima zu schützen erfordert jetzt ein Umdenken und finanzielle Investitionen. Doch Klimaschutz heute wird allemal günstiger sein, als all das zu bewältigen, was eine Zukunft ohne Klimaschutz uns abverlangen wird. Klimaschutz ist kein Wohlstandsproblem, das man sich leisten kann, sondern eine unerlässliche Grundlage, um in Zukunft Wohlstand zu wahren oder generieren zu können.

Wenn wir unser Klima nachhaltig schützen wollen, bedeutet das aber keineswegs Klimaschutz um jeden Preis. Klimaschutz ist nur dann nachhaltig, also langfristig erfolgreich, wenn wir uns dabei im Rahmen des ökologisch, wirtschaftlich und gesellschaftlich Tragbaren bewegen. Hier sei explizit nochmal auf die ökonomische Komponente hingewiesen. Denn nicht jede Maßnahme zum Schutze der Umwelt schützt automatisch das Klima, ebenso schützt nicht jede Maßnahme zum Klimaschutz zwingend auch alle weiteren Bereiche unserer Umwelt.

Ein gesamtes intaktes Ökosystem ist jedoch Voraussetzung dafür, dass wir als Gesellschaft leben, uns ernähren und wirtschaften können. Wirtschaftliche Aktivität ist die Grundvoraussetzung dafür, dass wir als Gesellschaft gut leben und unser Ökosystem intakt halten können. Gut leben können wir als Gesellschaft dann langfristig, wenn wir so wirtschaften, dass wir unsere ökologische Lebens- und Ernährungsgrundlage erhalten – bestechende Logik, dieses Prinzip der Nachhaltigkeit.

3   Unsere Ziele

Wo ansetzen in einem System, in dem alles einander bedingt? Zur Vereinfachung und Veranschaulichung haben die Vereinten Nationen in einer Arbeit ohnegleichen unsere menschlichen Aktivitäten und deren Einfluss auf unseren Planeten in 17 Nachhaltigkeitsziele (Sustainable Development Goals) gefasst. Die Ziele widmen sich dem Erhalt unserer Umwelt bei gleichzeitigem Fortschritt unserer Wirtschaft und Gesellschaft. Jedes dieser Ziele können wir nur erreichen, wenn wir seine Wechselwirkung mit jedem der anderen 16 verstehen – also in Gänze die Auswirkungen unserer Aktivitäten in Betracht ziehen und somit eine nachhaltige Entwicklung ermöglichen.

Bereits vor der Corona-Pandemie ist das Bewusstsein und auch das Momentum, sich den Fragen der Nachhaltigkeit zuzuwenden, größer geworden. Der Klimaschutz ist stärker in das öffentliche Bewusstsein gerückt. Wir haben in Deutschland ein Klimaschutzgesetz verabschiedet und in Europa mit dem Green Deal einen Pfad der nachhaltigen Wirtschaftsausrichtung mit dem Ziel einer Klimaneutralität bis 2050. Immerhin sind wir inzwischen also unterwegs in die richtige Richtung.

4   Unsere Resilienz

Doch schnell werden jetzt wieder die Stimmen laut, die fordern, „das mit dem Klimaschutz und der Nachhaltigkeit jetzt erstmal zu lassen". Es sei ja schließlich jetzt erstmal wichtiger, unsere Wirtschaft nach der Krise wieder aufzubauen und finanziell stabil zu machen, als sich ums Klima zu kümmern. „Resilienz" ist das Wort der Stunde.

„Resilienz" wird in Duden beschrieben als „Fähigkeit, schwierige Lebenssituationen ohne anhaltende Beeinträchtigung zu überstehen." Blicken wir auf Deutschland. Die Bundesregierung hat ein beispielloses Corona-Hilfsmaßnahmenpaket erlassen und dafür die Schuldenbremse einmalig ausgesetzt. Wir machen Schulden auf Kosten unserer Zukunft. Diese sollen zwar bis 2042 wieder abgebaut werden, doch man kann dies wohl als anhaltende Beeinträchtigung im finanziellen Sinne betrachten. Dazu kommt individueller persönlicher und unternehmerischer Schaden, welcher selbst von sämtlicher finanzieller Unterstützung niemals in seiner Gänze ausgeglichen werden kann.

Neben der finanziellen Belastung sehen wir, dass unsere globale Wirtschaft, basierend auf maximaler Kosteneffizienz mit maximaler Gewinnerzielung bei maximalem Output zu minimalen Preisen, an ihre Grenzen gerät. Auf unerwartete externe Schocks kann ein System kaum reagieren, das so just-in-time programmiert ist, dass kleine Irritationen bereits zu horrenden finanziellen Verlusten entlang der gesamten Wertschöpfungskette und zu Engpässen in Lieferketten führen, die weltweit spürbar sind.

Wir funktionieren auf Sparflamme „systemrelevant", merken aber nun, dass unser Fokus auf Kosteneffizienz an den relevanten Stellen im System zu Einsparungen geführt hat, die uns jetzt teuer zu tragen kommen. Gesundheit, Pflege, örtliche Infrastruktur, Versorgungssicherheit, medizinische Forschungskapazitäten – bereits bekannte Problemherde, nun noch eklatanter offensichtlich. Die Krise trifft Menschen mit geringem Einkommen, wenigen Ersparnissen und unsicheren Beschäftigungsverhältnissen härter. Im Land der Dichter und Denker sehen wir die Kunst- und Kulturbranche mit dem Rücken zur Wand und unsere Bildungseinrichtungen nur mäßig ausgestattet, um Schul- und Universitätsbildung aus der Ferne weiter zu ermöglichen.

Wir sind also per Definition nicht resilient, wir werden diese schwierige Lebenssituation nicht ohne langanhaltende Beeinträchtigungen überstehen. Wenden wir den

Blick von Deutschland nach Europa und in die Welt, wird das Bild noch klarer – und für die Zukunft kein besonders positives, wenn wir jetzt nicht konsequent hinterfragen, was wir besser machen müssen.

Was brauchen wir, um resilient zu sein? Ein stabiles Gerüst, welches flexibel und anpassungsfähig ist an unerwartete Veränderungen von innen oder außen. Mit zunehmender Vernetzung durch die Globalisierung vernetzen wir auch uns und unser System immer weiter. Wirtschaft und Gesellschaft im Wechselspiel mit unserer Umwelt werden komplexer und damit unsere Herausforderungen. Dementsprechend müssen auch unsere Antworten dynamischer Natur und wir uns ihrer Auswirkungen aufeinander bewusst sein. Ein resilientes System basiert folglich auf dem Konzept der Nachhaltigkeit.

5   Unsere Digitalisierung

Tatsächlich bedingt und beabsichtigt eine nachhaltige Entwicklung, die Resilienz von Ökosystemen und Volkswirtschaften durch Innovation zu stärken (Nachhaltigkeitsziel 9[2]). In Zeiten maximaler Reduzierung sozialer Kontakte blühen innovative Technologien und digitale Lösungskonzepte auf in dem Bestreben, uns einen möglichst regulären Alltag zu ermöglichen.

Innerhalb kürzester Zeit haben Unternehmen und Organisationen einen Modernisierungsschub vollbracht, der zuvor unmöglich schien – das Homeoffice ist plötzlich nicht mehr Science-Fiction, sondern Alltag.

Wo Dienstleistungen ins Internet verlegt werden können, geschieht dies. Ob Wochenmarkt, Buchhandlung oder Lieblingscafé – wer kann, ermöglicht Onlinebestellung und kontaktfreie Abholung oder Lieferung. Ob systemrelevant oder nicht, in allen Bereichen entstehen kreative digitale Alternativen. Beim Hackathon der Bundesregierung im März 2020 haben sich innovative Unternehmen, Start-ups und Individuen vernetzt, um gemeinsam vom Sofa aus digitale Lösungen für gesellschaftliche Probleme im Zeichen der Corona-Krise zu finden. Kunst- und Kulturschaffende teilen, womit sie sonst ihr Geld verdienen, über neu kreierte Plattformen oder soziale Netzwerke und schenken uns Kraft und positive Energie in der Isolation. Videotelefonate ermöglichen das, was einem direkten Gespräch mit Verwandten und Freunden am nächsten kommt und auch das Business-Meeting funktioniert vom Küchentisch aus. Wir beweisen uns selbst, wie Digitalisierung zur kreativen Lösungsfindung beitragen und sie oft erst möglich machen kann.

Wir lernen „die Digitalisierung" als Gesellschaft von einer anderen Seite kennen. Was bisher für viele eher ein neumodisches futuristisches und unverständliches Konstrukt

---

[2]Nachhaltigkeitsziel 9: „Industrie, Innovation und Infrastruktur – Widerstandsfähige Infrastruktur aufbauen, breitenwirksame und nachhaltige Industrialisierung fördern und Innovationen unterstützen".

war, an dem weitestgehend vorbeigelebt wurde, zeigt sich nun von einer offenen, partizipativen und äußert hilfreichen Seite mit überraschend verständlichen, transparenten und nutzerfreundlichen Anwendungen. Diese Seite gab es bereits vor Corona, sie wurde in der öffentlichen Wahrnehmung jedoch mehr und mehr überschattet von endzeitartigen Allmachtsnarrativen der Technik. Die Digitalisierung als Milchglaskuppel des Ungewissen in einer Zukunft, in der die Menschheit sich nicht wiedererkennt – automatisiert, maschiniert, robotisiert, künstlich intelligent, bedrohlich und feindlich. Kein guter Nährboden, um die Potenziale der Digitalisierung für fortschrittliches Denken zu erforschen und Innovation zu fördern. Unsere Nation, Exportweltmeister innovativer Technologien, aber digitales Entwicklungsland. Vielleicht erweist sich gerade jetzt unser Fokus auf den Weltmarkt als Hemmschwelle für digitale gesellschaftliche Innovation, die wir in unserem Land so sehr brauchen. Statt uns als Exportnation zu feiern, müssen wir die ausgewogene Deutung eines außenwirtschaftlichen Gleichgewichts vorantreiben.

6   Unsere Entscheidung

Selbstverständlich dürfen wir nicht blind auf die Digitalisierung vertrauen. Jede Vorsicht und Skepsis haben ihre berechtigten Gründe. Dennoch können wir die Erfahrungen, die wir jetzt in der Krise in Form von Notlösungen machen, als Arbeits- und Diskussionsgrundlage nehmen für weitere Debatten darüber, inwieweit wir unsere Zukunft digitalisieren wollen. Denn auch das zeigen uns die Erfahrungen – zwischenmenschliche Beziehungen können nur ein Stück weit durch digitale Endgeräte ersetzt werden. In dem Moment, in dem uns der Austausch von Angesicht zu Angesicht verwehrt wird, lernen wir ihn mehr zu schätzen. Vor einer entmenschlichten Zukunft brauchen wir uns nicht mehr sorgen, denn wir widerlegen ihr Potenzial selbst. Ebenso werden wir souveräner mit der Frage nach Schutz und Nutzung von persönlichen Daten umgehen. Digitale Technologien wissen unsere Daten zu nutzen, zu Gesundheits- aber auch zu Werbezwecken. Was dient der Allgemeinheit, was nur der Gewinnmaximierung? Wo gewinnen wir Freiheiten, wo begeben wir uns in kritische Abhängigkeiten? Die Grundsätzlichkeit dieser Entscheidungen und ihre tief greifenden Auswirkungen auf unser Leben wurden in vergangenen Debatten zwar diskutiert, doch aus Bequemlichkeit ignoriert.

Welche digitalen Notlösungen bieten dauerhaft Alternative oder Ergänzung zu analogen Strukturen, die unser Leben bereichern? Wo können sie uns helfen, resilienter, nachhaltiger, besser zu leben? Welche Grundvoraussetzungen müssen dafür gegeben sein? Wer die Vorteile der Digitalisierung nutzen will, muss auch dafür sorgen, dass sie jedem zugänglich ist und wir kompetent in ihrem Umgang sind. Hier Kompetenz und Bewusstsein zu schaffen, ist die Grundlage dafür, dass wir eine souveräne gesellschaftliche Wertedebatte darüber führen können, wie wir unsere digitalisierte Zukunft so gestalten, dass sie bei der Bewältigung künftiger Herausforderungen behilflich sein kann und uns resilienter macht. Die Krise zeigt uns, wie schnell Lösungen in kürzester Zeit gedacht und umgesetzt sind, nun müssen wir gemeinsam entscheiden, was wir in einer digitalisierteren Normalität beibehalten wollen.

7   Unser Beitrag

Eine Wertedebatte über die Digitalisierung ist eine Debatte über unsere Werte als Gesellschaft. Die Bereitschaft, in einer Krise solidarisch zu handeln und gemeinsam nach Lösungen zu suchen, zeigt uns, dass wir zusammenhalten, wenn es darauf ankommt. Die Befürchtung, dass wir in unserer Entwicklung hin zu einer immer diversifizierteren Gesellschaft Menschlichkeit und Solidarität einbüßen, widerlegen wir durch unsere Bereitschaft, kurzfristig unsere Freiheitsrechte einzugrenzen, um uns und andere zu schützen. Angesichts dessen lernen wir den Wert unserer Freiheiten einer Demokratie wieder zu schätzen. Wir erkennen, dass wir keine Verbotskultur wollen, die uns vorschreibt, wie wir zu leben haben. Unser Verständnis dessen, was uns der demokratische Freiheitsgedanke bedeutet, wächst, je länger wir unsere eigenen Rechte einschränken. Durch das Ausführen dieser Beschränkungen werden wir wieder daran erinnert, dass wir alle einen Beitrag leisten zu dem, was unsere Gesellschaft ausmacht. Unser persönliches Handeln zählt, wir sind alle systemrelevant.

8   Unsere Zukunft

Nutzen wir diese Erkenntnis, um gestärkt aus dieser Krise hervorzugehen. Wir beweisen uns selbst, dass wir es können. Nehmen wir das Gefühl der Solidarität als Grundlage, uns für eine Zukunft zu rüsten, der wir optimistisch entgegenschauen können. Wir haben, was wir dafür brauchen. Denn obgleich berechtigter Zweifel beweist sich unsere Gesellschafts- und Wirtschaftsform der sozialen Marktwirtschaft als solide Grundlage, damit wir zumindest systemrelevant funktionieren. Die zuvor so umstrittene Schuldenbremse erweist sich als unerlässliche Voraussetzung, dass wir als Land aus eigenen Mitteln heraus überlebensfähig sind.

Doch wir erkennen schmerzlich, dass für ein erfülltes und selbstbestimmtes Leben weit mehr systemrelevant ist als das gesamtwirtschaftliche Überleben. Menschlichkeit, Solidarität, Kreativität, Kunst, Unternehmergeist, Gestaltungswille, Innovation und das Gefühl, Teil von etwas zu sein, zu dessen Gelingen wir aktiv beitragen können und wollen – all das brauchen wir. Es ist unser aller Aufgabe, dass wir in all diesen Bereichen unsere Gesellschaft und die Menschen in ihrem unermesslichen Wert und Beitrag für unseren Fortschritt und unsere Lebensqualität wieder wertschätzen und fördern. Diese viel zu oft als „Softskills" belächelten Attribute sind essenzielle Voraussetzungen, um unsere Wirtschaft und Gesellschaft nachhaltig resilient und somit unser aller Leben auf und mit unserem Planeten besser zu machen. Wir wissen, dass wir es können. Und was sollen bloß unsere Kinder denken, wenn sie erfahren, dass wir es wussten, aber nichts daraus gemacht haben? Wir haben es in der Hand.

Natascha Schwarzkopf MSc ist Betriebswirtin und Nachhaltig-keitsökonomin. Derzeit arbeitet sie als politische Referentin für Nachhaltige Entwicklung für die CDU/CSU-Fraktion im Parlamentarischen Beirat für Nachhaltige Entwicklung im Deutschen Bundestag.

Natascha Schwarzkopf
(Fotocredit: privat)

Digitalisierung: Chancen auf neues Wachstum

Bert Rürup und Sven Jung

1 Digitalisierung: Was macht den Trend aus?

Seit einigen Jahren ist die Digitalisierung eines der bestimmenden Themen in der öffentlichen Diskussion. Der Grund: die mit diesem technologischen Umbruch verbundenen tiefgreifenden Veränderungen des wirtschaftlichen, politischen und gesellschaftlichen Lebens. Treiber dieses Umbruchs sind – zumindest in Deutschland – in erster Linie die Unternehmen, die sich bereits seit geraumer Zeit intensiv mit den Auswirkungen der digitalen Transformation auf ihre Prozesse, Produkte und Geschäftsmodelle auseinandersetzen.

Trotz des Hypes und den weitreichenden Folgen der digitalen Transformation, handelt es sich dabei um kein neues Phänomen. Der Begriff selbst wurde schon vor 18 Jahren geprägt, als der Stadtstaat Singapur eine digitale Transformationsstrategie entwickelte (Capgemini 2012, S. 2). Dieser technologische Wandel ist demnach weniger eine Revolution als vielmehr ein evolutionärer Prozess, der sich jedoch seit einiger Zeit beschleunigt.

Diese Beschleunigung wurde und wird von der technologischen Entwicklung getrieben, die namentlich in drei Bereichen stattfindet (BMAS 2017; Commerzbank 2017):

- IT und Software: Die weiterhin rasant zunehmende Leistungsfähigkeit von Prozessoren ermöglicht und erleichtert die Nutzung von Cloud-Lösungen, mobilen Anwendungen oder auch den Einsatz von Künstlicher Intelligenz.

B. Rürup · S. Jung (✉)
Handelsblatt Research Institute, Düsseldorf, Deutschland
E-Mail: jung@handelsblatt-research.com

© Springer-Verlag GmbH Deutschland, ein Teil von Springer Nature 2021
A. Hildebrandt und W. Landhäußer (Hrsg.), *CSR und Digitalisierung,* Management-Reihe Corporate Social Responsibility, https://doi.org/10.1007/978-3-662-61836-3_2

- Robotik und Sensoren: Neue Einsatzmöglichkeiten für Roboter und Sensoren werden durch die Miniaturisierung und die neuen Fähigkeiten im Zuge der technologischen Entwicklung möglich.
- Vernetzung: Weiterentwicklung im Bereich der Netzwerke und der Kommunikation sind die Basis für die Kommunikation und den Datenaustausch mit und zwischen (intelligenten) „Dingen" (zum Beispiel Maschinen, Fahrzeuge, Werkstücke), was wiederum die Grundlage für neue Anwendungen ist.

Ein weiterer Schub der Entwicklung resultiert aus dem bislang kontinuierlichen Rückgang der Preise für digitale Produkte und Bauteile (Commerzbank 2017).

Obwohl die Digitalisierung bereits vor Jahren eingesetzt hat, hat sich bisher noch keine allgemein akzeptierte Definition etabliert (Jung et al. 2016). Allerdings hat sich in einem engeren technischen Sinne die folgende Begriffsbestimmung herausgebildet: *Digitalisierung steht für die Übersetzung analoger Tätigkeiten und Prozesse in eine von Maschinen lesbare Sprache, um diese Daten jederzeit und überall nutzbar zu machen, damit Tätigkeiten von miteinander kommunizierenden Computern und Robotern ausgeführt werden können.*

In Deutschland war in diesem Zusammenhang zunächst – relativ lang wie verkürzt – von Industrie 4.0 oder der vierten industriellen Revolution die Rede. Hierbei geht es im Kern um den Einsatz digitaler Technologien in industriellen Produktionsprozessen (Roland Berger 2015). Produkte, Maschinen und Werkstoffe werden „intelligent" vernetzt, und ganze Wertschöpfungsketten werden im Zuge dieses Prozesses digitalisiert. Es bilden sich cyberphysische Systeme heraus, bei denen physische Objekte – Maschinen und Bauteile – über das Internet miteinander kommunizieren. Der Begriff wurde zum ersten Mal bei der Hannover Messe im Jahre 2011 verwendet. Auch wenn zunächst bei Industrie 4.0 der Fokus auf den Prozessen im verarbeitenden Gewerbe lag (Kreutzer und Land 2015), wird der Begriff inzwischen synonym für den gesamten Prozess der Digitalisierung verwendet (Jung et al. 2017).

Und dabei handelt es sich mehr als nur um den Einsatz neuer Technologien (zum Beispiel Big Data und Analytics, Künstliche Intelligenz, Internet der Dinge), also um mehr als eine Technologisierung (Commerzbank 2017; EY 2011; Keese 2016). Unternehmen können die mit der digitalen Transformation verbundenen Potenziale erst dann vollständig umsetzen, wenn diese neuen Technologien in Prozesse, Produkte und Dienstleistungen sowie Geschäftsmodelle eingebunden werden.

Ebenso ist die Digitalisierung keineswegs nur auf den gewerblichen Sektor beschränkt. Vielmehr sind davon alle Branchen und nicht zuletzt die öffentliche Verwaltung betroffen (Keese 2016; Kreutzer und Land 2013).

Hinzu kommt, dass wesentliche Aspekte dieses technologischen Umbruchs nicht-technologischer Natur sind. Die digitale Transformation eines Unternehmens betrifft gleichermaßen die Strategie, die Organisation, das Projektmanagement sowie dessen Kultur (Commerzbank 2017). Insofern stellen sich Unternehmen bei der Digitalisierung neben technischen auch sozialen und organisatorischen Herausforderungen.

In Deutschland wurde allerdings zu Beginn der digitalen Transformation die gesamte Tragweite dieses Wandels durchweg nicht erkannt. Mit dem Begriff Industrie 4.0 als verkürzte Chiffre lag der Fokus bei den Unternehmen auf der Verbesserung der Produktionsprozesse mittels der neuen technologischen Möglichkeiten. Neuen Produkten und Geschäftsmodellen wurde hingegen zunächst wenig Beachtung geschenkt, sodass die deutschen Unternehmen in der oft erwähnten „ersten Halbzeit" der digitalen Transformation gegenüber den amerikanischen und asiatischen Unternehmen ins Hintertreffen geraten sind. Dies hat sich allerdings in den vergangenen Jahren ein Stück weit gewandelt.

2   Digitale Transformation in Deutschland

Für die weiteren Betrachtungen sollen zunächst einige ökonomische Besonderheiten in Deutschland skizziert werden, die für den fortlaufenden technologischen Wandel von Bedeutung sind. Zudem wird der aktuelle Stand der Digitalisierung in Deutschland im Vergleich zu anderen Ländern dokumentiert.

Mit einem Bruttoinlandsprodukt je Einwohner von 41.342 Euro (nominal) im Jahr 2019 (Destatis 2020) zählt Deutschland zu den 20 wirtschaftsstärksten Ländern der Welt (IWF 2019). Seit dem Jahr 2009 wies die deutsche Volkswirtschaft aufs Jahr gesehen dauerhaft ein Wachstum auf. Dies wird im Jahr 2020 angesichts der Corona-Pandemie nicht mehr der Fall sein. Die deutsche Volkswirtschaft wird – wie die der meisten entwickelten Länder der Welt – in eine schwere Rezession abgleiten, deren Ausmaß bei der Fertigstellung dieses Beitrags noch nicht absehbar war.

Weiterhin charakteristisch für die deutsche Volkswirtschaft ist eine große Bedeutung des produzierenden Gewerbes in Relation zur gesamtwirtschaftlichen Leistung. Daher auch der in Deutschland geprägte Begriff Industrie 4.0. Innerhalb der EU stellt Deutschland das industrielle Schwergewicht dar. Denn in Deutschland wird etwa ein Drittel der gesamten industriellen Wertschöpfung dieser Staatengemeinschaft erzeugt (BMWi 2019). Deutsche Unternehmen besitzen insbesondere im Bereich des Maschinen- und Anlagenbaus eine weltweite Marktführerschaft. Laut Daten der Organisation für wirtschaftliche Zusammenarbeit und Entwicklung (OECD) weist Deutschland mit einem Anteil des verarbeitenden Gewerbes an der gesamten Bruttowertschöpfung von 22,65 % im Jahr 2018 nach Südkorea den größten Industrieanteil der 20 wichtigsten Industrieländer auf. Zudem ist die Einbindung der deutschen Volkswirtschaft in die internationale Arbeitsteilung außerordentlich hoch. Aktuell ist Deutschland – gemessen an der gesamten Ausfuhr – nach China und den USA die drittgrößte Exportnation. Im Jahr 2018 betrug der deutsche Anteil an den weltweiten Ausfuhren 8 % (WTO 2019, S. 100).

Während diese beiden Aspekte – starker industrieller Sektor und starke Einbindung in die internationale Arbeitsteilung – in den früheren Jahren ein Wachstumsgarant für Deutschland waren, offenbart die Corona-Pandemie und die damit einhergehende Unterbrechung der grenzüberschreitenden Waren- und Dienstleistungsströme wie der Wertschöpfungsketten der Unternehmen, wie anfällig dieses System für globale Krisen ist.

Charakteristisch für die deutsche Volkswirtschaft ist eine außerordentlich hohe internationale Wettbewerbsfähigkeit des produzierenden Gewerbes, die nicht aus Lohnkostenvorteilen erwächst. Bei den industriellen Produkten aus Deutschland handelt es sich weniger um haushaltsnahe Massenprodukte, sondern vorrangig um wissens- und technologiebasierte Ausrüstungsgüter sowie hochpreisige und prestigeträchtige Automobile. Zudem zählen viele mittlere und kleine Industrieunternehmen in ihren Nischen zu den Weltmarktführern. Von den weltweit 2734 „hidden champions" kommt nahezu die Hälfte, nämlich 1307, aus Deutschland (Simon 2016). Bei der Mehrzahl der kapitalintensiv hergestellten Produkte der deutschen Exportwirtschaft, spielen die Lohnkosten durchweg eine geringere Rolle als in anderen Ländern. Die Lohnstückkosten liegen in Deutschland im internationalen Vergleich auf einem sehr hohen Niveau (Schröder 2020). Nur Norwegen, Kroatien, das Vereinigte Königreich, Frankreich und Estland wiesen 2018 im verarbeitenden Gewerbe höhere Kosten auf, während die deutschen Lohnstückkosten beispielsweise um 21 % höher als die in den USA und 25 % höher als in Japan waren.

Während Deutschland Stärken im Bereich des Maschinen- und Anlagenbaus aufweist, ist hingegen der Bereich der Informations- und Kommunikationstechnologien (IKT) nicht sonderlich stark ausgeprägt. Dieser Bereich hat allerdings als Entwickler und Hersteller der digitalen Technologien eine große Bedeutung für die Digitalisierung. In den USA machte dieser Sektor im Jahr 2015 laut OECD einen Anteil an der gesamten Bruttowertschöpfung von 6,04 % aus. In Deutschland weist dieser Anteil einen Wert von 5,04 % auf. Damit liegt der Wert unter dem OECD-Durchschnitt von 5,41 %. Spitzenreiter ist Südkorea mit einem Anteil von 10,35 %.

Ungeachtet dessen, dass der IKT-Bereich in Deutschland eine geringere Bedeutung hat als in anderen Industrieländern, zählt Deutschland dennoch zur weltweiten Spitzengruppe, wenn es um Forschung und Entwicklung geht. Denn es wird in Deutschland recht viel in die Forschung investiert. Nach Angaben der OECD machten 2018 in Deutschland die Ausgaben für Forschung und Entwicklung einen Anteil von 3,13 % am Bruttoinlandsprodukt aus. In der Gruppe der 20 wichtigsten Industrie- und Schwellenländer war nur in Südkorea und Japan dieser Anteil größer. Des Weiteren ist auch ein signifikanter Forschungsoutput in Deutschland zu beobachten. Im Jahr 2018 wurden hier 884 Patente je eine Million Einwohner angemeldet (WIPO 2019, S. 46). Übertroffen wurde diese Leistung nur von Südkorea, Japan, der Schweiz und China.

Diese Innovationsleistung dürfte allerdings steigerbar sein, wenn es um den IKT-Fokus geht. Daten des Europäischen Patentamtes (EPO) zeigen, dass andere Länder eine größere Konzentration auf den IKT-Sektor bei ihrer Innovationsleistung aufweisen (Kantar TNS und ZEW 2018a, S. 45). Spitzenreiter ist in dieser Hinsicht China. So stammten hier in 2017 60 % der vom EPO gewährten Patente aus dem Bereich der IKT. Dahinter folgte Südkorea mit einem Anteil von 40 %. Weit abgeschlagen war Deutschland mit einem Anteil der IKT-Patente an allen Patenten von 8 %. Dies kann als Indiz für einen bestehenden Aufholbedarf gelten.

Gleiches gilt für die Digitalisierung. Denn hier ist der Wirtschaftsstandort Deutschland eher mittelmäßig aufgestellt. Dies jedenfalls legt der Index für digitale Wirtschaft und Gesellschaft der Europäischen Kommission nahe. Deutschland liegt in diesem Ranking auf Platz 12 der 28 EU-Mitgliedsstaaten (EU 2019). Der Indexwert, in den die Bereiche Konnektivität, Internetkompetenzen, Onlinenutzung, Integration der Digitaltechnik und digitale öffentliche Dienste eingehen, liegt bei 54,4 (Skala von 0 bis 100). Angeführt wird das Ranking von Finnland mit einem Wert von 69,9; der EU-Durchschnitt liegt bei 52,5. Zwar hat sich die Situation in Deutschland mit Blick auf diesen Indikator in den letzten Jahren verbessert – allerdings nur proportional zu den anderen Mitgliedsstaaten, sodass damit keine signifikante Veränderung im Ranking der 28 EU-Mitgliedsstaaten verbunden war.

Ein detaillierter Blick auf diesen Index offenbart „Licht und Schatten". Deutschland ist in vielen Dimensionen des Index leistungsstark dank weitreichender Verfügbarkeit und hoher Nutzungsraten von Festnetzbreitbandverbindungen. Die Integration der Digitaltechnik in den Unternehmen hat zugenommen, und die digitalen Kompetenzen im Land sind überdurchschnittlich. Der Anteil der IKT-Fachkräfte an allen Beschäftigten hat sich seit 2017 erhöht.

Allerdings liegt der „Wirtschaftsstandort D" bei der Nutzung ultraschneller Breitbandverbindungen noch immer unter dem EU-Durchschnitt. Und die größte digitale Herausforderung des Landes besteht in der Verbesserung der Online-Interaktion zwischen Behörden und Bürger/-innen. Nur 43 % der Internetnutzer greifen auf E-Government-Angebote zurück. Damit steht Deutschland in dieser Hinsicht an 26. Stelle. E-Health-Dienste werden sogar lediglich von 7 % der Menschen genutzt.

Zu einem ähnlichen Ergebnis kommt der Monitoring-Report Wirtschaft DIGITAL 2018 des Bundeswirtschaftsministeriums (Kantar TNS und ZEW 2018a). In einer Vergleichsanalyse der Leistungsfähigkeit der digitalen Wirtschaft von zehn wichtigen Industrieländern[1] erreicht Deutschland mit einem Indexwert von 65 (Skala von 0 bis 100) den fünften Platz. Angeführt wird das Ranking von den USA (85 Punkte) und Südkorea (77 Punkte). Der Standortindex DIGITAL bezieht sich auf die Segmente Markt, Infrastruktur und Nutzung. Eine genaue Analyse zeigt, dass Deutschland im Vergleich mit den anderen Ländern mit Blick auf das Umsatzwachstum im Telekommunikationsbereich sowie den Anteil der Telekommunikationsausgaben an der gesamtwirtschaftlichen Leistung eine schwächere Position einnimmt. Darüber hinaus ist in Deutschland die Bereitschaft zur digitalen Transformation bei den Unternehmen am geringsten ausgeprägt (Kantar TNS und ZEW 2018a). Des Weiteren zeigt diese Untersuchung ebenfalls die schwache Nutzung von E-Government-Angeboten (zum Beispiel Onlinedurchführbarkeit von Verwaltungsakten wie Steuererklärung, Gewerbeanmeldung).

---

[1]Weltmarktführer: USA und Südkorea; europäische Marktführer: Großbritannien und Finnland, europäische Vergleichsstandorte: Frankreich und Spanien; asiatische Wachstumsmärkte: China, Indien und Japan; Deutschland.

Allerdings sind solche Rankings und Digitalisierungsindizes stets mit Vorsicht zu interpretieren. Da immer andere Indikatoren zur Indexbildung herangezogen werden, sind die Ergebnisse zwischen den einzelnen Untersuchungen nur in Grenzen zu vergleichen.

3 Wachstumspotenziale der Digitalisierung

3.1 Chancen für die Unternehmen

Die Wachstumspotenziale, die mit der Digitalisierung verbunden sind, basieren in erster Linie auf den neuen Chancen für die Unternehmen, zusätzliche Wertschöpfungspotenziale zu erschließen. Diese neuen Chancen ergeben sich dabei auf den drei Ebenen, die von der Digitalisierung in den Unternehmen verändert werden: Prozessebene, Produktebene und die Ebene des Geschäftsmodells.

3.1.1 Steigerung der Effizienz und Produktivität

Mit der Digitalisierung können Unternehmen auf der Prozessebene ihre Effizienz steigern (Alicke et al. 2016; Bauer et al. 2014; BMAS 2017; BMWi 2016; Chui et al. 2017). Für diese Steigerungen gibt es verschiedene Gründe. So können die Unternehmen mit besseren Prognosen und einer schnelleren sowie flexibleren Prozesssteuerung Belastungsspitzen und Unterauslastungen vermeiden (Demary et al. 2016). Neben einer gleichmäßigeren Auslastung bieten sich zudem Chancen, zusätzlich einen höheren Auslastungsgrad bei den Maschinen zu realisieren (BMWi 2016; Roland Berger 2016).

Die Effizienzsteigerung in den Unternehmen, insbesondere aus dem produzierenden Bereich, kommt nicht zuletzt darin zum Ausdruck, dass sich die Stillstandzeiten verringern (Bauer et al. 2014). So können die Unternehmen mittels Sensoren in den Maschinen und Erkenntnissen aus den damit möglichen Datenanalysen Fehler sowie Ausfälle präventiv vermeiden und Wartungen im Sinne von Predictive Maintenance durchführen – bevor der nächste Ausfall eintritt (Bauer et al. 2014).

Ferner führt die Digitalisierung auf der Prozessebene dazu, dass die Komplexität von Prozessen abnimmt, wodurch wiederum die Effizienz zunehmen kann. So erreichte Henkel durch die Digitalisierung seiner Prozesse eine Reduktion der verschiedenen Arbeitsschritte im Finanzbereich von 20.000 auf 2000 (Giersberg 2017).

Unternehmen können mittels Digitalisierung aber nicht nur ihre Effizienz steigern, sondern auch die Qualität ihrer Produktion (Bloching et al. 2015; Parviainen et al. 2017). So ist eine Verringerung des Ausschusses bei der Produktion und der Fehlerquote möglich.

Eng verbunden mit der Effizienz ist die Produktivität. Auch hier zeigt sich ein positiver Effekt der digitalen Technologien. Unternehmen können mittels Digitalisierung ihre Produktivität steigern (Accenture 2016; BMAS 2017; Caylar et al. 2016; Demary et al. 2016; Manyika et al. 2015; OECD 2017; Rüßmann et al. 2015). Der Prozess der Produktivitätssteigerung läuft bei den Unternehmen dabei über mehrere Kanäle:

1. Ein Kanal ist die Kapitalproduktivität. Hierbei ist die Annahme relevant, dass digital vernetzte Maschinen mehr leisten als ihre analogen Vorgänger. Außerdem wirken sich die größere Flexibilität, die Möglichkeit zur Optimierung in Echtzeit, die bessere Auslastung sowie die geringeren Ausfallzeiten ebenfalls positiv auf die Produktivität aus (Mohr et al. 2017).
2. Des Weiteren soll die Arbeitsproduktivität zunehmen. Einerseits werden Tätigkeiten, die vorher von Menschen ausgeführt wurden, nun von produktiveren Computern und Maschinen übernommen. Andererseits können die Beschäftigten durch die Zusammenarbeit mit vernetzten Computern und Maschinen ihre Fähigkeiten stärken und besser ausnutzen. Zudem steigt die Arbeitsproduktivität durch den Einsatz weiterer digitaler Technologien wie Augmented Reality, ein besseres Monitoring sowie einen Wandel der Organisation (Manyika et al. 2015). Ferner kann im Zuge der Digitalisierung die Motivation der Beschäftigten und somit deren Leistung zunehmen, beispielsweise wenn Roboter ihnen „lästige" Routinetätigkeiten abnehmen (Bitkom 2015; Parviainen et al. 2017).
3. Der dritte Kanal ist die Faktorproduktivität, die im Zuge der Digitalisierung der Prozesse ebenfalls zunimmt (Mohr et al. 2017).

3.1.2 Reduktion der Kosten

In einem engen Zusammenhang mit der Effizienzsteigerung steht die Kostenreduktion. Die Digitalisierung geht mit sinkenden (Produktions-)Kosten einher (Alicke et al. 2016; Bloching et al. 2015; BMAS 2017; BMWi 2016; Chui et al. 2017; Demary et al. 2016; Feldmann et al. 2017; OECD 2017; Parviainen et al. 2017).

Dabei bewirkt die Nutzung neuer, digitaler Technologien Kosteneinsparungen in unterschiedlichen Bereichen. Dazu gehört beispielsweise das Lager. Durch eine bessere Prozesssteuerung sowie Erkenntnisse aus Big Data können Unternehmen ihre Produktion präziser auf die erwartete Nachfrage abstimmen, wodurch die Lagerhaltung – von Vor- und Endprodukten – geringer ist (Alicke et al. 2016). Des Weiteren verringern auch die Möglichkeiten zu einer additiven Fertigung sowie zur stärkeren Individualisierung der Produkte („Losgröße 1") den Lagerbestand (Caylar et al. 2016).

Daneben führt eine Automatisierung von Routinetätigkeiten dazu, dass die Arbeitskosten sinken (Roland Berger 2016). Dies ist nicht nur in der Produktion der Fall, sondern beispielsweise auch im Vertrieb oder Kundenservice (Hajek et al. 2018). So können Unternehmen Systeme Künstlicher Intelligenz oder digitale Plattformlösungen im Kundenservice einsetzen. Über eine digitale Plattform ist es möglich, die gesamte Korrespondenz mit dem Kunden – etwa Verträge, Bestellbestätigungen und Rechnungen – abzuwickeln. Der Werkzeug- und Maschinenbauer Rothenberger zum Beispiel reduzierte mittels digitaler Rechnungen seine Kosten (zum Beispiel Papier, Porto, Druck) um 60 % (BMWi 2016). Des Weiteren können Unternehmen durchweg mittels digitaler Plattformen ihre Transaktionskosten verringern (Hüther 2016). Dies bezieht sich auf die Kosten für Suche und Information, Verhandlung und Entscheidung aber auch die Durchführung, Durchsetzung und Überwachung der Transaktion. So erleichtert die Bündelung verschiedener Angebote oder auch Transaktionen an einem (digitalen) Ort – der Plattform – es den Unternehmen den Überblick über alles zu behalten, da für alles im besten Fall das gleiche Tool verwendet werden kann.

Kosteneinsparungen erzielen Unternehmen darüber hinaus mit neuen, digitalen Wartungsmöglichkeiten wie Predictive Maintenance, bei denen Zustandsdaten von Maschinen genutzt werden, um Ausfälle vorab zu erkennen und so die Maschinen präventiv zu warten bzw. zu reparieren. Damit verringern sich die Wartungs- und Reparaturkosten.

Unternehmen profitieren zudem von der Digitalisierung in anderen Bereichen der Wirtschaft, beispielsweise der öffentlichen Verwaltung. Durch E-Government-Lösungen können nicht nur in der Verwaltung, sondern ebenso in Unternehmen Kostenein-sparungen realisiert werden (Heide 2018; McKinsey 2017). Durch effizientere und damit schnellere Antragsprozesse können sich die Verwaltungskosten der Unternehmen in Deutschland um insgesamt etwa eine Milliarde Euro pro Jahr reduzieren.

3.1.3 Steigerung der Flexibilität

Unstrittig ist, dass mit zunehmender Digitalisierung Unternehmen sowohl in der Produktion als auch in anderen Unternehmensbereichen an Flexibilität gewinnen (Alicke et al. 2016; Bloching et al. 2015).

Dies erlaubt eine bessere Steuerung der Prozesse in Echtzeit (Alicke et al. 2016). Ändern sich die Rahmenbedingungen oder Anforderungen, können Unternehmen die entsprechenden Prozesse schneller an das neue Setting anpassen.

In der Produktion ermöglicht die gestiegene Flexibilität eine wirtschaftliche Produktion auch kleiner Stückzahlen bis zur „Losgröße 1". Mit vernetzten Maschinen können gesamte Produktionsanlagen im Sinne eines „Plug & Produce" in kurzer Zeit umgerüstet werden, sollten sich die Produktionsanforderungen ändern. Zusätz-lich unterstützt wird dies durch flexibel einsetzbare Roboter und Künstliche Intelligenz (KantarTNS und ZEW 2018b). Während es beim „Plug & Produce" um ein Umorganisieren von Maschinen nach Maßgabe eines vorgegebenen Produktionsweges geht, ist die Fertigung im digitalen Zeitalter ebenfalls dadurch gekennzeichnet, dass der Produktionsweg selbst flexibel wird: Statt eines „starren" Fließbandes werden flexible Bauteilträger eingesetzt. Jeder Bauteilträger kann dabei einen individuellen Weg entlang der unterschiedlichen Maschinen und Anlagen nutzen. Damit kann ein Unternehmen – auch kurzfristig – auf individuelle Kundenwünsche eingehen (Bloching et al. 2015).

3.1.4 Neue Absatzmöglichkeiten und Kundenbeziehungen

Während die bisherigen Aspekte die Prozessebene betreffen, schöpfen die Unter-nehmen im Zuge der Digitalisierung ebenso auf der Produkt- und Geschäftsmodellebene wirtschaftliche Potenziale aus. Unternehmen können auf Basis digitaler Technologien neue Produkte, Dienstleistungen und Geschäftsmodelle entwickeln (Bloching et al. 2015; Demary et al. 2016; Parviainen et al. 2017). Damit lassen sich neue Absatzmärkte und Kundengruppen erschließen. Neben völlig neuen Produkten verändern sich auch traditionelle Produkte durch den Einbau von Sensoren und anderen digitalen Bauteilen zu „Smart Products", wodurch sie einen größeren Funktionsumfang erhalten. „Smart Products" sind zudem eine neue Quelle von Daten, die anschließend auch von Dienstleistungsunternehmen für neue Angebote genutzt werden können.

Das Potenzial im Bereich neuer Geschäftsmodelle ist vielfältig. So können die Unternehmen ihre Produkte und Dienstleistungen passgenauer auf die individuellen Kundenwünsche zuschneiden und zudem gezielt „Mehrwertlösungen" anbieten, mit denen eingeführte Produkte um zusätzliche Dienstleistungen ergänzt werden. Ein Beispiel dafür ist Predictive Maintenance: Unternehmen werten Daten über den Zustand von Maschinen aus, erkennen drohende Ausfälle im Muster und können so Maschinen reparieren, noch bevor sie ausfallen. Darüber hinaus können Unternehmen ihren Kunden neue Verwertungsmodelle wie „… as a Service", „Pay per Use" oder „Physical Freemium" anbieten (Manyika et al. 2015). Für Unternehmen im digitalen Zeitalter eröffnen sich vermehrt Wertschöpfungspotenzial neben den bisherigen Geschäftsfeldern (Prognos 2016).

Und selbst wenn Unternehmen nicht an einer digitalen Transformation ihrer Produkte und Dienstleistungen oder Geschäftsmodelle interessiert sind, erzeugt die Digitalisierung Druck – durch sich digitalisierende Wettbewerber – sich auf dem Bestehenden nicht auszuruhen.

Eine wichtige Bezugsgröße für die Unternehmen bei der Entwicklung neuer Produkte, Dienstleistungen und Geschäftsmodelle, die im Zuge der Digitalisierung an Bedeutung gewinnen dürfte, sind die Kunden, die die Anbieter mit veränderten Bedürfnissen konfrontieren. Digitale Lösungen können helfen, diese neuen Bedürfnisse zu befriedigen.

Darüber kann die Bindung der Kunden an das Unternehmen im Zuge der Digitalisierung zunehmen (Hüther 2016; Parviainen et al. 2017). Eine Ursache dafür ist, dass mit dem Angebot von ergänzenden Dienstleistungen bzw. „Smart Services" die Unternehmen ihre Wertschöpfungskette vertiefen und verlängern, wodurch die Kunden für längere Zeit und stärker an das Unternehmen gebunden werden (Hüther 2016).

Zudem treffen viele Unternehmen durch eine zunehmende Individualisierung von Produkten und Dienstleistungen die Bedürfnisse der Kunden besser (Bovensiepen et al. 2016). Infolgedessen ziehen die Kunden aus den Dienstleistungen und Produkten einen größeren Nutzen (Demary et al. 2016). Auch dies erhöht die Kundenbindung. Auf Basis von Big-Data-Analysen können einerseits die individuellen Kundenbedürfnisse genauer identifiziert werden, sodass die Unternehmen präziser darüber Bescheid wissen, auf welche spezifischen Bedürfnisse die maßgeschneiderten Angebote abgestimmt werden müssen. Andererseits erlauben die digitalen Technologien, zum Beispiel vernetzte und autonom gesteuerte Produktion und additive Fertigung sowie eine daraus erwachsende höhere Flexibilität im Angebot, gleichermaßen individuellere wie dennoch profitable Leistungen.

So führt die Digitalisierung durchweg nicht nur zu einer intensiveren Kundenbindung, sondern auch zu einer Zunahme der Kundenzufriedenheit (Arellano et al. 2017; BMWi 2016). Zurückzuführen ist dies im Wesentlichen darauf, dass die Produkte und Dienstleistungen individueller auf die jeweiligen Kundenbedürfnisse abgestimmt werden können.

Mit höherer Kundenbindung und -zufriedenheit steigen die Chancen, dass Kunden zusätzliche Abschlüsse tätigen, wodurch schlussendlich der Umsatz wächst (Bloching et al. 2015; DIHK 2017). Letztendlich zählt für die Unternehmen allerdings nicht der Umsatz, sondern der Gewinn. Da aus der Digitalisierung neben Umsatzsteigerungen aber auch Kostensenkungen resultieren können (siehe Abschn. 3.1.2), steigt durchweg auch der Gewinn (Bughin et al. 2017; Caylar et al. 2016; Chappuis et al. 2018).

3.1.5 Plattformen und Netzwerkeffekte

Eine der zentralen Neuerungen der Digitalisierung ist die Bildung digitaler Plattformen und damit virtueller Marktplätze, die sich als ökonomisch außerordentlich erfolgreiches Konzept etabliert haben. So hat sich neben einer großen Zahl wissenschaftlicher Publikationen auch das Bundesministerium für Wirtschaft und Energie in einem Weißbuch mit den Besonderheiten und Herausforderungen, die mit digitalen Plattformen verbunden sind, auseinandergesetzt (BMWi 2017).

Plattformen sind „Orte", an denen zwei oder mehrere Gruppen von Kunden bzw. wirtschaftlichen Akteuren zum Austausch von Produkten, Dienstleistungen oder Daten miteinander verbunden werden. Dies können Suchmaschinen, soziale Netzwerke, Online-Handelsportale, Vergleichsportale, Sharing-Plattformen, App-Stores oder Medienplattformen sein. Ein besonderes Merkmal von Plattformen ist, dass sich über sie „zweiseitige" Märkte herausbilden (Rochet und Tirole 2003). Die verschiedenen Kundengruppen, die auf der Plattform zusammenkommen, beeinflussen sich gegenseitig in ihrem Nachfrageverhalten. Es entstehen Netzwerkeffekte, die ein wesentlicher Nutzen von digitalen Plattformen für Unternehmen sind (von Engelhardt et al. 2017). Dabei lassen sich direkte und indirekte Netzwerkeffekte unterscheiden. Die direkten Effekte bestehen darin, dass die Attraktivität einer Plattform für eine Gruppe von Akteuren dann zunimmt, wenn mehr Akteure der gleichen Gruppe die Plattform nutzen. Im Gegensatz dazu beschreiben die indirekten Netzwerkeffekte die wechselseitige Abhängigkeit der involvierten Gruppen von Akteuren (z. B. Konsumenten und Anbieter) auf einer Plattform. Auf einem digitalen Marktplatz zum Beispiel sind umso mehr Konsumenten registriert, je mehr Anbieter dort engagiert sind. Dies wiederum erhöht die Attraktivität des digitalen Marktplatzes für neue Anbieter. Im Sog dieser Netzwerkeffekte kann es theoretisch zu einer „Winner-takes-it-all"-Situation kommen, bei der sich am Ende die Plattform durchsetzt, die sich bei der Nutzergewinnung einen Vorsprung verschafft.

Netzwerkeffekte führen allerdings nicht notwendigerweise zu einer Marktkonzentration (Haucap 2015). So gibt es durchaus Märkte (z. B. Tourismus), auf denen mehrere Plattformanbieter aktiv sind.

Unternehmen können mittels digitaler Plattformen ihre Wettbewerbsfähigkeit steigern. Zugleich wird die Kundenbindung erhöht. Digitale Plattformen bieten zudem eine Möglichkeit, Transaktionskosten zu reduzieren (von Engelhardt et al. 2017). Dies stimuliert wiederum potenziell neue Transaktionen, da die Anzahl an Transaktionen bei geringeren Kosten zunimmt (North 1987). Des Weiteren eröffnen Plattformen für dort gelistete Unternehmen zusätzliche Wertschöpfungspotenziale und sie können das Ertragswachstum dieser Unternehmen begünstigen (BMWi 2017). So können digitale Plattformen die Basis für die zuvor erwähnten neuen Produkte, Dienstleistungen und Geschäftsmodelle sein (von Engelhardt et al. 2017). Ebenso können Unternehmen mittels Plattformen ihre Reichweite steigern, da prinzipiell geografische Grenzen, abgesehen von kulturellen, sprachlichen und juristischen Barrieren, keine Bedeutung haben.

3.2 Produktivitätsparadoxon – Bietet die Digitalisierung wirklich Chancen auf neues Wachstum für die Gesamtwirtschaft?

Die eben angesprochenen Potenziale für die einzelnen Unternehmen begründen die Erwartung, dass mit der Digitalisierung ebenfalls für die gesamte Volkswirtschaft – als Aggregat der einzelnen Unternehmen – Wachstumschancen und insbesondere Produktivitätssteigerungen verbunden sind. Das Bild in der amtlichen Statistik stellt sich hingegen nüchterner dar. So ist die Arbeitsproduktivität in Deutschland – genau wie in anderen Industriestaaten – in den vergangenen fast zwei Jahrzehnten mit deutlich geringerer Geschwindigkeit gewachsen als in den Jahren zuvor (Coricelli et al. 2013; Goffart 2019, S. 130; OECD 2015; Schneider 2013). Lag das Produktivitätswachstum in Deutschland in den 1970er-Jahren noch bei jahresdurchschnittlichen 2,6 %, waren es in den 1980er-Jahren 1,4 %. Die 1990er-Jahre kamen noch auf ein durchschnittliches Wachstum von 1,3 % pro Jahr, im ersten Jahrzehnt des neuen Jahrtausends waren es 0,6 % – und auch in den Folgejahren ist kein klarer Aufwärtstrend zu erkennen.

Einzig zur Jahrhundertwende gab es ein leichtes Zwischenhoch, welches der Automatisierung und Computerisierung (dritte industrielle Revolution) zugerechnet wurde (vgl. Gordon 2016, S. 575; Stiroh 2002). Dieser Produktivitätseffekt war jedoch deutlich geringer als bei vorherigen technologischen Umbrüchen. Seit diesem kurzen Peak im Zuge der Computerisierung in den 1990er- und frühen 2000er-Jahren haben sich die weiteren technischen Entwicklungen im Rahmen der Digitalisierung (vierte industrielle Revolution) (noch) nicht in einem dauerhaft steigenden Produktivitätswachstum niedergeschlagen.

Die Frage, warum dies so ist, stellt einen wichtigen Diskussionspunkt dar. Bekannt ist die Beobachtung unter den Begriffen „Produktivitätsparadoxon" oder auch „Solow-Paradoxon".[2] In seiner ursprünglichen Verwendung stellte Solow bereits im Jahr 1987 fest, dass sich die Computerisierung zu seiner Überraschung nicht in einem steigenden Produktivitätswachstum niederschlage. Zwar hat sich später gezeigt, dass es mit dem zuvor angesprochenen Produktivitätspeak doch zu einer Veränderung kam, die Vermutung, dass das Paradoxon grundsätzlich gelöst sei, dürfte allerdings verfrüht sein (vgl. Acemoglu et al. 2014).

Warum die Produktivitätsentwicklung trotz der Möglichkeiten, die die Digitalisierung bietet, so flach verläuft, ist bisher nicht abschließend geklärt. Es gibt dazu eine Vielzahl von – in der Summe letztlich unbefriedigenden – Erklärungen, darunter

- eine Überschätzung des Potenzials der Digitalisierung (Gordon 2016);
- der an Bedeutung gewinnende Dienstleistungssektor, bei dem allerdings auch mit digitalen Technologien die Möglichkeiten für Produktivitätsfortschritte begrenzt sind (Knuth und Reiermann 2018; Straubhaar 2020);
- die auf monetäre Größen angelegte Messung der Produktivität durch die Systeme der Volkswirtschaftlichen Gesamtrechnung, die neue Geschäftsmodelle unzureichend abbilden (BMAS 2017; Goffart 2019, S. 132; OECD 2015);
- die arbeitsintensive Produktion in Niedriglohnländern, die den Anreiz verringert, verstärkt produktivitätssteigernde Technologien einzusetzen (Brynjolfsson und McAfee 2014);
- ein verzögerter Effekt, weil sich technische Möglichkeiten erst vollständig durchsetzen müssen (Brynjolfsson und McAfee 2014; Sachverständigenrat 2015, Tz. 647 ff.; OECD 2019);
- neue Vorgehensweisen der Unternehmen im digitalen Zeitalter, die sich durch iteratives „Trial&Error" auszeichnen, wodurch gerade zu Beginn der digitalen Transformation die Produktivitätsfortschritte im Anpassungsprozess geringer sind (OECD 2019);
- externe Hürden, zum Beispiel hohe Regulierungen auf Güter- und Arbeitsmärkten, sowie gesellschaftliche Vorbehalte, die einem optimalen Einsatz der digitalen Technologien im Weg stehen (Sachverständigenrat 2015, Tz. 655);
- mangelnde komplementäre Investitionen seitens der Unternehmen, zum Beispiel in die Weiterbildung der Mitarbeiter, die Anpassung der Infrastruktur, die Marktforschung und die Restrukturierung des gesamten Unternehmens, sodass das Potenzial der digitalen Technologien nicht hinreichend ausgeschöpft wird;
- eine bislang unvollständige Abschreibung der bisherigen, analogen Aggregate, mit der Folge, dass die Unternehmen aus betriebswirtschaftlichen Gründen die digitalen Maschinen mit der höheren Produktivität noch nicht in großem Umfang einsetzen.

---

[2]Von dieser aktuell schwachen Produktivitätsentwicklung sollte jedoch nicht zwangsläufig auf ein grundsätzlich geringes Produktivitätspotenzial der Digitalisierung geschlossen werden (vgl. BMAS 2017).

Das aktuell geringe Produktivitätswachstum sollte aber nicht zu der Annahme verleiten, dass mit der Digitalisierung keine Wachstumschancen verbunden sind (Krishnan et al. 2018). Auf Ebene der individuellen Unternehmen gibt es durchaus schon Produktivitätseffekte der Digitalisierung (Gal et al. 2019; OECD 2019).

Darüber hinaus legen auch nur die ersten beiden der eben genannten Gründe den Schluss nahe, dass die Digitalisierung keine Chancen auf neues Wachstum bietet. Unter Umständen kann das neue Wachstum nicht adäquat gemessen werden. Oder es erfordert noch Zeit, bis dieses Wachstum im Zuge der Digitalisierung realisiert werden kann. Darüber hinaus bedarf es mehr Engagement der Unternehmen und die Politik sollte unterstützend eingreifen (siehe Abschn. 4). Insofern kann die Digitalisierung weiterhin als Chance für neues Wachstum gesehen werden.

4   Aufgaben für die Politik

Damit sich aus den wirtschaftlichen Potenzialen der Digitalisierung reale Wachstumschancen ergeben, kommt es nicht nur auf das Engagement und den Fortschritt der Unternehmen bei der digitalen Transformation an. Ebenso ist es wichtig, dass die Politik für adäquate Unterstützung und Rahmenbedingungen sorgt.

Dies umfasst die Sicherstellung der notwendigen digitalen Infrastruktur. Die Unternehmen benötigen ein schnelles, flächendenkendes Breitbandnetz. Dazu gehören Glasfaserleitungen und perspektivisch eine 5G-Abdeckung. Für eine wachsende Anzahl von Unternehmen stellt diese digitale Infrastruktur bereits heute einen bedeutenderen Standortfaktor dar als die Verkehrsinfrastruktur. Denn gerade für eine vernetzte Produktion über verschiedene Unternehmen hinweg oder smarte Anwendungen beispielsweise im Bereich der Mobilität ist eine schnelle und verlässliche Datenverbindung unerlässlich.

Zur gesellschaftlichen Infrastruktur gehört ebenfalls eine digitalisierte öffentliche Verwaltung, sprich E-Government. Hier gibt es in Deutschland einen großen Nachholbedarf (siehe Abschn. 2). Wenn eine weitreichende Abwicklung von Verwaltungsvorgängen über digitale Kanäle möglich ist, können Unternehmen so Zeit und Kosten sparen (siehe Abschn. 3.1.2). Die Politik sollte daher das Onlinezugangsgesetz von 2017 konsequent umsetzen. In § 1 schreibt dies Gesetz vor, dass die öffentliche Hand bis spätestens 2022 ihre Verwaltungsleistungen auch elektronisch über Verwaltungsportale anbietet und diese Verwaltungsportale zu einem Portalverbund verknüpft sind.

Die Anpassung des Rechts- und Ordnungsrahmens ist eine weitere politische Herausforderung. So zeigen sich beim Einsatz digitaler Technologien und dem Aufkommen neuer, digitaler Geschäftsmodelle oft noch Unklarheiten bei der Haftungsfrage. Ferner gewinnt mit den neuen, digitalen Produkten, Dienstleistungen und Geschäftsmodellen der Schutz des geistigen Eigentums an Bedeutung. Dabei stellt sich die Frage, was eigentlich zu schützen ist: das eigentliche Endprodukt, der Herstellungsprozess, die zugrunde liegenden Daten, der „intelligente" Algorithmus oder das neue Wissen selbstlernender Systeme (Straubhaar 2019).

Zudem erwachsen aus dem vermehrten Aufkommen und der Verwendung von Big Data neue Anforderungen an den Datenschutz. Die Politik steht hier vor der Herausforderung, den Schutz individueller Daten und den Datenbedarf der Unternehmen auszutarieren.

Das Kartellrecht gilt es daraufhin zu überprüfen, ob es auch im digitalen Zeitalter seine erwünschte Wirkung entfaltet und geeignet ist, ebenfalls im digitalen Zeitalter das Entstehen von Monopolen und wettbewerbsbeschränkenden Vereinbarungen zu verhindern. Hier ist nach Meinung der Monopolkommission (2015, Tz. 451 ff.) der bestehende Rechtsrahmen nicht ausreichend. Bei der Wettbewerbs- und Fusionskontrolle reichen wirtschaftliche Kennzahlen im digitalen Zeitalter allein nicht mehr aus, um eine marktbeherrschende Stellung anzuzeigen.

Unternehmen sind auch im digitalen Zeitalter auf Fachkräfte angewiesen. Allerdings gewinnen bei diesen „Fachkräften der Zukunft" neben den traditionellen fachlichen Kompetenzen neue Fähigkeiten an Bedeutung (BMAS 2016; Hammermann und Stettes 2016). Für eine zunehmende Anzahl von Tätigkeiten wird ein Grundverständnis digitaler Technologien nötig („Digital Literacy"). Gleichzeitig verlieren Fachwissen und technologiebezogene Fähigkeiten an Bedeutung. Denn erstens veralten sie zunehmend schneller und zweitens stehen digitale Medien jederzeit zur Verfügung, um sich das passende Fachwissen anzueignen.

Darüber hinaus werden bei den Erwerbstätigen im digitalen Zeitalter soziale und persönliche „Soft Skills" wichtiger. Dazu gehören Kreativität, Empathie oder auch Kommunikationsfähigkeit. So sind die Erwerbstätigen immer öfter gefordert, ihre Arbeit selbst zu organisieren und mit anderen Mitarbeitern in wechselnden Projektteams zusammenzuarbeiten. Künftig werden sie zudem vermehrt an wechselnden Inhalten arbeiten. Insofern benötigen sie ergänzende Fähigkeiten im Bereich Planung und (Selbst-)Organisation. Ferner gehören zu den benötigten „Skills" sozial-kommunikative und interkulturelle Kompetenzen, systematisches Denken, Abstraktionsfähigkeit sowie das Vermögen zur schnellen Informationsverarbeitung.

Diese Veränderungen der Anforderungsprofile machen eine andere Qualifizierung sowohl der derzeit Erwerbstätigen und mehr noch der künftigen Erwerbspersonen erforderlich. Während die Aufgabe der Qualifizierung der Erwerbstätigen von „morgen und übermorgen" vorrangig dem Bildungsbereich zufällt, steht die Weiterbildung im Mittelpunkt der Re-Qualifikation der derzeitig Berufstätigen. Da in Zeiten markanter technologischer Schübe und Umbrüche „Fachwissen" eine zunehmend kürzere Halbwertzeit hat, stellt die Re-Qualifikation in solchen Umbruchsperioden eine dringlicher werdende Aufgabe dar.

In beiden Bereichen – sowohl Aus- als auch Weiterbildung – sollte die Politik überprüfen, ob die bestehenden Möglichkeiten der Aus- und Weiterbildung den neuen Anforderungen gerecht werden.

Literatur

Accenture (2016) People first: the primacy of people in a digital age. Accenture Technology Vision

Acemoglu D, Autor D, Dorn D, Hanson GH, Price B (2014) Return of the solow paradox? IT, productivity, and employment in US manufacturing. Am Econ Rev 104(5):394–399

Alicke K, Rexhausen D, Seyfert A (2016) Supply chain 4.0 in consumer goods. McKinsey&Company, Stuttgart

Arellano C, DiLeonardo A, Felix I (2017) Using people analytics to drive business performance: a case study. McKinsey Quarterly 3:114–119

Bauer W, Schlund S, Marrenbach D, Ganschar O (2014) Industrie 4.0 – Volkswirtschaftliches Potenzial für Deutschland. Studie des Fraunhofer-Instituts für Arbeitswirtschaft und Organisation IAO im Auftrag des Bundesverbandes Informationswirtschaft, Telekommunikation und neue Medien e. V. BITKOM, Berlin

Bitkom (2015) Digitalisierung verändert die Unternehmensorganisation. Pressemitteilung des Bundesverbandes Informationswirtschaft, Telekommunikation und neue Medien e. V. BITKOM, Berlin (vom 27.04.2015)

Bloching B, Leutinger P, Oltmanns T, Rossbach C, Schlick T, Remane G, Quick P, Shafranyuk O (2015) Die Digitale Transformation der Industrie. Studie von Roland Berger Strategy Consultants im Auftrag des Bundesverbandes der Deutschen Industrie, München

BMAS (2016) Weiterbildung im digitalen Wandel – Sammlung betrieblicher Gestaltungsbeispiele. Bundesministerium für Arbeit und Soziales, Berlin

BMAS (2017) Weißbuch Arbeiten 4.0. Bundesministerium für Arbeit und Soziales. Berlin

BMWi (2016) Zukunftschance Digitalisierung – ein Wegweiser. Bundesministerium für Wirtschaft und Energie, Berlin

BMWi (2017) Weißbuch Digitale Plattformen. Bundesministerium für Wirtschaft und Energie, Berlin

BMWi (2019) Europäische Industriepolitik. Bundesministeriums für Wirtschaft und Energie, Berlin. https://www.bmwi.de/Redaktion/DE/Artikel/Industrie/europaeische-industriepolitik.html. Zugegriffen: 23. März 2020

Bovensiepen G, Rumpff S, Raimund S, Bender S (2016) Customer Centricity – den Kunden im Visier. Studie von PricewaterhouseCoopers, Düsseldorf

Brynjolfsson E, McAfee A (2014) The second machine age – work, progress, and prosperity in a time of brilliant technologies. W. W Norton and Company, London

Bughin J, LaBerge L, Mellbye A (2017) The case for digital reinvention. McKinsey Quarterly 1:27–41

Capgemini (2012) Die digitale Transformation der öffentlichen Verwaltung – Herausforderung und Chance der Verwaltungsmodernisierung. Capgemini Consulting. https://www.de.capgemini-consulting.com/resource-file-access/resource/pdf/die_digitale_transformation_der_ffentlichen_verwaltung_0.pdf. Zugegriffen: 18. März 2016

Caylar P-L, Naik K, Noterdaeme O (2016) Digital in industry: from buzzword to value creation. McKinsey & Company, Paris

Chappuis B, Reis S, Valdivieso M, Viertler M (2018) Boosting your sales ROI: How digital and analytics can drive new levels of performance and growth. McKinsey & Company, Silicon Valley

Chui M, George K, Miremadi M (2017) A CEO action plan for workplace automation. McKinsey Quarterly 3:88–94

Commerzbank (2017) Digitalisierung. Fokusbericht der Commerzbank AG, Frankfurt a. M.

Coricelli F, Ravasan FR, Worgotter A (2013) The origins of the German current account surplus: Unbalanced productivity growth and structural change. DP9527. Centre for Economic Policy Research, London

Demary V, Engels B, Röhl K-H, Rusche C (2016) Digitalisierung und Mittelstand. IW-Analysen Nr. 109. Institut der deutschen Wirtschaft, Köln

Destatis (Februar 2020) Volkswirtschaftliche Gesamtrechnung 2019 – Bruttoinlandsprodukt, Bruttonationaleinkommen, Volkseinkommen: Lange Reihen ab 1925. Statistisches Bundesamt, Wiesbaden

DIHK (2017) Wachsende Herausforderungen treffen auf größeren Optimismus – das IHK-Unternehmensbarometer zur Digitalisierung. Deutscher Industrie- und Handelskammertag, Berlin

EU (2019) Digital economy and society index 2019 – country profile Germany. Europäische Kommission, Brüssel

EY (2011) The digitization of everything – how organisations must adapt to changing consumer behaviour. Ernst & Young, London

Feldmann R, Hammer M, Somers K (May 2017) Pushing manufacturing productivity to the max. McKinsey Quarterly

Gal P, Nicoletti G, Reault N, Sorbe S, Timiliotis C (2019) Digitalisation and productivity: In search of the holy grail – firm-level empirical evidence from EU countries. OECD Economics Department Working Papers No. 1533. Organisation for Economic Co-operation and Development, Paris

Giersberg G (2017) Der Vertrieb profitiert stark von Industrie 4.0. Frankfurter Allgemeine Zeitung Nr. 49 vom 27.02.2017

Goffart D (2019) Das Ende der Mittelschicht – Abschied von einem deutschen Erfolgsmodell. Berlin Verlag, München

Gordon RJ (2016) The Rise and fall of American growth – the U.S. standard of living since the civil war. Princeton University Press, Princeton

Hajek S, Kroker M, Menn A (2018) Wir sind doch nicht blöd, oder? WirtschaftsWoche Nr. 31 vom 27.07.2018

Hammermann A, Stettes O (2016) Qualifikationsbedarf und Qualifizierung – Anforderungen im Zeichen der Digitalisierung. IW policy paper 3/2016. Institut der deutschen Wirtschaft, Köln

Haucap J (2015) Ordnungspolitik und Kartellrecht im Zeitalter der Digitalisierung. DICE Ordnungspolitische Perspektiven Nr. 77, Düsseldorf Institute for Competition Economics (DICE), Düsseldorf

Heide D (2018) Behördengänge nerven die Bürger. Handelsblatt Nr. 25 vom 05.02.2018

Hüther M (2016) Digitalisierung: Systematisierung der Trends im Strukturwandel – Gestaltungsaufgabe für die Wirtschaftspolitik. IW policy paper 15/2016, Institut der deutschen Wirtschaft, Köln

IWF (2019) World economic outlook database October 2019. Internationaler Währungsfonds, Washington

Jung S, Kleibrink J, Köster B, Lichter J, Rürup B (2016) Eine Wachstumsstrategie für das digitale Zeitalter. Studie des Handelsblatt Research Institute im Auftrag des Bundesministeriums für Wirtschaft und Energie, Düsseldorf

Jung S, Kleibrink J, Köster B (2017) Die Digitalisierung des Glücksspiels. Studie des Handelsblatt Research Institute im Auftrag von Westlotto und Löwen Entertainment GmbH, Düsseldorf

Kantar TNS, ZEW (2018a) Monitoring-Report Wirtschaft DIGITAL 2018 – der IKT-Standort Deutschland. Studie von KantarTNS und dem Zentrum für Europäische Wirtschaftsforschung im Auftrag des Bundesministeriums für Wirtschaft und Energie, Berlin

KantarTNS, ZEW (2018b) Monitoring-Report Wirtschaft DIGITAL 2018. Studie von KantarTNS und dem Zentrum für Europäische Wirtschaftsforschung im Auftrag des Bundesministeriums für Wirtschaft und Energie, Berlin

Keese C (2016) Silicon Germany – wie wir die digitale Transformation schaffen. Albrecht Knaus, München

Knuth H, Reiermann C (2018) Die sieben Gründe für Deutschlands schwache Produktivität. Artikel erschienen am 21.03.2018 auf spiegel.de. https://www.spiegel.de/spiegel/wirtschaftswachstum-warum-sinkt-die-produktivitaet-a-1198831.html. Zugegriffen: 6. Apr. 2020

Kreutzer RT, Land K-H (2013) Digitaler Darwinismus – der stille Angriff auf Ihr Geschäftsmodell und Ihre Marke. SpringerGabler, Berlin

Kreutzer RT, Land K-H (2015) Dematerialisierung – die Neuverteilung der Welt in Zeiten des digitalen Darwinismus. FutureVisionPress, Köln

Krishnan M, Mischke J, Remes J (2018) Is the Solow Paradox back? McKinsey Quarterly

Manyika J, Chui M, Bisson P, Woetzel J, Dobbs R, Bughin J, Aharon D (June 2015) The internet of things – mapping the value beyond the hype. McKinsey Global Institute, San Francisco

McKinsey (2017) Mehr Leistung für Bürger und Unternehmen: Verwaltung digitalisieren. Register modernisieren. Studie von McKinsey&Company im Auftrag des Nationalen Normenkontrollrats, Düsseldorf

Mohr N, Morawiak D, Köster N, Saß B (2017) Die Digitalisierung des deutschen Mittelstands. Kurzstudie von McKinsey & Company, Düsseldorf

Monopolkommission (2015) Wettbewerbspolitik – Herausforderung digitale Märkte. Sondergutachten 68, Bonn

North DC (1987) Institutions, transaction costs and economic growth. Econ Inq 25(3):419–428

OECD (2015) Compendium of productivity indicators. Organisation for Economic Co-operation and Development, Paris

OECD (2017) The next production revolution: implications for governments and business. Studie der Organisation for Economic Co-operation and Development, Paris

OECD (2019) Productivity Growth in the Digital Age. OECD Going Digital Policy Note. Organisation for Economic Co-operation and Development, Paris

Parviainen P, Kääriäinen J, Tihinen M, Teppola S (2017) Tackling the digitalization challenge: how to benefit from digitalization in practice. Int J Inform Sys Proj Manage 5(1):63–77

Prognos (2016) Lage und Zukunft der deutschen Industrie (Perspektive 2030). Endbericht Projekt-Nr. 19/15 im Auftrag des Bundesministeriums für Wirtschaft und Energie, München

Rochet J-C, Tirole J (2003) Platform competition in two-sided markets. J Euro Econ Assoc 1(4):990–1029

Roland Berger (2015) Die Digitale Transformation der Industrie. Studie für den Bundesverband der Deutschen Industrie. Roland Berger Strategy Consultants, München

Roland Berger (2016) The Industrie 4.0 transition quantified. Studie von Roland Berger Strategy Consultants, München

Rüßmann M, Lorenz M, Gerbert P, Waldner M, Justus J, Engel P, Harnisch M (2015) Industry 4.0 – the future of productivity and growth in manufacturing industries. The Boston Consulting Group, München

Sachverständigenrat (2015) Zukunftsfähigkeit in den Mittelpunkt. Jahresgutachten 2015/16. Sachverständigenrat zur Begutachtung der gesamtwirtschaftlichen Entwicklung, Wiesbaden

Schneider R (2013) Low productivity growth in Germany, Working Paper No. 166, Allianz Economic Research

Schröder C (2020) Lohnstückkosten im internationalen Vergleich. IW-Trends – Vierteljahresschrift zur empirischen Wirtschaftsforschung 47(1):43–61

Simon H (2016) Weltmarktführer sprechen deutsch. Frankfurter Allgemeine Zeitung Nr. 26 vom 01.02.2016

Stiroh KJ (2002) Information technology and the U.S. productivity revival: what do the industry data say? Amer Econ Rev 92(5):1559–1576

Straubhaar T (2019) Der Schutz des geistigen Eigentums muss neu verhandelt werden. Artikel erschienen am 28.07.2019 auf welt.de. https://www.welt.de/wirtschaft/article197580243/Digitalisierung-Schutz-des-geistigen-Eigentums-muss-neu-verhandelt-werden.html. Zugegriffen: 16. Apr. 2020

Straubhaar T (2020) Deutschland droht der ewige Stillstand. Artikel erschienen am 14.02.2020 auf welt.de. https://www.welt.de/wirtschaft/plus205804675/Produktivitaetsparadox-Deutschland-droht-der-ewige-Stillstand.html. Zugegriffen: 6. Apr. 2020

von Engelhardt S, Wangler L, Wischmann S (2017) Eigenschaften und Erfolgsfaktoren digitaler Plattformen. Studie im Rahmen der Begleitforschung des Technologieprogramms AUTONOMIK für Industrie 4.0 des Bundesministeriums für Wirtschaft und Energie, Berlin

WIPO (2019) World intellectual property indicators 2019. World Intellectual Property Organization, Genf

WTO (2019) World trade statistical review 2019. World Trade Organization, Genf

Prof. Dr. Dr. h. c. Bert Rürup
(Fotocredit: Frank Beer)

Prof. Dr. Dr. h. c. Bert Rürup ist seit Anfang 2013 Präsident des Handelsblatt Research Institute und seit Februar 2017 Chefökonom des Handelsblatts. Nach Studium und Promotion arbeitete er einige Zeit in der Planungsabteilung des Bundeskanzleramts. Von 1976 bis 2009 leitete er das Fachgebiet Wirtschafts- und Finanzpolitik an der Technischen Universität Darmstadt. Lange Zeit war Bert Rürup der rentenpolitische Berater deutscher Bundesregierungen, beriet aber auch ausländische Regierungen und war Vorsitzender diverser sozialpolitischer Kommissionen. 2000 wurde Bert Rürup in den Sachverständigenrat zur Begutachtung der gesamtwirtschaftlichen Entwicklung berufen, an dessen Spitze er von 2005 bis 2009 stand. Der Namensgeber und Initiator der „Rürup-Rente" war von 2010 bis 2015 Kuratoriumsvorsitzender des Deutschen Instituts für Wirtschaftsforschung in Berlin und 2014/2015 Mitglied des Weisenrats des österreichischen Finanzministeriums.

Dr. Sven Jung (Fotocredit: Cylad Consulting)

Dr. Sven Jung ist Head of Economic Intelligence und Co-Leiter des Bereichs „Studien & Reports" des Handelsblatt Research Institute. Nach dem Studium der Internationalen Volkswirtschaftslehre an der Universität Erlangen-Nürnberg und Aarhus School of Business arbeitete Sven Jung seit November 2008 als Wissenschaftlicher Mitarbeiter und Doktorand am Lehrstuhl für Arbeitsmarkt- und Regionalpolitik der Universität Erlangen-Nürnberg. In Forschung und Lehre beschäftigte er sich mit Aspekten der (empirischen) Arbeitsmarktökonomik und der Regionalpolitik. Seit Oktober 2014 arbeitet er beim Handelsblatt Research Institute und beschäftigt sich dort zuletzt intensiv mit dem Thema Digitalisierung.

Digitalisierung – Technik für eine nachhaltige Gesellschaft?

Andreas Kröhling

1 Digitalisierung: Klimaretter und Jobkiller?

Das Thema Digitalisierung ist nicht erst seit der Corona-Krise in aller Munde. Die Medien überschlagen sich geradezu mit Veröffentlichungen zu diesem Phänomen. Bisweilen ist auch von einem Megatrend die Rede (siehe zum Beispiel Bertelsmann-Stiftung 2015, das Zukunftsinstitut hält „Konnektivität" für den „wirkungsmächtigsten Megatrend unserer Zeit" (https://www.zukunftsinstitut.de/artikel/mtglossar/konnektivitaet-glossar/). Auch Bundeskanzlerin Dr. Angela Merkel hat das Thema Digitalisierung inzwischen entdeckt und fordert mehr Tempo bei der Digitalisierung (Bundesregierung 2016b). Im August 2018 wurde dazu der zehnköpfige Digitalrat eingesetzt. Das ehrenamtliche Gremium „soll Tempo machen bei der Digitalisierung – und unbequeme Fragen stellen" (zum Beispiel Der Tagesspiegel 2018). Die Bundesregierung hat inzwischen auch eine 206 Seiten umfassende Strategie zur Gestaltung des digitalen Wandels erarbeitet. Dabei wurden die zentralen Handlungsfelder: „Digitale Kompetenz", „Infrastruktur und Ausstattung", „Innovation und Transformation", „Gesellschaft im digitalen Wandel" sowie „Moderner Staat" identifiziert (Bundesregierung, September 2019). Die Corona-Pandemie 2020 hat noch einmal zu einer zusätzlichen Beschleunigung der Digitalisierung geführt (siehe zum Beispiel Der Spiegel 2020 oder BR24 09.03.20).

Obwohl insbesondere die wirtschaftliche Bedeutung des Themas offensichtlich ist, sind viele Begriffe zum Thema zahlreichen Bundesbürgern immer noch nicht bekannt. So geben weniger als 10 % der Bundesbürger an, Begriffe wie Industrie 4.0, Big Data oder Internet der Dinge beschreiben zu können. Etwa drei Vierteln sind die Begriffe gänzlich unbekannt (TNS Infratest 2016). Ein Umstand, der wirklich überrascht, wenn man

A. Kröhling (✉)
Bonn, Deutschland
E-Mail: Andreask1965@gmx.de

betrachtet, wie stark die Digitalisierung schon jetzt unseren Alltag verändert. Fahrer-lose Verkehrsmittel wie der Skytrain am Frankfurter Flughafen, Selbstscan-Kassen in Supermärkten oder öffentlichen Bibliotheken, Mitfahrportale wie Uber oder Sharing-Plattformen wie AirBnB sind Belege für eine tief greifende technologiegetriebene Ver-änderung unseres gesellschaftlichen Lebens.

Die Digitalisierung wird inzwischen zunehmend im Kontext mit einer nachhaltigen Ent-wicklung der Gesellschaft diskutiert. Fand sich die Digitalisierung unter 21 Themen im Akzente Themenmonitor zur Nachhaltigkeit Ende 2013 noch auf dem letzten Platz, lag sie zwei Jahre später schon auf Platz 3 und weitere sechs Monate später auf dem ersten Platz (http://blog.akzente.de/fileadmin/user_upload/akzente_Themenmonitor_Nachhaltig-keit_2016.pdf). Ende 2019 lag das Thema hinter dem Klimaschutz auf dem zweiten Platz (https://www.akzente.de/publikation/akzente-trendmonitor-2020-umbruch-findet-statt/). Das Jahrbuch des Bundesarbeitskreis für umweltbewusstes Management (B.A.U.M. e. V.) stand 2017 unter dem Titel *Digitalisierung und Nachhaltigkeit* (http://www.baumev. de/Home.html). Diese rasch ansteigende Bedeutung ist kein Zufall. Zu bedeutsam sind die ökonomischen, sozialen und ökologischen Chancen und Risiken, die sich aus der Digitalisierung ergeben können:

- 142 Mrd. EUR (4,6 %) trug die Informations- und Kommunikationsindustrie 2019 zur nationalen Bruttowertschöpfung bei (Statista 2020a).
- Dabei bietet der Sektor 1,37 Mio. Menschen in Deutschland Beschäftigung (Statista 2020a)
- 12,1 Mrd. t oder 20 % globale CO_2-Einsparungen 2030 durch Nutzung intelligenter Informations- und Kommunikationstechnologien (IKT) errechnet die von Accenture durchgeführte Studie SMARTer 2030 (Global e-Sustainability Initiative und Accenture 2015). Deloitte kommt in der Nachfolgestudie „Digital with Purpose" (Global Enabling Sustainability Initiative 2019) allerdings nur auf ein Potenzial von 3,6 Mrd. t, was zeigt, dass derartige Berechnungen, in Abhängigkeit von den gemachten Annahmen zur Adaption neuer Technologien, sowie zu den Rebound-Effekten, großen Unsicherheiten unterliegen:
- Der deutsche IT-Branchenverband BITKOM schätzt, dass durch die Digitalisierung in Deutschland in den nächsten fünf Jahren 3,4 Mio. sozialversicherungspflichtige Arbeitsplätze verloren gehen können. Jedes vierte Unternehmen mit mehr als 20 Beschäftigten sieht sich sogar in seiner Existenz bedroht (FAZ 2018).

Eine Verkürzung auf die These „Mehr Wohlstand, weniger CO_2 aber dafür weniger Arbeitsplätze" würde jedoch den vielfältigen Auswirkungen der Digitalisierung auf die drei Dimensionen der Nachhaltigkeit – ökologisch, ökonomisch und sozial – nicht gerecht. Im Folgenden soll daher nach einer kurzen Begriffsklärung intensiver auf die Chancen und Risiken der Digitalisierung für eine nachhaltige Entwicklung eingegangen werden. Im Anschluss soll der Frage nachgegangen werden, welche Konsequenzen sich für die Anpassung gesellschaftlicher Konventionen und gesetzlicher Regelungen in Deutschland ergeben.

2 Das Wesen der Digitalisierung

Unter Digitalisierung versteht man im engeren Sinn die Umwandlung von analogen Daten wie beispielsweise Texten, Bildern oder Tönen in digitale Daten. Die Digitalisierung von Informationen macht diese

- zu vernachlässigbaren Kosten beliebig oft reproduzierbar,
- in Sekundenschnelle an jeden Ort der Wert verteilbar und
- durch mathematische Algorithmen maschinell auswertbar und verarbeitbar.

Diese Charakteristika digitaler Information haben tiefgreifende Auswirkungen auf Wertschöpfungsmodelle, Organisationen und Prozesse in der Wirtschaft, aber auch auf die Arbeitswelt, die Bildung und die Gesellschaft (siehe auch Futureorg Institut 2015).

Die Infrastruktur des neuen digitalen Zeitalters ist das Internet, das sich von einem Netz zum Informationsaustausch in der Wissenschaft, vor allem in den letzten beiden Jahrzehnten, zur zentralen, weltweiten Informations- und Kommunikationsinfrastruktur weiterentwickelt hat. Immerhin hatten im Januar 2020 schon fast 4,6 Mrd. Menschen, also fast 59 % der Weltbevölkerung Zugang zum Internet (https://www.internetworldstats.com/stats.htm) und damit rund viermal so viele wie 2006. Noch schneller als die Zahl der mit dem Internet verbundenen Menschen steigt die Zahl der mit dem Internet verbundenen Dinge. Cisco rechnet mit einem Anstieg von 10 Mrd. mit dem Internet verbundener Dinge auf 50 Mrd. im Jahr 2020 (Cisco 2011). Gartner (Gardner Press Release 2015) und International Data Corporation (IDC 2015) kommen zu etwas abweichenden Zahlen, bestätigen aber den grundsätzlichen Trend zur Vernetzung von Computern, Telefonen, Haushaltsgeräten, Autos und Sensoren mit dem Internet. Statista prognostiziert einen Anstieg von 18 Mrd. auf 75 Mrd. verbundene Geräte bis 2025 (Statista 2020b). Aus diesem Grund wird im Zusammenhang mit dem Begriff der Digitalisierung auch oft vom Internet der Dinge/Internet of Things (IOT) gesprochen.

Durch diese Vernetzungen ergeben sich ganz neue technologische Möglichkeiten. So können beispielsweise durch die Vernetzung von Waschmaschinen mit dem Internet Daten zu ihrem Gebrauch erfasst und maschinell ausgewertet werden. Auf diese Weise werden wichtige Hinweise zur Produktentwicklung gewonnen. Zudem kann eine Auswertung der Daten dazu genutzt werden, Störungen zu prognostizieren, bevor sie zu einem Ausfall der Maschine führen. So lässt sich die Zahl von Ausfällen und Reparaturen deutlich reduzieren. Auch im Fahrzeugbau liefern Millionen von Daten wertvolle Hinweise zur Vermeidung von Motorschäden oder geplatzten Reifen. Die daraus gewonnenen Erkenntnisse zum Fahrverhalten können Eingang in die Programmierung selbstfahrender Fahrzeuge finden. Selbstfahrende Autos werden von Deloitte als Haupttreiber der Veränderung von Mobilität in der Zukunft eingeschätzt. Die Autoren der Studie rechnen allerdings erst ab 2030 mit einem signifikanten Anstieg der Nachfrage, obwohl man sich von selbstfahrenden Autos deutliche Kostenvorteile verspricht (Deloitte 2019). Neben technologischen und wirtschaftlichen Gründen erfordert die Akzeptanz der Technik Vertrauen und Gewöhnung.

Wie schon in der Einleitung erwähnt, ermöglichen digitale Technologien darüber hinaus ganz neue Arten von Geschäftsmodellen, wie beispielsweise den Ersatz von Produkten durch Dienstleistungen.

Internet 4.0 ist ein weiterer Begriff, der im Zusammenhang mit der Digitalisierungs-debatte vielfach auftaucht. Dieser, von einem von Acatech koordinierten Arbeitskreis entwickelte Begriff (http://www.acatech.de/?id=2240), steht für ein Zukunftprojekt der deutschen Bundesregierung, die sogenannte „vierte industrielle Revolution" in Deutschland voranzubringen. Wesentliche Charakteristika sind dabei die starke Individualisierung der Produkte unter den Bedingungen einer hoch flexibilisierten (Großserien-)Produktion, die Integration von Kunden und Geschäftspartnern in die Geschäftsprozesse, sowie die Verkopplung von Produktion und hochwertigen Dienst-leistungen, die in sogenannten hybriden Produkten mündet (Bundesregierung 2014).

3   Neuer Wohlstand für alle? Ökonomische Folgen der Digitalisierung

Digitale Technologien haben sicherlich ein hohes Potenzial, Menschen von schwerer körperlicher und monotoner Arbeit, wie beispielsweise Fließbandarbeit, zu entlasten (BMWi 2016) und auch unser Leben angenehmer zu gestalten, beispielsweise durch Navigationssysteme, Fahrassistenzsysteme oder gar selbstfahrende Autos.

Sie haben zudem ein hohes Potenzial für eine Steigerung des Wohlstands. So berechnet die SMARTer 2030 Studie für 2030 wirtschaftliche Gewinne von 11 Bio. US\$ aus klimafreundlichen digitalen Tchnologien, davon knapp 5 Bio. US\$ durch Ein-sparungen wie geringere Energiekosten und gut 6 Bio. US\$ durch zusätzliche Wertschöpfung aus neuen digitalen Geschäftsmodellen. Die Nachfolgestudie „Digital with Purpose" kommt alleine für den IKT-Sektor auf zusätzliche 2,3 Bio. EUR sowie einen 2,5 bis 4 Mal so hohen Effekt in den anderen Wirtschaftssektoren (GeSI 2019). McKinsey geht in einer Studie von einem zusätzlichen wirtschaftlichen Potenzial aus der Digitalisierung für 2025 von 2,5 Bio. EUR aus (McKinsey Global Institute 2016). Alleine für den deutschen Mittelstand sieht das Beratungsunternehmen für 2025 ein Potenzial von 126 Mrd. EUR (McKinsey 2016). Für Europa wird ein wirtschaftliches Potenzial aus erfolgreicher Digitalisierung bis 2025 von 1,25 Bio. EUR kalkuliert, davon 425 Mrd. EUR in Deutschland. Wird die Digitalisierung nicht erfolgreich gemeistert, wird dagegen ein wirtschaftlicher Nachteil von 0,6 Bio. EUR erwartet. Nur für den Bereich der Datenwirtschaft erwartet die EU von 2018 bis 2025 eine Zunahme um 175 % oder 528 Mrd. auf 829 Mrd. EUR (EU 2020). Für die Industrie steht dabei die Steigerung von Effizienz und Produktivität im Vordergrund. So verspricht sich bei-spielsweise der Maschinenbauer Trumpf einen Vorteil von bis zu 30 % (Kroker 2016).

Eine OECD-Studie aus dem Jahr 2015 zeigt, dass die digitalen Technologien wie Big Data, Künstliche Intelligenz oder die Cloud sowie ihre Vernetzung und Integration die

Wertschöpfungsketten der Schlüssel für hohe Produktivitätssteigerungen und damit für mehr Wohlstand sind (https://www.deutsche-bank.de/pfb/content/markt-und-meinung_schafft-digitalisierung-mehr-wachstum.html).

Ein weiterer Aspekt der digitalen Ökonomie ist hier von besonderer Bedeutung: Digitale Güter, die mit Grenzkosten von null produziert werden, können beliebig oft vermehrt werden und dadurch (ohne zusätzlichen Ressourcenverbrauch) wohlstandssteigernd wirken.

In diese Richtung geht auch die Nutzung digitaler Technologien zur massiven Steigerung der Produktivität. Dies ist in diesem Zusammenhang bedeutsam, da sie die Chance bietet, den materiellen Wohlstand vieler Menschen global zu erhöhen. So zeigt es auch die Ökonomie des Teilens, die sogenannte Sharing Economy. Es wird erwartet, dass der Umsatz mit derartigen Geschäftsmodellen von 15 Mrd. US$ auf 335 Mrd. US$ ansteigt. Die Sharing Economy ist auch im Zusammenhang mit dem Modell der Kreislaufwirtschaft bedeutsam, da das Teilen von Produkten (beispielsweise Carsharing) die Einsparung von begrenzten Rohstoffen ermöglicht und somit zur Entkopplung zwischen Ressourcenverbrauch und Wohlstandsniveau beiträgt. Sie macht so nachhaltigen Konsum und eine neue Sparkultur möglich (Heinrichs und Grunenberg 2012). In einer Untersuchung der Bedeutung der Sharing Economy für sechs europäische Länder kommt PWC zum Ergebnis, dass 39 % der Deutschen Sharing-Economy-Angebote nutzen und dabei 22,9 Mrd. EUR umsetzen. Interessant ist, dass 53 % der Nutzer zwischen 18 und 39 Jahre alt sind, was ein Indiz für ein großes Wachstumspotenzial ist (PWC 2018a: Share Economy 2017).

Digitale Technologien ermöglichen erhebliche Produktivitätsfortschritte und sorgen so dafür, dass, im Rahmen der durch die Verfügbarkeit von Rohstoffen und ökologischen Parametern gegebenen Grenzen, ein nie da gewesenes Maß an Reichtum und Wohlstand produziert werden kann. So wäre es möglich, die Armut zu überwinden und jedem Menschen ein auskömmliches Leben zu ermöglichen (was allerdings wohl über einen höheren Ressourcenverbrauch auch wieder negative ökologische Folgen haben könnte).

4   Prima Klima dank digitaler Technologien?

Es ist kaum ernsthaft zu bestreiten, dass das Voranschreiten der von Menschen verursachten Erderwärmung eine der wichtigsten, wenn nicht die wichtigste, ökologische Herausforderung des 21. Jahrhunderts darstellt. Dies gilt auch vor dem Hintergrund des für 2020, aufgrund der Corona-Krise, zu erwartenden Rückgangs der Treibhausgasemissionen, der aber aller Voraussicht nach ein „Einmaleffekt" bleiben wird (Die Zeit 2020a). Insofern sind die Auswirkungen der Digitalisierung auf das Klima für eine Beurteilung der Nachhaltigkeit des digitalen Wandels von hoher Bedeutung.

4.1 Ohne Strom kein Netz – Energieverbrauch und Emissionen der digitalen Infrastruktur

Es ist zunächst unbestreitbar, dass auch die digitale Wirtschaft über einen hohen Energieverbrauch verfügt und somit für hohe Mengen an CO_2-Emissionen verantwortlich ist durch:

- den Aufbau der notwendigen Infrastruktur an modernen Fest- und Mobilfunknetzen sowie Datacenter und der Betrieb dieser Infrastruktur,
- die Produktion und Nutzung der zahlreichen Computer, Laptops, Netbooks, Tablets und Smartphones sowie von unterstützenden Geräten wie Routern, Set-top-Boxen oder Druckern aber auch Smart Metern zur digitalen Erfassung von Stromverbrauchswerten und von Smart-Home-Geräten und -Anwendungen zur intelligenten Vernetzung und Steuerung von Haushalten,
- die Produktion und Nutzung von mit dem Internet vernetzten Multimediasystemen und Spielekonsolen sowie
- die Produktion und den Betrieb von Servicerobotern sowie industriellen 3-D-Druckern.

Die SMARTer 2030 Studie schätzt den CO_2-Ausstoss der IKT (Informations- und Telekommunikations-Technologie) für 2030 auf 1,25 Mrd. t CO_2e, was knapp 2 % der globalen Treibhausgasemissionen entspricht (Global e-Sustainability Initiative und Accenture 2015). Die Nachfolgestudie „Digital with Purpose" geht sogar nur von einem IKT-Footprint von ca. 900 Mio. t im Jahr 2030 aus (Global Enabling Sustainability Initiative und Deloitte 2019). Bei diesen Zahlen muss jedoch differenziert betrachtet werden, was mit eingerechnet wird und was nicht. So berücksichtigt beispielsweise die GeSI/Accenture-Studie aus dem Jahr 2015 Fernseher nicht, obwohl diese beispielsweise in Deutschland nach einer Studie des Fraunhofer IZM im Auftrag des Wirtschaftsministeriums allein einen Anteil von etwa 20 % am IKT-bedingten Strombedarf haben (Fraunhofer IZM 2015). Insgesamt wird für Deutschland für 2015 von einem IKT-bedingten Strombedarf von 47,8 TWh ausgegangen, was etwa 9 % des Nettostromverbrauchs entspricht. Multipliziert mit dem für 2014 vom Umweltbundesamt veröffentlichten Emissionsfaktor (unter Einbezug der Handelsbeziehungen) von 569 g pro kWh ergeben sich Emissionen von insgesamt 27 Mio. t CO_2e, und somit etwa 3 % der gesamten deutschen Emissionen von 908 Mio. t CO_2e im Jahr 2015 (Die Welt 2016a). Dabei ist die Produktionsphase für die Infrastruktur wie auch für die Geräte noch nicht berücksichtigt. Erfreulich ist immerhin, dass für Deutschland, auch bei steigender Bedeutung der IKT seit 2010, ein Rückgang des Stromverbrauchs von 56 auf 47,8 TWh stattgefunden hat. Bis 2020 wird sogar mit einem weiteren leichten Rückgang des Stromverbrauchs auf 46 TWh gerechnet. Die Steigerung des Anteils von Strom aus erneuerbaren Energien auf 41 % im Jahr 2020 dürfte die Emissionsbilanz jedoch nur leicht verbessern, da bis dahin nicht mit einem Rückgang der Stromerzeugung aus Kohle gerechnet werden kann (EWI et al. 2014). Aber nicht nur die Abgrenzung, was zur IKT gehört, ist strittig. Auch die Prognosen über die Stromverbrauchsentwicklungen gehen weit auseinander: So rechnet Dr. Anders Andrae mit einem Anteil der IKT von 4–5 % an den globalen Emissionen in diesem Jahrzehnt (Andrae 2020), was zwar unter den Befürchtungen früherer Veröffentlichungen liegt (vgl. Andrae 2017), aber immer noch doppelt bis dreimal so hoch ist, wie in den bereits zitierten Studien des Branchenverbandes GeSI.

4.2 Klimaretter IKT: Energieeinsparungen durch intelligente IKT-Technologien

Auf der anderen Seite ist es offensichtlich, dass Informations- und Telekommunikationstechnologien auch zu Energie- und CO_2-Einsparungen beitragen können. Ein naheliegendes Beispiel ist in diesem Zusammenhang der Ersatz von Präsenzmeetings durch Web- und Videokonferenzen, was zur Reduzierung von Geschäftsreisen beiträgt. Ein weiteres Beispiel ist die Dematerialisierung von Medieninhalten durch E-Books und elektronische Zeitungen sowie den Download von Musik oder Filmen statt des Kaufs von CDs und DVDs. Die Möglichkeiten zur IKT-gestützten Minderung von Treibhausgasen gehen jedoch weit darüber hinaus. So kommt die im Juni 2015 veröffentlichte Studie des Branchenverbands Global e-Sustainability Initiative (GeSI) anhand der Analyse der fünf Sektoren Mobilität, Industrie, Landwirtschaft, Gebäude und Energie auf mögliche globale CO_2-Einsparungen von 12,1 Mrd. t in 2030). Berücksichtigt man die betrachteten Rebound-Effekte von knapp 1,4 Mrd. t, so bleibt im Saldo eine Einsparung von rund 10,7 Mrd. t, was etwa dem Dreizehnfachen der bundesdeutschen Treibhausgasemissionen von 2019 entspricht (Global e-Sustainability Initiative und Accenture 2015).

Die Berechnungen in der Studie basieren dabei auf realen Anwendungsszenarien und geschätzten Entwicklungen zur Adaption der betrachteten Technologien. Geht man davon aus, dass neben den bereits bekannten Technologien und Anwendungen bis 2030 neue IKT-gestützte Technologien zur Senkung von Energieverbräuchen und Treibhausgasemissionen entwickelt werden, so ist das Treibhausgasminderungspotenzial durch IKT möglicherweise noch höher. Spielten IKT-Lösungen für die Landwirtschaft in der SMART 2020 Studie aus dem Jahr 2008 noch keine Rolle, so wurde diesen Anwendungen schon in der SMARTer 2020 Studie in 2012 ein Potenzial von 1,6 Mrd. t CO_2e-Minderung 2020 zugeschrieben. Die SMARTer 2030 Studie aus dem Jahr 2015 schätzt das Einsparpotenzial 2030 sogar auf 2,0 Mrd. t und damit mehr als doppelt so hoch wie die aktuellen Emissionen der Bundesrepublik Deutschland.

Insgesamt finden sich in allen Bereichen zahlreiche Potenziale zur Emissionsminderung durch Informations- und Kommunikationstechnologien (Abb. 1).

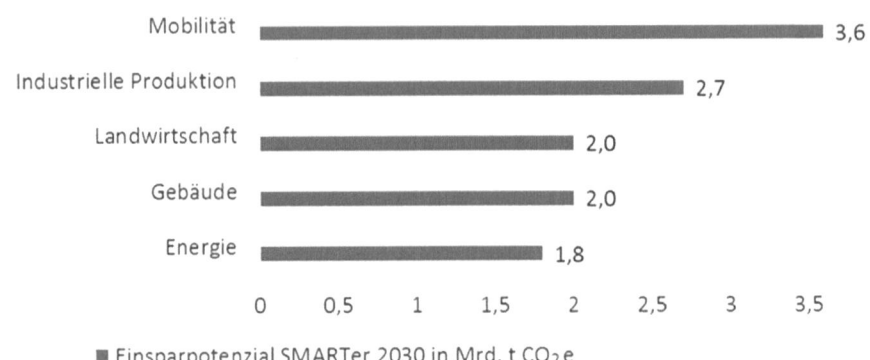

Abb. 1 CO$_2$-Einsparpotenziale durch Informations- und Kommunikationstechnologien nach SMARTer 2030 (Global e-Sustainability Initiative und Accenture 2015)

- Mobilitätssektor: 3,6 Mrd. t Treibhausgasreduktion. Echtzeitverkehrsinformationen und ihre Übersetzung in Handlungsanweisungen für Fahrer, intelligente Logistiklösungen, Carsharing und vernetzte Mobilität tragen ebenso zu diesen Einsparpotenzialen bei, wie optimierte Verkehrsflüsse durch die digitale Steuerung von Lichtzeichenanlagen oder die Vermeidung von Reisen und Fahrten zum Arbeitsplatz.
- Industrielle Produktion: 2,7 Mrd. t Treibhausgasreduktion. Virtuelle Fabriken, kundennahe Produktion durch die 3-D-Drucktechnologien, zirkuläre Wertschöpfungsketten und intelligente Optimierungen des Service gehören zu den Lösungen, aus denen sich das errechnete Einsparpotenzial speist.
- Landwirtschaft: 2,0 Mrd. t Treibhausgasreduktion. Steigerung der Ernteerträge über die automatisierte Steuerung der Versorgung von Pflanzen mit Wasser und Nährstoffen sowie die Vermeidung von 20 % Verlusten in der Nahrungsmittelkette sind zwei wichtige Anwendungen von Telekommunikationstechnologien zur Minderung von Treibhausgasemissionen im Agrarsektor.
- Gebäude: 2,0 Mrd. t Treibhausgasreduktion. Intelligente Lösungen zur automatisierten Steuerung von Heizung und Beleuchtung sowie weiterer Elektrogeräte im Haushalt sind wichtige Treiber für IKT-gestützte Reduzierungen von Energieverbrauch und Emissionen in diesem Sektor.
- Energie: 1,8 Mrd. t Treibhausgasreduktion. IKT ermöglicht beispielsweise über Smart-Grid-Technologien höhere Anteile von erneuerbaren Energien in den Energienetzen. Zudem können Informations- und Kommunikationslösungen beispielsweise über Smart Meter die Transparenz über die Energieverbräuche erhöhen und so die Voraussetzungen für Energieeinsparungen schaffen. Darüber hinaus existieren zahlreiche IKT-gestützte Lösungen zur Verbesserung der Energieeffizienz.

Allein in Deutschland ist eine Reduktion der CO$_2$e-Emissionen durch IKT von 288 Mio. t bis zum Jahr 2030 möglich. Das entspricht ganzen 83 % der bis 2030 nach dem nationalen Klimaschutzplan erforderlichen Emissionsreduktionen (Global e-Sustainability Initiative 2016). Damit könnte IKT einen großen Beitrag zum Klimaschutz leisten. Umso erstaunlicher ist, dass die IKT in der nationalen Klimaschutzplanung nicht direkt auftaucht. Insbesondere in den Sektoren Mobilität (Im Bereich Mobilität steigen die Emissionen in Deutschland sogar, statt wie erforderlich zu sinken.), Gebäude oder Landwirtschaft, wo sich die notwendigen Senkungen nicht durch einen Umstieg auf erneuerbare Energien in der Stromerzeugung erzielen lassen, könnten IKT-Lösungen eine zentrale Schlüsselrolle spielen.

Die Erkenntnis, dass IKT große Mengen an Treibhausgasemissionen reduzieren können, wird durch weitere Studien bestätigt:

- Eine ebenfalls von GeSI herausgegebene Studie zum Einsparpotenzial von Mobilfunktechnologien in den USA und Europa kommt zu dem Ergebnis eines jährlichen Reduktionspotenzials von 180 Mio. t, wobei von einer Verdreifachung in den nächsten fünf Jahren ausgegangen wird (Global e-Sustainability Initiative 2015).
- Eine neuere Studie der Branchenvereinigung der Mobilfunkanbieter GSMA mit Carbon Trust aus dem Jahr 2019 schätzt die Einsparungen an Treibhausgasen aus mobilen IKT-Lösungen 2018 sogar deutlich höher, nämlich auf über 2,1 Mrd. t und damit höher als die Emissionen Russlands in 2017. Die Schwerpunkte der Einsparungen liegen dabei in den Bereichen „Smart Working, Living and Health" mit 39 % der Einsparungen und „Smart Transports and Cities" mit 30 %. Alleine Audiokonferenzen sowie das Teilen von Unterkünften tragen jeweils 10 % zum gesamten Einsparpotenzial bei (GSMA and Carbon Trust 2019). Dabei basieren die Berechnungen auf einer Reihe von Fallstudien sowie zahlreichen Annahmen, die in Anhang 3 der Studie auf 29 Seiten dargelegt werden.

Bei der Betrachtung der Einsparpotenziale muss bedacht werden, dass für die Nutzung der vorhandenen Potenziale die gesetzlichen Rahmenbedingungen eine zentrale Rolle spielen. Während in Italien aufgrund erheblicher Probleme mit Stromdiebstählen schon vor Jahren 30 Mio. Smart Meter im Einsatz waren (Ernest and Young 2013), sind diese in Deutschland erst seit Kurzem verpflichtend und das auch nur ab einem Stromverbrauch von über 6000 KWh im Jahr, einer Marke, die die meisten Privathaushalte nicht erreichen. Erst 2032 müssen alle Haushalte mit intelligenten Zählern zur Stromverbrauchserfassung ausgestattet sein (https://www.verbraucherzentrale.de/wissen/energie/preise-tarife-anbieterwechsel/smart-meter-die-neuen-stromzaehler-kommen-13275). Ein weiteres Beispiel für den starken Einfluss staatlicher Regulierung findet sich im Bereich Elektromobilität: Während in Norwegen aufgrund großzügiger staatlicher Förderung im ersten Halbjahr 2019 schon 56 % der neu zugelassenen Fahrzeuge Elektrofahrzeuge oder Plug-in-Hybride waren, lag der Anteil in Deutschland bei bescheidenen 2,6 % (Manager Magazin 2019), obwohl die Anschaffung von Elektrofahrzeugen seit 2016 gefördert wird. Der Anstieg des Anteils an den Neuzulassungen von 0,6 auf 2,6 % erscheint vor

dem Hintergrund von inzwischen bis zu 6000 EUR Förderung pro Fahrzeug (https://
www.bundesregierung.de/breg-de/aktuelles/umweltbonus-1692646) bescheiden.

Ein weiterer wichtiger Punkt, der erwähnt werden muss, betrifft die möglichen
Rebound-Effekte. So weist beispielsweise das Bundesministerium für wirtschaftliche
Zusammenarbeit (BMZ) in einer Broschüre zu den Folgen des Klimawandels für den
Verkehrssektor explizit auf den Umstand hin, dass der Gefahr einer höheren Nutzung
von Fahrzeugen durch „Straßennutzungsgebühren oder andere Systeme, die zusätzliche
Fahrten unattraktiver machen" begegnet werden sollte (BMZ 2015). Rückkopplungs-
effekte, die sich durch die Veränderung des menschlichen Verhaltens ergeben, haben das
Potenzial, einen Großteil der errechneten Einsparungen wieder zunichte zu machen. Im
schlimmsten Fall übersteigt der Rebound-Effekt sogar den gewünschten Effekt und der
vermeintliche ökologische Vorteil verkehrt sich ins Gegenteil. So kommt eine Studie der
Universität Newcastle zum ernüchternden Ergebnis, dass Teleheimarbeit zu 30 % mehr
Energieverbrauch führt und Anreize schafft, einen weiter vom Arbeitsplatz entfernten
Wohnort zu wählen. Auch Online-Shopping ist nur unter bestimmten Umständen ökologisch vorteilhaft (Science News 2010). Es kann den Autoren der Studie zugestimmt
werden, dass diese Ergebnisse nicht als Entschuldigung für Untätigkeit missbraucht
werden dürfen, sondern lediglich zeigen, dass es notwendig ist, geeignete politische
Maßnahmen zur Vermeidung oder zumindest Begrenzung von Rebound-Effekten zu
treffen. Selbst die eher konservative Unternehmensberatung McKinsey kommt in ihrer
Studie *Bayern 2025* zu dem Schluss, dass der Gestaltung staatlicher Rahmen und
Regelungen vor dem Hintergrund einer zunehmend volatilen und komplexen Welt
eine wichtige Bedeutung zukommt. Sie spricht in diesem Zusammenhang von einer
„Renaissance des Staates" (McKinsey 2015).

4.3   Weitere ökologische Folgen der Digitalisierung

Die ökologischen Effekte von Telekommunikationstechnologien gehen jedoch deutlich über den Klimaschutz hinaus. So können beispielsweise intelligente Bewässerungs-
lösungen für Landwirtschaft und Industrie nach der GeSI SMARTer-2030-Studie im
Jahr 2030 beachtliche 300 Bio. Liter Wasser sparen (Global e-Sustainability Initiative
und Accenture 2015), zum Beispiel durch den Einsatz von Bodensensoren, die die
Bewässerung und Düngung von Pflanzen steuern und optimieren. Die damit verbundene
Verringerung des Düngemitteleinsatzes wirkt darüber hinaus der Versauerung der Böden
entgegen. Die Optimierung der Nährstoffversorgung ermöglicht zudem eine Steigerung der
Hektarerträge bis 2030 um 30 % (Global e-Sustainability Initiative und Accenture 2015).
Vor dem Hintergrund einer bis 2050 auf 9,7 Mrd. Menschen wachsenden Weltbevölkerung
(NTV 24 2015) sowie einer Verdopplung des Lebensmittelbedarfs (Potsdam-Institut für
Klimaforschung 2015) kann IKT so zusätzlich einen wichtigen Beitrag zur Sicherung der
Nahrungsmittelversorgung leisten und den Druck zur Ausweitung der Anbauflächen im
für das Klima und die Biodiversität extrem wichtigen tropischen Regenwald vermindern.

Auch für den Artenschutz lässt sich Künstliche Intelligenz nutzen. So fördert das BMBF beispielsweise die automatisierte Erfassung der Artenvielfalt über das Projekt AMMOD (BMBF 2020). sowie zur Verringerung der Sterblichkeit von Bienenvölkern lässt sich IKT nutzen. So kann die Auswertung der mit schmalbandiger Funktechnik aus den Bienenstöcken übertragenen Daten zu Temperatur, Luftfeuchtigkeit, Luftdruck, Gewicht und Aktivität der Bienen, helfen, Probleme frühzeitig zu erkennen und die Verluste von Bienen deutlich zu senken (https://www.telekom.com/de/medien/medieninformationen/detail/schmalband-funk-sagt-bienensterben-den-kampf-an-488626).

Zusätzliche ökologische Vorteile bietet auch die vereinfachte Möglichkeit zur geteilten Nutzung von Dingen über das Internet durch die sogenannte Sharing Economy. So kommt die GeSI-Studie Smarter 2030 zu dem Ergebnis, dass den Ökosystemen unseres Planeten im Jahr 2030 auf diese Weise 135 Mio. private Kraftfahrzeuge erspart bleiben können (Global e-Sustainability Initiative und Accenture 2015). Eine Untersuchung im Auftrag des Bundesumweltamtes zeigt für Deutschland, bei verbesserter Verzahnung mit dem öffentlichen Verkehr, ein Emissionsreduktionspotenzial von gut 6 Mio. t oder rund 4 % der mobilitätsbedingten Emissionen (UBA 2015; Umweltbundesamt 2015). Auch Plattformen zur gemeinschaftlichen Nutzung von Werkzeugen und Gartengeräten oder Internettauschbörsen und Handelsplätze wie eBay oder reBuy zahlen darauf ein, entweder die Nutzungsauslastung produzierter Güter zu verbessern oder die Lebensdauer durch die Weitergabe an andere Nutzer zu verlängern. Auf diese Weise lassen sich die ökologischen Folgen der Produktion vermindern und die Abfallberge reduzieren. Zudem wird ein Beitrag zur Einsparung knapper und nicht reproduzierbarer Rohstoffe geleistet.

„Prima Klima" ist dank IKT machbar, allerdings nur, wenn die richtigen Rahmenbedingungen geschaffen werden, um die Potenziale zu nutzen und die negativen Rückkopplungseffekte zu begrenzen. Das Positionspapier des BMU „Umwelt in die Algorithmen" aus dem letzten Jahr zeigt, dass die Chancen aus der Digitalisierung für die Umwelt und eine innovative Wirtschaft inzwischen in der Politik angekommen sind (BMU 2019).

5 Gesellschaftliche und soziale Folgen der Digitalisierung: Weniger Arbeit, mehr Wohlstand?

Digitale Technologien haben sicherlich ein hohes Potenzial, Menschen von schwerer körperlicher und monotoner Arbeit, wie beispielsweise Fließbandarbeit, zu entlasten (BMWi 2016) und auch unser Leben zu erleichtern, beispielsweise durch Navigations- und Fahrassistenzsysteme oder gar selbstfahrende Autos. Auf der anderen Seite können schon mit den heute bekannten Technologien viele heute von Menschen verrichtete Arbeiten durch Maschinen übernommen werden. Diese Entwicklung bleibt nicht ohne Auswirkungen auf die Beschäftigungschancen von Arbeitnehmern und auf die Einkommensverteilung. Bei der Betrachtung der gesellschaftlichen und sozialen Folgen der Digitalisierung möchte ich mich hier auf die drei Aspekte Arbeit und Soziales, Gesundheit und Bildung sowie Demokratie beschränken.

5.1   Auswirkung der Digitalisierung auf den Arbeitsmarkt und die sozialen Folgen

Frey und Osborne kamen in einer detaillierten Untersuchung von 702 Jobs für die USA sogar zu dem Ergebnis, dass 47 % und damit fast jeder zweite Arbeitsplatz in den USA auf der Basis bekannter Technologien ersetzt werden kann, wobei die Autoren keinen konkreten Zeitraum für ihre Prognose angeben (Frey und Osborne 2013). Das McKinsey Global Institute bestätigt in einer umfangreichen Untersuchung 2017 für das Veränderungspotenzial in 800 Berufen in 46 Ländern, die fast 90 % des globalen GDPs erwirtschaften, ein hohes Automatisierungspotenzial: Etwa 50 % der Tätigkeiten sind grundsätzlich automatisierbar und in sechs von zehn Jobs lassen sich über 30 % der Aufgaben bis 2030 automatisieren. Bis zu 800 Mio. Jobs könnten so verloren gehen und bis zu 375 Mio. Menschen müssten ihren Job verändern. Die Gesamtfolgen für den Arbeitsmarkt werden allerdings als weniger dramatisch eingeschätzt, da zum einen nicht alle Automatisierungspotenziale genutzt werden, zum anderen neben anderen Faktoren insbesondere steigende Einkommen sowie die Alterung der Bevölkerung auch wieder neue Jobs schaffen. Aus sieben Megatrends wird ein Zusatzbedarf von mindestens 390 Mio. bis zu 890 Mio. Jobs. Allerdings müssen 75 bis 375 Mio. Arbeitskräfte für neue Aufgaben qualifiziert werden (McKinsey Global Institute 2017). Eine OECD-Studie aus dem Jahr 2019 sieht insbesondere im Bereich der Tätigkeiten mit mittlerer Qualifikation in Ländern wie den USA einen stark negativen Effekt der Automatisierung auf die Beschäftigung (OECD 2019), mit möglicherweise negativen Folgen für die Einkommen der Mittelschicht.

In Deutschland ist der Bedarf an höher qualifizierten Mitarbeitern (mit Hochschulabschluss) seit 1976 ständig gestiegen, während der Bedarf an gering qualifizierten Mitarbeitern (ohne Berufsausbildung) ständig gesunken ist. Der Bedarf an Beschäftigten mit mittlerer Qualifikation (Berufsausbildung) geht seit 1993 im Saldo ebenfalls zurück. Interessant ist, dass gleichzeitig der Nettoarbeitsplatzabbau im Bereich der gering qualifizierten sowie der Nettoarbeitsplatzzuwachs im Bereich der höher qualifizierten nachgelassen haben (IAB 2019b). Dies ist ein Indiz dafür, dass auch Arbeitsplätze für mittel und höher qualifizierte einem zunehmenden Automatisierungsrisiko unterliegen. Insgesamt ist in den drei Jahren von 2013 bis 2016 der Anteil an sozialversicherungspflichtigen Beschäftigten mit „hohem Substituierbarkeitspotenzial" von 15 auf 25 % gestiegen (IAB 2019a). Dennoch wird bis 2035 kein gravierender Einfluss der Digitalisierung auf das Beschäftigungsniveau in Deutschland prognostiziert. So schätzt eine Veröffentlichung des IAB aus dem Jahr 2018 den Arbeitsplatzverlust bis 2035 auf im Saldo 60.000 Arbeitsplätze (IAB 2018).

Auch wenn die Auswirkungen der Digitalisierung den deutschen Arbeitsmarkt in den nächsten Jahren vielfach noch als relativ gering eingeschätzt wird (siehe zum Beispiel auch Institut für Arbeitsmarkt und Berufsforschung regional, Digitalisierung der Arbeitswelt 2016), ist es erforderlich, sich schon heute auf die längerfristigen Folgen der Digitalisierung einzustellen. Gerade die zuvor zitierte Untersuchung von Frey und Osborne und ihre Adaptionen auf deutsche Verhältnisse machen deutlich, dass der Wandel weit über den Bereich der industriellen Produktion hinausgeht. Jede in mathematische Algorithmen überführbare Tätigkeit kann schon mit den heute bekannten Technologien ersetzt werden. Selbstfahrende Autos, deren Anteil an den neu zugelassenen Fahrzeugen nach einer McKinsey-Studie zum Automobilsektor schon im Jahr 2030 bei 15 % liegen könnte (McKinsey 2016), machen langfristig Kraft- und Taxifahrer überflüssig. Selbstscan-Kassen, wie sie schon jetzt zunehmend in Supermärkten zu finden sind, führen zu einer erheblichen Reduzierung des Bedarfs an Verkaufspersonal. Im Hotelbereich können (soweit von den Gästen akzeptiert) Servicecomputer zahlreiche Tätigkeiten ersetzen, die heute noch von Menschen übernommen werden, angefangen vom Check-in über die Küche bis zur Reinigung der Zimmer.

Auch im Bankbereich hat der Abbau von Beschäftigung durch Automatisierung von Tätigkeiten schon längst angefangen. So ist seit dem Jahr 2000 bis 2015 die Zahl der Bankfilialen in Deutschland um 27 % zurückgegangen, wobei das Tempo des Abbaus von Filialen seit 2014 deutlich zugenommen hat (KfW 2017). Der scheidende Commerzbank-Vorstand Martin Blessing rechnet damit, dass von den verbliebenen 35.000 Filialen ein Drittel in den nächsten zehn Jahren verschwinden wird (Blessing 2015). Für die Versicherungsbranche errechnet eine Studie der Unternehmensberatung McKinsey den Wegfall von 30 % der Arbeitsplätze im operativen Geschäft bis 2025 (Johannson und Vogelgesang 2016). Selbst klassische Bereiche menschlicher Dienstleistungen sind vor der Digitalisierungswelle nicht sicher, wie die zunehmende Erprobung von Pflegerobotern in Japan zeigt. So wurde im Spiegel schon vor 14 Jahren über die Pflegerobbe Paro berichtet (Der Spiegel 2006). Da Technologie durch den technischen Fortschritt und Massenproduktion tendenziell billiger wird und menschliche Arbeit durch Lohnsteigerungen tendenziell teurer, dürften die wirtschaftlichen Anreize, Menschen durch Maschinen zu ersetzen, weiter zunehmen.

Sicher entstehen auf der anderen Seite auch neue Arbeitsplätze, beispielsweise in der Analyse automatisierter Massendaten oder auch in Kreativberufen sowie in der Pflege. Es ist allerdings offen, ob die Zahl der neuen Jobgelegenheiten ausreicht, die Zahl der wegfallenden Arbeitsplätze zu ersetzen.

Zudem, selbst wenn die Technologie immer neue Arbeit hervorbringt (Horx 2016) und genauso viele oder sogar mehr neue Arbeitsplätze entstehen, als wegfallen (vgl. BITKOM 2014), muss die Frage gestellt werden, inwieweit die Arbeitnehmer, die durch die Digitalisierung ihren Arbeitsplatz verlieren, die neu entstehenden Aufgaben und Jobs übernehmen können und auch wollen.

Es erscheint zweifelhaft, dass sich wegrationalisierte Supermarktverkäufer, Fahrer und Angestellte an Bankenschaltern in großem Maßstab als Programmierer, im Data-Mining oder in kreativen Tätigkeiten wiederfinden können. Zudem müssten die Unternehmen dann auch bereit sein, diese umqualifizierten Arbeitnehmer einzustellen.

Fraglich ist auch, ob durch diese Entwicklung nicht eine neue Schicht von Selbstständigen ohne sozialen Schutz mit unsicheren und geringen Einkommen entsteht, wie beispielsweise Uber-Fahrer, die sich nicht gewerkschaftlich organisieren können, die ihre

Kollegen gar nicht kennen und deren Einnahmen pro Stunde von den aktuell gültigen Geschäftsbedingungen eines internationalen Digitalkonzerns abhängen.

Die Folgen dieses Umstands sind vermutlich tiefgreifend: Es wird aller Voraussicht nach nicht mehr möglich sein, dass alle Menschen ihren Lebensunterhalt mit dem Einkommen aus einer bezahlten Tätigkeit bestreiten können. Ein zweites wichtiges Thema in diesem Zusammenhang ist die Definition des eigenen Werts und Platzes in der Gesellschaft über die eigene berufliche Tätigkeit.

Will man sicherstellen, dass die Teilhabe am wirtschaftlichen und gesellschaftlichen Leben nicht auf die zunehmend kleiner werdende Menge privilegierter Arbeitsplatzbesitzer beschränkt bleibt, sind neue Verteilungsformen des gesellschaftlich erarbeiteten Wohlstands notwendig. Nicht umsonst gewinnt die alte Idee eines bedingungslosen Grundeinkommens zunehmende Unterstützung. Die Äußerung des Vorstandsvorsitzenden der Deutschen Telekom Timotheus Höttges (Die Zeit 2015a) oder des SAP-Vorstands Leukert (FAZ 2016) sind hier nur zwei Beispiele. Finnland hat Experimente zum bedingungslosen Grundeinkommen durchgeführt, auch wenn diese aktuell nicht weitergeführt werden. In der Schweiz bereiten Befürworter des bedingungslosen Grundeinkommens eine Volksabstimmung zu diesem Thema vor (Diekmann 2015). Dabei stand am 5. Juni 2016 der Vorschlag zur Abstimmung, jedem erwachsenen Schweizer Bürger 2500 Schweizer Franken pro Monat auszuzahlen. Die Gegenfinanzierung sollte dabei weitgehend über eine komplette Anrechnung von Einkünften bis 2500 Schweizer Franken auf das Grundeinkommen erfolgen (https://www.bedingungslos.ch/de/news/wLqAaKcCD8Kxabj98). Der Vorschlag wurde allerdings mit großer Mehrheit abgelehnt. In den Niederlanden wird die Idee des bedingungslosen Grundeinkommens derzeit in Utrecht getestet; 300 Testpersonen erhalten dort 900 EUR im Monat. Für Zwei-Personen-Haushalte sind 1300 EUR vorgesehen (http://www.n-tv.de/panorama/Wo-die-Utopie-bald-wahr-werden-koennte-article16930371.html). Über den materiellen Aspekt hinaus wird es aber auch darauf ankommen, alternative Formen der Lebensgestaltung zum bezahlten Job als gleichwertige Lebensperspektiven zu begreifen und anzuerkennen.

Ein weiter Umstand kommt hinzu: die zunehmende Ungleichheit in der Verteilung von Einkommen und Vermögen. So besitzen 2018 die 26 reichsten Menschen genauso viel Vermögen wie etwa 50 % der Weltbevölkerung und damit 3,8 Mrd. Menschen. Vor zwei Jahren waren es noch 62 Menschen. Alleine 2018 hat das Vermögen der Milliardäre um 900 Mrd. US$ zugenommen; 1 % der Menschen besitzt 99 % des weltweiten Vermögens (Oxfam 2019). In Deutschland zeigt sich, dass das reale Einkommen des bestverdienenden Dezils in den Jahren von 1991 bis 2016 mit 35 % mit Abstand am stärksten gestiegen ist, während die Einkommen der beiden untersten Dezile nur um 2 % zugelegt haben. Im untersten Dezil sind die realen Einkommen seit 2010 sogar rückläufig (DIW 2019). Ein Trend, der übrigens weltweit zu beobachten ist. So lag der Anteil des obersten Dezils am Nationaleinkommen in den Wirtschaftsräumen USA, Indien, China und Europa 1980 zwischen 27 und 34 %, 2018 dagegen zwischen 34 und 56 %. Der Anteil der untersten 50 % sank dagegen von 20 bis 27 % auf 12 bis 21 % (Piketty 2020). Während die Vorstandsvorsitzenden 1990 in Deutschland im Durchschnitt das

15-fache eines durchschnittlichen Mitarbeiters verdienten, war es mehr als das 100-fache (eigene Berechnung auf der Basis von Angaben der DWS 2019) und das, obwohl niedrig bezahlte gering qualifizierte Tätigkeiten überproportional stark abgebaut und/oder outgesourct worden sind. Es verwundert daher nicht, dass auch der bekannte Ökonom Thomas Piketty im Zuge der Auswertungen umfangreichen statistischen Materials in seinem Werk *Das Kapital im 21. Jahrhundert* zu dem Schluss kommt, dass die Ungleichverteilung von Einkommen und Vermögen seit Jahrzehnten zunimmt. Er zeigt in seiner Analyse auf, dass diese Entwicklung den Zusammenhalt der Gesellschaft und die Demokratie gefährdet (Piketty 2014).

Diese von Piketty aufgezeigten Entwicklungen lassen sich sicherlich nicht nur auf die zunehmende Digitalisierung zurückführen. Dennoch, die wesentlichen Charakteristika der Digitalisierung unterstützen diesen Trend. Die nahezu kostenfreie Verbreitung von Informationen in Echtzeit fördert die Globalisierung durch geringere Transaktionskosten und steigert zudem die Markttransparenz. Beides wirkt letztendlich wettbewerbsverschärfend und begünstigt, dass der Bessere, Kreativere und Leistungsfähigere ein zunehmend größeres Stück am Kuchen erhält, während der weniger Innovative und Leistungsfähige weniger erhält. Auch unter den Firmen entsteht eine Tendenz zur Vergrößerung der Ungleichheit. So kommt McKinsey in einer kürzlich veröffentlichten Studie zu dem Schluss, dass Firmen/Branchen die in größerem Umfang digitale Technologien einsetzen, deutlich produktiver und profitabler sind als Unternehmen, die diese Technologien nicht im gleichen Maß adaptiert haben. Die Autoren der Studie schlussfolgern, dass Teile dieser Gewinne wieder in neue Technologien investiert werden, was zu einer Vergrößerung der Unterschiede beiträgt (McKinsey Global Institutes 2015). Auch die kürzlich veröffentlichte Prognos-Studie, in der die 402 Kreise und kreisfreien Städte in Deutschland auf Wohlstand und Entwicklungsperspektive untersucht wurden, kommt zu dem Schluss: „Die Digitalisierung vertieft die Spaltung zwischen Stadt und Land und Arm und Reich" (Die Welt 2016c) und das, obwohl digitale Technologien auch zur Dezentralisierung der Wirtschaft genutzt werden könnten, beispielsweise über Telearbeit oder Dezentralisierung der Produktion durch 3-D-Druck-Technologien. Es ist in diesem Zusammenhang interessant, dass das Zukunftsinstitut als Folge der Corona-Pandemie eine Umkehr des Trends vom Land in die Stadt für möglich hält (Zukunftsinstitut 2020). Ob damit das Tempo der globalen Urbanisierung abnimmt oder sich der Trend sogar umkehrt, bleibt abzuwarten.

Ein weiteres Charakteristikum der Digitalisierung ist, dass digitale Güter, wie zum Beispiel digitale Medien oder Software, Grenzkosten nahe null aufweisen und sich damit nahezu ohne zusätzliche Kosten beliebig vermehren lassen. Schon aus der klassischen Ökonomie ist bekannt, dass fallende Grenzkosten das Entstehen von Monopolen begünstigen. So verwundert es nicht, dass Firmen wie Google, Amazon, Microsoft oder Facebook ihre Märkte dominieren und ihre Gründer zu den weltweit reichsten Menschen gehören. In der Internetökonomie gehört der Erfolg den Erfolgreichen. Für Smartphones eine Anwendung oder auf Neudeutsch eine App zu entwickeln, ist umso lohnenswerter, je mehr Geräte mit demselben Betriebssystem am Markt sind. Dadurch aber ist es dann für den Verbraucher wieder attraktiver, ein Gerät mit diesem Betriebssystem zu kaufen, weil dafür mehr Anwendungen verfügbar sind. So kommt es dazu, dass sich die Marktführer gegenseitig befeuern und andere Anbieter nur über Innovation eine Chance erhalten, sich am Markt zu etablieren.

Die so entstehende zunehmende Ungleichheit bleibt nicht ohne gesellschaftliche Folgen: Ein deutlich höherer Anteil von Menschen wird möglicherweise nicht mehr in der Lage sein, sich von der eigenen Arbeit zu ernähren, und wird darauf angewiesen sein, von staatlicher Unterstützung zu leben. Dies kann dazu führen, dass entweder das Niveau der Unterstützung deutlich absinkt oder die Lasten für diejenigen, die diese Unterstützung schultern müssen, steigen. Möglich ist auch, dass beide negative Folgen gleichzeitig eintreten.

Senkt man die Unterstützung, entlastet das zwar diejenigen, die die Unterstützung leisten müssen, führt aber möglicherweise dazu, dass höhere Ausgaben zum Schutz der Vermögenswerte erforderlich sind, wie wir es in Ländern mit extremer Ungleichverteilung von Einkommen und Vermögen, beispielsweise in Lateinamerika, schon heute beobachten können.

Es besteht zudem die Gefahr einer digitalen Spaltung der Gesellschaft, die zunehmende Bevölkerungsgruppen von gleichberechtigter Teilhabe an der Gesellschaft ausschließt. Auch nachteilige Auswirkungen auf die Chancen der Kinder für einen gesellschaftlichen Aufstieg über Bildung sind möglich, insbesondere dann, wenn die Investitionen in öffentliche Bildungssysteme zurückgefahren werden, um die Steuerbelastungen der Gewinner aus der digitalen Revolution zu reduzieren.

Diese Entwicklungen bleiben auch nicht ohne Auswirkungen auf Demokratie und Politik. So ist die (mehr oder weniger begründete) Furcht vor sozialem Abstieg mit Sicherheit ein wesentlicher Motivator für das Erstarken rechtspopulistischer bis extremer Parteien wie der AfD (Die Zeit 2016).

5.2   Digitalisierung – Eine Chance für das Gesundheitswesen?

Die Telemedizin verfügt über immense Potenziale. So kommt die von Accenture im Auftrag der IKT-Branchenvereinigung GeSI durchgeführte Studie SMARTer 2030 zu dem Ergebnis, dass es über IKT möglich ist, im Jahr 2030 1,6 Mrd. Menschen (20-mal so viele, wie in Deutschland leben) einen Zugang zum Gesundheitswesen zu verschaffen und zugleich Kosten in Höhe von 66 Mrd. US$ sparen (Global e-Sustainability Initiative und Accenture 2015). Die Zahl der weltweit heruntergeladenen Gesundheits-Apps hat sich von 2013 bis 2016 fast verdoppelt (Statista 2020c). Eine Telenor-Studie kommt zum Ergebnis, dass die Kosten der Pflege älterer Menschen um 25 % gesenkt werden können, die Kosten aus Krankenhausaufenthalten sogar um 50–60 % (Boston Consulting and Telenor Group 2012).

Vor dem Hintergrund des demografischen Wandels, der steigenden Lebenserwartung und dem damit verbundenen Anstieg der Gesundheitsausgaben am Bruttoinlandsprodukt kommt der Telemedizin eine entscheidende Bedeutung zu, eine gute medizinische Versorgung aller Menschen in Ländern wie Deutschland zu gewährleisten. Besonders bedeutsam scheint hier der Beitrag zur präventiven Medizin, da dies nicht nur die Gesundheitskosten senkt, sondern darüber hinaus die Lebensqualität der Menschen entscheidend verbessern kann. So konnten beispielsweise im Rahmen eines Pilotprojekts in Deutschland teure prophylaktische Krankenhausaufenthalte für Herzinsuffizienzpatienten vermieden und die Zahl der notwendigen Arztbesuche erheblich vermindert werden.

BT rechnet mit 14 Mrd. EUR an Einsparungen im Gesundheitsbereich durch Nutzung von E-Health (BT 2016). Auch in der Betreuung von Demenzkranken (Malteser 2014) und zur Behandlung von Depressionen (Gollmann 2015) wird Patienten mit Smartphone-Apps geholfen. So lassen sich zum Beispiel über die Stimme und das Kommunikationsverhalten Rückschlüsse auf den Zustand von depressiv veranlagten Menschen ziehen. Im 2016 gestarteten Onlinespiel *Sea Hero Quest* lassen sich aus der anonymisierten Analyse des Verhaltens der Spieler wesentliche Erkenntnisse zur Verbesserung der Frühdiagnostik von Demenzerkrankungen gewinnen. Schon zwei Wochen nach dem Launch gab es 1 Mio. Downloads. Die Spieler haben über ihr Navigationsverhalten wissenschaftlich nutzbare Daten produziert, „deren Erhebung unter Laborbedingungen mehr als 1500 Jahre benötigt hätte" (Deutsche Telekom 2016). Die aktuelle Corona-Krise zeigt zudem einen weiteren Vorteil der Digitalisierung für die Gesundheit. So reduziert die Möglichkeit zum Homeoffice die Ansteckungsgefahr mit dem Virus auf dem Weg zur Arbeit. Zudem macht die Möglichkeit zum Homeoffice, insbesondere für alleinerziehende Erwerbstätige, die Teilnahme am Erwerbsleben in Zeiten geschlossener Schulen und Kindergärten überhaupt erst möglich. Weiter ist es möglich durch Apps Infektionsketten zu tracken oder mithilfe von KI die weitere Ausbreitung des Virus vorherzusagen. Aufgrund von Datenschutzproblemen sind zentrale Corona-Apps allerdings durchaus umstritten (vgl. Die Zeit 2020c), Dezentrale Corona-Apps, die mit anonymisierten Daten arbeiten, wie in Deutschland tragen dem Datenschutz Rechnung und greifen weniger in die Persönlichkeitsrechte ein, als die die Nachverfolgung von Kontakten von Infizierten über beim Robert Koch Institut einzugebende Excellisten (vgl. https://www.welt.de/debatte/kommentare/article206966877/Anti-Corona-App-So-gehen-Virus-Praevention-und-Datenschutz-zusammen.html).

Insgesamt sehen über zwei Drittel der Bundesbürger Chancen für eine bessere Diagnose und Behandlung von Krankheiten durch digitale Technologien (PWC 2018b). Die zunehmende Bedeutung digitaler Gesundheitsprodukte und -dienste wird auch in den entsprechenden Prognosen zur Marktentwicklung deutlich. So prognostiziert Statista 2016 einen Anstieg des Marktvolumens Von 79 Mrd. US$ in 2015 auf 206 Mrd. US$ in 2020 (Statista 2016).

So wertvoll der Einsatz internetbasierter Technologien im Gesundheitswesen sein kann, so sehr kann das Internet uns auch krank machen. Verschiedene Studien und Untersuchungen zeigen, dass das Internet Menschen süchtig macht mit schwerwiegenden Folgen. Chatten, Internetsex oder Onlinespiele rücken derart in den Lebensmittelpunkt, dass es zu einer Vernachlässigung von Beruf, Familie und Freunden sowie zu Schlafmangel, unzureichender Bewegung und einer Vernachlässigung gesunder Ernährung kommt, mit erheblichen negativen Folgen auf den Gesundheitszustand.

Auch wenn die eindeutige Diagnose von Internetsucht nicht so einfach ist, sind die Zahlen durchaus alarmierend. So schätzt die 2011 veröffentlichte Studie zur Prävalenz der Internetabhängigkeit (PINTA) im Auftrag des Bundesministeriums für Gesundheit den Anteil der Internetabhängigkeit der 14- bis 64-Jährigen auf mindestens 1 % (Männer 1,2 %, Frauen 0,8 %). Besonders alarmierend ist dabei, dass der Anteil bei den Jüngeren mit 2,4 % in der Gruppe der 14- bis 24-Jährigen und sogar 4 % bei den 14- bis 16-Jährigen ansteigt, bei den Frauen gar auf 4,9 % (Rumpf et al. 2011). Im Vorfeld der Gamescom 2017 spricht die Drogenbeauftragte der Bundesregierung, Frau Mortler, sogar von 5,8 % der 12- bis 17-Jährigen, die ein „gestörtes Internet- oder Computerspielverhalten" zeigen. Dabei liegt der Anteil der Mädchen mit 6,6 % deutlich höher als der der Jungen mit 5,0 % (BZgA 2017).

Eine Schweizer Studie schätzt die Anzahl der Internetabhängigen auf 70.000, was etwa einem Prozent der Bevölkerung entspricht (Steine 2014). Übertragen auf die Verhältnisse der Bundesrepublik Deutschland wären das über 800.000 Menschen, mehr als die Einwohnerzahl von Städten wie Frankfurt a. M. oder Stuttgart. Unter den illegalen Drogen ist in Deutschland lediglich der Konsum von Cannabis mit 0,5 % der erwachsenen Bevölkerung ähnlich stark verbreitet (Bundesregierung 2016a). Über die Sucht hinaus kann das Internet auch bei nicht süchtigen Menschen die soziale Isolation verstärken, da es erleichtert, das Haus nicht mehr verlassen zu müssen, beispielsweise zum Einkaufen oder für einen Besuch beim Arzt. Die Tendenz der Internetökonomie zur Ungleichverteilung von Einkommen und Vermögen kann darüber hinaus die soziale Isolation verstärken, da mehr Menschen schlichtweg nicht mehr das notwendige Geld zur Teilhabe an der Gesellschaft haben.

In eine ähnliche Richtung geht das Thema Digitaler Burnout (Markowetz 2015). Hier geht es um die Gefahren aus der Smartphone-Nutzung. Der Autor des Werks, Alexander Markowetz, weist in einem Interview im FAZ-Net darauf hin (Schmidt 2015), dass wir im Schnitt alle 18 Minuten unsere Tätigkeiten unterbrechen, um zum Handy zu greifen. Diese ständigen Unterbrechungen beeinträchtigen Aufmerksamkeit und Konzentrationsfähigkeit. Es kann ein Zusammenhang mit der Zunahme der Krankschreibungen aufgrund psychischer Erkrankungen und der Verordnung von Psychopharmaka hergestellt werden. Der Focus widmete dem Thema eine Titelgeschichte (Focus 2016). Forschungen aus Harvard belegen danach, dass Likes in sozialen Netzwerken unser Gehirn ähnlich wie Essen oder Sex stimulieren können, was die Kontrolle des Surfverhaltens für viele Menschen schwierig macht. Auch ohne das Vorliegen einer Sucht kann die intensive Nutzung digitaler Medien negative Auswirkungen, wie beispielsweise entwicklungspsychologische oder sozial-kommunikative Defizite, zur Folge haben (siehe zum Beispiel Spitzer 2012). So wundert es nicht, dass die AOK von 2009 bis 2018 eine Zunahme der psychischen Erkrankungen um 64,2 % feststellt. Die durchschnittliche Ausfallzeit ist dabei mit 26,3 Tagen mehr als doppelt so hoch wie im Durchschnitt aller Erkrankungen (https://www.aok.de/fk/betriebliche-gesundheit/grundlagen/fehlzeiten/ueberblick-fehlzeiten/).

Weitere gesundheitliche Risiken werden aus möglichen Strahlenbelastungen durch Mobilfunkmasten und mobile Endgeräte befürchtet. Die Weltgesundheitsorganisation (WHO) hat Mobiltelefone in der derzeit aktuellen Gefährdungsbeurteilung aus dem Jahr 2013 in die Kategorie 2b und damit als „möglicherweise oder auch vielleicht krebserregend (englisch: possibly carcinogenic to humans)" eingestuft. Trotz zahlreicher Studien in den letzten Jahrzehnten sind bisher keine negative Gesundheitseffekte durch die Nutzung von Mobilfunktelefonen nachgewiesen (https://www.who.int/news-room/fact-sheets/detail/electromagnetic-fields-and-public-health-mobile-phones); *Das Bundesamt für Strahlenschutz hat sich mit dieser Frage intensiv beschäftigt und erklärt, dass es nach derzeitigem wissenschaftlichen Kenntnisstand nicht von negativen gesundheitlichen Auswirkungen ausgeht.*

Realer und alarmierend ist die Gefahr aus der Nutzung von Smartphones im Straßenverkehr. Jeder zehnte Fußgänger kann auch bei Straßenüberquerungen den Blick nicht vom Display lassen. Diese sogenannten Smombies (zusammengesetzt aus Smartphone und Zombie), achten nur noch unzureichend auf den Verkehr und stellen so eine große Gefahr für sich und andere dar. Erste Städte wie Köln haben deshalb schon Bodenampeln eingeführt (RP Online 2016). Im amerikanischen Bundesstaat New Jersey sieht ein Gesetzentwurf für das Telefonieren oder Auf-das-Handygucken von Fußgängern im Straßenverkehr bis zu 15 Tage Gefängnis vor. Hawaii erwägt Geldbußen von 250 US$ (Futurezone 2016). Nicht nur Fußgänger, sondern auch Autofahrer sind häufig durch Smartphones abgelenkt. So hat die DEKRA 2017 bei der Beobachtung von 15.000 Autofahrern eine Quote von 7 % Ablenkung durch Smartphones festgestellt. Jeder zehnte Verkehrstote wird inzwischen Ablenkungen zugerechnet. Damit kommt man für Deutschland jährlich auf 320 getötete Menschen, mehr als durch Alkoholunfälle ums Leben kommen (https://www.presseportal.de/pm/6647/3733611).

5.3   Digitalisierung – eine Chance für die Bildung?

Nach der von Accenture im Auftrag von GeSI durchgeführten Studie SMARTer 2030 haben 2030 2,5 Mrd. Menschen zusätzlich Zugang zur Welt des Internets und damit auch zu sehr flexiblen Möglichkeiten, die eigene Qualifikation zu verbessern, zum Beispiel über Onlineuniversitäten oder Webinare. Die Studie geht dabei von 450 Mio. Onlineabschlüssen 2030 aus. Dadurch steigt die Chance auf einen Arbeitsplatz sowie bessere Bezahlung. Die Autoren der Studie kommen dabei im Schnitt zu 11 % höheren Einkommen für die Absolventen (Global e-Sustainability Initiative und Accenture 2015). Auch jenseits formaler Qualifikation ermöglicht das Netz Zugang zu Wissen. So finden sich beispielsweise zahlreiche Onlinetutorien mit wertvollen Tipps für den täglichen

Umgang mit der gängigen Bürokommunikationssoftware. Zum Nachschlagen von Informationen steht mit Wikipedia ein Onlinelexikon zur Verfügung, das in Umfang und Richtigkeit der Information inzwischen sämtlichen Verlagswerken überlegen ist (Stern 2007). Auch für die Verbreitung von Informationen leistet das Netz wertvolle Dienste. So besteht über sogenannte Massive Open Online Courses (MOOC) die Möglichkeit, dass weltweit führende Experten mit ihren Lesungen und Vorträgen mehrere Tausend Zuhörer verteilt über den ganzen Globus gleichzeitig erreichen. Die Nutzung der Chancen digitaler Bildung erfordert allerdings neben der notwendigen Internetbandbreite auch eine stärkere Kompetenz des Selbstmanagements des eigenen Lernens. Der Wert digitalen Lernens wird übrigens insbesondere auch in der Corona-Krise sichtbar. Aufgrund der Einschränkungen in 192 Ländern können global 1,5 Mrd. Kinder und Jugendliche nicht zur Schule gehen (https://www.weforum.org/agenda/2020/04/covid19-coronavirus-reading-books-online-social-media-authors/). Ein Umstand, der in Deutschland für viele Schulen zu einem Crash-Kurs in der Digitalisierung geführt hat (Die Zeit 2020b).

5.4   Digitalisierung – Eine Chance für die Demokratie

Das Internet bietet die Möglichkeit, Menschen viel besser in politische Entscheidungsprozesse einzubinden. Nicht jeder ist in der Lage, öffentliche Anhörungen oder Debatten in parlamentarischen Gremien zu verfolgen. Live-Streaming, Onlinechat und Onlinepetitionen ermöglichen niedrigschwellige Mitwirkung, ohne physische Präsenz. Das ist insbesondere für bewegungseingeschränkte Menschen ein unschätzbarer Vorteil. Auch für Menschen, die aus beruflichen oder familiären Gründen bisher faktisch davon ausgeschlossen waren, sich und ihre Interessen in demokratische Entscheidungsprozesse einzubringen, haben so viel einfachere Möglichkeiten der Partizipation. Für Menschen in Ländern mit nicht demokratischen Strukturen ist die soziale Vernetzung ebenfalls von wichtiger Bedeutung.

6   Sicherheitsrisiken und Persönlichkeitsschutz – die Achillesferse der Digitalisierung

Der zunehmende Einsatz digitaler Technologien führt dazu, dass sich Menschen zunehmend auch von der Technik abhängig machen. So wird von Autofahrern berichtet, die den Instruktionen ihrer Navigationssysteme folgend in Gewässer gefahren und dabei sogar ums Leben gekommen sind. Sicher kann der Einzelne derartige Situationen durch eigene Aufmerksamkeit vermeiden, doch wie verhält es sich, wenn selbstfahrende Autos gehackt werden und bewusst in Unfälle gesteuert werden. So warnt der Chef des Bundesamts für Sicherheit in der Informationstechnik (BSI) Arne Schönbohm „vor Toten durch Hackerangriffe auf Autos" (Die Welt 2016c). Je automatisierter desto höher ist auch das Schadpotenzial. Die Zunahme des Online-Pishings und anderer Betrugsformen im Bankverkehr zeigt, dass es keine hundertprozentige Sicherheit geben kann. Allein zwischen 2012 und 2014 kam es zu einer Verdoppelung der Zahl der Pishing-Fälle im Onlinebanking und auch der damit verbundenen Schadenssumme (http://www.bka.de/ DE/ThemenABisZ/Internet/Identitaetsdiebstahl/identitaetsdiebstahl__node.html?__ nnn=true). Insgesamt werden die wirtschaftlichen Schäden der Internetkriminalität für Deutschland auf 55 Mrd. EUR geschätzt, was gut 1,7 % des BIP entspricht (Die Welt 2017). Weltweit schätzt das CIS die Schäden durch Cyberkriminalität auf 600 Mrd. US\$ (CIS 2018). Allein das hauseigene Netz der Deutschen Telekom ist täglich bis zu 46 Mio. Hackerangriffen ausgesetzt (Der Tagesspiegel 2019), ein paar Jahre zuvor waren es lediglich bis zu 500.000 Hackerangriffe pro Tag (Der Spiegel 2015).

Auch die Digitalisierung des Gesundheitswesens birgt Risiken: So wurde das Lukas Krankenhaus in Neuss Mitte Februar 2016 Opfer einer Cyberattacke (kma-online Interview mit Axel Wehmeyer 30.03.2016 oder auch http://politik-digital. de/news/hackerangriffe-im-krankenhaus-wo-sicherheitsluecken-lebensbedrohlich-werden-148767/). Nach Angaben von Greenbone sind alleine in Deutschland 15.000 Datensätze, denen 2,85 Mio. Bilder zugeordnet werden können, zugänglich. Davon sind 1,38 Mio. ohne Passwort oder Authentifizierung abrufbar (Green Bone Networks 2019). Nicht umsonst vertritt Bundesgesundheitsminister Jens Spahn die Einschätzung „die Datensicherheit wird die Achillesferse für die Akzeptanz der Digitalisierung im Gesund-heitswesen" (Ärzteblatt online 2019).

Es verwundert daher nicht, dass eine Studie des Bundeswirtschaftsministeriums zur IT-Sicherheit von Industrie 4.0 Nachholbedarf beim IT-Sicherheitsgesetz sieht (VDI 2016).

Neben Problemen bei Datenschutz und Datensicherheit ist die digitale Welt komplett vom Strom abhängig, was dazu führt, dass Stromausfälle gravierende Folgen hätten. Dabei ist bemerkenswert, dass auch die Stromnetze zunehmend Hackerangriffen aus-gesetzt sind (Die Welt 2019).

Weitere Risiken ergeben sich aus den Möglichkeiten der digitalen Überwachung durch Ausspähung über das Internet, wie sie inzwischen von Geheimdiensten weltweit genutzt werden, übrigens auch in sogenannten demokratischen Staaten, wie die Ent-hüllungen zu NSA und BND zeigen. So plant der BND umfangreiche Investitionen zur Liveausforschung sozialer Netzwerke (Süddeutsche Zeitung 2014).

7   Ist Deutschland fit für die digitale Herausforderung?

Mit der Digitalisierung nimmt das Tempo, in dem sich unsere Welt seit dem Beginn der Industrialisierung verändert, noch einmal zu. Dabei steigt auch die Wahrscheinlichkeit von nicht aus der Vergangenheit herzuleitenden disruptiven Veränderungen.

In diesem Zusammenhang stellen sich zahlreiche Fragen, wie die Welt aussehen soll, in der wir künftig leben möchten:

- Wie sieht die soziale Gerechtigkeit und eine sozial gerechte Verteilung von Einkommen und Vermögen im digitalen Zeitalter aus?
- Wer entscheidet über Ausschlüsse von Personen und Meinungen im Netz und wie werden diese Entscheidungen demokratisch legitimiert?
- Wie wird mit den moralischen Fragen im Hinblick auf den Einsatz von Algorithmen und die von ihnen gefällten Entscheidungen umgegangen?
- Wie gestalten wir die globale Wirtschaftsordnung, insbesondere auch im Hinblick auf die zunehmende Entstehung von faktischen Monopolen?
- Wie werden benachteiligte Gruppen geschützt, insbesondere Menschen mit wenig Zugang zu neuen Technologien?
- Wie sieht eine gesunde Balance zwischen dem Online- und Offlineleben aus?
- Wie werden bestehende Persönlichkeitsrechte im Internet geschützt, insbesondere im Hinblick auf Hass und Hetze unter dem Deckmantel der freien Meinungsäußerung?
- Welche neuen Grundrechte brauchen wir im digitalen Zeitalter?
- Wie können wir uns vor Spionage, Datenklau und Cyberkriminalität schützen?

Die Liste der Fragen aus dem Trend zur Digitalisierung lässt sich beliebig verlängern. Von der Beantwortung dieser Fragen hängt ganz maßgeblich ab, wie unser Leben in der digitalen Welt aussieht.

Die technologische Entwicklung kann und wird diese Fragen nicht beantworten, und das ist auch gut so. Fragen wie, welches Leben ein selbstfahrendes Auto höher bewertet, wenn nur noch die Entscheidung möglich ist, gegen einen Baum, in ein anderes Auto oder in eine Mutter, die zu Fuß mit ihrem Kind unterwegs ist, zu fahren, beinhalten gesellschaftliche Normen. Firmen wie Google oder Daimler benötigen hier eine gesellschaftliche Werteentscheidung, die im Dialog mit allen relevanten Stakeholdern in einem transparenten Prozess gefunden werden sollte.

Fragen der Verteilung von Reichtum und Vermögen beinhalten gesellschaftliche Vorstellungen von Gerechtigkeit und können daher ebenfalls nicht allein im freien Spiel der wirtschaftlichen Marktkräfte entschieden werden. Dabei können unterschiedliche Gesellschaften durchaus zu unterschiedlichen Ergebnissen kommen.

Es wird daher Zeit, dass der erforderliche gesellschaftlichen Dialog unter Beteiligung aller gesellschaftlichen Gruppen und Kräfte Fahrt aufnimmt: Staat und Politik, Unternehmen, Gewerkschaften und Arbeitslosenverbände, Wissenschaft und Forschung, Nichtregierungsorganisationen, Kirchen und Sozialverbände sowie auch nicht organisierte Bürger. Nur so ist es möglich, gesellschaftliche Antworten auf diese Fragen zu finden, die auch von der breiten Mehrheit der Gesellschaft akzeptiert werden. Schließlich geht es um die Zukunft von uns allen. Wir sollten die Chancen auf eine bessere Zukunft im Sinn der international anerkannten Sustainable Development Goals

(SDGs) durch digitale Technologien nicht leichtfertig verspielen. Sonst gefährden wir nicht nur unseren Wohlstand, sondern am Ende auch den sozialen Zusammenhalt der Gesellschaft und die Demokratie.

7.1 Staatliche Aufgaben für eine intelligente Gestaltung der Digitalisierung

Die Liste der staatlichen Aufgaben für eine intelligente Gestaltung der Rahmenbedingungen für eine wirtschaftliche und gesellschaftliche Entwicklung ist dabei lang und erstreckt sich auf nahezu sämtliche Politikfelder, insbesondere sind dabei zu nennen:

- **Netzausbau als staatliche Infrastrukturaufgabe.** Die Telekommunikationsnetze sind die Straßen und Schienen des 21. Jahrhunderts. Neue Gewerbegebiete ohne erstklassige Telekommunikationsanbindungen sind für Firmen völlig unattraktiv. Die Anbindung an die Welt des Internets ist wesentlich, sowohl für die wirtschaftliche Wettbewerbsfähigkeit als auch für den breiten Zugang zur Wissens- und Informationsgesellschaft. Die teilweise zu beobachtende Unterversorgung ländlicher Räume führt zu digitaler Spaltung und verstärkt den nicht unproblematischen Trend zur Urbanisierung. Ziel muss es sein die digitale Spaltung in Deutschland zu verhindern. Die Schaffung von Investitionsanreizen zum Ausbau der Telekommunikationsinfrastruktur ist daher wichtig für die Zukunft des Wirtschaftsstandorts Deutschland. Erfreulich ist, dass die digitale Infrastruktur in Deutschland in der Corona-Krise ihre Belastungsprobe bestanden hat. Ohne sie wäre es beispielsweise nicht möglich, dass Millionen von Menschen im Homeoffice arbeiten können, was es für viele Eltern angesichts geschlossener Schulen und Kindergärten überhaupt erst möglich macht zu arbeiten. Zudem senkt ein hoher Homeoffice-Anteil statistisch die Wahrscheinlichkeit, am Corona-Virus zu sterben (Statista 2020d). Das Netz ermöglicht es auch Schüler und Schülerinnen weiter zu unterrichten, wenn die Schulen geschlossen bleiben müssen. Ein Umstand, der in der Corona-Krise immerhin 1,5 Mrd. Schüler/-innen betrifft (Statista 2020e).
- **Datenschutz und Datensicherheit nach hohen Standards.** Die neuen digitalen Technologien brauchen das Vertrauen der Menschen. Ohne das Vertrauen der Menschen, dass ihre persönlichen Daten geschützt und sicher sind, werden die Potenziale digitaler Anwendungen wie elektronischer Gesundheitsdienste, Smart-Home-Anwendungen oder auch Cloudcomputing nicht ausgeschöpft werden. Insbesondere Smart Home ist hier ein gutes Beispiel: Viele Menschen sehen Vorteile bei Sicherheit, Komfort und der Einsparung von Energiekosten, nutzen die Produkte aber dennoch nicht aufgrund der damit verbundenen Kosten sowie aufgrund von Datenschutzbedenken. Dabei ist gegenüber der Studie 2015 der Anteil derjenigen, die durch hohe Kosten abgeschreckt werden, gesunken, während der Anteil der Menschen mit Datenschutzbedenken zugenommen hat (Deloitte 2019). Mangelndes Vertrauen führt

dazu, dass selbst die Auswertung von anonymisierten Massendaten kritisch gesehen wird, wie das Beispiel der Stadt Nürnberg zeigt, wo mit Unterstützung der Deutschen Telekom erstmals anonymisierte Massendaten zur Verkehrsanalyse eingesetzt wurden (Deutsche Telekom 2015). Zudem bieten Datenschutz und Datensicherheitsanwendungen im Zeitalter zunehmender Cyberkriminalität attraktive Marktchancen. So wird für 2017 bis 2023 erwartet, dass der Markt für Cybersecurity von 137 auf 248 Mrd. US$ wächst (Statista 2020f).

- **Neuverteilung von Einkommen und Vermögen.** Der Trend der Digitalökonomie, mechanische Tätigkeiten und Routinearbeiten durch Computer und Roboter zu substituieren und die Ungleichheit von Einkommen und Vermögen zu fördern, erfordert die Abkehr von einem System, das darauf ausgelegt ist, dass sich Menschen über die Erwerbstätigkeit definieren. Ein bedingungsloses Grundeinkommen spart nicht nur eine immense Überwachungsbürokratie über die Bürger, die soziale Leistungen in Anspruch nehmen, sondern beseitigt die Diskriminierung der Empfänger von Sozialtransfers und ermöglicht allen Mitgliedern der Gesellschaft ein auskömmliches Leben ohne Stigmatisierung aufgrund ihres Erwerbsstatus. Piketty hält ein jährliches Grundeinkommen in Höhe von 60 % des durchschnittlichen Einkommens nach Steuern über eine progressive Einkommenssteuer für finanzierbar. Interessant ist seine Idee, auch Vermögen progressiv zu besteuern und jedem Erwachsenen, quasi als Startkapital, 60 % des Durchschnittsvermögens auszuzahlen (Piketty 2020). Bei einem Durchschnittsvermögen von 217.000 US$ pro Bundesbürger (WirtschaftsWoche 2019), entspräche das (in Abhängigkeit vom Umrechnungskurs) ca. 120.000 EUR. Bedenkt man, dass 50 % der Deutschen ein Vermögen von weniger als 35.000 US$ besitzen, wäre das ein deutlicher Beitrag zu mehr Verteilungsgerechtigkeit.

- **Anpassungen des Wettbewerbsrechts.** In diesem Zusammenhang ist es wichtig, eine Chancengleichheit zwischen alten Geschäftsmodellen und den neuen Geschäftsmodellen der Digitalökonomie zu gewährleisten. Auch der Marktbegriff im Kartellrecht bedarf einer Überarbeitung, da der Wettbewerb im digitalen Zeitalter global ist. Die globale Skalierbarkeit von Geschäftsmodellen bedeutet, dass sich Märkte vielfach nicht mehr regional abgrenzen lassen und erfordert damit einen Übergang von der Verhinderung von Monopolen zur Vermeidung des Missbrauchs der marktbeherrschenden Stellung durch Monopole.

- **Stärkung globaler internationaler Regelungen.** Das Internet trägt dazu bei, dass die Welt schneller zusammenwächst. Die Wirtschaft hat dies bereits erkannt und so sind mächtige globale Konzerne entstanden, die es mit der Wirtschaftsleistung der meisten Staaten locker aufnehmen können. Während Konzerne global agieren, bleibt die Politik vielfach national mit der Folge, dass der Einfluss der Wirtschaft auf die Politik stark zugenommen hat. Es wird Zeit, das Primat von Politik und Gesellschaft zurückzugewinnen. Dazu sollten im Dialog zwischen Staat, Wirtschaft und Gesellschaft Spielregeln für die globale Wirtschaft entwickelt und implementiert werden. Bilaterale Handelsabkommen, die Möglichkeiten schaffen, Staaten vor nichtstaatlichen Schiedsgerichten zu verklagen, und den Einfluss großer Konzerne im Vorfeld von Gesetzgebungsverfahren stärken, sind hier kontraproduktiv. Sie sind höchst umstritten, zerstören Vertrauen und gehen vielfach zulasten Dritter, beispielsweise wirtschaftlich schwächerer Staaten, die nicht mit am Verhandlungstisch sitzen. Interessant ist in dem Zusammenhang die Forderung der Vereinigung von Wirtschaftswissenschaftlern INCRIT um den Nobelpreisträger Joseph Stieglitz nach einem Umkrempeln des globalen Systems der Unternehmensbesteuerung einschließlich einer globalen Mindeststeuer (Handelsblatt 2015).

- **Schutz und Erweiterung der Grundrechte.** Die digitale Revolution verändert unser Leben. E-Mails, SMS, soziale Netzwerke oder Chatplattformen wie WhatsApp ersetzen zunehmend persönliche Briefe. Das Netz schafft neue Formen der sozialen Diffamierung und das Gedächtnis des Internets währt quasi ewig. Gleichzeitig greifen intransparente Algorithmen immer stärker in den Alltag ein und treffen auf der Basis der einprogrammierten Wertmaßstäbe Entscheidungen für uns. So wurde unter dem Dach der Zeitstiftung in 14 Monaten von 27 Initiator/-innen eine aus 23 Artikeln bestehende Digitalcharta entworfen, die dem EU-Parlament im Dezember 2016 vorgestellt wurde (https://www.euroforum.de/global-tech/digitalcharta-digitale-grundrechte-eu-buerger/). Im Dokument finden sich so unter anderem Regelungen zum Profiling (Art. 6), zu Algorithmen und Künstlicher Intelligenz (Art. 7 und 8), zur Netzneutralität (Art. 16) sowie ein Recht auf digitales Vergessen werden (Art. 18). Zusätzlich zur Erweiterung der Grundrechte ist auch der Schutz bestehender Persönlichkeitsrechte im Internet wichtig. Unter dem Schutz der Anonymität des Internets sinkt die persönliche Hemmschwelle und so haben Beleidigungen, Hasskommentare, zum Teil sogar Morddrohungen, Hochkonjunktur. Hier ist der Gesetzgeber gefordert, Rechtsbrüche auf der Basis bestehender Gesetze konsequent zu ahnden. Zudem sind die Stärkung der Medienkompetenz und sachliche Aufklärung wichtig. Als positives Beispiel bietet die Deutsche Telekom in den „Dabei-Geschichten" (https://dabei-geschichten.telekom.com/) umfangreiche Informationen über positive und negative Aspekte der Digitalisierung.

Neue Formen für gesellschaftliche Partizipation Das Internet schafft immense Möglichkeiten zur Beteiligung der Bürger am Gemeinwesen, gerade auch auf kommunaler Ebene. So haben sich beispielsweise in Bonn über den Bürgerhaushalt seit 2011 Tausende von Menschen über eine interaktive Plattform in die Festlegung der politischen Prioritäten der Stadt eingebracht. Das Mitmachportal der Stadt Bonn (www.bonn-macht-mit.de) bietet insbesondere auch Menschen mit Handicaps eine Chance, sich einzubringen und ihre Interessen wahrzunehmen.

Stärkung der Medienkompetenz und Bildung Die zunehmende Bedeutung digitaler Medien sowie der Anstieg des Missbrauchs des Internets machen die Stärkung der Medienkompetenz immer mehr zu einer wichtigen Erziehungsaufgabe schon in der Schule. Darüber hinaus sind erhebliche Anstrengungen zu einer besseren Qualifizierung von Menschen erforderlich, wobei neben der Ausbildung in Schulen und Universitäten auch die Weiterqualifizierung von Berufstätigen im Sinne lebenslangen Lernens zunehmend an Bedeutung gewinnt.

7.2   Fazit: Intelligente Rahmenregelungen erforderlich

Die ITK-Industrie ist eine wichtige Schlüsseltechnologie, die Auswirkungen auf Unternehmen, Verwaltung und Bürger hat. Die technologische Entwicklung der Digitalisierung und die damit verbundene digitale Revolution sind längst in vollem Gange. Die Vorstellung, diese Entwicklung stoppen zu können oder sich von ihr abzukoppeln, ist illusorisch und auch unklug. Die Digitalisierung bietet zahlreiche Chancen für eine nachhaltigere Gesellschaft und kann so der Schlüssel für einen nachhaltigen Entwicklungspfad sein; einen Entwicklungspfad, der (zumindest global) steigenden ökonomischen Wohlstand mit einem geringeren Verbrauch an natürlichen Ressourcen (entsprechend den natürlichen Grenzen unseres Planeten) und einer partizipativen Gesellschaft verbindet. So besteht die Chance auf ein gutes Leben für alle Menschen.

Es ist jedoch ein Irrglaube zu meinen, dass technologische Entwicklungen das alleine bewirken können. Der Umstieg auf einen nachhaltigen Entwicklungspfad benötigt neben der Technologie auch einen klaren politischen und gesellschaftlichen Willen, diesen Entwicklungspfad zu beschreiten sowie soziale Innovationen. Das funktioniert nur mit Rahmenregelungen, die die Entwicklung nachhaltiger Lösungen sowie ihre Marktakzeptanz fördern. Zudem ist es unbedingt erforderlich, der vom Internet zumindest begünstigten Tendenz zu zunehmender Ungleichverteilung von Einkommen und Vermögen entgegenzuwirken. Darüber hinaus gilt es, die Grund- und Bürgerrechte auf die Anforderungen der digitalen Welt hin weiterzuentwickeln und auch im Internet sicherzustellen. Für den Fortbestand unserer demokratischen und sozialen Gesellschaft ist es wichtig, die Menschen auf dem Weg in das digitale Zeitalter nicht zurückzulassen.

Dazu braucht es einen breiten gesellschaftlichen Diskurs mit allen gesellschaftlich relevanten Gruppen. Nur wenn Technologie sowie Politik, Gesellschaft und Wirtschaft im Sinne der international von allen UN-Staaten anerkannten globalen Entwicklungsziele, der SDGs, zusammenarbeiten, können wir das volle Potenzial der modernen IKT-Technologien für eine nachhaltigere Zukunft nutzen.

Fehlt dieser politische Wille und entsprechende Rahmenregelungen, dann werden die

- Umweltvorteile von Telekommunikationstechnologien aufgefressen durch Rebound-Effekte.
- Ungleichverteilung von Einkommen und Vermögen weiter zunehmen.
- Veränderungen der Arbeitswelt, die Jobchancen und Lebensperspektiven, insbesondere für geringer- und mittelqualifizierte Menschen weiter verschlechtern.
- Potenziale der Technologie zur Überwachung durch diktatorische Regime dazu eingesetzt, durch Bespitzelung der eigenen Bürger ihre Macht zu zementieren und
- Einschränkungen der Persönlichkeits- und Menschenrechte weiter zunehmen. Es ist in diesem Zusammenhang besorgniserregend, dass autokratische Regime die aktuelle Corona-Pandemie dazu nutzen, die demokratischen Rechte des Parlaments und der Opposition auszuhöhlen.
- Fehlende Regelungen zum Datenschutz und zur Datensicherheit lassen die Schäden aus Cyberkriminalität und der Verletzung von Persönlichkeitsrechten stark ansteigen.

Der Politik kommt daher im Dialog mit Wirtschaft und Gesellschaft die wichtige Aufgabe zu, intelligente Rahmenbedingungen zu entwickeln und gesetzliche Regelungen anzupassen. Die folgende Tab. 1 „Staatliche Regulierungsbedarfe" zeigt den Umfang staatlicher Regelungen, die von der Digitalisierung betroffen sind. Ziel sollte es dabei sein, Chancen und Vorteile zu nutzen sowie unerwünschte Rebound-Effekte zu begrenzen und die sich für die Gesellschaft und die Menschen ergebenden Risiken zu reduzieren. Die zunehmende globale Verflechtung der Welt und die sich daraus ergebende Notwendigkeit internationaler Regelungen macht die Aufgabe dabei gewiss nicht einfacher.

Die Zeit drängt, denn die Folgen von Klimawandel und Wasserknappheit sind inzwischen auch in Europa angekommen und die digitale Umwälzung der Wirtschaft verstärkt die Ungleichverteilung von Einkommen und Vermögen und erzeugt vielfach Zukunftsängste und spielen zudem populistischen Politikern und Parteien in die Hände. Die immensen technologischen Fortschritte in den letzten Jahren und in den nächsten Jahren können helfen, die ökologischen Belastungen des Planeten zu reduzieren und dennoch für die Mehrheit der Menschen mehr Wohlstand zu ermöglichen und den gesellschaftlichen Zusammenhalt zu stärken, wenn wir dafür die richtigen politischen Rahmenbedingungen schaffen.

Tab. 1 Staatliche Regelungsbedarfe aus der Digitalisierung

Bereich	Chancen	Gefahren und Risiken	Staatlicher Regelungsbedarf
Ökologie	Massive Einsparung von Treibhausgasemissionen durch Effizienzsteigerung und Dematerialisierung Verminderung des Ressourcenverbrauchs durch Sharing Economy Stärkung des ÖPNV durch Stärkung der Nutzerautonomie über Apps	Rebound-Effekte machen die theoretischen Einsparungen zunichte Sicherheitsmängel und/oder -bedenken erschweren die Akzeptanz Die potenziellen Profiteure können die notwendigen Anfangsinvestitionen nicht stemmen Sinkende Energie- und Rohstoffpreise erlauben keinen positiven Business Case Verschlechterung der Wirtschaftlichkeit für den ÖPNV	Förderung des Ausbaus der erforderlichen IKT-Infrastruktur (vor allem da, wo der Markt das nicht leistet) Besteuerung des Verbrauchs an Energie und Treibhausgasen Anreize für nachhaltige Lebensstile und den Einsatz von Technologien zur Reduktion des CO_2-Ausstoßes Besteuerung des Verbrauchs zunehmend knapper Rohstoffe Schaffung geeigneter rechtlicher Regelungen für Sharing-Economy-Modelle Hohe gesetzliche Anforderungen an Datenschutz und Datensicherheit Crowdfunding und staatliche Investitionskredite Förderung der Forschung von klimafreundlichen (IKT-)Innovationen Stärkung der Investitionen in den ÖPNV Internalisierung der externen Kosten des Straßenverkehrs Integrierte Verkehrsplanung zur Reduktion der verkehrsbedingten Emissionen
Soziales, Arbeit und Bildung	Befreiung der Menschen von schwerer und eintöniger Arbeit Höherer Wohlstand durch Zunahme der Produktivität Besserer Zugang zu Bildung und Senkung der Kosten	Massiver Arbeitsplatzverlust Aushöhlung der sozialen Sicherungssysteme Zunahme der Ungleichverteilung von Arbeit, Einkommen und Vermögen Sozialdumping durch immense Verschärfung des Wettbewerbs Gesetze und staatliche Regelungen sind zu langsam, um auf disruptive Veränderungen zu reagieren	Umbau der sozialen Sicherungssysteme, beispielsweise durch ein bedingungsloses Grundeinkommen Stärkere Korrektur der Verteilungsergebnisse des Markts über das Steuerrecht (zum Beispiel über progressive Vermögenssteuern) Sicherstellung einer frei für alle zugänglichen digitalen Infrastruktur Investitionen in Forschung und Bildung Neuregelung zur Qualitätssicherung von Bildungsabschlüssen Neuregelung des Wettbewerbsrechts zur Schaffung fairen Wettbewerbs und zur Verhinderung des Missbrauchs von Marktmacht

(Fortsetzung)

Tab. 1 (Fortsetzung)

Bereich	Chancen	Gefahren und Risiken	Staatlicher Regelungsbedarf
Gesundheit	Verbesserter Zugang zur Gesundheitsversorgung Steigerung der Effizienz im Gesundheitswesen Neue Anwendungen zur Frühdiagnose und bessere Behandlungsverfahren Bessere Nutzung von Spezialärzten durch weltweiten Einsatz ohne Reisezeiten Vereinfachung der Kontaktvermeidung bei Pandemien	Gesundheitliche Gefahren durch Internetsucht und Senkung der Aufmerksamkeit bei Smartphone-Nutzung Zunahme psychischer Erkrankungen durch Leistungsdruck und Wegfall sozialer Sicherheit Negative Auswirkungen auf die Entwicklung der Hirnstruktur Schaffung des „gläsernen" Patienten mit der Gefahr krankheitsbedingter Diskriminierung	Gesetzliche Maßnahmen gegen Vernachlässigung der Aufmerksamkeit im Straßenverkehr sowie zur Ausstattung von Fahrzeugen mit Fahrassistenzsystemen Hohe Standards und sicherer Rechtsrahmen für den Einsatz von Telemedizin für Datenschutz und Datensicherheit, gerade im Hinblick auf den Schutz von hochsensiblen Patientendaten Schaffung von Anreizen zur Innovation im Bereich Telemedizin Verstärkte Forschung zu den Auswirkungen mobiler Kommunikation auf die menschliche Gesundheit
Staat und Gesellschaft	Erleichterung der gesellschaftlichen Teilhabe, insbesondere Verbesserung des Zugangs zu und Vereinfachung von öffentlichen Dienstleistungen Ortsunabhängiger Zugang zum Austausch mit Gleichgesinnten Grenzkostenfreie Bereitstellung von digitalen Kulturgütern und Informationen	Zunahme staatlicher Rundumüberwachung Weniger Privatsphäre Kultur sozialer Ächtung über Internet und soziale Medien Zerfall in Parallelgesellschaften Einschränkung der Freiheit durch Default-Einstellungen und „Nudging" Nichttransparenz schwieriger ethischer Entscheidungen durch intransparente, nicht legitimierte Algorithmen Verringerung der wahrgenommenen Meinungsvielfalt durch selbstverstärkende Regelkreise	Schutz der Persönlichkeitsrechte im Internet durch digitale Grundrechte Rechtssicherheit für digitale Bürgerdienste Strenge Vorgaben für Datenschutz und Datensicherheit Schaffung von diskriminierungsfreien Angeboten an die Bürger zur Mitwirkung an politischen Entscheidungsprozessen Gleichberechtigter Zugang zur Telekommunikationsinfrastruktur Klare, transparente und restriktive Regelungen zur Sammlung, Verarbeitung und Weitergabe persönlicher Daten durch staatliche Stellen und Geheimdienste Vorgaben zu digitaler Ethik auf der Basis umfangreicher Einbindung aller relevanten Stakeholder Förderung der Sicherung der Informations- und Meinungsvielfalt Anpassung der Regelungen zum Schutz geistigen Eigentums

Literatur

Andrae A (2017) Total consumer power consumption forecast, Presentation Helsinki

Andrae A (March 2020) Hypotheses for primary energy use, electricity use and CO2 emissions of global computing and its shares of the total between 2020 and 2030, in WSEAS Transactions on Power Systems

Ärztebaltt Online(2019) https://www.aerzteblatt.de/nachrichten/107696/Spahn-ruft-nach-Ehrlichkeit-bei-Debatte-um-Datensicherheit vom 26.11.2019

Bertelsmann Stiftung (2015) Globalisierung Digitalisierung und ungleiche Einkommen. 11. Febr. 2015

BITKOM (2014) Pressemitteilung: Digitalisierung schafft rund 1,5 Millionen Arbeitsplätze, 5. Febr. 2014

Blessing M (2015) Interview in der Rheinischen Post, RP 12. Juni 2015

BMWi (2016) Arbeiten in der digitalen Welt, 01/2016

BMZ (2015) Klimawandel: Was er für den Verkehrssektor bedeutet, September 2015

Boston Consulting and Telenor Group (2012) The socio-economic impact of mobile health, April 2012

BR24 online: Corona-Krise: Wie das Virus der Digitalisierung Beine macht https://www.br.de/nachrichten/netzwelt/corona-krise-wie-das-virus-der-digitalisierung-beine-macht,RskZxfo

BT (2016) The role of ICT in reducing carbon emissions in the EU

Bundesministerium für Umwelt, Naturschutz und nukleare Sicherheit (BMU 2019) Umwelt in die Algorithmen – Eckpunkte für eine umweltpolitische Digitalagenda des BMU, 06.05.2019

Bundesministerium für Bildung und Forschung (2020) Pressemitteilung zum internationalen Tag des Artenschutzes vom 03.03.2020

Bundesregierung (2014) Die neue Hightech-Strategie der Bundesregierung, August 2014

Bundesregierung (2016a) Die Drogenbeauftragte der Bundesregierung, Suchtbericht 2016, Juni 2016

Bundesregierung (2016b) 15. März 2016 „Merkel fordert mehr Tempo bei der Digitalisierung" (https://www.bundesregierung.de/breg-de/aktuelles/merkel-fordert-mehr-tempo-bei-der-digitalisierung-223464)

Bundesregierung (September 2019) Die Digitalisierung gestalten, Umsetzungsstrategie der Bundesregierung, 6. Überarbeitete Auflage

Bundeszentrale für gesundheitliche Aufklärung (2017), Pressemitteilung zur Gamescom, 21.08.2017

Center for Strategic and International Studies (2018) Economic Impact of Cybercrime – No Slowing Down, February 2018

Cisco (2011) Dave Evans: Das Internet der Dinge – So verändert die nächste Dimension des Internets die Welt

Deloitte (2019) Autonomus driving – moonshot project with quantum leap from hardware to software & AI focus

Der Spiegel (2006) 24. Okt. 2006 Sandra Schulz und Theodor Barth: Paro, der Glücklichmach-Roboter

Der Spiegel (2015) Ausgabe 20/2015

Der Spiegel (2020) 11.04.20 Stefan Schultz „Die neue digitale Elite"

Der Tagesspiegel (2018), Sonja Álvarez, Merkels digitale Berater https://www.tagesspiegel.de/wirtschaft/digitalrat-der-bundesregierung-merkels-digitale-berater/22936318.html

Deutsche Telekom hilft mit Mobilfunkdaten bei der Verkehrszählung (2015) https://www.heise.de/newsticker/meldung/Telekom-hilft-mit-Mobilfunkdaten-bei-der-Verkehrszaehlung-2579143.html vom 18.03.2015

Deutsche Telekom (2016) Medieninformation Deutsche Telekom vom 20. Mai 2016

Die Welt (2013) 15. Juli 2013

Die Welt (2016a) 17. März 2016 Klimastreber Deutschland stößt mehr CO2 aus, Daniel Wenzel

Die Welt (2016c) Prognos Studienleiter Kaiser nach Die Welt vom 28. Mai 2016

Die Welt (2019) Anette Dowideit, Jan Lindenau, Ausländische Hacker nehmen Stromversorgung ins Visier, 19.02.2019 Digitale Revolution: Telekom-Chef Höttges für bedingungsloses Grundeinkommen

Die Zeit (2015a) „Digitale Revolution: Telekom-Chef Höttges für bedingungsloses Grundeinkommen" 30. Dez. 2015

Die Zeit (2016) Tilmann Steffen, AfD – Partei der Ängstlichen, 24.08.2016

Die Zeit (2020a) Deutschland kann Klimaziele 2020 doch noch erreichen, Die Zeit 16.03.2020

Die Zeit (2020b) Christian Füller und Markus Spiewag, Digitalisierung der Schulen – Digitale Hausaufgaben, Die Zeit 19.03.2020

Die Zeit (2020c) Meike Laaf, Corona-App – wann kommt die App, die hilft? Die Zeit 11.04.2020

Diekmann F (2015) Grundeinkommen in der Schweiz und Finnland: Gleiches Geld für Alle, Spiegel Online 25. Dez. 2015

DIW (2014) Wachstumsfaktor Telekommunikation – zum Beitrag der Telekommunikationsbranche zur wirtschaftlichen Entwicklung in Deutschland, DIW 01/2014

DIW (2019) Pressemitteilung 07.05.2019 „Deutlich zunehmende Realeinkommen bei steigender Einkommensungleichheit" (https://www.diw.de/de/diw_01.c.620802.de/deutlich_zunehmende_realein...einkommensungleichheit.html)

DWS Vorstandsvergütungsstudie (2019) https://www.dsw-info.de/presse/archiv-pressekonferenzen/pressekonferenzen-2019/dsw-vorstandsverguetungsstudie-2019/ Juni 2019

Ernst and Young (2013) Kosten-Nutzen-Analyse für den flächendeckenden Einsatz intelligenter Zähler

European Union (2020) The European Union Data Strategy, Factsheet February 2020

EWI, GWS und Prognos (2014) Entwicklung der Energiemärkte – Energiereferenzprognose, im Auftrag des BMWi, Juni 2014

FAZ (2016) 21. Jan. 2016

FAZ (2018) Julia Löhr 20.02.2018: Jeder Zehnte bald arbeitslos: Digitalisierung zerstört 3,4 Mio. Stellen

Focus (2016) Focus Titel: Diagnose: Digitaler Burnout, 23. Apr. 2016

Fraunhofer IZM (2015) Entwicklung des IKT-bedingten Strombedarfs in Deutschland, Studie im Auftrag des Bundesministeriums für Wirtschaft und Energie, 18. Nov. 2015

Frey und Osborne (2013) The Future of Employment, 17. Sept. 2013

Futureorg Institut (2015) Digitalisierung der Gesellschaft, Wirtschaft und Arbeitswelt, Dortmund 22. Jan. 2015

Futurezone (2016) https://futurezone.at/netzpolitik/new-jersey-ueberlegt-strafen-fuer-abgelenktes-gehen/189.634.178

Gardner Press Release (2015) 10.11.2015: Gartner Says 6.4 Billion Connected „Things" Will Be in Use in 2016, Up 30 Percent From 2015 (https://www.gartner.com/en/newsroom/press-releases/2015-11-10-gartner-says-6-billion-connected-things-will-bein-use-in-2016-up-30-percent-from-2015)

Global e-Sustainability Initiative (2015) Mobile carbon impact, 12/2015

Global e-Sustainability Initiative (2016) SMARTer 2030 – Information and Communication Technologies (ICT) can help Germany reach its climate targets while delivering economic benefits, 16. Febr. 2016

Global e-Sustainability Initiative und Accenture (2015) SMARTer 2030, Juni 2015

Global Enabling Sustainability Initiative und Deloitte (2019) Digital with Purpose, September 2019

Gollmann T (2015) Deutsche Gesundheitsnachrichten, 7. Apr. 2015

Green Bone Networks (2019) Cyper Resilience Report, Sicherheitsreport Ungeschützte Patientendaten im Internet, Osnabrück

GSMA and Carbon Trust (2019) The Enablement Effect, The impact of Mobile Communications Technologies on Carbon Emission Reductions, December 2019

Handelsblatt (2015) 2. Juni 2015 Wirtschaftsexperten fordern Steuerreform für Konzerne, Domenico Sciurti

Handelsblatt (2020) Verschwörungstheorien, Angriffe auf 5G-Masten, 27.04.2020

Heinrichs H (2012) Grunenberg H (2012) Sharing Economy – auf dem Weg in eine neue Konsumkultur?. Leuphana Universität Lüneburg, Dezember 2012

Horx M (2016) 5 Thesen zur Zukunft der Arbeit, 9. Mai 2016

IAB (2015a) Forschungsbericht 8/2015, Industrie 4.0 und die Folgen für Arbeitsmarkt und Wirtschaft

IAB (2015b) Kurzbericht 24/2015 Folgen der Digitalisierung für die Arbeitswelt, Katharina Dengler und Britta Matthes

IAB (2018) Kurzbericht 9/2018 Arbeitsmarkteffekte der Digitalisierung bis 2035, Gerd Zirka u. a.

IAB (2019a) Katharina Dengler, Substituierbarkeitspotenziale von Berufen und Veränderbarkeit von Berufsbildern IAB 2/2019

IAB (2019b) Kurzbericht 13/2019 Strukturwandel am Arbeitsmarkt seit den 70er Jahren, Hermann Gartner und Heiko Stüber

IDC (2015) IDC Market Analysis May 2015

IMK (2013) Verteilungsmonitor, Hans Böckler Stiftung 5/2013

Institut für Arbeitsmarkt und Berufsforschung regional, Digitalisierung der Arbeitswelt: http://doku.iab.de/regional/BW/2016/regional_bw_0316.pdf

Internet World Stats (2015) 30. Nov. 2015

Johannson S, Vogelgesang U (2016) Automating the insurance industry. McKinsey Quarterly, January 2016

Kroker H (2016) Zwischen Abwarten und Tempo machen. In: Die Welt, 24. Mai 2016

Maas H (2015) Unsere digitalen Grundrechte, Die Zeit 50/2015

Malteser (2014) Malteser in Deutschland, 11. Dez. 2014

Manager Magazin (2019) Lutz Reiche, Electromobility Report 2019 Niederlande unter Strom – 122 Prozent mehr E-Autos, 16.07.2019

Markowetz A. (2015) Digitaler Burnout – Warum unsere permanente Smartphone Nutzung gefährlich ist, Dromer Knaur 1. Okt. 2015

McKinsey (2015) Bayern 2025, 3/2015

McKinsey (2016) Automotive Revolution – Perspective towards 2030, 01/2016

McKinsey Global Institutes (2015) Digital America: A tale of the have and have-mores, December 2015

McKinsey (2016) Die Digitalisierung des Deutschen Mittelstandes – Kurzstudie

McKinsey Global Institute (2016) Digital Europe: Pushing the Frontier, capturing the Benefits, June 2016

McKinsey Global Institute (2017) Jobs lost, Jobs gained – Workforce Transformation in times of Automation, December 2017

KfW (2017), Dr. Michael Schwartz u. a., Deutschlands Banken schalten bei Filialschließungen einen Gang höher – Herkulesaufgabe Digitalisierung, KfW Research Nr. 181, 8.10.2017

Herkulesaufgabe Digitalisierung

Nicola Jones (2018) How to stop data centres from gobbling up the world's electricity (Nature, 12.09.2018)

NTV 24 (2015) Hochrechnung der UNO nach NTV 24 vom 29. Juli 2015

OECD (2019) Determinants and Impact of Automation – An Analysis of Robots Adoption in OECD Countries, OECD Digital Economy Papers No. 277, February 2019

Oxfam (2019) January 2019: Public Good or Private Wealth?

Piketty T (2014) Das Kapital des 21. Jahrhunderts

Piketty T (2020) Kapital und Ideologie

PWC (2018a) Share economy 2017 – the new business model, Prof. Dr. Nikolas Beutin

PWC (2018b) Future Health – Bevölkerungsumfrage zur Digitalisierung und Technologisierung im Gesundheitswesen, Juni 2018, Prof. Dr. Nikolas Beutin

Potsdam-Institut für Klimaforschung (2015) 5. Nov. 2015

RP Online (2016) 22. Apr. 2016 Schutz vor Smobies, https://rp-online.de/politik/deutschland/koeln-und-augsburg-richten-bodenampeln-fuer-handy-nutzer-ein_aid-19078429

Rumpf H-J et al. (2011) Prävalenz der Internetabhängigkeit (PINTA), Bericht an das Bundesministerium für Gesundheit, Greifswald und Lübeck, 31. Mai 2011

Schmidt L (2015) „Es ist wie bei einer Sucht", Interview mit Alexander Markowetz, FAZ-Net 1. Okt. 2015

Science News (2010) 22. Sept. 2010 Working from home and online shopping can increase carbon emissions, UK report claims https://www.sciencedaily.com/releases/2010/09/100921085524.htm

Spitzer M (2012) Digitale Demenz – wie wir uns und unsere Kinder um den Verstand bringen. Verlagsgruppe Droemer Knaur, München

Statista (2016) Umsatz des globalen Digital-Health-Marktes nach Segmenten in den Jahren 2015 bis 2020

Statista (2020a) Bruttowertschöpfung in Deutschland

Statista (2020b) Mit dem Internet verbundene Geräte

Statista (2020c) Statista Dossier Digital Health

Statista (2020d) Weniger Covid 19 Tote in Regionen mit viel Homeoffice, 09.04.2020

Statista (2020e) Wegen Corona können 1,5 Mrd. Schüler nicht zur Schule gehen, 25.03.2020

Statista (2020f) Cybersecurity market revenues worldwide 2017-2023 published by Arne Holst Statista 02.03.2020

Steine S (2014) Internetsucht: Gefährlich ist, was einen Kick auslöst, 4. Sept. 2014

Stern (2007) Ausgabe 50 vom 06.12.2007 Stern-Test: Wikipedia schlägt Brockhaus

Süddeutsche Zeitung (2014) 31. Mai 2014 BND will soziale Netzwerke ausforschen, John Goetz u. a.

TNS Infratest (2016) #EMNIDbusse: Bekanntheit digitaler Begriffe

Umweltbundesamt (2015) Martin Gsell u. a. Nutzen statt Besitzen: Neue Ansätze für eine Collaborative Economy, Umwelt, Innovation, Beschäftigung 03/2015

VDI (2016) Nachrichten, 3. Juni 2016 Chr. Schluzki-Haddouti, Nachholbedarf beim IT-Sicherheitsgesetz

WirtschaftsWoche (2019) Kristiana Antonia Schäfer Global Wealth Report 2019 Die Wohlstands-Illusion Global Wealth Report 2019, 22.10.2019

Zukunftsinstitut White Paper (2015) Der Corona-Effekt – Vier Zukunftsszenarien, veröffentlicht am 15.03.2020 muss im Literaturverzeichnis ergänzt werden: https://www.zukunftsinstitut.de/fileadmin/user_upload/Whitepaper-Der-Corona-Effekt-Zukunftsinstitut.pdf

Andreas Kröhling wurde 1965 in Reinbek geboren. Er hat in Hamburg Volkswirtschaft mit Schwerpunkt Entwicklungsökonomie studiert und sich seit seiner Jugend für Nachhaltigkeits-themen interessiert. Er war in Reinbek, Sankt Augustin und Bonn in verschiedenen Funktionen für die Partei Bündnis90/Die Grünen politisch aktiv. Von 2001 bis 2003 hat er in Singapur gelebt. Seit seiner Rückkehr nach Deutschland lebt er in der Bundestadt Bonn. Beruflich arbeitet er seit 2011 im Nachhaltigkeits-bereich eines Deutschen Telekommunikationskonzerns.

Andreas Kröhling
(Copyright: privat)

Digitalisierung – die schöpferische Kraft der Zerstörung mit Verantwortung managen

René Schmidpeter

Digitalisierung und die damit verbundene Intensivierung des globalen Wettbewerbs kann ganz im Sinne von Schumpeter als „schöpferische Zerstörung" beschrieben werden. Die mit der Digitalisierung einhergehenden Veränderungen der Marktkräfte sind für viele Unternehmen nicht einfach zu managen. So ist es auch nicht verwunderlich, dass manchmal auch mit illegalen Mitteln versucht wird, den starken Megatrends der Digitalisierung, Nachhaltigkeit und beschleunigten Innovationszyklen zu begegnen. Als Konsequenz dieses fragwürdigen Managementhandelns erschütterten in den letzten Jahren einige Unternehmensskandale den gesellschaftlichen Glauben an die positive Rolle von Unternehmen in unserer Gesellschaft. In den Medien werden diese Vorkommnisse meist als ein Ethik- bzw. Compliance-Versagen unserer Führungselite thematisiert. Die Menschen stellen sich daher die Frage: Brauchen wir in Zeiten der Globalisierung und Digitalisierung mehr Moral in der Wirtschaft oder aber fundamental neue Managementansätze?

Diese Frage kann nur beantwortet werden, wenn die tiefer liegenden Ursachen für die derzeitigen Managementherausforderungen systematisch analysiert werden. Denn zunächst mag die Kritik, dass das moralische Fehlverhalten Einzelner die Zukunft unserer Wirtschaft bedroht, nach einer einfachen Erklärung klingen. Doch handelt es sich wirklich nur um die Folge von individuellem Fehlverhalten oder aber um die Folge eines nicht mehr adäquaten Nachhaltigkeitsverständnisses in unserer Wirtschaft? Haben wir es also mit einem individuellen Ethik- oder aber einem systemischen Managementproblem zu tun? Bei ersterer Annahme ginge es hauptsächlich um die Verschärfung von Kontroll- und Compliance-Strukturen, um zukünftiges Fehlverhalten rechtzeitig zu verhindern. Bei der zweiten Interpretation wären die Konsequenzen für die Führung von Unter-

R. Schmidpeter (✉)
M3TRIX, Köln, Deutschland
E-Mail: schmidpeter@m3trix.de

© Springer-Verlag GmbH Deutschland, ein Teil von Springer Nature 2021
A. Hildebrandt und W. Landhäußer (Hrsg.), *CSR und Digitalisierung,* Management-Reihe Corporate Social Responsibility, https://doi.org/10.1007/978-3-662-61836-3_4

nehmen und damit für die Managementausbildung weitreichender: Es ginge dann um nicht mehr oder weniger, als Management neu zu denken und Verantwortungsübernahme als Bestandteil einer guten und damit für alle Beteiligten vorteilhaften Unternehmensführung neu zu definieren.

Fehlende Eigenverantwortung als Folge einseitiger Prozessoptimierung

Insbesondere das Mittelmanagement befindet sich in einer Situation, in der es von allen Seiten unter immer mehr Druck gerät. Lange setzte die Managementliteratur zur Lösung der steigenden Managementanforderungen auf Effizienzsteigerung und Prozessoptimierung. Die Schaffung von gesellschaftlichem Mehrwert und die Befriedigung menschlicher Bedürfnisse rückten dabei jedoch in den Hintergrund. Die Diskussion fokussierte vielmehr auf Prozessbeschleunigung, Shareholder-Value-Orientierung und technologischen Fortschritt, um den weiteren unternehmerischen Erfolg zu sichern. Dabei wurde das Thema Eigenverantwortung und Verantwortung für die systemischen Auswirkungen des eigenen Handelns auf das Umfeld immer weiter in abstrakte Rahmenprozesse verschoben. Der Einzelne war angehalten, nur mehr die für ihn maßgeblichen Indikatoren zu maximieren ohne Rücksicht auf das Gesamtergebnis seiner Handlungen. Damit ging eine Diffusion von Verantwortung einher, die den persönlichen Verantwortungsraum der einzelnen Entscheidungsträger immer weiter einengte.

Gleichzeitig aber wurde, durch die Anforderungen der Globalisierung und Digitalisierung, der externe Druck auf die grundlegende Veränderung der Geschäftsmodelle als Ganzes immer größer. Der Spielraum, auf die gegenwärtig massiven Veränderungen eigenverantwortlich zu reagieren, ist jedoch aufgrund der eindimensionalen Prozessoptimierung, starrer Anreizsysteme und damit fehlender Handlungsspielräume nur schwer möglich. So blieb vielen Managern vermeintlich nur mehr die Alternative einer abstrakten ethischen oder rechtlichen Regelübertretung mit all den negativen Konsequenzen für das Unternehmen, aber auch für das Individuum. In der Analyse der medial berichteten Unternehmensskandale zeigt sich immer deutlicher: Unternehmerischer Erfolg – im Sinne einer sowohl für das Unternehmen als auch für das Individuum und die Gesellschaft erwünschten nachhaltig positiven Zielerreichung – kann ohne individuelle Freiheit, und damit eng verbunden: Eigenverantwortung, nicht funktionieren.

Plädoyer für ein neues „unternehmerisches" Nachhaltigkeitsparadigma

Es braucht daher ein neues Managementparadigma, welches sowohl die menschlichen Bedürfnisse als auch die Eigenverantwortung konsequent in alle Strukturen, Prozesse und somit in die Unternehmensentscheidungen (re)integriert. Dabei stellt sich die zentrale Frage, wie können wir unternehmerisch in einer Welt von bald mehr als 8 Mrd. Menschen wirtschaftlich erfolgreich sein und gleichzeitig die Bedürfnisse jedes Einzelnen berücksichtigen? Dazu benötigen wir höchst wahrscheinlich neue Produkt- und Managementinnovationen, neue Dienstleistungen und nachhaltige Geschäftsmodelle.

Dafür braucht es keinen komplett „neuen" antiökonomischen Ansatz – wie oft von Sozialromantikern gefordert –, sondern die Integration eines neues Verantwortungspara-digmas in den bestehenden Fachdisziplinen und betriebswirtschaftlichen Instrumenten (vgl. die ausführlichen Beiträge in Schneider und Schmidpeter 2015). Dieses neue Paradigma ist zwar anschlussfähig an das individualethische Konzept des „ehrbaren Kaufmanns", geht aber weit darüber hinaus, indem es die Komplexität der heutigen globalisierten Welt mit unternehmerischer Methode adressiert. Es geht damit bei CSR nicht mehr um die Grenzen des Wachstums, wie oft irrtümlich diskutiert, sondern um das nachhaltige Wachstum der Grenzen. Es geht auch nicht um „giving back to society", sondern darum, permanent sowohl unternehmerischen als auch gesellschaftlichen Mehr-wert zu produzieren.

Hierfür bedarf es auch eines neuen – sehr viel mehr unternehmerischen – Denkens in der Nachhaltigkeitsdiskussion: Wie gelingt es, Unternehmensmodelle so zu entwickeln, dass die Ressourcen der nachfolgenden Generationen nicht nur erhalten, sondern ver-mehrt und somit die zukünftigen Handlungsspielräume vergrößert werden? Dieses neue, auf Freiheit basierende Verantwortungsparadigma überwindet damit den alten Dualis-mus zwischen Ethik und Ökonomie, indem es nicht eindimensional Moral und Gewinn gegeneinander ausspielt (siehe Abb. 1).

In der neuen Sichtweise werden Akteure nicht nur moralisch aufgefordert, sondern vielmehr gedanklich erst in die Lage versetzt, sowohl zum eigenen als auch zum Vor-teil der Gesellschaft zu handeln. In diesem neuen Ansatz werden gesellschaftlicher und unternehmerischer Mehrwert nicht als Gegensatz gesehen, sondern die Position des wechselseitigen Mehrwerts angestrebt (siehe Abb. 2) (vgl. Schmidpeter 2015a).

Dieses systemische Denken wurde auch schon in Ludwig Erhards Erklärung der Sozialen Marktwirtschaft deutlich, wonach die Bremse im Auto zwar funktional zum Stoppen dient, jedoch die systemische Funktion der Bremse, das „schnellere Fahren" erst ermöglicht. Gleichsam einem Auto, welches man ohne Bremse wohl nicht sehr schnell fahren würde, können Unternehmen ohne die Integration der sozialen und öko-

Abb. 1 Trade-off-Denken der Wirtschaftsethik und BWL

Abb. 2 Positivsummen-Denken als Management-Heuristik

logischen Dimension in ihre Managemententscheidungen nicht wirtschaftlich dynamisch agieren. Die systemische Funktion von CSR ist somit nicht – wie fälschlicherweise oft angenommen – Unternehmen einzuschränken, sondern ganz im Gegenteil, Unternehmen neue „bessere" Optionen erst zu ermöglichen. In dieser Sichtweise stehen die gesellschaftliche und unternehmerische Zielerreichung nicht im Gegensatz, sondern bedingen einander. Damit wird das klassische Trade-off-Denken aufgelöst und ein neuer Blick auf die Realität ermöglicht, welcher unternehmerische Lösungen für gesellschaftliche Herausforderungen systematisch befördert.

Unternehmerische Freiheit fördert nachhaltiges Wachstum

Für diese neue Sichtweise auf Unternehmensverantwortung (CSR) müssen bestehende Denkblockaden und vermeintliche Grenzen in der konzeptionellen Beschreibung wirtschaftlichen Handelns überwunden werden. Der alte Kampf zwischen der Wirtschaftsethik, welche das Primat der Ethik über die Ökonomie forderte, und der BWL, die es meist ablehnte, soziale bzw. ethische Fragen mit wirtschaftlichen Überlegungen zu verknüpfen, war und ist nicht zielführend.

Denn die globalen Entwicklungen führen, wie eingangs geschildert, gleichzeitig zu Marktverwerfungen und steigendem gesellschaftlichen Druck. Zudem verringern die Finanzkrise und der ökonomische Druck die Möglichkeiten staatlicher bzw. rein philanthropischer Lösungsansätze (siehe Abb. 3).

Weil bestehende Geschäftsmodelle in diesem Szenario immer unrentabler werden, bietet nur ein neues Managementparadigma die Möglichkeit, die bestehenden Paradoxien aufzulösen. Denn die gegenwärtige Digitalisierung zerstört nicht nur „alte" auf Trade-off-Denken basierende Geschäftsmodelle, sondern sie schafft vor allem neue ökonomische Chancen. Neue Managementansätze überwinden sowohl die klassischen

Bestehende Managementansätze geraten unter Druck

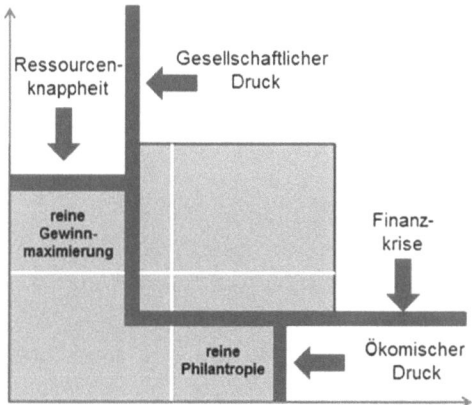

Abb. 3 Bestehende Managementansätze geraten unter Druck

Integratives Wachstum durch neue Business Modelle

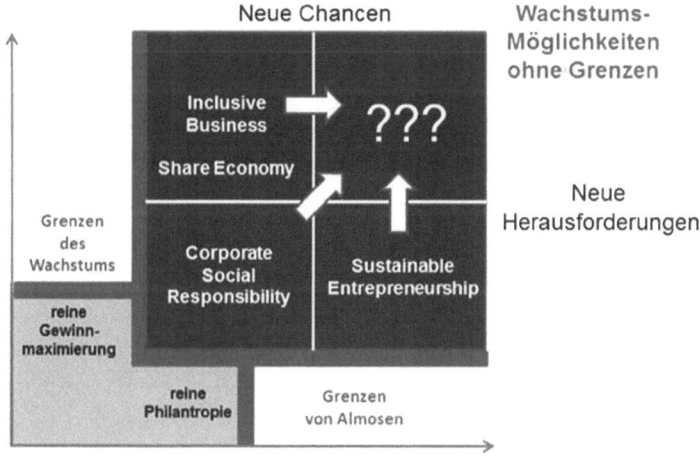

Abb. 4 Integratives Wachstum durch neues Managementparadigma

Grenzen des Wachstums als auch die Grenzen der Almosen (siehe Abb. 4) und sind somit ein Quantensprung in der Entwicklung des unternehmerischen Handelns. Die Diskussionen um Share Economy, Inclusive Business, Corporate Social Responsibility, Social Innovation, Sustainable Entrepreneurship werden die Betriebswirtschaft genauso radikal verändern wie die Digitalisierung und Globalisierung die Welt um uns.

Denn die gegenwärtigen Disruptionen fördern dieses neue Denken, welches wirtschaftliche und gesellschaftliche Entwicklung nicht als Gegensatz, sondern als komplementär definiert. Durch den globalen Wettbewerb und die internationalen Herausforderungen fokussieren immer mehr Unternehmer auf Geschäftsmodelle, die Mehrwert sowohl für die Gesellschaft als auch für das Unternehmen schaffen: Wenn etwa Leuchtmittelhersteller innovative LED-Solarleuchten an afrikanische Haushalte kostengünstig verleihen und damit sowohl Licht in die entlegensten Dörfer bringen als auch Geld verdienen. Wenn Pharmafirmen neue kostengünstige Medikamente für gefährliche Krankheiten in Entwicklungsländern zur Verfügung stellen und damit sowohl den Menschen vor Ort helfen als auch eine Basis für die Entwicklung zukünftiger Gesundheitsmärkte schaffen. Wenn Energieunternehmen durch neue alternative Stromgewinnung und -speicherung sowohl die dringend benötigte Energie für den Aufbau regionaler Wirtschaftsräume in Asien liefern als auch neue Absatzmärkte für neue Technologien und innovative Geschäftsmodelle erschließen.

So führte auch der Wunsch der Nanogate AG, ein internationales Spitzenunternehmen zu werden, von Beginn an dazu, dass man sich mit dem Thema verantwortliches Handeln und Wirken im eigenen Kernbereich „Nanotechnologie" intensiv beschäftigte (Zastrau 2014). Internationale Unternehmen wie Intel setzen derzeit auf das Thema „Soziale Innovation" und geben so ihren Innovationsprozessen eine Richtung, die sowohl der Gesellschaft als auch dem Unternehmen nützt (Osburg 2013). Die Bayer AG berichtet in ihrem integrierten Geschäftsbericht transparent über die Themenfelder „Profitabilität, Innovation und Nachhaltigkeit" und zeigt so, dass eine ganzheitliche Unternehmensentwicklung notwendig ist, um im internationalen Wettbewerb zu bestehen. Des Weiteren erfindet BMW mit dem Projekt „i" und neuen Mobilitätskonzepten, zum Beispiel dem „Carsharing", die Mobilität neu und gibt so innovative Antworten auf die Fragen der Individualmobilität der Zukunft (www.bmw.de).

Gesellschaftliche Verantwortungsübernahme schafft Mehrwert für Unternehmen
Bei allen Beispielen steht nicht das moralische Motiv des altruistischen Gebens im Vordergrund, sondern die ökonomische und gesellschaftliche Sinnhaftigkeit. Es geht dabei nicht um die Abschaffung der freien Marktwirtschaft,[1] sondern um die Neuorientierung der bewährten betriebswirtschaftlichen Instrumente auf die Frage, wie soziale, ökologische, aber auch wirtschaftliche Nachhaltigkeitskriterien in die unternehmerische Wertschöpfung integriert werden können. Die offene Gesellschaft und Soziale Marktwirtschaft sollen gerade nicht durch sozialistische oder antiökonomische Ansätze ersetzt werden (Mahrer und Mühlböck 2015). Ganz im Gegenteil: Die Potenziale des freien Unternehmertums können im Wandel der Digitalisierung effizient und effektiv genutzt werden, um die drängenden gesellschaftlichen Herausforderungen unternehmerisch zu lösen. Davon profitieren sowohl unsere Gesellschaft als auch die Unternehmen. Die Digitalisierung ist damit eine große Chance, Freiheit und Verantwortung neu zu denken!

---

[1]Wie von einigen Kapitalismus-Kritikern gefordert.

Literatur

Lorentschitsch B, Walker T (2015) Vom integrierten zum integrativen CSR-Managementansatz. In: Schneider A, Schmidpeter R (Hrsg) Corporate Social Responsibility, 2. Aufl. Springer Gabler, S 395–412

Mahrer H, Mühlböck M (2015) Unternehmerische Freiheit und gesellschaftliche Verantwortung. In: Schneider A, Schmidpeter R (Hrsg) Corporate Social Responsibility, 2. Aufl. Springer Gabler, S 1045–1062

Osburg T (2013) Social innovation to drive corporate sustainability. In: Osburg T, Schmidpeter R (Hrsg) Social innovation. Springer, S 13–22

Schmidpeter R (2015a) CSR als betriebswirtschaftlicher Ansatz. In: Schneider A, Schmidpeter R (Hrsg) Corporate Social Responsibility. Springer Gabler, Heidelberg, Berlin, S 1229–1238

Schneider A, Schmidpeter R (2015) Corporate Social Responsibility. Verantwortungsvolle Unternehmensführung in Theorie und Praxis. SpringerGabler Verlag, Heidelberg, Berlin

Zastrau R (2014) CSR als Baustein für dauerhaften Unternehmenserfolg. In: Schneider A, Schmidpeter R (Hrsg) Corporate Social Responsibility – Verantwortungsvolle Unternehmensführung in Theorie und Praxis, 2. Aufl. Springer Gabler

Weiterfuehrende Literatur

Porter M, Kramer M (2011) Creating shared value. Harvard Business Review, Boston

Prahalad CK (2005) The fortune at the bottom of the pyramid. Wharton

Schmidpeter R (2016) Wandel der Wirtschaft durch Globalisierung und Digitalisierung. In: Lorentschitsch B (Hrsg) Werte im Digitalen Wandel. Julius-Raab Stiftung, Wien

Schmidpeter R, D'heur M (2014) Wertschöpfung neu gedacht. Faz-Magazin Verantwortung Zukunft 4:40–45

Schmidpeter R (Reihenherausgeber): Managementreihe Corporate Social Responsibility. Springer Gabler. www.springer.com/series/11764

Shared.Value.Chain. (2014) Grafik. In: Schmidpeter R, D'heur M (Hrsg) Wertschöpfung neu gedacht. FAZ-Magazin Verantwortung Zukunft (4/2014). FAZ-Verlag, S 40–45

Prof. Dr. René Schmidpeter
(Fotocredit: privat)

Prof. Dr. René Schmidpeter ist ein international anerkannter Stratege für neue Managementansätze, insbesondere für Sustainable Business Transformation, sowie Speaker und Autor. Er hat die Professur für Nachhaltiges Management an der IUBH – Internationale Hochschule in München inne und ist Gründer der M3TRIX GmbH in Köln. Seit über 20 Jahren arbeitet und forscht er im Bereich gesellschaftliche Verantwortung von Unternehmen. Dafür bereiste er alle Kontinente und über 30 Staaten, um die länderspezifischen Unterschiede einer nachhaltigen Unternehmensführung zu beleuchten. René Schmidpeter vermittelt den Zuhörern in seinen praxisbezogenen Vorträgen, Referaten und Workshops neue Sichtweisen auf aktuelle Herausforderungen im Management. Er arbeitete in zahlreichen Praxisprojekten mit namhaften Unternehmen aus der Finanz-, Medien-, Automotive-, Energie- und Technologiebranche sowie mit Wirtschaftsverbänden, NGOs und Stiftungen zusammen. René Schmidpeter ist Gastlektor an renommierten Hochschulen im In- und Ausland. Als Herausgeber der innovativen Management-Reihe Corporate Social Responsibility bei Springer Gabler gehört René Schmidpeter zu den jungen Vordenkern der modernen Managementlektüre.

Nutzerzentriertheit als wesentliche Dimension für die Nachhaltigkeit von Digitalisierungsvorhaben

Michaela Scheeg, Juliane Rangnow und Jochen Scheeg

1 Herausforderungen bei Digitalisierungsvorhaben

In fast allen Unternehmen ist das Thema „Digitalisierung" angekommen (Telekom AG 2019). Seit jeher nutzen Unternehmen den technischen Fortschritt für die Verbesserung der Produktionsabläufe und/oder die Bereitstellung von Gütern und Dienstleistungen. Eine Besonderheit der Digitalisierung ist jedoch die zunehmende Beschleunigung: sowohl im Hinblick auf die Verfügbarkeit der sich permanent ändernden neuen digitalen Lösungen als auch im Hinblick auf die damit einhergehenden Anforderungen an die Mitarbeiter.

Bei der Umsetzung der Digitalisierung sehen sich Unternehmen großen Herausforderungen gegenüber, die teilweise unabhängig von der Größe und Branche der Unternehmen sind. Laut der Etventure-Studie „Digitale Transformation 2019" (van Alphen et al. 2019) haben sich die Ergebnisse auf die Frage, mit welchen Hindernissen Unternehmen bei der Digitalisierung kämpfen, geändert. Mit 76 % geben heute drei Viertel aller Großunternehmen „fehlende qualifizierte Mitarbeiter" als größte Hürde an. Gefolgt von „fehlende Zeit" (50 %) und „fehlende Erfahrung bei nutzerzentriertem Vorgehen zur Umsetzung von digitalen Produkten und Prozessen" (45 %). Die Bereitschaft, Digitalisierung im Unternehmen umzusetzen, ist also nicht länger der Engpass

M. Scheeg (✉)
Institut für Innovations- und Informationsmanagement GmbH, Brandenburg, Deutschland
E-Mail: m.scheeg@drei-i-m.de

J. Rangnow · J. Scheeg
Technische Hochschule Brandenburg, Brandenburg, Deutschland
E-Mail: rangnow@th-brandenburg.de

J. Scheeg
E-Mail: scheeg@th-brandenburg.de

© Springer-Verlag GmbH Deutschland, ein Teil von Springer Nature 2021
A. Hildebrandt und W. Landhäußer (Hrsg.), *CSR und Digitalisierung,* Management-Reihe Corporate Social Responsibility, https://doi.org/10.1007/978-3-662-61836-3_5

Aus Sicht eines mittelständischen Unternehmens		Aus Sicht eines Großunternehmens	
56%	Zeitmangel	Mitarbeitermangel (Digital-Know-how)	76%
55%	Hohe Kosten für die Implementierung	Zeitmangel	50%
54%	Unklar wie die digitale Lösung aussehen soll	Fehlende Erfahrung (nutzerzentriertes Vorgehen)	45%
54%	Mitarbeitermangel (Digital-Know-how)	Verteidigung bestehender Strukturen	42%
45%	IT-Lösung sind zu groß oder unpassend	Blockierende Sicherheitsanforderungen	39%
41%	Investition in Hard- und Software	Scheu vor disruptiven Entscheidungen	38%

Quelle: IfII 2020 IST-1 fortlaufende Befragung zur Digitalisierung in KMU   Quelle: Etventure-Studie „Digitale Transformation 2019"

Abb. 1 Hemmnisse der Digitalisierung in KMU und Großunternehmen im Vergleich. (Quelle: Etventure-Studie „Digitale Transformation 2019" und IfII 2020 in eigener Darstellung)

für entsprechende Maßnahmen und Projekte, vielmehr stellen sich bei den befragten Großunternehmen personelle Ressourcen und fehlendes Know-how problematisch dar.

Während die Zahlen der Etventure-Studie aus der Befragung deutscher Großunternehmen stammen, zeigen Erhebungen in kleinen und mittelständischen Unternehmen ein ähnliches Bild bei den Hemmnissen (siehe Abb. 1).

Das Institut für Innovations- und Informationsmanagement (IfII) führt seit 2018 eine kontinuierliche Befragung bei kleinen und mittelständischen Unternehmen (KMU) durch, die in Kürze ein Digitalisierungsvorhaben planen, die sog. IST1-Erhebung. So gaben 123 der befragten mittelständischen Unternehmen „Zeitmangel" (56 %), „hohe Implementierungs-kosten" (55 %) und an dritter Stelle „Mitarbeitermangel" als große Hürden an. Ein weiterer wichtiger Aspekt ist die „Unklarheit darüber, wie die Lösung aussehen soll".

Die Hemmnisse Fachkräfte- und Zeitmangel bei gleichzeitig wachsendem Digitalisierungsdruck stellt die Unternehmen vor große Herausforderungen. So werden neue Wege und Ansätze gesucht, um unter den gegebenen Bedingungen dennoch die zahlreichen geplanten Digitalisierungsvorhaben erfolgreich und nachhaltig zu gestalten.

Was aber macht ein Digitalisierungsvorhaben erfolgreich und nachhaltig? Wann ist ein Digitalisierungsprojekt mit gesellschaftlicher Verantwortung von Unternehmen als Teil des nachhaltigen Wirtschaftens zu verstehen?

2   CSR und Nachhaltigkeit

Unter „Corporate Social Responsibility" oder kurz CSR ist im Allgemeinen die gesellschaft-liche Verantwortung von Unternehmen zum nachhaltigen Wirtschaften zu verstehen.

Die Definition von CSR hat sich im Laufe der Zeit gewandelt und ist je nach Sicht in seiner Definition etwas abweichend weiter oder enger definiert (Volland 2014). Ursprünglich bezeichnete CSR nur die soziale Komponente im direkten unter-nehmerischen Umfeld. Diese Bedeutung hat sich laut Grünbuch der Europäischen Kommission auf den ökonomischen und ökologischen Aspekt ausgeweitet und somit an die Begrifflichkeit der Nachhaltigkeit angenähert (Europäische Kommission 2001).

Während die Europäische Kommission die Einhaltung geltender Rechtsvorschriften als wesentlich für die Umsetzung gesellschaftlicher Verantwortung nennt (Europäische Kommission 2011), wird an anderen Stellen ein auf Freiwilligkeit beruhendes Engagement über gesetzliche Mindestanforderungen hinaus betont (Burckhardt 2013).

Nachhaltigkeit beschreibt die Enquete-Kommission des Deutschen Bundestages in ihrem Bericht als ein System, basierend auf ökonomischen, ökologischen und sozialen Aspekten, das langfristigen stabilen Bestand hat, weil die Nutzungsrate seiner Ressourcen unterhalb der natürlichen Erneuerungsrate liegt und somit eine ständige Regeneration dieses Systems absichert (Petschow et al. 1998).

Seit Mitte der 1990er-Jahre etablierte sich aus dem Diskurs heraus das Drei-Säulen-Konzept mit den gleichrangigen Sphären Ökonomie, Ökologie und Soziales (Kleine 2009). Die drei Sphären der Nachhaltigkeit werden auf verschiedene Weise dargestellt und entweder als Zieldreieck beschrieben (Enquete-Kommission 1998), meist aber als einfaches Drei-Säulen-Modell oder Schnittmengenmodell mit sich überlappenden Kreisen dargestellt, deren Mitte die gleichzeitige Berücksichtigung ökologischer, ökonomischer und sozialer Belange repräsentiert (Jacob 2019).

Im Zusammenhang von CSR können die gleichen Sphären wie im Drei-Säulen-Modell als Basis genommen werden, wobei CSR sich auf den Ordnungsrahmen von Unternehmen und dessen direktes Umfeld konzentriert. Im übertragenen Sinne konzentriert sich CSR auf die durch das Unternehmen beeinflussbaren Faktoren, wie beispielsweise Zulieferer, Subunternehmer, Mitarbeiter bis hin zu Kunden, während der übergeordnete Begriff „Nachhaltigkeit" eher den gesamten Makrokosmos bzw. eine volks- oder gar weltwirtschaftliche Sichtweise hat.

CSR ist ein Teilbereich der Nachhaltigkeit, der die gleichen Werte und Ziele vertritt, aber eher die betrieblichen Handlungsfelder in den Mittelpunkt der Betrachtung rückt.

Auf betriebswirtschaftlicher Ebene kann für die ökologische Sphäre der Fokus etwa auf den Ressourcenverbrauch oder die Schadstoffemissionen gerichtet sein. Die soziale Sphäre berührt zum einen intern die Belange der Menschen im Unternehmen wie beispielsweise die Arbeitsbedingungen für die Mitarbeiter, andererseits besteht auch nach außen Einfluss auf die Gesellschaft, denn Unternehmen bestimmen als Arbeitgeber den Arbeitsmarkt und Berufsbilder wesentlich mit und erzeugen Produkte und Dienstleistungen, die Nutzen stiften oder Bedürfnisse befriedigen. Die Sphäre Ökonomie kann auf betrieblicher Ebene Aspekte wie Effizienz oder die langfristige Existenzsicherung umfassen.

3   Die Nachhaltigkeit von Digitalisierungsprojekten

Aus unternehmerischer Sicht richtet sich der Blick, bezogen auf die Nachhaltigkeit von Digitalisierungsvorhaben, in der Regel vor allem auf deren ökonomische Sphäre. Zwar ist auch die Übernahme ökologischer und sozialer Verantwortung von Unternehmen gesellschaftlich wünschenswert und notwendig, jedoch kann kein Unternehmen langfristig ohne Gewinne existieren, sodass Entscheidungen für Projekte immer mit der Frage nach ihrer langfristigen Wirtschaftlichkeit verbunden sein müssen.

Geprägt von den angeführten Wirtschaftlichkeitsbestrebungen, beantworten zahlreiche mittelständische Unternehmen die Frage nach der angestrebten Zielstellung des geplanten Digitalisierungsvorhabens mit dem Wunsch nach Effizienzsteigerung (Institut für Innovations- und Informationsmanagement GmbH (IfII) 2020).

Digitalisierungsprojekte können auf betrieblicher Ebene in den unterschiedlichen Sphären der Nachhaltigkeit (CSR) verortet sein.

Es gibt zahlreiche Digitalisierungsprojekte, die ihre Nachhaltigkeit auf die ökonomischen Dimensionen wie beispielsweise Effizienz, Prozesstransparenz, Datenverfügbarkeit, Qualitätsverbesserung ausrichten. Ein klassisches Praxisbeispiel ist ein Digitalisierungsprojekt zur Optimierung der innerbetrieblichen Prozesse zum Beispiel durch die Einführung eines digitalen Produktionsplanungssystems.

Projekte, die in der Sphäre „Ökologie" verortet sind, zielen zumeist auf die Ressourcenschonung, Ökoeffizienz und/oder Schutz und Einhaltung von Gesetzen und Standards ab. Beispiele hierfür sind Ersetzen der vorhandenen IT durch green-IT oder Nutzung von IoT-Sensorik zur Senkung des Energie- oder Wasserverbrauchs einer Produktionsanlage.

Soll ein Digitalisierungsprojekt die Sphäre „Sozial" der Nachhaltigkeit ansprechen, erfolgt dies meist über Themen wie geeignete Arbeitsbedingungen oder soziale Verantwortung. Aber auch durch das Herstellen von Produkten und Dienstleistungen, die auf die Bedürfnisse der Kunden und Nutzer abgestimmt sind und so einen hohen Nutzen haben, wird die soziale Sphäre der Nachhaltigkeit angesprochen. Ein mögliches Beispiel ist, ein neues, gemeinsam mit den Mitarbeitern entwickeltes flexibleres Arbeitszeitmodell, das Homeoffice ermöglicht und das über eine nutzerfreundliche und einfach zu bedienende Zeiterfassungs-App gesteuert wird. Die Anpassung und Einführung der App-Lösung erfolgt unter Einbindung der späteren Nutzer.

Zusammenfassend kann gesagt werden, dass Digitalisierungsprojekte in den unterschiedlichen Sphären der Nachhaltigkeit Ökologie, Ökonomie und Soziologie verortet werden können. In jeder der drei Sphären gibt es untergeordnete Dimensionen, die je Digitalisierungsvorhaben angesprochen werden können. Diese Dimensionen können sich auch überlappen.

4   Der unternehmerische Zwiespalt

Viele mittelständische Unternehmen stellen die radikalen Veränderungen oder Optimierung der Prozesse vor erhebliche Herausforderungen. Um eine gute Akzeptanz und einen hohen Nutzungsgrad der neuen Lösungen herbeizuführen, müssen die Mitarbeiter bei der Veränderung mitgenommen werden. Denn fehlende Qualifikation oder geringe digitale Affinität führt häufig zu Überforderungen und zu ablehnendem Verhalten der Mitarbeiter (Chies 2016 , S. 9–15).

Abb. 2 Qualifizierung der Mitarbeiter in KMU für Digitalisierungsprojekte. (Eigene Darstellung)

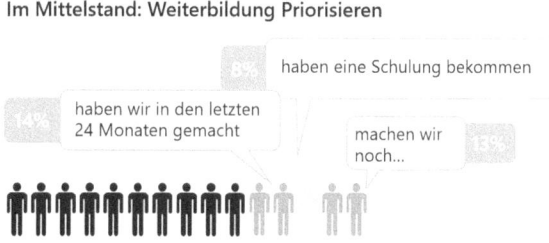

Befragungen der Unternehmen zeigen, dass die Bereitschaft zur Digitalisierung laut DIGITALISIERUNGSINDEX MITTELSTAND 2019/2020 der Deutschen Telekom AG (Telekom AG 2019) steigt, die Anstrengungen und Aufwände, die Mitarbeiter zu befähigen mit der Entwicklung mitzuhalten, jedoch nicht in gleichem Umfang wachsen.

So geben im Rahmen der vom IfII durchgeführten IST1-Befragung (Institut für Innovations- und Informationsmanagement GmbH (IfII) 2020) weniger als 14 % der befragten 123 KMU, die ein Digitalisierungsvorhaben starten wollen, an, dass die Qualifikation der Mitarbeiter zu digitalen Lösungen in den letzten zwei Jahren mit Priorität vorangetrieben wurde. Auf die Frage „Ihre Kollegen/Mitarbeiter haben in den letzten zwölf Monaten regelmäßig an internen oder externen Fort- und Weiterbildungen für digitale Themen teilgenommen", haben weniger als 8 % der Befragten mit „trifft zu" geantwortet.

Und auch zukünftig steht das Thema nicht an erster Stelle bei den mittelständischen Unternehmen die Digitalisierungsvorhaben starten wollen. Denn nur 13 % geben an, dass die Qualifikation der Mitarbeiter zu digitalen Lösungen in den kommenden zwei Jahren mit Priorität vorangetrieben werden wird (Abb. 2).

Der Zwiespalt für die Unternehmer entsteht auf der einen Seite durch den wachsenden Digitalisierungsdruck und die eingangs angeführten Hemmnisse wie Zeitmangel, nicht ausreichend geschultes Fachpersonal in Kombination mit der Notwendigkeit von umfangreichen Maßnahmen zur Mitarbeiterqualifikation. Die neuen digitalen Lösungen lassen sich nicht von Mitarbeitern ohne begleitende Qualifikationsmaßnahmen bedienen.

Dieser Zwiespalt führt zu neuen Anforderungen an digitale Lösungen und die Vorgehensweise bei deren Implementierung.

Um den Zeit- und Qualifikationsaufwand gering zu halten und eine intuitive Nutzung der digitalen Lösung zu ermöglichen, ist es umso wichtiger, dass die Entwicklung selbiger und besser noch, der vollständige Einführungsprozess nutzerzentriert erfolgt.

5 Der Einsatz nutzerzentrierte Methoden bei der Entwicklung und Einführung von Digitalisierungsprojekten

Digitalisierungsprojekte sind nie rein technisch zu betrachten, auch die Bedürfnisse der Nutzer haben eine zentrale Bedeutung für den Erfolg des Projektes und dessen Zielerreichung (Brauner und Ziefle 2015, S. 187–197). Bei der nutzerzentrierten

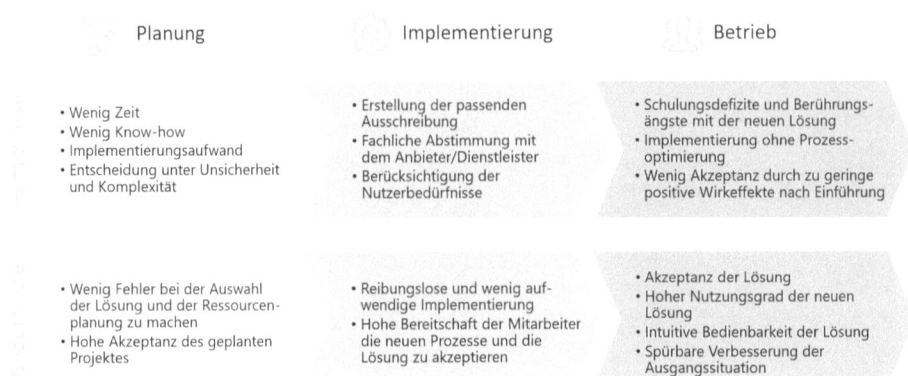

Abb. 3 Phasen im Digitalisierungsprojekt. (Eigene Abbildung)

Vorgehensweise stehen die Mitarbeiter/Nutzer und ihre Nutzerbedürfnisse bei der Gestaltung der Lösungen, der neuen Prozesse und der Auswahl der geeigneten Hardware im Fokus der Betrachtungen.

Um nutzerfreundliche digitale Lösungen und/oder Innovationen zu entwickeln, und diese erfolgreich einzuführen, hat sich im IfII die Anwendung von nutzerzentrierten Methoden unter anderem aus dem Bereich Design Thinking (Uebernickel et al. 2015; Bartl et al. 2016) in zahlreichen Projekten bewährt.

Zur Vereinfachung wird die Durchführung eines Digitalisierungsvorhabens in die drei Phasen vor der Durchführung (Planung), während der Durchführung (Implementierung) und nach der Durchführung (laufender Betrieb) unterteilt (siehe Abb. 3). Je Phase ergeben sich für die Beteiligten unterschiedliche Nutzerbedürfnisse und Herausforderungen. Gleichzeitig entstehen damit auch verschiedene Ansätze und Gestaltungsmöglichkeiten einer nachhaltigen Umsetzung. In allen drei Phasen können durch den gezielten Einsatz nutzerzentrierter Methoden, Ableitung von Anforderungen und Bedürfnissen und auch Rückschlüsse auf individuelle Herausforderungen, beispielsweise in Form fehlender Affinität zu digitalen Technologien gezogen werden (Scheeg et al. 2019, S. 239–251).

Zahlreiche Projekte, die in den letzten Jahren von IfII begleitet wurden, haben gezeigt, dass der Einsatz nutzerzentrierter Methoden die Akzeptanz für die neue Lösung erhöht.

6 Nutzerzentrierte Vorgehensweise als relevante Dimension der Nachhaltigkeit von digitalen Lösungen

Digitalisierungsprojekte, die mit nutzerzentrierten Methoden durchgeführt werden, berücksichtigen die Bedürfnisse und Fähigkeiten der Nutzer in ganz besonderer Weise, das heißt, der Mensch steht im Mittelpunkt der Betrachtung und nicht die technologische Dimension.

Projekte im IfII haben gezeigt, dass eine optimal auf den Nutzer abgestimmte Nutzbarkeit (Usability) und Geeignetheit der digitalen Lösung die Schulungsaufwände reduzieren. Die Berührungsängste mit der neuen Lösung sind durch die frühe Einbeziehung der Nutzer in den neuen digitalen Prozess bereits minimiert.

Die auf die Nutzerbedürfnisse angepasste Lösung wird meist schnell von den Nutzern angenommen und intensiver und mit mehr Begeisterung genutzt, als es bei Projekten ohne nutzerzentrierte Ansätze der Fall ist. Hinzu kommt, dass diese Form der Partizipation der Mitarbeiter am Veränderungs- und Innovationsprozess selbig auch fester und nachhaltiger an ein Unternehmen bindet (Sostak 2017, S. 352).

So kann neben der ökonomischen Sphäre der Nachhaltigkeit auch der sozialen Sphäre der Nachhaltigkeit Rechnung getragen werden.

Zusammenfassend gilt, durch nutzerzentriertes Vorgehen bei der Entwicklung und Umsetzung von Digitalisierungsmaßnahmen können Ergebnisse erreicht werden, die ökonomisch und sozial nachhaltig sind. Die Nutzerzentrierung wird somit zum zentralen Element der Nachhaltigkeit bei Digitalisierungsprojekten.

Literatur

Bartl D et al (2016) Digital innovation playbook. Murmann Publishers GmbH, Hamburg

Brauner P, Ziefle, M (2015) Human factors in production systems. In: Brecher C (Hrsg) Advances in production technology. Lecture notes in production engineering. Springer, S 187–197

Burckhardt G (2013) Corporate Social Responsibility – mythen und Maßnahmen, 2. Aufl. Springer Gabler, Wiesbaden

Chies S (2016) Change Management bei der Einführung neuer IT-Technologien. Spinger, Wiesbaden

Enquete-Kommission (1998) Abschlußbericht der Enquete-Kommission „Schutz des Menschen und der Umwelt – Ziele und Rahmenbedingungen einer nachhaltig zukunftsverträglichen Entwicklung"

Europäische Kommission (2001) Europäische Rahmenbedingungen für die soziale Verantwortung von Unternehmen - Grünbuch. www.europarl.europa.eu. 18.7.2001. http://www.europarl.europa.eu/meetdocs/committees/deve/20020122/com%282001%29366_de.pdf. Zugegriffen: 16. März 2020

Europäische Kommission (2011) Eine neue EU-Strategie (2011–14) für die soziale Verantwortung der Unternehmen. Europäische Kommission, Brüssel

Institut für Innovations- und Informationsmanagement GmbH (IfII) (2020) IST-1 Befragung. Brandenburg a. d. Institut für Innovations- und Informationsmanagement GmbH, Havel

Jacob Michael (2019) Digitalisierung & Nachhaltigkeit. Springer Vieweg, Wiesbaden

Kleine A (2009) Operationalisierung einer Nachhaltigkeitsstrategie. Ökologie, Ökonomie und Soziales integrieren. Gabler, Wiesbaden

Leena V (2014) Nachhaltig-sein.info. https://nachhaltig-sein.info/unternehmen-csr-nachhaltigkeit/handbuch-nachhaltigkeit-folge-1-definition-und-bedeutung

Petschow U, Hübner K, Dröge S, Meyerhoff J (1998) Nachhaltigkeit und Globalisierung. Herausforderungen und Handlungsansätze. In: Enquete-Kommission (Hrsg) Schutz des Menschen und der Umwelt. Springer, Heidelberg. ISBN 978-3-642-58757-3

Scheeg J, Scheeg M, Thimm T (2019) Die Digitalisierung nutzerzentriert gestalten: Das digitale Kontrollzentrum für die Warenannahme. In: Bosse CK, Zink KJ (Hrsg). Arbeit 4.0 im Mittelstand – Chancen und Herausforderungen des digitalen Wandels für KMU. Springer Gabler, Berlin, S 239–251

Sostak H (2017) Die Bedeutung von Mitarbeitereinbindung für verantwortungsvolle Innovationen im Rahmen von Veränderungsprozessen. In: Gordon G, Nelke A (Hrsg). CSR und nachhaltige Innovationen. Springer, Berlin

Telekom AG (2019) www.digitalisierungsindex.de. 11 2019. https://www.digitalisierungsindex.de/wp-content/uploads/2019/11/techconsult_Telekom_Digitalisierungsindex_2019_GESAMTBERICHT.pdf. Zugegriffen: 20. Apr. 2020

Uebernickel F et al (2015) Design Thinking – das Handbuch. Frankfurter Allgemeine Buch, Frankfurt a. M.

van Alphen C, Bergmann M-C, Kawohl J (2019) Studie Digitale Transformation – die Zukunftsfähigkeit der deutschen Unternehmen. https://www.etventure.de/blog/etventure-studie-2019/. https://service.etventure.de/digitale-transformation-2019-registrierung. Zugegriffen: 17. Apr. 2020

Michaela Scheeg leitet seit 2018 das Institut für Innovations- und Informationsmanagement. Sie verantwortet neben dem klassischen Bereich der Unternehmensberatung, auch die landes- und bundesweiten Drittmittelprojekte wie das BMWi geförderte Mittelstand 4.0-Kompetenzzentrum Berlin und das durch das MWAE geförderte Digitalwerk (Zentrum für Digitalisierung in Handwerk und Mittelstand).

Sie forscht unter anderem im Bereich des Einsatzes von nutzerzentrierten Methoden zur Entwicklung von digitalen Anwendungen und Geschäftsmodellen, sowie deren Auswirkungen auf die Nutzer. Im Fokus stehen hierbei KMU, ländliche Räume und Nachhaltigkeit.

Michaela Scheeg
(Fotocredit: privat)

Juliane Rangnow ist Akademische Mitarbeiterin im Fachbereich Wirtschaft der Technischen Hochschule Brandenburg. Ihr Forschungsinteresse liegt auf Nachhaltigkeit im betriebswirtschaftlichen Kontext. Schwerpunkte bilden dabei KMU & CSR, Nachhaltigkeitskommunikation und Vertrauensbildungsprozesse bei Informationsasymmetrien.

Juliane Rangnow
(Fotocredit: privat)

Prof. Dr. Jochen Scheeg ist Professor für Wirtschaftsinformatik, insbesondere Informationsmanagement und Unternehmensführung. Bei seinen Forschungsarbeiten steht die Digitale Transformation von Unternehmen und Verwaltung im Mittelpunkt. Vor seiner Berufung an die Technische Hochschule Brandenburg war er mehr als 15 Jahre in Leitungspositionen in der IT- und Telekommunikationsindustrie und Beratung tätig.

Prof. Dr. Jochen Scheeg
(Fotocredit: privat)

Wandel im Vertrieb durch Digitalisierung – worauf es morgen ankommt

Learnings aus der Digitalisierung und Anforderungen für den Vertrieb von morgen

Rainer Elste und Lars Binckebanck

1   Definition – wie ist Digitalisierung im Vertrieb definiert?

Die Digitalisierung hat Einzug in alle beruflichen und privaten Lebensbereiche gehalten. Die Deutsche Nationalbibliothek beispielsweise liefert über 17.000 Suchergebnisse aus verschiedensten Bereichen der Digitalisierung (o. V. 2020a). Keuper et al. (2013) beschreiben die Digitalisierung als Hype, für den sich bisher noch kein einheitliches Verständnis durchgesetzt hat. Der Begriff selbst ist nicht eindeutig definiert (Wolf et al. 2018). Schmidt und Drews (2016, S. 970) stellen im Rahmen einer Metarecherche wenig überraschend zusammenfassend dar, „dass die Digitalisierung mehr als die Nutzung sozialer Medien wie Facebook, Twitter, YouTube, Pinterest oder Instagram darstellt".

Wenn über das Thema Digitalisierung bzw. über den Einsatz von Technologien im Vertrieb gesprochen wird, fällt der erste Blick auf die systemgestützten Formen des Customer-Relationship-Managements (CRM), mit denen der Vertrieb seit den späten 1980er-Jahren bei der Datensammlung und -auswertung von Kundenbeziehungen technisch unterstützt werden sollte. Die Tatsache, dass die Realisierung des CRM häufig mit großen Problemen einhergeht (in manchen Unternehmen ist CRM nach Erfahrung der Autoren gar ein Schimpfwort), zeigt, dass die bloße Installation einer Software ein Unternehmen

R. Elste (✉)
Fakultät Wirtschaftsingenieurwesen/Allgemeine Betriebswirtschaftslehre,
Hochschule Esslingen, Göppingen, Deutschland
E-Mail: rainer.elste@hs-esslingen.de

L. Binckebanck
NORDAKADEMIE gemeinnützige Aktiengesellschaft Hochschule der Wirtschaft,
Elmshorn, Deutschland
E-Mail: lars.binckebanck@nordakademie.de

© Springer-Verlag GmbH Deutschland, ein Teil von Springer Nature 2021   83
A. Hildebrandt und W. Landhäußer (Hrsg.), *CSR und Digitalisierung,* Management-Reihe Corporate Social Responsibility, https://doi.org/10.1007/978-3-662-61836-3_6

nicht gleich zum Kundenversteher macht. Die Menschen, die mit den Technologien arbeiten sollen, müssen hinreichend eingebunden sein. Weiterhin würde der Fokus auf CRM das Feld der einsetzbaren Techniken und Technologien einseitig limitieren, sind doch allgemein Informations- und Kommunikationstechniken (IuK-Techniken) darunter zu verstehen, wie sie bereits in den 1990er-Jahren differenziert wurden (unter anderem Hermanns und Flory 1995). In der Anfangszeit der Digitalisierung des Vertriebs wurde in der Literatur auch von einem elektronischen Vertrieb gesprochen (Kuhlmann 2001).

Entsprechend sollen mit der Digitalisierung im Vertrieb im Weiteren diejenigen Instrumente verstanden werden, mittels derer die Vertriebsorganisation oder die Aktivitäten des einzelnen Vertriebsmitarbeiters hinsichtlich der Planung, Steuerung, Durchführung und Kontrolle unterstützt werden. Die Unterstützung kann auf allen Teilprozessschritten stattfinden, von der Kundenfindung über die Gewinnung von Kunden, die Kaufanbahnung, den Kaufabschluss, die Kundenbetreuung, Administration und Vertriebssteuerung bis zum Service und zum Nachverkauf. Insbesondere leiten sich diese Online- und Offlinetechnologien aus Hard- und Softwareprodukten, -netzwerken und -dienstleistungen ab. Technologien sind so lange neu, wie sie entweder aus Unternehmens-, Mitarbeiter- oder Kundensicht noch nicht durchgängig entwickelt, akzeptiert bzw. penetriert sind.

2 Learnings aus der Auswirkung der Digitalisierung auf Kunden und Märkte

2.1 Technologischer Wandel und Unternehmen

Die Digitalisierung hat in bisher nicht da gewesener Art und Weise Märkte verändert. Beispielsweise hat sich mit dem Einzug der digitalen Fotografie Ende der 1990er-Jahre die Unternehmenslandschaft teilweise innerhalb von wenigen Geschäftsquartalen komplett verändert. Unternehmen, die wie Kodak über 100 Jahre erfolgreich im Bereich der analogen Fotografie tätig waren, verloren innerhalb kürzester Zeit ihre Marktstellung bzw. wurden gänzlich ausgelöscht. Allein 2005 musste das Unternehmen nach erodierenden Geschäftszahlen 25.000 seiner 55.000 Mitarbeiter entlassen, weil es nach eigenen Angaben die rapide Entwicklung der Digitalfotografie unterschätzt hatte und keine vorbeugenden Strategien parat hielt (o. V. 2005). Die Erosion setzte sich konsequenterweise auf den nachgelagerten Vertriebsstufen fort: Auf die Fotografie spezialisierte Handelsketten wie Photo Porst, Fotopoint oder Foto Quelle, die von den hohen Margen bei der Entwicklung und Vergrößerung von Filmen profitierten, verloren die Basis ihres Kerngeschäfts. Nur langsam kann der Verlust durch Fotobücher und andere Artikel kompensiert werden. Der Technologiewandel verlief so schnell und intensiv, dass angestammte Unternehmen, die sich nicht rechtzeitig umgestellt haben, ihm nichts entgegenzusetzen hatten.

Der Start in die Digitalfotografie und das Absterben der analogen Fotografie stellen einen Wandel des Produktlebenszyklus auf Makroebene dar, da wie beschrieben die Produkt- und Marktmechanismen und so auch Anbieter und Nachfrager sich verändert haben. Die Digitalisierung hat jedoch in den vergangenen Jahren auch einen rapiden

Wandel auf Mikroebene erzeugt: Innerhalb einer Dekade haben sich beispielsweise die Medien des Musikkonsums vom tragbaren CD-Player auf MP3-Player und iPods und in einer weiteren Stufe auf Download- und Streaming-Leistungen verlagert. Mittlerweile hat die Zusammenführung von Telefonie, Fotografie und Music-Player in Smartphones verschiedene Geräte wie kleine Digitalkameras und Music-Player nahezu obsolet werden lassen.

Unternehmen aus vorher fremden Branchen sind in neue Technologiemärkte eingestiegen und haben dort angestammte Anbieter teilweise verdrängt, wie die viel als Beispiele bemühten Unternehmen Uber und AirBnB aber auch PayPal und Amazon zeigen. In einer Studie der Hochschule Esslingen (Elste 2020) wird jedoch deutlich, dass deutsche Unternehmen erstaunlich wenig Sorge vor solchen neuen Geschäftsmodellen zeigen.

Auch in den konsumfernen naturwissenschaftlichen und medizinischen Bereichen hat die Digitalisierung massiv Einzug gehalten. So lässt sich mittels entsprechender Rechenkapazitäten mittlerweile ein menschliches Genom innerhalb weniger Tage für wenige Tausend Euro analysieren. Die Entzifferung des ersten Genoms 2003 war noch mit einer Investition von 2,2 Mrd. EUR verbunden (Dürr 2014).

Learning 1
Geschäftsmodelle müssen Veränderungen in Technologien schneller antizipieren

2.2   Akzeptanz durch den Kunden und Veränderung des Kaufverhaltens

Konsumenten haben sich in vergleichsloser Geschwindigkeit auf neue Technologien eingestellt. Die Umstellung von der Schreibmaschine auf die Textverarbeitung mittels Computer, von der analogen auf die digitale Fotografie, vom CD-Player zunächst auf den MP3-Player und später auf Streamingdienste geschah innerhalb kürzester Zeit.

Die Einstellung auf gänzlich neue Technologien wie Mobilfunkgeräte, Tablets mit Apps als spezialisierten Kleinstanwendungen oder die Nutzung sozialer Netzwerke, die es auch in ähnlicher Form vorher nicht gab, vollzog sich rapide. Die Lernfähigkeit und -willigkeit ist eine fundamentale Herausforderung an die Durchsetzung neuer Technologien im Vertrieb und beim Kunden.

Neben der produktseitigen Anpassung ist auch der Wandel des Einkaufsverhaltens zu berücksichtigen. Dieser vollzieht sich schneller als vorhergesehen, wie folgender Vergleich für den B2B-Sektor zeigt:

In 2015 wurde ein Anstieg des E-Commerce-Umsatzes in den USA von 780 Mrd. US-Dollar in 2015 auf über 1,13 Bill. US-Dollar in 2020, was 12,1 % des gesamten Volumens ausmacht, prognostiziert (o. V. 2015). Jedoch wurden bereits in 2018 1,1 Bill. US-Dollar erreicht und nun wird für 2023 ein Wert von 1,8 Bill. US-Dollar bzw. 17 % des Gesamtvolumens vorhergesagt, was einem Wachstum von 10 % pro Jahr entspricht (o. V. 2019a). Laut IFH liegt der Anteil in Deutschland sogar bei 24 % (IFH 2019).

Der Anteil des E-Commerce am gesamten B2C-Einzelhandelsumsatz liegt in Deutschland bei 10,8 % in 2019, jedoch mit großen Spreizungen: Während bei Elektronikartikeln, Mode und Freizeit der Onlineanteil bei teilweise über 30 % liegen, ist das größte Einzelhandelssegment FMCG bei gerade 2,2 % angekommen (HDE 2019). Dies sind Umsätze, die in der Vergangenheit grundsätzlich über andere Handelskanäle generiert wurden. Diese Veränderungen machen sich in den Umsätzen beispielsweise der in den genannten Produktsegmenten traditionell vertretenen Kaufhausketten wie Galeria Kaufhof und Karstadt bemerkbar, die im Zeitraum von 2008 bis 2017 einen Umsatz von insgesamt 7,3 auf 4,8 Mrd. EUR zu verzeichnen hatten (Karstadt, Metro-Gruppe 2018). Eigene Onlineangebote konnten diesen Einbruch nicht kompensieren.

Insgesamt lässt sich eine Konzentration im Einzelhandelsmarkt ausmachen. Die Zahl der Einzelhandelsunternehmen ist im selben Zeitraum von 400.000 auf rund 340.000 zurückgegangen (Statistisches Bundesamt 2020).

Wo es Verlierer gibt, gibt es auch Gewinner. Allein in Deutschland erzielte Amazon 2018 ca. 17 Mrd. Euro mit einem Wachstum von fast 20 % (o. V. 2019b). An dieser Stelle sei angemerkt, dass ein Zahlenüberblick über den Markt nur ein Blitzlicht darstellen kann und lediglich zur Verdeutlichung des dynamischen Wandels dienen kann. Weiterhin ist zu berücksichtigen, dass die Profitabilität bei einigen Onlinehändlern nicht durchgängig zufriedenstellend ist; nicht alle Geschäftsmodelle sind ausgereift.

Doch E-Commerce kann nicht das ganze Business übernehmen. Der klassische Handel wird in den meisten Branchen noch längere Zeit seine Daseinsberechtigung haben. Damit wird der Vertrieb deutlich komplexer, da die klassische Vertriebskanalbetreuung sich hin zu einer Multi- bzw. Omnichannel-Betreuung wandelt. Auch alte Vertriebsregeln à la: „wir liefern nur über den Fachhandel", werden in Zukunft kaum haltbar sein, wenn Wettbewerber aus anderen Branchen sich über diese Regeln hinwegsetzen. Selbst der Handel integriert immer stärker vertikal und wird zum Produzenten (Elste 2010). Es gilt vielmehr, ein möglichst geordnetes Mit- und Nebeneinander zu organisieren.

Learning 2
Kaufverhalten verändert sich nicht evolutionär, sondern revolutionär

2.3   Waren müssen nicht gekauft werden, um sie zu besitzen

Nicht nur das Kaufverhalten verändert sich. Sondern bereits die Frage davor wird durch die Digitalisierung beeinflusst: Muss ich noch Eigentümer sein, um ein Produkt nutzen zu können? Zivilrechtlich sind Eigentum und Besitz getrennte Konstrukte. Und dieses machen sich Unternehmen zunutze.

Die Cloud macht es vor: Die Nutzung von Computerressourcen und Software wird auf eine virtuelle Kapazität verlagert. Der Kauf wird durch Preismodelle ersetzt, die so in der Vergangenheit schwer realisierbar waren, wie Pay-per-Use, bei dem nur die tatsächliche Nutzung fakturiert wird. Aber auch in anderen Industrien verändert sich das Eigentumsverhalten: Der Carsharing-Markt beispielsweise wächst, die Anzahl der Führerscheinneulinge sinkt. Carsharing-Angebote nutzen digitale Medien wie GPS, Bezahlsysteme etc., um die Nutzung zu vereinfachen (Wadhawan 2016; o. V. 2016). Die Autoindustrie muss sich nicht nur wegen neuer Antriebssysteme, sondern veränderter Nutzer hierauf einstellen.

Andere Prognosen gehen noch weiter, indem die Herstellung und Nutzung von Waren und Dienstleistungen verschmelzen, was der von Jeremy Rifkin verwendete Begriff „Prosument" am besten umschreibt: Kunden stellen sich am 3-D-Drucker Produkte selbst her, die sie möglicherweise auch entworfen haben. YouTube und Instagram bringen Stars hervor, die gut ohne die traditionellen TV-Sender auskommen. Unterhaltung, Nachrichten, Meinungen und Informationen werden heute entsprechend von Konsumenten für andere Konsumenten produziert (Friedrich-Freksa und Weber 2014).

Learning 3
Die Digitalisierung verändert die Eigentumsverhältnisse an Gütern

2.4 Demokratisierung versus Monopolisierung

Die neuen Technologien im Zuge der Digitalisierung bieten sowohl für den Vertrieb als auch für den Kunden völlig neue Perspektiven der Interaktion und der Individualisierung. Der Kunde äußert sich und teilt seine Meinung nahezu frei mit anderen Kunden bzw. direkt mit den Anbietern. Ob die Informationsvielfalt immer mit der Informationsqualität korreliert, sei dahingestellt (unter anderem Schuler 2008). Die Glaubwürdigkeit einer Information und ihrer Quelle steigt dabei, wenn verschiedene Heuristiken alternativ oder additiv greifen wie bei Massenphänomenen („die Masse kann sich nicht täuschen"), Mund-zu-Mund-Propaganda, Empfehlungen, Reputation des Absenders etc. (Metzger et al. 2010). Informationen einer Quelle mit hoher wahrgenommener Glaubwürdigkeit verbreiten sich entsprechend schnell und die Quellen werden entsprechend häufig genutzt. Gleiches gilt in die andere Richtung: Wenn das Vertrauen schwindet oder wenn Falschinformationen in den Umlauf geraten, wenden sich die Konsumenten ab. Karrierebrüche aufgrund von Google-Einträgen der Vergangenheit, Webshops, Ärzte und Ferienhausbesitzer, die aufgrund schlechter Bewertungen ihre Geschäftsgrundlage verlieren, mögen als Beispiele dieser Entwicklung dienen. Als 2014 Amazon sein Produkt „echo" gelauncht hat, das per Sprachbefehl Bestellungen im Internet vereinfachen sollte, wurde sofort gemutmaßt, dass der Anbieter hiermit quasi eine Wanze bei den Kunden installieren möchte (o. V. 2014). An diesem Beispiel werden die

Grenzen der vertrieblichen Nutzung bestimmter Technologien deutlich, wenn bereits Misstrauen vorherrscht.

Eigentlich sinnvolle neue Bewertungsmaßstäbe, die auf Empfehlungen basieren, werden ad absurdum geführt, wenn sie manipulierbar sind, wie das Beispiel der vermeintlichen Internetmarktforschungswährung „Facebook-Likes" zeigt. Solange Unternehmen sich ein „Like" quasi durch Coupons etc. oder auch direkt auf Schwarzmärkten erkaufen können, ist dieses wenig vertrauenserweckend.

Weiterhin stellen die Technologien der digitalisierten Welt dem Kunden ein nie da gewesenes Angebot an Waren und Dienstleistungen zur Verfügung bis hin zur kompletten Individualisierung seiner Wünsche wie beispielsweise MyMuesli.de (individuelle Müslizusammenstellung), Shirtinator.de (individualisierte T-Shirts) oder Chocri.de (Schokoladen). Auch hier gilt nicht immer „Quantität der Auswahl = Qualität der Leistung". Das Internet ist auch ein Ort, der es unseriösen Anbietern leicht macht, Kunden zu übervorteilen.

Dennoch kann mit Fug und Recht behauptet werden: Nie waren die Märkte demokratischer als heute.

Umgekehrt ist jedoch auch eine neue Form der natürlichen Monopolisierung zu beobachten: Google im Bereich der Suchmaschinen, Amazon als starker Lieferant in diversen westlichen Märkten, Facebook/WhatsApp, Twitter, YouTube, Instagram etc. Wenn in vergangenen Industrieepochen Anbieterkonzentrationen häufig durch Wettbewerbsverdrängung entstanden sind, so geschieht dies im Zeitalter der Digitalisierung entweder durch – wenigstens vom Kunden als solche wahrgenommene – einzigartige Angebote, wie die von Google, oder aufgrund des Bedarfs an Vereinheitlichung, um beispielsweise, wie bei WhatsApp, mittels derselben Plattform miteinander kommunizieren zu können.

Learning 4
Die Digitalisierung ermöglicht eine Individualisierung und Demokratisierung von Information und Produkten

2.5 Information: Die Währung des digitalen Zeitalters

Das Internet hat massiv dafür gesorgt, dass nicht mehr der Vertrieb den Kunden sucht, sondern immer stärker der Kunde seinen Lieferanten sucht und auswählt. Damit sind Vertriebsorganisationen heute kundenseitig mit hochinformierten Entscheidungsträgern konfrontiert. Auf der Seite der Kunden stehen Buying Center mit verschiedensten Qualifikationen und Hilfsmitteln. Die Verwendung von Social Media zur Anbieterrecherche, Preisvergleichsportale, Onlineausschreibungsinstrumente, Empfehlungen etc. übertragen B2B-Kunden umfangreiche Informationsmöglichkeiten und verändern massiv das traditionelle B2B-Marketing (Hootsuite 2013). Selbiges gilt für B2C-Kunden, die sich über Suchmaschinen wie Google oder nahezu gleich wichtig direkt über Plattformen wie Amazon, Firmen-Homepages und verschiedenste Empfehlungsformen informieren (Intelliad 2018). So erlaubt die Digitalisierung es dem Kunden heute viel eher, direkt mit dem Anbieter vor der Kaufentscheidung Kontakt aufzunehmen, was etwa ein Drittel der Kunden schon wahrnimmt (Bott 2017).

Learning 5
Der Kunde sucht den Vertrieb – nicht mehr umgekehrt

Eine weitere Facette der Bedeutung von Informationen liegt darin, dass auch Lieferanten ihre Wettbewerbsposition mittels Informationsüberlegenheit ausbauen. Information ist hier zu einer Zweitwährung geworden, die Kunden mehr oder weniger gerne bereit sind zu zahlen, um Gegenleistungen zu erhalten: Facebook, Google, aber auch Kundenkarten sind die bekanntesten Beispiele. Auch im B2B-Geschäft sind Hersteller daran interessiert, mehr über den Lebenszyklus ihrer Waren nach dem Verkauf sowie natürlich über ihre Kunden zu erfahren. Es ist ein Wesensmerkmal des Internet of Things, dass nicht nur Informationen zwischen Lieferanten, Kunden und deren Kunden ausgetauscht werden, sondern auch zwischen Maschinen. In einer Studie der Hochschule Esslingen wurde hierzu herausgefunden, dass genau die Befürchtung, dass Informationen an die Falschen geraten könnten oder zu viele Informationen preisgegeben werden könnten, Unternehmen daran hindert, bereits jetzt stärker ihre After-Sales-Prozesse zu digitalisieren (Elste et al. 2015). Die Herausforderung für den Vertrieb besteht nun entsprechend darin, diese Ängste abzubauen, aber noch viel mehr dem Kunden einen Mehrwert darin zu liefern, Informationen zur Verfügung zu stellen. Solange der Nutzer einer Maschine etwa befürchten muss, dass er Garantieansprüche dadurch verlieren könnte, dass der Hersteller der Maschine Einblick in die Nutzung, Laufzeit, Wartungsintervalle etc. nehmen kann, wird ihm nicht daran gelegen sein, diese Daten weiterzugeben.

Learning 6
Der Vertrieb muss dem Kunden einen Gegenwert für Informationen bieten

3 Anforderungen an den Vertrieb von morgen

Es ist sicherlich riskant, einen Ausblick auf die zukünftige Entwicklung der Digitalisierung im Vertrieb zu wagen. Bisherige Prognosen erweisen sich nicht selten im Nachhinein als grobe Verfehlung. Ein namhafter Player im Telekommunikationsmarkt beispielsweise ging nach internen Angaben Anfang der 1990er-Jahre von einer Verbreitung von Mobilfunkgeräten im Jahr 2000 von ca. 300.000 Geräten aus. Tatsächlich lag die Zahl mit 3.000.000 um ein Zehnfaches höher. Dennoch gilt es, den Vertrieb auf die Anforderungen, die sich aus der Digitalisierung und den zuvor genannten Learnings ergeben, schon heute auszurichten.

Hierzu bietet sich ein modellorientierter Ansatz an. Ein Vertriebsmodell ist vor diesem Hintergrund ein normatives Strukturmodell, bei dem alle relevanten Entscheidungsfelder des Vertriebsmanagements simultan zusammengestellt und hinsichtlich ihrer Beziehungen zueinander verknüpft werden. Auf dieser Basis können die Einsatzfelder neuer Technologien im Vertrieb systematisch analysiert werden (Binckebanck 2016a). Exemplarisch werden ausgewählte Handlungsfelder im Folgenden beleuchtet.

3.1 Vertriebsanalyse

Die umfassende Nutzung von Big Data steht noch aus

„Man muss die großen Datenmengen bewältigen, nur dann kann man sie nutzen. Sie sind kein automatisches Füllhorn und auch kein Ersatz der Erkenntnis", schreibt Jaron Lanier in seinem Buch *Wem gehört die Zukunft?* (Lanier 2014, S. 152). Erste Ansätze, diese Datenmengen auch für die Wirtschaft hinreichend nutzbar zu machen, sind gerade erst entstanden. Im Gegensatz zu den Naturwissenschaften ist die Analyse großer Datenmengen in der Wirtschaftswissenschaft noch nicht hinreichend wissenschaftlich unterfüttert. Dies liegt im Wesentlichen an der Komplexität von Korrelationen – so sie denn überhaupt vorhanden sind – zwischen der beobachteten Verhaltensweise eines Konsumenten in der Vergangenheit und deren Vorhersagekraft für die Zukunft. Die Tatsache, dass unter anderem Google bereits Geld mit diesen teilweisen Scheinkorrelationen verdient, sagt nichts über die Verlässlichkeit der Analyse von Big Data aus. Das wird sich jedoch ändern: Erste Schritte beispielsweise in die Richtung des Brain Readings – also des Gedankenerkennens – von Konsumenten mittels Big-Data-Analysen sind bereits unternommen.

Am Ende wird – wie dargestellt – derjenige erfolgreicher am Markt agieren können, der in der Lage ist, die richtigen Schlüsse aus Big Data zu ziehen.

Dabei ist jedoch die juristische Seite nicht zu vernachlässigen. Was gewünscht ist, ist nicht immer erlaubt. Die DSGVO stellt hier die Leitplanken auf. Insbesondere stößt die Aufbereitung von Privatkundendaten mit dem Ziel der Profilerstellung und des Verbraucherverhaltens an rechtliche Grenzen, was ja eigentlich das ist, was Big Data anstrebt. Weitere Einschränkungen ergeben sich auch dadurch, dass über unterschiedliche Unternehmenseinheiten hinweg Kundendaten nicht ohne Weiteres ausgetauscht werden dürfen.

3.2 Vertriebsstrategie

Auf Größe kann man sich nicht ausruhen

Einer der Autoren hat im Rahmen eines Beratungsprojekts bei NOKIA in 2007 in Finnland, dem Jahr der Markteinführung des iPhones der ersten Generation, einen Manager danach gefragt, ob NOKIA seinen neuen Rivalen fürchte. Die Antwort, Apple würde in einem Jahr so viele Endgeräte verkaufen wie NOKIA an einem Tag, verdeutlicht die Gefahr der überschätzten eigenen Leistungsfähigkeit, die aus vergangenen Erfolgen resultiert.

,Ein weiteres Beispiel: Wer Mitte der 2000er-Jahre SchülerVZ ein jähes Aus prophezeit hätte, wäre sicherlich nicht ernst genommen worden. In kürzester Zeit hat Facebook dieses Angebot obsolet gemacht. Aktuell nutzen viele Teilnehmer immer noch parallel XING und LinkedIn, ohne einen deutlichen Unterschied der beiden Angebote erkennen zu können. Zu prognostizieren, ob in zehn Jahren Facebook oder LinkedIn selbst ihre derzeitige Bedeutung verteidigen können oder ob neue Wettbewerber, zum Beispiel die chinesische Kurzvideoplattform TikTok, diese Position übernehmen, scheint nahezu unmöglich. Dafür sind die Anzeichen zu ambivalent und die Nutzungs-arten zu volatil. Es geht den Nutzern nicht unbedingt um eine bestimmte Nutzungsart wie die Kommunikation, sondern eher um kurzweilige Unterhaltung. Beispielsweise wuchs Facebook zuletzt nur noch über Nutzer, die älter als 50 Jahre sind, und jüngere Nutzer wandern zu anderen Angeboten ab (Sobiraj 2014). Die Zielgruppe an sich ist aus Werbeaspekten hoch attraktiv. Sie zeigt jedoch ein großes Risiko auf: Facebook vermag es nicht, bei der nachwachsenden Teenagergeneration in gleichem Maß zu greifen wie bislang. Insgesamt ist die Nutzungsdauer massiv eingebrochen, von 28 min in 2015 auf 13 in 2019 (o. V. 2020b). Eine Veralterung der Klientel droht. Nicht zuletzt mag es dem einen oder anderen Teenager als „uncool" erscheinen, wenn die größeren Geschwister oder gar Eltern und Großeltern sich im selben Netzwerk tummeln.

Google ist beispielsweise die unangefochtene Nummer 1 in weiten Teilen der Welt unter den Suchmaschinenanbietern. Die schwebende Angst vor Ausspähungen mag in Zukunft alternative Suchmaschinen begünstigen. Nach Ansicht einiger Wett-bewerber vernachlässigt Google sein Kerngeschäft mittlerweile: das Suchen (Rosen-bach 2014). Viele Suchen beginnen mittlerweile innerhalb anderer Apps, da das mobile Suchverhalten sich von dem am Laptop unterscheidet. So werden Produktsuchen eher über Amazon als über Google vorgenommen (Garcia 2018). Der Suchalgorithmus von Google stammt noch aus seiner Gründerzeit. Künstliche Intelligenz wird hier als Ansatz ins Spiel gebracht. In den Beispielen manifestiert sich die Gefahr vieler (Quasi-) Monopolisten, aufgrund mangelnder Flexibilität und mangelnden Zwangs zur Innovation angreifbar zu werden.

Der Vertrieb muss einen echten Mehrwert leisten, will er seine Daseinsberechtigung erhalten

Die Digitalisierung erhöht den Anspruch an einen mehrwertorientierten Vertrieb noch stärker als bislang: Industrie 4.0, was immer der Betrachter auch genau darunter ver-stehen mag, wird im Extrem dazu führen, dass Maschinen die eigene Wartung beauf-tragen, Ersatzteile bestellen, die Bestückung anstoßen und den eigenen Nachfolger ordern. Standardisierte Verkaufs- und Nachverkaufsfunktionen werden obsolet. Dennoch zeigen die bisherigen Erfahrungen: Nachhaltiger Erfolg gründet zumeist auf der Kombination von Kernkompetenzen in traditionellen Geschäftsfeldern mit innovativen

Geschäftsmodellen bzw. neuen Technologien (Brick & Click). Das traditionelle Projektmanagement mit seinen sequenziellen, eher formalen und hierarchischen Ansätzen wird ersetzt durch permanentes Innovationsmanagement im „dauerhaften Beta", unter bewusster Inkaufnahme von Fehlschlägen und -investitionen (Strauß 2013). Gerade der Vertrieb wird bei zunehmend austauschbaren Produkten zu einem erfolgskritischen Bestandteil integrierter Leistungssysteme (Belz 2004). Dabei geht es darum, eine mehr oder weniger generische Kernleistung (= Produkt) durch bisher separate Mehrwertleistungen (zum Beispiel Kundendienst, Beratungs- und Finanzierungsleistungen, kundenbezogenes Projektmanagement oder Vertrauen in Geschäftsbeziehungen) aufzuladen und im Wettbewerb zu differenzieren. Voraussetzung ist ein „Upgrade" des Vertriebs von einer primär ausführenden Unternehmensfunktion hin zu einer unternehmerischen Kernkompetenz (Binckebanck 2016b). Ein solcher „strategischer Vertrieb" muss sich allerdings in das integrierte Management des Gesamtunternehmens einfügen und darf nicht als „Blackbox" eine Parallelexistenz entwickeln.

3.3 Vertriebsorganisation

Vertrieb, Marketing und After Sales lassen sich nicht mehr trennen
Die fast mythische Diskussion, die noch in vielen Unternehmen geführt wird, über die Trennung von Marketing und Vertrieb und wer womöglich wen dominiert, nähert sich dem Ende. Mit der Digitalisierung rücken der Kunde und der Anbieter so stark zusammen, dass zum einen die Bedürfnisse des Kunden funktionsübergreifend analysiert werden müssen. Die Marktforschung wird nicht mehr auf eine Stabsfunktion reduziert, sondern wird zur Kunden- und Umfeldforschung über alle Funktionen hinweg, die Kundenkontakt haben: Vertrieb, Marketing, After Sales, Entwicklung, Logistik etc. Zum anderen enden die Kundenkontaktpunkte nicht an der Werbung und am Produkt, sondern reichen weit in die klassischerweise dem Vertrieb zugeordneten Funktionen hinein. Marketing-Content wird immer stärker vertriebsrelevant. Wer ist beispielsweise verantwortlich für einen Webshop? Vertrieb und Marketing gemeinsam, da es sowohl um originär vertriebsrelevante Themen geht, jedoch auch um Markenführung und Kommunikation. Letztlich wird der Verkäufer zum Werber und der Werber zum Verkäufer.

Dasselbe gilt in der Zusammenarbeit mit anderen Funktionen entlang der Customer Touchpoints wie dem After-Sales-Service. Hier werden zentrale Kundenerkenntnisse gewonnen, die sowohl Marketing als auch Vertrieb nutzen können und müssen.

Führungskräfte müssen Fähigkeiten erlernen, die heute noch zu kurz kommen: vernetztes Denken und Handeln, Verknüpfung von kundenrelevanten Ressourcen und Modellierung von Prozessen, die auf Organisationsbarrieren verzichten.

3.4   Kundenbeziehungsmanagement

Die Art der Kommunikation zwischen Vertrieb und Kunden wird sich nachhaltig verändern

Social Media im Vertrieb hat nichts mehr etwa mit der verzweifelten Sammlung von Likes zu tun. Vielmehr geht es um den sinnhaften und zielführenden Einsatz im Sinne eines Social Commerce (Beach und Gupta 2005). Die Interaktion Lieferant-Kunde wird stark ergänzt um die Interaktion Kunde-Kunde. Infrage kommen hier beispielsweise Nutzer-zu-Nutzer-Plattformen wie eBay-Kleinanzeigen etc., Einkaufsentscheidungen auf Basis von Nutzerempfehlungen, Curated Shopping wie Outfittery, partizipative Plattformen wie Kickstarter, Social Shopping unter Einbindung von Foren- und Chat-Applikationen.

Im B2B-Geschäft wird der Einsatz von sozialen Medien zu vertrieblichen Zwecken häufig auch als Social Business oder Social Sales bezeichnet (Cortada et al. 2012; Uthmann 2013). B2B-Kunden nutzen die sozialen Medien zunehmend. Aus dieser Situation ergeben sich allerdings auch große Chancen für das B2B-Marketing. Durch die Informationsüberlastung von B2B-Entscheidungsträgern, aufgrund der großen Tiefe und Breite an verfügbaren Informationen, können Anbieter gezielt solide und konzentrierte Informationen (Content) zur Verfügung stellen, die den Kaufentscheidungsprozess entscheidend unterstützen. Bei der Platzierung dieses Contents verschwimmt in der Praxis häufig die Grenze zwischen den klassischen Funktionsbereichen Marketing und Vertrieb.

Vorsicht ist beim Einsatz von Social Media in Unternehmen dennoch geboten. Es darf nicht passieren, dass etwa der Vertriebsmitarbeiter zum PR-Chef des Unternehmens wird, indem er über Plattformen Unternehmensinhalte veröffentlicht. Aus Compliance-Gesichtspunkten ist auch bedenkenswert, wenn sich Verkäufer und Kunde auf ihren privaten Social-Media-Konten verbinden. Dennoch sollte das Feld der Kommunikation nicht Unternehmensfremden in Foren, Chatrooms oder auf YouTube überlassen werden. Nicht selten ist beispielsweise bei YouTube-Videos mit Reparatur- oder Wartungshinweisen nicht mehr erkennbar, dass diese von Dritten erstellt wurden. Die mangelnde Einhaltung von Corporate-Design-Richtlinien lässt erahnen, wie Marke und Außendarstellung leiden, wenn der Hersteller nicht selbst Absender ist. Auch in Foren sollten Unternehmen sich nicht das Heft aus der Hand nehmen lassen und einem „Shitstorm" oder anderen unsachlichen oder falschen Beiträgen tatenlos zusehen. Es gibt mittlerweile gute Beispiele, wie Unternehmen selbst Foren moderieren, ohne dass es bei den Nutzern als Werbung oder Bevormundung erscheint. Über dieses Vehikel kann der Vertrieb sogar wertvolle Hinweise zu Schwachstellen oder gar Neuproduktentwicklungen sammeln.

Ein weiterer Bereich der Kommunikation ist die Abgrenzung zwischen Online- und Offlinekommunikation und damit die Frage nach dem Bedarf an persönlichem Austausch. Noch steigt die Anzahl der Dienstreisen. Der persönliche Austausch besonders im B2B-Sektor zwischen Vertrieb und Kunden spielt noch immer eine herausragende Rolle, ist doch der Vertriebsmanager Verkäufer, Markenbotschafter und Visitenkarte des

Unternehmens in einer Person. Umgekehrt vertrauen Kunden häufig einem Unternehmen primär aufgrund der langjährigen Beziehungen zum Vertriebsmanager.

Heranwachsende Generationen, die schon heute im Kinderzimmer nicht mehr mit ihren Freunden spielen, sondern sich über Computerspiele online vernetzen, werden auch in Zukunft das Bild einer überwiegend digitalen Kommunikation prägen.

3.5   Vertriebsumsetzung: am Beispiel Price Management

Die Möglichkeiten der preisbezogenen Segmentierung und damit Preisdifferenzierung werden durch die Digitalisierung erweitert
Tiefere Kundenkenntnisse machen es möglich: Segmente sind besser identifizierbar. Gleichzeitig hat die Digitalisierung durchaus auch Risiken, da die gestiegene Transparenz und Vergleichbarkeit aufgrund von Preisplattformen oder durch den Austausch unter Kunden offensichtliche Differenzierungen aufdeckt. Gleichzeitig hat das Internet dafür gesorgt, dass Preise immer häufiger in ihre Grundbestandteile zerlegt werden. Kunden sind angehalten, ihre Order nach dem Menüprinzip zusammenzustellen; All-inclusive-Leistungen werden quasi entpackt. Hierdurch erhöht sich die Preistransparenz nahezu bis auf Kostenniveau.

Strategisch gäbe es eigentlich nicht viel zu ändern. Dennoch entsteht bei einigen Anbietern das fälschliche Image, Onlinepreise müssten auch niedrigere Preise bedeuten. Dabei ist durch erfolgreiche Preismodelle nachgewiesen, dass durchaus auch online Mehrwert geschaffen und Premiumzuschläge erzielt werden können.

Diverse Onlinehändler differenzieren sich beispielsweise durch eine großzügige Retourenpolitik, die jedoch massive Kostenkonsequenzen nach sich zieht. Es ist empirisch nachgewiesen, dass besonders Endkunden großen Wert auf einen unkomplizierten und kostengünstigen Retourenprozess legen, der auch schnell bearbeitet wird (Asdecker und Sucky 2016). Diese Aspekte wiegen stärker als die Komponente, bis wann eine Rücksendung erlaubt bleibt. Ist das Retourenmanagement ein positives Nachkauferlebnis, steigt die Wiederbestellerquote signifikant an, was positive Auswirkungen auf die Preisbereitschaft haben dürfte.

Hardwareseitig kann der Vertrieb bei der Preisdifferenzierung unterstützt werden, indem beispielsweise die Nutzungsdauer oder das Nutzungsverhalten getrackt wird oder mittels E-Labels der Tagespreis differenziert werden kann. Softwareseitig greifen Bezahlschranken bzw. der Nutzer gibt selbst seine Preisbereitschaft an.

3.6   Kultur und Philosophie

Es muss eine digitalaffine Vertriebskultur geschaffen werden
Die Vertriebskultur begründet innerhalb der Vertriebsorganisation eine gemeinsame Identität und stützt das „Wirgefühl" des Vertriebspersonals. Sie vermittelt den Sinn des tagtäglichen Handelns, motiviert die Mitarbeiter und legitimiert ihr Tun gegenüber

Außenstehenden. Die Vertriebskultur stiftet Konsens, indem sie ein gemeinsames Verständnis über fundamentale Werte und Normen schafft (Binckebanck 2014a). Ein wesentlicher Aspekt hierbei ist die Einstellung gegenüber neuen Technologien und durch sie induzierte Veränderungsprozesse im Vertrieb.

Zwar obliegt die Entscheidung über die Einführung von Instrumenten und die Änderung von Prozessen grundsätzlich der Führungsebene. Grundsätzlich hängt der Erfolg neuer Technologien im Vertrieb davon ab, ob sie bei denjenigen, die sie einsetzen sollen, auf Akzeptanz treffen. Um die Akzeptanz von Technologien von Mitarbeitern vorherzusagen, wird häufig das sogenannte Technologie-Akzeptanz-Modell (TAM) eingesetzt (Davis 1985). In seiner Grundform wird im TAM davon ausgegangen, dass die tatsächliche Nutzung einer Technologie davon beeinflusst wird, welche Einstellung der Nutzer zu dieser hat. Diese wiederum speist sich aus der wahrgenommenen Leichtigkeit der Nutzung und dem wahrgenommenen Nutzen. Dieses Modell wurde in der Literatur umfangreich kommentiert (Chuttur 2009). So ist etwa zu ergänzen, dass die wahrgenommene Leichtigkeit durch weitere zentrale Einflussfaktoren gesteuert wird, wie beispielsweise die wahrgenommene Kontrolle der Nutzung, Freude an der Bedienung sowie Berührungsängste bei der Nutzung von Computern.

Mitarbeiter im Vertrieb akzeptieren weiterhin neue Technologien umso stärker, je eher sie davon überzeugt sind, dass diese ihre eigene Performance steigern können. Weiterhin zahlen die persönliche Technologieaffinität des Einzelnen sowie die organisationalen Rahmenbedingungen wie Trainings auf den Erfolg neuer Technologien ein (Schillewaert et al. 2005). Letztlich kommt es darauf an, im Vertrieb Instrumente nicht zum Selbstzweck einzusetzen; die verkäuferischen Tätigkeiten müssen im Vordergrund bleiben.

Die Entwicklung einer digitalaffinen Vertriebskultur sollte nicht dem Zufall überlassen werden. Vielmehr ist eine explizite Vertriebsphilosophie zu entwickeln, welche auf bestehende Aspekte der Kultur und der Vertriebsorganisation aufbaut und mit einer Positionierung der SOLL-Vertriebsidentität kombiniert. Dieses Vorgehen sollte eng mit der externen und internen Markenführung verknüpft werden. Die Markenwerte müssen sich in jedweder Kundeninteraktion widerspiegeln, wofür es eines breit verankerten Bewusstseins und Verständnisses für die Markenführung im eigenen Unternehmen bedarf. Vertriebsmitarbeiter sind häufig wichtigster Customer Touch Point in der Interaktion mit der Anbietermarke. Sie sind daher zu Markenbotschaftern zu machen. Interne Kommunikation stellt eine markenkonforme persönliche Interaktion zwischen Anbieter und Nachfrager sicher und liefert gleichzeitig das Fundament für situative und kundenindividuelle Aktivitäten im Vertrieb. Die Integration von persönlicher Interaktion, digitaler Kommunikation und strategischer Markenführung führt zum Konzept der interaktiven Markenführung (Binckebanck 2006). Dafür müssen Vertrieb und Internet als Instrumente der Markenführung systematisch in ein Gesamtkonzept integriert werden, um die Leistungspotenziale im Rahmen einer Wettbewerbsstrategie der „Beziehungsführerschaft", das heißt des Angebots der „besten" Customer Journey, zu erschließen. Ein nachhaltiges und wirtschaftlich erfolgreiches Total Customer Experience Management, online wie offline, wird so zum Leitbild der Verkaufskultur (Binckebanck 2016a).

3.7   Steuerungssysteme

Die Digitalisierung unterstützt ein durchgängiges Tracking aller Kundenkontakt-punkte

Steuerungssysteme ermöglichen das zielgerichtete Management der Vertriebs-organisation. Einen wesentlichen Beitrag hierzu leisten IT-gestützte Informationssysteme (zum Beispiel Markt-, Kunden- und Wettbewerbsinformationen). So kann beispielsweise die geografische Analyse der Käuferadressen hochrelevante Informationen über Einzugs-gebiete und damit für die regionale Aussteuerung von Vertriebs- und Kommunikations-aktivitäten liefern. Zu nennen sind hier insbesondere IT-Lösungen für CRM mit unterstützenden Funktionalitäten bei der Vorbereitung des Kundenkontakts, der Durch-führung des Vertriebsgesprächs und der Nachbereitung des Kundenkontakts.

Neue Technologien bieten hier innovative Möglichkeiten zur Realisierung von One-to-one-Marketing und Mass Customization der Leistung, das heißt auf Big Data aufbauende, gezielte Ansprache und Bearbeitung kleinster Kundensegmente. Ein Bei-spiel ist das Curated Shopping, also eine weitgehend automatisierte und personalisierte Vorauswahl von Artikeln zur aktivierenden Kundenansprache, etwa per E-Mail. Social-Media-Plattformen ermöglichen es Kunden, sich untereinander und mit Anbietern von Leistungen dialogisch auszutauschen. Mittels Targeting kann darüber hinaus die Kundenkommunikation über alle Kanäle hinweg effizient ausgesteuert werden (Real-time Advertising). Über ein lückenloses Tracking einzelner Nutzer kann die Customer Journey genau analysiert und in ein umfassendes Customer Experience Management eingebunden werden. Mass Customization im Vertrieb ermöglicht die Individualisierung von Leistungen für einzelne Kunden, zum Beispiel durch Onlineproduktkonfiguratoren oder Matching-Systeme (etwa Avatare). Das klassische CRM kann mithilfe elektronischer Medien (insbesondere auch unter Nutzung von Data-Warehouse- und Data-Mining-Konzepten) zu einem E-CRM weiterentwickelt werden und dazu bei-tragen, das Unternehmen auf ausgewählte Kunden und ihre Bedürfnisse auszurichten (Binckebanck 2016a).

Von besonderer Bedeutung für den Vertrieb ist ein effizientes und effektives Leadmanagement, durch das aus Interessenten durch Konversion Kunden gemacht werden sollen. Das Leadmanagement ist zukünftig noch stärker Teamwork zwischen Vertrieb und Marketing. Das Marketing muss mit crossmedialen Kampagnen und effektiver Markenführung Kontakte generieren, dabei Transparenz durch nachweis-bare Performance schaffen und sich verstärkt als Sales Support verstehen. Im Innen-dienst findet dann unter Verwendung modernster IT-Technologien die Leadbearbeitung statt. Wesentlicher Bestandteil hierbei ist eine effiziente Qualifizierung durch ana-lytisches Scoring auf der Basis von Big Data und insbesondere Social sowie Mobile Media. Es entstehen umfassende und stets aktuelle Kunden- und Bedarfsprofile, die es erlauben, Opportunities frühzeitig zu erkennen und sofort zu reagieren. Einfache vertriebliche Prozesse, zum Beispiel das Zusenden von Informationsmaterial, Display-hinweise oder auch mobile Coupons, werden vom Innendienst aus weitgehend automatisiert angestoßen und auf Reaktionen hin in Echtzeit überwacht. Werden komplexe Kundenbedürfnisse festgestellt, wird eine kundenbezogene Problembehandlung fällig oder muss auf aggressive Wettbewerbsaktivitäten reagiert werden, so werden die Leads aus den automatisierten Prozessen in den Außendienst weitergeleitet (Routing). Dort finden kundenindividuelle und komplexe Interaktionsprozesse statt, die nicht nur auf den unmittelbaren Abschluss gerichtet sind, sondern auch zentraler Bestandteil einer interaktiven Markenführung sind. Daher braucht es dann auch einen Feedback-Loop zum Marketing und der dort betriebenen unpersönlichen Markenführung. Aber auch der Innendienst benötigt ein Feedback aus dem persönlichen Verkauf zur permanenten Optimierung der verwendeten Heuristiken (Binckebanck 2014b).

4   Fazit

Die Digitalisierung im Vertrieb lässt sich anhand von zwei organischen Entwicklungs-pfaden beschreiben (Binckebanck und Elste 2016). Einerseits kommen mit dem technischen Fortschritt immer wieder neue Technologieoptionen hinzu. Unternehmen können hier hinsichtlich der Adoption zwischen einer Wasserfallstrategie (einer Techno-logie folgt sequenziell die nächste) und einer Sprinklerstrategie (mehrere Technologien werden simultan adaptiert) wählen. Andererseits haben Unternehmen hinsichtlich der Intensität der Adoption verschiedene Möglichkeiten. So können sie hinsichtlich einer Technologie etwa auf die Adoption gänzlich verzichten, mit externen Dienstleistern zusammenarbeiten (Kosten und Risiko gering, generische Anwendung, hohe Imitations-gefahr) oder das Know-how als Kernkompetenz internalisieren (Kosten und Risiko hoch, unternehmensspezifische Anwendung, niedrige Imitationsgefahr).

Insgesamt kann festgehalten werden: Es geht bei der Digitalisierung im Vertrieb im Kern um die systematische Verknüpfung von „alten" Vertriebstugenden mit „neuen" Technologien. Dabei ist strategisch wirklich erfolgskritisch nicht etwa die Technologie per se, sondern die Entwicklung integrativer Kompetenzen. Digitalisierung entwertet nicht die klassischen Stärken des Vertriebs, wie etwa Kundenorientierung, Interaktions-qualität und Beziehungsmanagement. Vielmehr gilt es, diese Kernkompetenzen zu bewahren, sie stärker strategisch in die gesamtunternehmerische Strategie einzubringen und sie optimal mit digitalen Technologien zu verknüpfen. Neue Technologien sind vor diesem Hintergrund letztlich nichts anderes als Medien für die digitale Transformation des Vertriebs. Sie sind damit zu wichtig, um auf unreflektierte Hypes zu setzen oder dem Trial-and-Error-Prinzip zu vertrauen. Gefragt ist ein einerseits unternehmensspezifischer und andererseits systematischer Zugang zum erfolgreichen Einsatz neuer Technologien im Vertrieb.

Literatur

Asdecker B, Sucky E (2016) Retourenmanagement im Online-Handel – eine Untersuchung der Kundenerwartungen. In: Binckebanck L, Elste R (Hrsg) Digitalisierung im Vertrieb. Springer-Gabler, Wiesbaden, S 521–558

Beach D, Gupta V (2005) Social commerce via the shoposphere & pick Lists, Yahoo! Search Blog. http://www.ysearchblog.com/2005/11/14/social-commerce-via-the-shoposphere-pick-lists/

Belz C (2004) Business-to-Business-Marketing und Industrie. In: Belz C, Bieger T (Hrsg) Customer Value, St. Gallen, S 527–576

Binckebanck L (2006) Interaktive Markenführung. Springer Gabler, Wiesbaden

Binckebanck L (2014a) Management der Verkaufskultur in der strategischen Geschäftsentwicklung. Sales Manag Rev 23(3):50–56

Binckebanck L (2014b) Zwischen High Tech und High Touch. Acquisa 62(11–12):18–21

Binckebanck L (2016a) Digital Sales Excellence: Systematischer Einsatz neuer Technologien im operativen Vertrieb. In: Binckebanck L, Elste R (Hrsg) Digitalisierung im Vertrieb. Springer Gabler, Wiesbaden, S 521–558

Binckebanck L (2016b) Digital Sales Excellence: Neue Technologien im Vertrieb aus strategischer Perspektive. In: Binckebanck L, Elste R (Hrsg) Digitalisierung im Vertrieb. Springer Gabler, Wiesbaden, S 189–354

Binckebanck L, Elste R (2016) Die Chancen überwiegen. Acquisa 64(3):16–21

Bott G (2017) So informieren sich die Deutschen vor dem Kauf. https://www.marconomy.de/so-informieren-sich-die-deutschen-vor-dem-kauf-a-606595/. Zugegriffen: 11. Apr. 2020

Chuttur MY (2009) „Overview of the technology acceptance model: origins, developments and future directions", Indiana University, USA. Sprouts: working Papers on Information Systems, 9(37). http://sprouts.aisnet.org/9-37. Zugegriffen: 28. Dez. 2014

Cortada JW, Lesser E, Korsten PJ (2012) The business of social business – what works and how it's done. IBM Global Business Services, Somers

Davis F (1985) A technology acceptance model for empirically testing new end-user information systems: theory and results. Unpublished doctoral dissertation, MIT Sloan School of Management, Cambridge

Dürr F (2014) DNA entschlüsselt – und jetzt? http://future.arte.tv/de/thema/dna-entschlusselt-und-jetzt (Erstellt: 22. Apr. 2014). Zugegriffen: 23. Dez. 2014

Elste R, Marx B, Cseh C (2015) After Sales Monitor 2015, Studie der Hochschule Esslingen. Fakultät Wirtschaftsingenieurwesen, Whitepaper, Göppingen

Elste R, Sebastian K-H (2010) Sind Markenartikler am Erfolg von Handelsmarken schuld? Frankfurter Allgemeine Zeitung 31(05):2010

Elste R (2020) Digitalisierungsindex Marketing & Vertrieb. Hochschule Esslingen, Whitepaper

Friedrich-Freksa J, Weber J (2014) Alle glauben, sie sind, was sie besitzen – Interview mit Jeremy Rifkin. Kulturaustausch IV(14):16–18

Garcia K (2018) More product searches start on Amazon – Google is losing its grip on valuable search data, eMarketer. https://www.emarketer.com/content/more-product-searches-start-on-amazon. Zugegriffen: 14. Apr. 2020

HDE (2019) Online-Monitor 2019. https://einzelhandel.de/index.php?option=com_attachments&task=download&id=10168. Zugegriffen: 14. Apr. 2020

Hermanns A, Flory M (1995) Elektronische Kundenintegration im Investitionsgütermarketing. Jahrbuch der Absatz- und Verbraucherforschung 41(4):387–406

Hootsuite (2013) Social Selling im B2B Vertrieb, Hootsuite|Enterprise. Whitepaper, Vancouver

IfH (2019) B2B-E-Commerce wächst auf 1.300 Milliarden Euro Umsatz, https://www.ifhkoeln.
    de/pressemitteilungen/details/b2b-e-commerce-waechst-auf-1300-milliarden-euro-umsatz/.
    Zugegriffen: 14. Apr. 2020

Intelliad (2018) Wo beginnen Sie mit der Produktsuche beim Online-Einkauf? https://de.statista.
    com/statistik/daten/studie/873003/umfrage/start-der-produktsuche-beim-online-kauf-nach-
    kanaelen-in-deutschland/. Zugegriffen: 13. Apr. 2020

Karstadt, Metro-Gruppe, EHI Retail Institute (2018) Umsatz von Karstadt und Galeria Kaufhof in
    Deutschland in den Jahren 2008 bis 2017 (in Milliarden Euro), Lebensmittelzeitung, September
    2018.   https://de.statista.com/statistik/daten/studie/264789/umfrage/umsatz-von-karstadt-und-
    galeria-kaufhof-in-deutschland/. Zugegriffen: 14. Apr. 2020

Keuper F, Hamidian K, Verwaayen E (Hrsg) (2013) Digitalisierung und Innovation, Wiesbaden

Kuhlmann E (2001) Industrielles Vertriebsmanagement. Vahlen, München

Lanier J (2014) Wem gehört die Zukunft? 6. Aufl. Hoffmann und Campe, Hamburg

Metzger M, Flanagin AJ, Medders RB (2010) Social and heuristic approaches to credibility
    evaluation online. J Commun 60:413–439

o. V. (2005) Kodak entlässt 25.000 Mitarbeiter. Deutsche Welle Online, 21.07.2005. http://www.
    dw.de/kodak-entl%C3%A4sst-25000-mitarbeiter/a-1655112. Zugegriffen: 19. Dez. 2014

o. V. (2014) Lautsprecher ‚Echo': Amazon hört mit, in Spiegel Online Netzwelt, 08.11.2014.
    http://www.spiegel.de/netzwelt/gadgets/amazon-lautsprecher-echo-reagiert-auf-sprachbefehle-
    a-1001527.html. Zugegriffen: 4. Jan. 2015

o. V. (2015) US B2B eCommerce To Reach $1.1 Trillion By 2020, 02.04.2015. http://blogs.
    forrester.com/andy_hoar/15-04-02-us_b2b_ecommerce_to_reach_11_trillion_by_2020.
    Zugegriffen: 20. Jan. 2016

o. V. (2016) Weniger Fahranfänger ab 2009. http://www.auto-motor-und-sport.de/news/
    fahrschulen-weniger-fahranfaenger-ab-2009-693609.html. Zugegriffen: 21. Apr. 2016

o. V. (2019a) US B2B eCommerce Will Hit $1.8 Trillion By 2023, Forrester Research. https://
    www.forrester.com/report/US+B2B+eCommerce+Will+Hit+18+Trillion+By+2023/-/E-
    RES136173. Zugegriffen: 15. Apr. 2020

o. V. (2019b) Amazon meldet rund 17 Milliarden Euro Umsatz in Deutschland, Börsenblatt Online.
    https://www.boersenblatt.net/2019-02-06-artikel-amazon_meldet_rund_17_milliarden_euro_
    umsatz_in_deutschland-bilanz_fuer_2018.1594276.html. Zugegriffen: 13. Apr. 2020

o. V. (2020a) Deutsche Nationalbibliothek. https://portal.dnb.de/opac.htm?method=simpleSearch
    &query=Digitalisierung. Zugegriffen: 6. Apr. 2020

o. V. (2020b) Durchschnittliche tägliche Nutzungsdauer von Facebook nach Altersgruppen in
    Deutschland in den Jahren 2015 bis 2019, SevenOneMedia. https://de.statista.com/statistik/
    daten/studie/601946/umfrage/taegliche-nutzungsdauer-von-facebook-in-deutschland/.
    Zugegriffen: 11. Apr. 2020

Rosenbach M (2014) Der Suchmotor. Spiegel 67(48):86–88

Schillewaert N, Ahearne MJ, Frambach RT, Moenaert R (2005) The adoption of information
    technology in the sales force. Ind Mark Manag 34:323–336

Schmidt J, Drews P (2016). Auswirkungen der Digitalisierung der Geschäftsmodelle der Finanz-
    industrie: Eine strukturierte Literaturanalyse aus der Grundlage des Business Model Canvas.
    Proceedings der Multikonferenz Wirtschaftsinformatik (MKWI), Ilmenau, S 967–978

Schuler T (2008) Journalismus ohne Journalisten. Der Fall United Airlines: Bei Google News
    bearbeiten Computer die Nachrichten. Süddeutsche Zeitung, Nr. 217 vom 17.09.2008, S 17

Sobiraj L (2014) Facebook-Nutzer wechseln zu Instagram. http://www.netzpiloten.de/facebook-nutzer-wechseln-zu-instagram/. Zugegriffen: 10. Jan. 2015

Statistisches Bundesamt (2020) Anzahl der Unternehmen im Einzelhandel in Deutschland in den Jahren 2002 bis 2018. http://de.statista.com/statistik/daten/studie/162118/umfrage/anzahl-der-steuerpflichtigen-unternehmen-des-einzelhandels-seit-2002/. Zugegriffen: 13. Apr. 2020

Strauß RE (2013) Digital business excellence. Schäffer Poeschel, Stuttgart

Uthmann A (2013) Mit Social Sales den B2B Vertrieb beflügeln, Blueconomics Business Solutions. Whitepaper, Zürich

Wadhawan J (2016) Die Revolution im Zuckeltempo. http://www.zeit.de/2016/04/carsharing-deutschland-markt (Erstellt: 4. Febr. 2016). Zugegriffen: 21. März 2016

Wolf, T, Strohschen, J-H (2018) Digitalisierung: Definition und Reife. Informatik Spektrum 41_1_2018, S 56–64, Wiesbaden

Prof. Dr. Rainer Elste
(Fotocredit: privat)

Prof. Dr. Rainer Elste ist Professor für Allgemeine Betriebswirtschaftslehre, insbesondere Marketing und Vertrieb, an der Hochschule Esslingen. Daneben ist er Leiter des Steinbeis-Beratungszentrums Vertriebs- und Marketinginstitut. Rainer Elste studierte Betriebswirtschaftslehre in Deutschland und England. Er promovierte am Institut für Marken- und Kommunikationsforschung der Universität Gießen. Prof. Elste verfügt über 20 Jahre internationale Marketing- und Vertriebserfahrung in leitenden Funktionen in der Industrie (NIVEA/Beiersdorf AG) sowie in der Unternehmensberatung (Simon-Kucher & Partners, Droege & Comp.). Zuletzt war Prof. Elste Geschäftsführer eines mittelständischen Unternehmens in Madrid. Im Rahmen seines Forschungsschwerpunkts Digitalisierung in Marketing & Vertrieb hat er zusammen mit der Unternehmensberatung KPMG in 2020 den Digitalisierungsindex Marketing & Vertrieb entwickelt.

Daneben ist er Kolumnist bei springerprofessional.de und Autor diverser Veröffentlichungen, unter anderem gemeinsam mit Prof. Binckebanck von *Digitalisierung im Vertrieb* (Springer Gabler) sowie von Managementartikeln in der Frankfurter Allgemeinen Zeitung und im Harvard Business Manager. Er hält Vorträge zum Thema Vertrieb und Marketing auf Symposien und Kongressen.

Prof. Dr. Lars Binckebanck
(Fotocredit: privat)

Prof. Dr. Lars Binckebanck ist Mitglied des Vorstands der privaten NORDAKADEMIE Hochschule der Wirtschaft und Beirat im Steinbeis Beratungszentrum Vertriebs- und Marketinginstitut. Lars Binckebanck studierte Betriebswirtschaftslehre in Deutschland und England. Er promovierte am Institut für Marketing der Universität St. Gallen und war über zehn Jahre als Marktforscher, Unternehmensberater und Vertriebstrainer tätig, bevor er als Geschäftsführer bei einem großen Bauträger in München die Bereiche Marketing und Verkauf verantwortete. Seit 2009 wirkt er als Professor an verschiedenen Hochschulen und als Autor von über 110 Veröffentlichungen, darunter die Herausgeberwerke *Internationaler Vertrieb, Führung von Verkaufsorganisationen* und *Digitalisierung im Vertrieb,* (mit Prof. Rainer Elste).

Die Digitalisierung in der Wohnungswirtschaft – Aktuelle Trends und zukünftige Herausforderungen

Astrid Schultze

1 Die Wohnungswirtschaft im Zeitalter der Digitalisierung

Wohnen ist ein elementares Grundbedürfnis des Menschen. Nach der Definition der Weltgesundheitsorganisation ist Wohnen „die Verbindung von Wohnunterkunft, Zuhause, unmittelbarem Wohnumfeld und Nachbarschaft" (WHO 2004). Die Wohnung ist mehr als nur ein Dach über dem Kopf, sie ist der Lebensmittelpunkt jedes Menschen.

Die Immobilienwirtschaft erzielte 2014 in Deutschland mit dem Bau, der Vermietung, der Verwaltung und der Vermittlung von Immobilien eine Bruttowertschöpfung von etwa 290 Mrd. EUR und stellt damit eine der wichtigsten Branchen der deutschen Wirtschaft dar (GdW 2015b, S. 7).

Ein Wirtschaftszweig der Immobilienwirtschaft ist die Wohnungswirtschaft. Ihr Ursprung liegt vorwiegend in der sozialen Wohnungswirtschaft und dem Genossenschaftswesen begründet. Etwa ein Viertel des deutschen Wohnungsmarkts wird auf diese Weise bewirtschaftet. Das Kerngeschäft ist die Bereitstellung von bezahlbarem Wohnraum für Menschen unterschiedlicher Bevölkerungsschichten. Wohnungsunternehmen nehmen mit dieser Unternehmenstätigkeit einerseits Einfluss auf die Umwelt und die Gesellschaft. Andererseits wird das Kerngeschäft aber auch, aufgrund der Immobilität und Langlebigkeit von Immobilien, durch gesellschaftliche Megatrends wie den demografischen Wandel oder die Digitalisierung beeinflusst.

Die Digitalisierung bezeichnet die Überführung analoger Größen in abgestufte Werte, zu dem Zweck, sie elektronisch zu speichern oder zu verarbeiten (Wikipedia 2016a). Eine allgemeingültige Definition zur Digitalisierung ist schwierig, da die Begrifflichkeit und deren Bedeutung je nach Branche und Unternehmen variieren. Unter Digitalisierung

A. Schultze (✉)
Kontakt über Springer Fachmedien Wiesbaden, Wiesbaden, Deutschland

© Springer-Verlag GmbH Deutschland, ein Teil von Springer Nature 2021
A. Hildebrandt und W. Landhäußer (Hrsg.), *CSR und Digitalisierung,* Management-Reihe Corporate Social Responsibility, https://doi.org/10.1007/978-3-662-61836-3_7

wird hier die Auswirkung des Wandels von analogen zu elektronisch gestützten Prozessen mithilfe der Informations- und Kommunikationstechnik verstanden.

Die Lebens- und Arbeitswelt der Gesellschaft hat sich durch die Informations- und Kommunikationstechnologien tiefgreifend verändert. Leistungsfähige mobile Endgeräte wie Smartphones, Tablets und Notebooks sowie die Verbreitung sozialer Netzwerke haben diese Entwicklung zusätzlich beschleunigt. Digitalisierung in fast allen Lebensbereichen ist für den Großteil der Bevölkerung zur Selbstverständlichkeit geworden (Deutsche Telekom AG 2010, S. 6). Digitale Möglichkeiten erleichtern orts- und zeitunabhängig das tägliche Leben und schaffen Mehrwert durch Zeitersparnis, verbesserten Informationsaustausch, vereinfachten Aufbau und Pflege privater und beruflicher Kontakte etc. Eine Folge der ständigen Verfügbarkeit digitaler Angebote sind veränderte Ansprüche und Erwartungen der Kunden. Wohnungsunternehmen stehen vor der Aufgabe, diese Veränderungen zu berücksichtigen, in ihre Unternehmenskultur einzubinden und ihre Informationstechnologie(IT)-Systeme daran auszurichten. Digitalisierung stellt ein zentrales Zukunftsthema im Bereich des Wohnens dar.

2   Trends und Herausforderungen der Digitalisierung in der Wohnungswirtschaft unter dem Blickwinkel des CSR-Managementansatzes

In der Wohnungswirtschaft hat die Digitalisierung in unterschiedlichen Bereichen bereits Einzug gehalten. Exemplarisch werden im Folgenden zukunftsweisende Trends und Herausforderungen der Digitalisierung unter dem Blickwinkel des Corporate-Social-Responsibility(CSR)-Managementansatzes betrachtet. CSR wird hierbei als ganzheitliches und alle Nachhaltigkeitsdimensionen integrierendes Unternehmenskonzept verstanden. Unternehmen übernehmen dabei freiwillig, über die Einhaltung gesetzlicher Bestimmungen hinausgehend, gesellschaftliche Verantwortung ökonomisch (Markt), ökologisch (Umwelt) und sozial (Gesellschaft) (Aachener Stiftung Kathy Beys 2016).

2.1   Digitale Trends und Herausforderungen im Bereich Markt

2.1.1 Demografischer Wandel und „ambient assisted living"

Die Digitalisierung in der Wohnungswirtschaft im Bereich Markt wirkt mit dem Megatrend des demografischen Wandels zusammen.

In Deutschland leben aktuell ungefähr 82 Mio. Menschen. Eine jährliche Nettozuwanderung von etwa 400.000 Personen, vornehmlich Arbeitsmigranten aus Europa sowie Flüchtlinge, lässt die Bevölkerungszahl weiter ansteigen. In den nächsten fünf Jahren bedarf es daher eines jährlichen Neubaus von rund 400.000 Wohnungen in Deutschland (GdW 2015b, S. 5 ff.).

Die deutsche Bevölkerungsstruktur ist geprägt vom demografischen Wandel. Etwa jeder Fünfte ist heute schon 65 Jahre oder älter, im Jahr 2060 wird es bereits jeder Dritte sein. Die Gruppe der Hochbetagten im Alter von 80 Jahren und älter wird ein überproportionales Wachstum erfahren (BMVBS 2013, S. 62). Diese demografische Entwicklung wirkt sich auf den Wohnungsmarkt regional unterschiedlich aus. Vornehmlich in den Ballungsregionen zentrieren sich Zuwanderung und zusätzliche Binnenwanderung und lösen Engpässe bei bezahlbaren Wohnungen aus. Viele ländliche Gebiete hingegen entleeren sich. Dort kommt es zu Immobilienleerstand. Tendenziell jüngere Menschen drängen, meist aufgrund der Arbeitsmarktsituation, in die Ballungszentren, die Älteren verbleiben und lassen den Altersdurchschnitt der ländlichen Regionen ansteigen. Angesichts dieser demografischen Entwicklung, dazu tendenziell sinkender Renten und ansteigender Betriebskosten nimmt die Bedeutung bezahlbaren Wohnraums und langfristig stabil bleibender Betriebskosten zu. Mit zunehmendem Alter verstärkt sich außerdem die Bedeutung der Wohnung als zentraler Lebensmittelpunkt und die Ansprüche und Bedürfnisse an das Wohnen verändern sich.

Ein zukunftsweisender Trend sind Lösungen des „ambient assisted living" (AAL). Darunter werden intelligente Umgebungen verstanden, die sich zur Unterstützung des täglichen Lebens selbstständig und situationsspezifisch an die Ziele und Bedürfnisse des Benutzers anpassen (Fraunhofer-Allianz Ambient Assisted Living 2016). Konkret sind das Konzepte, technische Systeme sowie Produkte und Dienstleistungen, die das alltägliche Leben älterer und auch benachteiligter Menschen situationsabhängig unterstützen. Die Kommunikationsmöglichkeiten dieser Menschen sollen erweitert und die soziale Interaktion sichergestellt werden. Da die Technik am Nutzer ausgerichtet ist, kann diese ebenso universell eingesetzt werden. Bei gesunden und aktiven Menschen ermöglicht sie die Steigerung der Lebensqualität in den Bereichen Sicherheit, Komfort und Unterhaltung. Klassische Beispiele sind die automatische Abschaltung des Herds bei Abwesenheit, technische Schutzmaßnahmen gegen Einbrüche oder auch die an den Gewohnheiten des Nutzers ausgerichtete Steuerung der Raumtemperatur, der Beleuchtung etc. Unterstützungsbedürftigen Menschen hingegen helfen Funktionen wie beispielsweise das automatische Öffnen der Rollläden zu einem bestimmten Zeitpunkt oder der intelligente Rauchmelder, der bei Verdacht auf Brandgefahr Nachbarn oder Verwandte informiert.

Diese digitalen stationären Lösungen können durch mobile Assistenzlösungen ergänzt werden. Moderne Mobiltelefone und Smartphones sind der tägliche Begleiter der meisten Menschen und mit ihrer Technik für den AAL-Bereich bestens geeignet. Es bedarf nur eines Klicks auf dem Smartphone, um alle Lichtquellen, Heizungen und Elektrogeräte einer Immobilie ortsunabhängig zu steuern. Smartphones, die zusätzlich mit Sensortechnologien ausgestattet sind, ermöglichen es weiterführend, aktuelle Aktivitäten, Wohlbefinden und Aufenthaltsort einer Person automatisch zu ermitteln. Diese Bewegungsdaten können bei Einverständnis des Smartphone-Nutzers dann an Familienangehörige gesendet und diese bei Abweichungen alarmiert werden. Auch das Einleiten von Präventivmaßnahmen wird dadurch ermöglicht (Fraunhofer-Institut für graphische Datenverarbeitung IGD 2016, S. 8.).

Eine Projektkooperation der Fraunhofer-Institute verfolgt im Bereich AAL einen ganzheitlichen Lösungsansatz. Ziel ist eine mitalternde Wohnung, die fähig ist, sich an die durch Alter und Krankheitsbilder ständig ändernden Bedürfnisse der Bewohner anzupassen. Den Bewohnern soll durch Technikunterstützung ein selbstbestimmtes Leben in der Wohnung bis ins hohe Alter ermöglicht werden. In einem weiteren Schritt sollen die altersgerechten Wohnungen über technikgestützte, vernetzende Plattformen mit sozialen Diensten im Quartier verbunden werden (Fraunhofer-Institut für graphische Datenverarbeitung IGD 2016, S. 1 ff.).

Für den Markterfolg der Systeme bedarf es allerdings der Akzeptanz der Nutzer. Entscheidend dafür ist der Mehrwert im Vergleich zu den bisherigen Lösungen. Die AAL-Technologien wie beispielsweise Funksensornetzwerke bedingen Überwachung und Datenübermittlung. Der Einsatz ist daher verantwortungsvoll abzuwägen und Datensicherheit zu gewährleisten. Bisher fehlen nutzer- und dienstleistungsorientierte Geschäftsmodelle für Assistenzsysteme im häuslichen Umfeld. Ziel marktfähiger AAL-Lösungen muss die Ausrichtung der Produkte und Geschäftsmodelle an den Bedürfnissen älterer Menschen und deren Pflegekräfte sein. Um AAL-Lösungen marktfähig zu machen, muss die Konzeption überdies ein Zusammenspiel mit Lösungen aus dem Bereich Energie ermöglichen. Der Einbezug von Komponenten moderner Energietechnologien in AAL-Konzepte erfolgt bisher meist nicht. Laut einer aktuellen Studie wird das wesentliche Einsatzfeld für AAL-Lösungen jedoch im Bereich Energiemanagement gesehen. Das Submetering, also die Messung, Visualisierung und Abrechnung der Energieverbräuche sowie die Heizungssteuerung zählen diesbezüglich zu den wichtigsten Anwendungen (SmartHome Initiative Deutschland e. V. et al. 2016, S. 12 ff.).

Im Sinn einer nachhaltigen und standardisierten Entwicklung der AAL-Systeme für die Wohnungswirtschaft ist die Verknüpfung von Maßnahmen der ökonomischen, der ökologischen und der gesellschaftlichen Dimension unabdingbar (GdW 2015a, S. 6).

2.1.2 Optimierung von Prozessen

Enterprise-Resource-Planning(ERP)-System
Unternehmensintern beeinflusst die Digitalisierung im Bereich Markt vor allem die IT-Infrastruktur von Wohnungsunternehmen. Diese sind gefordert, die Digitalisierung in die Unternehmensorganisation und in eine entsprechende IT-Infrastruktur einzubinden. Jedoch ist die Abstimmung von Unternehmensorganisation, Prozessen und digitaler Infrastruktur komplex. Wohnungsunternehmen benötigen daher ein ERP-System. Damit wird ein komplexes IT-System bezeichnet, das die betriebliche Wertschöpfung unterstützt, indem es eine optimierte Planung und Steuerung der unternehmerischen Abläufe ermöglicht (Wikipedia 2016b). Die Auswahl eines wohnungswirtschaftlichen ERP-Systems ist eine langfristige Entscheidung, da die wichtigsten kaufmännischen und technischen Informationen eines Wohnungsunternehmens darin zusammenlaufen.

Die Kernprozesse in den Bereichen Rechnungswesen, Zahlungsverkehr, Bestands-
management, Instandhaltung, Hauswirtschaft und Mitgliederwesen sind mit einem
solchen System optimierbar. Auch die Archivierung kann darüber abgewickelt werden
(Jacobsen 2015, S. 32 f.).

Ein modernes ERP-System bietet über das Internet die Möglichkeit, dass sich
Wohnungsunternehmen mit ihren Partnern wie beispielsweise Handwerksfirmen
(Business to Business), mit ihren Kunden (Business to Consumer) und mit den eigenen
Mitarbeitern (Business to Employee) vernetzen. Der gesamte Prozess, in den Vermieter,
Handwerker und Kunden des Wohnungsunternehmens involviert sind, kann auf diese
Weise besser koordiniert und effizienter gestaltet werden. Standardtätigkeiten laufen
automatisiert ab und schnelle wie auch zuverlässige Informationen zum Bearbeitungs-
stand können erfolgen. Das erhöht die Servicequalität, steigert die Kundenzufrieden-
heit sowie -bindung und letztlich die Wettbewerbsfähigkeit des Wohnungsunternehmens
(Aareon AG 2014, S. 17 ff.).

Die verarbeitungsintensiven Aufgaben erfolgen auf zentralen Rechnern, die entweder im Unternehmen oder in externen, oft auch miteinander vernetzten Rechenzentren
angesiedelt sind. Voraussetzung ist die Verfügbarkeit von schnellen Datennetzen über
das Internet. Das Endgerät, sei es ein PC, Laptop, Tablet oder Smartphone, hat nur noch
die Aufgabe der Darstellung auf dem Bildschirm und der Interaktion mit dem Benutzer.
Daher sind die IT-Anwendungen mittlerweile auch auf die mobile Nutzung anwendbar. Geeignete Applikationen (Apps) für mobile Geräte wie Smartphones oder Tablets
bieten in diversen Einsatzbereichen Unterstützung. Ein Wohnungsunternehmen kann
Mobile-Device-Management (MDM) einsetzen und seinen Mitarbeitern damit mobile
digitale Lösungen an die Hand geben. MDM bezeichnet die Geräteverwaltung mobiler
Endgeräte durch Unternehmen. Mitarbeiter aus den Bereichen Technik und Verwaltung
sind damit in der Lage, ortsunabhängig E-Mails zu bearbeiten, Termine zu vereinbaren, Schäden vor Ort zu dokumentieren oder eine Wohnung abzunehmen. Das stellt
einen Mehrwert für Kunden wie auch für Mitarbeiter dar, denen dadurch mobiles und
flexibleres Arbeiten ermöglicht wird. Datensicherheit ist gewährleistet, da nur wenige
Daten auf dem Gerät gespeichert werden und die Speicherung verschlüsselt erfolgt
(Aareon AG 2014, S. 7 ff.).

Grundvoraussetzung für ein digitales ERP-System ist neben der Verfügbarkeit
der Daten, dem Datenschutz und der Datensicherheit die Gewährleistung der Datenkonsistenz sowie der Datenintegration. Fehlende Datenkonsistenz reduziert die
Akzeptanz und folglich die Nutzung des digitalen Systems. Daher ist ein Konzept zur
Datenhaltung, Weiterleitung und Verarbeitung notwendig. Ebenfalls spielt die Benutzer-
freundlichkeit der Funktionen der IT-Software für die Akzeptanz und den Anwendungs-
erfolg im Wohnungsunternehmen eine entscheidende Rolle (Alflen 2016, S. 1 f.).

Cloud

Eine weitere digitale Möglichkeit für die Optimierung von Prozessen bietet das Prinzip
der Cloud, der Datenwolke. Unternehmen mieten hierbei je nach aktuellem Bedarf von

einem IT-Dienstleister zum Festpreis Anwendungen an, die mithilfe eines internet-
fähigen Endgeräts von überall verfüg- und abrufbar sind. Die Daten liegen dabei in
sicheren Rechenzentren. Investitionen in Hard- und Software sowie die Wartung können
durch die Auslagerung an den Dienstleister entfallen. Das reduziert die IT-Ausgaben und
flexibilisiert die Arbeit. Wohnungsunternehmen mit Immobilienbeständen an mehreren
Standorten können mithilfe der Cloud Besprechungen mit mehreren Teilnehmern in
virtuelle Konferenzräume verlagern. Das spart Zeit und Fahrtkosten und ermöglicht eine
effektive Nutzung der frei werdenden Arbeitszeit. Besonders interessant ist diese Möglichkeit für Bauabnahmen und Baubesprechungen von Bauvorhaben (Dreier 2013, S. 1 f.).

2.2   Digitale Trends und Herausforderungen im Bereich Umwelt

Bis zum Jahr 2020 sieht die Klimaschutzstrategie der Europäischen Union zur
Bekämpfung des Klimawandels eine 20 %-ige Reduktion der CO_2-Emissionen, eine
Steigerung der Energieeffizienz um 20 % sowie eine Erhöhung des Anteils erneuerbarer
Energie an der Energieversorgung auf 20 % vor (Europäische Union 2014, S. 7). Die
Bundesregierung hat die Energiewende in Deutschland beschlossen und sieht noch über
diese Vorgaben hinaus einen klimaneutralen Gebäudebestand bis 2050 vor (BMVBS
2012, S. 20). Die Digitalisierung unterstützt im Bereich Umwelt die Erreichung der
Energieeffizienz- und die CO_2-Ziele der Bundesregierung. Digitale Einflussbereiche in
der Wohnungswirtschaft auf die Energiewende stellen Smart-Metering und Smart-Home-
Lösungen und der Bereich der Elektromobilität dar.

2.2.1 Energiewende und Smart-Metering

Für die Erreichung der Energieeffizienz- und CO_2-Ziele ist Smart-Metering von zentraler
Bedeutung. In den meisten deutschen Haushalten sind bisher noch elektromechanische
Stromzähler in Gebrauch, die weder einen transparenten Verbrauch noch Datenüber-
tragungen ermöglichen. Das Gesetz der Bundesregierung zur Digitalisierung der
Energiewende bildet die gesetzliche Grundlage für die Schaffung einer gemeinsamen
Infrastruktur verschiedener digitaler Anwendungen in Wohngebäuden. Ziel dieses
Gesetzes ist der Einbau und Betrieb von intelligenten Messsystemen mit hohem Sicher-
heitsstandard. Intelligente Messsysteme, sogenannte Smart Meter, sollen auf Erzeuger-
wie Verbraucherseite Einzug in Gebäude finden. Sie bestehen aus einem digitalen
Stromzähler und einer zentralen Kommunikationseinheit, dem Smart-Meter-Gateway.
Das Smart-Meter-Gateway ermöglicht eine datenschutz- und datensicherheitskonforme
Einbindung von Zählern in das intelligente Stromnetz (BMWi 2015, S. 1 f.).

Der im Zuge der beschlossenen Energiewende kontinuierlich steigende Anteil
erneuerbarer Energien, beispielsweise Photovoltaik oder Wind, im Stromnetz kann
Schwankungen zwischen Angebot und Nachfrage verursachen. Intelligente Messsysteme
können eine Verknüpfung zwischen regenerativer Energieerzeugung und -verbrauch herstellen und durch Integration dieses Stroms in den Strommarkt den Ausbau erneuerbarer

Energien befördern. Grundlage dafür ist eine sichere und moderne Mess- und Steuerungstechnik im Stromversorgungsnetz, die zuverlässige Einspeisewerte und Netzzustandsinformationen liefert. Stromangebot und -nachfrage sind damit besser in Einklang zu bringen und der Strom kann effizienter genutzt werden. Das führt zu einer nachhaltigen Senkung des Energieverbrauchs.

Intelligente Messsysteme erfassen Verbrauchs- und Betriebsdaten von Strom, Wärme und Warmwasser für ein Gebäude gleichzeitig und automatisch. Eine Anbindung der Messsysteme an IT-gestützte Backend-Systeme wie ERP- und Abrechnungssysteme der Wohnungswirtschaft lässt eine automatisierte Übertragung der Daten in diese Systeme zu. Die bidirektionale Datenübertragung ermöglicht auch den Einsatz von Fernablesetechnik, die meist per Funk erfolgt. Das reduziert den verwaltungstechnischen Aufwand hinsichtlich Vor-Ort-Terminen von Handwerkern wie auch Mitarbeitern und vereinfacht die Betriebskostenabrechnung für die Wohnungsunternehmen. Die erfassten digitalen Daten bilden außerdem die Grundlage für automatische Auswertungen und zusätzliche Informationen über Bestands- und Bewohnerstrukturen, Flächengröße der Liegenschaften etc. Mithilfe eines sogenannten internetbasierten Energiedatenmanagements können diese Daten die Planung und Verwaltung von Wohnbeständen unterstützen. Für Bewohner wird durch die intelligenten Messsysteme Transparenz von Energieverbrauch und Energiekosten geschaffen. Grundlage ist jedoch, dass es pro Gebäude nur einen gemeinsamen Messstellenbetreiber gibt (GdW 2014, S. 1 f.).

Die Ausstattung von Gebäuden mit intelligenten Zählern und das Angebot darauf basierender Produkte und Dienstleistungen bieten für Wohnungsunternehmen bei vergleichsweise geringem finanziellen Aufwand das größte Potenzial zur effektiven Steigerung der Energieeffizienz. Eine Herausforderung stellt die Gewährleistung des Datenschutzes und der Datensicherheit des umfangreichen Datenverkehrs dar. Gesetzlich existieren klare Regelungen zu technischen Mindeststandards. Wenn Datenschutz und -sicherheit sichergestellt sind, können Smart-Meter-Systeme ebenfalls als Kommunikationsplattform für Mehrwertdienste wie digitale Gesundheitsdienste oder technische Assistenzsysteme für ältere Menschen fungieren und dadurch einen weiteren Mehrwert für die Gesellschaft generieren (Wirtz 2009, S. 68 ff.).

2.2.2 Energiewende und Smart Home

Smart-Home-Systeme, also intelligente Haussysteme, sind bisher in 6 % der Haushalte in Deutschland verbaut. Ein Smart-Home-System kann durch die Möglichkeit der stationären sowie der mobilen intelligenten Steuerung von Heizung, Licht, Fenster oder auch vernetzten Rauchmeldern wirkungsvoll die Energieeffizienz erhöhen und den Energieverbrauch der Bewohner senken. Laut einer aktuellen Umfrage gehört ein solches digitales System für 32 % der Deutschen zu der idealen Ausstattung ihres Traumhauses, da es ohne Verlust von Komfort einen effizienteren Energieeinsatz und dadurch Kosteneinsparungen ermöglicht (Kraus 2016, S. 1 f.). Das Nachrüsten solcher Systeme in Bestandsimmobilien der Wohnungswirtschaft stellt allerdings einen beträchtlichen Kostenfaktor dar, der dem knappen Gut des bezahlbaren Wohnraums kurz- bis mittelfristig entgegenwirkt.

Energiekonzepte und Sozialverträglichkeit können somit nicht unabhängig voneinander betrachtet werden. Unternehmen unterschiedlicher Branchen stehen in der Verantwortung, gemeinsam Lösungen für vernetztes Wohnen, auch für einkommensschwache Haushalte, zu konzipieren.

2.2.3 Energiewende und Elektromobilität

Für die Umsetzung der Energiewende ist der Verkehrssektor von Bedeutung. CO_2-Emissionen von Fahrzeugen unterliegen zukünftig strengeren gesetzlichen Regularien. Auf Grundlage der vereinbarten Klimaziele werden in den kommenden Jahren fossile Energieträger nicht mehr Teil des Energiemix deutscher Stromnetze sein. Mobilität wird dann wie Strom und Wärme auf regenerativen Energien beruhen müssen. Die Digitalisierung ist entscheidend für die Mobilität der Zukunft, die elektrisch, vernetzt und automatisiert sein wird (e-mobil BW GmbH et al. 2015). Für die Wohnungswirtschaft stellt die Einbindung der Elektromobilität eine Herausforderung dar. Im wohnungswirtschaftlichen Bereich sind zum einen Pedelecs, zum anderen Elektroautos von Relevanz.

Pedelecs bezeichnet Fahrräder, die einen elektromotorischen Antrieb zur Unterstützung der Muskelkraft haben. Die Akkus sind problemlos entnehmbar und in jeder Wohnung an Haushaltssteckdosen aufladbar. Da Pedelecs in ihrer Anschaffung im Vergleich zu gewöhnlichen Fahrrädern noch relativ teuer sind und ein schweres Gewicht aufweisen, werden zukünftig sichere Abstellanlagen und Transporthilfen zur Überwindung von Treppen in Gebäuden notwendig. Die Zahl der Pedelecs wird, begünstigt vom demografischen Wandel, mit großer Wahrscheinlichkeit bis 2020 die Millionengrenze bereits überschritten haben.

Die Zahl der Elektro-Pkw im privaten Gebrauch hingegen entwickelt sich langsamer. Aus Sicht der Wohnungswirtschaft, die rund zehn Millionen Pkw-Stellplätze in ihrem Eigentum hat, bietet es sich daher kurzfristig an, entsprechende Ladepunkte für ihre Kunden auf Quartiers- und nicht auf Gebäudeebene anzubieten. Bis 2030 ist von einer weiteren Streuung der Elektromobilität im Pkw-Bereich auszugehen. Für die Wohnungswirtschaft wird das Angebot eines Ladepunkts für Gebäude mit zwölf oder mehr Wohneinheiten ab diesem Zeitpunkt sinnvoll. Wohnungsunternehmen sind in der Lage, einen entscheidenden Beitrag für den Ausbau der Ladeinfrastruktur zu leisten. In ihren Liegenschaften können Ladepunkte einfacher und schneller als im öffentlichen Raum installiert werden. Eine Kooperation von Wohnungswirtschaft, Unternehmen aus der Energiewirtschaft, Kommunen und Politik für den Aufbau der Ladeinfrastruktur ist hier zielführend.

Laut einer Studie ist für ungefähr 200.000 Elektroautos bis 2020 ein Investitionsbedarf zwischen 380 Mio. und 1 Mrd. EUR für Stellplätze mit Ladeinfrastruktur notwendig. Für den Bereich der Pedelecs läge der Investitionsbedarf zwischen 440 und 835 Mio. EUR. Diese hohen Kosten sind jedoch nur teilweise über Erlöse wie beispielsweise Mietgebühren zu kompensieren. Fördermittel könnten für die Wohnungswirtschaft als Anreiz fungieren (Clausnitzer et al. 2012, S. 1 f.).

Ist die Infrastruktur für Elektromobilität geschaffen, gilt es Regelungen für die praktische Nutzung zu finden. Dabei ist die Bandbreite groß und reicht im Geschosswohnungsbau von der Bereitstellung von Pool-Fahrzeugen über Mieterplattformen in einem offenen oder geschlossenen Nutzerkreis bis zu individuellen Fahrzeugkonzepten in energetisch optimierten Einzelgebäuden. In Quartieren sind zukünftig sowohl im Neubau wie auch im Bestand neue Mobilitätskonzepte gefragt.

Elektromobilität trägt langfristig zu einer Reduktion der Abgas- und Lärmbelastung in urbanen Quartieren bei und führt demzufolge zu einer Steigerung der Lebensqualität.

2.3   Digitale Trends und Herausforderungen im Bereich Gesellschaft

Die Digitalisierung nimmt im Bereich Gesellschaft vor allem auf die Kommunikation der Wohnungswirtschaft Einfluss. Denn Wohnungsunternehmen kommunizieren vielfältig: untereinander, mit ihren Mietern und Mitgliedern, mit der lokalen Politik, in die Quartiere hinein, in die Öffentlichkeit und mit ihren als Multiplikator fungierenden Mitarbeitern. Kommunikation wirkt dabei aber nicht automatisch, sondern muss die Bedürfnisse der Marktteilnehmer zielgenau ansprechen. Kommunikationsmedien und -kanäle sind heutzutage aufgrund der gestiegenen Informationsbedürfnisse divers und ausdifferenziert. Digitale Kommunikationsmedien eröffnen Wohnungsunternehmen die Chance, die Quartiersentwicklung und die Kundenbindung positiv zu beeinflussen. Nachfolgend werden exemplarisch unternehmensexterne und -interne Möglichkeiten digitaler Kommunikationsmedien für Wohnungsunternehmen angeführt.

2.3.1 Unternehmensexterne digitale Kommunikationsmedien

Quartiershomepage
Die meisten Bewohner erfahren Neuerungen in ihrer Wohnanlage oder im Quartier immer noch über Mieterzeitungen oder Treppenaushänge. Privat kommunizieren sie mittlerweile jedoch hauptsächlich über Smartphones und Tablets bzw. Notebooks. Dementsprechend besteht eine veränderte Erwartungshaltung an die Kommunikationsmöglichkeiten mit den Wohnungsunternehmen.

Quartiere und nachbarschaftliche Beziehungen werden im Zuge der im Wandel befindlichen Familienstrukturen mit zunehmenden Ein-Personen-Haushalten, Patchwork-Familien etc. immer bedeutsamer. Die Quartiershomepage ist ein digitales Kommunikationsmedium, das es der Wohnungswirtschaft ermöglicht, auf Quartiersebene mit ihren Stakeholdern zu interagieren. Auf dieser Homepage finden beispielsweise Mitglieder von Genossenschaften Veranstaltungshinweise, Informationen über Aktivitäten im Quartier oder Fotos von Veranstaltungen und Festen. Auch die Bildung geschlossener Interessengruppen ist möglich. Bei der Entscheidung für die Erstellung einer solchen Quartiershomepage sollten die Bewohner von Anfang mit einbezogen werden, da diese Plattform von dem Engagement der haupt- und ehrenamtlichen Kräfte eines Quartiers lebt. Der Erfolg ist maßgeblich von den beteiligten Personen, deren Beiträgen, den aktuellen Themen und den Gegebenheiten vor Ort abhängig. Kritische Funktionen einer solchen digitalen Plattform sind Kommentar-funktionen, Foren oder auch Kontakt- und Tauschbörsen. Diese erfordern zusätzliche personelle Betreuung, da Beiträge mit widerrechtlichen Inhalten sofort gelöscht werden müssen. Für die Inhalte der Quartiershomepage besteht die Herausforderung, den Daten-schutz und die Datensicherheit zu gewährleisten. Das Zusammenleben und den Zusammen-halt in einem Quartier kann dieses Kommunikationsmedium positiv befördern (Gumbrecht und Wegener 2013, S. 1 ff.).

Internetplattformen
Internetplattformen schaffen Transparenz und ein digitales Abbild des Immobilien-marktes. Die digitalen Medien ermöglichen, dass Wohnungsunternehmen Bürger in die Planungs- und Entstehungsphase neuer Bauprojekte einbeziehen können. Auf Internet-plattformen kann Bürgerbeteiligung bei Immobilien- und Stadtentwicklungsprojekten professionell begleitet erfolgen. Von den Ideen und Sichtweisen der Bürger können Projektentwickler einerseits profitieren, andererseits können durch deren Einbezug langwierige Bürgerproteste vermieden werden. Digitale Angebote müssen jedoch auch weiterhin mit den bewährten Offlinemaßnahmen wie Informationsveranstaltungen unter-stützend flankiert werden (Haufe Online Redaktion 2013, S. 2 f.).

Ein innovatives Beispiel für eine internetbasierte und auch auf digitale Formate aus-gerichtete Plattform ist das Projekt „webWohnen" der Wohnbau Detmold eG. Es soll das Wohnungsunternehmen und deren Mieter in zukünftigen digitalen Services und Kommunikationsmöglichkeiten erprobt machen und überdies ökonomische und öko-logische Einspareffekte erzielen. Jeder Mieter erhält bei Wohnungsübergabe einen Tablet-PC. Der Internetanschluss wird durch das Wohnungsunternehmen bereitgestellt. Bei Fragen und benötigten Hilfestellungen können die Bewohner das speziell eingerichtete Tablet-Café in der Geschäftsstelle des Wohnungsunternehmens aufsuchen. Die Wohnbau Detmold eG stellt eine internetbasierte Plattform im Internet oder als App bereit, die die Kommunikation der Mieter mit der Genossenschaft und der Mieter untereinander ermög-licht. Die standardisierte schriftliche Kommunikation wie Mieterschreiben, Treppenaus-hänge, Betriebskostenabrechnung etc. des Wohnungsunternehmens mit den Mietern kann elektronisch über die Plattform erfolgen. Ferner ist es über diese Plattform auch mög-lich, auf ausgewählte Dienstleister und deren Angebote zuzugreifen. Auch eine Tausch-börse mit nachbarschaftlichen Dienstleistungen wird zur Verfügung gestellt. Insgesamt trägt eine solche Plattform zur Vernetzung der Mieter untereinander, der Kommunikation miteinander und zur Nachbarschaftshilfe über Altersgrenzen und soziale Unterschiede hinweg bei (Wohnbau Detmold eG 2015, S. 1 ff.). Die Bereitstellung von Tablets für jede Wohnung hat weiterführend zum Ziel, die Medienkompetenz von bisher im Inter-net unterrepräsentierten Bevölkerungsgruppen zu steigern. Für die Bewohner, auch für ältere, wird der Umgang mit dem Internet dadurch zur Selbstverständlichkeit. Das bildet die Grundlage für die Inanspruchnahme von Hilfsdienstleistungen aus dem AAL-Bereich über das Internet. Menschen sollen dadurch so lange wie möglich in den gewohnten vier Wänden bleiben können (Petrat 2013, S. 1 f.).

Soziale Medien

Personen, die das Internet aktiv nutzen, sind zu 78 % in einem sozialen Netzwerk angemeldet und nutzen dieses zu 67 %. Bei der Generation 50+ ist in den letzten Jahren ein starker Anstieg in der Nutzung sozialer Netzwerke zu verzeichnen. Die größte Nutzergruppe sind jedoch die 14- bis 29-Jährigen. Soziale Netzwerke erfüllen für die Nutzer vier wichtige Funktionen: Kommunikation, Information, Organisation und Unterhaltung. Der Schutz der eigenen Daten im angelegten Profil gehört für die Nutzer zu den wichtigsten technischen Voraussetzungen (BITKOM 2013, S. 1 f.).

Um als Wohnungsunternehmen Medien wie Facebook oder Twitter zielgerichtet einzusetzen, ist es essenziell, diese für die Nutzer elementaren Funktionen zu bedienen und die Wichtigkeit des Datenschutzes zu berücksichtigen. Wohnungsunternehmen können die sozialen Medien als Kommunikationsplattform benutzen, um mit ihren Mitgliedern zu interagieren, zielgenaue Botschaften und Inhalte zu streuen, Vermietungen anzubahnen usw. Das trägt zur Pflege des Unternehmensimage und zur Bindung der Kunden bei. Oftmals werden Nutzer zur Einsendung von Inhalten beispielsweise in Form eines Gewinnspiels aufgefordert, um den Social-Media-Auftritt weiter aufzuwerten. Dieser sogenannte User-Generated-Content, der urheberrechtlich schutzfähig ist, bietet eine kreative und identitätsstiftende Möglichkeit, den Nutzer an ein Angebot zu binden. Um die Urheber- und Persönlichkeitsrechte zu wahren, sind hierbei eindeutige Teilnahmebedingungen zu formulieren. Generell sollte ein Social-Media-Auftritt die Anforderungen an Informationspflichten erfüllen. Außerdem empfiehlt es sich, vor dem Einstellen eigener Inhalte potenzielle Urheberrechts- und Persönlichkeitsrechtsverletzungen zu prüfen (Hotze 2013, S. 4).

Nur 25 % der Wohnungsunternehmen nutzen jedoch bisher die sozialen Medien, um mit potenziellen Kunden zu kommunizieren (Skjerven 2015, S. 3).

Unternehmensinternes digitales Kommunikationsmedium Intranet

Wohnungsunternehmen stehen wie alle Unternehmen im Wettbewerb und sind bestrebt, durch digitale Lösungen die Kommunikation zu verbessern und gleichzeitig Kosten einzusparen. Das Intranet als digitale unternehmensinterne Plattform, stellt ein effektives Kommunikationsinstrument dar. Die Nutzung kann ortsunabhängig erfolgen und zielgruppenspezifisch eingeschränkt werden. Es fungiert als Informationspool mit tagesaktuellen Informationen über das Unternehmensgeschäft, einem Unternehmenshandbuch mit Prozessbeschreibungen, der Vorstellung des Unternehmens und seiner Mitarbeiter etc. Damit das Intranet attraktiv für die Mitarbeiter ist, bedarf es auch bei diesem digitalen Medium der sorgfältigen Datenpflege und -aktualität. Ist diese gegeben, kann das Intranet förderlich für die Mitarbeiterbindung sein, da Mitarbeiter sich dann gut informiert fühlen und die interne Kommunikation positiv erleben (Rasch 2013, S. 2).

3   Fazit

Die Bedeutung der Digitalisierung wird in allen Lebensbereichen weiter zunehmen, da die Trends durch die Konsumenten kontinuierlich vorangetrieben werden. Auch die Wohnungswirtschaft wird in ihrer Unternehmenstätigkeit, der Bereitstellung von bezahlbarem Wohnraum für unterschiedliche Bevölkerungsschichten von dieser digitalen Entwicklung beeinflusst.

Im Bereich Markt kommt technischen Assistenzsystemen, den AAL-Lösungen, aufgrund der demografischen Entwicklung in Deutschland eine wachsende Bedeutung zu. Älteren und körperlich eingeschränkten Personen wird durch die technische Unterstützung in Form von Sturzsensoren, Hausnotruf, zentraler Steuerung von Licht und Rollläden, und vielem mehr eine längere Eigenständigkeit in ihrer Wohnung und Wohnumgebung ermöglicht. Unternehmensintern tragen digitale Systeme maßgeblich zu einer Optimierung der Prozesse und damit zu Kostenersparnissen bei.

Unter ökologischem Blickwinkel ermöglichen intelligente digitale Geräte, die Smart Meter, Wohnungsunternehmen die Einführung eines Energiemanagements für das Unternehmen und seine Kunden. Dazu zählen die Messung, Abrechnung und Visualisierung des Energieverbrauchs sowie die Steuerung der Heizung. Auch die Überwachung und Steuerung des Raumklimas zur Schimmelvermeidung fällt in diesen Bereich. Aufgrund der Komplexität im Bereich des Energiemanagements wird von der Wohnungswirtschaft eine Zusammenarbeit mit externen Partnern präferiert. Bei diesen Kooperationen ist zur Erhaltung der Unabhängigkeit der Wohnungswirtschaft darauf zu achten, dass die Datenhoheit über die Menge und Qualität der durch Smart-Metering-Lösungen erhobenen Daten, immer unter Einhaltung von Datensicherheit und Datenschutz, auch im Wohnungsunternehmen verbleibt.

Laut der GdW-Studie *Wohntrends 2030* werden Smartphone und Tablet als Hüter und Verwalter des Hauses zum Standard werden (GdW 2013, S. 6 f.). Smart-Home-Systeme, also intelligente Haussysteme, greifen diesen Trend auf und schaffen Effizienz für Wohnungsunternehmen sowie Komfort und Transparenz im Energiebereich für Bewohner. Digitale Techniken müssen dabei einfach bedienbar und bezahlbar sein. Außerdem sind Datenschutz und Datensicherheit wichtige Faktoren für die Akzeptanz durch die Nutzer. Die technischen Möglichkeiten der Zukunft sind grundsätzlich für alle Nachfragergruppen von Bedeutung. Je nach finanziellen Möglichkeiten, Wohnsituation und individuellen Interessen sind Kombinationen oder nur einzelne Aspekte relevant.

In den nächsten Jahren gehen Wohnungs- und Immobiliengesellschaften laut einer Studie davon aus, dass bis zu 20 % der Mieter smartes Wohnen und bis zu 30 % AAL-Angebote für altersgerechtes Wohnen nachfragen werden. Investitionen in diese Bereiche werden im Hinblick auf den demografischen Wandel von der Wohnungswirtschaft zwar als Kundenbindungsinstrument gesehen, liegen bisher aber trotzdem nur im geringinvestiven Bereich. Oft fehlen Wohnungsunternehmen jedoch auch einfach nur die nötigen Informationen hinsichtlich des Marktangebots und den damit verbundenen

Möglichkeiten im AAL- und Smart-Home-Bereich. Das wichtigste Einsatzfeld für Smart-Home- und AAL-Lösungen sieht die Wohnungswirtschaft im Zuge der Energiewende im Bereich des Energiemanagements. Die dadurch generierten Informationen geben Aufschluss über das Verbrauchsverhalten hinsichtlich Strom, Gas, Heizung, Warm- und Kaltwasser. Das ermöglicht wiederum kosteneinsparendes Verhalten und führt weitergehend zur Verringerung der CO_2-Emissionen (SmartHome Initiative Deutschland e. V. et al. 2016, S. 3 ff.).

Auch die Mobilität verändert sich durch die Digitalisierung. Elektromobilität in Form von Elektrofahrrädern und Elektroautos ist die Fortbewegungsart der Zukunft. Dessen Verbreitung kann in Deutschland durch die Wohnungswirtschaft mit ihrer Vielzahl an Stellplätzen, die zahlreich zu Ladepunkten umfunktioniert werden können, entscheidend vorangetrieben werden. Ein weiterer digitaler Baustein der Energiewende.

Im Bereich Gesellschaft ist die Wohnungswirtschaft gefordert, online wie offline die richtige Kommunikationsstrategie für ihre Anspruchsgruppen zu wählen. Digitale Kommunikationsangebote müssen zielgruppengerecht und kontextbezogen konzipiert sein. Die mobile Internetseite von Wohnungsunternehmen im Responsive Design ist eines der zukunftsträchtigen digitalen Kommunikationsinstrumente. In Zukunft werden Angebote zur Schaltung von Anzeigen den Standort des Nutzers einbeziehen und ihm freie Wohnungen in der Nähe oder Aktivitäten im Quartier zielgerichtet anbieten. Mieter werden auf diese Weise für ein Wohnungsunternehmen gewonnen und an dieses gebunden. Auch im Zeitalter der Digitalisierung ist das Kundenbeziehungsmanagement langfristig entscheidend für den wirtschaftlichen Erfolg von Wohnungsunternehmen. Einen Beitrag zur Sicherung des sozialen Friedens im Quartier können Quartiershomepages oder andere interaktive digitale Plattformen leisten.

Damit die Digitalisierung im zentralen Bereich des Wohnens für die Wohnungswirtschaft, die Umwelt und die Gesellschaft erfolgreich gelingen kann, ist es ratsam, eine digitale Wohnstrategie für Deutschland und Europa anzudenken.

Literatur

Aachener Stiftung Kathy Beys (2016) https://www.nachhaltigkeit.info/artikel/corporate_social_responsibility_unternehmerische_1499.htm?sid=968ejkddgo0a148073l38scs33. Zugegriffen: 18. Sept. 2020.

Aareon AG (2014) Mensch und Wirtschaft im digitalen Wandel. indicator, Bd. 1. Aareon AG, Mainz. http://www.aareon-kongress.de/sixcms/media.php/520/140516_AAR_indicator_01_14_Web_Einzelseiten_Ansicht_Doppelseiten%5B1%5D.pdf. Zugegriffen: 18. Sept. 2020.

Alflen M (2016) http://www.bundesbaublatt.de/artikel/bbb_Megatrend_Digitalisierung_1925442.html. Zugegriffen: 18. Sept. 2020.

BITKOM (2013) http://www.bitkom.org/de/publikationen/38338_77778.aspx. Zugegriffen: 18. Sept. 2020.

Bundesministerium für Verkehr, Bau und Stadtentwicklung (BMVBS) (2012) ImmoKlima – Immobilien- und wohnungswirtschaftliche Strategien und Potenziale zum Klimawandel. Werkstatt: Praxis, Bd. 79. BMVBS, Berlin. http://www.bbsr.bund.de/BBSR/DE/Veroeffentlichungen/BMVBS/WP/2012/H79.html. Zugegriffen: 18. Sept. 2020.

Bundesministerium für Verkehr, Bau und Stadtentwicklung (BMVBS) (2013) Bericht über die Wohnungs- und Immobilienwirtschaft in Deutschland Bd. 1. BMVBS, Berlin. http://www.bmub.bund.de/fileadmin/Daten_BMU/Pools/Broschueren/wohnungs_immobilienwirtschaft_d_broschuere_bf.pdf. Zugegriffen: 18. Sept. 2020.

Bundesministerium für Wirtschaft und Energie (BMWi) (2015) https://www.bmwi.de/BMWi/Redaktion/PDF/E/entwurf-eines-gesetzes-zur-digitalisierungderenergiewende,property=pdf,bereich=bmwi2012,sprache=de,rwb=true.pdf. Zugegriffen: 18. Sept. 2020.

Clausnitzer K-D, Gabriel J, Buchmann M (2012) http://www.bremer-energie-institut.de/download/publications/BEI500-025_0461_Langfassung.pdf. Zugegriffen: 18. Sept. 2020.

Deutsche Telekom AG (2010) http://www.studie-life.de/wp-content/uploads/2011/11/studie-LIFE_digitales-leben.pdf. Zugegriffen: 18. Sept. 2020.

Dreier R (2013) https://www.haufe.de/immobilien/wohnungswirtschaft/kommunikation-und-marketing-in-der-wohnungswirtschaft/besprechungen-verschlanken-cloud-reisezeit-arbeitszeit_260_209384.html. Zugegriffen: 18. Sept. 2020.

e-mobil BW GmbH – Landesagentur für Elektromobilität und Brennstoffzellentechnologie, Prognos AG, Fraunhofer-Institut für Verkehrs- und Infrastruktursysteme IVI, TÜV Rheinland Consulting GmbH, Technische Universität Berlin (2015) http://www.e-mobilbw.de/files/e-mobil/content/DE/Publikationen/PDF/15502_Studie-Fahrzeugvernetzung_RZ_WebPDF.pdf. Zugegriffen: 18. Sept. 2020.

Europäische Union (2014) Die Europäische Union erklärt: Klimaschutz. Amt für Veröffentlichungen der Europäischen Kommission, Luxemburg. http://europa.eu/!qf86pN. Zugegriffen: 18. Sept. 2020.

Fraunhofer-Allianz Ambient Assisted Living (2016) http://aal.fraunhofer.de/. Zugegriffen: 18. Sept. 2020.

Fraunhofer-Institut für graphische Datenverarbeitung IGD (2016) https://www.igd.fraunhofer.de/sites/default/files/Fraunhofer_IGD_AAL_Broschuere_web.pdf. Zugegriffen: 18. Sept. 2020.

GdW Bundesverband deutscher Wohnungs- und Immobilienunternehmen e. V. (2013) GdW Branchenbericht 6. Wohntrends 2030. Studie. GdW, Berlin. http://web.gdw.de/uploads/pdf/publikationen/GdW_Branchenbericht_2013_Kurzfassung.pdf. Zugegriffen: 18. Sept. 2020.

GdW Bundesverband deutscher Wohnungs- und Immobilienunternehmen e. V. (2014) GdW Position: Flächendeckender Rollout „Smart Meter und Smart Meter Gateway". GdW, Berlin. http://web.gdw.de/uploads/pdf/publikationen/GdW_Position_Smart-meter.pdf. Zugegriffen: 18. Sept. 2020.

GdW Bundesverband deutscher Wohnungs- und Immobilienunternehmen e. V. (2015a) Genossenschaftspreis Wohnen 2015. Technik pfiffig angewandt – ein Gewinn für die Mitglieder. GdW, Berlin. http://web.gdw.de/uploads/pdf/publikationen/GdW_Wohn-eG_2015_Doku.pdf. Zugegriffen: 18. Sept. 2020.

GdW Bundesverband deutscher Wohnungs- und Immobilienunternehmen e. V. (2015b) Wohnungswirtschaftliche Daten und Trends 2015/2016. Zahlen und Analysen aus der Jahresstatistik des GdW. GdW, Berlin

Gumbrecht V, Wegener B (2013) https://www.haufe.de/immobilien/wohnungswirtschaft/kommunikation-und-marketing-in-der-wohnungswirtschaft/die-quartiershomepage-als-neues-kommunikationsmittel_260_209372.html. Zugegriffen: 18. Sept. 2020.

Haufe Online Redaktion (2013) https://www.haufe.de/immobilien/wohnungswirtschaft/kommunikation-und-marketing-in-der-wohnungswirtschaft/kommunikation-und-marketing-professioneller-kommunizeren_260_209348.html. Zugegriffen: 18. Sept. 2020.

Hotze MM (2013) https://www.haufe.de/immobilien/wohnungswirtschaft/kommunikation-und-marketing-in-der-wohnungswirtschaft/social-media-rechtliche-fallstricke-web-20_260_209400.html. Zugegriffen: 18. Sept. 2020.

Jacobsen T (2015) Herausforderung ERP-Umstellung – Notwendiges Übel oder Chance. In: vdw Niedersachsen Bremen e. V. (Hrsg) Fachtagung „Digitalisierung" am 19. März in Hamburg, vdw Magazin 1/2015

Kraus C (2016) http://news.immobilienscout24.de/baufinanzierung/smart-homes-so-haeufig-wie-wintergaerten,121897.html. Zugegriffen: 18. Sept. 2020.

Petrat U (2013) https://www.haufe.de/immobilien/wohnungswirtschaft/kommunikation-und-marketing-in-der-wohnungswirtschaft/kommunikation-kundenbindung-webwohnen-wohnbaudetmold_260_209392.html. Zugegriffen: 18. Sept. 2020.

Rasch M (2013) https://www.haufe.de/immobilien/wohnungswirtschaft/kommunikation-und-marketing-in-der-wohnungswirtschaft/fuehrungskraefte-interne-kommunikation-wohnungsunternehmen_260_209382.html. Zugegriffen: 18. Sept. 2020.

Skjerven E (2015) http://www.capital.de/immobilien/wohnungsfirmen-verschlafen-digitalisierung.html. Zugegriffen: 18. Sept. 2020.

SmartHome Initiative Deutschland e. V., mm1 Consulting & Management Partnerschaftsgesellschaft, GdW Bundesverband deutscher Wohnungs- und Immobilienunternehmen e. V. (2016) Smart Home- und AAL-Technologien in der Immobilien- und Wohnungswirtschaft. Stuttgart. https://mm1.de/fileadmin/content/Whitepaper/mm1_Studie_Smart_Home_in_der_Wohnungswirtschaft.pdf. Zugegriffen: 18. Sept. 2020.

WHO (2004) Wohnen und Gesundheit. Vierte Ministerielle Konferenz Umwelt und Gesundheit. Arbeitspapier EUR/04/5046267/12:WHO

Wikipedia (2016a) https://de.wikipedia.org/wiki/Digitalisierung. Zugegriffen: 18. Sept. 2020.

Wikipedia (2016b) https://de.wikipedia.org/wiki/Enterprise-Resource-Planning. Zugegriffen: 18. Sept. 2020.

Wirtz M (2009) Intelligente Smart-Metering-Lösungen für die Wohnungswirtschaft. In: Wohnungswirtschaft heute. Fakten und Lösungen für Profis (Hrsg) Ausgabe 14, Bosau

Wohnbau Detmold eG (2015) http://www.wohnbaudetmold.de/wpcontent/uploads/2015/04/WebWohnen_Broschuere2015_V5.pdf. Zugegriffen: 18. Sept. 2020.

Astrid Schultze, Diplom-Kauffrau, studierte Betriebswirtschaftslehre an der Universität Trier und ist zertifizierte CSR-Managerin (Industrie- und Handelskammer). Nach ihrer Tätigkeit im Nachhaltigkeitsbereich und in der Organisationsentwicklung beim Evangelischen Siedlungswerk, einem wohnungswirtschaftlichen Unternehmen in Nürnberg, ist sie aktuell (Stand: 9/2020) als CSR-Managerin mit dem Aufbau eines systematischen Nachhaltigkeitsmanagements in einem produzierenden Unternehmen der Kunststoff verarbeitenden Industrie betraut.

Astrid Schultze
(Fotocredit: privat)

Digitalisierung und CSR in der Finanzberatung

Claudia Behringer

1 Digitalisierung – Status quo

Die Welt befindet sich in einem digitalen Wandel. Dieser wird gerade heute im Frühling 2020 durch die Corona-Krise unübersehbar beschleunigt. Betritt man einen Zugwaggon, so ist es beinahe schon schwierig, eine Person zu finden, die sich gerade nicht mit ihrem Smartphone beschäftigt. Laut einer Statistik von Statista gibt es in Deutschland in 2019 bereits mehr als 58 Mio. Smartphone-Nutzer. Laut Prognose soll sich die Anzahl der Smartphone-Nutzer in Deutschland im Jahr 2023 auf rund 69 Mio. belaufen. Verglichen dazu waren es im Jahr 2009 erst knapp über 6 Mio. Personen, die ein Smartphone besessen haben. Das Ziel der Finanzbranche sollte nun weiterhin sein, dieses Verhalten positiv auf die eigene Branche zu übertragen und den Nutzern die Möglichkeit zu bieten, dies vermehrt anzuwenden. Es ist jedoch ersichtlich, dass sich Versicherungen und Banken mit der Digitalisierung schwertun. Und das, obwohl diese Branche das höchste Digitalisierungspotenzial besitzt. Die Digitalisierung geschieht nicht von heute auf morgen, sondern ist ein andauernder also nachhaltiger Prozess. Firmen, die bei der Digitalisierung nicht mitziehen, werden es schwer haben, dem Wettbewerb standhalten zu können. Fin-Techs spielen in der Digitalisierung eine bedeutende Rolle, denn sie setzen durch konkurrierende Technologien die bisherige Finanzbranche unter Druck, den eigenen Digitalisierungsprozess voranzutreiben. Berater haben durch die Digitalisierung vor allem den Vorteil einer einfacheren Archivierung und Kunden können den Online-Service auch außerhalb der Bürozeiten nutzen. Die Beratungshäuser sollten ihre Geschäftsprozesse konsequent und durchgängig, also vom Frontend bis zum Backend digitalisieren, konstatiert die Finanzcoaching, -beratung Roland Berger. Doch im

C. Behringer (✉)
Oberhaid, Deutschland
E-Mail: info@claudiabehringer.de

© Springer-Verlag GmbH Deutschland, ein Teil von Springer Nature 2021
A. Hildebrandt und W. Landhäußer (Hrsg.), *CSR und Digitalisierung,* Management-Reihe Corporate Social Responsibility, https://doi.org/10.1007/978-3-662-61836-3_8

Mai 2018 kamen auf die Unternehmen weitreichende Änderungen zu: Seither gilt die neue **EU Datenschutzgrundverordnung** (EU-DSGVO) auch in Deutschland verbindlich. Für die Digitalisierung bedeutet die DSGVO einen Rückschritt, denn seit dieser Zeit werden mehr und mehr Prozesse, wie zum Beispiel die Korrespondenz wieder per Briefpost verschickt. Die Angst, einen Datenschutzfehler zu begehen, geht um. Vor allem die hohen **Bußgelder von bis zu 20 Mio. EUR** und viele offene Fragen bereiten vielen Unternehmen Kopfschmerzen.

Eine Lösung muss her: Wie lange sollen Kunden noch mit Papieranträgen, manuellen Prozessen und Bearbeitungswegen und langen Wartezeiten konfrontiert werden?

Kunden sind es heute gewohnt, online zu recherchieren und zu kaufen. Diese Erfahrung übertragen sie auch auf die Finanzbranche. Sie erwarten von Finanzdienstleistern digitale Produkte und Dienstleistungen, die schnell, einfach und jederzeit verfügbar sind. Diesen Kundenwunsch erfüllen die neuen Wettbewerber, die mit ihren digitalen Geschäftsmodellen bestehende Wertschöpfungsketten von Grund auf verändern, so die Unternehmensberater.

1.1   Fin-Techs

Nach Definition des National Digital Research Center in Dublin sind Financial Technologies, kurz Fin-Techs, Innovationen in Finanz-Services. Man mutmaßt, dass Fin-Tech-Firmen Technologie verwenden, um etablierte finanzielle Systeme zu erschüttern. Genau dies ist der Grund, warum große Bankhäuser den Aufstieg der Fin-Techs fürchten. Betrachtet man die Investitionssummen, so haben sie auch guten Grund dazu: Im Entstehungsjahr der Fin-Techs, im Jahr 2008, wurden ca. 1 Mrd. in diese investiert. Im Jahr 2017 flossen bereits 19,1 Mrd. US-Dollar in Start-ups aus dem Finanzdienstleistungsbereich, häufig finanziert durch Venture-Capital-Firmen (Statistik der KPMG Wirtschaftsprüfungsgesellschaft 2016). Die Online-Finanzierungsmöglichkeiten Crowdfunding und Crowdinvesting spielen für Start-ups ebenso eine immer wichtigere Rolle. Bereits 2013 gab es weltweit 800 Crowd-Plattformen (Bergius 2015). Die sogenannte Schwarmfinanzierung ermöglicht es den Geldgebern bereits mit sehr kleinen Beträgen, teilweise ab fünf Euro, an Finanzierungsprojekten teilzunehmen.

Kunden sind längst auf allen Kanälen parallel unterwegs, während Versicherer noch in Silos denken und sich in ihren Vertriebswegen gegenseitig bekämpfen. Der jahrelange Stillstand rächt sich. Wo, wenn nicht bei Knip, Clark und ähnlichen Angeboten, soll der Kunde einen digitalen Versicherungsordner erwarten? Wer sonst verspricht Vertragsabschlüsse in wenigen Schritten auf dem Smartphone? Oder den Vergleich komplexer Produkte am heimischen PC?

Ein *Vorteil* solcher Finanz-Apps ist, dass zu einem bestimmten Zeitpunkt nur die Informationen angeboten werden, die der Kunde tatsächlich braucht. Dies macht die Materie transparent und verständlich.

Einige Marktteilnehmer sehen in den Fin-Techs keine Gefahr, sondern eine Erweiterung ihrer Branche. Sie haben keine Angst, von Versicherungs-Apps oder Ähnlichem ersetzt zu werden, sondern sehen solche als ein unterstützendes Instrument. Der Finanzberater hat den **Vorteil,** dass seine Kunden eine systematische Beratung von Angesicht zu Angesicht wünschen und weniger in einer virtuellen Form. Außerdem kann das Vertrauen des Kunden, welches in der Finanzbranche dringend nötig ist, nicht digitalisiert werden. Zudem unterstützt die aktuelle Rechtslage den Makler, denn auch digitale Anbieter haben die Pflicht zur Beratung und Dokumentation. Eine solche Pflicht kann bei einer App jedoch kaum individuell umgesetzt werden.

Die Zukunft kann also in einer Form der Verbindung von Maklern und Fin-Techs existieren. So liefert der Makler den individuellen Service, Produktvergleiche können dabei mit einem digitalen Anbieter getätigt werden. Bis die Fin-Techs einen Ansatz gefunden haben, auch fundierte Beratung zu virtualisieren und in ihre Systeme einzubauen, dürfte noch eine Weile vergehen. Das bringt Vermittlern Zeit, ihre bisherige Wertschöpfungskette zu zerlegen und zukunftssicher neu zusammenzusetzen. Netzwerkökonomie bedeutet nämlich: So wenig wie möglich selbst machen und sich auf etwas konzentrieren, was man besser kann als alle anderen. Meine These: Die persönliche Beratung als Bindeglied für alle neuen technischen Möglichkeiten und Kanäle wird erhalten bleiben.

1.2   Digitalisierung und Finanzberater

Durch das Digitalisieren der Kundendaten hat der Finanzberater diese auf einen Blick mit dem Vorteil, dass wirklich nur die Daten angezeigt werden, die er zu einem bestimmten Zeitpunkt benötigt. Zudem können mit einer Suchfunktion die gesuchten Dateien schneller gefunden werden.

Der Berater kann zudem über sein CRM die Kundendaten und -prozesse regulierungssicher dokumentieren.

Ein simpler weiterer Vorteil, der durch die Digitalisierung entsteht, ist die Kostenersparnis durch Papierersparnis. Jede Seite, die nicht ausgedruckt werden muss, spart nicht nur eine ganze Menge Geld, sondern hilft auch unserer Umwelt. Dies ist ein Schritt in Richtung papierloses Büro. Wer Papier spart, der spart natürlich auch Platz, denn es müssen nicht unzählige Ordner im Büro untergebracht werden. Dies macht die Archivierung deutlich einfacher.

Werden die Kundendaten in einem CRM-Programm digitalisiert, so hat der Makler die Möglichkeit, von verschiedenen Standorten auf die Daten DSGVO-konform zuzugreifen. Dies ist vor allem hilfreich für Personen, die auch in ihrem Homeoffice oder von unterwegs aus arbeiten. Zudem haben Mitarbeiter die Möglichkeit, gleichzeitig auf die Dateien zuzugreifen.

Eines deutlichen Nachteils sollten sich die Makler vor der Digitalisierung jedoch bewusst sein: Personen, die das Internet nicht nutzen, können auch nicht auf einen digitalen Kundenordner zugreifen. Deshalb sollte für diese Kunden eine Möglichkeit auf dem herkömmlichen Weg erhalten bleiben, um diese Kundengruppe nicht zu verlieren.

1.3   Digitalisierung und die Banken

Banken sahen sich nach der Finanzkrise 2008 zahlreichen Herausforderungen gegenüber. Ein Umstand gerät da leicht aus dem Blickfeld: Der zunehmende Wunsch der Kunden nach einer raschen und weitreichenden Digitalisierung im Bankensektor. Die Banken müssen bei digitalen Technologien, mobilen Kommunikationsformen und sozialen Netzwerken am Puls der Zeit sein und sie zum integralen Bestandteil ihrer Geschäftsmodelle machen. Sie laufen sonst Gefahr, dass nicht nur Wettbewerber, sondern sogar branchenfremde Anbieter, die Kundenbedürfnisse der nachkommenden, mit digitalen Technologien aufgewachsenen Generation, besser und kostengünstiger als sie erfüllen und ihnen Schritt für Schritt einen wachsenden Teil ihres Kerngeschäfts abspenstig machen.

Im Buch „Die No-Bank-Strategie" von Bernd Schröder liest man, dass eine Umfrage unter Apple Usern gezeigt hat, dass sie rund 50 % ihrer Bankgeschäfte komplett über das iPad abwickeln würden. Apple hat schlicht und einfach die Art, wie wir Geräte benutzen, verändert. Genauso wird der High-Tech-Gigant in Kürze den Dienstleistungssektor der Banken umkrempeln. Smartphone-Apps, mit denen die sogenannten Fin-Techs ihren Kunden modernes Banking anbieten, buhlen längst um die Digital Natives, von denen die meisten noch nie eine Bank von innen gesehen haben. Der Wandel kam nicht so plötzlich, wie viele Banker denken. Bereits 1998 wurde PayPal gegründet. Heute hat es den Anschein, als wären die digitalen Zwerge schneller an den Urgesteinen der Finanzbranche vorbeigezogen, als deren Vorstände „Internet" sagen konnten. In Wahrheit haben die alteingesessenen Kreditinstitute den Wandel schlicht und einfach verschlafen – oder sie hielten den Boom des World Wide Web für eine bald platzende Blase, die irgendwann mit großem Knall den gewohnten Status quo selbst wiederherstellen würde.

Von Trendforschern wie dem Hamburger Professor Peter Wippermann kann man sich die Erkenntnis aneignen, dass wir bei epochalen Umbrüchen regelmäßig zu eng denken. Wippermann führte einmal aus: „Der Lastkraftwagen hat die Pferdedroschke verdrängt. Trotzdem gibt es heute mehr Pferde als damals – sie haben eine andere Funktion bekommen." Mit der Beratung zu Versicherungs- und Finanzfragen könnte es ähnlich kommen. Wenn die Finanzdienstleistung sich neu erfindet, hat sie immer Zukunft. Gerade in einer digitalen Welt.

2 Mit Digitalisierung und Nachhaltigkeit die Beratung der Zukunft schaffen

Der Kunde wünscht sich einen jederzeit erreichbaren und kompetenten Kundenservice. Hierbei wünscht er sich die Informationen, die für ihn interessant und wichtig sind. Deshalb sollte der Finanzberater alle Kanäle nutzen, die ihm zur Verfügung stehen, inklusive Social Media. So wird es möglich, mit dem Kunden schnell und einfach in Kontakt zu treten.

Ziel sollte sein, den digitalen Datenaustausch zwischen Berater und Versicherer zu beschleunigen und zu vereinfachen. Denn 75 % der Wertschöpfung entstehen nach Rindermann, CEO der Acturis Deutschland GmbH, zwischen Vermittler und Versicherer. Die Zukunft für die Versicherungsvermittlung liegt daher in zentralen Multikanal-Prozess-Plattformen. Dieses System ist in Großbritannien bereits erfolgreich.

Hierzulande zieht sich die Schaffung eines standardisierten Datenaustausches zwischen Versicherungsmaklern und Versicherungen in die Länge. Eine Ausnahmeerscheinung in der Branche ist das Authentifizierungsportal easy Login (www.easy-login.de). Im Jahr 2009 wurde es von acht mittelständischen Versicherern gegründet, um im unabhängigen Vertrieb mit einem Single-Sign-On (Token-Zugang zu mehreren Versicherern), dem Makler den Zugang zum eigenen Maklerportal zu erleichtern. Die gewachsene Mitgliederschar repräsentiert inzwischen 31 Produktgeber in der Versicherungslandschaft. Die wachsende Zahl der User und Versicherer bestätigt den richtigen Weg, den Easy-Login bislang gegangen ist. Die Branche braucht jetzt einen Ruck, endlich zu einer digitalisierten Kommunikation zwischen Versicherern und Maklern nach den inzwischen allseits akzeptierten, aber teilweise noch längst nicht flächendeckend umgesetzten BiPRO-Standards zu kommen. Damit dürfte sich die Arbeitsweise der Makler nachhaltig verändern und verschlanken.

Das Ende der Papierkommunikation zeichnet sich mit dieser Perspektive als Licht am Ende des Tunnels ab. Thomas Billerbeck, GGF von zwei Maklerunternehmen mit 16 Mitarbeitern und unter anderem Mitglied im Beirat des BiPRO e. V. meint, dass ein Weg ohne diese neue Technik kurz- bis mittelfristig das Aus für das eigene Maklerunternehmen bedeuten kann.

Der Kunde kann durch die fortschreitende Digitalisierung online recherchieren, mit dem Berater in Kontakt treten und in schlanken Prozessen gemeinsam mit dem Berater oder alleine seine Geschäfte tätigen.

Dem Kunden können zu diesen Vorteilen in Zukunft seine Daten über einen jederzeit erreichbaren digitalen Kundenordner zur Verfügung gestellt werden. Ein solcher kann mittels eines CRM-Programms erstellt und verwaltet werden.

Kunden der MehrWert GmbH, Finanzmakler in Bamberg können sich schon heute per Knopfdruck mit dem digitalen MehrWert-Finanz- und Versicherungsordner Überblick über ihre Versicherungsdaten, Geldanlagen und Finanzierungsunterlagen verschaffen. Alle Dokumente sind mit einem Klick aktuell griffbereit und ausdruckbar.

2.1   Corporate Social Responsibility: Geldanlagen und Beratung

In Sachen Nachhaltigkeit nicht aufgeklärte Anleger stehen ethischen, sozialen und ökologischen Finanzprodukten gegenüber noch immer skeptisch gegenüber und die Branche
hat mit einigen Vorurteilen zu kämpfen. Corporate-Social-Responsibility-Maßnahmen
sind ein Mittel, diese Vorurteile durch direkte oder indirekte Kommunikation zu entkräften. Diese Maßnahmen sollen zeigen, dass der Berater die Einhaltung von
ESG-Standards ernst nimmt und kein Greenwashing betreibt (ESG ist die englische
Abkürzung für „Environment Social Governance", also Umwelt, Soziales und Unternehmensführung. Der Begriff ist international in Unternehmen als auch in der Finanzwelt etabliert, um auszudrücken, ob und wie bei Entscheidungen von Unternehmen und
der unternehmerischen Praxis sowie bei Firmenanalysen von Finanzdienstleistern ökologische und sozial-gesellschaftliche Aspekte sowie die Art der Unternehmensführung
beachtet bzw. bewertet werden).

Zu den wichtigsten CSR-Kanälen zählen diverse soziale Medien und die eigene
Homepage des Beraters. Dabei ist CSR eng mit der Digitalisierung verknüpft, denn die
meisten CSR-Maßnahmen werden digital vorgenommen.

Bio-Lebensmittel aber Börsen-Kapitalismus: Es ist der Trend zu beobachten, dass
sich die Konsumenten im Bereich Lebensmittel immer mehr für nachhaltige Produkte
interessieren. Es wird häufiger nach Freilandeiern gegriffen und Lebensmitteldiscounter
bieten Bio-Produkte an. In der Finanzbranche scheint dieser Trend noch nicht wirklich
angekommen zu sein, denn viele Anleger sind grünen Finanzen gegenüber skeptisch.
Dieses Verhalten verwundert bei der guten Performance von nachhaltigen Finanzprodukten, die Studien nachweisen konnten. Gleiches Verhalten ist beim Gebrauch
anderer Finanzprodukte, zum Beispiel grünen Versicherungen, zu beobachten. Das Ziel
von Corporate Social Responsibility in der Finanzbranche sollte daher sein, dem Kunden
mehr Informationen zu geben, um dadurch die Vorurteile zu entkräften.

Die Finanzdienstleister, die etwas bewegen möchten, sind da. Sie werden in der
Öffentlichkeit noch nicht so wahrgenommen, weil sie sich auf ihre Aufgaben und ihren
Beitrag für die Gesellschaft konzentrieren. Sie tun das, was sie tun können mit dem, was
sie haben – dort wo sie gerade sind.

So auch die Beraterinnen und Berater der MehrWert GmbH mit Sitz in Bamberg.
„Nur was allen nutzt, kann dauerhaft Gewinn abwerfen". Das ist der ebenso einfache
wie logische Leitspruch des Unternehmens. Das Geschäftsmodell positioniert sich klar
in Richtung werteorientierter, individueller und ergebnisoffener Finanzberatung. Mit der
Beratungsleistung richtet sich MehrWert an Menschen, die sich eine lebenszielorientierte
Beratung wünschen und die ihr Vermögen (sei es groß oder klein) mit einer überzeugten
ethischen und ökologischen Grundhaltung gewinnorientiert anlegen möchten. Der
MehrWert-Berater erarbeitet mit seinen Kunden ein persönliches Finanzkonzept aus,
das sich ausschließlich an den Interessen der Kunden orientiert und ganzheitliche ergeb-
nisoffene Lösungsvorschläge beinhaltet. Komplexe Sachverhalte werden vereinfacht

dargestellt. Verschiedene Tools bekräftigen dabei die qualitativ hohe Expertise der Berater. Das professionelle Beratungsunternehmen hat sich aufgrund der vorhandenen Technik, zum Beispiel CRM-System mit Abwicklungsplattform und Kundenzugang, heute schon gut für die digitale Zukunft aufgestellt. Außerdem möchte das Makler-unternehmen Online-Beratungen verstärken. Die Nutzung des Webs als Service für den Kunden wird als positiv gesehen und angewandt. Zudem kann man sich vorstellen, zukünftig auch nach Corona Kundenveranstaltungen, die momentan jeweils vor Ort durchgeführt werden, online mit Chat-Funktion zu ermöglichen. Der Geschäftsführer der Mehrwert GmbH, Gottfried Baer, hatte 2009 den Mut zur Veränderung in Richtung nachhaltiger Finanzplanung mit ethischer Ausrichtung und verfolgt seither den Impuls für eine neue Kultur in der Finanzberatung. Die Autorin war bis Ende 2018 Teil dieses Beratungshauses und ist immer noch mit diesem vernetzt. Der Netzwerkgedanke ver-knüpft das persönliche Finanzcoaching mit ganzheitlichen Lösungen zum Wohle des Kunden und unseres Planeten.

Wünschenswert wäre, dass die Medien mehr über seriös und nachhaltig arbeitende Marktteilnehmer berichten würden. In einem Interview von Insurance TV, copyright Springer Fachmedien Wiesbaden GmbH, konnte man am 25.04.2013 über die Ursachen des katastrophalen Bilds der Branche in den Medien lesen. Es wird in einem Artikel davon berichtet, dass es immer weniger Qualitätsjournalismus als früher gibt. Der Kostendruck habe Redaktionen ausgedünnt, Schnelligkeit geht oft vor Recherche, der Zeitdruck in den Redaktionen habe immens zugenommen. Meine Meinung: Beim Thema Altersvorsorge ist diese Art von Berichterstattung besonders verwerflich. Die Lebens- bzw. Rentenversicherung ist ein kompliziertes Produkt und zudem negativ besetzt. Und negativ besetzte Themen werden stärker und öfters behandelt als positiv besetzte. So übernehmen unkritisch mehr oder weniger Publikumsmedien die Branchen-schelte von Verbraucherschützern, ohne Branchenvertreter zu Wort kommen zu lassen. Das Ergebnis könnte meiner Meinung nach sein, dass Menschen sich immer weniger um ihre Finanzen und vor allen Dingen um ihre Altersvorsorge kümmern, weil sie zunehmend verunsichert sind. Hier muss die Frage gestellt werden, ob dies sinnvoll ist. Der ganzheitlich arbeitende Finanzberater nimmt in der Regel seine ihm übertragene Aufgabe ernst, seine Mandanten, die sich ihm anvertraut haben, so zu beraten, dass sie zu jeder Zeit gut versorgt sind. Oder gibt es per se in der Branche nur Abzocker? Anständige Berater, die mit viel Liebe zum Detail beraten, fühlen sich unschuldig diskreditiert. Welche Möglichkeiten hat der ehrliche Finanzdienstleister sich zu rehabilitieren: CSR-Maßnahmen und Referenzen in einem Internetportal können helfen.

2.2   Grüne vs. strukturierte und derivate Finanzprodukte

Wie bereits in den Zeilen zuvor beschrieben, sind die grünen Finanzprodukte im Ver-gleich zu konventionellen Finanzprodukten zwar immer noch deutlich unterrepräsentiert, doch es tut sich etwas: In Europa hat sich die Anzahl der nachhaltigen Geldanlagen beinahe verdoppelt. Angestoßen durch die Bankenkrise in 2008 in Verbindung mit dem Blockupy-Aktivismus und der neo-ökologischen Bewegung („Der Megatrend Neo-Ökologie beschreibt den großen gesellschaftlichen Veränderungsprozess hin zu einem ressourceneffizienten, nachhaltigen Wirtschaften, dem im Kern ein neues Verständnis der Natur zugrunde liegt" (vgl. Zukunftsinstitut 2014)) fordern die Kunden mehr Transparenz. Sie haben das Vertrauen in die Finanzbranche durch die Finanzkrise und durch zahlreiche Zinsmanipulationen und Fehlberatungen verloren. Die nachhaltig ausgerichteten Finanzhäuser haben daher nun die Chance, dieses Vertrauen mit einer ehrlichen Finanzberatung wiederherzustellen. Die Kunden möchten heute verstehen, was sie kaufen und wünschen sich reale Werte.

Jedoch sind Derivate und strukturierte Finanzprodukte – Mitauslöser der Finanzkrise – weiterhin erwerbbar und erfreuen sich gerade in Zeiten der Niedrigzinspolitik großer Beliebtheit. So sind zum Beispiel Derivate lediglich Ableitungen auf einen zugrunde liegenden realen Wert. Wer ein Derivat kauft, erwirbt nicht den realen und zugrunde liegenden Wert selbst, sondern schließt sozusagen eine Wette auf die zukünftige Entwicklung des realen, zugrunde liegenden Wertes ab. Und man kann diesen einen Wert vielfach handeln, denn der reale Wert dient in diesem Fall nur als Maßstab für die Wertentwicklung, nicht als gehandelte Ware. Man verlagert also das Geschäft und damit das Geld aus den realen Werten hinaus in den Bereich der virtuellen Scheinwerte. Kreiert werden diese Produkte von hochintelligenten Mathematikern mit hoch komplizierten Computerprogrammen.

Im Gegenzug geht es bei nachhaltigen Finanzprodukten nicht darum, einen möglichst hohen Gewinn oder eine hohe Rendite zu erzielen. Ziel ist es, das Geld mit einem Mehrwert, also im Interesse des Gemeinwohls anzulegen, denn Geld hat bekanntlich eine Wirkung. So übernimmt jeder Anleger mit seiner Geldanlage Verantwortung und bestimmt ein Stück weit mit, wie die Welt von morgen aussehen wird. Die Finanzprodukte werden nach ethischen, ökologischen und sozialen Kriterien ausgesucht. In einer Studie der US-Eliteuniversität Harvard konnte beobachtet werden, dass über einen Zeitraum von 20 Jahren jene der 2300 beobachteten Unternehmen, die ESG-Standards besonders gut erfüllten, pro Jahr eine Outperformance von 4,05 % gegenüber den konventionellen Unternehmen erbringen konnten.

Ein Beispiel für eine ethische Geldanlage sind Mikrofinanzfonds. Gleich wie bei herkömmlichen Fonds investiert eine Anlegergruppe in einen solchen Mikrofinanzfonds. Diese Gelder werden dann in Form von Kleinstkrediten über eine Mikrofinanzbank vor Ort an Gründer und Gründerinnen, Unternehmer und Unternehmerinnen in Ländern mit einer geringen wirtschaftlichen Entwicklung vergeben. Diese haben somit die Möglichkeit ihre Grundmaterialien, zum Beispiel Saatgut, zu finanzieren, um mit der Ernte dann die Familie ernähren zu können und den Kindern den Schulbesuch zu ermöglichen. Es wird also Hilfe zur Selbsthilfe geboten. Für diese Idee erhielt Muhammed Yunus 2006 den Friedensnobelpreis.

Am 18.04.2016 fand in Würzburg ein von der Autorin organisierter Vortrag mit der Gründerin des „Invest in Vision" Mikrofinanzfonds statt. Insgesamt 50 Besucher des Abends waren sehr vom lebendigen Vortrag mit Reiseberichten von Frau Edda Schröder begeistert. Das starke Interesse macht eines klar: Die Menschen möchten mit ihren Geldanlagen ein Stück weit mitbestimmen, wie die Welt von morgen aussieht. Die Autorin sieht sich nicht nur als Mensch und Finanzcoach, sondern auch als Mitglied des Vereins „Geld mit Sinn" in der Verantwortung, vielen Menschen von den Möglichkeiten des nachhaltigen Investierens zu berichten.

Das FNG (Forum Nachhaltige Geldanlagen e. V.) repräsentiert 130 Mitglieder aus dem deutschsprachigen Raum, die sich für mehr Nachhaltigkeit in der Finanzwirtschaft einsetzen. Das FNG vergibt ein Siegel, das als Ziel einen Qualitätsstandard für den gesamten deutschsprachigen Raum vorgibt. Das Siegel soll dazu beitragen, dass der Markt wächst – und das mit Anspruch.

In der **Altersvorsorgeberatung** gibt es verschiedene Ansätze, dem Nachhaltigkeitsgedanken gerecht zu werden. Bei den fondsgebundenen Varianten findet man heutzutage bei vielen Versicherern nachhaltige Fonds. Oeco Capital hat bisher als einziger Versicherer seinen gesamten Deckungsstock von Anfang an nachhaltig angelegt. Weitere Häuser machen sich mittlerweile auf den Weg. So geht die Stuttgarter Leben mit der „grünen Rente" einen bemerkenswerten Schritt nach vorne. Sie garantiert dem Sparer, alle Beiträge in ökologische und soziale Projekte zu investieren. Damit wird per se der gesamte Deckungsstock auf Dauer nachhaltiger.

Im Bereich der **Sachversicherungen** gibt es noch sehr wenig nachhaltige Produkte. Beispiele für nachhaltiger Versicherungslösungen zeigt die Barmenia. Das Unternehmen möchte durch die Entwicklung neuer nachhaltiger Versicherungsprodukte nachhaltiges Handeln fördern und unterstützen. Dazu gehört auch, dass das Unternehmen mit dem Geld seiner Kunden so umgeht, dass man diesen Anforderungen gerecht wird.

Was grüne Versicherungen von Anfang an richtig machen wollen: Die Anträge stehen nur online zur Verfügung und die Versicherungspolice bekommen die Kunden papierlos per E-Mail. Digitalisierung spart Zeit und Geld, vor allem durch Papierersparnis!

2.3   Verschiedene Zielgruppen eines Finanzberaters

Die typischen Zielgruppen eines nachhaltigen Finanzberaters können in die folgenden vier Gruppen unterteilt werden:

LOHAS: Stammend von dem englischen Begriff „Lifestyles of Health and Sustainability". Es handelt sich in dieser Gruppe häufig um Personen mit einem überdurchschnittlichen Einkommen. Sie leben gesundheits- und vorsorgebewusst, deshalb ist ihr Leben durch Prinzipien der Nachhaltigkeit geprägt. Diese Personengruppe wird durch die jüngeren Mitglieder, die sich als Hipster[1] identifizieren, ergänzt.

Enttäuschten: Eine Gruppe aus politisch gebildeten Personen, die kritisch, diskussionsfreudig aber auch engagiert sind. Sie meiden aus idealistischen Gründen konventionelle Finanzhäuser und suchen daher eine Alternative in der nachhaltigen Finanzbranche.

Extreme Grüne: Diese Personengruppe wählt bei jeder Kaufentscheidung eine nachhaltige Variante, da für deren Vorstellung aus ethischen, sozialen oder ökologischen Gründen eine konventionelle Variante nicht infrage kommt.

Grün positionierte Unternehmen: Dies sind Unternehmen zum Beispiel aus der Biolebensmittelbranche oder der erneuerbaren Energiewirtschaft.

Zusammengefasst kann also gesagt werden, dass es sich bei den Personengruppen um ein „sozial-ökologisches Milieu" handelt. Sie handeln idealistisch und sind dabei konsumkritisch. Diese Kunden möchten im Falle der Geldanlage wissen, wo und wie ihr Geld investiert wird und was sie damit bewirken können. Um sich als nachhaltiger Finanzberater identifizieren zu können, müssen mehr als nur ein paar grüne Produkte angeboten werden. Über diese Produkte sollte der Berater bestens Bescheid wissen. Daher ist es sinnvoller, sich auf eine ausgewählte Anzahl an Finanzprodukten zu konzentrieren. Außerdem sollte der Finanzmakler einen glaubhaften Hintergrund, wie beispielsweise eine Ausbildung zum Fachberater für nachhaltiges Investment, besitzen. Zudem sollte er persönlich überzeugen durch seine eigene Weltanschauung. Es sollte ersichtlich werden, dass er sich klar grün positioniert hat und er somit erstens Empathie und Verständnis und zweitens eine gute Produktkenntnis vorweisen kann.

2.4   Digitalisierung und CSR als Treiber für mehr Nachhaltigkeit in der Finanzwelt

Wie im Folgenden durch die Kanäle der CSR deutlich wird, findet die CSR-Kommunikation am einfachsten über den digitalen Weg statt. Corporate Social Responsibility muss also nicht mit der Digitalisierung vereint werden, denn dies geht miteinander einher. So können auf einem sehr kostengünstigen Weg viele Interessenten auf einmal erreicht werden.

Personen, die auf der Suche nach nachhaltigen Finanzprodukten sind, bewegen sich häufig im Internet. Oft handelt es sich auch um die Gruppe der sogenannten „Digital

---

[1]Hipster definieren sich selbst darüber hip, also im Trend, zu sein. Für diese Personengruppe ist ein nachhaltiger Lebensstil im Trend. Dies bedeutet, dass oft zum Beispiel eine vegane Ernährung und die Fortbewegung mit dem Rennrad statt dem Auto vorgezogen werden.

Natives", also um Personen, die mit dem Internet groß geworden sind. Für diese Personen ist es selbstverständlich, alle Wege des Internets zu nutzen und hier sollte ihnen deswegen auch ihr Finanzberater entgegenkommen. Die CSR-Strategie hat zwei maßgebliche Ziele: Das Erlangen eines größeren Bekanntheitsgrades und den Dialog mit dem Kunden oder dem potenziellen Kunden.

Für CSR-Maßnahmen zur nachhaltigen Finanzberatung eignen sich vor allem die sozialen Medien. Das Ziel der CSR-Maßnahmen ist es, Vorurteile, mit denen die nachhaltige Finanzbranche zu kämpfen hat, durch direkte Kommunikation zu entkräften. Dies wird vor allem dadurch erreicht, dass in Echtzeit, häufig mit öffentlichen Posts, die Stärken der Branche unterstrichen werden. Hierbei ist das grundlegende Ziel, Transparenz und Authentizität zu schaffen. Aus diesem Grund wird versucht, über eine öffentliche Kommunikation jegliche Undurchsichtigkeit zu reduzieren und den Interessierten Fragen auf ihre Antworten zu geben. Diese Kommunikation sollte daher auch in der Form eines Dialoges stattfinden. In diesem Dialog kann der Berater vorstellen, mit welchen nachhaltigen Besonderheiten er sich von seinen Mitstreitern absetzt. „Tu etwas Gutes und berichte darüber".

Soziale Medien und die nachhaltige Finanzbranche sind ein gut harmonierendes Paar, da beide Prinzipien durch Transparenz und Glaubwürdigkeit zu ihrem Erfolg gelangen. Im Folgenden werden die wichtigsten *Kanäle der sozialen Medien* kurz benannt und beschrieben.

Facebook: Facebook ist ein soziales Netzwerk, in dem der Berater ein virtuelles Profil erstellt und dieses mit anderen Nutzern vernetzen kann. Es kann auch eine Firmenseite erstellt werden, auf der der Makler seine neuesten Veranstaltungen etc. bekannt geben kann.

Instagram ist ein werbefinanzierter Onlinedienst zum Teilen von Fotos und Videos, der zu Facebook gehört. Instagram ist eine Mischung aus Microblog und audiovisueller Plattform und ermöglicht es, Fotos auch in anderen sozialen Netzwerken zu verbreiten.

Auf *Twitter,* einem Mikroblogging-Dienst, können Kurznachrichten, die sogenannten Tweets, verbreitet werden. Die Reichweite der Tweets sollte nicht unterschätzt werden, so konnte zum Beispiel die GLS-Bank durch einen einfachen Tweet, der die Aktivisten der Blockupy-Bewegung 2011 zu einer Dusche eingeladen hatte, ca. 10.000–15.000 Neukunden gewinnen.

YouTube ist ein Video-Portal, auf dem Videos online hochgeladen werden können. Diese Videos sind für alle Interessierten kostenlos zugänglich. Der Berater kann ähnlich wie in einem Vortrag in Videos bestimmte Themen erklären oder er kann Interviews filmen. Die Zuschauer können die Videos kommentieren, sodass eine Art Blog entsteht.

Weitere wichtige soziale Netzwerke sind *Google+*, Linkedin und *Xing,* in denen der nachhaltig agierende Finanzberater sich für seine Zielgruppen darstellen und News veröffentlichen kann.

Eine gute Möglichkeit, um die Zufriedenheit der Kunden für Interessenten offen zu legen, sind *Bewertungsportale.* Hier können Personen den Finanzberater mit ein paar Worten bewerten. So kann die ganzheitliche Finanzplanung herausgehoben werden.

Es gilt, dass die Meinung anderer authentischer ist als die eigene. Die Bewertungen können mit Einverständnis der Verfasser in anderen Kanälen, zum Beispiel auf der Homepage, veröffentlicht werden.

Für Social-Media-Marketing gilt prinzipiell, dass ein sehr großer Arbeitsaufwand nötig ist, denn die Plattformen sind keine Alleinläufer und eine nicht aktuelle Facebook-Seite wird den Interessenten wenig begeistern. Daher ist es sinnvoller, sich auf einige Kanäle zu konzentrieren und diese gut zu bearbeiten. Bei den sozialen Medien ist es möglich, Beiträge von anderen Nutzern einfach zu teilen, so verbreiten sich die Posts (Nachrichten) schneller.

Ein sehr wichtiger Bestandteil ist die *Homepage* eines Finanzberaters. Die eigenen Interessen und Werte können hier zur Geltung gebracht werden.

Ein weiterer Kanal, mit dem Informationen attraktiv publiziert werden können, ist ein *Blog:* Der größte Vorteil des Blogs ist, dass potenzielle Kunden den Berater hier auf einer persönlichen Ebene kennenlernen. In solchen Blogs können Themen diskutiert und angestoßen werden. Der Bloginhaber hat die Möglichkeit, die Ideen und Wünsche der Kunden über den Dialog zu erfahren. Ein solcher Blog ist zeitaufwendig und schafft nur Kundenzufriedenheit, wenn die Blogger zeitnah eine Antwort auf ihre Fragen bekommen. Eine Lösung kann ein Zusammenschluss von Beratern zu einem sogenannten „Shared Blog" sein.

Über die sozialen Medien kann der Finanzberater über die Themen wirtschaftliches Handeln, soziale Verantwortung und Umweltbewusstsein und was das mit Geld zu tun hat mit Community-Teilnehmern kommunizieren und so zu mehr Nachhaltigkeit in der Finanzwelt beitragen. Die Digitalisierung trägt so zu einer Effizienzsteigerung bei nachhaltigen Geldanlagen sowie auch bei der ganzheitlichen Beratung bei.

Die persönliche Philosophie in Sachen Nachhaltigkeit der Autorin lautet: Nur wer nachhaltige Entscheidungen trifft und die Finanzberatung in Zukunft ehrlich, einfacher, transparenter und nachhaltiger mitgestaltet, erfüllt sowohl das Kundeninteresse hin zu einer individuellen, ganzheitlichen, finanziellen Lebensgestaltung, als auch das Gesellschaftsinteresse hin zu einer nachhaltigeren Wirtschaftsweise. Zukunftsfähig wäre die Entstehung von immer mehr guten Beispielen, die die Themen Digitalisierung und CSR vereinen. Die Vernetzung der Marktteilnehmer könnte ein Impuls für eine neue Kultur sein.

Literatur

Verwendete Literatur

Bergius S (2015) Schwärme von Geld. Handelsblatt Business Briefing. 3:8

KPMG (2016) The Pulse of Fintech, 2015 in Review, Global Analysis of Fintech Venture Funding, March 9, 2016 KPMG Int. Dooperative, KPMG AG, Wirtschaftsprüfungsgesellschaft, Berlin

Schröder B, Bukowski C (2017) Die No-Bank-Strategie. Wie Sie den Einfluss der Banken auf Ihr Leben reduzieren. Books on Demand
Zukunftsinstitut (2014) Biofach Oganic 3.0, Trend- und Potenzialanalyse für die Biozukunft. Zukunftsinstitut Österreich GmbH, Wien

Weiterführende Literatur

AssCompact – Nachrichten (2015) Makler, die mit der Digitalisierung nicht Schritt halten können, werden es schwer haben. http://www.asscompact.de/nachrichten/%E2%80%9Emakler-die-mit-der-digitalisierung-nicht-schritt-halten-k%C3%B6nnen-werden-es-schwer-haben%E2%80%9C. Zugegriffen: 21. März 2016
AssCompact – Nachrichten (2016) Megatrend Digitalisierung: vermittler haben den Beratungs-Trumpf. http://www.asscompact.de/nachrichten/megatrend-digitalisierung-vermittler-haben-den-beratungs-trumpf. Zugegriffen: 21. März 2016
AssCompact – Nachrichten (2016) „Nachhaltigkeit wird zunehmend zum breiten Lebensstil". http://www.asscompact.de/nachrichten/%E2%80%9Enachhaltigkeit-wird-zunehmend-zum-breiten-lebensstil%E2%80%9C. Zugegriffen: 21. März 2016
Elsner D (2016) Überblick Digital Finance by http://www.blicklog MindMeister. https://www.mindmeister.com/de/80331781/banking-und-finance-2-0-by-http-www-blicklog-com. Zugegriffen: 23. März 2016
finanzen.net (2016) DDV-Kolumne: mehr als nur „nice to have". http://www.finanzen.net/nachricht/zertifikate/DDV-Kolumne-Mehr-als-nur-34-nice-to-have-34-4280995 (Erstellt: 9. Apr. 2015). Zugegriffen: 23. März 2016
Fondsprofessionell.de (2016) Vertrieb & Praxis – FONDS professionell Multimedia GmbH. http://www.fondsprofessionell.de/news/vertrieb-praxis/nid/studie-markt-fuer-freie-finanzberater-ist-tiefer-im-umbruch-als-erwartet/gid/1015989/ref/1/. Zugegriffen: 21. März 2016
Gründe für Social Media (2014) B2N Social Media Services. http://www.b2n-social-media.de/3-gruende-fuer-social-media-nachhaltigkeitskommunikation/. Zugegriffen: 23. März 2016
Grüne Investments: Mit gutem Gewissen Geld verdienen. Handelsblatt.com. http://www.handelsblatt.com/finanzen/maerkte/anlegerakademie/gruene-investments-mit-gutem-gewissen-geld-verdienen-seite-2/4198732-2.html. Zugegriffen: 23. März 2016
Haufe.de News und Fachwissen (2016) Banken: die digitale Revolution im Finanzsektor | Marketing & Vertrieb | Haufe. https://www.haufe.de/marketing-vertrib/online-marketing/banken-die-digitale-revolution-im-finanzsektor_132_282810.html. Zugegriffen: 23. März 2016
Hempel K, Hempel K (2014) Die Bedeutung von Testimonials für den E-Commerce. crowdmedia – digital Content Marketing. http://www.crowdmedia.de/die-bedeutung-von-testimonials-fuer-den-e-commerce/. Zugegriffen: 23. März 2016
Images.google.de (2016) http://images.google.de/imgres?imgurl=http%3A%2F%2Fwww.deutsche-mittelstands-nachrichten.de%2Fwp-content%2Fuploads%2F2016%2F03%2Ffintech-600x251.jpg&imgrefurl=http%3A%2F%2Fdeutsche-wirtschafts-nachrichten.de%2F2016%2F03%2F14%2Fdas-neue-banking-fintechs-mit-rekord-investitionen%2F&h=251&w=600&tbnid=LUjUIHsDc9nwsM%3A&docid=BaWfhYxBCJof-M&ei=p-3vVq3mC8H6aL6GiqgM&tbm=isch&iact=rc&uact=3&dur=20292&page=1&start=0&ndsp=16&ved=0ahUKEwjt1bGg6NHLAhVBPRoKHT6DAsUQrQMIHjAA. Zugegriffen: 23. März 2016
Klimaretter.info (2016) Der Aufstieg der grünen Banken. http://www.klimaretter.info/wirtschaft/hintergrund/16236-der-aufstieg-der-gruenen-banken. Zugegriffen: 23. März 2016

Lexikon der Nachhaltigkeit (2016) Lexikon der Nachhaltigkeit | Wirtschaft | Nachhaltigkeits-berichterstattung & Finanzmarkt. https://www.nachhaltigkeit.info/artikel/nachhaltigkeitsbericht-erstattung_und_finanzmarkt_1581.htm. Zugegriffen: 21. März 2016

Netzwirtschaft (2011) Banken haben Facebook und Twitter für sich entdeckt – netzwirtschaft. http://blogs.faz.net/netzwirtschaft-blog/2011/06/14/banken-haben-facebook-und-twitter-fuer-sich-entdeckt-2617/. Zugegriffen: 23. März 2016

Neuman J (2016) Was ist FinTech? Eine Geschichte von geschädigten Banken, Innovationen und der Zukunft des Finanzwesens. digitalgefesselt.de/was-ist-fintech. Zugegriffen: 21. März 2016

Schönwitz D (2014) Grüne Investments: Nachhaltige Geldanlagen sind besser als ihr Ruf – WiWo Green. http://green.wiwo.de/gruene-investments-nachhaltige-geldanlagen-sind-besser-als-ihr-ruf/. Zugegriffen: 21. März 2016

SEB Bank und Social Media (2010) Ehrlicher Kundendialog ist wichtig. Social Banking 2.0 – der Kunde übernimmt die Regie. https://lochmaier.wordpress.com/2010/02/18/seb-bank-und-social-media-ehrlicher-kundendialog-ist-wichtig/. Zugegriffen: 23. März 2016

Sinus-institut.de (2016) SINUS-Lösungen. http://www.sinus-institut.de/sinus-loesungen/

„Social Banking": Passen Social Media und Banking zusammen? Social Media Club München. https://smcmuc.wordpress.com/2015/03/31/social-banking/. Zugegriffen: 23. März 2016

Süddeutsche.de (2015) Ökologische Geldanlage – nebenbei die Welt retten. http://www.sueddeutsche.de/wirtschaft/oekologische-geldanlage-nebenbei-die-welt-retten-1.2416801. Zugegriffen: 23. März 2016

Versicherungsjournal.de (2016) Digitalisierung: Makler, alleine schafft ihr das nicht – versicherungs-journal Deutschland. http://www.versicherungsjournal.de/vertrieb-und-marketing/digitalisierung-makler-alleine-schafft-ihr-das-nicht-125016.php?link=3. Zugegriffen: 23. März 2016

Versicherungsjournal.de (2016) Fin-Techs sind keine vorübergehende Mode – versicherungs-journal Deutschland. http://www.versicherungsjournal.de/vertrieb-und-marketing/fintechs-sind-keine-voruebergehende-mode-125118.php?link=1. Zugegriffen: 23. März 2016

Versicherungswirtschaft-heute (2016) Versicherer brauchen nachhaltige digitale Strategien – versicherungswirtschaft-heute. http://versicherungswirtschaft-heute.de/maerkte/versicherer-brauchen-nachhaltige-digitale-strategien/. Zugegriffen: 21. März 2016

Vorarlberger Nachrichten (2016) Vorarlberger Nachrichten. http://www.vorarlbergernachrichten.at/#markt/2015/04/06/mit-der-geldanlage-im-gruenen-bereich.vn. Zugegriffen: 23. März 2016

https://www.asscompact.de/nachrichten/megatrend-digitalisierung-vermittler-haben-den-beratungs-trumpf. (Abruf: 26.9.2020)

https://acturis.de/ueber-acturis/. (Abruf: 26.9.2020)

https://www.asscompact.de/nachrichten/megatrend-digitalisierung-vermittler-haben-den-beratungs-trumpf. (Abruf: 26.9.2020)

https://www.hinzmann-immobilien.de/. (Abruf: 26.9.2020)

https://www.versicherungsmagazin.de/rubriken/branche/interview-assekuranz-muss-offensiv-kommunizieren-1887289.html. (Abruf: 26.9.2020)

http://archiv.labournet.de/diskussion/arbeit/aktionen/2011/uebersicht15102011.html. (abruf: 26.9.2020)

https://www.manager-magazin.de/consent-a-?targetUrl=https%3A%2F%2Fwww.manager-magazin.de%2Ffinanzen%2Fboerse%2Fesg-was-sie-ueber-nachhaltige-geldanlage-wissen-sollten-a-1293176.html&ref=https%3A%2F%2Fwww.google.com%2F. (Abruf: 26.9.2020)

Claudia Behringer
(Foto: privat)

Claudia Behringer, Jahrgang 1955, war vor der Geburt ihrer drei Söhne in 1981, 1984 und 1989 kaufmännisch tätig, absolvierte 2004 eine Ausbildung zur Fachberaterin für Finanzdienstleistung und startete in die Selbstständigkeit. Von da an bis Ende 2018 war sie unabhängige Finanzmaklerin mit Schwerpunkt ethische Finanzanlagen (Erlaubnis nach § 34c Abs. 1 Gewerbeordnung [GewO], Versicherungsmakler nach § 34d Abs. 1, 2 und 3 der GewO und Finanzanlagenvermittler nach § 34f Abs. 1 der GewO). Momentan befindet sie sich in der Neupositionierung zum Finanzcoach, weil sie erkannt hat, dass es in der komplexen Finanzwelt immer wichtiger wird, den Klienten Finanzwissen zu vermitteln und sie auf ihrem Weg in die finanzielle Freiheit zu begleiten. Gerade Frauen sind in der Zukunft von extremer Altersarmut betroffen. So macht die Autorin Frauen Mut, ihre Finanzen für ein lebenslanges, selbstbestimmtes Leben in die Hand zu nehmen. Claudia Behringer empfiehlt in ihrer ganzheitlichen Finanzplanung nachhaltige Geldanlagen. So wird das eine runde Sache: Ihre Kunden sind optimal für ihre persönliche Zukunft vorbereitet (People). Mit ihren finanziellen Entscheidungen bestimmen sie mit, wie unsere Welt von morgen aussieht (Planet). Da nachhaltige Investitionen eine nachweislich höhere Rendite erwirtschaften (Profit), wirkt sich das dreifach auf die Enkeltauglichkeit aus.

Seit 2008 erfolgte die Aufnahme ihrer Dozententätigkeit zu Finanzthemen bei verschiedenen Organisationen, 2011 die Ausbildung zur Fachberaterin für Nachhaltiges Investment (Eco-Anlageberaterin), 2012 die Ausbildung zur Generationenberaterin IHK, 2013 die Ernennung zur Wirtschaftsrätin der Deutschen Umweltstiftung. Seit 2019 engagiert sie sich nachfolgend im Vorstand des Vereins für Nachhaltigkeit mit Sitz in Freising.

„CSR 4.0" – Die GILDE-Wirtschaftsförderung Detmold als Promoter für Digitalisierung und Unternehmensverantwortung in Ostwestfalen-Lippe

Simon Gröger und Wolfgang Keck

1 Warum eignet sich Wirtschaftsförderung als Promoter für CSR und „CSR 4.0"?

Die Wirtschaft in einer bestimmten Region zu beleben, ist gesellschaftlicher Daseinszweck und Kernkompetenz von Wirtschaftsförderung. Dabei handelt es sich im großen Stil um eine „etwas andere Wirtschaft" als die, die sich normalerweise in der Wahrnehmung von (überregionalen) Medien, Politik und Finanzmärkten widerspiegelt. Denn Wirtschaftsförderung richtet sich zuerst und vorrangig an mittelständische, familien- und inhabergeführte Unternehmen (KMU), Kleinstunternehmen (KKU) und solche, die erst gegründet werden (Start-ups). Für diese Unternehmen ist Wirtschaftsförderung ein Partner auf Augenhöhe. Einige Zahlen sprechen für die Bedeutung einer vitalen mittelständischen Wirtschaft gegenüber Menschen und nachhaltiger regionaler Entwicklung: 99,5 % aller in Deutschland tätigen Unternehmen sind kleine und mittlere Unternehmen. Sie erwirtschaften mehr als jeden zweiten Euro und stellen deutlich über die Hälfte aller Arbeitsplätze.[1]

Als Anbieter von Produkten oder Dienstleistungen sind die Betriebe die zentralen Arbeitgeber „Nr. 1" vor Ort und dadurch sehr eng mit ihrem Standort, ihrer Stadt, ihrer Kommune und Region verbunden. Sie weisen vielfach ein ebenso lang gewachsenes wie tief verwurzeltes „Verantwortungsbewusstsein" für ihr Umfeld auf, oftmals durch

---

[1] Vgl. Bundesministerium für Wirtschaft und Energie (2019, S. 2).

S. Gröger (✉) · W. Keck
Detmold, Deutschland
E-Mail: groeger@gildezentrum.de

W. Keck
E-Mail: keck@gildezentrum.de

© Springer-Verlag GmbH Deutschland, ein Teil von Springer Nature 2021
A. Hildebrandt und W. Landhäußer (Hrsg.), *CSR und Digitalisierung,* Management-Reihe Corporate Social Responsibility, https://doi.org/10.1007/978-3-662-61836-3_9

den persönlichen Wertekosmos der Inhaber/-innen bzw. Inhaberfamilien geprägt. Dieser definiert das, was landläufig als „gesellschaftliche Verantwortung" wahrgenommen wird und überträgt sich in die Art und Weise ihrer Unternehmensführung. Eine „Corporate Social Responsibility (CSR)" entsteht, aus Tradition und aus persönlicher Überzeugung: „Weil wir das immer schon so gehandhabt haben". Diese freiwillige Verantwortungs-übernahme, strategisch eingesetzt und kommuniziert, kann sich lohnen – für das Unternehmen und die Gesellschaft.

Weshalb kann Wirtschaftsförderung ein Impulsgeber und Wegbereiter für verantwortungsvolle Unternehmensführung im Mittelstand sein? Folgende Kernmerkmale von Wirtschaftsförderung und kleinen und mittleren Unternehmen (KMU) eröffnen Perspektiven für wechselseitige Verstärkereffekte in Richtung Nachhaltigkeit.[2]

Selbstverständlich nehmen auch große und bekannte Unternehmen eine gesellschaftlich bedeutende Rolle ein. Diese sind ebenfalls am Ort gewachsen und mit ihrer Region verbunden, im Selbstverständnis allerdings ein „Immer-Noch-Mittelständler" geblieben. Eher wenige Ausnahmen – durchweg charakteristisch für die wirtschaftliche Entwicklung in der zweiten Hälfte des 20. Jahrhunderts – bilden heutige Weltkonzerne an ländlichen Standorten, freilich vernetzt und vertreten in Großstädten und Metropolen dieser Welt. Anders als bei den zuvor genannten familiär geprägten Weltmarktführern in ihren Branchen, den sogenannten „Hidden Champions", sind solche Großunternehmen und Konzerne eher selten inhaltlich eng mit ihrer regionalen Wirtschaftsförderung verbunden. Ihrem Verständnis von Corporate Social Responsibility (CSR), Corporate Responsibility (CR) oder Corporate Digital Responsibility (CDR) dienen eher Stabstellen im Konzern und interne wie externe Consultants.

Die Stärken der regionalen Wirtschaftsförderung sind also die räumliche Nähe zu den 99,5 % der mittelständischen Unternehmen und die auf diese bezogene praxisorientierte Denkweise und Sprache. Daraus ergeben sich Chancen, die in Tab. 1 skizzierten Nachhaltigkeitseffekte für die Unternehmensentwicklung und für die Regionalentwicklung gleichermaßen zu verstärken. Ein nachhaltig erfolgreiches Modell hierfür hat die GILDE-Wirtschaftsförderung der Stadt Detmold entwickelt. Der erste Schritt begann mit einer Konzeptentwicklung für die Verbreitung von CSR in mittelständischen Unternehmen. Dieses konnte eine EU-Projekt-Jury in Brüssel überzeugen und die GILDE im Jahr 2005 ein erstes EU-gefördertes CSR-Projekt starten. Mit den Erfahrungen aus verschiedenen weiteren EU-, bundes- und landesweiten CSR-Projekten ist die GILDE seit 2015 federführend verantwortlich für das CSR-Kompetenzzentrum OWL der Region Ostwestfalen-Lippe.[3] Gegenwärtiger Arbeitsschwerpunkt im CSR-Kompetenzzentrum OWL ist „CSR 4.0 – Digitalisierung und Nachhaltigkeit", das von 2020 bis 2022 als Projekt im Rahmen des Förderprogramms „Regio.NRW – Innovation und Transfer" mit Mitteln des Europäischen Fonds für Regionale Entwicklung (EFRE) durch die Europäische Union und des Landes NRW unterstützt wird.

---

[2]Vgl. Deutsches Institut für Urbanistik (2018), „Mit CSR den Wirtschaftsstandort strategisch fördern".

[3]Vgl. Brinkmann, T. und Merchel, R. (2017).

Tab. 1 Wirtschaftsförderung als Promoter für CSR und „CSR 4.0". (Eigene Darstellung)

Rolle von Wirtschaftsförderung	Rolle von KMU in der Gesellschaft
Wirtschaftsförderung agiert an der Schnittstelle von Wirtschaft, Verwaltung, Wissenschaft und Gesellschaft	CSR ist die Verantwortung von Unternehmen gegenüber ihrem Umfeld und ihren Anspruchsgruppen
Wirtschaftsförderung transferiert Trends und Innovationen in die heimische Wirtschaft	CSR und Nachhaltigkeit sind unumkehrbare Megatrends überall in unserer Gesellschaft
Wirtschaftsförderung setzt den Fokus auf den Mittelstand	CSR ist für kleine und mittelständische Unternehmen „Ehrensache" und modernes Leitbild eines „Ehrbaren Kaufmanns"
Wirtschaftsförderung unterstützt Betriebe in Sachen Zukunftsfähigkeit und Wettbewerbsfähigkeit	CSR ist ein strategischer Erfolgsfaktor zur Zukunftssicherung (nicht nur für die Mitarbeitergewinnung und -bindung)
Wirtschaftsförderung vernetzt und bündelt Akteure und Strukturen in der Region	Gesellschaftliches Engagement von Unternehmen ist auch eine regionale Gemeinschaftsaufgabe
Organisationen der Wirtschaftsförderung sind landes- und bundesweit vernetzt und lernen wechselseitig von ihren Modellen – auch zu Nachhaltigkeit und Digitalisierung	Praxiserfahrungen mit CSR und Potenziale der mittelständischen Unternehmen werden (auch) über Aktivitäten der Wirtschaftsförderung sichtbar und skalierbar
Wirtschaftsförderung bündelt in der Region den Beitrag der Wirtschaft zu den 17 Globalen Nachhaltigkeitszielen (Sustainable Development Goals/SGDs)	CSR und das für den digitalen Raum erweiterte Konzept einer „CSR 4.0" sind der proaktive gesellschaftliche Beitrag von Unternehmen zu den SDGs

2 Die GILDE: Ein kommunaler Akteur fördert CSR in der Region und darüber hinaus

Die GILDE, kurz für „Gewerbe- und Innovationszentrum Lippe-Detmold GmbH", ist die Wirtschaftsförderungsgesellschaft der Stadt Detmold. Ihre Gesellschafterinnen sind die Industrie- und Handelskammer Lippe zu Detmold, die Sparkasse Paderborn-Detmold und die Stadt Detmold. Seit 1993 ist die GILDE Anbieterin von umfassenden Servicedienstleistungen für den Wirtschaftsstandort Detmold. Das sind im Bereich Standortentwicklung die An- und Umsiedlung von Unternehmen, der Standortservice mit Informations-, Kommunikations- und Kooperationsangeboten für die kommunale Wirtschaft sowie das umfassende Gewerbeflächenmanagement. Daneben betreibt sie mit dem GILDE-Zentrum das Gründer- und Innovationszentrum Lippe-Detmold mit Büroflächen samt Infrastrukturangebot für kleine Dienstleistungs- und Gewerbebetriebe in der Gründungsphase (Start-up) und darüber hinaus. Zudem führt sie seit Anbeginn verschiedene Beratungs- und Qualifizierungsprojekte zu den Themen Ausbildung, Krisenmanagement und Corporate Social

Responsibility (CSR) durch.[4] Insbesondere durch den Themenschwerpunkt CSR ist die GILDE in der Europäischen Union, im Bund sowie Regional als Schlüsselakteur hinsichtlich „Gesellschaftlicher Verantwortung von Unternehmen" anerkannt und bestens vernetzt.

2.1 GILDE bündelt seine CSR-Kompetenzen im CSR-Kompetenzzentrum OWL

Die GILDE hat im Schwerpunkt CSR seit 2005 sehr erfolgreich die EU-Projekte „Zukunft Mittelstand! Erfolgsfaktor gesellschaftliches Engagement/CSR" und „InnoTrain CSR" sowie das Bundesprojekt „CSR unternehmen! Gesellschaftliche Verantwortung im Mittelstand" durchgeführt. Des Weiteren hat sie zusammen mit der IHK Lippe das höchst aktive und stetig wachsende Netzwerk „Verantwortungspartner für Lippe" initiiert. Im Jahr 2014 wurde die GILDE für ihr herausragendes CSR-Engagement von der NRW-Landesregierung als „Ort des Fortschritts" ausgezeichnet. Die in diesen Projekten gesammelten umfangreichen Erfahrungen haben die GILDE dazu bewogen, dem landesweiten Aufruf des Wirtschaftsministeriums in Nordrhein-Westfalen zur Gründung von CSR-Kompetenzzentren zu folgen. Das Konzept, alle erworbenen Kompetenzen in einem solchen Kompetenzzentrum regional zu bündeln, konnte nachhaltig überzeugen, so ist das CSR-Kompetenzzentrum OWL der GILDE und ihrer Konsortialpartnerin Initiative für Beschäftigung OWL e. V. (IfB) seit 2015 die erste Adresse für alle Fragen rund um CSR, Unternehmensverantwortung und Nachhaltigkeit in Ostwestfalen-Lippe.[5] Auf der Landesebene ist das CSR-Kompetenzzentrum OWL in das Netzwerk der NRW-CSR-Kompetenzzentren eingebunden. Im Jahr 2015 mit fünf Zentren gestartet und in der Zwischenzeit auf sieben angewachsen, sind heute in Nordrhein-Westfalen neben OWL drei weitere CSR-Kompetenzzentren aktiv, im Münsterland, im Ruhrgebiet und im Rheinland.[6]

Mit Beginn des Jahres 2020 startete das CSR-Kompetenzzentrum OWL als Arbeitsschwerpunkt das Projekt „CSR 4.0 – Digitalisierung und Nachhaltigkeit". Wieder für die Region Ostwestfalen-Lippe konzipiert und dort verankert, wird es bis 2022 als Regio. NRW-Projekt mit Mitteln der EU und des Landes NRW unterstützt. Im reziproken Austausch mit all seinen Stakeholdern möchte „CSR 4.0" zukünftig die Megatrends CSR, Nachhaltigkeit und Digitalisierung miteinander verknüpfen und in die heimische Wirtschaft transferieren. Insbesondere Kleinunternehmen und Mittelstand können mit einer eigenen CSR-/„CSR 4.0"-Strategie den Auf- und Ausbau ihrer Zukunftsfähigkeit sowie Wettbewerbsfähigkeit proaktiv verwirklichen. CSR lässt sich als strategischer Faktor zum Beispiel beim Thema Innovation, insbesondere aber auch in der Fachkräftegewinnung

---

[4]Vgl. GILDE (2020).

[5]Vgl. Brinkmann, T et al. (2017).

[6]Vgl. MWIDE und csr.nrw.de (2020).

und -bindung erfolgversprechend einsetzen. Mit dem im Aufbau befindlichen landesweiten „Zentrum für Wirtschaft und digitale Verantwortung" wird „CSR 4.0" in Kürze einen spannenden Netzwerkpartner hinzugewinnen.[7]

2.2   Das CSR-Kompetenzzentrum OWL und sein regionaler Bezug

Detmold, der Standort der GILDE, ist die Kreisstadt des Kreises Lippe. Dieser Kreis bildet gemeinsam mit den Kreisen Gütersloh, Herford, Höxter, Minden-Lübbecke, Paderborn und der kreisfreien Stadt Bielefeld die regionale Einheit Ostwestfalen-Lippe (OWL). Im Nordosten des Bundeslandes Nordrhein-Westfalen gelegen, ist OWL optimal durch die Autobahnen A2, A33 und A44, den Verkehrsflughafen Paderborn-Lippstadt sowie die Bahnlinien Hannover-Ruhrgebiet und die Mittel-Deutschland-Linie erreichbar und damit optimal im Zentrum von Deutschland und Europa gelegen. Als Natur- und Kulturlandschaft, mit malerischen Fachwerkstädtchen und architektonischen Highlights ist Ostwestfalen-Lippe für seine renommierten Hochschulen und insbesondere für die globale Strahlkraft seiner Wirtschaft bekannt. Weltweit tätige Markenunternehmen und -konzerne sowie eine hohe Dichte an starken kleinen und mittelständischen Unternehmen (KMU), oftmals Weltmarktführer in ihren Branchen, bilden die stabile wirtschaftliche Basis der Region.

In diesem dynamischen Umfeld gedeihen global beachtete Vorreiterprojekte wie das Spitzencluster „it's OWL"[8], Projekte rund um „Industrie 4.0", „Arbeit 4.0" und „Gesellschaft 4.0", die „Smart Country Side", die „Digitale Modellregion OWL" oder mit Start-up-Acceleratoren und -Inkubatoren wie der „Founders Foundation", dem „Pioneers Club" oder Top-Marken wie dem „Hinterland of Things" prächtig. Die OWL-Wirtschaftsförderungen sind als Vernetzungsexperten an den Schnittstellen von Unternehmen, Wissenschaft, Kammern, Verbänden, Politik, Verwaltung, Hochschulen und weiteren Akteuren essenzielle wie hoch geachtete Partnerinnen in diesen Projekten.

2.3   Ostwestfalen-Lippe ist eine Netzwerk-Region und das ideale Terrain für innovative Projekte und Formate

Auch die GILDE ist einerseits als Partnerin in einer Vielzahl dieser (Digital-)Projekte aktiv und wird als beratende Institution geschätzt und frequentiert. Andererseits kann sie ebenfalls auf die Unterstützung und die Bereitstellung von speziellem Know-how durch diese Akteure in ihren eigenen Projekten zählen. So lädt die GILDE regelmäßig einen bereits 2015 für das CSR-Kompetenzzentrum OWL initiierten CSR-Fachbeirat

---

[7]Vgl. Deutsches Netzwerk Wirtschaftsethik (2020).
[8]Vgl. it's OWL (2020).

zu halbjährlichen Terminen ein, diese Best Practice wird im neuen Projekt „CSR 4.0 – Digitalisierung und Nachhaltigkeit" selbstverständlich fortgeführt.

Die Einrichtung des CSR-Fachbeirates sind für die erfolgreiche Projektdurchführung von großem Vorteil:

- um Vernetzung in der Region herzustellen,
- um auf breiter Ebene Transparenz über die Tätigkeit und Wirkungen zu schaffen,
- um Sachfragen zu diskutieren, Sachkenntnis anzubieten und einzufordern,
- um die Region mithilfe der Akteure als Multiplikatoren zu durchdringen, das heißt, die Inhalte rund um CSR und „CSR 4.0" zu den kleinen und mittelständischen Unternehmen zu transportieren.

Das „Miteinander" ist in vielen Projekten in Ostwestfalen-Lippe gelebte Selbstverständlichkeit[9], denn niemand kennt die Unternehmen vor Ort besser als die dort ansässigen Wirtschaftsförderungen, die Kammern, die Verbände, Branchennetzwerke, Organisationen etc. Und nicht zuletzt durch die Unterstützung dieses starken Netzwerkes konnte die GILDE/das CSR-Kompetenzzentrum OWL mit „CSR 4.0" im landesweiten Wettbewerb um eine Regio.NRW-Projektförderung erfolgreich sein und dieses Projekt nach Ostwestfalen-Lippe holen.

Der regionale Kooperationsansatz war – und ist – sehr erfolgreich. So ist es dem CSR-Kompetenzzentrum OWL in den ersten vier Jahren gelungen, unterschiedliche innovative Veranstaltungsformate mit dem Ziel, CSR als „Erfolgreiche Strategie der verantwortungsvollen Unternehmensführung" in die ostwestfälisch-lippischen Unternehmen zu vermitteln, zu entwickeln und gemeinsam mit seinen Partnerinnen und Partnern durchzuführen.

Das CSR-Kompetenzzentrum OWL setzt vor allem auf klare Botschaften und greifbare Inhalte, um den Unternehmen einen möglichst pragmatischen Zugang in die Materie zu ermöglichen. Eine der Kernbotschaften ist: „CSR lohnt sich doppelt: Für die Gesellschaft. Und für das Unternehmen.". Des Weiteren sind vor allem „Best Practices" und das Kennenlernen erfolgreicher Beispiele von Unternehmen „aus der Nachbarschaft", also aus regionalen CSR-Unternehmen, essenzielle Bausteine. Noch besser ist, Vor-Ort-Besuche in vorbildlichen CSR-Unternehmen zu arrangieren, denn das Thema CSR lässt sich am allerbesten in der Praxis hautnah erleben. Mit diesem konsequenten Praxisansatz unterstützt das CSR-Kompetenzzentrum OWL die Unternehmen darin, eine eigene individuelle CSR-Strategie zu entwickeln, CSR-Unternehmensziele zu definieren, CSR-Maßnahmen zu planen und ihre Erfolge zu kommunizieren.[10]

„CSR 4.0 | CSR-Kompetenzzentrum OWL" sensibilisiert, qualifiziert und vernetzt. Die Unternehmen erwerben das strategische Rüstzeug, robuste Werkzeuge und handfeste Unterstützung durch kontinuierliche Information, Medienarbeit und regelmäßige

---

[9]Vgl. OWL (2020).
[10]Vgl. Brinkmann, T. et al. (2018).

Veranstaltungen wie Impulsveranstaltungen, Praxis-Workshops und Intensivseminare. Darüber hinaus wird die Vernetzung von Unternehmen und CSR-Akteur/-innen durch regionale und überregionale Kooperationen gefördert mit dem Ergebnis, dass der Blick von innen wie außen auf erfolgreiche CSR-Unternehmen in Ostwestfalen-Lippe gelenkt wird.

Aus der Vielzahl an durchgeführten und laufenden Aktivitäten des CSR-Kompetenzzentrums OWL werden hier exemplarisch vier innovative Formate vorgestellt.[11]

1. **Ausgezeichnetes gesellschaftliches Engagement: Der CSR-Preis OWL**
   Der CSR-Preis OWL zeichnet das außerordentliche gesellschaftliche Engagement der ostwestfälisch-lippischen Wirtschaft aus. 2013 von der Initiative für Beschäftigung OWL e. V. (IfB) initiiert und erstmals vergeben, wird er seit 2016 im zweijährigen Turnus in der Regie der IfB als Konsortialpartnerin der GILDE unter dem Dach des CSR-Kompetenzzentrums OWL durchgeführt – im Jahr 2020 bereits in der vierten Ausgabe.
   Er wird als Jury- und als Publikumspreis an kleine und mittlere Unternehmen mit weniger als 250 Beschäftigten sowie an größere Unternehmen mit mehr als 250 Beschäftigten vergeben. Alle Unternehmen aus Ostwestfalen-Lippe sind eingeladen, zunächst eine Kurzbewerbung mit der Darstellung ihres Engagements in einem oder mehreren der vier CSR-Handlungsfelder Mitarbeiter, Umwelt, Markt und Gemeinwohl einzureichen.
   Die Jury, besetzt mit Personen aus OWLs Wirtschaft, Politik, Verbänden, Hochschulen und Verwaltung, trifft anhand der Kurzbewerbungen eine Auswahl, fordert acht der Unternehmen der Kategorien unter 250 sowie über 205 Beschäftigte zur Abgabe einer Langbewerbung auf. Anhand der eingereichten Langbewerbungen legt die Jury ihre beiden Preisträger, also jeweils ein Unternehmen pro Kategorie, fest und benennt die Bewerberunternehmen um die Publikumspreise. Für ein „CSR-Highlight" kann ein zusätzlicher Jury-Sonderpreis verliehen werden. Mit einer kleinen Präsentation der nominierten Unternehmen verbunden, fällt die Entscheidung des Publikums im Rahmen einer Veranstaltung zum CSR-Preis OWL. Alle Preisträger werden in einer anschließenden Preisverleihung feierlich gekürt.[12]
   → „CSR 4.0"-Impact: Die Anzahl der Bewerbungen von CSR-Strategien mit Digitalbezug oder von CSR-affinen Digitalunternehmen hat sich über die Laufzeit des Wettbewerbes sichtbar erhöht.

2. **CSR live und direkt: CSR-Walk the Talk**
   Unter dem Motto „Walk the Talk", englisch für „den Worten Taten folgen lassen", hat das CSR-Kompetenzzentrum OWL einen CSR-Rundgang im innerstädtischen Bereich konzipiert.

---

[11]Vgl. CSR-Kompetenzzentrum OWL (2020).

[12]CSR-Preis OWL (2020).

Das Ziel ist, bei einem Kurzbesuch in drei ausgewählten Unternehmen verschiedener Branchen echte CSR-Einblicke zu gewinnen, CSR-Beispiele kennenzulernen und diese, auch kritisch, zu hinterfragen. Mit „ausschließlich Walk" und „viel Talk" kann das Veranstaltungsformat auch in ökologischer, ökonomischer und sozialer Hinsicht eine ausgezeichnete Nachhaltigkeitsbilanz vorweisen. Inhaltlich verbindet der CSR-Rundgang gelebte CSR-Praxis und die Dimensionen der Nachhaltigkeit. Insbesondere auch in Handel und Gastronomie finden sich im innerstädtischen Bereich eine Vielzahl Unternehmen mit guten Beispielen in allen CSR-Handlungsfeldern. Diese ergeben, geschickt miteinander verknüpft, ein optimales Gesamtbild für CSR-Einsteiger/-innen. So wird möglich, CSR-Strategien und -Prozesse kennenzulernen und bei CSR-Macher/-innen nachzufragen. Sowohl Teilnehmer/-innen wie auch gastgebende Unternehmen haben das Veranstaltungsformat als gewinnbringend bewertet.

→ „CSR 4.0"-Impact: „Echte Einblicke" in digitale Chancen kleiner Unternehmen wie auch in die ausgesprochene CSR-Affinität von Digital-Unternehmen.

3. **CSR-Engagement auf dem digitalen Weg zu „CSR 4.0": CSR-Kurzfilme OWL**

   Mit den CSR-Kurzfilmen hat das CSR-Kompetenzzentrum OWL das besondere Engagement von acht OWL-Unternehmen in den CSR-Handlungsfeldern Beschäftigte, Markt, Umwelt und Gemeinwesen portraitiert. Besonderes Augenmerk liegt auf einem spezifischen CSR-Highlight der jeweiligen Unternehmensstrategie. So gelingt es der Filmreihe, einzelne CSR-Aktivitäten in einem zusammenhängenden Spannungsbogen abzubilden. Sie zeigen zudem auf, wie sich vielfach einzelne CSR-Handlungsfelder überschneiden und als Ganzes positive Effekte für das Unternehmen und die Gesellschaft haben.

   Die Premiere der CSR-Kurzfilme fand in einem Kino statt, zu der sich viele CSR-Interessierte eingefunden und den Kinosaal nahezu voll besetzt haben. Positive Berichterstattung in Presse und Lokalfernsehen haben die gleichzeitige Online-Veröffentlichung auf dem YouTube-Kanal „CSR-Kompetenzzentrum OWL" flankiert.

   → „CSR 4.0"-Impact: Im Medium Film steckt ein riesiges Potenzial zur digitalen Aufbereitung und Verbreitung „trockener" Wirtschaftsthemen. Aktuell. Kurzweilig. Mitreißend. Schnellstens verbreitet.

4. **CSR-Akteure nachhaltig vernetzen: CSR-Club und CSR-Hochschulkreis OWL**

   Das CSR-Kompetenzzentrum OWL verfolgt das Ziel, CSR-Interessierte zu sensibilisieren, zu qualifizieren sowie CSR-Unternehmen und -Akteure miteinander zu vernetzen.

   Mit dem „CSR-Club OWL" wird eine Brücke zwischen denjenigen Akteuren im mittleren und oberen Management ostwestfälisch-lippischer Unternehmen geschlagen, für die CSR und Nachhaltigkeit beruflicher Alltag sind. Durch persönliche Vernetzung gelingt es, den fachlichen Austausch der CSR-Profis auf Augenhöhe und über Unternehmen und Branchen hinaus zu fördern. Die Treffen finden in der Regel halbjährlich wechselnd in unterschiedlichen Unternehmen statt. Im

Vordergrund steht der praxisorientierte Themen- und Erfahrungsaustausch des stetig expandierenden CSR- und Nachhaltigkeitsmanagements der Unternehmen in OWL. Das Netzwerk wird auf persönliche Einladung sukzessive erweitert.

Der „CSR-Hochschulkreis OWL" lädt hingegen Forschende und Lehrende mit CSR- und Nachhaltigkeitsschwerpunkten an den Fachhochschulen und Universitäten in OWL zum interdisziplinären Austausch ein. Im halbjährigen Turnus zwischen den ostwestfälisch-lippischen Hochschulen wechselnd, präsentieren die gastgebenden Wissenschaftler/-innen, oftmals unter Mitwirkung von Doktorand/-innen und Studierenden, ihre aktuellsten CSR-Lehr- und Forschungsschwerpunkte sowie die Transferchancen in Wirtschaft bzw. Gesellschaft.

Beide Netzwerke werden vom CSR-Kompetenzzentrum OWL organisatorisch und moderierend begleitet und stellen wichtige Bausteine der integrierten Vernetzungs-strategie des CSR-Kompetenzzentrums OWL dar. Sie flankieren den Fachbeirat von „CSR 4.0 | CSR-Kompetenzzentrum OWL" harmonisch und tragen entscheidend zur flächendeckenden Verbreitung von CSR in der Region bei.

→ „CSR 4.0"-Impact: Die Anforderungen an Unternehmensverantwortung steigen exponentiell mit dem Digitalisierungsgrad der Wirtschaftsakteure und -prozesse.

2.4   CSR 4.0: Die Megatrends CSR und Digitalisierung in ein Konzept überführt

In einer Vielzahl von Gesprächen auf eigenen wie den zuvor genannten Veranstaltungen, in Seminar- oder Workshop-Arbeitsphasen oder durch Teilnahme an Vernetzungs-veranstaltungen – im Laufe der Zeit wurde immer deutlicher, dass die Themen „Digitalisierung" und „Unternehmensverantwortung" gesellschaftlich betrachtet für sich selbst, vor allem aber in ihrer Kombination einen immer höheren Stellenwert gewinnen werden. Die Digitalisierung betrifft zunehmend immer mehr Bereiche des gesellschaft-lichen Miteinanders, als das oftmals zuvorderst genannte Feld „Arbeit & Beschäftigte". Beispiele dafür sind die zuvor genannten „CSR 4.0"-Impacts, die auch unten detailliert ausgeführt werden.

Dies veranlasst uns vom CSR-Kompetenzzentrum OWL zu folgender These: Eine Corporate Digital Responsibility (CDR) nach landläufiger Definition als „Datenschutz-Policy im weitesten Sinne", greift hinsichtlich der Bearbeitung weit verzweigter und miteinander verschränkter Verantwortungskontexte im Unternehmensalltag viel zu kurz. Die Corporate Social Responsibility (CSR) hingegen bietet sich mit ihrem Ansatz, die Belange aller Stakeholder in den Fokus des unternehmerischen Handelns zu rücken, weit besser für die umfassende Bearbeitung der vielschichtigen Unternehmensverantwortung in der Digitalisierung an. Es ist für uns daher notwendig, CSR und Digitalisierung mit-einander zu verknüpfen. Unser Angebot für kleine und mittelständische Unternehmen sowie alle Multiplikatoren lautet daher: „CSR 4.0".

3 Das Konzept „CSR 4.0 – Digitalisierung und Unternehmensverantwortung"

Die weltweit zunehmende Beschleunigung von Digitalisierungsprozessen in Märkten und Unternehmen hat auch in der Debatte um Unternehmensverantwortung eine neue Bezeichnung gefunden: Corporate Digital Responsibility, kurz CDR. Ihre Bedeutung und ihr Gebrauch müssen für eine konsistente und kohärente Auffassung von Corporate Social Responsibility (CSR) entsprechend näher beleuchtet und in Unternehmen und Wirtschaftsförderung zunehmend auf den Praxis-Prüfstein gestellt werden. Denn mittlerweile werden in der Nachhaltigkeitsdiskussion seitens politischer Institutionen, Hochschulen oder Consultings vermehrt Fragen gestellt, wie „Sie reden immer noch über CSR? Sie sind wohl noch nicht im digitalen Zeitalter angekommen?".

Doch in Ostwestfalen-Lippe – von der Founders Foundation passenderweise denglisch als „Hinterland of Things" bezeichnet – sind viele Unternehmen bereits seit Langem erfolgreich in und mit der Digitalisierung beschäftigt. „Industrie 4.0" ist eines der Schlagworte, das OWL als Wirtschaftsregion durchaus charakterisiert. Nirgendwo sonst in NRW und vielleicht auch im Bund kooperieren so viele Unternehmen und Stakeholder in Digitalisierungsprojekten. Für das „Internet of Things" und den weltweiten Trend zur Elektromobilität werden rund zwei Drittel der global eingesetzten Verbindungstechnologien in Ostwestfalen-Lippe entwickelt und hergestellt. Auch der bundesweit für großes Aufsehen sorgende „Fünf-Stunden-Tag" wurde in einem hier ansässigen Digitalunternehmen eingeführt. Es kann konstatiert werden: Das Hinterland ist also mächtig digital und innovativ.

Für das neue Projekt im CSR-Kompetenzzentrum OWL lag es deshalb nahe, die regionale Ausprägung als ausgewiesenen „4.0-Wirtschaftsstandort" mit der bereits näher beschriebenen CSR-Management-Affinität der regionalen Unternehmen zusammen zu denken. Und auch begrifflich zusammen zu bringen, was untrennbar voneinander in Verbindung steht: „CSR 4.0".

Anders als bei CDR wird in diesem Konzept die Bezeichnung CSR beibehalten. Denn für eine erfolgreiche und nachhaltige Etablierung von verantwortungsvoller Unternehmensführung in kleinen und mittleren Unternehmen ist es ausschlaggebend, auch Konzepte und Begriffe zu etablieren und somit „nachzuhalten", sie also nicht einem medial wechselhaften Agenda-Setting zu überlassen. Gerade familien- und inhabergeführte kleine und mittelständische Unternehmen agieren eher bodenständig und langfristig ausgerichtet. Sie reagieren daher kritisch bis abweisend gegenüber in regelmäßiger Häufigkeit neu hervorgebrachten und tendenziell englischen Begriffsschöpfungen, vor allem, wenn diese nicht den Kern der eigenen Geschäftstätigkeit beschreiben. „CSR 4.0" soll zum Ausdruck bringen, dass es bei Unternehmensverantwortung weiterhin um „klassische CSR-Handlungsfelder" geht, wie sie auch in der CSR-Strategie der Bundesregierung seit 2010 als „Arbeitsplatz", „Markt",

„Umwelt" und „Gemeinwesen" konzeptionell erfasst sind.[13] Die Ergänzung um die beiden Ziffern in „CSR 4.0" ist entsprechend als Signal und Brückenschlag zu werten, um Digitalisierung als Aspekt von Unternehmensverantwortung in sämtlichen genannten CSR-Handlungsfeldern mit zu berücksichtigen. „CSR 4.0" ist somit ein integrativer Ansatz für CSR mit zukunftsorientierter Perspektive.

Idealerweise werden auch Konzerne und Großunternehmen sowie die weitestgehend auf diese Unternehmen ausgerichtete Betriebswirtschaftslehre sowie Consulting-Branche ihre Zukunftsstrategien um die „Digitalisierungs- und Verantwortungsthematik" erweitern und in ihre bestehenden CR- bzw. CSR-Bereiche zu integrieren – vor allem dann, wenn die Digitalisierung das Kerngeschäft darstellt, wie beispielsweise in der Internet- und Telekommunikationsbranche. Jedoch wäre schon aus rein wirtschafts-ethischer Sicht zu berücksichtigen, dass selbst bei einem berechtigten CDR-Fokus die dafür grundlegenden Konzepte und Aspekte von CSR nicht in den Hintergrund geraten.

Das CSR-Kompetenzzentrum OWL setzt mit der Bezeichnung „CSR 4.0" allerdings nicht nur im Marktumfeld der regionalen wie globalen „Industrie 4.0" einen Markstein. Vielmehr ist diese Begriffsschöpfung der GILDE auch anschlussfähig an die derzeitigen und künftigen Entwicklungen von „Arbeit 4.0" sowie die weiteren CSR-Handlungsfelder „Umwelt" und „Gemeinwesen" im Lichte der derzeit stattfindenden vierten industriellen Revolution und ihrer verantwortungsvollen und somit nachhaltigen Gestaltung.

3.1 „CSR 4.0": Passgenau in der CSR- und Digitalpolitik des Landes NRW

Mit ihrem regional angelegten Projekt „CSR 4.0" untermauert die GILDE die landes-weite CSR- und Digitalpolitik des NRW-Wirtschafts- und Digitalministeriums entlang mehrerer strategischen Anforderungen. Zunächst geht es darum, die beiden Megatrends CSR und Digitalisierung in die regionale Wirtschaft zu transferieren und sie dort mittel- bis langfristig als unternehmerische Chance und Mittel für Nachhaltigkeitstrans-formationen in den Diskurs zu bringen, anstatt beide als ökonomisches Gegensatz-Paar „Ethik versus Wettbewerbsfähigkeit" zu betrachten.

Dabei nutzt die GILDE für das Projekt „CSR 4.0" die bereits im Vorgänger-Projekt „CSR-Kompetenzzentrum OWL" erarbeiteten Strukturen. Einerseits aus Gründen der Effizienz, andererseits aber vor allem, um für die eigenen Zielgruppen und Kooperationspartner der dem Nachhaltigkeitsthema inhärenten Kontinuität gerecht zu werden. „CSR 4.0" wird daher als Projekt im CSR-Kompetenzzentrum OWL angedockt. So werden sowohl die Webseite des CSR-Kompetenzzentrums OWL als auch das grundlegende Erscheinungsbild im Sinne einer Corporate Identity weitergeführt und um die neuen Aspekte von „CSR 4.0" ausgebaut. Gleichzeitig können auf diese Weise

---

[13]Vgl. Presse- und Informationsamt der Bundesregierung (2010).

Teilprojekte erhalten und weiterbetrieben werden, die nicht ausschließlich dem Projekt „CSR 4.0" zugeordnet werden, sondern sich seit 2015 und etabliert haben, beispielsweise der „CSR-Club OWL" oder der „CSR-Hochschulkreis OWL".

Wie bereits zuvor beschrieben, war das CSR-Kompetenzzentrum OWL, von 2015 bis 2018 von EU und Land NRW gefördert, ein Baustein der Landesstrategie, in sieben Teilregionen von NRW für kleine und mittlere Unternehmen vor Ort Nachhaltigkeits- und CSR-kompetente Ansprechpartner mit umfangreichen Sensibilisierungs-, Qualifizierungs- und Vernetzungsangeboten bereitzustellen.

Der Projektcharakter der CSR-Kompetenzzentren des Landes NRW musste allerdings zwangsläufig dazu führen, dass die Projektlaufzeit nach 36 Monaten als (erfolgreich) abgeschlossen galt. Der GILDE gelang es wiederum, in der vorweg bereits beschriebenen „Tradition" von CSR-Projekten seit 2005, das CSR-Kompetenzzentrum OWL zunächst mit eigenen Mitteln weiter zu betreiben und mit Erfolg die Fördermittel für einen neuen Projektschwerpunkt „CSR 4.0" einzuwerben, wodurch das regional etablierte CSR-Kompetenzzentrum OWL mit neuer Finanzierung inhaltlich neu ausgerichtet werden konnte.

Gleichermaßen konnten so auch innerhalb des CSR-Kompetenzzentrums OWL geschaffene Arbeitsplätze und damit CSR- und Projektkompetenz nachhaltig gehalten sowie der institutionelle Rahmenbau des Fachbeirates, der mit dem Start des CSR-Kompetenzzentrums OWL ins Leben gerufen wurde, fortgeführt werden. Dieses regionale Multi-Stakeholder-Netzwerk, das bereits zuvor näher beschrieben wurde, lässt sich nun vom bisher allgemeinen CSR-Ansatz noch um weitere regionale Kompetenzen und Multiplikatoren aus dem Digitalumfeld in OWL erweitern. Vor allem ist es auch dieser Fachbeirat, der wiederum die CSR- und Digitalpolitik des Landes NRW in deren Ansatz unterstützt, die regionalen Akteure, Kompetenzen und Wirkmächte kompetent und nachhaltig zu bündeln.

Nach der Antragsstellungsphase des NRW-Projektaufrufs „Regio.NRW – Innovation und Transfer", bei dem die GILDE ihr Projekt „CSR 4.0" zur möglichen Förderung eingereicht hat, wurde ein den Inhalten von „CSR 4.0" sehr ähnliches Förderprogramm durch das NRW-Wirtschafts- und Digitalministerium ausgerufen mit der Aufforderung, Konzepte für ein sogenanntes „Zentrum für Wirtschaft und digitale Verantwortung des Landes Nordrhein-Westfalen" zu erarbeiten und als Projektantrag einzureichen. Dieses Zentrum stellt einen neuen Förderschwerpunkt in der CSR- und Digitalpolitik des NRW-Wirtschafts- und Digitalministeriums dar und wird im Laufe des Jahres 2020 starten.

Anders als der regionale Projektansatz der GILDE mit dem auf Ostwestfalen-Lippe ausgerichteten Projekt „CSR 4.0", fördert das Land mit dem „Zentrum für Wirtschaft und digitale Verantwortung des Landes NRW" ein landesweit aktives Kompetenzzentrum. Die Tatsache, dass die beiden Megatrends „CSR und Digitalisierung" zukünftig mit zwei Projekten aufgegriffen werden, ist ein Beleg für die Weitsicht und die Passgenauigkeit der Digitalisierungs-Förderpolitik der Landesregierung Nordrhein-Westfalens. Denn eine inhaltlich aufeinander abgestimmte Zusammenarbeit der beiden Projekte birgt ein entsprechend hohes Potenzial, um die Zielsetzungen der CSR- und Digitalpolitik in Nordrhein-Westfalen gewinnbringend zu unterstützen.

4   Programm und Ausblick für „CSR 4.0"

Das CSR-Kompetenzzentrum OWL der GILDE-Wirtschaftsförderung Detmold stellt seit Anfang 2020 mit dem dreijährigen Projekt „CSR 4.0" die Verantwortung von Unternehmen in der digitalen Transformation in den Vordergrund. Denn mit der zunehmenden Digitalisierung werden auch kleine und mittlere Unternehmen (KMU) mit steigenden Ansprüchen der Gesellschaft konfrontiert. Um gegenüber ihren zahlreichen Stakeholdern verantwortungsvoll und nachhaltig erfolgreich zu agieren, müssen die Betriebe CSR und Digitalisierung als integrale Bestandteile ihrer Unternehmensstrategie kohärent nutzen.

Ostwestfalen-Lippe als eine führende „Industrie 4.0"-Region ist das ideale Terrain für die Integration von Verantwortung in die digitale Transformation. In dieser technologieorientierten Mittelstandsregion liegt CSR in der „DNA" der meist familiengeführten KMUs. Ein Netzwerk von Industrie- und Handels- sowie Handwerkskammern, Wirtschaftsförderer der Landkreise und Stadt Bielefeld und weiterer relevanten Organisationen in OWL unterstützt das Projekt „CSR 4.0".

„CSR 4.0" soll die digitale Unternehmensverantwortung über eine „Corporate Digital Responsibility" hinaus multidimensional weiterentwickeln und praxisnah umsetzen. Zielgerichtet möchte das Projekt „CSR 4.0" kleine und mittelständische Unternehmen (KMU) dabei unterstützen, ein umfassendes Konzept der verantwortungsvollen Unternehmensführung in der Digitalisierung zu entwickeln und zu implementieren. Es wird die Unternehmensverantwortung in ökologischen und sozialen/menschlichen Aspekten von transformativen Digitalisierungsprozessen explizit herausarbeiten und diese Prozesse positiv beeinflussen. Die KMU sollen damit befähigt werden, eine individuelle Strategie zu entwickeln und den verantwortungsvollen Umgang mit Ansprüchen und Bedenken transparent und vertrauensvoll zu belegen. Hierdurch wird nicht nur die Wettbewerbsfähigkeit der Unternehmen, sondern auch die der Region OWL insgesamt gesteigert.

In Arbeitspaketen zusammengefasst, setzt sich „CSR 4.0" aus diesen Programmschwerpunkten zusammen:

- Auftaktveranstaltung
- Kurz-Studie und Praxishandbuch: Digitalisierung und Verantwortung im Mittelstand
- Sensibilisierung für Verantwortungsaspekte (CSR) von digitaler Transformation
- CSR-Qualifizierungsangebote für den Mittelstand – Digitalisierung aus der Verantwortungsbrille betrachtet!
- Regionale Vernetzung in OWL
- Dokumentation und Transfer

Dem zugrunde liegt ein Ansatz und eine Kernbotschaft, die selbstverständlich auch außerhalb der Region Ostwestfalen-Lippe von Wirtschaftsförderungsgesellschaften und Netzwerkpartnern aufgegriffen werden können und sich beispielsweise wie durch das aufgezeigte Beispiel aus Detmold auch mit öffentlichen Mitteln förderfähig sind:

Digitalisierung erfordert verantwortliches Unternehmenshandeln.

Mit diesem Grundsatz wird Digitalisierung als Querschnittsthema definiert, das alle vier CSR-Handlungsfelder Markt, Umwelt, Arbeitsplatz und Gemeinwesen tangiert. Digitalisierung und Verantwortung sind nicht als Gegensatzpaar zu betrachten, sondern stellen zwei integrale Bestandteile erfolgreichen unternehmerischen Handelns dar.

Literatur

Brinkmann T, Merchel R (2017) CSR-Kompetenz an Kleinstunternehmen vermitteln. In: Keck W (Hrsg) CSR und Kleinstunternehmen. Die Basis bewegt sich! Springer Gabler, Wiesbaden, S 99–110

Brinkmann T, Gröger S, Keck W (2018) Mit CSR kleine und mittelständische Unternehmen begeistern. In: Bungard P, Schmidpeter R (Hrsg) CSR in Nordrhein-Westfalen – Nachhaltigkeits-Transformation in der Wirtschaft, Zivilgesellschaft und Politik. Springer Gabler, Wiesbaden, S 331–342

Brinkmann T, Gröger S, Keck W (2018) Das CSR-Kompetenzzentrum OWL im Gespräch: Mit verantwortlicher Unternehmensführung (CSR) die Zukunft sichern. In: Jahrbuch Nachhaltigkeit. Metropolitan, Regensburg, S 125–129

Bundesministerium für Wirtschaft und Energie (2019). Wirtschaftsmotor Mittelstand. Zahlen und Fakten zu den deutschen KMU. www.bmwi.de/Redaktion/DE/Publikationen/Mittelstand/wirtschaftsmotor-mittelstand-zahlen-und-fakten-zu-den-deutschen-kmu.pdf?__blob=publicationFile&v=36. Zugegriffen: 22. März 2020

CSR-Kompetenzzentrum OWL (2020) Internetpräsenz CSR-Kompetenzzentrum OWL. www.csr-kompetenz.de. Zugegriffen: 24. März 2020

CSR-Preis OWL (2020) Internetpräsenz CSR-Preis OWL. www.csr-preis-owl.de. Zugegriffen: 25. März 2020

Deutsches Institut für Urbanistik, Vortrag vom 02.03.2018 in Berlin, Keck, W: „Mit CSR den Wirtschaftsstandort strategisch fördern". https://difu.de/dokument/wirtschaftsfoerderung-4-herausforderungen-strategien-trends.html-0. Zugegriffen: 22. März 2020

Deutsches Netzwerk Wirtschaftsethik (Hrsg) „Erfolgreich durch Nachhaltigkeit und Digitalisierung: Unterstützung für den Mittelstand in OWL". www.forum-wirtschaftsethik.de/erfolgreich-durch-nachhaltigkeit-und-digitalisierung-unterstuetzung-fuer-den-mittelstand-in-owl/. Zugegriffen: 24. März 2020

GILDE (2020) Internetpräsenz der GILDE-Wirtschaftsförderung/ GILDE GmbH Gewerbe- und Innovationszentrum Lippe-Detmold. www.gildezentrum.de. Zugegriffen: 25. März 2020

It's OWL (2020) Internetpräsenz it's OWL. www.its-owl.de. Zugegriffen: 25. März 2020

MWIDE, csr.nrw.de (2020) Internetpräsenz der NRW-CSR-Kompetenzzentren vom Ministerium für Wirtschaft, Innovation, Digitalisierung und Energie des Landes Nordrhein-Westfalen (MWIDE). www.csr.nrw.de. Zugegriffen: 25. März 2020

OWL (2020) Internetpräsenz der Regionalorganisation OWL GmbH. www.ostwestfalen-lippe.de. Zugegriffen: 25. März 2020

Presse- und Informationsamt der Bundesregierung (2010) Nationale Strategie zur gesellschaftlichen Verantwortung von Unternehmen (Corporate Social Responsibility – CSR) – Aktionsplan CSR – der Bundesregierung. www.bundesregierung.de/resource/blob/975274/318158/c521116c6e6659b26d5ff286ff67408c/2010-12-07-aktionsplan-csr-data.pdf?download=1. Zugegriffen: 22. März 2020

Simon Gröger
(Fotocredit: privat)

Simon Gröger (Jg. 1976) ist seit 2015 wissenschaftlicher Mitarbeiter im CSR-Kompetenzzentrum OWL der GILDE-Wirtschaftsförderung Detmold. Nach Abitur, Zivildienst, einer kaufmännischen Ausbildung in einem Kleinunternehmen und der Tätigkeit in einem internationalen Konzern, folgte ein Studium der Politikwissenschaften (B.A.) und der Soziologie (M.A.). Während des Studiums in einer Agentur beschäftigt und auf (digitale) Unternehmenskommunikation spezialisiert, hat er im Anschluss daran erfolgreich unterschiedliche EU-, bundes- und landesgeförderte Ausbildungs- und Nachhaltigkeitsprojekte mit KMU-Bezügen bei der Wirtschaftsförderung und der Kreisverwaltung im Kreis Höxter sowie bei der Universität Paderborn (AG Berufspädagogik) betreut. Neben dem CSR-Kompetenzzentrum OWL hat er die GILDE zwischenzeitlich in der Aufbauphase des JOBSTARTER plus-Projektes „ALEXA" unterstützt. Seit nunmehr 20 Jahren wissenschaftlich und beruflich mit dem Thema CSR befasst, engagiert er sich nun für die Verknüpfung von „Digitalisierung und Unternehmensverantwortung" im Regio. NRW-Projekt „CSR 4.0" des CSR-Kompetenzzentrums OWL.

Wolfgang Keck
(Fotocredit: privat)

Wolfgang Keck (Jg. 1976) kam nach kaufmännischer Ausbildung und Mitarbeit im Familienbetrieb ab 2004 als Leiter eines österreichischen EU-Pilotprojekts zum Thema CSR. Mit dem „CSR Trainingshandbuch" legte er 2006 eine Pionierarbeit in der Fachliteratur zur beruflichen Qualifizierung in CSR und Nachhaltigkeit vor. In Folge entwickelte Keck bei der GILDE-Wirtschaftsförderung der Stadt Detmold die Wissensplattform „www.csr-training. eu" mit und unterstützt seither bundesweit kleine und mittlere Unternehmen bei der Erarbeitung eigener CSR-Strategien. Seit 2015 engagiert er sich in der GILDE im regionalen „CSR-Kompetenzzentrum Ostwestfalen-Lippe (OWL)" mit aktuellem Arbeitsschwerpunkt „CSR 4.0 – Digitalisierung und Unternehmensverantwortung". Den Deutschen Industrie- und Handelskammertag begleitete Keck bei der Konzeption und Einführung des Lehrgangs „CSR-Manager/in (IHK)". Derzeit ist er von der DIHK-Bildungs-GmbH im Arbeitskreis „Nachhaltigkeit und Digitalisierung" mit der Co-Entwicklung des IHK-Führungskräftetrainings „Nachhaltig Erfolgreich Führen" beauftragt. In Büchern, Buchbeiträgen, Leitfäden, Kurzfilmen und Veranstaltungsformaten bricht er die Komplexität von CSR immer wieder auf die praktische Umsetzbarkeit in klein(st)en und mittleren Unternehmen herunter und will damit zu einem Umsteuern des Mittelstands in eine nachhaltigere menschliche und ökologische Entwicklung beitragen.

Teil II
Innovation und Technologie

Universitäre Ausbildung von Konstrukteurinnen und Konstrukteuren im Kontext des industriellen Wandels

Sven Matthiesen, Kevin Hölz, Sandra Drechsler und Tim Bruchmüller

1   Einleitung

Die seit vielen Jahren immer stärker werdende Verflechtung von Maschinenbau, Elektrotechnik und Informationstechnik in Maschinen und Produkten, sowie deren zusätzliche Vernetzung über IT-Systeme, wird heute mit dem Label „Industrie 4.0" belegt. Diese sogenannte vierte industrielle Revolution transportiert aktuelle Trends der Informations- und Kommunikationstechnologie in Maschinen der industriellen Produktions- und Logistiksysteme sowie der Betriebsmittel, sodass ein neues Leitbild für die Industrie entsteht. Das Ziel ist, diese so zu gestalten, dass sie untereinander eigenständig Informationen austauschen, geeignete Aktionen auslösen und sich gegenseitig selbstständig steuern können (Ramsauer 2013). Dadurch sind Unternehmen in der Lage, ihre Produktion auf schnell wechselnde Nachfragen anzupassen, ihre Produkte an die individuelle Nutzung abzustimmen sowie den Trend zur Individualisierung zu bewältigen. Verknüpft mit dem Begriff „Industrie 4.0" sind aktuelle Megatrends wie Digitalisierung, Automatisierung, Konnektivität, Mobilität, Globalisierung, Big Data oder Künstliche Intelligenz (KI).

S. Matthiesen (✉) · K. Hölz · S. Drechsler · T. Bruchmüller
IPEK – Institut für Produktentwicklung, Karlsruher Institut für Technologie (KIT), Karlsruhe, Deutschland
E-Mail: sven.matthiesen@kit.edu

K. Hölz
E-Mail: kevin.hoelz@kit.edu

S. Drechsler
E-Mail: sandra.drechsler@kit.edu

T. Bruchmüller
E-Mail: tim.bruchmueller@kit.edun

© Springer-Verlag GmbH Deutschland, ein Teil von Springer Nature 2021
A. Hildebrandt und W. Landhäußer (Hrsg.), *CSR und Digitalisierung,* Management-Reihe Corporate Social Responsibility, https://doi.org/10.1007/978-3-662-61836-3_10

Im Zeitalter der „Industrie 4.0" stehen Konstrukteurinnen und Konstrukteure vor der Herausforderung, Produkte zu entwickeln, welche Elemente der Mechanik, Elektronik und Informationstechnik vereinen und darüber hinaus fähig sind, im weltweiten Netz mit anderen Produkten zu kommunizieren. Die Anforderungen an diese hoch entwickelten Produkte nehmen kontinuierlich zu (Matthiesen et al. 2015c). Bei der Entwicklung der Produkte wird mit digitalen Zwillingen gearbeitet und es müssen Anforderungen bezüglich Smart Product, Internet of Things (IoT) oder Predictive Maintenance erfüllt werden. Betroffen davon sind vor allem die Treiber und Gestalter im Entstehungsprozess – die Konstrukteure/-innen (Albers et al. 2012).

Dies betrifft dabei nicht nur mechatronische Produkte, sondern auch Produkte, die bisher dem „klassischen" Maschinenbau zugeschrieben werden. Beispielsweise kann hier die Entwicklung „smarter" Maschinenelemente genannt werden (Vorwerk-Handing et al. 2020). Eine Passfeder wird beispielsweise neben der Hauptfunktion, der Drehmomentübertragung, zusätzlich auch die Funktion der Messung des Drehmoments und die Übergabe gemessener Informationen an das eingebaute System und an andere Produkte beinhalten. Die Konstrukteure/-innen müssen diesen Sachverhalt in der Gestaltung des Systems entsprechend berücksichtigen. Für den/die Konstrukteur/-in ist es daher notwendig, dass er/sie sowohl Mechanik, Elektronik als auch Informationstechnik im entstehenden System und im Produkt versteht. Da es jedoch nicht möglich ist, in all diesen Bereichen ein Spezialist zu sein, muss er/sie sich in einem Team aus verschiedenen Kompetenzen zurechtfinden können. Interdisziplinäres Arbeiten in der Produktentwicklung wird vor diesem Hintergrund daher zunehmend bedeutsamer (Matthiesen et al. 2015b).

Diese Entwicklung wurde jedoch nicht erst durch den Begriff „Industrie 4.0" ausgelöst, sondern ist ein schon länger andauernder Veränderungsprozess, der immer weiter an Bedeutung zunimmt. So wird bereits seit vielen Jahren gefordert, dass Ingenieure/-innen ein besseres Verständnis für ihnen fremde Fachdisziplinen mitbringen müssen. Diese Entwicklung führt zu einer Veränderung der Qualifizierungsbedarfe angehender Berufseinsteiger/-innen – insbesondere in den Ingenieurwissenschaften. Der/die einzelne Mitarbeiter/-in muss jedoch nicht unbedingt mehr Qualifikationen aufweisen können, sondern andere als heute. So hat beispielsweise ein/e Maschinenbauingenieur/-in, vor dem Hintergrund von „Industrie 4.0", zumindest Grundkenntnisse der Informatik (Matthiesen et al. 2015b), der Elektrotechnik/Elektronik, der Aktuatorik sowie der Steuerungs- und Regelungstechnik in seinen Berufsalltag mitzubringen.

Damit steht die Ausbildung von Konstrukteuren/-innen vor der Herausforderung, dem Wandel an Tätigkeitsfeldern und Anforderungen mit angepassten Lehrinhalten und Ausbildungskonzepten zu begegnen. Der folgende Beitrag widmet sich diesem Aspekt und zeigt auf, welche Anforderungen an die universitäre Ausbildung von Konstrukteuren/-innen gestellt und wie diesen mit innovativen Konzepten begegnet werden kann, damit diese bestmöglich auf die spätere Berufstätigkeit vorbereitet werden können. Wird in diesem Beitrag dabei von Konstrukteuren oder Ingenieuren gesprochen, dann soll damit die Berufsbezeichnung gemeint sein und somit für alle Geschlechter gelten.

2   Anforderungen an die universitäre Ausbildung von Konstrukteur/-innen

Seit 1996 stellen deutsche Hochschulen von einem „income"- auf einen „outcome"-orientierten Lehransatz um. Dies bedeutet, dass das Lernen basierend auf Kompetenzen erfolgt (Gillen 2013), anstelle einer inhaltbasierten Herangehensweise (Chiru et al. 2012).

Bevor auf die Anforderungen an die universitäre Ausbildung eingegangen wird, soll zuerst der Begriff *kompetenzbasiert* erläutert werden. Der Begriff weist in der Literatur eine Vielzahl verschiedener Definitionsansätze und Sichtweisen auf (Le Deist und Winterton 2005). So definieren einige Autoren *Kompetenz* als Charakteristik, mit der ein/e Mitarbeiter/-in seine Aufgaben ausübt. Andere beschreiben Kompetenz in Abhängigkeit der Anforderungen einer beruflichen Tätigkeit (Ellström und Kock 2008). Der Begriff *kompetent* kann auch angemessen, aber nicht exzellent bedeuten (Eraut 1998). Aus Sicht der Europäischen Kommission ist Kompetenz „eine Kombination aus Wissen, Fähigkeiten und Einstellungen, die an den jeweiligen Kontext angepasst sind" (Europäische Kommission 2007). Weinert (2002) definiert den Begriff wie folgt: Kompetenzen sind demnach, die von Individuen verfügbaren oder durch sie erlernbaren kognitiven Fähigkeiten und Fertigkeiten, um bestimmte Probleme zu lösen, um die damit verbundenen motivationalen, volitionalen und sozialen Bereitschaften und Fähigkeiten, um die Problemlösungen in variablen Situationen erfolgreich und verantwortungsvoll nutzen zu können.

Eine zentrale Anforderung im Kontext des Bologna-Prozesses ist, dass ein Studium, unabhängig von seiner disziplinären Ausrichtung, die **Beschäftigungsfähigkeit** der Studierenden fördern, sie auf breite berufliche Tätigkeitsfelder vorbereiten und sie dazu befähigen soll, beruflich Fuß zu fassen (Schaper 2012). Im Zusammenhang mit den beruflichen Herausforderungen für universitär ausgebildete Konstruktionsingenieure soll daher innerhalb dieses Beitrags Kompetenz folgendermaßen verstanden werden: Kompetenz bedeutet über die erforderlichen Kenntnisse, Fertigkeiten und Fähigkeiten eines Berufs verfügen, Arbeitsaufgaben selbstständig und flexibel lösen sowie fähig und bereit sein, dispositiv in seinem Berufsumfeld und innerhalb der Arbeitsorganisation mitzuwirken (Bunk 1994). Für die Beschäftigungsfähigkeit ist es daher erforderlich, die Ausbildung an den für den Beruf notwendigen Kenntnissen, Befähigungen und Kompetenzen auszurichten (Albers et al. 2012). Um eine berufsbefähigende, kompetenzorientierte Ausbildung sicherzustellen, ist ein intensiver Kontakt zu verschiedenen Unternehmen zwingend erforderlich (Baumanna et al. 2014). Nur so können die von Unternehmen geforderten Kompetenzen identifiziert, spezifiziert und bewertet werden (Weinstein und Houston 1974).

Eine gute Lehre muss angehende Ingenieure befähigen, innovative Produkte zu kreieren und fundierte Ingenieurleistungen zu erbringen. Ein Schlüsselfaktor einer berufsbefähigenden Hochschullehre ist das Sammeln von Erfahrung in einer industrieorientierten Arbeitsumgebung (Breitschuh und Albers 2014). Damit können Studierende bereits im Studium Erfahrungen in der Anwendung des gelernten Wissens sammeln, diese reflektieren und dadurch **Anwendungskompetenz** aufbauen. Anwendungskompetenz ist daher eine wichtige Anforderung an die universitäre Ausbildung von Konstrukteuren, um im späteren Beruf erfolgreich zu sein.

Spezifische Anforderungen an die Ausbildung von Ingenieuren ergeben sich aus der vom Landesministerium für Wissenschaft, Forschung und Kunst des Landes Baden-Württemberg beauftragten Expertenkommission Ingenieurwissenschaften@ BW2025 (Expertenkommission IngBW 2015). Die Aktivität des Gestaltens von Produkten nimmt einen herausragenden und einzigartigen Stellenwert ein, da auf die sich zunehmend ändernden Anforderungen mit konkreten Lösungen reagiert werden muss (Expertenkommission IngBW 2015). Danach kommen neben den allgemeinen Anforderungen an ein Hochschulstudium weitere spezifische Anforderungen an die Ingenieurausbildung hinzu, die das lebenslange Lernen adressieren. Wichtige spezifische Anforderungen für das lebenslange Lernen sind einerseits **Fach-, Methoden-** und **Führungskompetenz** im Kontext des adressierten Berufsbilds, andererseits tiefes am Stand der Forschung ausgerichtetes **Spezialwissen** kombiniert mit **daran orientiertem Breitenwissen.** Diese beiden spezifischen Anforderungen, welche das lebenslange Lernen adressieren, werden im Folgenden vorgestellt.

Fach-, Methoden- und Führungskompetenz

Eine zentrale Rolle bei der Kreation innovativer Produkte spielt der Konstrukteur. Er gestaltet mit entsprechendem Fachwissen die Produkte, sodass diese in der Lage sind, ihre zugedachten Funktionen zu erfüllen (Matthiesen et al. 2015a). Hierfür braucht es einen kreativen Menschen, der sich fortwährend mit neuen Materialien, Maschinenelementen und Technologien auseinandersetzt. Bei der Vielfalt technischer Systeme ist es weder sinnvoll noch möglich, auf alle in der Lehre einzugehen und damit Vollständigkeit anzustreben. Daher ist die Exemplarik als didaktisches Mittel wichtig, um Studierende in die Lage zu versetzen, unbekannte Maschinensysteme zu verstehen. Neben dem Fachwissen wird Methodenwissen gelehrt, um den Transfer auf unbekannte Maschinensysteme zu ermöglichen. Eine mögliche Methode dazu ist der Contact und Channel-Ansatz (Grauberger et al. 2019). Das Konstruieren von Systemen geschieht unter Verknüpfung all dieser Kenntnisse. Zusätzlich werden von Konstrukteuren nicht-maschinenbautypische Tätigkeiten wie Produkt- und Projektmanagement gefordert (Albers et al. 2012).

Ein weiteres wichtiges Ziel der universitären Ausbildung von Ingenieuren ist der Aufbau von Führungskompetenz. Eine Studie von Stimpel et al. (2016) zeigt, dass Ingenieure nach Wirtschaftswissenschaftlern die zweithäufigste Gruppe an Absolventen bilden, die in den Vorstandsetagen zu finden sind. Das Übernehmen einer Führungsposition mit Personalverantwortung ist für viele Ingenieure ein in naher Zukunft angestrebtes Ziel. Allerdings kennen die meisten Absolventen/-innen nicht die damit verbundenen Aufgaben und Herausforderungen (Matthiesen et al. 2017b). Dabei sind die Aufgaben einer Führungskraft vielfältig: Neben der Motivation der Mitarbeiter sind

Führungspersonen auch für die Delegation der Aufgaben oder für Konfliktbewältigung zuständig (Felfe 2012). Führung ist dabei nicht allein als organisatorisch bestimmte Führung zu verstehen, sondern auch als Kompetenz im *In-Führung-gehen* und das wird von jungen Berufseinsteigern mit universitärer Ausbildung in den Unternehmen von Anfang an erwartet. Der Ausbau von Führungskompetenz kann allerdings nicht rein additiv als Workshop oder Seminar ohne gleichzeitiges Üben erfolgen – es werden hierfür immer Anwendungssituationen benötigt (Matthiesen et al. 2017b). Nur so kann das erworbene theoretische Wissen direkt erprobt, umgesetzt und reflektiert werden. Insbesondere die kritische Reflexion nimmt an dieser Stelle einen signifikanten Stellenwert ein, da nur durch sie eine systematische Weiterentwicklung möglich wird (Olsson 2010).

Spezialwissen kombiniert mit daran orientiertem Breitenwissen
Konstrukteure müssen neben klassischem Konstruktions-Know-how, wie zum Beispiel Kenntnissen zu Maschinenelementen und Materialien zu Funktionsgruppen, Fertigungs- und Montagetechniken, zu Konstruktionsmethoden, Lösungsfindungssystematiken und räumlichem Vorstellungsvermögen, zunehmend auch Informatik- und Programmier- kenntnisse sowie Kenntnisse über Elektrotechnik und Mechatronik mitbringen (Albers et al. 2012). Aufgrund der Vielzahl geforderter unterschiedlicher Fachkompetenzen können moderne Produkte nur noch in Teams aus Ingenieuren mit unterschiedlichem Spezialwissen kombiniert mit daran orientiertem Breitenwissen entwickelt werden. Da die Produktentwicklung in Teamstrukturen bestehend aus unterschiedlichen Fach- disziplinen durchgeführt wird, ist es wichtig, den Studierenden Kompetenzen bezüglich dem Interagieren in solchen interdisziplinären Teams zu vermitteln (Matthiesen et al. 2015b).

Zu beachten ist hierbei, dass Berufsbilder nicht statisch sind, sondern einem konstanten Wandel unterliegen, an dem sich die universitäre Ausbildung orientieren muss (Expertenkommission IngBW 2015). Das wird durch die immer schneller statt- findenden technologischen Veränderungen im Zuge der Industrie 4.0 umso relevanter. Grundsätzlich ist eine breite Ausbildung Voraussetzung, um auf Veränderungen reagieren zu können. Das Fundament bildet ein domänenübergreifendes Breitenwissen, auf denen eine Vertiefung, zum Beispiel in der Mechatronik, erfolgen kann (Matthiesen et al. 2015a). Für die Ausbildung einer nächsten Generation von Ingenieuren an Hochschulen bedeutet dies, dass die Inhalte der Curricula in regelmäßigen Abständen zwischen einer soliden Grundausbildung und sinnvollen Spezialisierungen in gesellschaftlich relevanten Bereichen aufs Neue ausbalanciert werden müssen (Expertenkommission IngBW 2015).

Eine von der acatech – Deutsche Akademie der Technikwissenschaften – beauftragte Studie stellt die Anforderungen an die universitäre Ausbildung von Ingenieuren im Konstruktionsbereich dar. Zudem zeigt die Studie, dass Ingenieure gefordert werden, die bereits aus der Ausbildung ein sogenanntes T-orientiertes Kompetenzprofil mitbringen (siehe Abb. 1) (Albers et al. 2012).

Ein T-orientiertes Kompetenzprofil zeichnet sich nach Matthiesen et al. (2015a) dadurch aus, dass ein tiefes Spezialwissen vorliegt, welches durch ein an diesem

Abb. 1 Vergleich von
Kompetenzprofilen.
(Matthiesen et al. 2015a)

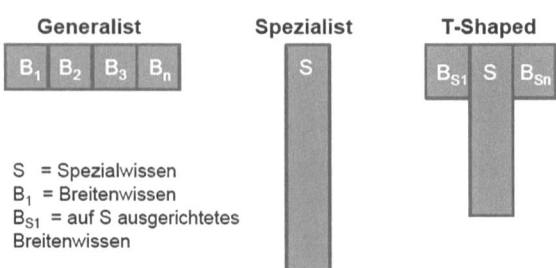

S   = Spezialwissen
B_1 = Breitenwissen
B_{S1} = auf S ausgerichtetes
Breitenwissen

Spezialwissen ausgerichtetes breites Wissen ergänzt wird. Dieses Kompetenzprofil unterscheidet sich von einem generalistisch ausgerichteten Kompetenzprofil mit ausgeprägtem Breitenwissen. Zur Entwicklung von Produkten wird tiefe fachliche Kenntnis gefordert und damit ist das generalistisch ausgerichtete Kompetenzprofil für Konstrukteure nicht geeignet. Genauso kann ein Team von reinen Spezialisten und Spezialistinnen mit einem sehr tiefen Spezialwissen sowohl den Herausforderungen einer mechatronischen Produktentwicklung als auch den aktuellen Entwicklungen im Umfeld der Industrie 4.0 nicht zielgerichtet begegnen. Diesen reinen Spezialisten fällt der Überblick über den ganzheitlichen Systemzusammenhang und die Kommunikation im Team schwer, da ein gemeinsames Ziel- und Modellverständnis fehlt.

Um für eine dem industriellen Wandel unterworfene Zukunft bereit zu sein, muss die universitäre Ausbildung von Konstrukteuren aktiv gestaltet werden. Zusammenfassend ergeben sich neben der zentralen Anforderung der Berufsbefähigung in Wissenschaft und Unternehmen noch die folgenden Anforderungen:

1. **Anwendungskompetenz** bzw. die Fähigkeit das Gelernte auf reale Problemstellungen anzuwenden (in Anlehnung an Matthiesen et al. 2013).
2. **Fach-, Methoden- und Führungskompetenz** im Kontext des adressierten Berufsbilds (in Anlehnung an Albers et al. 2001; Matthiesen et al. 2016).
3. Tiefes am Stand der Forschung ausgerichtetes **Spezialwissen kombiniert mit daran orientiertem Breitenwissen** im Umfeld des jeweiligen Tätigkeitsfeldes, wie es beispielhaft im T-Modell in der universitären Ausbildung von Mechatronikern (Matthiesen et al. 2015c) beschrieben wird.

3   Innovative Lehransätze

Wie den Anforderungen an die universitäre Ausbildung von Konstrukteuren begegnet werden kann, wird im Folgenden aufgezeigt. Dazu wird zuerst das innovative Konzept KaLeP – Karlsruher Lehrmodell für Produktentwicklung – erläutert. Dies ist ein projektbasierter Lehransatz, welcher unter anderem die Anwendungskompetenz adressiert und in unterschiedlichen Lehrveranstaltungen angewendet werden kann. Darauffolgend werden Lehrveranstaltung vorgestellt, welche unter Anwendung des KaLeP die genannten Anforderungen bewältigen. Diese Lehrveranstaltungen sollen als Anregung oder als Vorlage dienen, wie angehende Konstrukteure im Kontext des industriellen Wandels bestmöglich auf die spätere Berufstätigkeit vorbereitet werden können.

Aus der acatech-Studie „Faszination Konstruktion, Berufsbild und Tätigkeitsfeld im Wandel" (Albers et al. 2012) geht hervor, dass Vorlesungen in der Ausbildung von Konstrukteuren das dominante Lehrformat darstellen. Daran wird sich nach Meinung der im Rahmen der Studie befragten Experten zukünftig wenig ändern, wobei die überwiegende Mehrheit Konstruktionsprojekte als das am besten geeignete Lehrformat für die Vermittlung von Konstruktionsfähigkeiten hält. Darüber hinaus zeigt die Studie, dass die Grundlagen oftmals relativ losgelöst von der praktischen Anwendung vermittelt werden und erst zu einem späteren Zeitpunkt zum Einsatz kommen.

Nach der Theorie des Konstruktivismus kann Wissen jedoch nicht übertragen oder kopiert werden. Es wird durch Lernen mental konstruiert, das heißt, der Erwerb von Wissen beruht vornehmlich auf den Lernprozessen des Lernenden (Reinmann und Mandl 2006). Die eigentliche Kompetenzentwicklung entsteht durch Anwendung erworbenen Wissens auf neue und unbekannte Probleme (Reinmann und Mandl 2006). Das heißt, dass die am Berufsbild orientierte Handlungskompetenz demnach durch *Tun* aufgebaut werden kann (Albers und Spöttl 2013). Fachwissen bildet damit die Grundlage, die durch berufsorientierte Handlungskompetenz nutzbar und gewinnbringend wird.

Eine gute Hochschullehre, die den Anforderungen im Zeitalter der Industrie 4.0 gerecht wird, muss diese Zusammenhänge mehr denn je berücksichtigen. Nach Albers und Spöttl (2013) soll der Lernprozess auf unterschiedlichen Wegen begleitet werden:

1. Vorlesungen dienen dazu, den Wissenserwerb zielgerichtet zu gestalten und zu fördern.
2. Übungen sollen die Reflexion des Lernprozesses anregen.
3. Projektarbeit soll den Transfer und die Anwendung des Wissens ermöglichen.

Dieser Dreiklang verschiedener Bausteine (vgl. Abb. 2), die miteinander in Wechselwirkung stehen, wird bereits seit 1996 im KaLeP abgebildet (Albers et al. 2001). Jeder der drei Bausteine deckt verschiedene Ausbildungsziele ab. In den Vorlesungen werden die theoretischen Grundlagen vermittelt, die die Basis für die anderen zwei Bausteine bilden (Albers et al. 2001). Semesterbegleitende Übungen dienen der Anwendung des theoretischen Wissens auf verschiedene Problemstellungen (Albers et al. 2006). Die begleitenden projektbasierten Workshops bieten darüber hinaus die Möglichkeit, das erlernte Wissen eigenständig anzuwenden (Albers et al. 2001), sowie den Transfer auf reale Aufgabenstellungen zu ermöglichen. Weiterhin können wichtige Schlüsselqualifikationen erworben werden, die im Rahmen von Vorlesungen nicht vermittelt werden können. Ein besonderes Augenmerk liegt dabei von Beginn an beispielsweise auf der interdisziplinären Teamarbeit (Albers et al. 2001) und dem Erwerb von Führungskompetenz oder Projektmanagement.

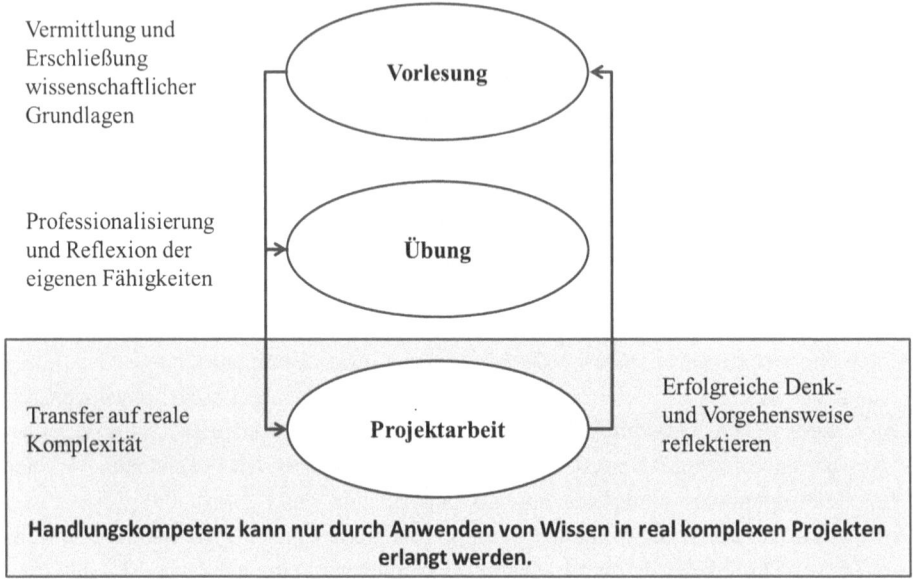

Vermittlung und
Erschließung
wissenschaftlicher
Grundlagen

Professionalisierung
und Reflexion der
eigenen Fähigkeiten

Transfer auf reale
Komplexität

Erfolgreiche Denk-
und Vorgehensweise
reflektieren

Vorlesung

Übung

Projektarbeit

Handlungskompetenz kann nur durch Anwenden von Wissen in real komplexen Projekten erlangt werden.

Abb. 2 KaLeP. (In Anlehnung an Albers und Spöttl 2013)

Der wesentliche Kern des KaLeP besteht neben der Dreiteilung darin, dass durch *eigenes Tun* prägende Erfahrungen in gezielt geschaffenen Lehrsituationen in unternehmensähnlichen Arbeitsumgebungen erlangt werden (Albers et al. 2009). So bauen Studierende Handlungskompetenz beim Lösen realer, komplexer und technischer Probleme auf (Matthiesen et al. 2013).

Wichtig ist, dass Studierende Fehler machen dürfen, da diese die Chance bieten, das eigene Denken und Handeln zu verbessern. Diese müssen zunächst provoziert und zugelassen werden. Um eine systematische Fehlerkorrektur sowie eine positive Fehlerkultur zu entwickeln, müssen diese in einem nächsten Schritt kritisch reflektiert werden (Matthiesen et al. 2013). Reflexion ist der Weg zum wissenschaftlichen Lernen und zum Aufbau von Handlungskompetenz. Die Reflexion sollte daher sowohl persönlich für den Prozess des Konstruierens, als auch für das technische Verständnis des Produkts stattfinden. Denn in der Produktentwicklung ist das Verständnis für die Konstruktion, das heißt das Verständnis der technischen Zusammenhänge zwischen der zu erfüllenden Funktion und der konstruierten Gestalt, essenziell. Ein Problem ist jedoch, dass Menschen oft ihr Verständnis von komplexen Sachverhalten überschätzen und sich dieser Fehleinschätzung häufig nicht bewusst sind (Rozenblit und Keil 2002). Eine Ausprägung dieses Problems ist beispielsweise der Confirmation Bias. Der Confirmation Bias beschreibt die gezielte Suche nach oder die Interpretation von genau den Beweisen, welche die eigene Erwartung bestätigen (Nickerson 1998). Nach einer Studie von Nelius und Matthiesen (2019) kann der Confirmation Bias zur Feststellung falscher Problemursachen führen. Nach einer Studie von Matthiesen et al. (2018a) führt das kritische

Hinterfragen in der Analyse technischer Systeme häufig zu einer Verbesserung des Systemverständnisses. Das kritische Hinterfragen kann in diesem Zusammenhang als Reflexion der Konstruktionstätigkeit gesehen werden. Die Reflexion ist für das Verständnis des Produkts und damit für den Konstruktionserfolg sehr wichtig. Die Reflexion der eigenen Projektarbeit kann durch die Studierenden als individuelle Reflexion, als Gruppenreflexion oder als angeleitete Reflexion in der Vorlesung durch den Dozenten erfolgen. Damit können die gesammelten Erfahrungen auf allgemeine Problemstellungen übertragen und mit den wissenschaftlichen Grundlagen aus der Vorlesung verknüpft werden, um diese bestmöglich für später auftretende Herausforderungen nutzen zu können (Matthiesen et al. 2015c).

Das innovative Lehrkonzept KaLeP unterteilt die Produktentwicklungsausbildung in verschiedene Ebenen mit dem Ziel, eine solide Basis durch eine Anwendungskompetenz zu schaffen, auf der tiefer gehendes Wissen aufgebaut werden kann (Albers et al. 2006). Dieser projektbasierte Lehransatz wird anhand folgender Beispiele vorgestellt:

- Eine Lehrveranstaltung zur Vermittlung von Fach- und Methodenkompetenz im Grundlagenbereich: Maschinenkonstruktionslehre (MKL).
- Eine Lehrveranstaltung zur Vermittlung von Spezialwissen kombiniert mit daran orientiertem Breitenwissen in interdisziplinären Produktentwicklungsteams: Mechatronische Systeme und Produkte (MSuP).
- Eine Lehrveranstaltung zur Vermittlung tiefer Fach- und Methodenkompetenz im Bereich handgehaltener Geräte: Gerätekonstruktion (GK).
- Eine Lehrveranstaltung zur Vermittlung von Führungskompetenz: Führung interdisziplinärer Teams (FiT).

3.1 Beispiel: MKL

Die Vermittlung von Fach- und Methodenkompetenz im Grundlagenbereich in der Lehrveranstaltung „Maschinenkonstruktionslehre" (MKL) umfasst vier Semester und ist Teil des Bachelorstudiums. Im Rahmen der Vorlesung werden die Grundlagen im Bereich der Maschinenelemente vermittelt und erarbeitet. In der Vorlesung werden Maschinenelemente exemplarisch gelehrt, sowie der Contact und Channel-Ansatz als Methode zur Übertragung auf andere Maschinenelemente. Die dazugehörigen Übungen konzentrieren sich auf die Anwendung der erlernten Theorie auf konkrete Beispiele. Die semesterbegleitende Projektarbeit ermöglicht den Erwerb von Wissen und Fähigkeiten, die nicht in klassischen Vorlesungen vermittelt werden können (Albers et al. 2001).

Für die Projektarbeit bilden die Studierenden Gruppen von fünf Mitgliedern, um über mehrere Semester immer umfangreicher werdende Aufgaben zu lösen (Albers et al. 2009). Im ersten Semester steht die Systemanalyse im Vordergrund. Reale technische Systeme, wie beispielsweise ein industrielles Kegelradgetriebe, werden analysiert, die konstruktive Umsetzung diskutiert und Vor- sowie Nachteile anhand der Vorlesungsinhalte herausgearbeitet. Jedem studentischen Projektteam steht dazu ein Getriebe zur Verfügung. In der Projektarbeit werden dazu 20 SEW-Eurodrive-Getriebe (siehe Abb. 3 links) von 600 Studierenden pro Semester an speziell eingerichteten Montage- und Demontage-arbeitsplätzen demontiert, um konkrete Aufgaben bezüglich Kraftfluss, Funktion und Gestaltung zu bearbeiten. Hier stehen das Analysieren, sowie das Anfassen und Begreifen von Technik im Vordergrund.

Im zweiten, dritten und vierten Semester steht dann die Systemsynthese im Vorder-grund, bei der aus Anforderungen konkrete Konstruktionen (siehe Abb. 3 rechts) abgeleitet werden. Der Schwierigkeitsgrad und der Umfang der Aufgabe steigen von Semester zu Semester. In Semester drei und vier arbeiten die Studierenden über ein ganzes Jahr hinweg in einem Team an einer technischen Aufgabenstellung bis hin zur CAD-Konstruktion (Albers et al. 2001). Um dabei eine möglichst real-komplexe Auf-gabenstellung abzubilden, bearbeiten die Studierenden die Aufgabenstellung auf Basis von Vorgängergenerationen (Albers et al. 2018). Dies entspricht dem Ansatz der Produktgenerationsentwicklung (PGE), nach der die Produktentwicklung in Unter-nehmen immer auf Basis von Vorgängerprodukten, wie beispielsweise eigenen Produkten, Mitbewerberprodukten oder ähnlichen Produkten, erfolgt. Das begleitende Konstruktionsprojekt wird von promovierenden Ingenieuren und von ihnen geführten wissenschaftlichen Hilfskräften betreut. Die Studierenden erhalten ein individuelles Feedback bezüglich der Arbeitsleistung und der Entwicklung der Kompetenzen, sodass sie den Stand ihres Lernprozesses einschätzen und bewerten können (Albers et al. 2009).

Ihre Workshop-Leistung wird individuell nach fünf berufsqualifizierenden Kriterien bewertet, die auf Fallstudien und den Erfahrungen des Instituts basieren: Fachkompetenz, Methoden- und Sozialkompetenz sowie Kreativitäts- und Elaborationspotenzial (vgl. Abb. 4).

Die Lehrveranstaltung Maschinenkonstruktionslehre vermittelt in Form eines innovativen Lehransatzes fundamentales Grundlagenwissen. Durch den Dreiklang aus Vorlesung, Übung und Workshop steht nicht allein der reine Wissenserwerb im

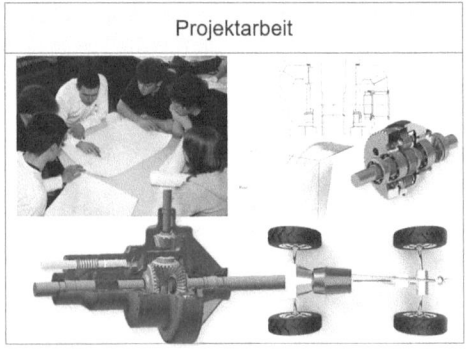

Abb. 3 Impressionen der Projektarbeit (Albers und Spöttl 2013)

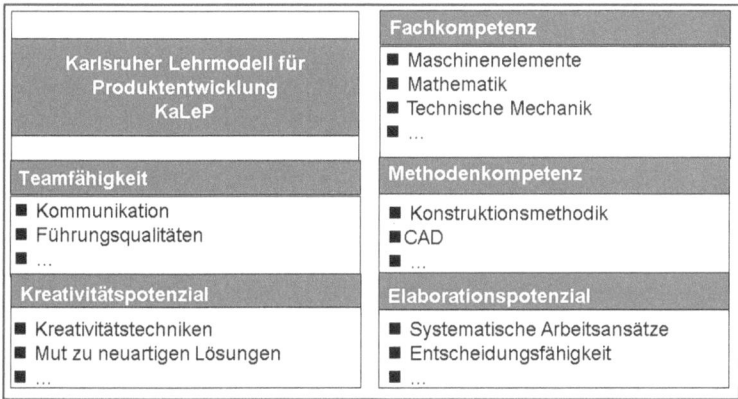

Abb. 4 Kompetenzbereiche des KaLeP. (In Anlehnung an Albers et al. 2009)

Vordergrund, sondern zusätzlich der Kompetenzaufbau in der Synthese technischer Systeme. Die Studierenden lernen, das Grundlagenwissen gezielt anzuwenden und auf neue Problemstellungen zu übertragen. Damit wird das Fundament geschaffen, auf dem ein, wie im Kontext der Industrie 4.0 beschriebenes, zielführendes T-Kompetenzprofil aufgebaut werden kann.

3.2 Beispiel: Mechatronische Systeme und Produkte (MSuP)

Die Vermittlung von Spezialwissen kombiniert mit daran orientiertem Breitenwissen in interdisziplinären Produktentwicklungsteams in der Lehrveranstaltung Mechatronische Systeme und Produkte (MSuP) ist Teil des Bachelorstudiums. Aus der Perspektive der Industrie 4.0 gewinnt die Interdisziplinarität von Maschinenbau, Elektrotechnik und Informationstechnik an Bedeutung, da Probleme heute meist nur aus dem Zusammenspiel dieser Disziplinen gelöst werden können (Matthiesen et al. 2015b). Diese Zusammenarbeit setzt vernetztes Denken und interdisziplinäres Verständnis in den genannten Bereichen voraus (Albers et al. 2012). Es werden Ingenieure gebraucht, die die genannten Anforderungen eines vernetzten Denkens sowie eines interdisziplinären Verständnisses erfüllen. Das sollen zum Beispiel Mechatronik-Ingenieure leisten. Von Mechatronik-Ingenieuren wird erwartet, dass sie mit breitem Ingenieurwissen aus Maschinenbau, Elektrotechnik und Informationstechnik, sowie vertieftem Detailwissen und hoher Methodenkompetenz in der Lage sind, komplexe Fragestellungen mit innovativen Lösungen zu bewältigen und so grundlegend neue Prozesse, Systeme und Produkte unter Nutzung von mechatronischen Synergiepotenzialen zu konzipieren (Matthiesen et al. 2015a).

Die Interdisziplinarität ist dabei nicht nur inhaltlicher Teil der Vorlesung, sondern wird auch organisatorisch durch die enge Zusammenarbeit zwischen der Fakultät für

Maschinenbau und der Fakultät für Elektrotechnik und Informationstechnik abgebildet. Die Entwicklung und Durchführung der Lehrveranstaltung erfolgt durch beide Fakultäten gemeinsam. Dadurch wurde eine Lehrveranstaltung im Studiengang Mechatronik und Informationstechnik geschaffen, die das Ziel einer interdisziplinären Zusammenarbeit und berufsbefähigenden Kompetenzentwicklung von Mechatronik-Studierenden verfolgt (Matthiesen et al. 2015a). Ähnliche innovative disziplin- und fakultätsübergreifende Lehransätze lassen sich auch beispielsweise an der ETH Zürich finden, deren Medizin- und Maschinenbaustudierende eine gemeinsame Aufgabenstellung im Rahmen einer disziplinübergreifenden Projektarbeit bearbeiten (Fox et al. 2014).

In MSuP werden die wissenschaftliche Theorie und die industrielle Entwicklungspraxis der verschiedenen Disziplinen zusammengeführt, ergänzt und angewandt. Das Alleinstellungsmerkmal besteht vor allem in einer studentischen Projektarbeit in interdisziplinär kooperierenden Teams, die in räumlich getrennten Entwicklungsstätten zusammenarbeiten (Matthiesen et al. 2015b). Es wird die Kooperation und das gezielte Schaffen von Entwicklungsschnittstellen zwischen Teams provoziert, welche eine enge und regelmäßige Abstimmung – ähnlich dem späteren Berufsalltag – notwendig machen. Das Ziel ist, dass die Studierenden lernen, in interdisziplinären Teams zusammenzuarbeiten und Ideen für neue Lösungen entwickeln. Mechanik, Elektronik, Programmierung – es kommt alles zusammen. Die Studierenden lernen die Arbeitsweisen aus der Industrie kennen und erleben realitätsnah, dass fundiertes Fachwissen Grundlage und Erfolgsfaktor für die Entwicklung mechatronischer Systeme ist. Gleichzeitig entwickeln sie Eigeninitiative und Leidenschaft für ihr Produkt (Matthiesen et al. 2015b).

Die Lehrveranstaltung ist, wie in Abb. 5 dargestellt, entsprechend dem KaLeP in Vorlesung, Übung, Projektarbeit und Selbstreflexion gegliedert (Matthiesen et al. 2015b). Die Studierenden arbeiten im Rahmen des Entwicklungsprojekts der Projektarbeit

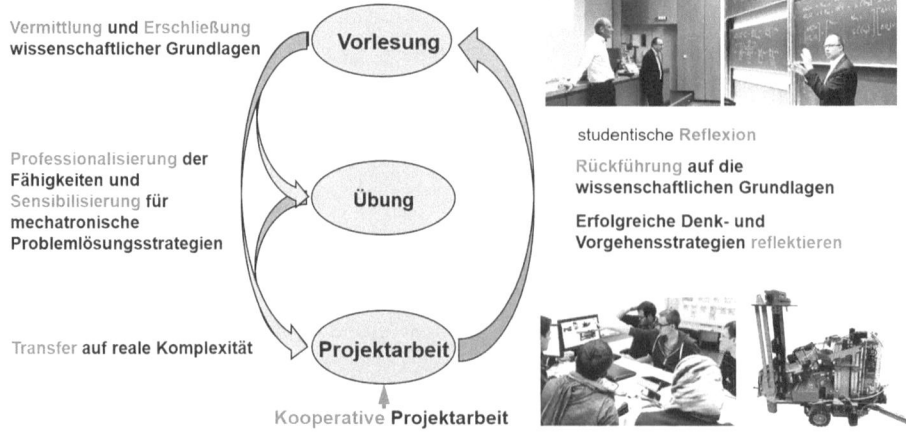

Abb. 5 Aufbau der Lehrveranstaltung MSuP (Matthiesen et al. 2015a)

in Teams zusammen, die aus jeweils zehn Studierenden bestehen und auf zwei örtlich getrennte Gruppen aufgeteilt werden. Jedes Team entwickelt gemeinsam eine mechatronische Lösung für eine umfangreiche Aufgabenstellung, wobei jeder Standort für ein Teilsystem des Gesamtsystems verantwortlich ist.

Die ihnen gestellte Entwicklungsaufgabe ist bewusst so umfangreich gewählt, dass eine zielführende Erfüllung nur gemeinschaftlich möglich ist. Da die verschiedenen Verantwortlichkeiten (Teamrollen) auf unterschiedliche Personen aufgeteilt sind, werden Aspekte disziplinübergreifender Kommunikation für die Studierenden erlebbar. Um auch im Produktentwicklungsprozess flexibel reagieren zu können, wird bei den Studierenden Methodenkompetenz im Bereich agiler Produktentwicklung aufgebaut. Dazu werden auch aktuelle Methoden aus der Forschung, wie beispielsweise eine Unterstützung zur Planung von Sprints (Wessels et al. 2019), vermittelt.

Das Ergebnis der Projektarbeit sind funktionierende Prototypen, welche von den Studierenden entwickelt, produziert, montiert und in Betrieb genommen werden. Dazu stehen den Studierenden neben den mit EDV eingerichteten Ingenieurarbeitsplätzen auch Montageplätze, Löt- und Programmierarbeitsplätze sowie Produktionsmaschinen, wie Lasercutter, zur Verfügung. Auch hier bauen die Studierenden bei ihrer Konstruktion auf Vorgängergenerationen der vorherigen Jahrgänge auf, in welchen Studierende ähnliche Entwicklungsaufgaben lösen mussten (Albers et al. 2018). In einem simulierten Markt werden die verschiedenen Systeme der Teams im Wettbewerb gegeneinander auf ihre Eignung geprüft. Dazu treten die Systeme gegeneinander an, indem sie vordefinierte Aufgaben abarbeiten müssen. Durch ein Punktesystem werden die Systeme bewertet und verglichen. Gleichzeitig wird ein Markt simuliert, in dem sich das Team gegen Wettbewerber (andere Teams) behaupten muss (Matthiesen et al. 2015a). Der Prüfstein für die Studierenden ist die Funktionsfähigkeit ihrer entwickelten Systeme. Der Entwicklungsfortschritt wird regelmäßig in vorgegebenen Meilensteinsitzungen überprüft. Gemäß den Phasen des Produktentwicklungsprozesses (Produktprofil, Produktidee, Produktkonzept, Produktdetaillierung, Produktoptimierung und Selbstreflexion) werden von den Studierenden zuvor definierte Entwicklungsstände (Strategien, Berechnungen, Konstruktionen und begründete Entscheidungen) präsentiert und zusammen mit den Betreuern diskutiert (Matthiesen et al. 2015a).

Um aus Fehlern zu lernen, müssen diese kritisch reflektiert werden. Daher findet nach dem Wettbewerb eine Abschlussvorlesung statt, in der die Studierenden ihr eigenes Entwicklungsprojekt anhand des Ergebnisses kritisch reflektieren und ihre gemachten Erfahrungen vorstellen. Mit Unterstützung der Dozenten sollen die Erfahrungen auf allgemeine Problemstellungen übertragen und so mit den wissenschaftlichen Grundlagen aus den Vorlesungen verknüpft werden. Damit schließt sich der Kreis aus Vorlesung, Übung und Projektarbeit und ermöglicht den Studierenden ihre Erfahrungen bestmöglich auf spätere Herausforderungen zu übertragen (Matthiesen et al. 2015c).

Die Lehrveranstaltung adressiert einen breiten interdisziplinären Wissenserwerb sowie das Lernen aus Fehlern durch kritische Selbstreflexion. Durch die gemeinsame Bearbeitung der ihnen gestellten Entwicklungsaufgabe wird interdisziplinäre

Teamfähigkeit geschult, die es den Studierenden ermöglicht, in ihrer späteren beruflichen Tätigkeit Schnittstellenfunktionen wahrzunehmen, da sie in die Lage versetzt werden, zwischen den Disziplinen zu kommunizieren. Gleichzeitig erlernen sie bereits zu einem frühen Zeitpunkt in ihrem Studium eine zielgerichtete Kommunikation mit Führungskräften sowie die Fähigkeit, konstruktives Feedback zu geben.

Bisher ist noch nicht detailliert vorhersagbar, welche Möglichkeiten und Herausforderungen die Industrie 4.0 bieten bzw. stellen wird (Matthiesen et al. 2015a). Eine Möglichkeit, diesen Herausforderungen in der universitären Lehre dennoch zu begegnen, ist die Ausbildung von Ingenieuren, die das zuvor beschriebene T-Kompetenzprofil aufweisen. Die Lehrveranstaltung vermittelt dieses tiefe Fachwissen entsprechend der Teamrollen der Projektarbeit sowie das Breitenwissen im Bereich der mechatronischen Produktentwicklung. Jeder einzelne Studierende vertieft sich abhängig von seiner Rolle in der Projektarbeit in spezielle Themen, wie zum Beispiel mechanische Konstruktion, Regelungstechnik, Elektronik oder Informationstechnik. Somit erwerben diese in der Zusammenarbeit mit seinen Teammitgliedern daran angelehntes Breitenwissen.

3.3 Beispiel: Gerätekonstruktion

Die Vermittlung von tiefer Fach- und Methodenkompetenz in der Lehrveranstaltung „Gerätekonstruktion" ist Teil einer wählbaren Vertiefung im Masterstudium. Dabei werden die besonderen Anforderungen der Entwicklung handgehaltener Geräte beispielhaft herangezogen, um Studierenden die Spezialisierung in diesem Bereich der Produktenwicklung zu ermöglichen. Basierend auf dem breiten Basiswissen der Maschinenkonstruktionslehre werden 24 Studierende in einem Bewerbungsgespräch für die Lehrveranstaltung ausgewählt und die Strategien und Vorgehensweisen bei der Konstruktion handgehaltener Geräte vermittelt.

Das Ziel dieser Lehrveranstaltung ist die Verknüpfung von technischer Fachkompetenz mit erworbener Anwendungskompetenz in der Synthese. Die Vorlesung vermittelt Strategien zur Entwicklung mechatronischer Systeme beispielsweise unter Berücksichtigung des Kunden oder Fertigung mit großer Stückzahl. Zudem unterstützt sie die Studierenden, Produkte mit mechanischen, elektrotechnischen und informationstechnischen Komponenten methodisch zu synthetisieren. Die Studierenden erlangen tiefes Fachwissen zur Produktentwicklung am Beispiel der Gerätebranche (Matthiesen et al. 2013). Die Vorlesungsinhalte werden anhand von aufbereiteten Fallbeispielen aus der Industrie und aktuellen Forschungsprojekten exemplarisch vermittelt und durch Abstraktion des konkreten Falls übertragbar gemacht (Case-Based Learning). Weiterhin werden neue wissenschaftliche Methoden aus der Forschung des Instituts für die Bearbeitung ihrer Projektarbeit vermittelt. Beispielsweise werden unterschiedliche Analysetechniken (Matthiesen et al. 2017c), Modelle zur anwendungsorientierten Entwicklung von Power-Tools (Matthiesen et al. 2016) oder Anwendungen des C&C²-Ansatzes (Horn et al. 2019) gelehrt. Die Studierenden erwerben so die Fähigkeit,

bestimmte Probleme und widersprüchliche Problemstellungen in der Produktentwicklung zu erkennen und systematisch aufzulösen. Ein Kernelement ist daher der Ausbau im Bereich der Konstruktion (Matthiesen et al. 2013) (Abb. 6).

Im Übungsteil der Lehrveranstaltung findet eine Professionalisierung durch die Vermittlung von überfachlichen Kompetenzen, wie zum Beispiel durch Präsentationstechniken (Matthiesen et al. 2013), statt. Ziel ist es, die Studierenden mit den
zusätzlichen Handlungskompetenzen auszustatten, welche sie für die erfolgreiche
Durchführung der Projektarbeit benötigen.

Die Projektarbeit ist eine realitätsnahe Simulation eines industriellen Entwicklungs-
prozesses. In einer fiktiven Firma soll das Nachfolgeprodukt eines handgehaltenen
Geräts entwickelt werden (Matthiesen et al. 2013). Die Studierenden werden dazu in
vier Teams à sechs Teammitglieder aufgeteilt. Die im Bewerbungsgespräch ermittelten
Stärken und Fähigkeiten werden möglichst gleichmäßig auf die Teams verteilt, um in
möglichst allen Produktentwicklungsphasen einen Spezialisten in jedem Team zu haben.
Beginnend mit der Produktprofilfindung, gefolgt von der Produktideenfindung, der
Modellierung von Prinzip und Gestalt und abgeschlossen durch die Validierung einfacher
Prototypen, erleben die Studierenden alle zentralen Phasen eines Produktentwicklungs-
prozesses. Ein zentraler Fokus liegt dabei auf der Validierung der erzeugten Prototypen,
um den Nachweis der adressierten Funktionalität des Nachfolgeproduktes abzuschätzen.
Dazu wird den Studierenden ein kontrollierter Zugang zu Fertigungstechnik, wie bei-
spielsweise einer 4-Achs-Prototypenfräse, Lasercutter und 3-D-Drucker, sowie der
Forschungsausstattung des Instituts, wie beispielsweise institutseigene Prüfstände oder
Messtechnik, gegeben.

Abb. 6 Lehrveranstaltung Gerätekonstruktion mit Elementen des KaLeP (Matthiesen et al. 2013)

Die Lehrveranstaltung „Gerätekonstruktion" adressiert dabei neben der Vermittlung von tiefer Fach- und Methodenkompetenz auch Problemlösekompetenz, Synthesekompetenz sowie überfachliche Kompetenzen, wie zum Beispiel Präsentationstechniken. Dadurch kann neben einem breiten Fundament an theoretischem, interdisziplinärem und forschungsorientiertem Wissen ein gutes Verständnis für den Zusammenhang von theoretischen Kompetenzen innerhalb des beruflichen Kontextes und der Fähigkeit der Wissensanwendung bei den angehenden Produktentwicklern aufgebaut werden. Im Kontext der Industrie 4.0 stellen die angehenden Konstrukteure, geprägt durch die Lehrveranstaltung, diejenigen Spezialisten dar, die den technologischen Wandel im industriellen Umfeld inhaltlich und strukturell proaktiv gestalten können. So können die Disziplinen des Maschinenbaus, der Elektrotechnik und der Informatik an ihren gemeinsamen Schnittstellen zusammengeführt werden.

3.4   Beispiel: Führung interdisziplinärer Teams (FIT)

Die Vermittlung von Führungskompetenz in der Lehrveranstaltung „Führung interdisziplinärer Teams" (FIT) kann als Schlüsselqualifikation im Masterstudium belegt werden. Die stärker werdende Interdisziplinarität in Produktentwicklungsteams im Zeitalter der Industrie 4.0 stellt größere Anforderungen an Führungskompetenzen. Der Ausbau von Führungskompetenz kann allerdings nicht rein additiv als Workshop oder Seminar ohne gleichzeitiges Üben erfolgen – es werden hierfür immer Anwendungssituationen benötigt. Nur so kann das erworbene theoretische Wissen direkt erprobt, umgesetzt und reflektiert werden. Die derzeitige Situation an deutschen Hochschulen ist jedoch bisher nicht zufriedenstellend (Matthiesen et al. 2015b). Das Vermitteln von Führungskompetenz, im Rahmen von Anwendungssituationen, muss daher Teil der universitären Ausbildung sein. Zu diesem Zweck ist die Lehrveranstaltung Führung interdisziplinärer Teams entwickelt worden. Studierenden wird die Möglichkeit geboten, das Führen von Mitarbeiterinnen und Mitarbeitern realitätsnah, aber in einem geschützten Rahmen (ohne die Gefährdung der eigenen Karriere), zu erlernen.

Da Führungskompetenz nur durch Führen aufgebaut werden kann, ist die Lehrveranstaltung an die Projektarbeit der Bachelor-Lehrveranstaltung „Mechatronische Systeme und Produkte" angegliedert. Die Aufgabe der Studierenden liegt im Rahmen der Projektarbeit in der eigenständigen Betreuung eines Teams, dem Schaffen motivierender Rahmenbedingungen sowie dem Fördern einzelner Teammitglieder. Dabei werden die drei zentralen Aufgaben, die an Führungskräfte gestellt werden, adressiert:

- Sicherstellung des Projekterfolgs,
- Führung des Teams,
- Weiterentwicklung der Teammitglieder.

Das MSuP-Team stellt dem Studierenden seine Projektergebnisse im Rahmen von Projektsitzungen vor und stimmt mit ihm das weitere Vorgehen ab. Die Studierenden simulieren damit das mittlere Management, da sie ihrerseits wiederum an die Professoren und Betreuer (oberes Management) berichten und ihre Entscheidungen begründen müssen, um beispielsweise zusätzliche Ressourcen wie Material oder Maschinenzeit für ihr Team zu erhalten (siehe Abb. 7). Somit erlernen sie zugleich die Kommunikation mit den eigenen Mitarbeitern, als auch mit dem übergeordneten Management (Matthiesen et al. 2015a). In Bezug auf die operative Teamleitung sowie den organisatorischen Rahmen (zum Beispiel Kommunikation oder Häufigkeit der Abstimmung mit dem eigenen Team) bekommen die Studierenden keine Vorgaben, sodass sie sich in ihrer Rolle frei entfalten können (Matthiesen et al. 2015b).

Entsprechend des KaLeP werden auch in dieser Lehrveranstaltung zunächst die theoretischen Grundlagen der Führung in Vorlesung und Übung vermittelt und darauf aufbauend die Handlungskompetenz im Rahmen der Projektarbeit über das Semester hinweg aufgebaut. Zu Beginn des Semesters werden den Studierenden theoretische Grundlagen zu Führungsmodellen, der Kommunikation, der Personalführung und der Konfliktlösung vermittelt, die in Übungen und Simulationen trainiert werden. Zur Vermittlung der Inhalte wird die Lehrveranstaltung dabei interdisziplinär zwischen der Fakultät Maschinenbau sowie der Abteilung Personalentwicklung und Berufliche Ausbildung ausgerichtet.

Mehrfach im Semester haben die Studierenden die Möglichkeit, im Rahmen von kollegialen Beratungen untereinander ihre Erfahrungen auszutauschen (Matthiesen et al. 2017b). Zusätzlich erhalten sie zum Ende der Veranstaltung Feedback von dem von ihnen geführten Team, ihren Kollegen, sowie dem übergeordneten Management.

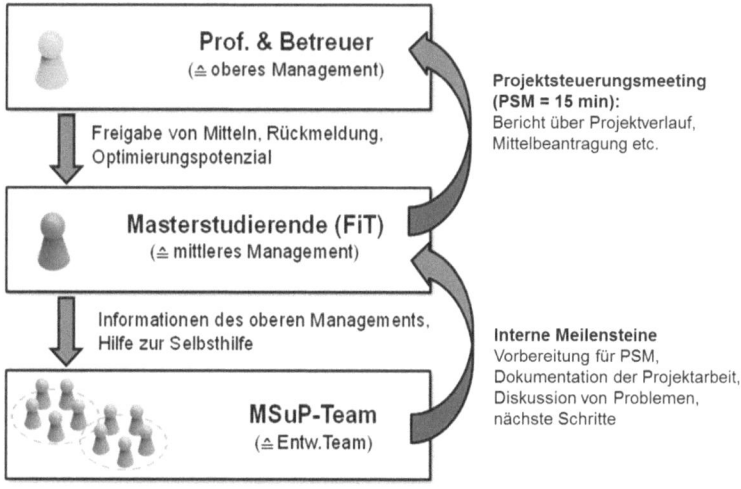

Abb. 7 Kommunikationsstruktur in FiT (Matthiesen et al. 2015b)

Dieses 360-Grad-Feedback ermöglicht einen Vergleich der Selbsteinschätzung mit der Fremdeinschätzung (Matthiesen et al. 2015b).

Auch hier wird eine positive Fehlerkultur gelebt. Das bedeutet, dass die Studierenden Fehler machen können und auch sollen, um aus diesen für ihre spätere berufliche Tätigkeit zu lernen. An dieser Stelle nimmt die Selbst- und Fremdreflexion einen großen Stellenwert ein, da die Studierenden zum einen ihre eigenen Fehler zu erkennen lernen und zum anderen ein Feedback erhalten, wie ihr Verhalten und ihre Vorgehensweise von ihrem Umfeld aufgenommen und bewertet wird. Damit wird ein großer Beitrag zur individuellen Persönlichkeitsentwicklung geleistet, der in dieser Form in der Industrie nicht möglich ist.

In der Regel werden Mitarbeiter/-innen berufsbegleitend in Form von Seminaren in Führungskompetenz geschult, sodass keine Möglichkeit besteht, die erworbenen Fähigkeiten in der Anwendung zu erproben und zu reflektieren, bevor sie im industriellen Alltag angewendet werden. Diese Lehrveranstaltung adressiert den Aufbau von Führungskompetenz bereits im Studium. Die Grundidee eines solchen Lehrkonzepts, bei dem Studierende studentische Teams betreuen und anleiten, wird auch an der ETH Zürich praktiziert. Das Ziel ist auch hier, Studierende auf die Rolle eines Teamleiters in einem späteren Entwicklungsprojekt vorzubereiten (Heinis et al. 2016).

Im Zuge des industriellen Wandels werden Projekte zunehmend interdisziplinärer, sodass die funktions- und abteilungsübergreifende Teamarbeit an Bedeutung gewinnt. Dies hat zur Folge, dass Führungsaufgaben stärker projektorientiert werden und nicht mehr nur entlang der Organisationsstruktur eines Unternehmens angesiedelt sind, sondern auch zeitlich begrenzt in der Team- und Projektarbeit. Der Fokus liegt damit unter anderem auf dem fachlich entfernteren Führen – ein Maschinenbauingenieur führt beispielsweise einen Informatiker. Die Lehrveranstaltung FiT leistet einen Beitrag zu den sich wandelnden Anforderungen, da sie Studierende auf Führungsaufgaben in interdisziplinären Teams vorbereitet. Die Studierenden werden schon frühzeitig mit den Herausforderungen, die sich aus den aktuellen Entwicklungen ergeben, konfrontiert und lernen so in einem geschützten Rahmen damit umzugehen. Somit sind sie in der Lage, über die erforderliche Handlungskompetenz das erlernte Wissen in den beruflichen Alltag übertragen zu können.

4   Ein Blick in die Zukunft

Industrie 4.0 ist geprägt von immer stärker werdender Interdisziplinarität und immer höheren Anforderungen an Konstrukteure, neben Methodenkompetenzen und Spezialwissen auch Breitenwissen zu beherrschen. Die Entwicklung dieser Kompetenzen entsteht durch die Anwendung des Wissens. Dies kann durch den Ansatz des KaLeP erfolgen. Dabei handelt es sich um ein didaktisches Gesamtkonzept, welches aus der Dreiteilung von Vorlesung, Übung und Projektarbeit besteht. Dadurch bauen die Studierenden neben Anwendungskompetenz auch wichtige Schlüsselkompetenzen, wie Teamarbeit, Präsentationstechniken oder Elaborationspotenzial, auf.

In Zukunft müssen vor allem zwei Bereiche noch weiter gestärkt werden. Einerseits das Wecken der Begeisterung von Schülerinnen und Schülern für Technikberufe und andererseits der Aufbau von Lehr- und Lernumgebungen, um den sich ändernden Anforderungen der universitären Ausbildung von Konstrukteuren gerecht zu werden.

Um den steigenden Bedarf an qualifizierten Ingenieuren und technischen Fachkräften bei gleichzeitig sinkenden Studierendenzahlen zu decken, ist eine gezielte Förderung von an Technik interessierten jungen Menschen notwendig. Dazu sind eine frühe Beschäftigung und Begeisterung von jungen Menschen mit Technik und Informatik notwendig. Werden beispielsweise für Schülerinnen und Schüler schon im Schulunterricht die Tätigkeiten und Inhalte von Ingenieuren und technischen Berufen erlebbar, so wirkt sich das nachweisbar auf die spätere Studienwahl aus (Matthiesen et al. 2017a). Dabei ist auch die Ausbildung der Lehrkräfte fundamental, denn diese nehmen im Unterricht maßgeblichen Einfluss auf die Interessensbildung der Schüler/-innen – und damit auf zukünftige Studierende und Konstrukteure. Viele Lehrkräfte und auch Lehramtsstudierende wissen jedoch nicht, wie ein Ingenieur arbeitet (Matthiesen et al. 2017a). Eine Möglichkeit bietet sich durch die Integration der Lehramtsstudierenden in die Entwicklungsteams der Projektarbeit der Lehrveranstaltung MSuP (Matthiesen et al. 2018b). Die Ausbildung von Lehrkräften im Bereich Entwicklung, Konstruktion und Fertigung technischer Produkte ist für das Wecken der Technikbegeisterung der Schülerinnen und Schüler daher notwendig. So können junge Menschen frühzeitig für Technik und somit für die Wahl eines technischen Berufs begeistert werden.

Da sich die universitäre Ausbildung an einem sich ständig weiterentwickelnden Berufsbild orientieren muss, werden kontinuierlich neue Ausbildungsinhalte und daraus resultierende Anforderungen in Lehrveranstaltungen integriert, wie zum Beispiel in den Lehrveranstaltungen „Mechatronische Systeme und Produkte (MSuP)" und „Führung interdisziplinärer Teams (FiT)". Berufsqualifizierend sind hierbei sowohl tiefe Fachkompetenz als auch daran angelehntes Breitenwissen, das Verständnis anderer Disziplinen und die Fähigkeit zu führen. Dabei steht immer die Anwendungskompetenz im Vordergrund, die nur durch das Anwenden von Wissen an realen und komplexen Projekten aufgebaut werden kann. Wie auch die acatech – Deutsche Akademie der Technikwissenschaften – fordert, ist die ständige Weiterentwicklung und Orientierung der Ausbildung am Berufsbild ein wichtiges Kriterium, um die Anforderungen des beruflichen Arbeitsmarktes zu treffen. Dazu ist auch ein ständiger Benchmark mit Stakeholdern aus Industrie und Wissenschaft notwendig.

Innovative Lehransätze erfordern darüber hinaus Konzepte für innovative und richtungsweisende Lehr- und Lernumgebungen, um dadurch die Ausbildung noch stärker auf die zukünftigen Anforderungen und Bedarfe im Zeitalter der Industrie 4.0 auszurichten. In Zukunft wird es einen Wandel von frontal gehaltenen Vorlesungen zu dialogisch ausgerichteten Lernformen geben. Damit Studierende Anwendungskompetenz aufbauen können, ist neben einem kreativen Umfeld, welches Studierende motiviert und inspiriert, auch ein Zugang zu modernen Fertigungsmöglichkeiten notwendig. Um diese neuen Anforderungen erfüllen zu können, sind neue Lehr- und Lernumgebungen erforderlich. Am Karlsruher Institut für Technologie (KIT) soll dem mit dem Bau des Lern- und Anwendungszentrums Mechatronik Rechnung getragen werden. Das Nutzungskonzept orientiert sich an interfakultativem, praxisnahem Lehren und Lernen und basiert auf den Lehrkonzepten der genannten Lehrveranstaltungen. Darüber hinaus dient das Gebäude als Schaufenster gegenüber der Öffentlichkeit zur Darstellung der Kompetenzen in Technik und Innovation. Das Gebäude stellt somit eine Lehr- und Lernumgebung für die universitäre Ausbildung im industriellen Wandel dar.

Literatur

Albers A, Spöttl G (2013) Kompetenzorientierung in der universitären Lehre – ausbildung von Ingenieuren von Morgen, 62. Plenarversammlung Maschinenbau und Verfahrenstechnik

Albers A, Burkardt N, Matthiesen S (2001) New education concepts for the training of creative engineers – the Karlsruhe education model for industrial product development – KaLeP. In: SEED Annual Design Conference and 8th National Conference on Product Design Education, Derby

Albers A, Burkardt N, Düser T (2006) Competence-profile oriented education with the Karlsruhe education model for product development (KaLeP). World Trans Eng Technol Educ 5(2):271–274

Albers A, Burkardt N, Robens G, Deigendesch T (2009) Das Karlsruher Lehrmodell für Produktentwicklung (KaLeP) als Beispiel zur ganzheitlichen Integration von Projektarbeit in die universitäre Lehre, Darmstadt

Albers A, Denkena B, Matthiesen S (2012) Faszination Konstruktion, Berufsbild und Tätigkeitsfeld im Wandel. acatech – Deutsche Akademie der Technikwissenschaften, München

Albers A, Matthiesen S, Rapp S, Hoelz K, Bursac N (2018) PGE – product generation engineering in engineering education: Real-world problems for beginners in student projects. In: International Conference on Engineering and Product Design Education (E&PDE 2018), London

Baumanna T, Harfst S, Swanger A, Saganski G, Alwerfalli D, Cell A (2014) Developing competency-based, Industry-driven manufacturing education in the USA: bringing together Industry, Government and Education Sectors. Procd Soc Behv 119:30–39. https://doi.org/10.1016/j.sbspro.2014.03.006

Breitschuh J, Albers A (2014) Teaching and testing in mechanical engineering higher education. In: Competence in higher education and the working environment. Lang, Bern, S 107–129

Bunk GP (1994) Kompetenzvermittlung in der beruflichen Aus- und Weiterbildung in Deutschland. Europä Z Berufsbil 1:9–15

Chiru C, Ciuchete S, Lefter (Sztruten) G, Paduretu (Sandor) E (2012) A cross country study on university graduates key competencies. An employer's perspective. Procd Soc Behv 46:4258–4262. doi:10.1016/j.sbspro.2012.06.237

Le Deist FD, Winterton J (2005) What is competence? Hum Res Dev Int 8(1):27–46. https://doi.org/10.1080/1367886042000338227

Ellström P-E, Kock H (2008) Competence development in the workplace: Concepts, Strategies and Effects. Asia Pacific Educat Rev 9:5–20. https://doi.org/10.1007/BF03025821

Eraut M (1998) Concepts of competence. J Interprof Care 12(2):127–139. doi:0.3109/13561829809014100

Europäische Kommission (2007) Schlüsselkompetenzen für lebenslanges Lernen: Ein europäischer Referenzrahmen, Luxemburg. http://www.kompetenzrahmen.de/files/europaeischekommission2007de.pdf. Zugegriffen: 21. Sept. 2020

Expertenkommission IngBW (2015) Expertenkommission Ingenieurwissenschaften @ BW 2025 Abschlussbericht. Medienfabrik GmbH, Stuttgart. https://mwk.baden-wuerttemberg. de/fileadmin/redaktion/m-mwk/intern/dateien/Anlagen_PM/2015/IngWBW2025_Experten-kommission_Abschlussbericht.pdf. Zugegriffen: 21. Sept. 2020

Felfe J (2012) Arbeits- und Organisationspsychologie 2: Führung und Personalentwicklung. Kohl-hammer, Stuttgart

Fox S, Kurtcuoglu V, Meboldt M (2014) Teaching cross-disciplinary collaboration in design projects with engineering and medical students. In: International conference on Engineering and Product Design Education (E&PDE14), Twente, Netherlands

Gillen J (2013) Kompetenzorientierung als didaktische Leitkategorie in der beruflichen Bildung – ansatzpunkte für eine Systematik zur Verknüpfung curricularer und methodischer Aspekte. Bwp@ Berufs- Wirtschaftspädagogik – Online 24:1–14. http://www.bwpat.de/ausgabe24/ gillen_bwpat24.pdf. Zugegriffen: 21. Sept. 2020

Grauberger P, Wessels H, Gladysz B, Bursac N, Matthiesen S, Albers A (2019) The contact and channel approach – 20 years of application experience in product engineering. J Engin Design 1–25. doi:10.1080/09544828.2019.1699035

Heinis T, Goller I, Meboldt M (2016) Multilevel design education for innovation competencies, CIRP Design Conference. doi:10.1016/j.procir.2016.04.120

Horn S, Hoelz K, Schwabe M, Matthiesen S (2019) Experimentelle Untersuchung von Versagens-vorgängen. Beton Stahlbetonbau 99(7):561. https://doi.org/10.1002/best.201900013

Matthiesen S, Mangold S, Klink K, Diez A (2013) Untersuchung zum Ausbau von Problemlöse-kompetenz im ingenieurwissenschaftlichen Studium. In: TeachING-LearnING.EU MovING forward – Engineering Education from vision to mission, Dortmund.

Matthiesen S, Nelius T, Schmidt S, Cersowsky S, Schneider T (2015a) Entwicklungssimulator – erleben von Problemsituationen zur Steigerung der Methodenakzeptanz. In: Ingenieur-pädagogische Regionaltagung, Eindhoven, Netherlands

Matthiesen S, Schmidt S, Berg J, Klink K (2015b) Führung lernen und anwenden in interdisziplinären Teams. In: Ingenieurpädagogische Regionaltagung, Eindhoven, Netherlands

Matthiesen S, Schmidt S, Ludwig J, Hohmann S (2015c) Iteratives Vorgehen in räumlich getrennten mechatronischen Entwicklungsteams – das Wechselspiel von Synthese und test-basierter Analyse. In: Tagungsband Mechatronik 2015. VDI, Dortmund

Matthiesen S, Germann R, Schmidt S, Hoelz K, Uhl M (2016) Prozessmodell zur anwendungs-orientierten Entwicklung von Power-Tools. In: Technische Unterstützungssysteme, die die Menschen wirklich wollen: Zweite Transdisziplinäre Konferenz. Hamburg, Germany

Matthiesen S, Hoelz K, Fox D, Eisenmann M (2017a) Technikaktivitäten – Herausforderungen in der Ausbildung und vielversprechende Lösungsansätze. In: Ingenieurpädagogische Regional-tagung, Ilmenau

Matthiesen S, Klink K, Hoelz K, Berg J, Schmidt S (2017b) Chancen und Herausforderungen beim Führen von interdisziplinären Teams. In: Ingenieurpädagogische Regionaltagung, Ilmenau

Matthiesen S, Hoelz K, Grauberger P (2017c) Systemverständnis durch Analysemethoden. In: Proceedings of the 28th Symposium Design for X. Bamberg, Germany

Matthiesen S, Eisenmann M, Döllken M (2018a) Das Systemverständnis reflektieren – kritisches Hinterfragen als Einflussgröße in der Analyse. In: Proceedings of the 29th Symposium Design for X. Tutzing, Germany

Matthiesen S, Eisenmann M, Hoelz K, Six O (2018b) Experiencing and teaching technology – integrating STEM teaching-students in interdisciplinary design teams. In: 20th International Conference on Engineering & Product Design Education, London

Nelius T, Matthiesen S (2019) Experimental evaluation of a debiasing method for analysis in engineering design. Proce Design Soc Intern Conf Engine Design 1(1):489–498. https://doi.org/10.1017/dsi.2019.53

Nickerson RS (1998) Confirmation bias: A ubiquitous phenomenon in many guises. Rev General Psychol 2(2):175. https://doi.org/10.1037/1089-2680.2.2.175

Olsson T (2010) Pedagogical competence – a development perspective from Lund university. In: A Swedish perspective on Pedagogical Competence. Uppsala University, Uppsala, S 121–132

Ramsauer C (2013) Industrie 4.0 – Die Produktion der Zukunft. In: WINGbusiness. Österreichischer Verband der Wirtschaftsingenieure, Bd 3. Graz, S 6–12

Reinmann G, Mandl H (2006) Unterrichten und Lernumgebungen gestalten. In: Pädagogische Psychologie: Ein Lehrbuch. Beltz, Weinheim, S 613–658

Rozenblit L, Keil F (2002) The misunderstood limits of folk science: an illu-sion of explanatory depth. Cognit Sci 26:521–562. doi:10.1207%2Fs15516709cog2605_1

Schaper N (2012) Fachgutachten zur Kompetenzorientierung in Studium und Lehre. HRK Hochschulrektorenkonferenz – nexus, Bonn. https://www.hrk-nexus.de/fileadmin/redaktion/hrk-nexus/07-Downloads/07-02-Publikationen/fachgutachten_kompetenzorientierung.pdf. Zugegriffen: 21. Sept. 2020

Stimpel C, Futterlieb I, Kaiser M, Köhler W, Lüdke T (2016) Die neue Generation: Junge Vorstände: Was sie denken, wie sie führen, was sie bewegt. https://www.heidrick.com/-/media/Publications-and-Reports/Die_neue_generation.ashx. Zugegriffen: 21. Sept. 2020

Vorwerk-Handing G, Gwosch T, Schork S, Kirchner E, Matthiesen S (2020) Classification and examples of next generation machine elements. Forsch Ingenieurwes 84:21–32. doi:10.1007/s10010-019-00382-1

Weinert F (2002) Leistungsmessungen in Schulen. Beltz, Weinheim

Weinstein J, Houston R (1974) Competency based education. Jewish Educat 43(3):21–26. https://doi.org/10.1080/0021642740430306

Wessels H, Heimicke J, Rapp S, Grauberger P, Richter T, Matthiesen S, Albert A (2019) Sprintplanung in der Mechatroniksystementwicklung auf Basis von Referenzsystemelementen. In: 17. Gemeinsames Kolloquium Konstruktionstechnik, Aachen. https://doi.org/10.18154/RWTH-2019-08788

Prof. Dr. Sven Matthiesen (Fotocredit: IPEK)

Univ.-Prof. Dr.-Ing. Sven Matthiesen, Jahrgang 1971, ist seit 2010 Institutsleiter sowie Inhaber des Lehrstuhls für Gerätekonstruktion am IPEK – Institut für Produktentwicklung am Karlsruher Institut für Technologie (KIT). Er promovierte im Jahr 2002 bei Univ.-Prof. Dr.-Ing. Dr. h. c. Albert Albers. Vor seinem Ruf nach Karlsruhe war Sven Matthiesen 7 Jahre bei der Hilti AG in verschiedenen Positionen, vom Konstrukteur bis zum Entwicklungsleiter, tätig und wurde im Jahr 2008 mit seinem Team mit dem „Martin Hilti Innovation Award" ausgezeichnet. Er ist Vorstandsmitglied sowie Sprecher für Lehre und Weiterbildung der Wissenschaftlichen Gesellschaft für Produktentwicklung e. V. (WiGeP). Er leitet den IPEK-Kernbereich Lehre und lehrt im Bachelorstudium „Maschinenkonstruktionslehre", „Mechatronische Systeme und Produkte" und „Technik erleben und vermitteln", sowie im Masterstudium „Gerätekonstruktion" und „Führung interdisziplinärer Teams". Er wurde im Jahr 2012 mit dem „Fritz-Weidenhammer-Preis für exzellente Lehre" durch die Fakultät für Maschinenbau und im Jahr 2015 mit dem „Fakultätslehrpreis der Fakultät für Elektrotechnik und Informationstechnik" ebenfalls für exzellente Lehre ausgezeichnet.

M. Sc. Kevin Hölz, Jahrgang 1991, ist seit 2016 wissenschaftlicher Mitarbeiter am Institut für Produktentwicklung (IPEK) am Karlsruher Institut für Technologie (KIT). In seiner Tätigkeit am Institut hat Kevin Hölz die Lehrveranstaltungen „Mechatronische Systeme und Produkte", „Führung interdisziplinärer Teams" sowie „Technik erleben und vermitteln" betreut. Aktuell leitet er die Forschungsgruppe Konstruktionsmethodik.

M. Sc. Kevin Hölz
(Fotocredit: IPEK)

Dr.-Ing. Sandra Drechsler, Jahrgang 1983, war wissenschaftliche Mitarbeiterin am Institut für Produktentwicklung (IPEK) am Karlsruher Institut für Technologie (KIT). Vor ihrem Maschinenbaustudium am KIT war sie als Dipl.-Ing. (BA) Mechatronik als mechanische Konstrukteurin im Bereich pneumatische Fördertechnik bei der Schenck Process GmbH tätig. In ihrer Tätigkeit am Institut war sie Referentin der Lehre am IPEK und hat die Lehrveranstaltung „Maschinenkonstruktionslehre II" im Bachelorstudium betreut.

Sandra Drechsler
(Fotocredit: privat)

M. Sc. Tim Bruchmüller, Jahrgang 1981, war wissenschaftlicher Mitarbeiter am Institut für Produktentwicklung am Karlsruher Institut für Technologie (KIT). Vor seinem Maschinenbaustudium am KIT war er als staatlich geprüfter Industriemeister Teamleiter in der Montage und Servicetechniker in Asien beim Anlagenbauer Rena Sondermaschinen GmbH tätig. In seiner Tätigkeit am Institut hat er die Lehrveranstaltung „Gerätekonstruktion" betreut und die Forschungsgruppe Gerätetechnik geleitet.

M. Sc. Tim Bruchmüller
(Fotocredit: KIT)

Wie die Cloud, Edge Computing und Künstliche Intelligenz zur Nachhaltigkeit in der Industrie beitragen

Klaus Helmrich

1   Einleitung

Die Digitalisierung der Produktion entlang der Wertschöpfungskette birgt gewaltiges Potenzial. Denn sie steigert bei niedrigeren Kosten und höherer Qualität nicht nur Produktivität, Flexibilität und Markteinführungszeiten. Vielmehr ermöglicht sie es auch, den zunehmenden Kundenanforderungen nach mehr Umwelteffizienz und Klimafreundlichkeit von Produktion und Produkten gerecht zu werden. Unternehmen sind daher gefordert, ihre Prozesse, Technologien und Unternehmenskultur an die neue digitale Welt anzupassen. Das muss nicht sofort ein umfassendes Maßnahmenpaket sein. Vielmehr ist die Digitalisierung der Industrie ein Prozess und wird es immer bleiben. Doch um diesen Weg erfolgreich zu beschreiten, müssen Unternehmen jetzt mit klugen strategischen Entscheidungen die Weichen richtig stellen.

Zum Zeitpunkt des Verfassens dieses Beitrags, im Frühjahr 2020, befindet sich die Welt in Geiselhaft des Corona-Virus. Die Wirtschaft leidet. Aber ohne die Mittel der Digitalisierung sähe alles noch sehr viel schlimmer aus. Denn beispielsweise ermöglichen sie Videokonferenzen und die Arbeit in Homeoffices, Onlinebestellungen und Lieferservices, Zugriff auf Informationsquellen oder die Einrichtung von Unterstützer-Plattformen für Gaststätten, Tourismus, Einzelhandel, Landwirte und Kulturwirtschaft und vieles mehr.

Im produzierenden Gewerbe wird der Nutzen der Digitalisierung gerade jetzt deutlicher denn je: Viele Produktionsschritte können nur dank digitaler und automatisierter Prozesse weiterhin ausgeführt werden. Dadurch bleiben wesentliche Versorgungs- und Lieferketten für Wirtschaft und Gesellschaft funktionsfähig. Und vermutlich werden dadurch auch Tausende Arbeitsplätze gerettet. Die Corona-Krise habe die Bedeutung

K. Helmrich (✉)
Dr. Dagmar Braun, Internal Communications & PR, DI CM IP, Siemens AG, Nürnberg, Deutschland
E-Mail: dagmar.braun@siemens.com

© Springer-Verlag GmbH Deutschland, ein Teil von Springer Nature 2021   175
A. Hildebrandt und W. Landhäußer (Hrsg.), *CSR und Digitalisierung,* Management-Reihe Corporate Social Responsibility, https://doi.org/10.1007/978-3-662-61836-3_11

digitaler Technologien für Wirtschaft, Verwaltung und Gesellschaft sehr klar vor Augen geführt. Sie sei ein Weckruf, die Digitalisierung nun massiv voranzutreiben, schreibt etwa die „FAZ" (Heeg 2020).

Die Digitalisierung hat es während der Pandemie beispielsweise ermöglicht, dass Unternehmen die Produktion knapper, systemrelevanter Güter wie Hygieneprodukte, Atemschutzmasken, Desinfektionsmittel oder Beatmungsgeräte in kurzer Zeit vervielfachen konnten. Dass sich zum Beispiel die deutsche Autoindustrie angesichts des Notstands plötzlich damit beschäftigen würde, wie sie zur Herstellung von Beatmungsgeräten beitragen könne, wäre noch vor wenigen Jahren undenkbar gewesen (Reuters 2020). Möglich machen solche Entwicklungen unter anderem Fertigungslinien, die nicht mehr allein für die Herstellung nur eines einzelnen Produkts entworfen und eingesetzt werden, sondern die zunehmend flexibel nutzbar sind. Sofort gut angenommen wurde beispielsweise auch das Additive Manufacturing Network von Siemens für Gesundheitsorganisationen. Auf dieser Plattform wurden in der COVID-19-Krise Vertreter aus der Gesundheitswirtschaft kostenlos mit 3-D-Druck-Designern sowie auf 3-D-Druck spezialisierten Unternehmen zusammengebracht, um Lieferengpässe möglichst rasch und unbürokratisch miteinander aufzulösen.

Der Trend zur zunehmenden Digitalisierung begleitet die Industrie nun schon seit Jahren und er gewinnt immer mehr an Bedeutung. Schon heute verstehen 90 % der deutschen Unternehmen die Digitalisierung als Chance, nur fünf Prozent als Risiko (Bitkom 2020). Beim Nutzen der Digitalisierung geht es stets um Daten und deren sinnvolle Verwendung. Entstand in der Vergangenheit deren überwiegender Anteil durch verbrauchernahe Anwendungen, etwa durch die Nutzung sozialer Medien oder von Streaming-Diensten, so stammen die Daten inzwischen vor allem aus dem industriellen Umfeld. Nach Schätzungen von IDC-Analysten wird die globale Datenmenge bis zum Jahr 2025 jährlich um 27 % steigen (IWD 2019). Bis dahin werden 80 % des Datenaufkommens im Umfeld von Produktionsprozessen generiert (Kroker 2018).

Das Datenwachstum führt zu immer größeren Datenpools. Diese gilt es, zukünftig noch systematischer und wertsteigernder zu nutzen. Aktuell werden zum Beispiel weniger als ein Prozent der unstrukturierten Daten eines Unternehmens analysiert. Der Anteil unstrukturierter Daten („Dark Data") macht allerdings bis zu 80 % aus (Müller 2019). Es werden also schier unendlich viele Informationen generiert, die weder ausgewertet noch genutzt werden. Künstliche Intelligenz (KI) wird wertvolle Dienste leisten, um diese vielfältigen Informationen – erzeugt aus unterschiedlichsten Quellen, von unterschiedlichster Art und Beschaffenheit – zu integrieren und aufzubereiten, um daraus neue Erkenntnisse zu gewinnen. KI wird also helfen, Entwicklungs- und Produktionsprozesse zu beschleunigen, diese effizienter zu gestalten und energie- und ressourcenschonender zu produzieren. So können digitale Technologien einen wichtigen Beitrag zu mehr Nachhaltigkeit und Klimaschutz leisten. Das globale Marktvolumen für KI beträgt schätzungsweise 85 Mrd. USD. Nach einer Umfrage des Branchenverbands Bitkom setzen bereits zwölf Prozent der Industrieunternehmen auf KI und jedes zweite glaubt, dass KI bestehende Geschäftsmodelle disruptiv verändern wird (Jakobs et al. 2020).

Um wettbewerbs- und zukunftsfähig zu sein, ist die Digitalisierung einer Fertigung heute so wichtig wie die Anschaffung von Produktionsmaschinen. Die Technologie für die Digitalisierung entlang der gesamten Wertschöpfungskette ist vorhanden – von der Entwicklung eines Produkts über die Planung der Fertigung bis zur automatisierten Produktion und der Generierung neuer Geschäftsmodelle auf Basis der gewonnenen Daten. Betriebe der Fertigungs- und Prozessindustrie sind jetzt gefordert, weiterhin klare strategische Entscheidungen zu treffen: Zum einen, wie sie ihr Portfolio noch stärker auf die Anforderungen der Industrie 4.0 ausrichten wollen; zum anderen müssen sie ihre internen Prozesse kontinuierlich auf die Anforderungen einer digitalisierten Industrie anpassen sowie in die Qualifikation ihrer Belegschaften und in einen kulturellen Wandel der Betriebe investieren. Digitalisierung entwickele sich exponentiell. Je länger man damit zögere, umso schwieriger werde es, den Vorsprung der anderen aufzuholen, mahnt etwa Bitkom-Präsident Achim Berg (Heeg 2020).

Siemens ist traditionell ein Vorreiter für Automatisierung, Digitalisierung und Vernetzung von Industrieanlagen. Mit seinen Lösungen aus dem Digital-Enterprise-Portfolio und den digitalen Zwillingen von Produkt, Produktion und Performance sparen Kunden Ressourcen wie Energie, Wasser und Abwasser und reduzieren Abfall sowie CO_2-Emissionen. Ferner leistet das Digital-Enterprise-Portfolio beispielsweise beim Aufbau und der Nutzung von Datenpools wertvolle Dienste, indem es virtuelle und reale Welt sinnvoll miteinander verbindet und wechselseitige Rückschlüsse zulässt. Das große Automatisierungs- und Softwareportfolio sowie weitere Hard- und Softwareprodukte für die industrielle Kommunikation, für die industrielle Sicherheit und für industrielle Services runden das umfassende Angebot entlang der gesamten Wertschöpfungskette ab.

Dabei handelt es sich um einen wirtschaftlich attraktiven Markt. Das haben weltweit auch die großen und renommierten IT- und Softwarekonzerne erkannt. Sie versuchen nun, in diesen Markt einzudringen. Allerdings ist in diesem Markt ein tiefes industrielles Branchen-Know-how unerlässlich, um die Bedürfnisse, Prozesse und Applikationen der verschiedenen Branchen zu verstehen. Kurz: Man muss die Sprache der Kunden sprechen. Siemens tut dies dank seiner langjährigen industriellen Expertise und hat deshalb schon frühzeitig Unternehmen für Industrie-Software akquiriert, um die einzelnen Branchen auch in diesem Bereich umfassend zu unterstützen. Heute beschäftigt allein die Siemens-Geschäftseinheit Digital Industries Software mehr als 20.000 Menschen, Tendenz steigend.

Deutschland besitzt im internationalen Wettbewerb eine hervorragende Ausgangsposition, um die digitale Transformation der Industrie mitzugestalten. Damit der Standort Deutschland seinen Vorsprung halten kann, müssen Politik, Wirtschaft, Wissenschaft und Gesellschaft aber noch große Aufgaben bewältigen. Dies beginnt bei den technologischen Voraussetzungen für eine flächendeckende und schnelle Datenübertragung, geht über neue Bildungskonzepte und reicht bis zu einem Mentalitätswandel von Wirtschaft und Gesellschaft.

2   Umweltfreundliche Produktion als Treiber der Digitalisierung

Niedrigere Kosten, steigende Qualität, hohe Produktivität, Flexibilität und kurze Markteinführungszeiten – das sind traditionell die wichtigsten Erfolgsparameter produzierender Unternehmen. Die Digitalisierung der Industrie leistet einen wesentlichen Beitrag, um diese Kriterien zu erfüllen. Und sie ermöglicht völlig neuartige, lukrative Geschäftsmodelle. Relativ neu ist ebenfalls, dass Kunden der Investitionsgüterindustrie explizit nach Produkten und Lösungen verlangen, die zu einer höheren Umwelteffizienz, einer umweltfreundlicheren Produktion und nachhaltigeren Produkten beitragen. In der Vergangenheit ergaben sich diese Faktoren vielfach als willkommener Nebeneffekt einer kostengünstigen Produktion. Heute sind die Erwartungen an Umwelteffizienz, Klimafreundlichkeit und Nachhaltigkeit gleichrangig, vor allem auch vonseiten der Endkunden. Entsprechend zu handeln, sichert Industrieunternehmen langfristig die „soziale Betriebserlaubnis", wie es in einer Studie des Weltwirtschaftsforums heißt (Böcking 2020).

Auslöser für den Trend zu einer umweltbewussteren Produktion ist ein gesellschaftlicher Wandel. Dieser manifestiert sich in vielen Lebensbereichen – ob es nun die gestiegene Nachfrage nach nachhaltigen Verpackungen ist, die Fridays-for-Future-Bewegung oder auch die Themensetzung des jährlichen Weltwirtschaftsforums in Davos: Stand diese Zusammenkunft der Wirtschaftselite im Jahr 2016 noch unter dem industrienahen Motto „Mastering the Fourth Industrial Revolution", lautete das Thema zwei Jahre später schon allgemeiner „Creating a Shared Future in a Fractured World" („Für eine gemeinsame Zukunft in einer fragmentierten Welt") und im Jahr 2020 noch expliziter „Stakeholders for a Cohesive and Sustainable World" („Akteure für eine kohärente und nachhaltige Welt"). Der Klimawandel und der Multi-Stakeholder-Kapitalismus waren dabei zentraler Bestandteil der offiziellen Agenda, und beide Themen dominierten auch die Gespräche am Rande der Konferenz (Reeves 2020).

Siemens hat die steigende Nachfrage nach einer umwelteffizienten Produktion und nach nachhaltigen Produkten antizipiert und kann diese dank seines Digital-Enterprise-Portfolios hervorragend decken, wie folgende Beispiele zeigen.

2.1   Beispiel Ritter Sport

Der süddeutsche Schokoladenhersteller mit rund 1550 Mitarbeitern und knapp 500 Mio. EUR Jahresumsatz achtet seit jeher auf eine nachhaltige Produktion und hohe Umwelteffizienz. So setzt das Unternehmen seit 2018 auf nachhaltig angebauten Kakao aus Mittelamerika und hat eine Selbstverpflichtung abgegeben, bis 2028 eine Million Bäume zu pflanzen. Außerdem forscht Ritter intensiv an der Verwendbarkeit von Papier- statt Kunststoffverpackungen für seine Schokoladentafeln und deckt einen großen Teil seines Energie- und Wärmebedarfs über ein eigenes Blockheizkraftwerk

Abb. 1 Die Alfred Ritter GmbH & Co. KG hat mithilfe der Digitalisierung seine Energiekosten an einzelnen Stellen in der Produktion um bis zu 40 % reduziert. Nun soll der gesamte Energieverbrauch pro Tafel Schokolade um zehn Prozent gesenkt werden. (Mit freundlicher Genehmigung der Siemens AG. All rights reserved)

mit Kraft-Wärme-Kopplung. Zusätzlich hatte sich der Schokoladenhersteller vorgenommen, seinen Energieverbrauch um 1,5 % weiter zu senken – pro Jahr.

Zentrales Instrument dieses Vorhabens ist eine innovative Energiemanagementlösung von Siemens, um alle Energiedaten aus Produktion, Gebäude und Energieerzeugung in ein ganzheitliches System zu integrieren. Dadurch kann Ritter einen Bezug zwischen Verbrauchswerten und Produktionsdaten herstellen, um verborgene Potenziale aufzuspüren und seine Energieeinsparpotenziale zu heben.

So gelang es Ritter zum Beispiel, den Energieverbrauch durch den Einsatz eines kleineren Boilers und effizienterer Kompressoren einzuschränken und so die Energiekosten an diesen Stellen um bis zu 40 % zu reduzieren. Mit weiteren Maßnahmen will das Unternehmen jetzt den gesamten Energieverbrauch pro Tafel Schokolade um zehn Prozent senken (Abb. 1).

2.2   Beispiel Grundfos

Der dänische Pumpenhersteller Grundfos und Siemens haben eine strategische Partnerschaft geschlossen, die auf den komplementären Portfolios und Kompetenzen beider Unternehmen basiert. Die Kooperation konzentriert sich auf Produkte und digitale Lösungen in der Wasser- und Abwasseranwendung sowie auf industrielle Automation und Gebäudetechnik und trägt so zu den UN-Nachhaltigkeitszielen bei (Sustainable Development Goals, SDG; siehe Kasten nächste Seite „Die 17 Nachhaltigkeitsziele der UN").

Mit den Siemens-Lösungen aus dem Digital-Enterprise-Angebot kann beispielsweise die Verfügbarkeit von Pumpen und Motoren gesteigert und ihr Betrieb optimiert werden. Das offene, cloudbasierte IoT-System MindSphere (siehe Abschn. 3.2) optimiert in Kombination mit den IoT-Lösungen von Grundfos die Pumpen- und Motorfahrpläne, um die Verfügbarkeit und Produktivzeit zu maximieren und den Energieverbrauch zu senken. Zudem lassen sich auf Basis von MindSphere Daten und Erkenntnisse gewinnen, um Gebäude benutzerfreundlicher und effizienter zu betreiben.

Mithilfe dieser Maßnahmen will Grundfos bis 2030 klimapositiv wirtschaften und dazu beigetragen haben, 300 Mio. Menschen zuverlässig mit sauberem Wasser zu versorgen. Zudem wird das Unternehmen dann durch Wassereffizienz und Wasserbehandlung 50 Mrd. Kubikmeter Frischwasser eingespart haben. Fünf Jahre früher, im Jahr 2025, will Grundfos seinen eigenen Wasserverbrauch halbiert haben.

Die 17 Nachhaltigkeitsziele der UN
Im Fokus der Partnerschaft zwischen Siemens und Grundfos stehen die Ziele 6 und 13.
1. Armut beenden
2. Ernährung sichern – Hunger beenden
3. Gesundes Leben für alle
4. Bildung für alle
5. Geschlechtergleichstellung
6. Sauberes Wasser und Sanitärversorgung für alle
7. Bezahlbare und saubere Energie
8. Nachhaltiges Wirtschaftswachstum und menschenwürdige Arbeit für alle
9. Widerstandsfähige Infrastruktur und nachhaltige Industrialisierung
10. Ungleichheit verringern
11. Nachhaltige Städte und Gemeinden
12. Nachhaltige Konsum- und Produktionsweisen
13. Klimawandel bekämpfen
14. Bewahrung und nachhaltige Nutzung maritimer Ressourcen
15. Landökosystem schützen
16. Frieden, Gerechtigkeit und starke Institutionen
17. Umsetzungsmittel und globale Partnerschaften stärken

2.3   Beispiel Getränkeindustrie

Diese Branche wird besonders stark von wechselnden Konsumentenwünschen geprägt. Ständig erwarten die Endkunden mehr und neue Geschmacksvarianten, gesündere und regional gefertigte Produkte, Transparenz der Inhaltsstoffe, nachhaltige Verpackungskonzepte und eine umweltfreundlichere Produktion. Das erfordert auf Produzentenseite kurze Reaktionszeiten sowie flexible und effiziente Produktionsabläufe bei gleichbleibend hoher Qualität.

Diese Herausforderungen lassen sich nur mit einer durchgehend digitalisierten Wertschöpfungskette bewältigen. Daher setzen die Hersteller bei der Produktentwicklung und der Produktion zunehmend auf digitale Zwillinge (siehe Abschn. 3.1), um die Einführung neuer Produkte zu beschleunigen und um die bestehende Produktion zu optimieren. Diese virtuellen Abbilder werden für die Produktdefinition samt Verpackungsdesign, Rezepturerstellung und Rezepturskalierung bis hin zur virtuellen Planung der Produktion eingesetzt. Ineinandergreifende Softwarelösungen und durchgängige Standards ermöglichen es, Produktionsmodule flexibel und schnell in die Produktionslinie einzufügen oder zu tauschen – ähnlich, wie sich einzelne Bürocomputer in ein Firmennetzwerk integrieren lassen.

Welchen Wert solche digitalen Abbilder in der Branche haben, verdeutlicht exemplarisch das kleine britische Unternehmen TrakRap, das auch für die Getränkeindustrie Verpackungsmaschinen herstellt. Für den Transport vom Hersteller zum Handel und ins Regal werden in der Regel einzelne Produkte wie PET-Flaschen oder Joghurtbecher zu größeren Einheiten gebündelt. Standardmäßig wird hierfür durch Hitzeeinwirkung eine Schrumpf-Umverpackung aus Kunststoff erzeugt. Dieses Verfahren ist jedoch energieintensiv, wenig umweltfreundlich – und auch kostspielig.

TrakRap hat hierzu eine Alternative entwickelt, die ohne Hitze auskommt und Ressourcen schont: Im sogenannten Orbitalwickelprozess werden innovative, materialsparende Packmittel nochmals mit einer hauchdünnen Spezialfolie umhüllt. Dieses Verfahren spart gegenüber herkömmlichen Verfahren 90 % Energie, 70 % Verpackungsfolie, 30 % sonstiges Verpackungsmaterial und verursacht bis zu 70 % weniger CO_2-Emissionen.

Nicht zuletzt aufgrund der positiven Kundenreaktionen erhielt TrakRap dann Nachfragen für Maschinen zur Verpackung von Aerosolbehältern. Diese Behälter bergen eine besondere Herausforderung: Sie sind in der Regel hoch und dünn und neigen deswegen beim Verpacken zur Instabilität. Nachdem TrakRap festgestellt hatte, dass es deshalb vor allem auf die erste Lage der Folie ankommt, entwickelte es mithilfe von Siemens eine speziell darauf ausgerichtete Maschine. Damit konnte das Unternehmen die Kraft der Folie beim Aufbringen der ersten Lage begrenzen, die Ausrichtung der zweiten Lage ändern, den Prozess stabilisieren und den Ressourcenverbrauch reduzieren.

Die Digitalisierung bringt für TrakRap aber noch viele weitere Vorteile. Sie verändert beispielsweise die Art und Weise, wie das Unternehmen seine Maschinen bereitstellt und überwacht und wie es seine Kunden durch neue Geschäftsmodelle unterstützt. So offeriert TrakRap seinen Abnehmern an Stelle eines Kaufs auch die Nutzung seiner Maschine an. Gezahlt wird dann auf Basis einer nutzungsbasierten Abrechnung („Pay-per-wrap"). Für den Kunden entfallen dadurch die Investitionskosten. Ohne eine umfassende Digitalisierung wäre dies unmöglich.

2.4   Beispiel Biotechnologie

Die Kunstfaser Polyamid ist für die Herstellung vieler Alltagsgegenstände unverzichtbar – von Nylonstrümpfen über Schuhsohlen bis zu Autositzbezügen. Normalerweise wird Polyamid aus fossilen Rohstoffen hergestellt, die in petrochemischen Anlagen synthetisiert werden. Das chinesische Unternehmen Cathay Industrial Biotech hat nun einen Weg gefunden, den Stoff aus erneuerbarer Biomasse wie Mais zu produzieren.

Bis das gelang, war es ein langer Weg. Denn die Verarbeitung veränderlicher Rohmaterialien ist kompliziert und das Einhalten gleichbleibend hoher Qualitätsstandards ist für jede Labor- und Produktionsanlage unverzichtbar. Es ist schwierig, die Details der Umwandlungsprozesse vollständig zu beherrschen und vom Labor in die Produktion zu überführen. Cathay Industrial Biotech ist das durch Digitalisierung und die Integration aller dafür notwendigen Prozesse in die Hard- und Softwaresteuerung seiner digitalen Fabrik gelungen. Das Unternehmen hat dafür unendlich viele Labordaten gesammelt, analysiert und in der realen Produktion getestet. Im Gegenzug wurden die Ergebnisse aus der digitalen Fabrik in das Forschungslabor zurückgespielt. Der Aufwand hat sich gelohnt: Die Fasern haben bessere Trageeigenschaften und die CO_2-Emissionen sind durch diese Herstellungsform um die Hälfte gesunken (Abb. 2).

Abb. 2 Die chinesische Cathay Industrial Biotech Ltd stellt Kunstfasern aus Biomasse her. Dank Digitalisierung wurden die CO_2-Emissionen um die Hälfte gesenkt und die Trageeigenschaften der Textilien verbessert. (Mit freundlicher Genehmigung der Siemens AG. All rights reserved)

3 Digitalisierte Produktion für eine nachhaltigere Zukunft

Die Notwendigkeit, Maßnahmen gegen den Klimawandel zu treffen, sind unverkenn-bar: Ohne ein Umschwenken droht die Temperatur auf der Erde bis zum Ende des Jahr-hunderts um 3,9 Grad zu steigen – mit gravierenden Folgen für die Menschheit (Zeit Online 2020). Folglich ist schnelles Handeln gefragt, auch seitens der Industrie.

Die technologische Entwicklung und die neuen Möglichkeiten der Datenver-arbeitung bieten dafür große Chancen: Die schnellsten Supercomputer der Welt führen heute viele Milliarden Rechenoperation in einer Sekunde durch. Und Speicher-platz hat sich von einem einst wertvollen zu einem mittlerweile kostengünstigen Gut gewandelt: Kostete der Speicherplatz für ein Gigabyte Daten Anfang der 1990er-Jahre noch mehrere Hundert USD, so sind dies heute nur noch wenige Cent. Mit der steigenden Verfügbarkeit von günstigem Speicherplatz hat auch der Einsatz von Sensoren massiv zugenommen. Klein und unauffällig übernehmen sie wichtige Auf-gaben – sei es in Textilien, Smartphones, Autos, chirurgischen Instrumenten, Kameras oder Maschinenbauteilen. Sie erkennen giftige Substanzen, messen CO_2- und Stickstoff-gehalt in Räumen, bestimmen die Position von Objekten, messen Temperaturen, Drücke, Vibrationen, Feuchtigkeit oder Energieverbrauch. Dabei erfassen und übermitteln sie permanent gewaltige Mengen an Daten – und tragen so maßgeblich zur Realisierung des Internets der Dinge bei.

Die enorme Geschwindigkeit, welche die Branche weltweit bei der Transformation zu einer digitalisierten Industrie beweist, ist ermutigend. Und Siemens ist ein Vorreiter dieser Bewegung: Im Jahr 2015, nur zwei Jahre nach der Präsentation der Industrie 4.0-Umsetzungsempfehlung durch die acatech – Deutsche Akademie für Technikwissen-schaften, hatte Siemens mit Digital Enterprise sein Lösungskonzept zur Umsetzung von Industrie 4.0 vorgestellt. Und heute, keine fünf Jahre später, nutzen bereits viele Unter-nehmen auf der ganzen Welt Teile des daraus entstandenen Digital-Enterprise-Portfolios und haben dadurch ihre Produktivität, Flexibilität und Umweltfreundlichkeit signifikant gesteigert.

Die Technologiesprünge in der IT ermöglichen es der Industrie, schnell und flexibel auf neue Marktgegebenheiten und individuelle Kundenanforderungen zu reagieren. Dabei lässt die Wertschöpfungskette viele Rückkopplungen zu sämtlichen ihrer Stufen zu: Der Service meldet etwa Kundenwünsche an die Entwicklung. Die Fertigungs-planung erhält Informationen zur Verbesserung von Produktionsabläufen, in der Produktion werden Daten ermittelt, mit denen sich die Genauigkeit der Fertigungs-planung und die Effizienz der Produktion erhöhen lassen. Das wiederum führt insgesamt zu einem geringeren Verbrauch an Ressourcen.

Es sind unterschiedliche Technologien, die das ermöglichen. Die wichtigsten sind Cloud-Computing, Edge Computing, Industrial 5G, der digitale Zwilling, Additive Manufacturing und Künstliche Intelligenz (KI). Ihr wahres Potenzial entfalten diese Technologien nicht in der Summe, sondern vor allem im integrierten Zusammenspiel.

3.1   Digitaler Zwilling

Um flexibel auf individuelle Kundenwünsche auch in kleinen Stückzahlen reagieren zu können, sind Simulationslösungen der gesamten Wertschöpfungskette eine der Grundvoraussetzungen – in jedem Stadium der Wertschöpfung, sei es im Design, der Produktion oder der Prozessoptimierung und im Service. Solche Simulationen oder auch virtuellen Modelle nennt Siemens digitale Zwillinge. Sie finden als digitale Ebenbilder von Produkten, Maschinen, Prozessen oder ganzen Produktionsanlagen immer häufiger Einsatz in der Produktion. Sie erlauben es nicht nur, Produkte schneller zu entwerfen, zu simulieren und herzustellen. Sie ermöglichen es auch, sie besonders günstig, leistungs-stark, robust oder umweltfreundlich zu gestalten.

Die Simulationsmodelle enthalten alle relevanten Daten – sei es zu einem Produkt, einer Elektronikschaltung, einer Fabrik, zu Schienenfahrzeugen oder Gebäuden. Dabei duplizieren und simulieren sie präzise die Eigenschaften und Leistungsmerkmale eines physischen Produkts, einer Produktionslinie oder eines Prozesses, ohne dass ein realer Prototyp zum Testen und Optimieren gebaut werden müsste. Nach Aufnahme der realen Produktion kann durch den kontinuierlichen Datenaustausch mit dem digitalen Zwilling über den gesamten Lebenszyklus hinweg weiter optimiert, angepasst oder komplett verändert werden – von der Herstellung über den Betrieb bis hin zum Service oder gar Recycling.

Kombiniert mit einer Cloud wie MindSphere (siehe Abschn. 3.2) können sämt-liche Simulationsdaten und die Daten aus der realen Produktion und dem Betrieb des Produkts extrahiert, analysiert und genutzt werden, um so das Produktdesign, die Produktion und die Performance des Produkts zu verbessern. Beim systematischen Einsatz des digitalen Zwillings handelt es sich also um einen fortwährenden, selbst-optimierenden Prozess auf allen Ebenen der Wertschöpfungsstufen. Immense Steigerungen von Produktivität und Effizienz und damit auch von Umweltverträglich-keit sind die Folge.

Der Nutzen für die Umwelteffizienz von Produkten und Produktion lässt sich leicht in Zahlen belegen: Beispielsweise kann der digitale Zwilling eines Produkts in Ver-bindung mit innovativen Fertigungsverfahren wie 3-D-Druck zu Materialeinsparungen von bis zu 60 % führen. In der Produktion selbst sind Energie- und CO_2-Einsparungen von bis zu 40 % möglich. Und durch das Monitoring der Produkt-Performance kann der ökologische Fußabdruck eines Produkts durch ein optimiertes Produktdesign nochmals erheblich verkleinert werden (Abb. 3).

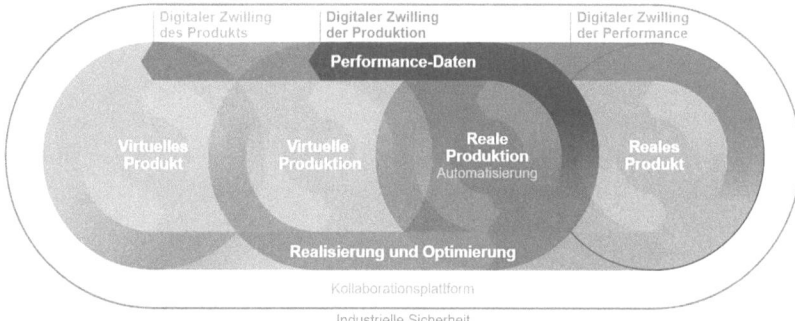

Abb. 3 Die digitalen Zwillinge von Produkt, Produktion und Performance lassen die virtuelle und die reale Welt verschmelzen und sorgen für eine kontinuierliche Optimierung auf allen Ebenen der Wertschöpfungsstufen. (Mit freundlicher Genehmigung der Siemens AG. All rights reserved)

3.2 Cloud Computing

Cloud Computing wird in deutschen Unternehmen zur Selbstverständlichkeit. Schon heute nutzen 90 % der Betriebe dessen Möglichkeiten (Statista 2018). Die Industrie-Cloud-Plattform MindSphere von Siemens ist ein wichtiges Element dafür. Industrie-kunden erhalten hier einen zentralen und sicheren Ort zur Datenspeicherung, ohne dafür eigene Rechenkapazitäten aufbauen und vorhalten zu müssen. Sie können hier Daten aus Produktion, Instandhaltung oder Betrieb eines Produkts oder aus einer Anlage in die Cloud hochladen, sie zum Training der KI-Algorithmen verwenden und sie wirtschaftlich sinnvoll analysieren. Dabei bietet MindSphere völlig neue Möglichkeiten der Offenheit: Hier lassen sich Geräte und Produkte unterschiedlichster Hersteller auf einer Plattform anbinden. Gleichzeitig können hier Kunden auf Basis ihrer Maschinendaten ihre eigenen Apps programmieren und dadurch beispielsweise ihr Serviceportfolio erweitern, das Energiedatenmanagement verbessern oder den Ressourceneinsatz reduzieren.

Ein wichtiger Treiber ist hierfür die Verwendung offener Standards in einem offenen Ökosystem. Dadurch lässt sich der eigene Entwicklungsaufwand deutlich reduzieren und die Entwicklungsgeschwindigkeit steigern. Und offene Standards als Schnittstelle für Hardwarekomponenten unterschiedlicher Hersteller steigern die Vernetzungsfähigkeit ansonsten vielfach inkompatibler Systeme und verbessern die Kommunikation der Komponenten. Kunden und Partner unterschiedlichster Branchen und aus der ganzen Welt werden dieses System nutzen, um eigene Apps anzubieten. MindSphere ist also gerade keine Plattform, auf der allein Siemens-Apps laufen, sondern eine offene Industrie-Plattform. Grundgedanke ist, mit MindSphere eine neutrale Basis für Industrie-Apps zu schaffen. Siemens liefert dafür die Infrastruktur, stellt hier aber auch eigene Apps zur Verfügung.

In jedem Fall gehören bei MindSphere alle hochgeladenen Daten allein demjenigen, der sie auf die Plattform stellt und Siemens besitzt darauf keinerlei Zugriff. Daher existiert bis heute auch keine genaue Zahl darüber, wie viele Apps in MindSphere laufen. Siemens kennt lediglich die Zahl der Accountinhaber und wie viel Datenraum diese angefordert haben. Nach Schätzungen aufgrund der Metadaten liegen auf der Plattform bereits rund 3500 Apps, mit denen entweder bereits gearbeitet wird oder die sich noch im Entwicklungsstadium befinden.

Entscheidend für die Akzeptanz des Betriebssystems ist das Angebot ausreichend vieler wertsteigernder Apps für unterschiedliche Anforderungen. Um das zu erreichen, stehen auf MindSphere Werkzeuge zur Verfügung, mit denen Kunden schnell und einfach eigene Anwendungen erstellen und diese in der Cloud anbieten können. Dazu zählen in einem offenen Ökosystem nicht nur die Angebote unzähliger Start-ups und kleiner Anbieter neuer Tools, sondern auch die unterschiedlichsten fertigen Systeme aus der Welt der IT-Anbieter.

Darüber hinaus sichtet Siemens ständig den Markt auf der Suche nach Übernahmekandidaten, deren Know-how MindSphere und damit die Kunden zusätzlich weiterbringen kann. Dazu gehörte etwa die Akquisition des US-Unternehmens Mendix im Jahr 2018. Das Unternehmen betreibt eine gleichnamige Plattform für die schnelle und extrem einfache Programmierung. Bei dieser sogenannten Low-Code- und No-Code-Programmierung lassen sich Apps auch ohne eigene Programmierer simpel und intuitiv erstellen. Kunden bauen sich damit zum Beispiel individuelle Erweiterungen und Anpassungen für die großen Digital-Enterprise-Softwaresysteme, die sie im Einsatz haben. Die Integration von Mendix in MindSphere hat die Zahl der App-Entwickler auf der Plattform sprunghaft in die Höhe getrieben.

3.3   Edge Computing

Die Ergebnisse aus der Cloud-Datenverarbeitung benötigen die Anwender wieder am Gerät, in der Produktionslinie, an der Anlage. Hier muss in Echtzeit gearbeitet werden, wofür die Latenzzeiten von Cloud Computing zu lang sind. Außerdem ist das Datenaufkommen in der industriellen Fertigung enorm. Tausende von Informationen entstehen pro Sekunde in einer Produktionsanlage: Eine große Menge an Sensoren messen ununterbrochen Produktionsparameter wie den Zustand der Maschinen oder die Qualität der Fertigung. Je vernetzter die Fertigung ist, desto mehr Daten fallen an. Darüber hinaus erfordert das Senden großer Datenmengen zur Weiterverarbeitung in die Cloud eine hohe Bandbreite – eine kostspielige Angelegenheit, besonders für kleinere Unternehmen.

Edge Computing löst dieses Dilemma. Mit dem Begriff ist die dezentrale, lokale Datenverarbeitung am Rand des Netzwerkes in Echtzeit gemeint. Wenn mit Edge Computing große Datenmengen lokal erfasst und verarbeitet werden, verringern sich für die Anwender die Speicher- und Übertragungskosten, schließlich werden nur die übergeordnet relevanten Daten in eine Cloud- oder IT-Infrastruktur übertragen. Eine Kombination aus lokaler und performanter Datenverarbeitung direkt in der Fertigung bis hinunter in die Automatisierung einerseits sowie in der Cloud andererseits kann der Industrie enorme Potenziale eröffnen. Außerdem erweitert die Edge-Technologie die Automatisierung um die Möglichkeiten der Datenanalyse und um andere Funktionen. Hersteller können somit alle Vorteile der Cloud nutzen und dabei die Forderungen des Markts nach maximaler Flexibilität und Reaktionsfähigkeit erfüllen.

Sowohl Edge also auch Cloud werden für immer mehr Industriebranchen unverzichtbar. Die jeweiligen Vorteile beider Technologien auszuspielen, ist ein wesentliches Erfolgsrezept, da sich die Technologien optimal gegenseitig ergänzen. Zum Beispiel lassen sich mittels Edge Computing Daten vorverarbeiten, die dann in der Cloud für das Trainieren von KI-Algorithmen eingesetzt werden. Die daraus resultierenden Ergebnisse können im Anschluss wieder in die Edge-Infrastruktur eingespielt werden.

Und auch bei Industrial Edge kommen Apps ins Spiel. Sie erlauben beispielsweise weniger geschultem Personal, eigenständig Servicearbeiten durchzuführen. Zum Beispiel reagiert die auf KI basierende App „Simatic Assistant for Machines" auf Sprachsteuerung und liefert bei Bedarf Maschineninformationen und Handlungsempfehlungen, etwa bei Inbetriebnahme, Wartung und Fehlerbehebung im laufenden Betrieb. Das erspart spezialisierten Service-Technikern die Anfahrt und trägt somit zu niedrigeren Kosten und geringeren CO_2-Emissionen bei.

Allerdings sind derzeit noch viele ältere Anlagen im Einsatz, die eine Datenübertragung nicht ohne Weiteres erlauben. Doch häufig lassen sich diese durch ein Retro-Fitting so aufrüsten, dass auch hier Daten ausgewertet werden können (Abb. 4).

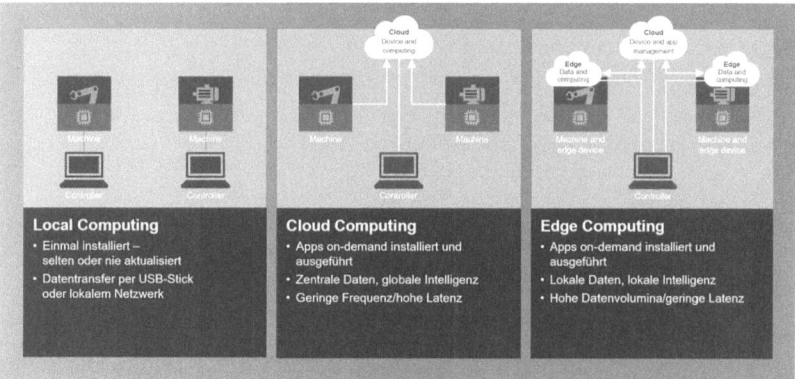

Abb. 4 Edge Computing verbindet die Vorteile von Local Computing und Cloud Computing und bringt Intelligenz und Performance der Cloud auf die Feldebene an die Maschine vor Ort. (Mit freundlicher Genehmigung der Siemens AG. All rights reserved)

3.4 Industrial 5G

Für die Datenübertragung in einem flexiblen Produktionsumfeld und vielen modularen Elementen ist eine drahtlose Technologie verständlicherweise unverzichtbar. Sofern eine kabellose Übertragung infrage kommt, werden hierfür derzeit weitgehend das Industrial WLAN oder LTE-Netze verwendet. IWLAN eignet sich dabei insbesondere für zeitkritische Einzelanwendungen. LTE ermöglicht dagegen nur nicht-zeitkritische Anwendungen und ist zum Beispiel ideal für Remote Service oder Wartungsaufgaben. Bei modernen Kommunikationskonzepten geraten die existierenden drahtlosen Übertragungstechniken jedoch schnell an ihre Grenzen. Denn dafür müssen die Datenverbindungen extrem schnell und hoch stabil sein.

Industrial 5G mit seiner hohen Bandbreite und der Kommunikation in Echtzeit (geringe Latenzzeiten) bietet völlig neue Möglichkeiten für eine flexible, bedarfsgerechte Produktion. Über die gesamte Fertigungsanlage hinweg können unzählige Geräte miteinander vernetzt und Daten in wenigen Millisekunden übertragen werden. So erlaubt die 5G-Technologie fahrerlosen Transportsystemen, Komponenten punktgenau und bedarfsgerecht zwischen verschiedenen Produktionslinien hin und her zu transportieren. Roboter können drahtlos und hoch exakt zusammenarbeiten, um diese Komponenten zu montieren. Techniker im Außendienst erhalten über Augmented-Reality-Brillen Anweisungen, wo sie welche Servicedienstleistungen ausführen müssen. Auch in der Prozessindustrie, zum Beispiel in chemischen Anlagen, entstehen neue Möglichkeiten: Hier lassen sich die unzähligen Sensoren vernetzen, die Prozessdaten wie Temperatur, Druck oder Durchfluss liefern. Mit 5G sind bis zu einer Million Verbindungen pro Quadratkilometer möglich (McKinsey Global Institute 2020). Das alles, zusammen mit der Möglichkeit, private Campusnetze innerhalb eines Firmenstandorts aufzubauen, macht den 5G-Standard zu einer Grundvoraussetzung für neue Anwendungen in Industrieumgebungen.

Daher wird auch Siemens Campus-Netze in seinen Werken einführen und sein Portfolio um neue Lösungen erweitern, mit denen Industrieunternehmen produktiver und deutlich flexibler arbeiten können. Bereits 2025 sollen laut „Mobile Economy 2019 Report" 15 % des weltweiten Mobilfunks über 5G laufen (Tobin 2019) (Abb. 5).

Abb. 5 Fahrerlose Transportsysteme wie sie etwa in der Automobilindustrie oft zum Einsatz kommen, flexibilisieren Produktionsabläufe, indem sie Komponenten präzise und bedarfsgerecht zwischen verschiedenen Produktionslinien hin und her transportieren. Das erfordert den Mobilfunkstandard 5G. (Mit freundlicher Genehmigung der Siemens AG. All rights reserved)

5G in der Industrie

Damit 5G industriefähig wird, müssen drei Anforderungen erfüllt sein: große Brandbreite, geringe Latenzzeiten und viele Geräte, die sich auf einer bestimmten Fläche anschließen lassen. Dabei lassen sich diese Parameter jedoch nicht unbegrenzt kombinieren: Soll beispielsweise eine hohe Bandbreite für viele Teilnehmer realisiert werden, nimmt automatisch die Qualität der Latenzzeiten ab. In der Industrie steht jedoch immer die zuverlässige Datenübertragung in Echtzeit im Vordergrund. Lösen lässt sich dieser Konflikt durch private Netzwerke mit firmeneigenen Frequenzbändern innerhalb der räumlichen Grenzen eines Standorts.

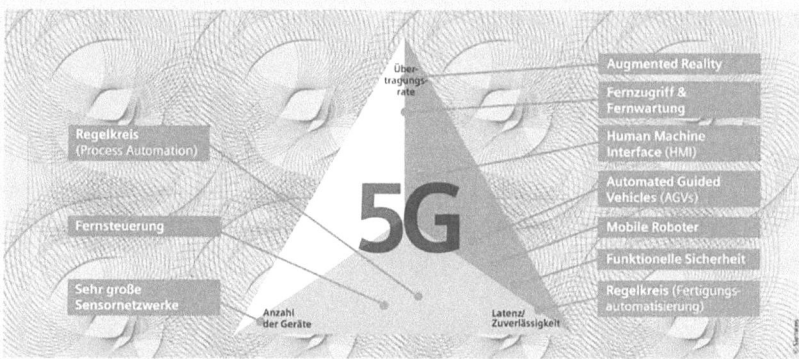

3.5   Künstliche Intelligenz

Mit dem Datendurchsatz in der Cloud, beim Edge Computing, beim Einsatz des digitalen Zwillings, in der Automatisierung und bei vielen weiteren Anwendungen füllen sich unaufhaltsam große Datenpools. Damit steigen die Notwendigkeit und die Herausforderung, die Daten nicht nur strukturiert zu erheben und sie sinnvoll zu ordnen, sondern diese auch besser nutzbar zu machen. Künstliche Intelligenz (KI) wird wertvolle Dienste leisten, um aus den vielfältigen Informationen, erzeugt aus unterschiedlichsten Quellen, sinnvolles Wissen zu generieren. Sie hilft, Entwicklungs- und Produktionsprozesse zu beschleunigen, diese effizienter zu gestalten, um energie- und ressourcenschonender zu produzieren und folglich um zu Nachhaltigkeit und Klimaschutz beizutragen.

Eine einheitliche Definition für KI gibt es nicht. Siemens versteht darunter algorithmen- und datenbasierte Computersysteme, welche die Fähigkeiten von Maschinen und Menschen digital erweitern. Anders als starr programmierte Systeme werden Anlagen dadurch zusammen mit Automatisierungstechnologien von passiver Hardware zu selbstlernenden Objekten. Die Maschinen können sich ständig selbst optimieren und auf ungeplante Vorgänge selbstständig sinnvoll reagieren.

Hier unterstützt Siemens seine Kunden im Rahmen seines ständig wachsenden Digital-Enterprise-Portfolios und integriert dabei systematisch Zukunftstechnologien wie Edge Computing und Cloud Computing, App-Entwicklungsplattformen, Industrial 5G, Additive Manufacturing sowie weitere, hoch performante Hardware- und Softwareplattformen.

Ein Beispiel für den Nutzen von KI-Anwendungen zeigt sich beispielsweise bei der Herstellung von Schaufelrädern für eine Gasturbine. Hier werden komplexe Fräsprogramme zur Gestaltung der Freiformflächen entsprechend dem CAD-Modell genutzt. Die Schaufelräder werden nach dem Fräsen auf eine Genauigkeit von Nanometern vermessen. Schon bei einer geringen Überschreitung der engen Toleranz sind sie teurer Ausschuss. Das führt nicht nur zu unnötig viel Abfall, sondern ist auch eine kostenintensive Energieverschwendung. Denn das Fräsen eines Schaufelblatts dauert Stunden und verursacht bei einem Fehler lange, unproduktive Maschinenlaufzeiten.

Inzwischen können Positionen des Fräswerkzeugs jedoch in Echtzeit in 3-D erfasst und mit der Sollposition verglichen werden, die das Werkzeug gemäß 3-D-CAD-Modell jeweils haben müsste. Aus diesem Abgleich lässt sich mithilfe eines KI-Algorithmus bestimmen, wann die Abweichung zu groß sein wird. Dann kann der Fräsvorgang unter Umständen bereits Stunden vor dem planmäßigen Ende des Prozesses abgebrochen werden. Denkbar wäre sogar, die Maschinenparameter während des Fräsens mithilfe der KI so anzupassen, dass das Werkstück doch noch in seiner Toleranz bleibt.

4 Menschen besser qualifizieren

Der Mensch wird im Zeitalter der Digitalisierung weiterhin unerlässlich bleiben – in vielen Bereichen mehr denn je. Maschinen werden zwar immer mehr Standardaufgaben übernehmen. Doch wenn es um Sonder- und Problemfälle geht, um konzeptionelle und planerische Aufgaben oder um kreative Lösungen, bedarf es unverändert menschlicher Intelligenz, Erfahrung und eigenverantwortlichen Handelns.

Aber natürlich wandelt sich die Arbeitswelt durch Digitalisierung und KI. Für Arbeiter in modernen Fabriken wird der Umgang mit Tablet-PC und Datenbrille bald so selbstverständlich sein wie früher mit dem Schraubenschlüssel. Parallel zum Rückgang manueller Tätigkeiten steigt der Bedarf an IT-Know-how. Wer heute beispielsweise in der klassischen Instandhaltung tätig ist, wird künftig wissen müssen, was Connectivity bedeutet oder wie man ein Edge-Gerät nutzt. Sie müssen zwar keine Data Scientists werden, aber sie müssen eine Rolle in den neuen Prozessen finden, die durch KI entstehen. Bei der Suche nach dieser Rolle sind insbesondere auch Unternehmen wie Siemens als Hilfesteller gefordert.

Siemens sieht sich insofern in einer großen Verantwortung, diesen Paradigmenwechsel mit voranzutreiben und umzusetzen. Dabei wird sich auch die Rolle und das Selbstverständnis des Unternehmens verändern: Siemens ist nicht mehr allein Lieferant von Produkten, Technologien und Services, sondern steht seinen Kunden umfassend beratend beim Einsatz digitaler Technologien und Prozesse zur Seite. Und Siemens bekennt sich auch zu seiner gesellschaftlichen Verantwortung. Dazu zählt ein noch stärkeres Augenmerk auf Nachhaltigkeit und Klimaschutz – auch mithilfe der Digitalisierung.

5 Fazit

Die Digitalisierung eines Unternehmens lässt sich nicht nebenbei erledigen. Unternehmen sind gut beraten, zügig strategische Entscheidungen zur Umsetzung der digitalen Transformation zu treffen. Das betrifft ihr Portfolio genauso wie Investitionen in Aus- und Weiterbildung und interne Umstrukturierungen. Dabei kann die Umstellung sukzessive erfolgen, muss aber ein solides technologisches Fundament bekommen. Wenn dies gelingt, wird die digitale Transformation nicht nur zu einer höheren Produktivität, Flexibilität, Qualität, niedrigeren Kosten und kürzeren Markteinführungszeiten führen, sondern auch einen erheblichen Beitrag zu Umwelteffizienz und Nachhaltigkeit leisten.

Mit seinem eigenen Umweltprogramm hat sich Siemens Digital Industries ambitionierte Ziele gesetzt. So will Digital Industries vor allem mit Mitteln der Digitalisierung seine ohnehin schon hohe Energieeffizienz weiter um jährlich ein Prozent verbessern, sein Abfallaufkommen um zehn Prozent senken, die Emission von Klimagasen reduzieren und so zum Konzernziel beitragen, bis zum Jahr 2030 klimaneutral zu wirtschaften.

Literatur

Bitkom (2020) https://tinyurl.com/ufpb3oz

Böcking D (2020) Der Spiegel, Konzerne sollen Klimaschutz im Alleingang betreiben. https://tinyurl.com/v6x6rcc

Heeg T (2020) FAZ, Eine Drei im Fach Digitalisierung, 2.4.2020

IWD (2019) Datenmenge explodiert. https://tinyurl.com/s52rvje

Jakobs H-J et al. (2020) Handelsblatt, Künstliche Intelligenz ist für den Siemens-Konzern system-relevant. https://tinyurl.com/w72x3rn

Kroker M (2018) Kroker's look @ IT, Weltweite Datenmengen sollen bis 2025 auf 175 Zetabytes wachsen. https://tinyurl.com/wt3ff3t

McKinsey Global Institute (2020) Connected World. https://tinyurl.com/ssk2qdp

Müller S (2019) It-novum, Daten: Ein besonderer Rohstoff in der Produktion. https://tinyurl.com/rno4ue4

Reeves M (2020) Davos and the Leadership Zeitgeist. https://tinyurl.com/so4o3du

Reuters (2020) Produktion am Limit – mehr Beatmungsgeräte in der Corona-Krise gefragt. https://tinyurl.com/senngrr

Statista (2018) Nutzung von Cloud-Computing in Unternehmen in Deutschland in den Jahren 2011 bis 2018. https://tinyurl.com/ya5l345h

Tobin A (2019) Forbes, 5G will account for 15% of global mobile market by 2025. https://tinyurl.com/u25x8b6

Zeit Online (2019) Schon 1,5 Grad mehr in Deutschland. https://tinyurl.com/tt4ox4s

Klaus Helmrich (Fotocredit: Siemens AG)

Klaus Helmrich ist Mitglied des Vorstands der Siemens AG. Seine Laufbahn bei Siemens begann der studierte Elektroingenieur 1986 als Entwicklungsingenieur. Es folgten Tätigkeiten in den Unternehmensbereichen Bauelemente und Automatisierungstechnik, bevor er in das Management des Unternehmensbereichs Automation & Drives wechselte. 2008 übernahm er als CEO die Division Drive Technologies. Seit 2011 ist Klaus Helmrich Mitglied des Vorstands der Siemens AG. Von April 2011 bis September 2014 nahm er die Funktion des Chief Technology Officer wahr und verantwortete von Oktober 2013 bis September 2014 als Arbeitsdirektor auch das Personalressort. Zudem war er von April 2019 bis September 2020 CEO der Operating Company Digital Industries. Darüber hinaus ist Klaus Helmrich Vorsitzender des Aufsichtsrats der Siemens AG Österreich (SAGÖ) und Mitglied im Aufsichtsrat der EOS Holding AG in Krailling.

Ausrechnen statt Entscheiden – 32 Jahre IT-Innovation

Agata Królikowski, Jens-Martin Loebel und Stefan Ullrich

1   Einleitung

„I counted everything. I counted the steps to the road, the steps up to church, the number of dishes and silverware I washed … anything that could be counted, I did." (Katherine Johnson)

Ihre Liebe zum Zählen führte die Anfang 2020 verstorbene Mathematikerin Katherine Johnson zur Vorläuferin der NASA, wo ihre Beiträge zur Berechnung von Flugbahnen schließlich in der bemannten Mond-Mission Verwendung fanden. Sie war eine Computer. Was uns heute ein Gerät, war früher eine Berufsbezeichnung für Menschen. Denn bei all der Digitalisierung sollten wir uns vor Augen führen, dass es nicht (oder nicht nur) die informationstechnischen Artefakte, sondern Menschen sind, die für Innovationen in unserer vernetzten Gesellschaft verantwortlich sind. Es ist die Begeisterung für die Berechnung des Berechenbaren, die die Informatik durchzieht. Das universitäre Fach „Informatik im Kontext" erinnert gern an die Begeisterung des Universalgelehrten Gottfried Wilhelm Leibniz für seine Entdeckung des binären Systems. Genauer, für die Entdeckung, dass man mit 1 und 0 universelle Berechnungen durchführen, ja, die ganze Welt darstellen konnte. Er war so entzückt von seinem dyadischen

A. Królikowski
IT-Dienstleistungszentrum des Freistaats Bayern, München, Deutschland
E-Mail: akrolikowski@acm.org

J.-M. Loebel (✉)
Fachbereich Wirtschaft, Hochschule Magdeburg-Stendal, Magdeburg, Deutschland
E-Mail: jens-martin.loebel@h2.de

S. Ullrich
Weizenbaum-Institut für die vernetzte Gesellschaft, Berlin, Deutschland
E-Mail: stefan.ullrich@tu-berlin.de

© Springer-Verlag GmbH Deutschland, ein Teil von Springer Nature 2021
A. Hildebrandt und W. Landhäußer (Hrsg.), *CSR und Digitalisierung,* Management-Reihe Corporate Social Responsibility, https://doi.org/10.1007/978-3-662-61836-3_12

System, dass er sogar Medaillen prägen ließ, in deren Mitte einfache Rechnungen im binären Zahlsystem prangten. Um dieses herum sieht man eine bildliche Darstellung von Licht und Schatten, kurz: Das Bild der Schöpfung, „imago creationis".

Schon die alten Pythagoräer beschworen ihr Mantra: Alles ist Zahl, wobei sie wohl eher an Geometrie dachten als an die uns umgebende Umwelt. Die Informatikerinnen (Männer fühlen sich bitte inkludiert) als neue Pythagoräer beschränken sich hingegen nicht auf abstrakte Objekte der Mathematik: In der Welt des Digitalen erscheint alles zählbar, alles berechenbar, alles modellierbar. Selbst mathematisch unlösbare Probleme, wie die Quadratur des Kreises, sind in der diskreten Welt der Informatik lösbar. Die Kreiszahl π, eigentlich eine Zahl mit unendlich vielen, nichtperiodischen Nachkommastellen, wird entweder gerundet im Computerspeicher abgelegt – oder es wird auf eine (endliche) Rechenvorschrift verwiesen, die mit jedem Durchgang eine immer genauere Näherung ausgibt. Dann gelingt natürlich die Quadratur eines jeden Kreises, unendlich viel Zeit oder entsprechende Fehlertoleranz vorausgesetzt.

Die Algorithmisierung der Lebenswelt prägt unsere Epoche so fundamental, dass wir in Anlehnung an McLuhan die Turing-Galaxis ausgerufen haben (McLuhan 1995; Knaut et al. 2012). Was bei Leibniz wohl eher böse Satire gegenüber seinen Zeitgenossinnen war, scheint nun einzutreten: Bei Meinungsverschiedenheiten rechnen wir einfach aus, wer Recht hat (Leibniz 1966). Bei epistemologischen Unklarheiten halten wir uns nicht lange mit dem Nachdenken über das Wesen des Betrachtungsgegenstands auf, nein, in Anspielung auf den letzten Satz des Tractatus können wir den Imperativ unserer Epoche formulieren: Wovon wir keine Vorstellung haben, darüber lassen wir Algorithmen laufen (Wittgenstein 2011).

Führen Sie sich (im inzwischen gewohnten Schnellschritt) die von Frieder Nake „algorithmische Revolution" genannte technische Entwicklung der letzten drei Jahrzehnte vor Augen: Vor 30 Jahren eroberte der Personalcomputer die Schreibtische, vor 20 Jahren vernetzten sie sich, vor 10 Jahren wanderten sie in die Hosentasche, um schließlich ubiquitär und natürlich smart zu sein: Die Zukunft ist jetzt.

2   „Non calculemus sed informare audeamus"

Die Autonomie des Menschen gehört zu den Grundbedingungen seines Daseins. Er besitzt die Möglichkeit, sich selbst Gesetze zu geben und kann vor allem entscheiden, ob er sich daran halten möchte. Moralisches Handeln ist nur möglich, wenn eine freie Entscheidung getroffen werden kann. Im Selbstversuch können wir zwar beobachten, dass wir viele Tätigkeiten wie unter Zwang vollziehen, ohne weiter darüber nachzudenken – der vernunftbegabte Mensch besitzt jedoch die Möglichkeit, sein Verhalten zu hinterfragen und an veränderte Umweltbedingungen anzupassen. Ohne die Fähigkeit, sich selbst Gesetze geben zu können, können wir nicht mehr von dem „echten menschlichen Leben" sprechen, auf das Hans Jonas in seinem berühmten „Prinzip Verantwortung" zu Recht einen hohen Wert legt (Jonas 1984). In der von Technikerinnen geschaffenen „ungeheuren" Welt der Informationstechnik muss sich der Mensch dem Gesetz der Maschine beugen: „code is law" (Lessig 2006) – der „user" wird zum „usee", die Nutzerin zur Genutzten.

Digitalisierung ist das Schlagwort des letzten Jahrzehnts. Obwohl Computer mehr als ein halbes Jahrhundert die Lebenswelt der Menschen unterstützen (Steinbuch 1970), so ist der Rechner in Form des Smartphones oder Tablets doch erst jetzt so wirklich im Alltag angekommen. Alles wird berechnet: Unser Nachhauseweg, Kalorienverbrauch, die Schrittzahl, der Pulsschlag, mögliche Dates in der Umgebung.

Die Digitalisierung des Alltags und Forschungsprojekte wie der Jeopardy-gewinnende Watson der IBM oder das Google-Auto könnten uns jedenfalls das Gefühl geben, dass alles berechenbar ist. Und ja: Viele Probleme lassen sich inzwischen mithilfe von Computern lösen. Nicht zuletzt auch, wie das Mooresche Gesetz vorhersagt, weil sich die Komplexität integrierter Schaltkreise regelmäßig verdoppelt und unsere Computer schneller macht. Dies erlaubt uns, Dinge am Computer zu berechnen, die früher in der Weise nicht umsetzbar waren.

In der modernen Welt bestimmen informations- und kommunikationstechnische Artefakte und Systeme, was wir von unserer Umwelt überhaupt wahrnehmen können. Unsere unmittelbaren Sinneseindrücke werden von einer informationellen Folie überlagert. Wir beurteilen Menschen und Produkte auch, indem wir die Urteile anderer Menschen berücksichtigen, das war schon immer so. Doch inzwischen schaut die stets beschäftigte Person nicht in die Urteilsbegründung, sondern gibt sich mit der reinen Anzahl der „Sterne" oder Gefallensbekundungen zufrieden. Entscheiden und Urteilen sind keine transitiv vollziehbaren Handlungen, sie müssen von jeder frei Handelnden (Menschen mit „agency", Agentinnen) getroffen bzw. gefällt werden. Natürlich kann ich die Entscheidung einer anderen Agentin überlassen, dann trage ich sie mit – oder eben nicht.

Die informationelle Überlagerung durch informations- und kommunikationstechnische Systeme erfolgt so subtil, dass ihre Nutzerinnen die Entmündigung unter Umständen gar nicht oder viel zu spät bemerken. Die Komponente Mensch ist im Gesamtsystem fast schon ein Störfaktor. Das kann man besonders zugespitzt im Bereich des Einsatzes von unbemannten Luftfahrzeugen (umgangssprachlich Drohnen) sehen. In diesem Extremfall wird die Nutzerin nur noch eingebunden, um jemanden haftbar machen zu können. Wo der Laie von Drohnenpilotinnen spricht, weiß der Experte, dass mehrere Personen an den Drohnentötungen beteiligt sind. Die „image analyst" sichtet den „live feed" der Drohnenkamera, verknüpft das Sichtbare mit Metadaten und versieht so der Pixelanhäufung nicht nur das Etikett Mensch X, sondern auch Ziel X. Die im Recaro-Sportsessel in Ramstein sitzende Drohnenpilotin bekommt dann die so aufbereiteten Bilder mit den entsprechenden Vermerken – und entscheidet sich dann für (oder gegen) den Abschuss der Hellfire-Raketen.

Diese Entscheidung ist jedoch keine solche im philosophischen Sinn, denn die eigentliche wurde bereits von der „image analyst" und der dazugehörigen Software anhand von Mustererkennung, Graphenauswertung oder Monte-Carlo-Heuristiken getroffen. Zudem sind die Pilotinnen in der Regel Soldatinnen, die geradezu angehalten sind, nicht ständig über ihr Tun zu reflektieren. Sie sind aus einem juristisch-politischen Grund da: Haftbarkeit.

3   Smarte Daten

Digitalisiert und digital ausgewertet wird inzwischen quasi alles. Die Umwandlung von Big Data in Smart Data erfolgt jedoch nicht ohne Probleme. Wir sollten vor einer allzu tiefen Technikgläubigkeit gewarnt sein, denn auch das maschinelle Lernen kann gewisse Grenzen nicht überwinden. Es bleiben noch immer genug Herausforderungen.

Eine Herausforderung besteht darin, dass Computer nicht in der Lage sind, ein Problem bzw. deren Lösung in allen seinen Facetten der Realität entsprechend zu berechnen. Nicht nur, dass uns die theoretische Informatik lehrt, dass vereinfacht gesagt, nicht alles berechenbar ist. Es gibt auch bei den berechenbaren Problemen Grenzen, und zwar mehr als nur die Rechengeschwindigkeit (Turing 1937; Wiener 1948). Denn auch wenn es ausreichend Rechenleistung gäbe, gibt es immer noch kein universell gutes Verfahren zum Abstrahieren von Datensätzen, wenn die Menge aller Datensätze betrachtet wird. Um nämlich aus einer Masse von Daten (die aus heterogenen Quellen stammen), Antworten über die Realität sinnvoll beleuchten zu können, bedarf es ganz konkreter Fragestellungen. Und einen zentralen Punkt sollte man dabei beachten: Die Antworten bilden nicht einmal die (ganze) Realität ab, sondern stellen ein Modell der Realität dar.

Das heißt also auf unser Big-Data-Problem übertragen, dass es keinen Algorithmus gibt, der aus allen möglichen Daten Sinn errechnen kann – im Gegenteil: Mit Raten, was die Daten eigentlich zu bedeuten haben, hat man die gleichen Erfolgschancen. Für Teilbereiche funktioniert das Generalisieren von Beispielen jedoch ganz gut. Denken wir an die Suche im Netz, an Spamfilter, Empfehlungssysteme, Scoring, Börsenhandel oder hochautomatisiert fahrende Autos. Echtzeitanwendungen wie Netzfilter zur Abwehr von Cyberattacken, aber auch Internettelefonie oder Filmstreamplattformen sind nur möglich, weil Computer schneller und cleverer geworden sind. Dennoch: „A map is not the territory […]", wie Alfred Korzybski es formulierte. Das, was der Computer berechnet, berechnet er aufgrund einer Modellierung, nicht aufgrund der Realität.

Darüber hinaus stehen wir vor weiteren Problemen, die zum einen mit den Daten aber auch mit den Verfahren zusammenhängen. So handelt es sich bei Daten, die Big Data speisen, wie zuvor bereits dargestellt, zum großen Teil um beobachtete, nicht um experimentelle Daten.

Und so stellt sich bei Smart Data unwillkürlich die Frage, was wir eigentlich wissen wollen. Was sollen wir als nächstes kaufen, lesen oder schauen? Sind wir kreditwürdig? Wollen wir den Ort des nächsten Verbrechens kennen? Und wie sollten Fehler in den Berechnungen für die Beurteilung der Realität einbezogen werden?

Den Unterschied, den wir vorher zwischen experimentellen und beobachteten Daten aufgemacht haben, spielt an dieser Stelle eine Rolle. Auch wenn unter Umständen gleiche kausale Beziehungen in beobachteten und experimentellen Daten stecken könnten: Der wesentliche Unterschied ist, dass diejenige, die die Daten selbst in Experimenten erzeugt, auch die Kontrolle über die Zusammenhänge hat, während diejenige, die Daten (wie Daten aus dem Netz) beobachtet, keine Kontrolle über die Zusammenhänge hat und daher auch keine Kausalzusammenhänge ableiten kann.

4   Die gefilterte Welt

Ein – wenn auch erst auf den zweiten Blick – aus dem Alltag stammendes Beispiel, das das Mooresche Gesetz veranschaulicht, sind Firewalls bzw. Paketfilter.

Erste Paketfilter sind Mitte der 1970er-Jahre aufgekommen, die jedoch nur in der Lage waren, Pakete an der Oberfläche zu scannen. Mit jeder neuen Generation solcher Filter wurde der Schutz der Netze stetig weiterentwickelt und aufgrund steigender Rechen- und Speicherkapazität immer effizienter. Dabei wurde ein immer tieferer Blick in die Pakete möglich. Inzwischen ist die Entwicklung der Paketfilter bei den mit „Deep Packet Inspection" (DPI) bezeichneten Systemen angekommen. Diese Filter können die gesamte Internetkommunikation einschließlich aller vom Nutzer erzeugten Daten, wie zum Beispiel Chat-Nachrichten, E-Mails, besuchte Webseiten, heruntergeladene Filme oder verwendete Passwörter, über gewisse Zeiträume hinweg umfassen. Maschinen, in denen diese Filter implementiert sind, sind grundsätzlich in jedem (IP-basierten) Netz einsetzbar und können Durchsatzraten von mehreren Hundert Gigabit pro Sekunde erzielen (Callado et al. 2009). Zum Vergleich: Einer der größten Internetknoten der Welt – der Deutsche Commercial Internet Exchange Frankfurt (DE-CIX) – hat einen Durchsatz von etwa drei Terabit pro Sekunde. Die Analysen sind mit Aufwand theoretisch in Echtzeit, das heißt zum Zeitpunkt der Kommunikation, möglich.

Echtzeitanwendungen wie eben solche Netzwerkmonitore, aber auch Internettelefonie oder Filmstreamplattformen sind nur möglich, weil Computer schneller und cleverer geworden sind. Das Wort clever ist in Zusammenhang mit Computern missverständlich. Jedoch kommt man um diese Begriffswolke clever, intelligent, smart in Zeiten heutiger Computeranwendungen nicht herum, daher bedarf sie näherer Erläuterung. Künstliche Intelligenz ist nämlich ein weiterer Baustein, der uns Echtzeitsysteme mit großen Datenmengen erst ermöglicht (Nguyen und Armitage 2008). Dabei spielt vor allem das maschinelle Lernen eine zentrale Rolle. Es handelt sich um Verfahren, die in der Lage sind, Lösungen zu Problemen zu berechnen, indem sie aus Beispielen generalisieren und damit induktiv arbeiten. Die Systeme lernen automatisch aus den ihnen zur Verfügung stehenden Daten. Solche Verfahren werden seit Längerem in verschiedenen Bereichen eingesetzt und sind auch aus dem Alltag bekannt, wie zuvor bereits geschrieben: Virenscanner, Spamfilter, Empfehlungssysteme in Onlineshops oder Filmplattformen, Werbung, Börsenhandel und nicht zuletzt bei der Onlinesuche.

Beim sogenannten überwachten Lernen sind die Kategorien der Daten bekannt und der Lernprozess läuft in zwei Phasen ab: Die erste Phase beschreibt den eigentlichen Lernprozess, bei dem anhand der Trainingsdaten und der Kategorien ein Modell bzw. eine Hypothese erstellt wird, die es dem Algorithmus ermöglicht, unbekannte Daten zu klassifizieren. Bei unüberwachtem Lernen sind die Kategorien zunächst unbekannt und der Algorithmus entdeckt Muster selbstständig, aus denen er relevante Parameter für eine Hypothese bzw. Modell extrahiert und damit Vorhersagen über weitere Daten ermöglichen soll. Ziel des maschinellen Lernens ist es also, aus den Datensätzen

Gesetzmäßigkeiten zu entdecken und daraus allgemeine, für andere, noch unbekannte Daten Regeln abzuleiten. Um bei dem genannten Beispiel zu bleiben: Paketfilter analysieren Internetkommunikation auf alle möglichen Parameter hin, sei es die Größe der Pakete, der zeitliche Abstand oder vorkommende Zeichenketten, und können anhand dieser Parameter Pakete in beispielsweise E-Mail-Daten, Chats oder aber auch Malware kategorisieren. Die Vorteile von Algorithmen, die auf maschinellem Lernen beruhen, liegen in der Automatisierung der Identifizierung, Regelentwicklung und der Auswahl der am besten geeigneten Eigenschaften. Das maschinelle Lernen lässt innerhalb und außerhalb der Informatik auf neue Anwendungen hoffen, die mit klassischen Algorithmen undenkbar wären (Alpaydın 2008).

So ist das hochautomatisierte Fahren eines der Themen, die inzwischen nicht mehr nur in der Informatik diskutiert werden, sondern innerhalb der Gesellschaft eine breite Diskussion angestoßen haben. Und auch in der juristischen Welt kommen Diskussionen auf, wie autonome Maschinen rechtlich zu handhaben wären. Ein zentraler Aspekt dabei ist: Wer ist verantwortlich (Lenk und Ropohl 1993)? Die Frage der Verantwortung (juristisch im Sinn von Haftung mit möglichen Rechtsfolgen) bestimmt die Debatten bei geplanten Einsätzen einer neuen Technologie und nicht etwa moralische Fragestellungen (Ullrich 2019).

Sowohl den Versicherungsfirmen als auch den Besitzerinnen von nicht selbstfahrenden (und trotzdem Automobil genannten) Kraftfahrzeugen ist vor allem wichtig, wer Schuld an einem Unfall trägt. Mögliche moralische Fragen an die Mobilitätssucht des modernen Menschen werden gar nicht gestellt, etwa, ob es moralisch gerechtfertigt ist, einen erheblichen Bereich der Verkehrswege für Fußgängerinnen komplett zu sperren oder was die Beschaffung der für die Freude am Fahren notwendigen Energie für die Umwelt bedeutet.

Die letzte Sichtweise, nämlich die verschuldensunabhängige, geht von einem fertigen, ausgelieferten Produkt aus. Und das ist bei Algorithmen des maschinellen Lernens eine Sichtweise, die nicht zutreffend ist. Ja, es gibt Software, die von jemandem programmiert wurde. Im Gegensatz zur klassischen Software werden aber nicht alle möglichen Fälle von vornherein definiert. Im Gegenteil: Die Maschine soll mithilfe der Software auf neue und unbekannte Situationen reagieren können, indem sie sich aus bereits Erlebtem Regeln ableitet, die für die neuen Situationen gelten.

Normalerweise wird in sicherheitskritischer Software, wie beispielsweise Flugzeugen oder Autos mit Softwareverifikation und ausreichend vielen Testzyklen dafür gesorgt, dass in einem bestimmten Bereich das Ein- und Ausgabeverhalten immer definiert ist. Dies ist dem Umstand geschuldet, dass aus Sicht der theoretischen Informatik eben nicht alles berechenbar ist. Softwareverifikation für einen abgesteckten Bereich der Realität zu betreiben, ist für die Informatik eine große Herausforderung. Beim maschinellen Lernen, bei dem das Ein- und Ausgabeverhalten nicht von vornherein definiert ist, sondern sich aus zukünftigen Daten ergibt, stecken die Ansätze von Softwaretests und -verifikation in den Anfängen.

Das Arbeiten mit dem Digitalen ist – vom Softwareentwurf bis zum monatlichen Update – ein ständiger Entwicklungsprozess. Dies sollte in Zukunft sowohl bei der wirtschaftlichen als auch der juristischen Betrachtung sowie der Frage nach Verantwortung nicht nur berücksichtigt, sondern als neues Paradigma herangezogen werden. Wir wissen heutzutage nicht mehr, was wir schaffen werden, nur wie wir es schaffen werden.

5 Unser digitales Kulturerbe

Ein weiteres Beispiel, das die Fehlbarkeit digitaler Prozesse sehr gut verdeutlicht und die Notwendigkeit des prozessorientierten Denkens hervorhebt, ist die Langzeitarchivierung bzw. -bewahrung digitaler Daten.

Ob Konsumgüter der Kreativwirtschaft, Artefakte des digitalen Kulturerbes, Programme und Datenbanken, Forschungs- oder Geschäftsdaten – die Digitalisierung hat unsere Gesellschaft tief durchdrungen. Digitalisiert sind inzwischen die alltägliche Kommunikation (Telefon, E-Mail, Chat), die Rezeption von Informationen (Portale im Netz, Nachrichten, Twitter), die Schaffung kultureller Güter (persönliche Fotografien, Musik, Video, komplexe Software und interaktive Medien, Computerspiele) sowie Forschung und Lehre. Ohne dass wir uns dessen bewusst sind, machen wir unser kulturelles Vermächtnis von der Haltbarkeit von Datenträgern, Softwareentwicklern und Dateiformaten abhängig (Zemanek 1991).

Die Sicherstellung der langfristigen Bewahrung und des Zugangs zu den digitalen Artefakten unserer Gesellschaft ist dadurch zu einer dringenden gesellschaftlichen Aufgabe geworden. So veröffentlichte beispielsweise die UNESCO bereits 2003 Richtlinien für die Bewahrung des digitalen Kulturerbes und stellte damit immaterielle Kulturgüter auf eine Ebene mit dem Weltkultur- und Weltnaturerbe (UNESCO 2003).

Im Gegensatz zu analogen Daten- bzw. Informationsträgern, die eine Haltbarkeit von mehreren 100–1000 Jahren (wie Mikrofilm, Papier, Steintafeln) erreichen können, haben digitale Datenträger eine Haltbarkeit von wenigen Jahren bis Jahrzehnten. Zudem sind digitale Daten nur mithilfe der richtigen Software interpretierbar und damit nur mittelbar lesbar bzw. darstellbar. Es existiert eine – ständig wachsende – Vielzahl an Dateiformaten.

Proprietäre Dateiformate und Software begünstigen eine digitale Kultur, in der nachhaltige Softwareentwicklung nahezu nicht durchzusetzen ist. Spezielle Hardware (Mobilplattformen, eingebettete Systeme, spezielle Chips) wirkt einer nachhaltigen Kulturgüterproduktion ebenfalls entgegen. Sowohl das Digital-Rights-Management (DRM) als auch die Benutzung von Cloud-Services entmündigen die Nutzer und entziehen ihnen die Gewalt über ihre eigenen Daten und erschweren so die Entwicklung nachhaltiger Bewahrungskonzepte.

Es droht der Verlust einer Vielzahl digitaler Artefakte und Kulturgüter nicht nur auf lange Sicht, sondern schon in nächster Zeit. Selbst große Institutionen wie die NASA

oder Firmen wie Amazon haben in diesem Zusammenhang bereits Daten unwiederbringlich verloren. Die angeschnittenen technischen, kulturellen und rechtlichen Dimensionen
verdeutlichen den interdisziplinären und internationalen Charakter des Problems, der
schnelles Handeln und einen Konsens erschwert. Politikerinnen, Juristinnen, Biblio-
thekarinnen, Archivarinnen, Informatikerinnen und Vertreterinnen der Zivilgesellschaft
müssen gemeinsam an Fragestellungen der Aufnahme, Katalogisierung, Bewahrung und
dem Schutz digitaler Objekte, des Rechtetransfers und der technischen Umsetzung von
Lösungsstrategien arbeiten.

So hat die Gesellschaft für Informatik e. V. die Bewahrung unseres digitalen Kulturerbes 2014 zu einer der großen Herausforderungen („grand challenge") der Informatik
erklärt, die es in den nächsten Dekaden zu lösen gilt (Eibl et al. 2015). Die Langzeitbewahrung digitaler Objekte birgt große technische Herausforderungen und ist darüber
hinaus ein interdisziplinäres und internationales Problem, was ein schnelles Handeln und
Konsens erschwert. Es muss ein breites Problembewusstsein in der Gesellschaft, beim
Gesetzgeber und den Informatikerinnen selbst geschaffen werden. Es müssen Workflows
und Best Practices erarbeitet und rechtliche Rahmenbedingungen für den Umgang mit
Kopierschützen und DRM sowie für Exit-Strategien aus der Cloud oder die Nachnutzung
alter Software geschaffen werden. Dabei liegt es an der Informatik, Technik zu entwickeln, die Workflows der Langzeitarchivierung unterstützt und dabei auf große Datenmengen skalierbar ist.

Diese technischen Fragen bezüglich der Bewahrungsstrategien digitaler Daten
sind zudem in keiner Weise geklärt, es gibt bisher keine Erfahrungen über lange Zeiträume. Bereits verlässliche Aussagen zur Erhaltung multimedialer Artefakte über die
nächsten 50 Jahre stellen ein Problem dar. Dabei ist nicht nur die Frage der Erhaltung
und Zugänglichmachung ein Problem, sondern auch, wie man den Informationsverlust
bei bestehenden Lösungsansätzen minimieren kann. Zudem sind technische Systeme
prinzipiell unzuverlässig.

Auch ist die gesetzliche Lage nicht an die technische Realität angepasst. Teilweise
erschwert das Recht die Langzeitarchivierung (Urheberrecht mit langen Schutzfristen),
teilweise sind Institutionen auch nicht verpflichtet, zu archivieren. Neuere Entwicklungen wie die Regelungen zu verwaisten Werken reflektieren das Problem in einer
unbefriedigenden Weise.

Langzeitarchivierung umfasst eine Fülle unterschiedlicher Prozesse. Es ist kein ein-
maliger Vorgang, sondern vielmehr eine dauerhafte Aufgabe. Daher muss auch hier eine
prozessorientierte Denkweise in die Informationstechnologie Einzug halten. Denn auch
wenn skalierbare Lösungen in Zukunft in Sichtweite sein werden, müssen diese langfristig tiefgreifende soziologische, politische, kulturelle/gesellschaftliche und technische
Veränderungen überstehen und als Lösungen akzeptiert, konsequent angewandt und
weiterentwickelt werden.

Bewahrungsstrategien müssen immer wieder neu für den konkreten Fall entwickelt
und angepasst werden. Innerhalb der nächsten Dekade müssen zumindest Software- und

Archivprozesse im Hinblick auf eine Langzeitarchivierung modelliert und standardisiert bzw. ausgerichtet werden (Loebel 2014, Kap. 2 und 5).

Zum gemeinsamen Verständnis der beteiligten Akteure ist dabei eine einheitliche disziplinübergreifende Terminologie zur Beschreibung und Einordnung von Archiv- und Bewahrungsprozessen aus technischer, organisatorischer und politischer Sicht essenziell. Als weltweites Referenzmodell für Bibliotheken und Archive hat sich hierbei das Open Archival Information System (OAIS) etabliert. Ursprünglich 2002 als Gemeinschaftsprojekt der europäischen und US-amerikanischen Raumfahrtbehörden initiiert, bietet OAIS ein organisatorisches Modell, das Geschäftsgänge, organisatorische Strukturen und Anforderungen eines digitalen Archivs mithilfe einer gemeinsamen Terminologie beschreibt sowie Akteure, Rollen und Entitäten benennt.

Eine gemeinsame Sprache und Prozessmodellierung ermöglichen Annäherungen zwischen den einzelnen beteiligten Disziplinen wie der Informatik, den Bibliotheks- und Informationswissenschaften, Geschichtswissenschaften, der Rechtswissenschaft und Gedächtnisorganisationen wie Museen, Archiven und anderen kulturbewahrenden Institutionen.

Aus informatischer Sicht muss, um die Erhaltung der Datenbestände zu bewerkstelligen, ständig umkopiert, umformatiert oder emuliert werden. Dies kann nur nachhaltig erfolgen, wenn Open-Source-Software und offene Standards verwendet werden. Wichtig bei der Entwicklung sind Dokumentationen und Unit-Tests, das heißt eine transparente und nachvollziehbare Programmierung mit Rücksicht auf langfristige Nutzung und Erhaltung sowie die Verwendung von standardisierten Entwicklungsmodellen. Entwickelt werden müssen außerdem Testverfahren, die helfen, die Zuverlässigkeit von Langzeitarchivierungsmethoden abzuschätzen.

Die weitaus größere Herausforderung bildet dabei der digitale Datenstrom selbst. Digitale Daten müssen interpretiert werden, damit sie für Menschen in einer sinnlich wahrnehmbaren Form rezipiert werden können. Der Bitstrom aus logischen Nullen und Einsen ist nur mithilfe der richtigen Software interpretierbar und damit nur mittelbar lesbar bzw. darstellbar. Es müssen Wege gefunden werden, sämtliche Softwarekomponenten (Objekt, Abspielprogramm, Zusatzprogramme, Treiber und Betriebssystem) über Generationen von Rechner- und Softwaresystemen hinweg dauerhaft benutzbar zu halten (Loebel 2014).

Aber auch bei scheinbar weniger komplexen Objekten bzw. Nutzungsszenarien oder bei Digitalisaten ursprünglich analoger Medien müssen Strategien gefunden werden, den Charakter des Objekts zu erhalten und dauerhafte barrierearme Nutzungsumgebungen und -schnittstellen zur Verfügung zu stellen. Eine der großen Herausforderungen besteht darin, dabei möglichst allen Mitgliedern unserer Gesellschaft die Nutzung und den Zugang zu den digitalen und digitalisierten Artefakten einfach zu machen. Hier spielen die Gestaltung der Benutzungsoberfläche sowie die Softwareergonomie allgemein zentrale Rollen.

Aus informations- und bibliothekswissenschaftlicher Sicht müssen Definitionen und Best Practices erarbeitet sowie eine Vereinheitlichung und Umsetzung geeigneter Metadaten durchgesetzt werden. Für die Digitalisierung analoger Medien werden automatisierbare, kosteneffizient arbeitende Prozesse benötigt, die eine Anreicherung mit

Metadaten (zum Beispiel aus Normdatenbanken) erlauben. Gleichzeitig müssen Archiv- und Recherchesysteme entwickelt werden, die mit großen, unstrukturierten Korpora an digitalisierten und „born-digital" Archivmaterialien umgehen können.

Es bleibt zu hoffen, dass es uns gelingt, diese Herausforderungen zu meistern und ein „digital dark age", vor dem jüngst ebenfalls Internetpionier Vint Cerf warnte, zu vermeiden (Gosh 2015). Doch wer die immensen Kosten für Entwicklung, Umsetzung und Bewahrung tragen soll, bleibt unklar. Soll man das Feld amerikanischen Konzernen wie Google (Stichwort Google Books) überlassen oder die Aufgabe in staatliche Hände legen? Wer ist verantwortlich, wenn ein automatisierter Bewahrungsprozess fehlschlägt und digitale Artefakte unwiederbringlich zerstört? Soll man Hersteller von Software gesetzlich verpflichten, Bewahrungsstrategien wie Emulation zu unterstützen oder gar eine DRM- und kopierschutzfreie Version an die Nationalbibliothek zu liefern? Diese Fragen sind zentral und zeigen das feinmaschige Geflecht aus Informatik, Technik, Wissenschaft, Politik und Wirtschaft. Informatiker und Informatikerinnen kommen nicht umhin, sich bereits bei der Entwicklung von Gebrauchssoftware mit gesellschaftlichen Fragestellungen konfrontiert zu sehen (Coy 1992).

6   Gesellschaft in der Informatik – Informatik in der Gesellschaft

Doch gesetzt, der technisch handelnde Mensch möchte sich auch moralisch mit den Folgen seiner Kreationen auseinandersetzen: Die Entwicklerinnen von informations-technischen Systemen werden in ihrer Ausbildung kein Pflichtfach Ethik im Curriculum finden, auch gibt das Reflektieren keine Creditpoints im Studium oder eine Gehalts-erhöhung von der Vorgesetztenetage.

Einen möglichen Ansatzpunkt beschreibt Prof. Sarah Spiekermann in ihrem Buch *Ethical IT Innovation* (CRC Press 2015); sie greift klassische Entwicklungsmodelle (wie das Wasserfallmodell) auf und erweitert es um ethische Komponenten. Dabei sei es essenziell, Begriffe und zugrunde liegende Werte zu identifizieren. Große Themen-komplexe besitzen unscharfe Ränder, eine Forderung nach „privacy" beispielsweise lässt sich nicht umsetzen, wenn man nicht herunterbricht, was denn damit eigentlich gemeint sei.

Doch nicht nur im Fall der Verletzung von Werten, sondern auch wenn Werte (vor-geblich) geschaffen werden, hilft das um die ethische Betrachtungsweise erweiterte Vorgehensmodell des klassischen „system development life cycles", seien es nun Modelle wie agile Programmierung oder „rapid prototyping" – selbst das nie ganz aus der Welt zu schaffende Wasserfallmodell kann so entsprechend angepasst werden. An einem Beispiel kann man diesen Ansatz verdeutlichen: Bei der Debatte rund um den Einsatz von Terahertzscannern an Flughäfen kann man schon an der Wortwahl sehen, welche ethischen Probleme angesprochen werden. Nennt man sie Nacktscanner, bezieht man sich auf die Tatsache, dass die Terahertzstrahlung Kleidung passiert und von der

Haut reflektiert wird. Als die ersten Berichte entsprechende Bilder lieferten, waren viele empört: Der Blick der Maschine zieht mich aus! In der Folge wurden Systeme entwickelt, die dem Operator nur stilisierte Figuren zeigten, doch das Unbehagen vieler nahm nicht ab. Der zu schützende Wert „privacy" besteht eben nicht nur aus „intimacy" oder die Vermeidung von „nudity" – bei der Privatheit geht es neben der Intimität, neben örtlicher und informationeller Privatheit, auch und gerade um Autonomie. Das Gefühl des Ausgeliefertseins einem solchen Gerät gegenüber bleibt auch bei den Piktogrammdarstellungen des menschlichen Körpers. Die Arme müssen über dem Kopf, der Körper insgesamt ruhig gehalten werden, die ikonische Haltung bei der medial vermittelten Darstellung einer Verhaftung durch die Polizei.

Doch Modellierung hin oder her – letztendlich geht es schließlich doch um die Realität und die Frage, welche Probleme die Informatik lösen kann und welche Rolle sie einnimmt.

Der im März 2016 verstorbene Informatiker Dirk Siefkes begriff die Informatik als eine von Menschen für Menschen entwickelte Wissenschaft, die eine Vermittlung von menschlichen Tätigkeiten mit digitalen Maschinen, Techniken und Theorien im Blick hatte. Zu den menschlichen Grundtätigkeiten in einer Gesellschaft zählen das Herstellen, das Arbeiten und das (politische) Handeln; sie bilden den Teil der menschlichen Bedingtheit, den Hannah Arendt mit „vita activa" bezeichnete (Arendt 2006). Die Informatik widmet sich jedem dieser Bereiche mit unterschiedlichem Gewicht, repräsentiert beispielsweise in der Struktur des Fachbereichs „Informatik und Gesellschaft" der Gesellschaft für Informatik. Ethische und moralische Fragen von Informatik und ihrer Wechselwirkung mit gesellschaftlichen Prozessen bzw. Informatik als Teil der Gesellschaft müssen bereits in der Schule als eigener – spätestens jedoch während der Informatikausbildung als fester – Bestandteil behandelt und interdisziplinär diskutiert und ausgehandelt werden.

Literatur

Alpaydın E (2008) Maschinelles Lernen. Oldenbourg, München

Arendt H (2006) Vita activa oder Vom tätigen Leben. Piper, München

Callado A et al (2009) A survey on internet traffic identification. IEEE Commun Surv Tutor 11(3):37–52

Coy W (1992) Für eine Theorie der Informatik. In: Coy W et al (Hrsg) Sichtweisen der Informatik. Vieweg, Braunschweig, S 17–32

Eibl M, Loebel J-M, Reiterer H (2015) Grand challenge „Erhalt des digitalen Kulturerbes". Informatikspektrum 38(4):269–276. https://doi.org/10.1007/s00287-015-0898-5 (Print ISSN: 0170-6012, Online ISSN: 1432-122X. Springer, Heidelberg)

Gosh P (2015) Google's Vint Cerf warns of ‚digital Dark Age'. BBC. http://www.bbc.com/news/science-environment-31450389. Zugegriffen: 13. Febr. 2015

Jonas H (1984) Das Prinzip Verantwortung. Suhrkamp, Frankfurt a. M.

Knaut A, Kühne C, Kurz C, Pohle J, Rehak R, Ullrich S (Hrsg) (2012) Per Anhalter durch die Turing-Galaxis. Monsenstein und Vannerdat, Münster

Korzybski A (1994) Science and Sanity: An Introduction to Non-Aristotelian Systems and General Semantics, 5. Aufl. New York, S 58. ISBN 0-937298-01-8

Leibniz GW (1966) Entwurf gewisser Staatstafeln (1685). In: Politische Schriften I (Hrsg) v. Hans Heinz Holz. Europäische Verlagsanstalt, Frankfurt a. M, S 80–89

Lenk H, Ropohl G (Hrsg) (1993) Technik und Ethik, 2. Aufl. Reclam, Stuttgart

Lessig L (2006) Code. Basic Books, New York. http://codev2.cc/download+remix/Lessig-Codev2.pdf

Loebel J-M (2014) Lost in Translation – Leistungsfähigkeit, Einsatz und Grenzen von Emulatoren bei der Langzeitbewahrung digitaler multimedialer Objekte am Beispiel von Computerspielen. Verlag Werner Hülsbusch, Glückstadt

McLuhan M (1995) Die magischen Kanäle (1964). Verlag der Kunst Dresden, Basel

Nguyen TTT, Armitage G (2008) A survey of techniques for internet traffic classification using machine learning. IEEE Trans Commun Surv Tutor 10(4):56–76

Spiekermann S (2015) Ethical IT innovation. A value-based system design approach. CRC Press, Boca Raton

Steinbuch K (1970) Falsch programmiert: Über das Versagen unserer Gesellschaft in der Gegenwart und vor der Zukunft und was eigentlich geschehen müßte, 8. Aufl. Deutsche Verlags-Anstalt, München

Turing A (1937) On computable numbers, with an application to the Entscheidungsproblem. In: Proceedings of the London mathematical society, Bd 42, S 230–265

Ullrich S (2019). Algorithmen, Daten und Ethik: Ein Beitrag zur Papiermaschinenethik. https://doi.org/10.1007/978-3-658-17483-5_9

UNESCO (2003) Guidelines for the preservation of digital heritage. Dokument CI-2003/WS/3. http://unesdoc.unesco.org/images/0013/001300/130071e.pdf

Wiener N (1948) Cybernetics. Or control and communication in the animal and the machine, Bestand der SEL Bibliothek, Stuttgart. Signatur B6067. Wiley, New York

Wittgenstein L (2011) Tractatus logico-philosophicus. Tagebücher 1914–1916. Philosophische Untersuchungen. Suhrkamp, Frankfurt a. M.

Zemanek H (1991) Das geistige Umfeld der Informationstechnik. Springer, Berlin

Agata Królikowski hat an der Humboldt-Universität (HU) zu Berlin Jura und Informatik studiert. Zurzeit ist sie Referentin beim IT-Dienstleistungszentrum des Freistaats Bayern im Bereich eGovernment. Sie engagiert sich unter anderem in der Gesellschaft für Informatik e. V. in der Fachgruppe Internet und Gesellschaft. Weitere Informationen: http://akroli.de.

Agata Królikowski
(Fotocredit: privat)

Prof. Dr. Jens-Martin
Loebel (Fotocredit: privat)

Prof. Dr. Jens-Martin Loebel studierte Informatik und Psychologie an der Humboldt-Universität zu Berlin und promovierte zum Thema der Langzeitbewahrung komplexer digitaler Artefakte wie Computerspiele mithilfe Emulation. Er ist Professor für Wirtschaftsinformatik an der Hochschule Magdeburg-Stendal und beschäftigt sich u. a. mit Fragen im Themengebiet Digitalisierung und digitale Medien. Zudem engagiert er sich seit vielen Jahren ehrenamtlich in der Gesellschaft für Informatik e. V. Als Geschäftsführer der Firma bitGilde IT Solutions UG verfolgt er innovative Konzepte in den Bereichen Forschung, Kultur und Bildung. Weitere Informationen unter: https://skriptorium.org/.

Stefan Ullrich (Fotocredit:
Frl. v. Phön Photography)

Stefan Ullrich ist promovierter Informatiker und Philosoph, der sich kritisch mit den Auswirkungen der allgegenwärtigen informationstechnischen Systeme auf die Gesellschaft beschäftigt. Er leitet die Forschungsgruppe „Verantwortung und das Internet der Dinge" am Weizenbaum-Institut für die vernetzte Gesellschaft, Berlin. Seit 2019 ist Stefan Ullrich Mitglied der Sachverständigenkommission für den Dritten Gleichstellungsbericht der Bundesregierung. Er ist stellvertretender Sprecher der Fachgruppe „Informatik und Ethik" der deutschen Gesellschaft für Informatik (GI e. V.). Weitere Informationen unter: https://cytizen.de/stefanullrich/.

Warum Rechenzentren nachhaltig geplant und gebaut werden sollten

Alexandra Hildebrandt

1 Entwicklungen und Herausforderungen im Bereich Energieeffizienz und Einsparpotenziale

In Deutschland gibt es etwa 53.000 Rechenzentren (RZ), 25 % befinden sich in Frankfurt am Main. Ein RZ ist heute mehr als nur Datenverarbeitungsstätte und Gebäude für EDV-Technik. Verfügbarkeit, Sicherheit und Investitionskosten waren vor einigen Jahren die einzigen Faktoren, nach denen sie konzipiert und betrieben wurden. Mittlerweile sind Energieeffizienz, Nachhaltigkeit und Betriebskosten bei der Planung und dem Betrieb von Serverräumen und Rechenzentren nicht mehr wegzudenken. Ein neu gebautes Rechenzentrum schafft es durch energieeffiziente Komponenten, dass etwa nur ein Viertel bis die Hälfte des Stroms benötigt wird, um die IT zu kühlen. Kleine IT- oder mittelständische Unternehmen und global agierende Konzerne können allerdings die gleichen Fehler machen, weil Fehlinvestitionen in ein nicht zukunftsfähiges RZ, Über-dimensionierung und eine unflexible RZ-Infrastruktur immer und überall vorkommen können und sich negativ auf das jeweilige Unternehmen auswirken.

In Deutschland stehen die meisten Rechenzentren in Frankfurt am Main, „denn die deutsche Finanz-Hauptstadt ist zugleich der größte Internetknoten der Welt." (Schlegel 2019) Im Bereich der RZ-Infrastruktur wurde in den vergangenen Jahren bereits eine nennenswerte Effizienzsteigerung erreicht. Ein großer Hebel zur Effizienzsteigerung im RZ liegt nach Ansicht von Martin Weber, Geschäftsführer der konseq GmbH, darin, „auch die IT-Komponenten und -Services mit in die Betrachtung einzubeziehen und hier bestenfalls Synergien zu erreichen. So könnte die Effizienz der Klimatisierung von Rechenzentren und deren Abwärmenutzung zum Beispiel durch den Einsatz

A. Hildebrandt (✉)
Burgthann, Deutschland
E-Mail: drhildebrandt.alexandra590@gmail.com

© Springer-Verlag GmbH Deutschland, ein Teil von Springer Nature 2021
A. Hildebrandt und W. Landhäußer (Hrsg.), *CSR und Digitalisierung,* Management-Reihe Corporate Social Responsibility, https://doi.org/10.1007/978-3-662-61836-3_13

heißwassergekühlter IT-Systeme auf ein nie dagewesenes Level gehoben werden."
(Hildebrandt 2020) Zudem stellt sich die Frage, warum IT-Systeme, die Services zur
Verfügung stellen, die nicht 24/7 verfügbar sein müssen, nicht außerhalb dieser und
natürlich der Backup-Zeiten zum Beispiel am Wochenende oder nachts abgeschaltet
oder in einen Standby-Zustand versetzt werden. Durch den Einsatz von Virtualisierungs-
technologien wäre dies mittlerweile seines Erachtens nach einfacher umzusetzen denn
je. Dies erfordert allerdings neben einer entsprechenden IT-Strategie und -Planung auch
eine sehr flexible RZ-Infrastruktur.

Weber ist seit über zehn Jahren als Berater und Planer im Bereich Rechenzentren
tätig. In dieser Zeit erarbeitete er zahlreiche ganzheitliche RZ-Konzepte und -Lösungen.
Als Geschäftsführer der konseq GmbH verbindet er seine Kompetenz und Erfahrung in
der IT sowie der Konzeption und Planung von Rechenzentren mit einer konsequent an
seinen ökologischen Überzeugungen ausgerichteten Lebensweise. Seit 2012 ist er Mitglied des Expertengremiums zur Erarbeitung der Vergabegrundlage „Blauer Engel für
energiebewussten RZ-Betrieb" (DE-UZ 161) unter Leitung des Umweltbundesamtes und
bringt hier seinen ganzheitlichen Blick in Bezug auf Nachhaltigkeit, IT und technische
Gebäudeausrüstung ein.

Treiber für zukunftsfähigere und effizientere Rechenzentren (Hildebrandt 2018):

- Stromversorgungs- und Klimatisierungssysteme sind wesentlich komplexer geworden
- IT und Facility-Management wachsen immer mehr zusammen
- steigende Energiekosten
- gesetzliche Vorgaben und entsprechende Forderungen in der europäischen RZ-Norm
  EN 50600
- unternehmensweite Einführung von Energiemanagementsystemen
- unternehmensinternes Umwelt- und Nachhaltigkeitsmanagement
- Folgen des Klimawandels und die öffentliche Debatte Diskussion.

2   Das große Ganze: Zum perfekten Zusammenspiel der einzelnen Gewerke

Das perfekte Zusammenspiel der einzelnen Gewerke eines RZ stellt in der Umsetzung
eine enorme Herausforderung dar. Deshalb braucht es beispielsweise bei Neubau-
projekten von Anfang an „ein optimales Zusammenspiel der Gewerke IT, Klima,
Elektroversorgung, Gebäude und Sicherheitstechnik sicherzustellen, ist ein umfangreicher Austausch während des gesamten Planungsprozesses von essenzieller Wichtigkeit", sagt Michael Schlegel, der leider häufig erlebt, dass die einzelnen Fachplaner die
Anzahl der Schnittstellen zu anderen Gewerken möglichst gering halten bzw. komplett

vermeiden wollen. Dies macht die Planung zwar zunächst für jeden einfacher, „aber gewerkeübergreifende Themen, die im Interesse des Auftraggebers und der Nachhaltigkeit wären – wie beispielsweise die Nutzung der IT-Abwärme zur Beheizung des restlichen Gebäudes – werden nicht betrachtet oder generell abgelehnt." (Schlegel 2019) Es sollte seiner Erfahrung nach deshalb möglichst von Anfang an ein RZ-Fachplaner, der das „große Ganze" im Blick hat, mit am Tisch sitzen. Im Bestand ist vor allem die Kommunikation des meist für die Klimatisierung und Elektroversorgung verantwortlichen Facility-Managements mit der IT-Abteilung von großer Bedeutung, um geplante Änderungen gemeinsam aufeinander abzustimmen und so auch über Jahre einen optimalen Betrieb zu gewährleisten. Ferner muss hierfür ein Energiemanagement implementiert sein, das unter anderem durch die regelmäßige Auswertung der wichtigsten Kennzahlen die Effizienzleistung des RZ überwacht und gegebenenfalls durch die Ableitung von Maßnahmen optimiert.

Was ein nachhaltiges und ganzheitliches Rechenzentrumskonzept ausmacht
- Einsatz von besonders energieeffizienten Systemen
- Betrachtung der Betriebs- und Energiekosten als Parameter für die Einkaufsentscheidung
- Nutzung von Energiesparfunktionen
- Betrachtung individueller Gegebenheiten vor Ort und Einbindung des RZ in vorhandene Energiekreisläufe
- Berücksichtigung der Ressourceneffizienz bei der Konzeption und Planung (Einsatz von hochqualitativen Anlagen mit langfristigen Reparaturmöglichkeiten)
- Energieeffizienz der geplanten Anlagen und Nutzung eines sinnvollen Energiemonitorings
- Einsatz von erneuerbaren Energien
- Recyclingfähigkeit
- Gewährleistung der Effizienz der IT-Geräte durch eine optimale Auslastung der Systeme
- Vermeidung von Schadstoffen im RZ (zum Beispiel klimaschädliche HFKW-Kältemittel und Komponenten aus PVC wie zum Beispiel Kabel und Bodenbeläge)
- Der Betrieb ist klimaneutral oder besitzt durch Nutzung der Abwärme eine positive Klimabilanz
- Sofortige Außerbetriebnahme von nicht mehr benötigten Systemen
- Berücksichtigung sozialer Aspekte (Arbeitsbedingungen in den Zulieferbetrieben)
- Eine gute Prozessgestaltung in einer Organisation verlangt immer eine gute Kommunikation
- Personaleinsatz, Qualifikation und Betriebsabläufe müssen (ausreichend) definiert sein

Literatur

Hildebrandt A (2018) Nachhaltige Digitalisierung ist nur auf der Basis von nachhaltigen Rechenzentren möglich. https://dralexandrahildebrandt.blogspot.com/2018/07/nachhaltige-digitalisierung-ist-nur-auf.html

Hildebrandt A (2020) Warum Rechenzentren nachhaltig geplant und gebaut werden sollten. https://dralexandrahildebrandt.blogspot.com/2020/01/warum-rechenzentren-nachhaltig-geplant.html

Schlegel M (2019) Smart, aber dreckig. In: DIE ZEIT, S 7

Dr. Alexandra Hildebrandt (Fotocredit: Nicole Simon Photography)

Dr. Alexandra Hildebrandt, Jahrgang 1970, ist Publizistin und Nachhaltigkeitsexpertin. Sie studierte Literaturwissenschaft, Psychologie und Buchwissenschaft. Anschließend war sie viele Jahre in oberen Führungspositionen der Wirtschaft tätig. Bis 2009 arbeitete sie als Leiterin Gesellschaftspolitik und Kommunikation bei der KarstadtQuelle AG (Arcandor). Beim Deutschen Fußball-Bund (DFB) war sie 2010 bis 2013 Mitglied der DFB-Kommission Nachhaltigkeit. Den Deutschen Industrie- und Handelskammertag unterstützte sie bei der Konzeption und Durchführung des Zertifikatslehrgangs „CSR-Manager (IHK)". Sie leitet die AG „Digitalisierung und Nachhaltigkeit" für das vom Bundesministerium für Bildung und Forschung geförderte Projekt „Nachhaltig Erfolgreich Führen" (IHK Management Training). Im Verlag Springer Gabler gab sie in der Management-Reihe Corporate Social Responsibility die Bände „CSR und Sportmanagement" (2014, 2. Aufl. 2019), „CSR und Energiewirtschaft" (2015, 2. Aufl. 2019) und „CSR und Digitalisierung" (2017, 2. Aufl. 2021) heraus. Aktuelle Bücher bei Springer Gabler (mit Werner Neumüller): „Visionäre von heute – Gestalter von morgen" (2018) und „Klimawandel in der Wirtschaft. Warum wir ein Bewusstsein für Dringlichkeit brauchen" (2020).

Plattformökonomie im B2B-Maschinen- und Anlagenbau – Analyse für ein nachhaltig erfolgreiches Geschäftsmodell

Helen Landhäußer

1   Relevanz

Digitale Plattformen sind Game Changer in Wirtschaftssystemen, wie am Beispiel der bisherigen Entwicklungen zu sehen ist. Das Akronym GAFA (=Google [Firmenname: Alphabet], Amazon, Facebook und Apple) (Herda et al. 2018) steht für die Fallbeispiele der Unternehmen, die einen radikalen Wandel in ganzen Branchen herbeigeführt haben und aufzeigen, welche Macht und welchen Einfluss diese auf bestehende Branchen haben. Die Wirtschaftlichkeit dieser digitalen Geschäftsmodelle wird mit den folgenden Fakten passend beschrieben: Amazon ist seit Anfang 2019 das wertvollste börsennotierte Unternehmen der Welt. Die sieben größten B2C-Plattformen (GAFA, Microsoft, Tencent und Alibaba) sind mehr wert als die Summe aller im Euro Stoxx 50 gelisteten Unternehmen (unter anderem LVMH Moet Hennessy Louis Vuitton, Marktkapitalisierung 212 Mio. EUR, SAP 148 Mio. EUR, L'Oréal 147 Mio. EUR (Finanzen.net 2019) (Rauen et al. 2018; Grupp 2019)). GAFA sind die Technologieriesen in der New Economy, die im Bereich Business to Customer (B2C) den Standard zwischen Anbietern und Kunden gesetzt haben. Auch im Bereich Business to Business (B2B) gibt es große Veränderungen. Es ist nicht mehr der physische Vermögenswert, der einen Wettbewerbsvorteil schafft – daher müssen traditionelle Unternehmen sich selbst und ihre Geschäftsmodelle neu erschaffen, um wettbewerbsfähig zu bleiben. Die Plattformwirtschaft ist allgegenwärtig und bildet das Kerngeschäftsmodell in einer digitalisierten Wirtschaft (Herda et al. 2018; Rauen et al. 2018; Forni 2017). Das Aufkommen digitaler Geschäftsmodelle kann zu neuer Konkurrenz führen, wie am Beispiel von Amazon zu sehen ist. Das Unternehmen hat die Einzelhandelsindustrie disruptiert und dominiert diese nun, obwohl das Unternehmen erst seit

H. Landhäußer (✉)
LOOXR GmbH, Leinfelden-Echterdingen, Deutschland
E-Mail: helen.landhaeusser@looxr.de

© Springer-Verlag GmbH Deutschland, ein Teil von Springer Nature 2021
A. Hildebrandt und W. Landhäußer (Hrsg.), *CSR und Digitalisierung,* Management-Reihe Corporate Social Responsibility, https://doi.org/10.1007/978-3-662-61836-3_14

25 Jahren besteht (BrandZTM et al. 2019). Mit anderen Worten: Der Wettbewerb verändert sich, neue Akteure treten auf diesen Märkten auf, und wie im Bereich B2C zu sehen ist, wird es höchstwahrscheinlich einige wenige marktbeherrschende Anbieter geben, die die Margen anderer Anbieter verringern werden. Digitale Plattformen verändern die Wirtschaft. Deutschland als Industrienation ist gezwungen, sich diesen Entwicklungen zu stellen, sonst kann dies im schlimmsten Fall Auswirkungen auf den Wohlstand haben. Einer der Schlüsselsektoren in Deutschland ist der Maschinen- und Anlagenbau. Diese Industrie bildet das Rückgrat der deutschen Industrie und erwirtschaftet 24,2 % des Deutschen Bruttoinlandsprodukts (BiP). Eine Studie des VDMA, Verband Deutscher Maschinen- und Anlagenbau e. V., unterstreicht die Notwendigkeit der Plattformwirtschaft im Maschinen- und Anlagenbau: „Auch im industriellen Umfeld werden plattformbasierte Anwendungen zum Schlüsselfaktor der Differenzierung" (Rauen et al. 2018, S. 2). Es kann zwischen B2B-Marktplätzen und Internet of Things (IoT)-Plattformen unterschieden werden. Die B2B-Marktplätze sind recht weit entwickelt, zum Beispiel im Vertrieb oder im Beschaffungsmanagement. IoT-Plattformen jedoch nicht. Einer Studie der Vereinigung der Bayerischen Wirtschaft (vbw) zur Folge, nutzen nur 23,4 % der Teilnehmer dieser Studie Plattformen zur Datenverarbeitung und zur Entwicklung datengesteuerter Dienste (Van Engelhardt et al. 2017). Einige Marktteilnehmer, die sich auf den IoT-Bereich konzentrieren, haben bereits plattformbasierte Anwendungen als Unterscheidungsmerkmal entwickelt. Dazu gehören große Akteure des Maschinenbaus wie Siemens mit Siemens MindSphere, oder ein Konglomerat aus DMG MORI, Dürr, Software AG, ZEISS und ASM PT, das das Joint Venture ADAMOS gegründet hat (ADAMOS 2019). Auch kleine Akteure wie Start-ups sind in diesem Bereich tätig. Unter Berücksichtigung verschiedener Studien zur Plattformwirtschaft in der Fertigung ist die Frage nach den Erfolgsfaktoren von Plattformgeschäftsmodellen ein Treiber. Diese werden typischerweise von B2C auf B2B übertragen (Rauen et al. 2018):

- Reduzierung der Transaktionskosten
- Netzwerk-Effekte
- Spezifische Kundenvorteile

Es ist unwahrscheinlich, dass in der Fertigung Dimensionen analog zu B2C erreicht werden können. Nichtsdestotrotz gibt es großes Potenzial, in diesem Bereich einen Standard zu setzen. Es gibt laut heutigem Stand keinen dominanten Plattformanbieter im Maschinen- und Anlagenbau. Dennoch weisen Studien und Forschungsinstitute auf die enorme Bedeutung dieses Themas hin, zum Beispiel das Marktforschungsinstitut IDC (International Data Corporation). Rauen et al. (2018) und Grupp (2019) fassen das zentrale Ergebnis von IDC wie folgt zusammen: Plattform-Ökonomie wird in zwei Jahren ein Drittel des Einkommens der industriellen Hauptakteure ausmachen. Obwohl dieses Thema ein solches Potenzial hat, steckt die Entwicklung noch in den Anfängen. In diesem Beitrag wird analysiert, welche Faktoren nachhaltigen Erfolg mit Plattform-Geschäftsmodellen in der Fertigung beeinflussen können.

2 Plattformen und ihre Eigenschaften

Plattformen zeichnen sich durch besondere Charakteristiken aus. Im Nachfolgenden werden diese kurz vorgestellt und analysiert. Zudem wird auf das Geschäftsmodell von Plattformen eingegangen und die Besonderheiten des Kaufverhaltens im B2B dargestellt.

2.1 Plattform Charakteristiken

Grundsätzlich ist es relevant zu erwähnen, dass es verschiedene Akteure auf Plattformen gibt – Produzenten und Konsumenten (Jaekel 2017) – weswegen Plattformen als Geschäftsmodelle mit zwei- oder mehrseitigen Märkten betrachtet werden. Produzenten werden verstanden als diejenigen, die das Angebot auf Plattformen kreieren und damit einen Mehrwert erzeugen können. Die Konsumenten sind diejenigen, die die Plattformangebote kaufen oder nutzen, daher den Mehrwert konsumieren. Der Austausch besteht aus (Mehr-)Wert und Währung, in diesem Fall häufig die sogenannte soziale Währung, in Form von Daten oder Feedback (Parker et al. 2017; Jaekel 2017). Die Plattform fungiert als Mittler und stellt das Interface, auf dem die Parteien miteinander agieren (Jaekel 2017). Dieser Grundaufbau von Plattformen beschreibt gleichermaßen das größte Dilemma, welches es in Plattformumgebungen zu überwinden gilt: Die Henne-Ei-Problematik[1] (Choudary 2015; Parker et al. 2017; Evans 2009; Jaekel 2017). Eine Plattform kann nur dann einen Wert schaffen, wenn es Nutzer auf der Plattform gibt. Solange die Plattform allerdings keinen Wert bietet, werden keine Benutzer auf die Plattform kommen. Evans beschreibt die Henne-Ei-Problematik wie folgt: „Ein Unternehmen kann nur dann einen Mehrwert für eine Seite der Plattform erzeugen, wenn es auf der anderen Seite der Plattform Teilnehmer gibt." (Evans 2009, S. 99, eigene Übersetzung) Eine Lösung für dieses Dilemma wird verstanden als die Voraussetzung, Netzwerkeffekte erzielen zu können – diese haben einen positiven Einfluss auf die Skalierbarkeit von Plattformgeschäftsmodellen.

Netzwerkeffekte sind volkswirtschaftliche Effekte – mit jedem weiteren Nutzer auf einer Plattform wird der Nutzen für die Teilnehmer auf der Plattform gesteigert (Paluch 2017). Dies resultiert in exponentiellem Wachstum ab dem Punkt, an dem eine kritische Masse erreicht wird (Tiwana 2014). Die kritische Masse ist beschrieben als die minimale Anzahl von Kunden in jeder Gruppe, sodass ein Markt entstehen kann, der entweder groß genug oder ausreichend liquide ist, um nachhaltiges Wachstum zu ermöglichen (Evans 2009).

---

[1]Verschiedene Autoren nutzen verschiedene Schreibweisen und Ausdrücke für dieses Dilemma. Im Rahmen dieses Beitrags wird die Schreibweise „Henne-Ei-Problematik" verwendet.

Die kritische Masse beschreibt also den Punkt, an dem der Nutzen des Netzwerks die Beitrittskosten für die meisten Nutzer überschreitet und dieser Effekt somit neue Nutzer auf die Plattform zieht (Moazed und Johnson 2016; Choudary 2015).

Neben Netzwerkeffekten sind Plattformen durch weitere ökonomische Treiber charakterisiert – Skaleneffekte und geringe Transaktionskosten. In einem linearen Unternehmen besagt das Konzept der Skaleneffekte, dass durch die Erhöhung des Produktionsvolumens Kosteneinsparungen entstehen. Dies gilt bis zu dem Punkt, an dem zusätzliche Investitionen in die Anlagen getätigt werden müssen, um weiteres Wachstum zu generieren. Hier steigen die Produktionskosten pro Stück wieder an, es entstehen negative Skaleneffekte (Moazed und Johnson 2016). Die Kostenkurve für Plattformunternehmen sieht anders aus.

Plattformgeschäftsmodelle sind durch ein sehr schnelles Wachstum gekennzeichnet. Einnahmen wachsen deutlich schneller als die Kosten, wodurch Plattformen die Möglichkeit haben, sowohl schneller als auch höher zu skalieren (Moazed und Johnson 2016; Meffert 2001). Ein Grund für diese nahezu unbegrenzte Skalierbarkeit (ITWissen o. J.) sind die Grenzkosten. Die initialen Kosten einer Plattform sind hoch, die Grenzkosten sind aber nahezu bei null. Die Investitionen und Kapitalausgaben sind im Plattformgeschäftsmodell nicht so hoch wie in linearen Unternehmen, denn die Kernaufgabe einer Plattform ist die Transaktion, nicht die Produktion, wie in klassischen, traditionalen Unternehmen im Maschinen- und Anlagenbau. Je größer das Unternehmen wird, desto mehr Effizienz wird durch die marginalen Grenzkosten erreicht, was folglich exponentielles Wachstum bestärkt (Moazed und Johnson 2016). Aufgrund des exponentiellen und nicht linearen Wachstums haben zudem Transaktionskosten einen positiven Einfluss auf die Kosteneffizienz von Unternehmen (Moazed und Johnson 2016; ITWissen o. J.).

2.2   Das Asset-Light-Geschäftsmodell & B2B-Kaufverhalten

Neben den Charakteristiken, die eine Plattform kennzeichnen, gibt es weitere Faktoren, die das Plattformgeschäftsmodell stark von traditionellen Unternehmen, besonders im B2B-Maschinen- und Anlagenbau unterscheiden. Kern dieser Unterscheidung liegt in den Geschäftsmodellen. Diese verändern sich – es sind nicht nur technische Neuerungen, die solch einen Wandel herbeiführen, sondern besonders Disruptionen bestehender Modelle (Jaekel 2017). Unternehmen mit neuen Geschäftsmodellen verändern ganze Branchen, stellen diese auf den Kopf und verdrängen etablierte Wettbewerber von Märkten, wie anhand der Beispiele AirBnB und Uber erkenntlich ist. Kollmann und Schmidt (2016, S. 84) und Jaekel (2017) sprechen hierbei vom sogenannten „Uber-Syndrom". Doch auch im industriellen Umfeld ist dieses Phänomen zu finden (Arbeitskreis Innovationsmanagement der Schmalenbach-Gesellschaft für Betriebswirtschaft e. V. 2018; Herda et al. 2018). Die Kombination aus technologischem Fortschritt und der fortschreitenden Digitalisierungen von Produktionsprozessen verändert das traditionelle Geschäft, die Art und Weise und wie Unternehmen produzieren – das alles angetrieben durch das große Thema Industrie 4.0 (BMWi 2019). Sowohl die

Umwelt als auch die Nachfrage nach kundenspezifischeren und flexibleren Produkten wird komplexer. Thomas et al. (2017) beschreibt einen Paradigmenwechsel in der Wertschöpfung. Dies kann unterstrichen werden mit Ergebnissen aus einer BMWi-Studie zur Industrie 4.0 im verarbeitenden Gewerbe, wonach 83 % der produzierenden Unternehmen davon ausgehen, dass ihre Wertschöpfungsketten im Jahr 2020 in hohem Maße digitalisiert sein werden (BMWi 2019). Parker et al. (2017, S. 20, eigene Übersetzung) bestätigen diese Erkenntnisse: „Plattformen sind Pipeline-Unternehmen überlegen, weil sie neue Quellen der Wertschöpfung und neue Angebote eröffnen." Auch im Maschinen- und Anlagenbau ist dies ein großes Thema. Erstausrüster (im Englischen: Original Equipment Manufacturer, OEM) mit traditionellen Pipeline-Strukturen müssen in der Lage sein, auf Veränderungen zu reagieren. Veränderungen können durch das industrielle Internet of Things (IIoT) und damit verbundene Produkte vorangetrieben werden, die zu neuen Dienstleistungen führen. Nicht nur die Produktion, auch Dienstleistungen sollten mit in das Portfolio der Anbieter einbezogen werden, um auf allen Märkten, die um sie herum existieren oder automatisch entstehen werden, wettbewerbsfähig zu bleiben (Thomas et al. 2017). Im Vergleich zu traditionellen Pipeline-Geschäftsmodellen sind die Geschäftsmodelle von digitalen Unternehmen, zum Beispiel Plattformunternehmen, sogenannte Asset-Light-Geschäftsmodelle. Diese stellen ein digitales Ökosystem zur Verfügung, also ein Netzwerk, über das verschiedene Produkte und Services angeboten werden können. Nachfolgende Übersicht, Tab. 1, zeigt einige Unterschiede zwischen diesen beiden Formen der Geschäftsmodelle.

Tab. 1 Unterschiedliche Eigenschaften von Pipeline- und Asset-light-Geschäftsmodellen. (Quelle: eigene Darstellung nach Parker et al. 2017, S. 18 ff.; Jaekel 2017, S. 127; Herda et al. 2018, S. 6 ff.; Choudary 2015, S. 23 ff.)

	Pipeline-Geschäftsmodell	Asset-light-Geschäftsmodell
Struktur	Linear, Pipeline	Komplex → Digitales Ökosystem
Kapitalbindung	Hoch	Eher gering
Rolle des Unternehmens	Produzent und Lieferant	Intermediär
Wachstum	Langsam, investitionsintensiv	Schnell – nahezu keine Grenzkosten, Ressourcen gehören in der Regel nicht zum Plattformanbieter
Wettbewerbsvorteil	Eigentum an internen Ressourcen und das geistige Eigentum	Nutzung von Daten zur Orchestrierung
Wertschöpfung	Prozessschwerpunkt zur Organisation von Ressourcen (Fokus auf Produktionsfaktoren, anlageintensiv)	Interaktionsfokus: Management der Orchestrierung von Nutzern und Ressourcen im Ökosystem
Kennzahlen (Key Performance Indicators, KPIs)	Cashflow, Gewinnmarge, Betriebskosten	Quote aktiver Anwender, Nutzer-Wachstumsrate, Matching-Qualität des Algorithmus

Ein Faktor, welcher in der Unterscheidung zwischen traditionellen, linearen Geschäftsmodellen und den Asset-Light-Geschäftsmodellen besonders hervorsticht, ist der Wettbewerbsvorteil. Während sowohl das Eigentum an internen Ressourcen als auch das geistige Eigentum für traditionelle Geschäftsmodelle von größter Relevanz sind, geht es bei Asset-light-Geschäftsmodellen viel mehr darum, Daten zur Orchestrierung zu nutzen. Die Daten, auf die im Maschinen- und Anlagenbau zugegriffen werden würde, sind jedoch sehr sensibel und können möglicherweise Informationen enthalten, die relevant für einen Wettbewerbsvorteil sind. Daten spielen jedoch die zentrale Rolle in digitalen Geschäftsmodellen. Um Netzwerkeffekte erzielen zu können, und damit einhergehend Skalierbarkeit zu erreichen, muss auf diese zugegriffen werden.

Außerdem kann angenommen werden, dass die Schnittstellen zwischen internen und externen Bereichen in der Wirtschaft zukünftig von digitalen Plattformen belegt werden (Van Engelhardt et al. 2017). Es ist zudem davon auszugehen, dass auch die Charakteristiken der Zielmärkte und das Kaufverhalten der Kunden eine große Rolle spielen und die Entwicklungen von Plattformen beeinflussen, wie anhand der unterschiedlichen Entwicklungen im B2C- und B2B-Bereich ersichtlich wird.

(Kauf-)Entscheidungen werden im B2B-Sektor anders getroffen als in B2C (Kreutzer et al. 2015) und zeichnen sich durch ein paar Besonderheiten aus (Kotler et al. 2019; Kreutzer et al. 2015):

- Die Zusammenhänge sind komplex und sehr technisch; daher sind die Investitionen in der Regel hoch.
- Geschäftsbeziehungen sind eher langfristig als kurzfristig.
- Der Einkaufsprozess ist formalisiert, um Fehlkäufe zu verhindern und die Rückverfolgbarkeit der Beschaffung zu erhöhen.

Hierbei wird deutlich, dass das Kaufverhalten im B2B-Umfeld deutlich komplexer ist als im B2C-Bereich. Es ist anzunehmen, dass dies, kombiniert mit der Relevanz der Daten für die Wettbewerbsfähigkeit, die Plattformentwicklung im Maschinen- und Anlagenbau deutlich verlangsamt, eventuell sogar behindert. Daher ist es relevant zu betrachten, welche Faktoren den Erfolg mit Plattformen in diesem Markt positiv beeinflussen können und auch, ob und wie die relevante kritische Masse für Plattformskalierbarkeit entstehen kann.

3   Das methodische Vorgehen

Im Rahmen dieses Beitrags wurde für die Beantwortung dieser Fragestellung eine qualitative Forschung durchgeführt. Im Rahmen von sechs semi-strukturierten Interviews mit Plattformanbietern wurden Erkenntnisse und Faktoren deriviert, die Aufschluss über eine erfolgreiche Positionierung und Entwicklung geben können. Das gewählte Forschungsdesign ist komparativer Natur. Für die Datenerfassung wurden sowohl primäre als auch sekundäre Daten erfasst. Die Auswahl der Experten verlief zielgerichtet, es hat sich dabei nicht um eine Wahrscheinlichkeitsstichprobe gehandelt.

Die Studie „Plattformökonomie im Maschinenbau – Herausforderungen – Chancen – Handlungsoptionen", die vom Verband deutscher Maschinenbauer (VDMA), der Deutschen Messe und Roland Berger im April 2018 veröffentlicht wurde, beschreibt verschiedene Plattformebenen, die es in dieser Branche geben kann. Grund dafür ist, dass es „keinen monolithischen Block, sondern eine in sich stark heterogene Branchen- und Unternehmenslandschaft mit unterschiedlichen Geschäftstypen und Segmentspezifika", (Rauen et al. 2018, S. 15) gibt. So gibt es das Industrielevel, welches zum Beispiel die Fertigung abbildet. Innerhalb dieser Industrie gibt es verschiedene Subindustrien, die aus verschiedenen Industriesegmenten bestehen. Zudem gibt es innerhalb dieser Industriesegmente die Komponenten dieses Industriesegments, zum Beispiel die Drucklufttechnologie. Um sicherzustellen, dass die Ergebnisse der Untersuchung dieses Beitrags ein gesamtheitliches Abbild kreieren, wurden gezielt Interviewpartner für jedes Hierarchielevel ausgewählt.

Nachfolgende Übersicht, Tab. 2, beschreibt die sechs Fallpartner dieser Untersuchung und ordnet jeden Interviewpartner auf eine der Hierarchiestufen ein:

Die Interviewpartner sind aufgrund unternehmensinterner Daten anonymisiert dargestellt. Die LOOXR GmbH ist das offizielle Anwendungsbeispiel für diesen Beitrag und kann daher namentlich aufgeführt werden. Von Kleinstunternehmen bis Großunternehmen sind alle Betriebsgrößen in der Auswahl der Experten vertreten, was

Tab. 2 Übersicht über die Interviewpartner in anonymisierter Form, IW Consult 2019 (Quelle: Eigene Darstellung)

	Branchenfokus	Unternehmens-zweck	Hierarchielevel	Anzahl der Beschäftigten
Fallbeispiel Alpha	Fertigung	Platform as a Service (PaaS) für Maschinendaten	Industrie	10–49
Fallbeispiel Beta	Diskrete Fertigung	PaaS für Maschinendaten	Subindustrie	>1000
Fallbeispiel Gamma	Präzisions- und Zerspanungs-technik	Kollaborative Cloud-Plattform für Werkzeug-management	Industriesegment	10–49
Fallbeispiel Delta – LOOXR GmbH	Drucklufttechno-logie	Software as a Service (SaaS): Intelligente Software für Druckluft	Komponente eines Industriesegments	1–10
Fallbeispiel Epsilon	Fertigung	Plattform für die Serviceoptimierung	Industrie	1–10
Fallbeispiel Zeta	Fertigung	Platform as a Service (PaaS)	Industrie	>1000

zusätzlich zu einem validen und objektiven Ergebnis dieser Untersuchung beiträgt. Auf Industrieebene ist ersichtlich, dass die Anbieter eine Platform as a Service (PaaS) anbieten. Hierbei handelt es sich um die „Cloud-Umgebung, die eine Plattform für die Entwicklung von Anwendungen im Internet bereitstellt" (Karlstetter 2017). LOOXR offeriert eine Software as a Service (SaaS). Dies ist die Bereitstellung einer Software über eine Cloud-Umgebung. LOOXR ist ein Softwareanbieter für die Querschnitts-technologie Druckluft (LOOXR 2019), mit dem Ziel, die noch sehr analoge Druckluft so effizient und kostengünstig wie möglich zu gestalten – dieser Ansatz ist auf weitere Querschnittstechnologien übertragbar. Das Unternehmen hat zum Ziel, der Plattform-anbieter für Querschnittstechnologien zu werden.

Nachfolgend werden die Ergebnisse vorgestellt und in einem Modell zusammengefasst.

4   Zentrale Ergebnisse

Die Experten waren sich einig, dass es einige Faktoren gibt, die zwingende Voraus-setzung für Plattformgeschäftsmodelle sind. Aus anderen Faktoren konnte identifiziert werden, dass diese mit großer Wahrscheinlichkeit erfolgsbedingend für Plattformen sein können.

Einige Studien besagen, dass Anbieter Schwierigkeiten haben, das richtige Geschäftsmodell für ein Plattformunternehmen zu definieren. Aus den Ergebnissen konnte geschlussfolgert werden, dass das sinnvollste Geschäftsmodell für Plattformen ein X-as-a-Service-Modell ist. Also die bedarfsgerechte Bereitstellung von Soft-ware, Hardware, Speicher- und Rechenkapazitäten und der Infrastruktur mit dem Ziel der Kostenreduzierung (ITWissen o. J.). Zudem ist es von großer Bedeutung, dass komplementäre Produkte und Leistungen/Services mit der Plattform angeboten werden, denn die alleinige Bereitstellung der Technologie erwirtschaftet den Experten zufolge nicht genug Umsatz und Gewinn.

Die Marktimplementierung und der Kundenfokus sind besonders wichtig, um die Frage des Erreichens einer kritischen Masse zu beantworten und damit einhergehend zu identifizieren, wie die Henne-Ei-Problematik gelöst werden kann. Den Experten ist der Ausdruck der kritischen Masse bekannt, aber keiner der Interviewpartner hat diese für sich definiert – bedeutender sei es, die entscheidenden Parteien an Bord zu bekommen. Die Experten empfehlen daher, sich zunächst auf eine Nutzergruppe zu fokussieren und Wert für diese Gruppe zu kreieren. Sie raten, mit den Produzenten zu beginnen, denn ein wesentlicher Faktor ist: Der Zusatznutzen muss messbar sein; zum Beispiel mittels Kostenreduktion, Effizienzsteigerung, Generierung von zusätzlichem Umsatz durch die Möglichkeit, neue Geschäftsmodelle anzubieten. Dafür bedarf es zusätzliche Beratungsleistung des Plattformanbieters, denn der Nutzen ist viel individueller als im B2C-Bereich. Eine weitere Strategie, das Dilemma zu überkommen, ist ein hohes Invest-ment im Vorfeld, welches Sicherheit und Kompetenz vermittelt. Dies kann zum Beispiel der Fall sein, wenn die Plattform von einem Hersteller entwickelt und die Kompetenz automatisch übertragen wird, was im Fallbeispiel Zeta ersichtlich wird. Des Weiteren wird empfohlen, sich als Produzent einer Lösung zu positionieren, was die Aussage unterstreicht, dass komplementäre Produkte und Services angeboten werden sollten. Zudem sollte die Lösung stets am Kunden iteriert werden und das Feedback frühestmöglich eingeholt werden (MVP-Ansatz: Minimal Viable Product), das heißt, die Schaffung einer ersten Iteration eines Produktes mit minimaler Funktion, um auf den Markt gehen zu können, um den Kunden- und Marktbedürfnissen gerecht zu werden (Ries n.d.).

Vertrauen spielt im B2B-Bereich eine wesentliche Rolle. Dies ist nicht zu vernachlässigen, da eine Plattform Zugang zu sehr sensiblen, wettbewerbsentscheidenden Daten erhält. Der Umgang mit genau diesen Daten, und damit einhergehend die Schaffung von Vertrauen zwischen Nutzer und Anbieter, ist von besonderer Bedeutung. Die Konsistenz der Daten ist ebenfalls entscheidend – eine Integration mit Daten zum Beispiel aus dem ERP-System ist daher sehr relevant. Ein weiterer Punkt, der von den Unternehmen kontrovers betrachtet wurde, ist die Unabhängigkeit von Herstellern. Einerseits vermittelt die Abhängigkeit von Herstellern Industrieexpertise und Kompetenz, andererseits kann argumentiert werden, dass diese Zugriff auf Wettbewerbsdaten erhalten. Dies ist das größte Argument für ein herstellerunabhängiges Plattformangebot. Kunden behalten grundsätzlich die Datenhoheit, aber ein neutraler Anbieter hat kein persönliches Interesse an den wettbewerbsrelevanten Daten. Zudem bekommen Partnerschaften eine zunehmende Wichtigkeit und auch das Ökosystem, besonders für PaaS-Anbieter. Zwei der größten Hindernisse für die Entwicklung von Plattformen im B2B-Markt sind laut den Anbietern die Mentalität und die Einstellung der Kunden. Das Potenzial der Digitalisierung hat noch nicht den avisierten Stellenwert, woraus eine mangelnde Bereitschaft resultiert, für digitale Produkte und Services zu zahlen.

5 CRSF-Modell

Diese Erkenntnisse wurden in einem Modell zusammengefasst, das CRSF-Modell, Compulsory Requirements (zwingende Voraussetzungen) und Success Factors (Erfolgsfaktoren). Das Modell zeigt auf, welche Faktoren zwingend erfüllt werden müssen, damit überhaupt eine erfolgreiche Entwicklung mit Plattformgeschäftsmodellen entstehen kann. Diesen Faktoren folgt der grundsätzliche Aufbau der Plattform mit der Technologie als Basis, auf dem ein X-as-a-Service-Geschäftsmodell aufbaut. Der Aufbau folgt dem Ansatz: „interaction-first, not a technology-first mindset" (Choudary 2015, S. 80), sprich, die Technologie ist ein Mittel zum Zweck, während die Interaktion im Fokus steht. Der messbare Zusatznutzen ist einer der entscheidenden Faktoren für Plattformgeschäftsmodelle, daher steht dieser im Zentrum der Betrachtung. Anschließend folgen die Faktoren, die Erfolg bedingen können, mit unterschiedlicher Gewichtung – von sehr wichtig bis etwas wichtig. Diese Gewichtung basiert auf der Häufigkeitsverteilung der Expertenantworten. Nachfolgende Grafik zeigt das Modell im Überblick (Abb. 1).

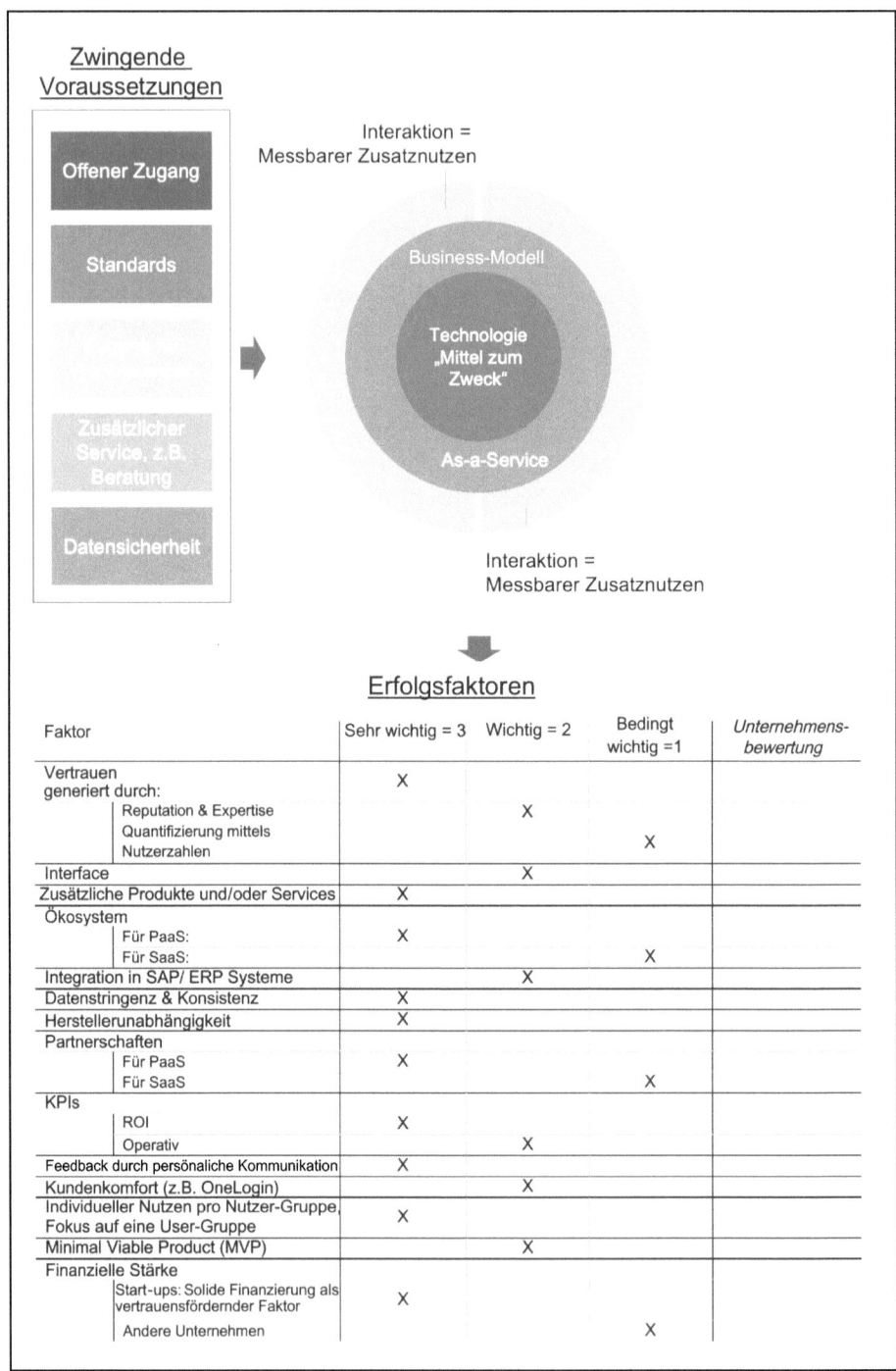

Abb. 1 Eigene Darstellung

6 Praktische Anwendung des Modells

Um sicherzustellen, dass das Modell praktische Relevanz hat, wurde dies gemeinsam mit dem Partner, der LOOXR GmbH, angewandt. Ziel ist es zu identifizieren, wo Optimierungspotenzial besteht. Die Unternehmensbewertung entspricht folgenden Ausprägungen: 0 = nicht vorhanden, 1 = schwaches Merkmal, 2 = mittleres Merkmal, 3 = starkes Merkmal.

LOOXR erfüllt alle unabdingbaren Anforderungen. Sie bieten einen offenen Zugang zur Plattform, sammeln Daten über Industriestandards und ermöglichen Wettbewerbern Zugang. Sie bieten auch Beratung für ihre Kunden an, zumal LOOXR einiger Erklärungen bedarf. Die Datensicherheit wird bei LOOXR als ein zentrales Thema identifiziert – deshalb operieren sie auf einer Cloud, die alle gesetzlichen Vorschriften, wie zum Beispiel die Datenschutz-Grundverordnung (DSGVO) erfüllt. Mehrwert für die Kunden wird im Falle von LOOXR auf verschiedenen Wegen generiert – Transparenz, die zu Kosteneinsparungen führt. Aber auch durch eine bessere Planbarkeit des Servicegeschäftes, welches umsatzsteigernd sein kann.

Der Faktor Vertrauen kann durch Reputation, Expertise oder die Quantifizierung über Nutzerzahlen generiert werden. LOOXR verfügt über eine starke Expertise in einer spezifischen Nische, was einer Bewertung als starkes Merkmal (3) entspricht, jedoch keine starke Reputation (1) aufgrund des jungen Alters des Unternehmens, was kumuliert einer mittleren Ausprägung (=2) entspricht. Es wird keine Quantifizierung über Nutzerzahlen vorgenommen, daher wird dies mit 0 bewertet. Die Gesamtbewertung für Vertrauen würde demnach zu 1 führen. Dennoch ist ein weiterer Faktor für Vertrauen von hoher Bedeutung: die Beziehungen zu den Kunden. Hierbei schätzt sich LOOXR stark ein. Daher wird das Vertrauen insgesamt als ein mittleres Merkmal bewertet. Ihre Schnittstelle ist klar und prägnant, bedarf einiger Erläuterungen, ist daher mit 2 bewertet. Sie bieten zusätzlich Software und auch ein Hardware-Produkt (Gateway) an, woraus sich eine starke Eigenschaft für den Faktor Komplementärprodukte ergibt. Ihr Geschäftsmodell ist SaaS, weshalb das Ökosystem nur bedingt wichtig ist. LOOXR verfügt nicht über eine Integration in SAP- oder ERP-Systeme, was als besonders relevanter Faktor identifiziert wird und Verbesserungspotenzial bietet. Die Datenstringenz und -konsistenz steht in direktem Zusammenhang mit dem vorherigen und wird auch durch die in einem System angebotenen Anwendungen beeinflusst. LOOXR befindet sich noch in den Anfängen, hat aber das Ziel, sich zu einer Plattform für funktionsübergreifende Technologien zu entwickeln. Sie sind herstellerunabhängig. Wichtige KPIs für LOOXR basieren auf harten Fakten, es werden bisher keine operativen KPIs verfolgt. Rückmeldungen werden in der persönlichen Kommunikation gesammelt, der Kundenkomfort ist gegeben und wird sich durch die Entwicklung in andere Technologien verbessern, ebenso wie der Fokus auf eine Benutzergruppe und deren individuelle Wertschöpfung. LOOXR hat bereits die Notwendigkeit erkannt, sich auf einen MVP-Ansatz zu konzentrieren, bei dem Verbesserungspotenzial erkennbar ist. Sie sind ein Spin-off und verfügen daher über eine solide Finanzierung. Die folgende Abbildung veranschaulicht grafisch die Anwendung des Modells auf LOOXR, wobei die Faktoren entsprechend ihrem Vergleich mit der Gewichtung im Modell farblich kodiert sind (Abb. 2).

Zwingende Voraussetzungen	Erfüllt?	
	Ja	Nein
Offener Zugang	X	
Standards	X	
Zugang für Wettbewerber	X	
Zusätzlicher Service (z.B. Beratung)	X	
Datensicherheit	X	
Messbarer Nutzen	X	

Faktor	Sehr wichtig =3	Wichtig =2	Bedingt wichtig =1	LOOXR Bewertung
Vertrauen Generiert durch:	X			2
Reputation & Expertise		X		1
Quantifizierung mittels Nutzerzahlen			X	0
Interface		X		2
Zusätzliche Produkte und/oder Services	X			3
Ökosystem				
Für PaaS:	X			
Für SaaS:			X	1
Integration in SAP-/ERP-Systeme		X		1
Datenstringenz & Konsistenz	X			2
Herstellerunabhängigkeit	X			3
Partnerschaften				
Für PaaS	X			
Für SaaS			X	1
KPIs				
ROI	X			3
Operativ		X		1
Feedback mittels persönlicher Kommunikation	X			3
Kundenkomfort (z.B. OneLogin)		X		2
Individueller Nutzen pro Nutzer-Gruppe, Fokus auf eine User-Gruppe	X			3
Minimal Viable Product (MVP)		X		1
Finanzielle Stärke				
Start-ups: Solide Finanzierung als vertrauensfördernder Faktor	X			
Andere Unternehmen			X	1

Abb. 2 Eigene Darstellung

Wie bereits erwähnt sind Vertrauen, die Integration in andere Systeme, Datenknappheit und -konsistenz sowie der MVP, identifizierte Faktoren mit Verbesserungspotenzial. Eine Integration in SAP-/ERP-Systeme ist notwendig, um den Kunden ein vollständiges Bild ihrer Daten zu bieten und es ihnen zu ermöglichen, Korrelationen zwischen Daten und ihrer Produktionseinrichtung zu erkennen. Die Datenstringenz wird durch eine solche Integration automatisch beeinflusst und kann daher einen zusätzlichen Nutzen für die Kunden schaffen.

Der MVP-Ansatz wurde als ein Faktor von besonderer Relevanz identifiziert, um eine enge Beziehung zum Kunden aufbauen zu können, weil die Lösung anhand deren Bedürfnisse weiterentwickelt werden kann.

Schließlich muss bei den Kunden Vertrauen aufgebaut werden. Wie von den Experten identifiziert, kann Vertrauen durch Reputation und Wissen erzeugt werden. Entweder durch einen starken Namen oder durch spezifisches Branchenwissen, Wissen über Datensicherheit, … – kurz gesagt, durch eine Art von Reputation, die Vertrauen bei den Konsumenten erzeugt. Darüber hinaus, aber von untergeordneter Priorität, kann Vertrauen mithilfe der Quantifizierung von Nutzerzahlen erzeugt werden. Für LOOXR sind keine Daten über Nutzerzahlen oder Kundenerfolgsgeschichten zugänglich, was dieses Vertrauen stärken könnte. Darüber hinaus könnte der Ruf durch in der Branche anerkannte Referenzen gestärkt werden. Dies können entweder eine Kundenerfolgsgeschichte mit einer bekannten Branchenreferenz, oder auch Branchenauszeichnungen sein. LOOXR ist Preisträger des Umwelttechnikpreises des Landes Baden-Württemberg, der heute kaum zu Marketingzwecken eingesetzt wird. Es wird dringend empfohlen, sich auf diese Referenzen zu konzentrieren und den Ruf durch diese Referenzen zu stärken.

Literatur

ADAMOS (2019) Über ADAMOS. https://www.adamos.com/en/about-adamos. Zugegriffen: 10. Sept. 2019

Arbeitskreis Innovationsmanagement der Schmalenbach-Gesellschaft für Betriebswirtschaft e. V. (2018) Business model innovation – Die neue Herausforderung. In: Krause S, Pellens B (Hrsg) Betriebswirtschaftliche Implikationen der digitalen Transformation. ZfbF-Sonderheft, Bd 72/17. Springer Gabler, Wiesbaden

BrandZTM N et al. (2019) BRANDZ top 100 most valuable global brands 2019. https://brandz.com/admin/up-loads/files/BZ_Global_2019_WPP.pdf. Zugegriffen: 8. Aug. 2019

BMWi (2019) Industrie 4.0. https://www.bmwi.de/Redaktion/EN/Dossier/industrie-40.html. Zugegriffen: 9. Okt. 2019

Choudary S (2015) Platform scale. How an emerging business model helps startups build large empires with minimum investment. Platform Thinking Labs Pte. Ltd., No place of publication

Evans D (2009) How catalysts ignite: the economics of platform-based start-ups. In: Gawer A (Hrsg) Platforms, markets and innovation. Edward Elgar Publishing Limited, Cheltenham, S 99–128

Finanzen.net (2019) Euro Stoxx 50 Marktkapitalisierung. https://www.finanzen.net/in-dex/euro_stoxx_50/marktkapitalisierung. Zugegriffen: 6. Jan. 2020

Forni AA (2017) Gartner identifies three megatrends that will drive digital busi- ness into the next decade. https://www.gart-ner.com/en/newsroom/press-releases/2017-08-15-gartner-identifies-three-mega-trends-that-will-drive-digital-business-into-the-next-decade. Zugegriffen: 8. Okt. 2019

Grupp M (2019) Plattformlösungen für Industrie-4.0-Umgebungen. Industrieanzeiger 24:40

Herda N, Friedrich K, Ruf S (2018) Plattformökonomie als Game-Changer. Strategie Journal 3:1–18

ITWissen (o. J.) XaaS (anything as a service). https://www.itwissen.info/XaaS-anything-as-a-service-Anything-as-a-Service.html. Zugegriffen: 10. Apr. 2020

IW Consult (2019) Plattformen – Infrastruktur der Digitalisierung. Vereinigung der Bayrischen Wirtschaft e. V. Vbw, München. https://www.vbw-bayern.de/Redaktion/Frei-zugaengliche-Medien/Abteilungen-GS/Wirtschaftspolitik/2019/Downloads/Plattformen-Infrastruktur-der-Digitalisierung_final.pdf. Zugegriffen: 18. Sept. 2019

Jaekel M (2017) Die Revolution der digitalen Plattformen ist so nah. In: Jaekel M (Hrsg) Die Macht der digitalen Plattformen. Springer Vieweg, Wiesbaden

Karlstetter F (2017) Was ist platform as a service. https://www.cloudcomputing-insider.de/was-ist-platform-as-a-service-a-624296/. Zugegriffen: 10. Apr. 2020

Kollmann T, Schmidt H (2016) Wirtschaft 4.0. In: Kollmann T, Schmidt H (Hrsg) Deutschland 4.0. Springer Gabler, Wiesbaden

Kotler P, Armstrong G, Harris LC, Piercy N (2019) Grundlagen des Marketings, 7. Aufl. Peason Deutschland GmbH, Hallbergmoos

Kreutzer RT, Rumler A, Wille-Baumkauff B (2015) Charakterisierung von B2B-Märkten. In: Kreutzer RT, Rumler A und Wille-Baumkauff B (Hrsg) B2B-Online-Marketing und Social Media. Springer Gabler, Wiesbaden

LOOXR (2019) About LOOXR. https://www.looxr.de/en/about-looxr/. Zugegriffen: 10. Okt. 2019

Meffert H (2001) Neue Herausforderungen für das Marketing durch interaktive elektronische Medien – Auf dem Weg zur Internet-Ökonomie. In: Ahlert D, Kenning P, Becker J, Schütte R (Hrsg) Internet & Co. im Handel. Roland Berger-Reihe: Strategisches Management für Konsumgüterindustrie und -handel. Springer, Berlin, S 161–178

Moazed A, Johnson N (2016) Modern monopolies: what it takes to dominate the 21st-century economy. St. Martin's Press, New York

Paluch S (2017) Smart services – Analyse von strategischen und operativen Auswirkungen. In: Bruhn M, Hadwich K (Hrsg) Dienstleistungen 4.0 0 – Geschäftsmodelle – Wertschöpfung – Transformation, Bd 2. Springer Gabler, Wiesbaden

Parker G, Choudary SP, Van Alstyne M (2017) Die Plattform-Revolution: Von Airbnb, Uber, PayPal und Co. lernen: Wie neue Plattform-Geschäftsmodelle die Wirtschaft verändern. MITP, Germany

Rauen H, Glatz R, Schnittler V, Peters K, Schorak M, Zollenkop M, Lüers M, Becker L (2018) Plattformökonomie im Maschinenbau – Herausforderungen – Chancen – Handlungsoptionen. https://www.vdma.org/docu-ments/15012668/26471342/RB_PUB_18_009_VDMA_Platt-formökonomie_EN-08_1530513810150.pdf/6e66bd97-dd53-537d-d380-18bcea5e1693. Zugegriffen: 3. Mai 2019

Ries E (n.d.) The lean startup methodology. http://thelean-startup.com/principles. Zugegriffen: 31. Dez. 2019

Thomas O, Kammler F, Özcan D, Fellmann M (2017) Digitale Plattformstrategien als Treiber der Dienstleistungsflexibilisierung im Maschinen- und Anlagenbau. In: Bruhn M, Hadwich K (Hrsg) Dienstleistungen 4.0 0 – Geschäftsmodelle – Wertschöpfung – Transformation, Bd 2. Springer Gabler, Wiesbaden, S 481–494

Tiwana A (2014) Platform ecosystems: aligning architecture, governance, and strategy. Morgan Kaufmann, Waltham

Van Engelhardt S, Wangler L, Wischmann S (2017) Eigenschaften und Erfolgsfaktoren digitaler Plattformen. In: Begleitforschung AUTONOMIK für Industrie 4.0 (Hrsg). VDI/ VDE Innovation + Technik GmbH, Berlin. https://www.digitale-technolo-gien.de/DT/ Redaktion/DE/Downloads/Publikation/autonomik-studie-digitale-plattformen.pdf?__ blob=publicationFile&v=6. Zugegriffen: 10. Sept. 2019

Helen Landhäußer, geboren 1992, ist seit der Gründung Teil des Start-ups LOOXR – zuerst als Growth Manager mit Fokus auf die Markteinführung und das Business Development. Mittlerweile fungiert sie als Head of Sales. Ihr Bachelorstudium in Betriebswirtschaftslehre hat sie an der Dualen Hochschule Baden-Württemberg absolviert, mit einer internationalen Unternehmensberatung, der P3 Group, als Ausbildungspartner. Nach erfolgreichem Abschluss des Studiums arbeitete sie in Detroit, USA und ist für ihr Masterstudium zurück nach Deutschland gekommen. Helen Landhäußer studierte in Köln International Business mit Fokus auf Unternehmensgründung und hat dieses erfolgreich beendet. Das Thema ihrer Masterarbeit ist „Platform Economy as a basis for a sustainably successful business model – demonstrated at the example of the manufacturing industry".

Helen Landhäußer
(Fotocredit: privat)

Digitale Lösungen für lokale Communitys: Purpose, Genossenschaftsprinzip und Digital Responsibility bei der Future eG

Tina Teucher und Chiara Dalle Molle

> *„Noch wissen wir zwar nicht, was davon Wirklichkeit werden wird. Aber wir sollten uns darauf vorbereiten: Unsere Zukunft dürfte ganz maßgeblich von der Digitalisierung geprägt werden. Offen ist nur die Frage: Wird dies unsere Gesellschaft in eine positive Richtung verändern?"* (Lange und Santarius 2018, S. 8 f.)

1   Verbindungen zwischen Welten

Motiviert durch den Herzenswunsch vieler Pioniere, ihren Beitrag zu einer lebenswerten Welt zu leisten, sind in den vergangenen Jahrzehnten großartige Beispiele für sozial gerechtes und ökologisch nachhaltiges Wirtschaften und Zusammenleben entstanden. Nun stellt sich die Frage: Wie lassen sich diese zusammenschließen, um gemeinsam viel mehr Menschen zu erreichen und den Übergang zu einer fairen und ökologisch nachhaltigen Zukunft rechtzeitig zu schaffen?

Die Future eG verfolgt die Vision, eine lebenswerte Welt für alle zu schaffen. Diesen Zukunftsentwurf hat die Genossenschaft in ihrer Mission verankert: Sie will skalierbare Web-Technologie, Daten und lokales Community Building nutzen, um ihren Mitgliedern eine nachhaltige Lebensweise einfach zugänglich, attraktiv und erschwinglich zu machen. Gleichzeitig sollen die Aktivitäten von Future diejenigen Unternehmen stärken, die alle Stakeholder fair behandeln und die Natur erhalten. Future entwickelt

T. Teucher (✉)
Sustainable Matchmaker, München, Deutschland
E-Mail: yes@tinateucher.com

C. D. Molle
München, Deutschland
E-Mail: chiara.dm@arcor.de

© Springer-Verlag GmbH Deutschland, ein Teil von Springer Nature 2021
A. Hildebrandt und W. Landhäußer (Hrsg.), *CSR und Digitalisierung,* Management-Reihe Corporate Social Responsibility, https://doi.org/10.1007/978-3-662-61836-3_15

zukunftsfähige digitale Lösungen für eine enkeltaugliche Welt, macht diese Lösungen sichtbar und zugänglich und baut damit eine Brücke zwischen heute und morgen. Diese Verbindung soll es Menschen erleichtern, die großen gesellschaftlichen Entwicklungen mitzugehen.

2   Die Megatrends verstehen und nutzen

Megatrends sind Treiber für den gesellschaftlichen und wirtschaftlichen Wandel. Die Veränderungen, die durch diese Trends entstehen, beeinflussen uns und unsere Lebenswelt grundlegend über mehrere Jahrzehnte hinweg. Ein seit Jahrzehnten prägender Megatrend ist die Globalisierung. Vor allem durch die Möglichkeiten des World Wide Web vernetzt sich die Menschheit immer stärker. Unmittelbare Kommunikation und schnelles Handeln sind in fast allen Bereichen des Lebens weltweit möglich. Das treibt den Fortschritt voran: Neu gedachte Arbeitswelten (New Work) ermöglichen es Menschen, flexibel und dezentral zu arbeiten. Auch Bewegungen wie der faire Handel konnten erst durch die Rahmenbedingungen einer globalisierten Welt entstehen. Durch die Globalisierung wachsen Nationalgesellschaften zu einer Weltgesellschaft zusammen, die globales, ganzheitliches Handeln möglich macht. Allerdings birgt die Globalisierung auch Gefahren, wie Handelskriege, Cyber-Angriffe oder die Machtkonzentration auf einige wenige internationale Konzernmächte.

Eng mit der Globalisierung hängt der Megatrend Konnektivität zusammen. Digitale Kommunikationstechnologien modifizieren unseren Alltag, unser Zusammenleben und unsere Zusammenarbeit. Sie prägen damit neue Lebensstile und Verhaltensweisen. Organisationen können diesem Trend begegnen, indem sie Netzwerkkompetenzen aufbauen und sich Expertise zum digitalen Wandel aneignen (Zukunftsinstitut GmbH a). Das Prinzip der Individualisierung ist zum festen Bestandteil der westlichen Kultur und Gesellschaftsstruktur geworden. Sie beruht auf der Freiheit zu wählen. In allen Lebensbereichen bieten sich immer mehr Wahlmöglichkeiten – ob im Supermarkt, im Autohaus oder im Online-Produkt-Konfigurator. Die Vielfalt der Lebensstile und Berufsbilder steigt parallel zur Vielzahl der Individuen in der Gesellschaft. Jahrtausendelang und noch ins 21. Jahrhundert hinein legten Institutionen wie die Kirche oder die Politik fest, welche Lebensweise der Norm entspricht. Heute verlieren sie ihre Autorität zugunsten der Individualisierung. Damit rückt auch die Verantwortung für das eigene Leben und Handeln zum Individuum: Zu entscheiden, wie man leben möchte, ist nun die Aufgabe jedes Einzelnen. Viele Menschen empfinden die neue Freiheit als Druck. Unternehmen nehmen die fortschreitende Individualisierung vor allem als Veränderung der Konsummuster wahr: Personalisierte Produkte und Dienstleistungen sind gefordert, um sich im Markt zu differenzieren. Gegenläufig zur Individualisierung lassen sich aber auch Trends wie ein stärkeres Bedürfnis nach Gemeinschaft bzw. der Wunsch einer Wir-Kultur feststellen (Zukunftsinstitut GmbH b).

Das Wir-Empfinden wird zudem durch den Megatrend Neo-Ökologie gestärkt: In dessen Kern steht das wachsende gesellschaftliche Bewusstsein, dass es nur einen Planeten

Erde gibt und dass dessen Ressourcen endlich sind. Der Konsum von Bio-Produkten boomt, der Wunsch nach mehr Achtsamkeit und einem nachhaltigeren Lebensstil gewinnt an Bedeutung und Themen wie die Energiewende und E-Mobility rücken immer stärker in den Handlungsfokus der Politik. Diese Entwicklungen verändern das Wertesystem der Globalgesellschaft und beeinflussen somit auch das Denken und Handeln von Organisationen. Unternehmen stehen heutzutage daher wie nie in der Verantwortung, ökologisch nachhaltig und sozial fair zu handeln (Zukunftsinstitut GmbH c).

Gesellschaft und Organisationen sind gefordert, die Chancen und Potenziale, aber auch die Herausforderungen, die sich aus diesen Entwicklungen ergeben, zu erkennen und zu nutzen. Zwar lässt sich unter den Megatrends keine Hierarchie bestimmen, doch betreffen einige eher die Art des Zusammenlebens (Mittel) und andere eher die Wertebasis (Zweck). Daher lässt sich fragen: Wie lässt sich Digitalisierung als bestmögliches Mittel für Nachhaltigkeit einsetzen? Die Future eG verbindet die Megatrends in ihrem Geschäftsmodell, um ökologische Tragfähigkeit und soziale Gerechtigkeit zum „neuen Normal" des Lebens und Wirtschaftens zu machen. Die Genossenschaft nutzt dafür die digitalen Möglichkeiten, um die Kraft von Individuen in lokalen Gemeinschaften und einer globalen Community zu entfalten.

3   Das Problem mit der Nachhaltigkeit

Wenn von der Notwendigkeit einer nachhaltigen Entwicklung gesprochen wird, wird häufig die Forderung nach einer „großen Transformation" laut. Bereits 2011 sprach der Wissenschaftliche Beirat der Bundesregierung Globale Umweltveränderungen (WBGU) in seinem Bericht „Welt im Wandel" von einem „Gesellschaftsvertrag für eine Große Transformation" (Wissenschaftlicher Beirat der Bundesregierung Globale Umweltveränderungen [WBGU] 2011). Diese weltweite Veränderung geht jedoch – im Zeitverhältnis von Menschenleben betrachtet – sehr langsam vonstatten. „Von einer großen gesellschaftlichen Transformation kann keine Rede sein. Die meisten Unternehmen setzen nach wie vor auf Wachstum statt auf grundlegende Transformation, und selbst Nachhaltigkeitspioniere können sich nur bedingt den Systemzwängen entziehen. Auch bleiben die meisten Menschen in ihren Konsumgewohnheiten gefangen oder nehmen die immer neuen Konsumangebote willig an." (Lange und Santarius 2018)

Wenige Menschen würden der Aussage „Ich muss meine Lebens- und Wirtschaftsweise einem sozial-ökologischen Wandel unterziehen" zustimmen. Um Mehrheiten zu erreichen, müssen Unternehmen vor allem einen praktischen Mehrwert für den Verbraucher schaffen und konkurrenzfähige Produkte und Services anbieten. Wer seinen Lebensstil aber tatsächlich nachhaltiger gestalten möchte, steht oft vor drei großen Herausforderungen, die sich in gängigen Ausreden wiederfinden: 1) „Nachhaltig leben ist viel zu teuer, das kann ich mir nicht leisten", 2) „Nachhaltig leben ist viel zu schwierig, woher soll ich wissen, welche Angebote wirklich nachhaltig sind", 3) „Nachhaltig leben schön und gut, aber ich kenne niemanden in meinem Umfeld, der das tut. Dann stehe ich völlig allein in der Öko-Ecke!" Was wäre, wenn die Alternativen günstiger würden? Wenn sie sich leicht erkennen ließen? Wenn Menschen in ihrem Umfeld bestärkt würden, sie zu nutzen? Mit dieser Vision entwickelt die Future eG ihre Angebote für Privatpersonen.

Auf der anderen Seite stehen nachhaltige Unternehmen und Organisationen, die für die breite Masse sichtbar und attraktiv werden wollen. Future unterstützt diese Alternativen, macht sie als Partner in der breiten Bevölkerung bekannt und bietet ihnen eine Community zum Austausch und Formen von starken Kooperationen. Bei vielen Menschen verstreicht viel Zeit vom ersten Kontakt mit sozial-ökologischen Alternativen bis zur tiefer gehenden Veränderung ihrer Konsum- und Lebensweise. Wer ab und zu im Bioladen einkauft, kommt oft erst viel später auf die Idee, sein Bankkonto zu hinterfragen. Wer schon Ökostrom bezieht, hat sich oft noch keine Gedanken über die Sklavenarbeit für sein Handy oder seine Kleidung gemacht. Dabei gibt es für all diese Bereiche Alternativen: Die Lösungen sind da. Man muss sie nur kennen. Future sieht großes Potenzial für das Wachstum dieses Markts in der Systematisierung des Prozesses. Die systematisch gestalteten Angebote von Future ermöglichen sowohl den ersten Kontakt mit den Alternativen, als auch eine weitergehende Transformation des Lebensstils.

Zwar existieren schon für viele Produkte, Dienstleistungen und Veranstaltungen attraktive und nachhaltige Best-Practice-Beispiele. Allerdings fehlt es den meisten an Skalierbarkeit. Es kommt jetzt mehr auf Professionalisierung und auf globalen Transfer an, als auf neue Innovationen. Für diese Skalierung eignen sich die Mittel der Digitalisierung. Future setzt hier an und designt alle ihre Lösungen so, dass sie für eine weltweite Implementierung geeignet sind. Auf der ganzen Welt können sich so schnell analoge Communities bilden und die digitalen Tools ohne viel Aufwand einsetzen. Ziel ist dabei auch eine Teilhabe von Menschen aus allen Bevölkerungsteilen und ein Beitrag zur sozialen Gerechtigkeit. Denn das weltweite Vermögen konzentriert sich immer stärker auf einige wenige Individuen – die Schere zwischen Arm und Reich klafft immer weiter auseinander. Deshalb thematisiert Future aktiv die Frage des Eigentums: Mit der Rechtsform der Genossenschaft setzt das Unternehmen auf gemeinsamen Besitz und partizipative Mitgestaltung. Außerdem spielen die Eigentumsverhältnisse eine wichtige Rolle bei der Auswahl und Evaluation der Organisationen, die Future als Alternativen vorstellt.

4   Digitale Lösungen für die analoge Welt

Es gibt bereits nachhaltige Unternehmen und Initiativen, die aus Überzeugung Menschen fair behandeln und den Planeten schützen wollen. Future will das Rad nicht neu erfinden, sondern bringt bestehende Projekte zusammen und macht sie sichtbar. Die Future Map gibt als Landkarte eine Orientierung für die wirklich nachhaltigen Alternativen, die die Welt lebenswerter machen. Sie zeigt neben nachhaltigen Geschäften, Restaurants und Cafés zum Beispiel auch Tausch- und Reparaturmöglichkeiten sowie gemeinnützige Organisationen und Projekte in der Nähe an. Die Map ist Open Source – auch Personen, die keine Mitglieder der Genossenschaft sind, können sie nutzen. Lange und Santarius (2018) betonen die Bedeutung solcher digitalen Lösungen: „Open-Source-Technologien sind perfekt geeignet, um in einem Internet als Commons und auf kooperativen Plattformen zur Anwendung zu kommen" (Lange und Santarius 2018, S. 166). Future nutzt die Map als digitale Möglichkeit, um in der analogen Welt eine Veränderung in Richtung Nachhaltigkeit herbeizuführen.

Genossenschaftsmitglieder erhalten außerdem den Future-Bonus: Mit diesem nachhaltigen Treueprogramm können sie nachhaltige Produkte und Dienstleistungen in Partner-Läden und Onlineshops fünf Prozent günstiger erwerben. Je öfter Mitglieder diese nachhaltigen Alternativen nutzen, desto stärker fördern sie eine Wirtschaft, die alle Menschen fair behandelt und die Umwelt schützt. Die Partner-Läden werden dadurch unterstützt, dass sie neue Kunden bekommen. Mitglieder haben auch die Möglichkeit, ihr Bonus-Guthaben an gemeinnützige Initiativen ihrer Stadt zu spenden.

Die Future Community ist das analoge Pendant zu den digitalen Tools. Sie bringt Gleichgesinnte zusammen, egal ob sie ein neues Projekt starten, eine Kleidertauschparty veranstalten oder Neues über plastikfreies Leben lernen wollen. Im Newsletter erhalten Mitglieder Informationen über die Veranstaltungen und Aktionen in ihrer Stadt. Gestartet ist die Future eG in München, im Frühjahr begann die Kampagne in Berlin. In den nächsten Jahren kommen weitere Orte hinzu. Weitere Communities haben durch die skalierbaren Lösungen der Genossenschaft die Möglichkeit, sich weltweit zu bilden und die Tools ohne größere Entwicklungskosten implementieren zu können (Abb. 1).

Der Ansatz der Future eG

Abb. 1 Der Ansatz der Future eG: Mitglieder erhalten Anreize, konsequent sozial-ökologisch vorbildliche Alternativen zu nutzen. So soll eine deutlich größere Anzahl von Menschen angesprochen werden, als die „nachhaltige Nische" bisher erreicht

5   Der Genossenschaftsgedanke

Warum entscheidet sich ausgerechnet ein digitales Start-up mit dem Namen Future für die angestaubt wirkende Rechtsform der Genossenschaft? Für die Gründer/-innen der Future eG war diese Wahl naheliegend. Die übergeordneten Werte einer Genossenschaft sind Freiheit, Ethik und Solidarität. Aufbauend auf diesen Werten definiert die International Co-operative Alliance (ICA) die Grundsätze für Genossenschaften. Diese sind die politische und religiöse Neutralität, die offene und freiwillige Mitgliedschaft, die demokratische Wahl, Bildungsförderung für Mitglieder, die beschränkte Verzinsung von Kapital, das wirtschaftliche Mitwirken von Mitgliedern und das Rückvergütungsprinzip (BfG Eigentümer/-innen- und Verwaltungsgenossenschaft eG).

Das Identitätsprinzip unterscheidet die Genossenschaft von anderen kooperativen Zusammenschlüssen – Mitglieder sind zugleich Eigentümer und Kunden ihrer Genossenschaft. Außerdem führen Personen, die selbst Mitglieder sind, durch den Vorstand und Aufsichtsrat die Genossenschaft. Für die Mitglieder einer Genossenschaft steht der genossenschaftliche Förderzweck im Fokus ihrer Arbeit, nicht die Zahlung einer Rendite. Das bedeutet aber nicht, dass Genossenschaften keine Gewinne erwirtschaften können – sie sind sogar die insolvenzsicherste Rechtsform in Deutschland. Hieran lässt sich erkennen, dass ein positiver gesellschaftlicher Impact die ökonomische Leistungsfähigkeit nicht bremst. Alle Entscheidungen, die die Genossenschaft unmittelbar betreffen, werden in der Generalversammlung getroffen. Im Rahmen dieser hat jedes Mitglied unabhängig von der Höhe seiner Kapitalbeteiligung nur eine Stimme. Dieser Mechanismus schützt die Genossenschaft vor der Machtübernahme einzelner Mehrheitseigner – ein Risiko, das beispielsweise bei Aktiengesellschaften besteht. Eine solche „feindliche Übernahme" ist in einer Genossenschaft nicht möglich (DGRV – Deutscher Genossenschafts- und Raiffeisenverband e. V.).

Um sich zu organisieren, haben die Vordenker von Future bewusst eine Genossenschaft gegründet. Das Modell ermöglicht maximale Teilhabe aller – denn jedes Mitglied hat eine Stimme, egal, welchen Geldbetrag diese Person in die Genossenschaft einlegt. Weil sich die Genossenschaft nur von Mitgliedsbeiträgen und Einlagen finanziert, kann kein großer Investor sie manipulieren.

6   Das Purpose-Prinzip

6.1   Purpose Economy – Wirtschaften mit Sinn

Die Purpose Economy ist eine weltweite Bewegung mit einem großen Ziel: die Wirtschaft durch Neu-Denken von Eigentum zu transformieren. „Eigentum verpflichtet", heißt es im deutschen Grundgesetz. Wie weit kann diese Verantwortung gedacht werden? In der Logik der Purpose Economy – des Verantwortungseigentums – liegt der Fokus des wirtschaftlichen Handelns nicht auf Gewinnmaximierung, sondern auf Sinnorientierung. Um dieses Prinzip in der Wirtschaft zu implementieren, ist die Purpose-Stiftung im Bereich Bildung & Forschung sowie Beratung für Unternehmen tätig.

Es gibt drei Varianten von Organisationen innerhalb der Purpose Economy, wobei Mischformen möglich sind (Ströer Media Deutschland GmbH):

- Value-driven organization: Diese Unternehmen stellen bei allen Entscheidungen ihre Werte in Zentrum. Sie fragen sich: „Welches Handeln ist das Richtige"?
- Organization striving to build excellence: Diese Organisation setzen die eigenen Fähigkeiten und das Prinzip von qualitativ hochwertiger Arbeit in den Fokus des eigenen Wirtschaftens.
- Impact-driven organization: Diese Art von Organisation will Verantwortung für Stakeholder übernehmen und ihren gesellschaftlich positiven Einfluss bzw. Impact optimieren.

Alle Organisationen der Purpose Economy geben sich dabei folgende Grundsätze für ihre Wirtschaftsweise:

- Grundsatz 1: Der Gewinn ist das Mittel zum Zweck: Durch die starke Sinnorientierung der Organisation steht ihr Zweck im Zentrum des Wirtschaftens. Gewinne sind nicht dafür da, einzelne Beteiligte finanziell zu bereichern, sondern werden direkt in die Organisation reinvestiert. Ein wichtiges Prinzip der Purpose Economy ist, dass Purpose-Unternehmen nicht als Spekulationsgut behandelt und nach höchstgebotenem Betrag verkauft werden können. Hierin spiegelt sich die Vernetzung der Megatrends: Im Zeitalter der Digitalisierung muss die Gesellschaft es schaffen, die digitalen Möglichkeiten zum bestmöglichen Mittel für den (für die Menschheit wichtigen) Zweck – eine nachhaltige Zukunft – zu machen (Deutsche Bundesstiftung Umwelt).
- Grundsatz 2: Unternehmerschaft bedeutet Eigentümerschaft: Alle Entscheidungen werden im Unternehmen getroffen und ausgeführt. Die Verantwortung für das gesamte Handeln bleibt also im Unternehmen (Purpose Ventures eG).

6.2   Werte, Qualitätskriterien und Impact der Future eG

Die Gründer/-innen und Mitglieder der Future eG fühlen sich der Purpose Economy eng verbunden: Die Genossenschaft im Gemeinschaftseigentum bildet eine Wertegemeinschaft, ist qualitativ hochwertiger Arbeit verpflichtet und verfolgt als Kernziel, mit positivem Impact zur nachhaltigen Entwicklung der Gesellschaft beizutragen. Zudem bezieht Future das Thema sinngebundenes Eigentum auch in die Auswahl von Alternativen ein, was in der Debatte um Nachhaltigkeitskriterien bisher eine untergeordnete Rolle spielte.

Die Werte der Future eG sind stark mit den Ansprüchen der Digitalisierung verwoben.

- Bottom-up: Die Aufgabe von Future ist die konkrete Veränderung in Richtung Nachhaltigkeit bei einzelnen Menschen und vor Ort. Wenn die Veränderungen an der Wurzel – sprich bei jedem Einzelnen – erreicht worden sind, ist das die Grundlage für anschließende Veränderungen in der Politik und im gesamtgesellschaftlichen System.
- Kooperation: Future baut auf vorhandene Ansätze, Gruppen, Organisationen, Marken und Produkte auf. Wo es möglich ist, wird also nichts Neues geschaffen, sondern bereits Vorhandenes durch Kooperation vernetzt, gestärkt und sichtbar gemacht.
- Jeder Schritt zählt: Future schätzt jeden Fortschritt, den ein Mensch in puncto Nachhaltigkeit erreicht, da die Schritte hin zu einer nachhaltigen Lebens- und Wirtschaftsweise für alle Menschen unterschiedlich sein können.
- Professionalität: Ein Ziel der Mitglieder von Future ist unter anderem, ihre Tätigkeiten hauptamtlich umzusetzen und für die Sicherstellung höchster Professionalität die besten Talente hierfür zu gewinnen.
- Skalierbarkeit: Alle Prozesse, Produkte, Dienstleistungen sowie die Corporate Identity sollen von Anfang an so gestaltet sein, dass sie einfach in anderen Orten und Ländern implementiert werden können.
- Geschwindigkeit: Die Zerstörung der Natur, der Klimawandel und das Artensterben vollziehen sich rasant. Future hat den Anspruch an sich selbst, schnell auf diese Gegebenheiten zu reagieren und zu handeln und dabei auch trotz aufkeimender Unsicherheiten voranzuschreiten.
- Konsequenz: Die Genossenschaft zeigt eine konsequente Haltung ihrer Standards. Sie unterstützt daher besonders die konsequentesten Alternativen jedes Sektors und unterstützt nur Alternativen, denen sie eine weitgehende Transformation hin zu sozialer Verantwortung, ökologischer Nachhaltigkeit und sinngebundenem Eigentum zutraut.
- Suffizienz: Für Future stehen Genügsamkeit und Nicht-Konsum vor einem besseren Konsum. Ressourceneffizienz führt nur dann zu Ressourceneinsparung, wenn Menschen auch weniger konsumieren.
- Gesellschaftlicher Zusammenhalt: Ein Grundsatz von Future ist, dass kein Mensch verurteilt wird. Alle Menschen sollen ernst genommen und mitgenommen werden, damit die Spaltung der Gesellschaft verhindert bzw. verringert wird.
- Optimismus: Eine lebenswerte Welt ist für Future im Rahmen des Möglichen. Die Organisation ist stets positiv und auf Lösungen fokussiert – diese Haltung trägt sie auch nach außen.
- Unabhängigkeit: Die Nachhaltigkeitskriterien, die sich Future als Standard für das eigene Handeln setzt, werden durch ein externes, unabhängiges Gremium bestimmt. Die Bewegung macht sich nicht finanziell von Partnern abhängig und behandelt diese ausschließlich auf Grundlage ihrer Nachhaltigkeit.

Entlang dieser Werte entwickelt die Future eG Kriterien, nach welcher sie Unternehmen, Organisationen und Initiativen für ihre Landkarte der nachhaltigen Alternativen auswählt.

Diese Kriterien für die Auswahl sollen den ganzheitlichen Anspruch von Corporate Social Responsibility erfüllen, da sie alle Dimensionen der Nachhaltigkeit berücksichtigen. Zum Redaktionsschluss befinden sich die Kriterien noch in der Entwicklung, im Folgenden wird eine mögliche Auswahl beispielhaft dargestellt. So könnte sich das Rating zum Beispiel so gestalten, dass jede Lösung, die Future sichtbar macht und als „nachhaltig" bewertet, in mindestens zwei der Kategorien 1–3 ein Kriterium erfüllen *oder* in Kategorie 4 als nachhaltig bewertet sein muss. Die Kategorien mit ihren Kriterien können beispielsweise lauten:

1. Ökologische Wirkung
   Im Bereich der ökologischen Nachhaltigkeit achtet die Future eG beispielsweise darauf, dass seine Organisation mindestens zwei dieser Kriterien erfüllt:
   – Alle Lebensmittel sind ökologisch angebaut.
   – Das Angebot ist vegan und vegetarisch.
   – Das Angebot ist überwiegend oder komplett verpackungsfrei.
   – Die primären Materialien sind überwiegend ökologisch angebaut bzw. abgebaut.
   – Das Unternehmen oder die Organisation arbeitet schwerpunktmäßig an der Lösung eines ökologischen Problems.
   – Das Unternehmen bietet in seinem Sektor schwerpunktmäßig eine erheblich umwelt- und klimafreundlichere Alternative.
   – Das überwiegende Angebot schließt Stoffkreisläufe durch Weiterverwendung, Reparatur, Upcycling oder Recycling.
2. Soziale Wirkung
   Das Unternehmen oder die Organisation
   – arbeitet schwerpunktmäßig an der Lösung eines sozialen Problems.
   – arbeitet schwerpunktmäßig daran Kultur oder Kunst zu fördern und in der Breite zugänglich zu machen.
   – hat einen fairen Umgang mit Produzenten und Zulieferern.
3. Sinngebundenes Eigentum
   Das Unternehmen oder die Organisation ist wahlweise
   – ein Purpose-Unternehmen./Dauerhaft unverkäuflich und alle Gewinne werden reinvestiert oder gespendet.
   – eine Kooperative./Die Unternehmensziele und die Gewinnverwendung werden durch eine offene und breite Eigentümergruppe demokratisch festgelegt.
   – anerkannt gemeinnützig.
4. Allgemeine Nachhaltigkeit
   Das Unternehmen oder die Organisation
   – ist umfassend nachhaltig auf Grundlage standardisierter externer Prüfung.
   – ist umfassend nachhaltig auf Grundlage standardisierter Selbstkontrolle und transparenter Auskunft.
   – bietet schwerpunktmäßig Services und/oder Infrastruktur zur Förderung von Nachhaltigkeit.

Neben den Positivkriterien werden zudem Ausschlusskriterien angewendet, wie zum Beispiel die Beteiligung an der Ausbeutung fossiler Energieträger. Im Ergebnis würde eine Einteilung der bewerteten Elemente in „nachhaltig", „nicht nachhaltig" oder „unklar" erfolgen. Ein solch klares Rating könnte es Nutzer/-innen erleichtern, nachhaltige Alternativen einfach zu erkennen und damit leichter darauf zuzugreifen.

6.3   Kooperationen für Sichtbarkeit und Stärke

Die Digitalisierung bietet die Chance, bestehende nachhaltige Anbieter und Initiativen besser zu vernetzen und sichtbar zu machen. Dafür setzt Future auf die Kooperation mit Akteuren, die ähnliche Werte und Visionen in Bezug auf Gesellschaft und Wirtschaft teilen und Menschen an verschiedenen Stellen in ihrem Alltag erreichen.

In Zusammenarbeit in einem Konsortium mit der GLS Bank, der grünen Suchmaschine Ecosia und dem Pfandbecher-Unternehmen RECUP arbeitet Future an einer gemeinsamen Datenbank für nachhaltige Unternehmen, Orte, Produkte und Organisationen. Die Zusammenarbeit der Partner beinhaltet, öffentlich verfügbare Daten über diese Alternativen zu erfassen, aufzubereiten und dem nachhaltigen Sektor zur Vernetzung, Sichtbarkeit und gegenseitigen Stärkung (Empowerment) zur Verfügung zu stellen. Im Rahmen der Aufbereitung folgt das Konsortium einer nutzerorientierten Nachhaltigkeitsdefinition, die prozesshaft ist – denn die Realität ist komplex und schnell veränderlich, es gibt verschiedene Graubereiche und Skalen. Ziel ist es, aus den erfassten Daten möglichst einfache Empfehlungen zu generieren, deren Grundlage transparent und deren Haltung dialogorientiert ist, um zum gesellschaftlichen Diskurs über nachhaltige Entwicklung beizutragen. Mithilfe der Empfehlungen werden immer mehr Menschen die Frage „Ist dieses Angebot für mich nachhaltig?" einfacher beantworten können. Mittel- und langfristig wachsen die ökonomischen Vorteile für Unternehmen, die in diesem Index als nachhaltig eingestuft sein werden, derart, dass eine Sogwirkung entsteht: Nachhaltigkeit wird zum „Hygienefaktor" für jeden Wirtschaftsakteur.

7   Digital Responsibility

Während Unternehmen im Rahmen ihrer Corporate Social Responsibility (CSR) die sozialen und ökologischen Auswirkungen ihres Wirtschaftens beleuchten, entwickeln sie mit einer Corporate Digital Responsibility (CDR) eine Strategie für ihre Verantwortung in der digitalen Welt. Denn jede Organisation sammelt Daten, verbraucht Energie und Ressourcen für Server, Hardware und Programme und steht vor der Herausforderung, ihre Angebote möglichst barrierefrei zugänglich zu gestalten.

Die Fragen, die sich aus dieser digitalen Verantwortung ergeben, sind vielfältig. Sie reichen von der Ausgestaltung der IT-Strukturen über Datenschutz- und -sicherheit, Gesetze und Regulierungen, bis zu Privatsphäre, Transparenz und Verbraucherrechten.

„Unternehmen tragen somit gleichzeitig Sorge dafür, dass die Gesellschaft am technologischen Fortschritt teilhat und sich einbringen kann" (Andersen). CSR konsequent weitergedacht heißt, Produkte von vornherein kreislauffähig zu gestalten. CDR weitergedacht heißt also, bereits bei der Entwicklung von digitalen Produkten und Dienstleistungen ihre gesellschaftlichen Auswirkungen einzubeziehen. Verantwortung ist eine Design-Frage. Wenn sich Unternehmen frühzeitig mit ihrer digitalen Verantwortung beschäftigen, können sie ethische Spannungsfelder frühzeitig erkennen und so ihre Geschäftsmodelle gegen Risiken schützen.

Doch inwiefern kann ein neu gegründetes Unternehmen, auf das viele Anforderungen einströmen, Ressourcen dafür aufwenden? Als Unternehmen mit dem Ziel einer nachhaltigen Gesellschaft muss die Future eG sich auch zu ihrer eigenen Unternehmensverantwortung (CSR) äußern. Da ein wesentlicher Teil ihres Angebots, ihrer Produkte und ihrer Arbeitsweise digital ist, ergibt sich eine Erwartungshaltung der Stakeholder, sich auch zur digitalen Verantwortung klar zu positionieren.

Gleichzeitig liegt in dieser Positionierung eine Chance: Viele Pioniere des nachhaltigen Wirtschaftens genießen das Vertrauen von Stakeholdern und profitieren von einer langfristig guten Performance (Serviceplan 2016). Für die verantwortungsvolle Verbindung der Megatrends Nachhaltigkeit und Digitalisierung ist die Landkarte der Leuchttürme noch ausbaufähig (nachhaltig.digital).

Die Beschäftigung mit CDR impliziert grundsätzliche strategische Fragen: Welchen Anspruch legt ein Unternehmen an sich selbst, aber auch an seine Partner an? Als Genossenschaft, die sich durch Mitgliedsbeiträge und Einlagen finanziert, legt Future den Fokus seiner Überlegungen zu CSR und CDR auf die Kernfrage: „Was wollen unsere (potenziellen) Mitglieder?" Aus den bisherigen persönlichen Gesprächen und Infoveranstaltungen kristallisierte sich vor allem ein Antwort-Muster heraus: „Transparenz, die nicht in irgendwelchen unpersönlichen AGBs versteckt ist". Gewünscht sind eine Verlässlichkeit in der Kommunikation und im Datenumgang, zum Beispiel in Form verständlicher Texte dazu. Transparenz schafft Vertrauen. Sie ermöglicht Menschen, die mit dem Unternehmen in Verbindung stehen, ihre informationelle Selbstbestimmung wahrzunehmen.

Der Anspruch an Transparenz unterscheidet sich deutlich von dem der „Datensparsamkeit": Es geht nicht darum, so wenig wie möglich Daten zu erheben und zu verarbeiten, sondern darum, ihre Nutzung möglichst offenzulegen, das „Warum" zu erklären, kurz: den Purpose der unternehmerischen Datensammlung und -verarbeitung verständlich zu kommunizieren und aufzuzeigen, welche Vorteile sich aus der Nutzung der Daten für Individuen und Gesellschaft ergeben. Denn ein digitales Unternehmen mit hohem Nachhaltigkeitsanspruch wie die Future eG bewegt sich immer in einem Spannungsfeld: „Sammeln wir Daten für ein gutes Nutzererlebnis? Versus: Sammeln wir keine oder wenig Daten, um Mitglieder nicht zu verschrecken?"

Damit die Gesellschaft am technologischen Fortschritt teilhaben und von diesem wirklich profitieren kann, sollte daher der Aspekt der Aufklärung nicht unterschätzt werden. Ein wesentlicher Teil der digitalen Unternehmensverantwortung wird es sein, die Wirkungsweise von Technologien verständlich zu erklären. Dieser „Bildungsauftrag" lässt sich kaum von staatlicher Seite übernehmen, da es Unternehmen (und gegebenen-falls Forschungsinstitutionen) sind, die digitale Innovationen entwickeln und damit einen Zweck verfolgen. Dieser Zweck sollte im Sinne der Purpose Economy nicht der Gewinn-maximierung, sondern der Sinnorientierung dienen. Entwickler von Digitalprodukten müssen verständlich erklären können, welchen Beitrag zur Lösung eines gesellschaft-lichen Problems ihr Angebot leistet und warum dafür die jeweilige Architektur genutzt wurde. Die Future eG sieht es als Chance, die digitale Alphabetisierung ihrer Mitglieder zu unterstützen: Ziel ist es, ihnen transparent aufzuzeigen, welche ihrer Daten wie zum Nutzererlebnis beitragen. Diese Transparenz kann stark vertrauensbildend wirken.

Das Vertrauen von Nutzern formt sich auch durch die Integrität einer Institution und wie sie organisiert ist. Viele Nutzer stellen sich weniger die Frage, welche ihrer Daten erfasst werden, sondern wem sie ihre Daten geben und ob diese Entität vertrauenswürdig ist. Die Antwort darauf leitet sich auch aus den Eigentumsverhältnissen (dem Ownership) ab: Wenn das Unternehmen keine Profitmaximierung zum Ziel hat, sondern mir selbst gehören kann (Genossenschaftsprinzip), kann ich davon ausgehen, dass es in meinem Sinne handelt bzw. ich seine Handlungen mitgestalten kann. Seine Handlungsmaximen – nämlich im Interesse der Mitglieder und der Nachhaltigkeit zu handeln – sind in der Satzung fest-geschrieben, die transparent veröffentlicht ist und von allen Mitgliedern mitgetragen wird. Über den Aufsichtsrat gibt es in der Genossenschaft ein Gremium, das Kontrollmöglich-keiten der Mitglieder ausübt. Jeder ist, wenn er oder sie will, Mitentscheider. Daten und Applikationen in Nutzerhand – das ist Genossenschaft.

Als Grundvoraussetzung erwarten Stakeholder, dass ein Unternehmen alle Regeln einhält, zum Beispiel im Bereich Datenschutz. Da CSR im Wesentlichen definiert wird als freiwillige unternehmerische Verantwortungsübernahme, die über die Einhaltung von Gesetzen und Regulatorien hinausgeht (Bundesministerium für Arbeit und Soziales [BMAS]), ist eine Thematisierung dieser Selbstverständlichkeit scheinbar nicht nötig. Doch die Realität sieht für viele Unternehmen anders aus: Nicht nur kleine Unternehmen und Start-ups „kämpfen" bis heute mit der Umsetzung der Europäischen Datenschutz-grundverordnung (DSGVO), die komplexe Auflagen an Organisationen stellt, um die digitalen Rechte von Kunden zu schützen (WirtschaftsWoche Online der Handelsblatt GmbH). Der gesetzliche Standard ist de facto keiner: Nur ein Viertel der deutschen Unternehmen hat die DSGVO vollständig umgesetzt (ZDF 2019).

Viele Fragen der digitalen Verantwortung lassen sich nicht einfach auflösen. Bisher fehlt es an Best-Practice-Beispielen mit einer kohärenten Story, wie sich Nachhaltigkeit und Digitalisierung für Start-ups überhaupt ohne enormen Kostenaufwand verbinden lassen.[1] Jedes neue Unternehmen baut auf einer vorhandenen digitalen Infrastruktur

---

[1]Listen und Tools wie die Responsible Data Resource List können Unternehmen hilfreiche Orientierung bieten, beleuchten jedoch häufig nur bestimmte Aspekte ohne ganzheitlichen Blick auf den Zusammenhang von Digitalisierung und Nachhaltigkeit (Responsible Data 2020). Eine systematische Verbindung der beiden Megatrends liefert erstmals Saskia Dörr in ihrem „Praxisleit-faden Corporate Digital Responsibility – Unternehmerische Verantwortung und Nachhaltigkeits-management im Digitalzeitalter" (Dörr 2020).

auf, deren Pfadabhängigkeiten bzw. „Log-in-Effekte" Konfliktpotenzial bergen. So ist es zum Beispiel für Start-ups ineffizient, ein eigenes Analyse-Tool zu entwickeln, um Informationen über die Besucher der eigenen Website zu erhalten. Die gängigste Lösung ist Google Analytics, wobei Google wegen seiner intransparenten Datenpolitik immer wieder in der Kritik steht (netzpolitik.org e. V.).[2] Auch Fragen des Energie- und Ressourcenverbrauchs von selbst entwickelten Anwendungen sowie der barrierefreie Zugang zu Angeboten lassen sich zwar bei einem Start-up von vornherein mitdenken, jedoch oft erst später umsetzen, wenn das Unternehmen eine relevante Größe erreicht hat und entsprechende Ressourcen aufwenden kann.

Angesichts vieler offener Fragen und nicht vorhandener Blaupausen wählt die Future eG einen pragmatischen und gleichzeitig visionären Ansatz mit iterativem Vorgehen. Im ersten Schritt lässt sich ein Zielbild definieren, das in Einklang mit den Werten (siehe Abschn. 6.2) steht und eine Grundausrichtung zum Beispiel in Bezug auf den Umgang mit Daten formuliert. Da Future strategisch sehr kooperationsorientiert ausgerichtet ist, bietet es sich an, die Entwicklung dieses Zielbilds im Rahmen bestehender Initiativen zu digitaler Ethik und nachhaltiger Digitalisierung voranzutreiben, sowie Netzwerkpartner einzubinden. Die Corporate Digital Responsibility liegt vor allen Akteuren der Wirtschaft als ein weites Feld, auf dem noch längst nicht alle Antworten erkennbar sind. Vorreiter gehen jetzt in Dialog darüber, sprechen offen über Pro und Contra verschiedener Ansätze und nehmen ihre Kunden/-innen, Nutzer/-innen und Stakeholder mit auf diesen Weg.

Literatur

Andersen N (o.J.) Corporate Digital Responsibility. Verantwortungsvolle Digitalisierung – Herausforderung und Chance für deutsche Unternehmen. Hg. v. Deloitte GmbH Wirtschaftsprüfungsgesellschaft. https://www2.deloitte.com/de/de/pages/innovation/contents/corporate-digital-responsibility.html. Zugegriffen: 17. Apr. 2020

BfG Eigentümer/-innen- und Verwaltungsgenossenschaft eG (Hrsg) (2017) Was ist Genossenschaft 2.0? https://www.gemeinwohl.coop/nachrichten/genossenschaft-20-innovative-unternehmensform-fuer-gemeinwohlorientiertes-wirtschaften. Zugegriffen: 10. Apr. 2020

Bundesministerium für Arbeit und Soziales (BMAS) – Referat „CSR"- Gesellschaftliche Verantwortung von Unternehmen (Hrsg) (o.J.) Nachhaltigkeit und CSR. https://www.csr-in-deutschland.de/DE/Was-ist-CSR/Grundlagen/Nachhaltigkeit-und-CSR/nachhaltigkeit-und-csr.html. Zugegriffen: 17. Apr. 2020

Dörr S (2020) Praxisleitfaden Corporate Digital Responsibility. Unternehmerische Verantwortung und Nachhaltigkeitsmanagement im Digitalzeitalter. Springer Gabler, Wiesbaden

DGRV – Deutscher Genossenschafts- und Raiffeisenverband e. V. (Hrsg) (o.J.) Genossenschaften in Deutschland. https://www.genossenschaften.de/. Zugegriffen: 10. Apr. 2020

---

[2]Eine Lösung könnte künftig in der individuellen Verwaltung der digitalen Identität mithilfe von Blockchain-Technologie liegen (IDG Tech Media GmbH/PC-WELT).

Lange S, Santarius T (2018) Smarte grüne Welt? Digitalisierung zwischen Überwachung, Konsum und Nachhaltigkeit. Oekom, München

nachhaltig.digital (o.J.) Kompetenzplattform für Nachhaltigkeit (Hrsg) nachhaltig.digitale Landkarte. https://nachhaltig.digital/landkarte. Zugegriffen: 17. Apr. 2020

nachhaltig.digital (o.J.) Kompetenzplattform für Nachhaltigkeit. http://www.nachhaltig.digital/. Zugegriffen: 10. Apr. 2020

Purpose Ventures eG (Hrsg) (o.J.) Purpose. https://purpose-economy.org/de/. Zugegriffen: 10. Apr. 2020

Responsible Data (2019): Responsible Data Resource List (2019). https://responsibledata.io/2019/03/28/responsible-data-resource-list/. Zugegriffen: 20. Apr. 2020

Serviceplan (2016) Sustainability Image Score 2016. Kunden wollen grüne Marken! 13.06.2016. https://www.serviceplan.com/de/news/sustainability-image-score-2016.html. Zugegriffen: 21. Apr. 2020

Ströer Media Deutschland GmbH (Hrsg) (2019) Purpose Economy: Unnötiger Hype oder nachhaltige Weiterentwicklung? https://www.stroeer.de/blog/innovation/purpose-economy-unnoetiger-hype-oder-nachhaltige-weiterentwicklung.html. Zugegriffen: 17. Apr. 2020

WirtschaftsWoche Online der Handelsblatt GmbH (Hrsg) (2019) Ein Viertel der deutschen Firmen hat DSGVO umgesetzt. https://www.wiwo.de/bitkom-studie-ein-viertel-der-deutschen-firmen-hat-dsgvo-umgesetzt/25023070.html. Zugegriffen: 17. Apr. 2020

Wissenschaftlicher Beirat der Bundesregierung Globale Umweltveränderungen (WBGU) (Hrsg) (2011) Welt im Wandel – Gesellschaftsvertrag für eine Große Transformation. https://www.wbgu.de/de/publikationen/publikation/welt-im-wandel-gesellschaftsvertrag-fuer-eine-grosse-transformation#sektion-downloads. Zugegriffen: 17. Apr. 2020

ZDF: Digitalverband Bitkom – Nachholbedarf bei DSGVO-Umsetzung (2019). https://www.zdf.de/nachrichten/heute/digitalverband-bitkom-nachholbedarf-bei-dsgvo-umsetzung-100.html. Zugegriffen: 20. Apr. 2020

Zukunftsinstitut GmbH (a) (Hrsg) (o.J.) Megatrends. https://www.zukunftsinstitut.de/dossier/megatrends/. Zugegriffen: 6. Apr. 2020

Zukunftsinstitut GmbH (b) (Hrsg) (2012)Die Individualisierung der Welt. https://www.zukunftsinstitut.de/artikel/die-individualisierung-der-welt/. Zugegriffen: 6. Apr. 2020

Zukunftsinstitut GmbH (c) (Hrsg) (o.J.) Megatrend Neo-Ökologie. https://www.zukunftsinstitut.de/artikel/mtglossar/neo-oekologie-glossar/. Zugegriffen: 6. Apr. 2020

Weiterfuehrende Literatur

Bundesverband Digitale Wirtschaft (BVDW) e. V. (Hrsg) (o.J.) Ethik-Bibliothek. https://www.bvdw.org/themen/digitale-ethik/ethik-bibliothek-1/. Zugegriffen: 17. Apr. 2020

Initiative D21 e. V. (Hrsg) (2020) Denkimpulse zur Digitalen Ethik. https://initiatived21.de/publikationen/denkimpulse-zur-digitalen-ethik/. Zugegriffen: 17. Apr. 2020

Kudra A (2018) Ihre digitale Identität in der Blockchain verwalten. Hg. v. IDG Tech Media GmbH/PC-WELT. https://www.pcwelt.de/a/ihre-digitale-identitaet-in-der-blockchain-verwalten,3446951. Zugegriffen: 17. Apr. 2020

Mozilla (Hrsg) (2019) How healthy is the internet? Internet Health Report 2019. https://internethealthreport.org/2019/. Zugegriffen: 17. Apr. 2020

Rebiger S, Dachwitz I (2019) Die DSGVO zeigt erste Zähne: 50-Millionen-Strafe gegen Google verhängt. Hg. v. netzpolitik.org e. V. https://netzpolitik.org/2019/die-dsgvo-zeigt-erste-zaehne-50-millionen-strafe-gegen-google-verhaengt/. Zugegriffen: 17. Apr. 2020

Tina Teucher (Fotocredit: privat)

Tina Teucher macht Beispiele für gelingende Nachhaltigkeits-innovationen sichtbar und vernetzt als Sustainable Matchmaker Menschen und Organisationen für eine zukunftsfähige Wirtschaft. Die Kommunikationsspezialistin hält den Abschluss des MBA Sustainability Management der Leuphana Universität Lüneburg. Von 2009 bis 2014 war Tina Teucher leitende Redakteurin des Entscheidermagazins *forum Nachhaltig Wirtschaften*. Als Mitglied des Think Tank 30 der Deutschen Gesellschaft Club of Rome sowie als Mitgründerin der Future eG treibt sie den gesellschaftlichen Wandel für enkeltaugliche Lebens- und Wirtschaftsweisen voran. Sie publiziert, referiert und berät zu Corporate Social Responsibility (CSR), Sustainable Entrepreneurship und transformativer Führung.

Chiara Dalle Molle (Fotocredit: privat)

Chiara Dalle Molle studiert seit 2018 im Bachelorstudiengang „Management sozialer Innovationen" an der Hochschule München. Dabei interessieren sie besonders Themen wie Wirtschafts- und Unternehmensethik, Kommunikation, Digitale Innovationen und Social Entrepreneurship. Sie arbeitet mit Tina Teucher an innovativen Kommunikationskonzepten, neuen Geschäftsmodellen und der Transformation hin zu nachhaltigem Wirtschaften. Mit ihrer Arbeit will sie dazu beitragen, Menschen für eine nachhaltige Lebens- und Wirtschaftsweise zu begeistern und die Welt auch für zukünftige Generationen lebenswert zu machen.

Augmentierte und Virtuelle Realität

Anett Mehler-Bicher und Lothar Steiger

1 Einleitung

Augmented Reality (AR) und Virtual Reality (AR) sind Technologien, die an Bedeutung gewinnen und kommerziell eingesetzt werden. Auch wenn theoretische Grundlagen beider Technologien schon zu Beginn der 1990er-Jahre entwickelt wurden, macht die gestiegene Rechenleistung erst heute einen flächendeckenden Einsatz möglich.

Ziel dieses Beitrags ist, beide Begriffe voneinander abzugrenzen, technische Voraussetzungen zu beschreiben, den aktuellen Entwicklungsstand aufzuzeichnen, geeignete Anwendungsszenarien darzustellen und daraus Chancen und Risiken im Einsatz abzuleiten – insbesondere bezogen auf Corporate Social Responsibility (CSR).

Heute werden in den Medien oftmals nur die Chancen, die diese neuen Technologien bieten, diskutiert. Wie bei fast jeder neuen Technologie entstehen aber auch Risiken, die in einigen Fällen auch zu einem gesellschaftlichen Diskurs führen werden. Dies ist bei AR- und VR-Anwendungen der Fall; daraus ergeben sich Verantwortlichkeiten der entwickelnden Unternehmen, die zu thematisieren und zu diskutieren sind.

A. Mehler-Bicher (✉) · L. Steiger
Fachbereich Wirtschaft, Hochschule Mainz, Mainz, Deutschland
E-Mail: anett.bicher@hs-mainz.de

L. Steiger
E-Mail: lothar.steiger@hs-mainz.de

© Springer-Verlag GmbH Deutschland, ein Teil von Springer Nature 2021
A. Hildebrandt und W. Landhäußer (Hrsg.), *CSR und Digitalisierung,* Management-Reihe Corporate Social Responsibility, https://doi.org/10.1007/978-3-662-61836-3_16

2   Abgrenzung Augmented und Virtual Reality

Während man unter VR die Darstellung und gleichzeitige Wahrnehmung der Wirklichkeit und ihrer physikalischen Eigenschaften in einer in Echtzeit computergenerierten, interaktiven, virtuellen Umgebung versteht und die reale Umwelt demzufolge ausgeschaltet wird, zielt AR auf eine Anreicherung der bestehenden realen Welt um computergenerierte Zusatzobjekte. Im Gegensatz zu VR werden keine gänzlich neuen Welten erschaffen, sondern es wird die vorhandene Realität mit einer virtuellen Realität ergänzt (Klein 2009).

Eine einheitliche Definition zu AR gibt es in der Literatur nicht (Milgram und Kishino 1994); meistens wird auf das Reality-Virtuality-Continuum Bezug genommen. Dieses postuliert einen stetigen Übergang zwischen realer und virtueller Umgebung (Milgram und Kishino 1994) und ist in Abb. 1 dargestellt. Der linke Bereich des Kontinuums definiert Umgebungen, die sich nur aus realen Objekten zusammensetzen, und beinhaltet alle Aspekte, die bei Betrachtung einer realen Szene durch eine Person oder durch ein beliebiges Medium, wie zum Beispiel Fenster, Fotoapparat etc., beobachtet werden. Der rechte Bereich hingegen definiert Umgebungen, die nur aus virtuellen Objekten bestehen, wie zum Beispiel entsprechende Computerspiel-Simulationen (Milgram und Kishino 1994).

Innerhalb dieses Frameworks wird Mixed Reality als eine Umgebung definiert, in der reale und virtuelle Objekte in beliebiger Weise in einer Darstellung, das heißt zwischen den beiden Extrempunkten des Kontinuums liegend, kombiniert werden (Milgram und Kishino 1994). Bei AR überwiegt der reale Anteil, bei AV hingegen der virtuelle Anteil. Die Termini Augmented Reality und Mixed Reality – selten auch Enhanced Reality – werden meist synonym verwendet.

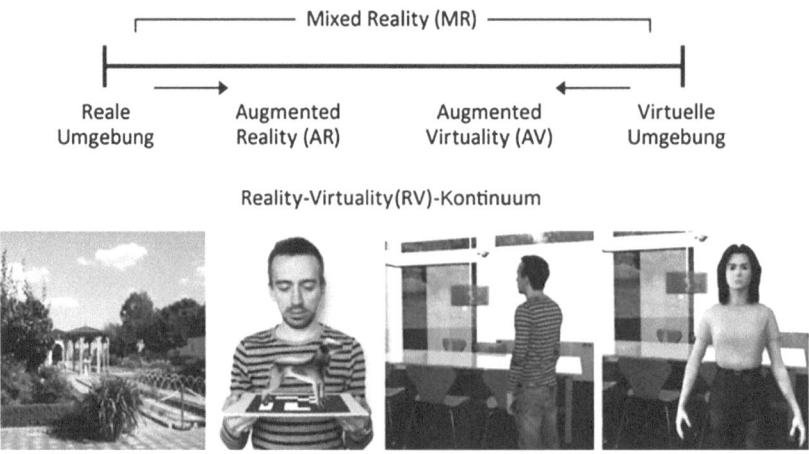

Abb. 1 Realitäts-Virtualitäts-Kontinuum (aus Milgram und Kishino 1994)

Die Literatur verwendet meist die Definition zu AR von Azuma (1997), wonach AR durch folgende Charakteristika definiert ist:

- Kombination von virtueller Realität und realer Umwelt mit teilweiser Überlagerung,
- Interaktion in Echtzeit und
- dreidimensionaler Bezug virtueller und realer Objekte.

Die Möglichkeit der Interaktion mit den computergenerierten Zusatzobjekten wird als wesentlicher Aspekt von AR gesehen; teilweise wird sogar weitergehender von der Möglichkeit der Manipulation der Informationselemente gesprochen (Fraunhofer IGD 2003). Der dreidimensionale Bezug virtueller und realer Objekte ist oftmals gerade im mobilen Bereich nicht gegeben.

Alternativ zur Anreicherung der Realität um virtuelle Objekte kann man sich auch vorstellen, dass reale Objekte durch Überlagerung von künstlichen Objekten teilweise oder ganz verdeckt werden. In der Literatur wird dies auch als Mediated oder Diminished Reality bezeichnet (Azuma 1997).

3   Augmented Reality

3.1   Grundlagen

Im Bereich AR werden die Termini Tracking und Rendering sehr häufig verwendet. Unter Tracking versteht man die Erkennung und Verfolgung von Objekten; auch Bewegungsgeschwindigkeit sowie Beschleunigung oder Verzögerung der Objekte lassen sich berechnen. Rendering ist die Technik der visuellen Ausgabe, das heißt der Kombination realer und virtueller Objekte zu einer neuen Szene.

Das Zusammenspiel von Tracking und Rendering ist in Abb. 2 dargestellt.

Um AR-Anwendungen zu ermöglichen, ist es notwendig, zunächst die reale Umgebung zu erfassen, um anschließend diese um virtuelle Objekte zu ergänzen. Die Software, die diese Aufgabe erfüllt, wird als Tracking-Software oder Tracker bezeichnet. Der Tracker soll die reale Umgebung und gegebenenfalls darin befindliche Objekte erfassen und den Blickwinkel des Betrachters und/oder die Lage eines Markers im Raum möglichst genau und in Echtzeit erkennen und verfolgen.

Eine perfekte Illusion wird dann erzielt, wenn die Integration der virtuellen Objekte in die reale Umgebung so genau wie möglich erfolgt. Diese Genauigkeit hängt stets vom Anwendungsgebiet ab. Während beim Einsatz in der Chirurgie zwingend eine sehr hohe Genauigkeit erforderlich ist, ist sie beim Einsatz der AR-Technologie bei einer Spielkonsole oder einem mobilen Endgerät meist nicht von entscheidender Bedeutung (Klein 2009).

Abb. 2 Augmented Reality – ein generisches System (Mehler-Bicher und Steiger 2014)

Man unterscheidet hierbei zwischen zwei Prinzipien (Müllner 2013):

- Inside-Out-Tracking. Beim Inside-Out-Tracking ermittelt das bewegte Objekt die Trackinginformationen selbst. Durch die Umgebung werden die Daten zum Beispiel von Markern selbst bereitgestellt.
- Outside-In-Tracking. Besitzt das zu trackende Objekt kein Wissen bezüglich der eigenen Position und Orientierung, spricht man vom Outside-In-Tracking.

Die beim Inside-Out-Prinzip verwendeten Tracker werden zunehmend favorisiert, da sie passiv und damit deutlich kostengünstiger sind.

Um ein Tracking zu ermöglichen, werden spezifische Sensoren oder eine Kombination verschiedener Sensoren eingesetzt. Grundsätzlich können zwei verschiedene Verfahren unterschieden werden:

- Nichtvisuelles Tracking. Zu den nichtvisuellen Tracking-Verfahren zählen zum Beispiel Kompass, GPS, Ultraschallsensoren, optoelektronische Sensoren oder Trägheitssensoren (Rolland et al. 2001).
- Visuelles Tracking. Visuelles Tracking wird in der Regel mit einer Videokamera realisiert und in zwei Schritten erreicht. Schritt 1 ist die Initialisierung, sprich das zu trackende Muster wird im Kamerabild gesucht und in der Orientierung berechnet.

Der Marker muss nicht orthogonal zur Kamera ausgerichtet sein. Schritt 2 ist die Verfolgung bzw. Antizipation der möglichen Bewegung. In diesem Schritt wird das durch die Orientierung verzerrte Bild über die nächsten Bilder des Videos verfolgt und der zu untersuchende Bereich eingeschränkt.

Beim visuellen Tracking ist der Einsatz von Markern ein weitverbreitetes Mittel, um Objekte zu markieren. Marker müssen optisch optimiert sein, um perfekt von einem Tracker erkannt werden zu können. Marker können verschiedener Natur sein:

- Code-Marker (künstliche Marker). Ein Beispiel für einen Code-Marker ist der QR-Code.
- Texturmarker (Bildmarker). Unter Textur- oder Bildmarker versteht man natürliche Marker, wie zum Beispiel fotografierte Objekte, die eine entsprechende Animation auslösen.

Während man anfänglich aufgrund der limitierten Rechnerkapazitäten und eingeschränkten Bilderkennungsmöglichkeiten überwiegend mit Code-Markern gearbeitet hat, setzt man heute in der Regel Texturmarker ein. Zudem kann man auch mithilfe Gesichtserkennung entsprechende Animationen auslösen.

3.2 Augmented-Reality-Anwendungsszenarien

Unterschieden werden nach Mehler-Bicher und Steiger (2014) folgende Anwendungsszenarien:

- „Living mirror". Beim „Living mirror" erkennt eine Kamera das Gesicht des Betrachters und platziert lagegerecht dreidimensionale Objekte auf dem Gesicht bzw. Kopf. Die Projektion erfolgt üblicherweise über einen großen Bildschirm oder einen Beamer, sodass ein Spiegeleffekt hervorgerufen wird.
- „Living print". Dieses Szenario basiert auf dem Erkennen eines Printmediums und entsprechender Augmentierung. Dabei wird zwischen verschiedenen Printmedien unterschieden, seien es Sammel- bzw. Grußkarten („Living card"), Prospekte bzw. Broschüren („Living brochure") oder Verpackungsmaterialien („Living object"). Weitere Möglichkeiten bestehen in der Augmentierung von Büchern („Living book") oder Spielen („Living game" print-basiert).
- „Living game mobile". Mobile Endgeräte bilden die Basis von „Living game mobile"; dabei werden augmentierte Spiele zum Beispiel auf dem Smartphone zur Anwendung gebracht.
- „Living architecture". Eine typische Anwendung im Architekturbereich ergibt sich, wenn ein Betrachter einen Eindruck eines Raums oder eines ganzen Gebäudes erfahren möchte, indem er durch Bewegungen wie zum Beispiel Drehen des Kopfs oder Gehen durch einen realen Raum und weitere Aktionen wie zum Beispiel Sprache oder Gestik dessen Darstellung selbst bestimmt.

- „Living poster". Unter einem „Living poster" wird eine Werbebotschaft im öffentlichen Raum verstanden, die mit AR um manipulative Informationselemente erweitert wird.
- „Living presentation". Messestände und Präsentationen müssen immer spektakulärer und interessanter werden, damit sie in Zeiten der Informationsüberflutung überhaupt noch wahrgenommen werden. Mithilfe der AR-Technologie lässt sich dieses Ziel erreichen. Darüber hinaus ist es möglich, reale Objekte, die durch ihre reine Größe oder Komplexität nicht live präsentierbar sind, darzustellen und sogar mit diesen zu interagieren.
- „Living meeting". Durch die zunehmende Globalisierung finden immer mehr Meetings als Tele- oder Videokonferenzen statt. Mithilfe AR kann man Tele- und Videokonferenzen anreichern, sodass sie fast wie reale Zusammentreffen wirken.
- „Living environment". Alle AR-Anwendungen, die mit mobilen Systemen reale Umgebungen oder Einrichtungen mit Zusatzinformationen jeglicher Art wie Text, 2-D-Objekten, 3-D-Objekten, Video- und Audiosequenzen erweitern, bezeichnen wir als „Living environment". Ziel ist zeitnahe Informationsgewinnung (Time-to-Content) durch den Benutzer allein dadurch, dass durch die Kamera ein Objekt oder eine Kombination von Objekten erfasst wird und entsprechende Zusatzinformationen bereitgestellt werden; dabei ist die Kombination mehrerer Sensoren möglich und oftmals gewünscht. Derzeit ist aber nur ein geringer Teil der verfügbaren Applikationen tatsächlich AR im engeren Sinn.

Die Liste der Anwendungsszenarien ist nicht notwendigerweise vollständig, da sich durch technische Entwicklungen weitere Anwendungsmöglichkeiten ergeben können.

Im vorliegenden Beitrag liegt der Fokus auf dem Anwendungsszenario „Living environment", da dieses im Kontext von CSR eine wesentliche Rolle spielt.

3.3   User Interfaces

Zur Nutzung der AR-Technologie existieren verschiedene User-Interfaces (Mehler-Bicher und Steiger 2014). Abhängig vom Anwendungsfall werden unterschiedliche Projektionsverfahren der virtuellen Objekte in die reale Umgebung eingesetzt (Klein 2009). Mit Fokus auf CSR sind die folgenden User-Interfaces von besonderem Interesse.

Head-Mounted-Display (HMD). Beim HMD-Prinzip ist die Kamera am Kopf des Betrachters montiert. Dadurch kann diese bei Kopfbewegungen die reale Umgebung erfassen und entweder nach Markern oder nach natürlichen Formen (Marker- oder Markerless-Tracking) suchen. Die Projektion erfolgt auf ein Display, das direkt vor den Augen des Betrachters montiert ist. Das Rendering aus realen und virtuellen Bildern wird in seiner Gesamtheit auf das Display projiziert (Abb. 3).

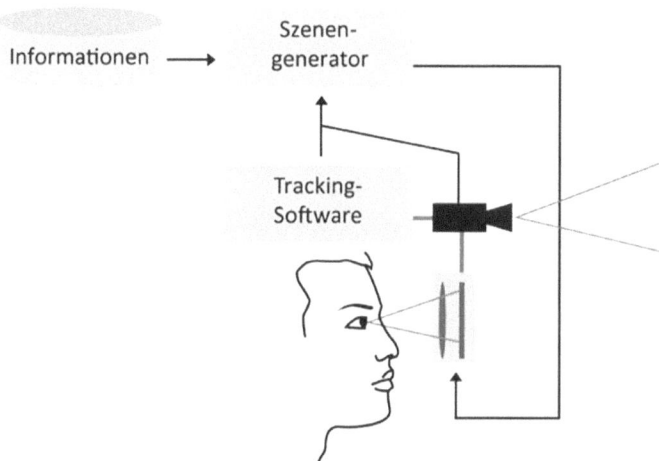

Abb. 3 Head-Mounted-Display ohne See-Through-Funktionalität (Mehler-Bicher und Steiger 2014)

Alternativ kann der Betrachter durch ein sogenanntes See-Through-Display die reale Umgebung erkennen; lediglich die virtuellen Objekte werden zusätzlich in das Display projiziert (Abb. 4).

Der Benutzer kann sich im Raum frei bewegen und durch Kopfbewegungen bestimmte Zonen im Raum fokussieren. Wegen der Ähnlichkeit zu einer Brille laufen HMD mit See-Through-Funktionalität heute auch häufig unter dem Begriff AR-Brille, Data-See-Through-Glasses oder Datenbrille (Abb. 5).

Abb. 4 Head-Mounted-Display mit See-Through-Funktionalität (Mehler-Bicher und Steiger 2014)

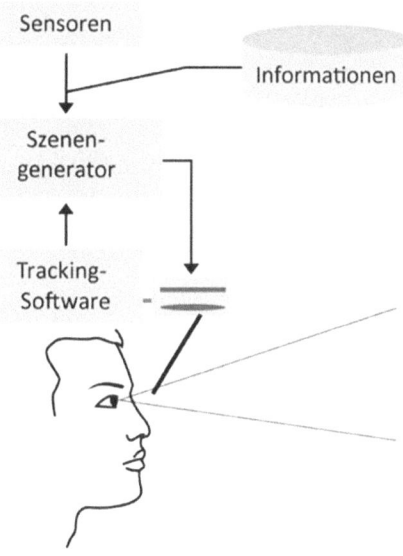

Abb. 5 Datenbrille (Google Glass; aus Spiegel 2014)

Vor- und Nachteile des HMD sind:

- Vorteile:
    - Die freie Bewegung des Benutzers im Raum wird ermöglicht.
    - Ein Marker ist nicht notwendig.
    - Der Benutzer kann beliebige reale Objekte bearbeiten und erhält dadurch gegebenenfalls neue (virtuelle) Informationen.
- Nachteile:
    - Der Benutzer muss sämtliches Equipment (Kamera, Display und Rechner) am Körper tragen.
    - Der Rechenaufwand ist hoch.
    - Durch die zeitliche Verschiebung der realen Bewegung und der Darstellung auf dem Display können Orientierungsschwierigkeiten des Benutzers im Raum und eventuelles Schwindelgefühl auftreten. Dies wird bei der See-Through-Projektion vermieden.
    - Das projizierte Bild auf das Display ist immer schlechter als die Realität; dies gilt auch für die See-Through-Projektion. Durch den Brilleneffekt wird die Sicht etwas eingeschränkt.
    - Ohne See-Through-Funktionalität kommt es zu Parallaxenfehlern, das heißt, durch den unterschiedlichen Blickwinkel von HMD und Betrachter entspricht der ersichtliche Bildausschnitt nicht dem tatsächlichen, augmentierten Bild.
    - Der Kontrast ist relativ schlecht.

3.4   Einsatzmöglichkeiten von Datenbrillen in Augmented Reality

Bei einer AR-Brille wird die reale Umgebung, die der Betrachter wahrnimmt, mit Zusatzinformationen angereichert. Sensoren ermöglichen die Erkennung der örtlichen Position des Betrachters und die Informationen werden gegebenenfalls situativ eingeblendet. So können beispielsweise Fahrgastinformationen eingeblendet werden, wenn der Benutzer sich einer Bahnstation nähert; dies nennt man auch AR im weiteren Sinn. Wird die Umgebung um lagegerecht eingeblendete 3-D-Objekte erweitert, spricht man von AR im engeren Sinn. So kann dem Betrachter beispielsweise die Akropolis in ihrem erhaltenen Zustand oder der Verlauf der früheren Mauer in Berlin dargestellt werden. Innovative Anwendungen im Museumsumfeld existieren bereits (CHESS 2015).

Mithilfe von Bilderkennungssoftware lassen sich auch Produkte oder Personen identifizieren. Beispielsweise wird auf Veranlassung des Benutzers – ausgelöst zum Beispiel durch einen Fingertipp an die Brille – ein Kleidungsstück erkannt und identifiziert. In wenigen Augenblicken ist bei bestehender Internetverbindung und vorkonfiguriertem Profil eine Bestellung möglich. Diese Möglichkeit der Personenerkennung nutzte bereits 2010 die prototypische Android-App Recognizr (TP 2010); Personen wurden mit der Smartphone-Kamera erfasst. Automatisch wurden alle sozialen Netzwerke nach der Person durchsucht und dem Suchenden abschließend alle ermittelten Informationen über die Person zusammengestellt.

3.5 Aktueller Entwicklungsstand

Die dargestellten Szenarien werden in der Regel noch mit Tablets oder Smartphones realisiert, da die AR-Brillen bis heute keine Marktreife erreicht haben. Außerdem gab es von Anfang an Widerstände gegen die eingebaute Kamera. So verboten zum Beispiel englische und amerikanische Kinobetreiber die Brille Google-Glass, da sie illegale Mitschnitte von Kinofilmen befürchteten.

Innovative Anwendungsszenarien, wie AR-Brillen zum Beispiel Logistikprozesse beschleunigen können, existieren bereits (DHL 2015). So hat DHL im Rahmen eines Pilotprojekts erfolgreich den Einsatz von Datenbrillen getestet. Beschäftigte wurden entsprechend ausgestattet, schrittweise Arbeitsanweisungen in die Datenbrille eingeblendet, um den Kommissionierungsprozess zu beschleunigen und Fehler zu reduzieren. Im Test zeigte sich messbare Optimierung der Logistikprozesse, im konkreten Fall eine 25 %-ige Effizienzsteigerung in der Kommissionierung (DHL 2015).

Im Jahr 2022 soll das erste Augmented-Reality-Headset von Apple erscheinen. Das unter dem Codenamen N301 entwickelte Gerät soll derzeit wie eine schlankere Version von Facebooks VR-Brille Oculus Quest aussehen und sowohl AR als auch VR ermöglichen. Es soll mit einem hochauflösenden Display ausgestattet sein, über das virtuelle mit realen Objekten kombiniert werden (DerStandard.de 2019).

Google bringt eine neue Version der Google Glass auf den Markt. Die Enterprise Edition 2 richtet sich ausschließlich an Unternehmen. Im Vergleich zum Vorgängermodell wurde die Kamera verbessert und ein schneller Prozessor eingebaut. Außerdem läuft die Glass Enterprise Edition 2 mit dem Betriebssystem Android Oreo, was die Entwicklung von Anwendungen erleichtern soll (heise.de 2019).

3.6   Chancen und Risiken

Die verschiedenen Anwendungsszenarien zeigen deutlich die Potenziale, die AR bietet (Mehler-Bicher und Steiger 2014; Reif 2007):

- Schnelle Vermittlung von Inhalten (Time-to-Content). Im Zuge der wachsenden Anzahl an Informationen wird die Suchzeit nach relevanten Informationen immer wesentlicher; mithilfe von Augmented Reality ist eine schnelle Vermittlung von Inhalten möglich, was in der Folge zu einer Reduktion der Suchzeiten führt.
- Gleichzeitige Ansprache verschiedener Sinne. Die Steigerung der Emotionalität, zum Beispiel durch Bewegtbilder oder Musik, und die daraus resultierende Ansprache verschiedener Sinne unterstützen den Kommunikationsprozess und vermitteln kommunizierte Inhalte nachhaltiger. Durch Berücksichtigung der Erkenntnisse aus dem Bereich des multisensorischen Lernens bei der Entwicklung von AR-Applikationen sind Kommunikationsprozesse und -strukturen optimierbar.
- Stärkere Aktivierung der Kommunikationsteilnehmer. AR führt zu einer Verlängerung der Verweildauer bei der Kommunikation und weckt Neugierde auch bei Personen, die weniger stark in die Kommunikation involviert sind.
- Erhöhung der Erfahrungs- und Vertrauenseigenschaften. Produkte und Dienstleistungen werden durch AR erlebbar und begreifbar; dies gilt insbesondere auch für komplexe Anwendungen im technischen Bereich.
- Parallelisierung verschiedener Tätigkeiten. Durch Generierung und Visualisierung von Zusatzinformationen, die zur Verringerung der Komplexität verschiedener Tätigkeiten führen können, wird Multitasking unterstützt; eine Parallelisierung verschiedener Tätigkeiten wird ermöglicht bzw. effizient unterstützt.
- Kollisionserkennung von realen und virtuellen Objekten. Gerade bei technischen AR-Applikationen führt die verbesserte Kommunikation zu einer Verringerung möglicher Kollisionen und/oder Unfällen.

AR wird als Informationsmehrwert zum täglichen Leben gehören und nicht nur unser Arbeitsleben beeinflussen, sondern auch das alltägliche Verhalten verändern – ähnlich wie das Web.

Wie die Gesellschaft mehrheitlich auf AR reagieren wird, ist zum jetzigen Zeitpunkt noch nicht beurteilbar (Mehler-Bicher und Steiger 2014). In vielen Fällen überwiegt derzeit die Faszination, die diese Technologie auf Betrachter ausübt.

Die Kritik an AR entzündet sich nicht an der Technologie an sich, sondern vor allem an der Benutzung einer Kamera im öffentlichen Raum. Kameras sind zwar heute Standard in Tablets und Smartphones, aber die Benutzung ist durch die Handhabung dieser Geräte eher erkennbar. Bei einer Datenbrille ist die Kamera meist unauffällig verbaut; von außen ist nicht erkennbar, ob die Kamera in Funktion ist. Dadurch fühlen sich viele Menschen in ihrem Persönlichkeitsrecht verletzt. Auch die Datenschutzbeauftragten in Deutschland melden ihre Bedenken (T-Online 2014); sie sehen in den

Datenbrillen vorrangig ein Instrument der unzulässigen Datensammlung. Diese ist rechtlich hochproblematisch, da sie massiv in persönliche Freiheitsrechte eingreift.

Im betrieblichen Umfeld wie im Anwendungsbeispiel der DHL (2015) lassen sich datenschutzrechtliche Probleme relativ einfach durch betriebliche Vereinbarungen regeln; im öffentlichen Raum entzündet sich aber eine grundsätzliche Diskussion über Persönlichkeits- und Bildrechte. Diese Diskussion ist vor dem Hintergrund, dass es bereits seit Jahren Anwendungen gibt, die die Umgebung permanent aufnehmen, erstaunlich. Assistenzsysteme im Pkw-Bereich, wie zum Beispiel das Head-up-Display bei verschiedenen Autoherstellern, zählen zu derartigen Anwendungen. Hier ist im Regelfall eine Kamera im Einsatz, die Hinweisschilder erkennt und entsprechende Warnhinweise, wie zum Beispiel die zulässige Höchstgeschwindigkeit, in die Frontscheibe einblendet (BMW 2016). Technologisch unterscheidet sie sich nicht vom Einsatz von Kameras in tragbaren Brillen; auch hier wird der öffentliche Bereich aufgenommen.

3.7   Augmented Reality und Corporate Social Responsibility

Die diskutierten Probleme bzw. Risiken in Bereich der Persönlichkeitsrechte stellen Unternehmen vor Probleme bei der Durchsetzung derartiger Produkte am Markt. Die Affinität bezüglich dieser Rechte ist stets kulturell geprägt; in China gibt es bis heute keine Diskussion über den Einsatz von Kameras im öffentlichen Bereich. Dennoch müssen sich Anbieter derartiger Technologien mit der Wahrung dieser Rechte auseinandersetzen und entsprechend Verantwortung übernehmen. Dies kann im vorliegenden Fall zum Beispiel durch eine Verpflichtung, Daten, die durch eine Kamera aufgenommen werden, nicht zu speichern, geschehen. Außerdem lässt sich durch eine verpflichtende optische Anzeige an der Datenbrille kenntlich machen, ob die Kamera momentan aktiv ist.

4   Virtual Reality

4.1   Abgrenzung

Im Gegensatz zu AR, bei der die Anreicherung der Realität im Vordergrund steht, lassen sich bei VR-Anwendungen gänzlich neue Umgebungen erschaffen. Grundsätzlich lassen sich auch hier reale Umgebungsbilder mithilfe einer Kamera einbeziehen (Mixed Reality), aber die Darstellung des Bilds erfolgt ausschließlich durch Projektion. Diese Projektion erfolgt stereoskopisch (das heißt je ein Bild auf jedes Auge), um einen räumlichen Eindruck zu erzeugen.

In der Regel werden Szenen dargestellt, die in ihrer Gesamtheit virtuell sind, das heißt zwei- bzw. dreidimensionale Objekte, die im Rechner generiert werden. Dadurch ergeben sich unzählige Möglichkeiten der Darstellung und Simulation. Vor allem im Spielebereich (VR-Games) sind bereits heute viele Anwendungen verfügbar.

4.2   Technische Voraussetzungen

Als VR versteht man die Darstellung und gleichzeitige Wahrnehmung der Wirklichkeit und ihrer physikalischen Eigenschaften in einer in Echtzeit computergenerierten, inter-aktiven virtuellen Umgebung (Lanier und Biocca 1992). Demnach sind diese virtuellen Welten zunächst in einem Rechner zu erzeugen.

Prüft man viele bereits publizierte VR-Anwendungen, ob sie dieser Definition gerecht werden, so erfüllen viele die Definitionskriterien nicht. Ein Beispiel hierfür sind die sogenannte Cardboards. Es werden lediglich zwei Bilder stereoskopisch auf die Augen projiziert, die Grundlage sind jedoch reale Bilder.

Da der Begriff VR aber zurzeit in aller Munde ist und die Smartphone-Hersteller händeringend nach neuen Anwendungen suchen, wird VR immer dann – missbräuchlich – benutzt, wenn die Projektion direkt in den Sichtbereich des Benutzers erfolgt. Idee ist nun, die Technologien, mit deren Hilfe Nutzer in virtuelle Welten eintauchen können, direkt in das Smartphone-Betriebssystem zu integrieren. Geplant sind zum Beispiel Cardboard-Brillen, in denen das Display eines eingelegten Smartphones Bilder wie in einem Stereo-skop erzeugt (Handelsblatt 2016).

Die Rechenleistung von Smartphones ist in den letzten Jahren zwar gestiegen, aber bei Weitem noch nicht ausreichend, um gänzlich neue Szenen in Echtzeit zu berechnen und darzustellen – von der Bildqualität ganz abgesehen. Daraus ergeben sich drei wichtige technische Voraussetzungen für VR im engeren Sinn:

- ein leistungsfähiger Rechner,
- eine Hochleistungsgrafikkarte sowie
- eine hochauflösende Datenbrille.

Nach Nvidia werden nur etwa 13 Mio. Rechner, also weniger als 1 % aller Rechner weltweit, im Jahr 2016 die notwendige Grafikleistung haben, um VR reibungslos aus-zuführen (Handelsblatt 2016). Dennoch wird die Entwicklung gerade im Bereich der Datenbrillen zurzeit mit Vehemenz vorangetrieben. Sehr bekannt sind Oculus, die Mitte 2015 die Oculus Rift auf den Markt gebracht haben (Abb. 6) und von Facebook übernommen wurden (Oculus 2016).

4.3   Aktueller Entwicklungsstand

Neben Facebook mit Oculus Rift S investieren auch Microsoft mit Playstation VR oder High Tech Computer Corporation (HTC) mit Vive Cosmos in diese Technologie. Google setzt offenbar auf eine Technologie, die sowohl AR als auch VR unterstützt. Durch eine Verbesserung der Sensorik und der Prozessorleistung soll es möglich sein sich frei im Raum zu bewegen Die in den Medien dargestellten Cardboards sind jedoch keine VR-Brillen.

Abb. 6 Virtual-Reality-
Datenbrille (Oculus Rift)

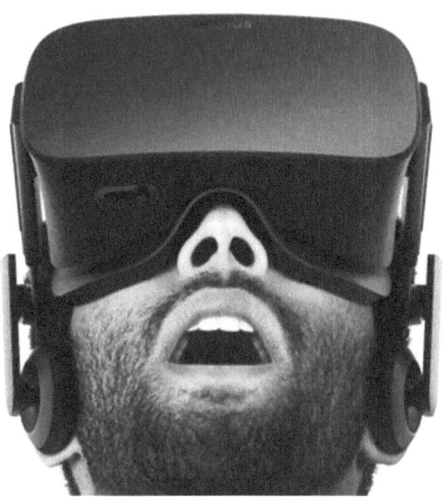

4.4   Chancen und Risiken

Den kommerziellen Durchbruch werden VR-Anwendungen – wenn überhaupt – im
Games-Bereich schaffen. Computerspiele waren schon immer Technologietreiber im
Rechnerbereich. Hohe Auflösungen und schneller Bildaufbau sind dabei Leistungs-
kriterien bei solchen Spielen. Dazu sind hohe Rechnerleistung und schnelle Grafik-
karten Grundvoraussetzungen; diese entsprechen den Anforderungen einer VR-Brille.
Außerdem lässt sich nur in diesem Bereich eine hohe Stückzahl am Markt absetzen.
Das ist zwingend notwendig, um einen akzeptablen Marktpreis erreichen zu können.
Im technisch-wissenschaftlichen Bereich ergeben sich durch diese Technologie auch
weiterhin interessante Anwendungsmöglichkeiten, die zahlenmäßig keine Rolle spielen
werden.

Der Vorteil einer VR-Anwendung – Erzeugung vollkommen virtueller Umgebungen –
wird gleichzeitig mit einem großen Nachteil erkauft. Da das menschliche Gleich-
gewichtssystem ständig versucht, die visuellen Informationen der Augen mit den
Informationen des Gleichgewichtsorgans in Einklang zu bringen, wird bereits bei Kopf-,
besonders aber bei Körperbewegungen dieser Koordinierungsversuch zunichtegemacht.
Dies führt zu Übelkeit und in der Regel zum Verlust der Balance. Dieses Problem
schmälert die Nutzbarkeit eines derartigen Systems erheblich. Die freie Bewegung in
einem virtuellen Raum mit gleichzeitiger Interaktion mit virtuellen Gegenständen ist
nur eingeschränkt möglich, zumal Rechner- und Grafikleistung auch am Körper des
Agierenden verbaut werden müssten. Solange diese Probleme nicht gelöst sind, ist man
von der Zukunftsvision des Holodecks aus Raumschiff Enterprise noch weit entfernt.

4.5   Virtual Reality und Corporate Social Responsibility

Da sich VR-Anwendungen in abgegrenzten und geschlossenen Räumen abspielen und nicht wie bei AR-Anwendungen im öffentlichen Raum agiert wird, stellt sich die Verantwortung der entwickelnden Unternehmen anders da. Es geht hier vor allem um die Inhalte der Anwendungen und nicht um die Interaktion mit der Umwelt. Dabei ergeben sich die Anforderungen im Games-Bereich aus den Anforderungen, die sich allgemein auf Computerspiele beziehen. Dabei ist vor allem Gewalt und die Verherrlichung von Gewalt ein bereits hinreichend diskutiertes Thema. Neue Anforderungen aus VR-Sicht ergeben sich derzeit nicht. Neu ist eher, dass durch das Eintauchen der Spieler in vollkommen neue Umgebungen, die immer realistischer werden, die Gefahr des Realitätsverlusts umso höher wird. Auch die Suchtgefahr ist wahrscheinlich erhöht. Wissenschaftliche Studien zu VR-Games und entsprechendem Suchtpotenzial existieren derzeit noch nicht, da die Technologie noch sehr jung ist. So musste Sony aber bereits reagieren, da der simulierte Suizid innerhalb einer VR-Games-Demo die Tester psychisch derart belastete, dass diese Funktion wieder entfernt wurde (GamesPilot 2015).

Einige Wissenschaftler fordern bereits die Entwicklung eines Ethikkodex für virtuelle Realitätsanwendungen, da diese zum Beispiel auch für Folter eingesetzt werden können (Frontiers 2016).

5   Fazit und Ausblick

AR- und VR-Anwendungen stehen vor dem wirtschaftlichen Durchbruch. Fast zeitgleich stellten 2015 einige Anbieter VR-Brillen dem breiten Publikum vor. Man erhofft sich dadurch, die nötigen Stückzahlen zu erzielen, um die Technologie für den Konsumenten preisgünstiger zu machen. Ein (erhoffter) Nebeneffekt könnte sein, dass damit auch ein erhöhter Bedarf an Rechnerleistung einhergeht, um den sinkenden Absatz an leistungsstarken Rechnern zu erhöhen.

Bei den aufgezeigten Risiken dieser Technologien stellt sich die Frage, ob es notwendig ist, dem Einsatz gewisse Grenzen zu setzen. Dabei spielen nicht nur Menschen-, Persönlichkeits-, Bild- und Markenrechte eine Rolle, sondern auch neue, bisher noch nicht diskutierte ethische Problemstellungen. Fragen wie „Muss man zum Beispiel beim Einsatz einer Kamera im öffentlichen Bereich Gesichter unkenntlich machen?" oder „Muss der Hersteller eines VR-Games verhindern, dass ein Spieler die (virtuelle) Waffe auf sich selbst richtet?"

Die hard- und softwaretechnischen Voraussetzungen sind gegeben, um nahezu beliebige Szenarien zu entwickeln und zu einem adäquaten Preis anzubieten. Die ethische Vertretbarkeit ist jedoch zu hinterfragen.

Literatur

Azuma R (1997) A survey of augmented reality. http://www.cs.unc.edu/~azuma/ARpresence.pdf. Zugegriffen: 5. März 2016

BMW (2016) BMW head-up display. http://www.bmw.de/de/footer/publications-links/technology-guide/head-up-display.html. Zugegriffen: 5. März 2016

CHESS (2015) CHESS project. http://www.chessexperience.eu/. Zugegriffen: 5. März 2016

DerStandard (2019) AR-Brille: Apples Google-Glass-Konkurrent soll das iPhone ablösen. https://www.derstandard.de/story/2000110966282/ar-brille-apples-google-glass-konkurrent-soll-das-iphone-abloesen. Zugegriffen: 2. Jan. 2020

DHL (2015) DHL testet erfolgreich Augmented Reality-Anwendung im Lagerbetrieb. http://www.dpdhl.com/de/presse/pressemitteilungen/2015/dhl_testet_augmented_reality-anwendung.html. Zugegriffen: 5. März 2016

Fraunhofer IGD (2003) Studie des ARToolKits für Collaborative Augmented Reality. http://publica.fraunhofer.de/dokumente/N-18716.html. Zugegriffen: 6. März 2016

Frontiers (2016) Real virtuality: a code of ethical conduct. Recommendations for good scientific practice and the consumers of VR-technology. http://journal.frontiersin.org/article/10.3389/frobt.2016.00003/full. Zugegriffen: 6. März 2016

GamesPilot (2015) In dieser VR-Demo konnten Spieler Selbstmord begehen. http://www.gamespilot.de/news/in-dieser-vr-demo-konnten-spieler-selbstmord-begehen-148937. Zugegriffen: 5. März 2016

Handelsblatt (2016) Das große Problem mit der virtuellen Realität. http://www.handelsblatt.com/unternehmen/it-medien/oculus-rift-htc-vive-das-grosse-problem-mit-der-virtuellen-realitaet/12786942.html. Zugegriffen: 5. März 2016

heise.de (2019) AR-Brille Google Glass: Zweite Version läuft mit Android Oreo. https://www.heise.de/newsticker/meldung/AR-Brille-Google-Glass-Zweite-Version-laeuft-mit-Android-Oreo-4427074.html. Zugegriffen: 2. Jan. 2020

Klein G (2009) Visual tracking for augmented reality: edge-based tracking techniques for AR applications. VDM, Saarbrücken

Lanier J, Biocca F (1992) An insider's view of the future of virtual reality. J Commun 42(4):150

Mehler-Bicher A, Steiger L (2014) Augmented reality – Theorie und Praxis, 2. Aufl. DeGryter, München

Milgram P, Kishino F (1994) A taxonomy of mixed reality visual displays. IEICE Trans Inf Syst. Special Issue Netw Real E77-D(12)

Müllner W (2013) Potentiale, Risiken und Grenzen von „Augmented Reality": Innovation im drei-dimensionalen Raum oder „Visuelle Plage" (Masterthesis). AV Akademikerverlag, Saarbrücken

Oculus (2016) Rift. https://www.oculus.com/en-us/rift/. Zugegriffen: 5. März 2016

Proceedings of SPIE – The International Society for Optical Engineering 2351. https://doi.org/10.1117/12.197321

Reif R (2007) Augmented reality – vision oder Wirklichkeit, Vortrag beim 14. Flaschenkeller-seminar der TU München. http://www.fml.mw.tum.de/PDF/20071204_Flaschenkellerseminar_Reif.pdf. Zugegriffen: 5. März 2016

Rolland J, Baillot Y, Goon A (2001) A survey of tracking technologies for virtual environments. http://odalab.ucf.edu/Publications/2001/BookChapter/Tracking%23Tech%23for%23Virtual%23Enviroments.pdf. Zugegriffen: 5. März 2016

Spiegel (2014) Erster Versuch: Google-Brille taugt nicht zum Autofahren. http://www.spiegel.de/netzwelt/web/google-glass-beim-autofahren-droht-gefahr-a-993870.html. Zugegriffen: 6. März 2016

T-Online (2014) Datenbrille Google Glass im Kreuzfeuer der Kritik. http://www.t-online.de/handy/id_69138414/datenbrille-google-glass-im-kreuzfeuer-der-kritik-brille-sei-waffe-gegen-persoenlichkeitsrechte-.html. Zugegriffen: 5. März 2016

TP (2010) Recognizr – Facial Recognition Android App. http://techpp.com/2010/02/26/augmented-reality-android-app-recognizr/. Zugegriffen: 5. März 2016

Prof. Dr. Anett Mehler-Bicher ist seit 2002 Professorin an der Hochschule Mainz. Seit 2008 berät sie Unternehmen zu Augmented-Reality-Aktivitäten. Zu ihren Forschungsschwerpunkten zählen Augmented Reality, innovative Mensch-Maschine-Interaktion, E-Business, insbesondere Geschäfts- und Preismodelle, sowie Geo-Business-Intelligence-Lösungen.

Prof. Dr. Anett Mehler-Bicher (Fotocredit: Hochschule Mainz)

Lothar Steiger ist seit 1985 Lehrkraft für besondere Aufgaben an der Hochschule Mainz. Seit 2008 berät er Unternehmen zu Augmented-Reality-Aktivitäten. Seine Forschungsschwerpunkte sind IT-gestützte empirische Analysen, Augmented Reality sowie innovative Mensch-Maschine-Interaktion.

Lothar Steiger (Fotocredit: privat)

Die Facetten des Innovations- und Systemmanagements zum Aufbau nachhaltiger Organisationen

Natalie Pichler

Der Beitrag[1] setzt sich mit den Disziplinen Innovations- und Systemmanagement auseinander. Für eine nachhaltige Organisationsentwicklung sind beide Bereiche unverzichtbar. Auch wenn diese Disziplinen in den Wirtschaftswissenschaften und im Management getrennt voneinander betrachtet werden, tragen sie in ihren Grundsätzen Gemeinsamkeiten mit sich, die es in der betrieblichen Praxis für ein nachhaltiges Handeln zu kombinieren gilt. Das Innovationsmanagement wird in Unternehmen oft als separate Abteilung geführt, die sich darauf spezialisiert, Neues hervorzubringen, um die Attraktivität am Markt zu steigern. In Verbindung damit sehen Organisationen das Innovationsmanagement als eigenen Prozess, der dem eigentlichen Produktentwicklungsprozess vorgelagert wird. Häufig wird Innovationsmanagement als Teilbereich des gesamten unternehmerischen Systems gesehen, selten aber als integrativer Bestandteil eines jeden unternehmerischen Prozesses, der durch Wissenstransfer und Kommunikation der Mitarbeiter lebensfähig gemacht wird.

Systeme besitzen innere Fähigkeiten, die ermöglichen, sich selbst zu regulieren und widerstandsfähig zu sein. Die Disziplin Systemmanagement leitet sich daraus ab und ist Teil der Kybernetik. Dieser Managementansatz ermöglicht die Maximierung der Lebensfähigkeit von Systemen, durch Selbstorganisation und Selbstständigkeit jedes einzelnen Mitarbeiters in der Firma. Der Terminus Systemdenken ist per se Teil der Organisationslehre.

---

[1]Auszug aus meiner Masterarbeit: „NACHHALTIGE ORGANISATIONSENTWICKLUNG. Management-Kybernetik am Beispiel eines mittelständischen Unternehmens im Bereich Drucklufttechnik und Pneumatik." (2016).

N. Pichler (✉)
München, Deutschland
E-Mail: natalie.pichler@gmx.de

© Springer-Verlag GmbH Deutschland, ein Teil von Springer Nature 2021
A. Hildebrandt und W. Landhäußer (Hrsg.), *CSR und Digitalisierung,* Management-Reihe Corporate Social Responsibility, https://doi.org/10.1007/978-3-662-61836-3_17

Er erlaubt dem Anwender, mithilfe von Methoden komplexe Sachverhalte vereinfacht in Modellen darzustellen und sollte nicht mit dem gesamtheitlichen Systemmanagementansatz verwechselt werden. Allerdings fordern alle drei genannten Fachtermini in ihrer Umsetzung menschliche Fähigkeiten, beispielsweise die Umwandlung von Wissen in Können. Erfahrungen zu sammeln und daran zu wachsen, um in späteren Situationen anpassungs- fähiger und agiler reagieren zu können, wird als Resilienzfähigkeit definiert. Dies ist in der Systemmanagementkybernetik sowie im nachhaltigen Umgang miteinander unabdinglich.

Die Gemeinsamkeit der Disziplinen Innovations- und Systemmanagement ist in den zuvor beschriebenen Fähigkeiten der Mitarbeiter und Manager sowie deren individuellen Kommunikationsprozessen zu sehen. Eine nachhaltige Organisationsentwicklung kann beispielsweise erreicht werden, wenn Innovationen jeglicher Art durch Kommunikation im Organisationssystem etabliert, diskutiert, modifiziert und damit lebendig gemacht werden.

1   Innovationsmanagement und seine Auswirkung auf Nachhaltigkeit

Nachhaltigkeit in Organisationen ist ohne Innovationsmanagement schier unmöglich. Um alte oder überholte Denkmuster aufzubrechen, braucht es die Offenheit, über neue Ideen nachzudenken, und den Mut, Innovationen einzuführen.

Joseph Schumpeter definiert Innovation als „[…] the doing of new things or the doing of things that are already done, in a new way. Innovation is a process by which new products and techniques are introduced into the economic system." (Hanusch et al. 2010, S. 71)

Sinngemäß ist dies so zu interpretieren, dass Innovationen die Umsetzung neuer, andersartiger Kombinationen (zum Beispiel Technologiefusion) in die Realität sind. Dabei definiert Schumpeter Innovation als Prozess der kreativen Destruktion, der von fünf Situationen angetrieben werden kann (Sailer 2013/2014, S. 17):

1. Entwicklung eines neuen Produkts,
2. Erschließung eines neuen Absatzmarkts,
3. Erschließung einer neuen Bezugsquelle für Equipment (Rohstoffe, Halbfabrikate),
4. Durchführung einer Neuorganisation oder Anwendung neuer Managementmethoden,
5. Einführung neuer Produktions- und Kommunikationsmethoden.

Joseph Schumpeter spricht an dieser Stelle von der schöpferischen Zerstörung. Durch Substitution wird etwas Bestehendes verdrängt und durch etwas Neues ersetzt. Der Unter- nehmer ist in seinem Verständnis Entrepreneur, der nicht gestaltet, sondern innoviert (Malik 2015a, S. 38). Schumpeter war davon überzeugt, dass „Innovationen nur jene Ver- änderungen im Kreislauf des Wirtschaftslebens sind, welche von der Wirtschaft aus sich selbst heraus erzeugt werden." (Fliaster 2007, S. 17)

Die Theorie der Kombination unterschiedlicher Disziplinen spielt laut Schumpeter einen erheblichen Erfolgsfaktor für das Unternehmen und deren Nachhaltigkeit. Durch gegenseitige Wechselbeziehungen können neue Zusammenhänge entstehen und Veränderungen herbeigeführt werden (Fliaster 2007, S. 18 f.).

Damit wird ersichtlich, dass für einen nachhaltigen Transformationsprozess sowohl Innovationen als auch Wissensaustausch als Impulsgeber zu setzen sind. Alexander Fliaster greift in seinem Buch „Innovationen in Netzwerken" Joseph Schumpeters Theorie auf und beschreibt mehrere Kombinationsmöglichkeiten (Fliaster 2007) (Tab. 1).

Diese Kombinationsformen für Innovationsförderung und Wissenstransfer lassen erkennen, dass das Systemdenken einen erheblichen Einfluss auf die Umsetzung von Innovationen nimmt. Innovationen wiederum nehmen einen weitreichenden Einfluss auf den Aufbau von Nachhaltigkeit.

Informelle Kommunikationswege innerhalb des Unternehmens können neue Ideen und Wege zum Vorschein bringen. Hierfür muss von den Organisationen abverlangt werden, ihre Strukturen, Werte und Rahmenbedingungen so zu gestalten und zu leben, dass Mitarbeiter im Umgang offener und freier werden. Durch das Schaffen einer solchen gemeinsamen Basis wird ein großer Schritt in Richtung nachhaltige Organisationsentwicklung getan. Dies fordert allerdings die Integration jedes Einzelnen und verlangt den Führungskräften ab, ihre Kontrollfunktion aufzugeben bzw. zu lockern, um den Mitarbeiter mithilfe von eigenständigem Denken zu fördern. Durch das Hervorbringen der Fähigkeiten eines jeden Einzelnen würde der Arbeitsplatz das Gefühl eines Miteinanders auslösen. Dieser Kulturwandel (Transformation) kann jedoch nicht von heute auf morgen umgesetzt werden. Als Schlüsselmethode für den Wandel wird der kybernetische Managementansatz gesehen.

2 Kybernetik als Schlüsseldisziplin für das Management nachhaltiger Systeme

Kybernetik ist die Wissenschaft vom Steuern, Regeln und Lenken […] Die Kybernetik ist die Wissenschaft, die das 20. Jahrhundert in das 21. Jahrhundert transformiert (Malik 2015a, S. 90 f.).

Die Kybernetik erlebte bereits 1943 in der Nachrichtentechnik ihre Geburtsstunde. Die Erkenntnisgewinnung aus den Algorithmenanalysen von Norbert Wiener im Jahr 1948, führte schlussendlich dazu, dass Stafford Beer verstand, die Kybernetik für die Modellierung eines lebensfähigen Systems einzusetzen. Im Jahr 1959 begründete er die Managementkybernetik und legte den Grundstein für die Methodenanwendung und Adaption im Umgang mit komplexen Systemen innerhalb von Organisationen und Unternehmen. Mithilfe seines Viable-System-Modells (VSM) konnte sich der Gedanke einer lernenden, anpassungsfähigen Organisation vertiefen.

Tab. 1 Kombinationsformen für Innovationsförderung und Wissenstransfer. (Nach Fliaster 2007, S. 22–57)

	Kombination	Bedeutung
1.	Technologiefusion	Interdisziplinäre Kombination anstelle von Technologieentwicklung durch Wissenskombination aus anderen Bereichen (z. B. Nanotechnologie, Adaption). Anstatt Schlüsseltechnologien auszuarbeiten, sollen Verknüpfungen zu unverwandten Technologien zur Problemlösungsfindung hergestellt werden. Branchenfremdes Wissen von Ingenieuren und Arbeitnehmern oder gar kulturelle Einflüsse anderer Regionen werden teilweise ins Unternehmen geholt
2.	Unternehmens- und Wettbewerbs-fähigkeit	Unternehmensroutinen als Wettbewerbsvorteil. Durch Integration individueller Fähigkeiten formieren sich Unternehmensroutinen (zu vergleichen mit den Kernkompetenzen!). Einmal festgelegte Wertesysteme und die gegebene Kombination sind Ausgangspunkte und langfristig in den Handlungen zu integrieren
3.	Wissensmanagement	Statt expliziten Wissens steht implizites Wissen im Vordergrund. Nicht das standardisierte Wissen (Informationen, Daten!), sondern der aktive Wissenstransfer der Mitarbeiter nimmt essenziellen Stellenwert beim Innovationsmanagement ein
4.	Organisationale Rollen	„High performers" führen eine engere Kommunikationsbeziehung zu ihren direkten Kollegen sowie zu fremden Abteilungen, also „low performers". Durch soziale Beziehungen schaffen sie zentrale Voraussetzungen für die Fusion von Wissenskomponenten „Technological gatekeeper" sind Mitarbeiter, die dauerhafte Beziehungen zu Fachkollegen außerhalb der Organisation führen. Durch dieses informelle Netzwerk wird Wissen ausgetauscht und Innovationen gefördert „Boundary spanner" haben die Fähigkeit, Wissen aus unterschiedlichen Denkweisen zu interpretieren. Sie können grenzüberschreitende Wissensfusionen durchführen, intern wie auch extern. Diese kognitive Übersetzungsfähigkeit (Wissenstransfer bzw. Wissensfusion) kann sehr wertvoll für Innovationen sein
5.	Organisation als Wissensbroker	Durch unterschiedliche, branchenübergreifende Projekteinsätze und einem facettenreichen Kundenstamm werden Unternehmen als Wissensbroker eingesetzt (z. B. Beratungs- oder Dienstleitungsunternehmen). Dadurch können neue Kombinationen entstehen und in Unternehmen eingebracht werden. Große, international arbeitende Unternehmen haben ebenfalls die Möglichkeit, aufgrund ihrer globalen Ausrichtung und Kultureinflüsse als Wissensbroker zu agieren

Fredmund Malik definiert in späterer Folge die Kybernetik als Wissenschaft, bei der es darum geht, ein System unter Kontrolle zu halten. Die Kontrolle in diesem Sinn definiert er als Beherrschung des unternehmerischen Gesamtsystems mit seiner Umwelt, das sich aus wirtschaftlichen, technischen, psychologischen, aber auch politischen Problemen zusammensetzt. Malik macht in diesem Zusammenhang nochmals deutlich, dass es hier nicht um eine konstruktivistische Form der Beherrschung geht, sondern wie man eine Organisation (ein System) mithilfe von selbstregulierenden Mechanismen unter Kontrolle bekommt. Im Umgang mit der Lenkung komplexer Systeme kann die Erkenntnistheorie, der der Konstruktivismus zugrunde liegt, nicht angewendet werden. Malik beschreibt somit die Kybernetik als neue, eigene Disziplin der Managementlehre, die für die Lösung von Problemen eingesetzt wird (Malik 2015b, S. 46).

Die Aufgabe eines Managementkybernetikers ist darauf aufbauend jene, dass dieser zu untersuchen hat, welche unternehmerischen Tätigkeiten implizite und explizite Funktionen aufweisen, die ein System lebensfähig machen. Bei diesen Analysen spielt die Eingliederung in hierarchische Ebenen und in Funktionsbereiche keine Rolle. Eine räumliche Zusammenführung von Mitarbeitern beispielsweise kann hier ein Lösungsweg zu selbstgesteuerten Arbeitsgruppen sein (Malik 2015b, S. 88).

Das Vorgehen lässt sich dadurch erklären, dass für eine nachhaltige Problemlösung die gesamtheitliche Betrachtungsweise aller im Unternehmen befindlichen Abteilungen wesentlich ist. Dies schließt zuvor intuitiv getroffene Entscheidungen ebenso mit ein wie persönliche Einstellungen und zukünftig heranwachsende Trends. Eine offene Geisteshaltung sowie ein gesunder Menschenverstand rücken dadurch zentral in den Mittelpunkt. Rein formal können dabei Wissen und Wirklichkeit, die Bestandteile für die Anwendung des Konstruktivismus sind, damit nicht immer übereinstimmen, vor allem wenn es eigentlich um den Weg der Problemlösung („wie erreiche ich das Ziel") geht.

> Kybernetik erhält seinen Sinn nicht daraus, alles und jedes erforschen und einbeziehen zu wollen, sondern aus der soeben formulierten Problemstellung, zu erforschen, wie man Systeme unter Kontrolle bringt. Nicht einfach alles ist relevant, wohl aber alles, was erforderlich ist, um ein System unter Kontrolle zu haben (Malik 2015b, S. 46).

Fredmund Malik begründet sein Zitat unter den Prämissen, die sich im Zug der Weiterentwicklung des System- und Managementgedankens sowie der großen Transformation21 herausgestellt haben. Hierbei stellt er einen Vergleich zwischen den beiden Theorietypen (Konstruktivismus vs. Kybernetik) dar (Tab. 2).

Beim systemisch-evolutionären Managementansatz ist die Bedeutung des Kommunikationsprozesses sowie eine gute Organisation und eine strukturierte Vorgehensweise unumstritten. Neben der Systemlenkung wird von der Kybernetik erwartet, dass sie die Komplexität realer Systeme berücksichtigt. Das System sollte in der Lage sein, mit dynamischen und unvorhersehbaren, sich schnell ändernden Umwelteinflüssen umgehen zu können. Dadurch wird dem System Resilienz zugesprochen. Im Fokus liegen dabei Probleme bezüglich Anpassungsfähigkeit, Flexibilität, Lernfähigkeit, Evolution, Selbstregulierung und Selbstorganisation. Erste Versuche in diese Richtung zeigen

Tab. 2 Sieben Prämissen der Disziplinen Konstruktivismus und Kybernetik. (Quelle: Malik 2015b, S. 44)

	Konstruktivistisch-technomorph (K)	Systemisch-evolutionär (S)
	Management …	Management …
1.	… ist Menschenführung	… ist Gestaltung und Lenkung ganzer Institutionen in ihrer Umwelt
2.	… ist Führung Weniger	… ist Führung Vieler
3.	… ist Aufgabe Weniger	… ist Aufgabe Vieler
4.	… ist direktes Einwirken	… ist indirektes Einwirken
5.	… ist auf Optimierung ausgerichtet	… ist auf Steuerbarkeit ausgerichtet
6.	… hat im Großen und Ganzen ausreichende Informationen	… hat nie ausreichende Informationen
7.	… hat das Ziel der Gewinnmaximierung	… hat das Ziel der Maximierung der Lebensfähigkeit

diverse Managementinformationssysteme aber auch zahlreiche Produktionsplanungs-, Lagerbewirtschaftungs- und Steuerungssysteme (Malik 2015b, S. 70 f.).

Bezogen auf die große Tranformation21 nach Malik bedeutet dies, dass die klassischen Organisationsformen nicht den nötigen Rahmen für den Umgang mit Komplexität und Umwelteinflüssen bieten. Wenn Unternehmen und Organisationen weiterhin bestehen und wachsen wollen, ist eine fundamentale Änderung, die zugleich als Chance genutzt werden kann, notwendig. Die Fähigkeit, Innovationen zu fördern und gleichzeitig den Blick für das unternehmerische Gesamtsystem nicht zu verlieren, benötigt Manager, die es verstehen, unterschiedliche Kommunikationen zuzulassen. Die Steuerung und Verantwortung der Information erfolgt über die Mitarbeiter selbst. Dadurch besteht die Chance, die zuvor beschriebenen Probleme der Komplexität meistern zu können. Mitarbeiter werden somit zu Managern und Führungskräfte zu Mentoren. Die Resilienzfähigkeit aller nimmt für eine erfolgreiche Systembetrachtung sowie der Aufrechterhaltung der eigenen Identität einen erheblichen Stellenwert ein.

3 Resilienz als Zwischenfazit und als Einführung ins Systemmanagement

Bewahre mich vor dem naiven Glauben, es müsste im Leben alles gelingen. Schenke mir die nüchterne Erkenntnis, dass Schwierigkeiten, Niederlagen, Misserfolge, Rückschläge eine selbstverständliche Zugabe zum Leben sind, durch die wir wachsen und reifen (Antoine de Saint Exupéry).

Der Begriff Resilienz leitet sich aus dem lateinischen Wort „resilire" ab und bedeutet zurückspringen, abprallen. Seinen Ursprung hat der Begriff aus der physikalischen

Werkstoffkunde, wo unter Resilienz verstanden wird, dass sich ein Körper nach seiner Deformierung wieder in seine Ursprungsform selbstständig zurückformt (zum Beispiel elastisches Band, mit Sand gefüllter Gummiball etc.; Haufe-Onlineportal 2016a).

An Bedeutung gewann der Begriff jedoch in der Humanforschung bzw. in der Entwicklungspsychologie. Auf der Pionierstudie von Emmy E. Werner, einer amerikanischen Entwicklungspsychologin, begründete sich die Resilienzforschung als neue Forschungsrichtung. In ihrer Langzeitstudie beschäftigte sich Werner mit der Frage, warum Kinder trotz riskanten sozialen Bedingungen zu erfolgreichen, kompetenten, selbstbewussten Erwachsenen heranwuchsen. Dafür verfolgte sie die Entwicklungsverläufe von etwa 700 Kindern, die 1955 auf der Hawaii-Insel Kauai geboren wurden. Das Interesse lag darin, die protektiven Faktoren (sogenannte Schutzfaktoren)[2] und Prozesse herauszufinden, die die Resilienz aufbauen (Werner 2005, S. 11–14).

Dipl.-Pädagogin Corina Wustmann, deutsche Vertreterin in der Kinder- und Jugendentwicklung, beschreibt die Resilienz als „[…] eine psychische Widerstandsfähigkeit von Kindern gegenüber biologischen, psychologischen und psychosozialen Entwicklungsrisiken" (Wustmann 2004, S. 18).

Daraus lässt sich allgemein ableiten, das Resilienz „[…] die Fähigkeit ist, erfolgreich mit belastenden Lebensumständen (zum Beispiel Unglücken, traumatischen Erfahrungen, Misserfolgen, Risikobedingungen) und negativen Folgen von Stress umzugehen" (Rutter 2001; zitiert nach Wustmann 2004, S. 4). Ergänzt wird diese Definition von Welter-Enderleins Sichtweise, dass Krisen durch persönlich und sozial vermittelte Ressourcen (von Dritten) gemeistert und dass diese Störfaktoren als Anlass zur (Weiter-) Entwicklung genutzt werden (Welter-Enderlein 2006, S. 9). Rosmarie Welter-Enderlein ist Paar-, Familien- und Organisationsberaterin sowie Lehrbeauftragte an der Universität Zürich.

Daraus wird ersichtlich, dass Resilienz primär nicht als angeboren zu sehen ist, sondern dass der Aufbau von Fähigkeiten und stressresistenten Faktoren erlernt werden kann. Darüber hinaus ist erkennbar, dass die Resilienzforschung auch im deutschsprachigen Raum Fokus auf die personale Resilienz nimmt. Obwohl die Systemtheorie bereits um 1950 durch die Prägung der Begriffe Kybernetik und Managementkybernetik von Norbert Wiener und Stafford Beer existierte, entwickelte sich die Resilienzforschung nur langsam weiter. Erst um das Jahr 1990 (in den USA) bzw. ab dem Jahr 2000 (in Europa) wird die Disziplin in der wirtschaftswissenschaftlichen Forschung mithilfe von Publikationen bekannter und erlangte Zuspruch.

Mithilfe der Begriffserklärungen zur personalen Resilienz lassen sich nachfolgende Definitionen von Ann Masten und Fritz Redl als adaptierte Ideen für systemische, organisationale und unternehmerische Resilienz herleiten.

---

[2]Protektive Faktoren sind Mechanismen, die die Wirksamkeit von Risikofaktoren und die dadurch ausgelöste erhöhte Verletzlichkeit für Abweichungen, Auffälligkeiten und Beeinträchtigungen abschwächen können.

Ann Masten, Professorin der Psychologie an der Universität Minnesota, beschreibt die Resilienz als Prozess und Fähigkeit, durch die Anpassungen, auch unter erschwerten oder bedrohlichen Bedingungen, erfolgreich durchgeführt werden (Masten et al. 1990, S. 246 f.). Fritz Redl, Reformpädagoge und Kinderpsychoanalytiker, schrieb der Resilienz zusätzlich die Eigenschaft zu, dass durch selbstregulierende Maßnahmen, das System innerhalb kurzer Zeit wieder voll funktionsfähig ist. Nachfolgendes Zitat soll dies verdeutlichen: „Resilienz ist die Fähigkeit, trotz widriger Umstände den erschwerten Einflüssen zu widerstehen und nach kurzer Zeit ohne fremde Hilfe zum normalen Funktionsniveau zurückzukehren." (Redl 1969, S. 79 ff.)

Demzufolge wird unter Resilienz die (Widerstands-)Fähigkeit eines Systems verstanden, das innere Fehlentwicklungen und äußere Irritationen ausgleichen kann, ohne sich selbst kaputt zu machen oder stark zu verändern. Dies geschieht in angemessener Zeit und aus sich selbst heraus (Bertelsmann Stiftung 2016). Verinnerlicht man diese Ausführungen, wird erkennbar, dass ein vom Menschen konstruiertes System nur durch den Menschen selbst resilient gestaltet werden kann. Die Resilienzfähigkeit bringt folglich der Mensch (Mitarbeiter) selbst mit. Hier zeigt sich für die Organisationsentwicklung ein essenzieller Grundfaktor, den es zu berücksichtigen gilt. Die ersten Tendenzen zur Strömung systemische, organisationale und unternehmerische Resilienzforschung wurden im Bericht *Grenzen des Wachstums* von Dennis L. Meadows mit der System-Dynamic-Methode von J. W. Forrester erfasst und konkretisiert (Meadows et al. 1972).

Anzumerken ist, dass Resilienz per se nicht etwas Positives ist, sondern eine Systemeigenschaft ist, die grundsätzlich nur die Pufferkapazitäten gegenüber externen Einflüssen (Störungen) mithilfe interner Fähigkeiten wiedergibt. Offen bleibt, ob diese Pufferung des Systems den erwünschten Effekt bringt (Finke 2014, S. 29).

Die Resilienz wird oft mit dem Gegenbegriff „vulnerability" in Verbindung gebracht. Vulnerabilität (Verwundbarkeit) bedeutet, mit einer bedingten Anfälligkeit auf Belastungen in den Person-Umwelt-Beziehungen zu reagieren. Im Gegensatz zur Resilienz spricht man hier von einer herabgesetzten Widerstandsfähigkeit gegenüber Belastungen (Stangl Lexikon 2016). Je höher die Verletzbarkeit ausgeprägt ist, desto stärker können die Risikofaktoren einen unvorteilhaften Einfluss auf die Entwicklung nehmen (Wustmann 2004, S. 36 f.).

Patrice Engle, Pionierin im Fachgebiet Frühe Kindesentwicklung und Dozentin der Psychologie an der Stanford University, beschreibt Vulnerabilität ergänzend als individuelle Neigung, verschiedene Formen von psychologischen Symptomen, wirkungslose Verhaltensmuster oder Anfälligkeiten zu entwickeln, die negative Entwicklungsfolgen auslösen. Dadurch können sehr hohe Risikozustände auftretenden, die sich in Stresssituation innerhalb von Mensch-Umwelt-Interaktionen bemerkbar machen. Dies hat Auswirkungen auf die weitere Entwicklung, da sich durch die Stresssituation Einschränkungen, Schwierigkeiten sowie neue Ängste bezüglich Erwartungen, Integration, Gleichgewichtsgefühl und Meistern der Situationen ergeben können. Je höher der Risikozustand für den Betroffenen ist, desto stärker wirken die Auswirkungen

Tab. 3 Direkter Vergleich von Vulnerabilität und Resilienz

	Vulnerabilität (K)	Resilienz (S)
1.	… bedeutet Verwundbarkeit	… bedeutet Widerstandsfähigkeit
2.	… explizit → Subsistenz (standhalten, stillstehen); Strategie des Lebenserhalts auf Basis äußerer Einflüsse	… implizit → Inhärenz (innewohnen, immanent); Strategie des Lebenserhalts auf Basis innerer Stärken und Fähigkeiten
3.	… Konzentration auf Probleme und Ursachenforschung, dadurch weniger anpassungsfähig und unflexibler bei Veränderungen	… Konzentration auf Problemlösung durch innere Fähigkeiten und Schutzfaktoren, dadurch anpassungsfähiger und flexibler bei Veränderungen
4.	… wird anfälliger beim Eintreten von Störeinflüssen. Je mehr und intensiver die Risikofaktoren, desto anfälliger	… braucht Störeinflüsse, um daran zu wachsen (Ausbau der Widerstandsfähigkeit durch Stärkung der Schutzfaktoren)
5.	… Frage liegt auf: „WAS ist dafür verantwortlich, dass der Störfaktor eingetreten ist?" Dadurch längere Regenerationszeiten beim Eintreten neuer Störfaktoren	… Frage liegt auf: „WIE, mit welchen Fähigkeiten kann der Störfaktor beseitigt werden?" Dadurch kürzere Regenerationszeiten beim Eintreten neuer Störfaktoren (Lerneffekt)

auf die Person und Regeneration. Die zuvor erwähnten Anfälligkeiten werden den Teilen genetische oder mentalitätsmäßige Faktoren zugeschrieben (Engle et al. 1996, S. 622).

Bezieht man die Ausführungen von Engle auf die Organisationsentwicklung zeigt sich, dass hier ein bestimmtes Menschenbild vorherrscht: der Menschen als Risikofaktor selbst. Aufgrund dieser weitverbreiteten, unausgesprochenen Denkweise haben IT-Systeme und Prozesse ihre Legitimation erhalten. Die nachfolgende Tab. 3 interpretiert die beiden Forschungsansätze. Im Zug der Ausarbeitung kristallisierte sich das Vulnerabilitätskonzept als konstruktivistischer Managementansatz (Konstruktivismus) heraus. Während das Resilienzkonzept mit dem systemisch-evolutionären Managementansatz (Kybernetik) einhergeht. Hierbei wird der Transformationsprozess21 von Fredmund Malik untermauert.

4 Systemdenken als Managementdisziplin und zur Innovationsförderung

Auf Basis des allgemeinen Verständnisses, dass Nachhaltigkeit von der Natur über die ökologischen Systeme vorgelebt wird, unterscheidet man zwischen „natürlichen Systemen" und „konstruierten bzw. kulturellen Systemen".

Peter Finke, Privatdozent mit Schwerpunkt auf ökologische Ökonomie, spricht an dieser Stelle von einem „kulturellen System". Als kulturelle Systeme werden alle Systeme verstanden, die durch menschliches Zutun aufgebaut worden sind, beispielsweise Organisationen. Dies bedeutet, dass die inneren, resilienten Fähigkeiten eines kulturellen Systems von Personen definiert und eingesteuert werden. Im Vergleich: Natürliche Systeme besitzen Fähigkeiten, die sich über die Evolution entwickelt haben, um Resilienz gegenüber den Umwelteinflüssen aufzubauen (Finke 2014, S. 30). Dieses natürliche System basiert in seinen Grundwerten auf physikalischen, chemischen und biologischen Grundgesetzen (Finke 2014, S. 31).

Um wiederum ein langfristiges, zukunftsfähiges Überleben der kulturellen Systeme gewährleisten zu können, sind bestimmte Resilienzeigenschaften wichtig. Hierzu schreibt Finke, dass die Widerstandsfähigkeit und selbstregulierenden Eigenschaften einem System über die Zeit „Identität bei dennoch möglichem Wandel" verleiht. „In einer sich wandelnden Welt, benötigt ein kulturelles System, dass seine Identität erhalten will, selbst Wandel." (Finke 2014, S. 40 f.) Damit argumentiert Finke, dass Nachhaltigkeit mit beiden Aspekten, Identität und Wandel, verknüpft ist. Er sieht die Resilienz als geeignete Methode bzw. Schlüssel zur Aufrechterhaltung der Identität und des Wandels, um somit die Möglichkeit nachhaltiges Handeln und nachhaltige Mechanismen zu etablieren (Finke 2014, S. 41).

Die zuvor genannten Resilienzeigenschaften eines Systems werden mithilfe von Informationsübertragung über die Zeit entwickelt. Darin liegt der wesentlichste Unterschied zwischen beiden Systemformen. Während bei natürlichen Systemen Informationen über physikalische, chemische und biologische Interaktionen übertragen werden, geschieht die Informationsübertragung in kulturellen Systemen durch Kommunikation. Mit anderen Worten, Naturgesetze und Regeln stehen sich gegenüber (Finke 2014, S. 31).

In Verbindung mit den vorherigen Ausführungen lässt sich zusammenfassend sagen, dass ein nachhaltiges, kulturelles System vorliegt, wenn es offen gegenüber der Umwelt eingestellt ist sowie Dynamiken und deren Komplexität zulässt. Um dies zu gewährleisten, ist Widerstandsfähigkeit aufzubauen und die inneren Fähigkeiten sind fortlaufend zu prüfen. Der Wandel und die externen Störfaktoren sollten hierzu eher als Mittel und Chance statt als negativer Einfluss gesehen werden. Unterstützung gibt hierzu der systemisch-evolutionäre Managementansatz Kybernetik. Taylorismus, der unter anderem den konstruktivistischen Managementansatz begründet, ist der Transformation nicht gewachsen und macht das Gesamtsystem instabil. Einige altdenkende Traditionen (Hierarchien, Kontrollmechanismen) sind dadurch zu überdenken.

5   Das kulturelle System – die „kybernetische" Organisation

Die Eigenschaft der Komplexität ist, dass sie von außen (Umwelteinflüsse) auf das Unternehmen einwirkt. Um mit den Varietäten der globalen oder regionalen Marktanforderungen Gewinne erwirtschaften zu können, ist der Aufbau einer agilen Organisation notwendig. Entsprechend der Definition vom kybernetischen Systemansatz bedeutet das, dass das primäre Ziel sein muss, die Lebensfähigkeit des Systems zu sichern.

Nils Pfläging, deutscher Berater und Advisor für Management und Organisation, beschreibt in seinem Buch „Komplexithoden" einfache, bereits bekannte Mittel und Wege, wie sich Unternehmen organisieren können, um sich schnell und intelligent am Markt anzupassen. Der erste, essenzielle Schritt ist, sich klar zu werden, dass man vom Markt lernen muss. Dafür sollen Organisationen nicht flach, sondern dezentralisiert aufgestellt sein. Eine flache Organisation verbirgt immer Hierarchien, die per se kontraproduktiv für ein schnelles Agieren sind. Hinzu kommt, dass die Steuerung unter diesen Bedingungen kollabiert, da die Führung und zentrale Organisationseinheiten (Zentrum) aufgrund von Nichtintegration den Kompetenzvorsprung verlieren (Pfläging and Hermann 2015, S. 24–28). Hierzu kann die Argumentation von Fredmund Malik angeführt werden, dass eine Führungsperson niemals alles Wissen kann.

Aus den Ausführungen von Nils Pfläging ist das Problem, eine erfolgreiche Transformation durchzuführen, erkennbar. Hierarchische Strukturen werden mit informellen Strukturen konfrontiert. Führungskräfte, gemäß dem konstruktivistischen Managementansatz, stehen den Managern und Mitarbeitern des kybernetischen Managementansatzes gegenüber. Nehmen informelle Strukturen zu, wird mehr Wissen generiert und es erfolgt eine gefühlte Machtverteilung. Im schlimmsten Fall wird die eigene Anstellung als gefährdet gesehen. Um dem entgegenzuwirken, tritt nicht selten der Fall ein, dass sich disziplinarische Führungskräfte (zum Beispiel Abteilungsleiter) proaktiv ins Projektgeschäft einbringen, statt die Rahmenbedingungen aufzubauen und damit eine wertvolle Stütze zu geben. Die eigentlichen Verantwortlichen werden dabei in den Hintergrund gestellt, sodass die Integration in informelle und wertschöpfende Strukturen verzögert oder gar verhindert wird. Resultate können politische Machtkämpfe sein, die vom Arbeitnehmer eine hohe innere Stärke und positive Geisteshaltung abverlangen. Ständiger Personalwechsel ist an dieser Stelle keine Seltenheit. Diese Unruhen sind beispielsweise in großen Unternehmen, wo die Hierarchien etabliert sind, zu verzeichnen.

Schlussbetrachtung
Zur Förderung der Nachhaltigkeit ist die Verankerung von Innovationsmanagement unabdinglich. Durch diverse Kombinationen von Disziplinen werden neue, bereichsübergreifende Ideen geboren und aufgegriffen. Als Schlüsselmethode ist der kybernetische Managementansatz heranzuziehen, der es erlaubt, das System (die Organisation) ganzheitlich zu betrachten. Dieser Ansatz baut in seinem Grundgerüst auf selbstregulierende und widerstandsfähige Eigenschaften auf. Diese Eigenschaften (Fähigkeiten) werden in kulturellen Systemen (Firmen, Organisationen) durch den Menschen (Mitarbeiter, Führungskräfte) begründet. Damit wird den Menschen (Mitarbeitern) ein hohes Maß an Verantwortung und Kommunikationsfähigkeit zugeschrieben, deren Umgang sie erst erlernen müssen. Aufgrund dieses organisationalen Wandels ist es unausweichlich, dass sich die Organisationen in ihren Grundstrukturen ändern müssen. Hierarchien werden durch Dezentralisierung flacher gestaltet bzw. abgebaut und die informellen Strukturen (Beziehungsnetzwerke) sind durch offiziell bekennende Werte, Rahmenbedingungen und Prozesse zu stärken.

Dieser Wandel fordert von den Personalabteilungen, aber auch den Führungs-kräften, neue Maßnahmen ab, die dem Mitarbeiter erlauben, ihre resilienten sowie kommunikativen Fähigkeiten aufzubauen und gleichzeitig den Unternehmens-erfolg im Auge zu behalten. Die Führungskraft wird zum Mentor sowie Mediator und die Personalabteilung begleitet mithilfe von Rahmenbedingungen, Weiterbildungs-programmen sowie kontinuierlichen Verbesserungsmaßnahmen.

Abschließend ist anzumerken, dass kein organisatorischer Wandel hervorgerufen werden kann, wenn nicht auch ein gesellschaftlicher Wandel existieren würde. Neben der Vermischung unterschiedlicher Kulturen in einem Land haben sich auch das Werte-system und die Geisteshaltung über Generationen hinweg verändert. An dieser Stelle ist die Generation Y (in den 1980er-Jahren Geborene) zu erwähnen, die die persön-liche Sinnhaftigkeit vor die grenzenlose Gewinnmaximierung stellt und dadurch das traditionelle, konstruktivistische System ins Wanken bringt. Die Transformation hat somit längst begonnen. Es liegt nun an den Organisationen selbst, wie schnell sie die Strukturen und Werte darauf ausrichten, ihre innere Resilienz (die Mitarbeiter) zu stärken, um den komplex-dynamischen Marktanforderungen trotzen zu können.

Literatur

Innovationsmanagement

Finke P (2014) Nachhaltigkeit und Krisen in kulturellen Systemen. In: Schaffer A, Lang E, Hartard S (Hrsg) Systeme in der Krise im Fokus von Resilienz und Nachhaltigkeit, Bd 2014. Metropolis_Verlag für Ökonomie, Gesellschaft und Politik, Marburg

Fliaster A (2007) Innovationen in Netzwerken. Wie Humankapital und Sozialkapital zu kreativen Ideen führen, 1. Aufl. Hampp, München

Hanusch H, Kurz DH, Seidl C (2010) Schumpeter for our Century. Aus der Schriftenreihe des „Munich Institut of Integrated Studies" – Gesellschaft für integrierte Studien (GIS). Reihen-kürzel 0049, Bd 72. Accedo Verlagsgesellschaft, München

Malik F (2015a) Navigieren in Zeiten des Umbruchs. Die Welt neu Denken und Gestalten, 1. Aufl. Campus, Frankfurt a. M.

Malik F (2015b) Strategie des Managements komplexer Systeme. Ein Beitrag zur Management-Kybernetik evolutionärer Systeme, 11. Aufl. Haupt, Bern

Meadows LD, Meadows D, Zahn E, Milling P (1972) Die Grenzen des Wachstums. Bericht des Club of Rome zur Lage der Menschheit, 1. Aufl. Deutsche Verlags-Anstalt, Stuttgart

Sailer K (2013/2014) Innovationsmanagement. Vorlesungsunterlagen, Skript. Modul Innovations-management. Vom Studium an der FOM, München. WS 2013/2014

Kybernetik

Malik F (2015a) Navigieren in Zeiten des Umbruchs. Die Welt neu Denken und Gestalten, 1. Aufl. Campus, Frankfurt a. M.

Malik F (2015b) Strategie des Managements komplexer Systeme. Ein Beitrag zur Management-Kybernetik evolutionärer Systeme, 11. Aufl. Haupt, Bern

Meadows LD, Meadows D, Zahn E, Milling P (1972) Die Grenzen des Wachstums. Bericht des Club of Rome zur Lage der Menschheit, 1. Aufl. Deutsche Verlags-Anstalt, Stuttgart

Systemmanagement

Finke P (2014) Nachhaltigkeit und Krisen in kulturellen Systemen. In: Schaffer A, Lang E, Hartard S (Hrsg) Systeme in der Krise im Fokus von Resilienz und Nachhaltigkeit, Bd 2014. Metropolis_Verlag für Ökonomie, Gesellschaft und Politik, Marburg

Pfläging N, Hermann S (2015) Komplexithoden. Clevere Wege zur (Wieder)Belebung von Unternehmen und Arbeit in Komplexität, 2. Aufl. Redline, München (ein Imprint der Münchner Verlagsgruppe)

Resilienz

Bertelsmann Stiftung (2016) Begriffsdefinition: „Was ist Resilienz?"

Engle P, Castle S, Menon P (1996) Child development: vulnerability and resilience. Pergamon Soc Sci Mied 43(5):621–635. http://ageconsearch.umn.edu/bitstream/97309/2/child%20development.pdf. Zugegriffen: 27. Apr. 2016

Haufe-Onlineportal (2016a) Begriffsdefinition „Resilienz". Lexikonbeitrag aus Personal Office Standard. https://www.haufe.de/personal/personal-office-premium/resilienz-11-herkunft-des-begriffs_idesk_PI10413_HI7563955.html. Zugegriffen: 26. Apr. 2016

Masten AS, Best KM, Garmezy N (1990) Relience and development: contributions from the study of children who overcome adversity. University of Minnesota. Dev Psychopathol 1990(2):425–444. http://digilib.bc.edu/reserves/py549/spar/py54924.pdf. Zugegriffen: 27. Apr. 2016

Redl F (1969) Adolescents- just how do they react? In: Caplan GS, Lebovici (Hrsg) Adolescence: psychosozial perspectives. Basic Book, New York, S 79–99

Rutter ML (2001) Psychosocial adversity: risk, resilience and recovery. Z Pädag 51(2):192–206

Soziales Wissen (2016) Begriffsdefinition „Protektive Faktoren". http://soziales-wissen.de.tl/Protektive-Faktoren.htm. Zugegriffen: 26. März 2016

Stangl Lexikon (2016) Definition „Vulnerabilität". http://lexikon.stangl.eu/1782/vulnerabilitaet/. Zugegriffen: 26. Apr. 2016

Welter-Enderlein R (2006) Einleitung: Resilienz aus der Sicht von Beratung und Therapie. In: Hildenbrand B (Hrsg) Resilienz – Gedeihen trotz widriger Umstände. Carl-Auer, Heidelberg

Werner E (2005) Resilience and recovery: findings from the Kauai Longitudinal Study. Auszug der Publikation an der Harvard University

Wustmann C (2004) Resilienz. Widerstandsfähigkeit von Kindern in Tageseinrichtungen fördern, 1. Aufl. Bd 2004. Beltz, Langensalza bei Erfurt

Natalie Pichler
(Fotocredit: privat)

Natalie Pichler absolvierte 2008 ihr Betriebswirtschafts-lehrestudium an der Fachhochschule Vorarlberg (Österreich) mit dem Schwerpunkt angewandtes Projekt- und Prozessmanagement. Bereits in ihrer Abschlussarbeit stellte sie die Notwendigkeit des gesamtheitlichen Systemdenkens in den Mittelpunkt. Nach dem Studium zog sie nach Deutschland und arbeitete in der Ent-wicklungsabteilung bei der Daimler AG in Stuttgart im Projekt-management. Nach knapp drei Jahren wechselte sie ins Informationstechnologie(IT)-Consulting und betreute mehrere Projekte für IT-gestütztes Projekt- und Prozessmanagement. Mit ihrem Umzug nach München 2012 übernahm sie als IT-Consultant ein Projekt bei der BMW AG für den Methodenaufbau der Planungsprozesse von Entwicklungsprojekten. Natalie Pichler arbeitet seit 2015 als Fachgruppenleiterin in einem börsennotierten Fahrzeug- und Maschinenbauunternehmen. Berufsbegleitend studierte sie den Maserstudiengang Technologie- und Innovations-management (M.Sc.) an der FOM Hochschule für Ökonomie und Management München (Abschluss 09/2016). Ihre Abschlussarbeit greift im Zuge nachhaltiger Organisations- und Projektentwicklung abermals den Systemmanagementansatz auf.

Rationalisierungspotenzial durch Prozessdigitalisierung am Beispiel der kaufmännischen Aufgaben und Meldepflichten

Robert Mayr

1 Digitalisierung als Motor gesellschaftlichen Wandels

1.1 Technische Entwicklung als Grundlage

Der Begriff digitale Transformation steht für einen Wandel, der sich unaufhaltsam vollzieht. Eine Informationstechnologie (IT), die alles mit allem vernetzt, sorgt dafür, dass Prozesse immer umfassender virtuell gesteuert werden. Diese Entwicklung, die erst begonnen hat, wird über immer weiter reichende Vernetzung und Automatisierung ganze Lebensbereiche umkrempeln (Simon 2012, S. 125 ff.). Die Basis dafür ist die Technologie: Cloud-Computing, Big-Data-Analytics, Cognitive-Computing und intelligente Netze beeinflussen die Möglichkeiten ebenso wie die immer vielfältiger, kompakter und leistungsfähiger werdenden Endgeräte. Durch die Nutzung von Smartphones, Tablets und Ultrabooks bestehen kaum noch geografische Grenzen für den permanenten Informationsaustausch. Parallel werden die Datennetze immer schneller und sorgen für die Übertragung stetig steigender Datenvolumina. Im Resultat sehen wir uns einer zunehmenden Vernetzung von Geräten, Maschinen, Bauteilen etc. gegenüber. Daraus folgt, dass eine Reihe von Prozessen inzwischen ohne aktives Zutun von Menschen automatisiert ablaufen kann. Insbesondere im Geschäftsleben ist heute nahezu jeder Schritt digital dokumentiert, woraus sich ein enormer Pool an elektronisch vorliegenden Daten speist. Über Verfahren der Big-Data-Analyse kann dieser wiederum gezielt durchsucht werden und ausgewählte Informationen daraus lassen sich intelligent verknüpfen. Diese Kombination von Informationen führt zu neuen Erkenntnissen, die Grundlagen für einen zielgerichteten Einsatz der Ressourcen oder sogar für ganz neue Geschäftsmodelle sein können.

R. Mayr (✉)
DATEV eG, Nürnberg, Deutschland
E-Mail: benedikt.leder@datev.de

© Springer-Verlag GmbH Deutschland, ein Teil von Springer Nature 2021
A. Hildebrandt und W. Landhäußer (Hrsg.), *CSR und Digitalisierung,* Management-Reihe Corporate Social Responsibility, https://doi.org/10.1007/978-3-662-61836-3_18

Die Entwicklung lässt sich gewissermaßen als Spirale betrachten: Über die digitale Verarbeitung und Automatisierung entsteht eine enorme Masse an zusätzlichen Daten, die sich wiederum automatisiert analysieren lassen. Dadurch erlangen wir Erkenntnisse, die zuvor nicht mit vertretbarem Aufwand erworben werden konnten und die wiederum die Basis für neue Entwicklungen bilden. Die Auswirkungen ziehen sich quer durch die Gesellschaft. So lassen sich beispielsweise Produkte passgenau an Kundenbedürfnissen ausrichten, Forschungsergebnisse verbessern oder die Verteilung der Energie optimieren. Mithilfe autonom einsetzbarer Fahrzeuge steht insbesondere dem Transportwesen eine Revolution bevor. Derart disruptive technologische Entwicklungen zählen zu den größten unternehmerischen Herausforderungen. Wer mit dem Fortschritt nicht mithalten kann oder will, wird mittelfristig seine Geschäftsgrundlage schwächen oder gar verlieren. Als Beispiel sei nur die Umwälzung in der Fotografie genannt: Für Produkte der klassischen Filmfotografie gibt es heute kaum noch einen Markt.

Für die Unternehmen bedeuten diese Entwicklungen große Chancen, wenn sie sich rechtzeitig darauf einstellen. Gerade die flächendeckende Automatisierung von unternehmerischen Prozessen birgt großes Potenzial zur Steigerung der Effizienz. Das lässt sich bereits absehen, auch wenn diese Entwicklung noch lange nicht abgeschlossen ist. Wer seine Abläufe konsequent digitalisiert, wird von einem enormen Rationalisierungspotenzial profitieren. Gerade die aus unternehmerischer Sicht unproduktiven administrativen Notwendigkeiten lassen sich so enorm vereinfachen. Auch für die Optimierung der Zusammenarbeit mit Partnern über Unternehmensgrenzen hinweg bilden vernetzte digitale Prozessketten eine hervorragende Basis (Simon 2012, S. 127). Von diesen Vorteilen profitiert nicht zuletzt auch die Arbeitsteilung zwischen Unternehmen und den sie betreuenden Steuerberatungskanzleien. Allerdings funktioniert der Wandel nicht von selbst. Die Unternehmen müssen sich bewusst dafür entscheiden und vor allem investieren. Manche Betriebe werden auch gezwungen sein, ihr Geschäftsmodell von Grund auf zu überdenken. Schließlich hat die Automatisierung das Potenzial, ganze Dienstleistungen und Tätigkeitsfelder überflüssig zu machen. Dafür tun sich durch datenbasierte Dienstleistungen, die auf durchgängig digitalen Prozessketten und der Geschwindigkeit der Informationsübertragung beruhen, eine Reihe neuer Chancen auf. Man kann hier quasi von einer neuen Dimension einer digitalen Ökonomie sprechen.

1.2   Steuernde Impulse von Staat und Verwaltung

An der Entwicklung hin zur Digitalisierung sind auch staatliche Institutionen maßgeblich beteiligt. Sie ist politisch gewollt und wird unter anderem durch staatliche Vorgaben auch massiv vorangetrieben. Im Bereich der Verwaltung dient die digitale Transformation vor allem dem großen Ziel der Entbürokratisierung, dessen zu erreichende Etappen sowohl in Deutschland als auch in der EU präzise benannt sind. Die Digitalisierung selbst ist allerdings ein eher schleichender Prozess. Sie wirkt permanent und ohne Projektauftrag. Im Prinzip lassen sich in der Gesamtentwicklung vier Kategorien erkennen, die für die

Weiterentwicklung maßgeblich sind: Erstens die Identifikation der beteiligten Akteure, zweitens die Kommunikationswege und Verfahren für zuverlässigen Datenaustausch, drittens die Prozessketten sowie viertens die passende, möglichst standardisierte Struktur der Daten. An der Zielmarke steht eine umfassende Infrastruktur, in der Informationen und Daten auf verlässlichen elektronischen Kommunikationswegen sicher transportiert werden und jedes Individuum im Internet eindeutig seine Identität nachweisen kann. Ebenso wird auch die öffentliche Verwaltung umfassend und uneingeschränkt auf elektronischem Weg erreichbar sein und mit der Wirtschaft zusammenarbeiten. Deshalb bekennt sich der Gesetzgeber klar zur digitalen Transformation. Etliche rechtliche Weichenstellungen bezeugen dies. In allen Verwaltungsbereichen werden immer mehr Daten in digitaler Form erhoben. Dieser Trend ist klar und unumkehrbar. Die Liste der Meldepflichten, die obligatorisch elektronisch erfüllt werden müssen, wird mit jedem Jahr länger. Begonnen hat sie 2005 mit der Pflicht zur digitalen Abgabe der Lohnsteueranmeldung und der Umsatzsteuervoranmeldung.

Unter anderem an den seit 2015 geltenden Grundsätzen zur ordnungsmäßigen Führung und Aufbewahrung von Büchern, Aufzeichnungen und Unterlagen in elektronischer Form sowie zum Datenzugriff – kurz GoBD – lässt sich die zunehmende Ausrichtung auf elektronische Abläufe gut erkennen. Denn die jeweils gültigen Ordnungsmäßigkeitsanforderungen an die IT-gestützten Prozesse sind ein gutes Spiegelbild für deren Reifegrad. In diesem Regelwerk wird konkret beschrieben, welche Anforderungen die Finanzverwaltung an die Buchführung und die sonstigen steuerrelevanten Aufzeichnungen in Unternehmen stellt, wenn diese mithilfe von Software und IT-Systemen erstellt werden. So machten die GoBD Anpassungen in den kaufmännischen Prozessen der meisten Unternehmen notwendig. Auf jeden Fall mussten vorhandene Verfahrensdokumentationen geprüft oder neue erstellt werden (AWV 2016, S. 63 ff.). Das Regelwerk formuliert konkretisierte Anforderungen an eine zeitgerechte Erfassung und Ordnung von Grund(buch)aufzeichnungen, an die Unveränderbarkeit von Buchungen und Aufzeichnungen sowie an die Aufbewahrung von elektronischen Belegen und Daten aus sogenannten Vorsystemen (AWV 2016, S. 46 ff.). Die Finanzverwaltung problematisiert darin zum Beispiel ausdrücklich leicht änderbare Office-Formate und die schlichte Aufbewahrung auf Dateisystemebene, wenn keine ergänzenden Maßnahmen zur Einhaltung der Ordnungsmäßigkeitsanforderungen ergriffen und dokumentiert werden.

Die Modernisierung des Besteuerungsverfahrens, die seit dem 1. Januar 2017 schrittweise umgesetzt wird, ist ein weiteres gutes Beispiel für staatliche Digitalisierungsbestrebungen. Die Maßnahmen dienen dem Zweck, den Gesamtprozess weiter zu automatisieren. Ziel der Finanzverwaltung ist eine höhere Wirtschaftlichkeit und Zuverlässigkeit des Verfahrens. Für den Steuerpflichtigen bedeutet das digitalisierte Verfahren unter anderem häufig, dass einmal erzeugte steuerrelevante Daten den Behörden viel früher bekannt sind. Ziel ist letztlich ein System, das sich – aus diversen Datentöpfen gespeist – fortlaufend selbst befüllt und so die Grundlage für die Festsetzung der Abgabenlast liefert. In Grundzügen ist dieses Prinzip bereits bei der sogenannten Vorausgefüllten

Steuererklärung umgesetzt, die die Finanzverwaltung seit dem Jahr 2014 bereitstellt. Sie ist zwar derzeit noch auf ausgewählte Daten (Lohnsteuerdaten, die der Arbeitgeber an das Finanzamt übermittelt, Informationen über die Beitragssummen für die Kranken- und Pflegeversicherung sowie die Beiträge zu Vorsorgeversicherungen, die nach Riester- oder Rürup-Modell steuerlich gefördert werden) beschränkt und muss in der Regel ergänzt werden. Auch hier ist aber das Ziel der Finanzverwaltung, weitere Datentöpfe zu erschließen und für eine größtmögliche automatische Integration zu sorgen.

2   Chancen für die Unternehmen

2.1   Automatisierte Prozesse verringern den Aufwand

Digitalisierung und elektronische Vernetzung sorgen in vielen Bereichen für schlankere Abläufe und schnellere Ergebnisse. Für die Wirtschaft hat die digitale Transformation vor allem zwei Zielrichtungen: entweder neue digitale Wertschöpfungsketten aufzubauen oder die bestehenden zumindest digital zu verlängern. Anders gesprochen führt die konsequente Digitalisierung der Unternehmensprozesse entweder zu neuen Geschäfts- feldern oder sie hilft dabei, die Effizienz des bestehenden Geschäfts zu steigern – durch schlankere Abläufe, aber auch durch die Konzentration auf das Kerngeschäft (Cole 2015, S. 14 ff.). Das gilt auch bei den kaufmännischen Aufgaben, in denen viele Unternehmer nicht den Kern ihrer Wertschöpfung sehen. Im Wesentlichen geht es darum, dass Daten, die einmal erfasst sind, auch digital weiterverarbeitet werden – und das mit möglichst hohem Automatisierungsgrad.

2.2   Durchgängiger Datenfluss im gesamten Prozess

Technisch steht der Digitalisierung von Unternehmensprozessen nichts mehr im Weg. Ein großes Hindernis ist aber oft die Macht der Gewohnheit. Viele Unter- nehmer sortieren beispielsweise ihre Belege immer am Wochenende, um sie am Montag zum Steuerberater zu bringen. Das ist eingeübte Praxis und wird immer noch in vielen Fällen so praktiziert. Dieser zeitliche Aufwand zählt aber nicht zu den unter- nehmerischen Aufgaben und liefert ein gutes Beispiel dafür, wie sich Aufwand im geschäftlichen Alltag durch Automatisierung verringern lässt. Denn die Rechnungen zur Bearbeitung zu digitalisieren, ist um einiges effizienter. Aus eingescannten Belegen lassen sich nämlich mithilfe entsprechender Software, die über Texterkennung ver- fügt, die Zahlungsinformationen direkt in die Programme übernehmen, mit denen der Zahlungsverkehr abgewickelt wird. Die Zwischenstufe des Einscannens wird in Zukunft sukzessive weniger notwendig werden, je weiter die Entwicklung auf dem Weg zu vollständig digitalen Datenflüssen von der Quelle bis hin zum Reporting und der Deklaration vorangeht. Solche bereits nativ elektronisch vorliegenden Daten können ebenso automatisch in andere Programme eingespielt und entsprechend weiter bearbeitet werden. Der Steuerberater ist dann stets auf dem Laufenden und flexibel in der Weiterverarbeitung. Solche digitalen kaufmännischen Prozesse können schon heute vom Rechnungseingang über Zahlung und Buchungssatz bis hin zur rechtssicheren Archivierung vollkommen elektronisch abgebildet werden.

Wenn der Wille zur Änderung dieser Gewohnheiten einmal vorhanden ist, lassen sich in einem weiteren Schritt problemlos auch andere Teilnehmer wie Kunden und Lieferanten in die Prozesskette einbinden. Abläufe können so auch über das Unternehmen hinaus verlängert werden, insbesondere indem der Steuerberater integriert wird. Darüber hinaus lässt sich auch der Austausch mit Behörden und Institutionen, Sozialversicherungsträgern oder Banken mit solchen Prozessen verknüpfen. So fungiert etwa das DATEV-Rechenzentrum als zentrale Datendrehscheibe bei der Verteilung elektronischer Informationen in Deutschland. Es verbindet die Unternehmen mit ihren Steuerberatern sowie mit rund 200 Institutionen, an die in einem durchgängig digitalen Prozess Daten in standardisierten, strukturierten Formaten weitgehend automatisiert und fristgerecht verteilt werden (Abb. 1).

Beispielsweise werden darüber Jahresabschlüsse an die Finanzverwaltung übermittelt. Der Transfer lässt sich direkt aus den Rechnungswesenprogrammen anstoßen. Die Datenübermittlung erfolgt dann geschützt und im vorgeschriebenen Format „extensible business reporting language" (XBRL). Die Daten können dazu über die Importfunktion

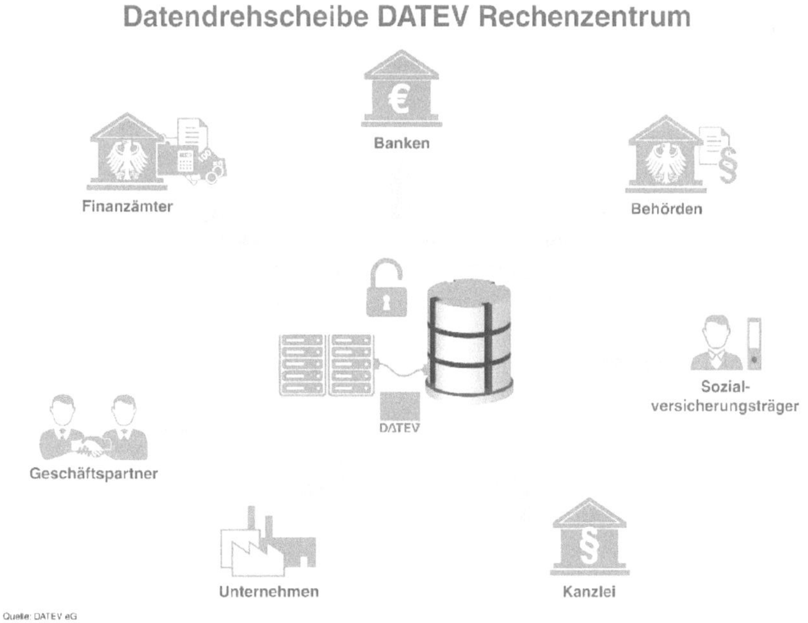

Abb. 1 Das DATEV-Rechenzentrum dient als Drehscheibe bei der weitgehend automatisierten und fristgerechten Verteilung von elektronischen Daten

in einen E-Bilanz-Assistenten importiert werden. Auch die regelmäßige elektronische Datenübermittlung an die Finanzämter für diverse Pflichtmeldungen wie die Umsatzsteuervoranmeldung und die Zusammenfassende Meldung lässt sich einfach über das Rechenzentrum steuern. Der Einreichende kann dabei stets nach dem von den Finanzbehörden vorgeschriebenen Verfahren der authentifizierten Übermittlung eindeutig identifiziert werden.

Ebenso lassen sich die Pflichtmeldungen an den Bundesanzeiger nach dem Gesetz über elektronische Handelsregister und Genossenschaftsregister sowie das Unternehmensregister (EHUG) automatisiert übermitteln. Dabei ermittelt das System je nach Größenklasse den Mindestumfang für die Offenlegung, womit gewährleistet ist, dass nur die relevanten Informationen veröffentlicht werden. Verwendet wird auch hier das XBRL-Format, das beim Bundesanzeiger mit dem geringsten Veröffentlichungsentgelt verbunden ist. An die Sozialversicherungsträger übermittelt das Rechenzentrum die Meldungen nach der Datenerfassungs- und Übermittlungsverordnung (DEÜV) sowie Beitragsnachweise, die elektronische Meldung der Daten zur Unfallversicherung oder die Sofortmeldungen an die Rentenversicherung. Mit Banken werden Überweisungen, Lastschriften und Kontoauszüge auf vertraulichem Weg ausgetauscht.

2.3 Digitale kaufmännische Prozesse erreichen die Unternehmen

Bei der Digitalisierung der kaufmännischen Prozesse tut sich einiges, sie ist aber noch lange nicht flächendeckend in den Unternehmen angekommen. Exemplarisch zeigt sich dies gut im Marktsegment der Handwerksbetriebe, in dem DATEV gemeinsam mit dem handwerk magazin jährlich eine Studie dazu durchführt. Ein positiver Digitalisierungsfaktor ist demnach die Zusammenarbeit mit einem Steuerberater: In den Ergebnissen von 2019 liegt bei den Betrieben, die seinen Rat in Anspruch nehmen, die Durchdringung mit digitalen Lösungen in der externen Kommunikation mit Kunden, Lieferanten und der Kanzlei bereits bei 70 %. Für Bereiche wie Rechnungserstellung, Lohnabrechnung und Finanzbuchführung setzen immerhin zwischen 50 und 60 % dieser Betriebe digitale Lösungen ein. Bei Handwerksunternehmen, die nicht von einem Steuerberater betreut werden, liegen die Werte bei diesen internen Prozessen deutlich niedriger (zwischen 32 % und 44 %).

Nachholbedarf gibt es definitiv noch beim Dateneingang: Zwar kommen über 80 % der kaufmännischen Belege, wie etwa Rechnungen, Lieferscheine und Angebote, bereits digital in den Betrieben an. Allerdings geschieht dies in erster Linie per E-Mail, was bedeutet, dass nach wie vor Medienbrüche überwunden werden müssen. Erst in 15 % der Unternehmen kommen digitale Schnittstellen zum Einsatz, mit denen sich die Belegdaten automatisiert verarbeiten lassen, weil sie in strukturierter und standardisierter Form vorliegen.

Ein ähnliches Bild zeigt sich auch bei der Belegarchivierung. Fast 90 % der Unternehmen archivieren noch doppelt – sowohl digital als auch auf Papier. Ermutigend ist die Erkenntnis, dass viele Betriebe diesen überflüssigen Aufwand durchaus erkennen und bereit sind, in effizientere digitale Lösungen für ihre kaufmännische Administration zu investieren. Auch hier zeigt sich wieder eine Diskrepanz zwischen den von Steuerberatern betreuten Betrieben und solchen ohne Steuerberater. Es lässt sich also feststellen, dass sie für die Unternehmen auch die Rolle eines Digital-Coachs einnehmen.

3 Optimale Plattform: Die Cloud

3.1 Akzeptanz im deutschen Mittelstand

Ein bedeutender Trend im Zuge der zunehmenden Digitalisierung und Vernetzung ist die Nutzung von Software aus der Cloud. Immer mehr fassen Cloud-Systeme auch im deutschen Mittelstand Fuß. Wie der von KPMG und Bitkom regelmäßig herausgegebene Cloud-Monitor belegt, setzen inzwischen nahezu drei Viertel der deutschen Unternehmen (73 %) Cloud-Lösungen ein (KPMG AG Wirtschaftsprüfungsgesellschaft/ Bitkom Research GmbH 2019, S. 7). Die Zahl der Unternehmen, die sich mit dem Thema Cloud überhaupt nicht beschäftigen, ist dagegen mit 8 % erstmals im einstelligen Bereich verortet. Die Studie zeigt zudem, dass sich die Cloud-Nutzung auch positiv auf die Digitalisierung der befragten Betriebe insgesamt auswirkt: Mehr als die Hälfte (57 %) von ihnen konstatiert, dass der Einsatz von Cloud-Lösungen einen großen oder sogar sehr großen Beitrag für ihre Digitalisierung geleistet habe. Weitere 30 % messen ihm einen mittleren Beitrag zu (KPMG AG Wirtschaftsprüfungsgesellschaft/Bitkom Research GmbH 2019, S. 8).

3.2 Beispiel: Nutzung der DATEV-Cloud

Wie bereits erwähnt, bieten sich Cloud-Systeme als gemeinsame Arbeitsplattform an, zum Beispiel für die Zusammenarbeit von Unternehmer und Steuerberater: Der Unternehmer führt in seinen Cloud-Anwendungen beispielsweise seine Geschäftsbücher, verwaltet seine Belege und organisiert den Zahlungsverkehr, wobei die Steuerberatungskanzlei ebenfalls auf die Daten zugreifen kann. Die im Rechenzentrum gespeicherte, stets aktuelle Datenbasis versetzt die Kanzlei in die Lage, zeitnah die Buchführung zu erstellen und Auswertungen zu generieren, die dem Unternehmer bei der betriebswirtschaftlichen Steuerung helfen. Die Software wird dabei zum Beispiel in Form browserbasierter Anwendungen bereitgestellt, die für den Nutzer die Handhabung vereinfachen. Während für klassische rechenzentrumsbasierte Programme eine lokal installierte Erfassungskomponente nötig ist, lassen sich Cloud-Anwendungen in der Regel über einen Browser aufrufen.

Im Zusammenspiel von Unternehmer und Steuerberater ist ein gemeinsames digitales Archiv für Buchführungsbelege das wichtigste und auch meistgenutzte Cloud-Anwendungsszenario. Der Steuerberater hat dabei den Vorteil einer möglichst aktuellen Informationsbasis, da die Belege über den Onlineweg kontinuierlich ausgetauscht werden können. Wenn die aktuelle geschäftliche Lage seines Mandanten von der geplanten Entwicklung abweicht, erkennt er dies schnell. So kann der Berater das Unternehmen rechtzeitig ansprechen und auch während des Jahres mit den passenden Ratschlägen bei der Unternehmenssteuerung unterstützen. Über die Belegverwaltung hinaus können in einem solchen System auf Basis der vorhandenen Belegdaten auch Geschäftsbücher des Unternehmens, wie die Rechnungsbücher oder das Kassenbuch erstellt werden. Auch Rechnungen und Gutschriften lassen sich damit anfertigen. Dabei können Kunden- und Artikeldaten gespeichert werden, sodass sie bei ähnlichen oder regelmäßig wiederkehrenden Geschäftsvorfällen nicht erneut eingegeben werden müssen.

Auch Zahlungen lassen sich direkt aus den Rechnungsbüchern heraus anstoßen und an die Bank senden. Ebenso ist es möglich, sämtliche Bankkonten des Unternehmens in einer Onlineanwendung zu verwalten und die Zahlungsein- und -ausgänge automatisch mit den Rechnungsbelegen abzugleichen. So entsteht eine elektronische Prozesskette, die ohne Medienbruch vom Einlesen des digitalisierten Belegs an durchgängig mit einheitlichen Daten arbeitet. Das zieht sich kontinuierlich durch bis hin zur Erstellung der Finanzbuchführung in der Steuerberatungskanzlei. Die Grundlage dafür sind ebenfalls die in den Anwendungen erfassten Daten und Belege. Auf Basis dieses stets aktuell gehaltenen Datenpools können die Berater die Unternehmer passgenau betreuen. Die Unternehmen wiederum sparen über die Teilautomatisierung Zeit, die sie in ihre Kernaufgaben investieren können.

Dass Cloud-Lösungen vom Mittelstand insbesondere in der Zusammenarbeit mit dem steuerlichen Berater zunehmend als gemeinsame Arbeitsplattform geschätzt werden, belegen Zahlen aus der DATEV-Cloud (Nutzerzahlen und Bestandswerte aus dem DATEV-Rechenzentrum, Stand Februar 2020): Mehr als 200.000 Unternehmen in Deutschland nutzen inzwischen das browserbasierte Anwendungspaket „DATEV Unternehmen online", mit dem sich die wesentlichen kaufmännischen Anforderungen in der Cloud erledigen lassen. Die Kernanwendung zur Onlinebelegarchivierung verwenden sogar schon rund 450.000 Betriebe, die von rund 17.300 Steuerberatungskanzleien betreut werden. Die Datenbasis bilden mehr als 1,1 Mrd. buchführungsrelevante Belege, die inzwischen im DATEV-Rechenzentrum gespeichert sind. Jeden Monat erweitert sich dieser Bestand etwa um weitere 30 Mio.

3.3   Cloud und Sicherheit

Derartige Zuwachsraten sind ein guter Indikator für das Potenzial der Cloud. Dabei ist Cloud nicht gleich Cloud! Wer Daten und Anwendungen auslagern möchte, sollte sich grundsätzlich erst einmal Gedanken um deren Sicherheit machen. Von zentraler

Bedeutung ist daher die Wahl des Cloud-Modells (Arbitter et al. 2011, S. 40 ff.). Eine Grundregel lautet: Geschäftsrelevante und kundenbezogene Daten gehören nicht in eine Public-Cloud – also eine Cloud-Lösung, die öffentlich prinzipiell jedermann zugänglich ist. Für geschäftskritische Anwendungen sollten ausschließlich sogenannte Private-Cloud-Konzepte zum Einsatz kommen, bei denen Anbieter und Anwender in einer festen Geschäftsbeziehung zueinander stehen. Besonders wichtig ist auch, dass der Zugriff auf Daten und Anwendungen speziell abgesichert ist. Die Sensibilität dafür ist bei den Nutzern auch durchaus vorhanden, wie die bereits erwähnte Cloud-Monitor-Befragung belegt. Private-Clouds überwiegen demnach im Unternehmenseinsatz (KPMG AG Wirtschaftsprüfungsgesellschaft/Bitkom Research GmbH 2019, S. 7). Richtig umgesetzt, bedeutet eine Cloud-Lösung sogar ein großes Plus für die Sicherheit der Daten und auch für die Ausfallsicherheit der Anwendungen. Ein Dienstleistungsrechenzentrum eines Cloud-Anbieters kann mit seiner zentral betriebenen, professionellen Infrastruktur ein viel höheres Schutzniveau bieten, als ein mittelständisches Unternehmen es selbst vorhalten kann (Repschläger und Zarnekow 2011, S. 33). Beim Betrieb von professionellen Sicherheits- und Sicherungsmechanismen kommen nämlich Skaleneffekte zum Tragen. Dadurch wird Sicherheit quasi günstiger, wenn die entsprechenden technischen Komponenten und Überwachungsabläufe für eine Vielzahl von Anwendern auf der gleichen Infrastruktur eingesetzt werden.

Natürlich steht der Anbieter einer Cloud-Lösung in der Pflicht, die Sicherheitsfrage für seine Kunden bestmöglich zu lösen (Kiene 2011, S. 27 f.). Ein äußerst wichtiges Element ist dabei die Absicherung der Zugriffe. So gewährt etwa die DATEV dem Anwender nur dann Zugang zu den Cloud-Diensten, wenn er sich mithilfe einer Hardwarekomponente in Kombination mit der Eingabe seiner PIN authentifizieren kann. Diese sogenannte Zwei-Faktor-Authentifizierung setzt also auf die beiden Elemente Besitz und Wissen und bietet so größtmöglichen Schutz vor unbefugtem Eindringen. Die Verbindung, über die Daten mit dem Rechenzentrum ausgetauscht werden, sollte zudem immer über eine Virtual-Private-Network(VPN)-Tunnelung geschützt werden, damit auch bei der Übertragung keine Informationen abgefangen werden können.

Selbstverständlich können Unternehmen auch selbst für ihre Sicherheit sorgen, doch in der Praxis tun gerade kleine und mittlere Unternehmen das nicht mit der gebotenen Konsequenz. Zu diesem Ergebnis kommt der DsiN-Praxisreport Mittelstand@IT-Sicherheit. Während 85 % der Befragten die Notwendigkeit des schnellen Patchens ihrer Software und IT-Systeme erkannt haben, herrscht bei 15 % nach wie vor keinerlei Bewusstsein für potenzielle Schwachstellen (Littger 2018, S. 27). Auch in Sachen Absicherungsmaßnahmen bei der E-Mail-Kommunikation besteht immer noch Verbesserungsbedarf: 55 % versenden Daten ohne gesonderten Schutz (Littger 2018, S. 24). Sogar der elementare Bereich der Datensicherung ist noch nicht flächendeckend umgesetzt: So führen 22 % der befragten Unternehmen nur in unregelmäßigen Abständen oder überhaupt keine Datensicherungen durch (Littger 2018, S. 29).

4   Unterstützende Standards und Verfahren

4.1   Die elektronische Rechnung in Deutschland

Bereits heute lassen sich durchgängige elektronische Prozesse im kaufmännischen Umfeld darstellen. Ein Musterbeispiel für die Möglichkeiten der Digitalisierung liefert das Standardformat für elektronische Rechnungen Zentraler User Guide Forum elektronische Rechnung Deutschland (ZUGFeRD). Der Charme des seit Mitte 2014 verfügbaren Formats besteht darin, dass es erstmals einen herstellerunabhängigen, branchenübergreifenden Standard für den elektronischen Austausch von Rechnungsinformationen definiert hat, der von nahezu allen maßgeblichen Beteiligten akzeptiert wird.

Bei einer ZUGFeRD-Rechnung werden alle wesentlichen Informationen des Belegs wie Geschäftspartnername, Rechnungsnummer, Datum, Betrag oder IBAN als XML-Code an ein PDF-Dokument angehängt. Für den Anwender lässt es sich handhaben wie ein gewöhnliches PDF. Die hinterlegten Informationen lassen sich aber automatisch in Rechnungswesenprogramme einlesen (Bundesverband Informationswirtschaft, Telekommunikation und Neue Medien e. V. 2014, S. 4). Die Informationen gelangen also ohne gesonderte Erfassung direkt und ohne Übertragungsfehler in die Buchführung. So kann der ZUGFeRD-Standard dabei helfen, bürokratischen Aufwand in den Unternehmen abzubauen (Abb. 2). Indem Belegdaten etwa für die Finanzbuchführung und den Zahlungsverkehr automatisch erfasst werden können, lässt sich Bearbeitungszeit einsparen. Über den elektronischen Rechnungsversand kann zudem auf Druck, Porto und Versand verzichtet werden, was zusätzlich Geld spart. Auch die mit dem Rechnungsempfang verbundenen Prozesse lassen sich automatisieren und sind weniger fehleranfällig.

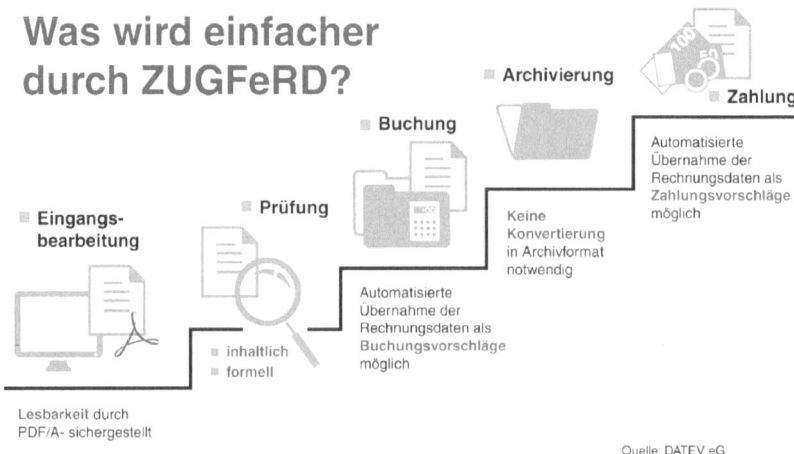

Abb. 2 ZUGFeRD-Rechnungen ermöglichen einen durchgängig digitalen Prozess in der Rechnungsbearbeitung

Das Rechnungsformat wird vom Forum elektronische Rechnung Deutschland (FeRD) bedarfsgerecht weiterentwickelt. Auf Basis der EU-Richtlinie 2014/55/EU entstand beispielsweise die Version 2.0. Sie sorgt auch für Harmonisierung im europäischen Umfeld, da sie technisch nicht nur mit dem französischen Standard Factur-X weitgehend identisch und kompatibel ist, sondern maßgeblich auch auf der europäischen Norm für elektronische Rechnungen EN16931 basiert. Damit unterstützt sie auch eine Vereinfachung des Rechnungsaustauschs in Europa. Außerdem deckt sie die Anforderungen an das ebenfalls auf Basis der europäischen Norm in Deutschland erstellte Format XRechnung ab. Es wurde speziell für elektronische Rechnungen geschaffen, die an Auftraggeber der öffentlichen Hand gestellt werden. Im Gegensatz zu einer ZUGFeRD-Rechnung enthält eine XRechnung allerdings keine Sichtkomponente. Vor diesem Hintergrund gibt es Behörden (unter anderem alle Bundesbehörden in Deutschland), die Rechnungen in einem hybriden Format wie ZUGFeRD 2.0 nicht akzeptieren. Unternehmen, die öffentliche Aufträge erhalten, können also trotz der generellen Kompatibilität der beiden Standards gezwungen sein, auch XRechnungen zu erstellen.

Softwareanbieter stellt dieser Umstand vor die Herausforderung, dass ihre Lösungen möglichst beide Formate unterstützen sollten. DATEV begegnet dieser Anforderung mit der Schaffung eines zentralen Dienstes, auf den alle rechnungsschreibenden Anwendungen zurückgreifen können. So lassen sich bei Bedarf auch weitere Formate schnell bereitstellen, ohne dass sie in jeder einzelnen Anwendung implementiert werden müssen.

Unabhängig von der Unterstützung elektronischer Rechnungsformate in der eingesetzten Software können Unternehmen heute aber auch auf Portale zurückgreifen, die direkt eine Verbindung zwischen den Geschäftspartnern herstellen. So werden sie vollkommen unabhängig von Anforderungen an unterschiedlichste Datenformate und Übertragungswege. Schließlich arbeiten viele Großunternehmen mit eigenen proprietären Datenformaten, mit denen auch deren Lieferanten zurechtkommen müssen. In Deutschland stellen die Portale des TRAFFIQX-Verbunds ihren Nutzern ein übergreifendes Netzwerk zur Verfügung, das eine Vielzahl an Datenformaten und Übertragungskanälen unterstützt. Darin sind maßgeblich alle branchenüblichen Standards enthalten. Nutzer und Empfänger arbeiten dabei im jeweils bevorzugten Format, während das System die Daten beim Austausch automatisch entsprechend konvertiert und dann dem Empfänger sicher zustellt.

4.2 Ersetzendes Scannen: Digital versus Analog

So zukunftweisend und vielversprechend der elektronische Rechnungsversand ist – im Moment dominiert nach wie vor die Papierrechnung. Um dennoch vom Effizienzgewinn eines digitalen Prozesses zu profitieren, scannen viele Unternehmen ihre Papierbelege ein und verarbeiten die Informationen elektronisch weiter (Cole 2015, S. 19 ff.). Da die Daten dann in den relevanten Systemen vorhanden sind, sind die Papieroriginale letztlich Ballast. Wenn Unternehmen das Papier konsequent entsorgen wollen, spricht man vom ersetzenden Scannen. Die digitale Kopie dient dann als vollwertiger Ersatz für das Original. Dieses Verfahren kann weitere Ersparnisse bringen, da sich darüber sowohl Archivflächen als auch Kosten für betriebliche Abläufe reduzieren lassen.

Für den Großteil der buchführungsrelevanten Belege ist das ersetzende Scannen möglich, aber an Bedingungen geknüpft. Um in der Praxis ersetzend scannen zu dürfen, müssen Unternehmen ihre Scanprozesse sauber dokumentieren (Roßnagel und Nebel 2014, S. 46 ff.). Daneben muss auch die Aufbewahrung des Scans, also die Archivierung, so geregelt sein, dass eine Manipulation ausgeschlossen ist. Hilfestellung bei der Frage, wie diese Dokumentationsanforderungen erfüllt werden können, finden Unternehmer beispielsweise bei ihren Steuerberatern. Auf Basis einer von der Bundessteuerberater-kammer und dem Deutschen Steuerberaterverband gemeinsam erstellten Muster-Verfahrensdokumentation zum ersetzenden Scannen unterstützen sie bei der Ausarbeitung der individuellen Dokumentation (Abb. 3).

Maßgeblich für die Aussagen zu den Dokumentationspflichten sind die Ergebnisse einer Simulationsstudie, die DATEV gemeinsam mit der Universität Kassel durchgeführt hat. Zwei Tage lang wurden dafür insgesamt 14 Gerichtsverhandlungen simuliert, in denen unter verschiedenen Gesichtspunkten realitätsnahe Streitfälle verhandelt wurden. Dabei berief sich eine Partei ausschließlich auf die elektronische Form eines ursprünglichen Papierbelegs. Für die Erstellung dieser Digitalisate, wie sie in Fachkreisen bezeichnet werden, waren unterschiedliche technische und organisatorische Vorgaben

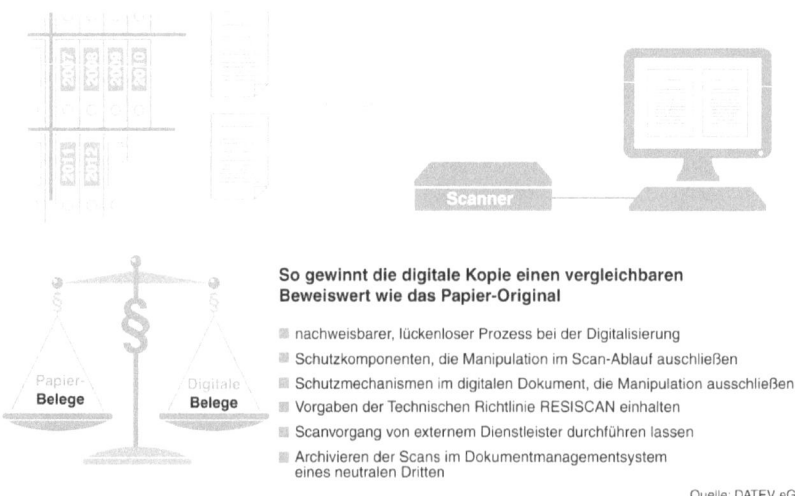

Abb. 3 Bei einem Großteil der buchführungsrelevanten Belege ist ein ersetzendes Scannen möglich

gewählt worden. Die insgesamt zehn Verfahrensbeteiligten waren Richter, Staatsanwälte, Verteidiger und Sachverständige aus dem IT-Prüfungs- und Zertifizierungsbereich.

Die Studie kam zu dem Ergebnis, dass auf technischer Seite in jedem Fall sogenannte Systemschutzkomponenten zum Einsatz kommen sollten, die Manipulationen im Scanablauf ausschließen. Darüber hinaus sind auch Schutzmechanismen im Dokument selbst hilfreich, die ein nachträgliches Verändern der Datei unmöglich machen. Unbedingt notwendig sind Qualitätssicherungsmaßnahmen beim Scannen wie Verfahrensvorgaben, Verantwortungszuweisungen und stichprobenartige Sichtkontrollen (Roßnagel und Nebel 2014, S. 39 ff.). Wer den Beweiswert seiner Belegbilder noch erhöhen möchte, kann zusätzliche elektronische Sicherungsmittel wie Zeitstempel oder Signaturen verwenden. Noch sicherer ist es, ein Scanverfahren nach den Vorgaben der vom Bundesamt für Sicherheit in der Informationstechnik (BSI) definierten technischen Richtlinie RESISCAN aufzusetzen und sich dieses gegebenenfalls vom BSI zertifizieren zu lassen (Roßnagel und Nebel 2014, S. 44 f.). Ebenso ist es von Vorteil, wenn der Scanvorgang von einem Dienstleister durchgeführt wird, dem aus einer möglichen Manipulation kein Vorteil erwächst (Roßnagel und Nebel 2014, S. 47). Damit ist das Auslagern des Scannens für mittelständische Unternehmen eine gute Alternative dazu, einen eigenen Prozess aufzusetzen und zertifizieren zu lassen.

5 Flexibilität der Lösungen als Grundlage für durchgängige Prozessketten

Nicht nur die Anwenderunternehmen, auch die Anbieter von Lösungen, die als Basis für die in diesem Beitrag beschriebenen digitalen Abläufe dienen, stehen vor einem Umbruch. Wer im Markt bestehen will, wird sich von proprietären Systemen und Besitzstandsdenken verabschieden müssen. Um für die Zukunft gewappnet zu sein, ist ein Höchstmaß an Flexibilität und Mobilität bei der Nutzung von Software, Hardware und Infrastruktur gefragt – dies muss ein Anbieter umsetzen. Gerade bei Cloud-Diensten und -Anwendungen zeichnet sich ab, dass es immer wichtiger wird, bestehende Plattformen wie etwa App-Stores zu bedienen und einen möglichst reibungslosen Datenfluss zwischen Systemen unterschiedlicher Hersteller zu ermöglichen. Denn in dem Maß, wie bisher voneinander vollkommen unabhängige Prozessketten zusammenwachsen, steigt auch der Anspruch der Nutzer an die Konnektivität und Interoperabilität der Systeme.

Als umfassender Dienstleister für den steuerberatenden Berufsstand kümmert sich DATEV auch um den Workflow zwischen den Beratern und den von ihnen betreuten Unternehmen. In der Vergangenheit lag der Fokus dabei auf eigenen Lösungen für die kaufmännischen Aufgaben, die im Unternehmen eingesetzt werden. Da dort aber je nach Branche sehr differenzierte Funktionen benötigt werden, die ein Generalist nicht abdecken kann, bekommen Softwarepartnerschaften und offene Schnittstellen eine immer größere Bedeutung. DATEV hat auf diese Anforderung unter anderem mit der Schnittstelle DATEVconnect online reagiert, die Cloud-Lösungen unterschiedlicher Anbieter an die Systeme des Steuerberaters anbinden soll. Kernaspekt ist hier der Austausch von digitalen Buchführungsbelegen. Die in der Lösung des jeweiligen Cloud-Anbieters vorhandenen Belege werden über die Schnittstelle auf geschütztem Weg in die Belegverwaltung im Rechenzentrum hochgeladen. Dort hat der Steuerberater dann Zugriff darauf und kann die Daten nach bewährtem Muster direkt weiterverarbeiten. Der Anwender im Unternehmen braucht sein gewohntes Systemumfeld nicht zu verlassen, um den Datenaustausch zu initiieren. So ergibt sich für beide Seiten eine medienbruchfreie Verlängerung der Prozesskette, die durchgängig abgebildet wird – im Idealfall auch über unterschiedliche Software und Plattformen hinaus.

Für die Übernahme von Daten aus Vorsystemen kommen zunehmend automatisierte Verfahren zum Tragen. Prototypisch lässt sich hier der Zahlungsdatenservice von DATEV ins Feld führen, mit dem die relevanten Informationen aus dem E-Payment-System PayPal einfach und schnell in die Buchführungslösung importiert werden können. Ähnliche Verfahren werden in Zukunft auch für weitere Bezahlsysteme und E-Commerce-Shops etabliert.

6   Fazit

In der digitalen Transformation steckt großes Potenzial für die Optimierung von Geschäfts- und Verwaltungsprozessen. Wir befinden uns auf dem Weg in eine Zukunft, in der Daten automatisiert und in Echtzeit an die Stellen gelangen, wo sie jeweils benötigt werden. In Teilen funktioniert das heute bereits – in vielen Fällen ist aber noch einiges zu tun, um eine Infrastruktur zu schaffen, die das möglich macht. Auf diesem Weg müssen wir uns von Insellösungen und Silodenken verabschieden. Letztlich darf es keinen Unterschied bedeuten, in welchem System ein Datum erfasst oder generiert wurde. Ebenso darf es keine Rolle spielen, ob die Informationen irgendwo im Prozess einmal auf Papier vorhanden waren oder nicht. Jede elektronisch vorliegende Information sollte ohne Konvertieraufwand auch digital weiterverarbeitet werden können. Bei den kaufmännischen Daten zeigen erste Initiativen, dass das funktionieren kann. Und der Blick in die Praxis der Unternehmen und der Verwaltung zeigt, dass auch der Bedarf dafür besteht.

Literatur

Arbitter P, Deutsch H, Pracht T, Reti M (2011) Cloud Computing – mehr als nur digitalisierte IT. In: Köhler-Schute C (Hrsg) Cloud Computing: Neue Optionen für Unternehmen. Strategische Überlegungen, Konzepte und Lösungen. Beispiele aus der Praxis. KS-Energy, Berlin

AWV – Arbeitsgemeinschaft für wirtschaftliche Verwaltung e. V. (2016) Aufbewahrungspflichten und -fristen nach Handels- und Steuerrecht: Aufbewahrungsformen, -formate und -orte – Dokumente, Dateien und Daten – Dokumentation – GoBD. Schmidt, Erich (blob=publicationFile&v=1 [19. Mai 2016])

Cole T (2015) Digitale Transformation: Warum die deutsche Wirtschaft gerade die digitale Zukunft verschläft und was jetzt getan werden muss!. Vahlen, München

Informationswirtschaft B (2014) Telekommunikation und Neue Medien e. V. (BITKOM), ZUGFeRD – Standard für elektronische Rechnungen. Spart. Geld. Jedem. https://www.bitkom.org/Publikationen/2014/Leitfaden/ZUGFeRD-Standard-fuer-elektronische-Rechnungen/140916-Broschuere-Zugferd.pdf. Zugegriffen: 19. Mai 2016

Kiene A (2011) Auf Wolken gebettet, nicht auf Sand gebaut: Cloud-Services – Wie sich ihr Potenzial am besten erschließen lässt. In: Köhler-Schute C (Hrsg) Cloud Computing: Neue Optionen für Unternehmen. Strategische Überlegungen, Konzepte und Lösungen. Beispiele aus der Praxis. KS-Energy, Berlin

KPMG AG Wirtschaftsprüfungsgesellschaft/Bitkom Research GmbH, Cloud-Monitor (2019) Cloud-Computing in Deutschland – Public Cloud und Cloud Security sind kein Widerspruch

Littger, M (2018) Deutschland sicher im Netz e. V.: DsiN-Praxisreport Mittelstand@IT-Sicherheit – Studie von Deutschland sicher im Netz e. V. zur digitalen Sicherheitslage der kleinen und mittleren Unternehmen in Deutschland, November 2018

Repschläger J, Zarnekow R (2011) Studie: Cloud Computing in der IKT-Branche, Bd 2. Institute of Technology, Research Papers in Information Systems Management, Berlin

Roßnagel A, Nebel M (2014) Projektgruppe verfassungsverträgliche Technikgestaltung (provet) im Forschungszentrum für Informationstechnik-Gestaltung (ITeG) der Universität Kassel, „Simulationsstudie Ersetzendes Scannen. Ergebnisse, 30. Januar 2014". http://www.uni-kassel.de/uni/fileadmin/datas/uni/presse/anhaenge/2014/SIM.pdf. Zugegriffen: 17. Mai 2016

Simon W (2012) Abschied von der Normalarbeit: Berufswelt und Arbeitsplatz im Umbruch. Auerbach, V: Verl. Wiss. Scripten

Weiterführende Literatur

Bundesamt für Sicherheit in der Informationstechnik (BSI) (2015) BSI TR-03138 (RESISCAN). Ersetzendes Scannen – einfach und sicher, Juni 2015. https://www.bsi.bund.de/SharedDocs/Downloads/DE/BSI/Publikationen/TechnischeRichtlinien/TR03138/TR-03138-Flyer.pdf;jsessionid=EE1D669BC2048DEACCE0AF051EEE3D0A.2_cid368?__

Deggendorfer Forum zur digitalen Datenanalyse e. V. (2016) GoBD und Big Data: Neue Herausforderungen für die digitale Datenanalyse. Schmidt, Erich

Deußen R (2016) Abschied vom Papierarchiv – Steuerberater schaffen Grundlage zum rechtssicheren Ersetzenden Scannen und leisten damit einen Beitrag zur Entbürokratisierung. Festschrift für Professor Dieter Kempf. Springer, Berlin

Ebner E, Stolz Mönning H (2013) E-Bilanz: Ein praktischer Leitfaden. Beck, München

Egeli M (2016) Erfolgsfaktoren von Mobile Business. Ein Reifegradmodell zur digitalen Transformation von Unternehmen durch Mobile IT. Springer Fachmedien, Wiesbaden

Köhler-Schute C, Computing C (2011) Neue Optionen für Unternehmen, Strategische Überlegungen, Konzepte und Lösungen, Beispiele aus der Praxis. KS-Energy, Berlin

Kreutzer R (2014) Notwendigkeit eines Change-Managements im Online-Zeitalter. Grundprinzipien zur erfolgreichen digitalen Transformation. Springer Fachmedien, Wiesbaden

Kroschwald S (2016) Informationelle Selbstbestimmung in der Cloud. Datenschutzrechtliche Bewertung und Gestaltung des Cloud Computing aus dem Blickwinkel des Mittelstandes. Springer Fachmedien, Wiesbaden

Lipsky SK (2013) Herausforderungen für kleine und mittlere Unternehmen bei der Anwendung von Cloud Computing. Ein konzeptioneller Ansatz zur Modellierung einer genossenschaftlichen Cloud. Münstersche Schriften zur Kooperation, Bd 105. Shaker, Aachen

Plass C, Chefsache IT (2013) Wie Sie Cloud Computing und Social Media zum Treiber Ihres Geschäfts machen. Springer Gabler, Berlin

Riepolt J, Greulich S (2016) Digitalisierung von Geschäftsprozessen im Rechnungswesen: Kompakter Einstieg in die rechtlichen Grundlagen – vom Beleg bis zur Betriebsprüfung. DATEV eG, Nürnberg

Schäffler U (2014) Controlling & IT. Treiber und Getriebener. Springer Gabler, Wiesbaden

Schürmann F, Security C (2010) In: Adelsberger H, Drechsler A (Hrsg) Ausgewählte Aspekte des Cloud-Computing aus einer IT-Management-Perspektive: Cloud Governance, Cloud Security und Einsatz von Cloud Computing in jungen Unternehmen, Institut für Informatik und Wirtschaftsinformatik (ICB), Universität Duisburg-Essen, Essen

Schweer D, Sahl JC (2016) Die digitale Transformation der Industrie – wie Deutschland profitiert. In: Abolhassan F (Hrsg) Was treibt die Digitalisierung? Warum an der Cloud kein Weg vorbeiführt. Springer Fachmedien, Wiesbaden

Tetzner T (2010) Sicherheitsanforderungen an das Cloud Computing: Identifikation und Analyse. VDM Verlag Dr. Müller, Saarbrücken

Wybitul T (2014) Datenschutz im Unternehmen. Deutscher Fachverlag, Fachmedien Recht und Wirtschaft, Frankfurt a. M.

Dr. Robert Mayr, Jahrgang 1966, ist Steuerberater und Wirtschaftsprüfer und seit April 2016 Vorstandsvorsitzender der DATEV eG. Dem Vorstand des Softwarehauses und Informationstechnologiedienstleisters für Steuerberater, Wirtschaftsprüfer, Rechtsanwälte und deren Mandanten gehört der Diplom-Kaufmann (Promotion 1994) bereits seit 2011 an. Seine Karriere startete Mayr als Referent bei der Treuhand-Anstalt in Berlin. Weitere berufliche Stationen waren die Wirtschaftsprüfungsgesellschaft Deloitte, bei der er führende Aufgaben in den Bereichen Wirtschaftsprüfung und Transaktionsberatung wahrnahm, sowie die Wirtschaftsprüfungs- und Steuerberatungsgesellschaft Solidaris Revisions-GmbH, deren Münchner Standort er langjährig als Geschäftsführer leitete.

Dr. Robert Mayr
(Fotocredit: DATEV)

Die Zukunft der Mobilität ganzheitlich gestalten

Henning Kagermann

Aufgrund der Klimaschutzregeln wird der Verkehr von fossilen auf erneuerbare Energieträger umsteigen müssen. Voraussetzung dafür ist die Elektrifizierung der Antriebe und die Nutzung von strom- und biomassebasierten Kraftstoffen über alle Verkehrsträger hinweg sowie die intelligente Verknüpfung der Sektoren Energie und Verkehr (Sektorkopplung). Energie- und Verkehrswende müssen Hand in Hand gehen. Neben der Elektrifizierung und der Nutzung erneuerbarer Energien spielt die Digitalisierung mit dem automatisierten und vernetzten Fahren eine entscheidende Rolle für das Mobilitätssystem des 21. Jahrhunderts. Digitalisierung ermöglicht nicht nur weniger und einen flüssigeren Verkehr, sondern neue Geschäftsmodelle und Mobilitätsdienstleistungen. Sie helfen, dass Deutschland als wirtschaftsstarker Mobilitätsstandort fortbestehen kann und Arbeitsplätze, Wertschöpfungsketten sowie die internationale Wettbewerbsfähigkeit gesichert werden.

1   Das Mobilitätssystem wandelt sich fundamental

Mobilität ist allgegenwärtig und unverzichtbar. Die Art und Weise wie Menschen und Güter bewegt werden, wird sich in den nächsten Jahren und Jahrzehnten allerdings von Grund auf wandeln. Über die Zukunft der Mobilität wird auf allen politischen und gesellschaftlichen Ebenen diskutiert. Weil sich jeder Mensch auf irgendeine Art und Weise fortbewegt, pendelt, reist, ein Fahrrad, Motorrad oder Auto besitzt, öffentliche Verkehrsmittel und immer öfter die Mobilitätsangebote privater Anbieter nutzt, sind diese Debatten häufig nicht von Fakten geleitet, sondern stark emotional besetzt.

H. Kagermann (✉)
acatech – Deutsche Akademie der Technikwissenschaften, Berlin, Deutschland
E-Mail: huss@acatech.de

© Springer-Verlag GmbH Deutschland, ein Teil von Springer Nature 2021
A. Hildebrandt und W. Landhäußer (Hrsg.), *CSR und Digitalisierung,* Management-Reihe Corporate Social Responsibility, https://doi.org/10.1007/978-3-662-61836-3_19

Die Automobilindustrie mit ihrem gesamten Zuliefererernetzwerk spielt für Deutschland eine herausragende wirtschaftliche Rolle. Sie bietet Hunderttausende Arbeitsplätze – ganze Regionen hängen davon ab – und ist Wohlstandsgarant. Es gibt nur wenige Länder, die wie Deutschland Fahrzeuge in großem Stil produzieren und exportieren. Eine Transformation des Mobilitätssektors muss deshalb Standortsicherung, Wettbewerbsfähigkeit und Arbeitsplätze mitdenken. In Deutschland treffen Mobilitäts- und Energiewende aufeinander. Sie müssen zusammengedacht und -geführt werden, damit der Ausstieg aus den fossilen Energieträgern und der Ausbau der erneuerbaren Energien gelingen können.

Das alles geschieht vor dem Hintergrund der steigenden und verbindlichen Anforderungen an den Klima- und Umweltschutz in Verbindung mit den technologischen Entwicklungen bei Antrieben und Kraftstoffen sowie Digitalisierung, Automatisierung und Vernetzung. Durch Innovationen entstehen neue Geschäftsmodelle und es kommen neue Wettbewerber ins Spiel. Der Sog, der durch das Aufeinandertreffen dieser verschiedenen Faktoren entsteht, führt zur Neuausrichtung des Mobilitätssystems.

1.1   Die Nationale Plattform Zukunft der Mobilität

Ein ganzheitlicher Blick und die Entwicklung eines Mobilitätssystems, das ökologische, wirtschaftliche und soziale Aspekte integriert, steht im Mittelpunkt der Arbeit der Nationalen Plattform Zukunft der Mobilität (NPM). Mit diesem Auftrag wurde die Plattform mit ihren fast 250 Experten Ende 2018 von der Bundesregierung eingesetzt. Die NPM baut auf den Vorarbeiten der Nationalen Plattform Elektromobilität (NPE) auf und führt den dort geprägten technologieoffenen, systemischen und marktorientierten Ansatz fort.

Aufgrund der vielfältigen Wechselwirkungen und komplexen Zusammenhänge im Mobilitätssektor ist ein gemeinsames Verständnis zur Zukunft der Mobilität wichtig. Relevante Stakeholder und Akteure aus Politik, Wirtschaft, Wissenschaft und Zivilgesellschaft arbeiten in der Plattform mit und können sich ohne Scheuklappen in den Arbeitsgruppen zu den Chancen und Risiken, die mit der Mobilität der Zukunft verbunden sind, offen, faktenbasiert und konstruktiv austauschen. Ziel der NPM ist es – unter Einbeziehung von Politik, Wirtschaft und Zivilgesellschaft – wegweisende Konzepte und Handlungsempfehlungen für die Zukunft der Mobilität zu entwickeln (Abb. 1).

2   Nutzerinnen und Nutzer stehen im Mittpunkt

Damit die Transformation der Mobilität gelingt, sind nicht nur Technologieinnovationen und zukunftsweisende Rahmenbedingungen erforderlich. Ein entscheidender Erfolgsfaktor ist, dass die neuen Mobilitätswelten von den Menschen akzeptiert – und noch wichtiger – genutzt werden. Die Bereitschaft, sich auf neue Mobilitätsformen und Mobilitätsangebote einzulassen, hängt erfahrungsgemäß davon ab, ob die Betroffenen

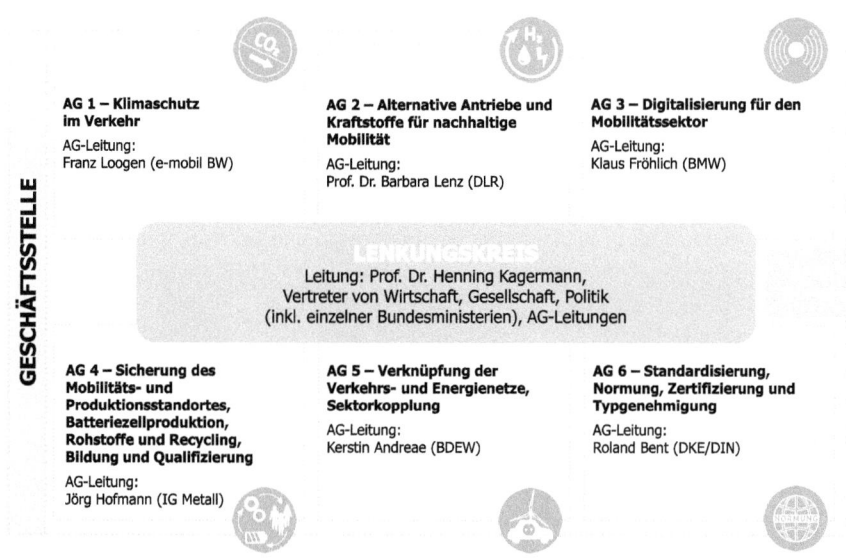

Abb. 1 Organigramm der Nationalen Plattform Zukunft der Mobilität. (©NPM)

überzeugt sind, dass sie von den Lösungen vor allem persönlich profitieren. Deshalb müssen Verbraucherwünsche und Nutzerfreundlichkeit im Mittelpunkt der Mobilitätswende stehen.

Neue Mobilitätsmuster und -angebote, die sich auf das eigene Mobilitätsverhalten auswirken oder politische Entwicklungen, die eine breite gesellschaftliche Dynamik entfalten, werden vielfach dann angenommen, wenn sie schrittweise erfolgen. Durch stetige Anpassungen und kleine Schritte können zudem Strukturbrüche vermieden werden. Auch die Digitalisierung kann das Verkehrsverhalten positiv beeinflussen (Verhaltensinnovation). Durch die neuen Geschäftsmodelle, die Mobilität verstärkt als Dienstleistung (MaaS – Mobility as a service) anbieten, muss man beispielsweise kein eigenes Fahrzeug mehr besitzen.

In einer repräsentativen Umfrage untersuchte das Institut für Demoskopie (IfD) Allensbach im Auftrag von acatech im Frühjahr 2019 Mobilitätsbedürfnisse und -muster der deutschen Bevölkerung. Die Studie ergab, dass die Sorgen um den Klimawandel wachsen und Mobilitätsformen und Technologien wie Elektromobilität, automatisiertem Fahren und Carsharing differenziert betrachtet werden. Auch Wünsche nach passenden Mobilitätslösungen für unterschiedliche Mobilitätsgewohnheiten und -anforderungen in der Stadt und auf dem Land werden deutlich. Auf dem Land kann derzeit nicht auf das Auto verzichtet werden. Der Großteil der Bürgerinnen und Bürger wünscht sich, dass der ÖPNV ausgebaut wird, schadstoffarme Antriebssysteme zum Einsatz kommen, und dass der Straßenraum durch Verlagerung entlastet wird. Es wird deutlich, dass Bürgerinnen und Bürger sowie Kommunen entscheidende Akteure für die Gestaltung eines zukunftsfähigen

Mobilitätsystems sind. Nicht nur aus Akzeptanzgründen, sondern weil lokale und regionale Gegebenheiten und sich daraus ergebende Anforderungen berücsichtig werden müssen.

Nicht zuletzt setzen sich Unternehmen und Konsumenten zunehmend kritisch mit Ressourceneffizienz, Kreislaufwirtschaft und dem Lebenszyklus von Produkten auseinander. Nicht mehr allein die CO_2-Emissionen im Verkehr stehen im Vordergrund. Es geht vielmehr um die Betrachtung der gesamte Wertschöpfungskette von der Rohstoffgewinnung über die Produktion bis zur Wiederverwertung oder Entsorgung sowie die Bedingungen, unter denen Rohstoffe gewonnen und weiterverarbeitet werden.

3   Lokal handeln, global denken

Mit dem Pariser Klimaschutzabkommen sind CO_2-Reduzierung und Klimaschutz global adressiert worden. Das von der Bundesregierung verabschiedete Klimaschutzprogramm 2030 sowie der Klimaschutzplan 2050 legen die nationalen CO_2-Minderungsziele fest, die im Einklang mit den europäischen Klimaschutz-Anforderungen stehen und das globale CO_2-Ziel untermauern. Deutschland hat die Chance, sich mit innovativen Klimatechnologien und markttauglichen Lösungen als Leitanbieter zu profilieren, auch international, wenn sie für den Export skaliert werden können. Im Hinblick auf die Zukunft der Mobilität bedeutet das, dass unvoreingenommen und technologieoffen geforscht, entwickelt und erprobt werden muss, um den größtmöglichen Innovationsschub für die Wirtschaft auslösen zu können.

Mobilität macht an Grenzen nicht Halt. Der grenzüberschreitende Personen- und Güterverkehr ist Grundlage für eine florierende Wirtschaft. Die Transformation des Mobilitäts- und Transportsektors kann nur erfolgreich umgesetzt werden, wenn sie auf europäisch und international abgestimmten Normen und Standards aufbaut. Normen und Standards fördern Innovationen, schützen Investitionen und sichern die internationale Anschlussfähigkeit der Wirtschaft. Das Mobilitätssystem erstreckt sich bereits heute und noch mehr in Zukunft über eine Vielzahl von Branchen und Technologien, wie zum Beispiel die Automobiltechnik, Elektro- und Energietechnik sowie die Informations- und Kommunikationstechnologie. Normen und Standards stellen die notwendige Kompatibilität, Interoperabilität, internationale Einsatzfähigkeit und vor allem die Sicherheit der vielfältigen technologischen Entwicklungen her. Es gilt, Standardisierungs- und Normungsbedarfe zur Zukunft der Mobilität branchenübergreifend zu adressieren.

Im Bereich des automatisierten und vernetzten Fahrens müssen beispielsweise einheitliche und international abgestimmte Kommunikationssysteme für Verkehrsdaten entwickelt werden. Generell ist eine standardisierte Verwendung von Mobilitätsdaten erforderlich. Um die Verkehrsvernetzung weiter voranzutreiben, müssen der Datenaustausch sowie die Datenschnittstellen in den Bereichen V2X (Vehicle-to-Everything) und I2X (Infrastructure-to-Everything) definiert werden. Für ein intelligentes Lastmanagement sind standardisierte Datenaustauschprotokolle zwischen Stromnetz, Ladeinfrastruktur und Verbraucher notwendig. Über Normen kann zudem ein Nachhaltigkeitsvergleich für Fahrzeuge und Antriebsenergien über den gesamten Lebenszyklus entwickelt werden.

4   Klimaschutz und Verkehr

Moderne Gesellschaften sind ohne Mobilität nicht zu denken. Dabei geht es nicht nur um die physische Bewegung von einem Ort zu anderen, sondern auch um soziale Teilhabe, Freiheit des Einzelnen und gleichwertige Lebensverhältnisse in Städten und auf dem Land. Gleichzeitig tragen Verkehrsinfrastrukturen, Mobilitätsservices und Transportangebote entscheidend zum Wohlstand bei. Mit zunehmendem Verkehr und steigenden Fahrzeugzahlen werden die negativen Folgen wie die Emissionen von Klimagasen, gesundheitsschädliche Stickoxide oder Feinstaub sowie ein erhöhter Flächenverbrauch oder Lärm immer sichtbarer. Es ist nicht von der Hand zu weisen: Um die Mobilität zukunftsfähig auszurichten, müssen die Klimaziele im Verkehr umgesetzt werden.

Mit einem Anteil von ca. 18 % ist der Verkehr der drittgrößte Verursacher von Treibhausgasemissionen in Deutschland. Im Gegensatz zu anderen Sektoren sind die Emissionen seit 1990 nicht gesunken, sondern gestiegen. Effizienzgewinne bei den Fahrzeugen wurden und werden immer wieder durch das stetig steigende Verkehrsaufkommen aufgezehrt.

Um dieser Entwicklung entgegenzuwirken und die Möglichkeiten zur CO_2-Minderung auszuschöpfen, müssen in den folgenden sechs Bereichen parallel umfangreiche und ehrgeizige Maßnahmen ergriffen und möglichst zeitgleich umgesetzt werden:

- Antriebswechsel bei Pkw und Nutzfahrzeugen
- Effizienzsteigerungen bei Pkw und Nutzfahrzeugen
- Einsatz von regenerativen Kraftstoffen
- Stärkung des Schienenpersonenverkehrs, Bus-, Rad- und Fußverkehrs
- Stärkung des Schienengüterverkehrs und der Binnenschifffahrt
- Digitalisierung

Die Förderung der Elektromobilität muss noch einige Jahr durch Anreizprogramme erfolgen. Ziel ist es, den Anteil der Elektrofahrzeuge auf sieben bis zehn Millionen bis 2030 zu erhöhen und die Effizienz der verbrennungsmotorischen Fahrzeuge weiter zu verbessern. Da batterie-elektrische Antriebe nicht alle Anforderungen der verschiedenen Mobilitätsanwendungen gleichermaßen bedienen können, braucht es brennstoffzellen-elektrische Antriebe überall dort, wo schwere Lasten und hohe Reichweiten gefordert sind. Ein weiteres Element für eine erfolgreiche Transformation des Mobilitätssystems ist die Nutzung biomasse- und strombasierter Kraftstoffe.

Die Stärkung des Schienenverkehrs, die Förderung des öffentlichen Personennahverkehrs in Verbindung mit dem Ausbau des Bus-, Rad- und Fußverkehrs sowie eine bessere Fahrzeugauslastung sind wichtige Bausteine, ohne die sich die Klimaschutzziele nicht erreichen lassen. Dies gilt auch für die Erhöhung des Anteils von Schiene und Binnenschifffahrt an der Verkehrsleistung im Güterverkehr. Die Digitalisierung kann dazu beitragen, die Effizienz des Verkehrssystems zu erhöhen, ohne die Mobilität einzuschränken.

5   Verlagerung von Güter- und Personenverkehren

Emissionen zu reduzieren, Verkehr zu verflüssigen und dabei Mobilität nicht einzu-
schränken, bleibt das Gebot der Stunde für die Zukunft. Das gelingt durch optimierte
Routen, höhere Besetzungs- und Beladungsgrade von Fahrzeugen, Verlagerung von
Güter- und Personenverkehr von der Straße auf die Schiene, Binnenschiffe und den
ÖPNV sowie bei Kurzstrecken auf den Fuß- und Radverkehr. Allein das ungenutzte
Potenzial des Fußverkehrs ist beachtlich. Viele kurze Fahrten mit dem Pkw ließen sich
zu Fuß oder mit dem Rad zurücklegen. Fast die Hälfte aller mit dem Pkw zurückgelegten
Wege sind unter fünf Kilometer, jede zehnte Autofahrt ist sogar kürzer als ein Kilometer.

Der öffentliche Personenverkehr ist aufgrund der hohen Energieeffizienz und des
bereits hohen Einsatzes erneuerbarer Energieträger klimafreundlicher als der motorisierte
Individualverkehr. Die Dekarbonisierung kann durch die Elektrifizierung weiterer
Schienenstrecken, den Einsatz elektrischer Antriebe (Wasserstoff, Batterie) sowie
durch zusätzliche Effizienzsteigerung vorangetrieben werden. Ergänzend hierzu bieten
neue Konzepte der Mikromobilität (E-Scooter) oder der Personensammelbeförderung
(Ridepooling) die Möglichkeit, als Alternativen zum Pkw Emissionen zu vermindern.
Willkommener Begleiteffekt des Verbunds aus öffentlichem Verkehr sowie Rad- und
Fußverkehr sind erhebliche Flächenersparnisse, was sich positiv auf Lebens-, Aufent-
halts-, Gestaltungs- und Umweltqualität auswirkt.

Eine Verlagerung des Gütertransports von der Straße auf Schiene und Wasserwege
kann einen signifikanten Beitrag zur Erreichung der Klimaschutzziele leisten. Um die
Verlagerungspotenziale auszuschöpfen, müssen beide Verkehrsträger im Hinblick auf
Kapazität und Attraktivität gestärkt werden. Darüber hinaus müssen die Voraussetzungen
zum Umladen von Gütern mittels einer Stärkung des kombinierten Verkehrs geschaffen
werden.

6   Alternative Antriebe und Kraftstoffe

Alternative Antriebs- und Kraftstofftechnologien bilden einen zentralen Baustein für
die Ausgestaltung einer nachhaltigen Mobilität der Zukunft. Elektromobilitätskonzepte,
Wasserstoff- und Brennstoffzellentechnologie sowie bio- und strombasierte Kraftstoffe
spielen über alle Verkehrsträger hinweg eine entscheidende Rolle, aber ganz besonders
für den Straßenverkehr. Mit einem Anteil von rund 96 % (155 Mio. t CO_2-Äquivalente,
[CO_2eq]) am Gesamtemissionsaufkommen des Verkehrssektors (163 Mio. t CO_2eq) hat
der Straßenverkehr das mit Abstand größte CO_2-Minderungspotenzial.

Bei Pkw-Neuwagen sind batterie-elektrische Lösungen die ausgereifteste Lösung und
mit bis zu 25 Mio. t CO_2eq bieten sie ein vielversprechendes technologisches Potenzial
zur Reduktion. Darüber hinaus wird der Batteriezellpreis bis 2030 von derzeit über
100 €/kWh auf 75 €/kWh sinken und Elektrofahrzeuge erschwinglicher machen. Die

Automobilindustrie hat angekündigt, bis 2025 über 300 Elektromodelle auf den Markt zu bringen.

Bei der Pkw-Bestandsflotte, die 2030 noch immer bei rund 35,2 Mio. Verbrennungsmotoren und 3,2 Mio. Plug-in-Hybride liegt, könnten alternative Kraftstoffe zur CO_2-Reduktion einen bedeutenden Beitrag zusätzlich zur Effizienzsteigerung der Verbrennungsmotoren leisten. Es stehen sowohl biomassebasierte als auch strombasierte Kraftstoffe zur Verfügung. Biomassebasierte Kraftstoffe sind bereits im Markt verfügbar. Hier gilt es, fortschrittliche Biokraftstoffe der zweiten Generation aus Rest- und Abfallstoffen zu fördern und den Produktionshochlauf voranzutreiben. Gleiches gilt für Kraftstoffe, die durch chemische Prozesse Strom und Kohlendioxid (CO_2) in Flüssigkraftstoffe umwandeln (Stichwort: Power-to-X).

Neben dem Einsatz in den Bestandsflotten, braucht es alternative Kraftstoffe überall dort, wo ein Wechsel auf batterie- oder brennstoffzellen-elektrische Antriebe nur bedingt möglich ist wie bei schweren Nutzfahrzeugen sowie in Flugzeugen und in der Binnenschifffahrt. Das CO_2-Minderungspotenzial von Biomasse-Kraftstoffen kann bis 2030 bis zu 13,5 Mio. t CO_2eq und bei Stromkraftstoffe knapp 17 Mio. t. CO_2eq erreichen. Um das Potenzial abrufen zu können, bedarf es allerdings der breiten politischen Unterstützung sowie geeignete Rahmenbedingungen wie technologiespezifische Verwendungsquoten oder steuerliche Anreize.

Die Wasserstoff- und Brennstoffzellentechnologie verspricht insbesondere im Bereich Nutzfahrzeuge und Busse sowie auf der Schiene, Mobilität klimafreundlich zu gestalten. Die hohe Energiedichte des Kraftstoffes Wasserstoff in Verbindung mit einem Brennstoffzellensystem ermöglicht hohe Antriebsleistungen und Reichweiten über mehrere Hundert Kilometer. An dieser Stelle ist es notwendig, die Produktionsbedingungen für grünen Wasserstoff mittels Elektrolyse mit erneuerbarem Strom politisch zu unterstützen. Deutschland ist beim Thema Wasserstoff bereits gut aufgestellt und sollte die in Forschung und Industrie vorhandenen Kompetenzfelder weiter ausbauen.

7   Passgenaue und bedarfsgerechte Infrastruktur

Die Transformation unseres Mobilitätssystems kann nur mit einer verlässlichen, passgenauen und bedarfsgerechten Lade- und Tankinfrastruktur gelingen. Dabei erfordern alternative Antriebe und Kraftstoffe neue Versorgungsstrukturen und eine enge Kopplung zwischen dem Verkehrs- und Energiesektor. Zudem muss sichergestellt werden, dass ausreichend Energie in Form von Strom und Gas sowie biomasse- und strombasierten Kraftstoffen zur Verfügung steht.

Anfang 2020 gab es bundesweit rund 24.000 öffentliche Ladepunkte. Die Bundesregierung plant bis 2030 den Aufbau von insgesamt einer Million Ladepunkte, um Elektrofahrzeuge flächendeckend zu versorgen. Für die Verbreitung der Elektromobilität muss der Hochlauf der öffentlichen Ladeinfrastruktur dem E-Fahrzeugbestand vorerst weiter vorausgehen. Darüber hinaus bleiben die privaten Lademöglichkeiten am Wohn- und Arbeitsplatz für den Kauf eines Elektrofahrzeuges entscheidend. Mit steigenden Reichweiten durch leistungsstärkere Batterien müssen die Schnelllade-möglichkeiten nicht nur an Autobahnen ausgeweitet werden. Neben der Nutzung von batterie-elektrischen Antrieben bietet auch die Brennstoffzelle große Potenziale für den Verkehrssektor. Der Aufbau der Tankinfrastruktur für Wasserstoff ist ebenfalls im Gange. Für eine bedarfsgerechte Versorgung werden bis zum Jahr 2030 500 Stationen für Pkw und 200–400 für schwere Nutzfahrzeuge als ausreichend betrachtet.

Die energieintensive Herstellung von grünem Wasserstoff durch den Einsatz erneuer-barer Energien und Elektrolyseverfahren ist aktuell nicht wirtschaftlich abbildbar. Die H_2-Gestehungskosten sind zu hoch und Genehmigungsverfahren für Elektrolyseure auf-wendig. Auch die Nutzung des sogenannten Überschussstroms in Zeiten der Spitzen-produktion von erneuerbarem Strom bleibt unrentabel. Eine bereits verfügbare und wettbewerbsfähige Alternative ist die Nutzung von Erdgas im Verkehrssektor. Hierbei kann auf ein deutschlandweit gut ausgebautes Gasnetz mit rund 850 CNG (Compressed Natural Gas)-Tankstellen und eine europäische Infrastruktur für LNG (Liquefied Natural Gas) zurückgegriffen werden. Komprimiertes und flüssiges Erdgas kann mit der Bei-mischung oder Substitution mit biogenem und strombasiertem Methan zudem eine nicht-fossile Entwicklung bieten und so einen Beitrag zum Klimaschutz leisten.

Nicht nur die Kraftstoffinfrastruktur muss zur Antriebstechnik passen, auch die Ver-kehrswegeinfrastruktur (Rad-, Schienen-, Wasserwege) muss auf die Anforderungen der zukünftigen Mobilität ausgelegt werden, wenn der Autoverkehr und Straßengüterverkehr weg von der Straße auf andere Verkehrsmittel und -träger verlagert werden soll.

8   Innovationsmotor Digitalisierung

Die COVID-19-Krise hat gezeigt, welchen hohen Stellenwert die Digitalisierung mittlerweile hat. Sie ist Schlüsseltechnologie, ohne die beispielsweise das Arbeiten im Homeoffice, Webkonferenzen oder digitaler Schulunterricht nicht stattfinden könnte. Im Bereich der Mobilität ermöglicht Digitalisierung, dass Verkehr verflüssigt oder – durch das häufigere Arbeiten im Homeoffice – vermieden wird. Eine durchgehende Vernetzung der Mobilitätsangebote und -nachfrage ist Grundlage für die schrittweise Implementierung des autonomen Fahrens. Damit verbundene Vorteile wurden beispiels-weise in den acatech-Studien Neue autoMobilität I und II untersucht. In Zukunftsbildern werden Anwendungsszenarien und gesamtgesellschaftliche Vorteile eines automatisierten und vernetzten Mobilitätssystems illustriert. Hinzu kommen Projekte wie die Plattform Lernende Systeme, in denen der Beitrag KI-basierter inter- und multimodaler Vernetzung im Mobilitätsraum der Zukunft hinsichtlich Sicherheit, Nachhaltigkeit, Lebensqualität und Wirtschaftlichkeit beleuchtet wird. Auf ähnliche Art und Weise werden in der Nationalen Plattform Zukunft der Mobilität Themenfelder untersucht, in denen Digitalisierung die Voraussetzung bildet, um die Mobilität von morgen umwelt- und klimafreundlicher, effizienter, bequemer, gesünder und bezahlbarer zu gestalten. Bereits 2017 hat die vom Bundesministerium für Verkehr und digitale Infrastruktur eingesetzte „Ethik-Kommission Automatisiertes und vernetztes Fahren" Leitlinien entwickelt, die die Zulassung von automatisierten Fahrsysteme unter ethischen Aspekten untersucht hat.

Zentral ist das Zielbild eines durchgehend vernetzten, multi- und intermodalen Mobilitätssystems, also die Verfügbarkeit und Nutzung verschiedener Verkehrsmittel zu unterschiedlichen Zeiten und kombiniert innerhalb einer Route. Dieses Zielbild berücksichtigt die Anforderungen aus ländlichen und nachfragearmen Regionen und gibt einen Anreiz, öfter auf klimaschonendere Verkehrsmittel umzusteigen. Autonome Mobilität kann ein wichtiger Baustein eines intermodalen Verkehrssystems sein. Unerlässliche Voraussetzung dafür ist die Verknüpfung der diversen Mobilitätsangebote sowie der Mobilitätsdaten auf Plattformen, die den Nutzern ein durchgehendes, integriertes Angebot von der Routenplanung über die Buchung bis zur Abrechnung bietet. Die infrastrukturellen Voraussetzungen müssen insbesondere durch den Ausbau des Mobilfunknetzes geschaffen werden.

Das datenbasierte Mobilitätssystem der Zukunft muss sicher sein. Dies umfasst neben der Verkehrssicherheit insbesondere die Cybersicherheit. Wichtig ist dafür die Berücksichtigung von Wechselwirkungen und unbeabsichtigten Nebeneffekten. Räumlich konzentrierte Reallabore – wie sie auch von der NPM empfohlen werden – bieten die Möglichkeit, die vielfältigen Digitalisierungstrends der Mobilität frühzeitig zu erproben. Die aus dem Reallabor gewonnenen Erkenntnisse dienen der Ableitung weiterer Handlungsempfehlungen zur optimalen flächendeckenden Realisierung inter- und multimodaler sowie autonomer Mobilitätskonzepte. Einen besonderen Stellenwert genießt die Begleitung durch einen breit angelegten gesellschaftlichen Dialog und die Einbeziehung der Bürgerinnen und Bürger vor Ort.

9   Wettbewerbsfähigkeit und Beschäftigung sichern

Für Deutschland ist die Mobilitätsbranche, allen voran die Automobil- und Zulieferindustrie mit ihren vielfältigen Verflechtungen in andere Industrie- und Dienstleistungsbranchen, von großer gesamtwirtschaftlicher Bedeutung. Die Anforderungen des Klimaschutzes, Veränderungen im Verbraucherverhalten und technologische Innovationen erfordern eine Neuausrichtung der Wertschöpfung und Beschäftigung. Vor allem der Antriebswechsel und die zunehmende Automatisierung der Produktion verändern die etablierten (auto)mobilen Wertschöpfungsnetzwerke in Deutschland tiefgreifend: In Zukunft werden weniger konventionelle Fahrzeuge gebaut, während die Produktion von Elektrofahrzeugen, die weniger komplex aufgebaut sind und nur einen Bruchteil der bisherigen Bauteile benötigen, Fahrt aufnimmt. Um die über Jahrzehnte erarbeitete und behauptete Spitzenposition als international anerkannter Mobilitätsstandort zu erhalten, müssen Module und Komponenten für die neuen Antriebskonzepte zukünftig wettbewerbsfähig im großindustriellen Maßstab in Deutschland gefertigt werden. Durch die zunehmende Digitalisierung und Vernetzung der Mobilität treten, etwa in Form von Softwareunternehmen oder Start-ups, zudem neue Teilnehmer in den Markt ein.

Infolge nationaler und europäischer Klimaschutzvorgaben wird der Hochlauf der Elektromobilität beschleunigt. Deshalb ist es zentral, eine bedarfssichernde Batteriezellfertigung durch deutsche oder europäische Unternehmen in Europa aufzubauen. Im Bereich Leistungselektronik müssen Softwarekompetenz und systemübergreifendes Wissen aufgebaut werden. Gleichzeitig müssen Kompetenzen im Bereich Verbrennungsmotor erhalten werden, um die Wertschöpfungsketten hier auch bei sinkenden Produktionszahlen auf absehbare Zeit intakt zu halten. Durch den Antriebswechsel kann bis 2030 mit erheblichen Auswirkungen auf die Beschäftigungsstrukturen und einem Rückgang des Personalbedarfs insbesondere in der Produktion von Antriebssträngen und im Fahrzeugbau gerechnet werden. Im Rahmen regionaler Kompetenz-Hubs sollen Unternehmen Unterstützung bei der strategischen Personalplanung und der (Re-)Qualifizierung ihrer Beschäftigten erhalten. Arbeitsmarktpolitische Instrumente wie die Erweiterung des Kurzarbeitergelds und der finanziellen Förderung von Qualifizierungsmaßnahmen durch den Staat flankieren den Beschäftigungswandel.

10   Die Zukunft der Mobilität muss gestaltet werden

Selbst wenn durch die COVID-19-Pandemie die Randbedingungen verändert und bisherige Ansätze durchaus hinterfragt werden, behalten die langfristigen Klimaschutzziele 2030 und 2050 ihre Gültigkeit. Mit Blick auf diese Ziele sind deshalb zügiges Handeln und der Wille zur Umsetzung erforderlich, denn die verschiedenen Instrumente wirken zumeist erst mit mehrjähriger Verzögerung. So ist davon auszugehen, dass Maßnahmen, die nach 2021 ergriffen werden, sich nur auf etwa 50 % der Pkw-Flotte bis 2030 auswirken. Technologien müssen zu markttauglichen Produkten entwickelt werden, die für einen beschleunigten Markthochlauf zügig skaliert werden können, was Kosten reduziert und die Wettbewerbsfähigkeit sichert.

Bestehende Strukturen und Systeme müssen Schritt für Schritt an die neuen Anforderungen angepasst werden. Energie- und Mobilitätswende müssen interessenübergreifend und kooperativ gedacht und umgesetzt werden. Sowohl Mobilität als auch Energie sind als Themen hochgradig emotional besetzt, weil sie alle Menschen angehen. Es braucht Prozesse und Formate, in die alle Stakeholder eingebunden sind. An der Stelle bieten von der Politik geförderte Reallabore einen Rahmen, in dem der Realitätscheck vorweggenommen und Stolpersteine aus dem Weg geräumt werden können, bevor neue Mobilitätsanwendungen und -modelle in der Fläche ausgerollt werden.

Die erforderlichen Analysen zur Zukunft der Mobilität basieren häufig auf komplexen und sehr anspruchsvollen Rechenmodellen. Bei der Ermittlung von CO_2-Reduktionspotenzialen im Verkehr fungieren sie beispielsweise als Übersetzer von politischen Maßnahmen in zum Teil sehr breite Zielkorridore. Um den Erfolg der Maßnahmen beim Klimaschutz gewährleisten zu können, sind die Auswirkungen regelmäßig, unabhängig und transparent zu dokumentieren und auszuwerten. Im Sinne einer lernenden Strategie muss bei Zielabweichungen möglichst unbürokratisch und zeitnah nachgesteuert werden. Dies ist umso wichtiger, weil sich Rahmenbedingungen und Erkenntnisse in den Bereichen Verkehr, Mobilität und Energie sowie in der Digitalisierung laufend weiterentwickeln.

Bei allen Aktivitäten, die die Zukunft der Mobilität gestalten helfen, ist es wichtig, dass sie nachhaltig angelegt sind und ökonomische, ökologische und soziale Aspekte ausgewogen berücksichtigen. Dann wird das zukünftige Mobilitätssystem erfolgreich sein und halten was es verspricht: hochwertig, sicher, klimafreundlich und bezahlbar.

Weiterführende Literatur

acatech Studie (2019) Mobilität und Klimaschutz - Gesellschaftliches Problembewusstsein und individuelle Veränderungsspielräume; Eine Umfrage des Instituts für Demoskopie Allensbach im Auftrag von acatech (Hrsg.)

ADAC (Hrsg) (2017) Die Evolution der Mobilität - Eine Studie des Zukunftsinstituts im Auftrag des ADAC

Agora Verkehrswende (Hrsg) (2019) Klimabilanz von Elektroautos. Einflussfaktoren und Verbesserungspotenzial, durchgeführt von ifeu – Institut für Energie- und Umweltforschung Heidelberg GmbH, Berlin

Boston Consulting Group (BCG) für Bundesverband der Deutschen Industrie (BDI) (2018) Klimapfade für Deutschland

Bundesministerium für Umwelt, Naturschutz und nukleare Sicherheit (BMU): Klimaschutzbericht 2018

Bundesministerium für Verkehr und digitale Infrastruktur (2017) Bericht der Ethik-Kommission

Bundesministerium für Verkehr und digitale Infrastruktur (2016) Nationaler Strategierahmen über den Aufbau der Infrastruktur für alternative Kraftstoffe als Teil der Umsetzung der Richtlinie 2014/94/EU

Bundesregierung (2019) Masterplan Ladeinfrastruktur der Bundesregierung. Ziele und Maßnahmen für den Ladeinfrastrukturaufbau bis 2030

Bundesverband der Energie- und Wasserwirtschaft (BDEW) (2020) Aktuelle Erhebung aus dem BDEW-Ladesäulenregister: München wird neue Hauptstadt der Ladepunkte. Bundesweit rund 24.000 Ladepunkte – Zuwachs von 50 Prozent innerhalb eines Jahres (Pressemitteilung vom 10.01.2020)

Lemmer K (Hrsg) (2016) Neue autoMobilität – Automatisierter Straßenverkehr der Zukunft (acatech STUDIE). Herbert Utz Verlag GmbH, München

Lemmer K (Hrsg) (2019) Neue autoMobilität II. Kooperativer Straßenverkehr und intelligent Verkehrssteuerung für die Mobilität der Zukunft (acatech STUDIE). utzverlag GmbH, München

Nationale Plattform Zukunft der Mobilität (2019a) Zwischenbericht der Arbeitsgruppe Klimaschutz im Verkehr: Wege zur Erreichung der Klimaziele 2030 im Verkehrssektor

Nationale Plattform Zukunft der Mobilität (2019b/2020) Kurzbericht der Arbeitsgruppe Alternative Antriebe und Kraftstoffe für nachhaltige Mobilität: Elektromobilität. Brennstoffzelle. Alternative Kraftstoffe – Einsatzmöglichkeiten aus technologischer Sicht

Nationale Plattform Zukunft der Mobilität (2019c) Zwischenberichte der Arbeitsgruppe Digitalisierung für den Mobilitätssektor: Digitalisierung für den Verkehrssektor und Handlungsempfehlungen zum autonomen Fahren

Nationale Plattform Zukunft der Mobilität (2019d/2020) Zwischenberichte der Arbeitsgruppe Sicherung des Mobilitäts- und Produktionsstandortes, Batteriezellproduktion, Rohstoffe und Recycling, Bildung und Qualifizierung: Wertschöpfung im Mobilitätssektor und Strategischen Personalplanung und -Entwicklung im Mobilitätssektor

Nationale Plattform Zukunft der Mobilität (2019e) Zwischenberichte der Arbeitsgruppe Verknüpfung der Verkehrs- und Energienetze, Sektorkopplung: Red Flag Bericht 10 % EV-Neuzulassungen, Sofortpaket Ladeinfrastruktur 2019, LNG- und CNG-Strategie im Schwerlastverkehr, Roadmap PtX

Nationale Plattform Zukunft der Mobilität (2019f) Zwischenbericht der Arbeitsgruppe Standardisierung, Normung, Zertifizierung und Typgenehmigung: Whitepaper Aktuelle Entwicklungen und Herausforderungen zur Zukunft der Mobilität

Plattform Lernende Systeme (Hrsg) (2019) Auf dem Weg zu einem intelligenten Mobilitätsraum – Bericht der Arbeitsgruppe Mobilität und intelligente Verkehrssysteme, München

Umweltbundesamt (Hrsg) (2018) Geht doch! Grundzüge einer bundesweiten Fußverkehrsstrategie

Prof. Dr. Henning Kagermann (Fotocredit: acatec/D. Außerhofe)

Prof. Dr. Henning Kagermann ist Vorsitzender der Nationalen Plattform Zukunft der Mobilität (NPM), die unter Federführung des Bundesverkehrsministeriums verkehrsträgerübergreifende Lösungsansätze für eine zukunftsfähige Mobilität erarbeitet. Zuvor leitete er von 2010 bis zur Einsetzung der NPM im September 2018 die Nationale Plattform Elektromobilität (NPE). Er ist zudem Vorsitzender des Kuratoriums der acatech – Deutsche Akademie der Technikwissenschaften, die unabhängige, gemeinwohlorientierte und wissenschaftsbasierte Politik- und Gesellschaftsberatung leistet. Der habilitierte Physiker war ehemaliger Vorstandssprecher der SAP AG.

Mit Innovation das Historische erhalten

Wie Technologie und das Vernetzen der Welt das Restaurieren von Oldtimern erleichtert

Johannes Crepon

1   Der Oldtimer in der deutschen Gesellschaft

Zurück auf den Boden der Tatsachen: Im heutigen Zeitalter, in dem sich vieles nur noch in der digitalen Welt abspielt, schafft ein Oldtimer den Bezug zum echten, materiellen, realen Leben und somit manchmal auch einen Ausgleich. Eine Ausfahrt am Wochenende bringt Ruhe und ermöglicht, das Leben analog zu genießen – ohne Handy, ohne ständige Verbindung zur Außenwelt, sondern einfach nur auf der Straße.

Diese alte Eisen, also Pkw, die mehr als 30 Jahre alt sind, sprechen alle Sinne an. Sei es das Sehen, das durch die Optik wahrscheinlich für die meisten als erster angesprochener Sinn in den Kopf kommt. Auch der Sound eines Oldtimers ist für viele eine sehr sinnliche Beziehung, da oft genug von Gänsehaut gesprochen wird, wenn ein 4-, 6-, 8- oder gar 12-Zylinder-Motor gestartet wird. Durch die echten Materialien wie Stahl, Aluminium und Leder, statt Kunststoff in jeglicher möglichen chemischen Zusammenstellung, kann über die Haptik auch durch das Fühlen der einzelnen Komponenten ein Oldtimer auf sinnlicher Ebene genossen werden. Das zeichnet sich auch beim Geruch ab – Leder, aber auch gerne mal ein wenig Benzin, Öl etc. – man will ja sicher sein, dass sein Fahrzeug lebt! (Nur beim Geschmack könnte es eng werden, wobei dann gegebenenfalls ein kühles Bier am Abend in der Garage mit Freunden oder auf der Terrasse des Ausflugsziels hierfür herhalten kann).

Das Erfüllen eines Kindheitstraums oder auch nostalgische Gedanken sind oft der Auslöser, dass ein Oldtimer angeschafft wird. So hat vielleicht der Großvater ein bestimmtes Fahrzeugmodell gehabt, der Autohändler in der Nachbarschaft den damals unerschwinglichen Porsche oder der coole Onkel einen Ford Mustang. Irgendwann ergibt sich dann die

J. Crepon (✉)
Velocity Automotive GmbH, Unterföhring, Deutschland
E-Mail: j.crepon@velocity-group.de

© Springer-Verlag GmbH Deutschland, ein Teil von Springer Nature 2021
A. Hildebrandt und W. Landhäußer (Hrsg.), *CSR und Digitalisierung,* Management-Reihe Corporate Social Responsibility, https://doi.org/10.1007/978-3-662-61836-3_20

Abb. 1 Mercedes-Maybach. (http://www.mercedes-benz.de/content/germany/mpc/mpc_germany_website/de/home_mpc/passengercars/home/new_cars/mercedes-maybach.html)

Möglichkeit, dass dieser Traum später, wenn auch niemals zu spät, realisiert wird. Und eine gesamte Industrie steht dahinter, um diesen jährlich 3,3 Mrd. Euro starken Markt zu bedienen (BBE-Studie 2013). So pflegen auch die Fahrzeughersteller ihre Geschichte, um beispielsweise neue Modelle vorzustellen (Abb. 1).

2   Emotion ist nicht selbstfahrend

Am Automobil scheiden sich die Geister. Für viele ist es lediglich ein Fortbewegungs-mittel, um von A nach B zu kommen, für einige spielt es aber auch einen größeren Teil im Leben. Oft wird es als Statussymbol gesehen, hat aber auch das Potenzial, in den Lebensmittelpunkt zu rücken.

Viele der großen technologischen Weiterentwicklungen, die sich im Kfz-Bereich gerade in den Vordergrund drängen wie autonomes Fahren, Carsharing etc., stehen der emotionalen Komponente beim Autofahren entgegen. So habe ich zuletzt in einem Testbericht über den neuen BMW M2 gelesen: „Let's hit pause on the driverless tech discussion. The BMW M2 uses hardcore German engineering to form a blockade against the forward march of robot-driven cars." (http://www.pcworld.com/article/3033800/car-tech/bmw-m2-first-drive-exhilarating-tossable-and-thoroughly-driver-full.html).

Auch Walther Röhrl, Rennfahrerlegende und leidenschaftlicher Autofahrer, kann sich nicht vorstellen, jemals die Kontrolle über sein Auto abzugeben (http://www.sueddeutsche.de/wirtschaft/reden-wir-ueber-geld-mit-walter-roehrl-ich-pendle-zwischen-groessenwahn-und-selbstzweifeln-1.2869311?reduced=true).

Noch individueller wird die eigene Passion für das Automobil im Tuningbereich und vor allem mit Oldtimern zum Ausdruck gebracht. Ein Oldtimer ist in vielerlei Hinsicht mit viel Arbeit verbunden und mag für einen unbeteiligten Außenstehenden als Versuch gewertet werden, das Thema Automobil und das Vorhaben, von A nach B zu kommen, mit möglichst vielen Hürden zu belegen. Tropfende Motoren, Getriebe und Hinterachsen, schlechte Fahrwerke, viel Lärm und der Gestank von Benzin – für den einen ein Graus, aber für den anderen die Berechtigung, sich abends mit Freunden in der Werkstatt zu treffen. Hier lässt sich auch wieder das Sprichwort anwenden „Der Weg ist das Ziel". Eine Ausfahrt am Wochenende oder am Abend wird nicht angetreten, weil das Bier am Tegernsee besser schmeckt, sondern weil das Ziel ist, von Oberaudorf über die Tatzelwurmstraße nach Bayrischzell zu fahren, um dann über den Schliersee zum Tegernsee zu kommen; für den einen ein Umweg, für den anderen der Grund überhaupt erst loszufahren.

3 Beruf oder Berufung – und die Generation Y

Beruf und Berufung führen hierbei zu einer Symbiose. Hat das Arbeiten an Kfz heutzutage nur noch wenig mit handwerklicher Arbeit zu tun, sondern bedarf eher ausgiebiger Kenntnisse mit Diagnosegeräten und der allgemeinen Elektronik aktueller Fahrzeuge, so müssen beim Arbeiten an einem Oldtimer noch tatsächliche handwerkliche Fähigkeiten bewiesen werden. Vom Anpassen von Blechteilen über das Einstellen von Motor, Differenzial und Getriebe bis hin zum Anfertigen einzelner Komponenten sind hier andere Kompetenzen notwendig. Daher hat das Arbeiten mit und an Oldtimern für viele in dieser Branche tätigen Menschen mehr mit Berufung als mit Beruf zu tun. Ein hoher Grad an Unberechenbarkeit und die Notwendigkeit zur Improvisation müssen akzeptiert sein und dürfen weniger als Last denn als Herausforderung gesehen werden. In den USA existieren für diesen Bereich sogar eigene Studiengänge (http://www.searchautoparts. com/motorage/training/ohio-technical-college-goes-old-school-restoration-class).

Nun wird für die Generation Y als Charakterisierung angegeben, dass der Beruf als Bestandteil des Lebens eine andere Position einnimmt als er es bei früheren Generationen getan hat und dass an diesen auch andere Ansprüche gesetzt werden. Die Proklamierung der Work-Life-Balance führt dabei dazu, dass die Arbeit pauschal als Belastung gesehen wird, sonst würde keine Balance mit der positiven Life-Komponente entstehen können. Meiner Meinung nach ist das Ziel ein Work-Life-Alignment, also Integration und Akzeptanz der Arbeit im eigenen Leben. In unserer Gesellschaft trägt jeder durch seinen Arbeitseinsatz zum Allgemeinwohl bei, finanziert durch seine Steuern Infrastruktur etc. Dies bedingt, dass das Arbeiten ein notwendiger Bestandteil ist, um Teil der Gesellschaft zu sein. In seinem Beruf die Berufung zu finden, ist wahrscheinlich nur sehr wenigen Menschen vorbehalten. Mit der Emotionalität, die das Thema Oldtimer mit sich bringt, haben jedoch sicherlich ein Großteil der in dieser Branche beschäftigten Personen die Chance, den Work-Teil in Einklang mit der grundsätzlichen Ausrichtung ihres Lebens zu bringen.

4 Online-Initiierung führt zu Offline-Realisierung

Nachdem Eigentümer von Oldtimern auch am digitalen Wandel teilnehmen und sich ihre Begeisterung für das alte Eisen nicht zwangsläufig auch zu einem Stillstand in der Adaption neuer Technologien führt, können auch hier die positiven Effekte mitgenommen werden. Die heutigen Möglichkeiten, sich weit über die früheren Grenzen (geografisch, sozial, kulturell etc.) hinaus mit anderen Menschen vernetzen zu können, ermöglichen auch, dass Eigentümer von Oldtimern sich online vernetzen, um sich über ihre Interessen auszutauschen. Die Gemeinsamkeit mit der Beziehung zu etwas Haptischem schafft es dann sogar, die online geschaffene Verbindung auf eine offline realisierbare Beziehung zu applizieren. So erreicht ein Oldtimer, dass sich Personen mit gleichen Interessen im echten Leben in der Werkstatt zur Restaurierung und Reparatur treffen, oder um ihre Fahrzeuge auf einer Ausfahrt ausführen.

Auch ist das Carsharing keine Erfindung von DriveNow, Car2Go oder anderen Anbietern, sondern wurde schon länger, wenn auch nicht im Massenmarkt und mit einer anderen Perspektive der Initiatoren, praktiziert. Bereits seit einigen Jahren bietet das Unternehmen Automobile Meilensteine Carsharing für Oldtimer an. Natürlich stehen die Fahrzeuge nicht wie bei aktuellen Angeboten am Straßenrand und man kann nicht für 29 Cents die Minute das Fahrzeug für notwendige Kurzstrecken zurücklegen. Bei Automobile Meilensteine ist man kein Kunde, sondern Mitglied in einem Club. Gleichgesinnte können ihren Traum eines Oldtimers realisieren. Denn nicht für jeden beinhaltet der Traum vom Oldtimer die ölverschmierten Hände abends in der Werkstatt – so haben die Mitglieder bei Automobile Meilensteine Zugriff auf 25 verschiedene Fahrzeuge, die erhalten werden und zur Ausfahrt bereitstehen. Somit wird gegebenenfalls nicht nur ein einzelner Traum, sondern es werden gleich mehrere erfüllt. Jedenfalls eint alle Mitglieder die Begeisterung für Fahrzeuge, die ohne Elektroantrieb und zahlreiche elektronische Hilfseinrichtungen den Weg zum Ziel machen.

5 Wertanlage mit Emotion

Bei der aktuellen Zinslage ist das Anlegen von Geld zu attraktiven Konditionen sehr schwer geworden. Alternative Anlageformen wie Immobilien sind daher sehr gefragt, aber auch eben aufgrund ihrer hohen Nachfrage zunehmend weniger lukrativ. Eine noch nicht völlig erschlossene Form der Anlage ist das Investieren in Oldtimer. Autos bzw. Oldtimer als Luxussammelobjekte hatten zwischen dem vierten Quartal 2013 und dem vierten Quartal 2014 eine Wertsteigerung von 16 %, und sogar von 487 % zwischen dem vierten Quartal 2004 und dem vierten Quartal 2014 (http://content.knightfrank. com/research/83/documents/en/wealth-report-2015-2716.pdf, S. 62). Hier werden mittlerweile Fonds angeboten, in die investiert werden kann und die das Geld dann in ausgewählte Fahrzeuge investieren. Diese Option muss jedoch mit Vorsicht genossen werden, da die Fonds meistens relativ klein sind, teilweise von finanzmarktunerfahrenen

Abb. 2 Klassikstadt in Frankfurt. (http://www.klassikstadt.de/klassikstadt/stellplatz/)

Personen initiiert werden und aufgrund der geringeren Größe meistens geschlossen und weniger stark reguliert sind als offene Fonds.

Als Alternative besteht aber immer noch die Möglichkeit, selbst in ein Fahrzeug zu investieren. Hierbei ist dann auch der emotionale Aspekt größer, da das Fahrzeug als Investitionsgut auch zum Fahren verwendet werden kann. Dadurch steigt jedoch mitunter der Aufwand, da die Investition nicht nur durch das Überweisen des Gelds getätigt wird, sondern das Fahrzeug entsprechend erhalten werden muss. Somit dürfen die beteiligten Kosten durch Unterstellung und Instandhaltung nicht in der Kalkulation außen vor gelassen werden. Aber auch hier gibt es einige Optionen. So bieten verschiedene Anbieter, wie zum Beispiel die Klassikstadt in Frankfurt, die Möglichkeit, sein Fahrzeug mit Fullservice-Angebot unterzustellen. Das Fahrzeug ist somit geschützt untergebracht, wird gewartet und steht bei Bedarf für eine Ausfahrt bereit (Abb. 2).

Somit wird das Unterfangen eigener Oldtimer kalkulierbarer, was für eine Investition unerlässlich ist. Viele Geschäftsmänner realisieren sich somit einen Traum und kombinieren das mit dem Investieren ihres Gelds.

6 Die Vision der weltweiten Vernetzung

Mit meinem Unternehmen, der Velocity Automotive GmbH, vertreibe ich Ersatz- und Zubehörteile für amerikanische Fahrzeuge in Europa. Bei den bedienten Fahrzeugen handelt es sich um alle Modelle, die nie offiziell in Europa verkauft wurden und somit von der konventionellen Ersatzteilversorgung nicht ausreichend versorgt werden. Das Sortiment erstreckt sich dabei von normalen Verschleißteilen für aktuelle Fahrzeuge, über Originalteile für zum Beispiel Instandsetzungen nach einem Unfall, über Zubehör- bzw. Tuningteile bis eben hin zu Restaurationsteilen für Oldtimer. Wir vertreiben die Teile primär online und verschicken europaweit.

Oldtimer wie auch die Ersatzteile dazu können überall auf der Welt verteilt gefunden werden. Der Fund einer bzw. mehrere Scheunen voll mit seltenen Oldtimern und Sammlerstücken hat Ende 2015 für Aufsehen gesorgt. Über 60 Fahrzeuge mit einem Schätzwert von 12 bis 15 Mio. Euro wurden nach 40 Jahren in einer französischen Scheune gefunden (http://www.telegraph.co.uk/cars/news/barn-find-collection-is-history-in-the-making/). Aber nicht nur komplette Fahrzeuge tauchen so mehr oder weniger unerwartet wieder auf. Auch viele Ersatzteile schlummern in Scheunen, Werkstätten oder alten Autohäusern. Und selbst die nicht mehr als verschollen geltenden Teile, die von vielen kleinen Händlern versucht werden zu verkaufen, schaffen es meistens nicht in den Wahrnehmungsbereich der Personen, die das entsprechende Teil benötigen.

Meine Vision ist daher, dass auf einer Plattform zunehmend alle Teile (Originalteile wie auch Gebrauchtteile) erfasst und katalogisiert werden. Das Katalogisieren erfolgt dabei in einem standardisierten Datenformat. Der Vorteil eines Datenstandards im Allgemeinen ist die einheitliche Strukturierung der Daten, die somit von verschiedenen Teilnehmern bearbeitet, aber immer durch das einheitliche Format zentral gespeichert und verarbeitet werden können. Es können somit auch neue, reproduzierte Teile auf dieser Plattform, zusammen mit den originalen oder gebrauchten Teilen gelistet werden.

Das Vernetzen von Herstellern, Händlern und Kunden stellt eine großartige Chance für alle Beteiligten dar. In der Wertschöpfungskette, wie sie sich in den letzten Jahrzehnten entwickelt hat, verkauft der Hersteller an einen Zwischenhändler, der meist als Großhändler an einen weiteren Händler verkauft, der dann letztlich an den Endverbraucher verkauft. Somit kann sich ein Konstrukt entwickeln, das mehrere Handelsstufen benötigt, um das Produkt vom eigentlichen Hersteller zum Kunden zu bringen. Ohne Internet und moderne Möglichkeiten zur Kommunikation hatte ein solches System seine Existenzberechtigung und war notwendig, um auch weit entfernte Kunden bedienen zu können. Was ist aber heute noch weit entfernt? Es wäre um einiges effizienter, wenn der Kunde mit seinen Fragen direkt an den Hersteller herantreten kann. Dabei muss es kein direkter Kontakt sein, aber über eine standardisierte Datenstruktur kann der Kunde seine Frage an das System übergeben. Für den Hersteller des entsprechenden Produkts wird diese Kontaktaufnahme nicht als direkter Kontakt mit dem Kunden angesehen, sondern es bedeutet für ihn, dass die Beschreibung seines Produkts unzureichend ist, um für den Kunden alle Fragen klären zu können. Letztlich kennt der Hersteller sein Produkt am besten und kann von daher etwaig aufkommende Fragen am besten beantworten (Abb. 3).

6.1   Disruption einer ineffizienten Vertriebsstruktur

Ich sehe darin eine Disruption der klassischen Vertriebsstrukturen. Man hört generell das gleiche Problem aus vielen Branchen, dass die Beratung bei einem Händler in Anspruch genommen wird, der Kauf letztlich aber bei einem anderen erfolgt, der das Produkt potenziell günstiger oder mit einer besseren Verfügbarkeit anbietet. Hieraus ergibt sich eine Ineffizienz im Markt. Die Händler versuchen, mit den vom Hersteller zur Verfügung

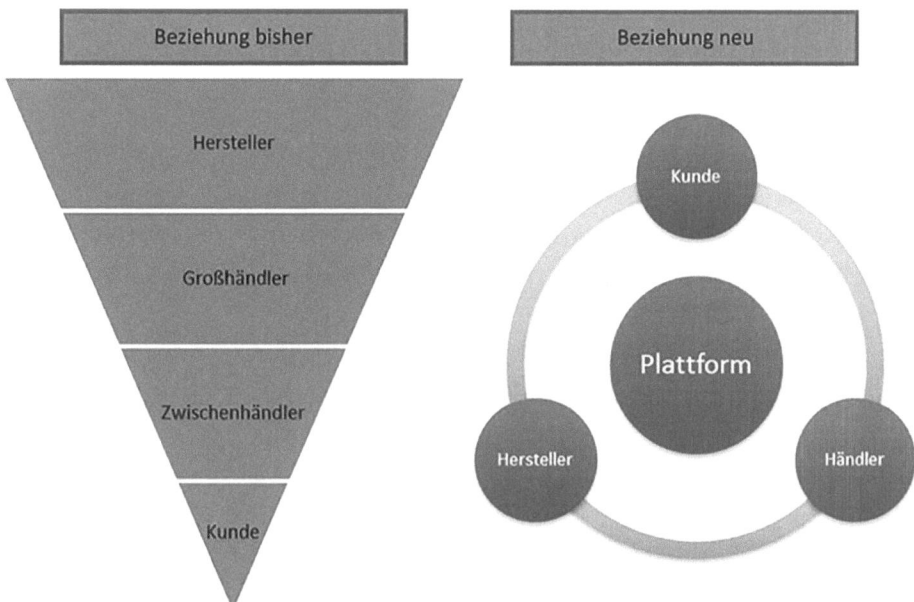

Abb. 3 Disruption der klassischen Handelsstufen

gestellten Informationen den Kunden zu beraten, um einen Verkauf zu erreichen. Erstens ist hierbei nicht die Unabhängigkeit des beratenden Händlers gewährleistet, da dieser auf der einen Seite nicht unbedingt einen Überblick über alle im Markt befindlichen Produkte hat und auch nicht alle Produkte ausreichend getestet hat, um zu diesen eine gleichwertige Beratung geben zu können. Auf der anderen Seite hat der Händler gegebenenfalls Anreize, die nicht im Sinn des Kunden sind, da er Produkte mit seiner höchsten Marge verkaufen möchte. Zweitens bemühen sich die Händler unterschiedlich stark um die Kundenberatung. Händler, die mehr Zeit in die Beratung investieren, müssen diese Investition in der Regel durch höhere Preise kompensieren. Daraus resultiert somit oftmals die Situation, dass Beratung und Kauf eines Produkts bei unterschiedlichen Händlern erfolgt, nachdem der Kunde unter Umständen bei der Beratung nicht zwangsläufig eine unabhängige, objektive Beratung erfahren hat.

6.2 Kein Marktplatz – eine zentrale Informationsverwaltung

Eine zentrale Plattform würde hier einige Probleme lösen und Vorteile für alle Beteiligten bringen.

Kunden haben eine unabhängige Plattform, auf der sie sich selbst (oder aber auch immer noch über einen Händler) beraten lassen können. Dadurch, dass die Informationen durch den jeweiligen Teilehersteller eingestellt werden, ist anzunehmen, dass die

Informationen die bestmögliche Qualität haben, da jeder Hersteller versucht, sein Produkt am Markt zu etablieren. Durch eine einheitliche Datenstruktur wird jedoch eine Vergleichbarkeit erreicht, die es dem Kunden jederzeit erlaubt, eine Entscheidung zu treffen, die am besten auf seine Bedürfnisse zugeschnitten ist. Wo vorher jeder Hersteller selbst Informationen zur Verfügung gestellt hat, die nach seiner eigenen Struktur abgebildet werden, schafft eine zentrale Verwaltung dieser Informationen eine Vergleichbarkeit dieser Daten. Darüber hinaus können in einer rein relationalen Struktur die Relationen selbst auch beschrieben werden. Werden die Artikel zum Beispiel mit Attributen definiert (Farbe, Material, Dimensionen, Funktionen etc.), können auch die Attribute selbst beschrieben werden, sodass ein Kunde einschätzen kann, wie sich die unterschiedlichen Ausprägungen zu einem Attribut auf seine Kaufentscheidung auswirken.

Für die Händler lassen sich aus den Vorteilen der Kunden bereits die eigenen Vorteile ableiten. Eine der größten Aufwendungen entsteht durch die Verarbeitung und Aufbereitung von Produktdaten. Dieser Arbeitsaufwand würde komplett entfallen, dahin gehend natürlich aber auch die Möglichkeit zur Differenzierung gegenüber Wettbewerbern. Die vielen kleinen Teilehändler, die sich gerade im hochspezialisierten Oldtimermarkt etabliert haben, können über eine solche Plattform jedoch ihre Reichweite enorm vergrößern. So kann zum Beispiel ein seltenes Teil, das in Schweden lagert, genau den Bedarf eines Restaurateurs in Deutschland befriedigen.

Als Hersteller bietet die Plattform fast ausschließlich Vorteile. Jeder Hersteller muss, um seine Produkte verkaufen zu können, diese beschreiben und mit entsprechenden Details belegen. Dieses Beschreiben kann in dieser Plattform vorgenommen werden. Die Daten werden in einem standardisierten Format abgespeichert. Für den Hersteller ist es möglich, diese Daten zu exportieren und an andere Geschäftspartner zu übergeben. Neben der vereinfachten Datenaufbereitung, Datenvorhaltung und Datendistribution bietet die Kommunikation mit den Kunden den direktesten Draht zu den Personen, die für das Produkt begeistert werden sollen und deren Zufriedenheit erreicht werden will. Durch die Ermöglichung der direkten Kontaktaufnahme zwischen Hersteller und Kunde kann ohne einen Zwischenhändler die Kundenzufriedenheit sichergestellt werden. Des Weiteren ermöglicht die Interaktion der Kunden mit der Plattform Auswertungen zur Marktstrukturierung und auch Opportunitäten für Produkte, die noch nicht existieren.

Durch Kollaboration unterstützen alle Beteiligten die Plattform für die Zukunft. Im Oldtimergewerbe ist der Markt geprägt von einer hohen Bereitschaft zur Auseinandersetzung mit dem Thema und auch der Kundenlebenszyklus ist mit mindestens ein bis zwei Jahren wesentlich länger als in anderen Branchen.

6.3   Virtual Reality, Machine Learning und semantisches Web

Das zentrale Halten von Daten kann darüber hinaus den Einsatz innovativer Technologien ermöglichen. Machine Learning, wie es von Google als repräsentativstes Beispiel praktiziert wird, beschreibt die Fähigkeit, dass aufgrund von Daten und der Interaktion

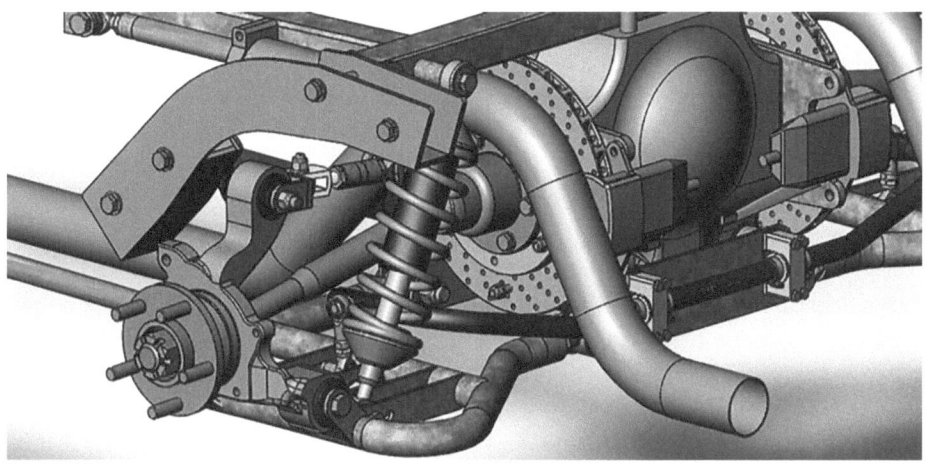

Abb. 4 Technische Zeichnung Einzelradaufhängung Ford Mustang 1964–1970

von Nutzern mit diesen Daten, die Maschine bzw. der Computer selbstlernende Funktionen und Fähigkeiten entwickelt. Hieraus ergeben sich verschiedene Einsatzmöglichkeiten. So kann die Beratung optimiert werden, indem die Bedürfnisse des Kunden erkannt und dazu passende Produkte gefunden werden. Auch zum Beispiel durch die Beschreibung von Symptomen wie Geräuschen an bestimmten Bauteilen etc. kann erkannt werden, welche Art Reparatur notwendig ist. Machine Learning bietet auch die Möglichkeit zur Analyse von Bildern. So können zum Beispiel Baugruppen eines Fahrzeugs fotografiert werden, wenn hier Bauteile fehlen oder Fehler bzw. notwendige Reparaturen identifiziert werden sollen. Die Möglichkeiten sind sehr weitreichend und fallen alle zurück auf die Tatsache, dass Daten das Öl des 21. Jahrhunderts darstellen.

Auch das Thema Virtual Reality hält Einzug beim Oldtimer. So können ausgiebige Dokumente von fertig restaurierten Oldtimern das Restaurieren weiterer Fahrzeuge erleichtern. Auch für den Teilehandel ergeben sich neue Möglichkeiten. Mit einer 360-Grad-Ansicht eines Innenraums, in dem viele Zubehörteile verbaut sind wie Lenkräder, Sitze, Mittelkonsolen etc., kann ein potenzieller Kunde einen Eindruck erhalten, wie die Produkte fertig montiert aussehen (Abb. 4).

7   Von der Assembly-Line zur 3-D-Druck-Technologie

Die Automobilbranche hat viele Produktionsinnovationen ausgelöst. Henry Ford gilt als Erfinder der Fließbandfertigung bzw. hat diese in seiner Fabrik erstmals 1913 so installiert, dass der volle Mehrwert ausgeschöpft werden konnte (Ford 1952, S. 48 ff.). In der Zwischenzeit haben sich zahlreiche weitere Verfahrensweisen etabliert, wie die Just-in-time-Verfügbarkeit von Waren am Fließband und die Plattformtechnologie.

3-D-Druck ist in der Automobilbranche auch schon seit einigen Jahren im Einsatz; dabei jedoch primär im Prototypenbau und war bis zuletzt, aufgrund der Neuartigkeit der Technologie, kleineren Unternehmen noch nicht zugängig. Mittlerweile hat sich die Verfügbarkeit weiterentwickelt und die Maschinen und Verfahren sind erschwinglicher geworden. Die Firma Local Motors aus den USA druckt bereits ganze Autos im 3-D-Drucker und kann somit Design- und Funktionsänderungen nach jedem Druck direkt umsetzen, ohne aufwendig Formen ändern zu müssen oder Einzelteile in Handarbeit neu anzufertigen (http://www.searchautoparts.com/automechanika-chicago/commitment-training/how-close-are-3d-printed-auto-parts?cid=95879). Die Vision von Local Motors ist die Errichtung von zahlreichen „microfactories", die primär aus einem 3-D-Drucker bestehen, um das vom Kunden gewünschte Auto dezentral, auf Bestellung drucken und ausliefern zu können (http://www.searchautoparts.com/aftermarket-business/newsmaker/international-newsmaker-q-john-b-rogers-jr).

Zwischenzeitlich kann der Vorteil des 3-D-Drucks, die verhältnismäßig günstige Produktion von Einzelstücken, auch in der Oldtimerbranche angewendet werden. So können defekte Ersatzteile eingescannt, digital repariert und als Neuteil wieder ausgedruckt werden. Und das mittlerweile in verschiedensten Materialien – in Kunststoff, Metall aber auch flexiblen Stoffen. Ersatzteile für Oldtimer wurden bisher in der Reihenfolge der Notwendigkeit und des Bedarfs reproduziert. So sind für fast alle Fahrzeuge technische Bauteile wie Komponenten für Bremse und Fahrwerk verfügbar. Jedoch erstreckt sich das Angebot eben nicht auf vielerlei Produkte im Innenraum oder Zierelemente an der Karosserie, da für herkömmliche Produktionstechniken die notwendigen Stückzahlen nicht ausreichend nachgefragt sind. Hier wird mit innovativen Technologien wie dem 3-D-Druck in Zukunft auch die Produktion von Ersatzteilen in geringen Stückzahlen möglich sein. Das Geschäft mit den Ersatzteilen haben auch schon etablierte Zulieferer in der Kfz-Branche für sich erkannt. So liefert ein Hamburger Unternehmen für pauschal 350 EUR jedes beliebige Ersatzteil, auch wenn die Einschränkungen aktuell noch eine Größe von weniger als einem Din-A-4-Blatt vorgeben und das Material lediglich Temperaturen bis maximal 100 °C verträgt.

So könnten auf der Plattform für Oldtimerteile auch 3-D-Modelle von Ersatzteilen angeboten werden. Der Nutzer kann also entscheiden, ob er das Teil bestellen möchte oder es sich mit seinem heimischen 3-D-Drucker direkt selbst ausdruckt.

3-D-Druck hält aber auch im Privat- und Hobbybereich Einzug. Es geht bereits so weit, dass ganze Klassiker nachgedruckt werden, wie es gerade Ivan Sentch macht und sich seinen eigenen 1961 Aston Martin DB4 baut (Abb. 5; http://www.wired.com/2013/07/3d-printed-aston-martin/).

Auch Jay Leno, primär Entertainer und Moderator der Tonight Show auf dem amerikanischen Sender NBC, gilt als automobilverrückt. Über 200 Autos und Motorrädern in seiner persönlichen Sammlung und ein eigener Werkstattbetrieb, um all diese Fahrzeuge instand zu halten und auch neu zu restaurieren, sind Beleg genug. Und auch

Abb. 5 1961 Aston Martin DB4 aus dem 3D-Drucker. (http://resources3.news.com.au/images/2014/03/19/1226859/465175-a9457494-ae5b-11e3-b528-7118e9d3158e.jpg)

in Lenos Garage findet man Technologie des 21. Jahrhunderts mit 3-D-Druck und computergesteuerten Fräsen und Waterjet-Schneidemaschinen. Das älteste Fahrzeug aus seiner Sammlung ist aus dem Jahr 1906 und somit über 100 Jahre älter als die Technologie, die angewendet wird, um es kontinuierlich zu reparieren (http://www.wsj.com/articles/SB10001424127887324866904578517090180869864).

Die Velocity Automotive GmbH kooperiert in diesem Bereich mit einem Münchner 3-D-Scan-Unternehmen und der Technischen Universität (TU) in München und dessen MakerSpace. Zusammen mit der Firma Descam 3D Technologies GmbH in München läuft gerade ein Versuchsprojekt, um das Potenzial von 3-D-Druck in der Anfertigung von Produkten im automobilen Tuning- und Oldtimerbereich in niedriger Stückzahl zu testen. Der MakerSpace ist eine Gesellschaft der TU München und bietet mit ihrem Maschinenpark Unternehmen aber auch Privatpersonen die Möglichkeit, Prototypen mit hochwertigen Maschinen zu konstruieren und zu bauen. So stehen neben Schweißgeräten, computergesteuerten Sägen, Fräsen und Drehbänken auch mehrere 3-D-Drucker sowie ein Lasersinter-Drucker, der in höchster Präzision zuvor in 3-D-modellierte Gegenstände produzieren kann, zur Verfügung. Das erste Projekt ist aktuell nicht im Oldtimerbereich angesiedelt, sondern soll für einen 2016 Ford Mustang ein Zierelement konstruieren, um eine alternative Abgasanlage verbauen zu können (Abb. 6).

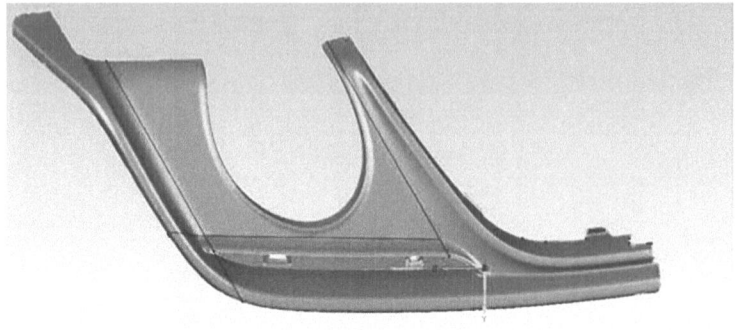

15

Abb. 6 Velocity 3-D-Modell eines Karosserie-Zierelements (Velocity Automotive GmbH)

8   Digitale Produkte für Oldtimer

Sobald Passion für ein Thema auftritt, gibt es Potenzial für gegensätzliche Sichtweisen. Dieses Potenzial ist auch in der Oldtimerbranche allgegenwärtig. Nicht nur kann es sein, dass man das „falsche" Fahrzeug fährt, auch innerhalb der gleichen Gruppierung führt eine unterschiedliche Tendenz persönlicher Präferenzen zu Meinungsverschiedenheiten mit anderen Enthusiasten. Ein großes Thema ist hier die als Concours korrekt beschriebene originalgetreue Restauration eines Oldtimers. Bei dieser Form der Restauration wird bei allen Arbeiten darauf geachtet, dass jede Schraube aus dem richtigen Material ist, inklusive korrekten Markierungen etc. Auch Aufkleber werden wieder an den originalen Stellen angebracht, mit dem Ziel, dass das Fahrzeug am Ende der Arbeiten einem werksneuen Fahrzeug entspricht. Fahrzeuge dieser Gruppierung haben sicherlich einen höheren Werterhalt durch ihren originalen Zustand, kommen dafür aber nicht in den Genuss vieler Produkte, die das Besitzen eines Oldtimers angenehmer machen. Ohne den optischen Charme eines Oldtimers einzuschränken, bietet der Markt zahlreiche Produkte, um doch an der einen oder anderen Stelle den technischen Fortschritt einziehen zu lassen. Auch wir haben uns darauf spezialisiert, neben der Ermöglichung einer originalgetreuen Restauration, den Kunden mit verschiedenen Produkten den eigenen Oldtimer in verschiedenen Bereichen zu modernisieren. Ein beliebtes Beispiel sind hier Radios in klassischer Optik, jedoch mit modernen Funktionen wie der Möglichkeit zur Kopplung mit Bluetooth-Geräten oder dem Anschluss von iPhone und iPod. Auch in der Fahrzeugtechnik selbst können Optimierungen durch moderne Zündsysteme vorgenommen werden, die neben einem zuverlässigeren Starten des Motors auch noch mehr Leistung generieren und den Verbrauch bzw. die Emission reduzieren. Weitreichendere Veränderungen, die dann auch tatsächlich dem Oldtimer etwas seine historische Note nehmen, sind Umbauten, durch die der Motor eines modernen Fahrzeugs in die Karosserie eines Oldtimers gesetzt wird. Auch hier bringt der Umbau viele Vorteile durch mehr Zuverlässigkeit, Leistung, Sauberkeit etc., wobei für den einen oder anderen dann der Verlust des obligatorischen Öltropfens am tiefsten Punkt der Ölwanne fehlt, um das volle Oldtimerfeeling zu erhalten. Dafür können mit einem OBDII-Auslesegerät der aktuelle Öldruck, Verbrauch und weitere Kennzahlen des Motors ermittelt werden. Moderne Technik im klassischen Kleid.

Meiner Meinung nach schließen sich technologischer Fortschritt und die Faszination Oldtimer nicht aus. Vielmehr kann der technologische Fortschritt genutzt werden, um Oldtimer zu erhalten und der Gesellschaft breiter zugänglich zu machen und die Nachhaltigkeit, die durch Oldtimer vermittelt wird, somit langfristig aufrechterhalten – durch neue, teilweise disruptive Technologien.

Literatur

BBE-Studie (2013) Wirtschaftsfaktor Young- und Oldtimer
Ford H (1952) Erfolg im Leben. Paul List, München

Johannes Crepon
(Fotocredit: Velocity
Group/Velocity Auto-
motive GmbH)

Johannes Crepon gründete 2005 im Alter von 17 Jahren die Velocity Automotive GmbH und hat diese in den vergangenen zehn Jahren zum Branchenmarktführer etabliert. Die Velocity Automotive GmbH ist in einem Nischenmarkt tätig und vertreibt Kfz-Teile für amerikanische Fahrzeuge in Europa. Spezialisiert ist das Unternehmen auf klassische Muscle-Cars sowie moderne Importfahrzeuge wie den Ford Mustang, Chevrolet Camaro und Dodge RAM Truck. Es werden somit ausschließlich Fahrzeuge bedient, die nie offiziell in Europa verkauft wurden und somit von der konventionellen Ersatzteilversorgung ausgeschlossen sind. Dabei wird von normalen Ersatz- und Verschleißteilen über Accessoires und Zubehör vor allem aber auch der Bedarf an Restaurationsteilen bedient, der von kleinen Schrauben bis zu gesamten Rohkarosserien reicht. Johannes Crepon wurde 1988 in München geboren. Im Anschluss an einen einjährigen USA-Aufenthalt gründete er seine Firma noch vor dem Abschluss des Abiturs. Es folgte, parallel zur Selbstständigkeit, ein berufsbegleitendes Studium mit einem Bachelorstudiengang in Business-Administration sowie einem Masterstudiengang in Innovations- und Technologiemanagement, das er 2016 als Jahrgangsbester abschloss. Seine Freizeit genießt er mit dem Mountainbike in den Bergen.

.

Teil IV
Handel und Konsumgüter

Digitalisierung im Handel – das 360-Grad-Omnisales-Modell als Lösungsansatz

Franz-Michael Binninger, Karl Peter Fischer, Andreas Schöler und Axel Steuernagel

1 Veränderung als systemimmanenter Faktor des Handels

Kaum eine Branche ist so stark von strukturellen Veränderungen und einer Dynamik der Betriebs- und Vertriebstypen geprägt wie der Handel (vgl. dazu Zentes et al. 2012, S. 309 ff.). So hat sich die Handelslandschaft in den letzten Jahrzehnten zum Teil radikal verändert. Zum einen lag dies an einem zunehmenden Preis- und Wettbewerbsdruck, überwiegend verursacht durch das Selbstbedienungsprinzip oder die Discounter, zum anderen an nachhaltigen Veränderungen im Konsumentenverhalten. So haben sich – diesen Trends folgend – stets neue Betriebsformen entwickelt, zum Beispiel Verbrauchermärkte, Fachmärkte, Discountmärkte und Shoppingcenter, die sich branchenprägend und dominant etablieren konnten. Es gab aber auch Verlierer, zum Beispiel Warenhäuser oder der

F.-M. Binninger (✉)
Institut für Handelsmanagement, Hochschule für angewandtes Management, Ismaning, Deutschland
E-Mail: franz-michael.binninger@fham.de

K. P. Fischer
Markt- & Werbepsychologie und Marketing, Hochschule für angewandtes Management, Ismaning, Deutschland
E-Mail: peter.fischer@fham.de

A. Schöler
Konsumentenpsychologie und Dienstleistungsmanagement, Hochschule für angewandtes Management, Ismaning, Deutschland
E-Mail: andreas.schoeler@fham.de

A. Steuernagel
E-Business und Unternehmensführung, Hochschule für angewandtes Management, Ismaning, Deutschland
E-Mail: axel.steuernagel@fham.de

© Springer-Verlag GmbH Deutschland, ein Teil von Springer Nature 2021
A. Hildebrandt und W. Landhäußer (Hrsg.), *CSR und Digitalisierung,* Management-Reihe Corporate Social Responsibility, https://doi.org/10.1007/978-3-662-61836-3_21

nicht filialisierte Fachhandel (vgl. Deppe 2015). Allerdings fanden diese Veränderungen in einem moderaten Tempo und in einer meist eindimensionalen, analogen Welt statt. Der Erfolg dieser Betriebstypen ist im Kern auf eine Vereinfachung der Prozesse und einer Reduktion der Komplexität entlang der gesamten Wertschöpfungskette zurückzuführen (vgl. Brandes 1999, S. 187 f.). Darüber hinaus haben veränderte Einstellungen zum Einkauf und zum Thema Mobilität in Verbindung mit dem demografischen Wandel insbesondere den stationären Handel und damit auch die (Innen-)Städte zum Teil stark verändert (BMVBS 2011). Dieser Effekt wird zudem verstärkt durch eine hohe Internetaffinität bestimmter Sortimentsbereiche in den Innenstädten (Stepper 2015, S. 186). Zunehmende Onlineangebote tragen so zum Verlust der Attraktivität der Innenstädte bei. Dabei trifft der Frequenzverlust durch den Onlinehandel alle Städte – unabhängig von der Größe (IFH 2015b). Diese Entwicklung wurde seit der Jahrtausendwende durch die fortschreitende Digitalisierung nicht nur gefördert, sondern zum Teil dramatisch beschleunigt.

Durch die Digitalisierung und die daraus resultierenden ubiquitären Einkaufsmöglichkeiten ist die Einkaufswelt für den Kunden und für den Händler gleichermaßen multidimensional geworden, was die Herausforderungen für den Handel insgesamt viel komplexer werden lässt (vgl. IFH 2015a; Institut für Demoskopie Allensbach 2012; ECC Köln 2014, 2015). Ein verändertes Konsumentenverhalten mit einem hohen Grad an Individualisierungswünschen erhöht die Variantenvielfalt und nimmt erheblichen Einfluss auf die Sortimentsgestaltung des Handels (vgl. Nitt-Drießelmann 2013, S. 45 f.). Aus dem Anspruch heraus, eine hohe Beratungsqualität zu bieten und auf individuelle Kundenwünsche einzugehen, geht im Handel oft auch eine Komplexität in der Leistungserbringung einher. Die Antwort auf komplexe Sachverhalte heißt aber nicht die Schaffung noch komplexerer Prozesse, sondern vielmehr Vereinfachung. Die Herausforderung heißt, Kundenwünsche zu erfüllen und dabei entstehende unternehmensinterne Komplexitätsfaktoren erkennen, vermeiden, verringern und beherrschen zu können.

Ferner kommt hinzu, dass es durch die Digitalisierung zu einer deutlichen Erhöhung verfügbarer Informationen nicht nur auf der Kundenseite, sondern auch auf der Händlerebene gekommen ist. So hat beispielsweise die Einführung von Scannerkassen oder Kundenkarten dazu beigetragen, dass deutlich mehr Informationen über die Kunden verfügbar sind (vgl. Bonacina 2015, S. 19). Nicht zuletzt dadurch ist die Kunde-Händler-Beziehung in ihrer Komplexität durch die Digitalisierung deutlich gewachsen.

Insgesamt bewegt sich der Handel damit in einem Spannungsfeld zwischen Bedarfssog (Needs Pull) und Technologiedruck (Technology Push), was Abb. 1 verdeutlicht.

2   Herausforderungen für den Handel im digitalen Zeitalter

Insbesondere die jüngere Entwicklungsgeschichte des Handels zeigt die Notwendigkeit zum aktiven Change-Management auf. Allerdings ist der aktuelle Wandel vom Single- oder Multichannel-Einzelhändler zum digital geprägten Omnichannel-Händler

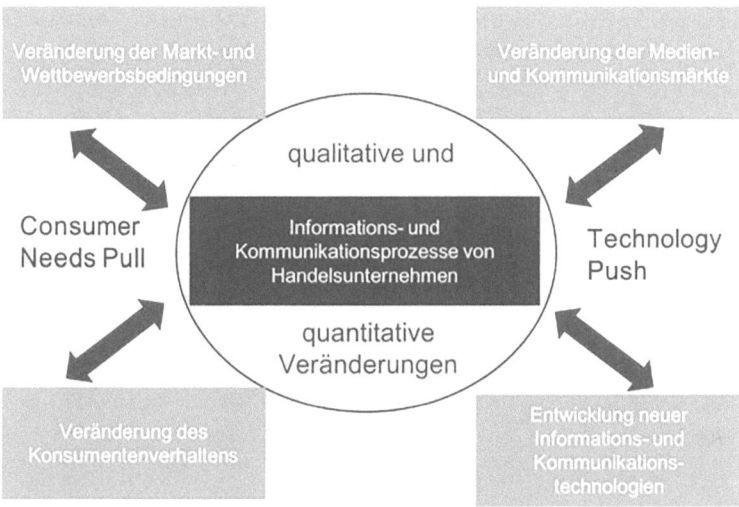

Abb. 1 Einflussfaktoren auf die Informations- und Kommunikationsprozesse von Handelsunternehmen. (Quelle: eigene Darstellung in Anlehnung an Schmieder 2010, S. 70)

hinsichtlich Geschwindigkeit und Radikalität einzigartig. Diese Fakten werden auch nicht dadurch abgeschwächt, dass auch andere Branchen wie Medien, Tourismus und Banken massiv davon betroffen sind (vgl. Brock und Bieberstein 2015).

2.1 Die fünf Kräfte des digitalen Wandels im Handel

Zur Bewertung der aktuellen Situation im deutschen Handel eignet sich der klassische Five-Forces-Ansatz von Porter, der folgende fünf Wettbewerbskräfte identifiziert: Substitutionsprodukte, bisherigen Wettbewerb, neue Wettbewerber, Konsumenten- und Lieferantenmacht (vgl. Porter 2013). In Bezug auf die aktuellen Herausforderungen, die durch die Digitalisierung entstehen, lassen sich abweichend zu Porter dabei zunächst zwei Besonderheiten festhalten:

1. *Gleichzeitigkeit des Wandels:* Ein typisches Szenario aus vergangenen Zeiten sieht vor, dass zum Beispiel mit den Discountern neue Handelsformate auftreten, Lieferanten- und Konsumentenmacht sich zur gleichen Zeit jedoch nicht fundamental verändern. Zurzeit ist dies anders: Alle fünf Wettbewerbskräfte ändern sich gleichzeitig und fundamental.
2. *Interdependenz und geringere Trennschärfe der Faktoren:* Die fünf Wettbewerbskräfte sind interdependent und schwierig voneinander abzugrenzen. Beispielsweise tritt Amazon zugleich über die Marktplatzfunktion als Kunde und zugleich auch als direkter Wettbewerber des Handels auf. Markenartikler bieten ihre Produkte direkt

über ihre E-Commerce-Plattform an, werden damit zu neuen Wettbewerbern und erhöhen damit gleichzeitig ihre Lieferantenmacht. Neue technologische Innovationen im Social-Media-Bereich werden zugleich zu Substitutionsprodukten (Social Commerce) und Instrumenten des Handels (Social-Media-Marketing) im Wettbewerb.

Um die derzeitigen Herausforderungen des Handels adäquat zu analysieren, ist es deshalb sinnvoll, den Ansatz der Five Forces zu adaptieren:

Die Vielzahl, Radikalität und hohe Geschwindigkeit von Innovationen (Abschn. 2.2), die Konzentration im existierenden Wettbewerb (Abschn. 2.3), das Auftreten von neuen Konkurrenten aus der Start-up-Szene und dem Ausland (Abschn. 2.4), die Entwicklung des direkten Endkundenzugangs der Lieferanten und der damit einhergehenden verstärkten Lieferantenmacht (Abschn. 2.5) und das fundamental veränderte Konsumentenverhalten (Abschn. 2.6).

2.2   Vielzahl, Radikalität und Geschwindigkeit der Innovationen

Die digitalen Veränderungen im Handel mit den Kategorien der klassischen Innovationsforschung differenziert zu beschreiben, fällt schwer. Der Grund dafür ist einfach: Von den klassischen Innovationstypen (vgl. Picot et al. 2012, S. 475; im Anschluss an Henderson und Clark 1990, S. 12) inkrementelle, modulare, architektonische und radikale Innovation ist vor allem die Letztere relevant. Diese zeichnet sich durch signifikante Änderungen am Geschäftsmodell aus und resultiert aus „der Einführung oder Anwendung neuer Technologien, die einen technologischen Durchbruch bedeuten" (Picot et al. 2012, S. 476). Besonders dramatische Auswirkungen besitzen „disruptive Innovationen" (vgl. Christensen 1997), die bestehende, scheinbar etablierte Geschäftsmodelle regelrecht „zerstören". Vielfach sagt man dem Onlinehandel einen grundsätzlich disruptiven Charakter in Bezug auf traditionelle (Offline-)Handelsformen nach („Geschäfte sind Mittelalter. Sie wurden nur gebaut, weil es kein Internet gab", Samwer 2014). Tatsächlich gibt es Nischen, auf die dies zutrifft (Wikipedia vs. Brockhaus), vielmehr zeichnet jedoch sich im Handel die Tendenz zu einer synergetischen Omnichannel-Welt ab.

Da viele der derzeitigen Innovationen radikale Veränderungen auslösen bzw. zumindest disruptives Potenzial besitzen, bietet sich stattdessen eine Unterscheidung in verschiedene funktionale Bereiche im Rahmen der Wertschöpfungskette des Handels an. Das Management im Einzelhandel muss sich auf Innovationen auf verschiedenen Gebieten einstellen:

1. Auf der **Vermarktungsseite** ist längst erkennbar, dass der Konsument verschiedene Informations- und Kaufoptionen nutzt: von Social Media, Suchmaschinen, Marktplätzen, Webshops bis hin zum stationären Handel. Die „Customer Journey" ist gerade in den letzten Jahren deutlich komplexer und intransparenter geworden.

Die Nutzung sozialer Medien für Konsumentenentscheidungen kann sicherlich als Innovation bezeichnet werden, die sich in den letzten Jahren exponentiell verbreitet hat und das Konsumentenverhalten deutlich beeinflusst. Der direkte Verkauf über Social-Media-Kanäle (Social Commerce) und auch die über Social Media generierten Besuche auf E-Shops ist zwar im Vergleich zu SEM- und SEO-Besuchen über Google noch limitiert, der indirekte Einfluss auf die „Customer Journey" durch Meinungs-macher (Content, Influencer-Marketing) ist jedoch stark zunehmend (vgl. Eck 2014, S. 145 ff.).

Interessant für den Vertrieb im Einzelhandel wird die Diffusion der Beacon-Technologie sein, die dem Instore-Marketing eine ganz neue Perspektive gibt (vgl. Stafflage 2016). Hiermit können Ladenbesucher über Produktdetails und spezielle Angebote über ihr Smartphone informiert werden. Die Logik des Internets wird in das Ladengeschäft geholt. Die Vorteile der Informationsvielfalt von reinen Online-händlern werden kompensiert, die „Smartphone Generation" für den stationären Einzelhandel begeistert.

2. Im Bereich der *Handelslogistik* und *Distribution* befinden wir uns wahrscheinlich noch in einer Frühphase des Innovationszyklus im Retail 4.0 (vgl. Affermann und Lange 2016). Neuheiten wie Flugdrohnen wurden bereits technisch entwickelt und militärisch eingesetzt. Auch der Einsatz für die Handelslogistik wurde von Amazon und DHL bereits getestet. Ein breiter Einsatz steht allerdings erst noch bevor. Eine andere radikale Innovation ist der 3-D-Druck, dessen Diffusion und Konsequenzen auf die Supply Chain im Handel noch nicht absehbar sind (vgl. Hoffmann und Oettmeier 2016).

3. Häufig in der Betrachtung vernachlässigt, aber in ihrer Konsequenz nicht zu unter-schätzen, sind Innovationen in der *Unternehmenssteuerung.* Die unter dem Schlagwort „Big Data" bekannten neuen Möglichkeiten der Auswertung von Kunden-informationen (vgl. Schwarz 2015) geben dem Controlling völlig neue Möglichkeiten (vgl. Gleich und Aschenbrücker 2014). Nicht umsonst ist Amazon Marktführer im E-Commerce. Das Unternehmen ist auf eine für den Handel radikale Weise in jeder seiner Entscheidungen zahlengetrieben (vgl. Knop 2015).

4. Innovationen im Bereich *Dynamic Pricing* haben einen signifikanten Einfluss auf die Prozesse in den *Einkaufsabteilungen* von Handelsunternehmen, gerade in der Warenwirtschaft und im Abverkauf. Dynamic Pricing ist bei Onlinehändlern schon lange üblich: Amazon ändert seinen Preis für ein Produkt mehrfach pro Tag (vgl. Grüger 2015, S. 214 ff.). Die eigentliche Innovation dieser Tage findet sich allerdings im stationären Handel: Hier setzen sich gerade elektronische Preisschilder durch und bilden einen Durchbruch im Omnichannel-Management: Elektronischer und stationärer Handel werden eins.

Zusammenfassend lässt sich sagen, dass alle wesentlichen funktionalen Bereiche eines Handelsunternehmens von radikalen Innovationen betroffen sind. Zudem hat die Geschwindigkeit dieser Innovationen in den letzten Jahren massiv zugenommen, was insbesondere auf den hohen Verbreitungsgrad von Smartphones und Tablets zurückzuführen ist.

Gerade angesichts dieser Geschwindigkeit ist die Wandlung eines Handelsunternehmens in eine „innovationsbewusste Unternehmung" zwangsläufig. Diese wird von Picot et al. (in Anlehnung an Gassmann und Sutter 2008) wie folgt beschrieben:

> Die Führungsspitze muss eine Umgebung schaffen, in der die Werte und Verhaltensweisen auf das Hervorbringen von Innovationen ausgelegt sind. Gelingt dies, kann man von einer innovationsbewussten Unternehmenskultur oder Innovationskultur sprechen (Picot et al. 2012, S. 500).

Dies zieht deutliche Veränderungen in der Kultur vieler deutscher Handelsunternehmen nach sich. Werte und Normen in der internen Kommunikation müssen sich vielfach ändern. Letztlich ist es die Aufgabe der Führung, das unternehmerische Verantwortungsbewusstsein ihrer Mitarbeiter zu stärken, wie dies bei erfolgreichen Start-ups üblich ist. Die Veränderung der Kultur ist der Kern der vielzitierten „digitalen Transformation" in der deutschen Handelslandschaft. Die Einführung der Position eines Chief Digital Officers als „Enabler" der Transformation (vgl. Zisler et al. 2016) ist hierbei nur eine Maßnahme. Der Ausbildung von Mitarbeitern in digitalen Kompetenzen kommt eine mindestens genauso große Bedeutung zu.

Dies gilt insbesondere für mittelständisch geprägte Handelsunternehmen. Solange Eigentümer und Management über genügend Kompetenz, Commitment und finanzielle Mittel für die Transformation verfügen, sind kleinere Unternehmen häufig schneller im Wandel als Großkonzerne.

Trotz allem grundsätzlichen Optimismus und Vertrauen in die deutsche Handelslandschaft wird die derzeitige Phase allerdings zwangsläufig dazu führen, dass einige Unternehmen vom Markt verschwinden, wodurch zunächst der Konzentrationsprozess weiter verstärkt wird.

2.3   Konzentration im Handel

Konzentration im Handel wurde in der Vergangenheit auf politischer Ebene aus einem ganz anderen Blickwinkel betrachtet als dies eigentlich heute notwendig wäre. Hintergrund ist sicherlich, dass aus Sicht des dafür verantwortlichen Bundeskartellamtes die Konzentration in einzelnen Branchen insbesondere relevant wird, wenn sich Übernahmeprozesse abzeichnen.

Dies war kürzlich wieder anlässlich der Übernahme von Kaisers/Tengelmann durch Edeka ein Thema. Bereits zuvor hatte sich das Bundeskartellamt mit der Konzentration aufgrund von verstärkten Übernahmen in der LEH-Branche befasst und konstatiert, dass die Top 4 des deutschen Lebensmitteleinzelhandels Edeka, Rewe, die Schwarz-Gruppe und Aldi im Jahr 2014 mehr als 85 % des Branchenumsatzes vereinten. Im Jahr 1999 habe es deutlich anders ausgesehen. Damals hätten immerhin acht große Unternehmen nur 70 % des Umsatzes auf sich vereint (Bundeskartellamt 2014, S. 9 f.).

Somit war es keine Überraschung, dass das Kartellamt 2015 gegen die Übernahme von Kaisers/Tengelmann durch den Marktführer Edeka sein Veto einlegte. Die Fusion wurde erst Anfang 2016 durch die Ministererlaubnis von Sigmar Gabriel gestattet. Die offizielle Begründung dafür lautete, dass die 16.000 Arbeitsplätze der angeschlagenen Tengelmann-Gruppe gerettet werden müssten.

Es stellt sich jedoch die berechtigte Frage, ob hinter der Entscheidung nicht auch Standortpolitik stand und das Thema Digitalisierung im Handel eine Rolle spielte.

Inzwischen hat auch die deutsche und europäische Politik verstanden, dass das Kernproblem der Konzentration im Handel kein nationales, sondern ein internationales Thema ist. Nach dem Scheitern von Walmart galt der Einzelhandel lange Zeit als nationale Domäne, ein von ausländischen Unternehmen nicht einzunehmender Markt. Dies hat sich quasi durch die Hintertür verändert. Der heute und sicherlich perspektivisch mächtigste Einzelhändler in Deutschland ist nicht Edeka, auch keiner der Discounter oder die Metro Gruppe, sondern das US-Unternehmen Amazon.

Der Onlinekanal ist dabei, der für den Erfolg eines Handelsunternehmens wichtigste Kanal zu werden. Amazon ist hier klarer Marktführer. Und über den geschätzten Marktanteil im Onlinemarkt von ca. 25 % (vgl. EHI Retail Institute 2016)[1] hinaus besitzt Amazon ein wesentliches Charakteristikum eines marktbeherrschenden Unternehmens: Gerade für viele kleinere Onlineshops ist der Amazon Marktplatz der wesentliche Verkaufskanal. Es bleibt abzuwarten, wie es Amazon gelingt, über stationäre Ladengeschäfte und den verstärktem Angebot von IT- und Logistikdienstleistungen diese Position weiter auszubauen.

Für den Lebensmitteleinzelhandel ergibt sich in dieser Hinsicht eine neue Herausforderung. Amazon ist bereits 1997 mit seinem Lebensmittelangebot *Amazon Fresh* in den USA gestartet, ein Markteintritt in Deutschland ist für 2016 geplant. Die Unternehmen sind alarmiert, den Wandel in Richtung Omnichannel-Retailing massiv zu beschleunigen.

In der deutschen Handelslandschaft existieren grundsätzlich drei Optionen, dem Trend zur Konzentration entgegenzuwirken:

1. Es ist zunächst offensichtlich erkennbar, dass Wirtschaftsverbände und Politik die Herausforderung für die deutsche Wirtschaft inzwischen ernst nehmen und bemüht sind, die Rahmenbedingungen für die Digitalisierung zu verbessern. Dies gilt für schnellere Datenverbindungen, verbesserte Förderung von Innovationen und hoffentlich auch irgendwann einen der Situation angepassten Wettbewerbsschutz.

---

[1]„Belastbare Zahlen für den tatsächlichen Marktanteil von Amazon am deutschen Onlinemarkt in Deutschland zu finden, ist nicht leicht. Hintergrund sind unklare Abgrenzungen des Onlinemarktes (Omnichannel) und die schwere Zurechnung der Umsätze von Amazon im Dienstleistungsgeschäft (vor allem Marktplatz). Amazon hat in seinem Geschäftsbericht für 2015 umgerechnet 10,65 Mrd. EUR Außenumsatz für Deutschland angegeben. Laut der Einschätzung des EHI Retail Instituts entspricht dies einem Marktanteil von ca. 25 %, allerdings gegenüber 11 % in 2008.“

2. Darüber hinaus besteht eine starke Interdependenz mit der zuvor beschriebenen Fähigkeit eines Unternehmens, digitale Innovationen schnell zu vollziehen. Im verstärkten Verdrängungswettbewerb sind der Erwerb von digitalen Kompetenzen auf den verschiedensten Ebenen des Managements, die Schulung der Mitarbeiter und eine innovative Unternehmenskultur von zentraler Bedeutung. Viele Unternehmen laufen Gefahr, diese Entwicklung zu verpassen. Spezialisierte Unternehmensberatungen, aber auch Hochschulen können hier wichtige Hilfestellungen geben.

3. Schließlich besteht für jedes Unternehmen die Option, eine stärkere Nischenstrategie zu verfolgen, um der starken Konkurrenz der deutschen und amerikanischen Konzerne aus dem Weg zu gehen. Die kleine, auf Bioprodukte spezialisierte Supermarktkette hat sicherlich gute Überlebenschancen, gerade wenn sie ihre qualitätsbewusste und loyale Kundschaft auch online mit ihren Produkten beliefern kann.

Damit ist jedoch nicht gesagt, dass diese drei Faktoren existierende Unternehmen begünstigen. Die verstärkte Start-up-Szene in Deutschland konzentriert sich zunehmen auf den Nischenmarkt, bringt das Innovationspotenzial per definitionem mit und wird durch staatliche Initiativen häufig gefördert. Ein existierendes Handelsunternehmen sollte dies sehr genau beobachten und sich auch damit beschäftigen, wie es sich mit den neuen Wettbewerbern verbünden kann.

2.4   Neue Wettbewerber

Aus Sicht des Wirtschaftsstandortes Deutschland ist sicherlich das Auftreten von neuen Wettbewerbern im Handel wünschenswert. Start-up-Initiativen zu fördern, gehört deshalb auch zur dezidierten Wirtschaftspolitik der derzeitigen Bundes- und auch Landesregierungen.

Unternehmensgruppen wie Rocket Internet der Samwer-Brüder haben in den vergangenen Jahren dafür gesorgt, dass auch im Handel viele neue Unternehmen entstanden sind, deren Ziel es letztlich immer war, in Branchen mit etablierten Wettbewerbsstrukturen „disruptive Innovationen" durchzusetzen, diese „aufzubrechen" (vgl. Kacmarek 2014). Zalando ist sicherlich das bekannteste Beispiel für eine erfolgreiche Offensive in den breiten Massenmarkt. Aber auch scheinbar geschützte Nischenmärkte wie der serviceintensive Handel mit Heizungen, in dem sich das unter anderem von Rocket Internet finanzierte Start-up Thermondo erfolgreich bewegt, sind von der neuen deutschen Start-up-Welle nicht geschützt.

Die Start-up-Szene bietet sicherlich ein gutes Gegengewicht zu einer drohenden Übermacht durch Amazon in Deutschland. Aber welche Chancen haben traditionelle Handelsunternehmen, sich gegen die Vielzahl der neuen Wettbewerber zu behaupten?

Zunächst sollte das Prinzip gelten, den eigenen Markt permanent zu beobachten und potenziell auftretende Start-ups von Anfang an ernst zu nehmen. In vielen Fällen gibt es auch die Option, mit diesen zu kooperieren und sich Einfluss in einer Frühphase zu sichern, in der viele junge Unternehmen noch nach starken Partnern suchen.

Darüber hinaus besteht die Option, in ausgegründeten Venture-Fonds Geld in innovative Start-ups zu investieren und somit das eigene Kerngeschäft mit externem Know-how anzureichern; zugleich werden dadurch Risiken diversifiziert. Die Otto-Gruppe praktiziert das mit den Fonds e.ventures und Projekt A. Auch kleineren Handelsunternehmen steht diese Option offen, sicherlich präferiert mit Investitionen in regional oder themenmäßig nahe stehende Start-ups. Hierzu bieten sich zum Beispiel auch Kooperationen mit lokalen Hochschulen oder in der Region vertretenen Risikokapitalfirmen an.

Die effizienteste Art, auf neue Wettbewerber proaktiv zu reagieren, ist es jedoch, engagierten und talentierten Führungskräften und Mitarbeitern die Chance zu geben, im Rahmen des eigenen Unternehmens neue digitale Geschäftsfelder aufzubauen. Dies folgt der Philosophie des Intrapreneurship von Gifford Pinchot (vgl. Pinchot 1985) und wurde zum Beispiel im Bertelsmann-Konzern zu Zeiten von Reinhard Mohn sehr erfolgreich als Führungsphilosophie praktiziert (vgl. Mohn 2010).

2.5   Veränderte Lieferantenmacht durch direkten Onlinezugang

Auf den obersten Plätzen in den gängigen Ranglisten der größten deutschen E-Commerce-Unternehmen finden zurzeit Markenhersteller noch keine Berücksichtigung. Die Gefahr durch den direkten Kundenzugang der Lieferanten scheint auf den ersten Blick noch relativ gering zu sein. Der Schein trügt, wie das Beispiel der Sportartikelbranche zeigt. Adidas ist sicherlich einer der Vorreiter im E-Commerce unter den Markenartikelunternehmen. Dessen E-Commerce-Umsätze sind in den letzten Jahren in einem Tempo gestiegen, das selbst viele etablierte Onlineunternehmen beeindruckt: Von 55 Mio. EUR (2010) auf 422 Mio. EUR im Jahr 2014 (vgl. Statista 2016). Laut Geschäftsbericht von Adidas soll der Umsatz im E-Commerce im Jahr 2020 bei 2 Mrd. EUR liegen (vgl. Adidas 2016, S. 60).

Dies ist aber nur eine Dimension der Herausforderungen für den Sportfachhandel. Adidas hat sich selbst das Ziel gesetzt, in seiner Vertriebsstrategie auf Omnichannel zu setzen. Dies bedingt, dass der Konzern im Jahre 2020 60 % seines Umsatzes über selbst kontrollierte Verkaufsflächen abwickeln möchte, zum Teil alleine, zum Teil über „selbst kontrollierte Verkaufsflächen im Großhandel" (Adidas 2016, S. 60).

Die Sportartikelbranche ist nur ein Beispiel für den gesamten deutschen Handel. Markenhersteller profitieren sicherlich langfristig von der Vielfältigkeit und Intransparenz des Internets. Eine starke Marke bietet Orientierung und damit Halt für den Konsumenten. Das direkte Angebot gibt zudem sowohl den Lieferanten als auch den Endkunden eine größere Verhandlungsmacht. Der Handel steht in einer schwierigen Zwischenposition.

Um diesen Herausforderungen zu begegnen, existieren grundsätzlich vier strategische Handlungsoptionen:

1. Zunächst muss ein Händler Vorreiter im *Omnichannel-Management* sein. Die immer wieder zitierte Kultur der hohen Innovationsgeschwindigkeit ist auch aus dieser Perspektive wieder eine Notwendigkeit. Der Handel hat heute durch seinen Konsumentenzugang und seine DNA der Kundenorientierung noch einen Know-how-Vorsprung gegenüber seinen Lieferanten, den es nicht zu verlieren gilt.
2. Kern dafür ist das Konzept des *Customer (oder Consumer) Relationship Management* (CRM) in seinen beiden Elementen Datengewinnung und -nutzung. Bei der *Datengewinnung* muss der Multichannel-Handel den strategischen Nachteil gegenüber den Onlinehändlern ausgleichen, indem er konsequent auf Innovationen setzt, durch die im Ladengeschäft an der Kasse Daten erfasst und aktualisiert werden (vgl. Schürmann 2013).
   Bei der **Datennutzung** steht die Kundenbindung sicherlich an einer wichtigen Stelle. Auch muss der Handel über alle Kanäle hinweg überzeugende *Loyalitätsprogramme* anbieten. Hierdurch kann der Konsument die klaren Vorteile sehen, seine Käufe nicht über verschiedene Hersteller abzuwickeln, sondern über seinen Vertrauenspartner im Handel.
3. Die Entwicklung von *Eigenmarken* ist das traditionelle Instrument für den Handel, um Profitabilität und Marktanteile letztlich auf Kosten der Lieferanten zu gewinnen. Um in der neuen digitalen Welt bestehen zu können, müssen diese Eigenmarken auch jedoch emotional aufgeladen werden. Das gleiche gilt für die *Händlermarke.* Beides bedarf Investitionen in Marketingkommunikation, aber auch in sinnvolle Inhalte (Content-Marketing). Hier steht das Konzept des Kundenvertrauens im Vordergrund. Auch hier kommt einer konsequenten Social-Media-Strategie eine besondere Bedeutung zu.
4. Zuletzt sollte die von den Markenherstellern verfolgte Doppelstrategie, in Omnichannel zu investieren und zugleich mit den Handelspartnern gut zusammen zu arbeiten, auch ein Vorbild für die Händler sein. Die unter Efficient Consumer Response oder *Category Management* (vgl. Seifert 2006) bekannte Philosophie der engen Kooperation zwischen Handel und Herstellern ist heute wieder aktuell. Gerade im Mittelstand und in Nischenmärkten bietet sich die Kooperation zwischen Handel und Herstellern an, um gemeinsam die digitalen Herausforderungen zu meistern.

2.6   Verändertes Konsumentenverhalten

In einer Welt zunehmender Globalisierung und Mobilität werden tradierte und erlernte Vorstellungen von Politik, Wirtschaft, Unternehmen und Wertschöpfung zunehmend auf den „Prüfstand" gestellt. Hinzu kommt ein schwindendes Vertrauen der Menschen in die großen gesellschaftlichen Institutionen (vgl. GfK 2016). Gleichzeitig wächst der Wunsch nach wahren, stabilen Werten und bildet sich in vielen Bereichen ein „kollektives

Gewissen": Der Mensch hat zu seiner „Schwarmexistenz" gefunden; das Internet ist sein Medium.

Hinzu kommt, dass die Informations- und Kommunikationsmöglichkeiten durch die Digitalisierung stark gewachsen sind: Die Bedarfsgruppen von heute nutzen digital vernetzt eine Vielzahl neuer Technologien und Onlineservices (Suchsysteme, Instore Apps, Websites, E-Shops, Preisportale oder Bewertungsseiten), um sich in der Vorkaufphase zu informieren oder gleich einen Kauf zu tätigen. Insbesondere die hohe Rechnerleistung von mobilen Endgeräten sowie ein permanent verfügbares Highspeed-Internet führen dazu, dass Konsumenten sich zu jeder Zeit und an jeden Ort notwendige Kaufinformationen verschaffen können. Dadurch hat sich die früher vorhandene überlegene Produktkenntnis des Verkäufers gegenüber den Kunden zu einem Informationsgefälle zugunsten des Käufers verändert. Diese Informationsasymmetrie stellt insbesondere den stationären Handel vor erhebliche Herausforderungen (vgl. Spreer 2014, S. 184–185). Die Einbindung technologischer Komponenten wie Multimedia oder mobile Endgeräte zur Unterstützung des Verkäufers am Point of Sale kann helfen, diese Verschiebung auszugleichen; vielfach sind solche Lösungen bereits im Einsatz.

Auch die Kanalpräferenzen nehmen ab: So ist der Anteil traditioneller (stationärer) Handelskäufer stark rückläufig und der Anteil der begeisterten Onlineshopper wächst nur noch begrenzt. Die selektiven Onlineshopper hingegen weisen das größte Wachstumspotenzial auf. Sie kaufen bestimmte Produkte (zum Beispiel Bücher oder CDs) bevorzugt im Internet und andere Sachen bewusst im Geschäft (Reinartz 2015, S. 14). Ihr Shoppingverhalten ist damit hybrid und schwer einzuschätzen: Mal kaufen sie online, mal kaufen sie lieber offline. Diese gemischten Formen des Shoppingverhaltens bieten dem Handel viele neue Chancen in der Marktannäherung und in der Kommunikation. Da letztlich immer mehr Kunden ihre Käufe online tätigen und dadurch die Umsätze des stationären Handels in vielen Fällen stagnieren oder zurückgehen, verwundert es nicht, dass viele stationäre Händler an der Wachstumsdynamik des Onlinehandels teilhaben wollen und im E-Commerce die Rettung erblicken.

Ein weiterer wichtiger Aspekt ist die Perzeption von Werbebotschaften, die sich durch die Digitalisierung stark verändert hat: Konsumenten glauben nicht mehr einfach, was ihnen die Werbung vermittelt, sondern überprüfen dies auch ad hoc in Echtzeit mobil. Dabei erkennen sie immer öfter „Manipulationsversuche" der Unternehmen und reagieren mit zunehmender Reaktanz bis hin zum „Shitstorm" oder – für Unternehmen noch viel schwerwiegender – mit Gleichgültigkeit.

Schließlich hat sich auch der Kaufprozess selbst verändert: War im klassischen Kaufprozess noch die Reihenfolge Anbieterauswahl → Produktauswahl → Produkteinkauf, so hat sich diese im neuen (online gestützten) Kaufprozess wie folgt gewandelt:

Produktauswahl → Anbieterauswahl → Produkteinkauf (vgl. Boersma 2010, S. 32).

Isolierte und singuläre Maßnahmen, wie zum Beispiel über einen Onlineshop einfach nur einen neuen Vertriebskanal zu installieren, sind zum Scheitern verurteilt. Omnichannel bedeutet mehr und berührt das komplette System eines Händlers. So erwarten zum

Beispiel speziell jüngere Zielgruppen, dass ein E-Shop mit dem stationären Point of Sale reibungslos zusammenarbeitet. Das bedeutet, dass die Preise online wie offline übereinstimmen und die Verfügbarkeit von Produkten im Store auch online (mobile) überprüft werden kann. Online ausgewählte Produkte sollten reserviert werden können, um dann entweder im Store abgeholt oder nach Hause versendet zu werden. Auch die Rückgabe des online gekauften Produktes im nahe liegenden Store gehört zu diesen Maßnahmen. Hinzu kommt, dass die Kundenloyalität abnimmt; Kunden lassen sich immer weniger an einzelne Unternehmen binden und wechseln häufiger den Anbieter, da es eine Vielzahl an Einkaufsmöglichkeiten gibt und „Lieblingsmarken" in allen Shops verfügbar sind.

Schon diese wenigen Beispiele machen den hohen Planungs- und Logistikaufwand deutlich, der notwendig ist, um noch „echte" Kundenerlebnisse zu erzeugen. Die damit verbundene notwendige Transformation, weg von einem traditionellen Einzelhandels-Store hin zu einem funktionierenden Omnichannel-System, ist komplex und bedarf zu einer erfolgreichen Planung eines umfassenden Managementsystems.

3 Notwendigkeit eines Managementsystems

Den komplexen Fragenstellungen, welche die Digitalisierung im Handel aufwirft, mit ebenso komplexen Antworten zu begegnen, ist nicht zielführend. Andererseits greifen einzelne und isolierte Ansätze (beispielsweise das reaktive Umsetzen eines Online-shops als Allheilmittel) ebenfalls zu kurz. Vielmehr gilt es, einfache, aber differenzierte Lösungsansätze zu entwickeln. Dabei bedarf es eines Managementsystems, das die Führung in Handelsunternehmen unterstützt (Kirsch et al. 2009, S. 9). Die Reduktion auf wesentliche Beobachtungspunkte hilft, eine Managementlogik zu etablieren, mit der Fragestellungen zwar vernetzt betrachten werden, aber gleichzeitig einfache wirksame Lösungen für eine operative Umsetzung gefunden werden können.

3.1 Das 360-Grad-Omnisales-Modell als Managementsystem und Strukturrahmen

Das 360-Grad-Omnisales-Modell (Fischer et al. 2016) dient als Strukturrahmen und Managementsystem zugleich, um die wesentlichen Gestaltungsfelder der Digitalisierung im Handel zu erfassen. Das Modell bildet die Grundlage für eine unternehmens-individuelle Anpassung. Es kann selbst zum „Rückgrat" eines systemischen Innovations-prozesses in Handelsunternehmen werden, an dessen Ende ein in sich schlüssiges und von der Führungsmannschaft gemeinsam getragenes Managementkonzept steht. Dieser Innovationsprozess selbst bedeutet Veränderung. Mitarbeiter und Führungskräfte sind auf-gefordert, gegebenenfalls neue Aufgaben anzunehmen und bestehende Denkschablonen abzulegen oder zu verändern (Bleicher 2011, S. 564). Das 360-Grad-Omnisales-Modell (siehe Abb. 2) beinhaltet drei Ebenen, die einen vernetzten Blick auf strategische wie operative Fragestellungen ermöglichen sollen.

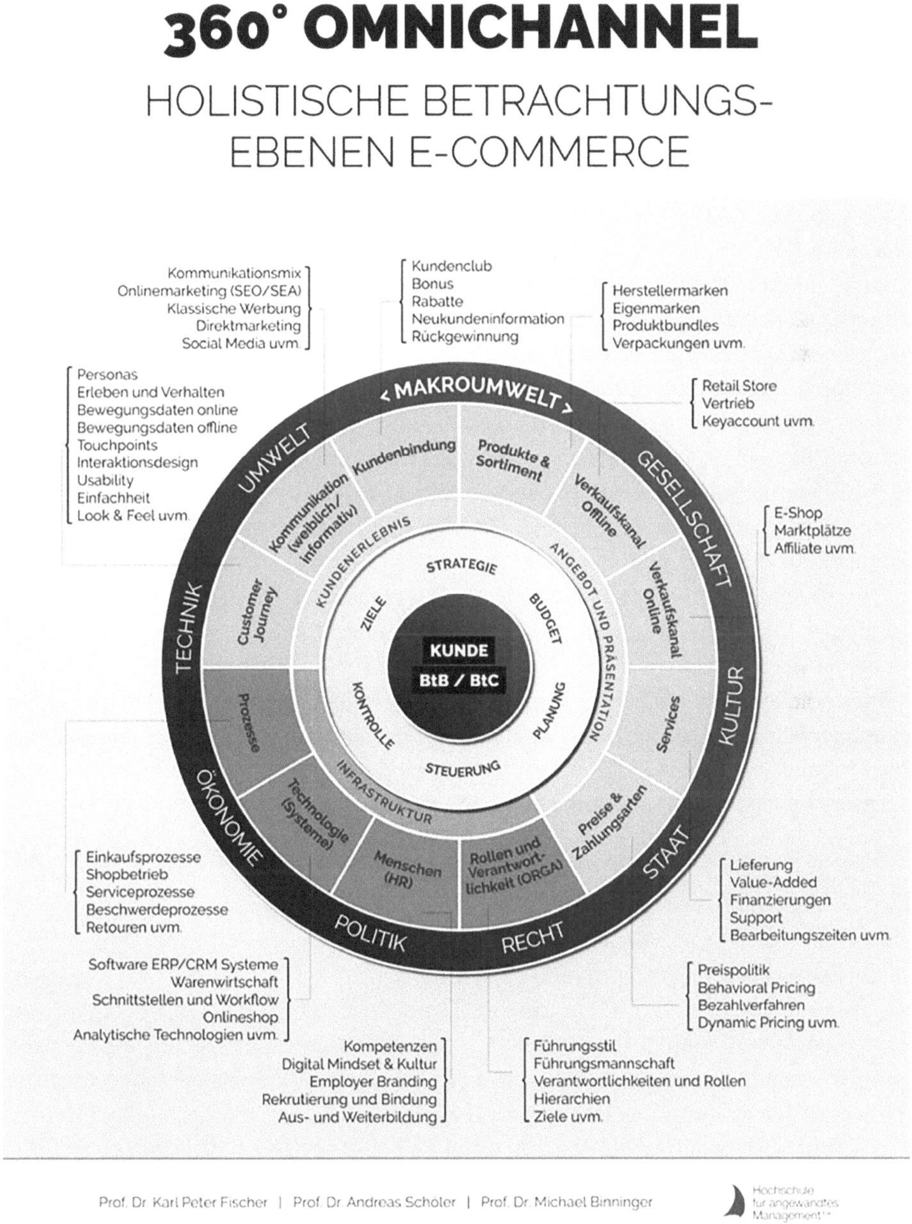

360° OMNICHANNEL

HOLISTISCHE BETRACHTUNGS-EBENEN E-COMMERCE

Abb. 2 Das 360-Grad-Omnisales-Modell. (Quelle: Fischer et al. 2016)

Die erste Ebene „Management" beinhaltet neben der normativen Managementarbeit zu Zielen und strategischer Ausrichtung die klassischen Aufgaben des Managementkreislaufs aus Planung, Steuerung und Kontrolle – vor dem Hintergrund der vorhandenen Ressourcen bzw. des Budgets. Im Fokus steht damit das „Wie tun wir es?".

Die zweite Ebene „Handlungsfelder" stellt einen Ordnungsrahmen zur Verfügung, der eine Vielzahl von wichtigen Aktionspunkten enthält, die den drei Teilbereichen Angebot & Präsentation, Infrastruktur sowie Kundenerlebnis zugeordnet werden. Diese Systematik soll es ermöglichen, Fragestellungen der digitalen Transformation möglichst umfassend und vernetzt zu analysieren sowie umzusetzen. Im Fokus steht hier damit das „Was tun wir?".

Die dritte Ebene „Makroumwelt" zielt auf die Positionsbestimmung ab („Wo befinden wir uns?"). Die tief greifenden Veränderungen in Handelsunternehmen werden vielfach durch Entwicklungen in der Unternehmensumwelt induziert. Diese Entwicklungen gilt es weiter zu beobachten, jedoch deutlich intensiver und konsequenter als noch vor ein paar Jahren. Dies bedingt die deutlich beschleunigte Veränderungsgeschwindigkeit und Dynamik der Umwelt auf allen Ebenen. Zu den Beobachtungsfeldern gehören dabei nach wie vor die klassischen Bereiche wie beispielsweise technologische und kulturelle Trends oder rechtliche und politische Entwicklungen (siehe auch Müller-Stewens und Lechner 2001, S. 113).

Das 360-Grad-Omnisales-Modell bietet mit seinen drei Ebenen einen strukturierten Rahmen, um digitale Transformation im Handel ganzheitlich und vernetzt zu verstehen, um daraus operative Lösungsansätze zu entwickeln. Im Sinne eines Managementsystems erfordert dies strategisch konkretisiert und in der Ableitung konsequent in Handlungsfeldern zu planen, zu steuern und zu kontrollieren sowie dabei kontinuierlich – im Sinne eines Monitorings – die Makroumwelt im Blick zu haben. Die einzelnen Ebenen des 360-Grad-Omnisales-Modells werden im Folgenden vorgestellt.

3.2   Ebene „Management"

Die Ebene „Management" des 360-Grad-Omnisales-Modells umfasst die klassischen Managementaufgaben. Ihre Grundstruktur hat sich durch die Digitalisierung in Wirtschaft und Gesellschaft nicht verändert – wohl aber die Anforderung an Führungskräfte in ihrem Tagesgeschäft. Die folgenden ausgewählten Leitfragen sind durch das Management in den heutigen Handelsunternehmen zu beantworten (siehe Tab. 1).

Die höhere Dynamik in der Makroumwelt und vor allem auch das deutlich volatilere Kundenverhalten erschweren langfristige planerische Aktivitäten deutlich. Planungsarbeit muss deshalb in kürzeren Zyklen erfolgen. Grenzen der Planbarkeit müssen zugunsten eines agilen Managementansatzes verstanden und akzeptiert werden. Steuernde Eingriffe werden ad hoc erforderlich und sind gegebenenfalls auch durch Trial & Error gekennzeichnet. Ein simultaner stabiler Handelsbetrieb bei permanenter Veränderungsorientierung im Sinne eines simultanen Run & Change (Dueck 2011) wird erforderlich.

Tab. 1 Ausgewählte Leitfragen zur Ebene „Management" des 360-Grad-Omnisales-Modells (Fischer et al. 2016)

Ziele	• Welche Positionierung streben wir an? • Wie wollen wir in Zukunft von unseren Kunden wahrgenommen werden? • Welche ökonomischen und vor-ökonomischen Ziele setzen wir uns? …
Strategie	• Welche strategischen Grundsatzentscheidungen zur Digitalisierung im Handel haben wir getroffen? • Welche Rolle spielt Omnichannel und Digitalisierung in unserer Unternehmensvision und -mission? • Was sind unsere Fähigkeiten, Kompetenzen und Potenziale mit Blick auf den Wettbewerb? • Welche Zielgruppen haben wir im Fokus und wie beschreiben wir diese? …
Budget	• Welcher Budgetrahmen steht für den Auf- und Ausbau von Omnisales kurz-, mittel- und langfristig zur Verfügung? • Welche finanziellen Risiken können getragen werden? • Wie können gegebenenfalls Partner an den Finanzierungskosten beteiligt werden? • Welche zusätzlichen Ertragsquellen können gehoben werden? • Welche Kosteneffekte sind zu erwarten? …
Planung	• Welche strategischen/operativen Planungszyklen sind für uns passend? • Wo sehen wir Grenzen der Planung? • Wer muss in die Planung einbezogen werden? • Welche Querverbindungen sehen wir in den Handlungsfeldern? …
Steuerung	• In welchen Abständen müssen wir uns und unsere Abläufe hinterfragen? • Was sind für uns die wesentlichen Indikatoren für die strategische und operative Steuerung? Wie sieht unsere Omnisales-Score-Card aus? • Wie sichern wir einen stabilen Omnisales-Betrieb? …
Kontrolle	• Wer sind wir heute aus Sicht unserer Kunden? • Wer sind wir heute nicht aus Sicht unserer Kunden? • Welche Umweltentwicklungen müssen wir beobachten? • Welche Indikatoren/Daten nutzen wir, um das Verhalten unsere Kunden zu beobachten? • Welches Feedback geben uns unsere Kunden? Wie zufrieden und gebunden sind unsere Kunden? …

3.3 Ebene „Handlungsfelder"

Die Handlungsfelder bilden das „Herzstück" des 360-Grad-Omnisales-Modells. Hier sind die drei wesentlichen (Teil-)Bereiche abgebildet, die im Rahmen der digitalen Transformation eine zentrale Rolle spielen.

3.3.1 Handlungsfeld „Angebot und Präsentation"

Das Handlungsfeld „Angebot und Präsentation" umfasst die zentralen vertriebsseitigen Elemente des Handels. Diese sind umfangreich und enthalten wesentliche Kernaufgaben des Handels. Insbesondere bildet dieses Handlungsfeld auch den Onlineverkaufskanal ab sowie sein Zusammenspiel mit dem Offlinekanal.

Die folgenden ausgewählten Leitfragen werden hier adressiert (siehe Tab. 2).

Tab. 2 Ausgewählte Leitfragen zur Ebene „Handlungsfelder": Angebot & Präsentation des 360-Grad-Omnisales-Modells (Fischer et al. 2016)

Produkte & Sortiment	• Welche Produkttrends müssen wir aufgreifen? • Wie sieht unsere aktuelle Sortimentspolitik aus? • Wie sind unsere Produkte kategorisiert? • Welche „digitalen" Produkte bieten wir an? …
Verkaufskanal offline	• Wie sehen unsere Produktdarstellungen heute/morgen aus? • Wie können online-/offline Produktdarstellungen Hand in Hand zusammenspielen? • Welche Trackingtechnologien setzen wir am POS an (beispielsweise Beacons)? • Wie kann bei uns das Offlineerlebnis durch mobile Technologien angereichert werden (beispielsweise Augmented Reality)? …
Verkaufskanal online	• Wie sehen unsere Produktdarstellungen heute/morgen aus? • Wie können online-/offline Produktdarstellungen Hand in Hand zusammenspielen? • Welche Partner können wir in unseren Online-Verkaufsprozess einbinden, in welche Rollen einbinden? • Wie individuell kann das Onlineerlebnis auf einzelne Kunden ausgerichtet werden? …
Services	• Welche (digitalen) Value-Added-Leistungen/Services oder Mehrwerte können wir mitanbieten? • Welche Partner können wir in unser Serviceportfolio einbinden? • Was bedeutet für uns Omnichannel-Customer-Service und wie bilden wir dies ab? • Wie gestalten wir erforderliche After-Sales-Kontakte? Wie reduzieren wir vermeidbare After-Sales-Kontakte? …
Preise und Zahlungsarten	• Wie sehen unsere Preismodelle aus? • Nutzen wir die Potenziale der dynamischen Preisanpassung und der individuellen Preisdifferenzierung? • Welche Bezahlverfahren bieten wir online an (inklusive neuer Entwicklung à la Paydirekt)? • Welche Bezahlverfahren bieten wir am POS an (inklusive neuer Entwicklung à la Paydirekt)? …

3.3.2 Handlungsfeld „Infrastruktur"

Das Handlungsfeld „Infrastruktur" umfasst die Elemente, die Omnisales überhaupt erst ermöglichen. Es bildet damit das Fundament für alle anderen wesentlichen unternehmensinternen Handlungsfelder, die aufgebaut und betrieben werden müssen. Folgende ausgewählte Leitfragen werden adressiert (siehe Tab. 3).

3.3.3 Handlungsfeld „Kundenerlebnis"

Das Handlungsfeld „Kundenerlebnis" stellt die Gestaltung der Komponenten in den Vordergrund, die der Kunde online wie offline unmittelbar erlebt. Alle Elemente der

Tab. 3 Ausgewählte Leitfragen zur Ebene „Handlungsfelder": Infrastruktur des 360-Grad-Omnisales-Modells (Fischer et al. 2016)

Rollen und Ver-antwortlichkeiten	• Wie sind die Verantwortlichkeiten für Omnisales geregelt? • Wo liegt die Gesamtverantwortung für den Vertriebsprozess? • Kann die interne Rollenverteilung eine vernetzte und bereichsübergreifende Umsetzung von Omnisales ermöglichen? • Wie wird mit internen Konflikten umgegangen? …
Menschen (HR)	• Welche neuen oder veränderten Kompetenzen unserer Mitarbeiter und Führungskräfte sind erforderlich? Wie bauen wir diese auf? • Reflektieren unsere Anforderungsprofile digitale Kompetenzen? • Wie ist Digitalisierung in unseren Aus- und Weiterbildungsprogrammen eingebettet? • Wie „digital" sind eigentlich unsere Mitarbeiter und Führungskräfte selbst? • Verfügt unser Unternehmen über die erforderlichen kommunikativen Kompetenzen an den unterschiedlichen Touchpoints? • Verstehen unsere Führungskräfte die Dynamik im Omnisale? • Haben wir das Optimum an personellen Ressourcen? …
Technologie (Systeme)	• In welchem Umfang nutzen wir neue E-Shop-Technologien? • Nutzen wir analytische Technologien zur Auswertung von Transaktions- und Bewegungsdaten? • Welche analytischen Technologien nutzen wir zur Kundensegmentierung? • Welche Technologien nutzen wir am Point of Sale? • Wie gut sind unsere prozessunterstützenden Technologien und unsere Warenwirtschaftssysteme? Sind unsere Systeme hier flexibel anpassbar? • Haben wir ausreichend Zugriff auf IT-Know-how? …
Prozesse	• Wie steuern und koordinieren wir unseren E-Shop-Betrieb? • Wie gut wird Content-Management im Shop betrieben? • Wie gut sind unsere Bestell-, Versand- und Retourenprozesse? • Wie robust sind unsere Beschwerdeprozesse? • Wie sind die Verantwortlichkeiten für welche Prozesse geregelt? • Welche Qualität haben unsere Fulfillment-Prozesse? • Wie agil ist unser Prozessmanagement? …

Interaktion bzw. die Gestaltung der Kontaktpunkte sind hier angesprochen. Sie werden im Sinne eines Soll-Erlebnisses gestaltet. Dazu ist es erforderlich, die relevanten Touchpoints (unter anderem Puhlmann 2016; Bachmann und Müller 2010) mit den potenziellen Kunden ausfindig zu machen. Konsumenten nutzen heute die unterschiedlichsten Kontaktpunkte mit unterschiedlichsten Endgeräten, um sich über Produkte und Dienstleistungen zu informieren oder diese zu kaufen. Damit wird es für den Handel immer schwieriger, die relevante Bedarfsgruppe zu erreichen oder von dieser gefunden zu werden. Auf dem eigenen digitalen „Spielfeld" (Website oder E-Shop) kann der Anbieter die Bewegungen seiner Kunden sehr gut beobachten. Was aber davor oder danach passiert, welche Touchpoints bis zum Kauf wirklich bestimmend waren, bleibt nach wie vor im Dunkeln. Damit bleibt unklar, in welche Touchpoints der Anbieter (Handel) investieren sollte und wo die Reise der Kunden und Kundinnen optimiert werden kann. Ein klares Bild der Zielgruppe ist auch hier Voraussetzung, um Kundenreisen zu verstehen und zu optimieren.

Die erkannten und priorisierten Kontaktpunkte sind systematisch zu bespielen. Jeder Kontaktpunkt (online und offline) hat dabei seine eigenen Besonderheiten. Die Orchestrierung des Marken- bzw. Händlererlebnisses über alle Kontaktpunkte hinweg und im Sinne eines geschlossenen und widerspruchsfreien Erlebnisses muss – trotz aller notwendigen kanal- bzw. kontaktpunkbezogenen Spezifität – sichergestellt sein. Dies bedeutet, dass Online- und Offline-Customer-Kontaktpunkte als ein System betrachtet und bearbeitet werden müssen (Bachmann und Müller 2010, S. 24).

Bei der Gestaltung der Kontaktpunkte ist das Erleben und Verhalten von bestimmten Kundengruppen ein wesentlicher Anker, um darauf aufbauend die unterschiedlichen Touchpoints und Wege zu identifizieren, die diese Kunden heute nehmen (Ist-Kundenreisen). Sie sind aber auch ein hervorragendes Instrument für die Weiterentwicklung und Anreicherung von Kundenreisen (Soll-Kundenreise). Personas (Schäfer und Klammer 2015, S. 93) können der abstrakten Masse der Käufer und Käuferinnen ein Gesicht geben und können damit den anonymen Kunden personifizieren.

Im Handlungsfeld „Kundenerlebnis" werden unter anderem die folgenden Leitfragen adressiert (siehe Tab. 4).

3.4 Ebene „Makroumwelt"

Die Ebene „Makroumwelt" umfasst das systematische Beobachten der Außenwelt des Unternehmens. Längst reicht es nicht mehr aus, nebenbei und zufällig die wesentlichen externen Einflussfaktoren zu beobachten. Erforderlich ist ein kontinuierliches Bewerten von extern induzierten Chancen und Risiken. Die typischen Ebenen der Makroumwelt gilt es mit Blick auf die Implikation auf mögliche Weiterentwicklung des eigenen Omnisales-Ansatzes zu beobachten.

Tab. 4 Ausgewählte Leitfragen zur Ebene „Handlungsfelder": Infrastruktur des 360-Grad-Omnisales-Modells (Fischer et al. 2016)

Customer Journey	• Kennen wir die Kundenreisen unserer Kunden bzw. Personas? • Wie möchten wir die Kundenreisen gestalten? • Wie soll das Interaktionsdesign aussehen? • Welche Erlebnisse sollen an welchen Kontaktpunkten erfahren werden? • Sind unsere Kontaktpunkte „einfach"? • Sind unsere Kontaktpunkte in einem einheitlichen „Look'n Feel"? Sind alle unsere Kontaktpunkte in „einem System"? • Ist unsere Marke an allen Kontaktpunkten erlebbar? • Welche Kontaktpunkte, die unsere Kunden mit unseren Produkten/Leistungen haben, können wir nicht beeinflussen/steuern? ...
Kommunikation	• Ist unser Kommunikationsmix auf unsere unterschiedlichen Kanäle und Zielgruppen ausgerichtet? • Wie gut betreiben wir SEO und SEA? • Wie gut ist unsere analytische Kompetenz zur Erfolgs- und Wirksamkeitsmessung unserer kommunikativen Aktivitäten? ...
Kundenbindung	• Welche Instrumente der Kundenbindung nutzen wir (beispielsweise Kundenclubs, Bonusprogramme)? • Realisieren wir die Potenziale von Kundenbindungsprogrammen und Couponing? • Welche Chancen bieten Kunden-Werben-Kunden-Programme? • Wie intensiv binden wir Kunden als Produkt-/Markenbotschafter oder „Kundenberater" ein? ...

Zu diesen Ebenen zählen:

- Gesellschaft (beispielsweise steigendes Umweltbewusstsein),
- Kultur (beispielsweise Aufnahme von Produkten für migrationsbedingte, neue Käuferschichten mit religiös-induzierten kaufentscheidenden Kriterien),
- Staat (beispielsweise Förderprogramme zur Digitalisierung im Mittelstand),
- Recht (beispielsweise rechtliche Entwicklungen zum Verbraucherschutz, unter anderem Verbraucherstreitbeilegungsgesetz),
- Politik (beispielsweise Entwicklungen in der Unterstützung des Handels in den Zielmärkten),
- Ökonomie (beispielsweise Kaufkraft in unterschiedlichen Regionen),
- Technik (beispielsweise neue Technologien für das Fulfillment – von Drohnen bis zum 3-D-Drucker),
- Umwelt (beispielsweise Auswirkungen des Klimawandels auf Produktportfolio).

Um das 360-Grad-Omnisales-Modell für ein systematisches und vernetztes Management der Digitalisierung im Handel effizient nutzen zu können, ist fundiertes Wissen im Unternehmen wesentliche Voraussetzung. Dies gilt nicht nur für das klassische Handelsgeschäft, sondern bedeutet ebenso, dass auch im E-Commerce und Online-Marketing ein entsprechender hoher Professionalisierungsgrad vorhanden ist. Insbesondere der steigenden Relevanz des digitalen Marketings kommt dabei eine besondere Bedeutung zu (Schellhorn und Adler 2015, S. 22).

4   Professionalisierung im E-Commerce und Online-Marketing

Bei vielen Handelsunternehmen herrscht große Verunsicherung in Bezug auf den richtigen Umgang mit einer digitalen, vernetzten Welt: Effizienter Kommunikationsmix, passende Formen der Marktannäherung, frühzeitige Nutzung technischer Neuerungen sind nur einige Problemstellungen im operativen Geschäft. Hinzu kommt, dass Unternehmen oftmals nicht in der Lage sind, die „Neuen Medien", die dazugehörigen Instrumente und deren Systematik zu verstehen, um sie erfolgreich bespielen zu können und entwicklungstechnisch konkurrenzfähig zu bleiben. Die kommunikative Herausforderung für den Handel ist heute, aus der Masse der immer neuen Werbeträger und Medien die richtigen auszuwählen, um potenzielle Bedarfsträger zu erreichen. Jedoch sind die zur Verfügung stehenden Werbe- und Kommunikationsbudgets in den Unternehmen meist gleich geblieben und oftmals sogar gesunken. Ein weiteres Hemmnis für eine erfolgreiche Marktbearbeitung in einer digitalen Welt ist, neben fehlenden Marketing- und Kommunikationskonzepten zur sinnvollen Integrierung von „neuen Techniken" in den aktuellen Kommunikationsmix, oft einfach die Unkenntnis über deren Einsatzmöglichkeiten.

Solange unternehmerische Zielsetzungen in den Bereichen Einstellungen von Marken und Produkten nicht operationalisiert werden, wird es auch kaum Wirkungsnachweise geben. So bestimmt in vielen Fällen das Instrument, zum Beispiel die Software (die App, die E-Shop-Software, das Template der Website und viele andere mehr) das Erscheinungsbild des Auftrittes und die Art der Interaktion. Damit fehlen die für den Erfolg so notwendigen kreativen, konzeptionellen und gestalterischen Ideen, die sich über die Zwänge der jeweils zum Einsatz kommenden Technik hinwegsetzen und ausschließlich das „Werbeziel" als Leitplanke des Erscheinungsbildes verwenden. Ein positives Beispiel mit diesen Herausforderungen fertig zu werden, ist die von Karl Kratz immer wieder geforderte Dynamisierung von Webseiten, die sich an die Bedürfnisse und Erwartungen der suchenden Besucher situationsbezogen anpassen.

Gerade in einer reizüberfluteten Welt herrscht bei Unternehmen eine große Ungewissheit über Motive und Beweggründe potenzieller Bedarfsgruppen in spezifischen „Rezeptionssituationen". Entscheidend für die erfolgreiche Kommunikation mit potenziellen Bedarfsträgern ist jedoch die Kenntnis über das aktuelle persönliche oder situative Involvement zu einem bestimmten Thema. Die Motivforschung bietet hier nach wie vor ein großes Potenzial, um das Erleben und Verhalten der relevanten Zielpersonen zu qualifizieren. Qualitative und quantitative Befragungen kombiniert mit Beobachtungen der User im digitalen Feld bringen hier sehr gute Ergebnisse.

Entscheidend für die erfolgreiche Kommunikation mit potenziellen Bedarfsträgern ist, deren aktuelles persönliches oder situatives Involvement an einem bestimmten Thema ausfindig zu machen. Damit wird das Konstrukt des Involvements im Zeitpunkt des Werbemittelkontaktes zu einem Segmentierungskriterium für die Art und Weise der Kommunikation. Suchende Bedarfsträger sind aktuell zu einem bestimmten Thema hoch involviert und nutzen die Vielzahl der Suchsysteme im Internet, um eine Antwort auf ihre transaktionalen, informellen und navigationalen Fragen zu bekommen. So verzeichnet alleine Google täglich ca. 3,5 Mrd. Suchanfragen, was pro Sekunde 40.500 Anfragen bedeutet (siehe Abb. 3).

Für Händler macht es Sinn, Suchanfragen, die ihre Produkte oder ihre Warengruppen betreffen, in den eigenen Onlineshops oder auf Landingpages zu kanalisieren. Nur so lässt sich ein effizienter Dialog mit den Bedarfsträgern erreichen. An dieser Stelle zeigt sich die Macht der Suchsysteme wie Google, die nach einer Suchanfrage entscheiden, welcher Verkäufer dem Suchenden (high involvierten) auf der Suchergebnisseite (SERP) organisch angezeigt werden. Damit bestimmt das Suchsystem als Vermittler für den

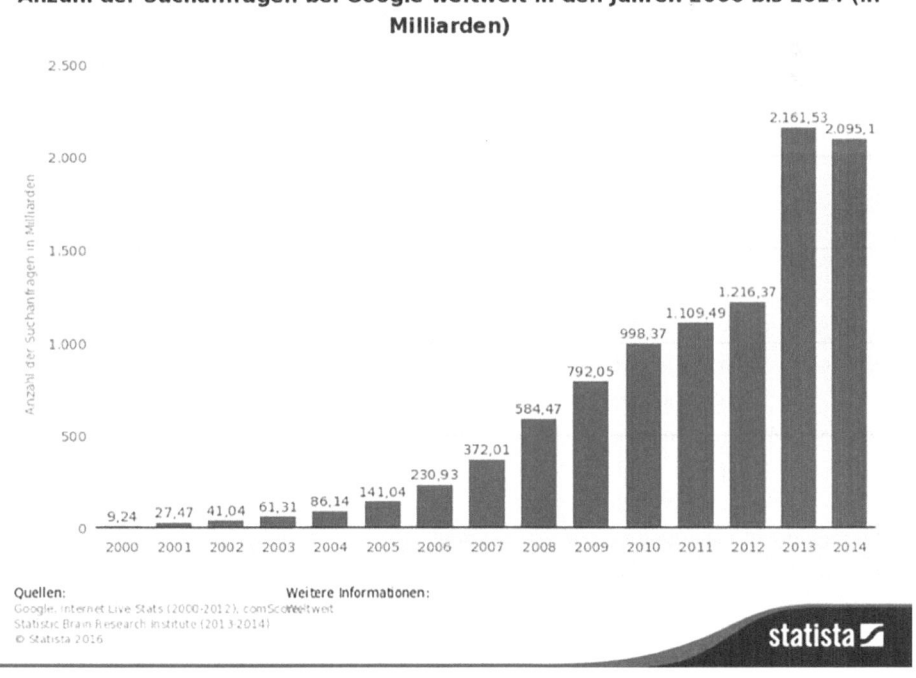

Abb. 3 Anzahl der Suchanfragen bei Google in den Jahren 2000 bis 2014. (Quelle: Statista)

Suchenden, welcher „Verkäufer" mit dem Suchenden in einen Dialog treten kann. Diese Mechanik der Suchmaschinen funktioniert nach deren meist verborgenen Algorithmen. Will der Anbieter (Handel) hier für Bedarfsträger auffindbar sein, muss er diese Vorgaben (Spielregeln) beachten und seine Website oder seinen Onlineshop suchmaschinentauglich gestalten. Die Suchmaschinenoptimierung (SEO) der eigenen Seite gewinnt so zunehmend an Bedeutung.

Darüber hinaus steht dem Handel heute für unterschiedliche Interessenlagen eine Vielzahl von neuen Medien und Instrumenten zur Verfügung, um Menschen entsprechend ihrem aktuellen Involvement mit werblichen Botschaften oder Informationen situationsbezogen zu erreichen: beim Frühstück, auf dem Weg zur Arbeit, in der Mittagspause, beim Einkaufen, beim Austausch mit Freunden usw. Die situative Gestaltung der Dialoge (Text, Bild, Bewegtbild und gesprochenes Wort) wird dabei zum Erfolgsfaktor.

Eine weitere Herausforderung stellt die Transformation der Inhalte (Contents) der Anbieter auf die sich schnell ändernden Devices (Empfangsgeräte) der Endkunden dar. Hier herrscht unter den großen Internetplayern (Google, Facebook und Amazon) Einigkeit – es gilt „mobile first". Damit wird deutlich, dass sich die digitalen Assets eines Anbieters sowohl im Layout als auch von der Darstellung von Text, Bild und gesprochenen Wort endgerätespezifisch anpassen müssen.

Medientechnisch bedeutet dies, dass nach wie vor sehr viel für eine Kommunikation mit Nachfragern direkt am Point of Sale spricht. Da dies aber gerade im Zeitalter der Großformen des Handels (Handelskonzentration) mit hohem Selbstbedienungsanteil nicht mehr allein persönlich durch den Verkäufer erfolgen kann, muss die Kommunikation am Point of Sale durch unpersönliche, digitale Kommunikationsinstrumente (Ersatzgespräche) an unterschiedlichen Touchpoints (Kontaktpunkten) vernetzt und ergänzt werden:

Digital Signage, Produktwerbung in Form von Bewegtbildern auf digitalen Flachbildschirmen, Beacons, die Interessenten in den Laden ziehen sollen, der gezielte Einsatz von Mobiles-Apps, gepaart mit Local-based Services (via GPS) – Dialoge auf unterschiedlichsten Social-Media-Kanälen, zum Beispiel Facebook, Snapchat, Instagram, Periscope, und Onlineverkaufsportalen, zum Beispiel Amazon, – alles kombiniert mit einem intelligenten E-Commerce, scheinen hier vielversprechende neue Lösungen für den Handel zu sein.

Gerade Dialoge auf sozialen Medien lassen die althergebrachte, aufdringliche und aufmerksamkeitserzeugende Werbung oft ungehört „verhallen". Das anachronistische „Impact-Modell", das durch brachiales und „lautes" Penetrieren der Botschaft Aufmerksamkeit erzielen will, ist heute in vielen Fällen überholt. Gerade in der Onlinekommunikation muss der Anbieter (Handel) seine Botschaft, seine Informationen gezielt in das Umfeld einbringen, das dafür ein erhöhtes Interesse zeigt. Wem es gelingt, die richtigen Touchpoints zu bespielen, muss weniger „marktschreierisch" auftreten, um beachtet zu werden.

Insgesamt zeigt sich, dass die Digitalisierung gerade im kommunikativen Bereich für Unternehmen ein enormes Potenzial bietet, die Kundenansprache individualisiert und situativ zu gestalten. Über eine dadurch deutlich effizientere Marktbearbeitung kann so ein digitaler Wettbewerbsvorteil entstehen. Gleichzeitig wächst aber auch die Verantwortung der Unternehmen im Umgang mit diesen Möglichkeiten.

5   Digitalisierung und Corporate Social Responsibility

Corporate Social Responsibility (CSR) ist unabhängig von Branche und technologischem Stand einer Volkswirtschaft stets Aufgabe des Top-Managements. Insofern ändert auch die Digitalisierung im Handel nichts an der sozialen Verantwortung eines Unternehmens. In einem Zeitalter hochgradiger Vernetzung und einer extrem schnellen Verbreitung von Neuigkeiten erhält das CSR jedoch einen insgesamt anderen Stellenwert.

Durch die Digitalisierung werden auf der einen Seite immense Datenmengen erzeugt, auf der anderen Seite erwachsen dadurch gleichzeitig enorme Herausforderungen an das Handling und an die Verdichtung verfügbarer Informationen zur effizienten Entscheidungsfindung. Handelsunternehmen nutzen die ihnen zur Verfügung stehenden Daten aktuell allerdings nur unzureichend. So zeigt eine Studie der Universität Potsdam, dass eine Analyse der großen Datenmengen überwiegend nur für Zwecke der Lagerwirtschaft und Logistik eingesetzt wird. Nur sehr wenige Handelsunternehmen nutzen Big Data für Marketingmaßnahmen (vgl. Gronau et al. 2015, S. 3–4).

Gerade in den sozialen Medien entstehen für Unternehmen wichtige Informationen, deren Nutzung für eine effiziente Marktbearbeitung unabdingbar ist. Allerdings muss man sich gerade als Handelsunternehmen bewusst sein, dass führende Anbieter sozialer Netzwerke Nutzungsvereinbarungen mit Gesellschaften in Irland abschließen, die wiederum, die nach dem EU-US-Safe-Harbor-Abkommen auch personenbezogene Daten in die USA weiterleiten können (vgl. Müller et al. 2016, S. 22). Faktisch unterliegen dann die dort gespeicherten Daten US-amerikanischen Datenschutzstandards.

Insbesondere bei der Nutzung der Big Data für Marketingzwecke wächst die Verantwortung der Unternehmen. Gerade in der jüngeren Vergangenheit haben einige bekannte Handelsunternehmen die Wucht der Verbraucherreaktionen durch die Multiplikatorwirkung der sozialen Medien zu spüren bekommen. Insofern ist es in erster Linie die verantwortungsvolle Aufgabe der Unternehmensleitung den Spagat zwischen individualisierter Kundenansprache und dem Umgang mit sensiblen Daten zu bewältigen.

Eine besondere Herausforderung der Digitalisierung zeigt sich im demografischen Wandel. Dieser findet nicht nur auf der Nachfrageseite durch älter werdende Kundenschichten, sondern auch auf der Mitarbeiterebene statt. Der soziale Kontakt, der gerade im Handel von großer Bedeutung ist, erfordert qualifizierte Mitarbeiter. Der „Human Factor", der bei dem „Hype" um das Thema Digitalisierung viel zu stark unterschätzt wird, entwickelt sich zum kritischen Erfolgsfaktor: Gerade im Handel gilt es, Kundennähe täglich neu zu beweisen. Sowohl im stationären Handel als auch im Onlinehandel spielt das Miteinander der „Human Factors" deshalb eine wesentliche Rolle für den Unternehmenserfolg; gleichzeitig wird der menschliche Faktor zum Engpass. Gerade qualifiziertes Personal macht den nachhaltigen Unterschied. Die harten Fakten im Handel lassen keine echten und dauerhaften Alleinstellungsmerkmale mehr zu. Das akquisitorische Potenzial eines Handelsunternehmens ist eng mit qualifizierten und serviceorientierten Mitarbeitern verbunden. Es kommt wieder zunehmend darauf an, Kundennähe im Bewusstsein der Akteure nachhaltig zu verankern.

Dem müssen Unternehmen, aber insbesondere Hochschulen als (Aus-)Bildungsein-richtungen für den akademischen Nachwuchs gerecht werden, indem neben Handlungs-kompetenz und Anwendungsorientierung auch soziale und persönliche Kompetenzen vermittelt werden (Binninger 2015, S. 10).

6   Fazit

Der zunehmende Einsatz neuer, mobiler Technologien durch die Konsumenten ver-ändert zusehends die Handelslandschaft. Um hier den Anschluss nicht zu verlieren, muss es dem Handel in Zukunft gelingen, die zeitlichen und örtlichen Konzentrations-punkte (Touchpoints) seiner Kunden, sowohl in der realen Welt (offline) wie auch im Internet (online) ausfindig zu machen oder sogar selbst zu erschaffen, um dann dort für interessierte Bedarfsträger auffindbar zu sein. Der Handel muss also sein traditionelles Business mit den neuen, meist interaktiven Formen des E-Commerce verbinden und neue Kommunikations- und Verkaufskanäle in sein bisheriges System implementieren, um seinen Kunden ein nahtloses Kundenerlebnis auf allen relevanten Touchpoints bieten zu können.

Gerade die Anzahl der Touchpoints zwischen Kunde und Händler hat sich durch die Digitalisierung vervielfacht; die Customer Journey ist deutlich komplexer geworden. Diese lässt sich zwar gerade im Onlinebereich über intelligente Trackingverfahren sehr genau erfassen; zwischen diesen Onlinekontaktpunkten verschwindet der Kunde jedoch im „Dunkel", er durchfährt bildlich gesprochen Tunnelstrecken, bis er beim nächsten Touchpoint wieder erscheint oder – leider sehr oft – verloren geht.

Für dieses grundlegende Problem, das durch die Digitalisierung deutlich an Bedeutung gewonnen hat, existieren bisher nur isolierte, aber keine ganzheitlichen Lösungsansätze. Mit dem 360-Grad-Omnisales-Modell ist es gelungen, eine holistische und dennoch einfache Perspektive auf eine komplexe digitale Handelswelt zu ent-wickeln. Damit schafft das Modell die Grundlage, „Licht" in die Tunnelstrecken der Customer Journey zu bringen und pragmatische Lösungsansätze für die operative Umsetzung zu entwickeln.

Literatur

Adidas (2016) 2015: How we create value – Adidas Group Geschäftsbericht. Adidas, Herzogen-aurach

Affermann C, Lange V (Hrsg) (2016) Technologie Screening Handelslogistik. Perspektiven erkennen – Effizienz steigern. Huss, München

Bachmann C, Müller R (2010) Integriertes Multichannel-Marketing – Innovativer Zugang zum Kunden. Mark Rev St Gallen 2:21–26

Binninger F-M (2015) Nachhaltigkeit – ein Wettbewerbsfaktor im Handel? High Potential Oktober/November 10–11

Bleicher K (2011) Das Konzept integriertes Management, 8. Aufl. Campus, Frankfurt

BMVBS, Bundesministerium für Verkehr, Bau und Stadtentwicklung (2011) Weißbuch Innenstadt – Starke Zentren für unsere Städte und Gemeinden

Boersma T (2010) Warum Web-Exzellenz Schlüsselthema für erfolgreiche Händler ist – Wie das Internet den Handel revolutioniert. In: Heinemann G, Haug A (Hrsg) Web-Exzellenz im E-Commerce-Innovation und Transformation im Handel. Springer Gabler, Wiesbaden, S 21–42

Bonacina A (2015) Komplexitätsreduktion: Bedeutung und Möglichkeiten im Einzelhandel am Beispiel der DIY-Branche. Unveröffentlichte Bachelorarbeit. Hochschule für angewandtes Management

Brandes D (1999) Konsequent einfach. Die Aldi-Erfolgsstory. Campus, Frankfurt

Brock H, Bieberstein I (Hrsg) (2015) Multi- und Omnichannel-Management in Banken und Sparkassen: Wege in eine erfolgreiche Zukunft. Springer Gabler, Wiesbaden

Bundeskartellamt (2014) Sektoruntersuchung Lebensmitteleinzelhandel: Darstellung und Analyse der Strukturen und des Beschaffungsverhaltens auf den Märkten des Lebensmitteleinzelhandels in Deutschland, Bericht des Bundeskartellamts. Bundeskartellamt, Bonn

Christensen CM (1997) The innovator's dilemma: when new technologies cause great firms to fall. Harvard Business School Press, Boston

Deppe S (2015) Handel im Wandel – Zwischen Verdrängung und Chancen. BBE, Seeheim

Dueck G (2011) Professionelle Intelligenz. Worauf es morgen ankommt. Eichborn, Frankfurt

ECC Köln (2014) Cross-Channel 2020 – Smart Natives im Fokus. ECC, Köln

ECC Köln (2015) Cross-Channel im Umbruch – Das Informations- und Kaufverhalten der Konsumenten. ECC, Köln

Eck K (2014) Die Content Revolution im Unternehmen: Neue Perspektiven durch Content-Marketing und -strategie. Haufe, Freiburg

EHI Retail Institute (2016) Marktanteil von Amazon am gesamten Online-Handelsumsatz in Deutschland in den Jahren 2008 bis 2015 (in Prozent). handelsdaten.de. Zugegriffen: 17. Juni 2016

Fischer K-P, Schöler A, Binninger F-M (2016) 360-Grad-Omnisales: holistische Betrachtungsebenen E-Commerce. Unveröffentlichtes Arbeitspapier, Ismaning

Gassmann O, Sutter P (2008) Praxiswissen Innovationsmanagement – Von der Idee zum Markterfolg. Hanser, München

GfK Verein Trust in Professions (2016) Eine Studie des GfK Vereins

Gleich R, Aschenbrücker A (2014) Controlling und Big Data. Anforderungen, Auswirkungen, Lösungen. Haufe, Freiburg

Gronau M, Thim C, Fohrholz C (2015) Wettbewerbsfaktor Analytics – Reifegrad ermitteln, Wirtschaftlichkeitspotenziale entdecken. Universität Potsdam, Potsdam

Grüger O (2015) Big Data für Webshops. In: Schwarz T (Hrsg) Big Data im Marketing, S 207–225

Henderson RM, Clark K (1990) Architectural innovation: the reconfiguration of existing product technologies and the failure of established firms. Adm Sci Q 35(1):9–30

Hoffmann E, Oettmeier K (2016) 3-D-Druck. Wie additive Fertigungsverfahren die Wirtschaft und deren Supply Chains revolutionieren. ZfO 85(2):84–90

IFH (2015a) E-Commerce 2015 – Wie wir wirklich online einkaufen

IFH (2015b) Vitale Innenstädte: Ergebnispräsentation der bundesweiten Befragung von über 33.000 Innenstadtbesuchern, Berlin Januar 2015

Institut für Demoskopie Allensbach (2012) ACTA 2012, Allensbach

Kacmarek J (2014) Die Paten des Internets: Zalando, Jamba, Groupon – wie die Samwer-Brüder das größte Internet-Imperium der Welt aufbauen. FinanzBuch, München

Kirsch W, Seidl D, Aaken D (2009) Unternehmensführung. Eine evolutionäre Perspektive. Schäffer-Poeschel, Stuttgart

Knop C (2015) Amazon, das zahlengetriebene Unternehmen. In: Schwarz T (Hrsg) S 231–238, Mohn

Mohn R (2010) Von der Welt lernen. Erfolg durch Menschlichkeit und Freiheit. Goldmann, München

Müller SC, Böhm M, Krcmar H, Welpe IM (2016) Machbarkeitsstudie: Geschäftsmodelle in der digitalen Wirtschaft, Studien zum deutschen Innovationssystem, TUM Nr. 12-2016

Müller-Stewens G, Lechner Ch (2001) Strategisches Management. Schäffer-Poeschel, Stuttgart

Nitt-Drießelmann D (2013) Einzelhandel im Wandel. Hamburgisches Weltwirtschaftsinstitut

Picot A et al (2012) Organisation: Theorie und Praxis aus ökonomischer Sicht, 6. Aufl. Schäffer-Poeschel, Stuttgart

Pinchot G (1985) Intrapreneuring: why you don't have to leave the corporation to become an entrepreneur, 2. Aufl. Berrett-Koehler, Oakland

Porter ME (2013) Wettbewerbsstrategie. Methoden zur Analyse von Branchen und Konkurrenten, 12. Aufl. Campus, Frankfurt a. M.

Puhlmann A (2016) Messung und Controlling der Touchpoints mit der Marke. In: Esch F-R, Langner T, Bruhn M (Hrsg) Handbuch Controlling der Kommunikation. Springer, Wiesbaden

Reinartz W (2015) Digitalisierung und ihr Einfluss auf den Handel in Deutschland, Dialogplattform Einzelhandel I Workshop Digitalisierung I. http://bmwi.de/BMWi/Redaktion/PDF/W/workshop-digitalisierung-vortrag-digitalisierung-und-ihr-einfluss-auf-den-handel,property=pdf,bereich=bmwi2012,sprache=de,rwb=true.pdf. Zugegriffen: 28. Mai 2015

Samwer O (2014) In Kapalschinski C (Hrsg) Sie sind zu alt, um das zu verstehen. Handelsblatt vom 22. Juni 2014

Schäfer A, Klammer J (2015) Logic in practice – using online customer communities and personas. Mark Rev St Gallen 5:90–96

Schellhorn J, Adler B (2015) Von der Marktbearbeitung zur Customer Experience – Neue Impulse für das moderne Marketing. Mark Rev St Gallen 1:22–27

Schmieder U-M (2010) Integrierte Multichannel-Kommunikation im Einzelhandel. Gabler, Wiesbaden

Schürmann F (2013) Mobile retail services. Innovative mobile Dienste im Rahmen des Multi Channel Retailings. Disserta, Hamburg

Schwarz T (Hrsg) (2015) Big Data im Marketing: Chancen und Möglichkeiten für eine effektive Kundenansprache. Haufe, Freiburg

Seifert D (2006) Efficient consumer response. Supply chain management (SCM), category management (CM) und Radiofrequenz-Identification (RFID) als neue Strategieansätze, 4. Aufl. Hampp, München

Spreer P (2014) Hybride Verkaufssysteme-der Handel braucht den Verkäufer 2.0. In: Gutknecht K, Funck D, Stumpf J (Hrsg) Innovationsmanagement im Handel, Rid Stiftung. epubli, München

Stafflage M (2016) Instore Mobile Marketing Kommunikation: Empirische Analysen von Determinanten aus Kundensicht. Springer Gabler, Wiesbaden

Statista (2016) Umsatz von Adidas im konzerneigenen E-Commerce weltweit in den Jahren 2010 bis 2014. http://de.statista.com/statistik/daten/studie/254745/umfrage/umsatz-von-adidas-im-ecommerce/. Zugegriffen: 19. Juni 2016

Stepper M (2015) Einkaufsstandort Innenstadt Qualifizierung innerstädtischer Einzelhandelslagen vor dem Hintergrund des zunehmenden Online-Shopping. Diss., Kaiserslautern

Zentes J, Swoboda B, Foscht T (2012) Handelsmanagement, 3. Aufl. Vahlen, München

Zisler K et al (2016) Die Rolle des Chief Digital Officers – Enabler der digitalen Transformation. ZfO 85(02):76–83

Prof. Dr. Franz-Michael Binninger (Fotocredit: privat)

Prof. Dr. Franz-Michael Binninger leitet das Institut für Handelsmanagement an der Hochschule für angewandtes Management. Er hat an der Universität Passau Betriebswirtschaftslehre studiert und promovierte im Bereich Absatzwirtschaft und Handel. Nach Führungspositionen in mittelständischen Unternehmen war er seit 1999 als Managementberater tätig. Franz-Michael Binninger ist ausgewiesener Experte in Handelsmanagement sowie Marktforschung und lehrt in diesen Gebieten seit 2007 an der Hochschule für angewandtes Management und anderen Hochschulen im deutschsprachigen Raum. Er hat das Studienprogramm „Handelsmanagement und E-Commerce" an der Hochschule für angewandtes Management zu einem der erfolgreichsten Studienangebote entwickelt. Sein Handelsforum in Erding, das er seit Jahren eng mit den Kooperationspartnern Sportscheck, der Rid-Stiftung und der Gesellschaft für Konsum-, Markt- und Absatzforschung e. V. veranstaltet, ist mittlerweile ein etablierter Branchentreff für Entscheidungsträger aus dem Handel. Der Handelsmanagement-Award für herausragende wissenschaftliche Abschlussarbeiten bildet den jährlichen Höhepunkt dieser Veranstaltung.

Prof. Dr. Karl Peter Fischer (Fotocredit: privat)

Prof. Dr. Karl Peter Fischer ist Diplom-Psychologe Univ. und promovierte an der Ludwig-Maximilians-Universität in München. Er leitet heute das Institut für Onlinekommunikation des International University Network und ist als Professor für Markt- und Werbepsychologie und Onlinekommunikation an der Hochschule für angewandtes Management tätig. Seit 24 Jahren ist er Inhaber und Geschäftsführer der 4m Agentur für Marketing und Dialogmarketing, eine auf Interaktion (Onlinemarketing) spezialisierte Kreativagentur in München. Der Werbepsychologe und Dialogmarketingexperte mit hoher Reputation im Markt ist erfahrener Agenturchef, Autor und Berater und gilt als einer der Neudenker für den Bereich eines ganzheitlichen Onlinemarketing und hat in seinen Seminaren bis heute viele Tausend Zuhörer begeistert. Zu seinen Forschungsgebieten zählt Consumer-Behavior und das Involvement der Bedarfsgruppen als Basis für Werbestrategien.

Dr. Andreas Schöler (Fotocredit: privat)

Dr. rer. pol., Dipl.-Kaufmann Andreas Schöler studierte Betriebswirtschaftslehre an der Katholischen Universität Eichstätt-Ingolstadt und an der Schwedischen Handelshochschule (HANKEN), Helsinki. Von 2001 bis 2004 war er Wissenschaftlicher Mitarbeiter am Lehrstuhl für Dienstleistungsmanagement von Prof. Dr. Dr. h. c. Bernd Stauss (Katholische Universität Eichstätt-Ingolstadt). Seit 2005 ist Dr. Andreas Schöler Organisationsentwickler, Sparringspartner und Marktforscher zu Fragestellungen der marktorientierten Führung und Unternehmensentwicklung. Professor für Konsumentenpsychologie und Dienstleistungsmanagement an der Hochschule für angewandtes Management GmbH. Geschäftsführer der Partnerteams Group GmbH & Co. KG. und der Partnerteams Connect GmbH & Co. KG.

Prof. Dr. Axel Steuernagel
(Fotocredit: privat)

Prof. Dr. Axel Steuernagel lehrt Betriebswirtschaftslehre mit den Schwerpunkten E-Business und Unternehmensführung an der Hochschule für angewandtes Management. Er studierte an der Ludwig-Maximilians-Universität München und der Johns Hopkins University in Baltimore, USA, Betriebswirtschaftslehre und Politische Wissenschaften mit einem internationalen Fokus. Seine berufliche Laufbahn begann er 1997 in der Fachverlagssparte der Bertelsmann AG. Ende 1999 wechselte er für Bertelsmann in die Internetbranche und leitete seitdem als CEO verschiedene E-Commerce-Unternehmen, vom Start-up bis zur internationalen Versandhandelsgruppe mit 800 Mitarbeitern. Die Beratungsbranche lernte er als Manager bei McKinsey (2003–2006) kennen, mit dem Fokus Konsumgüter und Handel. Nach dem Verkauf seiner Anteile an einer von ihm gegründeten Mode-E-Commerce-Gruppe kehrte er 2015 in die Wissenschaft zurück. Neben der Lehre berät er Konsumgüter- und Handelsgruppen bei der digitalen Transformation sowie Start-ups bei der Professionalisierung und Internationalisierung.

Transparenz und Digitalisierung in nachhaltigen Wertschöpfungsketten

Ansätze für ein erfolgreiches CSR-Management

Frank Ebinger und Bramwel Omondi

Transparenz in nachhaltigen Wertschöpfungsketten zu organisieren ist eine Kunst, mehrere Dimensionen ganzheitlich zu denken.

1 CSR als Herausforderungen für ein transparentes Wertschöpfungskettenmanagement

Globale Wertschöpfungsketten rücken spätestens seit dem verheerenden Unfall von Rhana Plaza (Sinkovics et al. 2016) oder den Debatten um menschenrechtliche Verfehlungen von Unternehmen beispielsweise in der Textil- oder Bergbau- und Mineralbranche in den Fokus der gesellschaftlichen Debatte. Mit der wachsenden globalen Verflechtung von Unternehmen, wächst auch deren Verantwortungsraum für die ökologischen, sozialen wie menschenrechtlichen Auswirkungen, die in Verbindung mit ihren Tätigkeiten stehen. Transparenz, Nachvollziehbarkeit und die Einhaltung von Normen sind Forderungen, die Investoren, Verbraucher, Aufsichtsbehörden sowie Umwelt- und Menschenrechtsgruppen in Form von unternehmerischen Sorgfaltspflichten an Unternehmen im Zusammenhang mit der Einhaltung von Nachhaltigkeitskriterien verlangen. So fordern beispielsweise Verbraucher und Verbraucherverbände verstärkt Auskünfte, unter welchen Bedingungen Waren hergestellt werden. Produktionsbedingungen werden

F. Ebinger (✉)
Nachhaltigkeitsorientiertes Innovations- und Transformationsmanagement,
Nuremberg Campus of Technology (NCT), Nürnberg, Deutschland
E-Mail: frank.ebinger@th-nuernberg.de

B. Omondi
Nuremberg Campus of Technology (NCT), Nürnberg, Deutschland
E-Mail: bramwel.omondi@th-nuernberg.de

© Springer-Verlag GmbH Deutschland, ein Teil von Springer Nature 2020
A. Hildebrandt und W. Landhäußer (Hrsg.), *CSR und Digitalisierung,* Management-Reihe Corporate Social Responsibility, https://doi.org/10.1007/978-3-662-61836-3_22

hierdurch Teil der Produktqualität (Berzau 2017). Unternehmen sollen und müssen ihre Geschäftspartner in die Bemühungen zur Schaffung von Transparenz einbeziehen, um die mit ihren Aktivitäten verbundenen negativen Auswirkungen anzugehen und die Betriebspraktiken über ganze Wertschöpfungsketten zu verbessern. Neben Umweltaspekten gewinnen soziale Aspekte in einer zunehmenden Anzahl globaler Lieferketten an Sichtbarkeit (deBakker und Nijhof 2002), und deshalb werden Standards für soziale Verantwortung in der Lieferkette verstärkt gefordert (Boyd et al. 2007; Piplani et al. 2008). Damit steigt auch das unternehmerische Risiko von Verstößen gegen Arbeits-, Sozial- und Umweltstandards in Wertschöpfungsketten.

Diese Forderungen treffen auf eine Komplexität heutiger Wertschöpfungsketten, die das Ergebnis jahrzehntelang zunehmender globaler Verflechtung sind (Isik 2011; Seuring et al. 2004). Der in den letzten Jahrzehnten anwachsende Outsourcing-Trend, bei dem Unternehmen verstärkt in Schwellenländern produzieren lassen (Schoenherr 2010; Slack et al. 2013; Sauer and Seuring 2019), hat zu einer Verflechtung und einem Wettbewerb geführt, der inzwischen nicht mehr zwischen einzelnen Unternehmen ausgetragen wird, sondern zwischen ganzen Lieferketten (Gold et al. 2010). Komplexe Wertschöpfungsketten erstrecken sich über vielzählige Wertschöpfungsstufen und Tausende von Lieferanten. Bei der Herstellung ihrer Produkte beziehen Unternehmen Rohstoffe, Teile, Komponenten, Module, und Materialien aus Hunderten von Ländern auf der ganzen Welt, die unter einer Vielzahl ökologischer, sozialer und politischer Kontexte hergestellt wurden. Daneben erhöhen kurze Produktlebenszyklen und eine zunehmende technologische Entwicklung die Risiken und Unsicherheiten in globalen Wertschöpfungsketten zusätzlich (Serdarasan 2013; Ebinger et al. 2006; Busse et al. 2016).

In die zugeschriebene Verantwortung für soziale und ökologische Fragen in Wertschöpfungsketten fallen nun auch Verantwortlichkeiten in die Unternehmensführung, die eigentlich im Handlungsbereich der Lieferanten und Unterlieferanten liegen (Jabbour et al. 2019). Dies beruht auf einer sich in vielen Wertschöpfungsketten herausgebildeten Arbeitsteilung, bei der sich Markenhersteller auf Forschung und Entwicklung bzw. Produktinnovation und Kommunikation konzentrieren, während sich die Vorlieferanten in Form von Vertragsnehmern auf die arbeitsintensive Produktion spezialisieren. Dies hat auch dazu geführt, dass sich Spezialisierungen von Unternehmen oder gar ganzer Regionen zu spezifischen Fertigungsschritten herausgebildet haben (Gilbert und Huber 2017). Hieran lässt sich besonders gut zeigen, dass es für Unternehmen immer wichtiger wird, auch darauf zu achten, wie in verschiedenen Wirtschaftssektoren oder Weltregionen die Situationen zu Menschenrechtsverletzungen, Kinderarbeit oder dem Nichteinhalten von Umweltstandards (zum Beispiel Verstöße gegen gesetzliche Grenzwerte) berücksichtigt wird. Darunter fällt auch, wie sich die regionale Exposition hinsichtlich verschiedener Umwelteinflüsse oder Risiken (zum Beispiel Überschwemmungen oder Feuer in einer Fabrik) ausgestaltet, die das Risiko einer Unterbrechung der Lieferkette nach sich ziehen kann (Berzau 2017).

Zwar ist CSR als die auf Freiwilligkeit beruhende pragmatische Alternative zur gesetzlichen Regulierung von Unternehmen in einer globalen Wirtschaftsstruktur konzeptualisiert. Doch vor allem, weil nationale oder regionale Regulierungen durch den sogenannten „regulatory vacuum effect" (Scherer und Palazzo 2008) an ihre Grenzen der Steuerung geraten, ist in den letzten beiden Jahrzehnten wieder eine verstärkte Regulierung zu unternehmerischer Rechenschafts- und Sorgfaltspflicht zu beobachten. Speziell in den letzten Jahren entstanden neue Gesetzesinitiativen und internationale Standards zu ökologischen Rahmenbedingungen oder Menschenrechten, die Ausdruck einer erhöhten gesellschaftlichen Erwartung an Unternehmen sind, ihre Sorgfaltspflichten transparent und nachvollziehbar umzusetzen. Beispielsweise formulieren die UN Guiding Principles on Business and Human Rights und in Deutschland der Nationale Aktionsplan „Wirtschaft und Menschenrechte" (NAP) Leitsätze der menschenrechtlichen Sorgfaltspflicht an Unternehmen, die möglicherweise in den kommenden Jahren in ein Lieferkettengesetz münden könnten. Wenn man die Ergebnisse einer Studie von Smit et al. (2020) zu „Developments in due diligence" betrachtet, steht diese Entwicklung in einer Linie mit einem global zu beobachtenden Trend.

Damit stehen Unternehmen vor der Herausforderung, diesen Forderungen nach Transparenz in ihren Wertschöpfungsketten gerecht zu werden. Ansätze zum Sustainable Supply Chain Management (Seuring und Müller 2008) unterstützen dabei, die geforderten Praktiken umzusetzen und die notwendigen Informationen zur Verfügung stellen zu können. Theoretische Ausgangspunkte des vorliegenden Beitrags liegen in den Ansätzen zum Sustainable Supply Chain Management (SSCM) und zur Supply Chain Transparency (SCT) (Sodhi und Tang 2019; Jabbour et al. 2019). Nach Gold und Heikkurinen (2018) kann SCT allgemein definiert werden als die Offenheit und den Austausch von Informationen zwischen Akteuren in einer (nachhaltigen) Wertschöpfungskette, die es anderen ermöglicht, zu sehen, welche Aktionen ausgeführt werden und welche nicht. Diese Transparenz ist vor allem in komplexen Wertschöpfungsketten und weitgehend intransparenten ökologischen, sozialen wie menschenrechtlichen Auswirkungen schwer zu erreichen. Hierzu soll zunächst in Abschn. 2 auf die Dimensionen der Transparenz in Wertschöpfungsketten eingegangen werden. In Abschn. 3 werden darauf aufbauend, digitale Ansätze vorgestellt, denen ein großes Potenzial für mehr Wertschöpfungskettentransparenz und -kontrolle durch eine differenzierte Aufbereitung und Verwertung großer Datenmengen zugeschrieben werden. Abschn. 4 gibt einen kurzen Ausblick auf den künftigen Forschungsbedarf.

2 Transparenz in nachhaltigen Wertschöpfungsketten

2.1 Zum Transparenzbegriff

Wie zuvor bereits deutlich wurde, wird die Forderung nach transparenten Wertschöpfungsketten gesellschaftlich weitläufig als inhärent positiv gesehen und ist von zentraler Bedeutung für die Bemühungen um eine emanzipatorischere Umweltpolitik und die Unterstützung von Maßnahmen der Zivilgesellschaft von unten nach oben (Mol 2010). So wird mit dem Begriff Transparenz vor allem Positives verknüpft – er wird als Basis für eine gute Steuerungsmöglichkeit gesehen (Valentinov et al. 2019), die durch Offenheit und Kommunikationsfähigkeit anderen die Möglichkeit gibt, zu verstehen, welche Schritte bereits gegangen wurden und welche nicht (Gold und Heikkurinen 2018). Soll der Ruf nach Transparenz in Wertschöpfungsketten aber nicht nur ein Plazebo einer überforderten Verantwortungsrhetorik bleiben, ist die Frage zu klären, von welcher Transparenz gesprochen wird und an wen sie gerichtet ist. Zielt die Transparenzforderung eher auf das Innen in Richtung Transaktionspartner oder auf das Außen in Richtung Gesellschaft? Beide Transparenzräume bestehen parallel und müssen gefüllt werden. Gardner et al. (2019) sprechen in diesem Zusammenhang von einer normativen und einer materiellen Transparenz. Aus normativer Sicht wird Transparenz als Instrument zur Förderung der Grundsätze von Demokratie, Partizipation und Rechenschaftspflicht angesehen. In diesem Sinne wird ihr ein Potenzial zugesprochen, tiefe Asymmetrien beim Zugang verschiedener Akteure zu Informationen zu überwinden und eine Durchsetzbarkeit und Umsetzung von Nachhaltigkeit erst möglich zu machen (Ardron et al. 2018). Zum Beispiel basiert das Konzept der Umweltkennzeichnung auf der Überzeugung, dass die Offenlegung von Informationen über Prozesse und Praktiken des nachhaltigen Produkts die Verbraucher in die Lage versetzt, eine fundierte Entscheidung zu treffen (Gupta 2008).

Dagegen konzentriert sich die Debatte um materielle Transparenz auf eine Reihe konkreter Kriterien, die für die Erleichterung der Steuerung und des Managements von Wertschöpfungsketten von Bedeutung sind und stärker Aspekte, wie Beobachtung, Überwachung, Rückverfolgbarkeit, obligatorische und freiwillige Offenlegung, Verbreitung, Berichterstattung, Vermarktung, Beschwerden und Überprüfung in den Mittelpunkt der Analyse stellt (Gardner et al. 2019). Im Kontext von Wertschöpfungsketten bezieht sich Transparenz auf Nachhaltigkeitsinformationen, die allen Unternehmen zur Verfügung stehen (Francisco und Swanson 2018) und als Grundlage für eine bessere individuelle oder gemeinsame Steuerung dienen (Valentinov et al. 2019). Sie sollen eine erhöhte Sichtbarkeit und Rückverfolgbarkeit möglich machen, indem Informationen in der Wertschöpfungskette gesammelt, ausgetauscht und an autorisierte interne und externe Stakeholder weitergegeben werden. Unternehmen analysieren hierbei die Wichtigkeit verschiedener Positionierungen oder Rollen im Wertschöpfungsnetzwerk im Hinblick auf soziale oder ökologische Faktoren und können feststellen, welchen Akteuren eine Schlüsselfunktion zukommt (econsense 2019).

2.2 Ansätze und Informationsdimensionen

Um im Folgenden die Dimensionen unternehmerischer Transparenzforderungen in ihren Wertschöpfungsketten konzeptionell und strukturell fassen zu können, soll zunächst auf das Transparenzverständnis von Hofstede (2003) zurückgegriffen werden, der Transparenz allgemein in Abhängigkeit ihrer temporalen Informationsperspektive fasst. Er unterscheidet Informationen, die auf die Vergangenheit (History Transparency), Gegenwart (Operative Transparency) oder Zukunft (Strategy Transparency) ausgerichtet sind, um eine Nachverfolgbarkeit vergangener Prozesse, die Steuerung aktueller Prozesse und die Planung künftiger innovativer Prozesse abzubilden. Ähnlich, aber stärker aus einer Perspektive des zyklischen Managements nachhaltiger Wertschöpfungsketten, klassifizieren Garcia-Torres et al. (2019) in ihrem Ansatz „traceability for sustainability (TfS)" drei Funktionen einer Wertschöpfungskettentransparenz (WKT):

1. Auf der Ebene der *Steuerung (Governance)* unterscheidet der Ansatz zwischen formellen und informellen Informationen. Die formale Steuerung basiert auf Informationen zur Umsetzung von Richtlinien, Vorschriften, Verhaltenskodizes, Standards und Zertifizierungen, die von allen Akteuren in der gesamten Wertschöpfungskette berücksichtigt werden sollen, während die informellen Steuerungsmechanismen auf der Grundlage von Vertrauen und Misstrauen beruhen. Entsprechend werden in Unternehmen verstärkt Due-Diligence-Prozesse etabliert, um tatsächliche und mögliche negative Auswirkungen zu identifizieren. Erstellte Wesentlichkeits- bzw. Materialitätsanalysen sowie das Monitoring von Nachhaltigkeitsanforderungen der Vertragspartner sollen helfen, eine entsprechende Richtungssicherheit herzustellen. Regelmäßige Risikoanalysen zeigen „Risikoknotenpunkte" in den Wertschöpfungsketten auf. Solche Knotenpunkte helfen, eine Priorisierung vorzunehmen und zu identifizieren, wo und wie Einfluss ausgeübt werden kann (econsense 2019).

2. Die Ebene *Kooperation und Partnerauswahl (Collaboration)* umfasst die Entwicklung langfristiger Beziehungen zwischen zwei oder mehreren Unternehmen oder Organisationen, um das erfolgreiche Management der Wertschöpfungskette umzusetzen. Hier werden Partnerschaften und Allianzen gebildet, um Vorteile zu erzielen, die einzelne Unternehmen nicht erreichen können, wenn sie unabhängig handeln. Allerdings sind nicht immer alle Informationen verfügbar. Nach Berzau (2017) ist es deshalb wichtig, dass Unternehmen Informationen zur Herstellung dieser Transparenz einfordern können. Entsprechend sind Informationen zu bestehenden oder potenziellen Partnern essenziell zur Erhöhung der WKT. Wichtige Basis für eine transparente und vertrauensvolle Zusammenarbeit ist die Entwicklung eines gemeinsamen Verständnisses, das auf die Entwicklung einer gemeinsamen Sprache, Schwerpunkte und Standards zielt, wie die konventionelle Interpretation entscheidender Konzepte, geteilte Standards für die Produkt-/Servicequalität, gegenseitige Darstellung von Referenzinformationen und gemeinsame technologische Infrastruktur (Hofstede 2003). Da der Informationsaustausch eine wichtige Rolle (Ahmed und Omar 2019) einnimmt, spielen auch informelle Besuche bei Lieferanten und Fabriken mit Blick auf Nachhaltigkeitskriterien eine große Rolle.

3. Die Ebene *Rückverfolgung (Tracking und Tracing)* wird als die Fähigkeit verstanden, Komponenten und die Chronologie von Ereignissen zu identifizieren und zu verifizieren. Sie umfasst die Überwachung und das Controlling von Wertschöpfungsketten-Vorgängen, -Prozessen und -Produkten, die Rohstoffherkunft und den Kontext für Fertigungsprozesse (Francisco und Swanson 2018). Besonders

diese Informationsebene stellt Unternehmen vor große Herausforderungen, da die Prozesse in Wertschöpfungsketten aufgrund ihrer Komplexität, ihrer Volatilität, dem Mangel an weltweit akzeptierten Standards und dem Mangel an Fähigkeiten bzw. der Blockade einzelner Akteure beeinflusst werden. Auf der anderen Seite ist die Rückverfolgung eine Funktion, die inzwischen besonders von Verbrauchern und Verbraucherorganisationen eingefordert wird, wie zum Beispiel durch den Nachweis einer Produktkettenzertifizierung.

Was dem vorgestellten Ansatz von Garcia-Torres in Bezug auf ein nachhaltiges Wertschöpfungskettenmanagement allerdings fehlt, ist die Perspektive der *strategischen und operativen Risikoabschätzung,* die eine erweiterte Kontextperspektive darstellt. Hier werden Informationen zu spezifischen Branchen- und regionalen Standortrisiken (zum Beispiel auch Wetter und Klimarisiken) aufgenommen, die vor allem für Wertschöpfungsketten wichtig sind, die mit regelmäßigeren operativen Verstößen, beispielsweise in Zusammenhang mit bestimmten Rohstoffen oder Produktionsstandorten, in menschenrechtlich vulnerablen Sektoren tätig sind oder mit wetterbedingten Kalamitäten zu tun haben. Hilfreich kann hier beispielsweise der Informationsaustausch auf Branchenplattformen sein, um Bezugsorte und damit verbundene soziale und ökologische Risiken zu identifizieren. In einer solchen Perspektive werden die Grenzen der eigentlichen Wertschöpfungskette aufgelöst und der Fokus auf ganze Regionen oder Sektoren ausgeweitet.

Nachdem nun die vier Funktionen von nachhaltiger WKT entwickelt wurden, sollen in einem zweiten Schritt die Informationsdimensionen herausgearbeitet werden. Hierzu können verschiedene Perspektiven eingenommen werden. So schlägt beispielsweise Berzau (2017) einen risikobasierten Informationsansatz vor, der sich an Risiken von Verstößen gegen Arbeits-, Sozial- und Umweltstandards in der Lieferkette orientiert. Hierzu unterscheidet er produktionsbasierte Risiken bei bestimmten Produkten bzw. Produktgruppen, standortbasierte Risiken aufgrund von Lieferanten aus Staaten mit schwach ausgebildeter staatlicher Regierungsführung und Risiken hinsichtlich spezifischer Eigenschaften von Lieferanten. In Orientierung an Offenlegungsnotwendigkeiten von Unternehmen aus der Sicht von fokalen Unternehmen fassen Egels-Zandén et al. (2015) Informationen zu den Namen der Lieferanten, die die Produkte hergestellt haben (das heißt Rückverfolgbarkeit), Informationen zu den Nachhaltigkeitspraktiken und -bedingungen der Lieferanten sowie zu den Einkaufs- und dagegen Beschaffungsaktivitäten der fokalen Unternehmen zusammen. Gardner et al. (2019) entwickeln eine Typologie, die eine Verbesserung der Nachhaltigkeitssteuerung und der Transparenz in Wertschöpfungsketten insgesamt zum Ziel hat. Dieser Informationsrahmen stellt aus ihrer Sicht eine ganzheitliche Informationsbasis dar und adressiert Informationen vom Verständnis der Rollen und Beziehungen verschiedener Akteure und ihrer Standorte bis hin zu Informationen über die Auswirkungen und die Wirksamkeit von Strategien und Maßnahmen zur Bewältigung dieser Auswirkungen:

a) *Informationen zur Rückverfolgbarkeit,* die den Partnern in der Wertschöpfungskette die Rollen und die Beziehungen zwischen Akteuren und zu Produktionsorten aufzeigen.

b) *Transaktionsinformationen,* die sich auf die Einkaufspraktiken und Investitions-entscheidungen der Akteure der Wertschöpfungskette konzentrieren. Diese Informationen erleichtern die Identifizierung, welche Akteure die Hauptempfänger einer bestimmten Lieferkette sind – und somit wer die Verantwortung für etwaige Nachhaltigkeitsbedenken teilen kann.

c) *Auswirkungsinformationen,* die die sozialen und ökologischen Probleme sowie andere Risiken im Zusammenhang mit der Lieferkette identifizieren. Diese Informationen bieten Transparenz in Bezug auf Nachhaltigkeit innerhalb der Wertschöpfungskette auf einzelnen Stufen und bieten somit einen Ausgangspunkt für die Bewertung der Leistung.

d) *Informationen zu Prinzipien und Verpflichtungen,* umfassen die Richtlinien und Ver-pflichtungen der Wertschöpfungsketten-Akteure, die sie bei der weiteren Entwicklung von Nachhaltigkeit in Aktivitäten und Prozessen nutzen und Leistungsänderungen bewerten können.

e) *Aktivitätsinformationen,* die Maßnahmen enthalten, die von verschiedenen Akteuren in Wertschöpfungsketten ergriffen wurden, um ihren Verpflichtungen nachzukommen, welche zuvor in den Richtlinien festgelegt wurden.

f) *Informationen zur Wirksamkeit bestimmter Maßnahmen zur Verringerung von Umwelt- und Sozialproblemen* und damit zur Verbesserung der Leistung eines bestimmten Akteurs oder Produktions-/Verarbeitungsstandorts im Vergleich zu einem bestimmten Ziel oder einer bestimmten Basislinie. Diese Informationen bieten Transparenz darüber, wie viel Erfolg ein bestimmter Akteur oder Standort erzielt (Gardner et al. 2019).

Aus den vier Funktionen der WKT und aus den Informationserfordernissen, lässt sich nun ein Ansatz zu einer Nachhaltigen Wertschöpfungstransparenz ableiten, der in Tab. 1 kursorisch zusammengefasst ist:

2.3 Grenzen der Transparenz in Wertschöpfungsketten

Die enorme Komplexität von Wertschöpfungsketten stellt Unternehmen vor große Herausforderungen. Meist liegen Risiken und Probleme in der Tiefe der Wert-schöpfungskette verborgen. Fehler und Unzulänglichkeiten passieren alltäglich auf allen Stufen in komplexen Wertschöpfungsketten. Für viele Unternehmen und Zulieferer ist es schwer, die Dimension dieser Unzulänglichkeiten einzuschätzen und zu entscheiden, ob diese Informationen weitergegeben werden sollen. Transparenz schafft Verantwortung für die Fehler und so ist eine gewisse Intransparenz sogar manchmal erwünscht.

Tab. 1 Übersicht zu den Ebenen und Informationsdimensionen transparenter Wertschöpfungsketten

Ebenen der Wertschöpfungskettentransparenz (erweitert, nach Garcia-Torres et al. 2019)	Informationsdimensionen (nach Gardner et al. 2019)
Steuerung (Governance)	Informationen zu Standards, Richtlinien, Leitfäden und Verpflichtungen der Wertschöpfungsketten-Akteure zur Erleichterung der Nachhaltigkeit ihrer Aktivitäten, Informationen zur Bewertung von Veränderungen, Transaktionsinformationen, die sich auf die Einkaufspraktiken und Investitionsentscheidungen verschiedener Akteure der Lieferkette beziehen, Informationen zur Wirksamkeit bestimmter Maßnahme zur Verringerung von Umwelt- und Sozialproblemen
Kooperation und Partnerauswahl	Detaillierte Informationen zu Lieferanten und Standorten, Nachhaltigkeitspraktiken und -bedingungen der bestehenden oder alternativen Lieferanten
Rückverfolgung (Tracebility/Tracking)	Informationen zu Rollen und die Beziehungen zwischen Akteuren und zu Produktionsorten, Rohstoffen sowie Produkt(bestandteilen), Lieferanten und deren Standorten
Strategische und operative Risikoabschätzungen	Auswirkungsinformationen, die die sozialen und ökologischen Probleme sowie andere Risiken im Zusammenhang mit der Lieferkette identifizieren

Hier spielen auch kulturelle Unterschiede eine Rolle, was es für Unternehmen schwierig macht, Forderungen zur Erreichung von Transparenz zu verstehen (Fritz und Schiefer 2010). So können beispielsweise kulturelle Unterschiede verhindern, dass Lieferanten Daten und Informationen in Datenbanken einspeisen, weil eine Kultur der Fehlerfreundlichkeit nicht existiert, und im Gegenteil, das Zugeben von Fehlern oder Risiken einen sozialen Makel markiert. In diesem Zusammenhang entstehen Interessenkonflikte zwischen den Akteuren und Informationsasymmetrien, die zu verminderter Qualität der Berichtsinhalte oder wenig glaubwürdigen Daten bei der Offenlegung von Informationen führen (Müller und Gaudig 2011).

Zudem trägt Daten- und Informationstransparenz auch immer das Risiko einer Preisgabe von Geschäftsgeheimnissen, Urheberrechtsfragen oder Fragen der Vertraulichkeit in sich. Eine vollständige Transparenz über Lieferanten und ihre Beziehungen sind gerade in komplexen Wertschöpfungsketten durch Fluktuation oder fehlendes Vertrauen zwischen Partnern schwer zu erreichen. Informationen über Geschäftsprozesse, Lieferanten und Unterlieferanten sind für viele Unternehmen nach wie vor ein entscheidender Wettbewerbsvorteil, und der Austausch solcher Informationen kann das Geschäftsmodell untergraben (Egels-Zandén et al. 2015). Neben dem Risiko einer Offenlegung von nicht-schützbarem geistigen Eigentum kann schon allein die Offenlegung von Lieferantendaten beispielsweise dazu führen, dass Unternehmen in der Wertschöpfungskette den berichtenden Vertragspartner umgehen könnten und direkt bestellen (Berzau 2017). Zudem ist die Preisgabe von Daten und Informationen in konfliktträchtigen Bereichen risikoreich und nicht immer gewünscht, wie beispielsweise zu 3TG-Konfliktmetallen Tantal, Zinn, Wolfram und Gold.

Daten und Informationen sind in der Regel in allen Unternehmen der Wertschöpfungskette in enormen Mengen vorhanden. Diese aber sinnvoll zu strukturieren, zu organisieren und zu entscheiden, welche Daten weitergegeben werden sollen bzw. müssen, stellt eine große Herausforderung dar. Allein die Menge der zu adressierenden Stakeholder ist in komplexen Wertschöpfungskette groß und wird durch ständige Fluktuation bei Lieferanten zusätzlich vergrößert. Eine Überforderung ist ob der schieren Menge an Daten, und der Schwierigkeiten diese strukturiert zuzuordnen, schnell erreicht (Montecchi et al. 2019). Eine solche Überforderung kann schließlich zu Fehleranhäufungen oder gar zu Entscheidungsblockaden führen (Hosseini et al. 2018).

3 Digitale Ansätze zur Erhöhung der Transparenz in Wertschöpfungsketten

Wie zuvor aufgezeigt wurde, sind mit der Forderung nach Transparenz in nachhaltigen Wertschöpfungsnetzwerken in Form von Funktion, Inhalt und Grenzen einige Herausforderungen und Gestaltungsnotwendigkeiten verknüpft. Um diesen Herausforderungen begegnen zu können, werden in digitalen Ansätzen große Chancen für mehr Transparenz und Kontrolle und eine differenzierte Aufbereitung und Verwertung großer Datenmengen gesehen. Viele Diskussionen um Digitalisierung und die damit verknüpften Potenziale versprechen, dass künftig Informationen teilbar und auf Knopfdruck verfügbar sein könnten. Es könnte eine Transparenz geschaffen werden, die zum Nutzen aller bei der effizienten Abarbeitung gesellschaftlicher Problemfelder oder unternehmerischer Herausforderungen unterstützt. Der sogenannte Trend der „Datafication" führt verstärkt dazu, die physische Welt in Daten zu übersetzen, die dann dynamisch, problemorientiert und maßgeschneidert zu Informationen kombiniert bei Entscheidungen unterstützen könnten. So könnten im Kontext von Wertschöpfungsketten digitale Instrumente an vielen Stellen helfen, durch die differenzierte Sammlung, Strukturierung, Aufarbeitung und Verwertung großer Datenmengen zu Umwelt-, Sozial- und Governance-Aspekten, die Leistungen von Lieferanten zuverlässig zu erfassen und zu messen (Garcia-Torres et al. 2019). Hierdurch wird ein dynamisch orientiertes nachhaltiges Wertschöpfungskettenmanagement möglich, das analytische Vergleiche zu Materialien, Branchen, Ländern und Themen zulässt. Vor dem Hintergrund der zuvor geführten Diskussion zu den Notwendigkeiten, Dimensionen und Grenzen von Transparenz in Wertschöpfungsketten, soll in diesem Abschnitt der Blick auf mögliche digitale

Unterstützungsinstrumente und -ansätze gelegt werden. Über die Risiken und Grenzen digitaler Technologien muss an anderer Stelle diskutiert werden.

Grundsätzlich ist das Daten- und Informationsmanagement nicht so einfach, wie es an verschiedenen Stellen immer wieder suggeriert wird. Digitale Anwendungen stoßen dann auf Grenzen, wenn die Systemkompatibilität oder Datenstruktur nicht gegeben ist (econsense 2019). Meist sind eine Fülle von Daten in verschiedenen Formaten und Strukturen vorhanden, die obendrein aus unterschiedlichen Informationssystemen stammen (BMUB und UBA 2017). Noch immer werden sie vielfach manuell erfasst, was einen hohen personellen Aufwand erfordert. Zudem bestehen häufig noch größere Intransparenzen in Wertschöpfungsketten, die davon herrühren, dass Daten von Unterlieferanten nicht vorliegen, da entweder kein direkter Kontakt besteht oder sie nicht digital agieren.

Diesen Problemen zum Trotz, kristallieren sich digitale Lösungsansätze heraus, um die Intransparenzen zu verringern und die Gestaltung nachhaltiger Wertschöpfungsketten zu unterstützen. Viele dieser technischen Ansätze befinden sich noch im Pilotstadium, andere sind bereits breit in ihrer Anwendung. Der Markt an verschiedenen Ansätzen, Produkten und Lösungen ist so unübersichtlich, sodass im Folgenden lediglich nur einige wenige Ansätze im Zusammenhang mit den in Tab. 1 vorgestellten Ebenen der Wertschöpfungskettentransparenz genannt werden sollen.

Die folgende Abbildung gibt hierzu einen ersten Überblick über die Diskussion (Abb. 1):

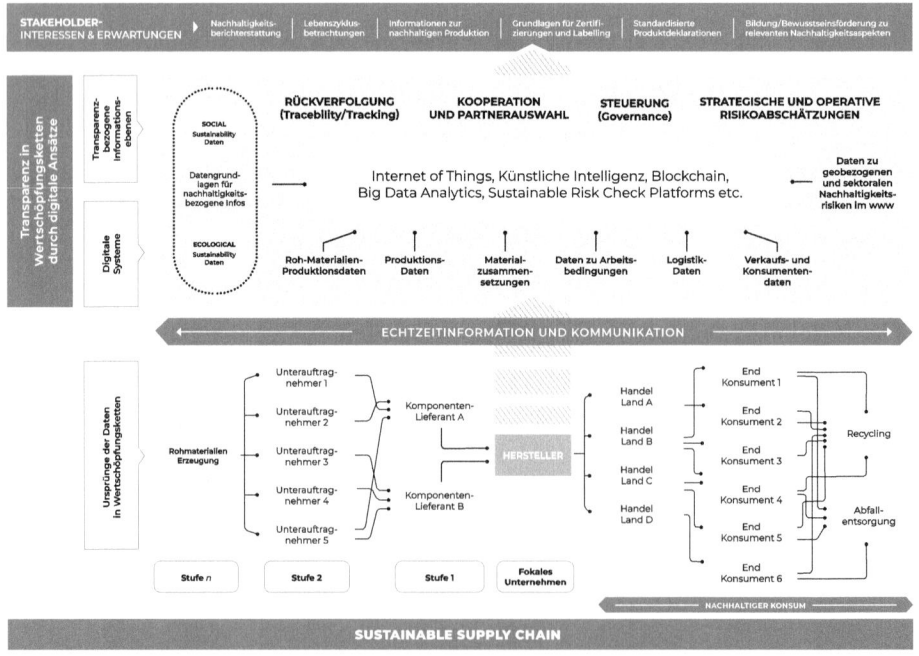

Abb. 1 Transparenz durch Digitalisierung in nachhaltigen Wertschöpfungsketten

Strategische und operative Risikoabschätzungen Es existieren bereits vielfältige digitale Ansätze zur strategischen und operativen Risikoabschätzung, die häufig als Plattformlösungen angeboten werden. Es scheint sich herauskristallisiert zu haben, dass es zur Einschätzung von Risiken sinnvoll erscheint, in gemeinsamer Initiative mit anderen Unternehmen der Branche oder darüber hinaus Einschätzungen vorzunehmen. Die entstandenen Plattformen basieren entsprechend meist auf der Zusammenarbeit von Unternehmen, Unternehmensverbänden und vereinzelt auch mit der Unterstützung von Nichtregierungsorganisationen und Ministerien. Die Analysen in einzelnen Sektoren oder aber auch über die Sektorengrenzen werden auf der Datengrundlage der Partnerorganisationen erstellt und identifizieren sektorspezifische oder -übergreifende Nachhaltigkeitsrisiken. So kann beispielsweise der CSR Risk Check, der von MVO Nederland entwickelt und durch das holländische Außenministerium gefördert wurde, Risikoinformationen für importierende oder im Ausland produzierende Unternehmen zur Verfügung stellen, die auf Basis von mehr als 2750 Datenquellen bewertet wurden (MVO Risk Check 2020). Ein anderes Beispiel stellt die Initiative „Drive Sustainability" (DS) dar, die auf einer Partnerschaft von zehn Autoherstellern beruht (Drive Sustainability 2020). Diese branchenorientierte Plattformlösung wurde gebildet, um durch Risikoanalysen zu 37 Materialprofilen und entsprechende „heat maps" zu sozialen oder ökologischen Risiken, Maßnahmen für mehr Nachhaltigkeit in der gesamten Automobilzulieferkette zu identifizieren.

Unternehmen können sich aber auch auf individueller Ebene mit den Risiken in ihren Wertschöpfungsketten auseinandersetzen. Beispielsweise das Unternehmen Riskmethods (Riskmethods 2020) oder auch IBM Supply Chain (IBM Supply Chain 2020) bieten hier Lösungen an, die auf Künstlicher Intelligenz, Big Data Analytics und Blockchain basierter End-to-End-Supply-Chain-Transparenz beruhen und die Vorhersage von Unterbrechungen und die Identifizierung von Risiken in Wertschöpfungsketten zum Ziel haben.

Rückverfolgung (Traceability/Tracking) Im Bereich der Rückverfolgung (Traceability/Tracking) zum Beispiel von Rohstoffeigenschaften, die dann auch im Endprodukt nachgewiesen werden können, existieren bereits verschiedene Ansätze. So bieten verschiedene Anbieter wie beispielsweise Accenture (2020), IBM Vinturas (2020), iPoint/better chain (2020) oder Minespider (2020) Blockchain-gestützte Rückverfolgungsansätze an, die beispielsweise eine „Mineral Supply Chain Due Diligence" ermöglichen. Da die Blockchain-Technologie sich auf einzelne Transaktionen skalieren lässt und sicherstellt, dass einmal verifizierte Daten nicht mehr geändert oder manipuliert werden können, sind beispielsweise einzelne Produkte von ihren Ursprungsmaterialien bis hin zum Endprodukt transparent rückverfolgbar. Blockchains bieten für Transaktionen eine gemeinsam genutzte, abgesicherte und unveränderbare Aufzeichnung von Informationsflüssen. Allerdings müssen die Daten, die eingespeist werden, dennoch auf Plausibilität und Richtigkeit geprüft werden. Aber es lässt sich leicht nachvollziehen, von wem und wann diese Daten stammen.

Das Schweizer Unternehmen Haelixa (Haelixa 2020) bietet einen anderen Ansatz der Rückverfolgbarkeit an. Die von ihnen entwickelte Produktmarkierungstechnologie, die einen rückverfolgbaren physischen Marker mit spezifischen Informationen auf Rohstoffen aufbringt, kann über den gesamten Verarbeitungsweg verfolgt werden und ist auch im Endprodukt mit samt seiner Information auslesbar. In Verbindung mit digitalen Technologien lässt sich ein zertifizierbares Tracing-/Trackingsystem aufbauen.

Kooperation und Partnerauswahl Auch im Bereich des Kooperationsmanagements haben sich unterschiedliche Plattformlösungen entwickelt, die beim Lieferantenmanagement unterstützen, zum Beispiel durch webbasierte Ansätze beim Management von Code of Conducts, Self-Assessments, Evaluation und Benchmarking, Auditierung oder Monitoring und Entwicklung (econsense 2014). Beispiele hierfür sind die Plattform EcoVadis (2020) oder die Plattform Fair Factories Clearinghouse (2020), die speziell für die Textilbranche verschiedene Hilfsmittel, zum Beispiel für Shared Audits zur Verfügung stellt. Getestet werden aktuell beispielsweise auch cloudbasierte Datenbanken, um ein akteursorientiertes „Supply Chain Mapping" zu ermöglichen. Beispielsweise der Ansatz von Sustainabill (2020) hilft bei der Identifizierung von Akteuren, indem Wertschöpfungsnetzwerke durch das anonymisierte Offenlegen von Zuliefererstrukturen der beteiligten Unternehmen die Wertschöpfungskette und ihre Strukturen transparent werden lässt. Die Cloud-Plattform visualisiert die Wertschöpfungskette (Multi-Tier-Transparenz) und unterstützt bei der Rückverfolgbarkeit bis zum Ursprung.

Einen etwas anderen Ansatz verfolgt das Unternehmen Scoutbee (2020). Es verwendet eine KI-basierte Softwarelösung, die auf Big Data unterschiedlicher Quellen zurückgreift, um Unternehmen bei der Lieferantensuche zu unterstützen und tief greifend Marktinformationen bietet. Wiederum andere Ansätze beschäftigen sich mit der Weitergabe von Informationen wie Auditergebnissen durch die Förderung von Blockchain-Technologie in ersten Pilotprojekten, um das Risiko der Manipulation innerhalb der geteilten Daten zu reduzieren (econsense 2019).

Steuerung (Governance) Die Steuerung bzw. das Management von nachhaltigkeitsorientierten Wertschöpfungsketten erfordert letztlich einen Mix aus verschiedenen digitalen Methoden und Technologien, wie zum Beispiel die Kombination von Blockchain und cloudbasierter Anwendungen, die mithilfe von Künstlicher Intelligenz entsprechende Informationen zusammenführt. Letztlich müssen Unternehmen aus den zuvor genannten Ansätzen in Verbindung mit der unternehmensinternen Datenarchitektur einen eigenen Ansatz zusammenstellen.

Tab. 2 fasst die Diskussion nochmal zusammen:

Tab. 2 Digitale Ansätze zur Unterstützung der Wertschöpfungskettentransparenz

Ebenen der Wertschöpfungskettentransparenz	Digitale Ansätze zur Unterstützung
Steuerung (Governance)	Mix aus verschiedenen Methoden und Technologien, wie z. B. Blockchain und cloudbasierte Anwendungen mit Hilfe von Künstlicher Intelligenz bei gleichzeitiger Integration in die unternehmensinterne Datenarchitektur
Kooperation und Partnerauswahl	Big Data-gestützte Ansätze, Blockchain
Rückverfolgung (Tracebility/Tracking)	Blockchain-gestützte Ansätze, kombinierte physisch/digitale Ansätze
Strategische und operative Risikoabschätzungen	Interne und externe cloudbasierte Plattformansätze, Big-Data-gestützte Analysen, externe Informationstools

4   Ausblick

Der vorliegende Beitrag zeigt, dass das Feld der Transparenz in nachhaltigen Wertschöpfungsketten in Verbindung mit digitalen Technologien noch ein sehr junges ist. Es entwickelt sich zwar dynamisch, ist aber eher getrieben durch einzelne Initiativen und Ansätze. Die bisherigen Lösungsansätze befinden sich vielfach noch in der Erprobungsphase oder bieten nur eingeschränkte Lösungen. Umfassende Steuerungsansätze fehlen vielfach. Mit den vorliegenden ersten Überlegungen zu dieser Thematik entwickelt sich aktuell am Nuremberg Campus of Technology (NCT) ein Forschungsfeld, das sich in den nächsten Jahren mit der Frage nach den Potenzialen, Risiken und Strukturen digitaler Lösungsansätze im Bereich der Transparenz von nachhaltigen Wertschöpfungsketten befassen wird. So fehlen beispielsweise strukturierte Analysen zu den konkreten Informationsdimensionen verschiedener digitaler Ansätze. Vor dem Hintergrund der zuvor aufgezeigten Grenzen der Transparenz stellt sich die Frage, ob digitale Ansätze dabei unterstützen können, diese Grenzen aufzulösen, oder wie sich das Verhältnis zwischen geteilten und unternehmensinternen Daten ausgestalten lässt. Ein großes Forschungsfeld liegt im Bereich von Fragen zur Datensicherheit oder dem Schutz des geistigen Eigentums bzw. von Betriebsgeheimissen. Zudem stellen sich Fragen zur Kommunikation und zu den Schnittstellen zu den verschiedenen Medien bzw. Kanälen der Publikationspflicht. Dieser erste – und sicher bei Weitem nicht vollständige Katalog, lässt Großes und Spannendes zum Forschungsfeld aufscheinen.

Literatur

Accenture (2020) Blockchain. https://www.accenture.com/de-de/insights/blockchain-index. Zugegriffen: 15. Apr. 2020

Ahmed W, Omar M (2019) Drivers of supply chain transparency and its effects on performance measures in the automotive industry: case of a developing country. Int J Serv Oper Manag 33(2):159–186

Ardron JA, Ruhl HA, Jones DO (2018) Incorporating transparency into the governance of deep-seabed mining in the area beyond national jurisdiction. Mar Policy 89:58–66

Berzau L (2017) Prozessschritte nachhaltiges Lieferkettenmanagement. Praxisorientierter Leit-faden für Unternehmen. Hg. v. econsense – Forum Nachhaltige Entwicklung der Deutschen Wirtschaft e. V. Berlin

BMUB (Bundesministerium für Umwelt, Naturschutz, Bau und Reaktorsicherheit) & UBA (Umweltbundesamt) (2017) Schritt für Schritt zum nachhaltigen Lieferkettenmanagement – Praxisleitfaden für Unternehmen, Berlin

Boyd DE, Spekman RE, Kamauff JW, Werhane P (2007) Corporate social responsibility in global supply chains: a procedural justice perspective. Long Range Plan 40(3):341–356

Busse C, Schleper MC, Niu M, Wagner SM (2016) Supplier development for sustainability: contextual barriers in global supply chains. Int J Phys Distrib Logist Manag 46(5): 442–468

deBakker F, Nijhof A (2002) Responsible chain management: a capability assessment framework. Bus Strategy Environ 11(1):63–75

Drive Sustainability (2020) Share experiences and information. https://drivesustainability.org/. Zugegriffen: 15. Apr. 2020

Ebinger F, Goldbach M, Schneidewind U (2006) Greening supply chains: a competence-based perspective. In: Greening the supply chain. Springer, London, S 251–269

econsense – Forum Nachhaltige Entwicklung der Deutschen Wirtschaft e. V. (2014) Ansätze für Lieferantenabfrage und -management. Exemplarische Darstellung webbasierter Lösungen. Hg. v. econsense – Forum Nachhaltige Entwicklung der Deutschen Wirtschaft e. V. Berlin. https://econsense.de/app/uploads/2018/06/econsense-Diskussionsbeitrag_Ans%C3%A4tze-f%C3%BCr-Lieferantenabfrage_2014.pdf

econsense – Forum Nachhaltige Entwicklung der Deutschen Wirtschaft e. V. (2019) Wert(e) schaffen. Vier Hebel für nachhaltigere Wertschöpfungsnetzwerke. Unter Mitarbeit von Laura Franken und Carolin Gürtürk. Hg. v. econsense – Forum Nachhaltige Entwicklung der Deutschen Wirtschaft e. V. Berlin. https://econsense.de/app/uploads/2019/11/econsense-Diskussionsbeitrag-2019-Werte-schaffen.pdf

EcoVadis (2020) Die weltweit vertrauenswürdigsten Nachhaltigkeitsratings für Unternehmen. https://ecovadis.com/de/. Zugegriffen: 15. Apr. 2020

Egels-Zandén N, Hulthén K, Wulff G (2015) Trade-offs in supply chain transparency: the case of Nudie Jeans Co. J Clean Prod 107:95–104

Fair Factories Clearinghouse (2020) Compliance solutions for a better world. https://www.fairfactories.org/. Zugegriffen: 15. Apr. 2020

Francisco K, Swanson D (2018) The supply chain has no clothes: technology adoption of blockchain for supply chain transparency. Logistics 2(1):2. https://doi.org/10.3390/logistics2010002

Fritz M, Schiefer G (2010) The challenge of reaching transparency: ,T-readiness' of enterprises and sector networks. Int J Food Syst Dyn 3:183

Garcia-Torres S, Albareda L, Rey-Garcia M, Seuring S (2019) Traceability for sustainability – literature review and conceptual framework. Supply Chain Manag Int J

Gardner TA, Benzie M, Börner J, Dawkins E, Fick S, Garrett R et al (2019) Transparency and sustainability in global commodity supply chains. World Dev 121:163–177. https://doi.org/10.1016/j.worlddev.2018.05.025

Gilbert DU, Huber K (2017) Labour rights in global supply chains. In: Morsing M, Rasche A, Moon J (Hrsg) Corporate social responsibility. Cambridge University Press, Cambridge, S 451–472

Gold S, Heikkurinen PP (2018) Transparency fallacy: unintended consequences of stakeholder claims on responsibility in supply chains. Account Audit Account J 31(1):318–337

Gold S, Seuring S, Beske P (2010) Sustainable supply chain management and inter-organizational resources: a literature review. Corp Soc Responsib Environ Manag 17(4):230–245

Gupta A (2008) Transparency under scrutiny: Information disclosure in global environmental governance. Glob Environ Politics 8(2):1–7

Haelixa (2020) Unravelling global supply chain complexity. http://www.haelixa.com/. Zugegriffen: 20. Apr. 2020

Hofstede GJ (2003) Transparency in netchains. Information technology for a better agri-food sector, environment and rural living. Debrecen University, Debrecen, S 17–29

Hosseini M, Shahri A, Phalp K, Ali R (2018) Four reference models for transparency requirements in information systems. Requir Eng 23(2):251–275

IBM Supply Chain (2020) IBM Sterling Supply Chain – Intelligente, selbstkorrigierende Lieferketten aufbauen. https://www.ibm.com/de-de/supply-chain. Zugegriffen: 15. Apr. 2020

IBM Vinturas (2020) Redefining the automobile customer journey with IBM Blockchain. https://www.ibm.com/case-studies/vinturas-ibm-blockchain. Zugegriffen: 15. Apr. 2020

iPoint (2020) iPoint SustainHub. Die universelle Plattform für Compliance & Nachhaltigkeit. https://www.ipoint-systems.com/de/loesungen/sustainhub/. Zugegriffen: 15. Apr. 2020

Isik F (2011) Complexity in supply chains: a new approach to quantitative measurement of the supply-chain-complexity. In: Li P (Hrsg) Supply chain management. InTech, Rijeka, S 417–432

Jabbour CJC, de Sousa Jabbour ABL, Sarkis J (2019) Unlocking effective multi-tier supply chain management for sustainability through quantitative modeling: lessons learned and discoveries to be made. Int J Prod Econ 217:11–30

Minespider (2020) Sustainable & responsible supply chain tracking. https://www.minespider.com/. Zugegriffen: 15. Apr. 2020

Montecchi M, Plangger K, Etter M. (2019) It's real, trust me! Establishing supply chain provenance using blockchain. Bus Horiz 62(3):283–293

Müller M, Gaudig S. (2011) An empirical investigation of antecedents to information exchange in supply chains. Int J Prod Res 49(6):1531–1555

MVO Risk Check (2020) CSR Risiko Check. https://www.mvorisicochecker.nl/de. Zugegriffen: 15. Apr. 2020

Piplani R, Pujawan N, Ray S (2008) Sustainable supply chain management. Int J Prod Econ 111(2):193–194

Riskmethods (2020) Risikomanagement für Ihre Lieferkette. https://www.riskmethods.net/de/. Zugegriffen: 15. Apr. 2020

Sauer PC, Seuring S (2019) Extending the reach of multi-tier sustainable supply chain management–insights from mineral supply chains. Int J Prod Econ 217:31–43

Scherer AG, Palazzo G (2008) Globalization and corporate social responsibility. In: Crane A, McWilliams A, Matten D, Moon J, Siegel D (Hrsg) The Oxford handbook of corporate social responsibility. Oxford University Press, Oxford, S 413–431

Schoenherr T (2010) Outsourcing decisions in global supply chains: an exploratory multi-country survey. Int J Prod Res 48(2):343–378

Scoutbee (2020) Smarte Lieferantensuche. https://scoutbee.com/de/. Zugegriffen: 15. Apr. 2020

Serdarasan S (2013) A review of supply chain complexity drivers. Comput Ind Eng 66(3):533–540

Seuring S, Müller M (2008) From a literature review to a conceptual framework for sustainable supply chain management. J Clean Prod 16:1699–1710

Seuring S, Goldbach M, Koplin J (2004) Managing time and complexity in supply chains: two cases from the textile industry. Int J Integr Supply Manag 1(2):180–198

Sinkovics N, Hoque SF, Sinkovics RR (2016) Rana Plaza collapse aftermaths: are CSR compliance and auditing pressures effective? Account Audit Account J 29(4):617–649

Slack N, Chambers S, Johnston R (2013) Operations management. FT, London

Smit L, Bright C, McCorquodale R, Bauer M, Deringer H, Baeza-Breinbauer D et al (2020) Study on due diligence requirements through the supply chain. Final report. Publications Office of the European Union, Luxembourg

Sodhi MS, Tang CS (2019) Research opportunities in supply chain transparency. Prod Oper Manag 28(12):2946–2959

Sustainabill (2020) Supply chain insights for sustainable business. https://sustainabill.de/. Zugegriffen: 15. Apr. 2020

Valentinov V, Verschraegen G, Van Assche K (2019) The limits of transparency: a systems theory view. Syst Res Behav Sci 36(3):289–300

Prof. Dr. Frank Ebinger
(Fotocredit: privat)

Prof. Dr. Frank Ebinger ist Professor für Nachhaltigkeitsorientiertes Innovations- und Transformationsmanagement am Nuremberg Campus of Technology an der Technischen Hochschule Nürnberg. Er promovierte zum Thema „Management ökologischer Produktinnovation" an der Universität Oldenburg. Er arbeitete als wissenschaftlicher Mitarbeiter am Institut für Ökologie und Unternehmensführung an der European Business School, Oestrich-Winkel, am Öko-Institut in Freiburg und war wissenschaftlicher Assistent im Institut für Forstökonomie an der Universität Freiburg. Zwischen 2008 und 2012 war er Berater des äthiopischen Ministers für Wissenschaft und Technologie als Leiter der bilateralen GIZ-Programmkomponente „National Quality Infrastructure Component", im GIZ Engineering Capacity Building Program, Addis Ababa, Ethiopia. Zwischen 2012 und 2014 war er Programm-Direktor des bilateralen GIZ-Programms „Promotion of Sustainable Economic Development" in Kirgisistan, danach zwischen 2014 und 2017 war er Professor für Umweltmanagement und Allgemeine Betriebswirtschaftslehre an der TH Nürnberg GSO und wurde ab 2018 auf die neue Professur berufen.

Bramwel Otieno Omondi ist wissenschaftlicher Mitarbeiter an der Forschungsprofessur für Nachhaltigkeitsorientiertes Innovations- und Transformationsmanagement am Nuremberg Campus of Technology (NCT) der Technischen Hochschule Nürnberg. Seine Forschungsschwerpunkte sind nachhaltige Transparenz durch Digitalisierung in Lieferketten. Zuvor arbeitete er neben seinem Studium an der Fachhochschule Coburg, an der er seinen „Master of Business Administration" absolvierte, als Junior-Projektmanager bei Allianz Technology.

Bramwel Otieno Omondi
(Fotocredit: privat)

Einfluss der Digitalisierung auf die Mode und warum daraus eine Frage der Verantwortung entsteht

Natascha von Hirschhausen

1   Einleitung

Als Modedesignerin werde ich im Folgenden zeigen, dass sich Konsum- und Mode-welten im Speziellen im Zuge der Digitalisierung grundlegend verändert haben. Über digitale Medien, wie dem Internet allgemein und beispielsweise Webseiten, Instagram und Facebook speziell, können Menschen weltweit ab dem Moment der Veröffentlichung angesprochen werden.

Das fotografische Abbild von Mode im Vergleich zum tatsächlichen Kleidungsstück wird in dieser Entwicklung immer wichtiger. Analog dazu findet im Zuge der digitalen, weltweiten Verbreitung und Verhandlung von Mode eine Veränderung in deren Inszenierung statt. Werbeinszenierung entfernt sich hierin vom Kleidungsstück als manifestiertes Absatz-produkt der Mode und verlagert sich auf das Image des Unternehmens.

Die globale, augenblickliche Zugänglichkeit von Informationen und Bildern über das Internet als zentraler Punkt der Digitalisierung hebt außerdem das Verhältnis zwischen Raum und Zeit auf und entwickelt so eine Gleichzeitigkeit der komplexen, demo-kratischen Gesellschaft. Aus dieser Parallelität entwickelt sich im Konsum von Bekleidung der Effekt steigender Schnelllebigkeit. Aus dem in der Folge verkürzten modischen Rhyth-mus entstand Massenproduktion von Bekleidung in Textilkonzernen unter unmensch-lichen Bedingungen. Hieraus entsteht ganz klar eine Frage nach sozialer Verantwortung.

Diese Verantwortung wird im neoliberalen Staat auf den Konsumenten übertragen. Aber legitimieren die Konsumenten, der unter diesen Bedingungen produzierten Produkte, deren Vorhandensein am Markt? Tragen die Kunden/-innen durch die Änderung ihres Konsums die soziale Verantwortung oder die Unternehmen, die diesen

N. von Hirschhausen (✉)
Berlin, Deutschland
E-Mail: info@nataschavonhirschhausen.com

© Springer-Verlag GmbH Deutschland, ein Teil von Springer Nature 2021
A. Hildebrandt und W. Landhäußer (Hrsg.), *CSR und Digitalisierung,* Management-Reihe Corporate Social Responsibility, https://doi.org/10.1007/978-3-662-61836-3_23

veränderten Ansprüchen gerecht werden wollen? Bestimmen die Konsumenten/-innen den Markt oder der Markt den Konsum?

Aus dieser Fragestellung werde ich entwickeln, dass Unternehmen ganz klar eine soziale Verantwortung tragen, welche in der CSR, Corporate Social Responsibility, sprich wortwörtlich sozialen Unternehmensverantwortung, implementiert ist.

Ich werde zeigen, dass durch Forderungen von Nicht-Regierungsorganisationen und Journalisten/-innen nach sozialer Unternehmensverantwortung und Transparenz, als auch durch den zunehmenden Kundenwunsch nach ethischer Kleidung, ein Trend zu CSR entsteht, der von Unternehmen unterschiedlich aufgearbeitet wird. Weiterhin lege ich dar, dass nicht alle Unternehmen dieser sozialen Verantwortung gerecht werden. Genau hier entsteht bei nicht ethisch vertretbar arbeitenden Firmen ein Bruch von eigentlicher Unternehmensverantwortung zu einer Nutzung von CSR als Kommunikationsstrategie.

Welche besonderen Qualitäten Manufakturen, sprich kleine, lokale, handwerkliche Betriebe, in diesem Kontext bieten, und warum sie gerade im aktuellen wirtschaftlichen Gefüge wieder besonders relevant erscheinen, erläutere ich im Folgenden.

Mein Modelabel „Natascha von Hirschhausen" veranschaulicht abschließend beispielhaft, welche Schlüsse ich als Unternehmerin aus dieser wirtschaftlichen Situation gezogen habe.

2 Veränderung der Mode in Rhythmus und Darstellung im Zuge der Digitalisierung

2.1 Abbildung wachsender Schnelllebigkeit und Komplexität der Gesellschaft durch die Mode im historischen Kontext

Mode ist Spiegel der Gesellschaft und somit immer im historischen und soziokulturellen Kontext zu betrachten. Als solche bildet sie auch veränderte zeitliche und gesellschaftliche Strukturen ab, was im historischen Kontext besonders klar wird.

So kann man in der „Philosophie der Mode" von 1905 nachlesen, dass Mode laut Georg Simmel früher eine Standesfrage war, bei der immer der niedere Stand den höheren Stand nachahmte und diesen dadurch mittelfristig zu einer Neuerung zwang, um sich wiederum abgrenzen zu können (Eismann 2012). Dieses System ist linear und statisch. In seiner Wellenbewegung war es, im Vergleich zum aktuellen Wandel, deutlich langsamer.

Im Kontrast dazu sorgen die Demokratisierung und somit das Auflösen der festen Stände und Klassen für eine komplexere Gesellschaftsordnung. Diese veränderten Strukturen führten zu einer Diversifizierung. Entsprechend sind Trends und Mode nicht länger linear, sondern entwickeln sich milieugebunden. Es gibt nicht länger „die Mode", sondern zahlreiche Strömungen, die mehr oder weniger gleichberechtigt nebeneinander existieren.

Diesen Effekt der steigenden Komplexität und Pluralität verstärken digitale Medien. Durch diese verbreiten sich Trends und Neuerungen extrem schnell. Neuheiten entstehen nicht länger lokal und verbreiten sich räumlich mit der Zeit, sondern sind ab dem Moment der Veröffentlichung unmittelbar und global zugänglich und heben so gesehen das Raum-Zeit-Verhältnis auf. Dadurch entsteht eine Gleichzeitigkeit, ergo eine zusätzliche Steigerung der zunehmenden Komplexität aus Pluralität durch Parallelität, was im Endeffekt als Phänomen der Schnelllebigkeit des postmodernen Lebens wahrgenommen wird. Nach Kurt Schmahl äußert sich diese in einer technisierten Lebensweise, deren zivilisatorische Kennzeichen „Steigerung des Verhaltenstempos, zeitliche Präzisierung des Verhaltens, Internalisierung linearer Zeitstrukturen und Verknappung der individuellen Zeiten" sind (Hahn 2015).

Die Komplexität des menschlichen Lebens und der Moden nimmt also durch die Demokratisierung der Bevölkerung und die Digitalisierung sehr stark zu und äußert sich in einer parallelen Pluralität, die auf das Individuum wirkt. Durch diese Phänomene ergibt sich eine gefühlte Verkürzung der Zeit, was sich in dem Effekt der Schnelllebigkeit des postmodernen Lebens niederschlägt.

Die Demokratisierung und die digitalen Möglichkeiten verkürzen dementsprechend die Rhythmen der Mode analog zur Schnelllebigkeit der postmodernen Gesellschaft.

2.2 Veränderung der Modedarstellung durch die Digitalisierung und steigende Konzentration auf das Bild

Diese gesellschaftlichen Phänomene von steigender Komplexität und Parallelität verändern die Darstellung und die Art des Konsums von Mode in der Praxis grundlegend. Der Fokus in der Mode liegt hierbei immer stärker auf ihrer fotografischen Abbildung, während Kleidung als reale Manifestation und somit Produkt der Mode in den Hintergrund tritt.

Das heißt, Mode wird über digitale Medien grundlegend anders verbreitet als früher. Über Webseiten, Werbeplätze und soziale Medien werden Bilder über das Internet global und unmittelbar für viele Menschen zugänglich. Von Unternehmensseite ist die Kommunikation über das Internet extrem reizvoll, da so global und mit vergleichsweise geringem finanziellen und zeitlichen Aufwand eine große Anzahl von potenziellen Kunden/-innen angesprochen werden kann. Die Kunden/-innen haben durch die digitalen Möglichkeiten gleichzeitig ein massives, globales Angebot an Konsummöglichkeiten, dem sie sich im Internet de facto nicht entziehen können. Die ständige Konfrontation mit diesem Angebot wird auf Kundenseite als Überangebot wahrgenommen. Dadurch erstarkt das Gefühl bei Kunden und Kundinnen, dass sie von dem Angebot überfordert sind und grundsätzlich nicht die Chance haben, sich mit allen Produkten und erst recht nicht mit Fakten über die Produkte auseinandersetzen zu können.

Dies verändert die Kommunikationsstrategie der Unternehmen. In der Produkt-inszenierung auf Firmenseite tritt das eigentliche Produkt zunehmend in den Hintergrund. Kunden/-innen werden hier zunehmend auf emotionaler Ebene angesprochen, um so unmittelbarer eine Bindung zu schaffen. Das Image, sprich die emotionale Aufladung eines gewissen Bildes vom entsprechenden Unternehmen, wird deshalb immer wichtiger. So präsentierte Versace im Sommer 2011 eine Werbekampagne, in der das Model January Jones schlichtweg nackt fotografiert wurde. Jones hat ausschließlich eine Tasche in der Hand, um ihre Blöße zu bedecken. Die Bekleidung ist für deren Verkauf hier überhaupt nicht mehr relevant. Über die Werbung wird in diesem Beispiel das Image von lasziver, eleganter und attraktiver Weiblichkeit kommuniziert und die Marke, bzw. hier auch die Tasche, emotional aufgeladen, ohne dass Kleidungsstücke an sich für das Modeunternehmen eine Rolle spielen müssen.

Die zusätzliche Ausweitung der Inszenierungsbereiche des Unternehmens zum Aufbau des Images ergibt sich aus dieser emotionsbasierten Kommunikationsstrategie gegenüber dem Kunden. Entsprechend werden nicht länger nur Modenschauen und Werbekampagnen zur Inszenierung genutzt. Auch Arbeitssituationen innerhalb des Modebetriebes gewinnen über digitale Medien an Relevanz, um dem Kunden Nähe, Authentizität und Exklusivität zu suggerieren. Als konkretes Beispiel dient hier die Backstage-Fotografie. Im Jahr 1996 entstand eine Bilderreihe des Fotografen Jürgen Teller mit dem Model Kristen McMenamy, in der das sichtlich erschöpfte Model im Backstage nackt abgelichtet ist[1]. Im scheinbaren Gegensatz zu eindeutig für den Verkauf von Konsumgütern inszenierten Werbekampagnen gibt Teller hier einen Einblick hinter die Kulissen. Er demontiert die oberflächliche Glamourwelt und zeigt die dahinter liegende Halbwelt. Seitdem hat sich Backstage-Fotografie zu einem eigenen Genre entwickelt und ist aus den aktuellen Schauen nicht mehr wegzudenken. Vor allem über digitale Medien wie Instagram oder Facebook wird hier seitens der Unternehmen ein Einblick gegeben. Zusätzlich wird über die Kommunikation Dritter in Form von Blogs und Onlinemagazinen, denen der Zutritt gewährt wird, die Reichweite der Marke, zusätzlich zur eigentlichen Modenschau, erhöht. Der scheinbar authentische Blick hinter die Kulissen dient als neue Kommunikationsstrategie und suggeriert den Konsumenten/-innen Nähe. Noch aktueller ist die Entwicklung zur Inszenierung des Arbeitsprozesses im Atelier über digitale Kanäle wie beispielsweise Instagram und Snapchat.

Das fotografische Abbild zur Inszenierung des Images des Unternehmens wird in dieser Entwicklung zentrales Kommunikationsmittel von Mode. Das tatsächliche Kleidungsstück und besonders seine Qualitäten in Haptik, Materialität und Verarbeitung werden in diesen immer weniger verhandelt.

---

[1]http://www.sueddeutsche.de/kultur/fotografie-juergen-teller-nackt-im-louvre-1.130874-3,   letzter Zugriff am 26.04.2016.

2.3   Entwicklung der Massenproduktion und Verkürzung der Rhythmen in der Mode als Effekt der Schnelllebigkeit der digitalisierten Gesellschaft

Aus der Digitalisierung folgt, wie zuvor dargelegt, eine ständige Präsenz von Mode und Konsum. Diese ständige Präsenz zahlreicher Konsumangebote unterschiedlichster Firmen heißt für das einzelne Unternehmen, dass es ständig neues Bildmaterial benötigt, um wieder etwas Neues und somit mediale Aufmerksamkeit erzeugen zu können, um Kunden/-innen zu erreichen und Produkte abzusetzen. Unter anderem führt diese Entwicklung dazu, dass mehr Kollektionen pro Jahr angeboten werden, die entsprechend auch schneller abgesetzt werden müssen.

Teil der neuen Strategie, nach Aussagen des Modeunternehmens Mango, seien Schnelligkeit und Unmittelbarkeit, weshalb sich das Unternehmen beschloss, ab Frühjahr 2016 die Kollektion in den Läden alle zwei Wochen zu wechseln[2]. Auf Seite der Konsumierenden wird diese Entwicklung zu häufigerem Bekleidungskonsum führen. Durch die ständige Präsenz von Konsum im Internet werden sie ständig zum Kauf animiert und durch die Entwicklung des Konsums als Freizeitbeschäftigung wird dieser zusätzlich positiv konnotiert (Skidelsky 2012).

Diese Entwicklung zur Schnelllebigkeit durch das ständig präsente, digitale, große Angebot bedeutet, dass Mode immer kürzeren Rhythmen folgt. Im praktischen Endeffekt kaufen Konsumenten/-innen häufiger neue Kleidung und tragen sie de facto kürzer. Inzwischen konsumiert jede/r Bürger/-in durchschnittlich 60 Teile pro Jahr[3]. Wenn man berücksichtigt, dass die Reallöhne nicht stark steigen, sondern eher stagnieren[4], folgt aus der steigenden Anzahl gekaufter Kleidung, dass für das einzelne Kleidungsstück immer weniger Geld zur Verfügung steht. So lässt sich aus der durchschnittlich gekauften Kleideranzahl im Verhältnis zu den Ausgaben pro Monat (107 EUR im Jahr 2014)[5] abschätzen, dass Konsumenten etwa 21 EUR pro Kleidungsstück ausgeben.

Für die Unternehmen der Modebranche bedeutet diese Entwicklung zu einer höheren Konsumrate, dass sie unter Preis- und Zeitdruck geraten sind. Um unter den beschleunigten gesellschaftlichen und wirtschaftlichen Rahmenbedingungen weiterhin wettbewerbsfähig bleiben zu können, meinen Unternehmen, schnell und günstig produzieren zu müssen. Massenproduktion lässt durch die Fixkostenproportionalisierung diese günstigere und zeitlich effiziente Produktion zu.

---

[2]http://www.textilwirtschaft.de/business/Noch-schneller-Mango-aendert-die-Strategie_100134. html, letzter Zugriff am 26.04.2016.

[3]https://www.greenpeace.de/themen/endlager-umwelt/kleidung-unter-der-detox-lupe, letzter Zugriff am 26.04.2016.

[4]https://www.destatis.de/DE/ZahlenFakten/GesamtwirtschaftUmwelt/VerdiensteArbeitskosten/ RealloehneNettoverdienste/Tabellen/Tabellen_Reallohnentwicklung.html, letzter Zugriff am 26.04.2016.

[5]http://de.statista.com/statistik/daten/studie/421261/umfrage/umfrage-zur-beachtung-von-umwelt-zertifikaten-beim-kauf-von-kleidung/ (26.04.2016 – 12.00).

2.4   Auswirkungen der Digitalisierung auf die Bekleidung als Produkt der Mode

Im Zuge der Digitalisierung steht Bekleidung als Produkt der Mode also weniger im Fokus, während fotografische Abbildungen, die über das Internet verbreitet werden können, und das Image der Unternehmen immer wichtiger werden. Die zusätzlich entstandene Verkürzung der Rhythmen hat zur Folge, dass in kürzeren Abständen Bekleidung hergestellt wird, wobei die Kunden/-innen im Verhältnis weniger Geld für das einzelne Kleidungsstück zur Verfügung haben.

Daraus ergibt sich klar, dass Firmen Einsparungen machen müssen, um Produkte günstiger anbieten zu können. Ein Hebel ist hier, an Material und Verarbeitung und somit an Produktqualität zu sparen. An dieser Stelle scheint die Einsparung sinnig, da die Bedeutung des fotografischen Abbilds steigt, in dem Material- und Verarbeitungsqualität nicht verhandelt werden. Außerdem verkürzt sich die Tragedauer des einzelnen Kleidungsstückes durch den zeitlich rascheren Wandel und den daraus folgenden häufigeren Konsum von neuer Kleidung, weshalb Langlebigkeit durch Produktqualität ebenso aus dem Fokus gerät. In der Folge der Einsparung trägt die geringere Qualität als Effekt wiederum zur verkürzten Nutzung bei. Zudem führt eine prinzipiell geringe Produktqualität auch zu einem Verlust von Wissen und Wertschätzung bei den Kunden/-innen.

Diese lernen langfristig deutlich weniger über Qualität, wenn sie mit dieser nicht mehr in Berührung kommen. In diesem Zusammenhang besonders bedenklich ist der große Gebrauch von erdölbasierten Chemiefasern, zum Beispiel Polyester, besonders in der Fast-Fashion-Industrie. Inzwischen machen die synthetischen Chemiefasern 59 % der Weltfaserproduktion aus. Diese sind zwar extrem billig, aber ökologisch bedenklich, nicht biologisch abbaubar und basieren zudem auf der endlichen Ressource des Rohöls (Piegsa 2010). Darüber hinaus verunreinigen sie beim Waschen das Wasser mit Mikroplastik[6] und haben schlechtere Trageeigenschaften für Alltagskleidung als Naturfasern, beispielsweise bezüglich der Wärme-, Geruch- und Feuchtigkeitseigenschaften der Faser auf der Haut.

In der digitalen Entwicklung wird also das fotografische Abbild zum zentralen Kommunikationsmittel. Durch das große Angebot fand zudem eine Verlagerung auf das Image des Unternehmens und eine umfassende fotografische Inszenierung statt. Die aus der Digitalisierung zu erklärende Verkürzung der Rhythmen der Mode bedeutet gleichzeitig, dass häufiger neue Bekleidung hergestellt wird und diese aus Absatzgründen logischerweise einen günstigeren Preis haben muss. Die schwindende Verarbeitungs- und Materialqualität am Produkt ist eine logische Folgerung und entsteht aus vermeintlichem Preis- und Zeitdruck in der digitalisierten Gesellschaft.

---

[6]http://www.ndr.de/fernsehen/sendungen/45_min/rueckschau/Mikroplastik-Kosmetik-Gesundheit,mikroplastik133.html, letzter Zugriff am 26.04.2016.

## 2.5	Schlechte soziale Bedingungen der Massenproduktion aus Gründen des in der Digitalisierung entstandenen vermeintlichen Zeit- und Preisdrucks

Der Preisdruck durch den massiven, unmittelbaren Wettbewerb über das Internet scheint so groß, dass Unternehmen nicht nur geringere Produktqualität akzeptieren, um günstig und häufig Kleidung absetzen zu können. Um die Produktionskosten auf Centbeträge pro Kleidungsstück drücken zu können, nehmen sie unmenschliche Produktionsbedingungen in Kauf. Die Folge dieser Entwicklung zu einem günstigen und kurzlebigen Produkt sind also die sogenannten „Sweat Shops", sprich die Produktion von Kleidung durch Großnähereien in Entwicklungsländern, bei der die Arbeiter/-innen strukturell ausgebeutet werden. Der Monatslohn beträgt beispielsweise in Bangladesch zwischen umgerechnet 29–54 EUR für eine Näherin, bei einer Arbeitszeit von etwa 13 h am Tag.

Hinzu kommen die meist miserablen Arbeitsbedingungen in den Fabriken. Viele der Gebäude sind baufällig und nicht sicher. Immer wieder kommt es zu dramatischen Unfällen. Ein einschneidendes Moment im öffentlichen Bewusstsein war diesbezüglich der Einsturz des Rana-Plaza-Gebäudes in Bangladesch, bei dem im April 2013 1134 Menschen starben und 1800 verletzt wurden (Burckhardt 2014). Nach dem Unglück nutzten viele Einkäufer das schlechtere Image von Bangladesch als Produktionsstätte, aufgrund der öffentlichkeitswirksamen Aufklärung über die Produktionsbedingungen, als Argument, um die Preise drücken. Die Preise fielen deshalb, trotz Anstieg der Kosten, um sechs Prozent (Burckhardt 2014).

Nicht-Regierungsorganisationen, wie die Clean-Clothes-Campaign und Greenpeace, und Journalisten/-innen decken diese unmenschlichen Arbeitsbedingungen in Produktionsstätten in Entwicklungsländern immer wieder auf und tragen sie durch Kampagnen und Berichte in die westliche Konsumwelt, um hier deren Verbesserung zu fordern.

Hier entsteht nun eine klare Frage nach der Verantwortung.

Trägt der Kunde durch das geänderte Konsumverhalten die soziale Verantwortung oder die Unternehmen, die diesen veränderten Ansprüchen entsprechen? Tragen die Unternehmen mit ihrem Produkt die Verantwortung oder Legitimieren die Konsumenten der unter diesen Bedingungen produzierten Produkte deren Vorhandensein am Markt?

Bestimmt der Konsument den Markt oder der Markt den Konsum?

## 3	Verantwortungsfrage zwischen Unternehmen und Kunden im neoliberalen Wirtschaftssystem

### 3.1	Verantwortungsfrage im neoliberalen Wirtschaftssystem

Gertrud Lehnert stellt in ihrem Buch „Mode – Theorie, Geschichte und Ästhetik einer kulturellen Praxis" die These auf, dass „der Markt die Moden [diktiert], nicht mehr die Designer, wie das möglicherweise in der ‚mode de Cents ans' (Lipovertsky 1987), also bis Dior, gewesen sein mag" (Lehnert 2013).

Lehnert sieht hier abstrakt „den Markt" als starken Einfluss auf die Entwicklungen, was wieder darauf zurückgreift, dass die Zeiten die Mode beeinflussen und sich aus dieser Spiegelung ein rasanter Modewandel entwickelte, dem negative Auswirkungen folgten. Aber sind wir tatsächlich derart fester Bestandteil des neoliberalen Wirtschaftssystems, dass wir durch den Markt günstige, unmenschliche und unökologische Kleidung produzieren und konsumieren müssen? Trägt hier tatsächlich nur das Abstraktum „Markt" die Verantwortung für die negativen Entwicklungen?

3.2   Frage der Verantwortungsverlagerung unter Bezugnahme auf den neoliberalen Markt

Neben der Verkürzung des modischen Wandels durch die Digitalisierung trägt auch die neoliberale Ausrichtung des Staates im 21. Jahrhundert die entstandene Entwicklung zur Massenproduktion unter sozial desolaten Bedingungen. Der Staat wird in diesem System seiner Verantwortung, die Menschenrechte zu schützen, nicht mehr gerecht und sanktioniert die in dieser Entwicklung entstandenen menschenunwürdigen Produktionsbedingungen nicht. „Während der Wohlfahrtsstaat historisch gesehen ökonomische Interessen im Dienste der Ethik mobilisierte, wird durch dessen neoliberale Auflösung die Ethik dem Ökonomischen zugewiesen. Ethisches Handeln wird nun zur Aufgabe des Staatsbürgers als Konsument" (Gaugele 2015).

Die Bürger/-innen müssten allerdings, um überhaupt gewissenhaft konsumieren zu können, umfassend aufgeklärt sein. Hier entsteht eine klare Kommunikationslücke. Sie haben keine Informationen über die internen Abläufe jeder Firma und können diese, selbst wenn sie wollten, nicht komplett erlangen. So treten NGOs zwar auch hier wieder ein, um die Konsumenten/-innen aufzuklären und ihnen ihre Bedeutsamkeit nahe zu bringen, aber selbst die informierten Kunden/-innen können schwerlich eine komplett fundierte Entscheidung treffen oder gar das Angebot oder interne Abläufe der Unternehmen ändern.

Es ist also eigentlich klar, dass die Konsumenten/-innen nicht die Verantwortung für die Produkte und das Handeln einer Firma tragen können.

Gerade da der Staat sich einer Verantwortung entzieht und NGOs und Journalisten stark an der Aufklärung und somit an der Konsumenten/-innenbildung arbeiten, kann man hoffen, dass die Konsumenten/-innen sich ihrer Bedeutsamkeit im wirtschaftlichen Gefüge bewusst werden und zumindest versuchen, ethische Konsumentscheidungen zu treffen.

3.3   Unternehmensverantwortung und steigende Bedeutung unternehmerischer Kommunikation über soziale Unternehmensverantwortung

Fakt ist aber, dass nach wie vor die Unternehmen die Verantwortung für ihr Handeln übernehmen müssen. Dies wird in dem Ausdruck CSR auch deutlich. Er implementiert in der wörtlichen Bedeutung von „sozialer Unternehmensverantwortung", dass Unternehmen eine Verantwortung, vor allem in sozialen Gesichtspunkten, haben. Nur die Konzerne selbst haben in der Hand, ihre Strukturen zu überarbeiten, zu verbessern und transparent zu arbeiten. Jeder Konzern ist der Art Fachmann für das eigene Produkt, dass man nur von ihm den völligen Durchblick erwarten kann.

Aktuell steigt auch der Wille, diese Unternehmensverantwortung durch CSR darzustellen, um die Informationslücke des in die Pflicht genommenen Konsumenten zu schließen. Durch die Aufklärungsarbeit von NGOs und Journalisten wünschen die Kunden auch zunehmend ethische Kleidung. Durch diese Zusammenhänge ist es aktuell üblich geworden, CSR bewusst zu betreiben.

Allerdings haben sich die unmenschlichen Produktionsbedingungen schon entwickelt. Auch von Betrieben, die unsozial produzieren, wird nun öffentlichkeitswirksam soziale Verantwortung gefordert. Dieser kommen sie aber offenkundig in den Produktionsbedingungen nicht nach. Aus dem gefühlten Zwang zu CSR entsteht dann eine Nutzung derer als Kommunikationsstrategie.

3.4   Strategische Umsetzung der CSR

Corporate Social Responsibility als Kommunikationsstrategie will sagen, dass die Unternehmen hier der Forderung nach Verantwortung insofern nachkommen, als dass sie die zeitgemäßen Ansprüche in CSR-Aussagen übernehmen. Professor Dr. Gaugele formuliert dies als eine Situation, „… in der der globale Kapitalismus die Kritik der Globalisierungsgegner aufnimmt, um aus ihr heraus sein neues Ethos zu generieren" (Gaugele 2015). So schreibt Gaugele in ihrem Aufsatz „Unter dem ökonomischen Imperativ": „Politischer Aktivismus, wie er sich aktuell im Feld der ‚ethischen Mode' inszeniert, resultiert im Wesentlichen aus einer neuen Beziehung zwischen Kapitalismus und Kritik, in der die Steuerungspolitik der Global Governance das Ethische zum ökonomischen Imperativ erhoben hat" (Gaugele 2015). Dementsprechend wächst, wie zuvor entwickelt, der Druck auf Unternehmen CSR zu betreiben, wobei jedoch ganz klar nicht alle dieser sozialen Verantwortung nachkommen.

Unabhängig von dem tatsächlichen Anspruch an soziale Verantwortung findet sich nunmehr auf jeder Webseite von Unternehmen eine CSR-Kategorie, auf der das soziale und ökologische Engagement der Firma herausgestellt wird.

Wie glaubwürdig die Beteuerungen der Unternehmen tatsächlich sind, und welche Initiativen nur aus Werbe- und Imagegründen dargestellt werden, während das Unternehmen unökologisch und unsozial handelt, muss sicher im Einzelnen entschieden werden. Fest steht jedoch, dass die Aussagen des sogenannten CSR nicht immer einer Hinterfragung standhalten. Sie erlauben den Kunden/-innen jedoch sich in einem trügerischen Gefühl von Rechtschaffenheit zu wiegen und weiter zu konsumieren. Auch hier treten NGOs aufklärend und anklagend auf. Als Beispiel dient hier die Clean Clothes Campaign, die 2013 mit Ad-Busting-Plakaten die H&M „conscious collection" anprangerten und eine faire Bezahlung der Arbeiter in den Sweat Shops forderten. Das Unternehmen H&M ist zwar einer der größten Abnehmer für Biobaumwolle, das heißt aber nicht, dass die Textilien der betreffenden Kollektion rein aus Biobaumwolle bestehen (vgl. Burckhardt 2014 nachhaltige Baumwolle). Zudem werden sie nach wie vor unter unökologischen und vor allem unsozialen Bedingungen in Entwicklungsländern gefertigt, was unter dem Schlagwort „H&M broken promise" gerade wieder für mediale Aufmerksamkeit sorgt[7]. An dieser Stelle werden Konsumenten/-innen über schlechte Bedingungen aufgeklärt, aber vermutlich auch verunsichert. Das Unternehmen H&M ist hier nur ein Beispiel, an dem strategischer Nutzen von CSR ohne tatsächliche soziale Unternehmensverantwortung angeprangert wurde. Es fällt den Kunden/-innen, trotz des Wissens um H&M, folgend nicht leichter, tatsächliches Engagement für Unternehmensverantwortung von CSR als Kommunikationsstrategie zu unterscheiden.

Fest steht, dass der CSR-Auftritt eines Unternehmens in zahlreichen Fällen nicht viel mit tatsächlichem Engagement oder dem Willen zur Verbesserung der Produktionsbedingungen zu tun hat, sondern viel mehr ein inszeniertes Bild von Rechtschaffenheit ist. Diese Fassade des verantwortungsbewussten Handelns lässt sich besonders anhand eines Artikels der Zeitung „Le Monde" veranschaulichen. Dieser deckte 2013 auf, dass sich Vertreter von H&M mit der Premierministerin von Bangladesch trafen, um bessere Arbeitsbedingungen zu fordern, während zeitgleich die Einkaufsmanager des Konzerns einen 15%igen Rabatt auf die Herstellungskosten bei den ansässigen Firmen aushandeln wollten (Cyran 2013). Der Reingewinn des Konzerns, nach Steuern, liegt übrigens seit 2010 bei etwa zwei Mrd. EUR mit steigender Tendenz[8].

Die CSR-Abteilungen, die eigentlich und wortwörtlich für die Unternehmensverantwortung zuständig sein sollten, werden also häufig als weitere Kommunikationsstrategen genutzt, um den Konsumenten/-innen zu erlauben, sich in einem Gefühl der Rechtschaffenheit zu wiegen und weiter die qualitativ oft schlechten und unter unmenschlichen Bedingungen produzierten Konsumgüter abzusetzen, während die Konzerne enorme finanzielle Gewinne erzielen.

Genau hier besteht eine klare Parallele zur Eingangs erläuterten zunehmenden Fokussierung auf das Image der Unternehmen, das Ergebnis der grundlegenden Veränderung der Konsumwelt im digitalen Zeitalter ist: Das Gefühl von Nähe und Authentizität bzw. Rechtschaffenheit wird in Form neuer Kommunikationsstrategien über ein Image für Kunden/-innen aufgebaut, ohne dass reale Bekleidung bzw. tatsächliche Bekleidungsproduktion dargestellt werden. Beide Phänomene spielen sich im gleichen Betrieb, nach außen gewissermaßen entkoppelt und scheinbar unabhängig voneinander, ab.

---

[7]http://www.hmbrokenpromises.com/, letzter Zugriff am 26.04.2016.

[8]http://de.statista.com/statistik/daten/studie/159045/umfrage/jahresueberschuss-des-h-m-konzerns-seit-2004-05/, letzter Zugriff am 26.04.2016.

4   Verantwortungsfrage bei Manufakturen

4.1   Eigenanspruch von Manufakturen und deren wiedererkanntes Potenzial in Produktherstellung und Unternehmensverantwortung

Den Begriff „Manufaktur" werde ich im Folgenden im Kontext lokal produzierender, Unternehmer geführter Unternehmen benutzen, die in Kleinserien oder auf Bestellung arbeiten. Für diese Unternehmen entstehen neue Potenziale. Besonders im Kontrast zu den fragwürdigen Entwicklungen bezüglich der konventionellen Bekleidungsproduktion wird deutlich, warum lokale Unternehmen und vor allem Manufakturen wieder interessant und besonders in Bezug auf CSR relevant sind.

Vor allem durch die lokale Produktion, steigen für Manufakturen die Herstellungskosten enorm, sodass sie mit konventionellen Produkten ohnehin preislich nicht konkurrieren können. Aber durch die lokale Arbeit ergibt sich die Möglichkeit, transparent und kundennah zu arbeiten, wodurch hohe Ansprüche an soziale Verantwortung und Produktqualität, die im Zuge der Digitalisierung an Bedeutung verloren haben und dadurch gesunken sind, mehr in den Fokus rücken. Handwerk, Leidenschaft für das Produkt und das Arbeiten in kleinen, lokalen Betrieben werden zum Leitfaden transparenter Kundenkommunikation und aktiv gelebt. Ironischer und in diesem Falle bezeichnenderweise ist unternehmerische Verantwortung für Soziales und Produkt hier so selbstverständlich, dass CSR als Wortschöpfung meist nicht gebraucht wird.

Manufakturen bieten durch die lokale Arbeit und Transparenz oft ein Maß an Qualität in Material und Verarbeitung, Kundennähe, Authentizität und Transparenz und in dem Zuge auch oft an sozialer und ökologischer Nachhaltigkeit, das Großunternehmen nicht leisten (können). Aus diesem Anspruch folgt meist eine überdurchschnittliche Qualität der Produkte, mit der die Kunden/-innen einen faktischen Gegenwert für den höheren Preis erhalten.

Potenziale und Chancen für diese Unternehmen wachsen, da neben dem steigenden Interesse der zunehmend aufgeklärten Konsumenten/-innen, aktuell auch neue Absatzmärkte durch die Digitalisierung entstehen. Der prozentual zwar kleine Kundenkreis von spezialisierten Kleinunternehmen muss sich nicht länger auf die Region begrenzen, sondern kann über die eigene Webseite sowie Onlineplattformen und andere mediale Kommunikationsmittel weltweit angesprochen werden. Die Digitalisierung wirkt hier tatsächlich eher demokratisch, da die globale Reichweite durch recht probate Mittel erreichbar ist.

4.2   Vorteile von Manufakturen

a) Herstellung und Arbeitnehmer
   Durch die lokale Produktion der Güter werden faire und ökologische Bedingungen garantiert. In unserem Wirtschaftsraum wird Handwerk nach wie vor geschätzt und auch die Rahmenbedingungen werden streng geregelt. Es gibt Mindestlöhne sowie

ein Höchstsatz an Arbeitsstunden pro Zeiteinheit und viele weitere gesetzliche Voraussetzungen, die soziale Absicherung und gute Arbeitsbedingungen gewährleisten.

Zudem sichert die lokale Nähe und räumliche Begrenzung der Produktion den Kunden/-innen Sicherheit und Transparenz, da sie im Zweifel die Manufaktur besuchen und begutachten können.

b) Material

Die Auswahl der Materialien ist für die Produktqualität entscheidend. Bis zur fertigen Textilie durchläuft das Rohmaterial eine komplexe Wertschöpfungskette, die global betrachtet werden muss. Besonders Manufakturen achten, durch ihre Konzentration auf Qualität und Handwerk und ihren hohen Anspruch an das eigene Produkt, in hohem Maße auf hochwertige und langlebige Materialien und deren spezifische Eigenschaften. Dieser Anspruch mag dadurch begünstig werden, dass ein preislicher Wettbewerb mit den Modekonzernen ohnehin nicht möglich ist, man also mit Qualität überzeugen muss.

Diese Qualität wird im meist engen Kontakt zu den Kunden/-innen letztendlich auch kommuniziert, sodass Wertschätzung und Qualitätsbewusstsein ausgebildet werden.

In der Textilindustrie kann die Materialauswahl für hochwertige Kleidung eine Konzentration auf natürliche Materialien bedeuten, da diese in vielen Fällen die besten Trageeigenschaften haben. Natürliche Materialien bieten zahlreiche positive Eigenschaften, beispielsweise in Geruch-, Feuchtigkeit- und Wärmehaushalt auf der Haut. Sie sind natürlichen Ursprungs und biologisch abbaubar.

Um ökologische und soziale Nachhaltigkeit entlang der Wertschöpfungskette zusätzlich zu sichern, können die Textilien zertifiziert sein. Hierbei stellen IVNBest und GOTS (Global Organic Textile Standard) die strengsten und umfassendsten Standards, die es aktuell gibt (Piegsa 2010). Die entsprechend zertifizierten Fasern sind im Rahmen des gegenwärtigen Wirtschaftssystems möglichst ökologisch und sozial nachhaltig und garantieren so minimale Schadstoffemissionen und Ressourcenverbrauch im gesamten Lebenszyklus. Für den Träger wiederum sind sie gesund und unschädlich, da die Schadstofffreiheit der Materialien garantiert werden kann.

c) Überproduktion

Aufgrund des hochwertigen und entsprechend kostenintensiven Ausgangsmaterials muss in Manufakturen mit den Ressourcen sorgfältig und bewusst umgegangen werden.

Während bei Bestellungen in einer Großnäherei etwa 110 % hergestellt werden, um fehlerhafte Ware aussortieren zu können und nur die bestellte Anzahl der Kleidungsstücke anschließend tatsächlich in die Läden gelangt, kann man sich diese Art der Verschwendung von Arbeitszeit und Material in Manufakturen nicht leisten.

d) Verschnitt und Zero-Waste-Design

Um möglichst ressourcenschonend mit den Materialien umgehen zu können, gibt es außerdem die „Zero-Waste"-Technik. Bei dieser geht es darum, den Verschnitt im Zuschnitt der Kleidungsstücke gegen „Zero", also null Prozent, zu bringen. Der effiziente Einsatz schont außerdem die Umwelt, da weniger unnötiges CO_2 freigesetzt wird und weniger Wasser verschwendet wird. In der konventionellen Textilindustrie werden je nach Schnitt des Kleidungsstückes etwa 7–35 % des Materials allein im Zuschnitt verloren. „Zero-Waste"-Design verbietet sich diese Verschwendung an Ressourcen und arbeitet durch Strick auf Form, Drapieren an der Puppe oder auswendiger Schnitttechnik, die auf die Stoffbreite angepasst ist, nahezu abfallfrei.

e) Verarbeitung

In dem hohen Anspruch an das Handwerk, Langlebigkeit und Werterhalt der Produkte spielt die Verarbeitung eine sehr große Rolle. Der enge Kundenkontakt und die Erwartungshaltung dieser dürfte den hohen Qualitätsanspruch unterstreichen. Unternehmen, deren Ziel schnelle und günstige Bekleidung ist, sparen oft gerade hier, weil durch mindere Material- und Verarbeitungsqualität ein geringerer Preis erzielt werden kann und die Kleidungsstücke nicht mit der Ambition hergestellt wurden, lange getragen zu werden.

Der meist hohe Anspruch der Manufakturen bildet gerade im Gegensatz eine oft exquisite, handwerkliche Verarbeitung.

f) Produkt und Kunde

Im Besonderen durch die handwerkliche Produktion und die Kundennähe kann in Manufakturen auch auf Kundenwünsche, bis hin zu Anpassung an die individuelle Körperform, näher eingegangen werden. Das Design kann auf die Kunden/-innen abgestimmt werden und bietet ihnen dadurch ein optimales Kleidungsstück. Selbstredend ist diese Konzentration auf die einzelnen Kunden/-innen in Textilkonzernen nicht möglich. Dort wird das Kleidungsstück nach standardisierten Größentabellen gefertigt und die Kunden/-innen müssen herausfinden, welches Teil aus einem großen Angebot eher zufällig ihre Proportionen trifft.

Betreffend die Langlebigkeit der Produkte kann man davon ausgehen, dass für die Kunden/-innen durch den persönlichen Kontakt, die gute Qualität und die abgestimmte Gestaltung eine emotionale Aufladung und eine Bindung an das Produkt und an die Produzenten/-innen erreicht werden kann. Dadurch wird das hochwertige und auf Langlebigkeit ausgelegte Produkt wahrscheinlich auch länger und bewusster getragen und gepflegt. Als positiver Nebeneffekt wird über das Produkt und die Kommunikation mit den Kunden/-innen Qualitätsbewusstsein geschult, wodurch Manufakturen ihr Kundensegment bilden.

g) Stil

Da die Manufakturen und Kleinunternehmen nicht auf Massengeschmack und massenhaften Absatz der Produkte ausgelegt sind, können sie einen eigenen Stil ausbilden und dadurch das rundum anspruchsvolle und qualitativ hochwertige Produkt zusätzlich zu etwas Besonderem machen.

4.3 Persönliche Entscheidungen als Unternehmerin am Beispiel des ethischen Modelabels „Natascha von Hirschhausen"

In die Konzeption meines 2016 gegründeten ethischen Modelabels „Natascha von Hirschhausen" flossen diese Überlegungen über die aktuellen wirtschaftlichen Rahmenbedingungen ein. An dem Beispiel des Labels werde ich nun meine persönlichen Schlüsse als Unternehmerin und Designerin veranschaulichen.

Im Fokus stehen bei allen Entscheidungen vor allem mein Anspruch an ein qualitatives, ästhetisches Produkt und ökologische und soziale Nachhaltigkeit – auch wenn diese im aktuellen Gefüge unwirtschaftlich erscheinen mögen.

a) Herstellung und Arbeitnehmer

Die Kollektion entsteht in Handarbeit in meinem Atelier in Berlin, sowie in lokalen Meisterbetrieben.

b) Material

Ich verarbeite für das Label ausschließlich hochwertige, natürliche, biologische Fasern, die nach höchsten Standards hergestellt und GOTS oder IVN Best zertifiziert sind – und das für alle Komponenten der Kleidungsstücke.

Alle Materialien sind entlang der gesamten Wertschöpfungskette auf strenge ökologische und soziale Standards jährlich geprüft. Alle Fakten rund um die Produktion und die Herkunft der Materialien, werden aus Gründen der Transparenz und der Kundenbildung, auf der Webseite offengelegt.

c) Überproduktion

Eine weitere Besonderheit meines Labels ist die Produktion auf Bestellung. Um allgemein gängige Überproduktionen zu vermeiden, konzentriere ich mich auf eine lokale Herstellung auf Bestellung.

Es ist üblich, ein Produkt zu fertigen, bevor es einen sicheren Abnehmer hat. Vor allem der Markt an Bekleidung bietet ein großes Überangebot, was bedeutet, dass extrem viel Kleidung nicht regulär oder gar nicht verkauft wird. Um diese Verschwendung von Arbeit und Material zu vermeiden und dadurch eine höhere Wertigkeit des Produkts zu erreichen, fertige ich nur übersaisonale Bestseller in Kleinserie vor und biete den Rest der Kollektion auf Bestellung an.

d) Verschnitt und Zero-Waste-Design

Außerdem entwickelte ich besondere Schnitte, um auch diese Einzelproduktion besonders nachhaltig gestalten zu können.

Große Unternehmen können den Zuschnitt effizienter gestalten, indem sie mehrere Schnittteile unterschiedlicher Kleidungsstücke in einem Schnittbild ineinander schieben. Dennoch entstehen beim konventionellen Zuschnitt zwischen 7–35 % Verschnitt, je nach Schnittmuster.

Ich entwickelte Schnitte, die einen minimalen Verschnitt und die Produktion von Einzelstücken auf Bestellung zulassen. Die einzelnen Schnittteile greifen dabei puzzleartig ineinander und sind auf die Stoffbreite des entsprechenden Materials angepasst. So lässt sich der errechnete Verschnitt in der Konfektion für die gesamte Kollektion auf signifikant unter 1 % minimieren. Man spricht hierbei von Zero-Waste-Gestaltung. Die gestrickten Teile werden an den Handstrickmaschinen im Atelier auf Form gefertigt, was ebenso dem sogenannten Zero-Waste-Design entspricht. (Siehe Abb. 1: Der Verschnitt einer gesamten Kollektion auf einem Hut drapiert.)

e) Verarbeitung

Für jedes Kleidungsstück achte ich natürlich auf hochwertige, langlebige Verarbeitung. Vor allem im Strick ist die Produktion auf Form anspruchsvoll und nachhaltig. Im Gegensatz dazu kommt es in der industriellen Herstellung von Strickkleidung vor, dass Bahnen gestrickt und dann geschnitten werden, wobei Verschnitt und ein Abbruch des fortlaufenden Fadens entstehen, was selbsterklärend ein vergleichsweise minderwertiges Produkt bedeutet. Nach dem Handstricken auf Form werden die einzelnen Strickteile von mir per Hand genäht, um eine nahezu unsichtbare Naht zu erhalten.

f) Stil

Besonderen Wert lege ich auf eine moderne modebewusste, aber trendunabhängige und minimalistische Formgebung, die an unterschiedlichsten Körperformen überzeugt, also größenübergreifend und übersaisonal funktioniert. Damit das Kleidungsstück bei den Kunden/-innen im wahrsten Sinne des Wortes nachhaltig den Kleiderschrank bereichern kann.

Abb. 1 Kollektion „Natascha von Hirschhausen". (Quelle: Fotografie & Copyright: Kerstin Jacobsen, Model: Em Glaser & Eliana Ortiz, Styling: Rainer Metz, Hair & Make-up: Thorsten Weiss)

Literatur

Burckhardt G (2014) Todschick. Edle Labels, billige Mode – unmenschlich produziert. Heyne, München

Cyran O (2013) Unsere Toten in Bangladesch. Le Monde Diplomatique, Ausgabe 06/2013

Eismann S (2012) Absolute fashion. orange-press, Freiburg

Gaugele E (2015) Unter dem ökonomischen Imperativ. Mode, Ethik, Global Governance. In: Gürtler C, Hausbacher E (Hrsg) Kleiderfragen, Mode und Kulturwissenschaft. transcript, Bielefeld, S 193–205

Hahn K (2015) Zeiten des Vestimentären: Mode als Kristallisationspunkt sozialer Beschleunigung? In: Gürtler C, Hausbacher E (Hrsg) Kleiderfragen, Mode und Kulturwissenschaft. transcript, Bielefeld, S 45–58

Lehnert G (2013) Mode. Theorie, Geschichte und Ästhetik einer kulturellen Praxis. transcript, Bielefeld

Lipovetsky G (1987) L'empire de l'Éphémère. La Mode et son Destin dans les Sociétés Modernes. Gallimard, Paris

Piegsa E (2010) Green Fashion. Ökologische Nachhaltigkeit in der Bekleidungsindustrie. Diplomica, Hamburg

Simmel G (1905) Philosophie der Moderne Zeitfragen, Nr. 11, hg. von Hans Landsberg. Berlin, S 5–41

Skidelsky R, Skidelsky E (2012) Wie viel ist genug? Vom Wachstumswahn zu einer Ökonomie des guten Lebens. Antje Kunstmann, München

Internetquellen

http://de.statista.com/statistik/daten/studie/159045/umfrage/jahresueberschuss-des-h-m-konzerns-seit-2004-05/. Zugegriffen: 26. Apr. 2016 – 11.42

http://www.textilwirtschaft.de/business/Noch-schneller-Mango-aendert-die-Strategie_100134.html. Zugegriffen: 26. Apr. 2016 – 9.45

http://de.statista.com/statistik/daten/studie/421261/umfrage/umfrage-zur-beachtung-von-umwelt-zertifikaten-beim-kauf-von-kleidung/. Zugegriffen: 26. Apr. 2016 – 12.00

http://www.hmbrokenpromises.com/. Zugegriffen: 26. Apr. 2016 – 13.07

http://www.ndr.de/fernsehen/sendungen/45_min/rueckschau/Mikroplastik-Kosmetik-Gesundheit,mikroplastik133.html. Zugegriffen: 26. Apr. 2016 – 11.30

http://www.sueddeutsche.de/kultur/fotografie-juergen-teller-nackt-im-louvre-1.130874-3. Zugegriffen: 26. Apr. 2016 – 13.55

https://www.destatis.de/DE/ZahlenFakten/GesamtwirtschaftUmwelt/VerdiensteArbeitskosten/RealloehneNettoverdienste/Tabellen/Tabellen_Reallohnentwicklung.html. Zugegriffen: 26. Apr. 2016 – 11.42

https://www.greenpeace.de/sites/www.greenpeace.de/files/publications/detox_welche_firmen_machen_mit_20150331_.pdf. Zugegriffen: 26. Apr. 2016 – 11.20

https://www.greenpeace.de/themen/endlager-umwelt/kleidung-unter-der-detox-lupe. Zugegriffen: 26. Apr. 2016 – 11.38

Bildnachweis

Kollektion „Natascha von Hirschhausen". (Quelle: Fotografie & Copyright: Kerstin Jacobsen, Model: Em Glaser & Eliana Ortiz, Styling: Rainer Metz, Hair & Make-up: Thorsten Weiss)

Portrait: Fotografie: Kerstin Jacobsen

Natascha von
Hirschhausen (Fotocredit:
Kerstin Jacobsen)

Natascha von Hirschhausen, Jahrgang 1989, studierte für ein Jahr medizinische Physik in Halle (Saale), bevor sie für das Modedesign-studium an der Mediadesign Hochschule nach Berlin zog, wo sie 2013 ihren Bachelor of Arts zum Thema „Nachhaltigkeit 2.0 – Entwicklung einer Open-source-Kollektion" mit Auszeichnung abschloss. Innerhalb des ersten Studienjahrs wurde sie als Stipendiatin in die Studienstiftung des Deutschen Volkes aufgenommen. Ihren Master of Arts zum Thema ethische Modegestaltung absolvierte sie 2015 an der Kunsthochschule Berlin-Weißensee. Neben dem Studium arbeitete sie im Marketing und Management bei einem Eco-fashion- und einem High-fashion-Label. Außerdem nahm Natascha von Hirschhausen am Weiterbildungsprogramm „lokal-international/Berlin–Dhaka" teil. Im Zuge dieses Projekts gründete sie 2015 zusammen mit Stefanie Barz das Onlinemagazin *AETHIC. Mode – Ästhetik, Ethik und Innovation,* das inzwischen als Netzwerk für nachhaltige Modedesigner weiterläuft. Anfang 2016 gründete Natascha von Hirschhausen ihr gleichnamiges ethisches Modelabel, für das die Designerin 2017 mit dem Bundespreis Ecodesign Kategorie Produkt ausgezeichnet wurde. Es folgten etliche weitere Nominierungen und Preise.

Die Chancen der Digitalisierung für eine unternehmerische Gesellschaftsverantwortung im passform-sensitiven Schuhmarkt

Ein Weckruf für die Sportschuh-Industrie

Johannes H. Steuerwald

1 Das Informationszeitalter überholt das seit Jahrzehnten bestehende Geschäftsmodell

1.1 Der Wandel im Handel

Befeuert durch das Internet und die sozialen Medien hat die Informationsflut die Schnelllebigkeit von Produkten und Trends dermaßen beschleunigt, dass es immer schwieriger wird, zukünftige Bedarfe zielsicher zu planen. „Mega Trends" sind seltener, dafür entstehen immer mehr Nischentrends, die so schnell verschwinden, wie sie gekommen sind. Vor zwei Jahrzehnten bestellten Einzelhändler ihren gesamten Halbjahresbedarf an Schuhen in einem Auftrag, die der Hersteller nach 6–9 Monaten Produktionszeit lieferte. Heute ist der Einzelhandel wegen der rasanten Veränderung bei den Trends und der immer kürzeren Produktlebenszyklen nicht mehr bereit, das Mode- und Saisonrisiko alleine zu tragen. Er verschiebt das Risiko immer mehr auf die Hersteller, indem Aufträge reduziert werden und von den Herstellern erwartet wird, innerhalb der Saison kurzfristige Nachlieferungen zu ermöglichen. Die Unsicherheit, was der Konsument nachfragen wird, führt dazu, dass der Einzelhandel seine Orders möglichst nahe an der Verkaufssaison trifft – und das sind dann nicht mehr 6–9 Monate, sondern nur wenige Monate! Das wiederum kollidiert mit den relativ starren Vorlaufzeiten in der Produktionsplanung der Hersteller, die nicht beliebig reduziert werden können. Die

---

Vom Fuß zum Schuh, statt vom Schuh zum Fuß!

J. H. Steuerwald (✉)
footwear, fit and digitalisation, München, Deutschland
E-Mail: contact@johannessteuerwald.com

© Springer-Verlag GmbH Deutschland, ein Teil von Springer Nature 2021
A. Hildebrandt und W. Landhäußer (Hrsg.), *CSR und Digitalisierung,* Management-Reihe Corporate Social Responsibility, https://doi.org/10.1007/978-3-662-61836-3_24

Industrie reagiert darauf mit zwei Antworten: Zum einen müssen die Produktionsaufträge gezwungenermaßen zu einem großen Prozentsatz „blind" auf Basis von mehr oder weniger fundierten Prognosen erfolgen und zum anderen forcieren die Hersteller eigene Vertriebskanäle, um die Abhängigkeit von den (späten) Entscheidungen der Händler zu minimieren – was gleichzeitig das eigene Risiko erhöht.

Die Folge dieser Entwicklung: Die eigenen Vertriebsaktivitäten der Hersteller verstärken das Überangebot in einem schon gesättigten Absatzmarkt. Die Händler wehren sich gegen diese Alleingänge der Industrie, indem sie eigene Handelsmarken als Konkurrenz zu den Brands aufbauen. Und das Angebot auf einem gesättigten Marktplatz wächst ungebremst. Die Rabattschlachten in den Geschäften und im Internet sind Zeugnis für dieses Überangebot in den unterschiedlichen Absatzkanälen, das letztendlich zu Überfluss oder besser gesagt zu Abfall führt.

Zusammengefasst:

- Am Markt gibt es einen Überfluss an Schuhen, die kein Endverbraucher nachfragt, da zu teuer, nicht passend oder nicht gefallend.
- Die Industrie scheitert zusehends mit der Anforderung, immer kleinere Stückzahlen eines neuen Modells in immer kürzer werden Zeitintervallen zu liefern. Stattdessen entwickelt man eigene Vertriebskanäle, um unabhängiger vom Handel agieren zu können.
- Die seit 30 Jahren bestehende Strategie, nach immer billigeren Produktionsstandorten auf der ganzen Welt zu suchen, anstatt die Automatisierung der Produktion marktnah voranzutreiben, erweist sich jetzt als große Hypothek.
- Der Prozess, wie Schuhe produziert und verkauft werden, basiert auf einem Mechanismus, der nicht mehr wirkt und unsere Umwelt und die Ressourcen unseres Planeten erheblich belastet.

1.2   Umweltbelastung und Nachhaltigkeit

Ist es nachhaltig, wenn die großen Onlineversender argumentieren, dass kein Plastik mehr verwendet und die Auslieferungen nur noch mit Elektroautos erledigt werden? Oder überdeckt das nur oberflächlich das wahre Nachhaltigkeitsproblem dahinter: Retourenquoten von mindestens 50 % sprechen eine klare Sprache. Das System: „Erstmal produzieren und dann hoffen die produzierten Mengen zu verkaufen – wenn es sein muss auch mit Nachlässen" ist nicht mehr zeitgemäß. Dadurch wird ein enormes Überangebot produziert, das wir uns als Gesellschaft nicht mehr leisten können.

Ungefähr 20 Mrd. Sportschuhe werden jedes Jahr weltweit produziert. Laut einer Studie des MIT erzeugt jedes Paar Sportschuhe einen CO_2-Footprint von 14 kg! (http://news.mit.edu/2013/footwear-carbon-footprint-0522) Das bedeutet einen jährlichen

CO_2-Ausstoß von 280 Mio. t alleine durch den Herstellungsprozess aller Sportschuhe. Was passiert mit dem Überschuss, besser gesagt dem „Abfall" von Schuhen, die nicht nachgefragt werden? Konservativ geschätzt handelt es sich dabei jährlich um ungefähr 20 % der produzierten Schuhe. Das entspricht 4 Mrd. Sportschuhe und 56 Mio. t CO_2!

Im Gegensatz zu Bekleidung sind Tausch oder Secondhand-Verkauf bei Schuhen aus hygienischen Gründen keine echte Alternative, sodass eine Wiederverwendung im Prinzip ausgeschlossen ist.

Auch das Thema Recycling steckt bei Schuhen aufgrund der vielen unterschiedlich verwendeten Materialien noch in den „Kinderschuhen". Erfreulich sind die Beispiele von Firmen, die schon recyclebare Materialien einsetzen und so einzelne Schuhkomponenten wieder dem Wirtschaftskreislauf zuführen.

Aber kann man einen Schuh, der aus 100 % kompostierbaren Material besteht, nachhaltig bezeichnen, wenn man in der Phase der Produktion gar nicht weiß, ob das Produkt einen kaufenden Konsumenten finden wird? Haptik, Passform, Design und Preis sind entscheidende Faktoren in einem emotionalen Kaufprozess, der erst am Berührungspunkt entschieden wird!

2 *reverse economy* als Geschäftsmodell der Zukunft im Schuhmarkt

2.1 Was beinhaltet die *reverse economy?*

Bis jetzt werden Waren nach dem „Push"-Prinzip durch ein bestehendes Produktions- und Prozesssystem geschleust und dann bei mangelnder Nachfrage gelagert – entweder beim Hersteller oder beim Händler. Im Gegensatz dazu bestimmt bei der Anwendung des „Pull"-Prinzips die Nachfrage die Produktion der Waren – was exakt den Käufermarkt widerspiegelt. Es werden nur Teile gefertigt, die auch bestellt wurden. Die Maxime in diesem Prozess lautet: „Fertige nichts an, bevor es benötigt wird, aber wenn es benötigt wird, fertige es sehr schnell an" (Womack und Jones 2003).

Der Kern dieser *reverse economy* ist, den Prozess umzudrehen!

Die Schlussfolgerung für die Industrie ist, Schuhe nicht erst zu entwickeln, zu produzieren, am Markt anzubieten und dann zu hoffen, dass sich ein Käufer findet, sondern schon vor der Produktion eine verbindliche Kaufentscheidung des Endkunden in den Händen zu halten.

Obwohl die Technologie bereits vorhanden ist, stellt diese Herangehensweise eine große Herausforderung für die gesamte Schuhbranche und insbesondere für die Schuhindustrie dar, da alle Prozesse von Grund auf neu gedacht werden müssen.

Jeder Schuh, der auf dem Produktionsband läuft, hat schon einen Käufer mit Namen.

Das ist die langfristige Vision.

2.2   Paradigmenwechsel

Der Markt, insbesondere die Industrie, „denkt" immer noch in den Prinzipien der Massenfertigung, obwohl sich die Mengen/Artikel in den vergangenen Jahrzehnten schon kontinuierlich verringert haben. Produktion als Einzelfertigung in Massen zu denken, ist aus historischen, traditionellen Gründen für viele Hersteller (noch) nicht vorstellbar. Es bedeutet zu viel Veränderung für die bestehenden Prozesse und damit einhergehend verbunden mit einem hohen wirtschaftlichen Risiko, das niemand gerne freiwillig eingehen möchte. Die größte Hemmschwelle ist aber ein notwendiges, radikales Umdenken von der sogenannten Massenproduktion hin zu einer Einzelfertigung nach industriellen Prinzipien, besser seit 20 Jahren als *Mass Customization* bekannt. *Mass Customization* beschreibt ein Konzept, das die niedrigen Stückkosten der Massenproduktion Prozesse mit der Flexibilität der individuellen Anpassung verbindet (https://www.mass-customization.com/mass-customization-info/).

2.2.1 Grundlagen für den Paradigmenwechsel
Mass Customization

Im Bewusstsein um die dringende Notwendigkeit eines veränderten Konsumverhaltens wird *Mass Customization* heute zur Basis für den Paradigmenwechsel der *reverse economy:* Es wird nur produziert, was schon an den Endverbraucher verkauft wurde. Jeder Schuh auf dem Produktionsband ist schon von einem Nutzer gekauft.

Das Prinzip der *Mass Customization* erhält nach 20 Jahren Existenz endlich seine wahre Berechtigung. In den vergangenen Jahren war *Mass Customization* hauptsächlich mit dem Etikett „nice-to-have" für hochwertige Personalisierungsangebote in kleinen Nischen behaftet. Niemand erkannte das Potenzial mithilfe der zur Verfügung stehenden Technologien, diesen Ansatz und die Prozesse strategisch so weiter zu entwickeln, dass durch Skaleneffekte Stückkosten und Produktpreise so weit sinken, dass der Massenmarkt bedient werden kann.

Mit zunehmender Bedeutung der Nachhaltigkeit und des Umweltbewusstseins kann man in *Mass Customization* immer deutlicher ein zielführender, zeitgemäßer und konzeptioneller Lösungsweg für die Herausforderungen in der Schuhindustrie erkennen.

Digitalisierung/Automatisierung

Das Rückgrat der *reverse economy* bildet die Digitalisierung und Automatisierung der Prozesse, ohne die *Mass Customization* nicht umgesetzt werden kann.

Prozesse werden so weit wie möglich standardisiert, um einen möglichst effektiven, zeit- und kostenoptimierten Durchlauf zu erreichen. Lernen kann man hier von hoch automatisierten Produktionsstätten, wie zum Beispiel in der Automobil-Industrie.

Schuhproduktion war schon immer sehr lohnintensiv, das heißt mit einem hohen Anteil an menschlicher Arbeitskraft versehen. Allerdings können mit der technologischen Entwicklung im Schuhmaschinenbereich heute schon weitreichende Arbeitsschritte in der Produktion mithilfe unter anderem von CAD/CAM-Maschinen, Roboter und gängigen 3-D-Druckverfahren automatisiert werden.

Dazu gehört auch die Herausforderung neue Konstruktionen, Designansätze und Materialien für die Schuhe zu entwickeln, die explizit für die *reverse economy* entwickelt werden. Ziel muss hierbei sein, Produktionsabläufe zu vereinfachen, Modularität zu kreieren und Integration von Vorlieferanten in die Prozesse zu ermöglichen.

Marktnahe Produktion

Seit den 90er-Jahren sind die Schuhhersteller in Fernost auf Wanderschaft von einem Land zum Nächsten – immer auf der Suche nach Produktionsstätten mit noch günstigeren Konditionen. Diese Wanderlust wird jetzt abrupt gestoppt. Die aktuelle Weltlage zeigt sehr deutlich die Notwendigkeit, Produktionen wieder marktnah anzusiedeln. Wieder neu aufkeimender Protektionismus und die Coronavirus-Epidemie decken schonungslos auf, wie fragil die globalen Lieferketten sind und wie sehr die Abhängigkeit von ausländischen Vorlieferanten bei systemrelevanten Teilen kritischer bewertet und eventuell korrigiert werden muss.

Die gute Nachricht ist, dass gerade die Automatisierung der Produktion endlich ermöglicht, auch in einem lohnintensiven Land wie Deutschland zu produzieren und trotzdem zu vertretbaren Preisen am Markt aufzutreten. Zusätzlich erlaubt die marktnahe Produktion Flexibilität und Vermeidung von globalen Transportwegen und Kosten – mit erheblicher Minderung des CO_2-Ausstoßes. Von Vorteil ist auch, dass wegen der Nähe zum Absatzmarkt schneller und zielsicherer auf regionale Marktanforderungen reagiert werden kann. Diese Faktoren sind von grundlegender Bedeutung im Bestreben, klimafreundlichere Produktionsweisen zu etablieren und Vergeudung von Ressourcen auf ein Mindestmaß zurückzuführen. Das alles ist im Sinne eines nachhaltigen und verantwortungsvollen Wirtschaftens, das wir dringend als Gesellschaft benötigen.

3-D-Erfassung der Fußdaten

Im Schuhmarkt gibt es bis heute eine große Unbekannte: Wie sehen unterschiedliche Fußtypen innerhalb einer Gesellschaft aus? Wie kann man Fußtypen kategorisieren? Welche Merkmale sind passformentscheidend? Wie verteilen sich einzelne Fußkategorien mengenmäßig? Bis heute verlässt sich die Industrie auf Erfahrungen aus der Vergangenheit, wenn es sich um Passform handelt. Im Allgemeinen beschränkt man sich auf Durchschnittswerte, die sich vermeintlich bewährt haben. Kontinentale Unterschiede in der Anatomie werden weitgehend vernachlässigt.

Wenn wir in die Phase der *reverse economy* eintreten, benötigen wir zwingend anatomische Daten von Füßen im Einzelnen, aber auch in der Gesamtheit, um individuell angepasste Passformlösungen massenhaft anbieten zu können. Nur so können wir ausschließen, dass Schuhe nicht produziert werden, die keinen passenden Abnehmer finden, als Retouren durch die Welt geschickt und unser gesamtes Ökosystem belasten werden!

Wie wenig die Bedeutung dieser Themen bei den Brands verstanden wird, zeigt sich an der Tatsache, dass noch keine Marke angefangen hat, dreidimensionale Fußdaten systematisch zu erheben. Dieses Versäumnis wiegt schwer mit Blick auf die zukünftigen Entwicklungen, die im Markt vor uns liegen.

Ein entscheidender Baustein für die *reverse economy* in der Schuhindustrie ist die systematische Erfassung der dreidimensionalen Fußdaten. Mithilfe einer flächendeckenden Erfassung der individuellen Fußmaße lassen sich statistische Rückschlüsse auf grundlegende Anforderungen der nationalen oder kontinentalen „Fuß-Landkarte" schließen. Nach erfolgter Kategorisierung der Daten nach passformrelevanten Merkmalen lassen sich mithilfe dieser Daten auch potenzielle Käufergruppen genau quantifizieren. Wichtige Entscheidungen bezüglich der Passform werden auf Basis von Daten und nicht nach Gefühl oder Erfahrung getroffen.

Künstliche Intelligenz/Machine learning

Mit den systematisch erfassten Daten von unterschiedlichen Fußdimensionen können in Kombination mit dem Wissen um die daraus resultierenden Kaufentscheidungen belastbare Rückschlüsse auf das subjektive Passformempfinden einer einzelnen Person gezogen werden – ohne dass man den Nutzer explizit danach befragen muss.

Mit jedem Schuhverkauf wird die Datenbank durch einen Algorithmus mit den Daten zu den Füßen und der erfolgten Kaufentscheidung erweitert. Durch Vergleich der datenbasierten Fakten wird der Algorithmus in Abhängigkeit zu der Anzahl an zur Verfügung gestellten Datensätzen Muster erkennen, mit denen subjektives Empfinden berechnet werden kann. Innerhalb einer Lernkurve wird man immer besser in der Lage sein, Kaufverhalten besser prognostizieren zu können. Sichere Prognosen ermöglichen bessere Planungen für Material und Ressourceneinsatz, erhöhen die Kundenzufriedenheit – und minimieren Abfall und Vergeudung in der Wertschöpfungskette.

2.2.2 Der Ablauf Prozess in der *reverse economy*

Der traditionelle Händler durchläuft ein Upgrade und entwickelt sich zu einem Spezialisten mit hoher Beratungskompetenz. Das Ladenlokal findet man als Shop-in-Shop in bestehende Handelsstrukturen integriert, oder als Ladengeschäft in der Größe von ca. 30–50 m^2 in der City. Das Warenlager wird massiv reduziert. Die Dienstleistung, der Dialog mit dem Endverbraucher, steht im Mittelpunkt der gemeinsamen Interaktion – unterstützt von intelligenter Technologie: Einkaufserlebnis at its best! Der Endverbraucher betritt einen „Service Point" und findet in einem gemütlichen Ambiente Bildschirme, 3-D-Fußscanner, Beratungsecke, Kaffee-Bar und Testschuhe zum Anfassen und Probieren vor. Um die volle Aufmerksamkeit des Beraters für das Gespräch sicherzustellen, hat der Kunde vorab einen Termin online gebucht.

Der Berater erstellt eine Bedarfsanalyse zu den Wünschen bzw. Erwartungshaltungen des Kunden. Danach erfolgen die Datenerfassung und das Scannen der Füße. Anhand der sichtbaren und gemessenen Ergebnisse werden dem Kunden in einem Matching-Prozess die am besten „passenden" Passformen aus vorgegebenen Optionen generiert, das heißt, es handelt sich nicht um eine klassische Maßanfertigung. Die angebotenen Passformoptionen ergeben sich aus einer statistischen Kategorisierung von verschiedenen Fußausprägungen einer Gesamtheit, die regional, national oder auch international abgegrenzt sein können. Zur Absicherung für den Kunden, wie auch dem Hersteller, wird der Kunde einen Testschuh in der entsprechenden Größe anziehen, um das persönliche Passformempfinden mit einfließen zu lassen.

Nach der erfolgten Definition der Passform ist der nächste Schritt in einem Konfigurator am Bildschirm Farbe, Material, Schuhtyp etc. innerhalb eines vorgegebenen Rahmens genau zu definieren. Jetzt kann der Kunde mit einer Anzahlung die Schuhproduktion beauftragen – oder kann sich einen Link schicken lassen, mit dem er den Schuh jederzeit zu einem späteren Zeitpunkt online bestellen kann.

In der Produktionsvorbereitung werden aus vorher definierten Modulen die einzelnen Bestandteile des Schuhes zusammengeführt, bevor sie in die eigentliche Produktion gelangen. Vorlieferanten sind systemtechnisch mit dem Hersteller verbunden und wissen in Echtzeit, welche Komponenten benötigt werden bzw. welche Bedarfe auf Basis der Algorithmen für die Zukunft berechnet werden. Der Hersteller hat ein Zwischenlager an Material vorrätig, der Vorlieferant ebenso. Somit trägt man gemeinsam die Verantwortung für die Verfügbarkeit der Materialien.

Grundvoraussetzung für den ganzheitlichen Ansatz ist, dass man zwingend auch das Produktdesign, die Konstruktion und alle verwendeten Materialien sorgfältig entsprechend der Anforderungen des Gesamtprozesses für eine bereichsübergreifende Systemkompatibilität entwickeln muss.

Als Konsequenz dieser spezifischen Anforderungen werden sich Hersteller wahrscheinlich eher in einem vertikalen Business-Modell als Anbieter für eine bestimmte Produktkategorie spezialisieren, anstatt viele unterschiedliche Produktkategorien parallel anzubieten.

Das fertige Produkt wird entweder an den Servicepunkt oder direkt nach Hause zu dem Kunden geliefert und bezahlt. Für jeden weiteren Kauf kann jetzt bequem über die Onlineplattform bestellt werden. Die Präferenzen sind bekannt – die Fußdaten sind verfügbar – und der Service Point ist weiterhin als Anlaufpunkt für Service jeder Art verfügbar.

2.3 Wirkungsgrad der *reverse economy*

Die Anwendung der *reverse economy* im Schuhbereich bewirkt in erster Linie eine Vermeidung von Überfluss und Abfall, da nur noch produziert wird, was der Kunde wirklich bewusst und verbindlich bestellt hat. Es ist davon auszugehen, dass die Produktlebenszyklen sich wieder verlängern, da qualitativ hochwertigere Schuhe gekauft und auch entsprechend länger getragen werden. Allein die Tatsache eines ca. 30 min dauernden, sehr persönlich geführten Beratungsgespräches führt zu einem erheblich höheren Bewusstsein der Tragweite der Entscheidung im Vergleich zu vielfachen Bestellungen und Rücksendungen von verschiedenen Schuhen bei einem Onlineversender.

Eine marktnahe Produktion führt zu einer geringeren Belastung der Umwelt durch kurze Transportwege, fördert die Nutzung regionaler Ressourcen und schafft neue Arbeitsplätze!

Lieferketten können transparent verfolgt werden.

Das verändert sich konkret:

- Es wird nur produziert, was der Endverbraucher gekauft hat,
- radikale Reduzierung des weltweiten Überangebots am Markt,
- marktnahe Produktion ermöglicht marktspezifische Angebote,
- Schaffung lokaler Arbeitsplätze,
- reduzierter globaler Schuhtourismus,
- schonender Umgang mit Ressourcen,
- Skalierung des ganzheitlichen Prozesses vom Servicepunkt bis zur Produktion erreicht den Massenmarkt,
- weniger Schuhmodelle sind nötig, Vielfalt erfolgt durch Konfiguration im vorgegebenen Rahmen,
- erhöhte Qualität durch langsamere Produktlebenszyklen,
- längere Lebensdauer und Nutzung der Schuhe.

3   Science-Fiction oder warum noch nicht umgesetzt?

Wie schon näher beschrieben, benötigt die *reverse economy* ein neues Denken – losgelöst von dem, wie Business seit Jahrzehnten getätigt wird. Werden altes und neues Denken vermischt, entstehen Konflikte, die nicht zu lösen sind: Jede detaillierte Problemanalyse verdeutlicht die nicht vorhandene Kompatibilität der gegensätzlichen Systeme. Beide Ansätze („Push" vs. „Pull"-Prinzip) verlangen unterschiedliche Voraussetzungen und Prozessabläufe. Die Ursache, warum sich das „neue" Konzept der *reverse economy* noch nicht durchgesetzt hat, liegt in der Unvereinbarkeit mit dem bestehenden „alten" System.

Der Versuch, einzelne Bestandteile der *Mass Customization, reverse economy* und der entsprechenden Technologien in die bestehenden Abläufe zu integrieren, sind zum Scheitern verurteilt. Der Paradigmenwechsel funktioniert nur, wenn die Prozesskette ganzheitlich – vom User, über Produkt, Servicepunkt, Lieferanten und Produktion – auf diese neue Vorgehensweise ausgerichtet wird. Richtige, zukunftsweisende Ideen und Ansätze kommen ins Stocken, weil sie nicht in die bekannten Abläufe passen und damit Verwirrung bei den Handelnden stiften. Zusätzlich liefern die auf die Zukunft ausgerichteten Maßnahmen noch keine oder zu geringe Rendite, da sie strategisch noch am Anfang einer wichtigen und notwendigen Lernkurve stehen. Ergebnis-technisch wird das innovative Konzept gegenwärtig vom klassischen Marketingansatz noch um Längen geschlagen! Erfolgversprechende Ansätze für eine zukunftsweisende, automatisierte Produktion in Deutschland haben sich deswegen bisher noch nicht durchgesetzt (siehe zum Beispiel speed factory von Adidas (https://www.manager-magazin.de/unternehmen/handel/adidas-speedfactorys-in-ansbach-und-atlanta-werden-geschlossen-a-1295877.html)). Es ist nahe liegend, dass in den Unternehmen aktuell betriebswirtschaftliche

Faktoren gegenüber dem umweltfreundlichen Potenzial des marktnahen Produzierens eine höhere Priorität genießen. Welches Unternehmen ist heute schon bereit, Corporate Social Responsibility als oberste Maxime des unternehmerischen Handelns noch vor der Gewinnmaximierung zu positionieren und zu fördern? In bestehenden Konzernstrukturen ist es schwierig, notwendige, disruptive Veränderungen umzusetzen. In diesen herausfordernden Zeiten benötigt es Start-ups, die losgelöst von einengenden Vorgaben eines bestehenden Konzerns neue Wege gehen und mit viel Kreativität und neuem Denken erfolgreiche *reverse economy* Business-Modelle entwickeln!

Wenn die Schuhbranche ihrer Verantwortung gegenüber den kommenden Generationen und unserem Planeten gerecht werden will, muss ein radikales Umdenken erfolgen. Damit der Endverbraucher motiviert ist, diesen Weg verantwortungsvoll mitzugehen, führt kein Weg an der *reverse economy* und *Mass Customization* vorbei.

Literatur

http://news.mit.edu/2013/footwear-carbon-footprint-0522. Abruf: 20.9.2020
https://www.mass-customization.com/mass-customization-info/. Abruf: 20.9.2020
https://www.manager-magazin.de/unternehmen/handel/adidas-speedfactorys-in-ansbach-und-atlanta-werden-geschlossen-a-1295877.html. Abruf: 20.9.2020
Womack J, Jones D (2003) S.71 Lean Thinking – Banish waste and create wealth in your corporation

Johannes Steuerwald
(Fotocredit: privat)

Johannes Steuerwald startete seine berufliche Laufbahn im internationalen Vertrieb und Product Management der ADIDAS AG, bevor er als Business Development Manager den erfolgreichen Marktlaunch der Marke GEOX in Deutschland und Österreich verantwortete. Mit seinem Start-up CREO INTERACTIVE GmbH war Johannes Steuerwald der erste Unternehmer, der die Anpassung von Schuhen in einem Online-Prozess schon vor dem Jahr 2000 im Internet ermöglichte. Mit diesem Unternehmen galt er mehrere Jahre lang als Vorzeigebeispiel für Wissenschaft und Technologie. Während dieser Zeit arbeitete er eng mit der Technischen Universität München und führenden Wissenschaftlern zusammen, hielt Vorträge und inspirierte viele Unternehmen, den Weg der Mass Customization und Nachhaltigkeit einzuschlagen. Neben weiteren Tätigkeiten in der Sportartikel-Industrie zeichnete Johannes Steuerwald an der Schnittstelle von Schuh und Technologie maßgeblich Verantwortung für die internationale Einführung der 3D-Fußscan-Technologie der CORPUS.E AG im Sportfachhandel. Johannes Steuerwald ist als Business Consultant im Schuhmarkt tätig und unterstützt Organisationen dabei, die jeweiligen Business-Modelle mithilfe der Prinzipien von Industrie 4.0, Digitalisierung und Automatisierung zukunftssicher zu gestalten.

Maßschuhe – ein nachhaltiges Produkt in Zeiten der Digitalisierung

Gabriele Braun und Kirstin Hennemann

1 Einleitung

Die Maßschuhmacherei Kirstin Hennemann wurde 2002 in Berlin-Prenzlauer Berg von Kirstin Hennemann gegründet. Einer Frau, die zunächst Politik und Germanistik studierte, dann aber das Schuhmacherhandwerk erlernte, nachdem sie frustriert von einer Shoppingtour in Frankfurt zurückkam. Es gab einfach keine schönen Schuhe für ihre anspruchsvollen Füße.

Gabriele Braun ist als zweite Berufsumsteigerin 2014 dazu gekommen. Als ehemalige Managerin hat sie sich ebenfalls dem Schuhmacherhandwerk verschrieben. Im Januar 2016 wurde die Maßschuhmacherei Kirstin Hennemann zur Maßschuhmacherei Hennemann & Braun.

Das Unternehmen beschäftigt heute fünf Mitarbeiter. Alle Arbeitsschritte, die zur Herstellung eines Schuhs notwendig sind, werden in der Werkstatt in Berlin-Prenzlauer Berg durchgeführt.

Der Aspekt der Nachhaltigkeit liegt hier buchstäblich auf der Hand: Wenn sich beispielsweise mehr Menschen nicht nur an der modischen Vielfalt im Schuhregal orientieren würden, sondern auf Klasse statt Masse setzen und sich ein paar wenige Maßschuhe leisten würden, wäre dem eigenen Geldbeutel, der eigenen Gesundheit und vor allem der Umwelt gedient.

G. Braun (✉) · K. Hennemann
Berlin, Deutschland
E-Mail: gabriele.braun@massschuhmacherei.de

K. Hennemann
E-Mail: kirstin.hennemann@massschuhmacherei.de

© Springer-Verlag GmbH Deutschland, ein Teil von Springer Nature 2021
A. Hildebrandt und W. Landhäußer (Hrsg.), *CSR und Digitalisierung,* Management-Reihe Corporate Social Responsibility, https://doi.org/10.1007/978-3-662-61836-3_25

2   Maßschuhe sind ein nachhaltiges Produkt

Der Schuh, der im Laden begeistert hat und auch passte, wandert ins hintere Schuhregal, wenn sich beim ersten Außeneinsatz nach einer halben Stunde herausstellt, dass der tolle Schuh im Alltag leider doch nicht für den Träger funktioniert. Meist liegt es daran, dass Konfektionsschuhe symmetrischer gebaut sind und kein einziger Fuß eine symmetrische Form hat. Der Kompromiss ist eine Schuhform, die möglichst vielen Menschen passen soll, aber leider nur den wenigsten wirklich passt.

Viele der in großen Mengen produzierten Konfektionsschuhe enden ungenutzt oder werden gleich wieder weggeworfen. Und das gilt für preiswerte Schuhe ebenso wie für Schuhe von namhaften Designern. Wie viel Material, Produktionskapazität und Energie dabei sinnlos verwendet (verschwendet) wird, ist nicht genau bestimmbar. Aber man braucht nur einmal im eigenen Schrank den Vergleich anzustellen, um die Aussage zu belegen.

Maßschuhe sind aus Leder. Leder ist ein tierisches Produkt, das chemisch behandelt wird. Weshalb also sind Maßschuhe ein nachhaltiges Produkt?

Schon seit der Steinzeit haben sich Menschen in Felle gehüllt und Tiere gegessen, weil das der menschlichen Natur entspricht. Damals allerdings befand sich alles in einem natürlichen Kreislauf. Heute hat der Konsum in unserer Gesellschaft dazu geführt, dass Ressourcen unnötig ausgebeutet werden und wir durch eine massive Überproduktion dann auch noch die ausgebeuteten Ressourcen wieder aufwendig entsorgen müssen. Das ist weit weg von Nachhaltigkeit.

Wenn man sich allerdings einen Maßschuh und seinen Träger anschaut, agiert dieser sehr verantwortungsvoll: Zum einen bewahrt der Maßschuh durch seine auf den Fuß abgestimmte Passform die Funktionsfähigkeit des Fußes und damit die Gesundheit des Trägers. Und zum anderen gehört ein hochwertiger Maßschuh sicherlich nicht der Kategorie Wegwerfprodukt an. Er kann nach zehn Jahren immer noch wie neu aussehen, wenn er gut gepflegt wird und regelmäßig zur Reparatur kommt. Mit relativ wenig, qualitativ hochwertigem Material ein langlebiges Produkt bauen, das auch die eigene Individualität unterstreicht und gerne getragen wird. Das bedeutet verantwortungsvoller Umgang mit Ressourcen.

3   Design und Schönheit von handgemachten Schuhen

Hier ist noch viel Aufklärungsarbeit zu leisten, um Maßschuh-Vorurteile wie „sieht langweilig aus", „Gesundheitsschuh" oder „das ist etwas für Snobs" auszuräumen.

Maßschuhe erhalten zwar die Fußgesundheit, sind aber keine Gesundheitsschuhe. Sie unterstützen mit ihrer Ästhetik die Persönlichkeit des Trägers. Die Ästhetik des Schuhs ergibt sich aus einer optimalen Verbindung von Funktionalität und Optik. Der Schuhleisten ist ein Abbild des Fußes, kombiniert mit der Form, die der Schuh später haben soll. Die hochwertigen Leder werden entsprechend des Einsatzes des Schuhs ausgewählt. Den Möglichkeiten sind hier kaum Grenzen gesetzt.

Abb. 1 Damenschuh aus silbernem Straußenleder; Budapester Herrenstiefelette mit roten Leder-sohlen. (Quelle: Maßschuhmacherei Hennemann & Braun – Foto: Oliver Schmitz-Hennemann)

Vom zarten silber/schwarz/lila Tangoschuh bis zum fellgefütterten, wasserundurch-lässigen Stiefel ist vieles denk- und umsetzbar. Jedes einzelne Detail kann individuell gesetzt werden, so zum Beispiel die Anordnung der Nieten auf einem sportlichen Damenschuh.

Aber nicht nur die Wahl des Oberleders trägt zur Schönheit des Schuhs bei, sondern auch die Sohlenkonstruktion. Ob Leder- oder Gummisohle, ob rahmengenäht oder geklebt. Selbst farbliche Varianten an Sohlen sind individuell gestaltbar. Das individuelle Zusammenspiel von Materialien, die auf den Träger abgestimmt sind, ergibt ein ganz-heitliches Arrangement, das den Träger der Schuhe in seiner Persönlichkeit unterstreicht und das Laufen angenehm gestaltet (siehe Abb. 1).

4   Wie ein nachhaltiger Schuh passen sollte

Prinzipiell sollte die Passform so sein, wie der Kunde oder die Kundin es wünscht und was individuell als angenehm empfunden wird.

Die Maßschuhmacherei Hennemann & Braun empfiehlt ihren Kunden folgendes Konstruktionsprinzip: Der Rückfuß sollte stabil gehalten werden. Das unterstützt die korrekte Statik und gibt der korrekten Schrittabwicklung eine Richtung, wodurch Gelenke, Sehnen und Bänder entlastet werden. Der Vorfuß sollte seitlich gut geführt werden und für die Zehen ist es wünschenswert, dass sie spielen können, denn das trainiert die Fußmuskulatur.

So hat der Kunde eine intelligente Verteilung von Training, und außerdem Entlastung durch Stabilisierung. Das richtige Benutzen der Fußmuskulatur führt dazu, dass die Fußgesundheit gestärkt und aufrechterhalten wird und damit die gesamte gesundheitliche Konstitution der Person. Das Muskelspiel lässt überdies die Luft im Schuh zirkulieren und das gute Leder schafft im Zusammenspiel damit ein großartiges Schuhklima. Dies trägt erheblich dazu bei, dass sich der Träger des Schuhs im wahrsten Sinne des Wortes in seiner Haut wohl fühlt. Diese komplexe Leistung kann tatsächlich nur ein Maßschuh erbringen.

5   Das Schuhhandwerk in Deutschland

Das Schuhhandwerk ist eines der ältesten Gewerbe der Welt. Die Griechen arbeiteten linke und rechte Schuhe, während man im Mittelalter zeitweise auf den „Aufwand" verzichtete und zwei gleiche Schuhe fertigte.

Heute fertigen Maßschuhmacher wieder linke und rechte Maßschuhe. Es gibt nur einige wenige namhafte Schuhmacher in Deutschland, die sich nicht nur mit der Reparatur von Konfektionsschuhen beschäftigen, sondern richtige Maßschuhe anfertigen. Jeder hat dabei seine eigene Note. Einige arbeiten eher traditionelle Schuhe oder orthopädische Schuhe oder Schuhe für einen bestimmten Zweck, zum Beispiel Theateraufführungen.

Die Maßschuhmacherei Hennemann & Braun hat sich ganz dem Individualismus des Kunden verschrieben und fertigt ausschließlich Einzelstücke. Die magische Verbindung zwischen Ästhetik und Physik des Trägers ergibt den perfekten individuellen Maßschuh, der genau auf die Einzigartigkeit der Person zugeschnitten ist.

Wenn der Kunde „kundgetan" hat, was er oder sie sich wünscht und der Fuß vermessen ist, beginnt man mit dem Holz, dem Leisten. Der Maßschuhmacher muss nicht nur den Fuß abformen und mit einer optisch gelungenen Spitzenform kombinieren, sondern auch noch das Wunschtragegefühl des Kunden treffen.

Manch einer möchte zum Beispiel in seinen Schuhen den großen Zeh über den zweiten schlagen können, eine lässige Geste, die man nur staunend bewundern kann. Kann er das nicht, verkündet er der Schuh sei zu klein. Die Tücke liegt also im Detail und darin, wie gut sich Maßschuhkunde und Maßschuhmacher verstehen. Es bedarf einer sorgfältigen Analyse zum Erstellen eines Anforderungskatalogs.

Danach geht es zur Auswahl der Leder. Verschiedene Teile der Lederhäute werden unterschiedlich gegerbt und bearbeitet – die Indianer haben übrigens ihre Häute durch Kauen haltbar gemacht. Heute sind die Leder etwas neuzeitlicher hergestellt, üblicherweise schadstoffgetestet, zertifiziert und unter Umweltauflagen in Europa hergestellt. In Deutschland sind die Oberledergerbereien nahezu ausgestorben. Die Straußenleder der Maßschuhmacherei Hennemann & Braun werden allerdings noch in Brandenburg gegerbt und gefärbt.

Die deutschen Leder für den Bodenbau des Schuhs liegen für zwei Jahre bei Trier in der Grube, in Eichenrindenextrakt und anderen pflanzlichen Zusätzen. Dort riecht es noch wie früher und ein strenger alter Gerbermeister achtet darauf, dass ihm nicht mit neumodischen, kostensparenden Verfahren ins Handwerk gepfuscht wird. Seit 1871 wird dort das Leder gegerbt.

Ein Schuh braucht viele verschiedene Arten von Leder. Jeder Handwerker und auch jeder Träger sollte ihn also mit Achtung behandeln, nicht zuletzt um die Tiere zu ehren. Man sieht einer Tierhaut übrigens an, was für ein Leben das Tier geführt hat. Qualitativ hochwertige klassische Rindleder sind makellos und haben nicht mal die kleinen Punkte von Insektenstichen. Ein Wasserbüffel lebt deutlich wilder als ein Stalltier. Man sieht kleine und größere Narben von Kämpfen oder stacheligem Gebüsch. Prinzipiell sind die Häute von misshandelten Tieren nahezu wertlos. Die Haut von Kobe-Rindern, die jeden Tag gebürstet werden, ist zum Beispiel auch nicht sehr ansehnlich, weil völlig zerkratzt.

Neben der Lederauswahl überlegt sich der Kunde (damals wie heute), welches Design und welche Funktionalität die Schuhe erfüllen sollen. Die Römer haben ihre Pferde mit Eisen beschlagen, die römischen Soldaten hatten vernagelte Sohlen für lange Märsche. Die Venezianerinnen trugen Holzuntergestelle, um durch Hochwasser und Schlick zu laufen, ohne ihre schicken Seidenschuhe zu verschmutzen.

Nachdem Design und Lederauswahl feststehen, werden die Oberleder zugeschnitten, bearbeitet und zum Schuhoberteil vernäht. Das Schuhoberteil wird danach über den Leisten gezogen, je nach Leder mit viel oder mit fein dosierter Kraft. Einige Maßschuhmacher arbeiten ungern Frauenschuhe, weil das Damenschuhleder feiner und schwieriger zu verarbeiten ist.

Insgesamt 300 Arbeitsschritte umfasst die Herstellung eines Maßschuhes. Ein Maßschuhmacher arbeitet viel mit der Hand, sehr viel mit dem Messer und ein bisschen mit der Schere. Er hämmert, sticht Leder mit Ahlen vor, damit danach mit der Hand durchgenäht werden kann. Es gibt anfangs Blasen und blutige Hände, dann Hornhaut und Muskeln. Für einige Arbeiten braucht man sehr viel Kraft, für einige muss man ein akribischer Puzzlespieler sein. Zum Beispiel beim Lochen von Zierlöchern. Bei individuellen Maßschuhen funktionieren keine vorgefertigten Teile oder Stanzeisen. Man könnte mehr Technik einsetzen, die aber nicht zu einer Verbesserung des Produktes führen würde. Einem Maßschuhkunden, der ein wirklich individuelles Paar Schuhe mit eigenem Gehgefühl sucht, würden ein Paar Maßschuhe per Scanner nicht helfen. Niemand würde ihm dabei entlocken, dass er die Zehen übereinanderschlagen können will im Schuh.

Richtige Maßschuhmacher setzen ihre Fertigkeiten ein, um ganz unterschiedliche Schuhe herzustellen, für ganz unterschiedliche Menschen, die eines eint: Sie wollen ein schönes, langlebiges, wertiges und für sie sinnvolles Produkt. So bekommt einer ein Paar Schnittschutzschuhe für den Garten auf Maß gefertigt, eine ein Paar auffällige atemberaubende High Heels, jemand ein paar klassische schwarze Schnürer, ein anderer ein Paar Stiefel mit Stierkopfnieten usw. Die Kunden sagen, was sie gerne hätten, aber nie finden, und wie es sich anfühlen soll (Abb. 2, 3, 4 und 5).[1]

---

[1]Eine ausführliche Bebilderung des Herstellungsprozesses ist unter https://www.massschuh-macherei.de/werkstaette/ersichtlich.

Abb. 2 Maßnehmen.
(Quelle: Maßschuhmacherei
Hennemann & Braun)

Abb. 3 Oberleder
(Schaft) nähen. (Quelle:
Maßschuhmacherei
Hennemann & Braun)

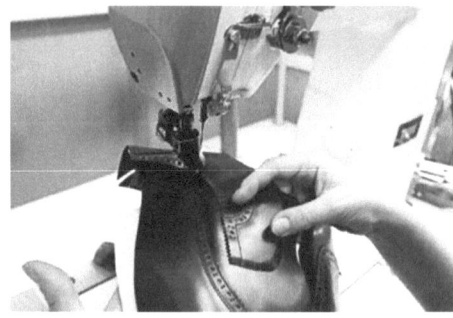

Abb. 4 Oberleder und
Brandsohle verbinden
(Zwicken). (Quelle:
Maßschuhmacherei
Hennemann & Braun)

Abb. 5 Laufsohle mit
Rahmen verbinden (Doppeln).
(Quelle: Maßschuhmacherei
Hennemann & Braun)

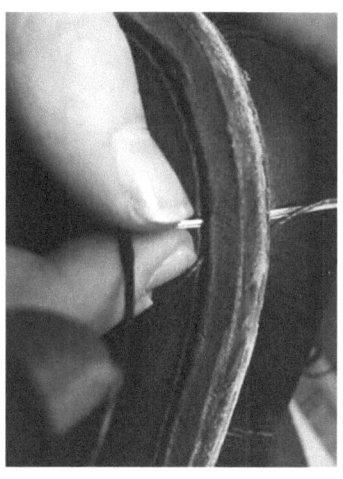

6 Unterschied zwischen einem echten Maßschuh und Maßkonfektion

Hinter einer Maßkonfektion und einem echten Maßschuh steht eine unterschiedliche Idee. Beim Maßschuh der Maßschuhmacherei Hennemann & Braun wird zunächst eine Auflistung der Anforderungen, die an den Schuh gestellt werden, erstellt, die dann systematisch abgearbeitet wird. Der Schuh wird von null an nach den Vorstellungen des Kunden aufgebaut.

Bei der Maßkonfektion geht es darum, die bestehenden Module eines Schuhs möglichst gut an die Anforderungen anzupassen. Bei der Maßkonfektion hat der Kunde in der Regel nur Einfluss auf die Breite, die Farbe und das Modell.

Je nachdem wie komplex die Anforderungen des Kunden sind, funktioniert die Auswahl von Standardmodulen mehr oder weniger gut. Die Fersenformen von Maßkonfektionsschuhen sind in der Regel nicht anpassbar und die Ferse ist oft ein neuralgischer Punkt.

Ein Beispiel: Meist ist bei einem breiteren Vorfuß die Ferse eher schmal ausgeprägt. Oft verursacht durch eine stärkere Belastung des Vorfußes beim Gehen, bildet sich die Muskulatur des Vorfußes stärker aus und die Muskulatur der Ferse eher weniger. Man spricht von einer Disbalance in der Fußfunktion. Um die Breite im Vorfuß abzubilden, muss bei der Maßkonfektion ein Modell genommen werden, dass insgesamt eher breit ist. Dadurch hat der Fuß vorne Platz, aber in der Ferse keinen Halt. Beim echten Maßschuh würde man bereits den Leisten komplett auf die Form und Funktion der Füße ausgerichtet bauen.

Bevor man in einen Maßkonfektionsschuh investiert, gilt es genau zu überlegen, welche Anforderungen man abdecken möchte. Dazu ist aber oft auch eine eingehende Beratung nötig, um die persönlichen Anforderungen überhaupt zu erkennen. Tut man das nicht, kann Maßkonfektion ebenso in eine Ressourcenverschwendung münden.

7   Wie ich, Gabriele Braun, zum Schuhhandwerk kam – und warum mich Maßschuhe überzeugen

7.1   Der Wandel

Im privaten Bereich habe ich schon immer versucht, meine kreative und handwerkliche Seite auszuleben. Ich habe Kleider und Anzüge für mich entworfen und genäht oder habe alte Häuser mit eigenen Händen renoviert. Das alles natürlich mit begrenztem Aufwand – nur damit hier kein falscher Eindruck entsteht.

Meine berufliche Karriere war von Anfang an betriebswirtschaftlich ausgerichtet. Zahlen, Theorien, Konzepte und natürlich auch Menschen. In der klassischen Unternehmensberatung habe ich die ersten Jahre viel Handwerkszeug mitbekommen, das mir später im Linienmanagement das Leben erleichtert hat. Ich habe zwar immer wieder den Ausgleich im Privaten gesucht und auch oft überlegt, wie ich Kreativität und Handwerkliches in meinen Beruf integrieren kann. Ich habe aber nie den Schlüssel dazu gefunden, was zu einer wachsenden Unzufriedenheit bei mir geführt hat. Immerhin verbringt man einen guten Teil der Wochen-Lebenszeit mit Beruflichem. Die Woche hat 168 h, davon schlafe ich in der Regel 56 h. Im Job bin ich mindestens 40–50 h, bleiben ca. 60–70 h für Fahrzeiten, Essen, Sport, familiäre Aktivitäten und Ähnlichem.

Nach reiflicher Beratung mit meinem Umfeld und einem Berufscoach habe ich den Schritt dann gewagt. In einem Alter, in dem ich schon einiges erreicht habe, aber mich noch nicht zur Ruhe begeben kann und will. Noch einmal etwas Neues lernen in einem Feld, das ich schon immer mit Sehnsucht betrachtet habe. Aber auch das Erreichte, all die Erfahrungen und Kenntnisse, die ich über so viele Berufsjahre gewonnen habe, will ich nicht wegwerfen. Wie beide Seiten verschmelzen können, weiß ich noch nicht. Sie ko-existieren erst mal.

7.2   Warum Maßschuhe

Maßschuhe herzustellen, vereint für mich viele positive Aspekte:

- Schuhe sind modische Artikel und leben nicht zuletzt vom Design.
- Schuhe haben einen Suchtfaktor.
- Schuhe beeinflussen das körperliche Wohlbefinden massiv. Sie geben Halt oder verunsichern. Sie lassen uns strahlen und in den Himmel wachsen oder erden uns.
- Leder ist ein fantastischer Werkstoff mit vielen Eigenschaften, Looks und Vorzügen.
- Die Arbeit in einer Werkstatt mit all den Wohlgerüchen und auch durchaus anspruchsvollen Maschinen entspricht meinem Wunsch nach handwerklicher Tätigkeit. Nicht zu grob, nicht zu filigran.

Natürlich gibt es in diesem Beruf auch die Schattenseiten, aber wo gibt es die nicht. Und für mich sind Argumente wie körperlich anstrengend, teilweise schmutzig usw. nicht so gewichtig, als dass sie die positiven Seiten aufwiegen könnten.

Ein nachhaltiges Leben bedingt für mich, dass ich zufrieden mit dem Ergebnis meiner Arbeit sein kann. Meine persönliche Zufriedenheit hängt stark von meiner eigenen Wertvorstellung ab. Die schließt natürlich auch mit ein, dass ich bewusst lebe und die Natur und die Menschen achte. Ich will hier wahrlich nicht den Umweltapostel oder Menschenfreund herauskehren. Das bin ich sicher nicht. Ich fahre Auto, mehr als nötig, und ich gehe durchaus auch verschwenderisch mit der einen oder anderen Ressource um.

Trotzdem lebe ich so, dass ich mir Gedanken um nachfolgende Generationen und auch meine eigenen Nachkommen mache. Und hier möchte ich mit gutem Beispiel vorangehen, was das Thema Einklang von Beruf und Privatem anbelangt. Ich habe in meiner beruflichen Vergangenheit durchaus den einen oder anderen Burn-out-Fall, Herzinfarkt etc. hautnah erlebt. So etwas hat natürlich nie nur berufliche Gründe, aber immer auch. Und deshalb ist es für mich wichtig zu zeigen, dass man für sich definieren muss, was die eigene Zufriedenheit ausmacht. Nur wenn ich mir dessen bewusst bin, kann ich mein Leben danach ausrichten. Und das kann sich durchaus im Leben auch ändern. Heute macht es mich zufrieden, dass ich ein nachhaltiges Produkt herstelle und verkaufe und ab und zu als Organisationsberater meine Erfahrungen in der Personalführung weiter geben kann.

Ich freue mich an etwas zu arbeiten, das dazu gedacht ist, Menschen zu umhüllen und zu schützen. Etwas, das ihrer Individualität Ausdruck verleihen kann und sie über Jahrzehnte begleitet. So macht auch die extrem aufwendige und anstrengende Herstellung Sinn (Abb. 6, 7 und 8).

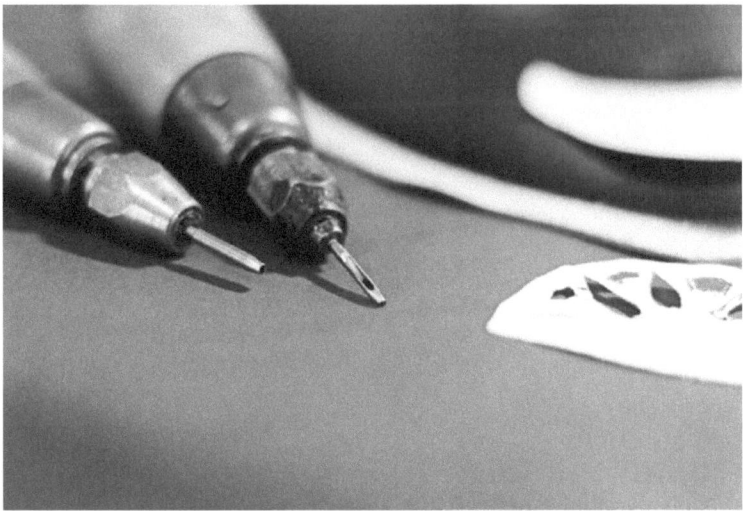

Abb. 6 Werkzeug zum Stanzen von individuellen Zierlochungen. (Quelle: Maßschuhmacherei Hennemann & Braun)

Abb. 7 Werkzeugimpressionen. (Quelle: Maßschuhmacherei Hennemann & Braun)

Abb. 8 Werkzeug zum Brennen von Sohlen und Absätzen nach dem Färben. (Quelle: Maßschuhmacherei Hennemann & Braun)

Gabriele Braun hat einen Abschluss als Diplom-Betriebswirtin der FH Würzburg und einen European MBA der Brunel University in London. Seit 1986 ist sie als Unternehmensberaterin sowie Personal- und Organisationsentwicklerin in verschiedenen Unternehmen tätig gewesen. Seit 2014 arbeitet Frau Braun als Schuhmacherin und seit Januar 2016 ist sie als Teilhaberin mitverantwortlich für den Betrieb der Maßschuhmacherei.

Gabriele Braun
(Fotocredit: privat)

Kirstin Hennemann hat von 1989 bis 1995 Politik und Germanistik in Frankfurt/Main studiert. Im Jahr 1997 legte sie die Prüfung zur Schuhmachergesellin in Wiesbaden ab. Ihre Gesellenjahre verbrachte Kirstin Hennemann bei einem Maßschuhmacher in Wiesbaden und einem Orthopädieschuhmacher in Aachen. Die Meisterprüfung legte Frau Hennemann 2001 in Wiesbaden ab. Seit 2002 ist sie selbstständige Maßschuhmachermeisterin in Berlin Mitte. Der Betrieb beschäftigt heute fünf Mitarbeiter.

Kirstin Hennemann
(Fotocredit: privat)

In Zeiten der Ungewissheit zum Wesen der Strategie zurückfinden

Alexandra Hildebrandt

1   Weckruf für eine neue Dynamik

Die Corona-Krise war für alle eine singulare Phase der Ungewissheit, denn es gab keine Blaupause. Zerstört wurden Strukturen und Gewohnheiten. Die Welt improvisierte, und alle lebten von Tag zu Tag. Der Beitrag zeigt, dass Ungewissheit aber auch eine enorme Gestaltungschance ist, sich auf Neues einzustellen, denn sie verändert uns, aber auch die Märkte, ermöglicht Differenzierung und sortiert den Wettbewerb neu. Die Krise ist auch ein Klärungsprozess und ein Test, wie nachhaltig CSR ist und wie gut unsere Strategien sind. Die ursprüngliche Bedeutung des Begriffs Strategie geht auf das griechische Wort „strategós" zurück, das so viel wie „Heerführer" bedeutet. Aus dem Militärwesen in die Wirtschaftswissenschaft übertragen wurde der Strategiebegriff von John von Neumann und Oscar Morgenstern, den Erfindern der sogenannten Spieltheorie. Ihr Buch erschien 1944 unter dem Titel: „Theory of Games and Economic Behavior". Im Rahmen dieser Theorie bedeutet eine Strategie – etwa so wie im Schachspiel – eine Folge voneinander abhängiger Einzelschritte, die auf ein ganz bestimmtes Ziel ausgerichtet ist. Von Harry Igor Ansoff https://www.tractionwise.com/magazine/ansoff-matrix-wachstum/ wurde dieser Begriff im Jahre 1965 verwendet, um das zu benennen, was wir heute als Strategie bezeichnen: Strategien sind Maßnahmen zur Sicherung des langfristigen Erfolgs eines Unternehmens.

Barbara Dauner-Lieb und Burkhard Schwenker beschäftigen sich in ihrem Buch „Gute Strategie" (Schwenker und Dauner Lieb 2017) mit der Frage, wie sich zeitgemäße Strategien mit den richtigen Strukturen, Prozessen und Werkzeugen in gute Führung umsetzen lassen. Entgegen der weit verbreiteten Meinung, dass sich Strategie heute überlebt habe, weil nichts mehr planbar ist in einer sich ständig verändernden Welt,

A. Hildebrandt (✉)
Burgthann, Deutschland
E-Mail: drhildebrandt.alexandra590@gmail.com

© Springer-Verlag GmbH Deutschland, ein Teil von Springer Nature 2021
A. Hildebrandt und W. Landhäußer (Hrsg.), *CSR und Digitalisierung,* Management-Reihe Corporate Social Responsibility, https://doi.org/10.1007/978-3-662-61836-3_26

plädieren sie dafür, zum Wesen der Strategie zurückzufinden und sich an die Ursprünge des strategischen Denkens zu erinnern: Beispielsweise an den preußischen Generalmajor und Militärethiker Carl von Clausewitz (1780–1831) und Helmut von Moltke (1800–1891), der Strategie als die „Kunst des Handelns unter dem Druck der schwierigen Bedingungen" bezeichnete.

Richtige, zeitgemäße Strategien sind im Zeitalter der Globalisierung, Ökonomisierung und Digitalisierung mit weniger Bürokratie (die zu den am schwersten zu zertrümmernden sozialen Gebilden gehört) und Technokratie verbunden, näher an Inhalten und näher an der Zukunft. Sie sind flexibel, aber gleichzeitig robust genug, um über Mode- und Konjunkturwellen hinweg Richtung und Orientierung zu geben. Im Komplexitätszeitalter muss Strategie allerdings interdisziplinärer werden und auf Unvorhergesehenes reagieren können. Es ist notwendig, Planungs- und Budgetprozesse anders als zuvor aufzusetzen und zu verzahnen: Sie müssen heute überlappend gedacht werden, denn anders als in der Vergangenheit haben wir heute nicht mehr die Zeit, Strategien in Ruhe zu entwickeln.

Zu den Anforderungen an moderne Strategieentwicklung gehören für Dauner-Lieb und Schwenker:

- Entwurf von Zukunftsbildern
- Entwicklung von Handlungsalternativen
- Bewertung von Alternativen
- Identifikation von „Tipping points", die ständig überwacht werden müssen, damit genügend Flexibilität in die Strategie kommt
- Objektive Beurteilung von Fähigkeiten
- Atmungs- und Wandlungsfähigkeit
- Mut, Position zu beziehen und sie durchzuhalten
- Fähigkeit der Ressourcenbündelung
- unternehmerische Intuition
- Selbsreflexion
- tiefes Geschäfts- und Technologieverständnis sowie vernetztes, offenes, kritisches und mutiges Denken.

Diese neuen Anforderungen sind notwendig, weil heute alles auf dem Prüfstand steht und neu überdacht werden muss: alte Denkmuster, Strukturen, Prozesse und Werte. Kein Unternehmen, keine Organisation ist davon ausgenommen. In diesem Transformationsprozess nehmen der Umgang mit Komplexität und das ganzheitliche Denken einen bedeutenden Stellenwert ein. Allerdings sind die alten Methoden untauglich geworden, um sie zu verstehen und zu managen. www.faz.net/aktuell/finanzen/fonds-mehr/finanzkrise-mit-herkoemmlichen-methoden-nicht-zu-loesen-1387022.html Das zeigte sich vor Jahren nicht nur am Kollaps des Risikomanagements in den Banken, sondern auch bei VW, beim ADAC oder dem DFB. Alle erlebten eine existenzbedrohende Krise, alle hatten und haben ein gravierendes Vertrauensproblem und setzen auf das System der Kontrolle von oben oder von außen.

2   Digitalisierung als Schlüsselchance

Unternehmen benötigen heute keine losgelöste Digitalisierungsstrategie, sondern eine ganzheitliche Strategie, welche passgenau auf die Bedürfnisse des digitalen Zeitalters zugeschnitten ist. Wie das Thema Nachhaltigkeit muss Digitalisierung jeden Unternehmenszweig durchdringen, denn sie ist ein Mittel zur Erreichung des langfristigen Unternehmenserfolgs. Es gilt, die Digitalaktivitäten strategisch auf die Unternehmensziele auszurichten und eine längerfristige Vision für die Kommunikation in einer digitalen Welt zu entwickeln. Dabei ist die IT einer der wichtigsten Treiber in einem zeitgemäßen Strategieprozess, der Transparenz, Anpassungsfähigkeit des Geschäftsmodells, Innovationsgeschwindigkeit und den klaren Kundenfokus berücksichtigt: Die traditionelle IT, die die Beherrschung des Rechenzentrums und anderer IT-Dienstleistungen bewerkstelligt, ist heute ein Auslaufmodell, denn es geht nicht mehr nur darum, bessere operative Effizienz zu gewährleisten, erstklassige IT-Dienstleistungen zu liefern und immer komplexere Supply Chains zu ermöglichen. Die wichtigste Herausforderung liegt darin, dass die IT Motor des digitalen Wandels wird (Innovationen des Geschäftes beschleunigen durch eine gezielte IT-Strategie und das Vorhersehen digitaler Trends). Aus diesem Grund reicht ein reines IT-Verständnis nicht länger aus. Es kommt vor allem auf die Fähigkeit an, Prozesse gesamtheitlich zu verstehen. IT-Abteilungen müssen künftig „Business denken", Wertschöpfung erkennen und in zeitgemäße IT-Lösungen übersetzen.

Dazu ist es wichtig, sich mit dem Ist-Zustand der Unternehmenskultur zu beschäftigen, bereichsübergreifend am Big Picture zu arbeiten und gemeinsam zu überlegen, wie man dorthin gelangen kann. In den Möglichkeiten der Digitalisierung liegt die Schlüsselchance, Unternehmen einen Wettbewerbsvorsprung zu sichern. Über alle Unternehmensbereiche hinweg besteht in vielen Organisationen Einigkeit darüber, dass das Ziel der digitalen Transformation die Sicherung der Zukunftsfähigkeit ist. Dennoch verfügen viele Unternehmen über keine übergeordnete Strategie. Digitale Produkte und Services im Kerngeschäft fehlen zuweilen vollständig. Es gab wohl nie zuvor in der Wirtschaftsgeschichte eine Ära, in der Unternehmensakteure in so vielen Bereichen ihre Strategien radikal überdenken und erneuern mussten, um zu überleben und relevant zu bleiben. Deshalb muss Strategie Chefsache sein und braucht eine Unternehmenskultur, in der alle Beteiligten mit Ungewissheit umgehen und flexibler arbeiten können.

3   Wie die richtigen Updates in das Denken von Führungskräften kommen

In der Welt der Informationstechnologie wird alles dafür getan, dass Computersysteme frei von gefährlichen Viren und Malware bleiben. Laufende Updates sorgen für die Sicherheit der Netzwerke. Doch wie lässt sich verhindern, dass unser Denken auch künftig frei von „Viren" bleibt? Wie kann vermieden werden, dass „Malware" in Form von „falschen Ideen und gefährlichen Irrtümern in unsere Köpfe kommen"? Wie kann verhindert werden, dass funktionierende Organisationen „gehackt" werden? Wie kommen die richtigen Updates mit zukunftsweisenden Begriffen in das Denken von Führungskräften? Mit diesen Fragen beschäftigt sich Fredmund Malik in seinem Buch „Gefährliche Managementwörter" (Malik 2017). Sie sind für ihn Quellen von Missverständnissen, erschweren richtiges Verstehen und vernünftige Kommunikation, ja sie sind die Ursache von „fehlgeleiteten Erwartungen und falschem Verhalten von Menschen in Organisationen." (Malik 2017, S. 14 f.)

Wenn die Wissens-, Organisations- und Komplexitätsgesellschaft in der neuen Welt richtig funktionieren soll, braucht es klares Denken und eine wirksame Kommunikation (Malik 2015) – sowohl auf der Ebene von Computernetzen als auch auf der Ebene von Organisationen und ihren Menschen.

Eine funktionierende Sprache prägt:

- Wahrnehmen
- Denken
- Kommunizieren
- Handeln.

Dies ist die Grundlage für richtige Führung. Dabei ist die innere Stimme (Intuition), die nicht am Anfang eines Entscheidungsprozesses, sondern an dessen Ende stehen soll, Prüfstein des Denkens. Von seinen gesammelten Wörtern wird kaum eines häufiger missverstanden als „Management" (Malik 2017, S. 14 f.). Das Wort ist synonym zu verwenden mit „Führung" (nicht jedoch mit „Leadership"!). Management ist nach Malik der Beruf der Wirksamkeit, des Erzielens von Resultaten und eine universelle gesellschaftliche Funktion. Unter Management, das effektiv und effizient sein muss, versteht er auch das Meistern von Komplexität (die richtigen Dinge richtig und gut zu tun).

Die Digitalisierung ist ein umfassender, gesellschaftsweiter Akt der Transformation. Sie verändert unsere durch Volatilität, Unsicherheit, Komplexität und Ambiguität bestimmte „VUKA-Welt" radikal. Dies setzt Unternehmen unter Druck, denn die Rahmenbedingungen ändern sich immer schneller. Verstärkt wird dieser Druck zusätzlich von innen: Zwar sind die meisten Mitarbeiter in den Unternehmen mittlerweile veränderungsbereit, doch fehlt es häufig an der Kompetenz, diese Veränderungen nachhaltig und erfolgreich umzusetzen. Das ist eine enorme Herausforderung, denn viele Organisationen sind heute aufgrund überholter Methoden, eines falschen Managementverständnisses und veralteter Strukturen überfordert, langsam, ineffizient und gelähmt. Neue Zeiten erfordern ein neues Denken sowie neue Instrumente des Regulierens, Steuerns, Lenkens und Gestaltens. Es geht darum, das Ganze permanent im Auge zu behalten, aber auch Details nicht aus dem Blick zu verlieren – auch und gerade in Zeiten großer Unruhe.

Ein dynamisches Umfeld, das mit immer neuen Anforderungen konfrontiert wird, erfordert Menschen mit einem unternehmerischen inneren Setting, um diese Chancen zu erkennen und optimal zu nutzen. Um in einer demografisch herausfordernden Welt richtig zu handeln und sich an die Dynamik der Märkte anzupassen, braucht es deshalb neue Anforderungen wie Agilität, Flexibilität und digitales Denken. Vor allem die Personalabteilungen stehen vor schwierigen Aufgaben, die mit bisher gängigen Instrumentarien kaum mehr zu bewältigen sind. Hinzu kommt das sich ständig wandelnde Anforderungsprofil an Mitarbeiter- und Führungskräfte. Um hier bestehen zu können, sind Flexibilität und Lernfähigkeit grundlegende Kompetenzen, aber auch der Mut, bestehende Geschäftsmodelle zu hinterfragen, an eigene neue Ideen zu glauben und sich für deren Umsetzung mit Leidenschaft einzusetzen. Voraussetzung dafür sind: Eine auf Wandel, Innovation und Adaption ausgerichtete Führung, die sich rasch auf neue Situationen einstellen kann, die Initiative ergreift, um notwendige Veränderungen umzusetzen, und die dafür sorgt, dass die gesamte Organisation agil handelt.

Gute Führungskräfte wenden für das Wissen-Wollen die stärkste Heuristik an und fragen: „Ja, stimmt denn das?" Wissen bewahrt sie vor Irrtümern und macht sie immun gegen Moden. Die Wirkung von Charisma bestreitet Malik nicht. Allerdings können charismatische Führer auch gefährlich sein, weil sie sich (durchaus ihrer Wirkung bewusst) häufig nicht an Regeln halten. Ihre Wirkung sei zwar wichtig, muss aber kontrolliert sein durch Verantwortung (die einzig haltbare Legitimierung von Hierarchie). Echte Leader stützen sich bei der Lösung ihrer Aufgaben nicht auf Charisma, sondern führen durch Selbstdisziplin und durch Vorbild, nicht durch Parolen und Hurrageschrei. Sie sehen es als ihre Pflicht an, Situationen zu meistern, Gefahren abzuwenden oder Chancen zu nutzen. Ihre Motivation und Kraft kommen aus der Aufgabe, die sich ihnen stellt.

Die „Digital Leader" zeichnen sich durch einen kulturellen Wandel aus, setzen mit digitalen Managementmethoden auf Transparenz und etablieren bereits neue Geschäftsmodelle und gestalten echte Kundenerlebnisse. Fast alle Unternehmen haben heute eine Digitalstrategie, doch leisten sich einen Chief Digital Officer (CDO) nur die Wenigsten. Vor allem bei kleineren und mittleren Unternehmen wird dies oft von der Geschäftsleitung übernommen. Wer heute davon ausgeht, dass es genügt, nur technologisch auf der Höhe der Zeit zu sein, der irrt genauso wie jener, der glaubt, dass es ausreicht, an alten Betriebssystemen herumzubauen wie ein Ingenieur, der an eine betagte Maschine ein neues Aggregat anbaut. Erforderlich sind heute komplett neue Betriebssysteme – auch im Mittelstand. Jedes Unternehmen muss sich deshalb auf den Beginn seines Wertschöpfungsprozesses fokussieren, neue Angebote schaffen und seine analogen Geschäftsmodelle hinterfragen: Worin besteht ihr Kern, worin liegt der eigentliche Kundennutzen? Denn die Anforderungen an Produkte und Kundenwünsche haben sich mit der digitalen Transformation radikal geändert: Produkte müssen nachhaltig und einfacher zu handhaben sein, aber gleichzeitig Komplexes leisten, wie das Beispiel des schwäbischen Druckluft- und Pneumatikspezialisten Mader zeigt, der in diesem Buch einen besonderen Raum einnimmt.

Hier wird Digitalisierung nicht als Selbstzweck gesehen, weil es „alle machen". Es wird sehr genau überlegt, was die Kunden wirklich weiterbringt. Gestartet wurde mit einer Art Selbstversuch, einer App, die ursprünglich für den internen Gebrauch gedacht war. Damit wurden die Ortung und Dokumentation von Druckluft-Leckagen vereinfacht und transparenter gemacht. Erst, als das Unternehmen gesehen hat, dass die Idee gut funktioniert und auch den Kunden einen echten Mehrwert bieten kann, wurde sie in diese Richtung weiterentwickelt und allen zugänglich gemacht. Aus der ersten Idee entstanden dann wiederum viele andere Ideen, wie der Druckluftprozess transparenter und damit effizienter gestaltet werden kann.

Die Fragen, die mit dem Thema Digitalisierung in Unternehmen verbunden sind, gelten genauso für das Nachhaltigkeitsmanagement (wenn „digital" durch „nachhaltig" ersetzt wird). Das zeigt, wie sehr beides zusammengehört und CSR-Manager und CDOs nicht getrennt voneinander arbeiten sollten. Am besten ist es, wenn junge Menschen wie bei Mader in diesen Bereichen tätig waren und dann in die Geschäftsführung „hineinwachsen".

Zu den wichtigsten Fragen gehören:

- Welche Rolle spielt der CDO-Bereich/Geschäftsführung bei der funktionsübergreifenden Planung und Umsetzung von Digitalprojekten?
- Mit welchen Key Performance Indicators (KPI) wird gemessen, ob die Digitalstrategie auch wirklich umgesetzt wird?
- Welche Maßnahmen werden implementiert, um die Organisation als Ganzes agil und innovativ zu machen?
- Welche Herausforderungen müssen bewältigt werden, um Prozesse erfolgreich umzusetzen?
- Welche Rolle spielt Social Media?
- Wie muss die Unternehmenskultur gestaltet sein, um Wandel zu ermöglichen?

Ein Kulturwandel kann nur gelingen, wenn wir vorher auch unsere Köpfe „umprogrammiert" haben.

Literatur

Malik F (2015) Navigieren in Zeiten des Umbruchs. Die Welt neu denken und gestalten. Campus, Frankfurt a. M.
Malik F (2017) Gefährliche Managementwörter. Campus, Frankfurt a. M.
Schwenker B, Dauner Lieb B (2017) Gute Strategie: Der Ungewissheit offensiv begegnen. Campus, Frankfurt
Stahel AA (2003) Klassiker der Strategie — eine Bewertung. Google Scholar, Zürich

Dr. Alexandra Hildebrandt
(Fotocredit: Nicole Simon)

Dr. Alexandra Hildebrandt, Jahrgang 1970, ist Publizistin und Nachhaltigkeitsexpertin. Sie studierte Literaturwissenschaft, Psychologie und Buchwissenschaft. Anschließend war sie viele Jahre in oberen Führungspositionen der Wirtschaft tätig. Bis 2009 arbeitete sie als Leiterin Gesellschaftspolitik und Kommunikation bei der KarstadtQuelle AG (Arcandor). Beim Deutschen Fußball-Bund (DFB) war sie 2010 bis 2013 Mitglied der DFB-Kommission Nachhaltigkeit. Den Deutschen Industrie- und Handelskammertag unterstützte sie bei der Konzeption und Durchführung des Zertifikatslehrgangs „CSR-Manager (IHK)". Sie leitet die AG „Digitalisierung und Nachhaltigkeit" für das vom Bundesministerium für Bildung und Forschung geförderte Projekt „Nachhaltig Erfolgreich Führen" (IHK Management Training). Im Verlag Springer Gabler gab sie in der Management-Reihe Corporate Social Responsibility die Bände „CSR und Sportmanagement" (2014, 2. Aufl. 2019), „CSR und Energiewirtschaft" (2015, 2. Aufl. 2019) und „CSR und Digitalisierung" (2017, 2. Aufl. 2021) heraus. Aktuelle Bücher bei Springer Gabler (mit Werner Neumüller): „Visionäre von heute – Gestalter von morgen" (2018) und „Klimawandel in der Wirtschaft. Warum wir ein Bewusstsein für Dringlichkeit brauchen" (2020).

Nachhaltigkeit und Digitalisierung im Mittelstand

Alexandra Hildebrandt und Stefanie Kästle

1 Nachhaltige Zahlen: Damit ist in Wirtschaft und Gesellschaft zu rechnen

Zahlen stehen für Vernunft, feste Strukturen und Kontrolle. Doch Zukunft lässt sich weder messen noch planen, sagen Zahlenkritiker. Die Rechnung stimmt – allerdings bleibt unterm Strich auch eine wichtige Erkenntnis, dass alle Beteiligten im Zuge der heutigen Unternehmensdemokratisierung die Sicherstellung und Zugänglichkeit relevanter Daten und deren Interpretation (Einordnung ihres Bedeutungsgehalts) benötigen. Ansonsten ist der Wunsch nach Verantwortungsübernahme und Teilhabe nur eine Phantasmagorie. Unternehmen sind heute besonders gefordert, nicht nur über Kosten und Nutzen ihres Handelns, sondern auch über ihr nachhaltiges Engagement zu informieren. Dazu brauchen sie nachvollziehbare, messbare Systeme.

Deshalb wird es künftig immer wichtiger, mit den richtigen Navigationsinstrumenten zu arbeiten und Nachhaltigkeitswirkungen zu messen, zu interpretieren und zu bewerten.

Zu den Gründen für die Messung von Nachhaltigkeit gehören:

- Zielkontrolle und kontinuierliche Verbesserung: Wird das Richtige (Effektivität) richtig getan (Effizienz)?
- Fokussierung auf die wichtigsten Stakeholder-Erwartungen
- Beurteilung von potenziellen Kooperationspartnern

A. Hildebrandt (✉)
Burgthann, Deutschland
E-Mail: drhildebrandt.alexandra590@gmail.com

S. Kästle
Mader GmbH & Co. KG, Leinfelden-Echterdingen, Deutschland
E-Mail: Stefanie.Kaestle@mader.eu

© Springer-Verlag GmbH Deutschland, ein Teil von Springer Nature 2021   413
A. Hildebrandt und W. Landhäußer (Hrsg.), *CSR und Digitalisierung,* Management-Reihe Corporate Social Responsibility, https://doi.org/10.1007/978-3-662-61836-3_27

Kennzahlen ermöglichen es, konkrete Nachhaltigkeitsziele festzulegen und quantifizierbar zu machen. Dazu müssen sie aussagekräftig sein und aus fundierten Daten entwickelt werden, die über einen längeren Zeitraum verfolgt werden können. Außerdem muss die Messbarkeit der Daten gewährleistet sein. Erst dann ist eine kontinuierliche Beobachtung von Entwicklungstendenzen möglich.

Werden Kennzahlen auf Organisationsebenen gebildet (Prozesse), eignen sie sich vor allem als Planungs-, Steuerungs- und Kontrollinstrument für die jeweiligen Fachabteilungen. Controller sind hier vor allem als Steuerungsexperten bei allen operativen und strategischen Entscheidungen beteiligt. Auf der Basis von Kennzahlen können sie sehen, wo die Organisation gerade steht.

Vor diesem Hintergrund gewinnen Nachhaltigkeitsberichte immer mehr an Bedeutung. Die Zahl der Unternehmen, die Nachhaltigkeitsberichte vorlegen, steigt stetig und wird sich künftig noch erhöhen. Nachhaltigkeitsberichte dienen der Leistungsmessung, Zielsetzung und Durchführung strategischer Veränderungen in Unternehmen und Organisationen und zeichnen das Gesamtbild einer Organisation. Zudem sind sie ein zentrales Instrument der internen und externen Kommunikation (Dokumentationsfunktion) und dienen der regelmäßigen und umfassenden Analyse, Bewertung und Dokumentation der nachhaltigkeitsbezogenen Leistungen (Planungs- und Kontrollfunktion).

Die Nachhaltigkeitsberichterstattung steht in der Tradition vor allem der Umwelt- und Sozialberichte. In den 1980er- und 1990er-Jahren waren vor allem Mittelständler die Pioniere mit den ersten Umweltberichten, die wesentlich zu einer Weiterentwicklung der Unternehmensberichterstattung beigetragen haben.

Im Januar 2017 trat die EU-Richtlinie in Kraft, die Unternehmen zur Offenlegung von Informationen zu Umwelt-, Arbeitnehmer- und Sozialbelangen, zur Achtung der Menschenrechte und zur Bekämpfung von Korruption und Bestechung verpflichtet. Damit soll für eine größere Transparenz der Geschäftsabläufe gesorgt werden, indem die Richtlinie unterschiedliche Verfahrensweisen europaweit vereinheitlicht. Ziel der Berichtspflicht ist es, ein verantwortungsbewussteres und nachhaltigeres Handeln von kapitalmarktorientierten Unternehmen sowie Banken und Versicherungen zu fördern.

Die Form des Berichts orientiert sich an den bereits anerkannten internationalen Standards für nichtfinanzielle Leistungsindikatoren, darunter der UN Global Compact, die ISO 26000 und das Eco-Management and Audit Scheme. Für die Berichterstellung besonders hilfreich sind die Leitlinien der Global Reporting Initiative und der Deutsche Nachhaltigkeitskodex.

Eine weitere Orientierung bietet auch das vom Bundesministerium für Arbeit und Soziales geförderte Ranking der Nachhaltigkeitsberichte durch das Institut für Ökologische Wirtschaftsforschung und die Unternehmervereinigung future e. V., die die Qualität von Nachhaltigkeitsinformationen anhand eines transparenten Kriterienkatalogs bewerten, der in Zusammenarbeit mit Unternehmen entwickelt wurde.

Betroffen sind große kapitalmarktorientierte Kapitalgesellschaften, Kreditinstitute und Versicherungsunternehmen, die eine Bilanzsumme von 20 Mio. EUR oder Umsatzerlöse von 40 Mio. EUR und zugleich die Zahl von 500 Arbeitnehmern überschreiten.

An Nachhaltigkeitsberichten zeigt sich nicht nur das Ganze, das ein Verhältnis zum Größeren bildet, sondern ebenso, dass richtiges Management sowie eine sinnvolle Neubesinnung auf unsere Lebens- und Wirtschaftsweise nicht nur Herz und Verstand, sondern neben dem spezifisch Menschlichen (das Zusammendenken von Lebenswissenschaften) auch professionelle Maßstäbe und Standards braucht.

2 Nachhaltigkeitsmanagement bei der Mader GmbH & Co. KG

2.1 Prozesse und Projekte

Seit 1935 ist die Mader GmbH & Co. KG mit Sitz in Leinfelden-Echterdingen bei Stuttgart rund um das Thema Druckluft zuverlässiger Partner der Industrie. Mit aktuell 85 Mitarbeitenden gehört Mader zu den erfolgreichen mittelständischen Unternehmen in Baden-Württemberg. Als derzeit einziges Unternehmen deutschlandweit deckt Mader mit seinem Leistungsspektrum die gesamte „Druckluftstrecke", von der Erzeugung der Druckluft im Kompressor über deren Aufbereitung und Verteilung bis zur Druckluftanwendung, beispielsweise mit Pneumatik-Zylindern, ab. Zum Leistungsportfolio des Unternehmens gehört neben einem umfangreichen Produktprogramm auch eine Reihe von Dienstleistungen, beispielsweise die Analyse, Auslegung, Planung und Installation von kompletten Druckluftanlagen sowie deren Inbetriebnahme, Wartung und Reparatur. Das Unternehmen sieht sich als kompetenten Ansprechpartner in allen Druckluftthemen mit besonderem Augenmerk auf eine für den Kunden optimal zugeschnittene, wirtschaftliche und energieeffiziente Druckluftversorgung. Mader ist seit 1992 Vertragspartner der Landesmesse Stuttgart und damit zuständig für die gesamte Druckluftversorgung auf dem Messegelände. Seit Mai 2014 ist Mader Mitglied der Klimaschutz- und Energie-Effizienzgruppe der Deutschen Wirtschaft (Klimaschutz-Unternehmen e. V.), einer unternehmerischen Exzellenzinitiative für Klimaschutz und Energieeffizienz. Im Dezember 2014 wurde das Unternehmen mit dem Umweltpreis für Unternehmen Baden-Württemberg ausgezeichnet. Mader ist im Bereich Qualitäts-, Umwelt- und Energiemanagement sowie im Arbeits- und Gesundheitsmanagement zertifiziert (DIN ISO 9001:2015, DIN ISO 14001:2015, DIN ISO 50001:2018, DIN EN ISO45001:2018).

Das Dienstleistungspaket MADER AirXpert wurde vom TÜV Süd nach DIN EN ISO 11011 zertifiziert. Damit wird von unabhängiger Stelle eine methodisch korrekte Untersuchung und Bewertung der Energieeffizienz von Druckluftanlagen bestätigt. Darüber hinaus wurden im Rahmen der Zertifizierung die VDI-Richtlinie 3922 „Energieberatungen für Industrie und Gewerbe", DIN EN 15900

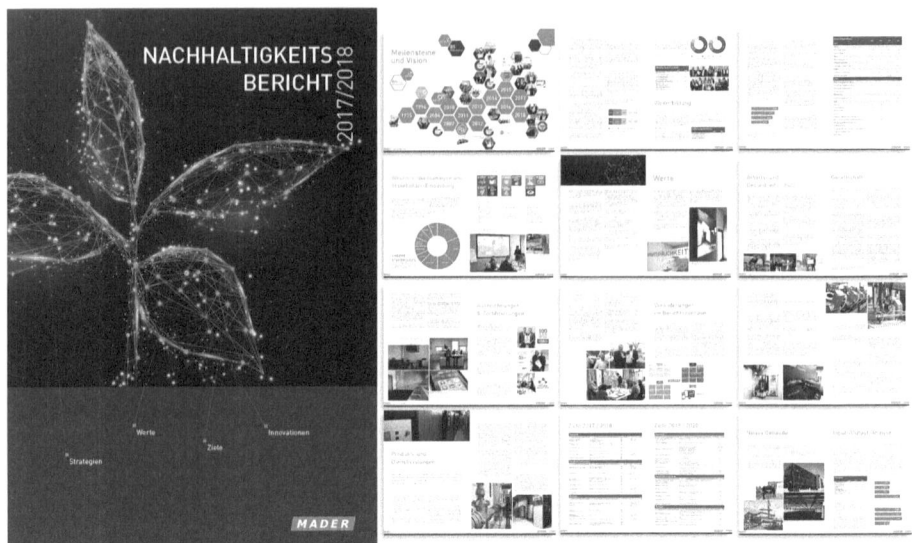

Abb. 1 Digital und nachhaltig – dass das gut zusammenpasst, lässt sich im Nachhaltigkeitsbericht von Mader nachlesen. (© Mader GmbH & Co. KG)

„Energieeffizienz-Dienstleistungen" und DIN EN 16247-1 „Energieaudits", die allgemeingültige Standards für Energieberatungen definieren, berücksichtigt.[1]

Im Jahr 2015 erschien der erste Nachhaltigkeitsbericht der Mader GmbH & Co. KG, der aktuelle bezieht sich auf den Berichtszeitraum 2017/2018 und ist digital auf www.mader.eu verfügbar (Abb. 1).[2]

Der Mader Nachhaltigkeitsbericht macht die Strategie, Ziele und Maßnahmen des Unternehmens in allen Handlungsfeldern allen interessierten Parteien transparent. Das ist erfolgreich gelungen, weil auf allen Unternehmensebenen Anreize zum Umdenken geschaffen und sämtliche Stakeholder einbezogen wurden. So sind beispielsweise alle Mitarbeiter in die Managementsysteme (9001, 14001, 50001, 45001) eingebunden. Durch Kommunikation sowie Schulungen und Workshops wird das umweltbewusste Verhalten der Mitarbeiter nachhaltig gefördert. Ziele und Maßnahmen werden in der monatlichen Informationsveranstaltung, über das Intranet, den Mitarbeiterblog sowie in persönlichen Mitarbeitergesprächen kommuniziert.

Kunden werden im Rahmen von Vorträgen, Seminaren und durch spezielle Informationskampagnen sensibilisiert. Dazu gehören zum Beispiel der Blog www.mader-energieeffizienz.de und die Unternehmenswebsite, aber auch Publikationen in Fachmedien. Zu den wichtigsten Stakeholdern des Unternehmens gehören Kunden,

---

[1]Mader (2018).

[2]Mader Nachhaltigkeitsbericht (2019).

Mitarbeitende, Lieferanten, Partner, die Standortgemeinde, die Gesellschaft sowie Banken. Der Erfahrungsaustausch mit den Stakeholdern wird durch die aktive Mitarbeit in verschiedenen Netzwerken zum Klimaschutz und Energiethemen sowie Bildungspartnerschaften sichergestellt.

Im Jahr 2015 hat das Unternehmen die WIN!-Charta unterzeichnet. Ins Leben gerufen wurde die WIN!-Charta durch die Wirtschaftsinitiative Nachhaltigkeit (WIN), einer Initiative innerhalb der Nachhaltigkeitsstrategie des Landes Baden-Württemberg, die Erfahrungen und das Wissen nachhaltig engagierter Unternehmen unterschiedlicher Größe und Branche bündeln und nachhaltiges Wirtschaften fördern will. Damit soll nachhaltiges Wirtschaften gewürdigt, in der Öffentlichkeit sichtbar gemacht werden und zum Nachahmen anregen. Die freiwillige Selbstverpflichtung haben mittlerweile 200 Unternehmen aus Baden-Württemberg unterzeichnet, um so ihr Engagement für nachhaltiges Wirtschaften zu zeigen.[3] Die Unternehmen verpflichten sich unter anderem zur Unterstützung eines Nachhaltigkeitsprojekts aus ihrer Region und zu einem regelmäßigen schriftlichen Rechenschaftsbericht.

Unternehmen, die sich der Initiative anschließen, verpflichten sich neben der Einhaltung der zwölf Leitsätze auch zur kontinuierlichen Verbesserung im Bereich Nachhaltigkeit. Die Schwerpunkte, Ziele und Ergebnisse veröffentlichen die Unternehmen in einem jährlichen Bericht.[4] Dieser schafft nicht nur Transparenz, sondern unterstützt Unternehmen dabei, die Nachhaltigkeitsziele kontinuierlich weiterzuverfolgen und an einer stetigen Optimierung zu arbeiten.

Seit der Unterzeichnung der WIN-Charta hat Mader vier WIN-Charta-Berichte veröffentlicht. Jedes Jahr wählte das Unternehmen Leitsätze aus und definierte Ziele, um die eigene Nachhaltigkeitsarbeit kontinuierlich weiterzuentwickeln. In den letzten Jahren waren die gewählten Schwerpunkte:

- 2015: Energie und Emissionen, Anreize zum Umdenken
- 2016: Energie und Emissionen, Unternehmenserfolg und Arbeitsplätze
- 2017 und 2018: Energie und Emissionen, Unternehmenserfolg und Arbeitsplätze, Nachhaltige Innovationen

In den jährlichen Berichten bezieht das Unternehmen Stellung zu den getroffenen Maßnahmen und den erreichten Ergebnissen. Einen besonderen Stellenwert nimmt der Leitsatz „Energie und Emissionen" bei Mader ein: „Wir setzen erneuerbare Energien ein, steigern die Energieeffizienz und senken THG-Emissionen zielkonform oder kompensieren diese klimaneutral", heißt es im WIN-Charta-Zielkonzept des Unternehmens, das mit der Unterzeichnung der WIN-Charta erstellt wurde.[5] Mit dem Umzug

---

[3]Ministerium für Umwelt, Klima und Energiewirtschaft Baden-Württemberg (2020a).
[4]Ministerium für Umwelt, Klima und Energiewirtschaft Baden-Württemberg (2020b).
[5]Mader (2015).

in ein neues Firmengebäude in 2018 hat Mader einen weiteren entscheidenden Schritt dafür getan. Zukünftig soll beispielsweise durch Eigenstromerzeugung über die Photovoltaikfassade des Firmengebäudes ca. 60 % des Strombedarfs gedeckt werden.

Im zweiwöchentlichen „Stand-up"-Meeting der Führungskräfte werden aktuelle Projekte besprochen. So wird die effektive Steuerung und Umsetzung der Nachhaltigkeitsprojekte sichergestellt.

Sämtliche Prozesse und Abläufe sind formal im Managementhandbuch des Unternehmens geregelt. Regelmäßig wird die Zielerreichung in den Bereichen Ökologie, Soziales und Ökonomie analysiert. Die Ziele werden jährlich festgelegt und sind allen Mitarbeitern bekannt. Im jährlich festgelegten Unternehmensprogramm sind Maßnahmen zur Zielerreichung aufgeführt.

2.2   Nachhaltige Unternehmensführung

Zum Erhalt oder Wiederherstellen von Vertrauen und Glaubwürdigkeit innerhalb der Gesellschaft ist nachhaltige Unternehmensführung langfristig unabdingbar für die gesellschaftliche Akzeptanz im Sinne einer „license to operate". Gemeint ist die Legitimität und allgemeine Akzeptanz, die ein Unternehmen benötigt, um seinem Kerngeschäft nachgehen zu können, ohne dem Risiko von Reputations- und damit verbundenen finanziellen Schäden ausgesetzt zu sein. Da diese Lizenz jedoch auf einem Vertrauensvorschuss basiert, kann sie jederzeit entzogen werden, wenn ein Unternehmen gegen elementare Interessen seiner Stakeholder handelt. Die Zukunft wird den Unternehmen gehören, die einen aktiven Beitrag zur nachhaltigen Unternehmensführung leisten.

„Nachhaltige Unternehmensführung beginnt im Kopf und zeigt sich im Handeln", heißt es im aktuellen Nachhaltigkeitsbericht von Mader, „Das bedeutet, dass Nachhaltigkeit für das Unternehmen keine Modeerscheinung ist, sondern eine innere Haltung, ein Kompass, der uns bei der Navigation durch die vielfältigen Entscheidungen der Unternehmensführung unterstützt." [6] Wie sich das in konkretem Handeln äußert, wird im dritten Nachhaltigkeitsbericht sichtbar gemacht. Der Berichtszeitraum 2017/2018 umfasst eine Reihe von großen Meilensteinen für das gesamte Unternehmen: Der Umzug in ein neues, energieeffizienteres Firmengebäude, der Eintritt zweier neuer, „alter" Gesichter in die Geschäftsführung aus der Generation Y und die Ausgründung der LOOXR GmbH als Dienstleister für Druckluft-Software.

Die Verknüpfung von Energieeffizienz und Digitalisierung wird von Mader als Schlüssel zur erfolgreichen Erzeugung und Nutzung von Druckluft in der Zukunft gesehen. Dadurch sollen innovative, markenunabhängige Lösungen geschaffen werden. Mit der LOOXR GmbH hat man sich bewusst für die Bündelung des Softwaregeschäfts

---

[6]Mader Nachhaltigkeitsbericht (2019).

Abb. 2 Die Unternehmenswerte sind bei Mader auch im Gebäude allgegenwärtig. Hier der Blick in den Kreativ- und Besprechungsraum „Offenheit und Ehrlichkeit". (© Mader GmbH & Co. KG)

zur Digitalisierung der Druckluftkette in einem eigenständigen Unternehmen entschieden. Der Partner unterstützt bei der Umsetzung digitaler Themen im gesamten Druckluftsystem, entwickelt die entsprechenden Technologien weiter und stellt die passende Software für Mader und andere Unternehmen zur Verfügung. Nachhaltige Unternehmensführung kann nur aufgrund konkreter Beispiele vermittelt werden. Allgemeine Aufzählungen wie die Folgenden brauchen auch konkrete Zuschreibungen, um andere zu motivieren, ebenfalls einen nachhaltigen Weg zu gehen. Deshalb werden die Beispiele des Mittelständlers aus Baden-Württemberg hier entsprechend zugeordnet.

Was eine nachhaltige Unternehmensführung ausmacht

1. Implementierung von CSR in die Kerngeschäftsprozesse des Unternehmens
Für das unternehmerische Handeln und Auftreten wurde bei Mader mit den Werten nach innen und außen ein verbindlicher Maßstab gesetzt. Sie sollen die besondere Identität des Unternehmens ausdrücken. Der WerteCodex, in dem unter anderem die Werte „Offenheit und Ehrlichkeit", „Begeisterung und Optimismus", „Verantwortung und Vertrauen" als verbindliche Verhaltensnormen enthalten sind, wurde nach dem Management-Buy-Out im Jahr 2004 von den neuen Gesellschaftern und der Führungsebene erarbeitet und im Rahmen eines Outdoor-Events den Mitarbeitern vorgestellt und spielerisch erlebbar gemacht. Er ist ein wichtiges Fundament für den glaubwürdigen Umgang mit Werten sowie für eine konstruktive und vertrauensvolle Zusammenarbeit.

Das 10-jährigen Bestehen des WerteCodex im Jahr 2017 nahm eine Projektgruppe zum Anlass, verschiedene Aktionen passend zu den Werten zu veranstalten. Am Ende der Veranstaltungsreihe hatten alle Mitarbeiter die Möglichkeit an einer Befragung zu den Werten teilzunehmen und deren Aktualität zu bewerten. Auf Basis der Befragungsergebnisse erarbeitete die Projektgruppe Vorschläge zur Aktualisierung des WerteCodex. Ergebnis war die inhaltliche Anpassung einiger Werte, beispielsweise die Umbenennung des Wertes „Willenskraft" in „Entschlossenheit" sowie die Aufnahme zweier neuer Werte. Seit 2019 sind nun neben der seit 2007 bekannten Werte auch die Werte

Abb. 3 Lichtinstallation
„Wertschätzung"
im Treppenhaus des
Firmengebäudes. (© Mader
GmbH & Co. KG)

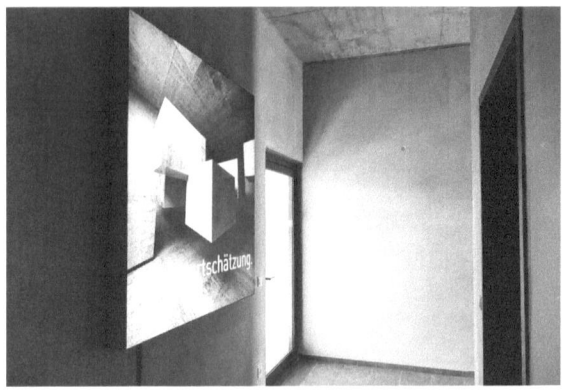

„Nachhaltigkeit" und „Wertschätzung" allgegenwärtig. Wie bereits zuvor am Standort in
Leinfelden, sind auch im neuen Firmengebäude die Besprechungsräume nach den Unternehmenswerten benannt (Abb. 2). Darüber hinaus rücken beleuchtete Bildinstallationen
im Treppenhaus des Firmengebäudes die Werte täglich in den Fokus (Abb. 3).

2. Sozialverantwortung und Umweltschutz sollten als Unternehmensziele fest in die
gesamte Wertschöpfungskette integriert sein und ständig überprüft werden
Die wesentlichen Handlungsfelder der Nachhaltigkeit wurden durch Gespräche sowie
Befragungen der Anspruchsgruppen ermittelt. Es sind Themen, die die Auswirkungen
des unternehmerischen Handelns auf Ökonomie, Ökologie und Soziales widerspiegeln
und die Erfordernisse und Erwartungen der Stakeholder maßgeblich beeinflussen. Die
relevanten Aspekte wurden mit den 17 Zielen für nachhaltige Entwicklung (Sustainable
Development Goals) abgeglichen.

3. Kundenbindung
Kundenanforderungen werden unter anderem durch die aktive Betreuung durch den Vertrieb, Kundenzufriedenheitsbefragungen und Schulungen ermittelt. Durch das Feedback
der Kunden und den engen Austausch mit Lieferanten und Forschungspartnern können
gemeinsam weitere nachhaltige Produkte und Dienstleistungen, die zu einer erfolgreichen Energiewende und somit zu einer Entlastung des Klimas beitragen, entwickelt
werden.

4. Risikofrüherkennung
Durch eine flexible Organisationsstruktur und einen offenen Blick auf Innovationen
und Veränderungen ist das Unternehmen kontinuierlich bestrebt, Chancen und Risiken
zu erkennen und diese zu analysieren. Die Chancen- und Risikoanalyse erfolgt einmal jährlich durch die Geschäftsleitung. Wurden Risiken identifiziert, besteht die Verantwortung, diese auf mögliche, daraus resultierende Chancen zu untersuchen. Hieraus
werden Maßnahmen mit Verantwortlichkeiten und Terminen festgelegt und regelmäßig
überprüft.

5. Ökonomische Zielsetzungen sollten mit den Interessen des gesellschaftlichen Umfelds abgestimmt werden

Durch die Mitarbeit in verschiedenen regionalen und überregionalen Verbänden und Ausschüssen arbeitet das Unternehmen aktiv mit und tauscht sich mit anderen zu Nachhaltigkeitsthemen aus. Dazu gehören zum Beispiel die Klimaschutz-Unternehmen, der Energieausschuss der IHK Stuttgart, der Industrieclub Ressourceneffizienz beim VDI, die Airgroup sowie die Industrie- und Wirtschaftsvereinigung Leinfelden-Echterdingen.

Das Beispiel zeigt, wie sich der Verantwortungsbereich des Unternehmens über das Betreiben des eigenen Kerngeschäfts hinaus erweitert und sich auf das gesamte Unternehmensumfeld erstreckt. Hierbei gilt es, die nachhaltigkeitsrelevanten Anforderungen und Ansprüche externer Anspruchsgruppen (Kunden, Lieferanten oder dem Gesetzgeber) zu berücksichtigen und in Einklang mit den Interessen des Unternehmens zu bringen.

2.3   Nachhaltig digital

Die digitale Transformation von Unternehmen ist *die* Herausforderung der Gegenwart und für die nächsten Jahre, wenn nicht sogar Jahrzehnte. Teil des Wandels zu sein und diesen aktiv mitzugestalten ist nicht nur ökonomisch sinnvoll. In dem Wandel liegt auch die Chance, Nachhaltigkeit neu zu denken und zu leben. Digitale Technologien sind zunächst nur ein Werkzeug, um bestimmte Ziele zu erreichen. Sie sind bzw. sollten nicht selbst der Zweck sein. Um technische Errungenschaften zielführend und damit nachhaltig einzusetzen gilt es, einerseits den Menschen in den Wandel zu integrieren und dafür zu begeistern; andererseits ist eine klare, übergreifende Vision essenziell. Es geht darum, die Frage nach dem „Warum?" bzw. „Wofür" für alle Beteiligten zu beantworten. Eine stabile Wertebasis in Unternehmen hilft dabei, trotz aller Veränderung, „in sich zu ruhen" – auch als Unternehmen – und sich immer wieder auf das Gemeinsame zu besinnen. Bei Mader sind die Werte „Begeisterung und Optimismus", „Gelassenheit und Ruhe", „Entschlossenheit", „Offenheit und Ehrlichkeit", „Zuverlässigkeit", „Verantwortung und Vertrauen", „Wertschätzung" und „Nachhaltigkeit". Sie gelten auch in Zeiten der stetigen Veränderung und schaffen Identifikation.

Initiativen wie die Digitalisierung des Rechnungsprozesses, die Einführung des digitalen Service, der digitalen Personalakte oder von Chips zur digitalen Zeiterfassung sowie zur Abholung von Druckaufträgen sind auf den ersten Blick rein technik- und prozessgetrieben. Für Mader sind sie vor allem Bausteine auf dem Weg zu mehr Nachhaltigkeit. Jede dieser Initiativen trägt dazu bei, dass das Unternehmen Ressourcen einspart und zukunftsfähig bleibt. Damit hat Mader 2018 im Vergleich zu 2015 seinen Papierverbrauch um 35 % bzw. um 168.000 Blatt reduziert (vgl. Nachhaltigkeitsbericht Mader 2017/2018).[7]

---

[7]Mader (2019).

Essenziell ist die Integration der Menschen in die Veränderungen. Mader hat für sich erkannt, dass eine aktive Steuerung und Begleitung von Veränderungen dazu beitragen kann, Unsicherheiten bei den Menschen zu reduzieren und „Betroffene" zu „Beteiligten" zu machen. Hierfür hat die Geschäftsführung 2017 die Stabsstelle „Change Management" geschaffen. Im Rahmen des von der Geschäftsführung initiierten Change-Projekts „Mader NEXT LEVEL – Agenda 2025" will das Unternehmen sich „fit für die Zukunft" machen. Dabei spielen das Kennenlernen und Anwenden neuer Arbeitsmethoden als auch technischer Anwendungen wie beispielsweise der Cloud-Software „Office 365" ebenso eine Rolle, wie die bewusste Auseinandersetzung mit den veränderten Rollen, die eine bereichs- und hierarchieübergreifende Zusammenarbeit mit sich bringt. Betroffene und damit „Integrierte" in diesem gemeinsamen Prozess sind ausnahmslos alle im Unternehmen – auch darin zeigt sich nachhaltige Unternehmensführung.

3   Zeitgemäße Nachhaltigkeitsberichterstattung: Interview mit Stefanie Kästle, Geschäftsführerin Mader GmbH & Co. KG

Frau Kästle, der Mader Nachhaltigkeitsbericht 2017/2018 befasst sich in besonderer Weise mit dem Thema Digitalisierung, was sich auch in der Gestaltung und dem Titelbild zeigt. Was war das Ausschlaggebende für diese Änderung?
Digitalisierung ist omnipräsent. Wir sind mittendrin in einer Transformation, die all unsere Lebensbereiche durchdringt – unser Arbeitsleben, unsere Beziehungen, unsere Freizeit, unser Lernen, unsere Kommunikation – einfach unser Leben im Gesamten. Auch für Unternehmen ist es existenziell sich mit den Chancen und Herausforderungen, die der digitale Wandel mit sich bringt, auseinanderzusetzen. Der Kern unserer Geschäftstätigkeit ist Druckluft – ein energieintensives Medium, das dennoch aus heutiger Sicht aus der Industrie nicht wegzudenken ist. Wir glauben daran, dass in der Verbindung von Digitalisierung und Nachhaltigkeit eine riesengroße Chance liegt, um zum Beispiel Druckluft so energieeffizient zu erzeugen und zu nutzen, wie es bisher nicht möglich war. Den Schlüssel dafür sehen wir in der Transparenz. All diese Ansätze spiegeln sich in der gesamten Gestaltung des Nachhaltigkeitsberichts wider.

Inhalt und Gestaltung des Nachhaltigkeitsberichts wirken noch professioneller als in den vergangenen Jahren. Woran liegt das?
In erster Linie wollen wir mit dem Nachhaltigkeitsbericht Fakten transportieren. Hier kann jede und jeder Interessierte nachlesen, welche Nachhaltigkeitsziele wir uns setzen und welche Maßnahmen wir im Berichtszeitraum umgesetzt haben. Die Leser und Leserinnen sollen kritisch prüfen können, ob wir das, was wir uns vorgenommen haben, auch verwirklicht haben. Eine ansprechende, professionelle Gestaltung trägt dazu bei, dass der Bericht gerne gelesen wird und das ist schließlich auch eine Form von Nachhaltigkeit.

Weshalb setzten Sie beim Thema Inhalt und Gestaltung auf Inhouse-Lösungen? Was können andere Mittelständler diesbezüglich von Ihnen lernen?

Unserer Erfahrung nach reduziert sich durch die Inhouse-Produktion der Abstimmungs-aufwand erheblich. Alle Personen, die am Nachhaltigkeitsbericht arbeiten, kennen das Unternehmen sehr gut, weil sie selbst Teil davon sind. Tonalität von Bildsprache und Text sind stimmig und geben die Unternehmenskultur am besten wieder. Alle Informationen kommen aus erster Hand und Inhalte können kurzfristig angepasst und umgesetzt werden. Bei einer Umsetzung durch externe Dienstleister benötigt man zwar auf den ersten Blick weniger Kapazitäten, doch der Abstimmungsaufwand für Briefings und Korrekturzyklen ist nicht zu unterschätzen.

Was sind die Gründe für Mader, weiterhin einen Nachhaltigkeitsbericht zu machen? An wen ist er gerichtet, und gibt es Feedback?

Ein Nachhaltigkeitsbericht geht über das reine „Präsentieren" hinaus, er ist keine Image-broschüre. Vielmehr ist er ein Instrument, sich bewusst der kritischen Prüfung durch die Stakeholder zu stellen und Transparenz über die eigenen Nachhaltigkeitsmaßnahmen zu schaffen. Das ist die Basis, um mit allen Anspruchsgruppen in einen Dialog treten zu können.

Mit dem Nachhaltigkeitsbericht wenden wir uns an alle Interessierten in der Öffentlichkeit, in Politik, Gesellschaft, in der Standortgemeinde sowie an Lieferanten, Kunden, Banken, Anteilseigner, Partner und die Mitarbeitenden. Wir bekommen durch-weg positive Rückmeldung dafür – gerade, weil es bei unserer Unternehmensgröße keine Selbstverständlichkeit ist, so viel Transparenz zuzulassen und einen solchen Bericht in diesem Umfang zu veröffentlichen.

Welche Rolle spielt das Thema Digitalisierung für Mader? Und wie wurde die Ent-scheidung getroffen, sie zum Hauptbestandteil des Berichts zu machen?

Wir befassen uns sehr bewusst und intensiv mit dem Thema Digitalisierung. Wir sehen Digitalisierung als etwas, das wir mitgestalten wollen und nicht als eine Veränderung, die einfach „passiert". Dafür haben wir bereits viele Weichen gestellt. Gleichzeitig sehen wir die „digitale Transformation" als die entscheidende unternehmerische Aufgabe für die kommenden Jahre. Angesichts der Bedeutung des Themas für unser Unternehmen und den damit einhergehenden Chancen für die Zukunft war es für uns ein logischer Schritt, dies auch inhaltlich und visuell im Nachhaltigkeitsbericht in den Vordergrund zu rücken.

Welche Digitalisierungsthemen sind im Bericht zu finden?

Es wäre zu kurz gedacht, die Digitalisierung oder vielmehr die „digitale Transformation" auf eine rein technische Sichtweise zu reduzieren. Entsprechend ziehen sich „digitale Themen" durch den gesamten Nachhaltigkeitsbericht: Der Mader-Blog als neue Form der internen, unternehmensübergreifenden Kommunikation, die Ausgründung der LOOXR GmbH zur Entwicklung einer Software zur Digitalisierung der gesamten Druckluftkette, die Social-Media-Aktivitäten des Unternehmens auf unterschiedlichen

Plattformen, die Nominierung für den Digital Champions Award, der Umzug in das neue Gebäude, in dem dank neuester Technologien Ressourcen nachhaltig eingespart werden können, neue digitale Produkte und Dienstleistungen und die Integration agiler Arbeitsweisen und -methoden.

Welche Aspekte der Digitalisierung sind für Mader generell am wichtigsten? Und wie sind sie mit der Unternehmensentwicklung und -kultur verbunden?
Ich sehe da vier wesentliche Aspekte: Erstens: Digitale Technologien sind ein Werkzeug, um bestimmte Ziele zu erreichen. Sie sind nicht selbst der Zweck. Zweitens und drittens: Um Technologie zielführend einzusetzen, braucht man einerseits Menschen, die sich für neue Wege begeistern und andererseits eine klare, übergreifende Vision. Viertens: Um in einer sich stetig verändernden, digitalen Welt zu bestehen, bedarf es einer stabilen Wertebasis – auch in Unternehmen. Ich finde, dass Digitalisierung erst in der Kombination aller vier Aspekte wirklich Sinn macht.

Nehmen wir die Leckage-App, die wir zur Dokumentation von georteten Druckluft-Leckagen einsetzen. In Verbindung mit dem zugehörigen Onlineportal bietet die Anwendung unseren Kunden eine nie dagewesene Transparenz über Drucklufteinsparpotenziale bzw. der aktuellen Verschwendung von Druckluft. Die App haben wir nicht entwickelt, um eine App zu entwickeln. Die Entwicklung wäre auch nie gelungen, hätten wir es nicht gewagt, die bekannten Trampelpfade zu verlassen. Hier hatten wir unser Ziel – den gesamten Druckluftprozess energetisch zu optimieren und für maximale Transparenz beim Kunden zu sorgen, fest im Blick. Dank digitaler Technologien kommen wir diesem Ziel immer näher.

Ein anderes Beispiel sind die vielfältigen Digitalisierungsinitiativen, die wir intern umgesetzt haben. So haben wir in den letzten Jahren den Prozess der Rechnungsstellung und -bearbeitung digitalisiert und die Personalakten sind zwischenzeitlich papierlos. Mit diesen Initiativen oder auch mit der Einführung eines persönlichen Chips, mit dem man Druckaufträge am Drucker abholt, Türen im Firmengebäude öffnet und sich im Zeiterfassungssystem an- und abmeldet, wollten wir nicht nur Prozesse optimieren. Wir haben auch die Einsparung von Ressourcen – in diesem Fall von Papier – klar im Fokus.

Dass die vier Ebenen Technologie, Mensch, Werte und Vision sich wechselseitig beeinflussen, sieht man auch an unserem Unternehmenswert „Nachhaltigkeit" Er wurde nach der Überarbeitung unseres WerteCodex im Jahr 2018 auf Wunsch der Mitarbeitenden neu aufgenommen. Hier zeigt sich die umgekehrte Wirkung. Die strategische Anpassung, hin zu einem stärkeren Fokus auf Nachhaltigkeit in allen Bereichen, die daraus resultierenden zahlreichen internen wie externen Aktivitäten für mehr Nachhaltigkeit haben sich auf unser gemeinsames Werteverständnis ausgewirkt.

Ein anderes Beispiel sind die Unternehmenswerte „Begeisterung und Optimismus". Sie sind die Basis dafür, wie wir Neuem gegenüberstehen wollen. Mit dieser Haltung und Herangehensweise wird es uns gelingen, die Digitalisierung für uns und unsere Kunden gewinnbringend einzusetzen und auch Hürden auf dem Weg dorthin mit Leichtigkeit zu nehmen.

Im Grunde hängt also alles zusammen und „funktioniert" letztendlich nur gemeinsam: Technologie, Menschen und Werte in Verbindung mit einer konkreten gemeinsamen Vision und Mission.

Warum gehören Digitalisierung und Nachhaltigkeit zusammen?
Für uns sind die beiden Themen untrennbar verbunden. Wir sind überzeugt davon, dass wir mithilfe der Digitalisierung zu mehr Nachhaltigkeit beitragen können – indem wir den gesamten Druckluftprozess transparenter gestalten und so unsere Kunde dabei unterstützen, Druckluft effizienter zu erzeugen und zu nutzen. Gleichzeitig halten wir es für essenziell, die Digitalisierung selbst unter Nachhaltigkeitsaspekten zu betrachten, das heißt Technologien mit „Sinn und Verstand" einzusetzen. Das gelingt zum Beispiel, indem Kosten und Nutzen in einem großen Kontext abgewogen werden, Technologie nicht um ihrer selbst willen zum Einsatz kommt und die Menschen, die sie nutzen sollen, aktiv eingebunden und gehört werden.

Das Interview führte Dr. Alexandra Hildebrandt

Literatur

Mader (2015) WIN-Charta Zielkonzept. https://www.win-bw.com/fileadmin/downloads/2_charta/zielkonzepte/Mader-GmbH-Co-KG_Zielkonzept.pdf. Zugegriffen: 18. März 2020

Mader (2018) Pressemitteilung Januar 2018. Valide Daten und Transparenz im Energiemanagement – Druckluft-Audit von Mader nach DIN EN ISO 11011 zertifiziert

Mader (2019) Nachhaltigkeitsbericht 2017/2018. https://www.mader.eu/files/downloads/mader-nachhaltigkeitsbericht-2017-2018.pdf. Zugegriffen: 20. Apr. 2020

Ministerium für Umwelt, Klima und Energiewirtschaft Baden-Württemberg (2020a) Pressemitteilung. 200. Unternehmen im Netzwerk der WINCharta. https://www.win-bw.com/fileadmin/downloads/2_charta/200-unternehmen-im-netzwerk-der-win-charta.pdf. Zugegriffen: 20. Apr. 2020

Ministerium für Umwelt, Klima und Energiewirtschaft Baden-Württemberg (2020b) Unternehmen bekennen sich zur WIN-Charta. https://www.win-bw.com/win-charta/win-charta-unternehmen.html. Zugegriffen: 18. März 2020

Dr. Alexandra Hildebrandt
(Fotocredit: Nicole Simon
Photography)

Dr. Alexandra Hildebrandt, Jahrgang 1970, ist Publizistin und Nachhaltigkeitsexpertin. Sie studierte Literaturwissenschaft, Psychologie und Buchwissenschaft. Anschließend war sie viele Jahre in oberen Führungspositionen der Wirtschaft tätig. Bis 2009 arbeitete sie als Leiterin Gesellschaftspolitik und Kommunikation bei der KarstadtQuelle AG (Arcandor). Beim Deutschen Fußball-Bund (DFB) war sie 2010 bis 2013 Mitglied der DFB-Kommission Nachhaltigkeit. Den Deutschen Industrie- und Handelskammertag unterstützte sie bei der Konzeption und Durchführung des Zertifikatslehrgangs „CSR-Manager (IHK)". Sie leitet die AG „Digitalisierung und Nachhaltigkeit" für das vom Bundesministerium für Bildung und Forschung geförderte Projekt „Nachhaltig Erfolgreich Führen" (IHK Management Training). Im Verlag Springer Gabler gab sie in der Management-Reihe Corporate Social Responsibility die Bände „CSR und Sportmanagement" (2014, 2. Aufl. 2019), „CSR und Energiewirtschaft" (2015, 2. Aufl. 2019) und „CSR und Digitalisierung" (2017, 2. Aufl. 2021) heraus. Aktuelle Bücher bei Springer Gabler (mit Werner Neumüller): „Visionäre von heute – Gestalter von morgen" (2018) und „Klimawandel in der Wirtschaft. Warum wir ein Bewusstsein für Dringlichkeit brauchen" (2020).

Stefanie Kästle
(Fotocredit: Hagen Schmitt
Photography/Mader GmbH
& Co. KG)

Stefanie Kästle, geboren 1982, studierte nach ihrer Ausbildung zur Rechtsanwaltsfachangestellten Wirtschaftsrecht. Anfang 2011 begann sie ihre berufliche Laufbahn im Personalwesen bei Mader. Ab Ende 2011 war sie verantwortlich für das Qualitäts-, Umwelt- und Energiemanagement im Unternehmen. Zuletzt leitete sie den Bereich Energieeffizienzmanagement, in dem die Energieeffizienz-Dienstleistungen des Unternehmens zusammengefasst sind. Ab Oktober 2017 ist sie Mitglied der Geschäftsleitung, ab Mitte 2019 Geschäftsführerin. Sie ist für die kaufmännischen Bereiche bei Mader zuständig. Ihre Themen sind unter anderem nachhaltige, werteorientierte Unternehmensführung und die Sensibilisierung von Kunden und Belegschaft für die effiziente Nutzung von Energie.

Ein Mittelständler digitalisiert sich – Von Erfolgen, Hürden und Nachhaltigkeit

Ulrike Böhm

1 Ausgangslage

1.1 Die Krise als Wendepunkt

Seit 85 Jahren existiert die Mader GmbH & Co. KG. Das Unternehmen blickt auf eine wechselhafte Unternehmensgeschichte zurück, geprägt von Zukäufen, Verkäufen, Eigentümerwechseln, dem Kommen und Gehen neuer und alter Geschäftsfelder. Konstant blieb in all den Jahrzehnten dagegen das Medium, mit dem Mader sich befasste: Druckluft. Ein durch und durch „analoger Energieträger", der unter Einsatz von Strom aus atmosphärischer Luft erzeugt wird. Im Kompressor wird das Volumen der angesaugten Umgebungsluft auf ein Minimum komprimiert. Die „gepresste" Luft kann nun vielfältig eingesetzt werden: zum Ausblasen, Abblasen und Trocknen von Werkstücken, als Antriebsenergie in Maschinen und Anlagen und zur Steuerung von Automatisierungsprozessen mittels Ventiltechnik. Klassisches Geschäft, klassisches mittelständisches Unternehmen.

2008 ist das Unternehmen nach einem Management-Buy-Out vier Jahre zuvor, wieder eigentümergeführt und auf Wachstumskurs. Die strategischen Anpassungen der neuen Eigentümer beginnen ihre Wirkung zu entfalten, das Unternehmen wächst konstant und zuverlässig. Dann kommt die Krise. Umsatzeinbruch von rund 35 %, Kurzarbeit und große Fragezeichen. Weitermachen wie zuvor?

Für Mader kommt das – zumindest was die Geschäftsstrategie angeht – nicht infrage, zu heftig der „Einschlag", zu stark die Erschütterung. Die Führung des Unternehmens beschließt eine strategische Anpassung, will den Fokus verstärkt auf Dienstleistungen im

U. Böhm (✉)
Unternehmenskommunikation & Change Management, Mader GmbH & Co. KG, Leinfelden-Echterdingen, Deutschland
E-Mail: ulrike.boehm@mader.eu

© Springer-Verlag GmbH Deutschland, ein Teil von Springer Nature 2021
A. Hildebrandt und W. Landhäußer (Hrsg.), *CSR und Digitalisierung,* Management-Reihe Corporate Social Responsibility, https://doi.org/10.1007/978-3-662-61836-3_28

Abb. 1 Die Entwicklung geht weiter: Der Mader-Effekt wird 2020 zu Mader AirXpert. (© Mader GmbH & Co. KG)

Bereich der Drucklufterzeugung richten. Die Umsätze in diesem Bereich hatten sich als relativ „krisenresistent" erwiesen, während die großen prozentualen Umsatzeinbußen im Bereich Pneumatik – nahezu reines Handelsgeschäft – zu verzeichnen waren.

Im Laufe der nächsten Jahre stellt sich das Unternehmen neu auf – erkennt für sich: Der Wettbewerb mit den großen Pneumatikherstellern macht keinen Sinn, vielmehr soll die eigene Stärke in den Fokus rücken – Mader beherrscht den gesamten Druckluftprozess – von der Drucklufterzeugung bis zur Druckluftnutzung. „Als derzeit einziges Unternehmen deutschlandweit deckt Mader mit seinem Leistungsspektrum die ‚gesamte Druckluftstrecke‘, von der Erzeugung der Druckluft im Kompressor über deren Aufbereitung und Verteilung bis zur Druckluftanwendung, beispielsweise mit Pneumatik-Zylindern, ab."[1] Eine einmalige Positionierung – kurz zusammengefasst mit dem Begriff „Der Mader-Effekt", visualisiert mit der lückenlosen Dominoreihe analog der Druckluftkette, die dank Mader reibungslos funktioniert (Abb. 1).

1.2   Energieeffiziente Druckluft – ein Oxymoron?

Die Einsatzfelder von Druckluft sind vielfältig, aus vielen Branchen ist der Energieträger nicht wegzudenken. Druckluft ist flexibel einsetzbar, einfach zu handhaben und sauber. Für den Einsatz des Energieträgers spricht zudem die hohe Präzision und Geschwindigkeit in der Anwendung.

Gleichzeitig erfordert die Drucklufterzeugung einen hohen Energieeinsatz. Oftmals wird ein Gesamtwirkungsgrad von gerade einmal 5 % erreicht. Das heißt: Aus 100 % elektrischer Energie werden 5 % „Druckluftenergie" zur weiteren Nutzung gewonnen.[2]

---

[1]Mader (2019).

[2]Hildebrandt und Landhäußer (2019).

Obwohl physikalische Limitierungen einen theoretischen Wirkungsgrad von Kompressoren von maximal 50 % erlauben, gibt es eine Reihe von Maßnahmen, die die Energieeffizienz von Druckluftanlagen entscheidend verbessern können. Studien gehen von mindestens 30 % Energieeinsparpotenzial in Druckluftanlagen aus, zum Beispiel durch die Verminderung von Leckageverlusten, eine optimierte Auslegung der Anlagen und Wärmerückgewinnung.[3]

Obwohl das Wissen um die Einsparpotenziale, die nicht nur ökologisch, sondern auch ökonomisch (und damit gesamtunternehmerisch) relevant sind, zwischenzeitlich meist vorhanden ist, mangelt es in vielen Fällen an der Umsetzung der Optimierungsmaßnahmen.

Entscheidend ist, dass in Unternehmen erfahrungsgemäß die Themen hoch priorisiert werden, die bekannt sind *und* als kritisch wahrgenommen werden.

Kritisch sind Themen, die entweder durch

- externen Druck (zum Beispiel gesetzliche Reglementierungen und Vorgaben, hoch priorisierte Themen in der Öffentlichkeit) in den Fokus rücken,
- den Fortbestand des Unternehmens bzw. der zentralen Unternehmensprozesse bedrohen und/oder
- von großer wirtschaftlicher Bedeutung sind (Kosteneinsparungen bzw. Vermeidung von Verlusten).

Dass in vielen Unternehmen eine gewisse „Passivität" im Thema Druckluft vorherrscht, hängt unserer Erfahrung nach insbesondere damit zusammen, dass die Druckluftkosten „gut versteckt" in den Gemeinkosten sind und damit auch eine klare Verantwortlichkeit dafür fehlt. Ebenso mangelt es an einer klaren „Beweisführung" für die tatsächlichen Druckluftkosten und die nachweisbare Rentabilität von Energieeffizienzmaßnahmen.

2   Digitale Druckluft – Am Anfang steht die Vision

Vor diesem Hintergrund erscheint die Idee, Druckluft zu „digitalisieren" und damit für eine ganz neue Transparenz zu sorgen, nur folgerichtig. Wenn auch die Fragezeichen vorherrschten, nachdem Werner Landhäußer, damaliger geschäftsführender Gesellschafter der Mader GmbH Co. KG, den Gedanken aussprach: „Was wäre, wenn endlich jeder genau wüsste, wie viel Druckluft in jedem Schritt der Wertschöpfungskette tatsächlich verbraucht wird, was sie kostet und wie der gesamte Druckluftprozess sicher und energieeffizient gestaltet werden kann?"[4]. Diese erste Idee setzte Energie für neue Perspektiven frei. So war es dann auch eine profane „Wein-App", die dazu führte, dass

---

[3]Radgen und Blaustein (2001).
[4]LOOXR (2019a).

Werner Landhäußer und Peter Maier einen konkreten ersten Schritt zur Digitalisierung der Druckluftkette gingen. Dank der App ließ sich durch das Scannen des Strichcodes komfortabel und schnell Herkunft, Traubensorte, Anbaugebiet und Preis des Weins bestimmen. Warum sollte das Konzept nicht auf Druckluft-Leckagen übertragbar sein?[5]

2.1   Erste Gehversuche in der digitalen Welt

Bis dato dokumentierte das Energieeffizienz-Team des Unternehmens, dessen Fokus zu diesem Zeitpunkt auf der Ortung und Beseitigung von Druckluft-Leckagen lag, seine Ergebnisse, sprich: Leckagen, händisch mit Papier, Stift und Digitalkamera. Die handschriftlichen Notizen und die mit der Digitalkamera erstellten Fotos der Leckagelokalisation wurden anschließend in eine Excel-Tabelle und eine PowerPoint-Präsentation übertragen, um sie dann dem Kunden zur Verfügung zu stellen und zu präsentieren. Das war 2014. Zwei Jahre später erhalten Kunden, die eine Leckageortung beauftragen, Zugriff auf ein individuelles Leckage-Portal, das sie per Browser-zugriff erreichen.[6] Darin sehen sie live, in welchem Produktionsbereich, an welcher Maschine und an welchem Gerät Druckluft-Leckagen geortet wurden, wie groß jede einzelne Leckage ist, wie viel Druckluft an dieser Stelle verloren geht und welchem Energie-, CO_2- und monetärem Verlust dies entspricht. Jede Leckage wird mit einem eindeutigen QR-Code gekennzeichnet. Per App kann der Leckage-Code gescannt und die zugehörigen Daten eingesehen werden, unter anderem auch welche genauen Maßnahmen zur Beseitigung erforderlich sind und welche Artikel dafür benötigt werden. Per Knopfdruck und App erfolgt auch die Dokumentation der reparierten Leckagen. Die damit realisierte Einsparung wird – auch im Portal – sofort ersichtlich.

Nach Start der Leckage-App folgte 2016 die Digitalisierung des After-Sales-Service. Der gesamte Serviceprozess läuft seither papierlos. Jeder Servicemonteur hat ein Tablet, auf das alle Arbeitsaufträge gegebenenfalls mit festen „Checkpoints", das heißt definierten, zu quittierenden Prozessschritten, sowie allen notwendigen Daten zu Kunden und Maschinen, übertragen werden. Die Servicemonteure erfassen alle Prozessschritte, inklusive der verwendeten Komponenten und des Zeitaufwands, papierlos. Die Informationen werden direkt an das Enterprise-Resource-Planning-System (ERP-System) übertragen.

2.2   Digitale Expertise erweitern

Von der angestrebten „digitalen Druckluft" sahen sich Werner Landhäußer und Peter Maier zu diesem Zeitpunkt noch weit entfernt. Zwar hatten Kunden mit dem Leckage-Portal und der App einen Live-Überblick über geortete und bereits beseitigte Leckagen.

---

[5]Absatzwirtschaft (2019).
[6]Fluid (2016).

Dank der wirtschaftlichen Bewertung der Leckagen war es zudem möglich, genau nachzuvollziehen, welche Einsparungen realisiert wurden. Dies war insbesondere für die Energieaudits von Bedeutung, die seit 2015 für große Unternehmen nach §§ 8-8d EDL-G (Gesetz über Energiedienstleistungen und andere Energieeffizienzmaßnahmen) verpflichtend sind.[7] Es fehlte jedoch nach wie vor der Blick auf die gesamte Druckluftkette.

Um sich der Vision weiter anzunähern, war eine „digitale Expertise" notwendig, die zu diesem Zeitpunkt im Unternehmen nicht existierte. Es war die grundsätzliche Frage zu klären: „Wie kommen wir an Daten, wie und wo sammeln wir sie und wie gewinnen wir daraus tiefer gehende Erkenntnisse?" Ein wesentlicher Meilenstein auf diesem Weg war die Schaffung der neuen Stelle „Innovationsmanagement". Besetzt wurde sie mit einem jungen Ingenieur, der als Trainee die Produkte des Unternehmens kennengelernt hatte und sich nun auf die Weiterentwicklung der „digitalen Druckluft" konzentrieren sollte.

Gefragt war anfangs vor allem „Basisarbeit". Erfahrungswerte sammeln, experimentieren, weiterentwickeln und verwerfen. Es folgten Marktanalysen, Produkttests – insbesondere mit der bereits existierenden Sensorik und Steuerungsprodukten im Bereich Druckluft – und Tests bei Kunden vor Ort. Diese Kundenprojekte waren ein weiterer Baustein, um Erkenntnisse aus dem „echten Leben" zu gewinnen. Das Einbinden externer Experten zu spezifischen Themen bot zudem Möglichkeiten für Knowhow-Transfer und inhaltliche Weiterentwicklung.

2.3 Erfahrungen sammeln

Auf dem Weg zum „digitalen Druckluftprozess" sammelte Mader in Zusammenarbeit mit Forschungsinstituten, Kunden und Dienstleistern vielfältige Erfahrungen. Einige wichtige Meilensteine waren das Pilotprojekt zu „Druckluft 4.0" mit Cooper Standard Automotive, das Projekt zu „Smart Data Analytics" in Zusammenarbeit mit dem Smart Data Solution Center Baden-Württemberg sowie die Erfahrungen aus dem Projekt „Druckluft-Demonstrator" mit dem Fraunhofer IPA.

Pilotprojekt mit Cooper Standard Automotive
Mit Cooper Standard Automotive startete Mader 2016 ein Pilotprojekt zum Thema „Druckluft 4.0". Der amerikanische Automobilzulieferer produziert an seinem deutschen Standort in Schelklingen Brems- und Kraftstoffleitungen. Bereits in der Vergangenheit hatte man erfolgreich zusammengearbeitet und mit einem maßgeschneiderten energieoptimierten Druckluftkonzept unter anderem eine Reduktion der durch die Druck-

---

[7]BAFA (2020).

luftversorgung verursachten CO_2-Emissionen um 53,1 %, eine Stromeinsparung von 427.361 kWh und 64.105 EUR pro Jahr realisiert.[8]

Im Rahmen des Pilotprojekts sollte das Druckluftsystem mittels moderner Sensorik und Internet-of-Things-Technologie kontinuierlich überwacht werden. Ziel war es, relevante Zustandsdaten wie Stromaufnahme, Druckluftverbrauch und Störungssignale zu erfassen, um eine vorausschauende Instandhaltung zu ermöglichen – zum einen zur Sicherstellung der Druckluftversorgung und zum anderen zur stetigen Verbesserung der Energieeffizienz des gesamten Druckluftsystems.

Das Praxisprojekt war Grundlage für die Entwicklung einer neuen Software, in der alle Daten aus dem Druckluftsystem langfristig zusammenfließen und relevante Informationen für das gesamte Druckluftsystem gewonnen werden sollten. Im Rahmen des Projekts wurden anfangs Fragen geklärt, wie: Mittels welcher Technologie können die Sensordaten am besten übertragen werden? Welche Sensoren eignen sich am besten für die speziellen Anforderungen? Welche Daten sind tatsächlich relevant für tiefer gehende Analysen? Spätestens an diesem Punkt wurde eine Frage zentral: „Wie werden aus Informationen Daten? Und wie gewinnen wir daraus weitere Erkenntnisse?"

Pilotprojekt Smart Data Analytics

Ein Projekt in Zusammenarbeit mit dem Smart Data Solution Center Baden-Württemberg (SDSC-BW) sollte neue Erkenntnisse zu diesen zentralen Fragen liefern. Im SDSC-BW arbeiten das Karlsruher Institut für Technologie (KIT) und die Sicos BW GmbH daran, kleinen und mittelständischen Unternehmen den Einstieg in die produktive Nutzung von Smart Data Analytics zu erleichtern.[9] Das SDSC-BW führte eine Potenzialanalyse durch und ermittelte, wie die maschinelle Analyse der erfassten Daten aus der Druckluftkette für tiefer gehende Erkenntnisse genutzt werden kann. Mader lieferte dafür Zeitreihendaten eines Druckluftsystems: Daten aus der Kompressorsteuerung, verschiedene Sensordaten und weitere Variablen, die den aktuellen Zustand des Systems widerspiegelten. Die Echtzeitdaten nutzte das SDSC-BW-Team dafür, herauszufinden, inwieweit die Daten für eine vorausschauende Instandhaltung geeignet sind und ob daraus Erkenntnisse für eine energieeffiziente Optimierung des Kompressors abgeleitet werden könnten.

Am Ende der sechswöchigen Potenzialanalyse, die vom Ministerium für Wissenschaft, Forschung und Kunst Baden-Württemberg gefördert wurde, stand für Mader fest, dass man weiterhin in die Analyse der erfassten Daten investieren werde. Das Resultat der Analyse zeigt deutlich, dass dank maschinellem Lernen aus historischen Daten Rückschlüsse auf eine energieeffiziente Konfiguration des Druckluftsystems gezogen werden können. Darüber hinaus empfahlen die Experten des SDSC-BW die Erfassung zusätzlicher Daten, um diese für die vorausschauende Instandhaltung zu nutzen.

---

[8] Schmidt et al. (2019).

[9] Mader (2020a).

Abb. 2 Für die vier Stationen im Druckluftdemonstrator können die Szenarien „dicht", „Knick in der Leitung" und „Loch in der Leitung" und „mechanische Undichtigkeit" ausgewählt werden. (© Mader GmbH & Co. KG)

Druckluft-Leckagen für die Forschung – Zusammenarbeit mit dem Fraunhofer IPA

2018 beauftragte das Fraunhofer-Institut für Produktionstechnik und Automatisierung IPA Mader mit dem Bau eines „Druckluftdemonstrators". Mit dem Demonstrator sollen die Auswirkungen von Druckluft-Leckagen nicht nur live sichtbar gemacht werden, sondern auch der Grundstein für den Einsatz Künstlicher Intelligenz (KI) zur Bekämpfung der Leckagen gelegt werden. Mithilfe von KI sollen Leckagen zukünftig schnell und gezielt in Druckluftsystemen ermittelt werden. Der Druckluftdemonstrator, den das Fraunhofer IPA in Zusammenarbeit mit Mader konstruiert, soll die Basis für die datengetriebene Produktionsforschung der Fraunhofer-Forscher liefern, etwa durch das Trainieren selbstlernender Algorithmen.[10]

Um zu verstehen, wie sich eine Undichtigkeit im System bemerkbar macht, bauen die Mader-Experten ein Handlingsystem auf, das eine automatisierte Fertigung simuliert. An vier Stationen – pressen, schwenken, aufnehmen mittels Vakuums und transportieren, können jeweils maximal vier unterschiedliche Szenarien gewählt werden: alles dicht, Knick im Schlauch, Loch im Schlauch und mechanische Undichtigkeit (Abb. 2). Für

---

[10]Maschinenmarkt (2020).

jedes gewählte Szenario werden die Messwerte, das heißt der Volumenstrom und der Druck, live auf einem Display angezeigt. Alle Mess- und Sensordaten werden zusätzlich mittels OPC UA automatisiert auf die Industrie-4.0-Plattform „Virtual Fort Knox" übertragen. Dort werden sie für weiterführende Analysen verarbeitet.

Das Fraunhofer IPA hat sich zum Ziel gesetzt, den Prozess weiter zu optimieren. In Zukunft sollen Leckagen nicht nur ermittelt und lokalisiert werden. Auch die Bezeichnung und Bestellnummer des betroffenen Bauteils soll per App ausgespielt werden. So könne sich der Druckluftverantwortliche Zeit sparen und insbesondere die Ausfallzeiten minimieren, zeigen sich die Forscher überzeugt.

2.4   Wagemutig sein

All diese Erkenntnisse aus der beschriebenen „Basisarbeit" flossen in eine neue Software, die bald den Namen „LOOXR" erhielt. LOOXR (gesprochen: Luxär) will mehr Licht (Lux = Einheit für Beleuchtungsstärke) in die Druckluft (air = Luft) bringen. Zunächst wurde die Weiterentwicklung der Software in einem bereichsübergreifenden Team vorangetrieben – auf unterschiedlichsten Ebenen. Mithilfe des „Business Model Canvas" arbeitete das Team an der Entwicklung eines passenden Geschäftsmodells, während parallel die Software weiterentwickelt wurde. Teil des Prozesses waren regelmäßige Kontakte mit anvisierten Kunden und Kundengruppen. Könnte das entwickelte Geschäftsmodell funktionieren? Wären Kunden bereit dafür, Geld zu bezahlen? So wurden immer wieder Anpassungen vorgenommen und schließlich die grundlegende Entscheidung getroffen, für die Weiterentwicklung und den Vertrieb der Software ein eigenständiges Unternehmen zu gründen.

2018 wurde das Spin-off „LOOXR GmbH" gegründet. Mit seinen „Softwarelösungen für den gesamten Druckluftprozess", richtet sich das Unternehmen an „Energieeffizienzbeauftragte, Instandhaltungsleiter, Druckluftverantwortliche, Produktionsleiter und Geschäftsführer". Zentrales Produkt des Unternehmens ist die Software „LOOXR Druckluft 4.0". Moderne Sensortechnik im gesamten Druckluftsystem liefert reale Messdaten in Echtzeit, die im Looxr-Portal zusammengefasst, analysiert, visualisiert und automatisiert interpretiert werden. Dabei spielt es keine Rolle, welche Kompressorenmarke und Systemkomponenten der Kunde im Einsatz hat. So werden wertvolle Informationen zum aktuellen Ist-Zustand des Systems gesammelt und daraus wiederum konkrete Empfehlungen zu dessen Optimierung abgeleitet. Ziel ist, eine hohe Versorgungssicherheit bei optimaler Nutzung der Druckluftstation, eine vorausschauende Instandhaltung und die Reduktion von Energie- und Betriebskosten.[11]

Erst die Ausgliederung in ein eigenständiges Unternehmen ermöglichte es, die potenzielle Kundengruppe zu erweitern. Waren andere Marktteilnehmer mit Mader

---

[11]LOOXR (2020a).

aus wettbewerblichen Überlegungen nicht ins Gespräch gegangen, so öffneten sich für das neue Unternehmen LOOXR andere Türen – beispielsweise bei Drucklufthändlern. Diese waren nach den ersten Gesprächen mit Mader nicht bereit, die Software des „Wettbewerbers" bei ihren Kunden einzusetzen – LOOXR kommt dagegen bereits bei einigen Drucklufthändlern zum Einsatz.

2.5 Sichtbar sein

Neben dem Produkt bzw. der Dienstleistung selbst, ist Sichtbarkeit sprich: die Vermarktung, ein wesentlicher Baustein des Markterfolgs. Hier nutzte man die Erfahrungen, die man bereits bei Mader gesammelt hatte. Wer mit wenig Budget Aufmerksamkeit erregen möchte, muss erfinderisch sein und (positiv) ins Auge fallen.

Nachdem das Geschäftsmodell für LOOXR weitestgehend definiert war, folgte sehr zügig die Entwicklung des Außenauftritts mit komplettem Corporate Design durch die Agentur, mit der Mader bereits seit Jahren erfolgreich zusammenarbeitete. Beim Erstellen der Website für das neue Unternehmen setzte man auf ein modulares Baukastensystem und erstellte sie komplett inhouse. Auch das gesamte Suchmaschinenmarketing entwickelte und steuerten die eigenen Marketingkräfte. So sicherte man sich eine hohe Flexibilität bei Änderungen, eine schnelle Reaktionsfähigkeit zum Beispiel auf veränderte Suchmuster der Zielgruppe sowie die volle Kontrolle über das begrenzte Marketingbudget.

Zudem nutzte man bewusst die Instrumente der Öffentlichkeitsarbeit, zu der vor allem die Teilnahme an relevanten Wettbewerben, Ausschreibungen und Pitches sowie die Pressearbeit zählte. Den ersten großen Erfolg vermeldete LOOXR weniger als ein Jahr nach seiner Gründung. Baden-Württembergs Umweltminister Franz Untersteller zeichnete das Unternehmen mit dem *„Umwelttechnikpreis Baden-Württemberg"* aus.[12] In der Kategorie Mess-, Steuer- und Regelungstechnik belegte das junge Unternehmen beim Wettbewerb der Umwelttechnik-Innovationsführer in Baden-Württemberg den 3. Platz (Abb. 3).

Das Ministerium für Umwelt, Klima und Energiewirtschaft Baden-Württemberg verleiht den Umwelttechnikpreis seit 2009 im Zwei-Jahres-Takt für hervorragende und innovative Produkte in der Umwelttechnik. In den Kategorien „Energieeffizienz", „Materialeffizienz", „Emissionsminderung, Aufbereitung & Abtrennung" sowie „Mess-, Steuer- und Regeltechnik, Industrie 4.0" werden Produkte ausgezeichnet, die einen bedeutenden Beitrag zur Ressourceneffizienz und Umweltschonung leisten und kurz vor der Markteinführung stehen oder nicht länger als zwei Jahre am Markt sind.

---

[12]LOOXR (2019b).

Abb. 3 Umweltminister Franz Untersteller gratulierte LOOXR zum 3. Platz in der Kategorie Mess-, Steuer- und Regelungstechnik. (Von links nach rechts: Franz Untersteller, Helen Landhäußer, Growth Manager, Vasileios Balachtsis, Innovationsmanagement, Werner Landhäußer, CEO und Co-Founder) © LOOXR GmbH

Im Januar 2020 folgte eine weitere wichtige Auszeichnung. LOOXR wird bei den *Handelsblatt Energy Awards 2019/2020* prämiert.[13] LOOXR belegte in der Kategorie Industrie einen TOP 3 Rang. Das Unternehmen hatte die Jury mit seinem Konzept zur Digitalisierung des Druckluftprozesses, kurz „Druckluft 4.0", überzeugt. Insgesamt hatten sich 152 Unternehmen beworben, davon 28 in der Kategorie Industrie.

Bei der Vorstellung der Nominierten hoben die Laudatoren der Kategorie Industrie, Dr. Wolfgang Dierker, Vorsitzender der Geschäftsführung von General Electric Deutschland Holding GmbH und Andreas Franke-Ewald, Senior Director der CEZ Deutschland GmbH, hervor, dass dank LOOXR bis zu 50 % Druckluft eingespart werden könnten. Die Laudatoren verwiesen zudem auf die Leckage-App des Unternehmens.

Die Energy Awards wurden bereits zum siebten Mal von der Energy Academy, einer Initiative des Handelsblatts, vergeben. Prämiert werden herausragende Projekte der deutschen Energielandschaft. Ausgezeichnet wurden Bewerber in den vier Kategorien Smart City, Mobilität, Industrie und Start-up.

---

[13]LOOXR (2020b).

3 Wer „digital" sagt, muss auch „Change" sagen

Digitalisierung bzw. die viel zitierte „Digitale Transformation" auf eine rein technische Ebene zu beschränken, wäre zu kurz gedacht. Gerade wenn Digitalisierung einen nachhaltigen Erfolg für das Unternehmen bringen soll, ist die Auseinandersetzung mit der Unternehmenskultur, zu der auch die Arbeitsweise und Organisationsstruktur gehört, essenziell. Wesentliche Erfolgsfaktoren der digitalen Transformation werden, neben der rein technischen Ebene der *Digitalisierung,* zukünftig die *Innovationsfähigkeit* und *Agilität* von Unternehmen sein.[14]

Viele Unternehmen haben erkannt, dass ein grundlegender Kulturwandel notwendig ist, um die (neuen) Herausforderungen einer digitalisierten Welt zu bewältigen. Mader stellte 2017 die Weichen und schuf die Stabsstelle *„Change Management",* um den Wandel im Kleinen wie im Großen professionell zu begleiten und zu gestalten. Für ein Unternehmen dieser Größe ein ungewöhnlicher Schritt – doch erkannte die Geschäftsführung, dass mit zunehmender Komplexität und Geschwindigkeit der sich verändernden Kundenanforderungen, nur Unternehmen mithalten können, deren Mitarbeitende geübt darin sind, sich auf neue Herausforderungen einzustellen.

2019 initiierte die Geschäftsführung das Change-Programm *„Mader NEXT LEVEL – Agenda 2025",* mit dem die Unternehmensvision und Mission im Unternehmen verankert, das Unternehmen dahin gehend weiterentwickelt und in die Lage versetzt werden soll, die Vision zu verwirklichen.[15] Kernelemente der Unternehmensvision 2025 sind Energieeffizienz und die Digitalisierung des gesamten Druckluftprozesses. Gelingen soll dies durch die Arbeit an folgenden drei Schwerpunkten im Rahmen der „Agenda 2025":

- *Kundenzentrierung:* „Vom technischen Feature zum echten Kundennutzen"
- *Innovation:* „Vom Entweder-oder zum sowohl-als-auch", „Vom Wissen zum Lernen"
- *Zusammenarbeit:* „Vom Marathon zum Sprint", „Vom Silo-Denken zum agilen Team"

Das Programm ist auf mehrere Jahre angelegt und will nicht nur Digitalisierungswissen, Methoden und Tools ins Unternehmen bringen und implementieren – vielmehr soll Schritt für Schritt und durch verschiedene „Interventionen" eine nachhaltige Veränderung der Denkhaltung und eine bewusste Auseinandersetzung mit veränderten Rollen und Erwartungen erreicht werden.

---

[14]Diehl (2020).
[15]Mader (2020b).

4   Fazit

Vernetzung ist das wesentliche Stichwort unserer Zeit. Das Verständnis dafür, dass all unser Handeln miteinander vernetzt ist, dass Dinge, die wir heute tun, Einfluss auf das Morgen haben, dass unsere Handlungen Folgen für andere Menschen haben – dieses Verständnis für die sichtbaren wie unsichtbaren Zusammenhänge, ist die Grundlage nachhaltigen Handelns.

Gleichzeitig ist Vernetzung auf der rein technischen Ebene der Digitalisierung Grundlage für das Funktionieren der vierten Industriellen Revolution – kurz Industrie 4.0. Sensoren und Messgeräte müssen mit Software „vernetzt" sein. Damit Künstliche Intelligenz (KI) ihre Wirkung entfalten kann, müssen Daten zu Informationen werden, was wiederum nur durch Verknüpfung, Aggregation und Vergleich, kurz: Vernetzung, erfolgen kann.

Auch Innovation – ein wesentlicher Erfolgsfaktor für Unternehmen in der heutigen Zeit – entsteht durch Vernetzung. Vernetzung von Gedanken und Ideen unterschiedlichster Menschen aus verschiedenen Disziplinen, die Vernetzung von Wissen, das in der Komplexität unserer Zeit nicht auf einige wenige Köpfe verteilt ist, sondern sich im Austausch miteinander vermehrt. Kooperation statt Silokultur, miteinander statt gegeneinander – um den Herausforderungen unserer Zeit zu begegnen, tun Unternehmen gut daran, Grenzen aufzulösen, statt neue zu schaffen.

Die Verbindung und damit die Vernetzung der Menschen untereinander ist entscheidend. (Agile) Teams funktionieren am besten, wenn sie einer gemeinsamen Vision folgen, die Mitglieder sich einander verbunden fühlen, miteinander agieren und sich so gegenseitig zu Höchstleistungen anspornen. Fehlende Verbindung, in der Sache wie emotional, das rein technische Abspulen von (agilen) Methoden, ist wenig erfolgversprechend.

Die Geschäftsführung des Mittelständlers Mader hat diese Zusammenhänge erkannt und setzt bei der Umsetzung seiner Strategie auf Vernetzung: Von Energieeffizienz und Digitalisierung, von Druckluft und Software, von internem und externem Wissen, von Theorie und Praxis, von Fachexperten und Anwendern, von Strategie und den Menschen, die sie mit Leben füllen.

Literatur

Absatzwirtschaft (2019) Nr. 9. Diese App spürt heiße Luft auf, S 33

Bundesamt für Außenwirtschaft und Ausfuhrkontrolle (BAFA) (2020) Energie. Energieeffizienz. Energieaudit. https://www.bafa.de/DE/Energie/Energieeffizienz/Energieaudit/energieaudit_ node.html. Zugegriffen: 19. Apr. 2020

Diehl A. (2020) Digitale Transformation – Drei Erfolgsfaktoren für deinen digitalen Wandel. https://digitaleneuordnung.de/blog/digitale-transformation/. Zugegriffen: 2. Apr. 2020

Fluid (2016) Nr. 11–12. Die smarte Unterstützung. Druckluft-Leckagen per App im Griff haben, S 40/41

Hildebrandt A, Landhäußer W (Hrsg) (2019) CSR und Energiewirtschaft, Energie als Krisen-potenzial. Die Geschichte hinter dem Mader-Effekt, 2. Aufl. Springer Gabler, Heide, S 191

LOOXR (2019a) Pressemitteilung März 2019. Druckluft: Vom Energiefresser zum voll digitalisierten Energieträger

LOOXR (2019b) Pressemitteilung Juli 2019. Umwelttechnikpreis 2019 für Looxr – Start-up zählt zu den Umwelttechnik-Innovationsführern

LOOXR (2020a) Unternehmensinformation LOOXR

LOOXR (2020b) LOOXR prämiert beim Handelsblatt Energy Awards 2019/2020. https://www.looxr.de/handelsblatt-energy-awards-19-20/. Zugegriffen: 8. Apr. 2020

Radgen P, Blaustein E (Hrsg) (2001) Compressed air systems in the European Union – energy, emissions, savings potential and policy actions

Schmidt M, Spieth H, Haubach C, Preiß M, Bauer J (2019) 100 Betriebe für Ressourceneffizient Band 2 – Praxisbeispiele und Erfahrungen. Springer, Berlin, S 216 („Energieeffiziente Druck-luft aus dem Container")

Mader (2019) Unternehmensinformation Mader GmbH & Co. KG

Mader (2020a) Pressemitteilung Januar 2020. Smart Data Analytics für energieeffizientere Druck-luft

Mader (2020b) Interne Unterlagen. Agenda 2025. Stand: 16.03.2020

Maschinenmarkt (2020) Nr. 8. KI im Kampf gegen Druckluft-Leckagen, S 57–59

Ulrike Böhm, Jahrgang 1981, ist studierte Diplom-Betriebswirtin (Schwerpunkt Marketing) und PR-Referentin. Nach praktischen Erfahrungen im Konzern und im Mittelstand entschied sie sich nach dem Studium bewusst für den Einstieg in einem mittelständischen Unternehmen. Seit 2006 arbeitet sie beim Druckluft- und Pneumatikspezialisten Mader; bis 2017 im Bereich Marketing, danach übernahm sie die neu geschaffene Stabsstelle Change Management. In dieser Funktion unterstützt sie die Geschäfts-führung bei der organisatorischen Transformation und Weiter-entwicklung des Unternehmens. Darüber hinaus betreut sie weiterhin die Pressearbeit. Die Vielfalt der Aufgabengebiete, kurze Entscheidungswege und eine offene Unternehmenskultur sind für sie die großen Pluspunkte des Unternehmens.

Ulrike Böhm (Fotocredit: Hagen Schmitt Photography/Mader GmbH & Co. KG)

Nachhaltigkeit und Digitalisierung in der Küchenbranche

Am Beispiel von Häcker Küchen

Gisela Rehm, Markus Sander und Alexandra Hildebrandt

Was bedeuten digitale Geschäftsmodelle in der Möbelbranche?
Digitalisierung in der Möbelbranche ist mehr als nur vernetzte Küchen oder Haushalts-geräte auf den Markt zu bringen. Für den Kunden ist heutzutage die schnelle Verfüg-barkeit der Produkte ein Muss. Gerade für jüngere Generationen besteht verstärkt der Wunsch nach einer schnelleren Bereitstellung von Konsumgütern. Auch ein Trend zur Individualisierung ist deutlich zu spüren. Einzigartige Produkte stehen hoch im Kurs. Dies bringt sowohl für den Vertrieb als auch für die Produktion eine neue Heraus-forderung mit sich. Ein hoher Automatisierungsgrad in der Produktion und Losgröße 1, die bei Häcker seit vielen Jahren Standard ist, bilden hier eine gute Voraussetzung.

Weshalb müssen heute Business und IT mehr zusammenrücken, und was bedeutet das konkret für Häcker Küchen?
Die IT-Abteilung nimmt in Unternehmen heute eine Schlüsselposition ein, weil hier fachliche Kompetenzen gebündelt und Maßnahmen zur Digitalisierung durchgeführt werden. Da sämtliche Fäden hier zusammenlaufen, betrifft die Wandlungsfähig-keit von Unternehmen heute vor allem diesen Bereich. IT ist bei Häcker Küchen nicht

G. Rehm (✉) · M. Sander
Häcker Küchen GmbH & Co. KG, Rödinghausen, Deutschland
E-Mail: kbaeumer@haecker-kuechen.de
E-Mail: gisela.rehm@donna-rosa.com

M. Sander
E-Mail: msander@haecker-kuechen.de

A. Hildebrandt
Burgthann, Deutschland
E-Mail: drhildebrandt.alexandra590@gmail.com

© Springer-Verlag GmbH Deutschland, ein Teil von Springer Nature 2021   441
A. Hildebrandt und W. Landhäußer (Hrsg.), *CSR und Digitalisierung,* Management-Reihe Corporate Social Responsibility, https://doi.org/10.1007/978-3-662-61836-3_29

nur Werkzeug, sondern Teil des Produktes, der Dienstleistungen oder wesentlicher Prozesse. Die traditionelle IT, die die Beherrschung des Rechenzentrums und anderer IT-Dienstleistungen einst bewerkstelligte, ist heute nur ein Baustein der Abteilung. Selbstverständlich wird bei uns erwartet, dass die IT-Abteilung die Geschäftsprozesse optimal unterstützt, gemeinsam mit den einzelnen Fachabteilungen digitale und virtuelle Lösungen findet und die Kosten unter Kontrolle hat. Das ändert auch das Anforderungsprofil an Mitarbeiter und erweitert das Aufgabenspektrum.

Worin liegen die Herausforderungen?

Der Einsatz von IT-Technologien als Treiber von neuen innovativen Ideen steigt stetig. In nahezu allen Abteilungen und Bereichen eines Unternehmens ist der Wunsch nach Optimierung und Vereinfachung der Prozesse gewünscht. Wiederkehrende und einfache Tätigkeiten werden automatisiert und digitale Programme übernehmen diese Aufgaben. Die nächste Stufe dieser Entwicklung ist die Integration von Vorlieferanten und Kunden. Dies bedeutet, dass nicht jedes Unternehmen für sich Belege und Dokumente erstellt, sondern diese per elektronischer Übermittlung in das EDV-System des Geschäftspartners eingespielt werden. Hier entsteht ein multilaterales Netzwerk der Unternehmen untereinander.

Eine weitere Herausforderung ist die Verfügbarkeit von IT-Spezialisten im eigenen Haus. Sowohl für die Entwicklung von entsprechender Software als auch für die Programmierung ist es wichtig, kompetente Fachkräfte zu haben. Häcker Küchen hat sich hier strategisch gut und sehr stabil mit vielen Wissensträgern und Experten aufgestellt und hat somit immer die komplette Kontrolle als auch den Durchgriff auf alle Systeme, ohne eine Abhängigkeit von externen Anbietern. Die zuvor beschriebenen Aufgaben erfordern keine Einzelkämpfer, sondern gute Kommunikatoren.

Weshalb kann sich Unsicherheiten in Bezug auf die Entwicklung digitaler Geschäftsmodelle in der Möbelbranche heute kein Player mehr leisten?

Die gesamte Produktion wird in den nächsten Jahren noch weiter vernetzt sein. Besonders spannend wird es jedoch beim Produkt: Nach und nach kann zum Beispiel die Musterküche im Küchenstudio sicher durch Virtual-Reality-Präsentationen im Küchenfachgeschäft vor Ort ergänzt werden. Jedes Unternehmen muss seinen individuellen Weg in die Digitalisierung finden. Doch eines haben alle gemeinsam, egal ob Zulieferer, Hersteller oder Händler: den nachhaltigen Kundennutzen, der immer im Mittelpunkt stehen muss.

Kunden werden zunehmend den Kontakt zum Hersteller suchen und in diesem Zusammenhang nach Glaubwürdigkeit, Transparenz und Verlässlichkeit Ausschau halten. Für uns als Küchenmöbelhersteller ist dies eine große Herausforderung, da es sich bei einer freigeplanten Küche um ein komplexes Produkt mit all den vielen möglichen und auch gewünschten Funktionalitäten handelt. Alleine durch die Kombination der im Portfolio befindlichen Artikel können Millionen von verschiedenen Küchen geplant werden.

Wie werden Innovationen die Produktion, Wertschöpfungsketten und Geschäftsmodelle verändern? Was bedeutet das für die Küchenbranche?

Mit dieser Frage hat sich auch die Erich-Gutenberg-Gesellschaft (EGG) aus Herford beschäftigt – bei der starken Küchenindustrie in Ostwestfalen ist dies naheliegend. Markus Miele, geschäftsführender Gesellschafter bei Miele, und Markus Sander, Geschäftsführer Vertrieb, Marketing und Controlling bei Häcker Küchen, sprachen im Juli 2018 bei Häcker Küchen in Rödinghausen im Rahmen des Unternehmergesprächs der EGG über die Küche der Zukunft. Markus Sander sagte damals, dass sich die Branche auch dem demografischen Wandel anpassen muss. Deshalb ist es wichtig, schon jetzt richtig zu planen und vorausschauend zu handeln: Wir müssen darauf achten, dass sich ältere Personen in einer Küche anders bewegen als Jüngere – beispielsweise beim Bücken oder Heben. Die Ergonomie ist in der Küche ein wichtiger Faktor, also hoch eingebaute Geräte und die optimale Arbeitshöhe sind hierfür Beispiele. Zu beachten ist auch, dass sich die Bevölkerungsstruktur in den einzelnen Ländern unterschiedlich entwickeln werde. In den USA bleibt sie weitestgehend gleich, China würde durch die damalige Ein-Kind-Politik älter. Dies stellt auch andere Anforderungen an Küchenmöbel in den Regionen der Welt.

Zur Herausforderung durch die Urbanisierung gehört es auch, auf kleinem Raum eine vollwertige Küche anzubieten. Moderne optimierte Küchen integrieren aktuelle gesellschaftliche Trends. Smart-Home-Systeme, also intelligente Haussysteme, können wirkungsvoll die Energieeffizienz erhöhen und den Energieverbrauch der Bewohner senken. Ohne digitale Schnittstellen und Steuerungselemente wird es allerdings weder ein Smart-Grid noch ein Smart-Home geben. Nur durch die Digitalisierung wird die Integration der neuen Energiewelt mit hoch volatilen Erzeugungskapazitäten (überwiegend aus Wind und Sonne) in die bestehende Netzinfrastruktur zu meistern sein.

Auch wenn das Gütersloher Unternehmen Miele eher mit Waschmaschinen und Staubsaugern assoziiert wird, machen Küchengeräte fast die Hälfte des Umsatzes aus. Hier sorgen kollaborierende Roboter für Entlastung der Mitarbeiter, und Künstliche Intelligenz (KI) unterstützt den Kundendienst bei Fehlerdiagnosen. Wenn Kunden beispielsweise telefonisch Probleme mit einem Küchengerät erläutern, berechnet die KI eine Wahrscheinlichkeit, welches Teil am Gerät ausgetauscht werden muss. Das ist eine wichtige Unterstützung für Mitarbeiter, die sich in einem Gebiet noch nicht so gut auskennen, sagte Dr. Markus Miele. Es würden zwar mehr Menschen eine TV-Kochshow ansehen, aber das heißt noch lange nicht, dass sie kochen können. Mit technischen Geräten möchte das Unternehmen die verloren gegangene Kompetenz auffangen. Steuerung über „Alexa" oder andere Assistenzsysteme gibt es ebenfalls seit Langem. Kern ist ein herausragendes Prozess-Know-how.

Die globalen Herausforderungen lassen sich nur gemeinschaftlich lösen. Grundlage dafür ist die für alle Staaten gültige Agenda 2030, die im September 2015 auf einem Gipfel der Vereinten Nationen von allen Mitgliedsstaaten verabschiedet wurde. Das Kernstück bildet ein Katalog mit 17 klaren Zielen für alle 193 ratifizierenden

Nationen. Welche Bedeutung haben die Sustainable Development Goals (SDG) für Häcker Küchen?

Die Vereinten Nationen haben alle Länder dazu aufgerufen, mit Nachdruck an dieser Entwicklung auf der Basis der Eigeninitiative und der Selbstverantwortung mitzuwirken. Deutschland erklärte seine Absicht, die Transformation im Hinblick auf eine ökologisch, ökonomisch und sozial tragfähige Zukunft voranzubringen – das betrifft auch Unternehmen wie Häcker Küchen. Ziel 4 der SDGs beinhaltet beispielsweise, dass für alle Menschen eine chancengerechte und hochwertige Bildung sowie Möglichkeiten zum lebenslangen Lernen sichergestellt wird. Dabei sind auch deutsche Unternehmen gefordert, die zwar regional und lokal verwurzelt sind, aber auch global agieren. Nachhaltiges Wirtschaften ist für uns eine Selbstverständlichkeit – ebenso das gesellschaftliche Engagement.

Das Beispiel Sierra Leone sei hier ausgewählt, weil es besonders deutlich zeigt, was Corporate Social Responsibility konkret bedeutet und wie verschiedene Unternehmensaspekte nachhaltig ineinandergreifen: Nach dem Ende des Bürgerkrieges 2002 kaufte das YDP Grundstücke am Rande des Dorfes Kissi Town an der Ostküste Sierra Leones. 2007 bauten sie das erste Gebäude. Seit 2008 werden in dem Gebäude die ersten Vorschul-Klassen unterrichtet. Sie lernen hier lesen, schreiben und rechnen. Häcker Küchen stieg 2010 als Groß-Spender in das Projekt ein. 2012 konnte mit der finanziellen Hilfe von Häcker Küchen ein Schulgebäude mit drei Klassenräumen gebaut werden. Um das Projekt zu fördern, wurde es in der Hausmesse von Häcker im September 2018 im Gebäude am Firmenstammsitz vorgestellt. Hierher kommen Küchenstudiobesitzer und Küchenverkäufer, die Schulungen beim Küchenhersteller absolvieren und dabei durch die Küchenausstellung gehen. So kann ein regionaler Hersteller auch auf globaler Ebene soziale Verantwortung übernehmen und einen Beitrag zur Erfüllung der SDG's leisten.

Welche Rolle spielen dabei Digitales und Analoges?

Digitale Elemente waren und sind hier genauso wichtig wie das Analoge. Um alles greifbarer zu machen, ließen wir die hölzernen Bänke eines Klassenzimmers nachbauen, ebenso ein Fenster. Auf dem Flachbildschirm an der Wand stellt ein kurzer Film das YDP-Projekt vor, Flyer werben dafür, das Projekt zu unterstützen, beispielsweise mit einer Lehrer-Patenschaft von 60 EUR im Monat, die Teil der Qualitätsoffensive der „YDP Kissi Town School" ist. Um den Kontakt zu den Lehrern der Kissi Town School und auch zum National Coordinator vor Ort in Sierra Leone zu gewährleisten, gibt es regelmäßige WhatsApp Calls und es werden wichtige Dinge auch per E-Mail ausgetauscht. Somit sind ein nachhaltiger Erfolg und auch eine optimale Zusammenarbeit erst möglich.

Die Digitalisierung ist ein umfassender, gesellschaftsweiter Akt der Transformation. Dies setzt Unternehmen unter Druck, denn die Rahmenbedingungen ändern sich immer schneller. Vor allem die Personalabteilungen stehen vor schwierigen Aufgaben, die mit bisher gängigen Instrumentarien kaum mehr zu bewältigen sind.

Es braucht deshalb einen Paradigmenwechsel gegenüber traditionellen Ansätzen des Personalmanagements. Was tut Häcker Küchen, um hier bestehen zu können?

Flexibilität und Lernfähigkeit sind für uns grundlegende Kompetenzen, aber auch der Mut, mithilfe von digitaler Technik und neuen Ideen die gewohnten Trampelpfade zu verlassen und sich für deren Umsetzung bzw. Integration mit Leidenschaft einzusetzen. Wichtig ist auch eine hohe Mitarbeiteridentifikation, die zu besserer Leistung im Alltag führt. Ein wichtiger Baustein hierfür ist die kontinuierliche interne Weiterbildung in unserem eigenen Campus. Drei Mal pro Jahr finden dort die sogenannten Campus-Tage statt. Hierbei handelt es sich um ein Format, wo zeitgleich vier verschiedene Module (a`1,5 h) zu verschiedenen Themen stattfinden und der Mitarbeiter die Möglichkeit hat, sich je nach Bedarf die für ihn passenden Fachgebiete auszuwählen.

In diesem Häcker Campus werden jährlich auch ca. 2000 Küchenfachverkäufer und Inhaber von Küchenstudios mit einer großen Anzahl an verschiedensten Seminaren und Workshops ausgebildet. Ein Baustein hierbei ist auch der Campus online – wo unsere Kunden die Möglichkeit haben, sich virtuell quasi online fortzubilden. Ganz im Sinne der Nachhaltigkeit fallen hier keine Reisekosten an und die Lerneinheiten können beliebig oft wiederholt werden. Ein Win-Win für alle Beteiligten.

In Ihrer hochtechnisierten Produktion geht es zwar um das Bedienen der Maschinen – dennoch soll den Auszubildenden eine möglichst breite Basis mitgegeben und der Werkstoff Holz nahegebracht werden. Warum?

Um den Werkstoff Holz zu verstehen, bzw. zu wissen, wie dieser reagiert und was passiert, wenn man ihn sägt, bohrt, schleift, bekantet oder lackiert, bringt Häcker den Auszubildenden in der Lehrwerkstatt genau dieses Wissen bei. Dort wird das nötige Fingerspitzengefühl für den Werkstoff Holz vermittelt und durch zahlreiche Projekte wird aus der Theorie die Praxis. Ganz eigenständig erstellen die Azubis ganze Möbelstücke und sind von der Zeichnung bis über die Materiallisten hin zur Erstellung von Arbeitsablaufplänen selbst für diese Projekte verantwortlich. So stellt Häcker sicher, dass diese jungen Mitarbeiter den gesamten Prozess verstehen und hinterher ihr ganzes Wissen in Teilbereichen der Produktion einsetzen können.

Trotz des hohen Automatisierungsgrades in der Fertigung von Häcker ist es wichtig, auch im Zeitalter der Digitalisierung ein Grundverständnis und handwerkliche Fähigkeiten zu haben, um die Welt gestalten zu können und mit einem der nachhaltigsten Werkstoffe umgehen zu lernen.

Auf welche Weise werden Ihre Auszubildenden gefördert?

Die Auszubildenden und dualen Studenten lernen bei Häcker Küchen alle Abteilungen der gesamten Wertschöpfungskette innerhalb des Unternehmens kennen. Alle zwei Monate wechseln die Azubis die Abteilungen und bekommen somit einen umfassenden Einblick in die unterschiedlichsten Bereiche. In allen Abteilungen gibt es Ausbildungsbeauftragte, die sich um die Einarbeitung der jungen Nachwuchskräfte kümmern. Um die Qualität dieser Ausbildungsbeauftragten auf einem möglichst hohen Niveau zu halten, werden diese mindestens einmal pro Jahr entsprechend mit unterschiedlichen Schwerpunktthemen geschult. Ein großer Schwerpunkt in der Ausbildung bei Häcker liegt auch auf der Digitalisierung. Alle Azubis lernen den Umgang mit den vielfältigen Softwareprogrammen in den einzelnen Abteilungen intensiv in der Anwendung kennen. Digitale Systeme kommen auch im internen Förderunterricht sowie in der Prüfungsvorbereitung zum Einsatz.

Aber auch das Unternehmen Häcker Küchen lernt von den neuen Mitarbeitern, für welche die digitalen Systeme eine Selbstverständlichkeit sind und uns das Kundenverhalten von morgen spiegeln können.

Allen kaufmännischen Auszubildenden steht im Rahmen ihrer Ausbildung ein mehrwöchiger Auslandsaufenthalt zu, bei welchem sie Kunden oder Zulieferer näher kennenlernen und dort entsprechend im Betrieb mitarbeiten dürfen.

Jährlich werden die Auszubildenden nach ihrer Zufriedenheit befragt, um den hohen Qualitätsanspruch von Häcker zu garantieren. Zudem gibt es regelmäßige Beurteilungs-, Feedback- und Perspektivgespräche für die jungen Nachwuchskräfte. In Ausbildung zu investieren ist besonders nachhaltig und ermöglicht die Entwicklung von internen Führungskräften.

Weshalb muss der Wandel bei neuen Technologien und Geschäftsmodellen mit einem Wandel bei der Managerausbildung einhergehen?

Unternehmen sollen zum Erreichen der Sustainable Development Goals (SDGs) beitragen. Deshalb braucht es auch hier entsprechende Gestaltungskompetenzen, Ausbildungs- und Weiterbildungsmöglichkeiten. Die DIHK-Bildungs-GmbH entwickelt ein modulares, bundeseinheitliches IHK-Management-Training, das Führungskräfte dafür qualifiziert, die Prinzipien von Nachhaltigkeit in ihrem beruflichen Handeln konkret anzuwenden (dazu der aktuelle Imagefilm von Häcker Küchen auf Youtube: https://www.youtube.com/watch?v=ouPPcAzl0MQ). Das Projekt „Nachhaltig Erfolgreich Führen" wird vom Bundesministerium für Bildung und Forschung gefördert und von der IHK-Organisation gemeinsam mit der DIHK-Bildungs-GmbH realisiert. Es werden damit folgende Ziele verfolgt: Nachhaltigkeit als Leitmotiv und Strategie einer zukunftsorientierten Unternehmensführung im Management (insbesondere der mittelständischen Wirtschaft) weiter zu implementieren; erweiterte bereichsspezifische Kompetenzen zu trainieren, um die operative Arbeit des mittleren Managements im jeweiligen Verantwortungsbereich unter Aspekten der Nachhaltigkeit weiterzuentwickeln.

Die bisherige Praxis zeigt, dass Nachhaltigkeitsmanagement seine Wirksamkeit nicht optimal entfalten kann, wenn es allein aus einer einzelnen Abteilung heraus betrieben wird …

Das IHK-Management-Training zielt deshalb darauf ab, die Nachhaltigkeitsgrenzen in Unternehmen zu überwinden. Es braucht dafür allerdings auch und vor allem die Unterstützung der obersten Führungsebene bzw. des Inhabers sowie der Bereichsleiter sowie der CSR-/Nachhaltigkeitsmanager. Am 24. Oktober 2019 fand die 2. Sitzung des Fachlichen Beirats des Projekts „Nachhaltig Erfolgreich Führen – IHK-Management-Training" bei Häcker Küchen am Standort in Rödinghausen statt. Wir sind Teil des Projektbeirats und haben ihn zu einer Firmenführung eingeladen. Hier stellten wir die Nachhaltigkeitsvorhaben bzw. CSR-Ausrichtung des Unternehmens vor sowie die hochautomatisierte Produktion.

Es liegt uns sehr daran, ein allgemeines Bewusstsein dafür schaffen, dass Nachhaltigkeit eine große Bedeutung für unsere Gesellschaft einnehmen muss und nicht losgelöst von Digitalisierungsprozessen betrachtet werden darf. Die Vorstellung von Nachhaltigkeit ist hier mit folgenden drei Tätigkeitsbereichen verbunden: globale Wertschöpfungsketten, einem effizienten Umgang mit natürlichen und begrenzten Ressourcen und der Verpflichtung zum transparenten gesellschaftlichen Dialog. Dazu müssen Hebel – individuelle Veranstaltungsformate in Organisationen wie IHKs, Gremien von IHKs, Arbeitskreise, Wirtschaftsjunioren, Wirtschafts- bzw. Forschungsnetzwerke, Cluster – gefunden, gestaltet und nutzbar gemacht werden.

Im Herbst 2019 hat Häcker Küchen seinen ersten Nachhaltigkeitsbericht veröffentlicht. Was war der Grund dafür?
Wir möchten unsere Aktivitäten, Strategien sowie Maßnahmen und Ziele allen Interessierten sichtbar machen und bringen deshalb alle zwei Jahre einen Nachhaltigkeitsbericht heraus. Ein effektives und systematisches Nachhaltigkeitsmanagement ist für uns kein grünes Feigenblatt, sondern ein wichtiges Instrument zur strategischen Ausrichtung und Teil des Erfolges. Es ist allerdings auch mit dem Anspruch verbunden, die Nachhaltigkeitsleistung des Unternehmens kontinuierlich zu verbessern und die eigene Strategie weiterzuentwickeln. Dazu ist das Unternehmen auch bereit, erhebliche Mittel zu investieren, um Markt und Meinungsführer zu sein.

Weshalb haben im Digitalisierungszeitalter viele traditionelle Bezeichnungen wie „Werkstatt" überlebt, die das Alte und Neue nachhaltig verbinden?
Hier wird heute nicht mehr nur geschraubt und gewerkelt – es stehen vor allem Ästhetik, Komfort und Kochen im Fokus. Frank Schwab ist Inhaber der Küchenwerkstatt im österreichischen Götzis. Hier lernte er das Tischlerhandwerk „von der Pike" auf und verbindet es mit der aktuellen Entwicklung, in der das traditionelle Handwerk nicht verschwindet. Wirtschaftlich spielt es in Deutschland eine bedeutende Rolle. Auch Ulrich Meyer-Bröcker vom Unternehmen Meyer Holzbearbeitung, das seit 1978 mit Häcker Küchen in Rödinghausen zusammenarbeitet, hat mit einer Tischlerei begonnen, bevor er zu einem erfolgreichen Dienstleister der Möbel- und Küchenindustrie wurde. Sämtliche Arbeitsschritte, vom Zuschnitt über die Bekantung bis hin zur eigenen Lackiererei werden hier mit einem modernen Maschinenpark abgebildet – dennoch stehen das Handwerk und die Bedeutung des Haptischen hier noch immer im Mittelpunkt. Beispielsweise bei der abschließenden Qualitätskontrolle, wenn das geschulte Auge Maserung und Oberfläche beurteilt und die fließenden Handbewegungen die Front perfekt lackieren. Händler und

Endkunden wollen Qualität und Erscheinungsbild nicht nur mit den Augen, sondern auch mit den Fingerspitzen wahrnehmen.

Im Nachhaltigkeitskontext ist heute nicht allein die Transparenz über das Handeln entscheidend. Es braucht auch verständliche Geschichten, die vermitteln, warum Unternehmen mit ihren Produkten und Dienstleistungen zu einer nachhaltigen Entwicklung beitragen. Wie wird dies bei Häcker Küchen umgesetzt?

Im Rahmen der Hausausstellung 2019 wurde zum Beispiel ein „Nachhaltigkeitsraum" vorgestellt: Wer durch die überdimensionale Bienenwabe geht, soll das soziale und ökologische Engagement des Unternehmens in einer neuen Dimension erleben. Vom heimischen Bienenprojekt bis zum Bildungsprojekt in Sierra Leone (Afrika) finden Besucher eine Reihe von Maßnahmen, die das Unternehmen zum Umwelt- und Naturschutz sowie im Rahmen der Sozialverantwortung durchführt. Der dazugehörige Nachhaltigkeitsbericht „Aus Tradition verantwortungsvoll" fasst sämtliche Maßnahmen zusammen und enthält unter anderem Informationen zum Geschäftsmodell und der Unternehmensstrategie.

Abb. 1 BU: QR Code zur neuen Nachhaltigkeitsdokumentation von Häcker Küchen

Das Interview führte Dr. Alexandra Hildebrandt.

Gisela Rehm (Fotocredit: Häcker Küchen)

Gisela Rehm, Jahrgang 1972, war von Dezember 2016 bis März 2021 Marketingleiterin bei Häcker Küchen in Rödinghausen. Zu ihrem Verantwortungsbereich gehören neben dem Marketing auch der Bereich Innenarchitektur. Sie war für die Marke weltweit verantwortlich und hat sich gemeinsam mit ihrem 50-köpfigen Team sowohl um den Markenauftritt in den jeweiligen Ländern, die Außendarstellung als auch um klassische Marketingmaßnahmen gekümmert. Davor arbeitete sie als Marketingleiterin bei der Smeg Hausgeräte GmbH und verantwortete unter anderem die Marketingstrategie für Deutschland und Österreich. Zuvor arbeitete Gisela Rehm 15 Jahre bei BSH Bosch Siemens Hausgeräte: unter anderem im Produktmarketing und Vertrieb bei den Marken Bosch, Siemens, Neff und Gaggenau. Auslandserfahrung sammelte sie zwei Jahre lang als Vertriebsdirektorin bei Kitchen Resource in den USA.

Markus Sander, Jahrgang 1964, Dipl.-Wirtsch.-Ing., studierte von 1985 bis 1992 an der TU Kaiserslautern und University of Birmingham (England). Von 1992 bis 1995 arbeitete er als Unternehmensberater im Bereich Produktion & Logistik bei der Fraser GmbH. Von 1995 bis 1999 war er Geschäftsführer bei der Ed. Drögemeyer GmbH+Co. und von 1999 bis 2006 Geschäftsführer Vertrieb, Technik und Produktion bei der Stiegelmeyer GmbH & Co. KG. Von 2007 bis 2014 war er Vorstand bei der Westag & Getalit AG. Seit 2015 ist Markus Sander Geschäftsführer Vertrieb, Marketing und Controlling bei der Häcker Küchen GmbH & Co. KG.

Markus Sander
(Fotocredit: Häcker
Küchen)

Dr. Alexandra Hildebrandt, Jahrgang 1970, ist Publizistin und Nachhaltigkeitsexpertin. Sie studierte Literaturwissenschaft, Psychologie und Buchwissenschaft. Anschließend war sie viele Jahre in oberen Führungspositionen der Wirtschaft tätig. Bis 2009 arbeitete sie als Leiterin Gesellschaftspolitik und Kommunikation bei der KarstadtQuelle AG (Arcandor). Beim Deutschen Fußball-Bund (DFB) war sie 2010 bis 2013 Mitglied der DFB-Kommission Nachhaltigkeit. Den Deutschen Industrie- und Handelskammertag unterstützte sie bei der Konzeption und Durchführung des Zertifikatslehrgangs „CSR-Manager (IHK)". Sie leitet die AG „Digitalisierung und Nachhaltigkeit" für das vom Bundesministerium für Bildung und Forschung geförderte Projekt „Nachhaltig Erfolgreich Führen" (IHK Management Training). Im Verlag Springer Gabler gab sie in der Management-Reihe Corporate Social Responsibility die Bände „CSR und Sportmanagement" (2014, 2. Aufl. 2019), „CSR und Energiewirtschaft" (2015, 2. Aufl. 2019) und „CSR und Digitalisierung" (2017, 2. Aufl. 2021) heraus. Aktuelle Bücher bei Springer Gabler (mit Werner Neumüller): „Visionäre von heute – Gestalter von morgen" (2018) und „Klimawandel in der Wirtschaft. Warum wir ein Bewusstsein für Dringlichkeit brauchen" (2020).

Dr. Alexandra Hildebrandt
(Fotocredit: Nicole Simon
Photography)

Zur Bedeutung der digitalen
Infrastruktur im Prüflabor eines
Küchenherstellers

Bastian Bäumer

1   Qualität und Nachhaltigkeit

Häufig leisten neuartige Produkte einen wichtigen Beitrag zur ökologischen Modernisierung der Wirtschaft. Doch sie müssen vor der erfolgreichen Markteinführung und Verbreitung zunächst auf ihre Marktfähigkeit erprobt und präzise geprüft werden. Dies wird im Folgenden am Beispiel des familiengeführten Unternehmens Häcker Küchen gezeigt, welches von Herman Häcker im Jahre 1898 gegründet wurde. Derzeit werden über 60 Länder auf allen Kontinenten mit Häcker Küchen beliefert. Im Geschäftsjahr 2019 hat das Unternehmen mit 616 Mio. EUR ein Umsatzwachstum von 2,3 % erzielt (2018: 602 Mio. EUR). Produziert werden die modernen Einbauküchen am Standort Rödinghausen. Das Unternehmen betreibt ein modernes Qualitäts-, Umwelt- und Energiemanagementsystem (DIN EN ISO 9001, DIN EN ISO 14001, DIN EN ISO 50001). Die Zertifizierungsstelle LGA Intercert GmbH (TÜV Rheinland) hat dem Unternehmen bescheinigt, dass in allen Bereichen – von der Produktentwicklung über die Produktion und Montage bis hin zum Kundendienst – ein prozessorientiertes Qualitätsmanagementsystem implementiert ist, das den Anforderungen der DIN EN ISO 9001 entspricht.

Eine hochmoderne Fertigung ermöglicht zusammen mit dem werkseigenen Fuhrpark die präzise Erfüllung der Kundenanforderungen. Die in Zeiten der Globalisierung über Jahrzehnte hinweg gleichbleibenden Werte sind hier durch eine hohe ökonomische, ökologische und soziale Verantwortung geprägt und unterstreichen zugleich die Philosophie „Made in Germany". Das Qualitätssiegel ist heute allerdings kein entscheidender Wettbewerbsvorteil mehr, denn Schnelligkeit und Servicequalität sind mittlerweile wichtiger

B. Bäumer (✉)
Häcker Küchen GmbH & Co. KG, Rödinghausen, Deutschland
E-Mail: KBaeumer@haecker-kuechen.de

© Springer-Verlag GmbH Deutschland, ein Teil von Springer Nature 2021
A. Hildebrandt und W. Landhäußer (Hrsg.), *CSR und Digitalisierung,* Management-Reihe Corporate Social Responsibility, https://doi.org/10.1007/978-3-662-61836-3_30

451

als das Ringen „um ein möglichst geringes Spaltmaß" (Fischer 2019). Dennoch wirbt der Küchenhersteller Häcker mit diesem Qualitätsmerkmal, denn deutsche Küchen sind vergleichbar mit deutschen Automarken, die bislang für Sicherheit, Qualität, Partnerschaft, Erfahrung, Verlässlichkeit, Innovation und Leistungsstärke standen. Während früher die Kennzeichnungsvorschriften dazu dienten, Waren von Kriegsgegnern zu erkennen und zu boykottieren, gelten Herkunftsangaben wie „Made in Germany" heute noch immer als Qualitätsmerkmal. Weltweit wird Deutschland auch um seine traditionsbewussten Familienunternehmen beneidet, die fest verwurzelt sind mit der Region, aus der sie stammen. Tradition und Begriffe wie der „Ehrbare Kaufmann" oder das „gute Unternehmertum" werden mit ihnen häufig in Verbindung gebracht. „Sie müssen allerdings auch flexibel und schnell sein in einem sich ständig wandelnden Umfeld sowie Partner und Kunden emotional erreichen und langfristig an sich binden können. Ihre eigene Geschichte gehört zu ihren wertvollsten Ressourcen, denn Unternehmen mit einer nachhaltigen Vergangenheit können ernten, was in langen Zeiträumen gewachsen ist." (Hildebrandt 2019a)

Der Qualitätsbegriff, der vom lateinischen Wort „qualitas" (Beschaffenheit, Zustand, Merkmal oder Eigensinn) abstammt, kommt heute allerdings auch nicht mehr ohne das Thema Nachhaltigkeit aus. Denn Qualität bedeutet auch, mit wertvollen Ressourcen effizient und schonend umzugehen. Umwelt- und ressourcenschonende Produktion, Lagerung und Transport sollten dabei genauso berücksichtigt werden, wie ein verantwortungsbewusster Umgang mit Energie, Abfall und Abwasser.

Mit „PUResist" wird eine Begriffsführung aufgegriffen, die das Unternehmen bei der im Verlauf des Jahres 2013 vorgenommenen Umstellung auf die PUR-Verleimung von Dickkanten eingeführt hat. Diese als Alternative zur Lasertechnologie ausgewählte innovative Verleimungsart wird hier unter der Bezeichnung „PUResist" vermarktet. Damit werden nach Angaben des Unternehmens höchste Qualitätseigenschaften bei allen Kanten erreicht: Sie sind wasserabweisend und zeichnen sich durch Widerstandsfähigkeit aus. Dafür wird ein formaldehyd- und lösungsmittelfreier Polyurethan-Reaktionsklebstoff verwendet. Partnerschaft, Vertrauen und Zusammenarbeit sind hier die Grundlage für Qualität. Damit wird die Aussage des Publizisten Wolf Lotter bestätigt, der darauf verweist, dass Qualitätsmanagement ohne die aktive Mitwirkung des Kunden nicht auskommt. Er sollte Kooperationspartner sein: „Gute Qualität ist das Ergebnis einer Beziehung, bei der nicht die eine Seite ständig der anderen sagt, was gut für sie ist." (Lotter 2019)

2   Das Prüflabor im 21. Jahrhundert

Bevor eine neue Küchenfront in die Produktion geht, hat sie auch bei Häcker Küchen in Rödinghausen schon viele Tests hinter sich. Inzwischen ist es – dank der Zusammenarbeit von Gebäudetechnik, Instandhaltung, EDV- und Tableau-Spezialisten bis zum Marketing – ein ansehnlicher Teil von Werk 4 geworden, in welchem wöchentlich inzwischen ca. 350 Wasserbedampfungen stattfinden, viele Teile von Vorlieferanten und aus der eigenen Produktion geprüft werden (pro Woche ca. 200–300 weitere Prüfungen).

In nur wenigen Monaten Bauzeit entstand ein hochmodernes Prüflabor, das wohl seinesgleichen in der Möbelindustrie sucht und dafür sorgen wird, dass das Thema Qualität noch einmal verbessert wird – auch wenn dafür manches Werkstück zerstört werden muss. Die neuen Räumlichkeiten sind modern, hell und klar strukturiert. Auch die Erweiterung von ca. 40 Quadratmeter auf 300 Quadratmeter Laborfläche gibt uns Raum, neben den bestehenden, jetzt auch neue Aufgaben präzise zu bearbeiten (Das neue PRÜFLabor 2019).

Für den Laien ist nur ein leises Knacken vernehmbar. Dem Profi allerdings geht es durch Mark und Bein. Mittlerweile ist die Holztraverse Geschichte. Als Qualitäts-manager Labor bei Häcker Küchen, spannte ich das bis vor einiger Zeit noch intakte Holzstück in eine Prüfvorrichtung, hob die Zugkraft per Knopfdruck auf eine Tonne an und sorgte dafür, dass das Holz zerbrach. Das „zerstörerisch" Anmutende hat einen produktiven Hintergrund. In unserem neuen Prüflabor können wir jetzt noch besser die Qualität unserer angelieferten Materialien überprüfen.

Das Prüflabor ist ein unverzichtbarer Teil der nachhaltigen Wertschöpfungskette geworden. Es geht dabei vor allem um folgende Aspekte:

- Sämtliche Prozesse greifen ineinander.
- Es wird papierlos gearbeitet: Es geht um durchgängige Prozesse, die alle Arbeits-schritte der Administration zusammenführen, verknüpfen und weitgehend auto-matisieren.
- Produkte werden auf ihre Gebrauchstauglichkeit geprüft und ihre Eignung nach-gewiesen bzw. sichergestellt.
- In einigen Bereichen möchte sich das Unternehmen nicht länger auf Zertifikate oder Produktdatenblätter verlassen, sondern eigenständig diese Tests durchführen.
- Es soll mehr Rechtssicherheit geschaffen werden.
- Materialien sollen miteinander verglichen und die Qualität der Lieferanten besser ein-geschätzt werden.
- Die eigenen Prozesse sollen kontrolliert und überwacht werden.

Geschäftsführer Stefan Möller nahm im August 2019 mit seinen Mitarbeitern das neu geschaffene Prüflabor in Betrieb (Abb. 1): Auf rund 300 Quadratmetern steht nun alles im Zeichen von Normen, Messungen und Werten. Was früher an unterschiedlichen Stellen im Unternehmen getestet und überprüft wurde, findet nun an zentraler Stelle im professionellen Prüflabor statt. Durch die anstehenden Veränderungen mit dem Stand-ort Venne (Landkreis Osnabrück) wurde frühzeitig dieser Bereich in der Produktion in Rödinghausen für das Qualitätslabor bereitgestellt. Dabei wird die Arbeit im neuen Labor zukünftig beide Standorte betreuen und überwachen. Auf 215.000 Quadratmetern baut Häcker Küchen sein neues Werk in Venne im Osnabrücker Land. In Rödinghausen bewegt sich das Unternehmen auf Kapazitätsgrenzen zu. Um das weitere nachhaltige

Abb. 1 Ausgang Prüflabor. (Copyright: Häcker Küchen)

Wachstum zu sichern, investiert Häcker Küchen in dieses zusätzliche Werk. Auf einer Gesamtfläche von rund 212.000 Quadratmetern und mit 450 neuen Arbeitsplätzen eine der modernsten Produktionsstätten für Küchen weltweit. Das Werk wird mit Produktion, Lager, Lackiererei und Versand autonom sein. Für die Elektroinstallation sind Kabel auf einer Länge von insgesamt 370 km verlegt worden: 10 km Mittelspannungskabel, 13,5 km Lichtbandsystem für 2000 Leuchten, 60 km EDV-Kabel sowie viele weitere Kabel.

Mit einer Fläche von über 50.000 Quadratmetern nimmt der Produktionsbereich die größte Fläche des dreiteiligen Baus in Anspruch. Der Wareneingang umfasst über 5500 Quadratmeter und die Versandhalle 25.000 Quadratmeter. Künftig sollen hier täglich bis zu 5000 Küchenschränke auf 33 Lkw abtransportiert werden. 450 Fachkräfte (Produktionsmitarbeiter, Maschinenbediener, Mitarbeiter für den innerbetrieblichen Transport sowie Kraftfahrer und Versandmitarbeiter) werden hier arbeiten. „Wir wollen und werden hier nicht nur normenkonforme Prüfungen durchführen, sondern überprüfen auch, ob wir unseren häufig noch höheren, eigenen Ansprüchen immer gerecht werden" (Das neue PRÜFLabor 2019), so Thomas Spilker, Leiter Qualitätswesen. Gemeinsam mit Matthias Mosenthin, Leiter Konstruktion, stattete er das Prüflabor mit modernstem Equipment aus. Fronten werden hier in einer Apparatur über zwei Wochen lang bei 40° und 85%iger Luftfeuchtigkeit getestet – ein paar Meter weiter müssen andere Fronten 3 mal 30 Minuten lang Wasserdampf über sich ergehen lassen. „Wir liefern in alle Welt. Da ist es wichtig, dass unsere Produkte auch für diesen internationalen Einsatz geeignet sind. Wer sich vorstellt, dass ein Container auch schon mal in Südostasien eine gewisse Zeit im Hafen, in der prallen Sonne steht, ehe er im tropischen Klima geöffnet wird, der weiß, dass wir hier im neuen Labor Bedingungen simulieren, die sehr nah an der Praxis sind" sagt Spilker.

Das Qualitätswesen prüft alles auf Einhaltung von Normen auf Basis einzelner Bauteile. Die Konstruktion überwacht und testet daneben an gleicher Stelle nun komplette Häcker-Produkte auf Funktion und Dauerhaltbarkeit. Deshalb soll die nun vorhandene Prüfkapazität genutzt werden, um die „sehr guten" Produkte sukzessive weiter zu verbessern. Es geht also darum, das nachzustellen, was die Küchen, die Einzelteile, die Fronten und Materialien vor Ort beim Kunden „erleben" werden. Deshalb werden hier Kanten über Wochen und Monate direkter Sonnenausstrahlung ausgesetzt werden. So etwas lässt sich nicht simulieren, das muss genauso nachgestellt werden, um seine Schlüsse daraus ziehen zu können. Chemische Tests schließen sich daran an. Dabei geht es beispielsweise um folgende Fragen: Was passiert, wenn sich Rote-Beete-Saft, Tomatenketchup oder Rotwein über Arbeitsplatten und Fronten ergießen? Wie viel Zeit bleibt, um alles rückstandslos wieder entfernen zu können? Dies wurde auch früher schon untersucht und getestet – allerdings nie an einem Ort, nie so kompakt und professionell wie heute.

Verwiesen sei auch auf eine wichtige Anregung aus Indien, wo eine erhöhte Erdbebengefahr besteht: So sollten bei statischer Beladung auch Vibrationen nicht vernachlässigt werden. Aus Dubai wurde auf ein stark färbendes Gewürz verwiesen, das schnell zu Verfärbungen führt. 2020 werden mindestens zwei weitere Prüfungen aufgenommen und das entsprechende Prüfequipment beschafft.

Ein weiterer Schwerpunkt liegt auf der Prüfung von neuen Materialien vor Einführung in den Produktentwicklungsprozess. Das war vorher nur eingeschränkt möglich. Um das Prüflabor komplett zu machen, wurde eine digitale Infrastruktur angelegt, wurden Datenbanken aufgebaut, die nun direkt übernehmen, was an den Prüfstellen ermittelt wurde. Man kann hier von einem papierlosen Labor sprechen: Ich bekomme auf einem großen Bildschirm angezeigt, welches Prüfstück gerade wie abgeschnitten hat. Neben ihm arbeitet Jörg Meier fest im Prüflabor mit. Ein dritter „Kollege" ist ein festgeschraubter Roboter, der Tag und Nacht arbeitet. „Man hat ja das Bild von alten Prüfmaschinen vor Augen, die meist mit Kolben arbeiteten und Zug oder Druck simuliert haben" so Jörg Meier. Der neue Prüfroboter kann jedoch weitaus mehr. Als kollaborierender Roboter ist er vielseitig einsetzbar, überprüft in einem Arbeitsgang gleich mehrere Produkte und wirft – normenkonform und exakt überprüfbar – das aus, was gebraucht wird, um am Ende das wichtige GS-Siegel zu erhalten. Beispielsweise hat die Prüf- und Zertifizierungsstelle der LGA QualiTest GmbH das Küchenmöbelprogramm einer Sicherheitsprüfung unterzogen und bestätigt mit dem GS-Prüfzeichen, dass die Möbel die entsprechenden Anforderungen in den Punkten Sicherheit, Belastbarkeit, Materialkonstanz und Bedienungskomfort erfüllen. Das GS-Zeichen bezieht sich ausschließlich auf die gelisteten Küchenmöbel und Arbeitsplatten. Für Artikel, die zur Kategorie Handelsware gehören (Geräte, Spülen, Zubehör, Wohnmöbel usw.) werden von den Lieferanten die entsprechenden Nachweise gefordert, dass einschlägige Normen und Richtlinien erfüllt werden.

Mit dieser Maßnahme soll ebenfalls signifikant zur Erreichung der Klimaschutzziele der Bundesregierung beigetragen werden. In der Regel wird diesen einst dunklen Teilen von Unternehmen wenig Aufmerksamkeit geschenkt, doch sie sollten mehr ins Blickfeld rücken, um Prozesse und Entscheidung für nachhaltige Produkte besser zu verstehen. „All das kostet gegebenenfalls mehr, jedoch wird der Kostennachteil durch einen Umwelt- oder Sozialvorteil wieder ausgeglichen." (Hildebrandt 2020)

Die wichtigsten Ziele, auf die die Qualitätspolitik ausgerichtet ist, sind Kundenzufriedenheit und Qualitätsoptimierung. Damit diese Ziele optimal erfüllt werden, unterhält Häcker ein zertifiziertes QM-System. Prinzipiell werden alle Prozesse mit definierten Kennzahlen überwacht, und es werden daraus Ansätze zur Weiterentwicklung und Verbesserung abgeleitet. Ein wichtiges Werkzeug ist auch das Hinweis- und Beschwerdemanagement, wo Themen erfassen und ausgewertet werden, die nicht unbedingt einer Reklamation bedeuten, wo aber ein Kunde mit dem Unternehmen unzufrieden ist. Für die internen Prozesse wurde vor einiger Zeit im Bereich des QM auf ein WEB-Dokumentationssystem umgestellt, um die relevanten Informationen transparent und für alle betreffenden Kollegen verfügbar zu machen.

Der Kundendienst ist ein wichtiger Funktionsbereich des Unternehmens und hat entscheidenden Einfluss auf das Image, und demzufolge auch auf die Kundenzufriedenheit – eines der maßgebenden Ziele der Qualitätspolitik. Ein wichtiger Bestandteil des KD-Sachbearbeiters ist die Beurteilung der an das Unternehmen herangetragenen Beschwerde. Jede zu erfassende Position wird mit einem aus einer Vielzahl von auszuwählenden Reklamationsgründen bewertet, um die Qualität statistisch auszuwerten, Schwerpunkte frühzeitig zu erkennen und gegebenenfalls entsprechende Maßnahmen ableiten zu können. Sollten Fotos oder Videos zur Beurteilung nicht ausreichen, so wird eine Retoure zur internen Begutachtung durch unsere Kollegen der Qualitätssicherung vorgenommen.

3 Qualitätspolitik als wesentlicher Bestandteil der Unternehmenskultur

Qualitätspolitik enthält die wesentlichen Qualitätsaussagen, nach denen sich das Unternehmen am Markt ausrichtet. Nach außen soll damit der hohe Stellenwert zum Ausdruck gebracht werden, den das Unternehmen der Qualität beimisst. Enthalten sind Leitlinien, die von der Geschäftsführung genauso wie von allen Mitarbeitern bei der täglichen Arbeit beherzigt werden sollen. Ein wesentlicher Aspekt der Qualitätspolitik ist, dass die Kunden nicht nur zufriedengestellt werden sollen, sondern dass sie auch begeistert sind von den Produkten, vom Service und vom Unternehmen. Personen, die sich hier um die Qualität kümmern, kommen meistens selbst aus der Produktion. Sie wissen also, worauf es ankommt, wo die Entwicklungspotenziale liegen und mit welchen Maßnahmen sich die Qualitäten noch weiter verbessern lassen. Meister oder Ingenieure sind nicht nur bei der Produktion, sondern auch bei der Neuentwicklung dabei. „Im Zweifel pro Qualität", lautet das Motto des Qualitätsmanagements.

Worauf Unternehmen achten sollten (Hildebrandt 2019b)

- Eine flexible und flache Organisation sollte es allen Führungskräften ermöglichen, die in ihrem Verantwortungsbereich geltenden QM-Maßnahmen anzuwenden, ihre Wirksamkeit zu überwachen und den neuesten Kenntnissen und Erfordernissen anzupassen.
- Die Einbeziehung der Mitarbeiterinnen und Mitarbeiter in den Qualitätsgestaltungsprozess sollte ein notwendiges Element unseres Qualitätsmanagementsystems darstellen.
- Schulungen und gegenseitige Beeinflussung sollten die persönliche Fähigkeit eines jeden zur Schaffung von Qualität gewährleisten.
- Regelmäßige interne und externe Audits sollten den kontinuierlichen Verbesserungsprozess unterstützen.
- Geschäftliches Handeln sollte mit hohen ethischen Ansprüchen verbunden sein, die sich auf das Unternehmen, aber auch auf die Verbindungen zu Lieferanten und Kunden beziehen (fairer, ehrlicher Umgang, Unbestechlichkeit, materielle Hilfestellung für Menschen in Not).

Literatur

Das neue PRÜFLabor (2019). In: INTERN. Das Magazin für Häcker-MitarbeiterInnen, 35 Aufl., S 18

Fischer G (2019) Was erwarten Sie? Brand Eins 11(2019):4

Hildebrandt A (2019a) Made in Germany: Welche Rolle spielt die Premiummarke Nachhaltigkeit? In: XING. https://www.xing.com/news/insiders/articles/made-in-germany-welche-rolle-spielt-die-premiummarke-nachhaltigkeit-2667420. Zugegriffen: 20. Jan. 2019

Hildebrandt A (2019b) Qualität 21.0: Zur Beschaffenheit der Nachhaltigkeit. In: https://dralexandrahildebrandt.blogspot.com/2019/11/qualitat-210-zur-beschaffenheit-der.html. Zugegriffen: 20. Jan. 2020

Hildebrandt A (2020) Prüflabore als wichtiger Bestandteil nachhaltiger Wertschöpfungsketten. In: XING. https://www.xing.com/news/insiders/articles/pruflabore-als-wichtiger-bestandteil-nachhaltiger-wertschopfungsketten-2888697?xng_share_origin=web. Zugegriffen: 20. Jan. 2020

Lotter W (2019) Die neue Qualität. Brand Eins 11(2019):44–49

Bastian Bäumer, Jahrgang 1978, studierte nach Abitur und Wehrdienst an der HS OWL Holztechnik, Abschluss 2004 als Diplom-Ingenieur (FH). In seiner Diplomarbeit beschäftigte er sich mit der Normprüfung von Möbelbeschlägen. Direkt im Anschluss sammelte er acht Jahre lang mit verschiedenen Aufgaben in der Zerlegt-Möbelindustrie vielfältige Erfahrungen. 2013 trat er als Qualitätsmanager in das Unternehmen Häcker Küchen GmbH & Co. KG ein. 2019 erhielt er die Chance, das Prüflabor neu auszubauen. Seit Beginn 2020 betreut er in den neuen Räumlichkeiten die Labor-Prüftätigkeiten des Unternehmens.

Bastian Bäumer (Fotocredit: Häcker Küchen)

Nachhaltigkeit und Digitalisierung in der Bau- und Immobilienbranche

Am Beispiel der Unternehmensgruppe Krieger + Schramm

Matthias Krieger und Alexandra Hildebrandt

Interview mit Matthias Krieger

Herr Krieger, Sie verfolgen mit Krieger + Schramm eine nachhaltige Wachstumsstrategie. Was bedeutet das konkret?

Bestehende Kompetenzen werden gestärkt und durch neue zukunftsfähige Kompetenzen erweitert. Vier langfristige Schlüsselziele bilden die Basis für den künftigen Weg und die künftigen Ziele. Es sind konkrete Sieben-Jahresziele entwickelt und mit entsprechenden Maßnahmen unterlegt, verbindliche Verantwortlichkeiten sind definiert. Mit den zwölf Sieben-Jahreszielen, unter anderem Digitalisierung, Positionierung, Wissensmanagement sowie Finanz- und Risikomanagement, ebnet KRIEGER+SCHRAMM den Weg zur Erreichung der Schlüsselziele, und damit zur Vision unserer Unternehmensgruppe: Mit Sicherheit – mehr Freude am Bauen. Unsere Mission lautet: „Wir bauen für Sie mit Begeisterung."

Alle gesteckten Ziele und zu treffenden strategischen Entscheidungen folgen der Vision sowie dem Unternehmenszweck. Zur Visualisierung der langfristigen Strategie dient das Sieben-Jahres-Zielbild. Mit dem KRIEGER + SCHRAMM Zielkreislauf gibt es einen standardisierten Prozess, in dem die Planung und die Umsetzung der Einzelziele erfolgt – darunter zählen Veranstaltungen und Strategietagungen sowie das Aufstellen und Controlling der jeweiligen Maßnahmenpläne.

Unter Einbeziehung des zum Teil gesamten Teams führen wir Strategie-Workshops, Jahresmaßnahmenplanungen, Seminare in der Jahresmitte sowie unterjährige

M. Krieger (✉)
Krieger + Schramm GmbH & Co. KG, Dingelstädt, Deutschland
E-Mail: matthias.krieger@krieger-schramm.de

A. Hildebrandt
Burgthann, Deutschland
E-Mail: drhildebrandt.alexandra590@gmail.com

© Springer-Verlag GmbH Deutschland, ein Teil von Springer Nature 2021
A. Hildebrandt und W. Landhäußer (Hrsg.), *CSR und Digitalisierung,* Management-Reihe Corporate Social Responsibility, https://doi.org/10.1007/978-3-662-61836-3_31

Qualitätszirkel durch, die uns bei der Prüfung des eingeschlagenen Wegs und zur Nach-
haltung der definierten Ziele dienen.

Was ist für Sie die Basis für die erfolgreiche Planung und Umsetzung?
Es ist die über Jahrzehnte geprägte und weiterentwickelte Mitunternehmerkultur. Wir
haben erkannt, dass das Leitbild und unsere Vision nur erreicht werden können, wenn
die Basis, also unsere Mitunternehmer/-innen, Spaß und Freude beim Erreichen unserer
Ziele haben. Unternehmerischer Erfolg hängt unserer Meinung nach auch von einer
wertebasierten Unternehmenskultur ab, die Partnerschaft, Dialog, Transparenz und
Leistung fördert. Um die ambitionierten langfristigen Ziele zu erreichen, wurden entsprechende Pläne entwickelt und definiert, die einzelne Unterziele und Maßnahmen
beinhalten. Aus dem Zielbild werden die Ziele auf 3-Jahres- und 1-Jahres-Ebene
heruntergebrochen bzw. definiert und Maßnahmenpläne aufgestellt. Innerhalb eines
standardisierten Vorgehens (RADAR Jahreskreis) wird der Fortschritt unseres Unternehmens sichergestellt.

Mit dem Sieben-Jahres-Zielbild wurde durch die Geschäftsführung und Führungskräfte ein Instrument entwickelt, welches die langfristigen Ziele zusammenfasst und
als K+S Strategie darstellt. Es gibt grundsätzlich vier Schlüsselziele und zwölf Sieben-
Jahres-Leitziele, die im Fokus der kommenden Jahre stehen. Die entsprechenden Verantwortlichen erarbeiten in ihrer Projektgruppe die entsprechenden Maßnahmen und sind
für die Umsetzung verantwortlich.

Weshalb ist Ihnen zielorientiertes Arbeiten so wichtig?
Durch die Bewertung der langfristig gesetzten Ziele und Strategieausrichtung werden
entsprechende Engpässe aufgedeckt – diese werden dann durch kurzfristig einzuleitende
Maßnahmen und Zielsetzungen beseitigt. Dadurch reagieren wir auf schwer Vorher-
sehbares und Fehlentwicklungen auf dem Weg zur langfristigen Zielerreichung. Neue
Impulse erlangen wir durch unter anderem SWOT-Analyse und weitere Methoden. Der
jährliche Strategie-Workshop wird zur Prüfung, Verbesserung und Überarbeitung der langfristigen Ziele und Strategien genutzt. Erhält man durch entsprechende Analyse, wie zum
Beispiel SWOT, Blue Ocean oder die Wissensbilanz Indizien für neue Felder, die wichtig
für die künftige Ausrichtung oder Zielerreichung sein werden, wird dieses aufgearbeitet
und implementiert. So wurde in 2018 beispielsweise das Thema Grundstückakquise als ein
Kernthema aufgenommen – da es hier existenziell ist, sich als Experte aufzustellen. Die
Grundstücke sind der Engpass beim Wachstum – derzeit und auch in Zukunft.

**Sie sehen eine effiziente Zusammenarbeit mit geringen administrativen Aufwänden
und einer Fehlervorbeugung als entscheidenden Erfolgsfaktor für Ihr Unternehmen und Ihre Stakeholder. Inwiefern haben Sie diesbezüglich „nachhaltig"
vorgebaut?**
Aufgrund der Wertschöpfungstiefe und unseren fünf Standorten haben wir bereits seit
2012 eine umfangreiche Unternehmenssoftware im Einsatz und arbeiten mit weiteren

ausgewählten Softwareanbietern zusammen. Wir haben uns zum Ziel gesetzt, dauerhaft eine führende Rolle in unserer Branche einzunehmen. Deshalb planen wir die Investition von mindestens einer Mio. EUR in unsere digitalen Systeme. Insbesondere werden wir eine eigene Plattform entwickeln, die als Drehscheibe für alle Informationen rund um unsere Projekte intern, aber auch extern (Baupartner, Kunden, Lieferanten, Hersteller etc.) zur Verfügung steht. Dieses Schlüsselziel ist als Kernkompetenz in unserer Strategie 2025 verankert und wird durch ein umfangreiches Projekt seit 2017 vorangetrieben.

Wie sind Sie vorgegangen, um eine nachhaltige Softwarelandschaft zu etablieren?
Nach einer gründlichen Analyse unserer im Einsatz befindlichen Softwareprodukte und der Zielbeschreibung wurden mögliche Softwarepartner ausgewählt und bewertet. Die Umsetzung wurde durch Maßnahmenpläne beschrieben. Da wir einen ganzheitlichen Ansatz verfolgen, integrieren wir sukzessive alle K+S Geschäftsprozesse in diese neue K+S Softwarelandschaft. Wir werden erneut eine führende Rolle in unserer Branche einnehmen und investieren jetzt in neue Technologien, die uns auch in konjunkturschwächeren Zeiten wirtschaftlichen Erfolg erhalten wird.

Sie verfolgen einen integrierten dualen Planungs- und Steuerungsmechanismus, der die jeweiligen Projekte beleuchtet und die Unternehmensseite widerspiegelt. Können Sie dies präziser erläutern?
Die beiden Ebenen interagieren miteinander, in dem die Unternehmensseite den Projekten Ressourcen (Kapital, Personal, Equipment) bereitstellt. Aus den Projekten heraus werden vorgegebene Mindestrenditen erzielt, die dann – neben den Nutzungsentgelten für die Ressourcen – an die Unternehmensebene zurückfließen. Diese Prozesse bilden unsere integrierte Gesamtplanung vollständig ab, sodass wir jederzeit fundierte Aussagen über die finanziellen Aspekte (Liquidität, Rentabilität) jedes Projektes treffen können, zum anderen die kumulierten Auswirkungen aller Projekte auf die Unternehmensebene erkennen können, um so Rentabilität, Kapitalbedarf und Liquidität effektiv planen und steuern zu können. Die Planung wird monatlich im Rahmen eines Soll-/Ist-Vergleiches verifiziert und gegebenenfalls angepasst. Um die Umsetzung des Planungs- und Steuerungsprozesses noch effizienter zu gestalten, wurde die Entscheidung zum Kauf einer neuen Softwarelösung getroffen.

Der Großteil Ihrer kaufmännischen Tätigkeiten wird in Ihren Softwaremodulen ausgeführt. Was gehört aktuell alles dazu?
Dazu zählen Bürgschaftsverwaltung, Lohn- und Gehaltsabrechnung, Lieferschein- und Rechnungsprüfung. Unser K+S WerteKompass enthält alle wichtigen Compliance- sowie Datenschutzregelungen und gibt Klarheit und Orientierung für das tägliche Handeln.

Ihr Prozessmanagement baut auf standardisierten Prozessen auf. Welche Ziele sind damit verbunden?

1. Basis für Verbesserungen zu schaffen
2. Schwankungen zu reduzieren
3. Vertrauen und Beständigkeit zu fördern
4. Basis für Ausbildung und Training zu sein.

Wie ist das K+S Geschäftsprozessmanagement aufgebaut?

Es besteht aus drei Ebenen: Einer übergeordneten Geschäftsprozesslandkarte (GPL), Geschäftsprozessen (GP) sowie Hauptprozessen (HP). Daran können bei Bedarf weitere Wissensdokumente angehangen werden. Wir visualisieren diese durch Flussdiagramme. In unserer Prozessverantwortlichkeitsmatrix (PV-Matrix) sind alle aktuellen Prozessbesitzer sowie der Gültigkeitsstatus jedes Prozesses definiert. Um alle Mitunternehmer bei Aufbau des K+S GPM mitzunehmen, führen wir Modellierungsworkshops durch. Der Reifegrad pro Geschäftsprozess ist aktuell sehr unterschiedlich, da sich die Erarbeitung der Hauptprozesse an der Digitalisierungsstrategie orientiert.

Unser Ziel in 2019 war, alle Hauptprozesse inklusive Prozessbesitzer zu definieren und in Form von Prozessmodellen zu beschreiben. Ein einfaches Ablagesystem im K+S Multiprojektraum (Sharepoint) wird aktuell aufgebaut. Doppelablagen und alte Versionen werden somit vermieden. Außerdem werden wir automatische (mindestens jährliche) Prüfungs- und Freigabeworkflows an die Prozessbesitzer entwickeln. Zu jedem Hauptprozess werden Prozessleistungsindikatoren entwickelt, die den Beitrag zum Erreichen der strategischen Ziele messen. Jeder Mitunternehmer wird in seiner Ergebnisorientierten Aufgabenbeschreibung (EOA) die für ihn relevanten Hauptprozesse aufgeführt haben. Um dieses Vorgehen umsetzen zu können, arbeiten wir unter anderem mit externen Beratern sowie studentischen Hilfskräften zusammen. Dabei entwickeln wir unser K+S Geschäftsprozessmanagement ständig weiter. Unsere Herausforderung besteht darin, unser K+S Geschäftsprozessmanagement so zu entwickeln, dass ein Mehrwert für uns und unsere Kunden spürbar ist. Eine reine Prozessbeschreibung und Ablage können nicht unser Ziel sein.

Weshalb stellt bei Ihnen die Skontoausnutzungsquote eine maßgebliche Kennzahl zur Erfolgsmessung dar?

Weil es unser Ziel ist, die Skontovereinbarungen mit unseren Baupartnern vollständig auszunutzen. Im Rahmen der monatlich stattfindenden kaufmännischen Teamsitzung reflektieren wir die Ergebnisse und nutzen die Erkenntnisse für die ständige Weiterentwicklung der Prozesse. Als nächste Innovation ist die direkte Verzahnung der technischen mit den kaufmännischen Prozessen in Echtzeit vorgesehen.

Was macht für den Mehrwert des BIM 3-D-Gebäudemodells (digitaler Zwilling) für Ihre Kunden aus?

Aktuell werden noch der Großteil unserer Baupläne durch interne sowie externe Fachplaner im 2-D erstellt. Diese konstruieren in ihren eigenen Plänen und stimmen sich untereinander ab. Ein gemeinsames Datenmodell wird noch sehr selten genutzt – erste Pilotprojekte laufen aber bereits. Wir sind zuversichtlich, bald den Nutzen der BIM-Technologie für alle Beteiligten erreichen zu können. Der Mehrwert für unsere Kunden wird durch effiziente Planung mittels Bauwerksdatenmodellierung (BIM) und optimierter Bauablaufplanung durch LEAN deutlich erhöht. BIM beschreibt eine Methode der optimierten Planung, Ausführung und Bewirtschaftung von Gebäuden. Die Grundlage der BIM-Methodik ist ein 3-D-Gebäudemodell, ein digitaler Zwilling, welches in eine BIM-Software eingepflegt und bemustert wird. Mithilfe einer intelligenten Objektdatenbank können automatische Massen- und Mengenermittlungen generiert werden. Um den steigenden Kundenerwartungen, höheren technischen Anforderungen und sinkender Qualität von Handwerkern Herr zu werden, müssen die Abläufe auf der Baustelle strukturiert und stärker standardisiert werden (LEAN).

So wird der Bauleiter in die Lage versetzt, die Baustelle vorausschauend zu steuern und Probleme zu vermeiden, bevor diese auftreten. In der Planungsphase wird in verschiedenen Workshops ein möglichst reibungsloser Taktplan entwickelt. Ziel ist es, Ausführungsschwierigkeiten und Behinderungen zu erkennen und vorbeugend zu klären.

Können Sie Ihre Vorgehensweise beschreiben?
Sie ist in drei wesentliche Kriterien gegliedert:

1. Taktplanung und Steuerung
2. Schlanke Projektabwicklung
3. Visualisierung und Regelkommunikation

In der Planungsphase wird in verschiedenen Workshops ein möglichst reibungsloser Taktplan entwickelt. Ziel ist es, Ausführungsschwierigkeiten und Behinderungen zu erkennen und vorbeugend zu klären. Im Anschluss werden alle internen Aufgabenpakete pro KW geplant und Abhängigkeiten zu Schnittstellenabteilungen im Taktplan dargestellt. In den Vergabegesprächen kann somit sehr konkret auf die Ressourcenplanung des Handwerkers eingegangen werden.

Eine Visualisierung mittels Whiteboard und Sechs-Wochen-Vorschau wird auf der Baustelle eingerichtet. Die Takttafel dient als Steuerungswerkzeug zur detaillierten Betrachtung der anstehenden Arbeiten (Wochen-/Tagesbasis) unter Berücksichtigung der aktuellen Baustellensituation (Hindernisse, Ressourcen, Störungen etc.). Die Besprechung an der Takttafel findet wöchentlich zu standardisierten Uhrzeiten mit allen auf der Baustelle befindlichen Handwerkern statt. Diese Vorgehensweise fördert eine partnerschaftliche Kooperation mit unseren Handwerkern und weiteren Baupartnern.

Bisher wenden wir diese Methodik an drei Projekten mit insgesamt neun Bauabschnitten an. Die Befähigung neuer Projektteams wird intern von einem erfahrenen Team sowie einer zentralen Position umgesetzt.

Da wir uns bei der Ausweitung von Lean-Methoden in der Bauindustrie noch am Anfang befinden, gibt es ein sehr großes Entwicklungspotenzial. Dies macht wiederum einen schnellen und zuverlässigen Austausch zwischen den verschiedenen Projektteams erforderlich.

Wie ist der aktuelle Stand?

Wir konnten im vergangenen Jahr sowohl die Taktplanung als auch die Regel-kommunikation auf der Baustelle weiterentwickeln. Aus den Erfahrungen in den Projekten sowie Workshops wurden weitere Potenziale aufgedeckt. Als nächstes Ziel möchten wir die Takttafel auf der Baustelle sowie die Projektleitertafel digitalisieren. Ein besserer und ganzheitlicher Austausch zwischen Baustelle und wöchentlicher Projekt-besprechung kann gewährleistet werden. Die Maßnahmen werden durch eine zentrale Position in enger Abstimmung mit den Projekt- und Bauleitern umgesetzt.

Die DynaHaus GmbH & Co. KG wurde im Dezember 2012 zur Entwicklung und zum Vertrieb von Energie-Speicher-Plus-Häusern gegründet. Was ist das Ziel?

Ziel ist es, den Kunden ein unabhängigeres Leben zu ermöglichen – und das in einem Haus, was mehr Energie produziert als es verbraucht und dabei ein Wohlgefühl ver-mittelt. DynaHaus übernimmt gemeinsam mit namhaften, strategischen Kooperations-partnern die komplette technologische Entwicklung des Systems. Dabei ist das Ziel, ein Produkt anzubieten und zu vermarkten, welches sich an aktuellen Kundenbedürfnissen orientiert, optimale modernste Technologien kombiniert und vor allem einen aktiven Bei-trag für den verantwortungsbewussten Umgang mit der Natur und Umwelt leistet.

Unsere Prozesse sind auf langfristigen Kundennutzen, einen partnerschaftlichen Umgang und eine unkomplizierte Kommunikation ausgerichtet. Durch das Konzept des wohngesunden Bauens und innovativer, energieoptimierter Objekte (DynaHaus, DMK Award für nachhaltiges Bauen) haben wir nachhaltige Wettbewerbsvorteile gewonnen, die wir auch künftig verteildigen wollen.

Das Interview findet mitten in der Corona-Krise statt. Was bedeuten Shutdown und Social Distancing für die Kauf- und Finanzierungsberatung?

Im Zuge der Corona-Krise ist die Finanzierungsberatung bei vielen Banken nur sehr eingeschränkt möglich. Einige vergeben vor allem im Immobilienbereich gar keine Kredite. Bau- und Kaufinteressenten von Immobilien haben erhebliche Probleme eine Finanzierung abzuschließen, obwohl der Markt derzeit (noch) attraktiv ist.

Sie bieten einen K+S Finanzierungsservice online an. Was bedeutet das konkret?

Jeder kann kontaktlos und bequem von Zuhause aus den kostenfreien Service in Anspruch nehmen. Verglichen werden Angebote aus über 400 Banken, um das passende Angebot zu finden. Die digitale Beratung erfolgt über die eigene Onlineplattform per Videochat. Der Beratungstermin ist direkt über den Terminkalender des Unternehmens sichtbar, der in Echtzeit die Verfügbarkeiten des Vertriebsteams anzeigt, sodass direkt ein passender Termin vereinbart werden kann. Hierfür ist keine weitere Software erforder-lich. Es folgt eine Terminbestätigung per E-Mail, in der das weitere Vorgehen detailliert beschrieben wird – Termine können selbstverständlich aber auch weiterhin mit dem Vertriebsteam vereinbart werden.

Können Sie ein paar Tipps für alle geben, die sich gegen steigende Zinsen absichern wollen und bereits jetzt Planungssicherheit für die Anschlussfinanzierung haben möchten?

Immobilienbesitzer, die das Darlehen für ihre Immobilie abbezahlen, sollten unbedingt Möglichkeiten prüfen, den Baukredit umzuschulden und die Konditionen zu verbessern. Ist das Darlehen bereits seit zehn Jahren vollständig ausbezahlt, kann es mit einer Frist von sechs Monaten kostenfrei gekündigt werden, auch wenn eine längere Zinsbindung vereinbart war (das Sonderkündigungsrecht verfällt auch nicht, wenn der frühestmögliche Kündigungstermin bereits verstrichen ist). Die Zinsbindung des Immobiliendarlehens muss allerdings länger als zehn Jahre laufen.

Das Zinsniveau ist heute wesentlich niedriger als damals, die Konditionen zu den aktuell gültigen Zinsen werden neu berechnet. Die Umschuldung bedeutet eine sofortige Entlastung bei der monatlichen Rate. Wer seine bisherige Rate beibehalten kann und möchte, erhöht damit automatisch die Tilgung und zahlt das Darlehen deutlich schneller ab. Falls eine Anschlussfinanzierung noch nicht möglich ist, lassen sich die aktuellen Zinsen schon fünf Jahre vor Ablauf der Zinsbindung mit einem Forward-Darlehen „einfrieren". (Romahn 2020) (Abruf: 20.04.2020).

Der Ausblick auf die kommenden Monate lässt erwarten, dass der Arbeitsmarkt stark unter Spannung gerät. Welche finanzielle Absicherung bei Arbeitslosigkeit oder Kurzarbeit bietet die K+S Versicherung?

Sie bezahlt bei Arbeitslosigkeit die Kreditrate bis max. 2000,00 EUR monatlich. Damit wird das finanzielle Risiko beim Kauf einer Immobilie von Krieger + Schramm deutlich verringert. Die Kosten dieser Versicherung übernimmt das Unternehmen für die ersten fünf Jahre. Es besteht auch die Möglichkeit, die Vertragslaufzeit auf bis zu 15 Jahre zu verlängern.

Wie kamen Sie zu der Idee, solch eine Versicherung (K+S Corona-Paket) anzubieten?

Seit Anfang der Corona-Krise treffen wir uns wöchentlich im kleinen Kreis, unter anderem mit den Geschäftsführern, um die aktuellen Dinge zu besprechen. In diesem Zuge haben wir uns gefragt, wie wir unseren Kunden helfen können. Schnell kamen wir zu der Überzeugung, dass es Familien, die sich den Wunsch vom Eigenheim ganz konkret vorstellen konnten, in der jetzigen Situation, in der Unsicherheit wahrscheinlich Zweifel bekommen. Sie haben Ängste bezüglich der Arbeitsplatzsicherheit. Diese möchten wir ihnen nehmen. Sie sollen die Krise nutzen, um günstige Finanzierungen zu erhalten. Derzeit zeigen sich viele Vorteile. Wir möchten helfen, dass unsere Kunden diese nachhaltig nutzen können. Über diese Gedankengänge kamen wir zu der Versicherung. Wir haben den Markt sondiert und einen zuverlässigen Partner gefunden, mit dem wir nun eine Rahmenvereinbarung getroffen haben. So können wir die Versicherung unseren Kunden nun ohne Mehrkosten (für die ersten fünf Jahre) anbieten. Die ersten Gespräche zeigen, dass das Angebot sehr gut angenommen wird.

Das Interview führte Dr. Alexandra Hildebrandt.

Matthias Krieger (Fotocredit: Krieger + Schramm GmbH & Co. KG)

Matthias Krieger, Jahrgang 1962, hat 1992 die vielfach ausgezeichnete Unternehmensgruppe Krieger + Schramm (K+S) gegründet. Er ist Unternehmer, Stifter, Bestseller-Autor und ehemaliger Leistungssportler. Für das Hochbauunternehmen mit Hauptsitz in Dingelstädt und Niederlassungen in Kassel, Frankfurt/Main, München und Berlin ist unternehmerischer Erfolg eng mit einer wertebasierten Unternehmenskultur verbunden, die Partnerschaft, Dialog, Transparenz und Leistung fördert. Als Referent, Stifter und Autor gibt Krieger seine jahrelange Erfahrung als Unternehmer und Leistungssportler weiter. Buchpublikationen: „Die Lösung bist Du! Was uns wirklich voranbringt" (BusinessVillage Verlag 2011) und „Praxiswissen Eigentumswohnung: Was Sie vor dem Kauf einer Neubauwohnung wissen sollten" (BusinessVillage Verlag 2020). Weiterführende Informationen: www.krieger-schramm.de.

Dr. Alexandra Hildebrandt (Fotocredit: Nicole Simon Photography)

Dr. Alexandra Hildebrandt, Jahrgang 1970, ist Publizistin und Nachhaltigkeitsexpertin. Sie studierte Literaturwissenschaft, Psychologie und Buchwissenschaft. Anschließend war sie viele Jahre in oberen Führungspositionen der Wirtschaft tätig. Bis 2009 arbeitete sie als Leiterin Gesellschaftspolitik und Kommunikation bei der KarstadtQuelle AG (Arcandor). Beim Deutschen Fußball-Bund (DFB) war sie 2010 bis 2013 Mitglied der DFB-Kommission Nachhaltigkeit. Den Deutschen Industrie- und Handelskammertag unterstützte sie bei der Konzeption und Durchführung des Zertifikatslehrgangs „CSR-Manager (IHK)". Sie leitet die AG „Digitalisierung und Nachhaltigkeit" für das vom Bundesministerium für Bildung und Forschung geförderte Projekt „Nachhaltig Erfolgreich Führen" (IHK Management Training). Im Verlag Springer Gabler gab sie in der Management-Reihe Corporate Social Responsibility die Bände „CSR und Sportmanagement" (2014, 2. Aufl. 2019), „CSR und Energiewirtschaft" (2015, 2. Aufl. 2019) und „CSR und Digitalisierung" (2017, 2. Aufl. 2021) heraus. Aktuelle Bücher bei Springer Gabler (mit Werner Neumüller): „Visionäre von heute – Gestalter von morgen" (2018) und „Klimawandel in der Wirtschaft. Warum wir ein Bewusstsein für Dringlichkeit brauchen" (2020).

Kundenakzeptanz humanoider Roboter und digitaler Technologien – wie Roboter Reisen künftig entspannter und kundenorientierter machen

Christian Smart

1 Digitalisierung verändert das Reisen – aber die größten Umwälzungen stehen noch bevor

Vorfreude ist ja bekanntlich die schönste Freude. Ganz besonders, wenn es um Urlaub geht. Stellen Sie sich einmal vor, Sie sehen den Eiffelturm von Ihrem eigenen Balkon aus oder legen sich nach der Arbeit an den Strand von Phuket. Dank Virtual-Reality-Brillen könnte sich dies in weniger als zehn Jahren zum Standardinstrument im Tourismusmarkt entwickeln. Damit nicht genug: Wie wäre es, wenn Sie auf dem Weg zum Flughafen nicht mehr hektisch nach Ihrem Pass oder den Reiseunterlagen suchen müssten, weil Sie über Gesichtserkennung identifiziert werden. Oder Sie könnten die Wartezeit am Flughafen verkürzen, weil die Gepäckaufgabe standardisiert und automatisiert abläuft, ebenso wie Check-in und Sicherheitskontrolle. Am Urlaubsort werden Sie von einem selbstfahrenden Shuttle in Ihr Domizil gebracht und an der Rezeption empfängt man Sie in Ihrer eigenen Sprache, während Ihr Gepäck bereits wie von Geisterhand während des Check-in-Prozesses in Ihr Zimmer gebracht wird. Was zunächst futuristisch anmutet, ist schon jetzt Realität. Im Hotel Henn-na, zu Deutsch „seltsames Hotel", im Freizeitpark Huis Ten Bosch in Sasebo, Nagasaki in Japan, werden seit 2015 Roboter unter anderem in Dinosauriererscheinung und im Empfangsdamen-Outfit eingesetzt. Wer jetzt denkt, dieses außergewöhnliche Erlebnis ist nur etwas für größere Reisebudgets, liegt falsch. Genau das Gegenteil ist der Fall und der wichtigste Trend: Der Einsatz humanoider Roboter und digitaler Technologien im Tourismus ist unaufhaltsam und gleichermaßen attraktiv für Luxussegment, Ober- und Mittelklasse und Low-Budget-Travellers.

C. Smart (✉)
Travelzoo, München, Deutschland
E-Mail: csmart@travelzoo.com

© Springer-Verlag GmbH Deutschland, ein Teil von Springer Nature 2021
A. Hildebrandt und W. Landhäußer (Hrsg.), *CSR und Digitalisierung,* Management-Reihe Corporate Social Responsibility, https://doi.org/10.1007/978-3-662-61836-3_32

467

All diese Segmente haben ähnliche Bedürfnisse, unabhängig von der Reisekasse. Entspannen, Zeit mit den Lieben verbringen, gut essen und so wenig Stress wie möglich, stehen für Urlauber an erster Stelle, wie eine Studie der Deal-Experten von Travelzoo ergab (Travelzoo 2015a).   Sparen um jeden Preis muss nicht unbedingt sein. Zu einem perfekten Aufenthalt gehören für Reisende eher Wohlfühlatmosphäre im Hotel, keine Ärgernisse mit Flug, Gepäck und Mietwagen sowie guter Service vor Ort. Dafür wird auch gern einmal tiefer ins Portemonnaie gegriffen. Für deutsche Urlauber sind speziell der Empfang an der Rezeption sowie ein freundlicher Check-out-Service unverzichtbar. Wie eine weitere Studie von Travelzoo ergab, wollen 86 % keinesfalls darauf verzichten, auch wenn sich dadurch der Preis reduzieren würde (Travelzoo 2015b). Gute Nachrichten für die Betreiber des Henn-na-Hotels! Denn wichtigstes betriebswirtschaftliches Ziel ist es, mit dem neuen Konzept Komfort zum kleinen Preis anzubieten und dabei eigene operative Kosten durch den Einsatz standardisierter Roboter zu senken, einschließlich eines eigenen Stromkonzepts basierend auf Solarenergie. Bisher hat die Digitalisierung eher im Hintergrund dazu beigetragen, dass sich unsere Bedürfnisse, die Erwartungshaltung an den Urlaubsort und das Reiseverhalten verändert haben. An erster Stelle stehen dabei Onlinebuchungen, die für viele selbstverständlich geworden sind. Acht von zehn Internetnutzern haben bereits Flüge, Unterkünfte und Mietwagen im Internet gebucht, wie eine repräsentative Studie vom Branchenverband Bitkom herausgefunden hat (Bitkom 2016). Auch unser Informationsverhalten hat sich verändert. Speziell eine jüngere Zielgruppe zwischen 10 und 27 Jahren bevorzugt heute authentische Fotos, Videos und Onlinebewertungen als Entscheidungsgrundlage für die Reiseplanung (Ruf Young Traveller Kompass 2016). Am Urlaubsort spielen mobile Endgeräte eine wichtige Rolle, trotz erhöhter Roaminggebühr: 16 % der Deutschen teilen ihre Reiseerlebnisse am liebsten sofort auf sozialen Netzwerken, Tendenz steigend (Travelzoo 2015c). Laut Bitkom Research stimmen sogar 45 % der Internetnutzer zu, Urlaubsfotos überwiegend mit dem Smartphone zu machen anstelle einer Kamera. Jeder fünfte Internetnutzer verwendet Reise-Apps, etwa zur Übersetzung oder Währungsumrechnung oder für die Stadt- und Museumsführung (Bitkom 2016). Die Branche reagiert auf diesen Trend: Da gering interaktive Unternehmenswebsites im Gegensatz zu Plattformen und sozialen Netzwerken an Relevanz für Internetnutzer verlieren, investieren heute fast zwei Drittel der Touristikunternehmen in digitale Angebote, die über eine Webseite hinausgehen, beispielsweise in Apps (Bitkom 2016). Dennoch stehen die größten Umwälzungen sowohl für die Urlauber als auch für die Branche noch bevor: Denn die sichtbarsten Veränderungen der Digitalisierung kommen besonders aus dem Bereich Künstliche Intelligenz und sie werden das Reiseerlebnis von Grund auf revolutionieren. In welcher Form und wie Reisende auf die Veränderungen reagieren, soll in diesem Beitrag aufgezeigt werden.

2 Welche Bedeutung kommt Künstlicher Intelligenz im Tourismus zu?

Künstliche Intelligenz zählt bereits seit Jahren zu den wichtigsten Treibern der Digitalisierung. Im Januar 2014 gab IBM bekannt, 1,2 Mrd. US-Dollar in sein lernendes und sprechendes Programm Watson zu investieren. Bereits 2011 gewann Watson legendär das Quiz Jeopardy. Heute kommt Watson unter anderem bei der Krebsdiagnostik im Gesundheitswesen zum Einsatz und analysiert über eine Million Gigabyte Gesundheitsdaten – so viele Daten kommen durchschnittlich in einem Menschenleben zusammen (Computerwoche 2015). Ebenfalls nicht ohne Grund hat Google im Januar 2014 für rund 500 Mio. US-Dollar die erst 2010 gegründete Firma Deepmind gekauft, die sich auf lernende neuronale Netzwerke spezialisiert hat. Google Deepmind hat schließlich das Computerprogramm AlphaGo entwickelt – eine Software, die im Frühjahr 2016 den koreanischen Go-Profi Lee Sedol im schwierigsten Brettspiel der Welt mit 4:1 besiegt hat. Zum Training hat der lernende Computer monatelang gegen sich selbst gespielt und dabei nie gesehene Spielzüge entwickelt.

Scheinbar unbemerkt von der Öffentlichkeit hat die Künstliche Intelligenz in den letzten Jahren ein bisher nicht gekanntes Niveau erreicht und ist in immer mehr Bereiche eingedrungen. Jedoch: „Kleinkinder und selbst viele kleine Tiere sind viel schlauer als unsere besten selbstlernenden Roboter" (Zeit 2016), sagt Jürgen Schmidhuber, einer der renommiertesten deutschen Forscher zum Thema Künstliche Intelligenz. Er prognostiziert eine rasante Entwicklung. „Die Rechenleistung, die man für einen Euro bekommt, wächst alle zehn Jahre um den Faktor 100", so Schmidhuber. „In 30 Jahren beträgt der Faktor also eine Million, in 50 Jahren 10 Mrd., was in etwa der Zahl der Menschen und auch der Neuronen im Gehirn entspricht. In naher Zukunft werden wir erstmals relativ billige Maschinen haben, die so viel rechnen können wie ein Menschenhirn." (Zeit 2016).

2.1 Künstliche Intelligenz bietet Effizienz und Kundenorientierung

Die stark wachsende Bedeutung von Künstlicher Intelligenz in der Tourismusbranche lässt sich nicht nur dadurch erklären, dass Unternehmen sich kostenbewusster aufstellen wollen und müssen. Die Branche steht durch die Verlagerung vieler Dienste ins Internet weltweit vor einer beispiellosen Disruption – und sucht seit Jahren nach gleichermaßen effizienten und kundenorientierten Lösungen. Die scheinen jetzt gefunden zu sein, wie die folgenden Beispiele zeigen. Die Hotelgruppe Mariott International stellt Gästen bereits eine Smartphone-App zum selbstständigen Check-in zur Verfügung. Auch Besucher der Hilton Gruppe können in 112 Hotels ihr Zimmer mit ihrem Smartphone als Schlüssel betreten. Einen Schritt weiter sind die Aloft-Hotels der Starwood

Gruppe. Seit 2014 sind dort die ersten Roboter-Butler „A.L.O." im Dienst. Bevorzugt im Zimmerservice eingesetzt, versorgen sie die Gäste mit allem, was gebraucht wird und was in die Klappe passt – von der Zahnbürste bis zum Snack. Trinkgeld braucht A.L.O. nicht, freut sich aber über gute Bewertungen und Tweets. Auch die Fluglinie KLM nutzt am Flughafen Amsterdam den Roboter Spencer, um Passagiere zum Gate zu bringen. State-of-the Art ist Chihira Kanae. Die Roboterdame von Toshiba hat sich im März 2016 im Rahmen der weltweit größten Tourismusfachmesse ITB in Berlin erstmals der Öffentlichkeit präsentiert und konnte mit menschlichem Antlitz, langen Haaren, einer angenehmen Stimme und fließenden Bewegungen durchaus beeindrucken.

Ob Hotels, Airlines, Kreuzfahrtschiffe – Unternehmen in der Tourismusbranche haben verstanden, dass Urlauber in der schönsten Zeit des Jahres vor allem eines wollen: sorgenfreies, reibungsloses Reisen und eine persönliche, jederzeit kundenzentrierte und offene Ansprache.

„The modern day traveller wants to feel empowered, they want anxiety to be removed from the travel process, and they want a smoother and more personalised travel experience. Robotics and AI can deliver that." Ryan Ghee, FutureTravelExperience.com.

Genau das leistet die Digitalisierung: Die Kundenbedürfnisse stehen im Mittelpunkt. Unternehmen, die weiterhin eher produktorientiert agieren, könnten deshalb an Relevanz verlieren – ein Erfolgskriterium für Unternehmen im digitalen Zeitalter. Denn es entscheidet nicht mehr der Markt, sondern Suchmaschinen und soziale Netzwerke bestimmen anhand von Kundenpräferenzen, was relevant ist und angezeigt wird – und was nicht. Gewinnen werden die Anbieter, die die Bedürfnisse ihrer Kunden im Fokus haben und schnell darauf reagieren können.

Reisen und digitalisierte Services wachsen immer schneller zusammen. Die Nutzung von Apps und einem mobilen Zimmerservice ist das eine – aber werden Urlauber flächendeckend humanoide Roboter akzeptieren, und wenn ja, in welchen Bereichen? Wie hoch ist das Substituierungspotenzial und welche Folgen hat es für Reisende und Beschäftigte, wenn Tätigkeiten von Robotern ausgeführt werden? Um dies herauszufinden, hat Travelzoo die weltweit erste repräsentative Studie zur Akzeptanz von Robotern im Tourismus mit mehr als 6000 Teilnehmern in neun Ländern aufgelegt. Die Studie wurde in Deutschland, China, Spanien, Italien, Großbritannien, USA, Kanada, Japan und Brasilien durchgeführt.

2.2 Optimismus überwiegt – Chinesen sind offener als Deutsche

Das wichtigste Ergebnis vorab: 80 % aller Befragten erwarten, dass Roboter bis 2020 eine große Rolle in ihrem Leben spielen werden. Zwei Drittel davon sind der Überzeugung, dass es ihr Leben erleichtern würde. Ebenfalls zwei Drittel wären einverstanden, wenn Roboter in der Reisebranche zum Einsatz kämen. Einen tieferen

Einblick in länderspezifische und kulturelle Unterschiede gewähren die Auswertungen nach Nation. Demnach haben chinesische Reisende mit 97 % die größte Offenheit gegenüber Künstlicher Intelligenz hinter Counter oder Tresen und bewerten die Entwicklung optimistisch. Dazu passt, dass die chinesische Nationale Entwicklungs- und Reformkommission (NERK) angekündigt hat, in den kommenden drei Jahren neue Schlüsselprojekte im Bereich Künstliche Intelligenz mit über einer Billion Yuan fördern und entwickeln zu wollen (German.China.org 2016). Platz zwei auf der Optimismusskala belegt Brasilien mit 85 %. In Europa sehen Spanier dem Reisen mit Robotern am optimistischsten entgegen. Schlusslichter mit einem deutlichen Abstand auf China bilden Frankreich und Deutschland (Abb. 1).

2.3   Vorteile überwiegen in den meisten Fällen

Was Vor- und Nachteile von Robotern betrifft, nähern sich die nationalen Meinungen wieder deutlich an. Die Hauptvorteile, die alle Befragten in Robotern sehen, beziehen sich auf ein höheres Energielevel rund um die Uhr und die Datenverarbeitung (beide 81 %). Mehr als drei Viertel der Befragten denken, dass Roboter dies besser als Menschen handhaben würden, genauso wie den Umgang mit verschiedenen Sprachen (79 %). Ebenso wird Robotern ein besseres Erinnerungsvermögen zugestanden (76 %). Es muss jedoch beachtet werden, dass in drei europäischen Ländern der größte Nachteil genauso hoch und teilweise höher bewertet wird wie der größte Vorteil: Sowohl Frankreich (80 %) als auch Deutschland (87 %) sehen in der Unpersönlichkeit den

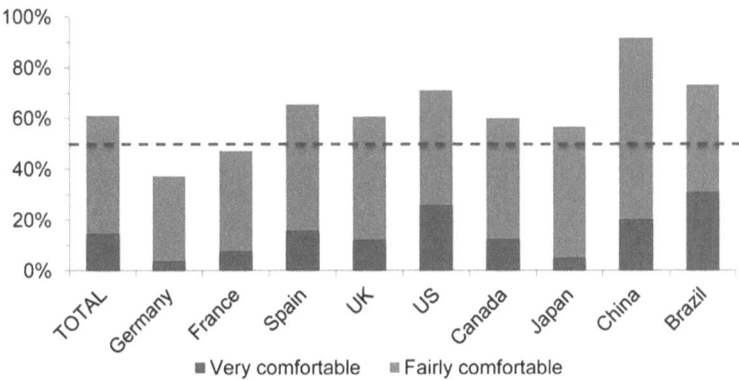

Abb. 1 Wie wohl fühlen Sie sich beim Reisen mit Robotern?

größten Nachteil von Robotern im Tourismus. Insgesamt werden die Fähigkeiten des Menschen, Gefühle zu zeigen, hohe Kreativität und Sensibilität für andere Kulturen als signifikant höher eingeschätzt. Dies ist nachvollziehbar. Gerade im Urlaub ist der Wert von zwischenmenschlichen Begegnungen speziell im Service nicht zu unterschätzen. Verbraucher wollen außerdem gern Menschen um sich haben und ein sympathisches Umfeld, in dem Humor und Ironie genauso verstanden werden wie unterschiedliche Dialekte. Da Roboter keine Gefühle zeigen und nicht lachen können, befürchten vor allem Deutsche, dass das Urlaubserlebnis zu unpersönlich werden könnte. Dennoch, trotz der Nachteile, gewinnen Roboter schnell wieder die Oberhand – nämlich dann, wenn es um verfügbare Informationen oder Effizienz geht. So sagen zum Beispiel 83 % aller Befragten, dass sie an der Rezeption von einem Menschen begrüßt werden wollen. Nur 17 % möchten von einem Roboter empfangen werden. Unter der Annahme, dass der Rezeptionist nicht alle Fragen beantworten kann, reduziert sich der Anteil derer, die von einem Menschen betreut werden wollen, um 50 %, während sich der Wert zugunsten des Roboters mehr als verdreifacht. Der Punkt geht an die Technologie. Ähnliches gilt im Barservice, jedoch bleibt die Präferenz zugunsten des menschlichen Kellners erhalten. Grundsätzlich erlaubt die Studie den Rückschluss, dass Roboter weniger akzeptiert werden, wenn es um die Besatzung von Flugzeugen oder Schiffen geht, also dann, wenn die Mitarbeiter auch mit sicherheitsrelevanten Aufgaben betraut sind, die Vertrauen voraussetzen.

2.4   Wer wird durch Roboter seinen Job verlieren?

Die Diskussion und die Unsicherheit über die Substituierbarkeit von Tätigkeiten oder ganzen Berufen innerhalb der Tourismusbranche sind groß und beeinflussen sowohl die Studienergebnisse als auch das subjektive Empfinden gegenüber Robotern in hohem Maß. Die Studie zeigt, dass Verbraucher den Einsatz von Robotern immer dann begrüßen, wenn sie Tätigkeiten unterstützend zusammen mit Menschen ausführen oder Aufgaben schneller erledigen können. Dazu gehören unter anderem Einsätze an Help- und Infodesks, am Flughafen Check-in, bei Telefonbuchungen und als Gepäckträger. Je stärker die Aufgabe von Vertrauen geprägt ist, desto mehr schwindet der Glaube, dass Roboter die Aufgabe genauso gut ausführen könnten. Dazu gehören unter anderem der Hotel Check-in, Kellner und Besatzungsmitglieder. Laut dem Institut für Arbeitsmarkt und Berufsforschung (IAB) ist derzeit kaum ein Beruf in Deutschland vollständig durch Computer ersetzbar.[1] Dem IAB zufolge arbeiten 15 % aller sozialversicherungspflichtig

---

[1]http://www.iab.de/de/informationsservice/presse/presseinformationen/kb2415.aspx

Beschäftigten in Berufen, in denen rund 70 % der Tätigkeiten von Computern übernommen werden könnten, zum Beispiel wenn die Tätigkeit zu einem hohen Anteil aus Routineabläufen besteht. Das Substituierungspotenzial im Lebensmittel- und Gastgewerbe wird aktuell auf etwa 30 % geschätzt – was bedeutet, dass der Anteil an Routinetätigkeiten gering ist, anders als in Produktionsberufen wie beispielsweise der Herstellung von Nahrungsmitteln. In spezialisierten Berufsfeldern wie Back- und Konditorherstellung wird das Substituierungspotenzial auf über 75 % geschätzt.[2] Die wichtigste Erkenntnis der im Dezember 2015 vorgelegten Studie[3]: Auch die Forschung ist der Meinung, dass nicht ganze Berufsbilder verschwinden oder von Maschinen ersetzt werden, sondern Tätigkeiten innerhalb der Berufe.

Literatur

Bitkom (2016) Smarter Reisen mit digitalen Technologien. https://www.bitkom.org/Presse/Presseinformation/Smarter-Reisen-mit-digitalen-Technologien.html. Zugegriffen: 10. Juni 2016

Computerwoche (2015) Kognitive künstliche Meetings intelligenter und effizienter planen. http://www.computerwoche.de/a/kognitive-kuenstliche-meetings-intelligenter-und-effizienter-planen,3098023. Zugegriffen: 10. Juni 2016

Institut für Arbeitsmarkt- und Berufsforschung IAB (o. J.a) Digitalisierung wird nur sehr wenige Berufe verschwinden lassen. http://www.iab.de/de/informationsservice/presse/presseinformationen/kb2415.aspx. Zugegriffen: 10. Juni 2016

Institut für Arbeitsmarkt- und Berufsforschung IAB (o. J.b) Folgen der Digitalisierung für die Arbeitswelt – Substituierungspotenziale in Deutschland. http://doku.iab.de/forschungsbericht/2015/fb1115.pdf. Zugegriffen: 10. Juni 2016

German.China.org (2016) KI-Begeisterung in China. http://german.china.org.cn/txt/2016-06/08/content_38627836.htm. Zugegriffen: 10. Juni 2016

Ruf Young Traveller Kompass (2016) ITB Präsentation: Das Informations- und Reiseverhalten junger Urlauber. http://de.slideshare.net/Tourismuszukunft/ruf-young-traveler-kompass-2016-prsentation-itb-2016. Zugegriffen: 10. Juni 2016

Travelzoo Umfrage: Tierisch glücklich im Urlaub. http://press.travelzoo.com/travelzoo-umfrage-tierisch-glucklich-im-urlaub/. Zugegriffen: 10. Juni 2016

Travelzoo Umfrage: So tickt der deutsche Urlauber. http://press.travelzoo.com/so-tickt-der-deutsche-urlauber–eine-representative-typologie. Zugegriffen: 10. Juni 2016

Travelzoo Umfrage: Nicht ohne meinen Föhn: wichtige Services im Hotel. https://press.travelzoo.com/tourismus-reisen/nicht-ohne–meinen-fohn-wichtige-services-im-hotel/. Zugegriffen: 10. Juni 2016

Zeit.de. Eine Maschine, klüger als der Mensch. http://www.zeit.de/2016/22/kuenstliche-intelligenz-entwicklung-software-google-deepmind/komplettansicht. Zugegriffen: 10. Juni 2016

---

[2]http://doku.iab.de/forschungsbericht/2015/fb1115.pdf

[3]http://doku.iab.de/forschungsbericht/2015/fb1115.pdf

Christian Smart (Fotocredit:
Travelzoo Deutschland)

Christian Smart ist seit Januar 2012 General Manager von Travelzoo Deutschland. Zuvor war der Diplom-Betriebswirt einige Jahre als Gesamtvertriebsleiter Deutschland im Unternehmen tätig. Christian Smart kann internationale Managementerfahrung vorweisen und hatte im Rahmen seiner über zehnjährigen Karriere im Onlinebusiness bereits zahlreiche Führungspositionen inne. Travelzoo® bietet seinen 28 Mio. Mitgliedern Angebote aus erster Hand und einmalige Erlebnisse. Weltweit recherchieren unsere Deal-Experten nach herausragenden Angeboten und veröffentlichen nur die besten. Mit mehr als 25 Büros weltweit sind wir bei ausgezeichneten Reise-, Unterhaltungs- und Lifestyle-Erlebnissen am Puls der Zeit. Seit mehr als 15 Jahren arbeiten wir mit über 2000 Top-Reiseanbietern zusammen. Unsere langjährigen Beziehungen ermöglichen uns den Zugriff auf einzigartige Angebote.

Teil VI
Umwelt und Digitalisierung

Nach Paris: Warum uns die Energiewende zu Gewinnern macht

Franz Alt

1   Sind wir noch zu retten?

Alle wollen eine schöne, gerechte und naturfreundliche Welt. Aber alle wissen zugleich, dass sich unsere Welt zurzeit in die entgegengesetzte Richtung bewegt.

Jeden Tag

- sterben 150 Tier- und Pflanzenarten für immer aus,
- produzieren wir 50.000 ha Wüste mehr,
- verlieren wir 86 Mio. t fruchtbaren Boden,
- emittieren wir 150 Mio. t CO_2 in die Luft,
- werden wir 220.000 Menschen mehr,
- verhungern 26.000 Menschen.

Das geht heute so und morgen und übermorgen, nächste Woche und nächsten Monat und im nächsten Jahr. Sind wir noch zu retten?

Gibt es noch eine Möglichkeit, eine Welt mit sauberer Luft, reinem Wasser, gesunden Böden, umweltfreundlicher Energie und mehr Gerechtigkeit zu schaffen? Und sind nach dem Weltklimagipfel in Paris die Chancen größer als vorher?

Können wir uns eine Wirtschaft vorstellen, die nicht nur dem Kapital, sondern auch dem Gemeinwohl und den Menschen dient und deren Wohlbefinden verbessert, den sozialen Fortschritt unterstützt und in der kein Kind mehr verhungern muss, in der wir einen verantwortungsvollen und nachhaltigen Umgang mit den Ressourcen lernen und eine Schließung von Stoffkreisläufen?

F. Alt (✉)
Baden-Baden, Deutschland
E-Mail: franzalt@sonnenseite.com

© Springer-Verlag GmbH Deutschland, ein Teil von Springer Nature 2021
A. Hildebrandt und W. Landhäußer (Hrsg.), *CSR und Digitalisierung,* Management-Reihe Corporate Social Responsibility, https://doi.org/10.1007/978-3-662-61836-3_33

Ja, das ist möglich, sagt der englische Zukunftsforscher John Elkington mit seiner These „Die Welt bleibt grün". Das sagen aber auch der deutsche Chemieprofessor und Umweltforscher Michael Braungart sowie der US-amerikanische Architekt William McDonough in ihrem revolutionären Buch *Intelligente Verschwendung – The Upcycle: Auf dem Weg in eine neue Überflussgesellschaft.*

Braungart und McDonough sind die Begründer des Cradle-to-Cradle-Konzepts (von der Wiege in die Wiege), das aufzeigt, dass wir Menschen zu weit eleganteren und effizienteren Umweltlösungen als bisher in der Lage sind. Der Klimawandel wurde von Menschen verursacht, also können ihn Menschen auch wieder stoppen. Es waren menschliche Entscheidungen, in die Atomkraft einzusteigen, also können Menschen auch wieder beschließen, aus der Atompolitik auszusteigen.

Die Hauptthese des Cradle-to-Cradle-Prinzips: Abfall war gestern – ab jetzt gibt es nur noch Nährstoffe, die bisher lediglich am falschen Platz waren. Alle Produkte verbleiben in einem steten Kreislauf. Nur noch gesunde, recycelbare und unbedenkliche Materialien werden eingesetzt. Diese drei Autoren zeigen an vielen konkreten Beispielen, dass wir schon heute Produkte so herstellen können, dass alle verwendeten Materialien wieder genutzt werden. Solche Prozesse sind bereits nachweisbar bei Autos und Teppichböden, bei Waschmaschinen und Solaranlagen sowie beim Bau von Häusern. Teppiche und Farben können dazu beitragen, eine bessere Raumluft zu erzeugen. So wie ein Kirschbaum, der einen positiven Einfluss auf das restliche Ökosystem hat. In den USA und in Europa, in Indien, China und Japan setzen bereits viele Firmen mit Erfolg auf dieses neue Kreislaufprinzip. Dabei geht es nicht nur um eine neue Wirtschaft, sondern auch um ein neues Menschenbild: Der Mensch ist nicht länger Schädling, er wird Nützling.

Alle Menschen können künftig zu einem nie gekannten ökologischen Wohlstand finden. Das Von-der-Wiege-in-die-Wiege-Prinzip hilft, dass wir die bisherige Verzichtsphilosophie überwinden und neue Wege zu einem Wohlstand für alle beschreiten können. Ein ökologisches Wirtschaftswunder ist möglich. Ja, wir sind noch zu retten. Wir müssen nur lernen, nicht länger gegen die Natur, sondern mit der Natur zu leben, zu arbeiten und zu wirtschaften.

Das heißt natürlich auch: Weniger Konkurrenzdenken und -handeln, sondern mehr Kooperation. Weniger Ich, mehr Wir. 2014 und 2015 waren bereits bescheidene Wendejahre. 2015 beim Weltklimagipfel in Paris haben es erstmals in der Menschheitsgeschichte alle 195 Staaten und die EU geschafft, sich als Menschheitsfamilie zu verstehen und gemeinsam einem Klimaschutzabkommen zuzustimmen, das diesen Namen auch verdient. Doch die entscheidende Frage bleibt: Schaffen wir auch eine generelle und grundsätzliche, dauerhafte Wende?

2 Siegeszug für Sonne und Wind

Copyright: Chris Alt

Weltweit befindet sich der Ausbau von Sonnenenergie und Windkraft auf dem Siegeszug, während sich fossile und nukleare Kraftwerke auf einem Rückzug bewegen. Das ist so, auch wenn die alte Energiewirtschaft uns noch immer das Märchen von der Renaissance der Atomkraft erzählt. In den nächsten 15 Jahren muss weltweit mehr als die Hälfte aller Atomkraftwerke aus Alters- und Sicherheitsgründen stillgelegt werden. Und nach dem nächsten Atomunfall ist noch viel schneller Schluss. Warum eigentlich nicht vorher?

In den Jahren 2014 und 2015 wurde weltweit bereits mehr Geld in erneuerbare Energien investiert wie in fossil-atomare. Seit der Jahrtausendwende hat sich die Solarenergie global verhundertfacht und die Windenergie verzehnfacht. Die Konsequenz: 2014 ging trotz steigender Wirtschaftskraft der Ausstoß klimaschädlicher Treibhausgase erstmals seit Jahrzehnten leicht zurück.

Der Preis für eine Kilowattstunde Solarstrom sank in Deutschland von 70 Cent im Jahr 2000 auf etwa sechs Cent heute, in sonnenreichen Ländern auf etwa vier Cent und weniger. Bis 2020 dürfte die Kilowattstunde Solarstrom in Deutschland noch etwa vier und in Afrika etwa zwei Cent kosten – prognostiziert das Fraunhofer-Institut. Sonne und Wind schicken keine Rechnung – sie sind Geschenke des Himmels im wahrsten Sinne des Worts, Energie von ganz, ganz oben!

Deshalb ziehen jetzt immer mehr Investoren ihr Geld aus fossilen und atomaren Anlagen zurück – wie zum Beispiel der weltgrößte staatliche Vermögensfonds in Norwegen von Kohleinvestitionen.

Die Menschen wollen die Energiewende – in Deutschland zu über 90 %, ähnlich in Japan und allmählich sogar in den USA. Diese positiven Entwicklungen werden auch von der größten Volkswirtschaft der Welt vorangetrieben, von China. Dort gab es 2014 7 % wirtschaftliches Wachstum, aber 8 % weniger Treibhausgase als im Vorjahr.

Ein überraschender Fortschritt, aber noch kein Beweis für eine dauerhafte und globale Trendwende. Doch auf der Pariser Weltklimakonferenz hat China erstmals die Verhandlungen nicht mehr blockiert, sondern mit vorangetrieben. Millionen Chinesen wollen im Winter, wenn die Feinstaubgrenzwerte um das 25-Fache überschritten werden, künftig nicht mehr mit Gasmasken auf die Straße. Die Umwelt- und Klimafrage ist für die kommunistische Partei in China zur Machtfrage geworden. Im Jahr 2018 gab es im Reich der Mitte über 90.000 Aufstände gegen die Regierung, weitgehend wegen der Umweltpolitik. Auch deshalb ist das Land inzwischen Solar- und Windweltmeister.

In Deutschland gab es 2019 bereits 44 % Ökostrom. Im Wärmebereich werden allerdings erst 3 % erreicht und im Verkehrssektor lediglich 6 %. Dabei liefern die Biokraftstoffe den größten Anteil. Der 2. Juli 2015 war in Deutschland für die Energiewende in Deutschland ein historischer Tag; 75.000 Gläubiger der insolventen Windfirma Prokon entschieden sich mit großer Mehrheit, dass die Firma als Energiegenossenschaft weitergeführt wird.

Die Alternative war ein Angebot des Energiekonzerns EnBW, Prokon für 550 Mio. EUR zu übernehmen. Die Gläubiger sind für ihren Entschluss zu beglückwünschen, denn die Energiewende kann nur von unten über dezentrale Strukturen funktionieren: über Genossenschaften, über Stadtwerke, über den Mittelstand, über Handwerker, Bauern und Hausbesitzer. Sie alle waren schon bisher die Träger und Treiber der Energiewende und nicht die alten Großkonzerne, die vier Energiebesatzungsmächte, die wir noch immer haben: RWE, E.ON, Vattenfall und EnBW.

Die Energiewende funktioniert, wenn sie in Bürgerhand ist. Zentrale Konzernstrukturen passen einfach nicht zu einer dezentralen Versorgung. Viele kleine Davids haben am 2. Juli 2015 wieder einmal einem Goliath das Fürchten gelehrt. So ist die größte Energiegenossenschaft in Deutschland, wahrscheinlich sogar in Europa, entstanden.

3 Papst und Dalai Lama sind sich einig

Copyright: Bigi Alt

Auf geistiger Ebene, wohl der entscheidenden, unterstützt sowohl der Papst in seiner Enzyklika *Laudato si* ohne Wenn und Aber die Energiewende und den Klimaschutz, ebenso wie auch der Dalai Lama in dem soeben erschienen Buch *Ethik ist wichtiger als Religion,* das ich mit ihm zusammen in acht Weltsprachen publiziert habe (als E-Book kostenlos auf Deutsch, Französisch, Englisch, Spanisch, Portugiesisch, Chinesisch, Arabisch und Russisch herunterzuladen; Benevento-Verlag).

Ökostrom ist kein Luxus mehr für wenige, sondern preisgünstige und umweltfreundliche Energie für alle. In Indien und in Afrika werden bereits Tausende Dörfer komplett mit Ökoenergie versorgt. Die Energiewirtschaft befindet sich weltweit in der Phase einer industriellen Revolution – von unten, wie jede erfolgreiche Revolution. Afrika und die Sonne: Welch eine Vision! Wir können mit einer solaren Energiewende erstmals in der Menschheitsgeschichte den Hunger überwinden, den Hunger ins Museum der Geschichte stellen. Voraussetzung dafür ist preiswerte und ausreichende Energie.

Und warum gibt es zurzeit in Deutschland so viele Bedenkenträger gegen die Energiewende? Strom aus Braunkohle ist die mit Abstand klimaschädlichste Form der Stromerzeugung. Braunkohlekraftwerke pusten mehr als doppelt so viel CO_2 in die Luft wie Gaskraftwerke. Doch die unheilige Allianz aus kurzsichtigen Gewerkschaftlern und Kohlepolitikern in CDU und SPD ist noch immer stärker und einflussreicher als alle vernünftigen Gegenargumente der Klimaschützer. Das müssen und werden wir ändern. Deutschland darf nicht länger Braunkohleförderweltmeister bleiben.

Der Ausstieg aus der Braunkohle ist der nächste Ausstieg nach dem Atomausstieg, den wir ja auch erst zur Hälfte geschafft haben. „Der gleichzeitige Ausstieg aus Atom und Kohle geht nicht", sagen Kanzlerin und Vizekanzler unisono in fast jeder Rede. Doch diese Politik passt überhaupt nicht zusammen mit dem, was der G7-Gipfel in Elmau verkündet hat, und auch nicht mit dem erklärten Ziel der Bundesregierung, bis 2050 bis zu 90 % allen Stroms in Deutschland erneuerbar zu erzeugen. Die derzeitige deutsche Kohlepolitik passt schon gar nicht zu den Pariser Beschlüssen. Je länger die Regierung mit dem Kohleausstieg wartet, desto teurer kommt er. Der Kohleausstieg ist in Deutschland für das Jahr 2038 beschlossen, aber er wird früher kommen. Die Fridays-for-Future-Bewegung sagt; „Unser Haus brennt". Das ist heute tatsächlich der Fall. Aber welchen Sinn macht es dann, die Feuerwehr für das Jahr 2038 zu bestellen und in der Zwischenzeit sich mit der Frage nach dem Preis des Löschwassers zu beschäftigen? Der Kohleausstieg wird auch in Deutschland früher kommen. Bayerns Ministerpräsident fordert ihn inzwischen für das Jahr 2030.

Die Weltbank hat schon vor Jahren ausgerechnet, dass keine Energiewende über die Folgekosten fünfmal teurer wird als eine rechtzeitige und intelligente Energiewende. Energiewende kostet – das ist wahr, aber keine Energiewende kostet die Zukunft. Das ist genauso wahr. Und die Folgekosten des Atomstroms sind unbezahlbar. Es ist ganz schlicht unvernünftig und teuer, noch immer Milliarden Euro in die alten Energietechnologien zu investieren oder auf die Braunkohle keine CO_2-Steuer zu erheben. Insgesamt wird in Deutschland noch immer zu viel Strom produziert. „Aber die Arbeitsplätze?", wird häufig gefragt. Fakt ist: Durch erneuerbare Energieträger entstehen weit mehr Arbeitsplätze als in den alten Energien verloren gehen.

Die Energiewende macht uns also alle zu Gewinnern: Es entstehen mehr Arbeits-plätze, wir schützen das Klima, leben in größerer Sicherheit und Unabhängigkeit, bekommen preiswerte und saubere Energie und können unseren Kindern einmal sagen: Das ist euer Planet. Wir haben dafür gesorgt, dass ihr eine lebenswerte Zukunft vor euch habt. Worauf warten wir noch? Solarstrom ist Sozialstrom. In wenigen Jahren wird Saudi-Arabien Solarstrom für einen Cent pro Kilowattstunde produzieren, hat das saudische Königshaus 2019 angekündigt. Das ist preislich unschlagbar. Schon heute ist in etwa 70 Ländern Solarenergie die preiswerteste Energiequelle.

Allein die Sonne schickt uns jeden Augenblick unseres Hierseins 15.000-mal mehr Energie als zurzeit alle Menschen verbrauchen. Eigentlich gibt es gar kein Energie-problem. Wir machen uns nur eines. Die Energiewende ist also keine Last, wie uns von Interessenvertretern und ihren politischen Helfern oft erzählt wird, sondern die großartige Chance, ein für alle Mal eines der größten Probleme unserer Zeit zu lösen. Wie sagt doch die Bundeskanzlerin zu Recht: „Die Energiefrage ist die Überlebensfrage der Menschheit." Wir müssen keine Kriege mehr führen um Öl, wie zum Beispiel die letzten Irak-Kriege. Die intelligente Alternative heißt: Frieden durch die Sonne. Um die Sonne kann weder George W. Bush noch Bin Laden noch sonst ein Obergauner dieser Welt je einen Krieg führen. Unser Zentralgestirn liefert uns noch über vier Mrd. Jahre alle Energie, die wir brauchen: Preiswert, umweltfreundlich, ausreichend, für alle und für alle Zeit.

Die Energiewende wird freilich nur gelingen, wenn sie mit größerer sozialer Gerechtigkeit einhergeht. Eine Oxfam-Studie hat soeben ergeben, dass die 62 reichsten Menschen unseres Planeten über mehr Geld verfügen als die ärmere Hälfte der Mensch-heit. „Diese Wirtschaft tötet", schreibt der Papst zu Recht. Und diese Wirtschaft produziert Millionen neue Flüchtlinge.

Zwei Dinge sind für das Überleben der Menschheit zur Überlebensfrage geworden: Die Energiewende und eine größere Gerechtigkeit. Ein erster Schritt zu mehr Gerechtig-keit wäre zum Beispiel ein globaler Mindestlohn von einem Dollar pro Stunde. Die UNO kann diese Mindestlohnpolitik über ihre Internationale Arbeitsorganisation (ILO) anregen. Wie bei der Energiewende kommt es darauf an, dass damit einige fortschritt-liche Länder vorangehen. Trotz anfänglicher Bedenken hat sich gerade in Deutsch-land gezeigt, dass der Mindestlohn ein großer Erfolg ist. Außerdem kann die größte Ungerechtigkeit zwischen Reich und Arm dadurch gemildert werden, dass endlich das Geschäftsmodell der Steueroasen beendet wird und Riesenvermögen höher besteuert werden. Noch immer haben neun von zehn Großkonzerne Niederlassungen in Steuer-oasen. Ein Skandal!

Bürger zur Sonne, zur Freiheit! Kohle- und Atompolitiker dürfen nie wieder mit unserer Stimme rechnen. Diese bescheidene Konsequenz sind wir künftigen Generationen schuldig.

Weiterführende Literatur

Alt F (2013) Auf der Sonnenseite. Warum uns die Energiewende zu Gewinnern macht. Piper, München

Alt F (2018) Lust auf Zukunft – Wie unsere Gesellschaft den Wandel schaffen wird. Gütersloher Verlagshaus, Gütersloh

Alt F (2019) Die ALT-ernative – Ein Plädoyer für eine sonnige Zukunft. Chrismon, Frankfurt a. M

Alt F, Lama Dalai (2015) Ethik ist wichtiger als Religion. Benevento, Salzburg

Alt F, Laia Dalai (2020) Schützt unsere Umwelt. Benevento, Salzburg

Alt F, Weyer H (Fotos) (2019) Unsere einzige Erde – Eine Liebeserklärung an die Zukunft. Patmos-Verlag, Düsseldorf

Braungart M, McDonough W (2013) Intelligente Verschwendung. Auf dem Weg in eine neue Überflussgesellschaft. Oekom Verlag, München

https://www.oxfam.de/ueber-uns/aktuelles/2016-01-18-62-superreiche-besitzen-so-viel-haelfte-weltbevoelkerung (Abruf: 19.9.2020)

Dr. Franz Alt
(Fotocredit: privat)

Dr. phil. Franz Alt, geboren 1938, ist Journalist, Fernsehmoderator und Buchautor. Von 1972 bis 1992 war er Leiter und Moderator des politischen Magazins *Report.* Von 1992 bis 2003 leitete er die Zukunftsredaktion ZEITSPRUNG im SWR, seit 1997 das Magazin QUERDENKER und ab 2000 das Magazin GRENZENLOS in 3sat. Er hält weltweit Vorträge und schreibt Gastkommentare sowie Hintergrundberichte für Zeitungen und Magazine. Seine Bücher sind in 16 Sprachen übersetzt und erreichen eine Auflage von drei Millionen Exemplaren. Für sein Engagement erhielt er zahlreiche Preise und Auszeichnungen: Adolf-Grimme-Preis, Goldene Kamera, BAMBI, Deutscher und Europäischer Solarpreis, Umweltpreis der deutschen Wirtschaft, Innovationspreis und German Speakers „Hall Of Fame" (Redner des Jahres 2011), Außergewöhnlichster Redner 2011 (Redneragentur „5-Sterne Team"), Utopia Award 2012 und GREEN BRAND Germany 2013. Europäischer Energieheld 2019. Weitere Informationen: www. sonnenseite.com.

„Digitalisierung" der Energiewende – flexibel, transparent und sicher gestalten

Werner Neumann

1   Digitalisierung – was ist das eigentlich?

Folgt man den Vorstellungen von Politik und Ministerien, geht es bei der „Digitalisierung" vorrangig um die Herstellung größerer Datenübertragungsraten. Um die Digitalisierung umfassend zu beurteilen, muss man diese von den bisher vorherrschenden – analogen – Verfahren trennen und in ihrer Auswirkung beurteilen.

Im Energiebereich erfolgen zahlreiche Verfahren in analoger Weise, sei es im Kraftwerk, in der Heizungsanlage, am Heizkörper. Bestimmte Messgrößen wurden direkt in bestimmte Reaktionen und Folgen umgesetzt – Kraftwerksleistungen wurden mit Zeigermessgeräten angezeigt und „per Hand", durch Ventile etc. mit analogen Regelkreisen gesteuert. Der Heizkessel zuhause schaltet bei Erreichen einer Temperatur ab, das Thermostatventil schließt analog proportional zur Temperatur gesteuert durch die Ausdehnung eines Metalls. Der alte („Ferraris"-) Stromzähler wird durch Magnetfelder angetrieben und setzt die Anzeige in ein analoges Zahlenwerk um. Der Kraftwerkspark wird anhand der Netzfrequenz von 50 Hz gesteuert, wobei ein Teil der Steuerung selbstständig durch die Art der Generatoren erfolgt, ein Teil durch gezielte Regelung. Noch vor 20 Jahren erfolgte die Kraftwerksteuerung und zum Teil auch heute noch unterstützend durch Telefonanrufe der Netzleitstelle.

Es gab gewisse Zwischenphasen, doch der entscheidende Schritt ist, bestimmte Mess- und Stellgrößen in digitaler Form zu erfassen und zu steuern. Mit dieser „Digitalisierung" gehen mehrere Dinge einher: Die Datenübertragung wird sicherer gegenüber Störgrößen, siehe zum Beispiel beim digitalen Radio. Die Daten können in Computern in beliebiger Weise gespeichert, verarbeitet und wieder weitergegeben

W. Neumann (✉)
Altenstadt, Deutschland
E-Mail: werner.neumann@bund.net

© Springer-Verlag GmbH Deutschland, ein Teil von Springer Nature 2021
A. Hildebrandt und W. Landhäußer (Hrsg.), *CSR und Digitalisierung,* Management-Reihe Corporate Social Responsibility, https://doi.org/10.1007/978-3-662-61836-3_34

werden. Hiermit ist eine immer größere Schnelligkeit der Datenverarbeitung sowie Datenspeichermenge verbunden.

Damit verbunden ist eine vielfältige Möglichkeit der Vernetzung von Prozessen an beliebigen Orten (auch durch Funkübertragung von Daten sowie dem Internet) als auch eine immer größere Unkontrollierbarkeit dessen, was mit der Unmenge von Daten erfolgt. Je komplexer die Systeme werden, umso unkontrollierbarer werden diese, auch durch deren Programmierer, und umso mehr bergen sie Fehler und Einfallstore für Hacker.

Im Energiebereich verstehe ich „Digitalisierung" als eine vernetzte, zeitlich hoch aufgelöste Erfassung von Zuständen, Regelung und Steuerung von Prozessen der Energiebereitstellung, -transport, -speicherung und -verbrauch nach Energie, Leistung und Kosten.

Entsprechend kann man das, was in Deutschland als „Industrie 4.0" bezeichnet wird, als eine neue Dimension der Steuerung der Herstellung und Verbreitung von Waren aller Art verstehen.

Vorteile gegenüber früheren analogen Regelungsverfahren ergeben sich im Hinblick auf größere Datenmengen, genauere Messungen und Steuerungen, schnellere Reaktionsweisen, genauere Einstellungen, Speicherung historischer Werte sowie deren Verarbeitung, Entwicklung zukünftiger Regelungsstrategien. Dies kann sich sowohl in einer integrierten digitalen Steuerung von mehreren Kraftwerken verbunden mit der Abstimmung von Stromerzeugung und -verbrauch zeigen, als auch in der Datensammlung von Verkaufswerten von Produkten bei einer Vielzahl von Kunden (Kundenkarte) und einer darauf aufbauenden Steuerung von Lieferungen, Herstellung, bis hin zu gezielten Angeboten an Kunden und deren Mitsteuerung im Gesamtsystem liegen. Im Energiebereich wird über zeitvariable Tarife nachgedacht, die aber nur dann wirtschaftlich nutzbar sind, wenn die Nutzer ihr Verhalten ständig selbst überwachen oder dies externen Regelungen ihrer Anwendungen überlassen. Hier stellt sich schon die Kernfrage, für welchen Zweck digitale Produkte sinnvoll sind und inwieweit diese die Selbstbestimmung der Menschen übermäßig einschränken.

2   Was passiert da eigentlich – Algorithmen

Zunächst ist eine eingehende Analyse erforderlich, um zu prüfen, welche Vor- und Nachteile gegenüber bisherigen Verfahren vorliegen und für *wen* dies Vor- und/oder Nachteile hat. Pauschale Verheißungen sind ebenso fehl am Platz wie generelle Verteufelung.

Typisch sind die Fälle, bei denen die freiwillige Hergabe von Daten (oder Zustimmung zu kaum verständlichen Datenregelungen) auch mit Vorteilen verbunden ist, sei es preiswerterer Produkteinkauf, Hilfe, Erinnerungen, höherer Lebenskomfort, aber andererseits auch eine immer größere Abhängigkeit von den Datenverarbeitungsverfahren entsteht. Ist es wirklich gut, wenn der Supermarkt weiß, was man kauft? Muss der Netzbetreiber genau wissen, wie der Stromverbrauch des Einzelnen ist, oder reicht nicht eher ein Mittelwert eines Stadtteils?

Die entscheidende Größe ist daher nicht einfach die Schnelligkeit der Datenerfassung und die immense Speicherkapazität – die Frage ist, wer mit diesen Daten was und wie macht. Dies erfolgt mit sogenannten „Algorithmen", im wörtlichen Sinne einfach nur Rechenschritte für diese Daten, mittlerweile ein Begriff, der beschreibt, dass komplexe Programme bestimmte Vorgehensweisen, Reaktionsweisen im wahrsten Sinne „vorprogrammieren".[1]

Es können Verfahren sein, die bestimmte Einkaufsmuster bestimmter Kundengruppen analysieren und diesen daraufhin Vorgaben oder Angebote machen. Oder es kann die Personenerkennung aus Videos betreffen, sei es für die Polizei in Hamburg oder den chinesischen Staat. Auch weitgehend selbstständig ablaufende Verfahren zur Abstimmung von Stromerzeugungen aus PV, Wind und KWK untereinander, die mit flexiblen Stromverbrauchern im Rahmen von Mieterstrommodellen in Stadtteilen oder regionalen Bürgerenergiegemeinschaften abgestimmt werden, können dies sein.

Besonders kritisch sind Verfahren, die alleinig nur noch auf digitale Weise gesteuert werden können, sodass beim Ausfall von Systemen oder gezielten Eingriffen sehr hohe Risiken zum Beispiel bei der Steuerung des Stromsystems entstehen[2]. Allerdings sind eine ganze Reihe von Stromausfällen ganz „undigital" durch fehlerhafte Planung oder umfallende Bäume verursacht worden.

Digitalisierung beruht nicht nur auf dem Übergang zu diskreten Schritten, Einheiten und deren Verknüpfung. Oft ist eine Standardisierung mit der Digitalisierung verbunden – aufgrund gewünschter „Rationalisierungs"-Effekte, kurz gesagt, Kostensenkungen. Umgekehrt bietet aber Digitalisierung von Verfahren „eigentlich" die vielfältigsten Möglichkeiten, bestimmte Verfahren gerade nicht standardisiert, sondern verschiedenen Situationen angepasst, zu gestalten. Oft heißt es dann: Das geht nicht (mehr) anders, weil es digitalisiert ist. Doch dies zeigt nur, dass hier der Algorithmus, das Programm, das Ziel des digitalen Verfahrens, zu eng auf einen bestimmten Zweck festgelegt ist, obwohl gerade ein Vorteil der Algorithmen ist, dass man sie schnell ändern und anpassen kann.

3   Energiewende mit fluktuierenden Quellen benötigt digitale Steuerung

Bezogen auf das Energiesystem kann man feststellen, dass eine integrierte Energiewende mit zeitlich und örtlich breit verteilten Anlagen von Erzeugung und Verbrauch, die eine hohe zeitliche Fluktuation aufweisen und aufeinander abgestimmt werden müssen, sei

---

[1]Neben breiter Fachliteratur bietet das Buch Sebastian Stiller, Planet der Algorithmen, Knaus Verlag München, 2015 eine gute Einführung.

[2]Besonders realistisch beschrieben von Marc Elsberg, Blackout – Morgen ist es zu spät, Blanvalet Verlag, München 2012.

es im Haus, im Stadtteil, der Stadt, bundes- und europaweit, einer digitalen Regelung bedürfen. So gesehen kann man die These aufstellen, dass die Energiewende, so wie sie der BUND insbesondere als Bürger/-innen-Energiewende von unten mit regionalen Energie-„zellen"[3] versteht, nicht ohne eine Digitalisierung möglich und denkbar ist.

Das heutige Strommarktsystem beruht schon seit Jahren auf einer hohen Datenübertragung, Abrechnung über eine zentrale Strombörse und Bilanzkreisen im Minutentakt und dem zentralen Ansatz des freien Stromflusses wie auf einer „Kupferplatte". Diese Denkweise ist jedoch nicht zukunftsfähig, wenn die Stromerzeugung auf Millionen dezentraler Erzeuger beruhen wird. Der Unterschied ist weniger die Digitalisierung als solche, sondern die Frage, wie weit hier bestimmte „Datenkreise" reichen. Die Systemorganisation beschränkt sich auf Datenabgleiche zwischen einzelnen „Zellen" (Gebäude, Stadtteil, Stadt, Region). Die Steuerung auf „höheren" Ebenen erfolgt nur für unabdingbar benötigte Daten.

So kann es tatsächlich sinnvoll sein, Daten des Energieverbrauchs innerhalb eines Gebäudes (Wohnen, Schule, Gewerbe usw.) zu erfassen und diese innerhalb des Komplexes zu einer Steuerung zu verwenden, die den Verbrauch optimiert sowie auch die Kosten minimiert. Da muss der Netzbetreiber keinen Zugang zu den Daten der Waschmaschine erhalten. Braucht er auch nicht, weil hier nur die Summe innerhalb einer „Zelle" zählt. Ebenso kann mit einer Einzelraumregelung von Thermostatventilen einer Schule, programmiert nach Nutzungszeiten der Räume, eine Einsparung von ca. 30 % der Heizenergie erreicht werden.

Durch die Erfassung von Strom- und Wärmeverbrauchswerten durch ein Energiemanagementsystem können selbst Verbräuche an vorgegebene Tarife angepasst werden. Dies bleibt in der Sphäre der eigenen Autonomie des Verbrauchers. Noch effektiver ist die Selbstregelung von Passivhäusern, die im Unterschied zu diversen Vorurteilen („Technikaufwand") sich weitgehend selbst auf einen minimierten Energieverbrauch regeln. Interessant ist die (anonyme) Darstellung aller Stromverbrauchswerte in einem Haus, sodass der einzelne Haushalt sehen kann, wo er steht und einspart oder eben nicht.[4]

Digital geregelt werden Stromverbrauchsanlagen, zum Beispiel in Hochhäusern, Bürogebäuden, bei denen Lampen, Lüftungen usw., durch Übermittlung von Daten („Lampe 3453 an oder aus") digital angesteuert werden. Dies gibt es durch M-Bus und KNX-Techniken seit vielen Jahren. Digital werden Daten bei Energiemanagementsystemen erfasst und genutzt. Diese sollten in allen Kommunen und Unternehmen

---

[3]Gleichermaßen hat der VDE e. V. vorgeschlagen, den Energiesektor mit einem zellularen Ansatz zu organisieren, wodurch das Stromnetz sicherer wird und der Netzausbau gemindert werden kann,: „Der zellulare Ansatz", VDE (ETG) e. V. Frankfurt am Main 2015; https://www.vde.com/de/etg/publikationen/studien/vdeetg-studiederzellulareansatz.

[4]Mit gutem Erfolg der Energieeinsparung, wie im „aktiven Passivhaus" der Frankfurter AGB Holding. https://www.abg.de/projekte/innovation-und-technik/aktiv-stadthaus.php.

eingesetzt werden[5], denn allein mit guter Verbrauchskontrolle und Fehlerbehebung sind 10–30 % Energieeinsparung kostengünstig zu erzielen. Es gibt also eine Vielzahl von Energiesystemen, deren Erfassung, Regelung, Steuerung, bei denen digitale Verfahren sehr vorteilhaft und in manchen Fällen auch notwendig sind.

4 Dezentrale Prosumer-Strukturen erfordern neue Kommunikation und Steuerung

Das bisherige Energiesystem war praktisch vollständig „top down" organisiert. Die Primärenergieträger wurden zentral gewonnen und dann über Kraftwerke gewandelt und mittels klarer Hierarchien in Stromnetzen (380, 110, 20, 0,4 kV) an die Verbraucher übertragen, wie diese auch von zentralen über dezentrale Händler unidirektional durch Gas, Öl usw. beliefert wurden.

Mit der Energiewende kehrt sich dies um und muss sich umkehren. Energie, ob Strom oder Wärme, wird dezentral erzeugt und in Netze eingespeist, aus denen zuvor nur Energie entnommen wurde („Prosumer"). Energie wird zunehmend (außer es stehen tradierte Hemmnisse entgegen) an andere weitergegeben, verkauft, verteilt. Dabei erscheint es recht absurd, wenn alle Stromkunden gesetzlich verordnet „Smart Meter" bekommen sollen, aber ihre Eigenerzeugung nicht an Nachbarn verkaufen oder verschenken dürfen. Das bestehende Mieterstromgesetz besteht aus einer immensen Überregelung, die letztlich die Hürden für Eigenenergienutzung im Gebäude oder Quartier hochsetzt und sich als Verhinderungsgesetz erwiesen hat. Es fällt auf, dass gesetzliche Regelungen zur Digitalisierung der Energiewende systematisch zugunsten von zentralen Großstrukturen eingesetzt werden und den dezentralen Akteuren die Möglichkeiten, die ihnen dienen könnten, vorenthalten werden.

Andererseits ist klar, dass bei einer aus Gründen von Energiewende und Klimaschutz erforderlichen Erhöhung der Zahl und Intensität von dezentralen Erzeugern (und Verbrauchern) eine neue Art der Organisierung des Strom- und Energiesystems erforderlich ist. Es wird dabei zunehmend Ver- und Ankaufsverfahren zwischen Prosumern geben. Statt dass Stadtwerke im Jahr 2004 eine „Trübe Funzel" erhielten, weil die einem Stromkunden den Stromanschluss kappten, weil er Strom vom Kleinkraftwerk seines Nachbarn bezog, sollte ein solcher Stromaustausch zur Regel werden. Ebenso werden sich früher noch als „Guerilla PV" bezeichnete Mieter- und Balkon-PV-Anlagen verbreiten.

Wesentlich für die Integration fluktuierender und steuerbarer Energiequellen, ihre Prognosen, ihre Abrechnung, der Verbindung mit dem Netzbetrieb, der Verbindung mit

---

[5]Siehe bei https://energiemanagement.stadt-frankfurt.de/. Ein ähnliches System der Verbrauchskontrolle wurde im Kinderzentrum Nadeshda in Belarus eingebaut. Es ist sehr einfach zu übertragen und könnte in Tausenden von Kommunen helfen, Energie zu sparen. Vgl. www.freunde-nadeshda.de.

Verkaufsprodukten, ihre Abrechnung, Abgleich und Steuerung in Bilanzkreisen oder dezentralen regionalen Energiezellen ist deren digitaler Datenaustausch. Systeme, die zeitlich praktisch täglichen und noch schnelleren Änderungen unterliegen, bei stark und schnell wechselnden „Residuallasten" („Überschüssen und Unterdeckungen") im Stromsektor, sind praktisch nur mit schnellen Digitalsteuerungen umsetzbar.

5   Zentralistische Kontrolle mittels Digitalisierung

Auf eine solche Entwicklung, die eine Digitalisierung erfordert, kann es verschiedene Reaktionsweisen geben. Die eine ist, sämtliche Verbraucher und Erzeuger mit einer Unzahl von smarten Zählern zu überziehen, die in der Regel aber nur in die Richtung Netzbetreiber (sowie Messstellenbetreiber) ablesbar sind oder die, wie in Italien, nur dem Kappen des Energiebezugs bei Nichtzahlung dienen, aber nicht der Selbstkontrolle der Nutzer. Hinzu kommen aggregierende Geräte zum sicheren Datentransfer, sogenannte „Smart Meter Gateways" (SMG), die die Kommunikation zwischen Zähler und Netz herstellen – der zentrale Punkt des Datenschutzes[6].

Ähnlich wie bei Konzepten der Energiewende, die weiterhin auf Zentralismus setzen, hier jedoch verbunden mit konzentrierten Installationen von EE-Anlagen (Offshore-Wind, Groß-PV-Anlagenfelder), zielt dieses Konzept auf die Erfassung der Daten sämtlicher Endverbraucher und – Energieerzeuger durch die Übertragungsnetzbetreiber[7] ab. Dies hat auch schon zu Protesten lokaler Verteilnetzbetreiber und Stadtwerke geführt, die künftig zum Datensammler für die vier großen Übertragungsnetzbetreiber degradiert werden sollen. Die meisten Verbraucher ahnen jedoch noch nicht, was auf sie zukommt. Da es bisher kaum Angebote gibt, die ihnen Vorteile mit den „Smart Metern" bieten, und die Dienstleister noch reserviert handeln, da der Transferaufwand und der Stromverbrauch der Dienste zu hoch ist, ist ein Sturm des Protestes vorprogrammiert.

Demgegenüber stehen auch auf dem Felde der „Digitalisierung" der zellulare Ansatz (VDE) und die dezentrale Bürgerenergiewende von unten.[8] Gründe hierfür sind eine höhere Beteiligung der Bürger/-innen als Prosumer, eine stärkere demokratische Beteiligung und Teilhabe an der Energiewende auch aus sozialer Sicht. Technische

---

[6]Nachdem im Dezember 2019 drei SMGs zertifiziert wurden, hat das Bundesamt für die Sicherheit in der Informationstechnik (BSI) im Januar 2020 den Markt eröffnet. In zehn Jahren sollen nun bis zu vier Mio. „Smart Meter" installiert werden. Entgegen den Versprechungen hapert es jedoch an sinnvollen Anwendungen, variablen Tarifen, Stromeinsparangeboten. Umgekehrt fehlt die Möglichkeit, Elektroautos gezielt zu laden und zu entladen.

[7]https://www.bmwi.de/Redaktion/DE/Downloads/Gesetz/gesetz-zur-digitalisierung-der-energiewende.pdf?__blob=publicationFile&v=4.

[8]Wie sie der BUND und das Bündnis Bürgerenergie vertreten.

Ziele der Dezentralität sind Energieeinsparung durch weniger Energietransporte, mehr Effizienz durch flexible KWK-Anlagen, weniger Stromleitungsausbau, höhere Versorgungssicherheit und deutlich geringere Gesamtkosten. Hier gäbe es reichliche Vorteile, sowohl für die Anlagenbetreiber der Bürgerenergie, also auch die Energieverbraucher, die gemeinsam wirtschaftliche und umweltfreundliche Vorteile generieren könnten[9].

Digitale Steuerung im Energiesystem ist wesentlich für die Integration fluktuierender erneuerbarer Energiequellen und die Nutzung von Energieeffizienz-potenzialen. Entscheidend ist aber, ob diese auf zentraler Erfassung und Steuerung oder dezentralen, zellularen Ansätzen mit demokratischer Kontrolle beruht.

6   Energie- und Ressourcenverbrauch für die Digitalisierung

Alle digitalen Systeme laufen mit Strom. Dieser Stromverbrauch vom heimischen Computer über den Betrieb der Mobilfunknetze bis hin zu den großen Rechenzentren hat sich in Deutschland auf ca. 50 Mrd. kWh im Jahr ausgeweitet[10]. Es wird damit gerechnet, dass der Stromverbrauch für IKT sich auf 15 % des künftigen Stromverbrauchs von 700 Mrd. kWh ausweiten wird. Dies erscheint einerseits viel. Einen Großteil des Stromverbrauchs entfällt mittlerweile auf das Video-Streaming. Andererseits liegt das Stromeinsparpotenzial bisheriger konventioneller Anwendungen bei mind. 30 %, das heißt mehr als 150 TWh im Jahr. Rechenzentren werden zudem immer effizienter. Betrug der Stromverbrauch für Rechner und deren Klimatisierung vor 10 Jahren noch das 4–5-Fache des eigentlichen Rechnerstroms, ist dieser PUE-Faktor auf Werte von 1,2 gesunken[11]. Die Kühlung erfolgt nun über freie Luftzuführung oder mit Wasserleitungen bis zum heißen Chip.[12]

Der BUND hat die Frage, ob der stromverbrauchende Digitalisierungsaufwand im Vergleich zum Nutzen zum Beispiel der Minderung des Energieverbrauchs noch Sinn macht, untersuchen lassen[13]. Datenerfassung schon im Kühlschrank, Haushalt usw. erfordert einen hohen Aufwand für die Datenerhebung, Weiterleitung mittels Routern, die Datensignalverstärkung in Leitungen, deren Sammlung, Verarbeitung usw. Schon

---

[9]Ein gutes Beispiel ist die Stabilisierung des Stromnetzes durch gezielten Einsatz von kleinen Blockheizkraftwerken mittels digitaler Steuerung. https://www.senertec.de/stromnetzstabilisieren/ und www.consolinno.de.

[10]Es wird geschätzt, dass die großen Rechenzentren, konzentriert in Großstädten ca. 15 TWh Strom benötigen. Vgl. R. Hintemann, Borderstep Institut Hannover, 2017, https://www.borderstep. de/wp-content/uploads/2018/12/Borderstep-Rechenzentren-2017-final-Stand-Dez_2018n.pdf.

[11]https://www.e-shelter.de/sites/default/files/field/file/esg_techbrief_pue_de_2017.pdf

[12]https://www.muk.uni-frankfurt.de/85683453/Erfolgreiche_Patentierung_und_Vermarktung_f%C3%BCr_gr%C3%BCnen_Supercomputer__made_in_Hessen?

[13]https://www.bund.net/fileadmin/user_upload_bund/publikationen/energiewende/energiewende_studie_vernetzte_produkte.pdf

bisher haben sich (Verteil-) Netzbetreiber nicht besonders freundlich zu dem durch Verordnung vorgegebenen „Zwangs-Rollout" von digitalen Stromzählern ausgesprochen. Es ist nicht offensichtlich, ob letztlich eine Stromeinsparung netto gegeben ist. Dies stellt auch die gesetzliche Vorgabe des zwangsweisen „Smart Meter Rollouts" infrage. Eine detaillierte Erfassung bis zum Haushalt oder sogar zum Haushaltsgerät ist für die Steuerung der Verteilnetze weder sinnvoll noch erforderlich, denn Erfassung von aggregierten Werten für Stadtteile reicht da vollkommen aus. Der Verdacht, dass die EU-Energieeffizienz-Vorschrift für eine zeitgenaue Erfassung von Verbräuchen in allen Bereichen vor allem der Zähler-Industrie nutzt, bleibt bestehen.

7   Abwägungsprozesse, Alternativenprüfungen, Öffentlichkeitsbeteiligung

Es ist politisch geboten, dass digitale Verfahren aller Art ähnlich wie Anlagen mit bestimmten Emissionen einer Prüfung auf Umweltverträglichkeit verbunden mit Öffentlichkeitsbeteiligung unterliegen müssen. Dies ist Teil der Aarhus-Konvention und wesentlicher Teil der BUND-Forderungen. Denn die Digitalisierung hat zahlreiche und gravierende Auswirkungen auf die Umwelt. Das Umweltverträglichkeitsgesetz müsste daher sinngemäß auf die „Digitalisierung" ausgeweitet werden. Andererseits geht es bei der Digitalisierung nicht um relativ klar abgrenzbare Bauprojekte wie Kraftwerke oder Straßen – bei der Digitalisierung geht es um Strukturen, Infrastrukturen, Datenerfassung („Zähler"), um Datenübertragungen (Netze, Internet) und um die Verarbeitung mittels „Diensten" und insbesondere deren Algorithmen. Solche Strukturen, deren Auswirkungen auf den ersten Blick gar nicht überschaubar sein können, die erst im späteren Zusammenwirken zur Entfaltung kommen (was Vor- und Nachteile betreffen kann) sind einem klassischen Genehmigungsverfahren nicht zugänglich.

Gleichwohl bedarf es für den Auf- und weiteren Ausbau digitaler Strukturen einer Art von Technologiefolgeabschätzung, einer technischen und energetischen „Life cycle analysis". In diesem Rahmen wären Prüfungen und Zulassungen erforderlich, bei denen der sogenannte „ökologische Rucksack" des Herstellungsaufwandes und des Ressourcenverbrauchs insbesondere seltener oder mit hohem Schaden an Umwelt und Arbeitern gewonnenen Metalle offengelegt werden muss. Hierzu sollte auch ein Nachweis der „Reparaturfreudigkeit" der Produkte zählen, die der sogenannten „Obsoleszenz"[14] gegenübersteht. Damit wandelt sich diese UVP in eine gesellschaftliche Folgeprüfung („Gesellschaftsverträglichkeitsprüfung GVP"). Viele Verfahren wurden bisher schlicht von oben herab verordnet und das nunmehr nach vielen Jahren des Vorlaufs anstehende „Smart Meter Rollout" dürfte viele Diskussionen aufwerfen. Die Beteiligung

---

[14]Siehe u. a. C. Kreiß, Geplanter Verschleiß, Europa-Verlag, 2014; Geplante Obsoleszenz, Hrsg. E.Poppe, J. Longmuß, Hans-Böckler-Stiftung, Transcript Verlag, Bielefeld 2014.

der Öffentlichkeit wurde beim Gesetz zur Digitalisierung der Energiewende stark auf technische und unternehmerische Verbände konzentriert.

Es ist statt dessen ein Konzept umzusetzen, bei dem geprüft werden muss, ob eine bestimmte Technologie und hier bestimmte Infrastrukturen, Messsysteme und die auf der Datenerhebung aufbauenden Algorithmen a) sinnvoll sind für die Energiewende (= Effizienz + Erneuerbare = Klimaschutz), also bezogen auf definierte Ziele hin, und b), ob diese notwendig oder nur hinreichend, das heißt hilfreich, aber nicht zwingend erforderlich, sind.

8 Eine Governance der Digitalisierung ist gefordert

Daraus folgt, dass a) die verpflichtende Vorgabe bestimmter Systeme eine entsprechende Begründung erfordern und es hierzu auch einer Art Zulassungsstelle bedarf, bei der auch Verbände und Privatpersonen/Unternehmen/Kommunen Einwände einbringen können – sinnvollerweise verbunden mit einem Rechtsschutz. Und b) ansonsten als erste Regel gelten muss, dass nur die Dinge realisiert werden, die mit einem solchen Verfahren als sinnvoll und notwendig deklariert wurden.

Eine solche Organisation der Datenverarbeitung im Energiebereich bedarf einer hohen Transparenz, um eine starke und unabhängige Kontrolle zu gewährleisten. Dies könnte durch eine Einrichtung ähnlich den „Clearingstellen" zum EEG oder zu anderen Gesetzen erfolgen. Betroffene müssen hier (nach)prüfen können, welche Daten wie und wozu erhoben, wie verarbeitet werden. Hier sollte auch die Möglichkeit einer Untersuchung und Prüfung verwendeter Algorithmen möglich sein.

Ein dezentraler zellularer Ansatz kann die „Digitalisierung" quasi im Zaum halten und auf sinnvolle Schritte begrenzen. Diese wären verbunden mit der Organisation dezentraler und regionaler Bilanzkreise (in denen werden Einspeisungen und Verbräuche bilanziert). Zellulare Methodik bedeutet hierbei, dass nur so viele Daten bei der Steuerung und Abrechnung innerhalb einer „Zelle" (Haushalt, Stadtteil, Stadt, Region) erhoben und verarbeitet werden, wie für diesen im wahrsten Sinne begrenzten Zweck und „Digital-Raum" erforderlich sind. Nur die Daten, die für den Betrieb übergeordneter „Zellen" und Ebenen erforderlich sind, müssen und dürfen weitergegeben werden – mehr muss nicht sein. So viel wie nötig, so wenig (und so wenig individuell) wie möglich, wäre das Prinzip.

Zu einer Organisation solcher Energiezellen ist eine neue Form der „Governance" der Digitalisierung erforderlich. Stromverkauf erfolgt durch freie Anbieter. Das Stromnetz wird durch (regional) Verteilnetzbetreiber betrieben, bisher weitgehend passiv im Sinne der Bereitstellung ausreichender Netzkapazitäten. Hinzu kommt der separat frei wählbare aber auch (auf Dritte oder den Netzbetreiber) übertragbare Messstellenbetrieb, der zu einer Kerngröße im Rahmen der Digitalisierung (Umstellung auf digitale fernauslesbare Zähler sowie Abschalteinrichtungen) wird, aber in dieser Funktion noch gar nicht richtig beachtet wurde.

Es mehren sich Stimmen, dass bei dezentralen Konzepten die Trennung von Energievertrieb und Netzbetrieb zunehmend unsinniger wird, weil zwischen beiden Ebenen immer mehr Abstimmung erforderlich sein wird. Letztlich ist die Frage, wem die Funktion des Dirigenten zugewiesen werden soll. Die EU-Richtlinien im Energiebereich (Winterpaket 2016) sehen eine weitergehende Rolle der Verteilnetzbetreiber (distribution systems operator DSO) bei der Organisierung der Strommärkte als dezentrale Organisatoren, Markt-Dirigenten („conductor") des regionalen Strommarktes. Denn jeder Markt braucht Regeln und braucht zugleich Aufseher und „Marktgerichte". Ebenso ist im Bereich der Übertragungsnetzbetreiber immer drängender, deren Macht zu kontrollieren, denn sie selbst geben den Netzausbau vor, profitieren mit gesetzlich gesicherten hohen Renditen, während ihre Netzplanung nicht transparent ist[15]. Gerade die Diskriminierung dezentraler Bürgerenergie ruft nach neuen neutralen Instanzen für die Planung der Energiewende, der Stromnetze und ihres digitalen Betriebs.

9 Datenschutz ist Menschenschutz (und Menschlichkeitsschutz)

Ähnlich wie „Strahlenschutz" nicht dem Schutz der Strahlen dient und „Wärmeschutz" eigentlich vor Wärmeverlust schützt, ist der Begriff Datenschutz irreführend. Der Schutz der Daten vor Zugriff von „Unbefugten" ist eigentlich ein Teil der Grundrechte, insbesondere wenn diese Daten sich auf eine Person beziehen – sei es als Privatperson, als Individuum oder auch in deren Eigenschaften als Eigentümer von Anlagen, Verkäufer oder Käufer von Energie – der Mensch also als handelndes Individuum und als handelnder Händler. Faktisch wird Datenschutz oftmals aber als Vorwand angeführt, wenn es darum geht, Verfahren öffentlich transparent zu gestalten.

Die Volkszählung brachte es auf den Tisch des Verfassungsgerichtes, das entschied, dass die Daten, insbesondere die personenbezogenen, einem hohen Schutz unterliegen, insbesondere was den Schutz vor der Nutzung von Daten zur Analyse und Steuerung von Personen betrifft. Das Ziel des Schutzes des Individuums und seiner Individualität als Grundlage zu einer „freien", das heißt nicht durch andere gesteuerten beeinflussten, Handlungsweise soll demnach durch den Schutz der Daten gewährleistet sein, die nur durch explizite Zustimmung der Person weitergegeben und verarbeitet werden dürfen („individuelles Selbstbestimmungsrecht", „Datenhoheit").

Durch das Internet sowie die dort laufenden Verfahren, von Google, Facebook und Co. sowie die dahinterliegenden Algorithmen, ist jedoch einerseits die Kontrollierbarkeit dessen, was mit „den Daten" erfolgt, kaum noch vorhanden – andererseits geben

---

[15]Siehe insbesondere die Voten der Stakeholder im Projekt „Transparenz Stromnetze": https://www.transparenz-stromnetze.de/fileadmin/downloads/Oeko-Institut_2018_Transparenz_Stromnetze.pdf.

große Teile der Bevölkerung teils widerwillig (wenn man was nutzen will, muss man zustimmen) aber oft freiwillig und sogar mit klaren Intentionen ihre persönlichen Daten und Informationen ins Internet und diese Dienste ein, eben weil sie sich hierdurch Vorteile erhoffen bzw. die Nachteile als gering oder gar nicht existent erachtet werden. Dies zu regeln, kann also den Nutzern selbst nicht (allein) überlassen bleiben. Es braucht eine Kontrollinstanz, damit die Nutzer überhaupt eine digitale Souveränität und Autonomie erhalten können.

10   Kann Intelligenz künstlich sein?

Schließlich sind grundlegende medizinische und ethische Fragestellungen einzubeziehen, die hier nur gestreift werden können. Einerseits ist die Bezeichnung „Künstliche Intelligenz" eine Übertreibung und legt offen, dass oft nicht klar ist, was unter Intelligenz verstanden wird. Denn nicht die Stromzähler sind intelligent, sondern (hoffentlich) diejenigen, die deren Algorithmen entwickeln und nutzen. Andererseits werden durch Schnelligkeit und Datenmengen Grenzen überschritten, die menschliche Reaktionen, Beurteilungen und auch Emotionen und Empathie überschreiten und mit menschlichem Maßstab nicht mehr beurteilt und kontrolliert werden können. Systeme, die menschliche Intelligenz in besonderen Anwendungen simulieren und übertreffen können, werden gerne als „Künstliche Intelligenz" bezeichnet. Der wissenschaftliche Beirat der Bundesregierung Globale Umweltveränderungen hat in seinem aktuellen Gutachten hierzu Kernaussagen getroffen[16]. Digitalisierung muss der Nachhaltigkeit dienen. Dies muss durch eine Charta und Regeln gesichert werden. Das „Digitale Manifest" kann ein Vorbild hierzu sein.[17] Denn von diesen Regeln und Instanzen einer demokratischen transparenten Digitalisierung wird abhängen, ob der Weg der Aufklärung weitergeht oder sich in sein Gegenteil verkehrt, wie es schon im Sinne der „Dialektik der Aufklärung"[18] in anderen Bereichen kriegerischer Vernichtung und Beherrschung erfolgt ist. Denn wenn die Vernunft „Herrschaftscharakter" annimmt, gilt es den vermeintlichen Fortschritt immer wieder einer Kritik auszusetzen. Dabei sollte man immer „den Mut haben sich seines eigenen Verstandes zu bedienen" (Kant)[19]. Und es ist sicherzustellen, dass die „Digitalisierung" jeglicher Art die Menschen nicht dieser Fähigkeit beraubt, sich aus der digital verursachten Unmündigkeit zu befreien.

---

[16]https://www.wbgu.de/de/publikationen/publikation/unsere-gemeinsame-digitale-zukunft

[17]https://www.spektrum.de/news/wie-algorithmen-und-big-data-unsere-zukunft-bestimmen/1375933

[18]Max Horkheimer und Theodor W. Adorno: *Dialektik der Aufklärung.* Amsterdam 1947; S. Fischer, Frankfurt 1969.

[19]Immanuel Kant. Beantwortung der Frage, „Was ist Aufklärung", in: Berliner Monatsschrift, 1784, H. 12, S. 481 f.Siehe auch bei: https://de.wikipedia.org/wiki/Beantwortung_der_Frage:_Was_ist_Aufkl%C3%A4rung%3F

Dr. Werner Neumann
(Fotocredit: privat)

Dr. Werner Neumann, Jahrgang 1953, hat Physik an der Johann-Wolfgang-Goethe Universität Frankfurt am Main studiert. 1986 promovierte er zum Thema Teilchenbeschleuniger. Nach der Katastrophe von Tschernobyl hat er in einem unabhängigen Umweltlabor von 1986–1989 Messungen von Radioaktivität durchgeführt. Er hat kommunale Energiekonzepte erstellt und umgesetzt, zunächst in den Jahren 1987–1990 für die Stadt Offenbach am Main. Ab dem Jahr 1990 war er im Energiereferat der kommunalen Energieagentur der Stadt Frankfurt am Main, davon über 20 Jahre als dessen Leiter, bis zu seinem Dienstende im Jahr 2013 tätig. Seit dem Jahr 2004 ist er Sprecher des Arbeitskreises Energie im wissenschaftlichen Beirat des BUND e. V. und hat maßgeblich die Positionen des BUND im Energiebereich mitentwickelt. Er arbeitet mit in der „Thematischen Arbeitsgruppe Digitalisierung" des Wiss. Beirats des BUND. Er ist Mitglied in der BUND Atom- und Strahlenkommission und Vorstandsmitglied des BUND Landesverbandes Hessen.

Industrial Smart Grids – Ein Beitrag für ein nachhaltiges Energiesystem

Alexander Sauer und Sebastian Weckmann

1   Einleitung

Das Abschalten der Kernkraftwerke in Deutschland scheint Konsens in der Bevölkerung zu sein. Spätestens seit der Klimakonferenz in Paris wird sich in Deutschland, aber auch im Rest der Welt, auch die Frage hinsichtlich der Zukunft der Braunkohleverstromung intensiv gestellt, was den Ausbau sogenannter erneuerbarer Energiequellen vorantreibt. Deutschland ist in diesem Feld führend: Im Jahr 2015 deckten erneuerbare Energien 32,5 % des deutschen Stromverbrauchs und dominierten das Energiesystem (Agora Energiewende 2016). Wenn die Stromversorgung – wie im Energiekonzept der Bundesregierung vorgesehen – bis 2050 überwiegend auf erneuerbare Energien umgestellt werden soll, muss ein System geschaffen werden, das an die zunehmend fluktuierende Erzeugung angepasst ist (Elsner et al. 2015). Die grundsätzliche gesellschaftliche Zustimmung zu dieser Entwicklung scheint gegeben, jedoch mangelt es noch an Konzepten zur wirtschaftlichen Realisierung dieses volkswirtschaftlichen Großprojekts.

Eine der großen Herausforderungen bei der Etablierung einer zukünftig nachhaltigen Energieversorgung ist die Volatilität aufseiten vieler erneuerbarer Energiequellen. Windturbinen sowie Solaranlagen fluktuieren sowohl stark auf saisonaler Ebene als auch in viel kurzfristigeren Intervallen, zum Beispiel durch die turbulenten Eigenschaften des Winds (Heide et al. 2010). Um das Energiesystem unter diesen Umständen in einem ständigen Gleichgewicht zu halten, bedarf es großer Mengen an Energiespeicherkapazitäten sowie einer steigenden Anzahl von Regelungseingriffen auf der Erzeugerseite

A. Sauer · S. Weckmann (✉)
Institut für Energieeffizienz in der Produktion, Stuttgart, Deutschland
E-Mail: sebastian.weckmann@eep.uni-stuttgart.de

A. Sauer
E-Mail: alexander.sauer@eep.uni-stuttgart.de

© Springer-Verlag GmbH Deutschland, ein Teil von Springer Nature 2021
A. Hildebrandt und W. Landhäußer (Hrsg.), *CSR und Digitalisierung,* Management-Reihe Corporate Social Responsibility, https://doi.org/10.1007/978-3-662-61836-3_35

(Bundesnetzagentur 2015). Ein Paradigmenwechsel im Energiesystem soll helfen, die aus heutiger Sicht erforderlichen massiven Investitionen zu reduzieren. Dieser Paradigmenwechsel beschreibt Wege von einer zentralen verbrauchsorientierten Erzeugung hin zu einem an der dezentralen Erzeugung orientierten Verbrauch (Raquet und Liotta 2013).

Als Beitrag zu einer nachhaltigen Energieversorgung wird die Industrie, ein energetischer Großverbraucher, mehr und mehr dazu übergehen müssen, sich dem Energieangebot so weit wie möglich flexibel anzupassen. Der Faktor Energie wird somit zu einer variablen Größe im Produktionsbetrieb. In Abhängigkeit des Energiekostenanteils an den Produktkosten steigt und fällt das Kostenrisiko durch Energiepreisschwankungen. Um einem solchen Kostenrisiko entgegenzuwirken, setzen produzierende Unternehmen vermehrt auf eine Teilentkopplung vom Energiesystem und integrieren eigene Energieerzeugungs- und Speicherkapazitäten am Produktionsstandort. Wurde in der Vergangenheit noch ein Großteil der Eigenenergieerzeugung in das Versorgungsnetz eingespeist, steigt mittlerweile der Anteil des Selbstverbrauchs (Hubertus et al. 2014). So entstehen zunehmend Inselsysteme in der Industrie, die es zu steuern und zu regeln gilt.

Um Verbraucher- und Erzeugerseite vor dem Hintergrund komplexer Produktionsprozesse sowie schwankender Auslastung und Auftragslage zu harmonisieren, bedarf es einer ständigen Analyse des Ist-Stands und der Optimierung von Planungs- und Steuerungsparametern (Botthof und Hartmann 2015). Dies erfordert zum einen eine Vernetzung der Komponenten des Produktionssystems und zum anderen eine Automatisierung in der Datenauswertung und Systemoptimierung. Die Digitalisierung von Produktionssystemen ermöglicht es, komplexe Systeme wie ein „Industrial Smart Grid" (ISG) zu betreiben.

2   Konzeptioneller Bezugsrahmen

ISG sind intelligente energetische Insel- oder Teilinselsysteme in der industriellen Produktion. Die Zielgrößen eines ISG sind eine kostenoptimale Betriebsführung unter Einhaltung logistischer Randbedingungen sowie eine sichere und qualitativ hochwertige Energieversorgung. Insbesondere der Ausfall des Versorgungsnetzes und Abweichungen von der Nennspannung in der Stromversorgung können zu Produktionsausfällen führen, die ein enormes Kostenrisiko darstellen.

Zur Bestimmung des Betriebsoptimums in einem ISG muss zunächst der Bezugsrahmen definiert werden. Es können Optima sowohl für einzelne Maschinen, Linien bzw. Module als auch für einen ganzen Standort bestimmt werden. Ein Standortoptimum zu finden, ist aufgrund vieler Variablen und Querbeziehungen eine große Herausforderung und kann dazu führen, dass einzelne Maschinen oder Module nicht im Optimum gefahren werden. Somit entspricht die Summe der Einzeloptima nicht immer zwingend dem Gesamtoptimum (Schächtele und Krämer 2012).

Der Bezugsrahmen eines ISG wird zum einen durch die Kopplung der am Standort vorhandenen Energieformen als auch durch standortspezifische Systembausteine definiert. Dabei können grundsätzlich fünf Systembausteine unterschieden werden (Abb. 1). Im Zentrum steht die industrielle Produktion als energetischer Verbraucher. Diese umfasst dabei nicht nur die tatsächliche Produktionsausführung, sondern auch die Produktionsperipherie. So zählen auch die zur Planung und Verwaltung der Produktion notwendigen Büros und Gebäude dazu. Weitere physische Bestandteile des Bezugsrahmens sind die Energiespeicherung sowie die Energieeigenerzeugung und Energiebeschaffung. Die konzeptionelle Verbindung von virtueller und realer Welt ermöglicht die Vernetzung und Sensorik. Sie beschreibt die erforderliche Sensorik zum Auslesen von maschinenbezogenen Energie- und Zustandsdaten sowie die Infrastruktur zur Kommunikation der einzelnen Systemkomponenten. In Ergänzung hierzu beschreibt die Steuerung und Modellierung sowohl die Steuerung und Regelung sowie die Prognose von Systemzuständen und Systemverhaltensmustern. Um die Kernelemente des Bezugsrahmens gliedern sich wesentliche Themenfelder, wie die Datensicherheit, Big Data, energieoptimierte Prozessplanung und ressourcenschonende Produktentwicklung, die einen befähigenden Charakter für die Implementierung von ISG aufweisen.

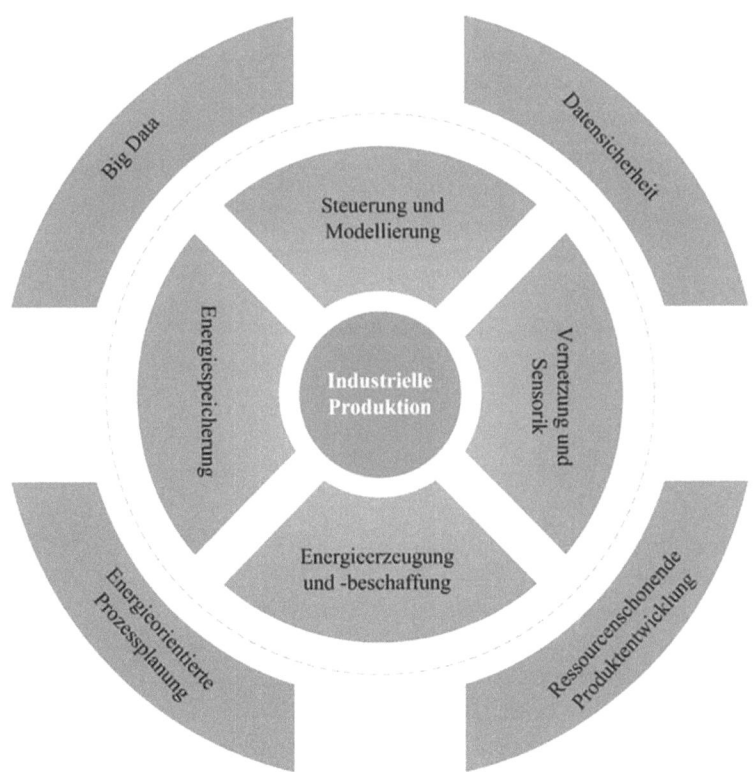

Abb. 1 Konzeptioneller Bezugsrahmen für „Industrial Smart Grids"

3   Steuerung und Modellierung

Produzierende Unternehmen stehen vielfach unter enormem Konkurrenzdruck und sind gezwungen, die Produktion ständig unter der Berücksichtigung von Kosten, Qualität und Zeit zu optimieren. Vor diesem Hintergrund liegt die Herausforderung im Betrieb eines ISG in der Harmonisierung von Produktion, Energiespeicherung und Energieerzeugung durch eine intelligente Steuerung, um eine kostenoptimale und reibungsfreie Betriebsführung zu gewährleisten. Das Lastprofil der Verbraucher wird dabei durch Planung, Implementierung und Monitoring von Effizienz- und Flexibilitätsmaßnahmen an die Energiebereitstellung angepasst. Der Systemsteuerung liegt dabei die Annahme zugrunde, dass es kostengünstiger ist, eine Last intelligent zu beeinflussen, als ein neues Kraftwerk zu bauen oder Energiespeicher zu installieren (Palensky und Dietrich 2011).

3.1   Energieeffizienz

Die Basisebene im Betrieb des ISG bilden Maßnahmen zur Steigerung der Energieeffizienz. Diese umfassen alle dauerhaften Systemoptimierungen zur Steigerung der Energieproduktivität und reichen vom Austausch von Querschnittstechnologien bis hin zur Optimierung des Energiebezugs auf Maschinenkomponentenebene.

3.2   Energieflexibilität

Maßnahmen zur flexiblen Anpassung des Energieverbrauchs an Signale vom Baustein der Energieerzeugung und -beschaffung können in Abhängigkeit von Dauer und Netzinteraktion beschrieben und in zwei Bereiche untergliedert werden (Abb. 2).

Eine energieoptimierte Ablaufplanung beeinflusst die Lastkurve einer Produktion hinsichtlich der Vermeidung von Lastspitzen und der Verlagerung von energieintensiven Prozessen in Zeiten eines Energieüberangebots (Samad und Kiliccote 2012). Dies kann zum Beispiel durch die Anpassung von Prozessstarts, Instandhaltungszeiträumen, Maschinenbelegungen, Auftragsreihenfolgen, Pufferbeständen, Pausenzeiten oder Schichtzeiten erfolgen (Graßl 2015; Rackow et al. 2015).

Eine zeitweise Lastvariabilität beschreibt eine zeitlich befristete Maßnahme zur Reduktion oder Erhöhung der abgerufenen Leistung. Dies kann zum Beispiel durch das Abschalten von Prozessen oder das Variieren von einzelnen Prozessparametern erfolgen (Graßl 2015; Rackow et al. 2015). Basiert die Lastveränderung auf Signalen aus dem Energiesystem (zum Beispiel Preis- oder Regelsignale), die durch ungeplante, unregelmäßige oder extreme energiewirtschaftliche Ereignisse ausgelöst werden, wird diese als „demand response" bezeichnet (Forschungsstelle für Energiewirtschaft e. V. 2011). Sowohl für die energieverbrauchsoptimierte Ablaufplanung als auch die zeitweise

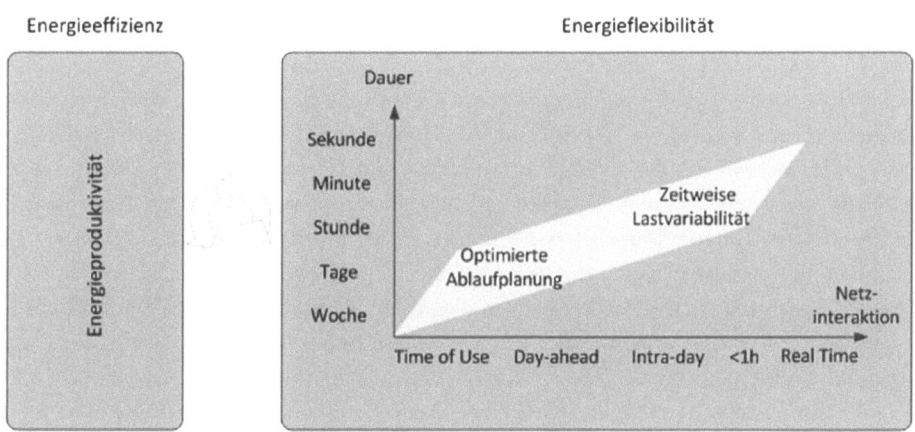

Abb. 2 Bereiche einer energieflexiblen Produktionssteuerung

Abb. 3 Planungsebenen in der Produktion auf Basis der Automatisierungspyramide. *ERP* Enterprise-Resource-Planning, *MES* Manufacturing-Execution-System, *SCADA* supervisory control and data acquisition, *SPS* speicherprogrammierbare Steuerung

Lastvariabilität gilt, dass in der Regel nicht der Energieverbrauch reduziert, sondern das Lastprofil optimiert wird.

In Abhängigkeit der Interaktionsgeschwindigkeit und -reichweite findet die Optimierung, Modellierung und Steuerung in einem ISG auf unterschiedlichen Ebenen statt (Abb. 3).

Die strategische Fabrikplanung plant für einen Zeitraum von Jahren die Produktion und die damit verbundene Infrastruktur. Sie legt die energetische Grundversorgung aus, plant den Einsatz von Energiespeichern ein und gestaltet die Produktion hinsichtlich einer langfristigen Wandlungsfähigkeit und Flexibilität.

Auf der Ebene der Grobplanung wird zwischen einer Primärbedarfsplanung und einer Sekundärbedarfsplanung unterschieden. In der Primärbedarfsplanung werden die in der Planungsperiode herzustellenden Mengen der Produkte festgelegt. Im Rahmen der Sekundärbedarfsplanung werden die für die Herstellung des Primärbedarfs benötigten Ressourcen kalkuliert. Die langfristige Sicherung der Ressource Energie erfolgt in der Sekundärbedarfsplanung zum Beispiel für einen Zeitraum von ein bis drei Monaten. In diesem Zusammenhang können die aus der Materialwirtschaft abgeleiteten Sicherungsziele auch auf die energetische Ressourcenplanung übertragen werden. Die energetische Planung muss eine ausreichende Qualität, Quantität, Flexibilität und Wirtschaftlichkeit der Ressource Energie gewährleisten. Des Weiteren muss gewährleistet sein, dass eine ausreichende Menge an Energie in Abhängigkeit der Kapazitätsplanung zur Verfügung steht. In der Planung wird zwischen Eigenenergieerzeugung und dem Fremdbezug der benötigten Energie unterschieden.

Auf der Ebene der Feinplanung wird der Planungszeitraum auf zum Beispiel ein bis zwei Wochen reduziert und es erfolgt die Freigabe der Produktionsaufträge, deren Starttermin in diesen Planungshorizont fällt. Sind für die einzelnen Produktionsschritte bislang nur grobe Start- und Endtermine definiert, werden in der Ablaufplanung die genauen Termine für die Produktionsstufen des Produktionssystems festgelegt. Im Rahmen der Auftragsüberwachung wird auf Basis von Betriebsdaten der Produktionsablauf im Hinblick auf die Planeinhaltung überwacht. Ziel der Energiefeinplanung ist es, innerhalb der von der Energiebedarfsplanung vorgegebenen Rahmenbedingungen eine bestmögliche Feinplanung vorzunehmen. In diesem Zusammenhang können sowohl die Reihenfolgeplanung, der Maschinenbelegungsplan und die Feinterminierung vor dem Hintergrund eines kostenorientierten Nutzungszeitraums und Spitzenlastmanagements energetisch optimiert werden.

Auf der Leitebene wird mithilfe der Plandaten die Produktion überwacht. In dieser Phase wird der aktuelle Energieverbrauch mit dem geplanten Energieverbrauch abgeglichen, wobei Störungen des Betriebsablaufs eine Anpassung der Energieplanung erfordern. Des Weiteren kann die im Produktionsablauf bestehende Flexibilität genutzt werden, kurzfristig auf Preissignale aus dem Energiemarkt zu reagieren und dem Angebot der Energieeigenproduktion zu folgen.

Auf der Steuerungsebene werden Befehle entsprechend der Signale aus Leit- und Planungssystemen durch die angesteuerten Maschinen ausgeführt. Hier können Steuerungsbefehle im Bereich von Millisekunden getaktet werden.

Auf Netzebene muss ein ausreichendes Maß an Netzstabilität und Versorgungsqualität auch im Millisekundenbereich gewährleistet werden. Gerade im Bereich der elektrischen Energieversorgung kann die Stromqualität durch Oberschwingungen, Spannungsschwankungen und Flicker beeinträchtigt werden.

4   Vernetzung und Sensorik

Die Beherrschung von Spitzenlasttransparenz und Lastmanagement sowie die Möglichkeit der betriebszustandsspezifischen Anlagensteuerung bedürfen nicht nur ausreichender Rechenleistung, sondern auch einer vernetzten Architektur der Maschinen.

Energienetze werden zu smarten Netzen, wenn sie durch Kommunikations-, Mess-, Regel- und Automatisierungstechnik sowie Automatisierungskomponenten aufgerüstet werden und somit in der Lage sind, Netzzustände in Echtzeit zu erfassen, zu steuern und zu regeln (Bundesnetzagentur 2011). Übertragen auf die industrielle Produktion erfordert dies ein automatisiertes und echtzeitnahes Erfassen von Produktionsdaten und macht ein Verschmelzen von realer und virtueller Welt zur Systemregelung notwendig (IEEE 2011). Entwicklung von cyberphysischen Systemen, eine Verknüpfung von realen (physischen) Objekten und Prozessen mit informationsverarbeitenden (virtuellen) Objekten und Prozessen über offene, teilweise globale und jederzeit miteinander verbundene Informationsnetze (VDI/VDE-Gesellschaft Mess- und Automatisierungstechnik 2013), sind Teil vernetzungstechnischer Implementierung von ISG (Abb. 4). Physische und virtuelle Objekte werden dabei über Sensoren und Aktoren miteinander verbunden.

Voraussetzung für ein smartes Netz ist die Möglichkeit zur Erfassung von Zustandsdaten der unterschiedlichen Systemkomponenten und der Abrufbarkeit dieser im Netz. Sensoren fungieren dabei als die Sinnesorgane des smarten Netzes und erfassen Zustandsgrößen wie die Temperatur oder die bezogene elektrische Leistung von Maschinen und Anlagen. Über geeignete Schnittstellen schaffen sie zusätzlich die Möglichkeit zur Kommunikation mit anderen Systemebenen und ermöglichen einen Wissensfluss von der physischen in die virtuelle Welt (Lucke et al. 2014). Während Sensoren eine physikalische Größe in elektrischen Strom umwandeln, machen Aktoren oder Aktuatoren genau das Gegenteil und wandeln elektrische Signale in Bewegungen, Kräfte und Momente um. Sie fungieren in diesem Zusammenhang als ausführende Organe und ermöglichen einen Wissens- und Steuerungstransfer von der virtuellen in die physische Welt (Lucke et al. 2014).

Der Detaillierungsgrad des virtuellen Modells hängt stark von den eingesetzten Sensoren und den Integrationspunkten in der Produktion ab. Auf Basis des Bezugsrahmens des ISG muss daher ein Vernetzungskonzept für die Produktion entwickelt werden, das ein virtuelles Modell erzeugen kann, eine ausreichende Steuerungsgranularität ermöglicht und gleichzeitig die erforderlichen Energieströme und Logistikparameter abbildet. In diesem Zusammenhang können auf Basis des Lastprofils systemrelevante Verbraucher und deren logistische Abhängigkeiten definiert werden, die auf unterschiedlichen Messebenen erfasst werden (Abb. 5). Messebene 1 schließt einzelne Verbraucher oder Verbrauchsmodule ein, die aufgrund ihrer energetischen Systemrelevanz für das ISG erfasst werden müssen und auf produktionslogistischer Ebene flexibel gesteuert werden können. Auf Messebene 2 werden die auf Messebene 1 erfassten Produktionsmodule weiter aufgeschlüsselt und erhöhen die energetische

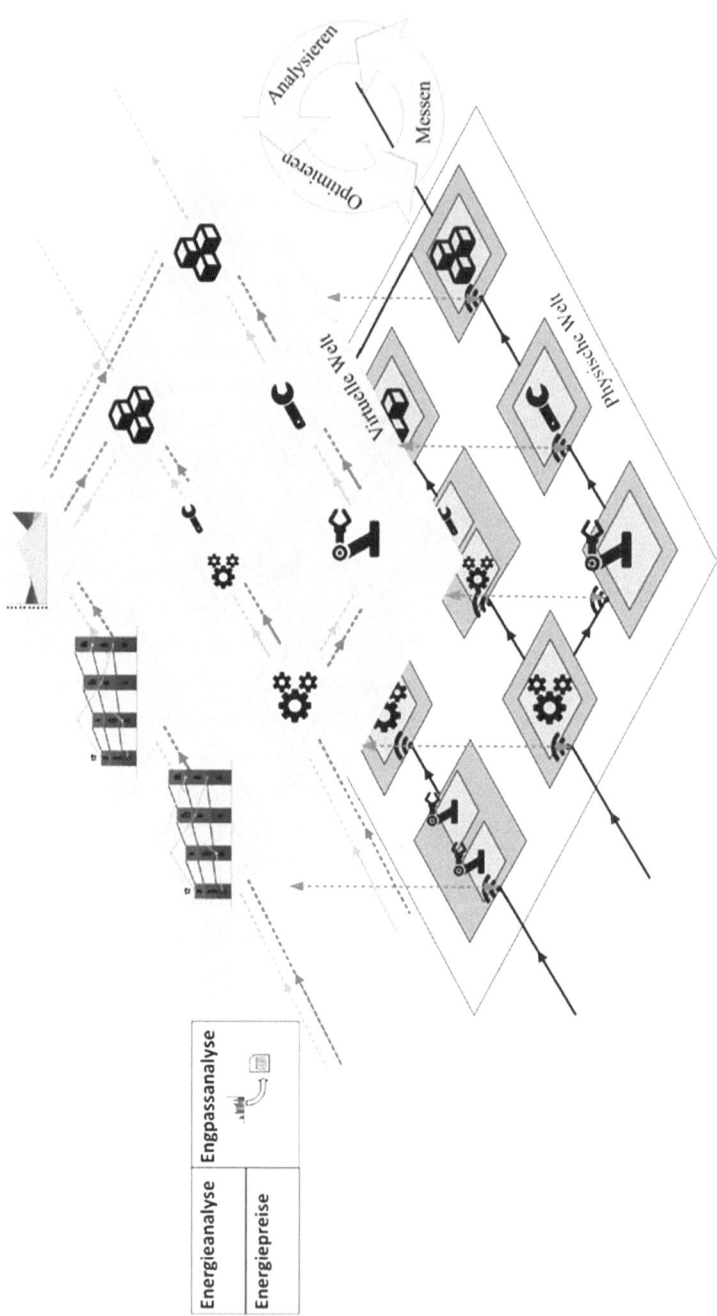

Abb. 4 Die Vernetzung von physischer und virtueller Welt in der Produktion

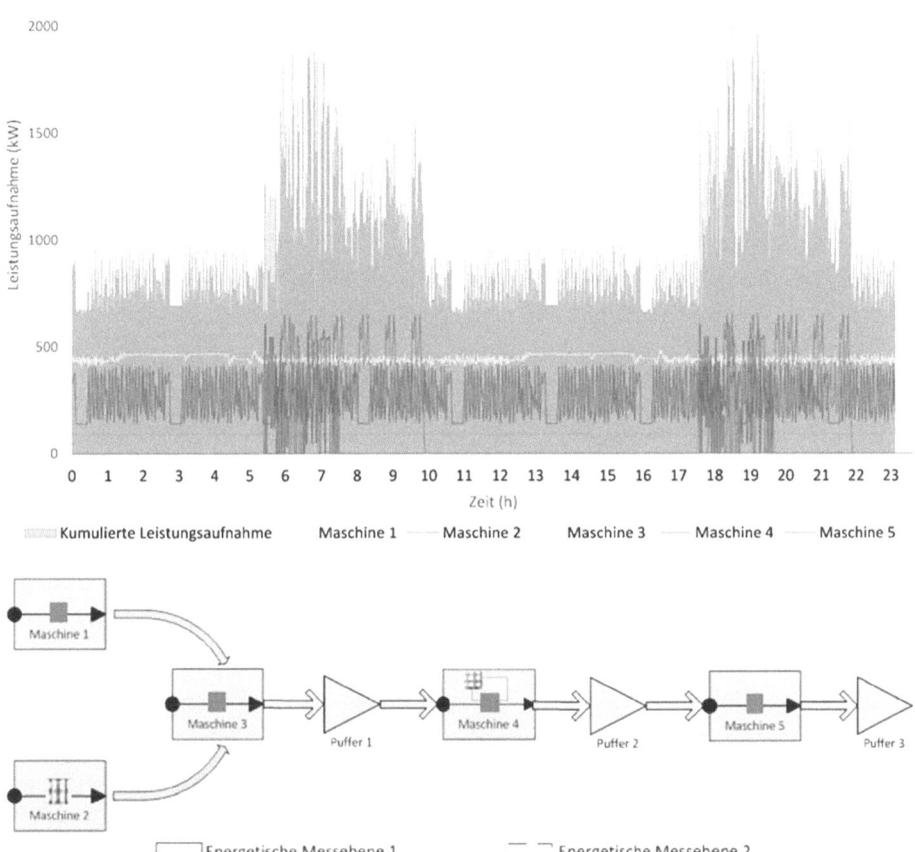

Abb. 5 Ablaufmodell einer Produktionslinie und die damit verbundene Leistungsaufnahme

Transparenz der Produktion. Nicht immer ist hier das Implementieren externer Sensoren und Aktoren notwendig. Energie-, Zustands- und logistische Daten werden oft auch in der Maschinensteuerung und in Prozessleitsystemen erfasst, verarbeitet und geregelt. Über definierte Schnittstellen können diese Daten ausgelesen und in das virtuelle Modell überführt werden.

Eine zunehmende Messgenauigkeit, Miniaturisierung, Standardisierung der Kommunikationsschnittstellen und fallende Preise für Sensoren ermöglichen eine immer detailliertere Erfassung der Produktionsdaten bei fallenden Investitionskosten (AMA Fachverband für Sensorik e. V. 2014). Dies sind entscheidende Entwicklungstreiber auf dem Weg zur energietransparenten industriellen Produktion.

5   Energiespeicherung

Energiespeicher sind elementare Bausteine der Energieversorgung, die Energie zu Zeiten eines Überangebots speichern und zu Zeiten von Energiemangel wieder abgeben können (Agora Energiewende 2014). Sie können in einem ISG dazu genutzt werden, die Energieflexibilität zu erhöhen. Energiespeicher werden dabei in Stromspeicher, Wärmespeicher, Brenn- und Kraftstoffspeicher sowie sektorübergreifende Speicher untergliedert (Sterner und Stadler 2014).

Stromspeicher können elektrische Energie direkt in elektrostatischer Form in Kondensatoren oder in elektromagnetischer Form in Spulen speichern. Darüber hinaus lässt sich elektrische Energie auch in mechanischer, elektrochemischer oder chemischer Form indirekt speichern. Technische Lösungen für die mechanische Speicherung bieten Pumpspeicherkraftwerke, Druckluftspeicherwerke sowie Schwungmassespeicher. Akkumulatoren (Batterien) speichern die elektrische Energie in elektrochemischer Form. Als chemische (oder stoffliche) Speicherung wird die Speicherung von Wasserstoff bezeichnet. Zudem gibt es die Möglichkeit, elektrische Energie in Wasserstoff und dann in synthetisches Methangas umzuwandeln (Mahnke et al. 2014).

Thermische Energiespeicher werden nach sensiblen, latenten und thermochemischen Speichern differenziert. Die sensible Speicherung von Wärme bedingt eine reine Temperaturänderung im Speichermedium. Wasser als Speichermedium ist aufgrund der geringen Kosten und der Umweltneutralität die häufigste Lösung bei der sensiblen Wärmespeicherung. Bei hohen Temperaturen (Prozesswärme) werden auch Sand- oder Betonspeicher eingesetzt. Latente Wärmespeicher speichern zusätzlich zur sensiblen Wärme die für einen Phasenwechsel (zum Beispiel fest-flüssig) notwendige Energie. So kann schon bei geringer Temperaturänderung eine große Energiemenge gespeichert werden. Thermochemische Wärmespeicher sind chemisch reversible Reaktionen, bei denen die Reaktionsprodukte getrennt und über einen definierten Zeitraum gespeichert werden können. Im Vergleich zu den anderen Möglichkeiten der thermischen Wärmespeicherung sind dadurch höhere Energiedichten sowie sehr geringe Standverluste möglich. Allerdings sind thermochemische Speicher noch in der technischen Entwicklung (Neugebauer 2014).

Der Einsatz von Energiespeichern in einem ISG kann in Abhängigkeit der Einsatzhäufigkeit und Einsatzdauer in zwei Bereiche untergliedert werden (Abb. 6). Auf Werksebene werden größere Energiemengen über einen längeren Zeitraum gespeichert (energiedominante Speicher). Hier werden vorwiegend elektrochemische, chemische, mechanische und thermische Speicher mit einer mittleren bis langen Einsatzdauer und weniger hohen Abrufhäufigkeiten eingesetzt. Besonders thermische Speicher weisen hier das größte Potenzial auf. Die wichtigsten Kriterien bei der thermischen Speicherintegration sind die Temperatur sowie die Speicherdauer. So legen die Lade- und Entladetemperatur den potenziellen Einsatzbereich der Speicher fest. Sie wird in Hochtemperatur 300–600 °C, Prozesswärme 250–100 °C sowie Heizwärme 25–90 °C

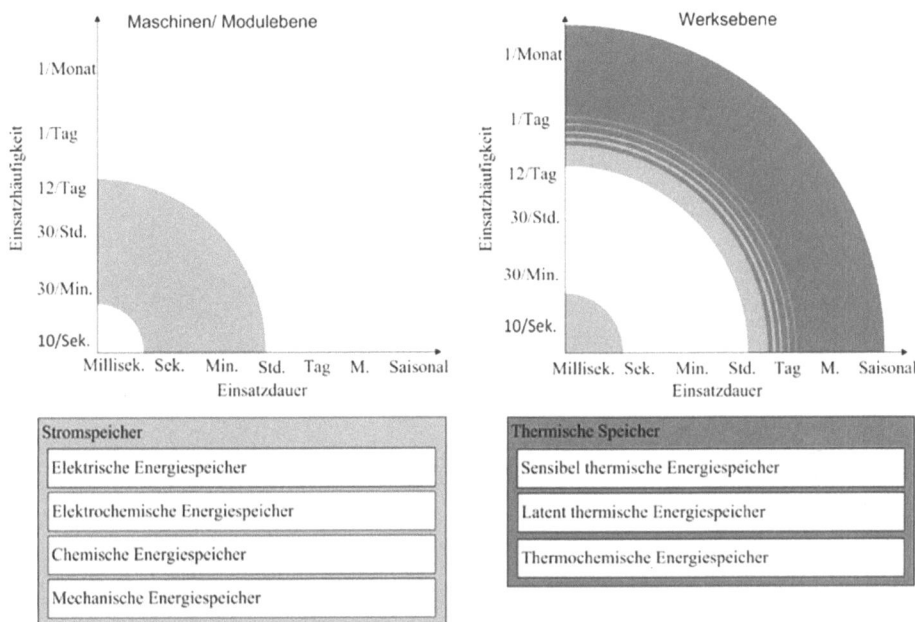

Abb. 6 Integrationsebenen von Energiespeichern in einem „Industrial Smart Grid"

untergliedert. Die Speicherdauer reicht je nach Anwendung von wenigen Stunden über Wochen bis hin zur saisonalen Speicherung. Ähnlich wie bei elektrischen Speichern gilt, dass Kurzzeitspeicher im Vergleich zu Langzeitspeichern meist hohe Lade- und Entladeleistung bereitstellen, jedoch vergleichsweise nur geringe Energiemengen speichern können (Sterner und Stadler 2014).

Neben den zuvor genannten Speichern werden auf Werksebene auch Stromspeicher zur kurzfristigen Sicherung der Netzqualität und zur Überbrückung der Anlaufzeit von Notstromaggregaten im Rahmen einer unterbrechungsfreien Stromversorgung.

Auf Maschinen- sowie Modulebene (Abb. 6 links) werden vorrangig Speicher mit einer kurzen bis mittleren Einsatzdauer und hoher Abrufhäufigkeit eingesetzt. Sie dienen auf dieser Ebene hauptsächlich dem Kappen von Leistungsspitzen und der Rekuperation (Fahlbusch 2015). So wird zum Beispiel die Anschlussleistung einer Produktionsanlage auf Basis des Lastprofils und der damit verbundenen Spitzenleistung ausgelegt. Eine Reduktion der Spitzenleistung reduziert gleichzeitig die benötigte versorgungstechnische Infrastruktur und die Belastung des Versorgungsnetzes. Energiespeicher, die über einen kurzen Zeitraum eine hohe Leistung bereitstellen können (leistungsdominante Speicher), können im Anlagen-Standby geladen werden und stellen die Energie während der Leistungspeaks wieder zur Verfügung (Abb. 7).

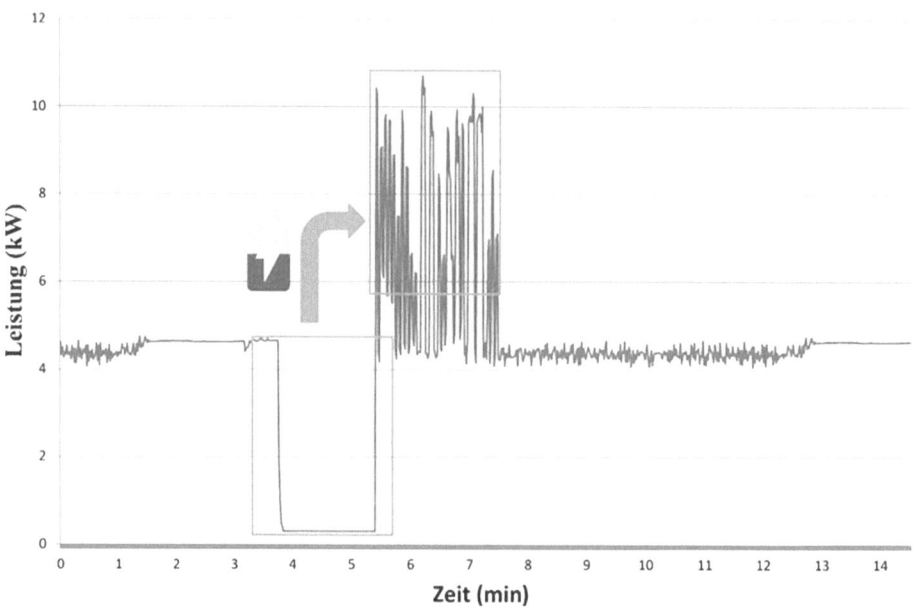

Abb. 7 Lastprofiloptimierung auf Anlagenebene durch Energiespeicher

Vor dem Hintergrund eines zunehmenden Zusammenschlusses von Maschinen und Anlagen zu Produktionsmodulen werden zusätzlich zur Maschinenebene neue Einsatz-möglichkeiten für Energiespeicher erschlossen. So können innerhalb der Produktions-module maschinenübergreifende Synergieeffekte im Bereich der Rekuperation sowie der Reduktion der Modulanschlussleistung genutzt werden.

Auf Werksebene werden größere Energiemengen über einen längeren Zeitraum gespeichert (energiedominante Speicher). Hier werden vorwiegend elektrochemische, chemische, mechanische und thermische Speicher eingesetzt. Besonders thermische Speicher weisen hier das größte Potenzial auf. Die wichtigsten Kriterien bei der thermischen Speicherintegration sind die Temperatur sowie die Speicherdauer. So legen die Lade- und Entladetemperatur den potenziellen Einsatzbereich der Speicher fest. Sie wird in Hochtemperatur 300–600 °C, Prozesswärme 250–100 °C sowie Heizwärme 25–90 °C untergliedert. Die Speicherdauer reicht je nach Anwendung von wenigen Stunden über Wochen bis hin zur saisonalen Speicherung. Ähnlich wie bei elektrischen Speichern gilt, dass Kurzzeitspeicher im Vergleich zu Langzeitspeichern meist hohe Lade- und Entladeleistung bereitstellen, jedoch vergleichsweise nur geringe Energie-mengen speichern können (Sterner und Stadler 2014).

6 Energieerzeugung und -beschaffung

Im Bereich des Energiebezugs kann zwischen der Eigenerzeugung und dem Bezug der Energie aus dem Versorgungsnetz unterschieden werden. Im Zuge einer zunehmend fluktuierenden Energieerzeugung im Netz durch die Nutzung von Sonne und Wind entstehen zunehmend Preis- und Ausfallrisiken für die Industrie. Um diesen Risiken entgegenzuwirken, integrieren immer mehr Produktionsstandorte Energieeigenerzeugung in die Energieversorgung (Hubertus et al. 2014).

Eine Dezentralisierung der Energieversorgung bietet neben energiewirtschaftlichen auch ökologische Vorteile. Durch die Vor-Ort-Erzeugung der benötigten Energie in dezentralen Anlagen werden Übertragungsverluste reduziert, da lange Transportwege entfallen. Des Weiteren ermöglicht der Einsatz von Kraft-Wärme-Kopplung (KWK) eine effizientere Nutzung von Primärenergie, indem die anfallende Abwärme des Verbrennungsprozesses weitergenutzt wird (Mahlke et al. 2007).

Ähnlich der Versorgungstruktur im Versorgungsnetz wird auch die Versorgungsstruktur von Industriestandorten in unterschiedliche Leistungsbereiche untergliedert (Abb. 8). Dabei wird zwischen der Grundlast, der Mittellast und der Spitzenlast unterschieden. Die Auslegung der Versorgungsinfrastruktur erfolgt dabei auf Basis des Lastprofils der Produktion.

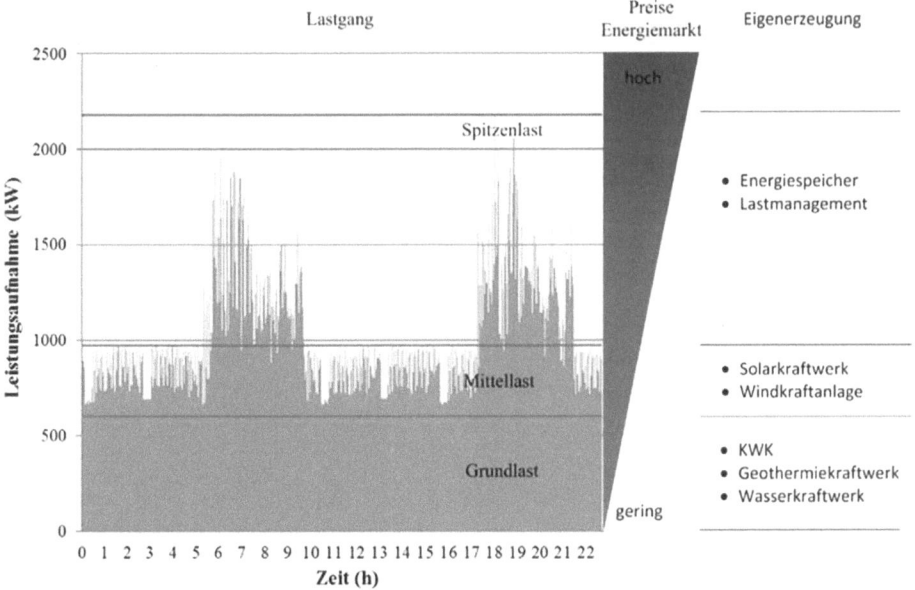

Abb. 8 Energetische Versorgungsstruktur von Industriestandorten in einem „Industrial Smart Grid". *KWK* Kraft-Wärme-Kopplung

Der Grundlastbereich beschreibt die minimale konstante Lastaufnahme des Standorts, die nicht unterschritten wird. Dieser Bereich ist die Basis der Energieversorgung, die jederzeit zur Verfügung stehen muss. Kraftwerke im Grundlastbereich werden so ausgelegt, dass sie ununterbrochen und nahe ihrer Volllast laufen (Günther 2015). Hierfür eignen sich sowohl KWK-, Geothermie-, und (Lauf-)Wasserkraftanlagen aufgrund ihrer konstanten Leistungsbereitstellung. Dabei können sowohl KWK- als auch Geothermieanlagen elektrische und thermische Energie bereitstellen. Wasserkraftanlagen hingegen stellen nur elektrische Energie bereit.

Beim Betrieb und der Auslegung von KWK-Anlagen wird zwischen der wärmegeführten und der stromgeführten Betriebsweise unterschieden. Bei der wärmegeführten Betriebsweise steht die Erzeugung des Wärmebedarfs auf Basis des thermischen Lastgangs im Vordergrund, während sich bei der stromgeführten Betriebsweise die Erzeugung nach dem elektrischen Lastprofil richtet. Bei fehlender zeitlicher Kongruenz zwischen der Strom- und Wärmenachfrage muss zum Beispiel die im stromgeführten Betrieb erzeugte Wärme mithilfe thermischer Speicher an die zeitliche Struktur des Wärmebedarfs angepasst oder ins kommunale Wärmenetz eingespeist werden (Erdmann und Dittmar 2010). Gegebenenfalls sind ergänzende Wärmeerzeuger notwendig. Beim Einsatz von Geothermieanlagen wird zwischen oberflächennaher und tiefer Geothermie unterschieden. Bei der oberflächennahen Geothermie werden Bohrungen bis etwa 400 m Tiefe vorgenommen. Über sie wird Erdwärme bzw. -kälte für das Beheizen und Kühlen von Gebäuden, technischen Anlagen oder Infrastruktureinrichtungen genutzt und mithilfe von Wärmepumpen auf das benötigte Temperaturniveau gebracht (Bundesverband Geothermie 2012). In der tiefen Geothermie, bei Bohrungen tiefer als 400 m, unterscheidet man zwischen Hochenthalpie- ($>200\,^{\circ}$C) und Niederenthalpielagerstätten ($<200\,^{\circ}$C). Bei Hochenthalpielagerstätten kann elektrische Energie direkt über eine Dampfturbine erzeugt werden. Die Verstromung von Wärme aus Niederenthalpiesystemen ist nur mit Arbeitsmedien, wie sie zum Beispiel in Organic-Rankine-Cycle-Anlagen eingesetzt werden, möglich (Bundesverband Geothermie 2012). Die Integration von tiefer Geothermie hängt stark von den örtlichen Gegebenheiten ab. Gleiches gilt für Wasserkraftanlagen.

Der Mittellastbereich beschreibt die über die Grundlast hinausgehende mittlere Lastaufnahme (Günther 2015). Lasten in diesem Bereich werden nicht zu jeder Zeit und nicht immer in vollem Umfang abgerufen. Zur Abdeckung dieses Lastbereichs bieten sich Solarkraftwerke sowie Windkraftanlagen an. Die Herausforderung bei der Integration in die Energieversorgung der Produktion liegt in der Fluktuation der Energiebereitstellung (Abb. 9). Mit zunehmender Prognosegüte und -reichweite der Energiebereitstellungen können Schwankungen in der Produktionsplanung und -steuerung immer langfristiger und genauer eingeplant werden. Wenn Fluktuationen in der Erzeugung nicht durch Flexibilität in der Produktion ausgeglichen werden können, kann zusätzlich am Energiemarkt Energie zugekauft werden (Schultz et al. 2014). Ausschlaggebend für Markt und Handelsplatz ist dabei das Zeitintervall vom Erkennen der Abweichung bis zum tatsächlichen Eintreffen der Abweichung.

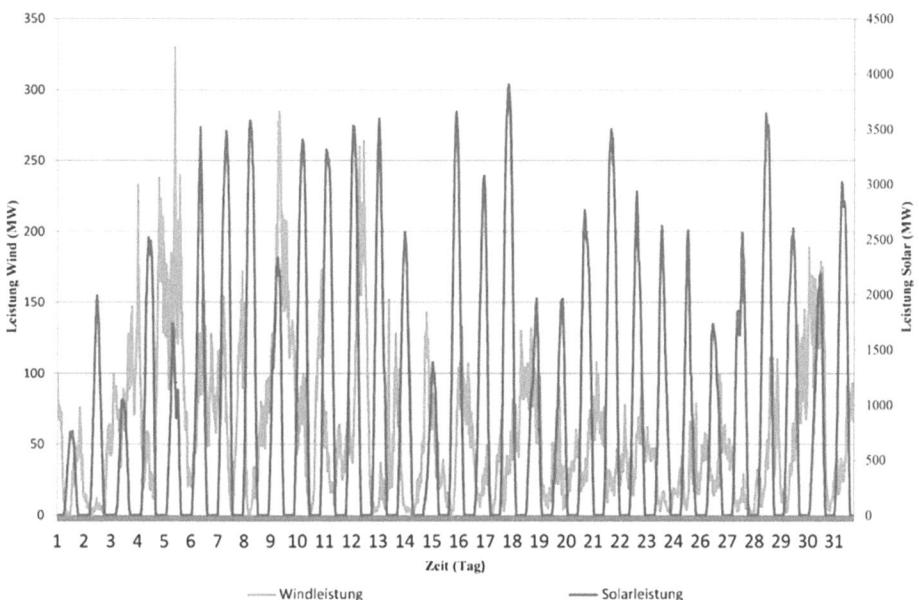

Abb. 9 Einspeisung von Wind- und Solarenergie im Übertragungsnetz TransnetBW im März 2015

Der Spitzenlastbereich beschreibt kurzfristig auftretende Lastspitzen (Günther 2015). Die Auslegung der Energieversorgung auf Basis der Spitzenlast ist aus ökonomischer Sicht nicht sinnvoll. Sowohl für die Auslegung der Eigenversorgung als auch für den Bezug am Energiemarkt können durch Spitzenlasten erhebliche Aufwände entstehen. Hier lohnt sich sowohl der Einsatz von Spitzenlastmanagement als auch der Einsatz von leistungsdominanten Energiespeichern auf Maschinenebene.

7 Zusammenfassung und Ausblick

Im Zuge des Ausbaus erneuerbarer Energien und der dadurch bedingten zunehmenden Schwankung in der Energieversorgung wird die Verbraucherseite immer stärker in die Balance des Energiesystems eingebunden. Sich dem Energiedargebot flexibel anzupassen, stellt die Industrie vor große Herausforderungen und birgt auch Risiken. Das Konzept des ISG bietet das Potenzial einer sicheren Energieversorgung und zusätzlich die Möglichkeit zur Entkopplung von Preisschwankungen auf dem Energiemarkt.

Mit zunehmenden Kostendruck in der Industrie steigt auch der Druck zur Steigerung der Energieproduktivität. Die energetische Optimierung findet derzeit meist nur statisch und in Bezug auf einzelne Energieträger statt. Die Implementierung eines ISG ermöglicht in diesem Zusammenhang eine energetische und energieträgerübergreifende

Optimierung der Produktion, die im Rahmen der Verschmelzung von digitaler und physischer Welt automatisiert und dynamisch wird.

Die Kombination aus regenerativen Energiequellen, Energiespeichern und einer energieflexiblen Produktion ermöglicht eine nachhaltige Energieversorgung der Industrie. In Kombination mit einer zunehmenden Automatisierung trägt dies dazu bei, deutsche Produktionsstandorte langfristig zu sichern.

Fallende Kosten für Sensoren und Aktoren sowie eine zunehmende Vernetzung treiben die digitale Revolution in Produktion und Energiewelt. ISG nutzen die Potenziale, die sich aus den aktuellen Veränderungen durch die Digitalisierung und den Wandel zu einem nachhaltigen Energiesystem ergeben. Unternehmen, die sich in diesem Umfeld frühzeitig positionieren, haben die Möglichkeit, Wettbewerbsvorteile im nationalen und internationalen Umfeld zu erschließen und gleichzeitig einen wichtigen Beitrag für die Realisierung eines nachhaltigen Energiesystems zu leisten.

Literatur

Agora Energiewende (2014) Stromspeicher in der Energiewende. Untersuchung zum Bedarf an neuen Stromspeichern in Deutschland für den Erzeugungsausgleich, Systemdienstleistungen und im Verteilnetz, Berlin

Agora Energiewende (2016) Die Energiewende im Stromsektor. Stand der Dinge 2015. Rückblick auf die wesentlichen Entwicklungen sowie Ausblick auf 2016, Berlin

AMA Fachverband für Sensorik e. V. (2014) Sensor-Trends 2014. Trends in zukunftsorientierten Sensortechnologien. Berlin. http://www.ama-sensorik.de/fileadmin/Pubikationen/AMA_Trend-bericht_Langfassung[1].pdf. Zugegriffen: 1. Jan. 2017

Botthof A, Hartmann E (2015) Zukunft der Arbeit in Industrie 4.0. Springer Vieweg, Berlin

Bundesnetzagentur (2011) „Smart Grid" und „Smart Market". Eckpunktepapier der Bundesnetz-agentur zu den Aspekten des sich verändernden Energieversorgungssystems

Bundesnetzagentur (2015) Redispatch. http://www.bundesnetzagentur.de/cln_1432/DE/Sach-gebiete/ElektrizitaetundGas/Unternehmen_Institutionen/Versorgungssicherheit/Stromnetze/Engpassmanagement/Redispatch/redispatch-node.html. Zugegriffen: 1. Febr. 2016

Bundesverband Geothermie. Bundesverband Geothermie: Einstieg in die Geothermie. (2012) http://www.geothermie.de/wissenswelt/geothermie/einstieg-in-die-geothermie.html. Zugegriffen: 28. März 2016

Elsner P, Fischedick M, Sauer MU (Hrsg) (2015) Flexibilitätskonzepte für die Stromversorgung 2050. Technologien – Szenarien – Systemzusammenhänge. Energiesysteme der Zukunft. Deutsche Akademie der Technikwissenschaften, München

Erdmann G, Dittmar L (2010) Technologische und energiepolitische Bewertung der Perspektiven von Kraft-Wärme-Kopplung in Deutschland. Berlin. https://www.ensys.tu-berlin.de/fileadmin/fg8/Downloads/Sonstiges/2010_KWK_Studie_Langversion_FGEnsys_TUBerlin.pdf. Zugegriffen: 28. März 2016

Fahlbusch E (2015) Batterien als Energiespeicher. Beispiele, Strategien, Lösungen. Beuth Wissen, Energietechnik, Berlin

Forschungsstelle für Energiewirtschaft e. V. (2011) Demand Response. https://www.ffe.de/publikationen/fachartikel/344-demand-response?tmpl=component&print=1&page=. Zugegriffen: 3. März 2016

Graßl M (2015) Bewertung der Energieflexibilität in der Produktion. Forschungsberichte IWB, Bd. 300. Utz, München

Günther M (2015) Energieeffizienz durch Erneuerbare Energien. Möglichkeiten, Potenziale, Systeme. Springer Vieweg, Wiesbaden

Heide D, von Bremen L, Greiner M, Hoffmann C, Speckmann M, Bofinger S (2010) Seasonal optimal mix of wind and solar power in a future, highly renewable Europe. Renew Energy 35(11):2483–2489

Hubertus B, Esther C, Christian G, Simeon H, Lisa S (2014) Gutachten zu Eigenerzeugung und Selbstverbrauch von Strom. Stand, Potentiale und Trends. Köln. https://www.bdew.de/internet.nsf/id/3D07D0E3866043D0C1257CB30034DC29/$file/EWI_IW_Gutachten_Eigenerzeugung_Selbstverbrauch_04042014.pdf. Zugegriffen: 1. Jan. 2017

IEEE International Conference on Industrial Informatics u. INDIN (2011) 9th IEEE International Conference on Industrial Informatics (INDIN), 2011. 26–29 July 2011, Campus of Faculty of Science and Technology, New University of Lisbon, Caparica, Lisbon, Portugal; proceedings. Piscataway, NJ: IEEE 2011

Lucke D, Görzig D, Kacir M, Volkmann J, Haist C, Sachsenmaier M, Rentschler H (2014) Strukturstudie „Industrie 4.0 für Baden-Württemberg". Baden-Württemberg auf dem Weg zu Industrie 4.0. Stuttgart. https://wm.baden-wuerttemberg.de/fileadmin/redaktion/m-wm/intern/Dateien_Downloads/Innovation/IPA_Strukturstudie_Industrie_4.0_BW.pdf. Zugegriffen: 1. Jan. 2017

Mahnke E-M, Mühlenhoff J, Lieblang L (2014) Strom speichern. Renews Spezial. Berlin. http://digital.zlb.de/viewer/content?action=application&sourcepath=15875938/75_Renews_Spezial_Strom_speichern_Dez2014_online.pdf&format=pdf. Zugegriffen: 1. Jan. 2017

Mahlke D, Martin A, Zelmer A (2007) Optimale Auslegung gekoppelter Energienetze. In thema forschung, (S 12–17). TU Darmstadt.

Neugebauer R (Hrsg) (2014) Handbuch ressourcenorientierte Produktion, Bd. 2014. Hanser, München

Palensky P, Dietrich D (2011) Demand side management: demand response, intelligent energy systems, and smart loads. Ieee Trans Ind Informatics 7(3):381–388

Rackow T, Kohl J, Canzaniello A, Schuderer P, Franke J (2015) Energy flexible production. Saving electricity expenditures by adjusting the production plan. Procedia Cirp 26:235–240

Raquet C, Liotta G (2013) Datenübertragungstechnologien in Smart 15Metering und Smart Grids. In: Aichele C, Doleski OD (Hrsg) Smart Meter Rollout. Springer Fachmedien Wiesbaden, Wiesbaden, S 389–402

Samad T, Kiliccote S (2012) Smart grid technologies and applications for the industrial sector. Comput Chem Eng 47:76–84

Schächtele K, Krämer S (2012) Energieoptimierung in der Chemieindustrie. Autom Prax 54(01–02):34

Schultz C, Keller F, Reinhart G (2014) Modellierung einer energieorientierten PPS. Wt Werkstattstech Online 104(11–12):771–775

Sterner M, Stadler I (2014) Definition und Klassifizierung von Energiespeichern. In: Sterner M, Stadler I (Hrsg) Energiespeicher – Bedarf, Technologien, Integration. Springer, Berlin, S 25–46

VDI/VDE-Gesellschaft Mess- und Automatisierungstechnik (2013) Cyber-Physical Systems: Chancen und Nutzen aus Sicht der Automation. http://www.vdi.de/uploads/media/Stellungnahme_Cyber-Physical_Systems.pdf. Zugegriffen: 4. Nov. 2013

Prof. Alexander Sauer
(Fotocredit: Fraunhoifer
IPA)

Univ.-Prof. Dr.-Ing. Dipl.-Kfm. Alexander Sauer ist Leiter des Instituts für Energieeffizienz in der Produktion der Universität Stuttgart sowie Leiter des Bereichs Ressourceneffiziente Produktion am Fraunhofer-Institut für Produktionstechnik und Automatisierung. Prof. Sauer hat an der Rheinisch-Westfälischen Technischen Hochschule (RWTH) Aachen Maschinenbau und Betriebswirtschaftslehre studiert, am Werkzeugmaschinenlabor der RWTH Aachen promoviert und dort verschiedene nationale und internationale Forschungs- und Industrieprojekte geleitet. Von 2006 bis 2010 war er als Mitglied der Geschäftsleitung der Hoerbiger Automotive Komfortsysteme GmbH international für die Operations der Werke in Deutschland, den USA und Osteuropa verantwortlich. Vor seinem Ruf an die Universität Stuttgart folgte Prof. Sauer 2011 einem Ruf an die Hochschule für angewandte Wissenschaften München und leitete dort das Labor für angewandte Fertigungstechnik. Die wissenschaftlichen Schwerpunkte seines Forschungsinstituts liegen im Bereich der Energie- und Ressourceneffizienz in der Produktion. Er ist Autor zahlreicher Publikationen sowie Beirat und Gutachter in unterschiedlichen nationalen und internationalen Gremien.

Sebastian Weckmann
(Fotocredit: Fraunhofer
IPA)

Sebastian Weckmann M. Sc ist seit Januar 2014 wissenschaftlicher Mitarbeiter am Institut für Energieeffizienz in der Produktion in Stuttgart. Als Experte für Energieeffizienz beschäftigt er sich mit den Themen Industrial Smart Grid und mit Speichertechnologien. Von 2012 bis 2014 arbeitete Herr Weckmann bei der Henkel AG & CO. KgaA im Management im Bereich Quality Environment and Safety, im Speziellen in der Steuerung und Entwicklung von Ressourceneffizienz in der Produktion. Seinen Master machte Herr Weckmann an der Technischen Universität München im Bereich Environmental Engineering mit den Schwerpunkten Risikomanagement und -analyse ingenieurtechnischer Systeme sowie Technologieentwicklung und Anlagenplanung im Bereich Energieproduktion.

Energiemanagement digital – Das MEMS METRO-ENERGY-MANAGEMENT-SYSTEM

Olaf Schulze

Die METRO erzielte im Geschäftsjahr 2018/19 per 30.09.2019 einen Umsatz von rund 27 Mrd. EUR und befindet sich nach der Abspaltung von der CECONOMY AG im Sommer 2017 und mit dem Verkauf der Real-Hypermärkte im strukturellen Wandel, hin zur Konzentration auf den Großhandel, Fokus auf die Hotel-, Restaurant- und Caterer-Kunden und Trader und vom ausschließlich stationären Großmarktgeschäft zum Belieferungsgeschäft und Anbieter von digitalen Lösungen & Services für Gastronomen. Bis 30. September 2015 umfasste das Standort-Portfolio des Handelskonzerns außerdem rund 130 Galeria-Kaufhof-Warenhäuser in Deutschland und Belgien.

Spätestens seit 2005 sind die Energiekosten für den Betrieb von Handelsimmobilien eine Herausforderung für Unternehmen geworden, weil diese sehr deutlich und oftmals unvorhersehbar und nicht kurzfristig prognostizierbar gestiegen sind – in den vergangenen Jahren vor allem getrieben durch Steuern, Umlagen und Abgaben.

Für die METRO stellen die Energiekosten heute schon den drittgrößten Kostenblock dar, absolut im Geschäftsjahr 2018/2019 ca. 198 Mio. EUR. Zum Geschäftsjahresende 2018/19 wurden ca. 4,7 Mio. m^2 Verkaufsfläche betrieben. Die Großmärkte und Lieferdepots verbrauchten dafür in 1722 GWh Strom, 578 GWh Wärme und ca. 4,5 Mio. m^3 Trinkwasser.

In den Standorten von METRO Deutschland allein wurden ca. 208 GWh Strom verbraucht.

Bei rund 80 Mio. Einwohnern in Deutschland und einer hoch entwickelten Industrie, die für sich viele Abgaben- und Energiesteuerprivilegierungen, angefangen von der Strom- und Energiesteuer über die EEG-Umlage bis zu Sondernetzentgelten, reklamiert

O. Schulze (✉)
METRO AG, Düsseldorf, Deutschland
E-Mail: olaf.schulze@metro.de

© Springer-Verlag GmbH Deutschland, ein Teil von Springer Nature 2021   515
A. Hildebrandt und W. Landhäußer (Hrsg.), *CSR und Digitalisierung,* Management-Reihe Corporate Social Responsibility, https://doi.org/10.1007/978-3-662-61836-3_36

und erhält, fordert der nicht unerhebliche Energieverbrauch auch die Übernahme von gesellschaftlicher Verantwortung von METRO.

Wir wollen bis 2030 gegenüber 2011 50 % unserer Klimawirkungen berechnet je Quadratmeter Nettobetriebsfläche reduzieren!

Auch wenn die METRO längst nicht den Energieverbrauch eines Großindustrieunternehmens hat, motivieren die beständig steigenden Energiepreise sowie die steigenden Anforderungen, die Klimawirkung unserer Geschäftstätigkeit zu reduzieren, aber auch gegenüber unseren Kunden transparent, erlebbar und nachvollziehbar zu machen, seit vielen Jahren, Energie zu sparen bzw. deren Nutzung effizienter zu gestalten.

Energiemanagement ist straffes Kostenmanagement – und dafür haben wir solide und teilweise sehr wegweisende digitale Lösungen entwickelt!

1   METRO Energiestrategie – Anlass und (Wert-)Treiber

Die METRO begann etwa Mitte 2005, nachdem die erste Allokationsperiode des Emissionshandels zu Preisturbulenzen an den Stromgroßhandelsmärkten führte und die Ware „Strom" sich kurzfristig extrem stark verteuerte, zunächst mit Fokus auf den Stromverbrauch von damals weit über 2000 GWh in Deutschland, eine zentrale Energiemanagement-Organisationsstruktur aufzubauen. Energiekosten werden nicht mehr nebenbei, sondern fokussiert gemanaged, und seit vielen Jahren haben diese Kosten eine zweite Währung erhalten, neben den Euros die Währung in Tonnen CO_2.

Wie volatil die Energiemärkte sind und für teilweise extreme Preisauf- oder -abschläge sorgen können, zeigten die Finanzkrise in 2008 und der Nuklearunfall in Fukushima 2011[1], die Achterbahn nach dem Drohnenangriff auf die Saudi-ARAMCO-Raffinerien im September 2019[2] oder die Coronavirus-Depression seit Februar 2020. Hinzu kommt, dass seit 2005 neben dem TEHG[5] in Deutschland und anderen EU-Ländern viele den Energieverbrauch verteuernde Steuern und Abgaben eingeführt wurden. In Deutschland sind dies die Strom- und Energiesteuer, die EEG-Umlage, die KWKG-Umlage, die § 19 StromNEV-Umlage, die Offshore-Umlage, die AbLaV-Umlage und die ResKV-Umlage. Weitere Kostenerhöhungen für fossile Brenn- und Kraftstoffe kündigen sich mit der Einführung der CO_2 Steuer ab 2021 an – diese soll sich dann von 25 EUR/to CO_2 bis 2025 auf 55 EUR/to erhöhen[3].

---

[1]Vgl. Bränzel/Engelmann/Geilhausen/Schulze, Energiemanagement Praxishandbuch, Springer Vieweg Verlag Wiesbaden 2019, S. 143 ff.

[2]Ölpreis steigt nach Drohnenangriffen, Zeit online vom 16.09.2019, letzter Aufruf 26.02.2020.

[3]Das kostet der CO2-Kompromiss die Verbraucher, https://www.zeit.de/politik/deutschland/2019-12/klimapaket-co2-kompromiss-energiekosten-verbraucher, Zeit online vom 16.12.2019, letzter Aufruf 26.02.2020.

Für die METRO haben sich die Energiekosten in Deutschland im Zuge dieser regulatorischen Eingriffe seit 2000 deutlich mehr als verdoppelt. Die Energiekosten betragen bei METRO weltweit ca. 0,7 % vom Umsatz, in Deutschland wegen der höchsten spezifischen Energiekosten in allen METRO-Ländern sogar ca. 1,0 %. Im Food-Handel in Deutschland lagen die branchenspezifischen Energiekosten im Jahr 2018 bei mehr als 51 EUR/m^2 Verkaufsfläche[4]. Bei METRO weltweit betragen die Energiekosten 36 EUR/m^2, davon METRO Deutschland ca. 48 EUR/m^2 Nettobetriebsfläche – also alle Betriebsflächen, auf denen der Verkauf oder das Belieferungsgeschäft stattfindet.

Geringere Energiekosten durch Einsparungen wirken sich demnach unmittelbar positiv auf die Ergebnissituation aus.

Die METRO entwickelte deshalb im Jahr 2011 als strategische unternehmerische Antwort auf den weltweiten Anstieg der Energiepreise und die Fukushima-Katastrophe einerseits und zur Erreichung des seinerzeitigen METRO-Klimaziels 2020 andererseits eine aus vier Säulen bestehende Energiestrategie[5], die leicht adaptiert, etwa um die Elektro- und alternative Mobilität, heute noch Ziel und Maßstab unseres Handelns ist[6] (Abb. 1).

Diese besteht im Wesentlichen aus

1. Implementierung eines Energy-Management-Systems zur systematischen und strukturierten Messung, Auswertung, Bewertung und Monitoring der Energieverbräuche,
2. Energieeinsparung durch technische Maßnahmen und durch Verhaltens- und Bewusstseinsänderung der Mitarbeiter zum Energieverbrauch sowie der Ausstieg aus der Nutzung fluorierter Kältemittel (HFKW, HFCKW) in den Kälteanlagen,
3. Errichtung dezentraler Energieerzeugungsanlagen, insbesondere von Photovoltaikanlagen am Großmarkt zur Reduktion von Energiekosten und Emissionen, sowie Einführung alternativer Mobilität und von Elektromobilität,
4. risikogesteuerte Beschaffung der benötigten Energiemengen Strom und Erdgas im internationalen Großhandel, sowie von relevantem Grünstrom oder entsprechenden Grünstrom-Zertifikaten.

Das 2012 veröffentlichte Klimaschutzziel der METRO umfasste bis 2020 eine Reduktion der betriebsbedingten weltweiten Emissionen je m^2 Verkaufsfläche gegenüber 2011 = 376 kg CO_2/m^2 um 20 %.

---

[4]EHI Studie Energiemanagement im Einzelhandel 2019, https://www.ehi.org/de/studien/energie-management-im-einzelhandel-2019/letzter Aufruf 15.01.2020.

[5]TEHG = Treibhausgas-Emissionshandelsgesetz vom 21.07.2011 (BGBl. I S. 1475) i. d. F. vom 18.01.2019 (BGBl. I S. 37).

[6]Schulze, Energie für den Handel – Herausforderungen von Unternehmen und Politik, in CSR und Energiewirtschaft, A. Hildebrandt und W. Landhäußer (Hrsg.), Springer 2019, S. 21, 24.

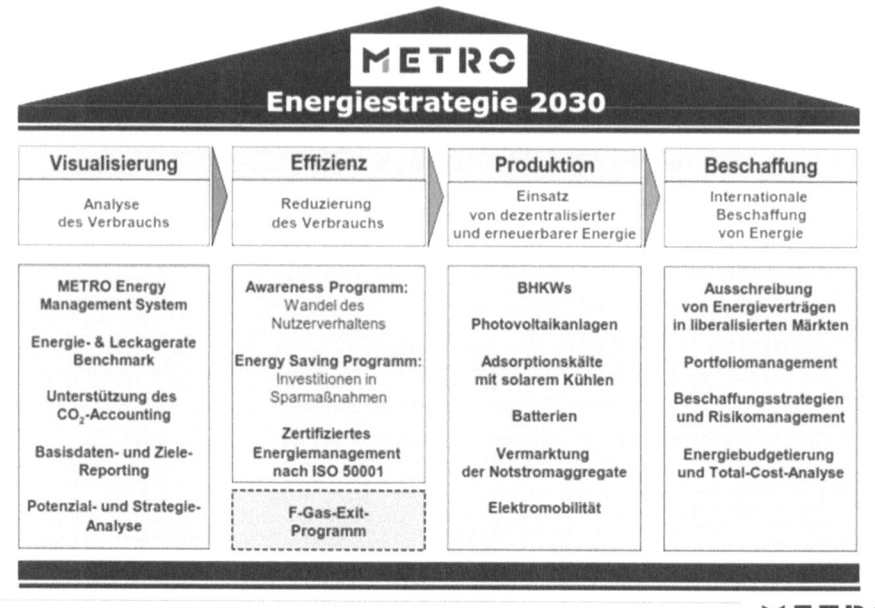

Abb. 1 Energiestrategie der METRO. (© METRO AG)

Die Klimastrategie verfolgte fünf Hauptfelder, nämlich

1. Reduktion des Energieverbrauchs, also Strom und Wärme,
2. Reduktion der Leckagen an den Kälteanlagen, die F-Gas-Reduktion,
3. Reduktion des Papierverbrauchs,
4. Reduktion der Emissionen aus Dienstreisen und
5. der Emissionen aus der Nutzung von Dienstfahrzeugen.

Das Klimaschutzziel 2020 wurde mit dem Ende des Geschäftsjahres 2014/15 mit 325 kg CO_2/m^2 Verkaufsfläche nahezu erreicht. Deshalb wurde im Kontext zum Pariser Klimaabkommen 2015 „COP21" konsequenterweise ein neues Ziel gesetzt: Bis 2030 wollen wir gegenüber dem Basisjahr 2011 50 % CO_2 je m^2 Nettobetriebsfläche einsparen.

Per 30.09.2019 ist der Carbon Foot Print auf 267 kg CO_2/m^2 reduziert worden, das sind immerhin schon 29 %, aber der härtere Teil liegt noch vor uns.

Die 50 % CO_2 gegenüber 2011 wollen wir durch 35 % Energieeinsparung, durch 90 % Reduktion der Klimawirkungen aus F-Gas-Leckagen der Kälteanlagen und dem deutlichen Ausbau von Photovoltaikanlagen >50.000 kWp auf oder an den Großmärkten sowie Ausbau anderer emissionsarmer Erzeugungstechnologien erreichen.

Für das Managen der verschiedenen Energieströme, -verbräuche und -kosten war ein Energy-Datenmanagement-System notwendig, das bis 2013 in alle METRO-Cash & Carry-Länder, sowie vormals auch bei Real oder Kaufhof ausgerollt wurde, das METRO-Energy-Management-System MEMS.

2   Das METRO-Energy-Management-System MEMS

2.1   Messen, Analysieren, Handeln, Checken

Ab 2005 wurde bei METRO begonnen, ein Energiedatenmanagementsystem aufzubauen, in dem alle Energieverbräuche gesammelt und gespeichert und dann auf einer Funktionsoberfläche sichtbar gemacht und analysiert werden.

Die Aufgabe bestand darin, die Energieverbräuche auf Verbrauchsaggregatsebene in den Großmärkten transparent und messbar zu machen und mindestens auf monatlicher Basis auszuwerten.

Der Energieverbrauch in einem METRO-Großmarkt wird gegenwärtig im Wesentlichen zu mehr als 45 % durch die Kälteanlagen, zu gut 25 % für Beleuchtung, zu 10 % für die Wärmeerzeugung oder Klimatisierung und zu ca. 10 % für Datenprozesse, Kassensysteme, Aufzüge und Antriebe bestimmt. Der Beleuchtungsanteil hat rasant abgenommen, da in den letzten zehn Jahren nahezu jedes umgestellte Leuchtmittel eine energiesparende LED geworden ist[7].

Deshalb wurden je Standort zwölf Datenpunkte festgelegt, die neben den Hauptzählern für Strom, Wärme und Wasser mit Unterzählern gemessen und über einen Datenlogger gesammelt und an die zentrale Datenbank übermittelt werden. In den Bestandsmärkten hat sich das Unternehmen aus Kostengründen zunächst oftmals mit der Messung der Plus- und Minuskälte[8] und des Hauptzählers begnügt, weil es durch viele historische Umbauten und nachträgliche Veränderungen nahezu unmöglich gewesen wäre, den Stromverbrauch der Beleuchtung messtechnisch sinnvoll zu erfassen. In den Neubauten dagegen werden nach einem einheitlichen Messkonzept alle wesentlichen Verbraucher erfasst und ausgewertet.

Ab 2006 zunächst bei METRO Cash & Carry in Deutschland, ab 2009 dann bei METRO Cash & Carry in den Niederlanden, Belgien, Österreich und Russland und ab 2011 an allen verbleibenden METRO-Standorten wurde das MEMS implementiert (Abb. 2).

---

[7]LED spezifisches Lichtdesign für Wiener Metro Markt, https://www.on-light.de/home/news/article/led-spezifisches-lichtdesign-fuer-wiener-metro-markt.html vom 25.02.2011, letzter Aufruf 26.02.2020.

[8]Pluskälte = Temperatur über 0 °C; Minuskälte = Tiefkühlung < 0 °C.

Abb. 2 Metro-Energy-Management-Systems MEMS. (© METRO 2020)

Derzeit sind mehr als 15.000 Zähler und Messpunkte im MEMS aufgeschaltet. Die Energiedaten werden für eine Verbrauchskontrolle, Bewertung von Einsparpotenzialen und vielfältige Analysen genutzt.

Das MEMS ist eine Eigenentwicklung der METRO und vollständig auf die Bedürfnisse eines internationalen Handelsunternehmens zugeschnitten. Verwendet wird dabei ein Datenbanksystem von Robotron[9]. Das Auswertungs- und Visualisierungs-Frontend entwickelten wir gemeinsam mit einem Partner.

Sämtliche eigene Zähler sind grundsätzlich Smart Meter mit einer Lastprofilmessung. Diese ermöglichen die Echtzeitmessung aller Verbräuche mit registrierenden Leistungsmessungen, für Strom alle 15 min und für Erdgas alle 60 min. Die Zähler mit einer sogenannten Standardlastprofilmessung, die aber der Anzahl nach wesentlich geringer sind, wie die meisten Gaszähler, Wasserzähler und die Kleinverbraucher, werden durch manuelle Ablesung, Einträge in ein Template und dann automatisiertes Upload in das MEMS eingepflegt.

---

[9]Robotron® Success story, https://www.robotron.de/fileadmin/Robotron_DE/Dokumente/Flyer_und_Infoblaetter/ind/Success_METRO.pdf, letzter Aufruf 12.02.2020.

Die Smart Meter sind in der Regel über Datenkabel mit einem Datalogger verbunden, der die gespeicherten Energiedaten mehrmals täglich an eine zentrale Datenbank liefert. Der Speicher ist wichtig, weil einerseits Datenleitungen aus verschiedenen Gründen unterbrochen sein können und andererseits gibt es Datenhierarchien. Naheliegend ist, dass Kassen-, Kunden-, Waren- und Logistikdaten in einem Handelsunternehmen Vorrang vor den Energiedaten haben.

Die Datalogger sind nichts anderes als elektronische Geräte, die Ausfälle haben oder umprogrammiert werden müssen. Mitunter kommen die Zähler und Datenlogger auch abhanden oder werden manipuliert „abgeschaltet". Es musste also ein Kontrollsystem eingerichtet werden, wenn Datalogger oder Zähler keine oder aber nicht plausible Daten liefern. Danach beginnt die Recherche der Fehlerursache durch eine Ferndiagnose bis in den entlegensten Großmarkt.

Da der Speicherplatz und die -kapazität in den Datenbanken keine ernstzunehmenden Kostenfaktoren (mehr) und lange historische Datenreihen für Analysezwecke extrem wichtig sind, hat sich MEMS zum Datenschatz emanzipiert. Beklagt wurde von den inzwischen zahlreichen Nutzern höchstens, dass teilweise, zum Beispiel in METRO Indien oder Pakistan, viel zu kurze Datenreihen vorhanden sind. Aber das ändert sich deutlich mit der Zeit.

Die letzten METRO-Standorte im Bestand wurden im Frühjahr 2013 in das MEMS implementiert, sodass nunmehr jeder METRO-Standort, mit dem MEMS verbunden ist. Nachdem 2018 auch in Yangon/Myanmar ein METRO Depot[10] errichtet wurde, wird freilich auch ein solches Gebäude gemessen und auf MEMS aufgeschaltet.

Aber gelernt haben wir, dass die Zähler und Datalogger einer systematischen Wartung und Überwachung bedürfen, denn es passieren die unglaublichsten Dinge, weshalb Energiedaten nicht zur Verfügung stehen können. So wurden anfangs in manchen Großmärkten, wo die Zählerdatenübertragung über GSM erfolgte, die GSM-Karten entwendet, obwohl diese sich nicht zum Telefonieren eignen. Oder es lagen in manchen Großmärkten in Indien so hohe Spannungen an, dass die Zähler regelmäßig defekt gegangen sind. Das Zähler- und das Datalogger-Management sind mittlerweile ein selbstständiger wesentlicher Arbeitsprozess geworden.

Die Energieverbräuche werden im Ergebnis automatisiert gemessen, von den Energiemanagern analysiert und bewertet und die Daten für entsprechende Einspar- oder Korrekturmaßnahmen verwendet.

Das MEMS bereitet die Energiedaten systemseitig auf, führt automatisierte Analysen, etwa Verbrauchsabweichungen in Menge und Lastspitze durch, und ist natürlich mit einem Watchdog, also einem automatischen Alarmmanagement für Verbrauchs- und

---

[10]METRO GROUP und Yoma Strategic Holdings schließen Joint-Venture-Vereinbarung über Großhandelsdistribution in Myanmar, https://archiv.metrogroup.de/pressemitteilungen/2017/02/24/metro-group-und-yoma-strategic-holdings-schliessen-joint-venture-vereinbarung-in-myanmar; letzter Zugriff 12.02.2020.

Kapazitätsüberschreitungen versehen. Ein Überschreiten von je Standort festgelegten Lastspitzen führt zu einem automatischen Signal an den entsprechenden Nutzer, etwa Großmarkt-Manager oder Haustechniker. Damit kann er arbeiten, handeln und reagieren – und Energie einsparen.

Mit MEMS werden die Mengenprognosen für die Strom- und Erdgasbeschaffung in den verschiedensten Beschaffungsportfolien vorgenommen. Dabei sind einerseits die historischen und gegenwärtigen Verbräuche je Standort bzw. Beschaffungsportfolio zu bewerten und sodann unter Berücksichtigung von Standortveränderungen und Effizienz- und Umbaumaßnahmen oder auch nur -planungen zu synthetisieren.

Ein erfolgskritischer Faktor von MEMS war und ist – wie für jede Software – die Nutzerfreundlichkeit und Systemverfügbarkeit, weil verschiedene Nutzergruppen, von Haustechnikern über Energiemanager in den METRO-Ländern bis hin zu Controllern das System verwenden. Deshalb ist die Datenvollständigkeit, Geschwindigkeit und vor allem die Nutzung lokaler Sprachen, neben Englisch und Deutsch, hervorzuheben. Die Anpassung des Frontends an die Bedürfnisse der Nutzer ist ein laufender Prozess.

Für neue Nutzer werden regelmäßige Webtrainings angeboten und durchgeführt.

Innerhalb der METRO gibt es gegenwärtig zwei, jeden Monat auf Standort- und Landesebene zentral ermittelte und berichtete Energie-KPIs:

a) den Stromverbrauch je m^2 Nettobetriebsfläche und
b) die Leckagerate aus Kältemitteln

jeweils mit Zielerreichungsabweichung.

Alle Daten kommen aus MEMS, übrigens auch die für die Klimabilanz der METRO.

Dass auch eine ISO 50001-Zertifizierung sowie das Carbon Accounting ein verlässliches Energiedatenmanagementsystem erfordern, sind weitere Bestätigungen für das MEMS.

Bei METRO Frankreich wurde Ende 2015 und in Deutschland 2016 die ISO 50001 Energiemanagement eingeführt. Mittlerweise sind METRO Frankreich und Deutschland, aber auch METRO Properties, METRO Logistics, Rungis Express und METRO Campus Services sowie die METRO AG vollständig rezertifiziert. Ohne MEMS wäre das undenkbar (Abb. 3).

2.2   Sondersituation: Wärme- und Wasserverbräuche

Die Wärmeverbräuche als solche stehen in Relation zum Stromverbrauch aus METRO-Sicht nicht im strategischen Fokus. Von den Energiekosten, die sich im Geschäftsjahr 2018/2019 auf mehr als 198 Mio. EUR beziffern, werden 80 % für Strom und jeweils 10 % für Wärme, das heißt Erdgas, Fernwärme, Heizöl und teilweise Flüssiggas, und für Wasser und Abwasser ausgegeben.

Zertifikat

In einem Zertifizierungsaudit hat die Organisation

Metro AG

am Standort

Metro-Straße 1, 40235 Düsseldorf

und weiteren Standorten gemäß Zertifikatsanlage

nachgewiesen, dass ein Energiemanagementsystem eingeführt wurde und erfolgreich angewendet wird entsprechend der Norm

ISO 50001

DIN EN ISO 50001 Ausgabe Dezember 2011

für die Tätigkeit

Groß- und Einzelhandel, Betrieb von Großhandels- und Einzelhandelsimmobilien, Handelslogistik. Onlinehandel und Belieferungsservices, Immobilienmanagement und -entwicklung, Vermögensverwaltung, Gebäudemanagement, IT, Werbung, Versicherung

Dieses Zertifikat schließt lückenlos an das Vorgängerzertifikat an und ist gültig vom 15.12.2019 bis zum 20.08.2021.

Berlin, 24.09.2019

Prof. Dr.-Ing. Jan Uwe Lieback
Geschäftsführer

Andreas Lemke
Leiter der Zertifizierungsstelle

(IAF) [DAkkS

Nr. B-19-17319

 **GUTcert**   Eichenstraße 3b · 12435 Berlin · Germany
Tel: +49 30 2332021-0 · info@gut-cert.de · www.gut-cert.de   afnor GROUPE

Abb. 3 ISO 50001 Zertifikat der Rezertifizierung 2019. (© METRO 2020)

Allerdings gibt es hier deutliche Abweichungen in den Prioritäten, zum Beispiel in Russland, der Ukraine oder Polen besteht witterungsbedingt ein hoher Wärmeverbrauch, in Serbien ist Erdgas in Relation zum Strompreis sehr teuer. In Südeuropa, Indien, Türkei, oder Pakistan gibt es dagegen keine Relevanz für Wärme aus fossilen Brennstoffen, dafür umgekehrt für die Klimakälte.

Wiederum in Deutschland haben zwei Drittel der erdgasverbrauchenden Standorte von METRO-Cash & Carry keine registrierende Lastgangmessung und somit keine täglichen stundenscharfen Verbrauchsdaten – die erst ein aktives Energiemanagement ermöglichen würden. Die Standorte, die jährlich weniger als 1.500.000 und 500 kW stündlicher Leistung Erdgas verbrauchen, haben bzw. benötigen von Gesetzes wegen keine registrierende Lastgangmessung, und diese Messung führt der Messstellenbetreiber durch. Deshalb muss sich hier derzeit noch mit Monatsverbrauchswerten begnügt werden. Dies hat den Nachteil, dass ein regulierendes Eingreifen in Abläufe oder fehlerhafte Heizungssysteme nach mehreren Wochen Zeitablauf nicht mehr möglich ist, was nicht zufriedenstellend ist. Hier hoffen wir auf die baldige Installation von intelligenten Gas- und Wärmezählern.

Nur noch 13 Standorte der METRO Deutschland heizen mit Heizöl und verbrauchten im Geschäftsjahr 2018/19 ca. 750.000 l. Es handelt sich zwar seit vielen Jahren schon um schwefelarmes Heizöl mit einem Schwefelgehalt von nur maximal 50 mg/kg. Da es anders als beim leitungsgebundenen Erdgas regulatorisch keine Messgeräte und keinen Messstellenbetreiber gibt, wurden sämtliche Öltanks mit Tankstands-Messgeräten über GSM-Schnittstellen mit MEMS verbunden. Daher kann einerseits der Heizölverbrauch gemessen und auch grafisch aufbereitet werden. Andererseits wurde ein Minimumfüllstand definiert, bei dem eine Betankung automatisiert beauftragt werden muss. Dazu erfolgt ein Signal über MEMS. Außerdem können unabhängig von der Jahreszeit das freie Tankvolumen festgestellt und als physischer Speicher bei entsprechender Marktpreislage genutzt werden – was zum Beispiel wichtig wurde, als im Frühherbst 2018 wegen des Niedrigwassers der Flüsse die Passierbarkeit für Tankschiffe einerseits und nach dem Unfall in der Raffinerie Ingolstadt andererseits Heizöl sehr teuer wurde[11].

Die Erweiterung von MEMS um die jeweils standortaktuelle Implementierung von Temperaturdaten, um somit die gradtagbereinigten Verbräuche zu berechnen, wurde intern lange diskutiert. Sie ist sinnvoll, aber derzeit stehen Aufwand und Nutzen (noch) nicht in Relation. Hierbei ist weniger das Problem, die Außentemperatur revolvierend für eine Stadt oder einen Standort als Wetterdatei zu erwerben und zu implementieren, als die Erzeugung eines synthetischen wetterbereinigten Verbrauchslastganges. Es wäre natürlich eine Qualitätsverbesserung und ermöglicht gezieltere Datenanalysen. Aber zu

---

[11]Vohburg: Bayernoil Brand führt zu Engpässen in Erdölproduktion vom 13.09.2018, https://www.antenne.de/nachrichten/bayernreporter/vohburg-bayernoil-brand-fuehrt-zu-engpaessen-in-erdoelproduktion, letzter Aufruf 26.02.2020.

einem objektspezifisch vergleichbaren Ergebnis gelangen wir auch mit den Daten aus dem jeweiligen BMS Building Management System.

Außerdem, mit der Errichtung von CO_2-betriebenen Kälteanlagen und dem einerseits dadurch bedingten Austausch der existierenden F-Gase-betriebenen Anlagen und der zusätzlichen Installation von Wärmerückgewinnungsanlagen aus den Kälteanlagen geht der fossile Wärmebedarf der METRO sehr deutlich zurück. Die Temperaturbereinigung hat deshalb keine höhere Priorität. Im Großmarkt sind außerdem CO_2-Fühler und Außen- und Innentemperaturmesser installiert, die die Heizung und Klimaanlagen ansteuern, sodass der erreichbare Vorteil dann durch MEMS nur noch marginal wäre.

Aber es gibt Überlegungen, ob die bisherigen Standardlastprofilzähler, das heißt Stromverbrauchszähler an Standorten mit weniger als 100.000 kWh Stromverbrauch oder weniger als 1.500.000 kWh Erdgasverbrauch p. a. sehr zügig auf registrierende Lastgangzähler umstellen zu lassen, um sensitivere Daten, und diese in nahezu Echtzeit, zu erhalten. Dieser Schritt wird also so oder so kommen.

Bereits vor Jahren wurde der Messstellenbetrieb unserer Hauptzähler in Deutschland bereits mit Dienstleistern eingerichtet, die uns ebenfalls diese Zählerdaten an Schnittstellen zur Verfügung stellen.

Eine echte Renaissance haben die Wasserzähler erhalten. Denn einerseits hat sich die METRO ein ambitioniertes Ziel gesetzt, nämlich 5 % Trinkwasser im Zeitraum von 2016/2017 bis 2025 je m² Nettobetriebsfläche einzusparen – und das bei einem Trend zu wasserintensiveren Ultrafresh-Produkten und einer Expansion in sehr warme Länder wie Indien oder Myanmar. Auch sind die technischen Möglichkeiten im bestehenden Großmarkt, Trinkwasser einzusparen, begrenzt. Der Austausch von Armaturen auf berührungsfreie Armaturen ist nie ein veritabler Business Case, sondern erfolgt nur bei technisch notwendiger Erneuerung, wie zum Beispiel im Großmarkt Plovdiv/Bulgarien.

Trotzdem, auch Trinkwasser kostet viel Geld und ist in vielen Ländern, in denen die METRO tätig ist, zum Beispiel in Indien, Pakistan, aber auch Europa nach den Jahrhundertsommern in 2018 und 2019, eine kostbare Ressource. Die METRO verbrauchte im Geschäftsjahr 2018/2019 ca. 4,6 Mio. m³ Trink- und Frischwasser, was zu Aufwendungen von ca. 10 Mio. EUR führte. Die Trinkwasserzähler sorgen für Datentransparenz und lassen sehr frühzeitig Leckagen und somit auch Wasserschäden identifizieren. Deshalb wird zum Beispiel METRO Frankreich im Geschäftsjahr 2019/2020 in Trinkwasserzähler in 30 Großmärkten investieren.

Schließlich hat die METRO mit OneDrop und Lieferanten die METRO Water Initiative gestartet[12] – Wasser sparen in der Lieferkette und dafür in Indien Projekte für sauberes Trinkwasser initiieren. Dann ist es nur folgerichtig, dass auch im eigenen Großmarkt-Management Trinkwasser eingespart wird; Ende des Geschäftsjahres 2018/19 waren dies gegenüber dem Basisjahr 2016/2017 schon spezifische 12 %. Unsere Planungen und Erwartungen haben wir dabei deutlich übertroffen.

---

[12]https://www.onedrop.org/en/events/metro-water, letzter Aufruf 10.02.2020.

2.3   Logbook for Cooling Systems LOCS

Das MEMS wurde 2014 um das LOCS, ein elektronisches Logbuch für Kälteanlagen, erweitert. Es handelt sich um eine Datenbank, in der alle Stammdaten der mehr als 1000 Kälteanlagen enthalten sind, wie Errichtungszeitpunkt, Umbauten, Typ, Hersteller, Kältemittelmenge und Kältemittelart und Nachfüllmenge.[13]

Viele Kältemittel, die heute noch – stark abnehmend – in der METRO verwendet werden, haben ein hohes Treibhausgaspotenzial und verursachen ca. 20 % des Carbon-Foot-Prints.

Die Leckagerate, also die Emissionen aus Unfällen, zum Beispiel Bersten von Rohrleitungen, oder auch im Normalbetrieb durch schleichende Leckagen an Ventilen, Rohrverbindungen und dergleichen konnten von 2011 = 16 % auf 8,4 % per Geschäftsjahresende 2018/2019 reduziert werden, Tendenz weiter sinkend. Die Kältemittelleckagen werden monatlich als zentrale KPI über rollierende vier Mal drei Monate bewertet, auf Großmarktebene und auf Landesebene nebst Zielabweichungsanalyse.

Das LOCS dient als Auswertungs- und Analysetool, um die Leckagen festzustellen und zu bewerten, aber auch, um den Anlagenzustand der Kälteanlagen zu beobachten.

Es ist so konzipiert, dass jeder Nutzer, zum Beispiel auch externe Dienstleister, Nachfüllmengen oder Stammdaten in das System eintragen kann.

Es wurde bereits mehrmals auf Wunsch und nach Tipps zur Verbesserung der Fungibilität durch die Nutzer verändert.

Die Leckagerate ist durch die Einführung von

a) METRO-Maintenance-Minimum-Standards für die Wartung und Instandsetzung,
b) des LOCS als digitales Betriebsführungshandbuch der Kälteanlagen
   und
c) durch die Errichtung von mittlerweile mehr als 200 CO_2-Kälteanlagen und auch anderen natürlichen Kältemitteln, etwa Propen oder Ammoniak per Ende Januar 2020 weiter auf 8,2 % gesunken (Abb. 4).

Die erreichte Leckagerate von 8,4 % im Geschäftsjahr 2018/2019 bedeutet, dass ca. 80.500 kg fluoriertes Kältemittel durch Leckagen in die Atmosphäre gelangte mit dem unangenehmen Nebeneffekt von hohen Wartungs-, Reparatur- und Nachfüllkosten und 200.000 to. CO_2-Emissionen.

Mit LOCS erreichen wir eine Steuerung der Leckagen und erhöhen das Bewusstsein für gute vorbeugende Wartung und Instandhaltung. Über die Leckagemenge, aber auch viele andere Faktoren, zum Beispiel das Alter von Kälteanlagen, steuern wir die

---

[13]Vgl. Schulze, The F- Gas-Exit Program of METRO GROUP – strategy and execution in U. Herbert/J. Kreyenschmidt, Cold Chain Management 2016, S. 89 ff.

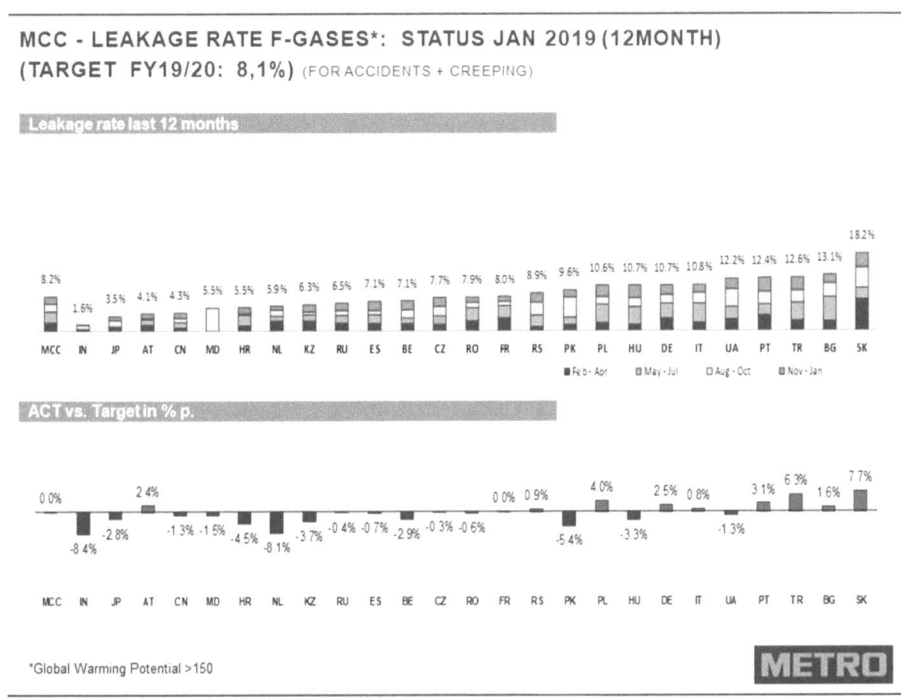

Abb. 4 KPI Monatsreport 01/2020 Leckagerate (© METRO 2020)

Priorisierung des Austausches der Kälteanlagen im F-Gas-Exit-Programm auf Kälteanlagen mit natürlichen Kältemitteln.[14]

Darüber hinaus wird LOCS für die jährliche „Doctor-Store"-Analyse verwendet. Für jede Kälteanlage der METRO wird die Leckagemenge und Leckagerate ermittelt und transparent gemacht. Die auf Landesebene 20 % der Großmärkte mit der höchsten Leckagerate müssen zum „Doktor", sollen also einem gesonderten technischen Audit unterzogen werden und unterliegen der besonderen Beobachtung mit dem Ziel, die Leckagen und Klimawirkungen, die Kosten für Nachfüllungen und Reparaturen, und auch die Energiekosten und Warenschäden bei Anlagenausfall zu verringern.

2.4 Kälteanlagen-Datenmanagement

Die Kälteanlagen sind ganz wesentliche Stromverbraucher in den Großmärkten der METRO, und das technische Rückgrat für den Lebensmittelhandel. Sie verbrauchen ca. 45 % des Stroms und Wartung und Instandhaltung sind kostenintensiv.

---

[14]Metro AG Converts Last R22 Store in Russia to CO_2, https://accelerate24.news/regions/europe/metro-ag-converts-last-r22-store-in-russia-to-co2/2020/, letzter Aufruf 12.02.2020.

Die Kälteanlagendienstleister haben zur Optimierung von Serviceleistungen und zur Ferndiagnose und Wartung schon seit einigen Jahren Kältedaten-Managementsysteme eingeführt.

Mit dem Fokus auf das Energiemanagement haben wir eine Schnittstelle entwickelt, um die Vielzahl von Energiedaten, zum Beispiel Stromverbrauch von Kühlmöbeln und -strecken, die Temperaturen und die Daten über die Betriebsdrücke aus solchen Kältedaten-Managementsystemen in das MEMS zu integrieren.

Denn neben dem reinen Stromverbrauch der Plus- und Minuskälteanlage gibt es weitere technische Indikatoren, die im MEMS automatisiert gespeichert und analysiert werden können, um Sollwertabweichungen im Energieverbrauch zu erkennen und diesen frühzeitig zu begegnen[15]. Die ersten Pilotstandorte sind bereits mit MEMS verbunden.

Allerdings haben auch die Kältefachunternehmen sehr deutlich in ihre Daten-managementsysteme investiert, sodass wir derzeit diese wertvollen Informationen direkt nutzen[16], als mit der neuen Schnittstelle Daten nur zu spiegeln statt für die Optimierung des Kälteanlagenbetriebs zu verwenden.

2.5   Gebäudeleittechnik

MEMS wurde von vornherein so konzipiert, dass es die Gebäudeleittechnik (GLT) ergänzt und nicht ersetzt.

Energierelevante Daten, welche in der GLT schon erhoben werden, können auch für das Energiemanagement verwendet werden und dort zu bestimmten Reaktionen, etwa Verhaltensänderungen und Änderungen von Abläufen im Markt führen, um den Energie-verbrauch zu optimieren.

MEMS ist bereits zentralisiert, mittels Passwort und entsprechender Hierarchie kann auf jede Messung quasi durch jeden Nutzer zugegriffen werden. Die GLT ist im Store dezentralisiert und automatisiert, es kann eben nicht zentral zugegriffen werden.

Unsere Vision, dass das MEMS in der Lage sein wird, durch Impulsmessung eines Sensors festzustellen, ob ein Fenster oder eine Tür geschlossen oder geöffnet ist, haben wir nicht aufgegeben, jedoch erkannt, dass die Vielzahl der Programmiersprachen für GLT ein Hindernis für eine kurzfristige Implementierung ist.

In der Praxis werden mit MEMS sehr häufig Energiesollabweichungen festgestellt, die gerade aus dem Abschalten der GLT bzw. von automatischen Steuerungen herrühren oder, weil Verbraucher nicht mehr mit der GLT verbunden sind. Ein Beispiel waren Fernsehvorführwände, die zwar zeitgesteuert sind, aber sich manchmal nicht automatisch

---

[15]Vgl. Leonard Fromm, Mit Regeltechnik Energiekosten senken, Stores + Shops, 2020, 72 ff.

[16]Metro AG Taps Carrier for Major CO_2 Retrofit Program In Europe, https://accelerate24.news/regions/europe/metro-ag-taps-carrier-for-major-co2-retrofit-program-in-europe/2020/, letzter Aufruf 28.02.2020.

mit Ladenschluss ausschalten. Noch immer kommt es vor, dass Gebäudesteuerungen die unregelmäßigen Feiertage, zum Beispiel Karfreitag, Himmelfahrt oder Fronleichnam nicht erkennen und die GLT dann einen normalen Verkaufstag starten.

Das MEMS verhindert schon jetzt – etwa durch den Watchdog, dass sich so ein Vorfall wiederholt.

Es sind oft die kleinen Feststellungen und Unregelmäßigkeiten, aber auch die kleinen (Verhaltens-)Maßnahmen, welche für Sollabweichungen bei den Energieverbräuchen verantwortlich sind.

2.6 Energiemonitoring EMC

Das Energiemonitoring, also die systematische Überwachung der Verbrauchskurven und das Feststellen von Sollwert-Abweichungen sowie die Vornahme von Standardreportings, waren ursprünglich von einem einheitlichen Desk in Deutschland aus vorgesehen.

Der grobe Plan bestand darin, auch die Arbeits- und Öffnungszeiten der METRO-Länder von Japan bis Spanien/Kanarische Inseln abzubilden.

Das Energiemonitoring spart weder Energie noch Kosten, es kann aber Fehlerquellen, Potenziale oder Abweichungen aufzeigen, die dann zu Einsparungen führen, wenn entsprechende technische oder Verhaltensreaktionen erfolgen.

Schon im Juni 2014 wurde das EMC Energy Monitoring Center für alle METRO-Großmärkte in Pune/Indien eingerichtet, wo mittlerweile vier Mitarbeiter für das weltweite Energiemonitoring zuständig sind. Nach einem bestimmten System und Prioritäten werden alle Großmärkte systematisch auf Abweichungen im Energieverbrauch untersucht und die Lastprofile mit einem Normlastgang, vorhergehenden Messperioden und mit anderen vergleichbaren Großmärkten, in der Regel Großmärkten gleichen Formats und Größe und in der gleichen Klimazone, verglichen.

Diese Ergebnisse werden an einen der neun regionalen Energiemanager gesandt, die in einer ABC-Analyse die ersten Indikationen selbst bewerten. Die danach noch bestehenden ungelösten Fälle werden durch Energiemanager in dem jeweiligen METRO-Land oder den Haustechniker im jeweiligen Großmarkt bearbeitet.

Zur Erhöhung der Energieeffizienz wurden bei METRO die Funktion von neun regionalen Energiemanagern eingeführt, die je nach Arbeitsdichte einen Teil oder die gesamte Tätigkeit den Energieaufgaben für einige oder mehrere Länder widmen. So ist ein regionaler Energiemanager in Frankreich für die METRO-Großmärkte in Frankreich und Belgien, in Italien für Italien und Österreich, in Spanien für Spanien und Portugal, und in Ungarn für Tschechien, Slowakei, Ungarn, Kroatien, Serbien, Rumänien, Moldawien und Bulgarien zuständig.

Nachdem eine Kommunikation zwischen dem EMC in Pune und den regionalen Energiemanagern auf Template-Basis via E-Mail begann, wurde festgestellt, dass viele „Tickets" unbearbeitet blieben oder sehr lange andauerten. Da die Energiemanager viele Aufgaben in ihrer Funktion zu erfüllen haben und teilweise bei Energieeinsparprojekten als Projektmanager tätig waren, blieben viele Monitoring-Erkenntnisse unbearbeitet, die Rücklaufzeiten verlängerten sich. Die Bearbeitung war einfach zu administrativ. Das schaffte Unzufriedenheit und vor allem konnten potenzielle Einsparungen nicht genutzt oder nachgewiesen werden.

So wurde über mehrere Monate ein Ticketing-Tool als Teil von MEMS entwickelt, in dem einerseits im MEMS – ohne Wechsel in E-Mails oder Excel – die PUNE-Tickets in diversen Menüfunktionen mit vordefinierten Codes bearbeitet werden können. Andererseits ist es möglich, viele Auswertungen über Erfolg, Sinnhaftigkeit und Auslastung des Monitoring-Prozesses anzustellen. Denn auch im Monitoring gilt, dass der Erfolg messbar und auch sichtbar sein muss.

Das Ziel muss sein, Energieverschwendung einzudämmen und nicht zu repetieren. Auch haben wir die Tätigkeiten der EMC-Mitarbeiter in Pune in 2018 weiter automatisiert.

Das Ticketing-Tool wurde mit den regionalen Energiemanagern in Russland, Ungarn und China getestet und nach der Abnahme und Bewährung vollständig in das MEMS implementiert und allen Usern zur Verfügung gestellt.

Die METRO geht davon aus, dass das EMC ein Potenzial von mindestens weiteren 0,5 % Energieeinsparung erschließen kann. Das Potenzial ist freilich größer, je unorganisierter und unsystematischer der Einsparprozess ist. Es könnte also theoretisch sein, dass durch das Energiemonitoring irgendwann keine Einsparpotenziale mehr entdeckt werden, weil alle Prozesse im Großmarkt optimal laufen.

Braucht es dann noch den Prozess „Energiemonitoring"? – Ja! Denn auch wenn die Leistung möglicherweise nicht mehr besser wird, gilt es dranzubleiben, um nicht schlechter zu werden. Und das Energiemonitoring sorgt dann dafür, dass Prozesse und Energieverbräuche nicht schlechter werden, sondern optimal bleiben.

2.7   MEMS-Schnittstelle Carbon Accounting

Für das Carbon Accounting, also die Messung und Bewertung aller relevanten Emissionen der METRO haben wir uns für die separate Software SoFi[17] entschieden. Die MEMS-Daten – in kWh, Litern oder Kilogramm werden über automatisierte Schnittstellen in SoFi eingespielt.

Da die Emissionen aus Strom zu ca. 60 %, aus Wärme zu ca. 10 %, und weiteren 20 % aus Kältemittelemissionen, den berichteten Carbon-Foot-Print der METRO ausmachen, und wir die mehr als 15.000 Zählpunkte quartalsweise zur Klimabilanz der METRO aggregieren müssen, wird offensichtlich, dass ohne MEMS auch das Carbon Accounting kaum denkbar ist.

---

[17]SoFi, https://www.thinkstep.com/de/software/sofi-software/sofi-software, letzter Aufruf 26.02.2020.

In Sofi werden allerdings noch weitere Emissionen gemessen und bewertet, zum Beispiel die in der berichteten Klimabilanz enthaltenen Papierverbräuche, Dienstreisen und die Verbräuche der Dienstfahrzeuge, sowie Emissionen der Logistik und teilweise auch der Lieferkette. So ist METRO Mitglied der Science-based Target Initiative[18] geworden.

Wir wollen absichern, dass mit den METRO-Klimaschutzanstrengungen die globale Erderwärmung auf 2 °C bis 2050 beschränkt bleibt. METRO plante daher die Erweiterung des bestehenden Klimaziels 2030 durch Erstellung eines inzwischen genehmigten wissenschaftsbasierten Emissionsziels, dem Science Based Target, um die eigenen Ambitionen zu unterstreichen und in konkrete Zahlen zu fassen. Die besondere Herausforderung bestand hier in der Einbeziehung der indirekten Lieferketten-Emissionen, da METRO als Handelsunternehmen mit einer großen Anzahl an Zulieferern Geschäftsbeziehungen unterhält und viele Tausende Produkte, Waren und Dienstleistungen aus der ganzen Welt bezieht.

3   Ausblick – Weiterentwicklung MEMS

Das MEMS ist implementiert und hat die Bewährungsphase in der Praxis schon lange hinter sich gelassen.

Es gibt und bedarf auch künftig technischer Weiterentwicklungen, teilweise auch geschuldet dem geänderten Energiemarktdesign, die zu einer Veränderung und Erweiterung von MEMS führen werden.

Da mit dem Verkauf der REAL Hypermärkte in 2020 die Anzahl der Nutzer und Zähler abnehmen wird bzw. mit dem Weggang von Galeria Kaufhof ab 2015 abgenommen hat, kommt automatisch die probate Überlegung, ob das für eine viel größere Zahl von Usern, Zählern, Zählpunkten und Märkten entwickelte MEMS nicht durch eine Lösung, die vielleicht sogar besser und preis- und unterhaltskostengünstiger ist, ersetzt werden kann.

Noch konnten wir uns nicht durchringen, eine „as a service"-Lösung als neues MEMS zu beschaffen, weil entweder die Tools und Anwendungen von heute uns verwöhnt haben oder wir noch nicht ganz überzeugt sind, dass die künftigen von uns benötigten Entwicklungen mit einem Energy-Management-System „von der Stange" auch abgebildet werden können.

Wo geht es hin?

3.1   Erhöhung Anzahl der Messungen

Eine bestehende Herausforderung ist, dass mit einer Messung oftmals so viele Verbraucher, das heißt Geräte und Aggregate im Großmarkt gemessen werden, dass die Ergebnisse keine Sensitivität auf einzelne Aggregate und Verbraucher zulassen.

---

[18]METRO AG – CDP und Science-based Target, https://dfge.de/cdp-sbt-metro-ag/, letzter Aufruf 01.03.2020.

Hier rächt sich, dass wir uns am Anfang in den Bestandsmärkten zunächst auf die Hauptzähler und die Kälteanlagen konzentriert haben. Es besteht ein handfester Bedarf an tiefer gehenden Daten, sodass die METRO nach wie vor in den Märkten weitere Zähler nachrüstet und in Messtechnik, Zähler und Datalogger investiert – für Strom, Wärme und Wasser.

3.2   Dezentrale Erzeugungsanlagen – BHKW und Photovoltaik

Die METRO verfügt derzeit weltweit über sieben Blockheizkraftwerke (BHKW) und eine Gasturbine in Deutschland und Russland mit einer Leistung von 2700 kW und 60 Photovoltaikanlagen mit einer installierten Leistung von 27.000 kWp[19] in China, Japan, Indien, Pakistan, Türkei, Bulgarien, Österreich, Deutschland, Frankreich, Italien und Spanien. Schon in den nächsten Monaten werden wir vor allem bei METRO in Frankreich, Spanien, Indien und Österreich weitere mehrere Megawatt Photovoltaik in Betrieb gehen – zur Optimierung der Energiekosten und Reduktion der Emissionen.

Alle dezentralen Erzeugungsanlagen an den Großmärkten werden oder sind bereits mit MEMS verbunden und können zwar nicht aktiv gesteuert, aber deren Erzeugung nach Zeit und Menge, Wirkungsgrad und am Ende nach Kosteneffizienz bewertet und gegebenenfalls optimiert werden. Schließlich können wir die Erzeugung in unseren Verbrauchsprognosen bewerten und müssen diese künftig nicht mehr am Markt beschaffen. Das Ziel ist, bis 2030 weit mehr als 50.000 kWp Photovoltaik zu betreiben.

Für BHKWs, die in der Regel aus Erdgas sowohl Wärme als auch als Abfall den Strom produzieren, sehen wir jedenfalls in Deutschland bei dem derzeitigen Energiemarktdesign keine Chance, da wir diese nicht wirtschaftlich betreiben können. Denn die EEG-Eigenstrom-Umlage macht den BHKW-Betrieb künstlich teuer, und tendenziell produzieren wir immer mehr Wärme mit der Abwärme der Kälteanlagen und nicht mit der Heizung oder dem wärmegeführten BHKW.

Bei den ausschließlich wärmegeführten Blockheizkraftwerken in Deutschland ist leider eine Verwendung als virtuelles Kraftwerk bisher nicht gelungen. Denn die Stromerzeugung ist der energetische, aber sehr wichtige, Abfall aus der erdgasgeführten Wärmeerzeugung. Strom wird also nur erzeugt, wenn auch Wärme benötigt wird und kann nicht auf Knopfdruck dem Regelenergiemarkt zur Verfügung gestellt werden.

3.3   Notstromaggregate

In allen Energiemärkten mit fluktuierender Einspeisung, insbesondere aus erneuerbaren Energien, steigt der Bedarf an Regelenergie und abschaltbaren Lasten.

---

[19]Competitiveness of corporate sourcing of renewable energy https://op.europa.eu/en/publication-detail/-/publication/9a2fa930-c485-11e9-9d01-01aa75ed71a1/language-en?WT.mc_id= Searchresult&WT.ria_c=37085&WT.ria_f=3608&WT.ria_ev=search, letzter Aufruf 26.02.2020.

Die METRO verfügt in jedem Großmarkt über ein Notstromaggregat für den Fall eines Netzausfalls. Allein in Deutschland sind dies in allen Standorten über 100 MW Leistung, die für die Regelenergieversorgung zur Verfügung stehen könnten, und noch nicht genutzt werden.

Hindernisse sind dabei heute noch der Zustand der Notstromaggregate, die außer zu einer Sprinklerprüfung und für den Notfall der Netzunterbrechung nicht benutzt werden müssen. Sie sind deshalb oftmals weder synchronisiert mit der 50 Hz-Sinuskurve des öffentlichen Netzes, nicht fernsteuerbar und deren Tankvolumen ist auch nicht auf die Bedürfnisse des Regelenergiebetriebs ausgelegt.

Aber die Aggregate sind vorhanden und werden künftig im Neubau oder bei der Auswechslung genau diese Voraussetzungen auch erfüllen. Dann können die Notstromaggregate als Kraftwerksreserve, sogenannte virtuelle Kraftwerke zur Verfügung stehen.

Die Vermarktung für den Regelenergiemarkt, die zentrale Steuerung, das Datenmanagement, das Tankmanagement kann künftig Teil von MEMS werden. Hieran arbeitet die METRO gemeinsam mit Partnern. Wider Erwarten haben wir in Deutschland wegen der geringen Regelenergiepreise doch noch keinen entsprechenden Business Case in Deutschland erreicht. Aber METRO Polen hat immerhin sieben Notstromaggregate in den polnischen Regelenergiemarkt eingestellt und erzielt Erlöse. Da geht noch etwas!

3.4   Demand-Side-Management DSM und Stromspeicher

Wenn eine flukturierende Energieproduktion unterbrochen wird und die Reservekraftwerke noch nicht zur Verfügung stehen, können im Netz Engpässe eintreten. Eine Möglichkeit, diese auszugleichen, besteht im Demand-Side-Management, sodass einzelne Verbraucher kurzfristig abgeschaltet werden, etwa Kälteanlagen, oder dass die Ladung von Flurförderfahrzeugen, Hubwagen und Gabelstaplern, für einige Minuten unterbrochen wird.

Die technischen Möglichkeiten erscheinen gegeben, ein profitabler Business Case bislang jedoch nicht. Aber mit dem Ausstieg von Großkraftwerken wird der Bedarf größer, die Zeit von DSM wird aus der Nische kommen.

Naheliegend ist, dass MEMS, welches ohnehin mit den Stromverbrauchern verbunden ist und deren Kennzahlen registriert und bewertet, dann Impulse für das An- und Abschalten von Verbrauchern geben kann und somit eine aktive Rolle im DSM übernimmt.

Die Machbarkeitsuntersuchungen derzeit bei METRO zeigen, dass wir vor einer technischen Umsetzung stehen.

Wenn der Energiemarkt mit dem zunehmenden Ausbau von Photovoltaik- und Windenergieanlagen und dem Rückbau von konventionellen Grundlastkohle- und Kernkraftwerken diese Erzeugungs- und Netzengpassrisiken erhöht, wird sich ein veritabler Markt für DSM einstellen. Die letzten Jahre haben zumindest gezeigt, dass solche Visionen schneller Wirklichkeit werden als erwartet. Und wo ein Markt entsteht, entwickeln sich auch technische Lösungen und Geschäftskonzepte.

Das Gleiche gilt für Batteriespeicherprojekte. Wenn man in der Lage wäre, die Netzentgelte unserer Großmärkte nachhaltig zu reduzieren, die Leistungsspitzen um die Mittagszeit zu vermeiden und in den Off-Peak-Zeiten große Batterieanlagen als Stromspeicher zu nutzen, kann sich eine veritable Anwendung ergeben. Die Leistungspreise in den Netzentgelten werden nach der höchsten in einem Jahr in Anspruch genommenen Leistungsspitze ermittelt. Also muss diese Leistungsspitze im öffentlichen Netz reduziert werden.

Wir arbeiten daran, Batterien zum Energiemanagement im Großmarkt einzusetzen. Es ist manchmal auch zum Verzweifeln: Nachdem wir sehr lange den Business Case gesucht und endlich an zwei Großmärkten von METRO Deutschland gefunden haben, scheiterte die Umsetzung am Brandschutz. Denn aus Versicherungsgründen dürfen Batterien nicht im Großmarkt ohne Sonderbrandschutzmaßnahmen eingesetzt werden. Einige Versicherer haben dann wohl doch schlechte Erfahrungen mit dem Standort der Batterien derzeit gemacht, und Sicherheit und Gesundheit gehen vor Innovation. Aber die Batterien auf dem Gelände aufzustellen und dann über weitere Wege mit der Niederspannungshauptverteilung zu verbinden, ist einfach zu teuer. In der Regel sind es nicht die Aggregate, sondern die Steuerung und Kabelverbindung, welche gute technische Ideen blockieren. Aber wir sind zuversichtlich!

Wir sind aber überzeugt, Batteriepufferspeicher für Strom stehen vor dem Durchbruch zum Standardeinsatz in Nichtwohngebäuden und werden Teil der Lösung des Energiemanagements der Zukunft werden.

Es dann auch möglich sein, insgesamt einen „Smart Store" zu konzipieren, in dem alle Aggregate sehr intelligent verbunden sind und miteinander kommunizieren, und der sogar im Inselbetrieb arbeiten kann.

Denn wenn der Batteriespeicher geleert ist, kann eine Optimierung aller Verbräuche und Verbraucher mit DSM erfolgen. Umgekehrt kann die Batterie auch der Pufferspeicher sein, um elektrische Dienst- oder Kundenfahrzeuge schnellzuladen. Und für das Laden der Batterien wird die Energie aus dem Netz – vor allem bei Überschuss oder entsprechenden Preissignalen – oder aus der Eigenproduktion aus Photovoltaikanlagen zur Vermeidung einer Einspeisung in das Netz verwendet.

3.5 Elektro-Ladestationen

Die Elektromobilität hält endlich Einzug in den Straßenverkehr und wird Teil der Mobilität, leise, sauber, aber mit kosten- und technikintensiver Ladeinfrastruktur. An den METRO-Großmärkten werden weltweit derzeit ca. 450 Ladepunkte betrieben, teilweise mit eigenem Netzanschlusspunkt durch Partner oder überwiegend durch Einbindung in die eigene Niederspannungshauptverteilung. Die Fahrzeugflotten werden derzeit deutlich auf Elektrofahrzeuge umgestellt, sodass die Ladefrequenz sprunghaft steigen wird. In Deutschland fährt METRO 10 BEV und mehr als 100 PhEV. Wir rechnen damit, im Laufe des Jahres 2020 insgesamt schon 200 Elektrofahrzeuge zu haben, die alle regelmäßig aufgeladen werden müssen.

Die EU-Gebäudeeffizienzrichtlinie 2018/844[20] verpflichtet die Mitgliedsländer dafür zu sorgen, dass ab 2021 für jedes neue Nichtwohngebäude und ab 01.01.2025 jedes Bestandsgebäude mit mindestens einer Ladestation ausgestattet wird. In Frankreich besteht darüber hinausgehend die Verpflichtung, 5 % der Parkplätze eines Großmarktparkplatzes mit Ladestationen zu versehen, in Ungarn sind es 2 %. Das führt generell dazu, dass an jedem Großmarkt mit einer Ladestation ein neuer erheblicher Verbraucher und Lastabnehmer in den nächsten Jahren hinzukommt. Dies zwingt nicht nur zu erheblichen Investitionen in die Ladesäulen, deren Fundamente, Anfahrtschutz, Zähleinrichtung, Abrechnungssystem und natürlich Kabelverbindung über mehrere Hundert Meter – weil die Niederspannungshauptverteilung und Trafostationen in der Regel hinter dem Großmarkt, die Ladestationen für die Kunden aber an der Frontseite stehen, wo sich Eingang und Ausgang befinden. Das erfordert zwingend ein Lade- und Lastmanagement, denn wenn etwa im Hochsommer die Kälteanlagen auf Höchstlast laufen und dann etwa um die Mittagszeit noch die Ladestationen von Kunden mit höchster Ladelast in Anspruch genommen werden, führt solch ein Peak sowohl zu hohen Netzkosten – weil die höchste in einem Kalenderjahr in Anspruch genommene Leistung dafür maßgeblich ist – als auch zu einer Aus- oder Überlastung der Transformatoren, ganz abgesehen von den vorgelagerten Stromnetzen der Verteilnetzbetreiber. Dafür bleibt nur, soweit wie möglich andere Lasten abzuwerfen oder zu drosseln, zum Beispiel eben die Ladestationen.

In Frankreich dürfte die Umsetzung dann wirklich „spannungsgeladen" werden, denn ein Großmarkt mit ca. 400 Parkplätzen benötigt derzeit ca. 800 kWp Höchstlast. Wenn dann 5 % der Parkplätze, das heißt 20 Stück mit Ladestationen ausgestattet werden und sie zufällig zur gleichen Zeit genutzt werden, dann werden weitere 400 kWp benötigt. MEMS, Lastmanagement und Lademanagement werden dann immer öfter synonym verwendet werden, ohne aktives Lademanagement ist diese Zukunft nicht vorstellbar.

Dass ein solches Szenario keine Schwarzmalerei ist, haben wir am METRO Campus gezeigt. Im Parkhaus wurden 62 weitere Ladesäulen für Dienstwagen und Mitarbeiterfahrzeuge sowie eine Ladestation für zwölf E-Bikes errichtet[21]. Dafür wurde eine 1000 kVA Trafostation benötigt und für die gesamte Installation 400.000 EUR aufgewendet. Ohne ein MEMS würden aber auch die Netz- und Energiekosten außer Kontrolle kommen.

---

[20]RICHTLINIE (EU) 2018/844 DES EUROPÄISCHEN PARLAMENTS UND DES RATES vom 30. 05.2018 zur Änderung der Richtlinie 2010/31/EU über die Gesamtenergieeffizienz von Gebäuden und der Richtlinie 2012/27/EU über Energieeffizienz (ABl. 2018 L 156/75).

[21]METRO geht bei E-Mobilität voran, https://politik.metroag.de/themen/klima-und-energie/ METRO-geht-bei-E-Mobilitaet-voran, letzter Aufruf 28.02.2020.

3.6   Efficiency Management System EMS – Digitale Lösung für Facility & Energy Management

Getrieben von der Überlegung, dass ein gutes Energiemanagement auch davon abhängt, wie Energiegroßverbraucher gewartet und instandgesetzt werden, zum Beispiel Kälte,- Klima- und Lüftungsanlagen, Lichtsteuerung oder Aufzüge und dass die Kosten dafür in den letzten Jahren weltweit enorm gestiegen sind, haben wir als Ergänzung zu MEMS im Jahr 2018 eine digitale Lösung für Facility-Management entwickelt, das intern als „Efficiency Management System"-EMS-Projekt bezeichnet wurde. Der maßgebliche Treiber war hier METRO China, wo die Personalkosten für Facility-Management nur vermeintlich günstig sind.

Das Efficiency Management System sollte drei Arbeitsbereiche optimieren:

1. Effizientes Handling von Wartung und Instandsetzung im Großmarkt, inklusive Umstrukturierung der internen Organisation. Die Facility-Management-Teams sollten nicht mehr nur für einen Großmarkt, sondern für alle Großmärkte einer Stadt oder Region zuständig sein. Die Einführung automatisierter Informations- und Alarmsysteme sollten die Reaktionszeit für die eigenen Mitarbeiter und Serviceprovider reduzieren. Dazu sollten eine Vielzahl der Facility-Management-Tätigkeiten digitalisiert werden.
2. Energieeffizienz – durch eine Vielzahl von Sensoren sollte (auch) die Kontrolle und Checks der im Großmarkt bestehenden Aggregate und deren Energieverbrauch optimiert werden. Wir versprachen uns mehr als 5 % Stromeinsparung!
3. Sicherheit + Gesundheitskontrolle – durch Checks und digitale Eintragungen in Logbücher. Die Dokumentation, sowohl hinsichtlich eigener Belegschaft als auch den Kunden und Behörden sollte qualitativ verbessert und der administrative Aufwand reduziert werden, bei höchster Transparenz.

Der Pilotmarkt war der Großmarkt in Dongguan – dem METRO Greenstore Nr. 1, das 2016 einem Remodelling unterzogen und viele sehr energieeffiziente Aggregate eingebaut wurden[22], mit dem ein Stromverbrauch von 150 kWh/m² Nettobetriebsfläche erreicht werden sollte. Neben einer 800 kWp Photovoltaikanlage auf dem Dach und der Südfassade, vielen 300 W-Kleinwindanlagen und vielen Elektroladestationen befindet sich im Großmarkt unter anderem ein intelligentes LED-Beleuchtungssystem mit Tageslichtsensoren sowie eine entsprechende auch kundenfrequenzgesteuerte Klima- und Belüftungsanlage sowie eine der ersten subkritischen Kälteanlagen[23] in China überhaupt. Der Pilotversuch war überzeugend.

---

[22]https://www.metro.cn/en/promotions/greenstore, letzter Aufruf 10.02.2020.
[23]METRO CHINA: CHINESE RETAIL'S FIRST TRANSCRITICAL CO_2 SYSTEM IN LAUNCH EDITION OF ACCELERATE CHINA, http://shecco.com/articles/2018-04-06-metro-china-chinese-retails-first-transcritical-co2-system-in-launch-edition-of-accelerate-china/; letzter Aufruf 26.02.2020.

Dann wurden alle Großmärkte mit bis zu jeweils 1000 Sensoren ausgestattet, und im Pilotland METRO China insgesamt fast 5 Mio. EUR für die flächendeckende Installation des EMS investiert.

Die Daten über die Betriebszustände von Aggregaten und sonstigen Informationen, etwa auch Arbeitsaufträge, wurden in eine zentrale Datenbank, allerdings nicht MEMS, importiert, analysiert und bewertet. Die Installation der Sensoren in allen Großmärkten erfolgte in der – für deutsche Verhältnisse – Rekordzeit von sechs Monaten. Die Datenbank wurde als Lizenz von einem internationalen Provider erworben und läuft nun auf einem METRO-Server.

Was ist das Besondere?

Wir erreichten einen 24/7-Zugriff auf die Heizungs-, Lüftungs- und Klimaanlagen, Beleuchtung, Kälteanlagen, Daten aus den 26 Photovoltaikanlagen, Feuerlöschsysteme, CCTV-Kameraüberwachungs- und Gebäudeeinbruchsmeldesysteme sowie viel anderes Equipment, zum Beispiel die Gabelstapler.

Dies führt im Ergebnis je nach Großmarkt zu zwischen 5 % und 15 % Stromeinsparung und einer sehr deutlichen Reduzierung des für das Facility-Management benötigten Personals.

Dreh- und Angelpunkt war das Communication-Tool – sämtliche Informationen werden aus dem EMS Data Center auf eine App geroutet, mit der die Informationen, Arbeitsanweisungen und Bestellungen an die jeweiligen Adressaten, zum Beispiel Serviceprovider oder Lieferanten gehen.

So können unsere internen Fachleute auch fachgerecht eingesetzt werden, Kältefachleute für die verschiedenen Kälteanlagen, Schlosser für Schlosserarbeiten, Elektriker für Elektrikerarbeiten – und dies jeweils in Zuständigkeit für mehrere Großmärkte.

Im Ergebnis erhalten wir die Einsparungen aus dem operativen Facility-Management und aus Energieeinsparungen. Auch in China steigen die spezifischen Energiekosten jährlich um 5 % – und das erfordert straffes Kostenmanagement.

Nunmehr werden die Verbrauchsdaten aus MEMS und von den bis zu 1000 Sensoren je Großmarkt in das EMS eingespeist.

Die Energieeinsparungen kommen zu einem kleinen Teil von ca. 1–2 % aus dem optimierten Verhalten des Personals im Großmarkt – Verbrauchstransparenz erhöht das Verantwortungsbewusstsein, ca. 2–5 % durch ein beschleunigtes Informationsmanagement, sodass bei Ausfall oder Abweichen von Sollvorgaben der Energiegroßverbraucher oder sogar Ausfällen sehr schnell reagiert werden kann, zum Beispiel durch Alarme, automatisierte Reports oder direkte Informationen an den Storemanager, und zum Großteil von ca. 2–8 % aus dem optimierten Leistungsverhalten der Stromverbraucher: durch das aktive Monitoring der Systeme, Remote Control, sowie die Alarme an die betreffenden Adressaten bei Sollabweichungen und kurzfristigen Reaktionszeiten.

Was ist erfolgt: MEMS ist mit EMS verbunden!

Aus den Alarmen aus der Abweichung von Sollverbrauchsvorgaben lassen sich direkt Wartungs- und Instandsetzungsaufträge generieren, die dann je nach Hierarchie in einem bestimmten Intervall abgearbeitet werden.

Wo stehen wir: Im Vergleich zu dem Zustand vor der Einführung des EMS haben wir im Geschäftsjahr 2018/2019 in den drei ersten Pilotmärkten 5 % Strom eingespart. Wir rechnen absolut mit einer Reduktion um 16.000 MWh – und sind uns sicher, dass hier noch Potenzial in der Feinoptimierung der einzelnen Großmärkte besteht.

Unsere Kolleginnen und Kollegen von METRO China sind von der Richtigkeit der Entscheidung, das EMS einzuführen, absolut überzeugt.

Wie geht es weiter? Wir prüfen die Machbarkeit der Einführung des EMS in anderen METRO-Ländern, auch in Europa.

Hier geht Qualität vor Quantität. Natürlich müssen wir auch bewerten, dass in China in der Kultur keine Angst vor IT und Innovationen besteht, sondern im Gegenteil, diese werden (heraus-)gefordert. Dieses Einführungstempo ist sicher nicht repräsentativ für andere METRO-Länder. Auch Datenschutzaspekte sind in der EU wesentlich strenger, sodass wir noch genau prüfen müssen, wie das EMS in anderen METRO-Ländern eingeführt werden kann.

In manchen Länderorganisationen wiederum sind Teilaspekte des EMS in Kombination von Facility-Management auch mit Energieeinsparung bereits umgesetzt, zum Beispiel bei METRO Polen. Bevor wir also das MEMS noch weiter optimieren, wollen wir prüfen, ob durch die Einführung des EMS Efficiency Management Systems mit den vielen Sensoren – die dann nicht erst in das MEMS und dann vom MEMS in das EMS importiert werden müssten, Kosten jeder Art eingespart werden können.

Aber am Ende werden einige weitere Prozente Strom- und Wärmeeinsparungen stehen, und weniger Strom, Erdgas und Heizöl oder Kältemittelnachfüllungen sind immer auch eingesparte Euro und Tonnen CO_2. Und genau darum geht es am Ende!

3.7   Smart Store – wann kommt das Super Power Store?

Das Smart Store ist greifbar.

Im Oktober 2017 wurde mit dem ZEROone Großmarkt in St. Pölten ein Null-Emissions-Großmarkt „ZEROone" eröffnet, der in der Bilanz sogar mehr Energie mit einer 1008 kWp Photovoltaikanlage produziert, als der Markt in einem Kalenderjahr verbraucht[24], ohne Offsetting durch grüne Stromzertifikate.

Dieser Null-Emissions-Großmarkt ist mit einer intelligenten Tageslichtsteuerung versehen; die LED-Deckenbeleuchtung wird über Lichtsensoren der Lichtbänder gesteuert und gegebenenfalls bei entsprechendem Tageslicht gedimmt. Anstatt einer Lüftungsanlage ist eine natürliche Querlüftung installiert – und die Aktore der Fenster werden von CO_2-Sensoren angesteuert. Bei Frischluftbedarf gehen die Fenster auf und sorgen für eine natürliche Belüftung ohne Klima- oder Lüftungsanlage.

---

[24]Metro AG punktet mit „zero E-Mission": St. Pölten als Maßstab, https://der-medienberater.de/2018/12/13/metro-ag-punktet-mit-zero-e-mission-st-polten-als-masstab/letzter   Aufruf 28.02.2020.

Die Beheizung erfolgt zunächst mit der Abwärme der transkritischen Ejektor-Kälte-anlage und wenn diese nicht mehr ausreicht, mit einer Wärmepumpe. Der Wärme- bzw. Kältespeicher ist die Kernaktivierung des Fußbodens der Verkaufshalle.

Das alles funktioniert nur mittels einer höchst intelligenten und, auch soweit es Wetterdaten angeht, einer vorausschauenden Gebäudeleittechnik und Steuerung unter Berücksichtigung des lokalen Wetters.

Der ZEROone ist übrigens für einen Stromverbrauch von 115 kWh/m^2 Netto-betriebsfläche konzipiert, was nur mit digitaler Gerätesteuerung erreicht werden kann. Die 10 Ladepunkte x 11 kW für Kunden mit Elektrofahrzeugen dürfen natürlich nicht die Höchstlast des Großmarktes, etwa bei den extremen Außentemperaturen im Sommer 2018 oder 2019 erhöhen – ohne Steuerung und Lastabgleich geht das nicht. In einem solchen Fall würde die Ladekapazität der Ladepunkte auf dem Parkplatz des Großmarktes reduziert werden.

Ziel ist es, mit dem Durchbruch von Smart-Home-Lösungen im Massenmarkt an Lösungen für weitere METRO-Smart-Stores zu arbeiten und diese zu entwickeln, um die Energieeffizienz im METRO-Großmarkt und dessen technische und energetische Prozessabläufe zu optimieren und die operativen Kosten damit nachhaltig zu senken. Das Ganze zum Nutzen für unsere Kunden!

Einiges ist im MEMS METRO-Energy-Management-System auch in den letzten Jahren verbessert und umgesetzt worden, einige Weiterentwicklungen und Applikationen sind angedacht oder in Arbeit. Das wird nicht aufhören, und der kontinuierliche Ver-besserungsprozess ist spätestens mit der ISO 50001 Energiemanagement-Einführung zur Selbstverständlichkeit geworden.

Vieles ist noch visionär, und teilweise aus heutiger Sicht auch illusionär, und manchmal scheitern wir an unserem Drang zur Perfektion und der berühmten „eier-legenden Wollmilchsau".

Aber das ist gerade das Spannende am „Energiemanagement in der METRO", und andere Geschäftsbereiche, Unternehmen und Branchen stehen vor den gleichen Heraus-forderungen.

Auf geht's! Digital – und auch dafür haben wir schon einen Projektnamen: unser „SUPER POWER Store"!

Literatur

Bränzel J, Engelmann D, Geilhausen M, Schulze O (2019) Energiemanagement Praxishandbuch für Fachkräfte, Berater und Manager, 2. Aufl. Springer Vieweg, Wiesbaden, S 143 ff.

Schulze O (2016) The F-Gas-Exit Program of METRO GROUP – strategy and execution. In: Herbert U, Kreyenschmidt J (Hrsg) Cold chain management, Bonn. Cold Chain Management Group, Bonn, S 89

Schulze O (2019) Energie für den Handel – Herausforderungen für Unternehmen und Politik. In: Hildebrandt A, Landhäußer W (Hrsg) CSR und Energiewirtschaft, 2. Aufl. Springer Gabler, Heidelberg, S 26

Olaf Schulze
(Fotocredit: METRO AG)

Olaf Schulze verantwortet seit dem 01. Januar 2014 das Energie-management der METRO AG, Düsseldorf. Zuvor war er seit 2005 als Geschäftsführer der MEM METRO GROUP Energy Management GmbH tätig. Er ist stellvertretender Vorsitzender des Energieaus-schusses des Handelsverbands Deutschland, Berlin. Olaf Schulze war zuvor von 2002 bis 2005 für die Geberit Mapress GmbH, Langenfeld, als Leiter Recht und Versicherungen tätig. Davor verantwortete er ab 1999 den Rechts- und Personalbereich der EuroPower Energy GmbH, Frankfurt. Seinen beruflichen Einstieg startete er nach dem Studium der Staats- und Rechtswissenschaften an der Martin-Luther-Universität Halle-Wittenberg von 1986 bis 1990 und dem zweiten juristischen Staatsexamen 1993 in Düsseldorf bei der Thüringer Energie AG, Erfurt, wo er unter anderem für Energie- und Gesell-schaftsrecht und Haftungsangelegenheiten zuständig gewesen ist. Olaf Schulze wurde am 15. Oktober 1963 in Halle/Saale geboren, ist Vater von vier Kindern und lebt in Erfurt.

Druckluft 4.0 goes green: Herausforderungen, Chancen und innovative Lösungen am Beispiel der Mader GmbH & Co. KG

Stefanie Kästle und Werner Landhäußer

1 Blick in die Zukunft: Das Jahr 2025 und der Graue

Grundsätzlich ist die Nutzung von Druckluft ein hervorragendes Instrument, Dinge zu bewegen und zu steuern. Einfach, nahezu ungefährlich und durch die Komprimierung des sowieso vorhandenen Mediums Luft überall problemlos nutzbar. Der Ruf, eine schlechte Energiebilanz zu haben, ist nicht unberechtigt. Allerdings werden Optimierungen und Nutzungsverbesserungen entweder übersehen oder aus unterschiedlichsten Gründen nicht umgesetzt. Eines haben aber alle Hemmnisse gemeinsam. Die Stromkosten haben den Charakter von Gemeinkosten – das verhindert Transparenz und Verantwortungsübernahme. Das verändert sich dramatisch durch Energieaudits und Managementsysteme. Das große Einsparpotenzial wird offensichtlich und die Nutzer fangen an, darüber nachzudenken. Die Verbesserungsmöglichkeiten werden immer häufiger ausgeschöpft.

Für die Herstellung von optimalen Druckluftsituationen gibt es verschiedene Ansatzpunkte. Das wichtigste und erfolgsversprechende Ziel ist, unnötigen Verbrauch zu reduzieren. Das Medium Luft hat den Vor-, aber gleichzeitig auch den Nachteil, dass augenscheinlich erstmal nichts passiert, wenn der Verbrauch durch ineffiziente Nutzung steigt. Das Bewusstsein, dass hier Energie verschwendet wird, muss beim Erzeuger und vor allem beim Nutzer erst geschaffen werden. Dass dann darüber hinaus noch viele

S. Kästle (✉)
Mitglied der Geschäftsführung, Mader GmbH & Co. KG,
Leinfelden-Echterdingen, Deutschland
E-Mail: Stefanie.Kaestle@mader.eu

W. Landhäußer
Gesellschafter, LOOXR GmbH, Mader GmbH & Co. KG,
Leinfelden-Echterdingen, Deutschland
E-Mail: werner@landhaeusser.de

Effizienzmaßnahmen zusätzlich realisiert werden können, verbessert die scheinbar so schlechte Energiebilanz einer Druckluftanlage signifikant. Ob Erwärmung von Brauchwasser, Nutzung für die Gebäudeheizung oder bestenfalls Nutzung für Prozesswärme – in einem Kompressor steckt viel nutzbares Potenzial! Durch Verwendung der Kompressorabwärme können Energiekosten gespart und damit ein nachhaltiger Beitrag zur Reduktion des CO_2-Ausstoßes geleistet werden.[1]

Doch wie geht es dem Kompressor der Zukunft? – Ein spielerischer Blick ins Jahr 2025: Brrr. Brrr. Brrr. Er lässt nicht locker. „Sari, was ist?!" „Guten Morgen, Heike. Ich melde einen kritischen Vorgang in Kompressorraum Ost. Die vorliegenden Daten lassen darauf schließen, dass Druckluft-Kompressor 1 in den nächsten zwei Stunden oder früher seine Funktion einstellen wird. Bei der aktuellen Auftragslage hätte dies einen möglichen Produktionsstillstand zur Folge. Aufgrund der vorliegenden Daten kann keine weitere Diagnose zum Grund des Ausfalls gestellt werden. Was möchten Sie tun?" „Uhrzeit?" „Es ist 5:20 Uhr." War ja klar, dass der Graue sie zu nachtschlafender Zeit wecken würde.

Der Graue war der letzte betagte Kompressor in Heikes Verantwortungsbereich, deswegen auch der Spitzname und die geringe Erkenntnis über die Problemursache. Der Kompressor verfügte, anders als seine Kollegen, nur über rudimentäre Möglichkeiten des Condition-Monitorings. Er konnte die Gründe für seine immer häufiger auftretenden Wehwehchen nicht selbst analysieren, allein die Überwachung von Temperatur im Kompressor sowie Durchflussmenge, Taupunkt, Partikelgehalt der erzeugten Druckluft und des Betriebsdrucks gaben Aufschluss darüber, dass etwas nicht stimmte.

Die Messdaten zusammen mit Erfahrungsdaten aus früheren Meldungen dieser Art mit diesem speziellen Kompressortyp weltweit, führten zur Vorhersage von Sari – Heikes digitalem Kollegen. „Sari, kontaktiere die diensthabende Servicekraft und beordere sie in Kompressorraum Ost. Stelle Service-Kit B im Kompressorraum Ost zur Verfügung, ich vermute die Ölleitung macht wieder Probleme".

Brrr. Brrr. Brrr. Heike Schulz stellt das Wasser ab, wickelt sich in ein Handtuch und verlässt die Dusche. „Sari, ich höre." „Ulf Schneider hat Kompressorraum Ost erreicht. Service-Kit B ist vor Ort, aktuelle Betriebsanleitung steht zur Verfügung." „Sari verbinde mich mit der Servicebrille von Ulf Schneider." „Ich verbinde." Heike Schulz macht sich auf den Weg in die Küche und angelt dabei nach ihrer eigenen Brille. „Hallo Ulf. Der Graue macht mal wieder Probleme, was?" „Hallo Heike, ja wird Zeit, dass wir uns von ihm trennen!" Heike greift nach dem doppelten Espresso, den die Espressomaschine gemacht hat, als sie auf dem Weg in die Küche war, und macht es sich im Sessel bequem. „Dann lass uns mal schauen, was das Problem ist." Ein Blick in das Innere des Kompressors reicht den beiden. Wie vermutet ist die Ölwanne bereits mit austretendem Öl vollgelaufen, der Kompressor wird wegen zu hoher Betriebstemperatur gleich abschalten. „Es wird wohl nicht mehr besser mit dem Grauen, Heike. Wann ist der Austausch geplant?" „Wir sind dran. Die Lieferung des neuen Geräts ist nächste Woche geplant, aber wir können nicht warten. Die Auftragspipeline ist voll, wir können uns

---

[1]Mader (2020a).

nicht leisten, dass ein Kompressor auch nur für ein paar Stunden ausfällt. Auch wenn der Graue eigentlich nur die Spitzenlasten abfedern soll, im Moment schafft er selbst das kaum noch zuverlässig. Auch für den Chef wird es Zeit, ihn gehen zu lassen!".

2 Nachhaltigkeit versus Digitalisierung

Die Digitalisierung ist Voraussetzung für den Erhalt und die Stärkung der Wettbewerbs-fähigkeit. Deutschland soll zum modernsten Industriestandort gemacht werden. Hierfür wurde seitens der Regierung die Digitale Strategie 2025 entwickelt, die aufzeigt, mit welchen Maßnahmen der „Wandel made in Germany" erreicht werden soll.[2]

Digitalisierung ist ein strategisches Kernthema und darf keinen Selbstzweck ver-folgen. Zunächst muss eine Prüfung der aktuellen Gegebenheiten erfolgen und die Frage beantwortet werden, ob und wie die Digitalisierung das Unternehmen, die Mitarbeiter, Produkte und Leistungen besser machen kann. „Es gilt, sich nicht in operativen Details und Themen zu verlieren."[3] Langfristig werden bei erfolgreichen Unternehmen die Kernkompetenzen in der „Erfassung, Verarbeitung, Verknüpfung und dem Schutz von Daten" sowie in der Datenanalyse liegen, das heißt die Gewinnung von Erkenntnissen und Ableitung von Maßnahmen.[4] „Gewinnen wird, wer frühzeitig neue Märkte erschließt und schnell eigene Standards setzt"[5].

2.1 Nachhaltigkeit in der Organisation

„Die meisten Leute nervt Arbeit, aber das muss nicht so sein". Dieser Satz ist von Laszlo Bock, Personalchef von Google.[6]

Die Digitalisierung wird die Arbeitswelt grundlegend verändern. Sowohl in unserer täglichen Arbeit, wie auch in den Leistungen gegenüber unseren Kunden. Dies steht außer Frage. Für Google und Co. scheint es leicht zu sein, sich auf die neue Generation einzustellen. Sie haben das Geld, um ihre Mitarbeiter optimal mit allen Annehmlich-keiten des Lebens zu versorgen. Kann sich dies der Mittelstand leisten? Aus unserer Sicht ist es keine Frage des „Sichleistenkönnens", sondern eher die Frage, haben wir in Zukunft noch motivierte Mitarbeiter mit dem heutigen Führungsstil? Wir möchten hier nicht auf die viel diskutierten Veränderungen der Generation Y und Z eingehen. Aber, wir sind als mittelständisches Unternehmen davon überzeugt, dass vorhandene

---

[2]BMWi (2016).
[3]Deloitte (2013, S. 5).
[4]BMWi (2016, S. 6).
[5]BMWi (2016, S. 8).
[6]Peck (2015).

Denk- und Führungsstrukturen überdacht und aufgebrochen werden müssen. Wir sind auf dem Weg, uns mit der Digitalisierung unseres Prozesses intensiv zu beschäftigen. Unterscheiden sich dann noch unsere Anforderungen an unsere Mitarbeiter von denen, die Google & Co. stellt? Also stellen wir uns die Frage, was wir im Rahmen unserer Möglichkeiten erreichen und sinnvoll umsetzen können. Wir möchten nachfolgend darstellen, wo das Unternehmen herkommt und wohin unsere Reise gehen kann.

Mader gehört heute zu den erfolgreichen mittelständischen Unternehmen in Baden-Württemberg und deckt mit seinem Leistungsspektrum als einziges Unternehmen deutschlandweit die gesamte Druckluftstrecke von der Erzeugung der Druckluft im Kompressor über deren Aufbereitung und Verteilung bis zur Druckluftanwendung ab.

Zum Leistungsportfolio gehören neben einem umfangreichen Produktprogramm auch eine Reihe von Dienstleistungen wie beispielsweise die Analyse, Auslegung, Planung und Installation von energieeffizienten Druckluftanlagen sowie deren Inbetriebnahme, Wartung und Reparatur. Zu den Zielgruppen des Unternehmens gehören neben dem Maschinen- und Fahrzeugbau nahezu alle Bereiche der produzierenden Industrie.

Das Krisenjahr 2009 brachte für die Mader GmbH & Co.KG einen Umsatzeinbruch von mehr als 35 %. Eine solche Situation hätte eigentlich einen Personalabbau erfordert. Doch die Unternehmensführung entschied sich dagegen, setzte auf Kurzarbeit und intensivierte die Vertriebsaktivitäten. Die Erfahrungen aus dem Krisenjahr haben dazu geführt, das Unternehmen neu zu positionieren. Der Bereich Drucklufttechnik hatte sich hier als besonders krisenfest erwiesen. Auch wenn die Investitionen in neue Druckluftanlagen deutlich gesunken waren, stieg parallel der Umsatz mit Wartungen, Ersatzteilen und Reparaturen. Statt auf Neuanschaffungen setzten die Kunden zu dieser Zeit auf Erhaltungsmaßnahmen für ihre vorhandenen Kompressoren.

Um von dieser Resilienz weiter nachhaltig profitieren zu können, wurde ein neuer Ansatz gewählt. Die Trennung der Geschäftsbereiche Drucklufttechnik und Pneumatik wurde aufgehoben. Die gesamte Betrachtung der Prozesskette Druckluft lieferte ganz neue Ansätze für die nachhaltige Erzeugung und Nutzung. Dieser Weg führte dazu, dass neue Serviceleistungen entwickelt und den Kunden angeboten wurden. Dieser Servicebereich wurde schnell personell aufgestockt. Druckluftsysteme sind energieintensiv, und im Verhältnis zur Nutzung ist dies eine teure Energieform für die Industrie. Die großen Chancen, die sich aus der neuen Betrachtungsweise ergeben, sind die Realisierung der immensen Einsparmöglichkeiten. Die Energiewende und die Konzentration auf den Energieverbrauch, die Einführung von Energiemanagementsystemen und -audits verändern den Betrachtungswinkel der Kunden und wir treffen oftmals auf eine große Bereitschaft, diese Themen anzugehen.

In den unterschiedlichen Feldern der Nachhaltigkeit sollen für die Bereiche Ökologie und soziale Verantwortung hier nur einige Highlights der letzten Jahre dargestellt werden, um aufzuzeigen, dass sich das Unternehmen in allen Feldern stark engagiert:

- 2013 Besuch der Bundeskanzlerin Angela Merkel im Rahmen ihrer Demografiereise;
- 2014 Bildungspreis des Deutschen Industrie- und Handelskammertags in der Kategorie Integration;
- 2014 Aufnahme in den Kreis der Klimaschutzunternehmen, einer Exzellenzinitiative für Klimaschutz und Energieeffizienz;
- 2014 Umweltpreis für Unternehmen in Baden-Württemberg;
- 2015 Top 3 der nachhaltigsten KMU Deutschlands;
- 2016 Teilnahme an der Woche der Umwelt, eine Veranstaltung im Garten des Schloss Bellevue, zu der der Bundespräsident und die Deutsche Bundesstiftung Umwelt einladen.
- 2017 Nominiert für den „Digital Champions Award" der WirtschaftsWoche in der Kategorie „Digitales Kundenerlebnis"
- 2017 Top 3 der nachhaltigsten KMU Deutschlands (Deutscher Nachhaltigkeitspreis)
- 2017 Auszeichnung als eines von 50 Unternehmen in Baden-Württemberg für herausragende Ressourceneffizienz durch Umweltminister Franz Untersteller und Publikation im Buch „100 Betriebe für Ressourceneffizienz"
- 2018 Nominiert für „Mein gutes Beispiel" mit dem Projekt „Klimaschutz zum Mitmachen und Erleben – vom Klassenzimmer in den Alltag"
- 2018 Teilnahme am Deutschen CSR-Forum zum Thema „Nachhaltige Unternehmensverantwortung in der Digitalen Welt"
- 2019 Teilnahme am Klimaschutztag der Klimaschutz-Unternehmen
- 2019 3. Platz beim Umwelttechnikpreis Baden-Württemberg für die LOOXR GmbH
- 2019 Top 2 Platzierung im landesweiten Wettbewerb „family-NET 4.0 – Unternehmenskultur in einer digitalen Arbeitswelt"
- 2019 Auszeichnung als „Ort voller Energie" von Umweltminister Franz Untersteller
- 2020 Top 3 der Handelsblatt Energy Awards

Nachhaltigkeit ist, wie es der Begriff bereits impliziert, keine Strategie, die schnelle Gewinne verspricht. Die positive Auswirkung, die hohe Qualität der Bewerbungen und vieles mehr lassen sich nicht in Zahlen messen. Aber das Ergebnis der positiven Entwicklung in den Energieeffizienzprojekten und der stark steigende Umsatz wirken sich positiv auf das Unternehmensergebnis aus. In den Jahren 2010–2015 hat sich der Umsatz mehr als verdreifacht. Im Jahr 2016 ist das Wachstum nochmals stärker als im Vergleich zum Vorjahr.

Mit der Entscheidung in ein eigenes, nachhaltiges Firmengebäude zu investieren, haben wir 2015 bzw. 2017 den Grundstein für weiteres nachhaltiges Wachstum gelegt. Am neuen Firmenstandort im Nachbarort haben wir überwiegend darauf gesetzt, die bestehende Gebäudestruktur zu revitalisieren, das heißt energetisch zu sanieren und auf den neuesten Stand zu bringen. Einzig der Anbau an das bestehende Bürogebäude war notwendig, damit alle Mitarbeitenden Platz finden. Bei der Planung des Gebäudes haben wir bewusst auf bereichs- und hierarchieübergreifende Mitarbeiterbeteiligung gesetzt. Einerseits um die Akzeptanz der neuen Räumlichkeiten zu erhöhen, andererseits um neue Formen der Zusammenarbeit zu erproben. Seit 2018 sind die neuen Räumlichkeiten mit

Abb. 1 Das neue Firmengebäude verfügt über eine Photovoltaikfassade. (Foto: © Mader GmbH & Co. KG)

Leben gefüllt und das Gebäude bekommt von Anfang an große Aufmerksamkeit – insbesondere wegen der auffälligen, weithin sichtbaren Photovoltaikfassade (Abb. 1). Das zeigt sich auch mit der Auszeichnung als „Ort voller Energie" durch Umweltminister Franz Untersteller, der das nachhaltige Engagement des Unternehmens lobt: „Es ist beeindruckend, wie das Unternehmen die Energiewende vorlebt"[7]. Die Fassade an der Ost-, Süd- und Westseite des Bürogebäudes besteht aus 397 Solarmodulen, die mit einer 95 Kilowatt-Peak-Leistung etwa 60 % des Strombedarfs aus Sonnenergie selbst erzeugen. Aber auch im „Inneren" ist das Firmengebäude auf Nachhaltigkeit ausgerichtet worden. Nachwachsende Rohstoffe in Form von Pellets sorgen in der Logistikhalle zu jeder Jahreszeit für angenehme Temperaturen, helligkeitsgesteuerte LED-Beleuchtung sorgt dafür, dass nur dort Licht an ist, wo es gebraucht wird. Auf Nachhaltigkeit im weitesten Sinne sind auch die modernen, ergonomisch ausgestatteten Arbeitsplätze ausgerichtet – höhenverstellbare Tische und hochwertige Bürostühle tragen dazu bei, die Gesundheit der Mitarbeitenden zu erhalten. Die Beteiligung der Mitarbeitenden bei der Innenraumgestaltung und Arbeitsplatzausstattung hat sich ausgezahlt – eine Befragung Ende 2019 ergab eine hohe Zufriedenheit (4,1 von 5 Punkten) mit der Arbeitsplatzsituation.[8]

---

[7]Mader (2019a).
[8]Mader (2019b).

Abb. 2 Die Geschäftsführung der Mader GmbH & Co. KG (v.l.n.r.). Peter Maier, Stefanie Kästle, Marco Jähnig. (© Hagen Schmitt Photography/ Mader GmbH & Co. KG)

2017 haben wir mit der Berufung zweier Nachwuchskräfte in die Geschäftsführung eine weitere wichtige Weiche für die Zukunft gestellt. Dies so frühzeitig zu tun war wichtig, um den beiden die Gelegenheit zu geben, nach und nach in ihre neuen Aufgaben hineinzuwachsen. Die gemeinsame Übergangszeit wird für den aktiven Know-how-Transfer, Austausch und den Vertrauensaufbau innerhalb der Belegschaft genutzt. Seit Mitte 2019 besteht die Geschäftsführung aus Stefanie Kästle, Marco Jähnig und Peter Maier (Abb. 2). Werner Landhäußer ist weiterhin Gesellschafter des Unternehmens, jedoch nicht mehr operativ bei Mader tätig.

Als eine Investition in die nachhaltige Zukunftssicherung und -gestaltung des Unternehmens sehen wir auch die Schaffung der beiden Stabsstellen Innovationsmanagement und Change Management. Beide Positionen tragen dazu bei, die digitale Transformation des Unternehmens voranzubringen. Innovationsmanagement auf der Ebene der Kreation, Prüfung und Umsetzung von Ideen sowie der Nutzung neuer Technologien; Change Management auf einer kulturellen (Umgang mit neuen Herausforderungen) und operativen (neue Arbeitsweisen) Ebene.

Wir sind überzeugt, dass wir durch alle beschriebenen Maßnahmen den Weg dafür ebnen, Arbeit neu zu denken und zu gestalten. Wir wollen Rahmenbedingungen schaffen, die Arbeit mit hohen Entscheidungs- und Freiheitsgraden, mit Spaß und einer klaren gemeinsamen Vision ermöglicht.

„Die meisten Leute nervt Arbeit, aber das muss nicht so sein"[9]. Da hat Laszlo Bock recht.

2.2　Nachhaltigkeit durch Digitalisierung der Druckluftkette

2.2.1 Ausgangssituation und Marktbedarf

Druckluft ist in der Industrie ein vielgenutzter, aber sehr kostenintensiver Energieträger. Ein Kubikmeter Druckluft kostet 1,5–3 Cent. Die Besonderheit der Druckluft liegt in

---

[9]Peck (2015).

ENERGIE UND KOSTEN SPAREN
IN INDUSTRIE UND GEWERBE

Energieeffizienzpotenziale bei branchenübergreifenden Querschnitttechnologien in Prozent

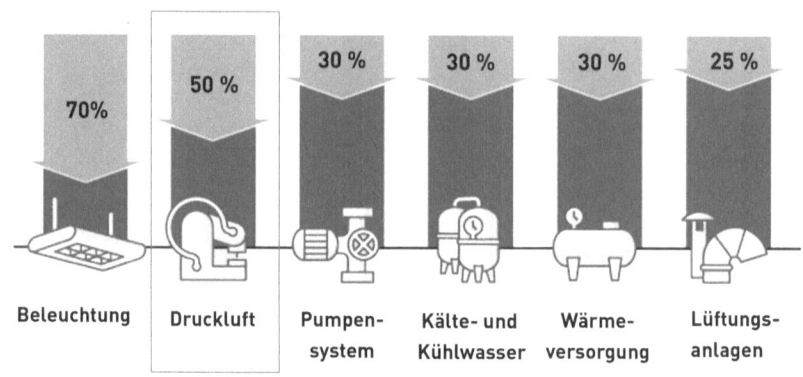

Quelle: Deutsche Energie-Agentur (dena)

Abb. 3 Einsparpotenziale bei branchenübergreifenden Querschnittstechnologien. (DENA)

der relativ problemlosen Erzeugung und der fast gefahrlosen Nutzung im Vergleich zu anderen Antriebssystemen, wie zum Beispiel von Hydrauliksystemen.

Für die Drucklufterzeugung werden in Deutschland rund 17 TWh Strom jährlich verbraucht, dies entspricht 7 % des industriellen Stromverbrauchs.[10] Das Einsparpotenzial liegt bei rund 50 % (Abb. 3).[11] Deutschland hat mit etwa 62.000 installierten Kompressoren deutlich mehr als andere europäischen Länder.[12]

Die Erhöhung der Energieeffizienz von Druckluftanlagen ist für Unternehmen nicht nur von ökologischem Belang, sondern auch wirtschaftlich interessant. Als Lösungsanbieter dieser energieintensiven Technik Druckluft, sieht sich Mader in einer besonderen gesellschaftlichen Verantwortung.

In der Zwischenzeit ist vielen Unternehmen bekannt, dass im Bereich Druckluft das Einsparpotenzial enorm ist. Dennoch scheuen sich noch viele Unternehmen vor Investitionen. Zwei der Investitionshemmnisse in energieeffiziente Lösungen sind:

- eine große Intransparenz der Energiekosten der Drucklufterzeugung und -nutzung (die Stromkosten „verschwinden" in den Gemeinkosten) und
- eine starke Verunsicherung über die Realisierbarkeit von hohen Einsparmöglichkeiten und der entsprechenden Beweisführung.

---

[10]dena (2015).

[11]dena (2015).

[12]Radgen und Blaustein (2001).

Die größte Herausforderung ist, das Wissen und vor allem die Transparenz zu erhöhen. Mit dem Bewusstsein werden zwangsläufig die enormen Einsparmöglichkeiten deutlich und die Bereitschaft steigt, diese auch zu realisieren.

2.2.2 Stand der Dinge

Unternehmen, die technologische und konzeptionelle Innovationen schaffen und sich die digitalen Prinzipien zu eigen machen, haben entscheidende Vorteile. Beispiel hierfür ist eine kundenorientierte Ausrichtung der Geschäftsprozesse zusammen mit einer bedarfs-optimierten Nutzung von Ressourcen sowie der Schaffung eines größeren Zeitbudgets.[13]

Individualisierte Dienstleistungen – Mader AirXpert[14]
Zur Erhaltung der Wettbewerbsfähigkeit bzw. Verbesserung der Marktposition ist es unabdingbar, seinen Kunden innovative, individualisierte Produkte und Dienstleistungen anzubieten. Aus diesem Grund hat Mader ein modular aufgebautes, individuelles Dienstleistungspaket entwickelt, um so allen Unternehmen den Einstieg in den Bereich energieeffiziente Druckluft zu ermöglichen. Das Dienstleistungspaket MADER AirXpert stellt eine qualifizierte Methode zur Analyse, Bewertung und energetischen Optimierung von Drucklufsystemen mit klaren, belastbaren Messergebnissen dar. Anfang 2018 wurde das Druckluft-Audit „Mader AirXpert" erstmals nach DIN EN ISO 11011: 2015 zerti-fiziert – als derzeit (Stand März 2020) einziges Unternehmen weltweit hat Mader den umfassenden Zertifizierungsprozess für seine Beratungsleistung bestanden. Mit der Zertifizierung bestätigt der TÜV Süd, dass Mader seine Druckluft-Audits nach norm-gerechter, weltweit standardisierter, transparenter Methodik durchführt. Darüber hinaus wurden im Rahmen der Zertifizierung die VDI-Richtlinie 3922 „Energieberatungen für Industrie und Gewerbe", die DIN EN 15900 „Energieeffizienz-Dienstleistungen" und die DIN EN 16247-1 „Energieaudits" berücksichtigt. Für Kunden des Unter-nehmens bedeutet die Zertifizierung einerseits, dass Mader herstellerunabhängig und ausschließlich an den Kundenanforderungen orientierte Empfehlungen ausspricht und zudem das gesamte Verfahren zur Erfassung und Bewertung der Energieeffizienz eines Drucklufsystems nach weltweit standardisierter, transparenter Methodik erfolgt. Der Gesamtansatz von Mader AirXpert ist an den Bedürfnissen und Rahmenbedingungen der Unternehmen sowie der praktischen und wirschaftlichen Umsetzung orientiert. Anders als bei bisherigen Angeboten wird mit AirXpert das gesamte Drucklufsystem betrachtet und optimiert, vom Drucklufterzeuger bis zum Verbraucher. Die Zusammen-fassung der Leistungen (Energieeffizienzanalyse, Leckage, Drucklufqualität) zu drei kundenindividuellen, modular aufgebauten Paketen erleichtert Unternehmen den Ein-stieg in das Thema Energieeffizienz, ohne zu verunsichern, und trägt so zur nachhaltigen Entwicklung von Unternehmen bei. Jedes Paket besteht aus drei Modulen, die beliebig

---

[13]BMWi (2016, S. 6).
[14]Mader (2020b).

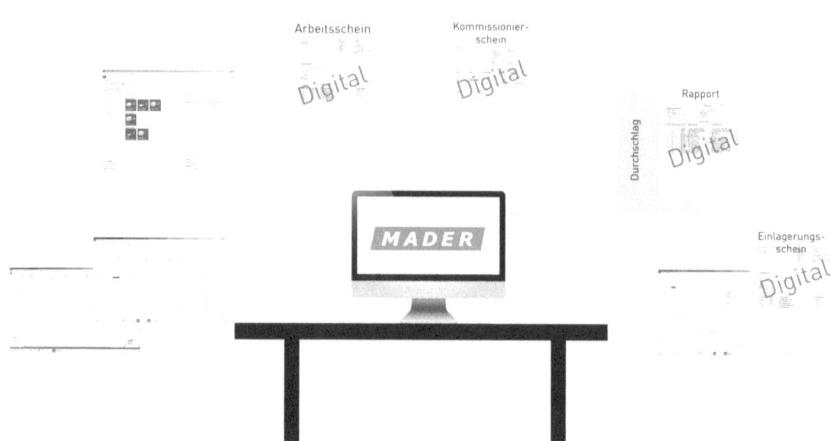

Abb. 4 Übersicht Digitaler Service Mader GmbH & Co. KG. (© Mader GmbH & Co. KG)

kombiniert werden können: Energieeffizienzanalyse, Leckagen und Druckluftqualität. Die Ergebnisse, Analysen und Empfehlungen aus den Modulen werden so aufbereitet, dass der Verantwortliche im Kundenunternehmen eine überzeugende Argumentationsgrundlage für die interne Durchsetzung von Effizienzmaßnahmen zur Verfügung hat.

Digitaler Service (Smart Service)

Dass Unternehmen mit einem höheren Digitalisierungsgrad produktiver sind, zeigt eine Auswertung des Fraunhofer-Instituts für Arbeitswirtschaft und Organisation im Rahmen einer Umfrage zum Thema Digitalisierung. Die Beweggründe für digitales Arbeiten liegen im schnellen Finden und Weitergeben von Dokumenten (91 %), einfachen Teilen von Informationen (86 %) sowie ort- und zeitunabhängigen Arbeiten (78 %).[15]

Aus diesem Grund hat Mader für den Servicebereich eine digitale Anwendung entwickelt. Der Serviceprozess läuft papierlos ab, das heißt die Dokumentation erfolgt komplett digital. Dadurch ist der Prozess effizienter und Kunden erhalten absolute Prozesssicherheit. Die Servicetechniker von Mader erhalten ihren Arbeitsauftrag nicht mehr auf Papier, sondern direkt digital auf ihr Tablet. Neben allen notwendigen Daten zum Kunden, zur Historie sowie zu Maschinen wird zu jedem Arbeitsauftrag ein konkreter Ablauf (Checkpoints) für jede Druckluftanlage hinterlegt. Der Auftrag kann erst abgeschlossen werden, wenn alle Checkpoints erledigt wurden. Komponenten, die für die Wartung oder Reparatur angefallen sind, werden ebenfalls direkt auf dem Tablet erfasst. Nach Abschluss des Auftrags werden sämtliche Daten direkt in das Enterprise-Resource-Planning(ERP)-System übertragen (Abb. 4).

---

[15]Fraunhofer (2016).

Digitale Anwendung für effizientes und effektives Leckagemanagement[16]

Das Einsparpotenzial im Bereich Druckluft-Leckagen liegt bei durchschnittlich 30 %. Dennoch werden Leckagen in Unternehmen oft nicht oder nicht zeitnah beseitigt und Energie verschwendet. Ein Grund hierfür ist die fehlende Dokumentation und damit verbunden die fehlende Transparenz über das Einsparpotenzial oder der zeitlichen Kapazitäten bei den Unternehmen. Um die Hemmnisse abzubauen und ein effizientes und effektives Leckagemanagement gewährleisten zu können, hat Mader eine digitale Lösung in diesem Bereich entwickelt. Zunächst werden die Leckagen über das komplette Druckluftnetz mithilfe eines Ultraschallmessgeräts geortet. Die Leckagen werden mit einem Quick-Response(QR)-Code gekennzeichnet. Die Dokumentation erfolgt digital per Smartphone. Zur einzelnen Leckage werden alle relevanten Daten erfasst: Die genaue Lokalisierung der Leckage mit wirtschaftlichen Daten, das heißt wie viel Luft entweicht aus welcher Leckage und damit auch die Höhe die Energiekosten, die durch die Leckagen verschwendet werden. Damit wird zum einen deutlich, welche Energie-einsparpotenziale an welcher Stelle durch die Beseitigung von Leckagen realisiert werden könnten. Zum anderen kann im Zeitverlauf analysiert werden, wo wieder-kehrend Leckagen auftreten und eine grundsätzliche Optimierung notwendig ist – zum Beispiel durch eine Veränderung des Prozesses und/oder Verwendung anderer Komponenten. So können Instandhaltungskosten langfristig reduziert und Produktions-ausfällen vorgebeugt werden. Für die effektive Beseitigung der Leckagen wird dem Kunden eine Leckage-App zur Verfügung gestellt. Mit der App kann der Kunde den QR-Code an den Leckagestellen abscannen. Auf der App erhält er danach alle wesent-lichen Daten zu dieser Leckage: ID-Nr., Bereich, Maschine, wirtschaftliche Daten wie Luftverlust und Energieverlust sowie die notwendigen Komponenten, die er zur Beseitigung der Leckagen benötigt. Nach der Beseitigung kann diese Leckage durch den Instandhalter mit einem Klick als repariert gekennzeichnet werden. Im Anschluss wird auf der App nochmals angezeigt, wie viel Energie das Unternehmen durch diese Beseitigung eingespart hat. Die Anzeige der erreichten Einsparung sorgt für zusätz-liche Motivation des Mitarbeiters. Durch die Zuordnung der jeweiligen Komponente zur einzelnen Leckage sowie die wirtschaftliche Bewertung der Leckagen kann die Beseitigung im Vorfeld optimal vorbereitet und systematisch und effektiv abgearbeitet werden. Im individuellen webbasierten Online-Kundenportal werden die Daten eben-falls in Echtzeit aktualisiert und sorgen für zusätzliche Transparenz. Der Controller oder Energiebeauftragte des Unternehmens sieht auf einen Blick, wie viele Leckagen in welchen Bereichen bereits repariert wurden und wie hoch die Einsparung hierdurch ist.

Mit der Ausgründung der LOOXR GmbH wird 2019 ein weiterer wichtiger Schritt realisiert, um die Digitalisierung der Druckluftkette voranzutreiben. Im neuen Unter-nehmen werden die bestehenden Softwarelösungen, wie die Leckage-App und das Portal vereint und unter „neutralem" Namen vermarktet. Während sich die LOOXR GmbH

---

[16]Mader (2020c).

rein auf die Weiter- und Neuentwicklung von Softwarelösungen zur Digitalisierung der Druckluftkette fokussiert, konzentriert sich Mader weiterhin auf seine Kernkompetenz „Druckluft und Pneumatik". Die Softwarelösungen der LOOXR GmbH werden in das Dienstleistungsportfolio von Mader integriert und für die Optimierung der internen Prozesse eingesetzt. Neben der Leckage-App und dem zugehörigen Onlineportal nutzt Mader die Software „LOOXR Druckluft 4.0". Mit der Lösung können unter anderem Druckluftsysteme von Kunden digital mit Mader verbunden werden, sodass eine schnelle Reaktion bei Störfällen als auch eine vorausschauende Wartung möglich ist. Gleichzeitig macht die Software neue Dienstleistungsangebote wie „Pay-per-Use" (Druckluft nach Verbrauch bezahlen) oder eine permanente (Fern-)Überwachung der Energieeffizienz des Druckluftsystems möglich.

Messtechnik

Die Aufzeichnung und Analyse von Daten ist für Unternehmen enorm wichtig, damit Einsparpotenziale und Veränderungen frühzeitig erkannt und entsprechende Maßnahmen abgeleitet werden können. Um Anreize zu schaffen und die Investitionsbereitschaft in Messtechnik zu erhöhen, hat die Bundesregierung im März 2015 (erstmals Juli 2013) die Richtlinie zur Förderung von Energiemanagementsystemen beschlossen. Zwischenzeitlich ist das Programm in die „Bundesförderung für Energieeffizienz in der Wirtschaft" integriert.[17]

Das Förderprogramm Modul 3 – MSR, Sensorik und Energiemanagement-Software fördert unter anderem den Erwerb, die Installation und Inbetriebnahme von „Sensoren sowie Analog-Digital-Wandlern zur Erfassung von Energieströmen sowie sonstiger für den Energieverbrauch relevanter Größen zwecks der Einbindung in das Energie- oder Umweltmanagementsystem".[18] Auch für den Druckluftprozess gibt es bereits heute diverse Messmöglichkeiten. Es ist problemlos möglich, die Stromaufnahme zu messen. Auch Volumenstrom, Druck, Taupunkt, Restöl sowie Restpartikel in der Druckluft lassen sich mit entsprechenden Messgeräten ermitteln. Allerdings ist der Einbau solcher Messpunkte so kostenintensiv, dass nur wenige Unternehmen bereit sind, diese Investitionen zu tätigen. Um diese Investitionshürde für Unternehmen zu senken, entwickelte Mader einen „Messkoffer", den das Unternehmen Ende 2019 auf den Markt brachte. Der Messkoffer hat den Vorteil, dass er flexibel an verschiedenen Messpunkten eingesetzt werden kann – der Anschluss erfolgt per Standardkupplung, ein Eingriff oder das Abschalten des Druckluftsystems ist nicht notwendig. So können verschiedene Druckluftparameter schnell und unkompliziert ermittelt werden. Im Messkoffer sind alle notwendigen Messsensoren für Druckluft enthalten: Volumenstromsensor zur Druckluftverbrauchsmessung, Drucktaupunktsensor, Drucksensor, Temperatursensor und ein Bildschirmschreiber. Der integrierte „CloudPlug" ermöglicht die Live-Übertragung der Messdaten an das

---

[17]BAFA (2020a).
[18]BAFA (2020b).

„LOOXR Online-Portal". Dank Display können sämtliche Daten auch direkt am Messkoffer abgelesen werden. Der Koffer kann entweder vollständig erworben oder gemietet werden. Alternativ übernimmt Mader im Rahmen des Pakets „Full Service" zum Beispiel die gesamte Erfassung und Dokumentation für das Energieaudit DIN EN 16247-1.[19]

Das zuvor bereits erwähnte Förderprogramm des Bundesamts für Wirtschaft und Ausfuhrkontrolle fördert mit „Modul 3 - MSR, Sensorik und Energiemanagement" auch den Erwerb, die Installation und Inbetriebnahme von „Softwarelösungen zur Unterstützung eines Energiemanagementsystems oder Umweltmanagementsystems (Energiemanagement-Software)"[20]

3 Ausblick

Unserer Vision, wie wir sie in Abschn. 1 bildhaft beschrieben haben, sind wir bereits ein gutes Stück näher gekommen. Mit LOOXR haben wir ein Unternehmen gegründet, das sich auf die Entwicklung von Software fokussiert, die Druckluft „smart" macht.[21] „Smart" bezieht sich dabei einerseits auf den Aspekt der Versorgungssicherheit und andererseits auf die energetische Optimierung des gesamten Druckluftprozesses. Dazu zählt im ersten Schritt insbesondere die transparente Darstellung des tatsächlichen Energiebedarfs im Druckluftprozess. Diese Transparenz betrachten wir als wesentlichen Meilenstein – ohne Transparenz über die ökonomische und ökologische Bilanz von Druckluft gibt es keine Dringlichkeit zum Handeln in Unternehmen. Mit der Leckage-App und dem zugehörigen Portal haben wir einen entscheidenden Schritt in diese Richtung getan. Mit „LOOXR Druckluft 4.0" sind wir in der Lage den gesamten Druckluftprozess zu überwachen (Condition Monitoring), zu analysieren (Druckluft Analytics) und Stillstände zu vermeiden (Predictive Maintenance).[22] Dank dieser Transparenz ist es zudem erstmals möglich, Druckluft nach Verbrauch zu bezahlen (Pay-per-Use) – basierend auf den tatsächlichen Verbräuchen und nicht auf Hochrechnungen. Trotz dieser Erfolge der letzten Jahre sehen wir uns noch lange nicht am Ende unserer Vision. Natürlich spielt hier die Technologie eine entscheidende Rolle, beispielsweise die Weiterentwicklung von Sensorik und der Einsatz Künstlicher Intelligenz zum Beispiel zur Realisierung von selbststeuernden Druckluftprozessen. Gleichzeitig rückt der Faktor Mensch in den Fokus: Bei Mader arbeiten wir permanent daran, Dienstleistungen zu entwickeln, die die technischen Innovationen zu einem echten Mehrwert für jeden einzelnen Kunden machen. Das wird neue Herangehensweisen erfordern, die den Kunden und seine Bedürfnisse noch stärker in den Fokus rücken als es heute bereits der Fall ist.

---

[19]Mader (2019c).

[20]BAFA (2020b).

[21]LOOXR (2020).

[22]LOOXR (2020).

Es erfordert auch eine engere, bereichsübergreifende Arbeitsweise in kürzeren Zyklen, eine stetige Reflektion der eigenen Arbeit und der Zusammenarbeit im Team, den Mut Neues auszuprobieren sowie ein neues Verständnis von Führung. Diese Herausforderungen meistert keine Software, kein Sensor, keine Maschine.

Literatur

Bundesamt für Außenwirtschaft und Ausfuhrkontrolle (BAFA) (2020a). Energieeffizienz: Bundesförderung für Energieeffizienz in der Wirtschaft – Zuschuss. Novellierung 2020. https://www. bafa.de/DE/Energie/Energieeffizienz/Energieeffizienz_und_Prozesswaerme/energieeffizienz_ und_prozesswaerme_node.html. Zugegriffen: 18. März 2020

Bundesamt für Außenwirtschaft und Ausfuhrkontrolle (BAFA) (2020b). Energieeffizienz: Bundesförderung für Energieeffizienz in der Wirtschaft – Zuschuss. Modul 3: MSR, Sensorik und Energiemanagement-Software. https://www.bafa.de/DE/Energie/Energieeffizienz/Energieeffizienz_und_Prozesswaerme/Modul3_Energiemanagementsysteme/modul3_energiemanagementsysteme_node.html. Zugegriffen: 18. März 2020.

Bundesministerium für Wirtschaft und Energie (BMWi) (2016) Digitale Strategie 2025. https://www.bmwi.de/Redaktion/DE/Publikationen/Digitale-Welt/digitale-strategie-2025.pdf?__blob=publicationFile&v=18. Zugegriffen: 2. Apr. 2020

Deloitte (2013) Digitalisierung im Mittelstand. http://www2.deloitte.com/content/dam/Deloitte/de/Documents/Mittelstand/Digitalisierung-im-Mittelstand.pdf. Zugegriffen: 2. Apr. 2020

Deutsche Energie-Agentur (dena) (2015) Energieeffizienz in kleinen und mittleren Unternehmen. Energiekosten senken. Wettbewerbsvorteile sichern. https://www.dena.de/fileadmin/dena/Dokumente/Pdf/1419_Broschuere_Energieeffizienz-in-KMU_2015.pdf. Zugegriffen: 17. Apr. 2020

Fraunhofer IAO (2016). Pressemitteilung vom 1.3.2016. Online-Befragung ergibt: Unternehmen mit zukunftsorientierter IuK-Technik sind am produktivsten. http://www.iao.fraunhofer.de/lang-de/ueber-uns/presse-und-medien/1698-digitales-arbeiten-macht-produktiver.html. Zugegriffen: 17. Apr. 2020

LOOXR (2020). https://www.looxr.de/. Zugegriffen: 31. März 2020

Mader (2019a). Pressemitteilung vom Dezember 2019: Umweltminister Franz Untersteller zeichnet Mader als „Ort voller Energie" aus. https://www.mader.eu/aktuell/2019/umweltminister-franz-untersteller-zeichnet-mader-als-ort-voller-energie-aus. Zugegriffen: 2. Apr. 2020

Mader (2019b). Interne Befragungsergebnisse zur Befragung „Wie arbeiten wir heute? Wie arbeiten wir morgen?" http://intranet1/news/aktuell/20200114101308.shtml. Zugegriffen: 2. Apr. 2020. [Quelle aus dem Intranet. Nicht öffentlich zugänglich.]

Mader (2019c). Newsmeldung vom 14.11.2019. Messkoffer für das Energieaudit nach DIN EN 16247-1. www.mader.eu/aktuell/2019/messkoffer-fuer-das-energie-audit-nach-din-en-16247-10. Zugegriffen: 18. März 2020

Mader (2020a). Wärmerückgewinnungssysteme. https://www.mader.eu/drucklufttechnik/waermerueckgewinnung/waermerueckgewinnungssysteme. Zugegriffen: 17. Apr. 2020

Mader (2020b). MADER AirXpert. https://www.mader.eu/mader-airxpert. Zugegriffen: 2. Apr. 2020

Mader (2020c). Leckagemanagement – Von der Leckageortung bis zur -beseitigung. https://www.mader.eu/loesungen/maximale-energieeffizienz-erreichen/leckageortung. Zugegriffen: 17. Apr. 2020

Peck E (2015). Das ist das Geheimnis, warum Google glücklichere Mitarbeiter hat. Huffington Post, 28. April 2016

Radgen P, Blaustein E (Hrsg) (2001) Compressed air systemes in the european union – energy, emissions, savings potential and policy actions. Stuttgart, LOG_X Verlag GmbH

Stefanie Kästle
(Fotocredit: Hagen Schmitt
Photography / Mader
GmbH & Co. KG)

Stefanie Kästle, Jahrgang 1982, ist Geschäftsführerin der Mader GmbH & Co. KG. Sie ist für die kaufmännischen Bereiche bei Mader zuständig. Die Wirtschaftsjuristin war zuvor für das Qualitäts-, Umwelt-, und Energiemanagement im Unternehmen verantwortlich und leitete den Bereich Energieeffizienzmanagement. Ihre Themen sind unter anderem nachhaltige, werteorientierte Unternehmensführung und die Sensibilisierung von Kunden und Belegschaft für die effiziente Nutzung von Energie.

Werner Landhäußer
(Fotocredit: Hagen Schmitt
Photography / Mader
GmbH & Co. KG)

Werner Landhäußer, geboren 1957 in Karlsruhe, ist Gesellschafter der Mader GmbH & Co. KG mit Sitz in Leinfelden-Echterdingen und Co-Founder des Spin-offs LOOXR. Mader ist derzeit der einzige Anbieter, der nachhaltige Gesamtkonzepte für eine energieeffiziente Drucklufterzeugung und -nutzung anbietet. Die strategische Entwicklung von Mader hin zu einem sozial, ökologisch und ökonomisch erfolgreichen Unternehmen steuerte er mehr als 15 Jahre lang gemeinsam mit Peter Maier, geschäftsführender Gesellschafter bei Mader. 2018 gründeten beide das Start-up LOOXR, ein Spin-off der Mader GmbH & Co. KG – mit dem Ziel, den gesamten Druckluftprozess zu digitalisieren. Mitte 2020 übergab er in beiden Unternehmen die operative Führung an eine jüngere Generation. Mit seiner Vision einer nachhaltigen, werteorientierten Unternehmensführung hat er beide Unternehmen entscheidend beeinflusst und mitgestaltet. Als Gesellschafter von Mader und LOOXR und Experte für nachhaltige Unternehmensführung will er seine Vision weiterverfolgen. Werner Landhäußer ist verheiratet und Vater von drei Kindern. Im Jahr 2015 gab er in der CSR-Reihe im Verlag Springer Gabler das Buch CSR und Energiewirtschaft (mit Alexandra Hildebrandt) heraus. Weiterführende Informationen: www.mader.eu.

Energieeffizienz und Digitalisierung: Der Schlüssel zur erfolgreichen Erzeugung und Nutzung von Druckluft

Marina Griesinger und Alexandra Hildebrandt

Welche Bedeutung haben für Sie Innovationen?

Innovationen sind für uns ein zentrales Element unserer Unternehmenskultur und sehr entscheidend für unseren Erfolg. Wir arbeiten daher kontinuierlich an der Entwicklung unserer Produkte und Dienstleistungen, um unseren Kunden stets die energieeffizienteste Lösung und beste Qualität anbieten zu können. Um Innovationen unabhängig vom operativen Tagesgeschäft vorantreiben zu können, wurde 2016 die Abteilung „Innovationsmanagement" gegründet.

Wie wird bei Ihnen die Neuaufnahme von Produkten gelenkt?

Sie wird so gesteuert, dass Umwelt- und Energieaspekte sowie Auswirkungen in angemessener Weise berücksichtigt werden. Dazu gehört insbesondere ein energieeffizientes Design, das heißt Produkte, die in der Anwendung einen geringeren Energieverbrauch haben. Des Weiteren haben wir spezielle Produkte für den Bereich Arbeitssicherheit (zum Beispiel Sicherheitsentlüftungskupplungen etc.) im Produktportfolio. Durch eine optimale Auslegung der Komponenten bei Kunden wird auch das Thema Ressourceneffizienz (zum Beispiel kleinerer Durchmesser oder Ähnliches) betrachtet. Bei unseren Produkten achten wir außerdem auf hochwertige Qualität und Langlebigkeit.

M. Griesinger (✉)
Leiterin Energieeffizienzmanagement, Mader GmbH & Co. KG,
Leinfelden-Echterdingen, Deutschland
E-Mail: Marina.Griesinger@Mader.eu

A. Hildebrandt
Burgthann, Deutschland
E-Mail: drhildebrandt.alexandra590@gmail.com

Sie fördern Innovationen für Produkte und Dienstleistungen, welche die Nachhaltigkeit steigern. Was ist Ihr Ziel?

Ziel ist die maximale Versorgungssicherheit und (Energie-)Effizienz für unsere Kunden zu erreichen – dazu betrachten wir den gesamten Druckluftprozess.

Weshalb ist die Versorgungssicherheit eine wesentliche Kundenanforderung im Bereich Druckluft?

Fällt eine Druckluftanlage aus, sind keine oder nicht genügend Redundanzen eingeplant, hat das Maschinen- und Produktionsstillstände zur Folge. Um vorzusorgen, sollte eine regelmäßige, professionelle Wartung der Anlagen durchgeführt werden. Im „Ernstfall" ist unser 24 h-Notdienst jederzeit erreichbar, wir stellen Mietanlagen zur Verfügung, organisieren Original-Ersatzteile für alle Fabrikate und reparieren defekte Anlagen.

Ein Wartungsvertrag sichert langfristig die Verfügbarkeit der Druckluftanlage. 2018 haben wir unser Angebot überarbeitet und die Service-Pakete Start, Plus und Pro entwickelt. Alle Pakete enthalten eine Erinnerung an die Serviceintervalle, eine Garantieverlängerung, fixe Wartungspauschalen, einen vergünstigten Stundensatz für Reparaturen und die Fahrtpauschale auch im Reparaturfall.

Im Service Plus und Pro Paket sind zusätzlich die Wartungsteile, Reinigung und Entsorgung, der 24 h-Notdienst ohne Bereitschaftspauschale, eine Energieeffizienzanalyse, die Taupunktmessung am Trockner sowie Software-Updates enthalten. Die Pro-Variante schließt zusätzlich alle Ersatzteile, Reparaturen und das Fernmonitoring ein.

Welche Chancen birgt die Digitalisierung der Industrie für den Bereich Druckluft? Was bedeutet das konkret für Mader?

Bereits 2015 wurde mit der Entwicklung der Leckage-App bei uns begonnen und in den darauffolgenden Jahren etabliert. Ende 2016 begann ein Team bei Mader, Lösungen zu entwickeln, um den gesamten analogen Druckluftprozess zu digitalisieren. Um die digitalen Lösungen auch anderen Drucklufttechnik-Händlern zur Verfügung zu stellen und um Kunden eine herstellerneutrale Lösung bieten zu können, haben wir uns dazu entschlossen, ein eigenes Unternehmen für die Softwarelösungen zu gründen. So wurde 2018 die LOOXR GmbH gegründet.

Welche nachhaltigen Verbindungen schafft das Spin-off von Mader?

Es verbindet Druckluft und Industrie 4.0. Ziel ist es, durch Sensorik und eine herstellerunabhängige Softwarelösung, die größtmögliche Transparenz und somit Versorgungssicherheit und Energieeffizienz im gesamten Druckluftsystem zu erreichen.

Welche konkreten Vorteile sind der LOOXR-Software verbunden?

Mithilfe von Sensorik und der Software werden belastbare und gemessene Daten über die gesamte Druckluftkette generiert. Dadurch kann der gesamte Druckluftprozess überwacht und wenn notwendig proaktiv eingegriffen werden. Mögliche Ausfälle werden so vor Eintreffen erkannt und verhindert. Über IoT-Gateways werden die gesammelten

Daten in eine Datenbank übertragen und diese schließlich für den Nutzer individuell in einem Dashboard zusammengefasst und visualisiert. Die gesammelten Daten der Cloud können mittels Analytics-Tools ausgewertet werden mit der Chance, neue Erkenntnisse für die energieeffiziente Erzeugung und Nutzung von Druckluft zu gewinnen. Es können Aussagen und Prognosen über Wartungsintervalle, Bedarfsspitzen sowie Energieverluste und vieles mehr getroffen werden.

Weshalb sind die Ergebnisse einer Energieeffizienzanalyse, Leckageortung oder eines umfassenden Druckluft-Audits nach DIN EN ISO 11011 die Basis für die energetische Optimierung eines Druckluftsystems?
Mithilfe eines Druckluft-Audits nach DIN EN ISO 11011 bewerten wir die Energieeffizienz des gesamten Druckluftsystems von der Erzeugung bis zur Anwendung. Mit den Ergebnissen der verschiedenen Messungen, zum Beispiel der Stromaufnahme der Kompressoren, Volumenstrom, Druck und Drucktaupunkt, erstellen wir einen herstellerunabhängigen, ganzheitlichen Maßnahmenplan, der die Grundlage für ein maßgeschneidertes Druckluftkonzept ist.

Warum sind Leckagen ein zentrales Problem in Druckluftsystemen?
An diesen Stellen verpufft nicht nur jede Menge kostbare Druckluftenergie, auch die Umwelt wird durch den unnötigen CO_2-Ausstoß erheblich belastet. Dabei können durch die Beseitigung von Druckluft-Leckagen bis zu 30 % Energie eingespart werden. Wir zeigen diese Optimierungsmöglichkeiten bei der Druckluftnutzung auf, indem wir Leckagen im Druckluftsystem aufdecken und wirtschaftlich bewerten. Unsere Angebote im Bereich Leckagemanagement umfassen die Ortung und Beseitigung von Druckluft-Leckagen sowie die Bereitstellung der dafür benötigten Reparaturkomponenten mit eindeutiger Zuordnung zur Leckagestelle.

Zur effizienten Erfassung und Auswertung der Leckagen haben Sie die Leckage-App entwickelt. Wie funktioniert sie?
Druckluft-Leckagen werden papierlos und schnell per Smartphone über die App erfasst und in Echtzeit dokumentiert, wirtschaftlich und ökologisch bewertet sowie entsprechend priorisiert. Sowohl bei der Erfassung der Leckagen als auch nach deren Beseitigung sind der Druckluftverlust bzw. die Einsparung in kWh, CO_2-Emissionen und Euro über das kundenspezifische Leckage-Onlineportal jederzeit einsehbar. Seit 2018 ist die Leckage-App auch auf Englisch verfügbar und kann sowohl im App Store als auch im Google Playstore heruntergeladen werden. Durch die Transparenz und die wirtschaftliche Bewertung jeder einzelnen Leckage sensibilisieren wir die Unternehmen, das Potenzial schnellstmöglich zu realisieren. Zusätzlich können Unternehmen die Leckagedokumentation für Zertifizierungen nach zum Beispiel DIN 16247-1 oder 50001 nutzen.

Das Interview führte Dr. Alexandra Hildebrandt.

Marina Griesinger, geboren 1990, ist zuständig für den Bereich Energieeffizienzmanagement bei der Mader GmbH & Co. KG. Nach ihrer Ausbildung zur Groß- und Außenhandelskauffrau bei Mader studierte sie Betriebswirtschaftslehre an der Dualen Hochschule Baden-Württemberg. Seit Oktober 2017 ist sie für den Bereich Energieeffizienzmanagement verantwortlich. Dazu gehören die Dienstleistungen Leckageortung/-beseitigung, Druckluftqualitätsmessung und das Druckluft-Audit nach DIN EN ISO 11011. Griesinger hat sich zum Ziel gesetzt, Kunden für das Thema Energieeffizienz zu sensibilisieren und den Druckluftverbrauch nachhaltig zu senken.

Martina Griesinger
(Fotocredit: Hagen Schmitt
Photography/Mader GmbH
& Co. KG)

Digitalisierung, Energieeffizienz und Corporate Social Responsibility

Die Axel Springer SE: eine Fallstudie

Kai-Uwe Hellmann, Florian Nehm und Oliver Grimm

1 Die digitale Transformation der Axel Springer SE

Vor 20 Jahren veröffentlichte Don Tapscott „The Digital Economy", einen ausgesprochen weitsichtigen Trendreport, bedenkt man den aktuellen Stand der Diskussion um Industrie 4.0 und das Internet der Dinge. Dabei wendete sich Tapscott (1996, S. 257 ff.) nach Überlegungen, die die Folgen der digitalen Revolution für die Wirtschaft im Allgemeinen zum Gegenstand hatten, zwei Branchen zu: der Reise- und vor allem der Medienbranche, für die die These der Konvergenz von Technologie-, Kommunikations- und Sinnproduktion inzwischen wohl als bestätigt gelten darf (Jenkins 2006).

Exemplarisch für diese Konvergenzthese, die nicht selten mit einer fundamentalen Konversion (Disruption) des Geschäftsmodells einhergeht, kann in Deutschland auf die Axel Springer SE verwiesen werden, die sich seit Jahren konsequent von einem reinen Printverlag in ein immer stärker digital ausgerichtetes Verlagshaus umwandelt. Sehr klar ist dies im Geschäftsbericht 2015 dokumentiert, in dem der Konzern wiederholt herausstellt, dass für ihn die „Strategie der digitalen Transformation im Vordergrund" stehe, und dass er unbeirrbar das Ziel verfolge, der führende digitale Verlag zu werden. „Die höchste strategische Priorität liegt für Axel Springer in der konsequenten Digitalisierung

K.-U. Hellmann (✉)
Institut für Soziologie, TU Berlin, Berlin, Deutschland
E-Mail: kai-uwe.hellmann@gmx.d

F. Nehm
Axel Springer SE, Berlin, Deutschland
E-Mail: florian.nehm@axelspringer.de

O. Grimm
Konzernrechnungswesen, Axel Springer SE, Berlin, Deutschland
E-Mail: oliver.grimm@axelspringer.de

© Springer-Verlag GmbH Deutschland, ein Teil von Springer Nature 2021   561
A. Hildebrandt und W. Landhäußer (Hrsg.), *CSR und Digitalisierung,* Management-Reihe Corporate Social Responsibility, https://doi.org/10.1007/978-3-662-61836-3_39

des Unternehmens. Durch die Weiterentwicklung unseres digitalen Angebots im In- und Ausland und durch gezielte Akquisitionen verfolgen wir das Ziel, der führende digitale Verlag zu werden" (Axel Springer 2015, S. 59).

Diese Zielsetzung drückt sich auch sehr deutlich in den Zahlen aus. So tragen die digitalen Medien zu den Gesamterlösen des Konzerns von 3294,90 Mio. EUR im Jahre 2015 mittlerweile knapp 62 % bei, bezüglich des Ergebnisses vor Zinsen, Steuern und Abschreibungen (EBITDA) beträgt dieser Anteil knapp 70 % und bei den Werbeerlösen liegt dieser sogar bei etwas mehr als 80 % (Axel Springer 2016, S. 9).

2 Digitalisierung, Energieeffizienz und Corporate Social Responsibility

Nun beruht die digitale Revolution im Sinne Tapscotts massiv auf dem Einsatz digitaler Technologien, also von Rechner- und Vernetzungskapazitäten, die – ob in Eigenregie geführt oder angemietet – einen stetig größer werdenden Energieverbrauch aufweisen (Fettweis und Zimmermann 2008; Berl et al. 2010). Angesichts dessen ist die Frage der Energieeffizienz längst virulent geworden, nicht zuletzt durch die 2012 in Kraft getretene EU-Energieeffizienz-Direktive (EED) motiviert, die große Unternehmen zur Durchführung regelmäßiger Energieaudits verpflichtet.[1] Hiervon ist somit auch die Axel Springer SE direkt betroffen, gerade wenn sie die Absicht verfolgt, zum führenden digitalen Verlag zu werden.

Hinzu kommt, dass die Anforderung fortlaufend optimierter Energieeffizienz auch unter dem Gesichtspunkt der sozialen Verantwortung der Unternehmen (CSR) ohne Zweifel von Belang ist (Schmidt et al. 2009; Wetzel 2020).[2] Will man den ökologischen Fußabdruck möglichst gering halten, empfiehlt sich insbesondere beim Energiebedarf eine forcierte Verringerung des notwendigen Einsatzes, vor allem jedoch eine fortlaufend betriebene Effizienzverbesserung, je nach Stand der Technik (Dürr 2016; Untersteller 2016). Hierzu muss freilich erst einmal ermittelt werden, wie hoch der tatsächliche Energieverbrauch im gesamten Unternehmensnetzwerk bestellt ist und bei welchem Unternehmenspart er durch was anfällt, um anschließend entscheiden zu können, an welchen Punkten der Wertschöpfungskette sich eine Effizienzverbesserung in welchem Umfang überhaupt planen und erreichen lässt.

---

[1]Vgl. hierzu auch den Aktionsplan „Natürlich-Digital.Nachhaltig" des Bundesministeriums für Bildung und Forschung (https://www.bmbf.de/de/digitalisierung-und-nachhaltigkeit-10466.html).

[2]Vgl. hierzu auch das Projekt „GreenIT Cockpit. Organisationsweites, geschäftsprozessorientiertes Management-Cockpit für die Energieeffizienz von IKT", das in Kooperation mit der TU Berlin durchgeführt wurde (http://nachhaltigkeit.axelspringer.de/de/oekologie/green-it.html). Wie überhaupt die Digitalisierung von Unternehmen für die Nachhaltigkeitsdebatte an Relevanz gewonnen hat (Griese et al. 2019; Jacob 2019; Wellbrock und Ludin 2019).

Die Axel Springer SE ist mit dieser Aufgabenstellung, durch das Referat Nachhaltigkeit und EU-Affairs initiiert und vorangetrieben, seit 2013 befasst. Im Folgenden wird kurz dargestellt, welche Vorkommnisse und Arbeitsschritte zu dem aktuell praktizierten Pilotmodell einer konzernweit angelegten Energiebedarfsermittlung geführt haben. Das Ganze ist im Stil eines Werkstattberichts gehalten.[3]

Vordergründig geht es somit um die Rekonstruktion der Entwicklung und Umsetzung eines konzernweit angelegten Energieverbrauchsermittlungsverfahrens, dem ersten seiner Art innerhalb der Axel Springer SE. Darüber hinaus sollen aber auch Einblicke gegeben werden in gewisse unternehmensinterne Kooperations- und Lernprozesse, die währenddessen aufgetreten sind und womöglich lehrreich sind, sofern andere Großunternehmen sich mit ähnlichen Vorhaben tragen. Organisationssoziologische Implikationen beschließen diesen Beitrag daher.

3 Wie wird Zeitungspapier geerntet? Zur Vorgeschichte

Ausgangspunkt für diese Initiative war eine Diskussion, die 2010 unter dem Titel „Innovation durch Konflikt" stattfand und vom Leiter der Greenpeace-Deutschland-Kampagne „Wald und Meere" mit dem Nachhaltigkeitsbeauftragten der Axel Springer SE geführt wurde.[4] Angelpunkt der damaligen Diskussion war die seinerzeit in der Verlegerwelt fast schon als impertinent empfundene Frage nach einer hinreichend transparenten Darstellung der Waldstandorte, die das Holz für die in Zeitungen und Zeitschriften verarbeitete Frischfaser lieferten.

Als etwa Herbert Woodtli vor 20 Jahren die Leitung des zentralen Beschaffungswesens beim Axel-Springer-Konzern übernahm, galt Nachhaltigkeit vielen noch als ein eher skurriles Gebiet. So zeigte ihm sein Vorgänger bei der Übergabe der neuen Aufgabe eine Reihe von Charts mit Einzelheiten der Papierbeschaffung. Darunter war auch ein Chart zu Fragen der Waldökologie und zu umweltschonenden Verfahren der Zellstoff- und Papierherstellung. Woodtlis Vorgänger waren diese Themen jedoch nicht ganz geheuer, weshalb er dieses kleine Umweltchart mit einer entschuldigenden Bemerkung rasch überblätterte und zum nächsten Thema überging.

Der Vortragende war bereits ein paar Charts weiter, als der neue Einkaufschef resolut darum bat, doch noch einmal jenes mit den Umweltpunkten auf den Projektor zu legen.

---

[3]Siehe bezüglich des Status „Werkstattbericht" auch den Nachhaltigkeitsbericht der Axel Springer SE von 2017, insbesondere die Seiten 153–163 (http://nachhaltigkeit.axelspringer.de/fileadmin/media/NB_2017/PDFs/AS_SE_NHB_Print_2017_deutsch.pdf).

[4]Die damalige Diskussion ist auf der Nachhaltigkeitswebsite der Axel Springer SE dokumentiert (http://nachhaltigkeit.axelspringer.de/fileadmin/media/nb/grundsaetze/stakeholder_management/greenpeace/Innovation_durch_Konflikt_DE.pdf). Dessen spätere Fortsetzung an der Technischen Universität Berlin wurde als Onlinevideo festgehalten.

Es entstand ein Moment verlegenen Schweigens: Denn damals hatte die ökologische Befragung von Papierlieferanten einen gewissen Beigeschmack unbotmäßiger Majestätsbeleidigung. Fragen nach Fabrikabwässern und Holzherkunft wurden bis dahin nämlich ausschließlich von „respektlosen Umweltorganisationen" gestellt, nicht aber von seriösen Papiereinkäufern (siehe Cashore et al. 2006).

Genau diese Haltung änderte sich von Stund an. Denn ab diesem Zeitpunkt sprach Woodtli bei Treffen mit Papierherstellern nicht mehr nur über Qualität, Lieferfristen und Preise, sondern ihn interessierten ebenso Abwasserwerte, die Verwendung von Chlor bei der Zellstoffbleiche, die Folgen des Holzeinschlags, die Regeneration der Wälder in verschiedenen Klimaregionen sowie die durch einseitige Forstwirtschaft bedrohten Tierarten.

Diese Vorgehensweise glich einer kulturellen Revolution. Der neue Einkaufschef traf sich mit Vertretern verschiedener Umweltorganisationen. Er bildete sich einen persönlichen Eindruck von der Forstwirtschaft an der finnisch-russischen Grenze, reiste an den schwedischen Polarkreis, setzte sich bei $-15\,^\circ$C in ein verrauchtes Samenzelt und hörte sich Klagen von Rentierhaltern über die Forstmethoden eines Papierlieferanten an. Das waren starke Botschaften – sowohl für die eigenen Mitarbeiter als auch für das Management der Papierhersteller. Als Ökobilanzierung ein weithin noch unbekannter Begriff war, unterstützte Woodtli schon ein erstes gewagtes Pilotprojekt zur Untersuchung des ökologischen Fußabdrucks eines BILD- und eines HÖRZU-Exemplars. Worauf der dazu eingeladene Papierhersteller höchst skeptisch reagierte, denn Life-Cycle-Assessments (LCA) für Druckpapier waren für ihn Neuland und bargen nicht unerhebliche Kommunikationsrisiken.

Alsbald aber setzte sich diese stärker ökologisch orientierte Form des Papiereinkaufs durch. Gleichwohl folgten noch viele mühsame Diskussionen und komplexe Datensammlungen in Kanada, Schweden und Deutschland, an denen sich die Einkaufsleitung persönlich beteiligte. Die Projektarbeit zog sich damals über zwei Jahre hin – beträchtliche Mühen, die am Ende freilich durch großes Interesse der Fachwelt belohnt wurden. Immerhin enthielt dieses von Axel Springer erstmals betriebene LCA die erste CO_2-Bilanz für Zeitungen! Dies war 1998 so außergewöhnlich, dass die Projektpartner sogar eingeladen wurden, ihre Erkenntnisse bei der vierten Sitzung der Kyoto-Klimakonferenz in Buenos Aires (COP 4) vorzustellen.

Übrigens wäre auch das sogenannte Opti-Projekt ohne die Unterstützung durch Herbert Woodtli nicht zustande gekommen. Dabei ging es um die Kooperation mit 8900 norwegischen Waldbesitzerfamilien, die Holz an den Papierhersteller Norske Skog lieferten. Selbst die Umweltorganisation World Wide Fund For Nature (WWF) beteiligte sich an diesem Experiment zur Verknüpfung eines Druckprodukts mit dem Wald, aus dem das Holz für die Papierherstellung stammte.

Auf Grundlage der solcherart gewonnenen Erfahrungen folgte später das Projekt „Tracing Russian Wood Imports" mit dem Papierunternehmen UPM und der Umweltorganisation Greenpeace sowie das Projekt „Korruptionsfreies Holz" in Zusammenarbeit mit dem Papierunternehmen Stora Enso und Transparency International, der führenden

Nichtregierungsorganisation (NGO) zur Korruptionsbekämpfung. Und wiederum wurden die Kontaktdaten aller Papierlieferanten im Nachhaltigkeitsbericht der Axel Springer SE dokumentiert.

2010 ging Herbert Woodtli in den Ruhestand. Mit seinen Nachfolgern ist die vor Jahren noch revolutionär wirkende Zusammenarbeit von Einkauf und Nachhaltigkeit inzwischen selbstverständlicher Teil eines kontinuierlichen Brainstormings geworden, inklusive der kollegialen Diskussion gelegentlich unterschiedlicher Sichtweisen.

4   Wo befindet sich die Zapfsäule im eigenen Unternehmen?

Fortschreitende Digitalisierung (ver)braucht viel elektrische Energie. Untersuchungen schätzen, dass der weltweite Energiebedarf digitaler Geräte und Rechenzentren etwa 2 % der weltweiten CO_2-Emissionen verursacht, mit zunehmender Tendenz. Das entspricht ungefähr den durch die weltweite Flugmobilität entstehenden CO_2-Emissionen. So gewinnt die Frage nach einer mit möglichst geringem Aufwand vollständig, kontinuierlich und prüf-sicher ermittelbaren Zahl der tatsächlich in einem Unternehmen verbrauchten Energie mit der weiteren Digitalisierung, der anhaltenden Diskussion um CO_2-neutrale Produktion sowie klimaeffiziente Unternehmensumsätze rasant an Bedeutung. Solange der wirkliche Energieverbrauch aber nicht im Steuerungscockpit eines Unternehmens, hier der Konzern-leitung, auftaucht, bleibt die tatsächliche CO_2-Emission unklar, und klimabezogene Managemententscheidungen beruhen – wenn überhaupt – weitgehend auf Schätzungen.

Wir Konsumenten sind es ja gewohnt, unsere privaten Stromrechnungen so abzu-lesen wie beim Tanken an der Zapfsäule einer Tankstelle, bei der der Eurobetrag und die dafür erhaltene Energiemenge sofort auf einen Blick zu erkennen und korrelierbar sind.[5] Für Unternehmen in der vordigitalen Zeit galt wiederum, dass diese zumeist eine stabile Anzahl fest verorteter Bürogebäude und Fabriken besaßen, die mit einer überschaubaren Anzahl von Stromzählern ausgestattet waren. Das Ablesen dieser Zähler war und ist daher gelernte Routine.

Indes wird, wer sich umhört, erstaunt feststellen, dass viele Unternehmen dennoch keine sehr präzisen Vorstellungen der tatsächlich eingesetzten Energiemengen haben, für alle Energieverbrauchsarten sowie konzernweit. Dazu verstärken Digitalisierung und Internationalisierung in vielen Fällen das Repräsentativitätsdefizit der zum Beispiel in den Nachhaltigkeitsberichten gemachten Angaben zu Energie und CO_2.

Daran änderte auch die in Europa seit 2012 schrittweise umgesetzte EED kaum etwas, weil die für das Energieaudit dokumentierten Energieverbräuche nur Teile der Unter-nehmensnetzwerke abbilden. Auch wenn die von den verschiedenen Unternehmensbereichen

---

[5]Zur Rede von der „Tankstelle" siehe den Beitrag „Was zu tun ist, wenn der ‚Tankstellenblick' fehlt" von Julia Beil im Nachhaltigkeitsbericht 2017 der Axel Springer SE (http://nachhaltigkeit. axelspringer.de/fileadmin/media/NB_2017/PDFs/AS_SE_NHB_Print_2017_deutsch.pdf).

gemeldeten Energiekosten im zentralen Rechnungswesen vorliegen, erfolgt eine detaillierte Auswertung der von diesen Unternehmensbereichen gebrauchten Energiemengen vielfach nur in einem separaten Prozess, zum Beispiel durch die zuständigen Immobilienverwaltungsabteilungen. Ein Doppelblick auf die Zapfsäule wie bei Privatpersonen, mit denen sie das Verhältnis des zu zahlenden Betrags und der dafür getankten Energieliter prüfen, ist verzweigten Unternehmen wegen ihrer oft komplexen Strukturen nur selten möglich.

5   Ein Pilotprojekt im Hindernisparcours

Im Zuge der fortschreitenden Digitalisierung des Konzerns konsolidiert die Axel Springer SE inzwischen gut 180 größere und kleinere internetbasierte Unternehmen mit Sitz auf mehreren Kontinenten (Axel Springer 2015, S. 165 ff.). Diese Unternehmensfamilie wird kontinuierlich durch neu hinzukommende digitale Grown-ups und Start-ups erweitert. Sie bestehen materiell aus Büroräumen mit Kaffeemaschinen, Licht- und Telefonanlagen, PCs, Laptops, Scannern und vielen irgendwo stationierten Rechenzentren, gegebenenfalls sogar eigenem Fuhrpark. Zugleich erwarten CSR-orientierte Ratingagenturen, klimabezogene NGO, Mitarbeiter, Nutzer, Medien und Behörden immer präzisere Auskünfte über die Karbonintensität von Internetunternehmen.[6]

Um also eine Positionierung des Gesamtunternehmens auf diesem Feld bewusst ansteuern zu können, braucht die Unternehmensleitung neben der Angabe der Energiekosten auch möglichst genaue Kenntnisse über die eingesetzte Energiemenge und den daraus errechenbaren CO_2-Fußabdruck des Unternehmens. Mehrere Fragen sind damit verbunden: Was kostet eine schrittweise oder vollständige Umstellung auf regenerative Energien heute und voraussichtlich in drei oder zehn Jahren? Auf welcher Grundlage kann mit Energieversorgern darüber verhandelt werden? Und wie könnte die Summe der in den verschiedenen Unternehmensbereichen tatsächlich verbrauchten Energie zeitnah, vollständig, zuverlässig und möglichst ohne entkoppelte Doppelarbeit ermittelt werden?

Der Weg, die verbrauchte Energiemenge durch Division der Energiekosten durch den Energiepreis je Mengeneinheit zu ermitteln, führte bei der Axel Springer SE angesichts der vielen großen und kleinen internetbasierten Unternehmen in verschiedenen Ländern mit verschiedenen Energieversorgern nicht weiter. Denn häufig wird der Energieverbrauch nicht direkt vom Energieversorger, sondern indirekt über Mietverträge bzw. Verträge zur Erbringung von Serverleistungen abgerechnet. Und in vielen Fällen sehen Büromietverträge nicht einmal die transparente Darstellung der Energiekosten vor.

Auch das anfänglich einleuchtende Vorhaben, Energieversorger direkt dafür zu gewinnen, mit den Energierechnungen zugleich auch die dafür an ein Unternehmen

---

[6]So vergleicht zum Beispiel das Clicking-Clean-Ranking von Greenpeace California die regenerativen Energieanteile bekannter Internetmarken (http://www.greenpeace.org/usa/wp-content/uploads/legacy/Global/usa/planet3/PDFs/2015ClickingClean.pdf).

gelieferte Energiemenge unkompliziert digital einzuspielen, stellte sich als schwierig heraus. Einem hier nicht zu nennenden großen deutschen Energieversorger fehlten dafür schlicht die Programmiererkapazitäten, so die Auskunft – und womöglich auch die kulturelle Motivation, in einem gemeinsamen Pilotprojekt eine technisch elegante, kundenorientierte Innovation zu entwickeln.

Grundsätzlich gilt, dass die Energieverbrauchszahlen von drei Zeitungsdruckereien und einem großen Verlagsstandort mit herkömmlichen Abläufen relativ rasch festzustellen sind. Durch die wachsende Zahl der internetbasierten Mitglieder der Axel-Springer-Unternehmensfamilie sinkt jedoch die Repräsentativität dieser für das Gesamtunternehmen aggregierten Energiemengeninformationen kontinuierlich. Wie also gelangt man mit überschaubarem Aufwand an sämtliche Energieverbrauchszahlen aller analogen wie digitalen Familienmitglieder?

Vor diesem Hintergrund – und in Voraussicht auf wachsende Erwartungen an praktischere, effizientere Abläufe des CO_2-Managements – hat das Referat Nachhaltigkeit in Kooperation mit dem Konzernrechnungswesen der Axel Springer SE ein eigens dafür geeignetes, konzernweit ausgelegtes Energieverbrauchsermittlungsverfahren entwickelt und inzwischen auch implementiert.

6 Step-by-Step: Zur einheitlichen Erfassung konzernweit verfügbarer Energieverbrauchszahlen

Um die kreative Kraft der vielen Internetunternehmen möglichst wenig zu beeinträchtigen, hält sich die Muttergesellschaft mit der Überstülpung irgendwie vermeidbarer Corporate-Formate und Reporting-Pflichten weitgehend zurück. Zu den wenigen nach der Eingliederung in die Axel-Springer-Familie umgehend eingerichteten Reporting-Lines zählt die Meldung relevanter Finanzzahlen an das Konzernrechnungswesen, die verschiedene Erlös- und Kostenarten umfassen, unter anderem auch die Energiekosten. Für die Eingabe und Meldung dieser Finanzdaten sind die Mitarbeiter der jeweiligen Chief Financial Officers (CFO) der Tochtergesellschaften zuständig. Dieser bei sämtlichen Gesellschaften etablierte Meldeweg könnte daher auch für die Erhebung nicht finanzieller Kennzahlen, wie der Energiemenge, nutzbar sein, so der Gedanke.

Ausgangspunkt der Initiative war das Referat Nachhaltigkeit. Als erster Schritt wurde das bereits verwendete und im Unternehmen weltweit per Schnittstelle angebundene Datenerfassungstool „IAS Notes" im Konzernrechnungswesen von Martin Hunger auf Anregung des damaligen Leiters des Konzernrechnungswesens, Niels Matusch, um eine Reporting-energy-Eingabemaske erweitert.

Das Projekt wurde dann vom neuen Leiter des Konzernrechnungswesens, Oliver Grimm, weiterentwickelt und Anfang 2016 unternehmensweit getestet. Das Konzernrechnungswesen fungiert hierbei als Schnittstelle zu den rund 180 Töchtern der Axel Springer SE. Zur Erfassung der entsprechenden Energieverbrauchsdaten wurde die Eingabemaske optimiert und durch das Konzernrechnungswesen implementiert (Abb. 1).

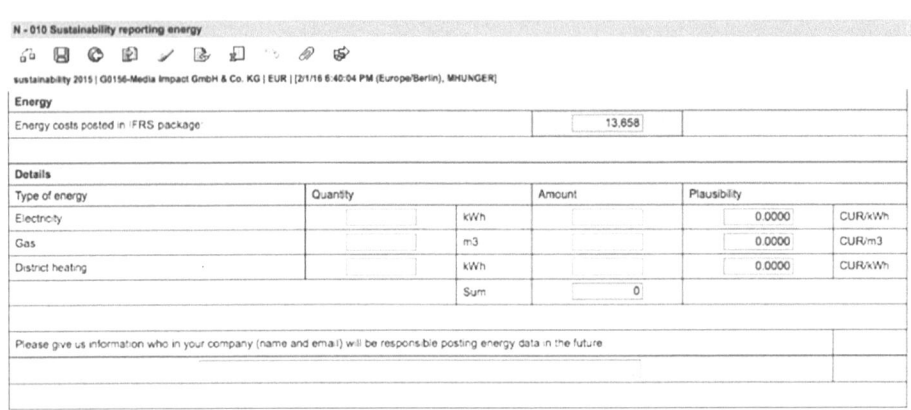

Abb. 1 Die Sustainablility-reporting-energy-Eingabemaske

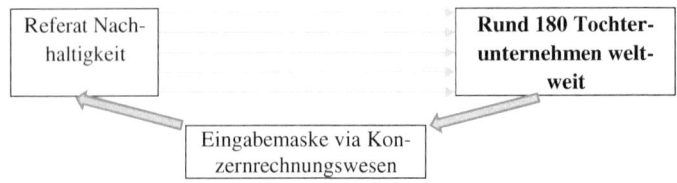

Abb. 2 Die Eingabemaske als Schnittstellentool

Bei technischen Fragen steht das Konzernrechnungswesen als Mittler strukturierter Daten zur Verfügung und kann in einem ersten Schritt auch eine überschlägige Daten-plausibilitätsprüfung vornehmen. Um inhaltliche Fragen kümmert sich das Referat Nachhaltigkeit. Dazu zählen beispielsweise die Berücksichtigung spezifischer Energie-verbrauchsumstände bei den Tochterunternehmen oder auch die Umrechnung in länder-spezifische CO_2-Faktoren (Abb. 2).

Zur Vorbereitung haben die Leiter der Bereiche Nachhaltigkeit und Rechnungs-wesen in einer ausführlichen, gemeinsam verfassten Mail die jeweiligen CFO der rund 180 Tochterunternehmen um Unterstützung für dieses Vorhaben gebeten und dazu Hintergründe, Motive und Ziele erläutert. Und, ganz wichtig, danach gefragt, wer in den verschiedenen größeren und kleineren Unternehmen der konkrete Projektansprechpartner sein soll. Denn am Anfang stand die Suche nach den richtigen Ansprechpartnern, die die Datenerfassung unterstützen – in größeren oder auch verzweigten Organisationen eine nicht zu unterschätzende Aufgabe.

Bei rund 80 Tochterunternehmen war schnell klar, dass die immobilientechnische Betreuung durch einen unternehmenseigenen zentralen Servicedienstleister erfolgt, der über etablierte Prozesse zur Energiedatenerfassung verfügt. Zur Erhebung der ent-sprechenden Daten bei Tochtergesellschaften ohne zentralen Servicedienstleister mussten hingegen die jeweils zuständigen Immobilienbereiche gesondert angesprochen werden.

Die Rückmeldungen waren zumeist positiv und dynamisch. Eine Reihe von Ansprechpartnern bat um weitergehende Informationen bzw. um Rat bei der Lösung praktischer Fragen, die in den meisten Fällen telefonisch mit dem Referat Nachhaltigkeit oder dem Konzernrechnungswesen geklärt werden konnten. Wie aber bei Pilotprojekten nicht überraschend, konnten nicht in allen Fällen befriedigende Lösungen gefunden werden. Zumindest nicht im ersten Durchgang.

In einer Reihe von Fällen – so stellte sich heraus – fand noch keinerlei zuverlässige Erfassung der Energieverbrauchszahlen statt. Der Grund lag und liegt zumeist an der wohl nicht mehr zeitgemäßen, undifferenzierten Darstellung der Betriebskosten. In vielen EU-Ländern werden Energiekosten vom Vermieter einfach zusammen mit der Miete berechnet. So kann in einigen europäischen Städten die automatisch mit der Miete abgerechnete Energiemenge für Büros und Rechnerkapazitäten vorläufig nur geschätzt werden. Um für das Gesamtunternehmen ein vollständigeres Bild bezüglich Kosten und Menge der eingesetzten Energie zu erlangen, muss also auch die Abrechnungstransparenz gemieteter Räumlichkeiten und Serverleistungen verbessert werden.

Vor diesem Hintergrund war ein gewisser Informationsrecherche- und Abstimmungsaufwand unumgänglich. Die aktuell genutzte Eingabemaske stellt einen vorläufigen Kompromiss dar und ist lediglich der Anfang, um die Erfassung der Energieverbrauchszahlen in den kommenden Jahren Step-by-Step (Oliver Grimm) zu optimieren und daraus eine strikt gekoppelte, interdependente Routinekette („routine cluster") zu konstruieren, die von jedem Tochterunternehmen innerhalb des Axel-Springer-Netzwerks in einem regelmäßigen Turnus prozessiert wird (Kremser und Schreyögg 2016).

Die Initiative wird bei den meisten internen Datenkontributoren als wichtiger Schritt gesehen, der helfen kann, den Audits und wachsenden Erwartungen bezüglich Energieeffizienz bei Großunternehmen durch Politik und Öffentlichkeit gerecht zu werden (Mithas et al. 2010).[7] Zu diskutieren und zu optimieren bleibt dabei fortlaufend, wie viel Aufwand wofür betrieben werden muss, um diesen Erwartungen angemessen zu begegnen.

7 Organisationssoziologische Implikationen für das CSR-Management: Ein Resümee

Die CSR-Szene neigt gelegentlich dazu, sich in weltrettender Absicht für große, häufig aber doch eher abstrakte Projekte zu begeistern. So ist trotz der globalen Debatten um Energieeffizienz und klimawirksame Emissionen kaum aufgefallen, dass Unternehmen nur selten präzise die Summe an Energie angeben können, die sie in einem bestimmten Jahr gebraucht bzw. für ihr Geld bekommen haben. Das aber wäre eine wichtige Managementinformation zur Analyse und Evaluation klimabezogener Optionen.

---

[7]Hinzu kommt, dass mittlerweile sogar wirtschaftsweit ermittelt wird, wie es um die Energiekosten (und damit indirekt, wenn auch nicht eins zu eins, um den Energieverbrauch) in Deutschland bestellt ist, vgl. die aktuelle Studie „EKI – Der Energiekostenindex für die deutsche Industrie", erstellt vom Öko-Institut und DIW 2016.

Wegen der Energieintensität von Rechenzentren und den Erwartungen von Kunden, Anlegern, Mitarbeitern, Regierungen und NGO wächst im Zuge der Digitalisierung auch das strategische Managementbedürfnis, Maßnahmen zur Verbesserung der Energie- bzw. der CO_2-Effizienz zu prüfen. Voraussetzung dafür ist die an zentraler Stelle für das Gesamtunternehmen gebündelte Darstellung relevanter Kennzahlen. Ein möglichst vollständiger Überblick der eingesetzten Energiemenge und der sich daraus errechnenden CO_2-Emission zählen sicher dazu.

Weil sich aber Anzahl und globale Verortung der zu einem Internetunternehmen zählenden Start-ups und Grown-ups laufend dynamisch verändert, ist das Ablesen von Stromzählern früherer Zeiten spätestens hier nicht mehr effektiv. Wie also könnten verzweigte Unternehmen mit möglichst wenig Aufwand die Menge der eingesetzten Energie ermitteln, zumindest solange wie Energieversorger keine ausreichend komfortablen digitalen Lösungen anbieten?

Genau hier setzt dieses auf den ersten Blick eher unscheinbare Pilotprojekt an, bei dem das Konzernrechnungswesen und das Referat Nachhaltigkeit der Axel Springer SE zusammenarbeiten. Ziel ist die schlanke und möglichst vollständige Ermittlung der durch zugekaufte Energie generierten CO_2-Emission. CSR-Praktiker in den Unternehmen wissen, wie mühsam und zumeist sehr unvollständig dieses Ziel – wenn überhaupt – bisher erreicht wird.

Voraussetzung für neue Wege wie diesen ist die Kooperationsbereitschaft verschiedener Unternehmensbereiche. Und selbstverständlich braucht es nicht selten auch ein Maß an konstruktiver kollegialer Geduld, um miteinander die Anliegen und Möglichkeiten des jeweils anderen Bereichs zu verstehen.

Die Ergebnisse dieser unternehmensinternen Kooperation sind vielversprechend: Verständnis und Motivation in den Tochterunternehmen nehmen zu. Die Belastungen und Kosten einer zusätzlichen, unsystematischen und erfahrungsgemäß ungenauen Datenabfrage müssen und können vermieden werden. Vorhandene und etablierte Meldewege und Meldetools können durch Anpassungsmaßnahmen und Routine effizienzsteigernd genutzt werden. Für die mangels differenzierter Betriebskostenabrechnung gemieteter Gebäude und Rechenzentren zu schätzenden Energiemengen werden präzisere Lösungen gesucht.

Die im Rahmen des neuen EU-Energieaudits entstehenden Beraterkosten, unter anderem zur nachträglich vereinzelten Dokumentation eingesetzter Energiemengen, können deutlich gesenkt werden. Und, ganz wichtig: Künftig können bei Axel Springer rund 90 % der von den konsolidierten Unternehmensteilen in einem bestimmten Jahr zugekauften Energie mengenmäßig dokumentiert werden.[8] Auf dieser Grundlage kann mithilfe der länderspezifischen CO_2-Faktoren die zumindest annähernde CO_2-Emission des Gesamtunternehmens mühelos und prüffest ermittelt werden.

---

[8]Siehe den Nachhaltigkeitsbericht der Axel Springer SE von 2017, insbesondere die Seiten 153–163 (http://nachhaltigkeit.axelspringer.de/fileadmin/media/NB_2017/PDFs/AS_SE_NHB_Print_2017_deutsch.pdf).

Das ist eine gute Nachricht. Denn die Repräsentativität der im Nachhaltigkeitsbericht der Axel Springer SE für das Unternehmen angegebenen Energiemengen und CO_2-Emissionen neigte sich im Zuge von Digitalisierung und Internationalisierung bedenklich in Richtung der 50 %-Marke. So kann der hier beschriebene synergetische Ansatz eine allgemeine pragmatische Lösung für das im Zuge der Digitalisierung und Internationalisierung verstärkt entstehende Repräsentativitätsdefizit von Angaben zur CO_2-Emission von Unternehmen darstellen.

Literatur

Berl A, Gelenbe E, di Girolamo M, Giuliani G, de Meer H, Quan Dang M, Pentikousis K (2010) Energy-Efficient Cloud Computing. Comput J 53(7):1045–1051

Cashore B, Auld G, Newsom D (2006) Legitimizing political consumerism: the case of forest certification in North America and Europe. In: Michelletti M, Follesdal A, Stolle D (Hrsg) Politics, products and markets. Exploring political consumerism past and present. Transaction Publishers, New Brunswick, S 181–199

Dürr H (2016) Corporate Social Responsibility und Energiewende. In: Hildebrandt A, Landhäußer W (Hrsg) CSR und Energiewirtschaft. Springer Gabler, Berlin, S 295–309

Fettweis G, Zimmermann E (2008) ICT energy consumption – trends and challenges. In: The 11th International symposium on Wireless Personal Multimedia Communication (WPMC 2008). https://mns.ifn.et.tu-dresden.de/Lists/CustomListDefinitions-RoadmapListInstance/Attachments/2/Fettweis_G_WPMC_08.pdf

Griese KM, Hirschfeld G, Baringhorst S (2019) Unternehmen zwischen Digitalisierung und Nachhaltigkeit – eine empirische Untersuchung. Nachhaltigkeits Manag Forum 27:11–21

Jacob M (2019) Digitalisierung & Nachhaltigkeit. Eine unternehmerische Perspektive. Springer Vieweg, Wiesbaden

Jenkins H (2006) Convergence culture. Where old and new media collide. NYU Press, New York

Kremser W, Schreyögg G (2016) The dynamics of interrelated routines: introducing the cluster level. Organ Sci 27(3):698–721

Mithas S, Khuntia J, Roy PK (2010) Green information technology, energy efficiency, and profits: evidence from an emerging economy. In: ISIS 2010 Proceedings, Paper 11. http://aisel.aisnet.org/cgi/viewcontent.cgi?article=1009&context=icis2010_submissions

Schmidt N-H, Erek K, Kolbe LM, Zarnekow R (2009) Towards a Procedural Model for Sustainable Information Systems Management. In: Proceedings of the 42nd Hawaii International Conference on System Sciences 2009. http://ieeexplore.ieee.org/xpl/login.jsp?tp=&arnumber=4755759

Springer A (2015) Geschäftsbericht 2015. www.axel.springer.de

Springer A (2016) Auf einem Blick. Berlin. www.axelspringer.de

Tapscott D (1996) Die digitale Revolution. Verheißungen einer vernetzten Welt – die Folgen für Wirtschaft, Management und Gesellschaft. Gabler, Wiesbaden

Untersteller F (2016) CSR und Energiewirtschaft aus baden-württembergischer Perspektive. In: Hildebrandt A, Landhäußer W (Hrsg) CSR und Energiewirtschaft. Springer Gabler, Berlin, S. 1–16

Wellbrock W, Ludin D (Hrsg) (2019) Nachhaltiges Beschaffungsmanagement. Strategien – Praxisbeispiele – Digitalisierung. Springer Gabler, Wiesbaden

Wetzel D (2020) Klimaschutz als neue Währung der Welt. https://www.welt.de/wirtschaft/article204867274/Klimaschutz-Nachhaltigkeit-wird-fuer-Wirtschaft-zur-neuen-Waehrung.html

Prof. Kai-Uwe Hellmann
(Fotocredit: privat)

Prof. Kai-Uwe Hellmann lehrt als außerplanmäßiger Professor am Institut für Soziologie der Technischen Universität Berlin. Er ist Jahrgang 1962 und studierte Philosophie und Politikwissenschaft in Hamburg, Tübingen, Frankfurt/M. und Berlin; Diplom in Politikwissenschaft 1989, Promotion in Soziologie 1995, Habilitation 2003. Seine Forschungsschwerpunkte sind Konsum- und Wirtschaftssoziologie sowie Militär- und Organisationssoziologie. Ausgewählte Veröffentlichungen: *Soziologie der Marke* (2003), *Fetische des Konsums* (2011), *Der Konsum der Gesellschaft* (2013). Außerdem ist Hellmann Mitveranstalter des CSRcamp (www.csrcamp.de) in Berlin.

Florian Nehm
(Fotocredit: Axel Springer
SE)

Florian Nehm ist Head of Corporate Sustainability & EU Affairs der Axel Springer SE, Berlin. Bezüglich des Themenfelds Nachhaltigkeit geht es um die ökologische und soziale Optimierung der digitalen Wertschöpfungskette sowie der Holz- und Papierkette (Nachhaltigkeitsreporting digital im Format GRI LEVEL A+ mit Media-Sector-Supplement). Florian Nehm studierte Landwirtschaft an der Universidad Católica in Santiago de Chile und an der FH-SWF Soest, war Fulbright-Stipendiat und ist Master of Science in Economics an der Colorado State University in Fort Collins, USA. Es folgten Volontariat und Redaktion bei der Tageszeitung *Die Welt*. Florian Nehm ist Vater dreier Söhne.

Oliver Grimm
(Fotocredit: Axel Springer
SE)

Oliver Grimm ist Leiter des Konzernrechnungswesens von Axel Springer. Nach dem Studium der Betriebswirtschaftslehre Berlin startete Oliver Grimm bei der Wirtschaftsprüfungsgesellschaft Ernst & Young und wurde Anfang 2008 zum Wirtschaftsprüfer bestellt. Bei Axel Springer verantwortet Oliver Grimm das Konzernrechnungswesen und damit die externe Konzernberichterstattung eines Konzerns mit rund 180 Tochtergesellschaften sowie das Shared-Service-Center, den buchhalterischen Servicedienstleister für einen großen Teil der Konzerngesellschaften.

Zuhause – smart und nachhaltig

Marc Böhm, Tobias Lehmann und Elmar Loth

1 Was ein Zuhause smart macht

Seit das Smartphone seinen Siegeszug in unser Leben angetreten hat, gibt es kaum etwas, das nicht per App überwacht, erfasst, geteilt, gemessen, bewertet, „geliked" und gesteuert werden kann. Dass diese Entwicklung auch unser Zuhause erreicht, scheint daher nur logisch. Unter dem Begriff „Smarthome" werden technische Verfahren und Systeme in Wohnräumen und -häusern zusammengefasst, „in deren Mittelpunkt eine Erhöhung von Wohn- und Lebensqualität, Sicherheit und effizienter Energienutzung auf Basis vernetzter und fernsteuerbarer Geräte und Installationen sowie automatisierbarer Abläufe steht."[1]

Darunter fallen „rudimentäre" Steuerungs- und Überwachungsmöglichkeiten wie das Ein- und Ausschalten von Licht, Heizung, Rasenmäher- oder Staubsaugerroboter oder der Blick in die Wohnung per Webcam von unterwegs. Deutlich komplexer sind Anwendungen, die (voll)automatisiert unter Berücksichtigung verschiedener Parameter agieren. Dazu gehört zum Beispiel die vollautomatisierte Steuerung des Sonnenschutzes

[1]Wikipedia (2020).

M. Böhm (✉)
CHLIBYTES GmbH, Stuttgart, Deutschland
E-Mail: marc@seveno.org

T. Lehmann
Intension GmbH, Ostfildern, Deutschland
E-Mail: tobi@seveno.org

E. Loth
Freiberuflicher IT-Berater, Bad Wildbad, Deutschland
E-Mail: elmar@seveno.org

© Springer-Verlag GmbH Deutschland, ein Teil von Springer Nature 2021   573
A. Hildebrandt und W. Landhäußer (Hrsg.), *CSR und Digitalisierung,* Management-
Reihe Corporate Social Responsibility, https://doi.org/10.1007/978-3-662-61836-3_40

nach Sonnenstand, Temperatur und Helligkeit, die Überwachung von Türen und Fenstern sowie die Zugangskontrolle, die automatische Heizungssteuerung, die nicht nur die Innen- und Außentemperatur berücksichtigt, sondern auch die An- oder Abwesenheit der Hausbewohner. Selbst die Abbildung komplexer (individueller) Szenarien, die verschiedenste Elemente wie Heizung, Licht, Musik, TV in einem Haus integrieren, sind in einem Smarthome möglich.

1.1   Funktionsweise (Wie funktioniert ein Smarthome?)

In einem Smarthome sind verschiedene Geräte miteinander vernetzt, die untereinander kommunizieren und über ein einheitliches Bedienelement gesteuert werden können. Im Wesentlichen ist ein Smarthome durch folgende Eigenschaften gekennzeichnet:

- **Vernetzung** verschiedenster Elemente im eigenen Zuhause, zum Beispiel von Beleuchtung, Beschattung, Heizung, Haushalts- und Gartengeräte, Multimedia, Energiequellen,
- **Integration** unterschiedlicher technischer Standards, Kommunikationsprotokolle, Sensorik- und Messdaten,
- **Automatisierung** von Routinen und Aktivierung von Szenarien – proaktiv durch Hausbewohner oder zu definierten Parametern entsprechend vorgegebener Logiken, durch maschinelles Lernen Anpassung von Szenarien und Routinen an äußere Faktoren.

Ein Smarthome besteht im Wesentlichen aus folgenden Elementen:

- **Smarte Geräte:** Im Idealfall sind die eingesetzten Geräte zueinander kompatibel, das heißt sie verwenden den gleichen Funk- bzw. Kommunikationsstandard. Dabei kann es sich um smarte Beleuchtung, Jalousien, Rollläden, Rasenmäher, Staubsaugerroboter oder Ähnliches handeln.
- **Sensorik:** Basis für die Automatisierung im Smarthome und die Gestaltung von Szenarien sind Sensoren. Sie messen und dokumentieren verschiedenste Zustände im häuslichen Umfeld. Dazu gehören zum Beispiel Präsenzmelder, Temperaturfühler, magnetische Kontaktsensoren (Reed-Kontakte, zum Beispiel in Fenstern), mechanische Schaltkontakte (zum Beispiel in Türen).
- **Aktoren:** Im Smarthome nehmen sie ebenfalls eine zentrale Rolle ein. Sie lösen „Aktionen" infolge von Sensorinformationen im Smarthome aus. Aktoren führen beispielsweise basierend auf der von unterschiedlichen Sensoren gemeldeten Temperatur, dem Sonnenstand und der Windstärke das Herunter- oder Hochfahren von Jalousien und Rollläden aus.

- **Logikelemente:** Diese Elemente bilden „Regeln" im Smarthome ab. Ist zum Beispiel eine bestimmte Außentemperatur erreicht, soll die Heizung heruntergeregelt werden. Diese Logik – das heißt das Festlegen der auslösenden Faktoren (Sensordaten) und der umzusetzenden Aktion(en) – kann je nach gewähltem System in einem zentralen Bedienelement oder dezentral in Aktoren und Geräten hinterlegt sein. Nachrüstlösungen, das heißt Lösungen, die in bereits bestehenden Bauten Verwendung finden, sind oftmals zentral gesteuert. Je nach Hersteller wird das zentrale Bedienelement als Hub, Bridge, Basisstation, Gateway oder einfach als Zentrale bezeichnet. Dezentrale Lösungen wie KNX erfordern eine andere Infrastruktur und Elektroinstallation und finden daher eher in Neubauten Anwendung.
- **Steuerung:** Für die Steuerung der vernetzten Geräte im Smarthome stellen Hersteller zentraler Lösungen meist eine App zur Verfügung, die gegebenenfalls sogar per Sprachassistenten genutzt werden kann. Kommen einzelne Smarthome-Produkte verschiedener Hersteller zum Einsatz, nutzt der Anwender für jedes Produkt meist auch eine eigene App, die mit einer vom Hersteller bereitgestellten Cloud-Lösung verbunden ist.

1.2 Nutzen

Ein wesentlicher Treiber hin zu einem smarten Zuhause ist der Wunsch nach *Komfort*. Ein smartes Zuhause ermöglicht die „Automatisierung" von Routinetätigkeiten und kann lästige Tätigkeiten abnehmen – beispielsweise das allabendliche Herunterlassen der Rollläden.

Dadurch versprechen sich Anwender nicht nur eine deutliche Zeitersparnis, ein weiterer wichtiger Aspekt ist die höhere *Sicherheit,* die ein smartes Zuhause den Bewohnern ermöglicht: Ich werde per App informiert, sofern ich beim Verlassen des Hauses vergessen habe, alle Fenster zu schließen oder gar den Herd auszuschalten. Ich erhalte eine Nachricht, wenn die Überwachungskamera während meiner Abwesenheit Bewegungen auf meinem Grundstück erfasst oder der Präsenzmelder im Haus eine Bewegung meldet. Ich werde umgehend informiert bzw. alarmiert, wenn die Rauch- und/ oder Gasmelder im Haus „anschlagen" und kann entsprechend reagieren.

Der dritte Aspekt, der oftmals im Zusammenhang mit einem Smarthome genannt wird, ist der *optimierte Energieverbrauch,* der dadurch realisiert werden soll, dass Heizung, Sonnenschutz und Lüftung, aber auch die Bewässerung im Garten, so auf die real existierenden Rahmenbedingungen (Außen-, Innentemperatur, Anwesenheit der Bewohner, Sonneneinstrahlung, Feuchtigkeit im Beet) abgestimmt sind, dass sie bedarfsgerechter sind, als es außerhalb eines Smarthomes der Fall wäre. Die Heizung wird nur dann eingeschaltet, wenn jemand zu Hause ist, geregelt entsprechend der gemessenen Außen- und Innentemperatur sowie der gespeicherten Vorlieben der Bewohner. Wenn die Kontakte in Fenster und Türen „offen" melden, wird die Heizung energiesparend heruntergeregelt und nur in einem Mindestmaß („Frostschutz") betrieben.

2   Nachhaltiges Smarthome

Wie nachhaltig ist bzw. kann ein smartes Zuhause sein? Die Antwort auf diese Frage
ist so vielschichtig wie der Begriff der Nachhaltigkeit zu verstehen ist. Dabei stellt sich
nicht nur die Frage nach der Ökologie eines Smarthomes, mit der der Begriff der Nachhaltigkeit am ehesten assoziiert wird; es geht ebenfalls darum, den sozialen Einfluss
eines intelligenten Heims sowie die ökonomische Seite zu betrachten. Erst unter Berücksichtigung aller Aspekte lässt sich die Frage differenziert beantworten.

2.1   Soziale Aspekte

Dass Technik einen sozialen Aspekt haben kann, erscheint auf den ersten Blick widersprüchlich. Dabei schafft die Digitalisierung im häuslichen Umfeld neuen Freiraum –
intelligente Funktionen im eigenen Zuhause können gerade die ältere Generation oder
Menschen mit Beeinträchtigungen dabei unterstützen, ein selbstbestimmtes Leben zu
führen. Es geht einerseits um gesundheitliche Fürsorge und andererseits um die persönliche Selbstständigkeit und Sicherheit.

Gesundheitliche Fürsorge
Von der gesundheitsfördernden Unterstützung im Alltag beispielsweise durch die zeitgesteuerte Erinnerung an die Medikamenteneinnahme, Arzttermine oder die Unterstützung bei der Umsetzung von ärztlichen Diätanweisungen für jeden Bewohner bis
zur Überwachung und Dokumentation gesundheitsrelevanter Parameter wie Luft- und
Schlafqualität, von Fitnesstracker-Daten, Informationen der Personenwaage oder des
Blutdruckmessgeräts – die bereits mit heutiger Technik realisierbaren Möglichkeiten
sind vielfältig und zudem dynamisch an die Lebenssituation der Bewohner adaptierbar.

So ist eine Sehbehinderung dank Sprachsteuerung und -feedback kein Problem mehr,
eine Einschränkung des Hörvermögens verliert an Relevanz, wenn „das Haus" sein
Feedback direkt an die Hörgeräte der Bewohner sendet. Was bei der Betrachtung der derzeitigen Lebensumstände vieler älterer Menschen wie Utopie klingt, wird sich in einigen
Jahren verändern, wenn die Digitalisierung auch den Alltag der älteren Generationen
noch tiefer durchdringt und damit die Selbstständigkeit des Einzelnen bis ins hohe Alter
sichert.

Selbstständigkeit
Für die meisten Menschen hat die Wahrung der persönlichen Autonomie und Selbstständigkeit bis ins hohe Alter eine große Relevanz. Die Automatisierung von Alltags-
handlungen kann eine große Unterstützung dabei sein, den Alltag bis ins hohe Alter in
den eigenen vier Wänden zu bewältigen. Das beginnt bei „kleinen" Annehmlichkeiten,
wie dem präsenz- und helligkeitsgesteuerten Ein- und Ausschalten der Beleuchtung,

der wetter- und zeitgesteuerten Rasenpflege durch den Mähroboter oder der automatisierten Steuerung des Sonnenschutzes abhängig von Temperatur, Sonnenstand und Helligkeit.

Die Unterstützung kann beispielsweise auch die Fürsorge für Haustiere umfassen: Erinnerung an Fütterungs- und „Gassigeh-Zeiten", tierärztliche Termine oder das Standorttracking des Tieres. Dank Sprachsteuerung ist es möglich, alle Funktionen in einem Smarthome per Spracheingabe zu steuern – das senkt die technische Hemmschwelle und bietet zum Beispiel Menschen mit Geh- oder Sehbehinderung große Vorteile.

Weiterhin kann durch Data-Mining die Fülle an Sensordaten genutzt werden, um den Alltag zu erleichtern, da diverse Schaltzyklen der Komponenten (Licht, Steckdosen, Beschattung, Lüftungsanlage, …) an die Gewohnheiten angepasst werden können.

Sicherheit

Die persönliche Sicherheit in den eigenen vier Wänden ist ein Aspekt, der nicht nur die ältere Generation betrifft, aber insbesondere bei dieser Gruppe eine hohe Relevanz hat, wenn es um gesundheitliche Notfallsituationen geht. Dank Sprachsteuerung ist nicht nur eine unkomplizierte Kontaktaufnahme mit hinterlegten Notfallkontakten möglich. Mittels Data Mining können Anomalien erkannt werden, beispielsweise, wenn trotz Anwesenheit der Bewohner keine Bewegungen registriert werden. So könnte gerade bei älteren oder gesundheitlich eingeschränkten Menschen Bewusstlosigkeit oder Bewegungsunfähigkeit frühzeitig erkannt und ein Notfallkontakt nach unbeantworteter Rückfrage an den Bewohner, alarmiert werden.

Auch wenn es um den Einbruchschutz geht, bietet ein smartes Zuhause vielfältige Möglichkeiten – vom Abspielen verschiedener Szenen bei Abwesenheit der Bewohner zur Abschreckung bis zur Alarmanlage, die in den Alarmmodus schaltet, sobald zum Beispiel ein Glasbruchsensor aktiviert wird.

Gepaart mit den Chancen, welche die Telemedizin bietet, sind die aufgeführten Szenarien hoffnungsvolle Aussichten für eine alternde Gesellschaft, die bis ins hohe Alter selbstbestimmt im eigenen Zuhause leben will. Gleichzeitig bieten smarte Technologien auch eine große Chance für Menschen jeden Lebensabschnitts mit gesundheitlichen bzw. körperlichen Einschränkungen ein möglichst autonomes Leben zu führen.

2.2 Ökologische Aspekte

Smarte Gebäude – ob privat oder gewerblich genutzt, bieten die große Chance, den Energieverbrauch bedarfsorientiert zu optimieren. Vorbei sind die Zeiten, in denen eine Heizung allein in Abhängigkeit von der Außentemperatur und durch das Drehen des Thermostats geregelt wurde. Ein Smarthome bietet vielfältige Möglichkeiten den Energieverbrauch so zu regeln, dass Energie nur an der Stelle verbraucht wird, an der sie tatsächlich benötigt wird. Im Fall der Heizung heißt das: Geheizt wird nur, wenn die vordefinierten Kriterien für Außen- und Innentemperatur erfüllt sind, die Bewohner im Haus sind und sich im jeweiligen Raum auch aufhalten. In ungenutzten Räumen bzw. Schlaf-räumen, in denen die Temperatur niedriger sein soll, wird die Heizung automatisch auf ein notwendiges Maß bzw. nach vordefinierten Kriterien (Mindesttemperatur) herunter-geregelt. Damit lassen sich beträchtliche Energieeinsparungen realisieren.

Gleichzeitig darf der Energieverbrauch zum Betrieb eines Smarthomes nicht außer Acht gelassen werden, ebenso der damit einhergehende Ressourcenverbrauch für die benötigten Komponenten. In diesem Zusammenhang ist es umso wichtiger auf durchdachte, sich ergänzende, energieeffiziente Systeme und auf langlebige Standardkomponenten zu setzen. Gerade beim Neubau bietet es sich an, grundsätzlich auf erneuerbare Energien zu setzen und damit auch den Betrieb des Smarthomes ökologischer zu gestalten. Bei einem Neu-bau können smarte Komponenten zudem direkt in die Elektroinstallation integriert werden. Diese kabelverbundenen Bus-Systeme haben den Vorteil eines geringeren Energiever-brauchs im Vergleich zu funkgesteuerten Systemen, die meist für das Nachrüsten von Gebäuden eingesetzt werden.

2.3   Ökonomische Aspekte

Ökonomisch gesehen geht es in einem Smarthome insbesondere um die Frage nach der Langfristigkeit und Zukunftssicherheit in Zusammenhang mit der notwendigen Investition:

- Welche Technologie wähle ich und wie sicher kann ich mir sein, dass sie weiterhin verfügbar und einsatzbereit sein wird?
- Sind die Komponenten von morgen mit meinem System von heute kompatibel?
- Ist generell die Kompatibilität der verschiedenen Komponenten und Geräte sicher-gestellt?
- Auf welche Komponenten setze ich und wie lange werden sie funktionsfähig sein?
- Lohnt sich die zusätzliche Investition in eine smarte Installation im Vergleich zu einer konventionellen Elektroinstallation? Wie schnell amortisiert sich die Investition?
- Wie flexibel lässt sich ein heute gewähltes Konzept/System an sich verändernde Rahmenbedingungen in meinem Leben anpassen? Bin ich bei einer gewünschten Änderung stets auf Experten angewiesen oder kann ich diese selbst vornehmen?
- Wie sicher kann ich mir sein, dass das heute von mir gewählte System morgen noch Support hat?
- Wie einfach ist das gewählte System nutzbar, sodass ich es gerne nutze und es auch wirklich zum Einsatz kommt?
- Bringt mir das gewählte System einen echten, messbaren Mehrwert in mein Leben oder erhöht es nur die Komplexität?

- Setze ich auf Technologien, die von der Industrie weiterentwickelt werden oder auf „Community"-Produkte?
- Wie abhängig mache ich mich durch die Wahl eines bestimmten Systems von einem Hersteller?

Der aktuell sehr heterogene Markt ist für Laien nicht bzw. kaum überschaubar. Vielfältige Technologien, mangelnde Standards, Zertifizierungen und Richtlinien, beispielsweise was die Datensicherheit betrifft, lassen viele Fragen offen. Es ist kaum vorhersehbar, ob und wenn ja, welche technologischen Standards sich durchsetzen werden. Umso wichtiger ist es, auf ein möglichst flexibles, adaptierbares Smarthome-Konzept zu setzen, das vielfältige Technologien und damit Komponenten integrieren kann.

3   Ein Pilotprojekt – Tiny Smart House

Die Autoren – ein Trio leidenschaftlicher Smarthome-Enthusiasten – wollen mit ihrer Idee eines smarten Kinderspielhauses den Beweis antreten, dass „smart" für ein intuitives, robustes und energetisch autarkes System stehen kann. Ein selbst gebautes Kinderspielhaus soll zeigen, wie „kinderleicht" und gleichzeitig robust ein Smarthome-System sein kann. Das „Tiny Smart House" (Abb. 1) ist dank Solarmodul und Speicherbatterie energetisch autark.

Abb. 1 Das „Tiny Smart House" soll zeigen, wie *einfach* „smart" sein kann. (Copyright Marc Böhm)

Im Tiny Smart House sind bzw. sollen folgende „smarten" Funktionen realisiert und im Blog www.seveno.org publiziert werden:

- Lichtsteuerung (innen und außen) für Ambientebeleuchtung
- Wetterstation (Temperatur, Regen, Wind)
- Präsenzerkennung (innen)
- Sensoren für Temperatur, Fenster, Tür, Luftqualität
- Zentrales Bedienelement (Touchscreen) (Abb. 2)

Für die Steuerung des Systems kommt die eigenentwickelte Software „SEVEN|O" zum Einsatz, die durch den plattformübergreifenden „Broker-Ansatz" verschiedenste Technologien und Geräte integrieren kann.

SEVEN|O: Vorteile und Besonderheiten

Die Software SEVEN|O ist gekennzeichnet durch eine modulbasierte Infrastruktur, die ermöglicht, dass das „Tiny Smart House" autark agieren kann, aber auch über das „Haupthaus" gesteuert werden kann.

Die *Plug-in-Architektur* der Software ermöglicht vielfältige Erweiterungen und Anbindungen unterschiedlicher Geräte, Systeme und Kommunikationsstandards, wie KNX, PhilipsHUE, MQTT/Homie, Solaranlagen (zum Beispiel Victron, Fronius), SEVEN|O ECUs (Lichtsteuerung über Neopixel), Pool-Steuerung (zum Beispiel Balboa), MPD Music Daemon, Sonos, RFID Key Systems, DMX, OpenWeatherMap. (Abb. 3)

Die Software agiert komplett *autark,* das heißt zum Betrieb ist keine Cloud-Anbindung erforderlich, kann aber bei Bedarf realisiert werden („Cloud-friendly").

Die *„regelbasierte Logikengine"* mit User Interface ermöglicht die individuelle Anpassung des Smarthomes an die persönlichen Bedürfnisse. Der Anwender kann auch

Abb. 2 Per Touchscreen kann das „Tiny Smart House" gesteuert werden. (Copyright Marc Böhm)

a

b

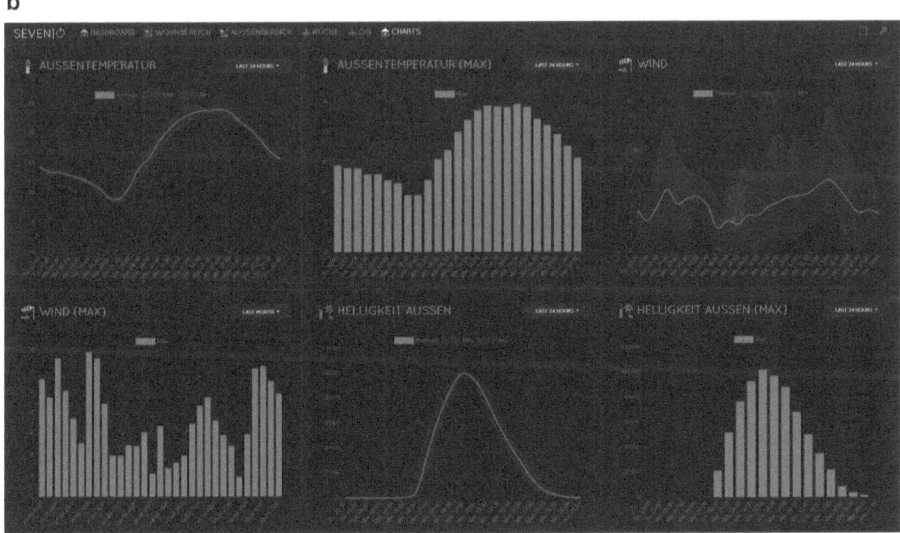

Abb. 3 a, b Blick auf das Dashboard von SEVEN|O – Neben Steuerungsmöglichkeiten können auch Statistiken zu den erfassten Sensorwerten angezeigt werden. (Copyright Marc Böhm)

ohne technisches Know-how die Regeln für sein smartes Zuhause per Drag'n Drop von visualisierten „Logik-Bausteinen" selbst „zusammenbauen".

Darüber hinaus wurde bei der Entwicklung der Applikation besonderen Wert auf *hohe Sicherheit* (Verschlüsselung) und *Performance* (durch Messaging-System: Publish, Subscriber, MQTT) gelegt – nicht zuletzt aus Eigeninteresse der Entwickler, die

SEVENIO im eigenen Smarthome einsetzen. In der Software integriert sind zudem ein „Big-Data Journal", die Basis für Machine Learning und Künstliche Intelligenz (KI). Die Bedienung erfolgt per Android App oder via Browser (responsive Design). Geplant ist, dass die Software mittelfristig als Open Source Projekt weiterentwickelt werden soll und einer größeren Community zur Verfügung steht.

4   Exkurs: Datensicherheit und Datensouveränität

Die Basis smarter Funktionen und Automatisierungen im häuslichen Umfeld ist die Sammlung und Auswertung von (Sensor-)Daten. Mittels Data-Mining-Technologien oder gar gestützt durch KI und Machine Learning werden die Informationen benötigt, um das Zuhause „smart" zu gestalten oder gar ein sich selbst optimierendes, lernendes System bereitzustellen.

Daten an sich sind zunächst unkritisch, sie beschreiben, wie folgendes Beispiel zeigen soll, auf den ersten Blick einen Zustand in einem Raum: Die Raumtemperatur beträgt 20 °C, die Außentemperatur 25 °C, die Luftfeuchtigkeit liegt bei 60 %, die Jalousien sind im Sonnenschutzmodus zu 50 % heruntergefahren, ein Fenster ist gekippt, die Terrassentür ist offen, es befinden sich keine Personen im Raum. Auf den zweiten Blick lassen diese „Hausdaten" eine Reihe von Informationen und Rückschlüsse auf das Leben und Verhalten seiner Bewohner zu, insbesondere wenn man sie in einem aggregierten Zustand und über einen Zeitverlauf hinweg betrachtet. Werden dann weitere, persönliche Informationen beispielsweise Gesundheitsdaten ergänzt, die gerade für Ältere oder gesundheitlich eingeschränkte Bewohner eines Smarthomes relevant sein könnten, wächst die Angst, dass die Daten in „falsche Hände" geraten und missbraucht werden könnten.

Wie soll ich als Laie erkennen, ob die Daten, die mein smartes Zuhause sammelt, „sicher" sind, nicht in falsche Hände geraten oder ich gar „ausspioniert" werde? Einige grundlegende Antworten auf die Frage nach der Sicherheit in Smarthomes gibt das Bundesamt für Sicherheit in der Informationstechnik (BSI) in einem Artikel auf seiner Website.[2] Das BSI empfiehlt beispielsweise bereits vor dem Erwerb bzw. der Einrichtung eines Smarthome-Systems die Klärung der Fragen zur Sicherheit sowie eine Reihe weiterer Sicherheitsmaßnahmen durch entsprechende Einstellung der Geräte, Passwortwahl, Einrichtung separater Netzwerke für die Smarthome-Infrastruktur, Gäste und Surfen und die Einrichtung eines VPN-Zugangs zur Steuerung des Smarthomes von unterwegs.

Als IT-Experten sehen wir die vom BSI empfohlenen Maßnahmen als grundlegend an, um ein Mindestmaß an Datensicherheit im Smarthome zu gewährleisten. Darüber hinaus sehen wir uns als Verfechter von internen, autarken Systemlösungen, die zwar für die Realisierung einzelner Anwendungsszenarien „Cloud-friendly" gestaltet sein können, aber ansonsten in einem sicheren, internen Netzwerk betrieben werden.

---

[2]Bundesamt für Sicherheit in der Informationstechnik (BSI) (2020).

Mit der Weiterentwicklung von Smarthome-Technologien wird es zudem unerlässlich sein, dass klare Sicherheitsstandards und Zertifizierungen von unabhängigen Institutionen entwickelt und durchgesetzt werden, um Anwendern eine Orientierung bei der Auswahl und Realisierung des individuellen Smarthomes zu bieten. Weiterhin ist die anwenderorientierte Aufklärung über die Sicherheitsrisiken und Möglichkeiten, diese zu minimieren, ein wichtiger Aspekt, um die Chancen, die Smarthomes uns bieten, zukünftig sicher nutzen zu können.

5 Fazit und Ausblick

Es bleibt viel zu tun bis das Konzept des smarten Zuhauses sich flächendeckend durchsetzt. Technisch machbar ist bereits sehr viel. Die vielfältigen Möglichkeiten und die für einen Laien kaum überschaubaren Einflussfaktoren und Parameter, die es bei der Auswahl, Einrichtung und beim sicheren „Betrieb" eines Smarthomes zu berücksichtigen gilt, verbunden mit den noch hohen Investitionskosten, machen das Smarthome-Konzept – zumindest in der vollen Ausbaustufe – noch nicht „massentauglich".

Wir glauben, dass im Smarthome der Zukunft auch der Nachhaltigkeitsaspekt berücksichtigt werden muss – weg vom Gedanken: „Dann tausche ich die Geräte in zwei Jahren eben aus, wenn sie nicht kompatibel sind oder nicht mehr zu meinem Bedürfnis passen" hin zur Antwort auf die Frage: „Wie gestalte ich mein Smarthome so, dass es maximal kompatibel zu Bestehendem ist und gleichzeitig „mitwächst" – mit neuen Entwicklungen im technischen Bereich, aber auch mit persönlichen Veränderungen?".

Derzeit sind auf dem Smarthome-Markt noch sehr verschiedene Strömungen zu beobachten. Jeder Anbieter kocht „sein eigenes Süppchen", das heißt, es werden eigene Kommunikationsstandards entwickelt, eigene Hardware, die nur untereinander kompatibel ist und oftmals keine oder wenig Erweiterungen zulässt. Zudem beschränken sich die Lösungen einzelner Anbieter aktuell häufig auf einen abgegrenzten Bereich zum Beispiel Beleuchtung oder Sonnenschutz.

Dies widerspricht der zu Anfang genannten Eigenschaften eines Smarthomes „Vernetzung" und „Integration". In einem wirklich smarten Zuhause müssen die Geräte und unterschiedlichen Komponenten idealerweise die gleiche „Sprache" sprechen, einander „verstehen" und sich „absprechen" können, wer, was, wann erfasst, schlussfolgert und welche Aktivität daraus folgt. Bisher zeichnet sich nicht ab, ob einer der großen Hersteller sich mit seiner Lösung durchsetzen oder gar etwas ganz Neues entstehen wird.

Die Smarthome-Lösung(en) der Zukunft muss/müssen aus Sicht der Autoren eine Antwort auf folgende wesentliche Fragen finden:

- Wie kann eine Smarthome-Lösung aussehen, die intuitiv bedienbar ist und gleichzeitig jederzeit einfach individuell anpassbar und erweiterbar ist?
- Wie können Geräte und Systeme unterschiedlicher Hersteller einfach vernetzt und zentral gesteuert werden?
- Wie können die Funktionen im Smarthome realisiert und gleichzeitig der Datenschutz, die Datensicherheit und Datensouveränität des Einzelnen sichergestellt werden?

Wir denken nicht, dass die Antworten auf diese Frage ein einzelnes Unternehmen finden kann, sondern sind überzeugt davon, dass auch hier der Gedanke der „Vernetzung" elementar ist – weg davon, dass jeder sein „Süppchen kocht", hin zu gemeinsamen, integrierten Lösungen – vielleicht sogar getrieben durch eine große Community.

Literatur

Bundesamt für Sicherheit in der Informationstechnik (BSI) (2020) Smart Home-Sicherheit. https://www.bsi-fuer-buerger.de/BSIFB/DE/Service/Aktuell/Informationen/Artikel/basisschutz_fuer_iot_smarthome.html. Zugegriffen am 16. Apr. 2020

Wikipedia (2020) Smart Home. https://de.wikipedia.org/wiki/Smart_Home. Zugegriffen: 9. Apr. 2020

Marc Böhm
(Fotocredit: privat)

Marc Böhm, geboren 1981, ist geschäftsführender Gesellschafter eines Softwareunternehmens und leidenschaftlicher Softwareentwickler. Bereits als 12-Jähriger hat er seine ersten Programme geschrieben. 2005 wagte er gemeinsam mit einem Kompagnon den Weg in die Selbstständigkeit und gründete die CHILIBYTES GmbH, ein Unternehmen für individuelle Softwareentwicklung. Sein Beruf ist gleichzeitig sein Hobby – mit dem Hausbau 2012 realisierte er seinen Traum eines „Smarthomes". Dabei setzte er von Anfang an auf die Eigenentwicklung einer App, die er inzwischen mit zwei Gleichgesinnten weiterentwickelt und im privaten Umfeld einsetzt. Mit „SEVEN|O" verfolgt er seine ganz persönliche Vision, die reale mit der Software-Welt sinnvoll und sicher zu verbinden.

Tobias Lehmann
(Fotocredit: privat)

Tobias Lehmann, geboren 1985, ist Softwarearchitekt in einem Identity- und Access-Management-Projekt. Nach erfolgreichem Abschluss des Bachelor-Studiums der Softwaretechnik an der Hochschule Esslingen folgte ein Master-Studium in „Distributed Computing Systems Engineering" an der Brunel University London. Seit 2010 ist er Angestellter der intension GmbH, bei der er in einem Projekt zur automatischen Traktorsteuerung die ersten Erfahrungen in der „App-Entwicklung" sammelte. Seit der Planung des eigenen „Smarthomes" Ende 2016 ist die Entwicklung der gemeinsamen App „SEVEN|O" nicht nur ein großes Hobby, sondern die Bereitstellung grenzenloser Möglichkeiten in der Steuerung und Automatisierung des Eigenheimes.

Elmar Loth
(Fotocredit: privat)

Elmar Loth, geboren 1971, ist freiberuflicher IT-Berater. Direkt nach seinem Informatik-Studium hat er sich mit Kommilitonen selbstständig gemacht und war zwei Dekaden geschäftsführender Gesellschafter einer Software-Schmiede im Umfeld des Identity Managements. Durch und durch Technologie-Enthusiast hat er mit dem Aufkommen der Industrie 4.0-Ära eine neue Herausforderung in der Verknüpfung der realen Welt mit in Software gegossenen Prozessen gefunden. Im eigenen Haus Smarthome-Lösungen einzusetzen, zu optimieren und neue Wege des Machbaren zu finden, gehört selbstredend dazu. Mit SEVENIO teilt er die Leidenschaft seiner Co-Autoren, eine Smarthome-Lösung zu schaffen, die intelligent und unaufdringlich die Bewohner beim Leben unterstützt.

.

Kleine Riesen – Von Insekten, Kunst und Respekt

Tina Teucher und Hans-Dietrich Reckhaus

1 Das Ungesuchte finden

Die an der Oberfläche verrückt erscheinende Geschichte von Insect Respect beginnt mit einer Sonderaufgabe. Das Unternehmen Reckhaus ist seit 60 Jahren Biozid-Hersteller. Biozide sind Insektenbekämpfungsprodukte, wie man sie aus dem Drogeriemarkt kennt: Insektensprays, Mottenpapier, Fliegenfänger und Ameisenköderdosen. Reckhaus gehört durch eine eigene Marke und Aktivitäten im Geschäft mit Handelsmarken zu den führenden Anbietern von Bioziden im deutschsprachigen Raum. Im Jahr 2011 lautete das Geschäftsziel des in zweiter Generation geführten Familienunternehmens daher, den Status quo im gesättigten Markt zu erhalten.

Dann tauchte die Innovation auf, die später die ganze Branche hinterfragen sollte. Oberflächlich wirkte das Produkt wenig aufmerksamkeitserregend: Es war eine Fliegenfalle. Das Biozid wurde auf den unkonventionellen Namen „Flippi" getauft, sollte Fliegen noch schneller als die Konkurrenz fangen und noch dazu insektizidfrei – also ohne Nervengifte – funktionieren. Was der Mittelständler Reckhaus nicht hatte, war ein großes Werbebudget, um mit seiner Innovation in die Regale der großen Handelskonzerne zu kommen. „Was tun?", fragte sich Geschäftsführer Dr. Hans-Dietrich Reckhaus. Als Kunstinteressierter traf er auf die beiden Konzeptkünstler Frank und Patrik Riklin. Sie betreiben in St. Gallen das Atelier für Sonderaufgaben. Die Vermarktung einer solchen neuartigen Fliegenfalle erschien klar als eine Sonderaufgabe!

T. Teucher (✉)
Sustainable Matchmaker, München, Deutschland
E-Mail: yes@tinateucher.com

H.-D. Reckhaus
Reckhaus GmbH & Co. KG, Bielefeld, Deutschland
E-Mail: hd.reckhaus@reckhaus.com

© Springer-Verlag GmbH Deutschland, ein Teil von Springer Nature 2021
A. Hildebrandt und W. Landhäußer (Hrsg.), *CSR und Digitalisierung,* Management-Reihe Corporate Social Responsibility, https://doi.org/10.1007/978-3-662-61836-3_41

Reckhaus fragte die beiden, ob ihnen nicht eine Kunstaktion für das Produkt ein-
fiele. Mit den Mitteln der Kunst sollte diese Innovation bekannt werden. Doch die
beiden Künstler lehnten rundweg ab: Sie fanden das Produkt und die Aktivitäten des
Biozid-Herstellers schlecht und wollten sich nicht dafür stark machen.

Stattdessen stellten die Künstler dem etablierten Unternehmer eine entscheidende
Frage: „Herr Reckhaus, haben Sie schon einmal über den Wert einer Fliege nach-
gedacht?" Nie zuvor hatte der promovierte Wirtschaftsabsolvent sich aus dieser
Perspektive über Insekten Gedanken gemacht. Jahrelang standen für ihn der Schaden,
den die Tiere verursachen und ihre Bekämpfung im Vordergrund. Der Aspekt von Wert
und Nutzen war ihm völlig neu. „Wenn Sie etwas mit uns machen wollen, dann müssen
Sie wenigstens einmal Fliegen retten und nicht töten", stellten die Konzeptkünstler zur
Bedingung.

Retten statt töten? Die Idee erschien verrückt: Ein Insektenvernichter, der nun
Insekten schützen sollte. Hans-Dietrich Reckhaus war hin- und hergerissen: Eine solche
Frage zuzulassen, hätte tiefgreifende Konsequenzen. Der Ruf des traditionsreichen
Familienunternehmens stand auf dem Spiel. Doch die Idee der Künstler faszinierte Reck-
haus und ließ ihn nicht mehr los. „Ich habe so viele Insekten auf dem Gewissen, da kann
ich doch auch einmal retten!", resümierte der Unternehmer für sich – und sagte zu.

Was nun folgte war ein Abenteuer mit menschlichen Begegnungen, scharfen
Kritikern, ungläubigen Freunden und Medien und einem grundsätzlichen Umdenken des
Unternehmers, das die Transformation seines ganzen Geschäftsmodells einleiten sollte.
Er fand das Ungesuchte (Olma 2014, S. 19).[1]

2   Die Kunst des Wandels

Frank und Patrik Riklin forderten Hans-Dietrich Reckhaus heraus, das Verhältnis
zwischen Mensch und Insekt zu hinterfragen. Was ist der Wert eines Insekts? Diese viel
zu selten gestellte Frage führte zu einer so unglaublichen wie wirkungsvollen Aktion:
„Fliegen retten".

Im Vordergrund stand bei der Aktion nicht die Bekämpfung, sondern der liebevolle,
mit den Mitteln der Kunst geschärfte Blick auf die Insektenwelt. Die Künstler und
der Unternehmer entwickelten die Idee im Atelier für Sonderaufgaben über Monate
hinweg weiter. Schließlich suchten sie die reale Begegnung mit potenziellen Fliegen-
rettern in den Dörfern in der Nähe des Stammsitzes der Firma Reckhaus, Bielefeld. Die Begeisterung für das Abenteuer sprang auf den Initiativkreis der Gemeinde

---

[1]Vgl. Serendipität: „die Logik des ‚ungesuchten Fundes'". Dieser recht gewöhnungsbedürftige
Begriff artikuliert die Tatsache, dass Innovationen nicht ohne einen Moment der Überraschung entstehen, bei dem man etwas findet, wonach man nicht direkt gesucht hat.

Abb. 1 Der Beginn des Wandels: Die Aktion „Fliegen retten" der Konzeptkünstler Frank und Patrik Riklin löste bei Unternehmer Dr. Hans-Dietrich Reckhaus ein Umdenken aus

Deppendorf-Schröttinghausen über. Gemeinsam planten Künstler, Unternehmer und Bewohner die weltweit erste kollektive Fliegenrettung.

Die ungewöhnliche Truppe führte die Aktion „Fliegen retten" am 1. September 2012 in Deppendorf durch. Im Rahmen ihres Dorffests fingen die Deppendorfer zahlreiche Stubenfliegen in ihren Häusern lebendig ein und brachten sie zum Festzelt, in dem ein eigens gebauter Fliegenrettungswagen auf die Sechsbeiner wartete. In diesem von einem Biologen konzipierten, artgerechten Refugium waren die Brummer geschützt vor den Gefahren der freien Wildbahn und konnten Milchpulver und Zuckerlösung genießen.

Die Dorfbewohner retteten insgesamt 902 Stubenfliegen und nahmen damit an einem ebenso kuriosen Wettbewerb teil: Das Gewinnerpaar durfte für drei Tage in das mehrfach ausgezeichnete, beste Fünf-Sterne-Wellnesshotel der Welt fliegen – Schloss Elmau –, begleitet von einer Gewinner-Fliege, die man auf den Namen Erika taufte. In einer Reisebox flog sie mit dem Helikopter von Deppendorf zum Flughafen Paderborn und von dort mit einem eigenen Lufthansa-Ticket und Sitzplatz (dem historisch ersten für eine Fliege) nach München (vgl. Abb. 1 und 2). Begeisterte und verständnislose Medienberichte ließen nicht lange auf sich warten. „Fliegen retten in Deppendorf" erschien vordergründig als absurde Aktion zwischen Kunst, Wirtschaft und Natur. Im Hintergrund löste sie einen Diskurs über den Wert einer Fliege aus und thematisierte das zwiespältige Verhältnis zwischen Mensch und Insekt.

Abb. 2 Großer Respekt für ein kleines Tier: Fliege Erika erhielt im 5-Sterne-Hotel eine Gourmet-Behandlung

3   Vom Wert der Insekten

Der Nutzen, den Insekten für die Natur und den Menschen stiften, ist ebenso vielseitig wie unschätzbar. Warum verdienen Insekten den Respekt der Menschen? Dafür gibt es „stichhaltige" Argumente.[2]

1. Resilienz: Insekten geben der Natur mehr Widerstandskraft
Nur eine vielgestaltige Natur ist auch eine resistente Natur. Als artenreichste Tierklasse tragen Insekten maßgeblich zur Biodiversität auf unserem Planeten bei. Weil sie den Kreislauf von Ernährung, Verdauung und Verwesung im Gleichgewicht halten. Weil sie Substanzen abbauen, die für andere Lebewesen schädlich sind. Und weil sie Flora und Fauna „anstacheln", mit immer besseren Strategien auf die Intelligenz der Insekten zu antworten.

2. Bestäubung: Insekten halten die Pflanzenwelt am Leben
Nicht nur die fleißigen Bienen, auch Mücken, Fliegen und viele weitere Insekten tragen durch Bestäubung oder Samentransport zur Vermehrung der Flora bei. Bis zu 75 % unserer Kulturpflanzen und bis zu 90 % aller Wildpflanzen sind auf Insekten angewiesen (Aizen 2009, S. 1579). Diese Leistung ist Geld wert: Experten schätzen zum

---

[2]Die folgenden Darstellungen sind angelehnt an Reckhaus (2019a, b).

Beispiel den wirtschaftlichen Nutzen der Bestäubung auf 265 Mrd. EUR pro Jahr (Lautenbach et al. 2012).

3. Ökosystem: Insekten sind ein wichtiger Teil der Nahrungskette

Insekten sind wichtige Elemente der Nahrungskette: Die meisten Vögel, Süßwasserfische, Reptilien und Amphibien sowie diverse Säugetiere sind bei der Ernährung auf Insekten angewiesen. So ernährt sich zum Beispiel der Mauersegler *(Apus apus)* von mehr als 500 Insektenarten wie Blattläusen, Hautflüglern wie Bienen und Ameisen, Käfern, Fliegen und von Spinnentieren. Fütternde Brutpaare sammeln für ihre Kleintiere pro Tag über 20.000 Insekten (Bosch 2003, S. 32; Bauer et al. 2012, S. 745). Auch viele Säugetiere ernähren sich von Insekten, zum Beispiel Igel. Selbst im Wasser geht es nicht ohne Insekten: Die Nahrung von Süßwasser-Speisefischen besteht bis zu 90 % aus Insekten-Larven (Berenbaum 2001, S. 18; Capinera 2010, S. 152 ff.).

Auch Insekten fressen Insekten, was sich die Schädlingsbekämpfung in der Landwirtschaft zunutze macht. Über 50 Insektenarten werden heute speziell dafür gezüchtet und gewerblich vertrieben (Schneller 2009, S. 8).

4. Futter und Essen: Insekten sichern die Welternährung

Rund ein Drittel aller Nahrungsmittel geht auf die Bestäubung durch Insekten zurück. Obstpflanzen, niederwüchsige Früchte und Gemüse brauchen Insekten. Solche Pflanzen bringen besonders nährstoff- und vitaminhaltige Lebensmittel hervor. So gäbe es ohne Insekten zum Beispiel keine Schokolade, denn der Kakaobaum ist auf die Bestäubung weniger Mückenarten angewiesen. Selbst ein Cheeseburger wäre ohne Insekten nur ein Brötchen, denn Rinder ernähren sich größtenteils von insektenbestäubten Futterpflanzen. Für unsere Proteinquellen aus dem Süßwasser sind wir auf Larven angewiesen: Allein für die USA wurde errechnet, dass der ökonomische Wert der Insekten für die Fischerei mindestens 224 Mio. US-Dollar pro Jahr beträgt (Losey und Vaughan 2006, S. 311 ff.).

Bereits heute verursachen Futtermittel 60–70 % der gesamten Herstellkosten für Fleisch. Die weltweiten Preise für Getreide und Fischmehl sowie Fischöl verdoppelten sich in den letzten zehn Jahren. Studien konnten nachweisen, dass Insekten, zum Beispiel Seidenwürmer *(Anaphe panda)*, Mehlwürmer *(Tenebrio molitor)* und Heuschrecken (zum Beispiel *Oxya fuscovittata* und *Acrida exaltata*), Futtermittel wie Fischmehl und Sojabohnen ersetzen können (FAO 2013, S. 207). Im Vergleich sind Insekten günstiger, nahrhafter sowie schneller und einfacher zu züchten.

Seit über 2000 Jahren dienen Insekten auch dem Menschen als wichtige Proteinquelle. Mehr als 1900 unterschiedliche Insektenarten werden heute in Südasien, Südamerika und Afrika von rund zwei Mrd. Menschen verzehrt. Sie gelten als DAS Lebensmittel der Zukunft: Insekten sind reich an Proteinen, Vitaminen und Nährstoffen, sie enthalten viele Ballaststoffe und Mikronährstoffe, zum Beispiel Eisen und Magnesium, aber dafür sehr wenig Fett. Ihre Zucht für Lebensmittel erobert deshalb nun auch den Markt in den USA und Europa.

5. Hygiene: Insekten befreien uns von „Müll"

Ohne Insekten hätten wir ein großes Hygieneproblem. Was passiert zum Beispiel mit all den Kuhfladen auf unseren Weiden? Insekten, die sich von Kot ernähren, kümmern sich um die Misthaufen. Man nennt sie Koprophagen. Manche Insekten setzen direkt ihre Eier in den Kot und leben dort, andere graben bis zu zehn Zentimeter tiefe Stollen und ziehen mit dem Kot dort ein. Skarabäus-Käfer bringen diesen sogar viele Meter weit weg, um ihn in Schutz vor Konkurrenten in Ruhe zu sich zu nehmen.

Insekten können uns nicht nur von Kot befreien, sondern gleichzeitig diesen Mist in eine sehr proteinreiche Biomasse verwandeln. Anders gesagt: Sie schaffen die Verwandlung von Abfall zu einer hochwertigen Nahrung. Einige von ihnen produzieren aus Mist sogar Biodiesel (FAO 2013, S. 207).

6. Böden: Insekten machen unsere Erde fruchtbar

Ähnlich wie Regenwürmer sind viele Insekten an der Umlagerung, Durchmischung und Durchlüftung des Erdreichs beteiligt. Dies fördert die „Atmung" des Bodens und die Wurzelbildung der Pflanzen. Indem sie organische Substanzen zersetzen, tragen Insekten aber auch direkt zur Humusbildung und zur Fruchtbarkeit des Bodens bei.

7. Kleidung: Insekten sind für die Textilproduktion unabdingbar

Ohne Insekten würden wir ziemlich nackt dastehen. Ohne die aktive Mitwirkung von Insekten könnte zum Beispiel die Baumwollpflanze nicht gedeihen. Dasselbe gilt für Lederwaren, denn die Tiere, aus deren Haut wir das Leder gewinnen, sind auf Futterpflanzen angewiesen – und diese wiederum auf die Arbeit von Insekten (Berenbaum 2001, S. 18). Seide ist als Textilstoff bereits seit über 5000 Jahren bekannt, das Geheimnis der Herstellung wurde aber bis 300 Jahre vor Christus streng von den Chinesen gehütet. Zwar produzieren alle Insektenraupen eine Art Seide, aber es ist die Raupe des chinesischen Maulbeerseidenspinners *(Bombyx mori)*, die die Kunst am besten beherrscht. In einer Minute kann sie bis zu 800 m Fäden spinnen, was für sie selbst nichts anderes als Speichelproduktion bedeutet.

Seide hat hervorragende Eigenschaften: Sie isoliert und absorbiert zum Beispiel sehr gut, sie ist nicht brennbar und sehr reißbeständig. Heute produzieren Insekten über 90.000 t Seide für unsere Textilien (Yong-Woo 1999, S. 1 ff.).

8. Industrie: Insekten produzieren Chemikalien

Insekten helfen der Industrie bei der Chemieproduktion: Die schmierige Haut der Schmier- und Mehlläuse wird für die Wachsproduktion verwendet und Deckelschildläuse liefern Harz. Besonders erfolgreich ist die Schildlaus *Laccifer lacca* (Berenbaum 1997, S. 179 ff.). Der aus ihr gewonnene „Schellack" haftet sehr gut an vielen Oberflächen, hat eine gute thermische Plastizität und geringe Empfindlichkeit gegen viele Lösemittel und ist biologisch abbaubar. Das Produkt wird heute weltweit in vielen Formen zum Isolieren, Vergällen und Versiegeln eingesetzt: elektrische Geräte, Schuhcremes, Haarsprays, Nagellack, Bodenpolituren, Druckfarben usw. Weltweit werden jedes Jahr ca. 30.000 t Schellack produziert. Für die Herstellung von einem Kilo braucht man dabei 300.000 Schildläuse (Verband der deutschen Lack- und Druckfarbenindustrie e. V. 2014, S. 34 f.).

Schildläuse sind auch seit Jahrhunderten besondere Farbproduzenten. Bereits vor 3000 Jahren wurde mit der *Kermes vermilio* gehandelt, weil sich aus ihr ein schönes Rot produzieren lässt. Ende des 16. Jahrhunderts setzte sich dann die aus Amerika stammende Laus *Dactylopius coccus* durch. Aus ihr gewinnt man bis heute den besonders intensiven roten Farbton „Karminrot", der in der Kosmetik und Lebensmittelindustrie eingesetzt wird.

9. Medizin: Insekten heilen

Die meisten gesundheitsfördernden Pflanzen kommen ohne die Bestäubung durch Insekten nicht aus, zum Beispiel Baldrian, Lavendel, Melisse, Eukalyptus, Kamille, Johanniskraut und Salbei. Vor allem in Entwicklungsländern, in denen oftmals die finanziellen Mittel für Medikamente und die medizinische Infrastruktur fehlen, sind Pflanzen und Kräuter lebensnotwendig. In Afrika sind zum Beispiel 80 % der Menschen auf die natürlichen Pflanzen angewiesen (Vasisht und Kumar 2004, S. 1). Der weltweite Markt für Heilpflanzen wächst seit Jahren mit ca. 10 % und beträgt heute rund 100 Mrd. US-Dollar.[3]

Aufgrund des Auftretens von multiresistenten Keimen, für die die Medizin keine sichere Behandlung hat, gewann die Madentherapie in den letzten Jahren wieder an Bedeutung. Die Larven der therapiegeeigneten Fliege *Lucilia sericata* werden heute industriell gezüchtet und weltweit vertrieben (Rufli 2002, S. 2038). Auch Bienengift wird bereits seit 1930 in der Medizin erfolgreich gegen Arthritis eingesetzt (O'Toole 2000, S. 209).

10. Forschung: Insekten sind wissenschaftlich äußerst wertvoll

Motten können bis zu 100-mal feiner als wir Menschen riechen, Ameisen können ein Mehrfaches ihres Körpergewichtes tragen, Mücken trotzen mühelos der Kraft von großen Regentropfen und Käfer orientieren sich zuverlässig ohne elektronisches Navigationssystem an den Sternen (Dacke et al. 2013, S. 298 ff.).[4] Warum leuchten Glühwürmchen, wie schaffen es Springschwänze luftdurchlässig und gleichzeitig gegen Reibung robust zu sein und wie leben Ameisen in Gemeinschaften mit bis zu 800.000 Individuen friedlich zusammen? Insekten sind interessante Tiere, von deren Erforschung wir viel lernen können.

---

[3]Eigene Berechnung basierend auf Vasisht und Kumar, die bereits für 2004 ein Volumen des weltweiten Marktes in Höhe von 60 Mrd. US-Dollar angegeben haben (Vasisht und Kumar 2004).

[4]Der Pillenkäfer *Scarabaeus satyrus* nutzt zum Navigieren tagsüber die Sonne und nachts den Mond. Forscher konnten nun feststellen, dass sich die Käfer bei mondlosen Nächten zuverlässig an den Sternen der Milchstraße orientieren können.

4   Respekt für kleine Riesen

Insekten sind für die Menschheit von großem und vielfältigem Nutzen. Dennoch haben wir als Gesellschaft ihre ökologische Bedeutung noch nicht in vollem Umfang erkannt. Die Sechsbeiner werden meist nur als Schädlinge wahrgenommen. Und tatsächlich ist es manchmal unumgänglich, sie zu bekämpfen. Diese Insekten fehlen anschließend in der Natur. Das Gleichgewicht gerät in Gefahr.

Insekten sind die artenreichste Tierklasse unseres Planeten. Weltweit existieren zwischen zwei und zehn Millionen Arten. Davon ist jedoch erst etwa eine Million wissenschaftlich beschrieben. Sind Insekten bedroht oder haben wir nicht eigentlich viel zu viele Insekten? Die Entwicklung der Tiere hängt von vielen Faktoren ab, unter anderem Temperatur und Feuchtigkeit, Nahrungsangebot, Brutmöglichkeiten und von den natürlichen Feinden. Darauf hat der Mensch einen wesentlichen Einfluss: In manchen Regionen nimmt die Zahl der Insekten durch die globale Klimaerwärmung und die Internationalisierung des Waren- und Personenverkehrs zu. Auf der anderen Seite fordert das weltweite Bevölkerungswachstum immer mehr Lebensraum für Menschen – und reduziert durch die Versiegelung natürlicher Flächen auch Biotope für Insekten. Mehr Menschen brauchen auch mehr Nahrung. Doch die industrielle Landwirtschaft reduziert die Artenvielfalt, unter anderem weil bestäubende Insekten in Monokulturen nicht ganzjährig Nahrung finden.

Weltweit führt die internationale Union zur Bewahrung der Natur und natürlicher Ressourcen IUCN rote Listen der gefährdeten Tiere und Pflanzen. Bei den Insekten werden nur 5304 Insektenfamilien geführt. Im Jahr 1996 waren davon 536 gefährdet, im Jahr 2014 waren bereits 993 vom Aussterben bedroht. In Europa belegen Insekten-zählungen, dass die Gesamtanzahl der Insekten rückläufig ist. Die vom Deutschen Bundesamt für Naturschutz im Jahr 2011 herausgegebene Rote Liste gefährdeter Tiere zeigt, dass im Vergleich mit Zählungen aus den 1980er- und 1990er-Jahren durchschnittlich 40 % der Arten entweder ausgestorben, in ihrem Bestand gefährdet oder extrem selten geworden sind. Zwischen 30 und 60 % der Insektenfamilienarten erfahren den Prognosen zufolge einen mäßigen bis sehr starken Rückgang. 2017 sorgte die Studie in PLoS One für Aufsehen, nach der über 75 % der Fluginsekten-Biomasse in den letzten 27 Jahren zurückgegangen ist (Hallmann et al. 2017). Gesamthaft kann ein massiver Rückgang der Insektenarten und Insektenpopulationen in Deutschland konstatiert werden. Vergleichbare Entwicklungen finden sich in Österreich und der Schweiz.

Das Bewusstsein für die Bedeutung von Insekten und einen respektvollen Umgang mit den kleinen Lebewesen zu fördern, ist das Ziel von Insect Respect. Im Hintergrund bewirkte die Kunstaktion „Fliegen retten" bei Hans-Dietrich Reckhaus ein weitreichendes Umdenken und Umhandeln. Einerseits, weil die Konsumenten Biozid-Produkte mit zunehmend schlechtem Gewissen anwenden und andererseits, weil Unternehmen dafür verantwortlich sind, welche Schäden ihre Produkte verursachen. In Zusammenarbeit mit den Biologen der ARNAL, Büro für Natur und Landschaft AG, ließ Reckhaus zum ersten Mal im Detail berechnen, wie Biozide die Insektenpopulation beeinträchtigen. Daraus wurde ein Modell abgeleitet, um diesen Einfluss mit Ausgleichsflächen zu kompensieren. Dieses Ausgleichsmodell dient als Basis für Insect Respect, das weltweit erste Gütezeichen für einen neuen Umgang mit Insekten. Es beruht auf einer Philosophie der Wertschätzung der kleinen Lebewesen und auf einem Konzept der Nachhaltigkeit in den drei Dimensionen Ökologie, Ökonomie und Soziales.

4.1 Philosophie

Insekten sind für das gesamte Ökosystem des Planeten Erde von enormer Bedeutung. In privaten Haushalten werden sie jedoch mehrheitlich als Schädlinge verstanden – und entsprechend bekämpft. Und tatsächlich können Insekten uns sowie unser Umfeld beeinträchtigen und müssen manchmal bekämpft werden.

Insect Respect sieht in Insekten das, was sie primär sind: Nützlinge von unschätzbarem Wert. Das weltweit einzigartige Gütezeichen steht für einen neuen Umgang mit Insekten. Für Biozid-Produkte heißt das: 1) reduzieren, 2) ökologisieren und 3) kompensieren.

1. Reduzieren: Präventionstipps auf Produkten, Online-Informationen sowie Veranstaltungen, Ausstellungen und Vorträge fördern das Bewusstsein für den Wert von Insekten und bestärken Konsumenten darin, möglichst wenig zu bekämpfen.
2. Ökologisieren: Lebendfangfallen ermöglichen ein Retten statt Töten. Insektizidfreie Produkte ermöglichen eine Bekämpfung ohne umweltgefährliche Stoffe.
3. Kompensieren: Für Produkte, deren Anwendung einen Insektenverlust verursacht, wird ein Ausgleich in Form von insektenfreundlichen Lebensräumen geschaffen.

Die Philosophie von Insect Respect ist in fünf Punkten verankert:

1. Wir respektieren Insekten als Lebewesen, die einen hohen Wert für uns und unser Ökosystem haben.
2. Wir wollen aktiv Insekten fördern und das Insektensterben stoppen.
3. Wir wollen das gesellschaftliche Bewusstsein für den Wert und die Bedrohung von Insekten steigern.
4. Wir setzen uns für weniger Insektenbekämpfung ein.
5. Wir legen insektenfreundliche Lebensräume an.

4.2   Konzept

Ziel des Gütezeichens Insect Respect ist es, in der Gesellschaft nachhaltig zu wirken. Um diese Idee langfristig etablieren zu können, wurde ein Konzept entwickelt, das auf den drei für Nachhaltigkeit zentralen Bereichen basiert.

Ökologische Dimension
Insect Respect fördert das Bewusstsein für Insekten, um eine Verhaltensänderung in der Gesellschaft zu bewirken: hin zur generellen Insektenförderung und zu weniger Insektenbekämpfung. Die Prinzipien zur Insektenbekämpfung lauten: reduzieren, ökologisieren und kompensieren. Wenn Insekten unbedingt bekämpft werden müssen, werden dafür Ausgleichsflächen geschaffen. Zusätzlich bietet Insect Respect umfangreiche Dienstleistungen zur Insektenförderung und zur Anlage insektenfreundlicher Lebensräume an.

Ökonomische Dimension
Tragen Produkte das Insect Respect Gütesiegel, so ist damit eine konkrete Förderung von Insekten und damit ein einzigartiger Mehrnutzen für den Nachfrager verbunden. Dieser Zusatznutzen ermöglicht dem Anbieter, sich im Markt der Angebote zu differenzieren und die eigene Marktposition zu verbessern. Je höher das ökologische Bewusstsein, desto mehr werden Konsumenten Produkte und Anbieter mit dem Gütezeichen bevorzugen.

Gesellschaftliche Dimension
Die Anlage von insektenfreundlichen Lebensräumen soll prioritär mit Mitarbeitern der Unternehmen und benachteiligten Personen aus dem regionalen Umfeld geschehen. Damit werden auch das Umweltbewusstsein und der Zusammenhalt im sozialen Bereich gestärkt.

4.3   Wissenschaftliches Modell

Das Prinzip der Kompensation von Insect Respect erscheint einfach: Ein Produkt tötet Insekten, die anschließend im Ökosystem fehlen. Für diesen Verlust wird ein Ausgleich geschaffen. Dieser erfolgt durch die Errichtung von insektenfreundlichen extensiven Flachdachbegrünungen im Siedlungs- oder Industrieraum. Dabei werden neue begrünte Flachdächer geschaffen oder bestehende aufgewertet. So einfach das Prinzip, so schwierig dessen Umsetzung, wenn man über Details nicht einfach hinwegblicken will. Um die benötigte Ausgleichsfläche zu berechnen, wurde deshalb mithilfe von Biologen der ARNAL, Büro für Natur und Landschaft AG, ein ökologisches Modell für den bekämpfungsneutralen Insektenschutz erarbeitet.

Die entwickelte Methodik – die weltweit erste dieser Art – basiert primär auf dem Gewicht der Insekten (Lebend-Biomasse). Das wissenschaftliche Berechnungsmodell stellt dabei Eingriff und Ausgleich gegenüber. Durch Korrekturfaktoren wie Umsetzungszeitpunkt, Entwicklungsstand der Fläche, vorhandene Strukturen und Biodiversität und naturschützerischer Wert der Fläche wird der Qualität der Ursprungs- und Ausgleichsfläche sowie der vorkommenden und zu erwartenden Biomasse Rechnung getragen.

Für die größtmögliche positive ökologische und soziale Wirkung der Kompensationsflächen empfahlen die Wissenschaftler, jene auf Flachdächern in versiegelten Siedlungsräumen zu errichten. Die gezielt als Biotope angelegten begrünten Flachdächer erhöhen die Biodiversität, indem sie Tieren geschützte Nahrungs-, Versteck- und Überwinterungsmöglichkeiten bieten. Zudem steigern die Ausgleichsflächen die Lebensqualität der Menschen in der Umgebung, unter anderem indem sie die Kanalisation entlasten (Regenwasserrückhalt), aktiven Hochwasserschutz bieten und zu geringeren Heiz- und Kühlkosten führen.

4.4   Ökonomische Strategie

Das Gütezeichen Insect Respect zielt darauf ab, für den Konsumenten einen einzigartigen Mehrnutzen zu schaffen und damit für die Anbieter die Möglichkeit, sich im Markt der Angebote zu differenzieren und die eigene Marktposition zu verbessern. Weil das Bewusstsein in der Bevölkerung für Umweltthemen und auch für den Wert von Insekten wächst, wird der Gesamtmarkt für Insektenbekämpfung schrumpfen. Die Strategie geht davon aus, dass die Anbieter von nicht kompensierenden und nicht ökologisch gerechten Bekämpfungsmaßnahmen nach und nach zugunsten von Anbietern mit Gütezeichen zurückgedrängt werden.

Neben zahlreichen Dienstleistungen für die Förderung des Insektenbewusstseins bietet Insect Respect die Berechnung des Eingriffes sowie die Anlage von Kompensationsmöglichkeiten an. Dafür wird ein Lizenzentgelt fällig, mit dem das Angebot langfristig gesichert wird.

Die ökonomischen Mechanismen des sich verändernden Marktes für Biozide können wie folgt beschrieben werden:

- Das Bewusstsein der Konsumenten für die Natur und damit für die Insekten wird in den nächsten Jahren ansteigen. Entsprechend wird sich der Einsatz von Bioziden reduzieren. Der Nachfragerückgang nach Bioziden kann sich stark beschleunigen, wenn Medien neben Bienen auch über die Nützlichkeit von Fliegen, Mücken und Ameisen berichten. Bereits im August 2013 schaffte es die Bedrohung der Bienen auf die Titelseite des TIME Magazine. Seit 2017 rückt der Wert der Insekten in den Fokus von immer mehr Medienbeiträgen.

- Die Unterstützer von Insect Respect fördern in vielfacher Weise das Bewusstsein für Insekten zusätzlich. Entsprechend wird sich der Einsatz von Bioziden schneller reduzieren. Damit erfolgt ein wichtiger Beitrag für die Natur.
- Immer mehr Anbieter zeigen und nutzen den möglichen kompensatorischen Umgang mit Bioziden. Entsprechend werden aufgrund des gestiegenen Bewusstseins Produkte mit insektizidfreien Lösungen sowie Kompensation bevorzugt, während konventionelle Produkte ohne Kompensation weniger nachgefragt werden.
- Das Resultat ist ein neues Bewusstsein für Insekten und ein neues Verständnis im Umgang mit der Insektenbekämpfung: Wenn Kunden überhaupt noch bekämpfen, dann insektizidfrei sowie mit Insect Respect und der damit verbundenen Insektenförderung. Sie denken und handeln präventiv, damit es erst gar nicht zur Bekämpfung kommen muss.

5   Ankunft in der Realität

5.1   Die erste Ausgleichsfläche

Dem Gewinn an Lebensqualität, der sich aus der Insektenbekämpfung ergibt, steht immer ein Verlust für unsere Ökosysteme gegenüber. Diesen Verlust versucht Insect Respect auszugleichen. Dafür wirkt die Firma Reckhaus als Pionier der Biozid-Kompensation: Seit Juli 2012 ist das Flachdach des Verwaltungsgebäudes in Bielefeld eine insektenfreundliche Zone – die erste Insect-Respect-Ausgleichsfläche (vgl. Abb. 3 und 4). Die Investition ermöglicht auf 200 Quadratmetern eine extensive Begrünung, zusätzlich unterstützt durch Anhügelungen und Kleinstrukturen.

Im Ursprungszustand bestand das Dach aus einer Schutzfolie ohne organisches Substrat oder Kies und beherbergte keinerlei Lebendbiomasse. Die Neugestaltung als extensives Flachdach bietet nun für Insekten einen hochstehenden Lebensraum mit zahlreichen blühenden Nahrungspflanzen und Versteckmöglichkeiten. Durch seine ökologische Weiterentwicklung wird der Lebensraum für Insekten immer attraktiver, sodass die Fläche jedes Jahr größere Stückzahlen an Produkten kompensieren kann.

Im Jahr 2015 eröffnete die Reckhaus-Gruppe in Gais (AR) die erste Insekten-Ausgleichsfläche der Schweiz. Das 500 m² große, begrünte Flachdach ist als ideales Biotop für Insekten konzipiert. Durch unterschiedliche Substrate und Strukturen, wie zum Beispiel Holz- und Steinhaufen soll sich eine möglichst große Artenvielfalt an Tieren und Pflanzen etablieren, die so im Appenzellerland eher selten vorkommt.

Aufgrund der drei verschiedenen Substrathöhen wird von durchschnittlich rund 47 g/m² Lebendbiomasse im Boden und in der Vegetation auf dem voll entwickelten Flachdach ausgegangen. Der Wert liegt jedoch deutlich höher, denn allein durch die vorhandenen Strukturen (rund 10 % der Fläche) vervierfacht sich die Lebendbiomasse. Da

Abb. 3 Die erste Insekten-Ausgleichsfläche der Welt bietet Arthropoden Nahrungs- und Versteckmöglichkeiten. Konsumenten können per QR-Code auf ihrem Produkt und Webcam die kompensierende Fläche sehen

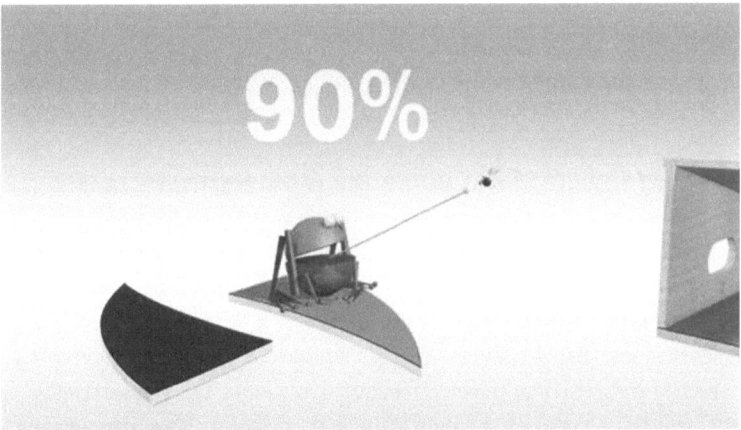

Abb. 4 Der Speiseplan von Fischen und Amphibien besteht bis zu 90 % aus Insekten. Der Animationsfilm „Kleine Riesen" von Insect Respect veranschaulicht den Nutzen der Sechsbeiner

sie von verschiedenen Seiten gut einsehbar und vergleichsweise einfach zu betreten ist, wird sie zu einer Art „Demonstrationsfläche" für Biodiversität: An ihrem Beispiel kann Insect Respect die Möglichkeiten aufzeigen, wie sich ein extensives Flachdach bzw. ein insektenfreundliches Biotop aufbauen lässt.

5.2   Großer Effekt mit großem Respekt: Die Dr. Reckhaus Produkte

Die Produkte der neuen Marke Dr. Reckhaus tragen als erste das Gütezeichen Insect Respect. Es garantiert, dass für die mit einem Produkt bekämpften Insekten eine insektenfreundlich gestaltete Ausgleichsfläche geschaffen wurde. Erstes Produkt im Sortiment war die Fliegen-Scheibe, ein patentiertes und insektizidfreies System für die diskrete Bekämpfung von Fliegen, Stubenfliegen, Fruchtfliegen und Trauermücken direkt am Fenster. Die Ausgleichsfläche für die erste Jahresproduktion wurde am Betriebs- standort der Reckhaus GmbH & Co. KG angelegt.

Die Verpackung der Fliegen-Scheibe informiert direkt über den Corporate-Responsibility-Aspekt des Produkts. Sie besteht aus zwei Teilen, die jeweils für Wirkung und Verantwortung stehen – großer Effekt mit großem Respekt. Auf der Schachtel befinden sich ausführliche Informationen über den ökologischen Wert von Insekten sowie ein transparenter Hinweis auf die konkrete ökologische Kompensations- fläche, die für das Produkt geschaffen wurde, mit Adresse, Bild und QR-Code.

Seit 2019 sind alle Produkte von Reckhaus zudem mit einem freiwilligen Warn- hinweis ausgestattet: Jede Verpackung warnt mit dem Satz „Produkt tötet wertvolle Insekten" vor den Auswirkungen der Produktanwendung. Um den Kunden mit der Warnung nicht allein zu lassen, bieten die Verpackungen bzw. enthaltenen Produkt- informationen viele nützliche Fakten über Insekten sowie umfangreiche Präventions- tipps. Ziel ist, dass Anwender sich vermehrt präventiv vor Insekten schützen und entsprechend die Bekämpfung reduzieren.

5.3   Erste Erfolge im Markt und ungeahnte Partnerschaften

Fünf Jahre hat es gedauert, bevor Hersteller und Handel bereit waren, das neue Gedankengut anzunehmen: Insekten sind nicht nur Schädlinge, sondern auch Nütz- linge. Weit bevor größere Studien über das Insektensterben die öffentliche Aufmerksam- keit erregten und der Biozid-Markt sich für insektenfreundliche Alternativen öffnete, entschloss sich die Firma Reckhaus 2016 mit der Marke Dr. Reckhaus die erste Serie bekämpfungsneutraler Produkte in den Handel zu bringen. Käuflich war und ist sie in Bioläden und Reformhäusern sowie in Onlineshops.

Die größte deutsche Drogeriemarktkette (dm) hat seit Mai 2017 drei Produkte mit dem Gütezeichen Insect Respect im Sortiment. Seit 2018 sind vier mit de Gütezeichen ausgezeichnete Produkte auch bei dem Lebensmitteleinzelhändler ALDI Süd gelistet. Die Drogeriemarktkette ROSSMANN führt seit 2019 vier Produkte mit dem Güte- zeichen im Sortiment. Im Jahr 2020 kam ALDI Nord mit vier Insect Respect gelabelten Produkten hinzu.

Da Insect Respect sich auf die Anlage insektenfreundlicher Lebensräume spezialisiert hat, kamen immer mehr Unternehmen auf Reckhaus und seine Initiative zu, um ihre Firmengelände artenreich zu begrünen. Inzwischen bietet Insect Respect diese Beratung und Dienstleistung proaktiv bei interessierten Firmen an, zum Beispiel in Gewerbegebieten, bei Veranstaltungen der Industrie- und Handelskammer oder bei Ökoprofit-Netzwerken. Dadurch konnten bereits weitere Firmen, wie beispielsweise Ritter Sport oder Halfar Taschen, dazu angeregt werden, ihre ungenutzten Flächen in Lebensräume für Insekten umzuwandeln. In einem Azubi-Projekt von Ritter Sport mit Insect Respect bauten die Auszubildenden ein riesiges quadratisches Insekten-Hotel inmitten einer neu angelegten Wiese. Über einen Blog, soziale Medien und einen Flyer reflektierten sie ihre Aktion mit Umweltbildungscharakter und berichteten über die Erfolge. Schilder auf dem Betriebsgelände verweisen nun auf den Wert von Insekten und die getroffenen Maßnahmen. Beim Taschenhersteller Halfar veranstaltete Insect Respect eine Mitarbeiterpflanzaktion, bei der auch die Kinder von Angestellten teilnehmen konnten und zum Beispiel Strukturelemente wie Totholzhaufen für Insekten setzen konnten. Dabei erhielten sie vom Insect-Respect-Biologen spannende Informationen zu Biodiversität über die Lebensweise von Insekten.

5.4   Eine Bühne für Insekten

Um die Vernetzung der vorher verstreuten Akteure für Insektenschutz zu stärken, rief Insect Respect eine eigene Veranstaltung ins Leben: Der Tag der Insekten fand zum ersten Mal im März 2017 statt und hat sich seitdem zu einer Tagungsreihe für die „Lobby für Insekten" entwickelt. Bei den Tagungen, die bisher insgesamt bereits sechsmal in Bielefeld, Berlin und Aarau stattfanden, vernetzen sich Engagierte aus Unternehmen, Forschung, Vereinen, Politik, Medien und Zivilgesellschaft und machen ihre Aktivitäten sichtbar. Das Ziel ist, sektorübergreifende Kooperationen zu stärken, um das Bewusstsein für den Wert und die Bedrohung der Insekten durch alle gesellschaftlichen Schichten hindurch zu erhöhen. Durch die Vernetzung untereinander und die Präsenz von Vertretern aus ganz unterschiedlichen Bereichen wird sichtbar, wer alles ein Interesse hat, die Insekten zu schützen.

Vernetzung birgt auch immer das Potenzial neuer Initiativen und Zusammenschlüsse. So wurde bereits beim 1. Tag der Insekten in Bielefeld ein Runder Tisch für mehr Artenvielfalt gegründet. Außerdem regt öffentliches Engagement andere Menschen dazu an, sich anzuschließen und mitanzupacken. Die Tagungen mit ihren hochrangigen Referenten und inzwischen ca. 1000 Teilnehmern bilden Meilensteine in der Strategie von Insect Respect, um seinen Zweck zu erfüllen: Menschen dazu anzuregen, privat, unternehmerisch und politisch die Artenvielfalt bei sich vor Ort und auf größerer Ebene zu fördern.

Für die Tagung geht Insect Respect jeweils Kooperationen mit Akteuren vor Ort ein: Naturkundemuseum Bielefeld, BirdLife Schweiz, Global Nature Fund, Museum für Naturkunde Berlin unter anderem waren bereits Veranstaltungspartner. Durch die Zusammenarbeit werden immer auch für beide Seiten neue Zielgruppen erreicht und so breitere Bevölkerungsteile angesprochen sowie neue sektorübergreifende Projekte ermöglicht. Insect Respect und Reckhaus als Initiator des „Tag der Insekten" engagiert sich dabei organisatorisch und finanziell, und im Dialog mit den Partnern konzeptionell und methodisch. So beinhalten die Tagungen immer neben Impulsvorträgen und Keynotes von Experten auch interaktive Teile für Vernetzung und Austausch.

6   Verbindung in die digitale Welt

Insect Respect nutzt die analoge und die digitale Welt, um auf den Wert von Insekten aufmerksam zu machen. Die Aktion „Fliegen retten" stand ganz im Zeichen der persönlichen Begegnung und des sinnlich Erfahrbaren: eigenhändig Fliegen fangen, Austausch beim Dorffest, das erste Flugticket für eine Fliege, ein mehrgängiges Menü für ein Insekt. Dass diese scheinbar absurden Ideen von Künstlern in die analoge Realität überführt wurden, macht die Aktion erst so wirksam. Vor allem die Liebe zum Kleinen, zum Detail fasziniert bis heute die Öffentlichkeit, Kunstinteressierte, Medienschaffende wie auch Skeptiker: Warum wurde da so ein Aufwand für eine Fliege betrieben? Wieso darf sie auf Schloss Elmau residieren? Ist sie das überhaupt wert? Genau dieses Nachdenken sollte die Aktion auslösen.

Der Prozess der Bewusstseinsbildung für gesellschaftliche Herausforderungen oder ökologische Themen ist ein individueller, weil jeder Mensch andere Erfahrungshintergründe mitbringt. Deshalb ermöglicht Insect Respect unterschiedliche Zugänge – analog und digital: Mit Aktionen vor Ort, dem Animationsfilm „Kleine Riesen" online (vgl. Abb. 4), schriftlichen Informationen auf den Verpackungen der gelabelten Produkte, die aber auch einen QR-Code tragen, der zu aktuellen Bildern der jeweiligen Ausgleichsfläche führt, die das Produkt kompensiert. Eine Ausstellung über den Kompensationsgedanken zu Insect Respect bindet auch Augmented-Reality-Technologien ein: Hier können Besucher mit Tablets oder Smartphones Elemente der realen Welt per Kamera einscannen und über ihre Geräte mehr Hintergrundinformationen in Form von Videos und Animationen erhalten. Zur Verbindung von analoger und digitaler Welt lud zudem der Messestand „Umdenken" von Insect Respect auf der BioFach 2016 in Nürnberg ein. Er beinhaltete ein detailliert ausgestaltetes, umgekehrtes Wohnzimmer, in dem die Besucher die Perspektive von Insekten (an Wänden und der Decke) einnehmen konnten. Mit Handyfotos von sich und ihrer Gruppe in der ungewöhnlichen Szenerie teilten die Besucher so ihre „Um-denken"-Erfahrung mit Freunden aus aller Welt in sozialen Netzwerken. Auch in den Jahren 2017–2019 wurden reale Erfahrung und Bildwelten am Insect Respect Messestand der BioFach kreativ erlebbar: Auf einem überdimensionierten Küchentisch, in einem weißen Wohnzimmer voll grüner Fliegen oder vor einem riesigen Umkehrspiegel konnten sich die Besucher wie Insekten fühlen und Um-denken ausprobieren. 2020 folgte der radikale Bruch: „Wir stehen hier nicht rum, wir handeln" verlautbarte der unbemannte Messestand von Insect Respect. Er enthielt nichts weiter als einen schriftlichen Aufruf, gemeinsam insektenfreundliche Lebensräume zu bauen.

Um die Tiere besser zu erkennen und zu verstehen, bietet Insect Respect als kostenfreien Service eine Insektenbestimmung sowie Hintergründe und Fakten an. Wer sich respektvoll vor Insekten schützen will, muss wissen, mit welchem Tier er es zu tun hat. Aufgrund der Artenvielfalt ist das gar nicht so einfach. Mit der Insektenbestimmung kann man sicher gehen, ob man sich vor einem Insekt schützen sollte und wie dies am besten präventiv möglich ist. Wer sich von Insekten belästigt fühlt, kann einige tote, aber unversehrte Exemplare in einer kleinen Box per Post an das Unternehmen Reckhaus senden. Biologen bestimmen die Insektenart und Insect Respect sendet der betroffenen Person per E-Mail ein Faktenblatt mit Infos und nützlichen Tipps zur Vorbeugung.

Als Service für mehr Bewusstsein finden sich auf der Website ca. 100 Faktenblätter, welche die in unseren Breitengraden am häufigsten vorkommenden Schädlinge und Lästlinge im Wohnbereich beschreiben. Über die Social-Media-Kanäle YouTube, Twitter und Instagram verbreitet Insect Respect Tipps zur Prävention, News, Veranstaltungen sowie faszinierende Informationen und Bilder von Insekten. Mit dem Insektenbestimmungsservice sowie den umfangreichen Informationen zu den einzelnen Insekten bewirkt Insect Respect eine sparsamere und gezieltere Anwendung der Produkte. Wenn ein Bekämpfungsprodukt angewendet wird, sollte es nur die Insekten bekämpfen, die den Anwender konkret stören. Zusätzlich sollte das Produkt die Umwelt nicht unnötig belasten. Entscheidend ist hier eine ausführliche Gebrauchsanweisung, die eine gezielte und sparsame Anwendung erklärt und eventuelle Nebenwirkungen konkret beschreibt.

7   Vordenker und Ethikpreisträger

Die Liebe zum Detail findet immer mehr Unterstützer. Das Gütezeichen Insect Respect wurde seit seiner Gründung bereits mehrfach als herausragendes Projekt präsentiert, unter anderem beim Energy Globe Award Switzerland 2019 (Gewinner), beim WirtschaftsWoche Preis „Unternehmerisches Herz" 2019 (Gewinner), ZEIT Wissen Preis Mut zur Nachhaltigkeit 2019 (Top 3, Kategorie Handeln), beim European Responsible Care Award 2018 (Gewinner), GreenTec Award 2016 (Top 3, Kategorie Lifestyle), beim Schweizer Ethikpreis 2015 (Gewinner), beim Green Product Award 2015 (Green Selection), beim Europäischen Kulturmarken Award (besondere Erwähnung der Jury) sowie beim Kyocera Umweltpreis 2014 (Top 3, Kategorie „Biodiversität, Natur- & Gewässerschutz"). Der Initiator Dr. Hans-Dietrich Reckhaus wurde für sein Engagement geehrt mit dem Schweizer Ethikpreis 2015, dem Querdenker Award 2014 (Kategorie „Vordenker") und dem Deutschen Unternehmerpreis (Top 3 in der Kategorie „Family Business").

Insect Respect erfreut sich eines wachsenden Kreises an Befürwortern, die dem Kleinen ebenso viel Wert zuschreiben wie dem scheinbar Großen. Die Fliege Erika, die aus der Kunstaktion „Fliegen retten" hervorging und nach ihrem natürlichen Tod liebevoll präpariert wurde, kam 2015 in die Kunstsammlung der Universität St. Gallen (HSG) als „Symbol für ökologische Unternehmenstransformation durch die Kunst".

Im Jahr 2018 feierte sie ihre Auferstehung als Zeichen gegen das Insektensterben: Als grüneingefärbter Ansteck-Pin (3-D-Druck) wird die Fliege Erika bereits von über 3000 Menschen in die Welt getragen.

8   Transformation braucht echte Protagonisten

Oft sind es die scheinbar kleinen Dinge, die Großes bewirken können. Für das Familienunternehmen Reckhaus war dies die Frage der Künstler Frank und Patrik Riklin, welchen Wert ein Insekt eigentlich hat. Die Brüder aus dem Atelier für Sonderaufgaben schufen damit nicht nur eine künstlerische, sondern eine wirtschaftliche Sonderaufgabe: Den Biozid-Markt komplett zu hinterfragen. Wie wäre es mit retten statt töten? Diese Frage führte zur Aktion „Fliegen retten in Deppendorf". Im Vordergrund stand nicht mehr die Bekämpfung, sondern der liebevolle – mit den Mitteln der Kunst geschärfte – Blick auf die Insektenwelt. Mit diesem Perspektivwechsel ist es gelungen, einen Betrieb mit 60-jähriger Geschichte und starker Marktposition zum grundlegenden Nachdenken über Nachhaltigkeit zu bewegen. Dieses Umdenken war die Voraussetzung, das neue Geschäftsmodell zu verwirklichen – mit dem Gütezeichen „Insect Respect" als Kern der Transformation und vielen weiteren Aktivitäten, die das Kleine groß machen.

Gleichzeitig schickten die Künstler den Unternehmer Dr. Hans-Dietrich Reckhaus auf eine persönliche Wahrheitssuche – und auf ein wirtschaftliches Abenteuer, für das er einen langen Atem braucht. Zwar hat Insect Respect von Beginn an die mediale Aufmerksamkeit erregt, Auszeichnungen erhalten und Bekanntheit weit über die Branche hinaus erlangt. Doch um wirklich im Bewusstsein von Handel und Konsumenten als „neues Normal" anzukommen, muss weiter kontinuierlich in die Sensibilisierung und den Dialog verschiedener gesellschaftlicher Interessengruppen investiert werden. Es geht darum, dem Kleinen wieder mehr Wert zu geben und sich zu erlauben, auch auf Details zu achten. Klein heißt nicht: nicht wichtig. Nur mit dieser Haltung lässt sich auch im Großen Qualität und langfristiges Bestehen fördern.

Die Aktionen von Insect Respect verfolgen das ganzheitliche Ziel, den Gebrauch von Insektenbekämpfungsmitteln zu reduzieren, das Bewusstsein für den Wert der Tiere zu steigern und mehr Lebensräume für bedrohte Insekten zu schaffen. Damit dreht Reckhaus sein Geschäftsmodell vom Chemieproduzenten hin zum Anbieter ökologischer Dienstleistungen, transformiert seine Branche und den Markt. Auf diese Weise wird langfristig und „nachhaltig" etwas gegen die Ursachen des Insektensterbens und für die Förderung der Sechsbeiner getan.

Literatur

Aizen MA et al. (2009) How much does agriculture depend on pollinators? Lesson from long-term trends in crop production. Ann Bot 103:1579–1588

Bauer H-G et al. (2012) Das Kompendium der Vögel Mitteleuropas. Ein umfassendes Handbuch zu Biologie, Gefährdung und Schutz. AULA-Verlag, Wiebelsheim

Berenbaum M (2001) Unerwarteter Weltuntergang. Was geschähe, wenn plötzlich alle Insekten aussterben würden? Neue Züricher Zeitung Folio 2001:14–20

Berenbaum MR (1997) Blutsauger, Staatsgründer, Seidenfabrikanten: die zwiespältige Beziehung von Mensch und Tier. Spektrum, Heidelberg

Bosch S (2003) Segler am Sonnenhimmel. Videel, Niebüll

Capinera JL (2010) Insects and wildlifearthopods and their relationships with wild vertebrate animals. Wiley-Blackwell, Chichster

Dacke M et al. (2013) Dung beetles use the milky way for orientation. Curr Biol 23(4):298–300

Food and Agriculture Organization of the United Nations (2013) Edible insects: future prospects for food and feed security. FAO, Rom

Hallmann C et al. (2017) More than 75 percent decline over 27 years in total flying insect biomass in protected areas. PLoS ONE 12 (10). https://doi.org/10.1371/journal.pone.0185809

Lautenbach S et al. (2012) Spatial and Temporal Trends of Global Pollination Benefit. PLOS ONE 7(4). https://doi.org/10.1371/journal.pone.0035954

Losey JE, Vaughan M (2006) The economic value of ecological services provided by insects. Bioscience 56(4):311–323

Olma S (2014) Innovationsökonomien. Strategien zur Erneuerung unternehmerischer Praxis. Exzellenz-Cluster Nordrhein-Westfalen, Wuppertal

O'Toole C (2000) Faszinierende Insekten. Weltbild, Augsburg

Reckhaus H-D (2019a) Insect Respect. Das Gütezeichen für einen neuen Umgang mit Insekten. Insect Respect, Gais, Bielefeld, 9., ergänzte Auflage

Reckhaus H-D (2019b) Warum jede Fliege zählt. Über Wert und Bedrohung von Insekten. Insect Respect, Gais, Bielefeld, 5., komplett überarbeitete Auflage

Rufli T (2002) Biochirurgie, bewährtes Verfahren in der Wundbehandlung. Dtsch Arztebl 99(30):A2038–A2039

Schneller H (2009) Biologische Schädlingsbekämpfung mit Nützlingen. Referat 2.2.2009. Landwirtschaftliches Technologiezentrum, Augustenberg

Vasisht K, Kumar V (2004) Africa, compendium of medicinal and aromatic plants. United Nations Industrial Development Organization and the International Centre for Science and High Technology, Trieste

Verband der deutschen Lack- und Druckfarbenindustrie e. V. (2014) Jahresbericht 2012/2013. Verband der deutschen Lack- und Farbenindustrie e. V., Frankfurt a. M.

Yong-Woo L (1999) Silk reeling and testing manuel. FAO Agricultural services bulletin, Bd. 136. Food and Agriculture Organization of the United Nations Rome, Rom

Tina Teucher macht Beispiele für gelingende Nachhaltigkeits-innovationen sichtbar und vernetzt als Sustainable Matchmaker Menschen und Organisationen für eine zukunftsfähige Wirtschaft. Die Kommunikationsspezialistin hält den Abschluss des MBA Sustainability Management der Leuphana Universität Lüneburg. Von 2009 bis 2014 war Tina Teucher leitende Redakteurin des Entscheidermagazins *forum Nachhaltig Wirtschaften*. Sie publiziert, referiert und berät zu Corporate Social Responsibility (CSR), gelingender Kommunikation, Sustainable Entrepreneurship, zukunftsfähiger Führung und grünen Lösungen.

Tina Teucher (Fotocredit: Manu Theobald)

Dr. Hans-Dietrich Reckhaus leitet den gleichnamigen Familienbetrieb seit 1995 in zweiter Generation. Das Unternehmen zählt zu den führenden Herstellern von Bioziden in Deutschland (Bielefeld) und der Schweiz (Gais). Mit dem 2012 lancierten Gütezeichen „Insect Respect" strebt der Unternehmer eine nachhaltige Transformation seiner Branche an. Auslöser für das weltweit einzigartige Ausgleichsmodell war sein Dialog mit den Schweizer Konzeptkünstlern Frank und Patrik Riklin. Sie initiierten die Gegenbewegung „retten statt töten" und setzten 2012 gemeinsam mit Hans-Dietrich Reckhaus die Aktion „Fliegen retten" um. Hans-Dietrich Reckhaus hat einen Master- und Doktortitel in Betriebswirtschaftslehre der Universität St. Gallen.

Dr. Hans-Dietrich Reckhaus (Fotocredit: Hartmut Nägele)

Digitalisierung und Naturschutz bei Häcker Küchen

Lars Breder und Alexandra Hildebrandt

Herr Breder, 75 % unserer wichtigsten Kulturpflanzen sind von der Bestäubung durch Insekten abhängig. Allerdings gibt es weltweit dramatisch weniger Insekten. Wo finden wir genaue Zahlen?

Präzise Zahlen stehen im Insektenatlas 2020, den die Heinrich-Böll-Stiftung und der BUND erstmalig vorgelegt haben. Der Atlas bietet auf mehr als 50 Seiten etwa 80 Grafiken. Der Insektenatlas steht unter www.bund.net/insektenatlas zum Download bereit. Er kann von Schulklassen bei der Heinrich-Böll-Stiftung bestellt werden.

Warum können wir auf Insekten nicht verzichten?

Das lernen Kinder bereits in der KITA oder in der Grundschule. Insekten geben der Natur mehr Widerstandskraft und halten die Pflanzenwelt am Leben. Nicht nur Bienen, sondern auch Mücken, Fliegen und weitere Insekten tragen durch Bestäubung oder Samentransport zur Vermehrung der Flora bei. Insekten sind aber auch ein wichtiger Teil der Nahrungskette, sie sichern die Welternährung und sind gleichzeitig Lebensgrundlage für andere Tiere wie Vögel. Sie können uns nicht nur von Kot befreien, sondern gleichzeitig diesen Mist in eine sehr proteinreiche Biomasse verwandeln. Unsere Erde wird durch Insekten erst fruchtbar gemacht, denn sie sind an der Umlagerung, Durchmischung und Durchlüftung des Erdreichs beteiligt. Und da Insekten auch Chemikalien produzieren, helfen sie der Industrie gewissermaßen bei der Chemieproduktion.

L. Breder (✉)
Häcker Küchen GmbH & Co. KG, Rödinghausen, Deutschland
E-Mail: lbreder@haecker-kuechen.d

A. Hildebrandt
Burgthann, Deutschland
E-Mail: drhildebrandt.alexandra590@gmail.com

© Springer-Verlag GmbH Deutschland, ein Teil von Springer Nature 2021   607
A. Hildebrandt und W. Landhäußer (Hrsg.), *CSR und Digitalisierung,* Management-
Reihe Corporate Social Responsibility, https://doi.org/10.1007/978-3-662-61836-3_42

Was tut Häcker Küchen zur Bienen- und Insektenrettung?

Häcker unterstützt intensiv das Projekt „Blumiger Landkreis Osnabrück" durch die umfangreiche Bereitstellung des hochwertigen Saatgutes und einzelner Maschinen. Auch wurde an der Hauptverwaltung in Rödinghausen eine Blühwiese auf gut 25.000 qm angelegt. Das Projekt „Blumiger Landkreis Osnabrück" engagiert sich intensiv für die Bienen- und Insektenrettung im Osnabrücker Land. Vom Unternehmen wird das Projekt mit hochwertigem Blühwiesen-Saatgut und Maschinen gefördert. Um auch am neuen Produktionsstandort in Venne Blumenflächen anzulegen, gab es am 6. Mai 2019 einen großen Insektenschutztag, an dem mit Unterstützung des Unternehmens über 5000 qm Blühwiesen erstellt wurden. Wiesen sind nicht nur schön und wohlduftend, sondern vor allem ein Zuhause für Pflanzen und Tiere, das rasant schrumpft. „Blumiges Venne" wurde beim bundesweiten Wettbewerb von „Deutschland summt" übrigens mit dem 3. Platz im Bereich „Kommunale Flächen" ausgezeichnet. Die Zusammenarbeit zur Bienen- und Insektenrettung wird in den kommenden Jahren weiter ausgebaut.

Häcker Küchen ist auf einem naturnahen Firmengelände ansässig. Was heißt das konkret?

Der Standort von Häcker Küchen in Rödinghausen liegt im Grünen. Bei der Integration der gesamten Anlage spielte der Erhalt der biologischen Vielfalt von Beginn an eine wichtige Rolle. Die sogenannten „Dachterrassen" zwischen den Panorama-Gebäuden sind begrünt. Das Unternehmen beschäftigt sogar drei qualifizierte Gärtner. Da sich der Standort mitten in der Natur befindet, kann man von etwa 70 unterschiedlichen Baum- und Pflanzenarten ausgehen, die hier zu finden und zu pflegen sind. Neben einer reichen Pflanzenwelt finden sich auch einige Vogelarten, unter anderem auch der seltene Stieglitz. Auf dem Firmengelände befindet sich neben dem Hauptgebäude zudem ein Feuchtbiotop in Form eines Teiches. Jetzt im Frühjahr haben wir zudem Nistkästen aufgehängt, um den hier lebenden Vogelarten eine gute Grundlage für den Nachwuchs zu ermöglichen.

Naturnahe Unternehmensgelände sind langfristig angelegte Projekte, bei denen wir gemeinsam mit lokalen Naturschutzorganisationen sowie Gärtnern zusammenarbeiten. Hier sorgen bestimmte Gestaltungsprinzipien und Pflegeroutinen dafür, dass Lebens-, Nahrungs- und Schutzräume für Pflanzen und Tiere erhalten oder geschaffen werden. Ein positiver Nebeneffekt ist, dass sich Beschäftigte in einem grünen, attraktiven und gesunden Arbeitsumfeld besonders wohlfühlen. Diese nachhaltige Vorgehensweise ist der gesamten Geschäftsführung und der Inhaberfamilie Finkemeier ein großes Anliegen.

Gibt es auch dazu passende Mobilitätskonzepte?

Ja natürlich. Häcker verfügt bereits über einige E-Fahrzeuge im Fuhrpark, bietet E-Ladestationen für Kunden und Mitarbeiter, bietet ein vergünstigtes DB-Ticket für Pendler und bietet die Möglichkeit des Job-Rad-Leasings.

Mit dem innovativen Gehaltsumwandlungskonzept „Job-Rad" können Mitarbeiter ihr Fahrrad oder E-Bike über uns als Arbeitgeber leasen und damit Steuern und CO_2

sparen. Das Gehaltsumwandlungsmodell ist steuerlich vergleichbar mit der sogenannten 1 %-Regel bei Dienstfahrzeugen, die seit November 2012 auch für Fahrräder, Pedelecs und E-Bikes gilt. Durch diese vorteilhafte Versteuerung und günstige Firmenkonditionen ist das Rad deutlich günstiger als ein regulärer Kauf. Neben der Gesundheit der Mitarbeiter schont „JobRad" auch die Umwelt und trägt zur Entlastung des täglichen Berufsverkehrs bei. Die Geschäftsidee ist in Deutschland einzigartig: Über die LeaseRad GmbH in Gundelfingen leasen Unternehmen – oder Kommunen eine Fahrradflotte. Wie beim Auto-Leasing erhält der Leasing-Rad-Kunde eine passgenau zugeschnittene Fahrradflotte und Rundumbetreuung. Darüber hinaus erhält er CO_2-neutralen Klimaschutz, gesündere Mitarbeiter, einen steuerfreien Fuhrpark und deutlich positivere (Energie-) Bilanzen.

Seit wann ist Job-Rad-Leasing bei Ihnen möglich, und wie haben Sie dies den Mitarbeitern vermittelt?

Seit 2017 bieten wir in Rödinghausen diese Möglichkeit. Bei einem Einführungsevent wurden verschiedene Modelle vorgestellt und den Mitarbeitern die Möglichkeit gegeben, sich von Profis beraten zu lassen. Bei Fragen zu Leasingkonditionen halfen Vertreter von BusinessBike Leasing weiter. Auf diese Weise unterstützt Häcker Küchen sportbegeisterte Mitarbeiter und bietet ihnen die Möglichkeit, zu vergünstigten Konditionen das Wunschfahrrad zu leasen und so die Gesundheit zu verbessern. Seit der Einführung von Business-Bike haben sich etwa 250 Mitarbeiterinnen und Mitarbeiter entschieden, ein Fahrrad zu leasen. Davon sind 220 E-Bikes (Stand: Dezember 2019). Diese Entwicklung wird hier auch vom Betriebsrat begleitet, der dazu ermutigt, diese Möglichkeiten verstärkt wahrzunehmen und sich mit dem Thema Radleasing tiefer zu beschäftigen. Bei vielen Mitarbeitern ist das Fahrrad sogar im Urlaub immer dabei. Am Urlaubsziel angekommen, wird das Auto beiseitegestellt und nur noch mit dem Rad gefahren.

Was sind für Häcker Küchen die wichtigsten Herausforderungen der Elektromobilität?

Beispielsweise müssen die negativen Folgen der immer knapper werdenden Ressourcen bewältigt werden. Aber auch Klimawandel, Umweltschutz und die zunehmende Feinstaub- und Lärmbelastung sind enorme Herausforderungen, die mit der Elektromobilität verbunden sind, Hier steht vor allem die Entwicklung der Batterien mit den essenziellen Rohstoffen Lithium und Kobalt im Fokus. Aber auch die Verbesserung der Sicherheit, Lebensdauer und Wirtschaftlichkeit sowie das Recycling der Batterien sind wichtig. Zudem müssen die Wechselwirkungen zwischen dem technologischen Fortschritt und dem Rohstoffbedarf in die Technologieplanungen und Prüfung des Recyclingpotenzials berücksichtigt werden. Elektromobilität ist angesichts steigender CO_2-Emissionen durch Verbrennung von Diesel- und Benzinkraftstoffen sowie knapper werdender fossiler Energieressourcen eines der wichtigsten Schlüsselthemen für eine integrierte Klima-, Energie- und Mobilitätsstrategie.

Für die Akzeptanz der Elektromobilität ist entscheidend, wie einfach sich das Laden gestaltet. Welchen Beitrag leistet Häcker dazu?

Bei Häcker Küchen gibt es bislang sieben E-Ladestationen und drei Elektrofahrzeuge – Tendenz steigend. In der Gemeinde Ostercappeln sind gleich drei Ladesäulen aufgestellt worden. Seit Jahren befindet sich schon eine Ladesäule am Friedhof in Ostercappeln, sodass insgesamt vier Stationen in der Gemeinde zur Verfügung stehen. Zur offiziellen Inbetriebnahme in Venne kam auch Karsten Bäumer als Vertreter von Häcker Küchen. Das Unternehmen hat die Anschaffung hier finanziell unterstützt. Innogy und die Firma Kesseböhmer haben sich an den anderen Standorten beteiligt. Die neuen Säulen haben zwei Ladepunkte, die das gleichzeitige Aufladen von jeweils zwei Elektrofahrzeugen möglich machen. Bezahlt wird über einen Autostromvertrag oder per PayPal bzw. Kreditkarte. Innogy übernimmt bei allen Ladesäulen Installation, Wartung, Betrieb, Kundenhotline und die Strombeschaffung aus regenerativen Energiequellen. Der Energieversorger hat Fördermittel aus einem Programm des Bundes für den Aufbau der neuen Ladesäulen erhalten. Die Säulen lassen sich jedoch nicht komplett aus diesen Fördermitteln finanzieren. Innogy hat deshalb zusätzlich Kommunen und Unternehmen als Werbepartner beteiligt.

Für nachhaltig ausgerichtete Unternehmen wie Häcker Küchen in Rödinghausen sind Ladestationen selbstverständlich. Politik und Wirtschaft sind nun gefordert, dafür Sorge zu tragen, dass Deutschland kein Elektroauto-Entwicklungsland bleibt, sondern künftig auch die technologische Marktführerschaft im Bereich der Elektromobilität oder anderer, nachhaltiger Antriebstechnologien übernimmt.

Sie sprachen Ihr neues Produktionswerk Ostercappeln-Venne an. Welche Elemente sind hier noch enthalten, die zu einer besonders nachhaltigen Nutzung führen?

Beispielsweise werden die bei der Herstellung von Küchen entstehenden Spanabfälle in lokalen Spänesilos gesammelt und durch Biomassekessel zum Beheizen der Produktionshallen verwendet. Das Dach vom Versand wurde so konstruiert, dass nachträglich eine Photovoltaikanlage installiert werden kann. So, wie wir sie bereits in Rödinghausen haben. Zudem ist das gesamte Gebäude besonders energieeffizient, da es den KfW Standard 55 erreichen und sogar unterschreiten wird. Das Grundstück selbst wird mit Bäumen und blühenden Gewächsen bepflanzt, um aktiv die Insektenrettung zu unterstützen.

Im Rahmen der Hausmesse 2017 startete ein weiteres Projekt für den Naturschutz bei Häcker Küchen. Was hat es damit auf sich?

Häcker Küchen entnimmt der Natur durch die Produktion Holz – und genau das soll durch eine Baumpatenschaft wieder „zurückgegeben" werden. Gemeinsam mit Kunden und Geschäftspartnern entsteht auf diese Weise ein Wald zwischen dem Wiehenstadion und dem Parkplatz der Gesamtschule Rödinghausen. Zusammen mit Forstbezirksleiterin Anna Rosenland und Forstwirt Paul Fubel wurden bereits im Jahr 2018 450 neue Jungbäume gepflanzt. Ende 2019 kamen nochmals 900 Bäume hinzu. Für die Paten gibt es keine Pflichten und auch keine Rechnung – sämtliche Kosten übernimmt das Unternehmen Häcker. Die einzige „Verpflichtung" ist, dass jeder Kunde „seinen Baum" pflanzen lässt, wobei es kein Limit gibt. Die Aktion ist auf Jahre ausgelegt. Gepflanzt wurden bisher zum Beispiel Säuleneichen, Kirschbäume, Haselnusssträucher, Weißdorn und Schwarzdorn, alles typische Arten, die zu einer gesunden Waldstruktur gehören. Facebook und Instagram werden zur Bekanntmachung unserer Nachhaltigkeitsthemen aktiv genutzt.

Wie bringen Sie Ihren Respekt vor und den Umgang mit der Natur Ihren Kunden und Geschäftspartnern darüber hinaus näher?

Im Rahmen der Hausausstellung 2019 wurde auch ein „Nachhaltigkeitsraum" vorgestellt, der zudem eine wichtige Botschaft vermittelt: Das Begreifen von Nachhaltigkeit setzt ein greifbares Erleben voraus. Wer durch die überdimensionale Bienenwabe geht, soll das soziale und ökologische Engagement des Unternehmens in einer neuen Dimension erleben. Vom heimischen Bienenprojekt bis zum Bildungsprojekt in Sierra Leone (Afrika) finden Besucher eine Reihe von Maßnahmen, die das Unternehmen zum Umwelt- und Naturschutz sowie im Rahmen der Sozialverantwortung durchführt. Der dazugehörige Nachhaltigkeitsbericht „Aus Tradition verantwortungsvoll" fasst sämtliche Maßnahmen zusammen und enthält unter anderem Informationen zum Geschäftsmodell und der Unternehmensstrategie. Haptische und digitale Ansätze sind hier nachhaltig miteinander verbunden.

Darüber hinaus zeigen wir auch, dass wir bei Häcker klimaneutral produzieren und von der DGM als klimaneutrales Unternehmen ausgezeichnet wurden. Dazu haben wir die eigenen Emissionen erfassen lassen, die heute schon im Unternehmen positiven Einsparungen gegengerechnet und das verbleibende Delta durch den Erwerb von Klimaschutzzertifikaten ausgeglichen.

Inwiefern spielen Nachhaltigkeit und Digitalisierung in Ihrem Fahrzeug- und Mobilitätsbereich darüber hinaus eine Rolle?

Seit 2017 finden unsere Kunden im Extranet das Logistik Cockpit, ein Tool, mit dem schnell und einfach Warensendungen (Küchenlieferung) in Echtzeit verfolgt werden können. Die Lkws sind mit einem GPS-Sender ausgestattet, der regelmäßig ein Signal sendet, welches dann ins Häcker-System eingelesen wird. Außerdem hat das Fahrerteam die Möglichkeit, etwaige Verspätungen wie zum Beispiel Staus oder sonstige Verzögerungen einzugeben. Je nach Sprachkenntnissen des Fahrerteams wird die Telefonnummer mit angezeigt. Dies ermöglicht kurzfristige Absprachen, wie zum Beispiel Baustellen im Ort oder Transparenz und Qualitätsverbesserung im Auslieferprozess.

Warenflüsse werden so gesteuert, dass Querverkehr vermieden wird. Das Unternehmen besitzt einen eigenen Fuhrpark mit über 90 Lkws. Er wird auch künftig weiter optimiert, um Schadstoffemissionen zu reduzieren. Zur Reduzierung von Emissionen arbeitet Häcker stark an der Optimierung der Transporte, durch umweltfreundliche

Fahrzeuge, Elektrofahrzeuge und recycelbare Verpackungsmaterialien. Detaillierte Informationen dazu sind im Häcker Nachhaltigkeitsbericht 2019/2020 enthalten.

Das Interview führte Dr. Alexandra Hildebrandt.

Lars Breder
(Fotocredit: Häcker Küchen)

Lars Breder, geboren am 17. Juni 1967 in Werther/Westfalen. Nach Abitur und Studium der Betriebswirtschaft in Bielefeld tätig in verschiedenen Positionen als Marketingleiter und Marketing-Manager. Besondere Arbeitsschwerpunkte bilden die Bereiche Online-Marketing, Branding/Markenmanagement und Neuro-marketing. Als kreativer Kopf arbeitet er aktuell für das Marketing bei der Häcker Küchen GmbH & Co. KG im ostwestfälischen Rödinghausen. In dieser Funktion ist er auch für Teile des Nach-haltigkeitsmanagements zuständig inklusive des Nachhaltigkeits-berichtes. Die Zusammenarbeit mit dem Projekt „Blumiger Landkreis Osnabrück" gestaltet er federführend. Privat engagiert sich Lars Breder seit Längerem ehrenamtlich bei der KlimaWoche Bielefeld e. V. Der Verein organisiert jährlich verschiedene regionale Veranstaltungen zum Klima- und Umweltschutz ins-besondere für Schüler und Studenten.

Teil VII
Mensch und Digitalisierung

Psychologie im Anthropozän. Warum wir über Grenzen nachdenken müssen

Stefan Brunnhuber

1   Einführung

Der Begriff des Anthropozäns geht auf die Arbeiten von Crutzen (2011) zurück. Er beschreibt die aktuelle Erdepoche, in der erstmals der Mensch die geoökologische Entwicklung maßgeblich bestimmt. Dieser menschliche Eingriff wird über viele Generationen hinweg, Jahrtausende vielleicht, eine Veränderung in der geoöko-logischen Zusammensetzung der Erde hinterlassen, welcher für die Erde selbst und für den Menschen als Gattung erhebliche Auswirkungen hat. Dabei entstehen immense Rückkopplungsschleifen zwischen Mensch und Erde, welche sich selbst verstärken. Es gibt von nun an keinen Exit, keine privilegierten Rettungsboote und keinen wirklichen externen Notausgang mehr. Es ist ein neues Zeitalter des Menschen, keine beliebige Epoche, sondern jene, die uns innerhalb von weniger als zehn Generationen die planetarischen Grenzen aufgezeigt hat. Dabei geht es wohl um eine evolutionäre Reife-prüfung, ohne dass uns die Möglichkeit der Wiederholung offensteht.[1] Seit ca. 50 Jahren

---

[1] Hier treffen sich Ergebnisse aus der Biokybernetik und der Systemtheorie mit denen der Psycho-logie. Zu den acht Wichtigsten zählen: 1) Die Form folgt der Funktion und die Funktion folgt dem kreativen Denken, nicht umgekehrt; 2) negative Rückkopplungen müssen stärker sein als positive Rückkopplungen; 3) das expansive Wachstum darf nicht an die Systemfunktion gekoppelt sein; 4) zyklische Vorgänge (Recycling) sind besser als lineare und offene Prozesse; 5) Parallel-Processing und sequenzielle Prozesse führen zu verschiedenen Ergebnissen und Lösungen; 6) die Resilienz (Robustheit) eines Systems wird durch den internen Vernetzungsgrad bestimmt und nicht allein durch die Steigerung der Effizienz (Durchsatz pro Zeit). Derzeit verwenden wir sehr viel

---

S. Brunnhuber (✉)
Diakonie Kliniken Zschadraß, Mitglied Club of Rome, Dresden, Deutschland
E-Mail: brunnhuber.cor@gmxpro.de

© Springer-Verlag GmbH Deutschland, ein Teil von Springer Nature 2021
A. Hildebrandt und W. Landhäußer (Hrsg.), *CSR und Digitalisierung,* Management-
Reihe Corporate Social Responsibility, https://doi.org/10.1007/978-3-662-61836-3_43

spricht man gar von einer Big Acceleration und meint damit, dass nahezu sämtliche anthropogenen Effekte auf der Erde eine exponentielle Entwicklung genommen haben. J. Rockström und Mitarbeiter haben mittlerweile acht solcher planetarischen Grenzen identifiziert: CO_2, Stickstoffkreislauf, Biodiversität, Phosphatzyklus, Ozonschicht, Übersäuerung, Süßwasserverbrauch und Landnutzung. Die quantitativen Grenzen der ersten drei haben wir bereits überschritten. Noch unklar sind die Quantifizierungen einer neunten Grenze – der der Schwermetallbelastungen bei Schwermetalleinträgen.

Im Anthropozän wird die Frage, was wir eigentlich meinen, wenn wir *Mensch* sagen, zu einer zentralen gesellschaftspolitischen, lebens- und forschungspraktischen Frage[2]: Sie entscheidet darüber, ob wir uns richtig verstehen, einordnen und wahrnehmen und wie wir miteinander umgehen. Das ist alles nicht nur akademische Folklore, sondern Hardcore Science, Politik, Philosophie und Ökonomie. Viele Aspekte dieser „großen Beschleunigung" gehen mit nicht beabsichtigten Effekten einher. Niemand ist an ökonomischer Instabilität, forcierter Immigration, endemischer Arbeitslosigkeit, Wasserknappheit, Drogen, Terrorismus und Klimawandel, an Failed States, sozialen Unruhen, Ungleichheiten und Umweltbelastungen wirklich interessiert, aber sie ereignen sich dennoch. Und obwohl es zu all diesen Ereignissen Expertengruppen, Modellierungen, Theorien sowie umfangreiche empirische Studien gibt, so sind all diese Krisen und ihre unübersehbaren Nebenwirkungen mit unserer Bewusstseinsentwicklung verbunden: Je besser wir unser Denken und Schlussfolgern, unsere Entscheidungsprozesse und Affektmuster verstehen, umso leichter wird es uns fallen, ein richtiges Leben im Anthropozän zu führen.

Psychologisch bedeutet Anthropozän jedoch eine Auseinandersetzung mit zwei Grenzerfahrungen: einmal mit den geoökologischen Grenzen des Planeten gleichsam nach außen und zum anderen eine Auseinandersetzung mit den Grenzen unseres Denkens, unserer Wahrnehmung und unseres Handelns – dann nach innen. *Nachhaltigkeit im Anthropozän heißt deshalb ein bewusstes Leben zwischen äußeren und inneren Grenzen.* Diese inneren Grenzen verweisen wiederum auf individuelle Grenzerfahrungen sowie auf kollektive Grenzen in Bezug auf die Institutionen, die wir geschaffen haben. In Bezug auf

---

Energie, Zeit und Ressourcen darauf, einen Weg zu bestreiten, der solche Erkenntnisse negiert: Wir favorisieren isolierte Effizienzsteigerungen, lineare und sequenzielle Vorgänge, koppeln Wachstum an die Systemfunktion (etwa bei der sozialen Sicherung) und wir reparieren die Form (Institutionen) und nicht die Funktion (siehe Vester 2007; Lietaer et al. 2012).

[2]Hierher gehört nicht nur die Erkenntnis, dass wir durch die Entwicklung der Opposition des Daumens (Werkzeug), der Sprache (Kommunikation) und die Zunahme des präfrontalen Kortex (Probehandeln, Exekutivfunktionen) drei Besonderheiten entwickelt haben, die uns von anderen Primaten unterscheiden, sondern wir verfügen darüber hinaus über zahlreiche psychosoziale Mechanismen wie etwa Konformitätsverhalten, Verleugnungsstrategien, In-group-/Out-group-Verhalten, Umgang mit aversiven Affekten (Wut, Ärger, Hass), Empathie und vieles mehr, die alle wesentlich unser Zusammenleben bestimmen.

die inneren Grenzen wird es um die Frage gehen, wie wir mit Fehlern im Denken und den Begrenzungen unserer Wahrnehmung umgehen, wie wir Risiken richtig einschätzen und mit Unwissenheit zurechtkommen und wie wir miteinander und mit der Natur umgehen. Welche psychologischen Mechanismen kennen wir, die uns zeigen, wie wir mit Tod, Endlichkeit, Krankheiten, Alter, Leiden und Knappheit zurechtkommen (Mullainathan et al. 2013; Yalom 2010)? Noch grundlegender geht es also darum, ob es uns gelingt, unser Leben vom Ende her richtig zu denken. Kurz: „Wer werde ich gewesen sein und was werde ich gemacht und erreicht haben, wenn das Leben zu Ende geht?" Oder: „Was werden wir als Gesellschaft erreicht haben?" Grammatikalisch nennt man das Futur II. Obwohl jene Fragen nicht typisch sind für den Nachhaltigkeitsdiskurs, spielen sie doch eine entscheidende Rolle, ob und wie wir im Anthropozän zusammenleben.

Im Hinblick auf Nachhaltigkeitsziele, die wir uns alle vornehmen, sind es jedoch immer wieder die gleichen vier Komponenten, auf welche dabei zurückgegriffen wird (Brunnhuber 2016): einmal auf eine aktive Bevölkerungspolitik. Dabei stehen Bildungsprogramme für die weibliche Bevölkerung, sogenannte Women's-Health-K ampagnen (Aufklärung, Verhütung, Hygiene), sowie eine gelenkte Immigration im Mittelpunkt. Zweitens die Stimulierung zusätzlichen Wachstums. Je nach politischer Überzeugung werden über Steuersenkungen, Staatsdefizite, Austerität und/oder Lohn-senkungen Wachstumsimpulse gesetzt, welche dann über einen Trickling Down der Bevölkerung zugutekommen bzw. durch Transferleistungen in soziale und ökologische Projekte fließen sollen. Der Grundgedanke ist immer der gleiche: Zuerst wachsen und dann umverteilen. Drittens der Einsatz von erneuerbaren und alternativen Technologien. Diese Strategie ist von der Überzeugung getragen, dass ein Green New Deal, das heißt die Investition in ressourcensparende Technologien, mehr Arbeitsplätze schafft, die Umwelt durch Effizienzsteigerungen entlastet und so eine nachhaltige Zukunft ermög-licht. Und viertens der Verweis auf Institutionen, Gesetze, ein Regelwerk oder die Governance-Struktur eines Landes, welche allesamt unser globales Zusammenleben hin-reichend einhegen, ordnen und verlässlich organisieren sollen. Nahezu alle Erzählungen, die von einem nachhaltigen Zusammenleben im Anthropozän berichten, folgen diesem vierteiligen Narrativ von Demografie – Wachstum – Technik – Governance.

Keine der vier Strategien ist freilich falsch und alle vier sind wichtig, aber alle vier zeigen, dass die Deutungshoheit über unsere Zukunft vor allem durch die Ergebnisse der Ökonomie, der Epidemiologie, der Ingenieurwissenschaften und der Rechtswissen-schaften hinreichend bestimmt wird. Damit wird von Anfang an der Argumentationspfad festgelegt, innerhalb dessen Lösungsvorschläge sichtbar werden. Das Standardargu-ment lautet folglich: In dem wir weiter expansiv ökonomisch wachsen und den Zuwachs intelligent verteilen, eine gesteuerte Bevölkerungspolitik verfolgen, den Einsatz von erneuerbaren Technologien unterstützen und stabile demokratische, auf Gewaltenteilung aufgebaute und transparente faire Regeln vorliegen, werden wir das Zwei-Grad-Ziel erreichen, unseren Wohlstand fair verteilen bzw. in einen nachhaltigen Entwicklungspfad einmünden, der die geoökologischen Grenzen respektiert. Es sind aber alles Strategien im Außen.

2   Grenzen und Tragweite des vierteiligen Standardarguments

Denn für alle vier Bereiche gelten von Anfang an eine Reihe von empirischen Ein-schränkungen: Einmal muss sich eine aktivere Bevölkerungspolitik mit dem Argu-ment auseinandersetzen, dass innerhalb der nächsten 15 Jahre die globale Mittelschicht von heute 1,8 Mrd. auf 4,9 Mrd., also grob um den Faktor 3(!) ansteigen wird. Zwei Drittel dieser Menschen werden in Asien leben. Mittelschicht bedeutet für globale Ressourcenströme einen Zuwachs an Mobilität, Fleischkonsum sowie haushaltsnaher Geräte, wie wir dies vom westlichen Wohlstandsmodell her kennen. „Mittelschicht" heißt aber auch, dass ihre Mitglieder mehr Erwartungen und mehr Forderungen an Bildung, Gesundheit und urbane Infrastruktur haben. So werden die nächsten 40 Jahre 75 % der Weltbevölkerung in Städten leben. Von den dafür notwendigen 45 Megacitys sind 30 noch gar nicht gebaut (Rockström und Klum 2016). Und es bedeutet eine viel stärkere globale Abhängigkeit von einer arbeitsteiligen und spezialisierten Wertschöpfung als etwa in einer ländlichen Subsistenzwirtschaft. Dies korreliert dann mit einer Steigerung des Weltsozial-produkts von derzeit ca. 74 Bio. US$ auf über 200 Bio. US$ bis ins Jahr 2030.

Zweitens, das Wachstumsargument sieht sich der Kritik ausgesetzt, dass wir in einer Welt mit endlichen Ressourcen und einem durchschnittlichen globalen Wirtschafts-wachstum von 3 % weiterhin exponentiell wachsen wollen. Das heißt, trotzdem 3 % im Jahr 2015 in absoluten Zahlen (gemessen in Gütern und Dienstleistungen) deutlich mehr ist als 10 % Wachstum im Jahr 1955, reicht der Wachstumsimpuls offenbar nicht aus, um unsere gegenwärtigen Bedürfnisse hinreichend zu befriedigen.[3] Drittens ist das Technologieargument der wachsenden empirischen Einsicht ausgesetzt, dass jede von Menschen entdeckte und umgesetzte Technologie zahlreichen Rebound-Effekten unter-liegt, die die Effizienzgewinne, welche durch ihre Innovationskraft zum Markteintritt beigetragen haben, – zumindest teilweise – wieder neutralisieren werden. Mittlerweile sind über ein Dutzend solcher Rebound-Effekte beschrieben worden.[4] Hinzu kommt,

---

[3]Diese Messgröße wird an mindestens drei Stellen psychologisch verzerrt: Einmal kann sie Innovationen und Effizienzsteigerungen nicht hinreichend abbilden: etwa die Weiterentwicklung von der Schreibmaschine zum I-Phone oder den medizinischen Fortschritt, jeweils gemessen in Preisen zu einem Bezugsjahr. Zum anderen gehen in die Bruttosozialproduktmessung immer auch Bereiche ein, die keinen wirklichen Zuwachs an Lebensqualität bedeuten. Solchen Reparaturmaßnahmen oder Disaster Managements, man spricht auch von einem „entropischen Sektor", müssen wir folgen, um den gewählten Wachstumspfad aufrechtzuerhalten (zum Beispiel Sicherheits- und Militärausgaben, Gesundheitskosten, Umweltbelastungen). Drittens unterliegen wir in der Wahrnehmung von Wachstum der Illusion, dass 1 % heute weniger sei, als 5 % vor 20 Jahren wären. Das ist aber mathematisch falsch.

[4]Zu den wichtigsten Rebound-Effekten zählen: finanzielle, psychologische, materielle und systemische Rebounds. Der Nettoeffekt ist immer der gleiche: Eine Dienstleistung oder ein Produkt wird billiger und schafft dadurch mehr Nachfrage, welche selbst wiederum ressourcenver-brauchend ist (Santarius 2012).

dass der Anteil an erneuerbaren Energien in der Primärenergiebilanz bei derzeit 1,3 % liegt und es weltweit keine(!) Technologie existiert, die als CO_2-Senke zur Verfügung stehen könnte. Das Argument kann man an dieser Stelle noch verfeinern: Die Kosten für klimabedingte Umweltschäden werden mit 0,2 % des Weltsozialproduktes veranschlagt, das sind 250 Mrd. US$ im Jahr (Lomborg 2016).[5] Wenn wir den aktuellen Stand der Technik mit den aktuellen internationalen Verträgen (2016–2030) konsequent umsetzen würden, kommen wir damit aber nur auf eine Klimareduktion um 0,05 °C bis ins Jahr 2100, anstatt der geforderten 2 °C. Das ist so nicht sehr effizient. Effizienter wären Brückentechnologien, Anpassungsinvestitionen in die Klimaerwärmung, Veränderungen des Lebensstils und die Investition in Forschung und Entwicklung. Neben Demografie, Wachstum und Technik gibt es viertens Begrenzungen der Governance-Struktur eines Landes. Es gibt keine verlässlichen Hinweise, dass Demokratie, Rechtsstaat und regulierter Markt der westlichen Welt, welche als Blaupause und Modell für den Rest der Welt herhalten sollen, global konsensfähig sind. Ich darf daran erinnern, dass die globale Governance-Situation alles andere als eindeutig ist: Neben den westlichen Demokratien gibt es mindestens drei bis vier weitere politische Legitimationsformen: autokratische Systeme wie etwa kommunitäre Autokratien (China), dann paternale Autokratien (Russland), tribale Autokratien wie etwa die Golfstaaten sowie die südamerikanischen Lesarten von Demokratien, in welchen Stabilität wichtiger ist als Partizipation. Alles Regierungsformen, in denen die Zustimmung in der Bevölkerung höher ist als in den meisten westlichen Demokratien. Golfstaaten, Russland, Brasilien, China haben ihre

---

[5]In einer solchen unübersichtlichen Situation hilft leider der isolierte Umstieg auf Elektromobilität nicht wirklich. Auf den ersten Blick sind Elektroautos eine gute Sache, vor allem beruhigen sie das Gewissen. Wenn man einen etwas breiteren Blick auf den Vorgang wirft, sieht die Sache anders aus. Wenn etwa in den USA 10 % mehr Kfz zugelassen werden, dann führt dies zu einer Steigerung der Luftverschmutzung und damit verbunden zusätzlichen Toten von 870 pro Jahr. Wenn man das Gleiche mit Elektroautos tut, dann sterben durch die Luftverschmutzung doppelt so viele Menschen (1617/Jahr). Der Grund ist, dass der Strom für den Mehrverbrauch vor allem aus zusätzlichen Kohlekraftwerken kommen muss, die die Luftverschmutzung verursachen. Wenn man also einen Tesla mit einer Laufzeit von 150.000 km erwirbt, verursacht dies derzeit 15 t CO_2. Es kommen noch 14 t CO_2 durch die Herstellung der Batterien hinzu. Vergleicht man dies mit einem Premiumfahrzeug (Audi A7, BMW 7er), das 7 l/100 km benötigt, ergeben sich 23 t CO_2 + 7 t CO_2 Produktionskosten. Der Unterschied zwischen Tesla und BMW ist 1 t CO_2 Einsparung. Eine Tonne kostet zwischen 50–100 Euro auf dem internationalen Handel mit CO_2-Zertifikaten. Wenn man dann noch die 4500 EUR Steuervorteile mitberücksichtigt, die die Wohlhabenden für den Erwerb des Tesla bekommen, und dann noch in Rechnung stellt, dass der globale Abkühlungseffekt durch diese Maßnahmen bei 0,0001 °C liegt (gerechnet bis 2100) und dies die globale Erwärmung um 30 min hinauszögert, wird das ganze Programm fast abenteuerlich. Derzeit werden die Reichen subventioniert und die Luftverschmutzung verursacht doppelt so viele Tote bei etwas geringerem CO_2-Effekt. Auch wenn der nicht informierte Leser hier schnell den Überblick verlieren mag: Was wir brauchen, ist mehr Forschung und Entwicklung, Brückentechnologien (auch wenn es weh tut: Gas, Fracking), Anpassungsinvestitionen an das steigende Klima und einen anderen Lebensstil (siehe www.CopenhagenConsensus.com).

eigenen Vorstellungen von Demokratie, Meinungsbildung, politischer Partizipation, Markt und Menschenrechten. Die Welt wird zur „no one's world" (Kupchan 2012). Der ganze Vorgang wird noch dadurch verkompliziert, dass wir einen zeitnahen globalen Konsens benötigen würden, um all die Ziele zu erreichen, die wir uns vorgenommen haben.

Wenn wir wirklich nur diesem Viererschritt von Demografie – Wachstum – Technik – Governance folgen, schaffen wir uns ein gesellschaftliches Narrativ, welchem vielmehr die Funktion zukommt, eine unübersichtliche, aus der Kontrolle geratene und überkomplexe Realität mental zu kompensieren. Ich komme weiter unten auf den (sozial-)psychologischen Gehalt dieser Schrittfolge zu sprechen. Denn wie soll das gehen? Wir wachsen 3 % pro Jahr, erhöhen die globale Mittelschicht um das Dreifache, implementieren erneuerbare Energien, die nur einen Bruchteil der Primärenergie ausmachen, selbst multiplen Rebound-Effekten ausgesetzt sind ohne Aussicht, dass sich daraus eine messbare Verringerung des CO_2-Ausstoßes erreichen ließe, und hoffen, dass unsere globalen Institutionen hinreichend Transferzahlungen generieren, um soziale und ökologische Projekte zu finanzieren. Nur zur Erinnerung: Wir müssten den CO_2-Ausstoß bis 2050 um mindestens 50 % *reduzieren* und benötigen für die Finanzierung der 17 Nachhaltigkeitsziele 5–7 Bio. US$ pro Jahr (Brunnhuber 2015) und die Wohlstandsschere läuft ungebremst weiter auseinander. Wenn man ein etwas klar denkendes Gemüt hat, dann kann dies beunruhigen.

Ein wesentlicher Grund, weshalb sich das zuvor erwähnte Standardargument zugunsten einer nachhaltigen Gesamtentwicklung dennoch so hartnäckig hält, liegt vor allem darin, dass von den Akteuren keine nennenswerten Verhaltensänderungen gefordert werden. Wir können gewissermaßen so weitermachen wie bisher, nur dass jetzt der Strom aus der Steckdose von erneuerbaren Energien kommen soll. Es drängt sich der Verdacht auf, dass es bei der Verarbeitung und Problemlösung von Nachhaltigkeitszielen im Anthropozän gar nicht um Fragen der Technologie, der ökonomischen Rationalität, des Intelligenzquotienten oder auch des Parteiprogramms geht, sondern vielmehr um die Klärung eines kollektiven Mechanismus, den I. Festinger bereits 1957 beschrieben hat: Wenn Menschen in Situationen geraten, die zu komplex, zu traumatisierend, zu unübersichtlich oder zu widersprüchlich sind, dann setzt beim Einzelnen wie beim Kollektiv ein Verarbeitungsmechanismus ein, den man „kognitive Dissonanz" nennt. Die äußere Realität wird durch ein inneres Narrativ so lange mental umgeschrieben und gegenseitig kollektiv-öffentlich bestätigt, bis die dissonanten, dysfunktionalen, unerträglichen Anteile dann doch irgendwie fassbar, tragbar, erklärbar oder zumindest quasi verstehbar werden. Wir sind gegenüber Unsicherheiten psychologisch intolerant und schaffen uns ständig Geschichten, die uns stabilisieren. Das innere Bild, das wir uns von der Welt machen, fällt damit immer stärker mit der äußeren Realität auseinander. Das ist so lange kein Problem, solange beide noch vermittelbar sind. Mit einem 3 % expansiven Wachstum pro Jahr, multiplen Rebound-Effekten, einer verdreifachten Mittelschicht, Failed States und fehlendem demokratischen Konsens bin ich mir nicht sicher, wie lange das noch gut geht. Aber wir fühlen uns gut dabei, auch wenn es letztlich nicht gut ist.

3   Psychologie im Anthropozän

Wissen wir wirklich, was wir tun, oder schaffen wir uns ständig eine „Illusion der Gewissheit", die uns davon abhält, uns mit der Realität wirklich auseinandersetzen zu müssen? Die Frage ist nicht nur rhetorisch, da bei der Lösung all dieser wichtigen Fragen unseres zukünftigen Zusammenlebens auf den Ergebnis- und Diskussionsstand der Psychologie und Medizin nicht zurückgegriffen wird. Ich nenne dies den „Life-Science-Gap". Mehr noch: Wenn wir anfangen würden die Befunde der klinischen Psychologie, der Sozialpsychologie und Neurobiologie zu berücksichtigen, hätten wir eine vollständig andere Diskussionsgrundlage über unser gesellschaftliches Zusammenleben. Es gibt mittlerweile eine Fülle von Ergebnissen aus den Lebenswissenschaften, welche die These stützen, dass unser Geist, unser Gehirn und unser (Sozial-)Verhalten einer völlig anderen Logik folgen, als dies durch das Standardargument allein gedeckt ist (Brunnhuber 2016). Das Thema einer Psychologie im Anthropozän ist in der Tat in dem hier vorliegenden Format nicht erschöpfend abzubilden, aber es lassen sich einige repräsentative Beispiele nennen. Im Mittelpunkt steht dabei die Überlegung, dass es neben den äußeren Grenzen, die uns geoökologisch vorgegeben sind, auch innere Grenzen gibt: Grenzen des Denkens, unserer Wahrnehmung und der affektiven Bewertung.

Im Mittelpunkt steht dabei beispielsweise die Erkenntnis, dass immer dann, wenn Situationen komplex, unsicher und nicht vorhersehbar werden, das menschliche Gehirn bzw. menschliches Sozialverhalten gerade nicht auf Risiko, etwa auf „Mehr-des-Gleichen" einer unkontrollierbaren Großtechnologie, sondern vielmehr auf Priorisierungen, Diskriminierungsleitungen, verstärkte Kooperationsbereitschaft und, wie Biologen sagen, „auf die mittlere Dimension" setzen. So werden Gewinne und Verlust psychologisch völlig anders verarbeitet („Risikoaversion", Kahnemann 2011), genauso wie kurzfristiges Glück und langfristiges Wohlempfinden.[6] Empirisch robust ist etwa auch der Zusammenhang von Wohlbefinden und Nettoeinkommen, welches ab einem bestimmten Betrag nicht mehr steigerbar ist. *Das heißt, weniger ist mehr, aber eben anders.* Es gibt weitere Beispiele: Haben wir etwa berücksichtigt, dass Menschen zunächst einmal prosozial eingestellt sind und sich aggressives, egoistischkompetitives Verhalten meist erst sekundär ergibt? Gruppenzugehörigkeiten können moralische Überzeugungen unabhängig vom IQ aushebeln, genauso wie Affektmuster in der Regel unser logisches Schlussfolgern

---

[6]So reicht etwa unsere Innenwelt von der bloßen Reizaufnahme, Empfindung, Wahrnehmung über Impulse, Emotionen, Bilder, Symbole, Begriffe konkret operational bis hin zu formal-logischem Schlussfolgern, vom schöpferischen Akt bis hin zu aperspektivischer Schaulogik. Je nachdem auf welchem Entwicklungsdrehpunkt man sich befindet, ändern sich unsere Selbst- und Weltsicht und die Art und Weise der Kommunikation (siehe Wilber 2000). Ich gestehe zu, dass das Thema sperrig und komplex ist, aber es hilft nichts: Die Lebenswissenschaften gehören mit in den Nachhaltigkeitsdiskurs hinein.

bestimmen. Für die Empathiefähigkeit gibt es mittlerweile robuste neurobiologische Befunde („Spiegelneurone"), die zeigen können, dass Menschen kooperatives Verhalten präferieren. Ein Befund, der etwa mit den Trends der Shared Economy zusammenpasst. Bekannt ist auch, dass der menschliche Geist erhebliche Schwierigkeiten hat im Umgang mit exponentiellen Funktionen. Kausalitäten und Korrelation werden ständig verwechselt und bei der Zuordnung von extrem großen sowie extrem kleinen räumlichen und zeitlichen Dimensionen haben wir kein Wahrnehmungsorgan. Wir als Spezies reagieren innerhalb der sogenannten „mittleren Dimension" offenbar am adäquatesten. Menschen haben zudem kulturübergreifend eine stabile Referenz, wann Verteilungen fair und wann sie unfair werden. Unter dem Begriff der „Konsumentenillusion" wird der Vorgang beschrieben, dass wir uns glücklich wägen, wenn etwas besonders billig ist, aber nicht sehen können, dass der günstige Preis einer Ware dann doch durch andere (Natur, Dritte Welt, zukünftige Generationen) getragen wird. Ähnliches gilt für die „Wachstumsillusion": Wenn wir statt 3 % nur 2,5 % zum Vorjahr wachsen, empfinden wir das als Verlust oder Versagen oder werden zumindest unruhig, obwohl das absolut immer noch mehr als im Vorjahr war. Insgesamt gilt, dass unsere Bewertungsmaßstäbe, welche eher dysfunktional, unvollständig, stellenweise gar psychopathologisch sind, durch zahlreiche empirisch gut reproduzierbare Effekte (Priming-, Anker-, Dissoziationseffekte) verzerrt werden: Keiner merkt es und wir fühlen uns alle wohl dabei. Die Liste lässt sich so weiterschreiben. Das Gemeinsame ist, dass die Realität in unserem Kopf nicht mehr identisch ist mit der äußeren Wirklichkeit. Eigentlich nichts Neues, aber dennoch wichtig. Und diese Lücke wird durch die Lebenswissenschaften geschlossen.

Noch ein Beispiel: So hat unser Verstand oder unser Geist prinzipiell zwei Möglichkeiten, die Welt zu erkennen und in ihr Entscheidungen zu treffen. Psychologen nennen diese beiden Modalitäten System 1 und System 2: System 1 ist dadurch charakterisiert, dass wir intuitiv vorgehen, meist unbewusst, gleichsam automatisch und implizit. Wir machen schnelle Entscheidungen, meist nonverbal, häufig kontextspezifisch und assoziativ. Die Fähigkeit zu Kreativität und Humor gehört hierher. System 2 dagegen arbeitet anders: Hier geht es eher um langsame Vorgänge, abstraktes Denken, sprachlich geleitete Ereignisse; der Aufwand ist hier höher, die Kapazität ist durch das Arbeitsgedächtnis begrenzt und ist logisch, analytisch, regel- und pfadgeleitet. Das System 1 ist evolutionär das ältere, System 2 das jüngere, System 1 arbeitet vor allem durch einen parallelen Prozess von möglichst viel Information, System 2 dagegen vor allem linear und sequenziell. Dem Menschen stehen beide zur Verfügung. Obwohl die allermeisten Denk-, Wahrnehmungs- und Entscheidungsprozesse parallel verschaltet sind und damit dem System 1 näher sind, verwenden wir vorrangig lineare, perspektivische, sequenzielle Problemlösungsstrategien. Sie haben zwar den Vorteil, dass man recht präzise und zuverlässige, aber eben langsame Aussagen bekommt. Solche Aussagen sind dann nicht falsch, aber unvollständig, da sich komplexe Systeme häufig erst durch eine Parallelverschaltung hinreichend abbilden lassen. Wenn wir aber nur linear vorgehen, etwa: „erst Wachsen, dann Umverteilen", dann sehen wir auch nur Handlungsfelder entlang jenes Pfades. Viele Vorgänge aber sind simultan, parallel und entziehen sich dann dem linearen Denken als Problemlösung, weil man nur Einzelereignisse sieht und die Aufmerksamkeit darauf fokussiert, und der Überblick geht verloren. Wir sehen, bewerten und entscheiden dann nur innerhalb des Systems 2. Angst beispielsweise verhindert in der Regel eine Integrationsleistung beider Systeme und führt zu falschen Lösungen. Je komplexer Probleme sind – und ein Leben im Anthropozän gehört sicherlich dazu –, benötigt man aber auch die Leistungen des Systems 1: schnell, holistisch, aber unscharf und nicht linear, langsam, analytisch und exakt.[7] Wenn es um einen Paradigmenwechsel geht, sollte das Gehirn zunächst im System 1 aktiv sein, um alle möglichen Varianten, Strategien, Gefahren und Risiken rasch einschätzen zu können. Wenn man sich dann innerhalb eines vorgegebenen Paradigmas bewegt, ist das System 2 besser. Jetzt können zielgenau lineare, konkrete Detailfragen sequenziell abgearbeitet werden.[8]

Zu den zentralen Erkenntnissen der experimentellen und klinischen Psychologie zählen sicherlich auch Befunde um das sogenannte Framing (Lakoff und Johnson 1980). Was ist das? Ein Frame ist ein kognitiver Deutungsrahmen, innerhalb dessen wir denken, sprechen, interagieren und sprachgeleitet handeln. Immer. Wir sprechen und handeln niemals kontextfrei, aperspektivisch oder schier rational an den Fakten orientiert, sondern *immer* perspektivisch. Zu den wesentlichen Charakteristika von Frames gehört einmal, dass sie kognitivideologisch selektiv sind. Das heißt, es werden immer bestimmte Aspekte beleuchtet und andere fallen gleichzeitig unter den Tisch. Zu den bedeutungsträchtigsten kognitiven Frames innerhalb unserer Kultur gehört etwa der „Vertikalitätsframe" von Oben und Unten. Oben wird in unserer Kultur mit besonderer Qualität, Kontrollvermögen, Glück, Erfolg, hohen Moralstandards, ja, mit dem Numinosen und Göttlichen assoziiert (Wehling 2016). Alles, was oben ist, ist irgendwie erstrebenswert, gut, sinnvoll und richtig. Das Umgekehrte gilt dann für „Unten". Wir organisieren unsere Wahrnehmung und sozialen Bewertungen auf weiten Strecken über diesen Metaframe. Zum anderen sind Frames immer an physiologische, sensomotorische, taktile, emotionale oder auch gustatorische Erfahrungen gekoppelt. Das Gehirn simuliert gewissermaßen in Teilen die Sprache, die wir verwenden, weil sie selbst wiederum aus Erfahrungen zusammengesetzt ist, welche körperlich vermittelt sind. Wenn wir von „Begreifen", „Handhaben" oder „Zurückweisen" sprechen, dann wird unser prämotorischer Kortex genau für jene körperlichen Vorgänge mitcodiert, und wenn wir von „Knoblauchgeruch" sprechen oder von einer übelriechenden vergifteten

---

[7]Wie kann man das System 1 aktivieren? Kochen, guter Sex, Dauerläufe, „face to face brain storming", Musikspielen, Sport, Angeln, Wandern und Bergsteigen, analoges Spielen, Kunst und handwerkliche Tätigkeiten.

[8]Dieser Vorteil der sequenziellen Vermittlung von sprachlich geleiteter Information sollte nicht darüber hinwegtäuschen, dass die Inhalte der Botschaft, die vermittelt werden, gerade nicht sequenziell sind, sondern fast immer das Ergebnis eines Parallel-Processing darstellen. Der Zusammenhang ist vor allem deshalb wichtig, da wir bei der Lösung von Systemproblemen derzeit immer noch auf lineare und sequenzielle Problemlösungsstrategien zurückgreifen, obwohl wir eigentlich viel stärker parallele Problemstrategien benötigen.

Kloake, dann sind die entsprechenden Hirnareale des Riechhirns mit aktiv. Man spricht hier technisch von „embodied cognitions" oder *verkörperlichtem Denken* (Niedenthal et al. 2005). Es gibt kein Denken ohne somatischen Bezug. Das geht aber noch weiter: Es reicht bereits aus, Stühle in einem Sitzungssaal so zu manipulieren, dass sie entweder etwas nach links oder nach rechts geneigt sind, um eine signifikante politische Positionierung zugunsten eher konservativer (rechts) oder eher progressiver (links) politischer Haltungen einzunehmen (Oppenheimer et al. 2010). Sprachverarbeitung, Entscheidungen und Handeln gehören von Anfang an eng zusammen. Wird ein solcher Frame aktiviert, führt dies gleichsam automatisch und unbewusst zu einer Koaktivierung von einer Reihe von Qualitäten, auch wenn sie primär mit der Sachlage gar nichts zu tun haben. Das alles entsteht unbewusst, automatisch und ist durch die Kultur, Erziehungspraxis und Lerngeschichte, in der wir eingebettet sind, wesentlich determiniert. Hätten wir andere Frames, hätten wir eine andere Sprache und infolge auch ein anderes Handeln.

Für die Nachhaltigkeitsdiskussion bzw. die Fragen gesellschaftlicher Transformation sind die hier eher theoretischen Befunde jedoch von zentraler Bedeutung. Warum? Weil Sprechen und Denken nur in Frames passieren kann und weil wir unser Handeln an diesen Frames und nicht an Fakten ausrichten.[9] Psycholinguistisch sind Umwelt- und Nachhaltigkeitsthemen nicht hinreichend sprachlich besetzt oder differenziert, das heißt, sie sind kognitiv unterrepräsentiert. Der technische Begriff heißt hierzu *Hypokognition* (Lakoff und Wehling 2012). Das Ganze wird noch komplizierter: Auch wenn wir ständig gegen etwas sind, etwa gegen expansives Wachstum, gegen mehr Reichtum für die Oberschicht oder gegen Fracking oder Großtechnologien, passiert neuropsychologisch Folgendes: Wir reaktivieren ständig den gleichen Frame, ob wir dafür oder dagegen sind, und unterstützen damit das, was wir eigentlich nicht wollen, und verhindern gleichzeitig das zu sagen und zu tun, was wir eigentlich sagen und tun wollen (Tomasino et al. 2010). Auch Begriffe wie Postwachstum, Nichtnachhaltigkeit, fehlende Umverteilung gehören in diese Kategorie. Die subtile Verbindung von Sprache, Handeln und Körperwahrnehmung, die uns als Menschen auszeichnet, führt dazu, dass reine Fakten ohne Frames gesellschaftlich, sozial und psychologisch wert- und bedeutungslos werden bzw. keine wirkliche Verhaltensänderung auslösen. Da der erstgesteckte Frame die weitere Diskussion bestimmt und die Richtung vorgibt, führen dann Begriffe wie *Klimaerwärmung* eher dazu, dass wir uns zwei weitere T-Shirts kaufen, und *Klimawandel* aktiviert einen Frame, der alles andere als verhaltensändernd wirkt. Ein *Wandel* ist semantisch in beide Richtungen offen, gleichsam nach oben und nach hinten. Noch dramatischer wird es bei

---

[9]So etwa der Eurorettungsschirm. Die Assoziation mit einem Naturereignis (Regenschirm) verweist semantisch darauf, dass die Finanzkrise etwas Naturgegebenes sei, und die Frage der Verantwortung wird damit bereits mitgeliefert. Die Idee, dass dies von Menschen gemacht ist, kommt uns dann gar nicht erst in den Sinn. Stattdessen wird der Mensch zum Retter des Vorgangs, nicht zum Verursacher des Ganzen (Wehling 2016)

Klimaschutz. Das Klima soll logisch überhaupt nicht geschützt werden, denn für das Klima ist es eigentlich egal, ob es zu einer höheren oder niedrigeren Temperatur kommt. Geschützt werden sollen die Natur und der Mensch. Eigentlich müssten wir mindestens von einer *Klimaüberhitzung* sprechen und anstelle von *Umweltverschmutzung* besser von *Verseuchung* oder *Vergiftung* sprechen, da wir nicht nur die Natur, sondern tagtäglich uns selbst vergiften. Wir verwenden die falschen Begriffe und wundern uns dann, wenn wir nicht adäquat handeln. Die verwendeten Begriffe sind stellenweise schlicht falsch oder doch zumindest eine maßlose Bagatellisierung eines Vorgangs, dem wir uns im Anthropozän ausgesetzt sehen.[10] Die vielleicht wichtigere Frage, neben dem Umstand, dass wir uns über die kognitiven Frames, die wir benutzen, bewusst werden, ist wohl die Frage, warum wir das tun, warum ist unsere Sprachverfassung über unsere Wirklichkeit so aufgebaut? Ich denke, es hat viel damit zu tun, dass wie bereits erwähnt I. Festinger mit dem Begriff *kognitive Dissonanz* recht hat: Das Narrativ, das wir uns tagtäglich im Anthropozän erzählen, hat mehr damit zu tun, dass wir die Realität so, wie sie ist, psychologisch nicht aushalten. Sie ist im Grunde genommen fast unerträglich, wenn wir die reinen Fakten betrachten: Die Zahlen um den Verlust an Biodiversität, die CO_2-Menge, die uns bis 2050 bleibt, um innerhalb des Zwei-Grad-Zieles zu verbleiben, die Tausende von Menschen, die täglich an Unterernährung versterben, die Hunderttausende von Kindern, denen eine adäquate Schulbildung verwehrt wird, oder die Millionen von Erwachsenen, die keine Arbeit haben, sind allesamt für den Durchschnittsmenschen eigentlich unerträglich. Wir aktivieren ständig Frames in unserer Innenwelt, um diese äußere Realität zu ertragen. Aber wir betrachten eben keine Fakten, sondern immer nur Frames und handeln auch nur danach. Wenn wir eine gesellschaftliche Transformation anstreben hin zu mehr Gerechtigkeit, mehr Nachhaltigkeit und mehr Frieden innerhalb der geoökologischen Grenzen unseres Planeten, dann brauchen wir schlicht völlig andere Frames. Und das ist Aufgabe einer Psychologie im Anthropozän Festinger 1957.

Die Idee, dass man in einer unübersichtlichen Situation, gewissermaßen die Geschwindigkeit erhöht, den Durchsatz weiter steigert (3 % jährliches Wachstum), durch Großtechnologien den möglichen Kontrollverlust psychologisch kompensieren und durch ständige lineare und sequenzielle Denk- und Entscheidungsvorgänge den gegebenen Pfad verlängern und dann den Überblick verlieren, ist zwar theoretisch denkbar, auch praktisch machbar, aber eindeutig dysfunktional, sicherlich aber nicht nachhaltig. Im Anthropozän wird es um die Wahrnehmung, den Respekt und den konstruktiven Umgang mit Grenzen gehen. Die äußeren sind uns durch die geoökologischen Grenzen vorgegeben. Die inneren Grenzen durch einen besseren Umgang mit Ungewissheiten, Risikoabwägungen und den Grenzen des eigenen Denkens.

---

[10]Das Gleiche gilt auch für erneuerbare oder regenerative Energien. Bei der Nutzung von Sonne, Wind und Wasserkraft erneuert oder regeneriert sich physikalisch überhaupt nichts.

4   Schluss

Es macht Sinn, sich aktuelle gesellschaftliche Trends und soziale Phänomene unter diesen Gesichtspunkten der äußeren und inneren Grenzen näher anzusehen: Carsharing, Ehrenamt, Zeitkonten, Entkopplung von Nutzung und Besitz, Verleihstationen, Reparaturkultur, eingeschränkter Fleischkonsum, andere Mobilitätsformen, Genossenschaften, Komplementärwährungen, Reregionalisierung mit mehr Subsistenz und Suffizienzstrategien und zunehmender Entdifferenzierung des Waren- und Dienstleistungsangebots, Common Gardening, Mittlere Technologien, Kreislaufwirtschaften mit „leasing + service", „re-use", Recycling, Entspezialisierung der Arbeitswelt (Reskilling) sowie Slow-city- und Slow-food-Bewegungen; so sind jene dann keine Anomalien mehr, keine Fehler im System, krankhafte Entwicklungen oder Lebensstile von Sonderlingen, Durchgeknallten, Eremiten oder Minderheiten, sondern sozialpsychologische Praktiken, welche die kommende gesellschaftliche Entwicklung im Kleinen bereits vorwegnehmen. Sie respektieren innere und äußere Grenzen. Es geht eben um das richtige Narrativ: Wir denken ständig, dass wir das Problem durch Wachstum und Technologien in den Griff bekommen. Wir haben dabei ständig die falschen Bilder im Kopf: „Denken Sie mal NICHT an einen Elefanten!" Denn Lebensstandard ist nicht gleich Lebensqualität, Bonuszahlungen sind nicht gleich Freizeit, Effizienzsteigerung ist nicht gleich Muse, Wachstum nicht gleich innere Entwicklung. Wahrscheinlich hat Tim Jackson (2013) recht, wenn er zu dem Schluss kommt: „Wir kaufen Dinge, die wir nicht brauchen, von Geld, was wir nicht haben, um Menschen zu beeindrucken, die wir eigentlich gar nicht mögen". Wir werden uns früher oder später mit der Wahrheit auseinandersetzen müssen, dass ein Zwei-Grad-Ziel innerhalb eines globalen expansiven Wachstumspfads nicht erreichbar ist. Es wird letztlich um andere Lebensformen und infolge auch um eine andere Technologie und einen anderen Wachstumspfad gehen. Auch wenn diese Veränderungen noch nicht völlig klar sind, sie werden uns sicherlich glücklicher, gesünder machen und uns eine Welt bescheren, die gerechter und nachhaltiger ist.

So wie der Geologe weiß, wo man sinnvollerweise einen Brunnen bohrt, und der Ingenieur weiß, wie man eine Brücke baut, so weiß in der Regel der Arzt, welche Therapie am besten hilft, und der Psychologe, wie man menschliches Verhalten und Erleben richtig einschätzt und bewertet. Die Ergebnisse der Lebenswissenschaften stellen nicht nur eine Restkategorie dar, welche sich gewissermaßen aus den Schlussfolgerungen der Wirtschaft, Technik und Bevölkerungspolitik und Governance ergibt, sondern streng genommen sollte der Entscheidungsvorgang genau umgekehrt sein: Die empirischen Ergebnisse der Life-Science bestimmen auf weiten Strecken, welche Bevölkerungspolitik, welche Technik, welche ökonomischen Beschlüsse und welche Institutionen wir benötigen. Der Zusammenhang ist nicht ganz trivial und für eine Psychologie des Anthropozäns wichtig: Wenn wir also besser als früher wissen, wie wir lernen, was uns motiviert, wie unsere Affekte sich entwickeln und nach welchen Gesetzmäßigkeiten wir wahrnehmen und entscheiden, dann haben wir bereits ein gutes

Stück auf dem Weg zurückgelegt, auch die damit verbundene Technik und die damit verbundene Wirtschaftsweise zu finden. Das heißt, wir fangen an, eine neue Geschichte zu
schreiben über unser Zusammenleben, über unsere Zukunft, über unsere Beziehung zur
Natur und zu anderen Menschen. Es ist ein Narrativ, welches weniger von „Mehr" und
„Größer" handelt, weniger von Abgrenzungen und Differenzierungen erzählt, sondern
vielmehr von Gemeinsamkeiten, von Konsens und zugleich unsere Fehler, Unzulänglichkeiten und Defizite berücksichtigt, eben all das, was uns als Menschen ausmacht. Es
sind Geschichten eines konkreten „guten Lebens" *und* universeller „formaler Anrechte".
Auch wenn wir immer auch die Möglichkeit haben, das Dysfunktionale, Krankhafte
und Falsche zu denken und danach zu handeln, so haben wir eben auch die Freiheit, es
anders zu machen. Je mehr Freiheitsgrade wir fordern (Mobilität, Konsum), umso größer
müsste die Selbstdisziplin und Begrenzung im Umgang mit diesen Freiheitsgraden sein.
Eine Psychologie im Anthropozän stellt gewissermaßen ein Fenster dar, durch welches
wir in eine andere Zukunft blicken können, ein Blick, der uns durch Technik, Wachstum,
Bevölkerungspolitik und Governance verstellt bleibt.

Literatur

Brunnhuber S (2015) How to finance our Sustainable Development Goals (SDGs): socioecological
　　Quantitative Easing (QE) as a parallel currency to make the world a better place. Cadmus 2(5
　　Part 1):112–118
Brunnhuber S (2016) Die Kunst der Transformation. Herder, München
Crutzen P (2011) Das Raumschiff Erde hat keinen Notausgang. Suhrkamp, Berlin
Festinger L (1957) A Theory of Cognitive Dissonance. CA: Stanford University Press, Stanford
Jackson T (2013) Wohlstand ohne Wachstum: Leben und Wirtschaften in einer endlichen Welt.
　　oekom, München
Kahnemann D (2011) Thinking, fast and slow. Farrar, Straus und Giroux, New York. ISBN: 978-0-
　　374-27563-1
Kupchan C (2012) No one's world, the West, the rising rest and the coming global turn. University
　　Press, Oxford
Lakoff G, Wehling (2012) The little blue book, the essential guide to thinking and talking
　　democratic. Simon and Schuster, New York
Lakoff G, Johnson L (1980) Metapher we live by. University Press, Chicago
Lietaer B, Arnsperger C, Goerner S, Brunnhuber S (2012/2013) Money and sustainability: the
　　missing link. A report from the club of Rome – EU chapter. Triarchy Press, Axminster
Lomborg (2016) www.copenhagen-consensus.com
Malik F (2015) Navigieren in Zeiten des Umbruchs. Campus, Frankfurt, New York.
Mullainathan S et al. (2013) Knappheit: Was es mit uns macht, wenn wir zu wenig haben. Campus,
　　Frankfurt a. M.
Niedenthal PM et al. (2005) Embodiment in attitudes, social perception and emotion. Pers Soc
　　Psychol Rev 9(3):184–211
Oppenheimer D et al. (2010) Why leaning to the left makes you leaning to the left. Effect of
　　special orientation on political attitudes. Soc Cogn 28(59):651–661
Rockström J, Klum M (2016) Big World Small Planet, wie wir die Zukunft unseres Planeten
　　gestalten. Ullstein, Berlin
Santarius T (2012) Der Rebound-Effekt. Wuppertal Institut, Wuppertal

Tomasino B et al. (2010) To move or not to move: imperatives modules action-related verb processing in the motor system. Neuroscience 169:246–258

Vester F (2007) The art of interconnected thinking. Ideas and tools for a new approach to tackling complexity. MBC, München

Wehling E (2016) Politisches Framing. Hallein, Magdeburg

Wilber K (2000) Integral psychology. Shambhala, Boston

www.stefan-brunnhuber.de

Yalom YD (2010) Existentielle Psychotherapie, EHP. Bergisch Gladbach, A. Kohlhage

Prof. Stefan Brunnhuber, Jahrgang 1962, ist Sozioökonom und Psychiater, Mitglied des Club of Rome (Austrian Chapter), Fellow World Academy of Arts and Science und Senator der Europäischen Akademie der Wissenschaften sowie ärztlicher Direktor der Diakonie-Klinik für Integrative Psychiatrie in Sachsen.

Zuletzt erschienen: „Die Kunst der Transformation, wie wir lernen die Welt zu verändern" (Herder 2016); „Die Offene Gesellschaft - Ein Plädoyer für Freiheit und Ordnung" (Oekom 2019). Weitere Informationen: www.stefan-brunnhuber.de.

Prof. Stefan Brunnhuber
(Fotocredit: privat)

Der Mensch im digitalen Wandel

Felicitas Birkner

1   Einleitung

> „Je größer das Maß der Digitalisierung in einer Organisation ist, desto mehr Aufmerksamkeit braucht der Mensch!" (Henrik Kehren, Sebastian Purps-Pardigol)

Hätte mir vor zehn Jahren jemand erzählt, welche Möglichkeiten die heutige Welt bereithält, wäre das Ausmaß an Innovationen durch Digitalisierung für mich Science-Fiction gewesen. Staunen Sie auch immer wieder über die vielen Entwicklungen um uns herum, die uns das Leben erleichtern, vereinfachen, verschönern?

Wie erleben Sie die rasante Geschwindigkeit, mit der alles vorangetrieben wird? Ein offenbar unaufhaltsamer „schneller – höher – weiter" – Zukunftskurs? Wo sind die Grenzen scheinbar grenzenloser Potenziale? Welche Rolle nehmen wir Menschen hier ein? Wie steht es um Sinn und Nützlichkeit digitaler Veränderungen unserer Hightech-Welt? Welche Werte sind Triebfedern des Fortschritts? Wie schaffen wir es, die richtigen Weichen bahnbrechender Entwicklungen zu stellen, um Potenziale der Digitalisierung für uns zu entfalten? Wer stellt die Hebel und wer bestimmt den Kurs?

Die Gegenwart bestimmt die Zukunft. Den Kurs bestimmen wir: global – sozial – digital!

F. Birkner (✉)
Pliening, Deutschland
E-Mail: Felicitas.Birkner@ts.fujitsu.com

© Springer-Verlag GmbH Deutschland, ein Teil von Springer Nature 2021
A. Hildebrandt und W. Landhäußer (Hrsg.), *CSR und Digitalisierung,* Management-Reihe Corporate Social Responsibility, https://doi.org/10.1007/978-3-662-61836-3_44

2   Die heutige Welt im digitalen Wandel

„Zeigen Sie Flagge. Setzen Sie Segel. Steuern Sie gegen den Wind, sofern es die Situation
erfordert." (Rolf Dindorf)

Unsere heutige Welt ist geprägt durch Paradigmenwechsel und getrieben durch digitalen
Wandel, über alle Bereiche unseres Lebens- und Arbeitsalltags hinweg. Eine Welt,
in der Künstliche Intelligenz (KI) zum Zukunftstreiber avanciert und die exzessive
Nutzung von Daten eine Hauptrolle erhält. Chancen und Risiken schwingen sehr nahe
beieinander, fordern heraus, die richtigen Entscheidungen im Denken und Handeln verantwortungsvoll zu treffen. Aber wo setzen richtige Entscheidungen an und welches sind
die moralischen Grundlagen? Was bedeutet dabei verantwortungsvolles Handeln?

Inmitten der heutigen globalisierten und eng vernetzten Welt sind letztlich WIR
alle gefordert: Jede/r Einzelne, egal ob in Unternehmen, Organisationen, Politik und
Gesellschaft, sollte offen sein und sich gleichwohl kritisch mit den Entwicklungen auseinandersetzen.

Wir werden den digitalen Wandel nur dann erfolgreich mitgestalten, wenn wir es
schaffen, für die Gesellschaft Verantwortung zu übernehmen und mit Blick auf Mensch,
Natur und Umwelt gemeinsam zusammen wirken: global & lokal.

2.1   Künstliche Intelligenz (KI) verändert

„We are just an advanced breed of monkeys on a minor planet of a very average star. But we
can understand the universe. That makes us something very special." (Stephen Hawking)

Über unterschiedlichste Quellen, wie zum Beispiel Sensoren, Kommunikationssysteme,
Sicherheitssysteme oder Social Media generieren wir weltweit täglich unvorstellbar viele
neue Daten, füttern permanent das Internet und setzen dabei zunehmend vernetzte KI-
Lösungen ein, um all die Daten nutzen und auswerten zu können. Dadurch werden alltägliche Arbeitsgänge erleichtert, komplexe Aufgaben übernommen, optimale Lösungen
gefunden, Prozesse effizienter unterstützt, und unsere eigenen Ressourcen optimiert.
Die intelligenten digitalen Assistenten sind weltweit längst in unseren Alltag eingezogen (Abb. 1).

KI-Assistenten/Machine Learning Systems passen sich uns Menschen in selbstlernender Weise immer mehr an, lernen zu verstehen, wie wir handeln. Logik und Wahrscheinlichkeit folgend, gehen sie dabei immer gezielter individuell auf die von uns
geforderten Aufgaben ein. Sie registrieren unser Handeln auf Basis von Algorithmen,
hochentwickelter Sensoren und zugehöriger Software. Sie können beobachten, vergleichen und erneut justieren – lernen. Gefühlt sind sie stets auf der Jagd, sich einem
Optimum anzunähern, wie im Wettbewerb mit uns Menschen. Mit guten Chancen,
uns im täglichen Leben bestens zu unterstützen. Sei es bei Suchanfragen im Internet,
bei der Nutzung von Navigations- oder Ortungssystemen, bei der Gesichtserkennung
auf dem Smartphone oder der biometrischen Authentifizierung, beim Onlinebanking

Abb. 1 Unsere Welt im digitalen Wandel. (Bildquelle: Copyright Fujitsu Technology Solutions GmbH)

oder Einkaufen auf Onlineplattformen, bei automatischen Fotokorrekturen oder Social Media News Feeds, bei funktionierenden Übersetzungsprogrammen oder in der Kommunikation mit Siri oder Alexa. KI ist always-on, jederzeit im Hintergrund aktiv, wie ein unsichtbarer Geist! KI wirkt (r)-evolutionär und eröffnet dabei radikal neue Möglichkeiten in allen Bereichen, sei es in Mobilität, Wohnen, Arbeiten, Bildung oder Beruf, Entertainment oder Kultur. Auf unsichtbare Weise verknüpft sich ein engmaschiges Netz aus Daten. Datenmengen, die ständig zunehmen und vielseitiger verwendbar werden. Was dahinter steckt ist ein komplexes Zusammenwirken unvorstellbarer Datenexplosionen im Internet mit intelligenten maschinellen Lernverfahren, Mikrochips, nebst den Infrastrukturen.

So vielfältig, wie sich die Digitalisierung zeigt, so verschieden sind die Themen rund um Schnittstellen und Entwicklungen von Human Machine Interfaces und KI-Systemen. Das erfordert von uns Menschen großes Engagement, kritische Blicke und bewussten Umgang, nicht zuletzt wegen damit verbundener ethischer Aspekte. Diese Auseinandersetzung braucht es! Profit, Macht, Kommerz und vorbehaltlose Technikgläubigkeit dürfen nicht das alleinige Maß von Entwicklungen sein. Worauf es heute ankommt geht aus verschiedenen Studien hervor. So, hat der Bundesverband Digitaler Wirtschaft z. B. verschiedene Aspekte zu „Corporate Digital Responsibility: Wie wir die digitale Transformation ethisch gestalten können" (BVDW 2020) untersucht und zusammengefasst Interessant ist auch die Zukunftsstudie Phase VIII „KI im Kontext von Leben, Arbeit, Bildung 2035+" die im Sommer 2020 von der Bertelsmann Stiftung und dem Münchner Kreis unter der Schirmherrschaft des Bayerischen Staatsministeriums für Digitales herausgegeben wurden. (Quelle: https://www.bertelsmann-stiftung.de/de/unsere-projekte/betriebliche-arbeitswelt-digitalisierung/projektnachrichten/zukunfts-studie-leben-arbeit-und-bildung-2035). Sehr deutlich geht hervor, dass Vertrauen und Verantwortungsbewusstsein, Respekt, Gemeinsinn und Nachhaltigkeit Teile der digitalen DNA sind, wobei Miteinander, Transparenz, Fairness und Ethik in dem Zusammen-wirken wesentliche und bedeutende Brückenglieder bilden.

2.2   Mit KI Assistenz auf Zukunftskurs

„Man muss das Unmögliche versuchen, um das Mögliche zu erreichen." (Hermann Hesse)

Künstliche Intelligenz leistet zunehmend viele Aufgaben, heute allgegenwärtig viel-seitig besser und präziser als wir Menschen: „Juristen-KI-Assistenten" durchforsten als „Anwaltsgehilfen" Urteilsdatenbanken und erleichtern dabei komplexe und zeit-aufwendige Rechercheprozesse. In der Medizin vergleicht eine KI CT-Aufnahmen mit Tausenden anderer Aufnahmen und unterstützt die Mediziner bei Handlungsent-scheidungen. In der Wissenschaft hilft KI bei Genanalysen, riesige Datenmengen abzugleichen. KI-Systeme unterstützen bei der Erkennung von Krebsarten, leisten Erstaunliches bei der Entdeckung neuer Werkstoffe, in der Pharmaforschung bei der Ent-wicklung neuer Impfstoffe oder individueller Medikamente. KI öffnet somit gewaltige Tore für den Boom smarter extrem nützlicher Maschinen.

Zukunftsszenarien lassen sich erahnen, die besonders herausfordern, sich mit ver-schiedenen Perspektiven kritisch auseinanderzusetzen, sich einzubringen, mitzuwirken. Smart Toys sind ein Beispiel dafür: Die vernetzten Spielzeuge, sehen hübsch aus und bringen Spaß. Andererseits können sie als Spion im Kinderzimmer dienen und gehackt werden. Ein Beispiel von vielen, das bereits zu berechtigtem und wichtigem Diskurs über Sicherheit und Datenschutz führt. All diese Entwicklungen in den Bereichen *Smart Manufacturing*, Smart Home, *Smart Car (Fahrzeug), Smart City, Smart Bildung*wirken in erster Linie durch ihre Vernetzung – und hier liegen auch die Risiken. Smarte Lösungen prägen heute bereits unser Alltagsleben, präsentieren sich mit genialen Entwicklungen, von E-Mobilität über Anwendungen in der Industrie, der Land- oder Luftfahrttechnik bis hin zur medizinischen Betreuung und Pflege, um Menschen Hilfe zu leisten. Für Senioren kann dies zum Beispiel eine Chance sein, möglichst lange selbstbestimmt und in sozialer Gesellschaft in ihrem vertrauten Umfeld zu leben. Das setzt Kompetenz und Sorgfalt, klare Regeln und Kontrollmechanismen, Datensicherheit sowie Schutz vor Miss-brauch voraus. Bei allen Entwicklungen muss darauf geachtet werden, dass Technik dem Gemeinwohl und dem individuellen Wohl des Menschen dient! KI fordert auf jeden Fall heraus: technisch und wirtschaftlich, politisch und gesellschaftlich, global und sozial.

Stellen Sie sich vor, Sie steigen in ein aktuelles Fahrzeug, ausgestattet mit modernsten Assistenten, selbstfahrenden Funktionen und allen möglichen Bedienelementen und

Medien. Nun stellen sie sich vor, ihre Großeltern, die seit 20 Jahren selbst mit der Hand am Steuer fahren, sollen jetzt in solch ein hochmodernes Fahrzeug umsteigen und sich chauffieren lassen. In einem Gefährt, das viel mehr und ganz andere, völlig neue unbekannte Funktionalitäten in sich beherbergt. Ein Fahrzeug mit deutlich weiterentwickelten Technologien als Astronauten sie bei der ersten Mondlandung zur Verfügung hatten. In ein Fahrzeug, das längst kein gewöhnliches Vehikel mehr ist, sondern ein Computersystem mit autonom arbeitenden KI-Assistenten. Wie geht es wohl Ihren Großeltern im Vergleich zu Ihnen, wenn neue Technologie und ältere Generation aufeinandertreffen und gefordert sind, spontan mit dem Neuen umzugehen? Während sich der Einsatz von KI-Assistenz für einige leicht anfühlt, ist es für andere bereits heute eine unlösbare Herausforderung, damit umgehen zu können. Was für uns heute und morgen, mehr noch als für unsere Eltern und Großeltern, gilt, ist permanentes, selbstständiges, lebenslanges Lernen! Ein absolutes Muss, um sich stets neu benötigtes Wissen und Können anzueignen. Wer dies nicht leisten kann oder nicht bereit ist, in stetige Bildung zu investieren oder keine Möglichkeiten hat, um auf Wissen zugreifen zu können, ist höchst gefährdet, abgehängt zu werden. In meinem unmittelbaren Arbeitsumfeld erlebe ich in den letzten Jahren ein vielfältiges Spektrum. Sehr innovative KI-basierte Lösungen wurden gemeinsam mit Kunden und Partnern entwickelt, wie zum Beispiel *Zinrai*, ein KI-Ressourcen Framework zur Bereitstellung vielfältiger Services oder die *PalmSecure*, eine Lösung zur biometrischen Authentifizierung, die ein Höchstmaß an Sicherheit bietet (Abb. 2).

Mit Lösungen in der 3-D-Sensorik und KI-Technologie können Beurteilungsprozesse im Gesundheitsmanagement und der medizinischen Versorgung unterstützt werden. Zielgruppenspezifische KI-Plattformen ermöglichen sehr unterschiedlichen Einsatz, sei es bei Windrädern für Qualitätsprüfungszwecke oder für den Bildungsbereich als Lernplattformen, wie zum Beispiel die Digitale Bildungsplattform Securon. Mit Quantum-inspired Computing mittels Digital Annealer lassen sich kombinatorische Optimierungsprobleme von relevanter Größe in Echtzeit lösen und gewährleisten einen effizienteren Umgang mit Ressourcen. Was mich persönlich an derartigen Entwicklungen begeistert, ist zu sehen, wie mit einem komplexen Werkzeugkoffer der Naturwissenschaften das ABC der Informatik so verbunden wird, dass Nützliches für

Abb. 2 PalmSecure Solution. (Bildquelle: Copyright Fujitsu Technology Solutions GmbH)

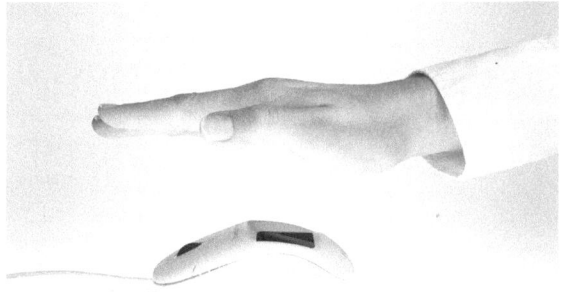

Mensch und Natur geschaffen werden kann. Je nach programmiertem Szenario macht KI dabei vor nichts Halt und ist längst auch schon dort eingezogen, wo Entscheidungen über den Menschen getroffen werden, sei es in autonomen Prozessen, bei Bewerbungen, Vorstellungsgesprächen, Vorhersagealgorithmen im Polizeidienst oder bei Einschätzungen, ob eine Person für etwas geeignet ist oder nicht. Künstliche Intelligenz und die stetig wachsenden Unmengen an Daten verraten viel über uns. Dies eröffnet ungeahnte Möglichkeiten für Überwachung und Einflussnahme, je nach Einsatzszenario oder politischer Motivation positiv oder negativ auf das Individuum wirkend. Algorithmen beobachten uns heute schon permanent und treffen für uns relevante Entscheidungen. Der Preis ist: Wir Menschen werden immer „gläserner".

Kritiker mahnen, die Büchse der Pandora sei längst geöffnet. Können wir die Geister, die wir riefen noch kontrollieren? Entscheiden künftig Algorithmen über Schicksale von Menschen? Wo liegen die Grenzen und von wem werden sie gesetzt, kontrolliert, hinterfragt? Ein Blick auf heutige internationale Technologiegiganten wie Facebook, Amazon, Alibaba oder Google, die immer umfassender Profile über ihre Kunden erstellen und durch Nutzung von Daten Umsätze in Milliardenhöhe erwirtschaften, zeigt, wie Daten zum Elixier der Gegenwart und der Zukunft geworden sind. Wer die Daten besitzt, diese für sich zu nutzen versteht, kann daraus Mehrwerte generieren, manipulieren, auch Falschmeldungen verbreiten, sich Machtposition und erhebliche Wettbewerbsvorteile verschaffen.

Blicken wir zum Beispiel nach China, dem weltweiten Wachstumsmotor für die gesamte Weltwirtschaft, mit seinem „Citizen Score-Modell", das einem umfassenden Überwachungs- und Kontrollsystem zwecks patriotischer Disziplinierung dient, um die Bürger, den Regeln entsprechend, regimekonform zu benoten, zu bewerten, zu beurteilen, zu bestrafen, zu erziehen. Vieles erinnert an Georg Orwells totalitären Überwachungsstaat in seinem Roman „1984". Wo bleibt die Würde und Selbstbestimmtheit des Menschen? Was passiert mit Freiheit, Individualität, Persönlichkeit, Moral in all den digitalen Entwicklungen auf Zukunftskurs? Werden unsere humanistischen Werte überholt? „Wer das Buch in der DDR las, musste mit Gefängnis rechnen. Heute geben wir freiwillig alle unsere Daten an Google, Facebook & Co." (mdr-Kultur-Feature, 2019).

Algorithmen erkennen menschliches Verhalten und Gewohnheiten. Sie reagieren darauf. Roboter werden immer besser in ihren Möglichkeiten. Sie können gehen, greifen, justieren, lernen, sprechen wie Menschen, untereinander vernetzt kommunizieren und lernen. Roboter entwickeln sich bereits zum Assistenzarzt oder fliegen, wie Roboter CIMON (BR-Wissen_CIMON Roboter, 2018), als Assistent mit ins Weltall. Für künftige Mars-Missionen wird an emotionaler KI geforscht und zwar an Robotern, die sich ihrer selbst bewusst sind und in sich hineinhören, um besser Risiken einschätzen zu können. Während „Mars-Mission" weit weg klingt, starteten Forschungen und Entwicklungen längst. Entwickeln sich hier gerade Systeme, die den Menschen die Entscheidungen abnehmen, die Maschinen zu Richtern über den Menschen werden lassen?

Es ist höchste Zeit, sich einzumischen, aufmerksam zu sein und sich einzubringen. Es ist höchste Zeit, „die Zukunft zu wagen: mit kreativen Freiräumen – IT-Herausforderungen meistern!" (Birkner 2017, S. 893 ff.).

2.3 Entscheidungswelten zwischen Mensch und Maschine

Per se gibt es keine gute oder böse KI. Trotzdem hat auch die KI-Medaille, wie die meisten Veränderungen in unserer Welt, zwei Seiten: Einerseits werden viele KI-Technologien und Lösungen, inzwischen als vorteilhaft empfunden und akzeptiert. Andererseits irritieren KI-Lösungen mit ihren programmierten Algorithmen, zeigen Schwächen, bergen Risiken in sich, verunsichern uns Menschen dabei, werfen Verständnisfragen auf, generieren Ängste. Die Macht der Algorithmen nimmt mehr und mehr zu (Abb. 3).

Worauf KI-Entscheidungen basieren, wo KI sich irrt, wie uns das betrifft und was wir dagegen tun können, beschreibt Katharina Zweig in ihrem Buch „Ein Algorithmus hat kein Taktgefühl" und gibt Einblicke in eine mögliche Ordnung, die aufzeigen, dass es wichtig ist, anstatt ängstlich wachsam zu sein.

> „Künstliche Intelligenz, also eigentlich die Algorithmen des Maschinellen Lernens, bedarf ganz grundsätzlich unserer Aufmerksamkeit, wenn sie richtend Entscheidungen über Menschen trifft oder dichtet und so den Menschen in seinen Tätigkeiten ersetzt. Der Entwicklungsprozess für algorithmische Entscheidungssysteme umfasst eine lange Kette mit Verantwortlichkeiten, die in fast jeder Phase Aspekte enthält, bei denen wir Menschen mitreden und uns einbringen können" (Zweig 2019, S. 27).

In allen Phasen dieses Prozesses braucht es stets gesunden Menschenverstand und gesellschaftlichen Diskurs. Nur an den Stellen der Entwicklungsprozesskette, an denen es um die Programmierung des Algorithmus selbst, sowie um die Integration von „Qualitäts- und Fairnessmaßen" geht, wird technisches Wissen benötigt. Wie in vielen Situationen im Leben zeigt sich bei den Entwicklungen der KI-Systeme, dass es enorm

Abb. 3 KI – Entscheidungen. (Bildquelle: Copyright Fujitsu Technology Solutions GmbH)

wichtig ist, einen möglichst ganzheitlichen Ansatz zu verfolgen. In diesem Fall einen „sozio-technischen" Gesamtzusammenhang. Kenntnisse, Methoden, Erfahrungen und Ansätze aus Psychologie, Soziologie, Wirtschaftswissenschaften, statistischer Physik und natürlich der Informatik müssen ganzheitlich genutzt und eingebracht werden. „Um das Schadenspotenzial des sozio-technischen Gesamtsystems zu analysieren, bedarf es Personen, die dafür notwendige Ausbildungen und Erfahrungsschätze haben" (Zweig 2019, S. 282 ff.). Hier eröffnen sich nicht nur Potenziale, den digitalen Wandel mitzugestalten, sondern die dringende Notwendigkeit, dies jetzt zu tun! Heute entstehen die Entwicklungen und Anwendungen für morgen. Was ist, wenn Technologien, künstlich intelligente Assistenten, maschinell lernende Systeme bereits flächendeckend ihren Weg in den praktischen Einsatz gefunden haben? Dann wird es schwerer und ungleich aufwendiger, zu kontrollieren, zu korrigieren oder Wirkungskreise zu ändern. Wichtig ist, möglichst alle Aspekte in die frühzeitigen Entwicklungen von Algorithmen zu integrieren, um neben den wirtschaftlichen Aspekten zum Beispiel Moral oder Ethik in algorithmischen Systemen sicherzustellen.

Das ist auch ein klares Plädoyer für die notwendige Beachtung von Diversity und Inclusion. Nehmen wir ein Beispiel aus der Praxis: Einsatz von KI in Bewerbungsprozessen. Was wäre, wenn ein Algorithmus auf Basis mangelhafter oder einseitiger Programmierung bewertet, Entscheidungen ableitet, bestimmte Eigenschaften einschließt oder ausgrenzt? Was wäre, wenn vom Algorithmus, zum Beispiel Eigenschaften als männlich und damit als positiv und geeignet bewertet werden – weil zum Beispiel von Männern programmiert? Bewerbungen von Frauen würden systematisch schlechter beurteilt.

Stellen Sie sich vor: Verschiedene Personen interessieren sich für dasselbe Produkt, einen Mietwagen oder eine Reise und bekommen erstaunlicherweise unterschiedliche Preise angeboten. Dieses „Individual Pricing" ist heute bereits gängige Praxis. Zur Ermittlung der individuellen Zahlungsbereitschaft werden vielfältige Daten herangezogen, die wir ohne unser Wissen bereits schon lange vorher preisgegeben haben, zum Beispiel Wohnort, genutztes Gerät oder besuchte Websites. Das unterschiedliche Preisniveau bleibt für die Konsumenten zunächst undurchschaubar.

Zu fragwürdiger Berühmtheit kam ein automatischer Seifenspender. Bei der Entwicklung des Gerätes wurden die Sensoren mit hellhäutigen Testpersonen kalibriert. In der Praxis führte dies dazu, dass der Seifenspender bei farbigen Personen nicht reagierte. Fehlerhafte KI kann sich auf den gesamten Alltag von Bürgerinnen und Bürgern massiv auswirken. Mit Diskriminierung scheint eine unreflektierte KI kein Problem zu haben.

Solche Beispiele zeigen eindrücklich: Wir Menschen konzipieren algorithmische Systeme und programmieren sie. Wir manifestieren gerade die Fundamente der digitalen Welten für die Zukunft. Es liegt an uns, diese vertrauenswürdig, nach Moral und ethischen Leitlinien verantwortungsvoll zu gestalten:

- *Einbindung von Regulierungen, wie zum Beispiel Gesetze, Sicherheit, Politik, Integrität, Wirtschaft, Soziales, Bildung*
- *Einbindung und Beachtung von Werten, Vorurteilen (Bias), Ethik, Moral, Kultur*
- *Technische und qualitative Kontrolle der Systeme und Datenbasis*
- *Abschätzung und Berücksichtigung möglicher Konsequenzen, wie zum Beispiel politische Folgen für Bildung, Arbeit, Soziales, Verbraucher, Sicherheit, Datenschutz*
- *Prognose, Erkennen, Gegensteuern möglicher Problemfelder, wie zum Beispiel Manipulation, Spionage, Suchtverhalten, Gefährdungen, negative Beeinträchtigungen auf Mensch, Natur, sonstige Ressourcen*
- *Prüfung und Reflexion von Interpretationen, Feedback, Ergebnissen, Aktionsketten*

Nachdenken: Welches sind gute Entscheidungen und wer trifft sie – Mensch oder Computer? Der KI Entscheidungen zu überlassen, sollte nur erlaubt sein, wenn abgesichert ist, dass sie nach unseren Maßstäben agiert. Zu klären ist: wer die Maßstäbe definiert und wer die KI bei Veränderungen neu regelt. Jede Menge Spielraum für Positives wie Negatives.

3   Die Zukunft erfolgreich mit KI gestalten

„Wer nicht weiß wohin er will, darf sich nicht wundern, wenn er ganz woanders ankommt."
   (Mark Twain)

Wer sind die treibenden Gestaltungskräfte? Ist es der Mensch, seine Informationstechnologie oder bereits die KI selber? Oder sind wir Menschen die Getriebenen? Welche Rolle nehmen wir ein? Ich denke, es ähnelt einem Ping-Pong-Spiel mit Aktion und Reaktion, das heißt, wir sind gleichermaßen Treiber und Getriebene im digitalen Wandel. Eigene Fähigkeiten aufzubauen und sich damit aktiv in die Gesellschaft einzubringen, sind umso mehr gefordert. „Transformation ist kein typischer Change-Prozess, sondern eine bewusste Minikrise", so Sven Gabor Janszky, in seinem Buch „Wie viel Mensch verträgt die Zukunft 2030" (Janszky 2018, S. 140 ff.), in dem er von guten Erfahrungen der 2b AHEAD berichtet, wie sich alte Routinen durch konsequente und kompromisslose Regeländerung durchbrechen lassen. Zukunft braucht positive und konstruktive Grundeinstellungen. In Zeiten disruptiven Wandels geht es darum, automatisierte, verkrustete Denk- und Verhaltensmuster aufzubrechen; bei sich, ebenso wie bei Organisationen. Und es geht darum, sich für Neudenken zu öffnen. Nicht nur hier liegen künftige Schlüsselfähigkeiten für gute Führung und erfolgreiche Prozessgestaltung, sondern ebenso im lebenslangen Lernen und proaktivem Handeln. Herausforderungen in diesen Bereichen steigen im digitalen Wandel exponentiell an! Digitale Transformationen benötigen

Fähigkeiten, um mit Veränderungen flexibel und besonnen umgehen zu können, demografische Herausforderungen und Fachkräftemangel zu meistern. Ebenso laden sie ein, „von positiven Erfahrungen anderer Gesellschaften zu lernen. Share-Economy-Effekte können mittels Technologie die Gesellschaft vorantreiben und lassen neue Wege der Ressourcennutzung entstehen", so Tobias Loitzsch (2019, S. 161). Zukunft mit KI erfolgreich zu gestalten fordert auf, die Welt im Kleinsten zu begreifen, um sie im Großen verändern zu können. Auf die richtige Einstellung kommt es an!

3.1   Grundeinstellungen erweitern

„Der Geist ist wie ein Fallschirm, er kann nur funktionieren, wenn er offen ist." (Walter Gropius)

Die mentale Grundeinstellung ist der Schlüssel zum Erfolg. Was spornt mehr an, als mit Lust auf etwas zuzugehen? Freude für etwas zu haben, setzt Kräfte frei, Ideen in Taten zu bringen und Ziele zu erreichen. Und all das, bei Fehlschritten, Hindernissen oder Niederlagen mit der erforderlichen Kraft und dem Mut, um neu aufzustehen, sich aufzurichten, das eigene „Krönchen" zurechtzurücken, weiterzugehen, verbessert weiterzumachen: Nicht abwarten, denn wer im Wartezimmer sitzt ist nicht dran!

3.2   Starke Kräfte: Vision – Werte – Unternehmenskultur

„Kreiere die größte Vision für dein Leben, denn du wirst das an was du glaubst!" (Oprah Winfrey)

Visionen sind kraftvolle Stützen, die Neudenken anregen, Ideen entfalten lassen, Fortschritt oder Paradigmenwechsel einleiten können. So zum Beispiel der Automobilhersteller Tesla, der mit seiner Vision die Automobilbranche herausforderte, Technologien in der Fortbewegung anders zu gestalten, die Umwelt zu schützen. Dies brachte die gesamte Autoindustrie mächtig unter Zugzwang und „motivierte" zum Neudenken. Visionen haben die Kraft, Menschen zu begeistern, an der Gestaltung von Veränderungsprozessen mitzuwirken und zukünftige Entwicklungen proaktiv voranzubringen. Betroffene als Beteiligte zu gewinnen ist hier enormer Verstärker. Motivationsfaktor pur!

Als ich im Jahr 2000 auf einer Microsoft-Worldwide-Partner-Konferenz in USA zum ersten Mal von Bill Gates über die *NET*-Strategie, Vision und Mission (Article online Computerworld 2000): „Making the world better – Empower people through great software anytime, anyplace, and on any device", hörte und futuristische Videoclips auf großer Leinwand zu sehen bekam, dachte ich: Wie toll ist das denn! Dieser damals Science-Fiction-anmutende Ausblick faszinierte mich und weckte zugleich Skepsis.

Dass dies eine Vision war, die den weltweiten Markt im Handumdrehen erobern wird – eine Vision, die eine völlig neue Ära von Perspektiven eröffnen und sich über alle Generationen hinweg verbreiten wird, dass all dies so schnell in unser Leben einziehen wird, hielt ich zum damaligen Zeitpunkt nicht für möglich. Vor 20 Jahren eine Vision – heute längst Teil des digitalen Alltags. Was mich damals an der Vision begeisterte war der am Menschen orientierte Denk- und Lösungsansatz, der ein Meilenstein für IT-Entwicklungen wurde.

Visionen sind bedeutende Wegweiser für innovative Gestaltung und Antrieb für Umsetzung. Ich finde es genial, wenn es darum geht, am Menschen orientierte Innovationen zu ermöglichen und dadurch individuelle, maßgeschneiderte Angebote zu erschaffen, die dem Menschen dienen und für die Gemeinschaft nützlich sind. Das braucht ein perfektes Zusammenspiel von Vision-Mission-Strategie bis hin zur Marktdurchdringung. Kultur und Werte eines Unternehmens spielen hier grundlegende Rollen, alles in Einklang zu bringen.

Ein Beispiel aus meiner Arbeitswelt ist Fujitsu, ein Unternehmen, das sich bereits bei der Gründung im Jahr 1935 zum Ziel setzte, die Macht der Informations- und Kommunikations-Technologie (IKT) zu nutzen, um für die Gesellschaft Vorteile zu erschaffen und die Welt durch IT zu verbessern. 2013 erlebte ich als Mitarbeiterin die Integration der Unternehmensvision „Human Centric Innovation for a Human Centric Society" in den globalen und lokalen Strategiefahrplan. Ein konsequenter Schritt, IT-getriebene Veränderungsprozesse mit einem klaren Leitbild für Mitarbeiter und Partner zu schaffen. Für Unternehmen sind mentale Grundeinstellungen enorm wichtig, um digitalem Wandel erfolgreich begegnen zu können. Vision, Kultur und Wertesysteme sind dabei kraftvolle Wirkungsmechanismen und absolute Schlüsselelemente für erfolgreiche und innovative Marktdurchdringung. Eine starke Vision, fördert das Empfinden von Identifikation und Zugehörigkeit. Eine Unternehmenskultur, die auf Werte wie Respekt und Anerkennung setzt, schafft Begeisterung und wertschätzendes Miteinander, Weiterentwicklung, Kooperation und nicht zuletzt Vertrauen, das bei gutem Zusammenspiel erwächst. In Zeiten radikal durchdringender Digitalisierung und auf dem Weg, digitale Transformationen erfolgreich zu gestalten, ist Vertrauen ein absolutes Muss. Es geht darum, Produkte, Lösungen, Services zu erschaffen, die uns Menschen mit digitalen Informationen, Dingen und Infrastrukturen bestmöglich vernetzen.

Die heutige Welt begegnet uns global vernetzt, digital zunehmend komplex, chaotisch, vielschichtig, undurchschaubar und herausfordernd. Gerade dabei braucht es eine Kultur mit verantwortungsvollem Handeln und Vertrauen im Zusammenwirken (Abb. 4).

Abb. 4 Enabling Digital – Business Innovation. (Copyright Fujitsu Technology Solutions GmbH)

3.3   Vertrauen in die Zukunft: Visionen real werden lassen

„Wir können dem Wind keine Befehle erteilen, aber wir können unsere Segel neu setzen und die Richtung ändern. (anonym)"

Vertrauen in die Zukunft erfordert Fähigkeiten, mit Veränderung umzugehen: Vorbereitung, Haltung einnehmen, positiven Optimismus, Kompetenzen, sich an wechselnde Umgebungen und Aufgaben anpassen zu können. Erfolgreich den digitalen Wandel zu gestalten erfordert: Neudenken, Fokussierung, Perspektivwechsel, Reflexion, Umgang mit schwierigen Situationen und Anpassungsfähigkeit.

Das Wichtigste dabei: Machen, das heißt Ideen nachhaltig Taten folgen lassen! Visionen werden real durch Veränderungen. Vom Visionär zum Gestalter werden: heißt Machen! „Erfolg ist das Produkt von Vision und Handeln zum Quadrat", so leitet Matthias Krieger die Erfolgsformel $E = V \times H^2$ her (Krieger 2019, S. 97). Erfolg wird geprägt durch Ziele, Denken, die eigene Haltung und Einstellungen. Im digitalen Wandel zeigen sich Brennpunkte des 21. Jahrhundert, wie *Vertrauen und Verantwortung – Bildung und Beruf – Technologie-Enabler und Infrastrukturen.*

In meinem Arbeitsalltag erlebe ich sehr unterschiedliche Herausforderungen, die offene Diskussionen mit sich bringen und nach Gestaltung suchen, in Topic-Bereichen, wie diesen:

- *Kultur des Vertrauens schaffen und Verantwortungsbereiche gestalten*
- *Auf Innovationskurs setzen und starke Visionen, Werte, Kultur etablieren*
- *Umgang mit Innovationsrevolutionen, Gestaltung von Industrie 4.0-Lösungen, Produkten, Services,*
- *Gestaltung moderner Arbeitsplatzkultur und Strukturen des Vertrauens*
- *Nachhaltigkeitskonzepte entwickeln und sichern*
- *Bewährtes mit- und weiterentwickeln, Umwelt und Ressourcen schützen*
- *Arbeit 4.0 und Lernen 4.0 und Schule 4.0 durch passende Bildungswege, Lern- und Arbeitskulturen im digitalen Wandel gestalten*
- *Chancen für den Nachwuchs eröffnen und den demografischen Wandel meistern*
- *Alle Potenziale erkennen, nutzen und entfalten*
- *Personalgewinnung und Personalarbeit, Recruiting und Generationskonzepte gestalten*
- *Begeisterung schaffen, Leistung anerkennen und würdigen, Diversity und Inclusion umsetzen*
- *Vom Netz lernen: gemeinsam digitalen Wandel gestalten*
- *Auf breiter Basis kooperieren und zusammenarbeiten, Netzwerke und Plattformen zwecks Austausch schaffen*
- *Selbstbewusst in Führung gehen*
- *Switch off und Lebens-Stil-Programme zur Work-Life-Balance* bewußt integrieren

3.3.1 Vertrauenskultur schaffen

„Wo Vertrauen fehlt, spricht der Verdacht!" (Laotse)

In Prozessen digitaler Transformationen und der Begegnung mit neuen Herausforderungen spielen Vertrauen und Akzeptanz eine Schlüsselrolle. Es geht um unsere persönlichen Daten, die sich ständig erweitern, speichern, verknüpfen, verarbeiten, austauschen, verändern, auswerten und verkaufen lassen.

Auf dem Weg der Auseinandersetzung stellen sich kritische Fragen. Sind wir längst dabei, uns selbst zu verkaufen? Wer nutzt welche Daten gegen was oder für wen? Wer verfügt über die wirtschaftliche, wer über die juristische, wer über die politische Kontrolle von Daten? Wem nutzen sie und wer wird dabei manipuliert oder geschädigt? Wie ist die digitale Souveränität des Einzelnen geschützt? Wie erfolgreich wir den Weg in eine digitale Zukunft gehen, die für Mensch und Gesellschaft nützlich ist, wird davon abhängen, wie offen wir sind, uns mit den aktuellen Gegebenheiten kritisch, persönlich und auf gesellschaftlichen Ebenen auseinanderzusetzen und dabei verantwortungsvoll mitzumischen. Hier ist jede/r persönlich gefordert, die Weichen passend (mit-) zu stellen: stets mit Blick auf Innovation und Nachhaltigkeit!

3.3.2 Innovationskurs und nachhaltig Bewährtes zu Neuem weiterentwickeln

> „The secret of change is to focus all of your energy not on fighting the old, but on building the new." (Sprichwort)

Innovationen sind die Treiber in Veränderungsprozessen. Das Geheimnis erfolgreicher Gestaltung liegt in der effektiven Nutzung aller verfügbaren Potenziale und Ressourcen. Rulebreaker und Querdenker können wertvoll begleiten, Wandel prägen und neue Pfade aufzeigen. Das Bestreben nach Wandel neigt dazu, Bestehendes infrage zu stellen und schnell Bewährtes über Bord zu werfen, für Neues, das lockt, innovativ und trendy-sexy wirkt. Mit Verstand handelt, wer Bewährtes in Veränderungsprozesse sinnvoll einbezieht. Das Rad muss oft nicht komplett neu erfunden werden. Wie lassen sich also existierende Ressourcen als Bewährtes zu Neuem weiterentwickeln?

Der Physiker Michio Kaku, Buchautor und Professor für theoretische Physik an der City Universität New York, befragte 300 Experten aus Wissenschaft und Forschung weltweit, wie das Leben in 100 Jahren aussehen wird. Dabei untersuchte er, welche Vorhersagen vor 50, 70, 100 Jahren gemacht wurden und welche davon eingetroffen sind. Die Ergebnisse zeigen, dass die Erfolgsfaktoren darin liegen, bereits bestehende Techniken in die Zukunft zu übertragen und weiterzudenken und dabei immer wieder hinterfragend reflektieren: „Welche Schritte existieren bereits und weisen in die richtige Richtung?" (Kaku 2013).

Aus der Welt der IT sind die Mainframes hierfür ein erfolgreiches Beispiel. Die Großrechnersysteme sorgen seit Jahrzehnten für einen starken und verlässlichen Herzschlag im Rechenzentrumsbetrieb. Durch kontinuierliche Weiterentwicklungen integrieren sie sich über Jahrzehnte beständig erfolgreich in moderne IT- Infrastrukturen. Heute dienen die Mainframes als wichtige IT-Boliden und sind fit für digitale Transformationen. Auch in diesem Umfeld fordert die demografische Situation zum Beispiel Unternehmen und Rechenzentrumsbetreiber, ebenso wie Bildungseinrichtungen, extrem zum Handeln auf. Denn hier gilt es einerseits, geschäftskritische Prozessketten auch im digitalen Wandel kontinuierlich aufrechtzuerhalten und andererseits, Nachwuchskräfte zu gewinnen. Dafür ist es unerlässlich, der jungen Generation hier die beruflichen Chancen und gute Zukunftsperspektiven aufzuzeigen (Abb. 5).

Abb. 5 Enabling Digital – Business Innovation. (Copyright Fujitsu Technology Solutions GmbH)

3.3.3 Bildungswege für das 21. Jahrhundert gestalten

„Bildung ist die mächtigste Waffe, um die Welt zu verändern!" (Nelson Mandela)

IT-Technologie ist Dreh- und Angelpunkt für künftige Weiterentwicklungen. „Die Analphabeten des 21. Jahrhunderts werden nicht die Menschen sein, die nicht lesen und schreiben können, sondern diejenigen, die nicht lernen, verlernen und wieder lernen!", so äußerte sich Alvin Toffler, der als Futurologe und „big thinker" viele Impulse zur digitalen Revolution gab. Weiterbildung muss abgesichert sein. Was nützen modernste Technologien, Produkte, Lösungen und Infrastrukturen, wenn das Wissen fehlt, diese zu bedienen, wenn die Skills fehlen, wenn Menschen nicht vorbereitet und nicht passend ausgebildet sind? Menschen müssen Kompetenzen aufbauen können, Potenziale entwickeln und für die Anforderungen der Zukunft befähigt werden. Mit Weltblick lässt sich hier voneinander lernen. „Während Europa streitet und Deutschland zaudert, handelt China und definiert mit der Strategie ‚Made in China 2025' neue Spielregeln für internationalen Wettbewerb. „Was wir lernen können ist unter anderem, Bildung und Weiterbildung, sowie eine rasche Anpassung an sich verändernde Verhältnisse, als Grundvoraussetzungen für weiteres nachhaltiges Wachstum zu erkennen" (Hildebrandt 2019, S. 126). Kontinuierlicher Wissenstransfer ist immens wichtig. Kompetenzen werden zukünftig noch mehr entscheiden, wozu jede/r befähigt sein wird und inwieweit wir uns an visionäre Projekte heranwagen und diese auch umsetzen können. Für persönliche Weiterentwicklungen wird jede/r eigenverantwortlich gefordert sein, dafür zu sorgen, lebenslang beschäftigungsfähig zu bleiben. Unternehmen und Führungskräfte können als Coach, Sinnstifter, Motivator, Mentor stark unterstützen, um Potenziale zu erkennen und ihre Mitarbeiter/-innen persönlich zu begleiten und weiter zu entwickeln.

Der Fokus-Bereich Bildung und Beruf unterliegt im digitalen Wandel extremer Geschwindigkeit. Jugendliche müssen für die Berufswelt bestmöglich vorbereitet werden, während sich in der Praxis berufsrelevante Anforderungen rasant überholen: mit neuen Berufsbildern, die entstehen oder Wissensanforderungen, die im ständigen Wandel kommen und gehen. Das Bundesinstitut für Berufsbildung (BIBB) forscht nach Inhalten in den Berufsausbildungen für zukünftige Berufe, wie z. B. im FeMINT Projekt, um Empfehlungen für Anpassungen zu geben. Hier kommt es auf Tempo an, um Anpassungen für Aus- oder Weiterbildung flächendeckend zeitnah in die Praxis umzusetzen. Gleiches gilt für Design, Gestaltung und Einbindung von neuen Schulfächern. Zukunft im digitalen Wandel fordert, komplexe Zusammenhänge erfassen zu können, schnell Theorie und Praxis umzumünzen, die Rolle der Algorithmen zu verstehen.

Wissen und Fähigkeiten im Umgang mit digital geprägten und von Daten getriebenen Welten erfordern umfangreiche Bildungsprogramme, um soziale Kompetenzen und Handlungsfähigkeiten zu erwerben und selbstständiges selbstbestimmtes Lernen zu vermitteln. Neben den Inhalten und zielgruppengeeigneten Lehrmitteln braucht es flächendeckende Bereitstellung von Equipment für jede/n Schüler/-in, Studenten, Auszubildende. Lehrerschaft, Trainer, Ausbilder müssen aktuell gut ausgebildet und verfügbar sein. Vor allem müssen sie Leuchtturm der Bildung sein und bleiben, das heißt stetig dazu-, neu- und umlernen. Dies eröffnet eine vielfältige Bandbreite mit nötiger Zusammenarbeit von Politik und Wirtschaft, Lehre und Forschung in der Gesellschaft. Hier braucht es enge Kooperation, um erforderliche Kompetenzprofile für die Zukunft ganzheitlich aufzubauen und rasch in die Breite der Gesellschaft zu vermitteln. Wirtschaftsunternehmen und Vereine unterstützen längst proaktiv die Gestaltung von Bildungswegen. Dabei vermitteln sie Wissen rund um IT-Technologien, füllen Lücken und begeistern. Viele Bemühungen sind ausgerichtet, frühzeitig aktuelles Grundlagenwissen über IT Trends, Big Data, IoT, Industrie 4.0, Cloud Computing, Data Mining, Machine Learning usw. in den Schulunterricht zu integrieren. Für die Zukunft in digitalen Welten ist vielseitig Kompetenzaufbau erforderlich, mit Blick auf:

*Fakten-Check, Kontextinformationen auf Online-Medien mit der Realität abgleichen * mit Medien und Daten verantwortlich umgehen * mit Handlungs- und Problemlösungsprozessen umgehen * Fertigkeiten in feinmotorischen Aufgaben und Handwerk erlangen * kreative, soziale, emotionale Intelligenz * Empathie * körperliche und geistige Fitness * Gesundheitsprävention & Swich-off Fähigkeiten * Resilienzverhalten * Umgang mit Methodenmix * unternehmerisches Verständnis * Interdisziplinäres Denken * Wertekultur in digitalen Welten.*

Für eine Modernisierung der Bildungswege auf dem Weg zur Reform von Schule und Lehre im digitalen Wandel muss Wissenstransfer situativ verfügbar angeboten werden. Chancen und Gestaltungsmöglichkeiten sind dabei vielfältig und fordern:

*Lernprogramme mit zielgruppenspezifischer, themenspezifischer und begleitender Wissensaufbereitung * E-Learning Formate * Bereitstellung von Endgeräten * Breitbandzugänge in Schulen * Ausstattung der Schüler mit Lehrmaterialien * Projektarbeiten für Umgang mit komplexen Praxisaufgaben * Selbstständiges Lernen und Erarbeiten von Wissen * Gruppenarbeiten und Teamerleben * Online-Unterrichtsformate und Online-Schulprogramme * Bewusster Umgang mit Social Media und*

*E-Medien und KI * Lehrfilme * MOOCs * Video-Clips * 3-D-Animationen * Digitale Inhaltsaufbereitung mit Virtuell Reality (VR) und Augmented Reality zum Beispiel für komplexe Zusammenhänge * Digitale Lern-Assistenten * Lernroboter * Gamification * Hackathon * Robotic-Challenges * Lern-Tandems * Mentorschaften * Coaching * u.v.m.*

Es geht zunehmend darum, Lernen durch Erleben zu fördern, sowie grenz- und kulturübergreifendes Lernen zu ermöglichen. Enge Zusammenarbeit mit Bildungseinrichtungen zeigen den enormen Bedarf. Um junge Menschen zu unterstützen braucht es Möglichkeiten, in den beruflichen Alltag zu schnuppern, Schülern, Studenten, Trainees Bildungschancen und interessante Perspektiven für einen Berufseinstieg zu bieten.

Mit unterschiedlichsten Programmen und Initiativen ist zum Beispiel die Fujitsu Academy bereits sehr erfolgreich unterwegs. In enger Kooperation mit Schulen, Hochschulen, Universitäten, um Lehre und Forschung zu unterstützen, Stipendien zu fördern, Studien- oder Projektarbeiten zu begleiten. Vereinsaktionen, in Kooperation mit Politik und Unternehmen, haben sich in Deutschland sehr erfolgreich etabliert, wie zum Beispiel mit:

- ReDI School e. V., um Menschen mit Migrationshintergrund in Bildung und Beruf zu verhelfen.
- Hacker-School e. V., um in speziellen Veranstaltungen Menschen von klein bis groß, praktisch an die Welt der IT heranzuführen.
- Robotik4kids – Initiativen, in denen sich viele Unternehmen gemeinsam engagieren, um IT zum Anfassen an Schulen zu bringen.
- miagehnonline – Community, um bestimmten Zielgruppen Support zu geben, um online Kompetenzen im digitalen Wandel aufzubauen,
- AES TUM e. V., um Studenten mit Unternehmen über Ländergrenzen hinweg zu vernetzen, um den Austausch in Theorie und Praxis zu unterstützen

Unzählige weitere Engagements fördern Bildungswege im demografischen Wandel, um für Zukunft bestens vorbereitet zu werden oder mit kompletten Unterrichtsformaten zu unterstützen und Interessierte in die Programmierpraxis einzuführen. Interessante Beispiele bieten die Digitale Bildungsplattform, wie Securon für vollintegriertes modernes Lernen, nützlich als Schulnetzwerk, Homeschooling und vielem mehr. Ergänzende Möglichkeiten mittels e-Learning-Formaten und unterstützenden Bildungsapplikationen, wie begleitendes Mentorin (Intao-Digitaler Mentor) Intao-Digitaler Mentor für Transformation oder lernprozessunterstützende e-Learning-Lösungen von Innovationszentrum 4.0 oder vonMorgen mit Virtuell Reality oder Augmented Reality Ansätzen machen Lernen be-greifbar und schaffen Lernbegeisterung. Menschen im digitalen Wandel zu selbstbewusst Lernenden befähigen heißt, sie für digitales Lernen fit zu machen. Digitales Lernen ist der Zukunftsmotor für Personalarbeit!

3.3.4 Recruiting neudenken, Chancen für Nachwuchs

„Bilde die Leute gut genug aus, damit sie gehen können, und behandele sie gut genug,
damit sie nicht wollen."
(Richard Branson)

Digitales Wissen bietet über alle Branchen hinweg Möglichkeiten, um in unterschiedlichsten Berufsfeldern Fuß fassen zu können. Das wird sich zukünftig weiter verstärken,
vielseitig und über ein breites Spektrum hinweg. Der Blick auf den demografischen
Wandel zeigt bereits heute, dass zu wenige Qualifizierte auf zu viele Jobangebote treffen.
Ein Dilemma, welches sich durch Mangel an Fachkenntnissen verschärft und für Unternehmen bis zur Existenzbedrohung führen kann. Mangel an Personal und Wissen führt
dazu, dass Produkte nicht produziert, Lösungen nicht entwickelt und Services nicht
angeboten werden können. Unternehmen riskieren, vom Markt verdrängt zu werden.
Um dem entgegenzusteuern sind sie stark gefordert, zu begeistern, wenn sie Nachwuchskräfte gewinnen wollen. „Recruiting muss zur Chefsache und zur strategischen
Unternehmensaufgabe werden" (Rechsteiner 2019, S. 15). Visionäres Vorausdenken ist
gefragt, gepaart mit dem Mut und der Kraft, kreative Ideen umzusetzen (Abb. 6).

Dies fordert passende Angebote in der Personalgewinnung und der Arbeitsgestaltung,
so geht S.G. Janszky in seinem Buch „Das Recruiting Dilemma" auf interessante

Abb. 6 Enabling Digital Mastery. (Copyright Fujitsu Technology Solutions GmbH)

Ansätze ein (Janszky 2014, S. 21 ff.) Einige Impulse daraus, um sich auf zukünftige Personalarbeit vorzubereiten:

- *Auseinandersetzung mit verschiedenen Generationen und Unternehmensmodellen*
- *Veränderung bisher typischer Kompetenzanforderungen*
- *Umgehen mit Mitarbeiterfluktuationen*
- *Einsatz Algorithmen-basierter Systeme für Personalplanung*
- *Konzepte zur Wertschätzung der Mitarbeiter als „Persönliche Marke" und individuell zugeschnittenes Employer Branding*
- *Implementierung von CCO (Chief Change Officer) zur Unterstützung bei Recruiting und Mitarbeiterentwicklung*
- *Focus der Datenanalyse im Personalbereich*
- *Gestaltung ansprechender und geeigneter Bürokonzepte Strategien für erfolgreiches Employer Branding wirtschaftsfördernde Netzwerke*

3.3.5 Potenziale entfalten und nutzen

„Potenziale entfalten Persönlichkeiten" (Felicitas Birkner)

Für die Zukunft gilt: Arbeits- und Lebensräume „gesund" zu erhalten, Ressourcen effektiv einzusetzen, mit Energien zu haushalten und Regenerationsfähigkeit zu berücksichtigen. Energie folgt der Aufmerksamkeit! Positives Denken in Zeiten des digitalen Wandels lässt: *Lebensmomente sinn*voll*er*leben,* persönliche Potenziale voll entfalten, Chancen im Leben erkennen und nutzen! (Lebensmomente. http://www.lebens-momente.de). Meine simple Formel dafür: Mit Bildung in Bewegung bleiben und machen!

Die gesellschaftlichen Herausforderungen im digitalen Wandel erfolgreich stemmen gelingt allerdings nur im Schulterschluss und im gemeinsamen Wirken durch volle Nutzung und Einbindung aller Potenziale, unabhängig von Geschlecht, Herkunft, Alter, Kultur, gleichberechtigt auf allen Ebenen. Hier liegen Chancen für Diversity Inclusion, um beispielhaft weibliche Akteure gleichberechtigt in der Welt digitaler Transformationen einzubinden und berufliche Karrierewege zu eröffnen. Hier lässt sich von anderen Ländern lernen, wie „zum Beispiel das Oportunidades-Programm (Chancen) in Mexiko, um Schulbildung zu fördern. Bei Frauen, die einen Abschluss in Informatik machen, ist Mexiko heute Vorreiter. Die Weltbank bezeichnete das mexikanische Modell zum Beispiel als Vorbild für die Welt, weil es das erste war, das sich auf Haushalte in extremer Armut konzentrierte" (Gates 2019, S. 126). Längst wird mehr als früher die Berufswelt von Frauen mitgeprägt. Trotzdem existiert in Richtung Führungsetagen nach wie vor für Frauen eine kaum durchdringbare „gläserne Decke". Es ist nur schwer zu verstehen, wieso das Potenzial von Frauen für Führungs- und Managementfunktionen so wenig anerkannt und von Unternehmen nur in geringem Maße genutzt wird. Erfolgreiche Führung im digitalen Wandel wird davon profitieren, alle Potenziale zu nutzen:

selbstbewusst genug sein, um anderen beim Wachsen zu helfen, und dabei selbst an
Größe zu gewinnen, sich weiter zu entwickeln.

Unterstützende Formate und Plattformen des Austausches zur Vernetzung von
Frauen im Beruf sind sehr hierbei hilfreich, um persönliche Entwicklungsschritte zu
begleiten. Sie werden zunehmend von unterschiedlichen Zielgruppen genutzt, um
Wissen und Erfahrungen auszutauschen, als Übungsplattformen für Praxiserleben
zu nutzen, um Lernen zu unterstützen, von Reflexion und konstruktivem Feedback zu
profitieren. Powervolle Stützen, um individuell Entwicklungsprozesse zu fördern sowie
Gruppenprozesse lösungsorientiert zu begleiten, sind Coaching und Mentoring. Auch
hier haben sich über Jahre hinweg viele Formate und Initiativen mit unterschiedlichen
Fokussierungen etabliert, um Weiterentwicklungen zu unterstützen, einige Beispiele für
Interessierte:

> Bitkom Frauen in Digitalwirtschaft * BPW Danube Net * BVDW *
> Business Coaching Circle * Careers lounge * Digital Media Women *
> Global Digital Women * IamRemarkable * Leading Women Business Network * NEXT
> e. V. * Women and Work * Vogel IT Academy *
> Women Speaker Foundation-Generalprobe * Working out loud

3.3.6 Vom Netz lernen und gemeinsam stark sein

> „Lernen ist wie Rudern gegen den Strom. Hört man damit auf, treibt man zurück." (Sprich-
> wort)

Das weltweite „Internet der Dinge" begegnet uns mit Power und zeigt, wie Vernetzung
funktioniert. In sich selbst durch Daten und Algorithmen zusammenwirkend, erzeugt es
durch permanent wachsende vernetzte Verbindungen, unendliche Vielfalt von Möglichkeiten, für uns oft nicht nachvollziehbar. Warum also nicht vom Netzverhalten einfach
lernen? Weltweit haben sich in den letzten Jahren viele Netzwerke etabliert.

Was Netzwerke auszeichnet, ist ihre Netzfunktion, miteinander und voneinander zu
lernen. Communities-of-Practice-Plattformen schaffen, um gemeinsam zu bewegen und
am gesellschaftlichen Kurs der Gestaltung mitzuwirken, bringt Gemeinschaft und macht
vielfältig stark. „Erfahrungen aus der Corporate Welt lassen gemeinnützige Unternehmen
erschaffen und bereichern." (Birkner 2019, S. 267 ff.) Ein Beispiel ist aus meinem
unmittelbaren Wirkungskreis das PWN global. Als Mitbegründerin des Professional
Women's Network-Munich e. V. (2012) erlebte ich, wie Potenziale frei werden, wenn
eine Idee durch gemeinsame Kraft beflügelt und umgesetzt wird. Die Idee, ein Frauennetzwerk in Deutschland als Teil eines Europäischen Netzwerks zu etablieren, ließ einen
gemeinnützigen Verein entstehen, den PWN-Munich e. V. – Ein Netzwerk, das lokal mit
europäischer Vernetzung begann und inzwischen zu einem globalen Netzwerk wuchs.
Ein Netzwerk, das verschiedene Mitgliederinitiativen sowie breite Mentoringprogramme
anbietet, eng mit Partnern, Unternehmen zusammenarbeitet, um miteinander zu lernen,
branchenübergreifend Erfahrungen auszutauschen und Projekte zum Gemeinwohl der

Gesellschaft zu unterstützen. Ein Frauennetzwerk, das in über 24 Ländern ca. 3500 Menschen, berufstätige, ehrenamtlich wirkende Frauen, global online und lokal offline miteinander verbindet, um Frauen in ihrer beruflichen Laufbahn zu stärken, in der Weiterentwicklung zu unterstützen und die Welt zu einer für Frauen besseren mitzugestalten.

Ein weiteres Beispiel für erfolgreiches vernetztes Zusammenwirken ist der Bitkom Digitalverband e. V.. Als Vorsitzende des Fachausschusses „Frauen in der Digitalwirtschaft" im Gremium Bildung und Beruf erlebe ich, wie bedeutungsvoll und wichtig die enge Zusammenarbeit zwischen Wirtschaftsunternehmen und Politik ist, wenn es um die erfolgreiche Gestaltung von Veränderungsprozessen in der Gesellschaft geht, branchen- und bereichsübergreifend, um Bildung und Karrierewege im digitalen Wandel zu unterstützen. Nur gemeinsam lassen sich die Herausforderungen digitaler Transformationen erfolgreich meistern: in wertschätzender Kooperation miteinander und im Sinne einer „Human Centric Society".

3.3.7 Selbstbewusst in Führung gehen

„Wenn du es nicht versuchst, wirst du nie wissen, ob du es kannst." (Hans Kammelander)

Mit Blick auf Ableitung möglicher Robotereigenschaften beleuchtet Michio Kaku in seinem Buch *Die Physik der Zukunft* (2013) unter anderem Verhaltensweisen der Menschen. Eingehend auf menschliche Verhaltensweisen beschreibt er unseren wohlentwickelten Sinn, den wir für die Zukunft haben und mit dem wir Pläne schmieden. „Dabei führen wir im Kopf ständig Realitätssimulationen durch. Eine gute Führung muss zukünftige Situationen voraussagen können, mögliche Folgen abwägen und entsprechend reagieren", so Kaku (2013, S. 155). Mit dieser uns eigenen Form des Bewusstseins für vorausschauendes Handeln sind wir in der Lage, verschiedenste komplexe Simulationen von Möglichkeiten durchzuspielen, zu visualisieren, daraus zu lernen und als Erfahrung im Gedächtnis zu verankern. Dabei nehmen wir ständig wahr, reflektieren, erkennen, bewerten, verändern, denken und handeln, geprägt von unserem eigenen Wertesystem. Für persönliche Entwicklungen liegen die Grundlagen in uns, nicht nur offen Veränderungsprozessen zu begegnen, sondern lernfähig neue Wege gehen und gestalten zu können, wie es in meinem W.E.G.-Modell in den P. e. P. Lebens-Stil-Programmen® beschrieben ist (ORH. IDEAL.IMAGE Magazin 2011, S. 1–4).

Entwicklungswege sind vielseitig und geprägt durch unterschiedliche Phasen: *Wahrnehmen & Wissen * Erfahren & Erleben * Gestalten & Genießen.*

Diese begegnen uns in Entwicklungen immer wieder, mehr oder weniger und prägen unseren Lebensstil. Erkenntnis hat Struktur. Im digitalen Wandel ist wichtig, mit Wandel gut umgehen zu können. Das fordert zum Beispiel die Balance zu schaffen, bei den vielen digitalen Verlockungen. Ebenso fordert es jede/n heraus, seine Lebenszeit mit dem schöpferischen Potenzial, das sich in uns befindet, auszufüllen. „Ein waches, nährendes Potenzial will, dass Sie etwas kreieren. Für sich. Für andere. Für die Welt" (Schmiederer 2017, S. 71).

3.3.8 Mensch und Verantwortung im digitalen Wandel

„Energie folgt der Aufmerksamkeit." (Xinggui Shi)

Bewusst den individuellen Lebensstil entwickeln, diesen passend in den Alltag zu integrieren und daraus Entwicklungswege zu gestalten ist eine anspruchsvolle Aufgabe. Damit lässt sich selbstbewusst in Führung gehen und Verantwortung übernehmen. Daneben ist die Gesellschaft gefordert, Rahmen zu schaffen, um soziale und digitale Verantwortlichkeiten zu sichern, Zukunft mit digitalen Prozessen und KI-Lösungen erfolgreich zu gestalten. Unternehmen können Corporate Responsibility (CSR/CDR) übernehmen, indem sie Vertrauen und Wertschätzung als festen Bestandteil in ihre Unternehmenskultur einbetten. Werte, Regeln, Respekt, Transparenz, Teamgeist, Agile Führung und vieles mehr dürfen dabei keine Worthülsen sein, sondern müssen Verbindlichkeiten präsentieren. Das skizzierte Beispiel für KI im Bewerbungsprozess, bei dem Frauen systematisch schlechter gestellt wurden, verdeutlicht, dass KI-Systeme uns mit Algorithmen, automatisierten Prozessen, lernenden Maschinen und Systemen vor vielfältige Probleme stellen kann, wenn es zum Beispiel um moralische oder ethische Aspekte, Gleichberechtigung, den Ausschluss von Diskriminierung oder Verzerrungen geht. Hier ist ein breites Fundament aus Werten, Regeln, persönlicher Verantwortung in gegenseitigem Respekt als Philosophie und Leitlinien gefordert, die weltweit für alle Beschäftigten gelten müssen und einzuhalten sind. Compliance, Datenschutz, Souveränität, Beachtung unbewusster Verhaltensmuster, Vorurteile, Regeln des verantwortungsbewussten Umgangs miteinander, effizienter Umgang mit Ressourcen spielen ebenso hinein, wie Diversity und Inclusion. Glücklicherweise hat dies für viele Unternehmen bereits zunehmend einen hohen Stellenwert erhalten. Das zeigen weltweite Initiativen, wie Women in Technology oder Girls Days, Internationale Frauentage oder Netzwerke zu Familie und Beruf, Gestaltung von Arbeitsplatzkulturen, Lernplattformen oder Programme zur Einbindung von Menschen mit Behinderungen, unterschiedlicher Kulturen oder Altersgruppen.

Fakt ist: Je unterschiedlicher die Menschen sind, desto vielfältiger sind die Blickwinkel, Denkweisen und Handlungsmöglichkeiten. Es ist längst Zeit, die Brille der Stereotype abzulegen. Ein Beispiel aus der IT-Geschichte ist Ada Lovelace, die Mutter der Softwareentwicklung, die bereits 1843 den maßgeblichen Grundstein für die IT-Welt legte. „Wir sind viele – Wir sind Eins. Wir können verkrustete Muster der Geschichte aufbrechen. Dafür brauchen wir die Hilfe jedes Menschen – Frauen und Männer – alle sollten daran teilhaben" (Gates 2019, S. 14). Es kommt immer darauf an, was wir Menschen aus den Chancen und Möglichkeiten unserer Zeit machen und wohin wir unsere Aufmerksamkeit lenken!

4   Die Zukunft gestalten ist eine Frage der Einstellung

Den Schlüssel zu den IT-getriebenen Zukunftsmodellen hält der Mensch in der Hand. Design und Programmierung von Algorithmen entsteht durch Menschenhand. Trendforscher Sven Gabor Janszky beschreibt: „Dieser Schlüssel ist jener intelligente

Assistent, jene Software, die die Bedürfnisse und Interessen des Nutzers analysiert und die dieses Profil anderen zur Nutzung freigibt oder sperrt" (Janszky 2011, S. 230).

Die Digitalisierung hält unaufhaltsam ihren Einzug – erschafft große Freiheiten von Mobilität und Handlungsspielräumen mit vielfältigen Möglichkeiten. Viele Fragen fordern Antworten: Welche Auswirkungen hat das und welche Risiken gehen damit einher?

Die digitale Souveränität jedes Einzelnen zu schützen – Gelingt das noch?

Der Alltag ist gefüllt mit Beispielen, die uns täglich begegnen: bargeldloser Zahlungsverkehr, Onlineeinkäufe oder Netzwerkprofile. Der Umgang mit Daten ist dabei für die meisten von uns ziemlich unübersichtlich geworden. Forderungen nach Sicherheit und Transparenz nehmen rasant zu und bringen neue Lösungsansätze mit sich. Sie stellen uns inzwischen vor immense Herausforderungen. Bekannte Größen, wie Elon Musk (CEO SpaceX und Tesla Motors), Bill Gates (Founder of Microsoft), stehen heutigen Entwicklungen zu superintelligenten Computern an manchen Stellen kritisch gegenüber (Business Insider 2015). Aus Sorge um den Umgang mit diesen datengetriebenen Entwicklungen beziehen sie seit Jahren öffentlich Stellung dazu, nehmen Haltung an und fordern auf, verantwortungsbewusst zu handeln (Künstliche Super-Intelligenz, gamestar 2015).

Auswirkungen des digitalen Wandels bekommen wir allseits zu spüren. Ich nehme in meiner beruflichen Praxis wahr, wie Unternehmen Druck erleben und damit umgehen, sich verändern zu müssen, um wettbewerbsfähig zu bleiben. IT-Infrastrukturen ebenso wie komplette Organisationseinheiten und Berufsbilder erleben dabei vielseitig massive Umgestaltungsprozesse und Modernisierungen, um im Wettbewerb bestehen zu können. Offen ist: Welche Rolle der Mensch im Wandel der IT spielt. Wie schaffen wir es, bei all den Wertschöpfungen, Systeme zu schaffen, die dem Gemeinwohl des Menschen entsprechen, gesunde Lebensbedingungen und den besonnenen Umgang mit natürlichen Ressourcen ermöglichen? Vielen Europäern geht es finanziell und materiell einigermaßen gut. In Deutschland können wir über Jahrzehnte hinweg in Frieden leben. Wir haben Wohlstand erreicht und ein für uns Menschen recht positives Wertesystem entwickelt. Dieses fußt auf dem Grundgesetz. Dabei nimmt der Mensch eine zentrale Rolle ein und das Gemeinwohl für gesellschaftliche Entscheidungen hat eine bedeutende Relevanz. „Wer nicht ,am Ball' bleibt, wird abgehängt oder zum Zuschauer – im Sport genauso wie bei der Digitalisierung." (Birkner 2019) Um das für die Zukunft zu sichern braucht es Haltung, den Erhalt einer gleichberechtigten Gesellschaft, Einigkeit, Integration und Zusammenhalt. Heute mehr denn je!

5   Schlusswort

„Be the change you want to see in the world." (Gandhi)

In einer Welt, in der intelligente IT-Systeme menschenähnliche Eigenschaften entwickeln, entstehen unendlich viele Chancen, es lauern allerdings ebenso Gefahren.

Beruflich wie privat ist erforderlich, durch verantwortliches Handeln, ganzheitliches Gestalten von Entwicklungen und gesicherte Bildungswege in Bewegung zu bleiben.

Das fordert, Haltung einzunehmen, in Form von Hinschauen, Hinhören, Mitreden, Mitgestalten: Stellung zu beziehen! Die Verantwortung dafür liegt bei jedem Menschen, sich im digitalen Wandel bewusst einzubringen und so die Zukunft des Menschen in den neuen digitalen Welten mitzugestalten: global – sozial – digital!

Literatur

Birkner F (2017) Der Mensch im Zentrum der IT. In: Hildebrandt A, Landhäußer W (Hrsg) CSR und Digitalisierung: Der digitale Wandel als Chance und Herausforderung für Wirtschaft und Gesellschaft. Springer Gabler, Berlin, S 893 ff.

Birkner F (2019) Macherpotenziale fördern. In: Hildebrandt A, Neumüller W (Hrsg) Visionäre von heute – Gestalter von morgen. Springer Gabler, Berlin, S 267

Gates M (2019) Wir sind viele – Wir sind Eins. Droemer Verlag, Droemer-Knaur GmbH & Co.KG, München, S 14, 126

Hildebrandt A (2019) Die Neugestaltung der Globalisierung. Chinas Konzept einer ökologischen Zivilisation. In: Loitsch T (Hrsg) China im Blickpunkt des 21. Jahrhunderts. Springer Gabler, Berlin, S 121, 126

Interview mit Felicitas Birkner lebensmomente®. Geschäftsfrau des Monats. Juli 2011 7. Jahrgang www.orhideal-image.com. ORH. IDEAL. IMAGE Magazin.® … http://www.lebens-momente. de/wp-content/uploads/2011/07/interview_orhideal-erfuellter_lebensstil_mit_pep1.pdf

Janszky SG (2018) 2030 – Wie viel Mensch verträgt die Zukunft 2030. BoD 2b AHEAD, Leipzig, S 140 ff.

Janszky SG (2014) Das recruiting dilemma. Haufe, Freiburg, S. 21 ff.

Janzsky SG (2011) 2020 – So leben wir in der Zukunft. Goldegg, Wien

Krieger M (2019) Der Erfolgsmacher: Vom Leistungssportler zum Bauunternehmer. In: Hildebrandt A, Neumüller W (Hrsg) Visionäre von heute – Gestalter von morgen. Springer Gabler, Berlin, S 97

Kaku M (2013) Die Physik der Zukunft – Unser Leben in 100 Jahren. Rowohlt, Reinbek, S 155

Loitsch T (2019) China im Blickpunkt des 21. Jahrhunderts. Springer Gabler, Berlin, S 161

Rechsteiner F (2019) Recruiting Mindset – Personalgewinnung in Zeiten der Digitalisierung. Haufe, Haufe-Lexware GmbH & Co.KG, Freiburg, S 15

Schmiederer M (2017) Switch off und hol Dir Dein Leben zurück. Knaur Verlag, München, S 71

Purps-Pardigol S, Kehren H. (2018) Digitalisieren mit Hirn, Campus Frankfurt / New York, Frankfurt/Main

Zweig, K (2019) Ein Algorithmus hat kein Taktgefühl. Heyne, München, S 27, 282 ff.

Internetquellen

Artikel online (Jan 2015) Künstliche Super-Intelligenz – Auch Bill Gates macht sich Sorgen. http://www.gamestar.de/hardware/news/3082422/kuenstliche_super_intelligenz.html

Article online (06/2000) Computerworld: Microsoft .net vision. https://www.computerworld.com/article/2596383/update–microsoft-stakes-future-on–net-strategy.html

Aristoteles:https://gutezitate.com/zitat/115038

AES TUM e. V. – Asian European Society TU Munich: https://www.aesmuc.de/

Bayerischer Rundfunk, Wissen. CIMON Robert im ALL. https://www.br.de/themen/wissen/cimon-roboter-gerst-iss-horizons-100.html (2018)

Bitkom e. V. FA, Frauen in der Digitalwirtschaft: https://www.bitkom.org/Bitkom/Organisation/Gremien/Frauen-in-der-Digitalwirtschaft.html

Bundesinstitut für Berufsbildung (BIBB): Beispiel FeMINT Forschungsprojekt. https://www.bibb.de/de/dapro.php?proj=2.1.320

BPW Danube Net: https://www.bpw-muenchen.de/aktivitaeten/danube-net/

Business Coaching Circle: http://www.womans.de/gruppencoaching.html

Business Insider (2015) Article: Bill Gates: Elon Musk is right, we should all be scared of artificial intelligence wiping out humanity. https://www.businessinsider.com/bill-gates-artificial-intelligence-2015-1?r=DE&IR=T (Erstellt: Jan 2015)

Bundesverband Digitale Wirtschaft: https://www.bvdw.org/

Bundesverband Digitale Wirtschaft BVDW (2020) Article: Corporate Digital Responsibility: Wie wir die digitale Transformation ethisch gestalten können – Positioning Paper. Direktlink: bvdw.org/bvdw-diskussionspapier-digital-corporate-responsibility

https://www.bvdw.org/themen/publikationen/detail/artikel/corporate-digital-responsibility-wie-wir-die-digitale-transformation-ethisch-gestalten-koennen/

Careers lounge: https://www.careerslounge.com/

Digital Media Women – https://digitalmediawomen.de/

https://falschzitate.blogspot.com/2017/12/wir-konnen-den-wind-nicht-andern-aber.html

Felicitas Birkner: http://www.lebens-momente.de/pep-lebensstilprogramme/

Fujitsu BS2000 Mainframes, SE Infrastrukturen. https://www.fujitsu.com/de/products/computing/servers/mainframe/bs2000/

Fujitsu Blog: Birkner F (2019) Fähigkeiten wollen trainiert werden – insbesondere auch in zunehmend digitalisierten Welten – Set your sights high https://blog.de.fujitsu.com/produkte-services-loesungen/rundumsrechenzentrum/faehigkeiten-wollen-trainiert-werden-insbesondere-auch-in-zunehmend-digitalisierten-welten/

Fujitsu vision. https://www.fujitsu.com/global/vision/index.html

Fujitsu Academy. http://www.fujitsu.com/de/products/computing/servers/mainframe/bs2000/epsa/

Fujitsu PalmSecure Biometric: https://www.fujitsu.com/de/services/security/offerings/biometrics/

Fujitsu Roadmap for the future. Human Centric Innovation: https://www.fujitsu.com/de/vision/2015/chapter2/index.html

Fujitsu Digital Annealer: https://www.fujitsu.com/de/themes/digitalannealer/superiority/

Fujitsu Digitale Bildungsplattform Securon: https://www.fujitsu.com/de/solutions/business-technology/intelligent-society/securon/for-schools/

Fujitsu Zinrai-KI Framework: https://www.fujitsu.com/de/solutions/business-technology/ai/

Gandhi: https://www.powerofpositivity.com/gandhi-quotes-inspire-change-in-your-life/

Global Digital Women: https://global-digital-women.com/

Hacker School e.V.: https://hacker-school.de/

Hans Kammelander: https://www.zitate-online.de/autor/kammerlander-hans/

Hermann Hesse: http://www.zeit-und-wahrheit.de/hesse-zitat-man-muss-das-unmoegliche-versuchen-13359/

Iamremarkable – https://iamremarkable.withgoogle.com/

Innovationszentrum für Industrie 4.0 GmbH & Co. KG: https://www.i40.de/

Interview mit Felicitas Birkner lebensmomente®. Geschäftsfrau des Monats. Juli 2011 7. Jahrgang www.orhideal-image.com. ORH. IDEAL. IMAGE Magazin. ® S 14. http://www.lebens-momente.de/wp-content/uploads/2011/07/interview_orhideal-erfuellter_lebensstil_mit_pep1.pdf

Intao-Digitaler Mentor für Transformation: https://intao.io/

Laotse chin Sprichwort: https://www.wissen.de/zitate/laozi-2017-01-03

Lebens-Momente. http://www.lebens-momente.de/pep-lebensstilprogramme/

Leading Women Business Network – https://leadingwomen.de/

Mark Twain: https://www.geo.de/geolino/mensch/19235-rtkl-zitate-mark-twain-zitate-die-zum-nachdenken-anregen

Miagehnonline-Community: https://miagehn.online/

MDR – Kultur-feature: „George Orwells „1984" – Ein Buch und seine Folgen", Feature von Lorenz Hoffmann, https://www.mdr.de/kultur/themen/feature-hoffmann-george-orwells-buch-und-seine-folgen-100.html (2019)

Nelson Mandela: https://www.bmz.de/de/themen/bildung/bildungsfoerderung_deu/index.html

NEXT e. V. http://www.fujitsu-next.com/

P. e. P. Lebens-Stil-Programme®. http://www.lebens-momente.de/pep-lebensstilprogramme/

Professional Women's Network global. http://www.pwnglobal.net/

Professional Women's Network Munich. http://pwnmunich.net/

ReDI School e. V.: https://www.redi-school.org/

Richard Branson: https://www.mitfokus.de/richard-branson-zitate/

Robotik4Kids: https://robotik4kids.de/wp/

Rolf   Dindorf: https://www.generation-silberhaar.de/7-tipps-wie-sie-mehr-selbstvertrauen-gewinnen/

Sprichwort: https://quoteinvestigator.com/2013/05/28/socrates-energy/

Sprichwort: https://falschzitate.blogspot.com/2019/01/lernen-ist-wie-rudern-gegen-den-strom.html

Stephen   Hawking: https://eu.usatoday.com/story/news/world/2018/03/14/stephen-hawking-quotations/423145002/

SZVD20211204MSS 2000 13388 01 01 – Nachrichten aus Politik, Kultur … Interview mit Felicitas Birkner, Beitrag von Juliane v. Wedemeyer. http://www.sueddeutsche.de/karriere/it-branche-technik-praegt-frauen-mehr-als-frueher-1.2895510

Vogel IT-Academy: https://www.akademie.vogel-it.de/

VonMorgen-Learning and Development Solutions: https://www.vonmorgen.io/

Walter Gropius: Internet-Quelle:https://www.rbb-online.de/rbbkultur/kulturnachrichten/2019/11/Gropius-Enkelin-als-sachkundige-Fuehrerin-fuer-Bundespraesident-Steinmeier.html

Women Speaker Foundation: https://women-speaker-foundation.jimdo.com/generalprobe

Working out loud: https://workingoutloud.com/

Xinggui Shi: http://www.shixinggui.com/cms/about

Felicita Birkner (Fotocredit: www.orhideal-image.com)

Felicitas Birkner leitet die Fujitsu-Akademie in Central Europe, ist Vorsitzende des Fachausschusses Frauen in der Digitalwirtschaft, des Digitalverbandes Bitkom, in Deutschland und Advisory Board Member des Beirats der TUM Asian-European-Society. Darüber hinaus engagiert sie sich als Projektbeirat in einem FeMINT-Forschungsprojekt des Bundesinstituts für Berufsbildung (BIBB), ist Executive Sponsor bei Fujitsu für das interne Frauennetzwerk in München und Mentorin an der Hochschule München. Für ihre Leistungen, ihr Fachwissen, ihr vorausschauendes Denken, ihre Unterstützung für Nachwuchstalente und ihre Bemühungen um Vielfalt wurde Felicitas mit dem „Women in IT Award Europa" als „Women of the Year 2019" und dem „Female in IT Award 2019, Kategorie Digital Transformation" in Deutschland ausgezeichnet. In fast 30 Jahren Berufstätigkeit führte Felicitas Birkner zahlreiche Geschäftsprojekte in der Unternehmenswelt zum Erfolg. Nach ihrem erfolgreichen Studium an der Technischen Universität Dresden erweiterte sie ihr technisches Know-how mit umfangreichen Qualifikationen und Erfahrungen in Marketing und Vertrieb, Finance und Business Management, Psychologie, NLP und Moderationstechniken. Felicitas Birkner verantwortet darüber hinaus vielseitige Bildungsprojekte sowie verschiedene Diversity & Inklusionsinitiativen. Als Referentin, Trainerin, Systemischer Coach, Mentorin und Business Moderatorin unterstützt Felicitas seit vielen Jahren verschiedenste Projekte, begleitet Menschen auf persönlichen Karrierewegen und Organisationen in Veränderungsprozessen. 2009 entwickelte sie die P.e.P.Lebens-Stil-Programme® als Geschäftsführerin. Als Executive Vice President im Vorstand war sie 2012 Mitbegründerin des Professional Women Network, PWN-Munich e. V., welches heute Teil des globalen PWN-Netzwerks ist. Als Autorin motiviert Felicitas in Büchern, wie „Visionäre von heute – Gestalter von morgen" (2018) und „CSR & Digitalisierung" (2017), herausgegeben von Springer Gabler in Deutschland. Felicitas Birkner wurde am 8. Oktober 1964 in Leipzig geboren.

Wie Unternehmen mit glaubwürdigem und empathischem Handeln zu digitalen Vorreitern werden können

Tobias Loitsch

1 Einleitung

Unternehmen wie Siemens, BASF oder Daimler sind weltweit bekannte deutsche Marken. Ihre Ursprünge reichen bis in das 19. Jahrhundert zurück. Mit der Konstruktion des Zeigertelegrafen legte Werner von Siemens 1847 den Grundstein für die heutige Siemens AG.

Daraus entwickelte sich aus einem Handwerksbetrieb ein international agierender Konzern.

Über 30 Jahre ist es nun bereits her, dass es ein in Deutschland gegründetes Unternehmen zu globaler Größe und weltweiter Bekanntheit gebracht hat. Es war 1972, als die fünf ehemaligen IBM-Kollegen Claus Wellenreuther, Hans-Werner Hector, Klaus Tschira, Dietmar Hopp und Hasso Plattner die Firma SAP in Weinheim gründeten. Sie entwickelten Computerprogramme für die Buchhaltung, die zur damaligen Zeit noch mechanisch per Lochkarten gespeichert wurde.

Aus dem damaligen „Start-up" wurde ein Unternehmen mit einem Umsatz von rund 20 Mrd. EUR im Jahr 2015. Seit 1972 hat es kein deutsches Unternehmen mehr geschafft, zu so einem Weltrang zu gelangen.

Heute dominieren Google, Tesla oder auch Alibaba den Wettbewerb um neueste Technologien, die perfekteste Anwendung für Nutzer und die Erschließung neuer Geschäftsfelder durch die Digitalisierung.

Doch wo ist der deutsche Gründergeist des 18. und 19. Jahrhunderts hin? Wo ist das innovative Denken geblieben, das so viele Erfindungen hervorgebracht hat? Warum wird

T. Loitsch (✉)
NeuInstitut für Technologie und Gesellschaft (NeuInTech), Dresden, Deutschland
E-Mail: tobias.loitsch@neuinstitut.de

© Springer-Verlag GmbH Deutschland, ein Teil von Springer Nature 2021
A. Hildebrandt und W. Landhäußer (Hrsg.), *CSR und Digitalisierung,* Management-Reihe Corporate Social Responsibility, https://doi.org/10.1007/978-3-662-61836-3_45

mittlerweile von der „German Angst" gesprochen, wenn es um die Digitalisierung und den technologischen Wandel in Deutschland geht?

> Hört denen zu. Wenn wir auftreten wie Zauberlehrlinge, dann erfahren wir nie, was wir brauchen,

sagte der SAP-Gründer Dietmar Hopp in der Aufbauphase seines Unternehmens zu den Entwicklern und ermahnte sie, den Kunden zuzuhören und offen zu sein für neue Ideen.

Eine Ursache liegt sicher in der Geschichte der stark industriell geprägten wirtschaftlichen Struktur Deutschlands, denn heute noch liegen die Stärken der deutschen Wirtschaft im Anlagen- und Maschinenbau (Hildebrandt 2016).

Anders sieht es in den USA, Asien, aber auch in Großbritannien aus. Zwischen Los Angeles, London und Shanghai hat die Digitalisierung bereits eine enorme Dynamik angenommen und ist mit einem deutlichen Abstand zu Deutschland vorangeschritten.

> Wir waren überheblich,

sagte Joe Kaeser, der Siemens-Chef während einer Handelsblatt-Veranstaltung und berichtete dazu folgende Begebenheit aus seinem Unternehmen (Butzmann 2016).

Lassen Sie mich Ihnen eine wahre Geschichte erzählen. Es ist die Geschichte eines Fehlers. Ende der 80er-Jahre kamen drei junge Männer aus Kalifornien zu Siemens nach München. Sie hatten eine wirklich coole Geschäftsidee und wollten ein Treffen mit uns. Sie sagten: „Wir entwickeln eine Technologie, mit der man über das Internet telefonieren kann. Hätten Sie Interesse einzusteigen?" Unsere Leute hörten ihnen nur kurz zu, lachten dann und sagten: „Wie soll das denn funktionieren? Wenn das ginge, hätten ja wir es erfunden."

So zu reagieren war ein Fehler. Die drei verabschiedeten sich. Einer von den dreien kam von einer Venture-Capital-Firma, die anderen zwei arbeiteten für ein kleines Start-up, aus dem später ein Weltkonzern werden sollte. Der Name dieses Konzerns? Cisco. Dieser Fehler hatte dramatische Folgen. Wir verschliefen einen Paradigmenwechsel und brachten damit unser Telekommunikationsgeschäft in ernste Schwierigkeiten. Am Ende mussten wir es ganz aufgeben. Was hatten wir falsch gemacht? Wir waren überheblich.

Wir verrieten damals das Erbe von Werner von Siemens, Innovation gegenüber aufgeschlossen zu sein. Vor fast 170 Jahren erfand er hier in Berlin den Zeigertelegrafen und startete damit seine Firma. Nicht in einer Garage, denn die deutsche Entsprechung zum Silicon Valley ist der Hinterhof.

Als ich die Führung des Konzerns übernahm, sagte ich: „So ein Fehler darf uns nie wieder passieren." Aber es ist nicht einfach, solche Paradigmenwechsel rechtzeitig zu erkennen, denn die Dinge verändern sich immer schneller, es ist heute weitaus schwieriger, zwischen Hype und wirklich guten Geschäftsideen zu unterscheiden, und im Zeitalter des Internets gibt es keine Gnade:

> The winner takes all.

2   Wandel von Denkmodellen und selbstkritische Fehlerkultur

Nachhaltige Digitalisierung erfordert die Änderung von Denkmodellen. Für Unternehmen bedeutet eine nachhaltige Digitalisierung eine radikale Prüfung von grundsätzlichen Sichtweisen und die Betrachtung von Geschäftsmodellen, wie diese bisher betrieben wurden.

Es erfordert ein tiefgreifendes Wissen und Verständnis im Management, neue Entwicklungen zu ermöglichen, um Wachstumssektoren zu finden und daraus zukünftige profitable Geschäftsfelder nutzbar zu machen.

Die Grundlage ist die Trennung und Neubestimmung von bestehenden Denkmodellen, wenn es darum geht, bestehende Geschäftsmodelle in digitale Prozesse zu integrieren und dadurch neue Potenziale zu erschließen. Hierzu kann es auch nötig sein, bestehende Kunden und Zielgruppen zunächst aus dem bisherigen Fokus zu nehmen.

„Sollen etablierte Geschäftsmodelle an neue technologische Umfelder angepasst werden, muss die bestehende Prozesskomplexität, basierend auf alten Technologien, gekappt werden. Dabei muss man unter anderem bereit sein, Wünsche existenter Kundengruppen zu ignorieren. Erst durch diese Abwendung ist es möglich, sich kompromisslos auf die Entwicklung innovativer und verbesserter Leistungen und Prozesse zu fokussieren, die in einem zweiten Schritt zu einer hohen Kundenzufriedenheit, auch bei existenten Kundengruppen, führen", sagen die Autoren Christian Hoffmeister und Yorck von Borcke und bezeichnen diese Herangehensweise als das „Cut-off-Prinzip" in ihrem Buch *Think new!* (Hoffmeister und von Borcke 2015, S. 62).

Die Prozesse der Digitalisierung werden von Menschen generiert und gesteuert. Zur Nutzung und Erschließung der kommenden Möglichkeiten ist es notwendig, die bestehenden Strukturen zur Entwicklung von Innovationen und Kreativität zu stärken.

Es geht darum, eine Offenheit im Denken und Handeln zu fördern und zu unterstützen. Dafür müssen Freiräume im psychischen wie auch im physischen Sinne geschaffen werden. Das Zusammenspiel von einem gesellschaftlichen Umfeld, was Anreize schafft und neue Technologien zulässt.

Der erste Schritt ist eine Vision. Dabei gilt es, strategisch vorzugehen und Etappen für den Prozess der Digitalisierung zu schaffen.

Die Mitarbeiter im Unternehmen sind das wichtigste Kapital, die wesentliche Kraft und die Basis der Gedanken zur nachhaltigen Entwicklung neuer Geschäftsmodelle im digitalen Umfeld. Die etablierten Strukturen von Management basieren auf dem klassischen Top-down-Modell und sind nicht ausreichend geeignet zur Etablierung von neuem Denken im Aufbau von digitalen Prozessen.

Grundlegend geht es darum, neue Denk- und Herangehensweisen im Unternehmen zu fördern.

Die Rolle der Führungskräfte besteht hier eher darin, die Mitarbeiter zu motivieren und ihre Fähigkeiten optimal zu nutzen. Das kann durch die Schaffung von Arbeitsräumen im

Bootcamp oder Unit Character für Mitarbeiter erreicht werden, in denen eine grundlegende praxisgerechte Demonstration zu Abläufen und Funktionsweisen der Digitalisierung stattfindet.

- Bedeutung von Netzwerkeffekten und Plattformdenken,
- Erfassung, Auswertung und Nutzen von Daten,
- Wirkung und Nutzen von analog zu digital,
- nachvollziehbare Best-Practice-Beispiele,
- Generierung von Ideen zur digitalen Umsetzung.

Dabei gilt es klar, ein Bewusstsein zuzulassen, welches unvorhersehbare Entwicklungen und Ergebnisse ermöglicht. Der offene Umgang mit Risiken und möglichen Fehlern spielt dabei eine entscheidende Rolle. Fehler passieren und sind wahrscheinlich. Das liegt in der Natur des Menschen.

Bei der Findung von Innovationen und der Entwicklung neuer digitaler Ansätze sind Fehler sogar erwünscht. Der Umgang mit und das Umfeld einer ehrlichen selbstkritischen Fehlerkultur ist jedoch für viele Unternehmen noch gewöhnungsbedürftig.

Zu Beginn der Entwicklung einer Strategie zur Digitalisierung ist es wichtig, klare strategische Ziele zu definieren. Diese werden im Verlauf des Prozesses kontinuierlich mit der Entwicklung und den entstehenden Ansätzen verglichen und einer Validierung unterzogen.

Dazu müssen Unternehmen einerseits die Voraussetzungen bereitstellen und andererseits die Realisierung zielgerichtet voranbringen.

- Strategische Ziele definieren,
- Schaffung eines neuen Bewusstseins und einer Denkkultur,
- offener Umgang mit Risiken und möglichen Fehlern,
- Überraschungen zulassen und wertschätzen.

Digitale Geschäftsmodelle zu entwickeln bedeutet, Ideen und Gedanken zu neuen Ansätzen zu verknüpfen. Um daraus ein zukünftiges, erfolgreiches und digitales Geschäftsmodell zu entwickeln, ist eine frühzeitige Erprobung nötig. Diese sollte unbedingt ohne die Beeinträchtigung des bestehenden Kerngeschäfts erfolgen.

Hier bietet sich die Einbindung und Nutzung von spezialisierten Partnern in Form von Corporate Venturing an. Zudem kann mit Inkubatoren und Akzeleratoren der Zugang zu bereits vorhandener und erprobter Technologie zur Nutzung für eigene Modelle geschaffen werden.

Mit dem Abschluss der Entwicklungs- und Erprobungsphase müssen marktreife, Erfolg versprechende Modelle in eine zu fassende konkrete Digitalstrategie einfließen, die sich vollständig in die Unternehmensstrategie einfügt. Dabei sind strategische Muster im Handeln, in der Vielfalt des digitalen Umfeldes besonders traditionell positionierter Unternehmen schwierig zu fassen.

- Nach erstem Prototyp frühzeitige Erprobung,
- Know-how-Transfer durch Corporate Venturing,
- Nutzung von Inkubatoren und Akzeleratoren,
- Einbindung in bestehende Strategie des Unternehmens.

Es gilt, den Prozess der Digitalisierung und die einhergehenden Veränderungen für jeden Einzelnen erlebbar und greifbar zu machen, mit den unterschiedlichen Ängsten richtig umzugehen und den gesamten Prozess kommunikativ und organisatorisch zu begleiten. Dabei können Dialoge helfen die Etappen, Entwicklungen und Erfolge aufzuzeigen und diese mit allen Mitarbeitern erfolgreich zu kommunizieren.

Damit diese Entwicklungen im Unternehmen abgebildet werden können, bedarf es einer fundierten Integration der Digitalisierung in die Unternehmensstrategie. Diese Strategie muss glaubhaft und greifbar kommuniziert werden, damit sie von allen Mitarbeitern mitgetragen und akzeptiert wird.

- Prozesse der Digitalisierung unterliegen ständiger Fortentwicklung.
- Ein Produkt/Lösungen müssen fortlaufend hinterfragt werden.
- Innovieren im Denken und Handeln.

3   Menschen als Mittelpunkt der Digitalisierung[1]

Auf dem Weg zu einer erfolgreichen Digitalisierung von Prozessen und dem Aufbau neuer Geschäftsmodelle steht der Kunde und Nutzer im Mittelpunkt. Mit den neu geschaffenen digitalen Strukturen wird ein Pfad eingeschlagen, der einen nahezu reibungslosen Ablauf sichert.

Es geht darum, nicht Menschen durch Technologie der Digitalisierung zu ersetzen, sondern mithilfe der Digitalisierung eine wirkungsvolle Integration zu schaffen, denn durch Digitalisierung wird eine Freiheit ermöglicht, die es erlaubt, sich von analogen Abfolgen zu trennen und durch variable Anordnungen neue Potenziale zu schaffen.

Menschliche Kommunikation bedient sich digitaler und analoger Modalitäten.

Nach dieser Aussage von Paul Watzlawick, Wissenschaftler und Philosoph, findet Kommunikation stets auf zwei Ebenen statt: mit dem gesprochenen Wort, im „digitalen" Bereich, jedoch genauso im „analogen" Bereich, der emotionalen Ebene mit persönlicher Mimik und Körpersprache.

---

[1]Der nachfolgende Abschnitt basiert in Teilen auf meinem Beitrag: Menschen als Mittelpunkt der Digitalisierung, in: Huffington Post (06.06.2016).

Die entscheidenden Faktoren für eine erfolgreiche Entwicklung und Realisierung von digitalen Prozessen hängen von den beteiligten Menschen selbst ab. Das sind nicht nur die Mitarbeiter im Unternehmen, sondern besonders auch die Kunden und Verbraucher. Es ist von großer Bedeutung, die Bedürfnisse und das Verhalten der Zielgruppen genau zu analysieren (mit Werkzeugen der Analyse genau zu verstehen).

- Nicht Menschen durch Technologie ersetzen.
- Technologie befähigt Menschen.
- Technologien nutzen für optimales Kunden-/Verbraucherumfeld.
- Verhaltensweisen analysieren und verstehen.
- Analoge Abfolgen durch variable Anordnungen ersetzen.

Deshalb müssen Unternehmen sich darauf konzentrieren, ein Umfeld zu schaffen, das es allen Beteiligten erlaubt, durch die digitale Technologie mehr zu erreichen und die Produktivität zu steigern. Dazu dient eine Unternehmenskultur, in der die Möglichkeiten der Digitalisierung als wertvolle Ressource wahrgenommen werden und die es den Mitarbeitern erlaubt, durch deren Nutzung neue Lösungen zu finden, um das Erreichen einer fortlaufenden Entwicklung zu ermöglichen.

Somit entstehen Ideen und Ansätze für neue Produkte, Leistungen und Geschäftsmodelle, die genau auf die Zielgruppe abgestimmt sind und den Bedarf eines einzelnen Marktes bedienen.

Auch das Beratungsunternehmen Accenture setzte mit „Accenture Technology Vision" das Thema „People First" in den Mittelpunkt.

„Nur diejenigen Unternehmen werden die Chancen der Digitalisierung voll nutzen, die ihre Mitarbeiter befähigen, sich dauerhaft weiterzubilden, um mehr mit digitalen Technologien zu erreichen und bessere Ergebnisse zu erzielen", Frank Riemensperger, Vorsitzender der Geschäftsführung Accenture Deutschland. Laut der Accenture Technology Vision werden fünf Trends der Digitalisierung auf mittelfristige Sicht identifiziert, die über den Erfolg der Entwicklung neuer Geschäftsmodelle entscheiden und bei denen der Mensch im Mittelpunkt steht.

Trend Intelligent Automation: Der wichtigste neue „Mitarbeiter" im digitalen Zeitalter

Führungskräfte forcieren die Automatisierung durch Nutzung von Künstlicher Intelligenz (Artificial Intelligence, AI), Robotertechnik und Augmented Reality. Dabei werden laut Accenture aber nicht einfach Menschen durch Maschinen ersetzt, sondern die Technologien verändern die Betriebsabläufe und ermöglichen eine neue, produktivere Zusammenarbeit von Mensch und Maschine.

In einer Kundenumfrage von Accenture gaben 70 % der Befragten an, künftig stärker in Technologien rund um AI zu investieren als noch vor zwei Jahren. Mit 55 % planen mehr als die Hälfte die verstärkte Nutzung von Machine Learning und Lösungen mit eingebetteten Systemen (Embedded Systems), die über Sensoren mit ihrer Umgebung interagieren.

- Maschinen und Künstliche Intelligenz werden zu neuen „Mitarbeitern" der Belegschaft. Sie bringen neue Fertigkeiten ein, die den Menschen helfen, neue Aufgaben zu übernehmen und Dinge ganz neu zu erfinden.

Trend Liquid Workforce: Innovative Wege für eine digitale Kultur
Technologie verändert die Anforderungen an Mitarbeiter und ermöglicht es Unternehmen, anpassungsfähige Strukturen sowie Arbeitsumgebungen zu schaffen, um flexibel und schnell auf plötzliche Veränderungen reagieren zu können. Haben die meisten Angestellten früher ihre gesamte berufliche Laufbahn mit der gleichen Tätigkeit ausgefüllt und die hierzu geforderten Fertigkeiten eingesetzt, um Unternehmen mit starren Zielen zu unterstützen, rangiert Spezial- und Expertenwissen nur auf Platz 5 der Fähigkeiten, die Mitarbeiter in der digitalen Arbeitswelt haben sollten.

Deutlich wichtiger ist es den Arbeitgebern laut einer Umfrage, dass Mitarbeiter flexibel und in der Lage sind, schnell zu lernen und sich fortzubilden.

- Diese digital befähigten Mitarbeiter ändern nicht nur, wie Unternehmen handeln, sie ändern – und das ist noch wichtiger –, wie sie handeln.

Trend Platform Economy: Innovation von außen nach innen
Accenture zufolge schaffen führende Unternehmen nicht nur neue Technologieplattformen. Sie entwickeln auch plattformbasierte Geschäftsmodelle, um neue Wachstumsmöglichkeiten zu erschließen.

Sie treiben damit den größten Wandel der Wirtschaft seit der industriellen Revolution voran. Acht von zehn Umfrageteilnehmer (81 %) bestätigen, dass plattformbasierte Geschäftsmodelle in den kommenden drei Jahren zum Kern ihrer Wachstumsstrategie gehören werden.

- Die besten 15 börsennotierten „Plattform"-Unternehmen machen bereits 2,6 Bio. US$ der weltweiten Marktkapitalisierung aus.

Trend Predictable Disruption: Neues Wachstum mit digitalen Ökosystemen generieren
Durch die Digitalisierung verschwimmen die Grenzen zwischen bisher getrennten Branchen und Industriezweigen. Es entstehen komplett neue digitale Geschäftsnetzwerke, die Marktführer zu ihrem Vorteil nutzen.

Erfolgreiche Unternehmen beobachten das laut Accenture, analysieren die Entwicklung und sichern sich rechtzeitig Wettbewerbsvorteile. So gaben 81 % der Befragten an, diese Entwicklung in ihrer Branche zu erkennen.

- Branchenführer müssen jetzt aktiv werden, Serviceleistungen schnell entwickeln und neue Partnerschaften aufbauen, damit sie sich in diesen Ökosystemen behaupten können.

Trend Digital Trust: Kundenbeziehungen mit Geschäftsethik und Sicherheit stärken

Vertrauen ist der Grundpfeiler jedes digitalen Geschäftsmodells, erklären 83 % der Umfrageteilnehmer. Wollen Unternehmen das Vertrauen von Kunden, Geschäftspartnern und Regulatoren gewinnen und sicherstellen, müssen sie hohe ethische Standards zum Bestandteil ihrer Strategie machen. Verbesserte Sicherheitstechnologien allein reichen nicht aus.

- Verbesserte Sicherheitsmaßnahmen allein reichen ebenso wenig aus wie die reine Einhaltung von Datenschutzbestimmungen. Unternehmen müssen Daten- und Digitalethik als Kernstrategien nutzen, um Unternehmensrisiken zu mindern.

4 Herausforderungen der Digitalisierung mit Empathie meistern[2]

Die Digitalisierung und die Veränderungen in unserer Gesellschaft gehen mit einer stetig steigenden Beschleunigung einher. Dabei wird die Geschwindigkeit der Innovationen in den nächsten Jahren weiter zunehmen und besonders die Digitalisierung unsere Kommunikation verändern. Klassische und analoge Verhaltensmuster weichen dynamischen und digitalen Strukturen.

Wenn diese Dynamik der Entwicklung so anhält, wovon auszugehen ist, stellt sich für Unternehmen die grundlegende Frage, wie sie mit den gebündelten Herausforderungen der Digitalisierung umgehen sollen und diese bewältigen.

Grundlagen und Hilfestellung für eine Schaffung von Rahmenbedingungen für Handlungsprinzipien auf dem Weg der Digitalisierung können dabei Erkenntnisse der Neurowissenschaft auf dem Gebiet der emotionalen Intelligenz sein. Der technologische Fortschritt und die Möglichkeiten von Analysen helfen dabei, Verhalten und Wünsche von Menschen zu verstehen, aber sie ersetzen nicht den empathischen und emotionalen Zugang.

Als emotionale Intelligenz wird die Fähigkeit bezeichnet, Gefühle und menschliche Beziehungen richtig einschätzen und entsprechend handeln zu können.

---

[2]Teile des Kapitels erschienen vorab in meinem Beitrag: Empathie als Schlüsselfaktor für den Umgang mit Digitalisierung, in: Huffington Post (06.06.2016),.

Bekannt wurde der Begriff „emotionale Intelligenz" besonders durch die Veröffentlichungen des amerikanischen Psychologen Daniel Goleman (2005).

Seit 2007 bietet Google seinen Mitarbeitern ein Programm zur persönlichen Entwicklung von emotionaler Intelligenz an. „Search inside yourself" bietet ein Training, um emotionale Intelligenz zu erlernen, mit dem Ziel, zufriedener, gelassener, kreativer und schließlich auch erfolgreicher zu werden. Es umfasst Übungen und Meditationen, um die Konzentration zu verbessern, die Selbstwahrnehmung zu erhöhen und nützliche mentale Gewohnheiten zu entwickeln.

Neben der Kompetenz im Wissen ist die emotionale Intelligenz eine der Schlüsselfaktoren für eine strukturelle und zielgerichtete Arbeitsweise.

Emotionale Intelligenz ist die „Fähigkeit, die eigenen Gefühle und Emotionen sowie die Gefühle und Emotionen anderer zu beobachten, zu unterscheiden und sich von den gewonnenen Informationen in seinem Denken und Handeln leiten zu lassen" (Salovey und Mayer 1990).

Menschen, deren emotionale Intelligenz gut ausgeprägt ist, können besonders gut mit anderen Menschen umgehen, ihnen ist es möglich, Konflikte in besonderer Weise konstruktiv zu lösen, indem sie auf die Gefühle des Gegenübers achten.

Das befähigt sie nicht nur im Umgang mit Menschen, mit denen sich andere gerne umgeben, sondern sie zeigen auch besonders gute Führungsfähigkeiten. Indem sie auf sich selbst achten, zufrieden und ausgeglichen sind. Sie besitzen ein entsprechend großes Selbstvertrauen, Selbstwertgefühl und sind sich ihrer selbst bewusst.

- Eigene Gefühle und Emotionen kennen.
- Gefühle und Emotionen anderer wahrnehmen.
- Selbstvertrauen und Selbstwertgefühl stärken.

Durch Selbstwahrnehmung ist es möglich, die eigenen Emotionen wie Stimmung, Gefühle und Bedürfnisse zu erkennen, zu verstehen und zu akzeptieren. Diese einzigartige Fähigkeit ist entscheidend, um das eigene Verhalten, die eigenen Gedanken und Gründe für Entscheidungen zu verstehen.

Durch die Wirkung des eigenen Handelns, ist es möglich, andere Menschen objektiv einschätzen zu können. Dabei wird die Selbstwahrnehmung zu einem zentralen Faktor, der die Bedingung schafft, mit Emotionen besonders in schwierigen Situationen selbstsicher und selbstbestimmt umzugehen.

Schon Adam Smith, Moralphilosoph und Begründer der freien Marktwirtschaft, hat sich mit der Bedeutung des Mitgefühls und der Ethik auseinandergesetzt. In seinem Werk *Die Theorie der ethischen Gefühle* (Smith 1770) geht er besonders auf Situationen ein, in denen das gesellschaftliche Zusammenleben eine zentrale Rolle einnimmt.

Demnach ist er überzeugt, dass soziales Leben im Zusammenspiel von Wirtschaft und Gesellschaft nur durch das gegenseitige Erfahren und Empfinden von „Lust, Leid und Pflichtgefühl" gelingt.

Adam Smith entwickelte daraus die Idee vom „Eigennutz" jedes Einzelnen, gelenkt und geführt durch eine „unsichtbare Hand" des Marktes, welche die Empathie in den Hintergrund drängt.

Doch die Empathie lässt sich nicht verdrängen, das menschliche Vermögen, sich in Absichten, Ansichten und Wünsche anderer hineinzufühlen und sie zu verstehen, ist wichtig, um auch in der digitalisierten Welt potenzielle Kunden zu erreichen und Geschäftsmodelle nachhaltig zu etablieren.

- Fähigkeit, die eigenen Emotionen und ihre Wirkung zu erkennen.
- Sicherheit und Selbstvertrauen in eigene Gedanken schaffen.

Für die meisten Menschen ist das jedoch nicht einfach, insbesondere wenn es um das Verständnis eigener Emotionen geht. Praktisch fühlt sich eine große Anzahl von Menschen ihren Gefühlen regelrecht ausgeliefert. Sie lehnen sie ab, versuchen Gefühle zu verdrängen oder vermeiden es, mit bestimmten Situationen in Berührung zu kommen. Besser ist es aber, sich der Realität und den Ursachen bewusst zu werden, damit die eigenen Gedanken und Gefühle selbst aktiv beeinflusst und gesteuert werden können.

> Mag man den Menschen für noch so egoistisch halten, es liegen doch offenbar gewisse Prinzipien in seiner Natur, die ihn dazu bestimmen, an dem Schicksal anderer Anteil zu nehmen, und die ihm selbst die Glückseligkeit dieser anderen zum Bedürfnis machen, obgleich er keinen anderen Vorteil daraus zieht, als das Vergnügen, Zeuge davon zu sein (Smith 1770).

Im Falle einer tatsächlichen oder vermeintlichen Bedrohung können unsere Emotionen schnell in Angst oder Besorgnis umschlagen. Diese Veränderung der emotionalen Reaktivität findet in einem für unsere Gefühle zuständigen Bereich im Gehirn statt. Dieser Bereich wird als das „limbische System" oder auch als das emotionale Gehirn bezeichnet. Die Funktionen des limbischen Systems sind demnach vielseitig. So ist es besonders für viele mentale Prozesse mitverantwortlich. Insbesondere die Entwicklungen des Denkens und der emotionalen Intelligenz.

Durch Selbstregulierung die eigenen Emotionen zu beeinflussen bedeutet, seine Gefühle so zu beherrschen, dass sie der entsprechenden Situation oder dem jeweiligen Umfeld gegenüber angemessen sind.

- Angemessenes Handeln in Bezug auf sich selbst und anderen gegenüber.
- Gefühle so handhaben, dass sie der entsprechenden Situation angemessen sind.
- Fähigkeit, sich selbst zu beruhigen und negative Gefühle abzuschwächen.
- Positive Gefühle fördern und verstärken.

In Bezug auf den Austausch mit Kunden und Partnern ist die Vertrauenswürdigkeit ein wichtiger Baustein. Schon durch wenige Verhaltensänderungen erreicht man ein hohes Maß an Ehrlichkeit und Integrität.

- Verantwortung für eigene Leistungen übernehmen.
- Veränderungen mit Flexibilität handhaben.
- Neuen Ideen gegenüber offen sein.

Empathie und Einfühlungsvermögen sind die Fähigkeit, sich in andere Menschen hinein-versetzen zu können, deren Wünsche, Bedürfnisse und Gefühle wahrzunehmen und darauf entsprechend zu reagieren. Empathie ist aber zugleich auch die Fähigkeit, sich in eine Person gedanklich hineinzuversetzen, um deren Bedürfnisse, Erwartungen und Wünsche zu erschließen.

- Bedürfnisse vorhersehen, erkennen und erfüllen.
- Fähigkeit, Potenziale von Menschen auszuschöpfen.
- Gefühle, Bedürfnisse und Wünsche anderer erkennen.
- Erkennung und Behebung möglicher Konflikte.

Wie es möglich ist, einfühlsam schwierige Entscheidungen zu treffen, beschreibt Daniel Goleman in seinem Buch Der Erfolgsquotient an zwei Beispielen, wie man bei einer Betriebsschließung mit den Beschäftigten umgeht.

Bei General Electric wurde die geplante Betriebsschließung den Beschäftigten zwei Jahre vorher angekündigt und das Unternehmen bemühte sich intensiv, andere Stellen für die betroffenen Mitarbeiter zu finden. Eine andere Firma gab die Schließung nur eine Woche vorher bekannt und unternahm keine Anstrengungen, um den Beschäftigten bei der Suche nach neuen Stellen zu helfen.

Das Ergebnis sah wie folgt aus: Fast ein Jahr später sagte die Mehrheit der nun ehe-maligen Mitarbeiter von General Electric, dass sie gern in dem Unternehmen gearbeitet haben und über 93 % lobten die Unterstützung und die gewährten Übergangshilfen. Von der anderen Firma sagten nur 3 %, sie hätten gern in dem Unternehmen gearbeitet (Goleman 2000, S. 178).

Durch die vorherige Betrachtung und Behebung von möglichen Konflikten, welche die Entscheidung betreffen, konnte sich General Electric ein gewisses Wohlwollen sichern.

Mit emotionaler Intelligenz zu motivieren heißt die Fähigkeit, aus sich selbst heraus Leistungsbereitschaft zu aktivieren und Begeisterungsfähigkeit zu entwickeln. Dabei gilt es, sich besonders in schwierigen Situationen und Phasen zum Weitermachen zu motivieren und trotz Widrigkeiten ein gesetztes Ziel beharrlich zu verfolgen.

Es geht darum, bewusst Emotionen so zu beeinflussen, dass sie bei der Erreichung von Zielen helfen. Dazu gehören die entsprechende Eigenmotivation und Selbstdisziplin (Beherrschung) sowie die Fähigkeit, andere Personen erfolgreich zu motivieren.

Dies setzt aber die Fähigkeit voraus, kurzfristige emotionale Vorteile und Ver-lockungen beiseitezuschieben, spontane Reaktionen zu unterdrücken und sich so Perspektiven und Möglichkeiten zu schaffen.

- Fortlaufendes Streben nach Verbesserung und Perfektion.
- Eigenmotivation und Selbstmotivierung.
- Leistungsbereitschaft aktivieren und Begeisterungsfähigkeit entwickeln.
- Initiative ergreifen und bei einer sich bietenden Chance handeln.
- Ziele beharrlich und optimistisch verfolgen trotz Hürden und Rückschläge.

„Wer sich für andere interessiert, gewinnt in zwei Monaten mehr Freunde als jemand, der immer nur versucht, die anderen für sich zu interessieren, in zwei Jahren", Carnegie (2014, S. 84), US-amerikanischer Kommunikations- und Motivationstrainer.

Soziale Kompetenz ist die Grundlage für eine Zusammenarbeit im Unternehmen und zwischen Partnern. Soziale Kompetenz und Mitgefühl sind auch die Voraussetzung für Anerkennung, Wertschätzung und Integration von Führungskräften als Grundlage von Leadership-Merkmalen. Demnach liegt einer der größten Vorteile des Mitgefühls darin, dass es bei der Führungskraft besondere Leistungsfähigkeiten hervorruft.

In der praktischen Umsetzung in Bezug auf die eigene emotionale Intelligenz geht es darum, den Blickpunkt von der eigenen auf die andere Person zu legen. Sozusagen vom „Ich" hin zum „Wir".

Der Autor Bill George, ehemaliger CEO von Medtronic und Professor für Management an der Harvard Business School, beschreibt die Veränderung vom „Ich" zum „Wir" als den wichtigsten Prozess, den Führungskräfte durchlaufen können, um Authentizität zu gewinnen.

Wie sonst sollen sie die Kräfte ihrer Organisation entfesseln, wenn nicht dadurch, dass sie die Menschen motivieren, um ihr volles Potenzial und deren Fähigkeiten auszuschöpfen? Wenn unsere Befürworter lediglich unserem Beispiel folgen, werden sie in ihren Bemühungen durch unsere Vision und unsere Anweisungen begrenzt. Erst wenn sich Verantwortliche nicht mehr ausschließlich auf die Bedürfnisse ihrer Egos konzentrieren, können sie weitere Führungskräfte aufbauen (George und Sims 2007).

Fragen zur Umsetzung an Führungskräfte:

- Wie weit erscheinen die persönlichen Ziele und kommunizierten Überzeugungen der Führungskraft authentisch? Wie gut nimmt diese Person eine Vorbildfunktion wahr?
- Wie stark ist die Leistungs- und Lernbereitschaft der Mitarbeiter? Klare und erreichbare Ziele führen zu Erfolgserlebnissen. Erfüllen sie die Mitarbeiter mit Stolz und ermutigen sie so zu größeren Leistungen?
- Verfügen die Mitarbeiter über die notwendigen Fähigkeiten und Kenntnisse, um die gestellten Aufgaben selbstständig und auch im Sinne der Kunden umzusetzen?
- Basiert der Umgang miteinander auf fairen, transparenten und ehrlichen Regeln? Folgen die zwischenmenschlichen Beziehungen konstruktiven Werten wie Vertrauen und Offenheit?
- Ist den Mitarbeitern klar, was von ihnen erwartet wird und welche Konsequenzen bestehen, wenn die Anforderungen nicht erfüllt werden?

- Ist das Handeln der Mitarbeiter auf die Chancen und Risiken sowie deren wirtschaftliche Konsequenzen ausgerichtet?
- Werden freies Denken, Veränderungsvorschläge und Ideen gefördert und entsprechend umgesetzt?

Führungskräfte werden in der heutigen Wirtschaftswelt nach der Fähigkeit, Ziele zu erreichen, bewertet und teilweise auch danach entlohnt. Dies erfordert meist Entscheidungen unter Druck und Unsicherheit in einer komplexen und mit Informationen überladenen Umwelt zu treffen. Führungskräfte müssen in diesem Umfeld eine emotional intelligente Organisation schaffen, um diesen Herausforderungen gerecht zu werden. Emotionale Reife kann helfen, die eigenen Gedankengänge bei der Lösung chaotischer Anforderungen effektiv einzusetzen. Dies trägt zur strategischen Entscheidungsfindung bei (Wallace und Rijamampianina 2005).

Richard David Precht, Philosoph über Fairness und die Frage, warum auch die Marktwirtschaft ohne sie nicht funktioniert:

- Wenn wir als Kinder älter werden, lernen wir, dass Situationen, die andere als unfair empfinden, von uns an deren Stelle auch als unfair empfunden würden. Das heißt, Fairness-Empfindungen sind Empfindungen über den zweiten Bildungsweg. Zwar sind wir zur Fairness fähig, aber nur in Form einer Ableitung, weshalb unser Fairness-Empfinden auch nicht besonders stabil ist.
- Jede Gesellschaft muss zu jeder Zeit die Balance zwischen Marktnormen und Sozialnormen neu austarieren. Und das ist eine große Herausforderung. So werden technische Veränderungen wie die Digitalisierung unsere Gesellschaft im Hinblick auf alle erdenklichen Versorgungs- und Sicherheitssysteme übernehmen. Wenn wir darauf nicht schnellstens reagieren, kommen wir in gefährliche Zeiten.
- Sie können natürlich sagen, das ist auch gut, Wirtschaft soll nicht dirigistisch sein und wir brauchen keine Zehnjahrespläne. Aber bedenken Sie, dass es um einen Umbruch geht, der am ehesten mit der ersten industriellen Revolution vergleichbar ist. Wenn wir die Soziale Marktwirtschaft erhalten wollen, müssen wir uns fragen, inwieweit das Effizienzdenken die sozialen Normen verdrängen darf (Richard David Precht).

5 Erlebnisse schaffen auf der Reise des Kunden

Mit der Digitalisierung entstehen erfolgreiche Produkte und Dienstleistungen nicht mehr durch Werbung und Marketing. Potenzielle Kunden treffen auf ihren Wegen (Customer Experience) im digitalen Umfeld auf eine breite Zahl von Berührungspunkten. Diese Punkte führen zu unterschiedlichen „Erlebnissen", welche sich auf die Wahrnehmung und das Erscheinungsbild auswirken.

Jeder einzelne Berührungspunkt mit einem Produkt oder einer Leistung hinterlässt entsprechende Spuren in der persönlichen Gedankenwelt, das kann bewusst, unbewusst, geplant oder auch zufällig geschehen. Diese Spuren der Wahrnehmung können Handlungs- und Kaufentscheidungen entscheidend beeinflussen. Durch jeden Kontakt mit einem Berührungspunkt wird die Wahrnehmung geprägt und die „Begeisterung" gesteigert oder verringert.

Als Kundenkontaktpunkte bezeichnet man all die Schnittstellen, in denen Kunden vor und nach einem Kauf mit einem Unternehmen und seinen Angeboten zu tun haben. Die Digitalisierung hat zu einer wahren Flut von neuen – häufig internetbasierten – Kontaktpunkten geführt. Die unternehmenseigenen Kontaktpunkte, wie der Newsletter oder der Katalog tragen überdurchschnittlich dazu bei, wie inspirierend Kunden einen Händler erleben.

Die sogenannten Berührungspunkte (Touch Points) bilden eine zentrale Rolle für den Erfolg oder Misserfolg bei der Kundengewinnung im digitalen Umfeld.

Touch Points werden durch zwei grundlegende Aspekte unterschieden. Zum einen der kognitive Aspekt der Wahrnehmung, bei dem die Kunden oder Konsumenten etwas über das Unternehmen, die Marke oder das Produkt erfahren, zum anderen der emotionale Aspekt der Wahrnehmung.

Jeder Kontakt mit Menschen oder mit Benutzeroberflächen von Endgeräten ist von Emotionen begleitet. Aufgrund dieser beiden Aspekte entsteht beim Wahrnehmen ein bestimmtes Bild, welches das Kundenverhalten maßgeblich beeinflussen kann. Touch Points haben eine große Wirkung auf die Wahrnehmung des Kunden auf das Produkt oder das Unternehmen im Ganzen.

Um eine echte Begeisterung und Erlebnisse zu schaffen, kommt es nicht nur auf die einzelne optimale Darstellung von Touch Points an, sondern auf die effektive Vernetzung der einzelnen Punkte untereinander.

Es ist möglich, die Customer Journey aktiv zu begleiten und dem Nutzer die optimale Wegstrecke vorzugeben. Dadurch wird eine ganzheitliche Betrachtung der Customer Journey ermöglicht, woraus sich Ergebnisse für eine fortlaufende Optimierung ableiten lassen. Die Customer Journey bildet den Austausch der Kunden mit der Marke oder dem Produkt über die verschiedenen Touch Points ab.

- Aufbau von Customer Journey Management.
- ganzheitliche und systematische Touch-Point-Betrachtung.
- Schwächen von Touch Points identifizieren.
- Effektive Vernetzung der einzelnen Touch Points.
- Betrachtung der Touch Points aus Innen- und Außensicht.
- Fortlaufende Optimierungsmaßnahmen.

Mithilfe von Big Data, also der Auswertung des Nutzerverhaltens, ist es dabei möglich, digitale Touch Points zu optimieren. Durch die intelligente Verknüpfung von einzelnen Informationen können Zusammenhänge erfasst und nutzbar gemacht werden.

- Mithilfe der Big-Data-Auswertungsmöglichkeiten und Analytics reagieren, bevor Wünsche von Kunden geäußert werden. Intelligente Antwortsysteme merken am Kundenverhalten in Echtzeit, worum es gehen könnte, und bieten vorausschauend treffende Antworten und Produkte an.
- Analysieren Sie, über welche Kanäle und mit welchen Wünschen Ihre Kunden bereits heute mit Ihnen in Kontakt treten und wie Sie es vielleicht zukünftig wollen. Entwickeln Sie daraus neue und intuitive Wege.
- Definieren Sie Prozesse für verschiedene Wege der Kommunikation, die sich optimal an den Wünschen der Kunden orientieren. Schaffen Sie entsprechend die technische Struktur, die einen benutzerfreundlichen Ablauf ermöglicht.

Stellen Sie sich vor, dass Kunden über alle greifbaren Kanäle die für sie wichtigen Informationen erhalten.

Dabei ist für den potenziellen Kunden die im Moment wahrgenommene Qualität eher entscheidend als die tatsächliche Qualität. Die Qualität wird von verschiedenen Wahrnehmungen und Faktoren beeinflusst.

Erlebte Qualität entsteht in der fortlaufenden Kommunikation und muss entsprechend zu den Touch Points getragen werden. Der Nutzer nimmt auf seiner Customer Journey zwar bei jeder Interaktion eine bewusste oder unbewusste Bewertung vor, jedoch ist nicht jede Interaktion von gleicher Relevanz.

- In Social-Media-Kanälen interagieren.
- Präsenz schaffen und Sichtbarkeit bilden.
- Einfache und kurze Bestellprozesse ermöglichen.
- Offene Auswahl von Zahlungsarten.
- Übernahme oder transparente Versandkosten.
- Möglichkeiten von Statusabfragen/Lieferzeiten/Zustellungen.
- Mehrwert und Einzigartigkeit schaffen.

Ein Großteil der kommunizierten Informationen von den Touch Points werden jedoch nicht wahrgenommen. Nur ein Bruchteil der aufgenommenen Informationen sind es, die zu Entscheidungen des Kunden führen. Deshalb gilt es besonders, die entsprechenden Punkte entlang der Customer Journey zu identifizieren, welche die Wahrnehmung auf der Customer Journey besonders wirkungsvoll beeinflussen.

- Jeder einzelne Touch Point hinterlässt Spuren in Gedanken und im Empfinden, welche das Konsumverhalten beeinflussen und entscheiden können.
- Für jeden einzelnen Touch Point einer Customer Journey sind klar definierte Parameter zu finden, welche den Erfolg und die Wirkung messbar machen.
- Ein Bewusstsein schaffen, dass sich eine erfolgreiche Customer Journey durch thematisch vernetzte und sich fortlaufend optimierende Touch Points auszeichnet.

Bedeutung von Big Data: Die Wirtschaft verspricht sich neue Einblicke in Interessenten und Kunden, ihr Risikopotenzial und ihr Kaufverhalten und generiert personenbezogene Profile (hinter denen ebenso Phänomene wie Small Data stehen können). Sie versucht die Produktion zu optimieren und zu flexibilisieren (Industrie 4.0) und Innovationen durch Vorausberechnungen besser in die Märkte zu bringen.

Die Wissenschaft untersucht den Klimawandel und das Entstehen von Erdbeben und Epidemien sowie (Massen-)Phänomene wie Shitstorms, Bevölkerungswanderungen und Verkehrsstaus. Sie simuliert mithilfe von Superrechnern sowohl Atombombenabwürfe als auch Meteoritenflüge und -einschläge. Behörden und Geheimdienste spüren in enormen Datenmengen solche Abweichungen und Auffälligkeiten auf, die Kriminelle und Terroristen verraten können, und solche Ähnlichkeiten, die Gruppierungen und Eingrenzungen erlauben (wirtschaftslexikon.de, Big Data).

- Mit Analysen der Kundendaten lässt sich ein Produktportfolio nach den Vorlieben und Bedürfnissen der Kunden anpassen.
- Angebote und Produkte können zielgerichtet auf bestimmte Kundengruppen zugeschnitten und der Nachfrage entsprechend präsentiert werden.
- Die Analyse von Lieferanten erlaubt spezifische Bewertungen im Hinblick auf Liefertreue und Zuverlässigkeit.

Auswertungen von Kundenstrukturen ermöglichen eine Aufteilung nach Gruppen, die etwa aufzeigt, welche Kunden besonders lukrativ sind.

Ziel ist es dabei, die entscheidenden Daten mit den Möglichkeiten von Big Data zu erschließen und diese für den Aufbau einer Anzahl von Berührungspunkten auf der Customer Journey zu nutzen. Es benötigt Mut, nach neuen und auch unbekannten Wegen und Lösungen zu suchen.

- Kundenbeziehungen verbessern und hieraus Mehrwerte schaffen bedeutet, das Vertrauen von Kunden und Partnern zum Unternehmen zu steigern.
- Erwartungen der Kunden bewusst wahrnehmen und auf diese auch eingehen.
- Kunden müssen die Technologien verstehen, um diese zu akzeptieren.
- Transparenz zu Big Data schaffen.

6 Werkzeuge des Change-Managements für digitale Prozesse

Im Unternehmen muss eine klare nachhaltige Kultur der Offenheit und die Bereitschaft zur Selbstkritik geschaffen werden. Hier sind nachhaltige Denkmodelle und Strukturen nötig, die es ermöglichen, sich Wissen auf neue Weisen anzueignen. Mit der Umsetzung einer wirkungsvollen Strategie zur Digitalisierung können nicht nur einzelne Bereiche verändert, sondern auch umfassende Umstrukturierungen im Unternehmen realisiert werden.

Die überwiegende Zahl der Menschen empfindet Veränderungen eher negativ. Jedoch sind zur erfolgreichen digitalen Entwicklung ein offenes Denken und Akzeptanz nötig. Es gilt, in Unternehmen das Umfeld zu schaffen, das eine Kultur der Digitalisierung zu- und entstehen lässt. Hierbei kann man das klassische Modell und die Phasen des Change-Managements nutzen, welche von John P. Kotter, Professor für Führungsmanagement an der Harvard Business School begründet wurden.

Es ist nicht unbedingt die Technologie, die bremst, sondern die Menschen selbst stellen das größte Hindernis für einen Wandel dar. Basierend auf diesen Erkenntnissen entwickelte John P. Kotter das „8-Phasen-Modell" für Prozesse im Change-Management. Dieses Modell hat im Laufe der Zeit eine Vielzahl entsprechender Anpassungen auf das jeweilige Anwendungsumfeld erfahren.

Grundsätzlich liegen die Ursachen des Scheiterns von Change-Projekten zum großen Teil an mangelnder Kommunikation und unglaubhafter Darstellung von Zielen. Nicht ausreichend informierte Mitarbeiter, welche die Hintergründe und Ziele nicht erfassen, neigen leicht zu Widerstand und bewirken damit das Gegenteil von freier Denkweise zur Entwicklung.

Werden Mitarbeiter hingegen aber richtig eingebunden und fühlen sie sich integriert, kann eine Bewegung entstehen, bei der sich jeder Mitarbeiter als ein Impulsgeber fühlt, ohne Ängste und Denkbarrieren.

Mit der Digitalisierung erfahren die Phasen des Change-Managements eine neue Ausrichtung und Möglichkeiten, Unternehmen in neue Bereiche zu führen und Geschäftsmodelle im digitalen Umfeld zu erschließen.

- Stellen Sie die Notwendigkeit der Digitalisierung beim Management und den Mitarbeitern offen dar und fördern Sie die Diskussion. Dabei muss ein Bewusstsein der Dringlichkeit des Wandels zur Findung neuer digitaler Geschäftsbereiche geschaffen werden.
- Verantwortlichkeiten für die Digitalisierung benennen. Bauen Sie ein Führungsteam auf, das die Prozesse der Digitalisierung zentral begleitet und Informationen in das Unternehmen kommuniziert. In dem Team sollten deshalb Mitarbeiter mit verschiedenen Kompetenzen aus allen Bereichen des Unternehmens sein. Das befördert Vertrauen und stärkt die Motivation.
- Erarbeiten Sie eine Strategie der Digitalisierung für Ihr Unternehmen, die eine glaubhafte und starke Vision enthält. Definieren Sie Zeitfenster und konkrete Ziele, die Sie und Ihr Unternehmen mit dem Wandel erreichen wollen.
- Suchen Sie in Ihrem Unternehmen nach Strukturen und Arbeitsabläufen, welche den geplanten Wandel und den Prozess der Digitalisierung bremsen könnten. Insbesondere das Ändern von Routinen kann erhebliches Potenzial bieten.
- Gibt es Strukturen in Ihrem Unternehmen, die den Wandel bremsen? Werfen Sie einen genauen Blick auf den Status quo und räumen Sie ungünstige Organisationsstrukturen, Arbeitsabläufe und Routinen aus dem Weg.
- Machen Sie kurzfristig erreichte Erfolge im Prozess zur Digitalisierung sichtbar, welche in Etappen gestaltet werden kann. Alle beteiligten Abteilungen und Bereiche des Unternehmens müssen die Digitalisierung verinnerlichen. Ohne eine offene Einbeziehung der Mitarbeiter werden Prozesse der Digitalisierung keinen Erfolg haben.

7   Fazit

Die Digitalisierung entscheidet über zukünftige Fähigkeiten und Potenziale. Gelingt es, die Möglichkeiten der Vernetzung, die Entwicklung effizienter Produktionen zu neuen Geschäftsmodellen umzusetzen, ist es möglich, auch in Europa nachhaltige Wertschöpfung aus den Prozessen der Digitalisierung zu ziehen.

Auf dem Weg zur „digitalen Reife" benötigen aber alle Beteiligten ein tiefes Verständnis dafür, welche Potenziale die Wertschöpfung der Digitalisierung bietet und wie diese nutzbar gemacht werden kann. Der digitale Wandel bedeutet nicht nur ein Verständnis zu schaffen, sondern es geht darum, sich auf eine neue „industrielle Revolution" einzustellen.

> Wir befinden uns inmitten einer großen technischen Revolution, genauer gesagt, einer digitalen Revolution. Diesmal nicht mit rauchenden Schloten und Maschinenlärm, aber mit ebenso faszinierenden Veränderungen für unsere Gesellschaft (Merkel 2016).

Unternehmen, die große Traditionen haben und auf eine lange Geschichte zurückblicken, scheuen sich meist vor Innovationen, weil sie es nicht als Dauerzustand empfinden können. Dauerzustände sind aber für die meisten Menschen eine angenehme Gewohnheit. Tiefgreifender Wandel und Veränderung werden von ihnen eher als unangenehm empfunden, weil sie nicht wissen, was auf sie zukommt.

Digitalisierung ist nichts Geheimnisvolles oder Bedrohliches. Es gibt nicht den Masterplan für alle und niemand kann sagen, wo wir in fünf oder zehn Jahren stehen werden. Jedes Unternehmen muss deshalb seinen eigenen digitalen Weg suchen, um Kunden zukünftig zu erreichen und neue Geschäftsmodelle zu erschließen.

So kann jeder zu einem digitalen Vorreiter im digitalen Wandel werden.

Literatur

Butzmann D (2016) Wir waren überheblich. Handelsblatt, 6. Mai 2016, S 70

Carnegie D (2014) Wie man Freunde gewinnt. Fischer, Frankfurt a. M., S 84

George B, Sims P (2007) True North: discover your authentic leadership. Jossey-Bass, San Francisco

Goleman D (2000) Der Erfolgsquotient. Dtv, München

Goleman D (2005) Emotional intelligence: why it can matter more than IQ. Bantam Books, New York

Hildebrandt A (2016) German Angst und Überheblichkeit: Wo ist unser Gründergeist geblieben? Interview mit Tobias Loitsch, in: Huffington Post (26.5.2016). https://wirtschaftslexikon.gabler.de/definition/customer-touch-point-53509/version-276592

Hoffmeister C, von Borcke Y (2015) Think new! Hanser, München

Merkel A (2016) Rede von Bundeskanzlerin Merkel in der Generaldebatte zum Bundeshaushalt 2016. https://www.bundesregierung.de/Content/DE/AudioVideo/2015/Video/_bundeshaushalt/2015-11-25-haushalt-merkel/2015-11-25-haushalt-merkel.html

Salovey P, Mayer JD (1990) Emotional Intelligence. Imagin, Cogn Pers 9:185–211

Smith A (1770) Die Theorie der ethischen Gefühle.

Wallace E, Rijamampianina R (2005) Strategic decision making with corporate emotional intelligence. Prob Perspect Manag 3:83

Weiterführende Informationen

www.loitsch.de
www.neuinstitut.de

Tobias Loitsch
(Fotocredit: privat)

Tobias Loitsch ist tätig als Manager, Autor und Publizist. Geboren und aufgewachsen in der Oberlausitz gehört er zu Dritten Generation Ostdeutschlands. Tobias Loitsch beschäftigt sich als Leiter des NeuInstituts (NeuInTech) mit den Auswirkungen von Technologie auf die Gesellschaft im Zusammenhang mit emotionaler Intelligenz und digitaler Ethik. Als Impulsgeber leistet er Unterstützung in der Entwicklung von digitalen Geschäftsmodellen und Prozessen. Tobias Loitsch ist aktiv in der Deutsch-Chinesischen Wirtschaftsvereinigung, der German-Chinese Association of Artificial Intelligence, der German-British Chamber of Industry and Commerce, sowie bei Junior Chamber International. Tobias Loitsch ist Lehrbeauftragter an der Hochschule Macromedia, University of Applied Sciences im Bereich Digital Business Weiterführende Informationen: www.loitsch.de und www.neuinstitut.de.

Veröffentlichungen:

China im Blickpunkt des 21. Jahrhunderts: Impulsgeber für Wirtschaft, Wissenschaft und Gesellschaft. Springer Gabler, Herausgeber und Autor.

Autorenbeitrag in: Visionäre von heute – Gestalter von morgen. Inspirationen und Impulse für Unternehmer. Hg. von Alexandra Hildebrandt und Werner Neumüller Springer Gabler Verlag, Heidelberg und Berlin 2018.

Die Dekade der Menschlichkeit

Warum Führung, Kommunikation und Inspiration in Zukunft immer wichtiger werden

Bert Martin Ohnemüller

1   Einleitung

Auf meinem persönlichen und beruflichen Weg sind mir immer wieder drei Themen begegnet, die für eine dauerhafte und erfolgreiche Unternehmens- und Lebensführung von nachhaltiger Bedeutung sind: Führung, Kommunikation und Inspiration (Lead – Speak – Inspire). Nur wer sich selbst versteht, kann auch andere verstehen und langfristig erfolgreich sein.

Der folgende Beitrag widmet sich der Frage, wie es gelingen kann, diese drei Themen in das eigene Denken und Handeln zu integrieren, um die Welt (endlich) mit anderen Augen zu sehen (Ohnemüller 2019, S. 8), die eigene Perspektive zu wechseln und die mentalen Landkarten neu zu schreiben.

Denn die vor uns liegende „Dekade der Menschlichkeit" fordert neue Sichtweisen auf Führung, Teams und Unternehmenserfolg. Mehr denn je gilt heute: Unternehmen, die Leistung fordern, müssen nicht nur funktionieren, sondern auch immer mehr Sinn bieten (Ohnemüller 2019, S. 19). Künftig werden nur die Unternehmen dauerhaft erfolgreich sein, denen es gelingt, die Herzen ihrer Mitarbeiter und Kunden für sich zu gewinnen.

Im Folgenden werden Wege und Methoden vorgestellt, die mir selbst auf dem Weg in ein erfülltes Berufs- und Privatleben geholfen haben.

B. M. Ohnemüller (✉)
BMO Bert Martin Ohnemüller, Frankfurt, Deutschland
E-Mail: bmo@bmo.de

© Springer-Verlag GmbH Deutschland, ein Teil von Springer Nature 2021
A. Hildebrandt und W. Landhäußer (Hrsg.), *CSR und Digitalisierung,* Management-Reihe Corporate Social Responsibility, https://doi.org/10.1007/978-3-662-61836-3_46

2   Führung und Management im 21. Jahrhundert

2.1   Die Basis von Führung

Die wichtigste Aufgabe im Leadership besteht für mich darin, Menschen darin zu unterstützen, ihre innere Stimme zu hören (Ohnemüller 2019, S. 12). Ich bin davon überzeugt, dass eine bessere Welt entstehen kann, wenn wir anfangen, noch stärker auf unser Herz zu hören und der Weisheit unserer inneren Stimme noch mehr zu vertrauen.

Die eigentliche Freiheit, die wir als Menschen haben, ist die Freiheit der Wahl: Wir können uns immer entscheiden, ob wir so weiter machen wie bisher oder eben nicht. Wir können unsere Einstellung zu jedem Bereich unseres Lebens jederzeit neu definieren. Dies ist das große Geschenk an uns Menschen – unser freier Wille.

Ich habe in Konzernen als Vertriebsmanager Karriere gemacht. Im Alter von etwa 40 Jahren beschäftigte mich plötzlich das „Unternehmer-Heldentum" in Verbindung mit Sinnfragen. Ich spürte eine innere Unzufriedenheit, hatte meine Leichtigkeit und mein Lachen verloren. Diese innere Spannung und der Konflikt zwischen Familie und Business führten mich zu den wesentlichen Fragen meines Lebens (siehe Abb. 1):

- Wer bin ich?
- Was ist meine Aufgabe?

Abb. 1 BU: Denken und Handeln: Bert Martin Ohnemüller (Fotocredit: Bert Martin Ohnemmüller (privat))

- Welchen Weg soll ich gehen?
- Wo ist mein wahres Glück?
- Wo ist die wirkliche Erfüllung?
- Warum tue ich, was ich tue?

Erfolg kann sehr verführerisch sein, und rückblickend hatte ich Glück, dass im rechten Moment immer ein hilfreicher Hinweis kam, der mich veranlasste, die Perspektive zu wechseln:

Das war mal ein Buch mit dem Titel „Forever young" von Ulrich Strunz, das mich zum Ausdauersport und Marathonlauf brachte, mal war es das gute Gespräch mit Freunden, die mir ohne Hintergedanken ihre Meinung sagten – oder die Headline einer Werbekampagne: Ich erinnere mich an eine große Plakatwand, auf der ich den Satz las: „Wir müssen reden. Gott." Oder das Graffiti an einer Hauswand: „Erst willst du es besitzen, dann besitzt es dich". Überall steckten Botschaften, die heute auf mich wirken, als habe sie mir ein „Verbündeter" gesendet.

Die innere Stimme ist beispielsweise auch ein wesentliches Kriterium bei der Mitarbeiterauswahl, bei der es nicht um das Be- oder Verurteilen von Menschen oder Kandidaten geht. Denn bereits in diesen Begriffen verbirgt sich das Wort „teilen", das Trennen und das Zerstören der Verbindung zwischen Menschen. Ehrlichkeit und Aufrichtigkeit sollten im Fokus stehen (Ohnemüller 2019, S. 64).

Meine unternehmerische Erfahrung lehrte mich, dass in den meisten Fällen 70 oder 80 % Erkenntnisgrad für eine nachhaltige Entscheidung völlig ausreichen. Das gute alte Bauchgefühl vorausgesetzt. Es sollte immer so etwas wie die letzte Instanz für den Prozess der Entscheidungsfindung sein. Die eigene Intuition weiß in der Regel irgendwie, was für einen selbst genau das Richtige ist. Und meine Erfahrung dazu lautet: Die Intuition wird bei Nutzung immer besser. Sie hilft, den eigenen Lebenskurs mit dem Kompass des Herzens zu bestimmen und damit wesentlich zu einem besseren Verständnis von Nachhaltigkeit beizutragen (Ohnemüller 2019, S. 10).

Nachhaltigkeit bedeutet für mich, den Menschen in den Mittelpunkt zu stellen. Dauerhafter Erfolg im Berufs- und Privatleben stellt sich allerdings nur dann ein, wenn eine vertrauensvolle Basis zwischen den Menschen entstanden ist (http://www.gesichter-dernachhaltigkeit.de/gesichter/bert-martin-ohnemüller, Zugegriffen: 27.1.2017).

Zu meinem Nachhaltigkeitsverständnis gehört auch, dass materielle Werte durchaus gut sind, aber nicht das Ziel sein dürfen, sondern das Ergebnis eines erreichten Ziels. Was wirklich zählt, ist Materie versus innere Werte: die wahre Innen- und Außensicht der Welt (siehe Abb. 2).

Eine Vision zu haben heißt, sich ein Bild von einer besseren Zukunft zu machen. Aus der Vision entsteht die Strategie, der zielführende Weg. Wer ihn kennt, der kann ihn gehen, wer seinen Weg nicht kennt oder wem die klare Richtung fehlt, der „diskutiert" ihn. Die Welt braucht beides: Vision und Aktion, denn Vision ohne Aktion ist nicht viel mehr als ein Traum – wohingegen Aktion ohne Vision auch schnell ein Albtraum werden kann.

Abb. 2 BU: Bert Martin
Ohnemüller (Fotocredit):
Best Practices aus der
Möbelbranche

Die Basis für Führung ist aus meiner Sicht die Fähigkeit, seine eigene Vorstellungs-
welt und die von anderen positiv zu verändern. Dabei geht es nicht um Transaktion,
sondern um echte Transformation. Mit Führung ist die Erkenntnis verbunden, die
richtigen Dinge zu tun und nicht nur die Dinge richtig zu machen (siehe Abb. 3).

Vision	Eine Welt, in der die Menschen das, was sie tun, gerne tun
Mission	Brücken bauen zwischen Business & Menschlichkeit

Wer führt, sollte diejenigen, die er führt und die sich ihm anvertrauen, vor allem in
deren Selbstvertrauen stärken. Entscheidend ist dabei die innere Einstellung: Bin ich
von der Angst getrieben, dass morgen alles schlechter wird? Dann wird mein Verhalten
darauf ausgerichtet sein, heute möglichst viel für mich abzubekommen. Oder glaube
ich an eine Welt, in der morgen alles besser wird? Erst dann kann ich frei agieren und
aus dem eigenen Vertrauen (ohne Urvertrauen, der Gewissheit, dass alles gut ausgehen
wird, gibt es kein Vertrauen) meine Kraft schöpfen. Und erst dann gelingen mir positive
Antworten (Ohnemüller 2019, S. 24 f.).

Wer führen will, sollte regelmäßig nach innen schauen und ein klares Bewusstsein
darüber erlangen, wie die eigenen Entscheidungen und Wahrnehmungen stattfinden
(Ohnemüller 2019, S. 40 f.). Dabei geht es vor allem um Selbstverantwortung – darin

Abb. 3 Bert Martin Ohnemüller während eines Vortrags (GoTechWorld)

steckt auch das Wort „antworten": Ich brauche in erster Linie Antworten für das eigene Leben.

Ich bin davon überzeugt, dass es in Bezug auf Führung eigentlich „nur" um zwei Kernelemente geht: Selbstführung/Selbstverantwortung und eine verbindliche und eindeutige Zielsetzung (Ohnemüller 2019, S. 22).

2.2 Richtig kommunizieren

Richtige Kommunikation ist eine der zentralen Eigenschaften von guter Führung. Sie basiert nicht auf der Vermittlung von Fakten, Zahlen und vielen Worten, sondern in erster Linie über die Aktivierung unseres emotionalen Systems. Nichts liefert so schnelle und so eindeutige Botschaften über den Charakter und den Wertekanon eines Menschen als seine Sprache und die betreffende Wortwahl.

Unser Kommunikationserfolg lässt sich daraus ablesen, in welcher Form und in welcher Geschwindigkeit, die eigene Botschaft vermittelt wird. Aber auch, ob wir wissen, wer unsere Zuhörer sind, und wie wir es schaffen, diese mit allen Sinnen „dort abzuholen", wo sie sind. Das nenne ich kommunikative Verantwortung: eine Kommunikation, die Verständnisbrücken baut und die lange Verständniswege abkürzt.

Vielleicht haben wir deshalb zwei Ohren und nur einen Mund, damit wir uns erinnern, dass wir zweimal so viel zuhören sollten als selbst zu sprechen. So ist erwiesen, dass das

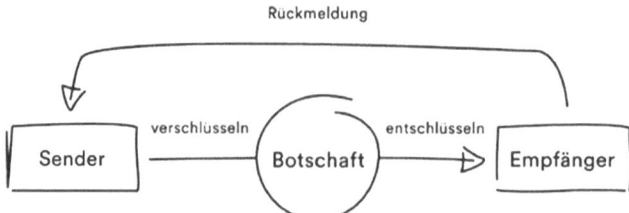

Abb. 4 Darstellung des vereinfachten Sender-Empfänger-Modells. (Quelle: nach Claude Shannon und Warren Weaver, Grafik: neuromerchandising®)

Resultat der eigenen Kommunikation grundlegend durch die innere Haltung bestimmt wird, wie wir auf andere zugehen oder uns auf den anderen Gesprächspartner ausrichten.

Auch hier spielt das Ego-Thema hinein: Geht es darum, selbst im hellsten Licht zu strahlen oder darum, „durch wertfreies Zuhören ein klares Verständnis für den anderen zu erreichen und um den gemeinsamen Konsens"?

Dafür braucht es Empathie, die kein Luxus der Natur ist, sondern die Fähigkeit zu fühlen, was der andere fühlt. Wir alle haben ein gleichermaßen starkes Grundbedürfnis nach Zusammengehörigkeit: zur Familie, zum Freundeskreis, zum Glauben, zur Kommune oder zur Firma. Darin liegt die Befriedigung, die wahre und vielleicht einzige Quelle von Empathie und gemeinschaftlichem Erfolg.

Mangelnde Empathie ist dagegen eine Geißel: Sie hat uns in vielen Fällen genau in die Sackgassen gebracht, in denen Menschen oftmals nicht wissen, wie sie sich dieser wieder entziehen können (Ohnemüller 2019, S. 95).

Das empathische Zuhören bringt Wertschätzung dem anderen gegenüber zum Ausdruck (siehe Abb. 4). Leider ist uns die Fähigkeit, bewusst zuzuhören oder andere aussprechen zu lassen, heute vielfach abhandengekommen.

Wer nicht zuhören kann, ist in der Regel auch nicht in der Lage, sich verständlich auszudrücken. Die besten Ideen und Strategien nützen nichts, wenn es uns nicht gelingt, diese überzeugend zu vermitteln. Dabei gilt die alte Regel: Es kommt nicht so sehr darauf an, was gesendet wird, sondern immer, was ankommt. Es geht um Aktivierung, Begeisterung, Zielerreichung. Da dies den wenigsten von uns in die Wiege gelegt wurde, sollten wir es lernen – insbesondere dann, wenn wir Führungsverantwortung übernehmen wollen.

Wer nicht oder nur schwer verstanden wird, dem wird kaum jemand folgen. Wer jedoch die Grundlagen zwischenmenschlicher Kommunikation kennt, versteht und weiß, wie diese anzuwenden sind, der wird seine Zuhörer sicher und überzeugend erreichen und ebenso seine Ziele.

Es ist vor allem der innere Kompass, das eigene emotionale Positionierungssystem (EPS), welches dabei ein wichtiger Wegweiser ist. Interessanterweise vertrauen wir fast blind unserem Navigationssystem. Wir sind oft sogar bereit, für das GPS im Auto einen Aufpreis zu zahlen. Wir sind aber mehr als skeptisch, wenn es darum geht, unser EPS zu nutzen (Ohnemüller 2019, S. 23). Vielleicht wurde es uns im Laufe des Lebens einfach abtrainiert, damit zu arbeiten. Wir können es in vielen Fällen vielleicht nicht mehr richtig nutzen, weil unsere Vorstellungskraft etwas ganz anderes signalisiert. „So einfach geht das nicht", denken wir.

2.3 Die Sinnfrage: Das „Warum" des Lebens

Führung ist in erster Instanz „Selbstführung". Viele Menschen investieren leider mehr Zeit in ihre Urlaubsplanung als in ihre Lebensplanung. Dabei ist es von enormer Wichtigkeit, das „Warum" des eigenen Lebens zu (er)kennen: Was ist mein Motiv, mein Call, meine Berufung?

Sich selbst zu führen lässt sich auf sechs Kernaussagen verdichten:

1. Ich kenne mein Warum.
2. Ich denke am Anfang ans Ende.
3. Ohne Ziel stimmt jeder Weg.
4. Ich übernehme die Verantwortung.
5. Ich bin der Kapitän auf meinem Schiff.
6. Ich führe durch Vorbild.

„Hat man sein Warum des Lebens, so verträgt man sich fast mit jedem Wie", schreibt Friedrich Nietzsche in „Götzen-Dämmerung, Sprüche und Pfeile" (Diskussion Viktor Frankl, https://de.wikiquote.org/wiki/Diskussion:Viktor_Frankl, Zugegriffen: 27.1.2017).

Der österreichische Neurologe und Psychiater Viktor Frankl nimmt diese Aussage später in seine Existenzanalyse auf und ist davon überzeugt, dass Sinn nicht „gegeben", sondern nur (in sich selbst) gefunden werden kann. Wenn ich also den Sinn meines Lebens und Handelns erkannt habe, steuere ich fast wie automatisch auf das richtige Ziel zu.

Abb. 5 Darstellung nach
Simon Sinek: Start With Why.
(Quelle: neuromerchandising®)

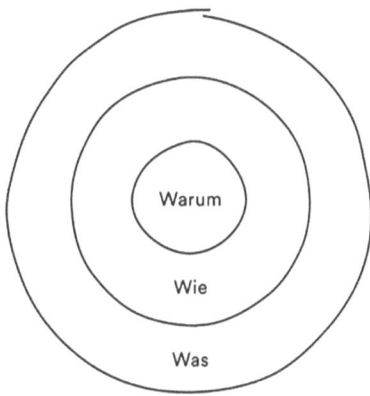

Nach Ansicht des amerikanischen Autors und Unternehmensberaters Simon Sinek geht es darum, die Eindeutigkeit unseres Warums mit der Disziplin des Wie und der Konsistenz des Was zu kombinieren (siehe Abb. 5).

Die meisten Unternehmen – und ich denke, das gilt auch für die meisten Menschen – erklären häufig nur, was sie tun, einige auch noch, wie sie es tun, aber nur die allerwenigsten kennen ihr Warum.

Diese Fragen sind für Sinek relevant:

- Warum stehen wir morgens auf?
- Warum tun wir, was wir tun?
- Warum soll es jemanden interessieren?
- Woran glauben wir?
- Und warum glauben wir, dass dies gleichermaßen relevant sein soll für unsere Mitarbeiter und für unsere Kunden?

Sinek fand heraus, dass genau dieses „Warum" erfolgreiche von weniger erfolgreichen Unternehmen unterscheidet. Wenn Mitarbeiter ihr Warum nicht kennen, also nicht genau wissen, warum sie etwas tun oder warum es sich lohnt, es zu tun, dann arbeiten sie in erster Linie nur für ihr Gehalt. Wenn sie aber an das glauben, was sie tun, dann arbeiten sie mit ihrem Herz und ihrer Seele (Ohnemüller 2019, S. 110 f.).

Heute weiß ich, dass das Tor zur Motivation von jedem Einzelnen von innen heraus geöffnet werden muss. Niemand kann jemand anderen motivieren – das kann nur jeder selbst. Es braucht den inneren „Call". Darunter verstehe ich, die eigentliche Berufung zu finden, seiner eigenen Motivation auf die Spur zu kommen. Allerdings schafft man das nur durch die richtigen Fragen.

- Was treibt mich an?
- Was gibt mir Energie?
- Woraus beziehe ich meine Kraft?
- Wo liegt meine wahre Leidenschaft?
- Was macht mir wirklich Freude und was bringt mein Herz zum Schwingen?
- Was ist meine Bestimmung?

Da, wo die Freude jedes Einzelnen ist, dort ist auch dessen ganz persönliche Wahrheit. Und dort liegt eben auch die Quelle für den ultimativen Erfolg, der immer eine Folge von etwas ist, also ein Resultat, ein Ergebnis: Erfolg ist das, was folgt, wenn man sich selbst folgt.

Wenn wir unsere Ergebnisse ändern wollen, dann müssen wir also zunächst unser Verhalten ändern. Das werden wir aber erst dann tun, wenn wir denken, dass das, was wir vorhaben, eine positive Sache ist, für die sich der Einsatz wirklich lohnt.

Dauerhafte Verhaltensveränderung funktioniert also nur dann, wenn es uns gelingt, unsere Einstellung und unser Denken zu verändern. Was wir hierfür brauchen, ist die entsprechende Kongruenz, die Übereinstimmung unserer Emotionen und unserer Gefühle. Erst muss es sich „richtig" anfühlen, und dann brauchen wir die positive Rückbestätigung von unserem denkenden Verstand.

2.4 Was uns wirklich bewegt

Emotionen werden in der Wissenschaft oft als „Energien, die uns bewegen" beschrieben: E-motion (energy in motion). Diese Energien gehen uns im wahrsten Sinne des Wortes unter die Haut. Emotionen haben immer eine körperlich wahrnehmbare Dimension wie Gänsehaut, Schweiß in den Händen, Muskelspannung, Erweiterung oder Verengung der Pupillen, schnellere Atmung oder Herzfrequenz.

Unser Körper produziert – je nach geistiger oder physischer Verfassung – entsprechende Botenstoffe, die als emotionale Signalketten unser Fühlen, Denken und unser Verhalten beeinflussen (Ohnemüller 2019, S. 28). Ich bezeichne unseren Körper gern als unseren besten Freund, der immer bei uns ist und der uns aus besonders „emotionalen" Situationen heraushelfen kann. Zur Nachhaltigkeit gehört, sich um ihn zu kümmern, ihn zu pflegen und auf ihn zu hören (Ohnemüller 2019, S. 30).

Wir haben unsere „Kondition" und emotionale Verfassung in den meisten Fällen also selbst in der Hand (Ohnemüller 2019, S. 32), das heißt aber auch, dass wir die Welt immer nur so sehen, wie wir selbst sind. Wir sehen durch den Filter unserer Erlebnisse und Erfahrungen.

Fatalerweise lassen insbesondere die negativen Emotionen starke Erinnerungsmuster in unserem Gehirn. Diese emotionalen Fußabdrücke entscheiden darüber, wie wir die Welt sehen. Wenn aber das Einzige, was wirklich Bestand hat, der Wandel ist (Abb. 6)? Ist es dann klug, mit den gestrigen Erfahrungen und vermeintlichen Erfolgsstrategien das Heute zu gestalten – schlimmer noch, damit auch das Morgen (Ohnemüller 2019, S. 39)?

Abb. 6 „Ich kann, weil ich weiß, dass ich will." Wer seine Ergebnisse dauerhaft verändern will, muss seine Einstellung verändern. (Bert Martin Ohnemüller). (Quelle: neuromerchandising® group)

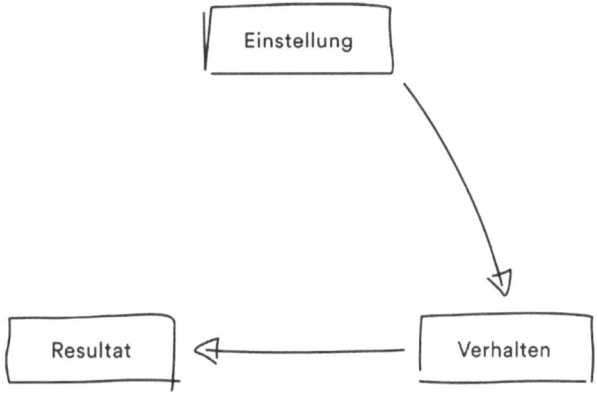

Ich träume von einer Welt, in der die Menschen das, was sie tun, gerne und mit Leidenschaft tun. Eine Welt, die geprägt ist von Kooperation statt von Konfrontation. Und ich bin davon überzeugt, dass wir uns nur dann nachhaltig verändern können, wenn in uns ein hohes Maß an emotionaler Kraft und Optimismus vorhanden ist.

Als Entdecker und Gestalter unseres Lebensweges sollten wir die Fackel der Begeisterung immer neu zum Entflammen bringen. Begeisterung ist eine Wirkkraft, die wir brauchen, um buchstäblich Berge zu versetzen. Sie entsteht dann, wenn die eigene und die Erwartung unserer Mitmenschen durch das, was wir tun, übererfüllt werden. Es geht um das „X": das Besondere, das Extra. Wir brauchen es, um die Herausforderungen zu bewältigen, vor die uns das Leben stellt und die wir nur dann meistern, wenn wir ausreichend innere Energie haben (Ohnemüller 2019, S. 115).

Wenn das eigene innere Feuer brennt, sind wir bereit zu kämpfen und uns den möglichen Widrigkeiten zu stellen, weil die notwendige Energie bereitsteht. Falls wir das, was wir tun, nicht lieben, geben wir auf – und das Tragische ist, dass die meisten Menschen leider allzu oft einfach aufgeben.

Unsere Energie fließt in die Bereiche, auf die wir uns konzentrieren. Fokussieren wir uns auf die negativen oder eher auf die positiven Ebenen in unserem Leben? Positiv wäre heil- und ratsamer, denn unsere Energie sollte dahin fließen, wo sie Entwicklung und nachhaltiges Wachstum ermöglicht und nicht Schrumpfung und Rückschritt (Ohnemüller 2019, S. 122).

3   Handel(n) mit allen Sinnen

Emotionen (lat. motivare = „in Bewegung setzen") machen uns aus und steuern uns durchs Leben, auch wenn wir uns noch so sehr am Lenkrad der Vernunft festhalten. Unsere Emotionen bestimmen nicht nur das menschliche Verhalten, sondern beeinflussen auch den Informationsgehalt. Sie sind Impulse, die auch unser Kaufverhalten beeinflussen: Wird ein Produkt mit Emotionen assoziiert, verbessert sich nicht nur die menschliche Wahrnehmung, sondern auch das Gedächtnis. Die Assoziation von Produkt, Information und Emotion hat die größte Wirkung: Um den Kunden zu erreichen, brauchen wir mehr als ein ansprechendes Design. Wir müssen die Kunden persönlich berühren, sie informieren und inspirieren (Abb. 7 und 8).

Die (un)bewusste Entstehung der Emotionen sowie ihre Beeinflussung sind die neuen zukunftsorientierten Aufgaben am Point of Sale (PoS) (Fringes 2008, S. 87). Es ist nicht immer zwingend der Raum im Handel, sondern der Bereich, in dem Menschen interagieren und Entscheidungen treffen (Ohnemüller und Winterling 2004, S. 11 f.). Neuromerchandising® setzt sich zur Aufgabe, Sinneswahrnehmungen und Nachhaltig-

Abb. 7 Mytoys Geschäft. (Quelle: neuromerchandising®)

Abb. 8 Rewe: Obst- und Gemüseabteilung. (Quelle: nach neuromerchandising®)

keitsaspekte im Handel intensiver und differenzierter zu berücksichtigen, denn Produkte und Dienstleistungen werden zunehmend im Preis und Qualität vergleichbarer (Abb. 9).

Hinter dem Begriff neuromerchandising® verbirgt sich ein ganzheitliches Konzept, das alle Aspekte des modernen Handels umfasst und diese um wichtige Neuerungen aus

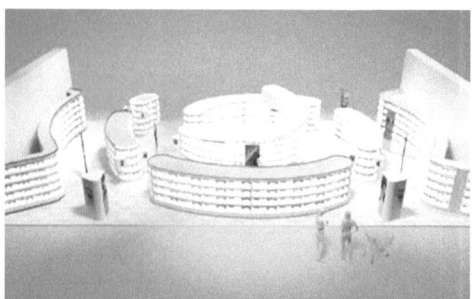

Abb. 9 Konzept für Lavazza nach neuromerchandising®

dem Bereich Neuromarketing – einem jungen interdisziplinären Forschungsgebiet, in dem (neuro)psychologische Erkenntnisse für das Marketing genutzt werden – erweitert.

Neuromerchandising® betrachtet den PoS unter zwei Dimensionen: RAUM und MENSCH. Unter dem Aspekt RAUM geht es in erster Linie um die Schaffung einer Wohlfühlatmosphäre für Mitarbeiter und Kunden und unter dem Aspekt MENSCH geht es um die Ebenen der zwischenmenschlichen Kommunikation, damit sich die Menschen im Raum wohlfühlen.

Es geht heute und in Zukunft um Leadership am PoS, darum, an diesem Ort der Kommunikation die richtigen Dinge zu tun. Dazu gehört zum Beispiel Verkaufsräume besser zu erschließen und den Kunden eine klare Orientierung zu geben.

Beim Ladenmarketing standen früher Raum und Warenplatzierung im Fokus. Heute verschmelzen Hirnforschung, Psychologie und Marketing miteinander zu neuromerchandising®. Achim Fringes prägte diesen Begriff und steht bei der neuro-merchandising® group für die Methodik, Analytik, Forschung, Entwicklung und Aus-bildung. Zielgruppen sind alle am PoS Beteiligten, Mitarbeiter im Handel, Industrie und Services, die lernen möchten, wie man PoS fühlt, die ihre Marke und ihr Unternehmen im Raum erlebbar machen möchten und verstehen, wie wichtig eine Atmosphäre ist, in der sich Käufer und Verkäufer gleichermaßen wohlfühlen.

Dabei geht es auch um die Frage, welche Lösungswege am besten passen wie zum Beispiel Corporate Identity, die über ihren hohen Wiedererkennungswert für Unver-wechselbarkeit sorgt, Corporate Design, Ladenlayout, Interior, Sinne und Wahrnehmung: Lichtkonzeption, Audiokonzeption, Duftkonzeption, haptische Konzeption, Face-to-Face-Konzeption, affektives und semantisches Priming.

Die „Dekade der Menschlichkeit" betrifft in besonderem Maße auch den Handel, weil er vor allem ein Sinnbild für die Begegnung von Menschen ist und nicht nur das Bereit-stellen von Ware.

Literatur

Fringes A (2008) Brainshopping. Emotionalisierung im Handel. Books on Demand, Norderstedt

Ohnemüller BM (2019) Lead. Speak. Inspire. Ein persönlicher Erfahrungs- und Erlebnisbericht über die drei wesentlichen Elemente gelungener Unternehmens- und Lebensführung. 3., Aufl. Selbstverlag, Frankfurt a. M.

Ohnemüller BM, Winterling K (2004) Mehr Erfolg am Point of Sale. Von der Verkaufsförderung zum Thru-the-Line-Marketing. Deutscher Fachverlag, Frankfurt a. M.

Bert Martin Ohnemüller
(Fotocredit: privat)

Bert Martin Ohnemüller, High Performance Business Coach blickt auf mehr als drei Jahrzehnte Erfahrung in Führung, Marketing und Vertrieb. Er verbindet die Erkenntnisse aus Hirnforschung, Evolutionsbiologie und Positiver Psychologie mit den Themen Führung, Kommunikation und Inspiration, mit dem Ziel Menschen bei der Entfaltung ihrer emotionalen Kraft zu helfen. Von Juli 2010 bis Juli 2017 war er Mitinhaber und Geschäftsführer der neuromerchandising group GmbH & Co. KG, einer Gesellschaft, die wissenschaftliche Erkenntnisse in konkrete Lösungen umsetzt. Davor war er von 1988 bis 2010 Inhaber und Geschäftsführer von BMO GmbH, einer Verkaufsförderungsagentur mit Sitz in Frankfurt am Main. Von 1980 bis 1988 war er im Außendienst und in der Verkaufsförderung bei der MAGGI GmbH und Promotion-Manager bei Richardson WICKpharma (heute Procter&Gamble). Von 1996 bis 2007 war er Vorsitzender des Verbands Point of Purchase Advertising International POPAI D-A-CH. Bert Martin Ohnemüller wurde 1959 in Schweinfurt geboren. Er absolvierte zunächst eine Lehre zum Einzelhandelskaufmann bei der Horten AG und erwarb sein Diplom als Kommunikationsbetriebswirt 1985 an der Akademie für Marketing und Kommunikation mit Sitz in Frankfurt. Der Ehemann und Vater von vier Kindern ist leidenschaftlicher Freizeitsportler, er hält sich mit Joggen, Kampfsport und Mountainbiken fit. Ohnemüller ist der Autor von zwei Fachbüchern, sein drittes Buch *LEAD SPEAK INSPIRE* (3. Auflage, 2019) beschäftigt sich mit den aus seiner Sicht drei wesentlichen Elementen erfolgreicher Unternehmens- und Lebensführung. Als Dozent für neuromerchandising® und Leadership gibt er sein Wissen an führenden Hochschulen im In- und Ausland weiter.

Employability und Employability Management

Jutta Rump und Silke Eilers

1 Bedeutung der lebenslangen Beschäftigungsfähigkeit im Kontext des Arbeitens 4.0

1.1 Employability im Wandel der Zeit

Die Forderung nach Beschäftigungsfähigkeit oder Employability ist keineswegs neu. Bereits im Verlauf des 20. Jahrhunderts wurden verschiedenste Definitionen für „Beschäftigungsfähigkeit" entwickelt, die sich zunächst ausschließlich auf körperliche und sozioökonomische Merkmale des Einzelnen konzentrierten, um ihn als beschäftigungsfähig oder nicht beschäftigungsfähig einzustufen. In einer nächsten Stufe wurde der Bezug zum Arbeitsmarkt als entscheidendes Kriterium erkannt, wobei in erster Linie Arbeitslose in den Mittelpunkt der Betrachtung gestellt wurden. Erst seit den 1990er-Jahren wurde diese Fokussierung aufgegeben und die Sicherung der Beschäftigungsfähigkeit jedes Einzelnen als bedeutendes Ziel definiert (vgl. Weinert et al. 2001; Rump und Eilers 2011). Unter dem Begriff der Employability allerdings wurde die Thematik im angelsächsischen Raum deutlich früher aufgegriffen als in Deutschland (Kraus 2006). Heute werden mit Beschäftigungsfähigkeit oder Employability in erster Linie zwei große Themenbereiche abgedeckt: Zum einen die Auswahlprozesse für Arbeitssuchende am Arbeitsmarkt, zum anderen die unternehmensinternen Prozesse zur Nutzung von Humanressourcen. Verknüpft man

J. Rump (✉) · S. Eilers
Institut für Beschäftigung und Employability IBE, Ludwigshafen, Deutschland
E-Mail: jutta.rump@ibe-ludwigshafen.de

S. Eilers
E-Mail: silke.eilers@ibe-ludwigshafen.de

© Springer-Verlag GmbH Deutschland, ein Teil von Springer Nature 2021
A. Hildebrandt und W. Landhäußer (Hrsg.), *CSR und Digitalisierung,* Management-Reihe Corporate Social Responsibility, https://doi.org/10.1007/978-3-662-61836-3_47

diese beiden Ansätze, so geht es auch darum, Fähigkeiten zu ermitteln, die die bzw. der Einzelne

> … im Unternehmen erworben oder entwickelt hat und die es ihm ermöglichen, den Erfordernissen des Unternehmens weiterhin gerecht zu werden oder sich um eine Stelle außerhalb des Unternehmens zu bewerben, in dem er tätig ist (Weinert et al. 2001, S. 23).

Die „Renaissance" der Schlüsselkompetenzen im Kontext von Employability hat ihren Ursprung in den sich verändernden Bedingungen innerhalb und außerhalb von Unternehmen. Gerade in der Diskussion um die Voraussetzungen für ein erfolgreiches „Arbeiten 4.0" fällt auf, dass die Kompetenzen und Handlungsansätze, die sich mit Employability in Verbindung bringen lassen, als unerlässlich angesehen werden, um adäquat mit den Implikationen der digitalen Transformation umzugehen (BMAS 2015). Auch wird von Experten die Bedeutung der Selbstverantwortung und -bestimmung im Zusammenhang der Thematik der neuen Grenzziehungen zwischen Beruf und Privatleben sowie den neuen Arbeitsformen und -beziehungen hervorgehoben (Eichhorst et al. 2013; Shareground und Universität St. Gallen 2015; Rump und Eilers 2016).

Für Unternehmen bedeuten die Entwicklungen einen kontinuierlichen Wandlungsprozess sowie einen steigenden Wettbewerb um die Wissens- und Kompetenzträger. Zudem ist davon auszugehen, dass kollektive Lösungen nicht länger sinnvoll sind. Was sich für einen produzierenden Betrieb als richtig erweist, muss nicht als Vorbild für ein Dienstleistungsunternehmen oder für einen anderen produzierenden Betrieb dienen. Der Umgang mit Vielfalt und Komplexität bedingt, immer mehr zu differenzieren. Zunehmende Komplexität und die damit verbundene Differenzierung erfordern permanente Innovationskraft, die in unmittelbarem Zusammenhang zu Wissen und Kompetenz der Mitarbeiter steht. Auch für sie besteht also ein enger Zusammenhang zwischen der Beschäftigungsfähigkeit ihrer Belegschaft und ihrer eigenen Wettbewerbsfähigkeit. Darüber hinaus erweist sich die altbewährte Strategie, auf Veränderungen mit der Optimierung von Strukturen und Prozessen zu reagieren, als nicht unproblematisch. Das Ausschöpfen von Potenzialen erfordert mehr und mehr einen hohen Einsatz und Aufwand, um dafür zu sorgen, dass Mitarbeiter und Führungskräfte qualifiziert, motiviert, produktiv und loyal sind und sich mit dem Arbeitgeber zu jeder Zeit identifizieren. Nur so lassen sich auch Phasen des Aufschwungs und des Abschwungs in einer globalen, wissens- und innovationsgeprägten sowie schnellen Wirtschaftswelt bewältigen. Für den Einzelnen sind die Veränderungen der Arbeitswelt mit der Notwendigkeit verbunden, den eigenen Arbeits- und Lebensrhythmus immer wieder neu zu definieren und den eigenen Qualifikationsstand permanent mit den Anforderungen vergleichen und anpassen zu müssen. Es ist damit zu rechnen, dass das Arbeitsfeld im Laufe des Erwerbszyklus sieben- bis achtmal wechseln wird. Nicht selten wird damit auch eine berufliche Um- bzw. Neuorientierung verbunden sein. Daraus resultiert, dass dem Erhalt der Qualifikation bzw. der Anpassung des Kompetenzstandes mehr Gewicht eingeräumt werden sollte als dem Streben nach Arbeitsplatzsicherheit. Verantwortung für sich selbst und die berufliche Entwicklung wird zur Schlüsselqualifikation und Kernkompetenz, Employability zur Wettbewerbsfähigkeit des Einzelnen auf internen und externen Arbeitsmärkten (Ernst et al. 2003; Kraus 2006). Dies impliziert die Fähigkeit, lebenslang zu lernen, flexibel und anpassungsfähig zu sein, mit neuen, ungewohnten Situationen umgehen zu können und sich relativ schnell in neue Tätigkeitsfelder einzuarbeiten. Fachwissen allein reicht dafür allerdings nicht aus! (Rump und Eilers 2016)

1.2   Das magische Dreieck der Employability

Bausteine der Employability sind also Faktoren, die Menschen dazu befähigen, eine bestehende Beschäftigung zu behalten oder aber eine neue Beschäftigung zu finden. Dabei können diese Fähigkeiten sowohl innerhalb oder außerhalb der aktuellen beruflichen Tätigkeit erworben worden sein. Dazu gehören Erfahrung und Fähigkeiten ebenso wie die Bereitschaft zur Teilnahme an entsprechenden Maßnahmen, die die Beschäftigungsfähigkeit fördern. Von entscheidender Bedeutung ist auch das Maß an Eigenverantwortung und globalem Denken, das der jeweilige Arbeitgeber seinen Mitarbeitern ermöglicht (Weinert et al. 2001). Nicht zu vergessen sind zudem Kenntnisse, die zum Beispiel bei freiwilligem sozialem Engagement oder durch selbstständige Tätigkeit in Rahmen der Elternzeit erworben wurden.

Der Streifzug durch die Definitionen macht deutlich, dass mit Employability und Beschäftigungsfähigkeit grundsätzlich drei Anknüpfungspunkte verbunden sind:

- Employability aus individueller Sicht,
- Employability auf betrieblicher Ebene,
- Employability im gesellschaftlichen Kontext, aus bildungspolitischer sowie arbeitsmarktpolitischer Perspektive.

Auf der Basis der einschlägigen Literatur und neuerer empirischer Erkenntnisse lässt sich Employability letztendlich wie folgt definieren (Rump und Eilers 2011, S. 81):

Employability ist die Fähigkeit, fachliche, soziale und methodische Kompetenzen unter sich wandelnden Rahmenbedingungen zielgerichtet und eigenverantwortlich anzupassen und einzusetzen, um eine Beschäftigung zu erlangen oder zu erhalten.

Wie bereits ausgeführt, sind fachliches Wissen und fachliche Kompetenz alleine nicht mehr ausreichend, um für den Wandel gerüstet zu sein. Daneben spielt ein breites Spektrum an überfachlichen Kompetenzen, Einstellungen und Mentalitäten eine Rolle. Deren Ausprägung und Entwicklung wird bereits stark durch die Sozialisation, Erziehung und Schulbildung jedes einzelnen Menschen geprägt. Dazu gehören Erfahrung und Fähigkeiten, die sowohl innerhalb oder außerhalb der aktuellen beruflichen Tätigkeit erworben worden sein können, ebenso wie die Bereitschaft zur Teilnahme an entsprechenden Maßnahmen, die Employability fördern. Ein endgültiger Konsens darüber, welche Merkmale einen Menschen nun beschäftigungsfähig oder

„employable" machen, lässt sich nicht herstellen, da der Begriff sich aufgrund der Dynamik und Komplexität der Märkte beständig weiterentwickelt und einen sehr individuellen Charakter besitzt. Dennoch ist es sinnvoll, einen Rahmen zu entwickeln, in dem definierte Kernfelder sich der Begrifflichkeit nähern. Einen solchen Rahmen stellt das sogenannte magische Dreieck der Employability dar (siehe Abb. 1).

Während in der Vergangenheit vor allem der Kompetenzerhalt und die Motivation mit Konzepten und Maßnahmen belegt wurden, steigt derzeit das Bewusstsein, dass ohne den Erhalt und die Förderung von Gesundheit die Motivation und die Beschäftigungs-fähigkeit der Mitarbeiter eingeschränkt sind. Immer klarer wird, dass Motivation, Kompetenzerhalt und Gesundheit miteinander verwoben sind. Fehlt Motivation, ver-ringert sich der Antrieb zum Kompetenzerhalt, was mittelfristig zu Überforderung am Arbeitsplatz führt und langfristig die Gesundheit beeinträchtigen kann. Fehlen die Qualifikationen und die Kompetenzen, fühlt sich der Beschäftigte überfordert, er ver-liert an Motivation, betrachtet die Arbeitsaufgaben als Belastung, was sich wiederum auf die Gesundheit negativ auswirken kann. Nicht zuletzt: Ist der Mitarbeiter nicht gesund, fehlt ein Teil der Energie, um nachhaltig an der Motivation und am Kompetenzerhalt zu arbeiten.

Das komplexe Anforderungsprofil der Employability führt nicht selten zu der Frage nach der Machbarkeit und der Befürchtung, man könne damit überfordern und die Mess-latte ohne Not zu hoch legen. Nun geht es nicht darum, in jedem der Kompetenzfelder für jeden die höchst mögliche Ausprägung als Ziel zu definieren, sondern deutlich zu machen, dass die grundsätzliche Relevanz in jedem Aufgabenfeld und Qualifikations-bereich gegeben ist und all diese Facetten Erfolgsfaktoren darstellen. Hier zeigt sich die grundlegende Philosophie des Beschäftigungsfähigkeitsgedankens: „Den ersten Schritt zu tun und in Bewegung zu bleiben" – das regelmäßige Auseinandersetzen mit der eigenen Qualifikation und der kontinuierliche Ausbau aller relevanten Kompetenzen stellen einen persönlichen Entwicklungsprozess dar, der zu langfristiger Beschäftigungs-fähigkeit führt (Rump und Eilers 2016).

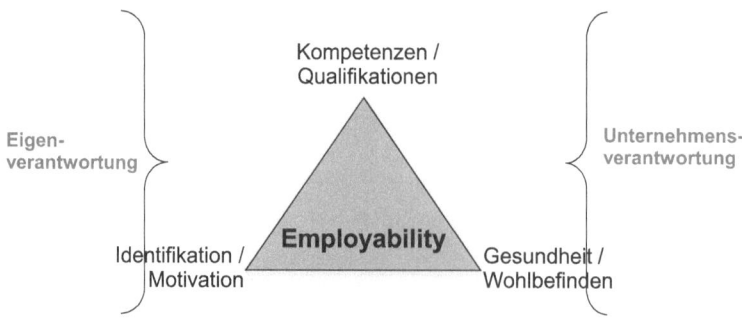

Abb. 1 Das magische Dreieck der Employability. (Quelle: eigene Darstellung)

Für Arbeitnehmer gilt es, sich bewusst zu machen, dass Arbeitgeber dem Anforderungsprofil der Beschäftigungsfähigkeit eine große Bedeutung zumessen und dass es sich daher bei der Auseinandersetzung mit der eigenen Beschäftigungsfähigkeit um eine Investition in den eigenen Vermögenswert handelt:

> Ebenso wie Unternehmen dafür verantwortlich sind, ihre Investitionsgüter (Hardware) permanent auf dem neuesten Stand zu halten und die Investoren dafür einen Teil ihrer Rendite einsetzen müssen, so müssen Mitarbeiter ihr Wissen aktualisieren und dafür im Sinne des Co-Invests eine Selbstbeteiligung in Form von Zeit in den Erhalt ihres Investitionsgutes einbringen (Sattelberger 2009, S. 316).

Denn es wird in Zukunft immer weniger einen sicheren Arbeitsplatz und/oder ein sicheres Unternehmen geben. Selbst die Sicherheit einer „abgeschlossenen" Berufsausbildung, die vermeintlich ein Leben lang trägt, besteht nicht mehr. Die eigenen Fertigkeiten, Fähigkeiten und Kompetenzen bieten einzig und allein Sicherheit. In Zahlen ausgedrückt beträgt der Vermögenswert des Wissens und der Kompetenzen bei einem durchschnittlichen Brutto-Jahreseinkommen von 35.000 EUR und einer Lebensarbeitszeit von 40 Jahren etwa 1,4 Mio. EUR. Zunächst einmal obliegt die Verantwortung für die nachhaltige Sicherung von Employability somit dem Einzelnen. Er ist gefordert, sich kontinuierlich den verändernden Rahmenbedingungen sowie den Anforderungen des internen wie externen Arbeitsmarktes anzupassen. Dazu ist die Bereitschaft allein nicht ausreichend. Auch individuelles Handeln – ohne die Unterstützung des Arbeitgebers – ist gefragt (Rump und Eilers 2016).

Es gilt:

Qualifikation, Motivation und Gesundheit in der Vergangenheit: Notwendigkeit zum beruflichen Aufstieg.

Qualifikation, Motivation und Gesundheit in der Zukunft: Vermeidung des beruflichen Abstiegs.

Dennoch: Arbeitgeber, die Employability fordern, sind auch in der Pflicht, diese zu fördern. Employability ist somit auch unweigerlich mit einer neuen Art von Kontrakt zwischen Arbeitgeber und Arbeitnehmer verbunden. Aufseiten des Arbeitnehmers stehen als „vertragliche Verpflichtungen" die individuelle Beschäftigungsfähigkeit und das permanente Bemühen, diese zu erhalten und zu entwickeln, aufseiten des Arbeitgebers die Schaffung entsprechender Rahmenbedingungen. Der „Gewinn" liegt für das Unternehmen in Wertschöpfung und Wettbewerbsfähigkeit. Darüber hinaus kommt der Arbeitgeber durch die Förderung der Employability gleichermaßen einer neuen Art der „Fürsorgepflicht" dem Arbeitnehmer gegenüber nach. Denn an die Stelle der Beschäftigungsgarantie tritt die Unterstützung beim Erhalt der Beschäftigungsfähigkeit. In guter Wirtschaftslage hilft eine auf Employability ausgerichtete Unternehmens- und Personalpolitik, sich als attraktiver Arbeitgeber im „War for Talents" zu positionieren, in Krisenzeiten wird die soziale Verantwortung auf diese Weise gewahrt. Der „Gewinn" für den Arbeitnehmer liegt in der Beschäftigungssicherung. Diese besteht in „guten Zeiten" darin, sich frei auf dem Arbeitsmarkt bewegen und aus unterschiedlichen Angeboten auswählen zu können. In „schlechten Zeiten" stellt Employability den Sicherungsanker schlechthin dar, da sie den internen Wechsel ebenso ermöglicht wie die Orientierung außerhalb des bisherigen Berufsfeldes und Unternehmens. Dieser beidseitige Nutzen stellt letztlich für den Arbeitgeber die angemessene Balance zwischen seinen Aufwendungen zur Förderung der Employability und der ihm dafür entgegengebrachten Loyalität dar. Was die Dauer des neuen Kontraktes anbelangt, so besteht er nur so lange, wie individuelle Beschäftigungsfähigkeit seitens des Arbeitnehmers gegeben ist und umgekehrt das Unternehmen ihm die Möglichkeit bietet, diese voranzutreiben und zu bewahren (Kraus 2006; Sattelberger 1999; Rump und Eilers 2016).

1.3 Employability Management

Handlungsmöglichkeiten im Zusammenhang mit der Förderung von Employability bestehen sowohl auf individueller als auch auf betrieblicher Ebene. Hinzu kommt die gesellschaftliche und bildungspolitische Ebene, die jedoch an dieser Stelle nicht vertiefend betrachtet werden soll. Es sei lediglich angemerkt, dass die Ausprägung der Kompetenzen, die Beschäftigungsfähigkeit ausmachen, idealerweise nicht erst im Erwachsenenalter nach Eintritt in das Berufsleben erfolgen sollte, sondern vielmehr bereits Teil der prägenden Phasen in der Sozialisation sein muss. Hier ist insbesondere der schulische Bereich in der Pflicht, frühzeitig die entscheidenden Weichen zu stellen.

Eine Förderung der Beschäftigungsfähigkeit kann sowohl proaktiv, das heißt während einer aktiven Beschäftigung in einem Unternehmen, als auch reaktiv, zur Unterstützung in Zeiten der Arbeitslosigkeit, erfolgen. Insbesondere in einem so vielschichtigen und dem gesellschaftlichen und wirtschaftlichen Wandel unterworfenen Feld wie der Beschäftigungsfähigkeit ist ein proaktiver Ansatz vorzuziehen. Reaktive Maßnahmen kommen häufig zu spät und können eingefahrene Denk- und Handlungsstrukturen nicht mehr aufbrechen. Die Förderung eines kontinuierlichen Bewusstseins für die Notwendigkeit zu Flexibilität und Offenheit für Neues in Zeiten der aktiven Berufstätigkeit hingegen legt die Basis dafür, auch in schwierigen und unerwarteten Situationen adäquat handeln zu können. Um das Menschenbild eines beschäftigungsfähigen Arbeitnehmers mit Leben zu füllen und die Beschäftigten dazu zu bewegen, dieses Menschenbild als das ihre anzuerkennen und es als Grundlage für ihr Denken und Handeln zu nehmen, werden nicht selten einzelne Maßnahmen entwickelt und umgesetzt. Zur Förderung von Employability der Arbeitnehmer reichen diese Einzelaktivitäten jedoch nicht aus. Darüber hinaus genügt es nicht, dass die Maßnahmen ein gemeinsames Ziel haben. Vielmehr ist es notwendig, dass alle relevanten Unternehmensfelder einbezogen werden, die Aktivitäten zur Steigerung der Beschäftigungsfähigkeit aufeinander abgestimmt und miteinander verknüpft sind sowie Wechselwirkungen berücksichtigt werden. Die Sozialisation und Entwicklung von Employability macht ein Unternehmenskonzept unerlässlich. Durch die Verankerung von Employability auf normativer Ebene in der Unternehmenskultur und in der Unternehmenspolitik sowie auf strategischer Ebene im Rahmen der Organisation, der Führung, der Personalentwicklung, der Karriere-gestaltung, der Vergütung, des Controllings und der Gesundheitsförderung findet eine Versachlichung bzw. Institutionalisierung statt. Es besteht dann kaum noch die Gefahr des „Einschlafens". Diese Gefahr besteht eher dort, wo das Engagement nur an Personen und Einzelaktivitäten hängt. Verlassen diese Personen das Unternehmen und ist keine Nachfolge gefunden, die ebenfalls in diesem Sinne agiert, werden in der Regel die Aktivitäten reduziert oder sogar eingestellt (Rump und Eilers 2011, 2016).

Damit wird deutlich, dass Employability Management bestimmte Handlungsfelder beinhalten muss. Diese erfolgskritischen Handlungsfelder sind (siehe Abb. 2).

Weitere Handlungsfelder, wie sie im Unternehmenskonzept des Employability Managements manifestiert sind, befördern Employability und unterstützen die Effektivität und Effizienz erheblich, bilden jedoch nicht das Fundament zur betrieb-lichen Förderung der Beschäftigungsfähigkeit. Mit anderen Worten: Im Rahmen von Employability Management gilt die mathematische Regel der notwendigen und der hin-reichenden Bedingung. Im Folgenden wird eine Auswahl der in Abb. 2 dargestellten Handlungsfelder detaillierter betrachtet.

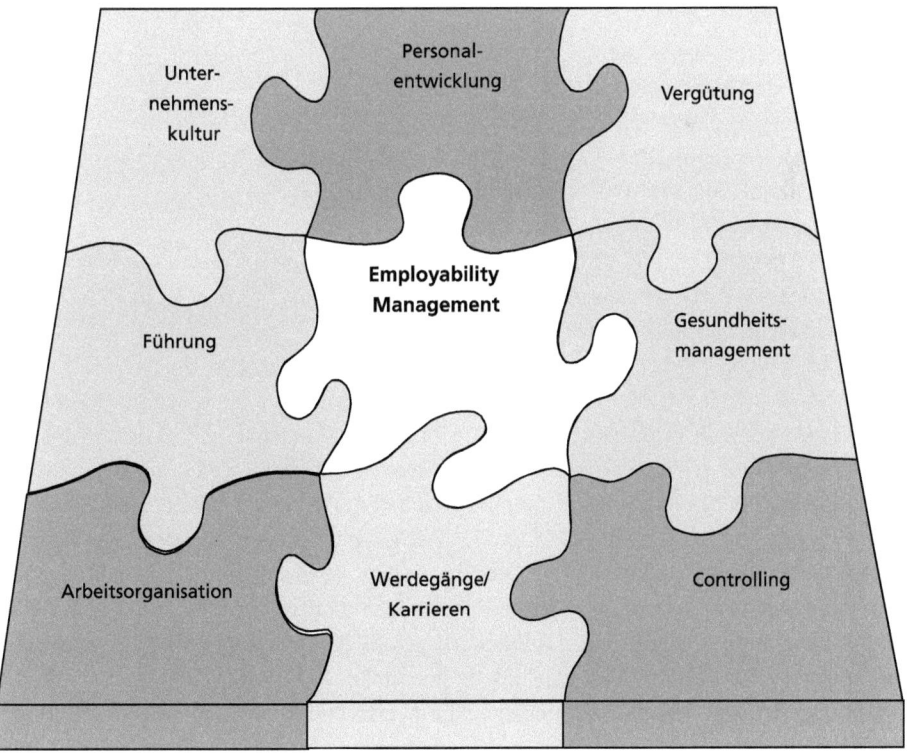

Abb. 2 Zentrale Handlungsfelder des Employability Managements. (Quelle: eigene Darstellung)

1.3.1 Unternehmenskultur

Als Gesamtheit aller in einem Unternehmen gemeinsam gelebten Normen, Werte und Orientierungen beeinflusst die Unternehmenskultur maßgeblich das Denken und Handeln von Beschäftigten. Das Interesse und die Bereitschaft, beschäftigungsfähig zu sein, hat erst einmal wenig mit Werkzeugen zu tun. Selbst innovative Instrumente bewegen keinen Beschäftigten dazu, sich mit seiner Beschäftigungsfähigkeit auseinanderzusetzen, wenn er nicht dazu bereit ist. Die Unternehmenskultur ist damit ein „Wertefundament" und eine wesentliche Säule im Hinblick auf den unternehmerischen Erfolg, indem sie dazu beiträgt, dass die Mitarbeiter sowie Führungskräfte die definierte Strategie ihres bzw. ihrer Arbeitgebenden engagiert und motiviert umsetzen (Rump und Eilers 2016). Allerdings ist die Unternehmenskultur in vielen Unternehmen durch die Vermeidung von Unsicherheiten und Risiken sowie durch die Rotation von Verantwortung geprägt. Nicht selten wird in diesem Zusammenhang auch von „Vollkasko-Mentalitäten" gesprochen. Diese Werte stehen der Bereitschaft, sich als „Unternehmer in eigener Sache" zu verstehen, der für sein Vermögen an Wissen und Kompetenz verantwortlich ist, entgegen.

Eine Unternehmenskultur, die Beschäftigungsfähigkeit fördert und fordert, zeigt sich vor allem in folgenden Punkten (Rump und Eilers 2011, 2016):

- Förderung der Übernahme von Verantwortung,
- Offenheit und Vertrauen,
- Fehlertoleranz,
- Leistungsorientierung,
- Unterstützung von werteorientiertem und reflektiertem Handeln,
- Wertschätzung der Mitarbeiter und ihrer Beiträge,
- Unterstützung von Mobilität und Unabhängigkeit,
- Förderung des Networkings innerhalb des Unternehmens,
- positive Haltung zum Lernen.

Die Entwicklung der Unternehmenskultur in Richtung einer Employability-Kultur ist ein Prozess, der sich nicht von heute auf morgen vollzieht und mit vielen Unwägbarkeiten verbunden ist. Werte, Normen und Orientierungen müssen sich ändern; es bedarf einer Anpassung der Denk- und Handlungsmuster. Da eine Verhaltensänderung des Einzelnen nicht angeordnet werden kann, ist lediglich eine Beeinflussung über Rahmenbedingungen möglich. Eine weitere Notwendigkeit ist eine offene und durchgängige Informationspolitik. So früh wie möglich und wo immer es vertretbar ist, sollte Wissen mit Arbeitnehmervertretern und Mitarbeitern geteilt werden. Nur so kann es gelingen, Menschen aus der Passivität zu holen, denn der Einzelne wird nur dann bereit sein, Verantwortung zu übernehmen, wenn er über die entsprechende Informationsbasis verfügt, um die Sinnhaftigkeit seines Handels erfassen zu können. Ebenso ist es wenig förderlich, wenn die jeweilige Kultur zwar nach außen kommuniziert, jedoch nach innen nicht gelebt wird. Die Vertrauensbasis der Mitarbeitenden wird durch eine solche fehlende Stimmigkeit empfindlich gestört. Eine Selbstdarstellung nach außen, die im Widerspruch zur Unternehmenskultur steht, wird über kurz oder lang des „Mehr-Scheins-als-Seins" überführt werden und führt zu einem Verlust an Glaubwürdigkeit (Rump und Eilers 2016).

1.3.2 Führung

Eine besondere Bedeutung kommt dem Verhalten der Führungskräfte zu, die eine Vorbildfunktion einnehmen und gleichzeitig ihre Mitarbeiter im Prozess der Gestaltung von Beschäftigungsfähigkeit unterstützen. Insbesondere die unmittelbaren Vorgesetzten sind gefordert, auf die Beschäftigungsfähigkeit ihrer Mitarbeiter zu achten und diese zu fördern. Dies liegt darin begründet, dass sie aufgrund des täglichen und praxisnahen Kontaktes zu ihren Mitarbeitern einen sehr viel besseren Überblick über deren Kenntnisse und Fähigkeiten sowie über Bedarfe an Wissens- und Kompetenzentwicklung haben als beispielsweise die Personalabteilung. Daraus leitet sich folgendes Anforderungsprofil der Führungskräfte ab:

- Keine Führung im Sinne des „Gießkannenprinzips", stattdessen individualisierte Führung (jeden Mitarbeiter dort abholen, wo er steht/kombiniert mit Führung durch Ziele).
- Schaffung von Rahmenbedingungen, in denen Mitarbeiter erfolgreich arbeiten können.
- Gewährung von Freiräumen und Handlungsspielräumen.
- Übernahme von Verantwortung.
- Glaubwürdigkeit, die sich im konsequenten Handeln und im Vorleben zeigt, und Wahrnehmung der Vorbildfunktion.
- Inspirieren, Überzeugen, Motivieren und Herausfordern.
- Sensibilität für Beschäftigtenbelange.
- Schaffen einer Atmosphäre von Offenheit und Vertrauen.
- Führungsphilosophie: „Unternehmer im Unternehmen".

In der Praxis scheitert ein solches Führungsverständnis nicht selten an machtpolitischen Zwängen und der Eigendefinition vieler Vorgesetzter. Daher ist es unerlässlich, insbesondere die Führungskräfte mit dem Gedankengut der Employability vertraut zu machen und sie entsprechend zu qualifizieren, um den Umgang mit der Beschäftigungsfähigkeit ihrer Mitarbeiter, aber nicht zuletzt auch mit ihrer eigenen Employability, zu verbessern und schrittweise zu verinnerlichen (Rump und Eilers 2011).

1.3.3 Arbeitsorganisation

Ein Unternehmen, das zielgerichtete und praxisorientierte Beschäftigungsfähigkeit fördert und fordert, muss sich zudem als „lernende Organisation" mit durchlässigen und flexiblen Strukturen begreifen, die durch

- die Gleichwertigkeit von informeller und formaler Struktur,
- Entscheidungsbefugnisse, Verantwortlichkeiten und Handlungsspielräume,
- kurze und effiziente Informationskanäle und Entscheidungswege,
- so viele Schnittstellen wie unbedingt erforderlich und
- Flexibilisierung auf der operativen Ebene

gekennzeichnet sein sollten (Rump und Eilers 2011).

Ziel einer solchen Arbeitsorganisation muss es sein, Beschäftigungsfähigkeit langfristig zu fördern und dafür Arbeitsinhalte und -bedingungen derart zu gestalten, dass
Mitarbeiter ohne arbeitsbedingte physische oder psychische Einschränkungen über
ihre Lebensarbeitszeit hinweg tätig sein können. Dies impliziert die Vermeidung bzw.
Reduzierung von Arbeitsanforderungen, die negative Auswirkungen – wie Dequali-
fizierung, eingeschränkte Einsetzbarkeit, Monotonie-Empfinden oder Perspektivlosigkeit –
mit sich bringen (Rump und Eilers 2016). Die Literatur im Hinblick auf „gesundes
Arbeiten" weist auch darauf hin, dass organisationale Rahmenbedingungen in hohem
Maße auf die psychische Gesundheit der Beschäftigten einzahlen. Dabei kommt es den
bereits angesprochenen Tätigkeits- und Handlungsspielräumen insbesondere auf die Vollständigkeit einer Tätigkeit an, um dem Einzelnen unterschiedliche Varianten der Auf-
gabenbearbeitung und die eigenständige Abgrenzung von Tätigkeiten und Aufgaben
zu ermöglichen (Ulich 2011). Dies setzt Transparenz voraus, das heißt, es muss den
Beschäftigten klar sein, worin das Ergebnis ihrer Arbeit und die von ihnen dazu erbrachte
Leistung besteht und sie müssen über die entsprechenden Informationen zur Aufgabener-
füllung verfügen (Schütte 2014; Rump und Eilers 2016).

1.3.4 Personalentwicklung

Personalentwicklung im Employability-Konzept verfolgt einen vorausschauenden
Ansatz, in dem die Qualifikation des Einzelnen einer kontinuierlichen Überprüfung und
Anpassung unterliegt, die sich nicht nur an konkreten Unternehmensbedürfnissen oder
der Beschäftigungssituation ausrichtet, sondern auch an den aktuell und zukünftig auf
dem Arbeitsmarkt nachgefragten Kompetenzen und Fähigkeiten. Dabei sind auch niedrig
qualifizierte Arbeitskräfte in entsprechende Konzepte einzubinden, da ihnen am vehe-
mentesten der Ausschluss aus der Erwerbsgesellschaft droht, wenn ihre Kenntnisse und
Fähigkeiten nicht mehr länger marktfähig sind. Die Initiative geht dabei sowohl vom
Arbeitgeber als auch vom Arbeitnehmer aus, der nicht die Rolle des passiven Konsumenten der Aus- und Weiterbildungsangebote annimmt, sondern aktiv mitgestaltet
(Rump und Eilers 2016).

Im Rahmen von Employability konzentriert sich die Personalentwicklung nicht nur
auf die Vermittlung von fach- und branchenbezogenen Kenntnissen sowie von für einen
spezifischen Tätigkeitsbereich und Arbeitsplatz erforderlichen technischen Fertigkeiten.
Darüber hinaus stellt sie sich der Herausforderung, den Mitarbeitern eine breite Basis
auch an „Soft Skills" nahe zu bringen.

Zentrale Merkmale einer solchen Ausrichtung der Personalentwicklung sind (Rump und Eilers 2016):

- Aufrechterhaltung des „Spannungsbogens des Lernens" durch Gestaltung eines kontinuierlichen Lernprozesses über das gesamte Arbeitsleben hinweg,
- Schaffung einer Lernkultur, die die Lernmotivation und -kompetenz der Beschäftigten erhöht,
- Anerkennung informell erworbener Kompetenzen (im Ehrenamt, in der Familienzeit …) als Teil der lebenslangen Lern- und Erfahrungsentwicklung,
- Delegation der Personalentwicklungsverantwortung auf die Mitarbeiter und die direkten Vorgesetzten,
- Zielgruppendifferenzierung,
- Fokussierung auf überfachliche Kompetenzen,
- Integration unternehmens- und arbeitsbereichsbezogener Lernfelder,
- Ausrichtung der Kompetenzentwicklung an den individuellen Qualifikationen, Stärken, Präferenzen und Interessen, Lebensläufen, Aufgabenbereichen und -inhalten.

Zudem gilt es darauf zu achten, entsprechende Maßnahmen nicht nur für ohnehin bereits gut ausgebildete Fach- und Führungskräfte voranzutreiben, sondern auch zielgruppenspezifische Angebote für geringer qualifizierte Beschäftigte sicherzustellen (Rump und Eilers 2011). In zunehmendem Maße werden dabei auch organisationsübergreifende und global vernetzte Lernaktivitäten eine Rolle spielen (Fraunhofer IAO 2013). Dabei muss es sich durchaus nicht um kostspielige, extern eingekaufte Trainings handeln – vielmehr tragen integrierte und individuelle bzw. zielgruppenspezifische Lernansätze erheblich zur Steigerung der Employability bei (Rump und Eilers 2016).

1.3.5 Werdegänge/Karriere

Die Auffassungen darüber, was „Karriere" bedeutet, gehen häufig weit auseinander. Jedes Unternehmen, ja jedes Individuum definiert diesen Begriff für sich. Hat man Karriere gemacht, wenn man gewisse Statussymbole sein eigen nennt? Oder erst dann, wenn man eine gewisse Führungsspanne abdeckt? Oder zeigt sich Karriere vielleicht bereits darin, länger als die Kollegen zu arbeiten und einen höheren Betrag auf dem Gehaltszettel vorzufinden? Während der vertikale Aufstieg in Form einer Führungslaufbahn lange Zeit den einzigen Weg darstellte, um sich beruflich weiter zu entwickeln, definiert heute jedes Unternehmen, ja jedes Individuum diesen Begriff für sich, und es gilt immer mehr, alternative Werdegänge aufzuzeigen und im Unternehmen zu etablieren.

In diesem Sinne müssen Karrieremodelle im Unternehmen so ausgestaltet sein, dass es jedem Mitarbeiter möglich ist, in seinem individuellen Kontext, das heißt, gemäß seiner Veranlagung, Begabung und Lebenssituation Karriere zu machen. Zudem spielt die Durchlässigkeit zwischen unterschiedlichen Werdegängen eine entscheidende Rolle, da sich Neigungen, Bedürfnisse und Kompetenzen über ein langes Erwerbsleben hinweg verändern. Für den Einzelnen kann sich dabei auch die Priorisierung verschieben.

Karriereplanung wird damit vielschichtiger und verlangt von Individuen wie von Unternehmen künftig eine Professionalisierung. Unternehmen müssen in diesem Kontext eine Kultur aufbauen, die Talente und deren Management konsequent in den Mittelpunkt stellt. Mitarbeiter hingegen müssen sich mehr als bislang mit ihren eigenen Möglichkeiten beschäftigen und multiple Karrierewege in Betracht ziehen, um sich langfristig erfolgreich entwickeln zu können (Schwierz 2014; Rump und Eilers 2016).

1.3.6 Gesundheitsmanagement

Gesundheit und Wohlbefinden sind förderliche Faktoren bei der Ausbildung von Employability. Demgegenüber ist auch zu konstatieren, dass das Ziel und der Prozess zum Erhalt und zur Entwicklung von Employability mit Belastungen einhergehen können. Ängste, Befürchtungen und Stress sind hier zu nennen. Die Ausführungen machen deutlich, dass Gesundheitsmanagement ein erfolgskritisches Handlungsfeld im Rahmen von Employability Management darstellt. Grundsätzlich hat Gesundheitsmanagement mehrere Handlungsebenen (Rump und Eilers 2011):

- Zum einem gilt es, die Leistungs- und Beschäftigungsfähigkeit zu halten/zu erhöhen. Dies kann präventiv und reaktiv sowie mit einem physischen und psychischen Bezug erfolgen (Verhaltensmaßnahmen).
- Zum anderen gilt es, den häufig zu beobachtenden Talking-Action-Gap aufzubrechen. Viele Akteure und potenzielle Adressaten wünschen sich gesundheitsförderliche Maßnahmen. Die Nachfrage nach entsprechenden Maßnahmen und deren Inanspruchnahme hält sich jedoch nicht selten in Grenzen (Umsetzung der salutogenen Dimensionen Verstehbarkeit, Handhabbarkeit und Sinnhaftigkeit und Gestaltung von Anreizsystemen).
- Zum dritten sind Leistungsmöglichkeiten, also die Rahmenbedingungen, zu betrachten (Verhältnismaßnahmen).

1.4   Schlussbetrachtung

Erhalt und Förderung von Employability stellen eine Aufgabe dar, deren Bedeutung gerade aufgrund der voranschreitenden digitalen Transformation nicht zu unterschätzen ist. Denn Wettbewerbsfähigkeit und Innovationskraft auf Unternehmensseite und die Sicherstellung einer befriedigenden und existenzsichernden Beschäftigung aufseiten des Individuums sind vor dem Hintergrund der aktuellen Trends und Entwicklungen untrennbar mit dem Thema Employability verbunden.

Insbesondere Großunternehmen haben sich in den letzten Jahren verstärkt mit dieser Thematik auseinandergesetzt und betonen, dass sie die Beschäftigungsfähigkeit ihrer Mitarbeiter als essenzielles Entwicklungsziel und unerlässlichen Baustein für die Zukunftsfähigkeit ihres Unternehmens ansehen (Rump et al. 2014). Jedoch besteht bei der konkreten Umsetzung noch immer Nachholbedarf. Nicht selten sind die Maßnahmen, die Unternehmen ergreifen, unzureichend, teils laufen sie unkoordiniert ab, sodass sie die Beschäftigungsfähigkeit des Einzelnen nicht wirklich fördern oder erhalten können. Im Zentrum der Bestrebungen zu Erhalt und Steigerung von Employability muss eine zielgerichtete und ganzheitliche Konzeption stehen, die Ängsten und Hindernissen auf Arbeitgeber- und Arbeitnehmerseite ebenso Rechnung trägt wie tradierten Strukturen und Systemen, die ihre Umsetzung hemmen. Zudem liegt der Fokus häufig zu stark auf den hoch qualifizierten Mitarbeitern, bei denen am schnellsten ein profitables und nach außen sichtbares Ergebnis erzielt werden kann. Im Sinne der gesellschaftlichen Verpflichtung muss es jedoch auch Ziel sein, nicht nur die High Potentials, sondern ebenso diejenigen Beschäftigten zur Entwicklung ihrer Employability zu motivieren, die aufgrund einer geringeren Qualifizierung durch das Raster des Arbeitsmarktes zu fallen drohen (Rump und Eilers 2016).

Literatur

BMAS (2015) Grünbuch Arbeiten 4.0. Berlin

Eichhorst W, Kendzia MJ, Schneider H, Buhlmann F (2013) Neue Anforderungen durch den Wandel der Arbeitswelt. Expertise für die Enquete-Kommission „Wachstum, Wohlstand, Lebensqualität" des Deutschen Bundestages. IZA Research Report No. 51. Bonn

Ernst H, Hauser R, Katzenstein B, Micic P (2003) Lebenswelt 2030. Deutsches Institut für Altersvorsorge, Köln

Fraunhofer-Institut für Arbeitswirtschaft und Organisation (IAO) (2013) Arbeit der Zukunft. Wie wir sie verändern. Wie sie uns verändert. IAO, Stuttgart

Kraus K (2006) Vom Beruf zur Employability? Zur Theorie einer Pädagogik des Erwerbs. Gabler, Wiesbaden

Rump J, Eilers S (2011) Employability – Die Grundlagen. In: Rump J, Sattelberger T (Hrsg) Employability Management 2.0. Einblick in die praktische Umsetzung eines zukunftsorientierten Employability Managements. Verlag Wissenschaft & Praxis, Sternenfels, S 73–166

Rump J, Eilers S (2016) Das Konzept des Employability Managements. In: Rump J, Eilers S (Hrsg) Auf dem Weg zur Arbeit 4.0. Innovationen in HR. Springer, Heidelberg (derzeit im Druck)

Rump J, Schabel F, Eilers S, Möckel K (2014) HR-Report 2014/2015. Schwerpunkt Führung. Ludwigshafen, Mannheim

Sattelberger T (1999) Lernkultur für ein Unternehmen der Zukunft. In: QUEM-report. Schriften zur beruflichen Weiterbildung 60: Kompetenz für Europa. Wandel durch Lernen – Lernen im Wandel, S 93–117

Sattelberger T (2009) Unternehmen als Chancen- und Risikogemeinschaft: Initiativen geteilter Verantwortung. In: Speck P (Hrsg) Employability – Herausforderungen für die strategische Personalentwicklung. Konzepte für eine flexible, innovationsorientierte Arbeitswelt von morgen, 4. Aufl. Gabler, Wiesbaden

Schütte M (2014) Steigende Arbeitsintensivierung – Belastung für die Gesundheit? Baua Aktuell 3(14):6–7

Schwierz C (2014) Der Paradigmenwechsel von der Leiter- zur Mosaikkarriere: Was heute getan werden muss, um Karrieren von morgen zu managen. In: Rump J, Eilers S (Hrsg) Demografie-orientiertes Personalmanagement. Hintergründe und Handlungsansätze. Wolters-Kluwer, Köln, S 135–145

Shareground, Universität St. Gallen (2015) Arbeit 4.0: Megatrends digitaler Arbeit der Zukunft – 25 Thesen. Ergebnisse eines Projekts von Shareground und der Universität St. Gallen

Ulich E (2011) Arbeitspsychologie, 7. Aufl. vdf Hochschulverlag & Schäffer-Poeschel, Zürich, Stuttgart

Weinert P, Baukens M, Bollérot P, Pineschi-Gapenne M, Walwei U (Hrsg) (2001) Beschäftigungs-fähigkeit: Von der Theorie zur Praxis. Soziale Sicherheit, Bd. 4. Lang, Bern

Dr. Jutta Rump ist Professorin für Allgemeine Betriebswirt-schaftslehre, insbesondere Internationales Personalmanagement und Organisationsentwicklung an der Hochschule Ludwigshafen. Daneben leitet sie das Institut für Beschäftigung und Employability, das den Schwerpunkt seiner Forschungsarbeit auf personalwirt-schaftliche, arbeitsmarktpolitische und beschäftigungsrelevante Fragestellungen legt. Sie hat darüber hinaus zahlreiche Mandate auf regionaler und nationaler Ebene inne.

Prof. Jutta Rum (Fotocredit: Institut für Beschäftigung und Employability IBE)

Silke Eilers ist Wissenschaftliche Mitarbeiterin und Projektleiterin am Institut für Beschäftigung und Employability. Ihre Arbeits-schwerpunkte liegen in der demografischen Entwicklung, der Generationendiversität, dem Trendscanning sowie „employability" und lebensphasenorientierter Personalpolitik.

Silke Eilers (Fotocredit: Institut für Beschäftigung und Employability IBE)

Rekrutierungsunterstützung über Personaldienstleistung und Arbeitnehmerüberlassung. Am Beispiel der Neumüller Unternehmensgruppe

Werner Neumüller

Vor allem kleine und mittelständische Unternehmen haben zunehmend Probleme, benötigte Fachkräfte zu rekrutieren. Was es braucht, sind zukunftsfähige Organisationen mit entsprechenden kulturellen Rahmenbedingungen, unter denen sich Menschen nachhaltig entwickeln können. Deshalb ist es wichtig, schon jetzt zu planen und vorausschauend zu handeln.

Dabei kann Rekrutierungsunterstützung über die Personaldienstleistung oder Arbeitnehmerüberlassung mit Übernahmeoption hilfreich und ergänzend zielführend sein. Am Beispiel der Neumüller Unternehmensgruppe wird gezeigt, wie Personaldienstleister die Personalabteilungen in Unternehmen entlasten und nachhaltige Mehrwerte bieten.

1 Ökonomie

1.1 Partner der Industrie

Die Zukunft der Arbeit wird durch vernetzte Systeme geprägt sein. Das heißt:

- Maschinen organisieren sich in der Fabrik der Zukunft weitgehend selbst.
- Lieferketten stellen sich automatisch zusammen.
- Aufträge werden direkt in Fertigungsinformationen umgewandelt.

Je weiter die vernetzte Produktion fortschreitet, desto stärker wird die Nachfrage nach Mitarbeitern mit Kenntnissen in IT, Automatisierungstechnik und Robotik sein, die

W. Neumüller (✉)
Neumüller Unternehmensgruppe, Nürnberg, Deutschland
E-Mail: wn@neumueller.org

© Springer-Verlag GmbH Deutschland, ein Teil von Springer Nature 2021
A. Hildebrandt und W. Landhäußer (Hrsg.), *CSR und Digitalisierung,* Management-Reihe Corporate Social Responsibility, https://doi.org/10.1007/978-3-662-61836-3_48

imstande sind, eine Helikopterperspektive einzunehmen, die es erlaubt, sich dem Detail zu widmen, ohne das Ganze aus dem Blick zu verlieren. Denn im Zeitalter der digitalen Transformation, die alle Bereiche der Gesellschaft erfasst, müssen eigenständige Themen als Teil eines größeren Ganzen gesehen werden.

Da allerdings niemand genau weiß, welche Qualifikationen in zehn Jahren gefragt sind, sollten Studiengänge auf ein möglichst breites Fundament gestellt werden. Der ideale Mitarbeiter ist für Henning Kagermann demnach eine Art „Wirtschaftsinformatikingenieur" (Hoffmeyer 2016, S. 67).

Zu den erforderlichen nachhaltigen Ingenieurprozessen gehört heute die Abdeckung des gesamten Produktlebenszyklus:

- Ermittlung der Anforderungen
- Gestaltung des Produkts im Sinne seines Aufbaus und seiner Architektur
- Fragen der Implementierung, der Validierung und Verifikation
- Einbindung von Stakeholdern
- Vorbereitung und Durchführung der Produktion
- Nachpflege des Produkts im Einsatz
- nachhaltige Entsorgung
- Modellierbarkeit, Simulierbarkeit, Validierbarkeit und Verifizierbarkeit der Prozesse auf der virtuellen Ebene.

Die Interdisziplinarität, die unter anderem Elektro- und Informationstechnik, Mechatronik, Maschinenbau und Informatik berücksichtigt (das Fundament für das System Engineering), muss dabei auf einem Niveau erreicht werden, in dem bestehende Ausbildungsgänge und verschiedene Fachdisziplinen nachhaltig miteinander verbunden sind. Bereits die Anpassung der Grundausbildung (zum Beispiel Fächermix) ist dabei von enormer Bedeutung.

Die Rekrutierung ist für Unternehmen in Zeiten der Digitalisierung komplexer und zeitintensiver geworden und dadurch auch kostenintensiver. Die Beschaffungskosten bei der Eigenbesetzung von Positionen der mittleren Einkommensklassen können schnell zwischen 10.000 und 20.000 € liegen. Bei höheren Einkommensklassen entsprechend noch teurer. Als Alternative bietet sich eine spezialisierte Personaldienstleistung an.

Die Unternehmen NEUMÜLLER (o. J.a) sind Partner der Industrie im Umfeld der Personal- und Ingenieurdienstleistung und spezialisiert auf das Research und die Rekrutierung von anspruchsvollen Qualifikationen über den Weg der Personaldienstleistung und/oder Arbeitnehmerüberlassung.

Zu den Kunden gehörten und gehören vorwiegend Unternehmen der Industrie oder Großindustrie, wie zum Beispiel Adidas, Audi, Bionorica, Bosch, Continental, Novartis, Puma und Siemens usw.

Im Kundenauftrag werden Bewerber vor allem für eine dauerhafte Anstellung gesucht. Mit dieser Dienstleistung unterstützt und ergänzt das Unternehmen mit kurzen Entscheidungswegen das eigene Recruiting seiner Kunden. Das Unternehmen erhält schnell zusätzliche Bewerbervorschläge in möglicherweise höherer Qualität zu einem vertretbaren Preis-/Leistungsverhältnis. Grundsätzlich wird eher nicht für kurze Einsätze rekrutiert, sondern fast immer in unbefristete langfristige Anstellungen.

Leistungsangebot im Überblick:

- Arbeitsvermittlung/Personalberatung
- Arbeitnehmerüberlassungsverträge im kaufmännischen, medizinischen und technischen Bereich jeweils vor allem mit akademischer Ausbildung
- Coaching
- Ingenieurdienstleistungen
- Management auf Zeit

Die aktuelle Situation in den Personalabteilungen bezüglich Rekrutierungsaufgaben lässt sich wie folgt zusammenfassen:

- Der Overhead in den Unternehmen – damit auch die Persa – ist nahezu IMMER unterbesetzt bzw. sehr im Rationalisierungsdruck.
- Sehr viele unterschiedliche Aufgaben zusätzlich zur Rekrutierung (Betreuung der Auszubildenden und Mitarbeiter, Tarifangelegenheiten, Mitarbeiterentwicklung usw.).
- Es muss bei direkten Eigeneinstellungen sehr auf betriebliche Restriktionen geachtet werden (Unternehmensphilosophie, Altersstruktur, Soft-Skills usw.), was die Rekrutierung erschwert und zeitintensiv macht.

Zusätzlich zu den bereits aufgeführten Belastungen der Personalabteilung haben die Fachabteilungen ihrerseits Forderungen:

- Benötigt werden möglichst gute zusätzliche Mitarbeiter für reguläres organisches Wachstum.
- Mitarbeiter (zum Beispiel in Boomphasen) werden häufig sehr kurzfristig gebraucht.
- Im akademischen Umfeld gesucht werden möglichst innovative Mitarbeiter für zukunftsträchtige Lösungen und Entwicklungen.

Vor diesem Hintergrund macht unter anderem eine externe Unterstützung Sinn: Der Personaldienstleister will die Personalabteilungen der Unternehmen entlasten, die ihn beauftragen. Das reduziert deren Aufwand und hält gleichzeitig die Fixkosten niedrig. Weitere Vorteile sind spezifisches Know-how, eine schnelle Verfügbarkeit und zusätzlich hohe Flexibilität. Kosten fallen meist nur im Erfolgsfall bzw. nach Besetzung an. Auch gibt es bei den „Übernommenen" anschließend nur eine minimale Fluktuation, da man sich, zum Beispiel nach der Arbeitnehmerüberlassung, gegenseitig bereits kennt.

Basics für Bewerbungen:
Es ist ein Kurzlebenslauf und der Nachweis der wichtigsten Abschlüsse oder Qualifikationen
zu erbringen. Im Lebenslauf ist der bisherige Werdegang dargestellt, wichtige Abschluss-
zeugnisse (zum Beispiel vom Studium oder Berufsausbildung) sind neben dem Nachweis
von Zusatzqualifikationen (beispielsweise Facharzt oder Arbeitssicherheit) Voraussetzung
für die Berücksichtigung einer vakanten Stelle bzw. für die spätere Einstellung. Die Notwendigkeit von Bildern, persönlichen Angaben wie Alter etc. und unsachlichen Details
werden zunehmend bezüglich ihrer diskriminierten Wirkung diskutiert …

Neue Aspekte:
Im Zusammenhang mit Antidiskriminierung sind Themen wie sexuelle Orientierung,
Religion oder Herkunft nicht mehr so relevant, wie dies früher der Fall war. Zusätz-
lich verstärkt wird dieser Trend in Deutschland natürlich auch durch die zunehmende
Globalisierung, den Fachkräftemangel und die Weiterentwicklung der deutschen
Liberalität. In den vergangenen Jahren wird vor allem zusätzlich eine elektronische
Bewerbung in Form eines Eintrages in die Bewerberdatenbank oder in spezielle
SW-Tools erwartet und teilweise verlangt.

Einstellungskriterien:
Heute wird beispielsweise der Kleiderordnung in Bewerbungsgesprächen weniger
Beachtung geschenkt. Mittlerweile werden innere Werte und sachliche Qualifikation
bezüglich der meisten Vakanzen höher als Äußerlichkeiten geschätzt. Persönlicher Stil
in Anschreiben, Bewerbung oder Auftreten wird gesamtheitlich und überwiegend stellen-
spezifisch bewertet. Unterschiede und Wertigkeiten ergeben sich hier zum Beispiel
zwischen Bewerbungen in der Buchhaltung, Vertrieb und Marketing …

Vorstellungsgespräch:
Ich rate beispielsweise, den Lebenslauf im persönlichen Gespräch gegebenenfalls mit
dem Aktuellsten beginnend darzustellen, da so die aktuellste und erwartungsgemäß
höchste Berufserfahrung dargestellt wird: Wenn tatsächlich chronologisch und etwaig
zu ausführlich ausgeführt wird, ist es schon passiert, dass der Personaler das Gespräch
beendet, weil bereits der nächste Termin ansteht. In diesem Fall konnte natürlich die tatsächliche Eignung oder Qualifikation für die Stelle nicht dargestellt werden. Allgemein
ist es am wichtigsten, möglichst viel über tatsächlich Stellenrelevantes aus seinem bisherigen Leben zu sprechen, zumindest immer Grundkenntnisse in allen Stellenan-
forderungen argumentieren zu können und tatsächliches Interesse an der potenziellen
Anstellung glaubhaft zu zeigen.

Chancen von Quereinsteigern und älteren Mitarbeitern:
Bei NEUMÜLLER haben Quereinsteiger oder auch ältere Arbeitnehmer bzw. Bewerber
die gleichen Chancen, wie zum Beispiel fachspezifische Absolventen. Für Anstellungen
im Vertrieb oder der Disposition bevorzugen wir sie teilweise, sofern ihr Auftreten und
ihre Motivation dies empfehlen. Ältere Bewerber und Bewerberinnen können unsere

jungen Kollegen vor allem mit ihrer Lebenserfahrung, ihrer Weitsicht, ihrer überlegten und strategischen Arbeitsweise ebenso wie mit ihrem eher elterlichen Wesen ergänzen. Letztlich muss die Mischung passen. In der Buchhaltung ist beispielsweise die sachliche Qualifikation überwiegend ausschlaggebend.

Auswirkungen der Digitalisierung im HR-Kontext:
Heute findet die Digitalisierung zunehmend Anwendung in Stellendatenbanken, in Social Media zur Stellensuche und Bewerbung, in elektronischen Bewerbungssystemen, im elektronischen Bewerbermanagement, in der Bewerberverwaltung, im automatischen oder teilautomatischen Profil-Matching, dem Talentmanagement bis hin zu Sprachanalysen über das Telefon, nach Zustimmung des Kandidaten und elektronisch gestützten Auswahlverfahren zur Bewerberanalyse und Bewertung.

Wenn alles optimal geplant und ohne Störungen verlaufen würde, hätten wir keinen Markt. Wir unterstützen unsere Kunden darin, ihren teilweise sehr kurzfristigen oder intensiv wechselnden Anforderungen gerecht zu werden (zum Beispiel in der Beschaffung von zusätzlichen Entwicklungsmitarbeitern für zukünftiges autonomes Fahren). Dabei ist für uns eine Stellenbeschreibung, die wir entweder durch unsere langjährige Berufserfahrung kennen, oder eine verständliche und verbindliche Stellenbeschreibung unabdingbar, da wir ansonsten nicht effektiv tätig werden oder suchen können.

Zahlen und Fakten im Überblick
- ca. 300 Mitarbeiter (m/w/d), davon ca. 200 Ingenieure/Naturwissenschaftler (je m/w/d) an drei deutschen Standorten.
- mehr als 30 meist langjährige Mitarbeiter sind mit der potenziellen Kandidatensuche beschäftigt.
- jährlich werden rund 10.000 Bewerbungen generiert.
- rund 2000 vermittelte Ingenieure in 17 Jahren,
- mehr als 90 % der Mitarbeiter wechseln innerhalb von zwei Jahren zum Kundenunternehmen (Abb. 1)

Abb. 1 Regina und Werner Neumüller. (Quelle: Neumüller Ingenieurbüro GmbH)

1.2   Gutes Beispiel vs. schlechtes Image

„Ist der Ruf erst ruiniert, lebt sich's gänzlich ungeniert, sagt man gemeinhin. Von wegen …", zitieren die Nürnberger Nachrichten Mit-Geschäftsführerin Regina Neumüller in Bezug auf die Zeitarbeit (Abb. 1).

Sie verweist darauf, dass es in diesem Geschäftsfeld der Zeitarbeit schlechte Bezahlung gegeben habe. Doch dem sei spätestens seit der Einführung von Tariflöhnen in der Branche ein Riegel vorgeschoben: „Heute verdienen sogenannte Leiharbeiter oft kaum weniger als das Stammpersonal."

Trotzdem ist ihr beispielsweise das Massengeschäft „Callcenter" suspekt, denn hier dreht sich in der Regel alles nur um den Preis – oft genug auf Kosten der Mitarbeiter: „Das ist inhuman und entspricht nicht unserer Vorstellung von einer modernen Arbeitswelt" (Assfalg 2014).

Wirtschaftliches Handeln vor allem nach ethischen und moralischen Prinzipien gehört zur Firmenphilosophie der NEUMÜLLER Unternehmungen. Handeln nach ethischen Werten und Normen ist besonders auch in der Personaldienstleistung von besonderer Bedeutung, um die erhöhte Zufriedenheit der Bewerber, Mitarbeiter und Kunden zu erreichen. Um dies zusätzlich deutlich zu machen und zu manifestieren, trat die NEUMÜLLER Ingenieurbüro GmbH 2012 der „Ethics in Business"-Gilde, der Werte-Allianz des Mittelstandes, bei. Die Mitgliedschaft wurde nach 2013 fortlaufend bestätigt (auch für 2017 bis 2019).

Zur Aufnahme hat sich das Unternehmen einem Prüfverfahren unterzogen. Dabei wurden unter anderem folgende Aspekte untersucht: Unternehmenswerte und Führung, werteorientierte Personalarbeit, Engagement im gesellschaftlichen Umfeld und Umweltschutz. Die Gilde steht auch für die Gemeinschaft Gleichgesinnter und die Mitgliedschaft muss jährlich Bestätigung finden.

Mit „Ethics in Business" verbunden ist auch nötiges Vertrauen in Mitarbeiter und Kunden, das auf einem positiven Menschenbild basiert. „Ich suche den Menschen" ist ein Leitsatz der Geschäftsführung, der zugleich ausdrückt, wie wichtig es ist, die richtigen Menschen für Unternehmen zu finden, zu identifizieren und zu fördern.

Daraus leitet sich die gelebte Unternehmens-DNA als Grundlage des unternehmerischen Handelns ab:

ehrlich, fleißig, nachhaltig.

Diese DNA findet Umsetzung in der Unternehmensphilosophie:

- Die Zufriedenheit unserer Kunden, Partner (m/w), Mitarbeiter und Bewerber ist unser oberstes Unternehmensziel.
- Wir wollen jedem Bewerber einen Arbeitsplatz anbieten.
- Wir wollen jede Kundenanfrage erfüllen, sofern sie in unser Profil passt.
- Wir richten unser Handeln nach dem Antidiskriminierungsgesetz aus.
- Unser Ziel ist es, Benachteiligungen aus Gründen der Rasse oder wegen der ethnischen Herkunft, des Geschlechts, der Religion oder Weltanschauung und/oder einer Behinderung, des Alters oder der sexuellen Identität zu verhindern oder zu beseitigen.

- Wir wollen die Gesundheit unserer Mitarbeiter erhalten und fördern.
- Wir wollen das bisher Erreichte weiterführen, kontinuierlich ausbauen und in Zukunft noch besser werden.

1.3 Nachhaltige Personalführung

Nachhaltige Personalführung macht vor allem das aus, was der Mittelstand tut und schon immer gemacht hat: Mitarbeiter mehr als Familienmitglieder zu sehen. Menschen sind nicht, wie im kapitalistischen Sinn zu lesen ist, Produktionsgut, mit denen man Gewinnmaximierung betreibt. Sondern sie sind Individuen, die ein Recht auf Beschäftigung bis in das Rentenalter haben. Dem Menschen sollte es langfristig gut gehen. Im Mittelstand wurden die langjährigen älteren Mitarbeiter schon immer mit Ausbildungs- oder Aufsichtstätigkeiten, etwaigen leichteren Arbeiten und notfalls auch über alternative Tätigkeiten in die Rente gebracht – und nicht in den zeitweise eher günstigen Vorruhestand verabschiedet.

Dabei wurde der Tatsache genüge getan, dass diese Honoritäten über langjährige Erfahrung und Wissen verfügen, nicht nur in Bezug auf die Verfahren und Techniken. Sondern dies wird auch bezogen auf Stammkunden und kommunikative Mitarbeiterführung. Zwischenzeitlich hat man erkannt, dass dieses „Produktionsgut" für die Zukunftsfähigkeit eines Unternehmens essenziell ist, vor allem in Zeiten des zunehmenden Fachkräftemangels. Beispielsweise setzt man ein betriebliches Gesundheitsmanagement ein, um die langjährigen Mitarbeiter länger beschäftigen zu können. Nachhaltiges Management wird sich von Human-Kapital in Richtung Gesundheitserhaltung und Individualisierung der Arbeitsplätze für Menschen entwickeln.

Und zwar muss man die Leistung eines jeden Einzelnen – unabhängig von Ausbildung, Alter, Unternehmenszugehörigkeit oder Herkunft – zum zentralen Kriterium machen. Der Jüngere versucht, zum Beispiel kreativ mit sehr modernen Arbeitsmitteln und Fleiß sein Ziel zu erreichen, der eher Ältere über bewährte Strategien und langjährige Erfahrung. NEUMÜLLER versucht, beide im Team gleichzustellen und mit ähnlichen Positionen zu versehen, und so von den jeweiligen vorteilhaften Arbeitsweisen insgesamt in der Leistung zu profitieren.

Für große Konzerne hingegen ist eine solche Leistungsorientierung eher schwieriger und eine größere Herausforderung. Große Unternehmen leben in einer eher starren Tarifstruktur, in der das Alter, die Berufsjahre und Jahre der Zugehörigkeit zusätzlich auch sehr wesentlich sind. Vermutlich kann man auch dort über intelligentes und leistungsorientiertes Gruppenmanagement und Stärkung kleinerer Einheiten zusätzlich viel erreichen.

Dabei wird die Individualisierung der Anreizsysteme zunehmend wichtiger. Große Firmen sind sicher gut beraten, wenn sie Leistung besser und die Art des Weiterkommens ihrer Spitzenkräfte honorieren. Kleinere Firmen müssen sicher mehr Möglichkeiten zur Fort- und Weiterbildung ihrer Beschäftigten schaffen und versuchen nötige

Leistungsspitzen zu reduzieren. Alle Beteiligten müssen sich der personellen Herausforderung stellen und überlegen, wie sie intelligenter die Motivation und Leistungsfähigkeit ihrer Mitarbeiter erhalten und je nach Möglichkeit erhöhen. Alle müssen überlegen, wie es den Menschen – ihren Mitarbeitern und Mitarbeiterinnen – individuell gut geht!

1.3.1 Gleichbehandlung als Selbstverständnis

Frauen erhalten seltener als Männer „Hot Jobs", die mit mehr Geld, mehr Personalverantwortung und schnelleren Aufstiegsmöglichkeiten verbunden sind, weil ihnen weniger zugetraut wird und/oder weil sie die dafür angeblich notwendigen Bedingungen nicht erfüllen können.

Vielleicht, weil den Entscheidern dabei ihr „Frauenbild in die Quere" (Edding 2016, S. 26) kommt, schreibt Cornelia Edding in ihrem Buch „Herausforderung Karriere", in dem sie sich mit Strategien für Frauen auf dem Weg „nach oben" beschäftigt.

Verwiesen wird hier auch auf verschiedene bekannte Initiativen, die die ungleiche Arbeitssituation verändern sollen: zum Beispiel mehr Frauen in die MINT-Fächer (Mathematik, Informatik, Naturwissenschaften, Technik) zu „locken" oder mit Veranstaltungen wie dem „Girl's Day", um Frauen an „Männerberufe" heranzuführen. Eddings Ergebnis ist allerdings ernüchternd, da sich die Unterschiede nur langsam annähern.

Ein Grund dafür ist nach Ansicht der Managementexpertin, dass sich die geschlechtsspezifische Teilung des Arbeitsmarktes unternehmensintern fortsetzt, weil es hier nicht nur eine vertikale Arbeitsteilung (Männer oben, Frauen unten) gibt, sondern auch eine horizontale:

So würden sich in Arbeitsbereichen wie Personal und Verwaltung Frauen „sammeln" und in anderen die Männer, die in technischen Bereichen eine „organische Allianz" (Edding 2016, S. 17) bilden, in der das Weibliche den Kontrast bildet.

Für Technikerinnen sei es schwer, ein Selbstkonzept zu entwickeln, das Beruf und Weiblichkeitsvorstellungen gut miteinander in Einklang bringt. Viele Technikerinnen sind deshalb häufig nicht so stark mit ihrem Beruf identifiziert wie ihre männlichen Kollegen. Indem sie innerlich Distanz halten, schützen sie sich zwar, aber dies würde auch ihren Erfolg behindern (Edding 2016, S. 17).

Die Frauenquote ist in den MINT-Fächern zwar sehr niedrig, aber bei NEUMÜLLER selbst deutlich höher – angefangen beim Spitzenmanagement (die weibliche und männliche Geschäftsführung haben Regina und Werner Neumüller), über das obere Management (je ein Mann und eine Frau bis zum Mutterschutz) und das mittlere (mehr Frauen als Männer) bis zur Belegschaft, wo der Frauenanteil in den MINT-Fächern etwa doppelt so hoch ist, wie bei den Kunden von NEUMÜLLER (siehe Abb. 2).

Intern werden jene Frauen gefördert und ermutigt, die sich für eine weiterführende Aufgabe interessieren.

Abb. 2 Eine Anzeige der Neumüller Unternehmungen. (Quelle: Neumüller Ingenieurbüro GmbH)

Regelmäßig nimmt das Unternehmen am bundesweiten Boys' & Girls' Day teil – auch mit dem Ziel, die Frauenquote in technischen bzw. die Männerquote in kaufmännischen Berufen zu steigern.

Frauen machen anders Karriere als ihre männlichen Kollegen ... (mehr kollegial, weniger egoistisch). Leider wird das heute vielfach noch immer nicht angemessen gewürdigt. Bei den NEUMÜLLER Unternehmungen ist die Gleichbehandlung von Frauen und Männern selbstverständlich. Alle werden entsprechend ihrer Qualifikationen und Fähigkeiten entlohnt, unabhängig ob Mann oder Frau. https://www.neumueller.org/blog/mutter-in-teilzeit-konstanze-sterzel-spricht-ueber-familie-und-beruf/, Abruf: 20.9.2020

Es wird familienverträgliche Teilzeitarbeit für Mütter angeboten, Teams von Voll- und Teilzeit-MA garantieren gegenseitige Vertretung, Aufgaben werden nach Absprache familienfreundlich umorganisiert (Homeoffice etc.).

Zusätzlich wird über Work Life Efficiency berufliche Entwicklung, familiäre Verpflichtungen und persönlich Nötiges verstärkt in Einklang gebracht. Somit entstehen nicht nur zusätzliche berufliche Erfolgserlebnisse, sondern es wird auch das persönliche Wohlbefinden gefördert, das sich sicher wieder auf das Wohlergehen in familiärer Hinsicht positiv auswirkt.

Das Unternehmen macht den Mitarbeitern Angebote, mehr Geld für mehr oder bessere Leistung zu verdienen, ohne sie mit Nachdruck dazu anzuhalten. Jeder kann so größtenteils auf seinen Verdienst und seine berufliche Weiterentwicklung und zukünftige Position im Unternehmen absolut selbstbestimmt und persönlich Einfluss nehmen. Einige entscheiden sich für ein jeweiliges Mehr und arbeiten engagiert darauf hin, andere definieren sich aus Werten außerhalb des Beruflichen und entscheiden sich für mehr Freizeit. Auf jedem Fall aber steigt so die Zufriedenheit aller zum Wohl des Unternehmens.

1.4   Arbeitsweisen und Prozesse

Die kommunizierten Vorteile der Arbeitnehmerüberlassung mit Übernahmeoption auch in Bezug auf Akademiker und Ingenieure, zum Beispiel auf Personalmarketingforen, lassen sich vor allem auf den guten Ruf des Unternehmens zurückführen, aber auch auf die nachhaltigen und absolut ehrlichen Arbeitsweisen:

Die Umsetzung erfolgt durch hochengagierte und hochmotivierte Mitarbeiter, die geübt sind im Umgang mit möglichst vielen/allen Beschaffungskanälen und Tools (unter anderem Monster machen wir nicht mehr, eher Indeed oder Stepstone, XING, Facebook).

Die Kandidaten werden bereits sehr frühzeitig, zum Beispiel an den Hochschulen, „abgeholt" oder sehr zeitintensiv gesucht, identifiziert, kontaktiert und über spezifische Angebote in vakante Einstiegsstellen vermittelt. Bei der Arbeitnehmerüberlassung mit Übernahme sind die Kosten für die Rekrutierungsunterstützung in den Kunden-Stundensätzen/Leasingkosten enthalten. Es gibt keine separate „Personal-Vermittlungsrechnung".

Der Kunde erhält relativ schnell immer mehr und unter Umständen qualitativ bessere Kandidaten (zum Teil Out-Performer). Die Bewerber erhalten relativ zeitnah immer mehr und unter Umständen bessere Stellenangebote (zum Teil echte Chancen).

Während der Arbeitnehmerüberlassung zahlt „NEUMÜLLER Ingenieurbüro" je nach Qualifikation auch übertariflich. „Es muss einfach fair zugehen, und man muss von seinem Verdienst auskömmlich leben können" (nordbayern.de 2013).

Seit 1. April 2010 sind die NEUMÜLLER Unternehmungen nach DIN ISO 9001 zertifiziert und wurden regelmäßig rezertifiziert. Die ISO 9001 legt die Anforderungen an ein Qualitätsmanagementsystem fest, die von Unternehmen umzusetzen sind, um die Kundenanforderungen sowie weitere Anforderungen an die Produkt- bzw. Dienstleistungsqualität zu erfüllen.

Ein wesentlicher Grundsatz der ISO 9001 ist dabei die Prozessorientierung. Ein prozessorientiertes QM-System begleitet alle wesentlichen betrieblichen Prozesse und stellt diese stetig zur weiteren Optimierung auf den Prüfstand – zum Beispiel über Verfahren des Kontinuierlichen Verbesserungsprozesses (KVP).

1.5   Ausbildungsoffensiven

Ekkehard D. Schulz, selbst Ingenieur und bis 2011 Vorstandsvorsitzender der Thyssen-Krupp AG veröffentlichte 2010 sein Buch „55 Gründe Ingenieur zu werden". Schon damals spürte er die Auswirkungen des Fachkräftemangels und setzte sich deshalb verstärkt für die Ingenieurswissenschaften ein.

Er beschreibt die weltweiten Errungenschaften und Tätigkeiten der Ingenieure. Technik braucht seiner Ansicht nach Begeisterung, Köpfe, Unternehmertum, Werkstoffe, Beharrlichkeit und Menschen.

Zudem räumt er mit gängigen Klischees auf, zu denen beispielsweise gehört, dass Ingenieure und Techniker lebensfremde Eigenbrötler wären, ausschließlich Sport und Autos lieben und Karohemden tragen.

Schulz setzt hier folgende Aspekte entgegen: Ingenieure

… sind zupackend und pragmatisch.

… haben eine andere Sicht auf die Welt.

… sind an Details und am Kleinen ebenso interessiert wie am großen Ganzen.

… schätzen die Vielseitigkeit und Entwicklungsmöglichkeiten ihres Berufs.

Vor allem betont Schulz das Nachhaltige und Sinnstiftende, „denn man schafft – wie zum Beispiel im Fall einer Brücke – etwas Sichtbares und Bleibendes, das noch Jahre später besichtigt werden kann" (Meißner 2015).

Wie finden Studenten das Ingenieurstudium? Was erwarten die Arbeitgeber von den Absolventen? Diesen Fragen widmet sich auch die Studie „15 Jahre Bologna-Reform. Quo vadis Ingenieursausbildung?", die der Verband Deutscher Ingenieure (VDI) im April 2016 zusammen mit der Stiftung Mercator veröffentlicht hat (vgl. VDI und Stiftung Mercator 2016).

Das Ergebnis: Bologna hat der Ausbildung nicht geschadet. Die Studie zeigt, dass Führungskräfte lieber Bachelorabsolventen einer Fachhochschule als einer Universität einstellen. Beim Master ist es umgekehrt: „Breit angelegte Studiengänge ziehen die Arbeitgeber spezialisierteren vor."

Die Praxiserfahrung ist eine der größten Schwachstellen der ingenieurwissenschaftlichen Studiengänge: Nicht nur Studenten bemängeln zu wenig praktische Erfahrungen im Studium, sondern auch Absolventen und Führungskräfte.

Um die Probleme gemeinsam zu lösen, sollten Unternehmen ihre Verbindung zu den Universitäten und Fachhochschulen vertiefen. „An den Studenten sei es indessen, schon während des Studiums mehr Praxiserfahrung zu sammeln" (Lübke 2016, S. 70).

Hier setzen die NEUMÜLLER Unternehmungen an:

Innerhalb der Unternehmensgruppe werden regelmäßig Praktikumsplätze vergeben. Stipendien wurden an zukünftige Hochschulabsolventen vergeben (geschlechtsunabhängig und ausschließlich anhand von vorher festgelegten unter anderem sozial orientierten Merkmalen). Die NEUMÜLLER Unternehmensgruppe arbeitet kontinuierlich an der Schaffung von zusätzlichen Ausbildungsplätzen:

Intern absolvieren aktuell fünf Auszubildende (Stand: September 2020) ihre Berufsausbildung. Ausgewählt wurden die Auszubildenden anhand ihrer Bewerbungsunterlagen und persönlicher Bewerbungsgespräche.

Seit dem Wintersemester 2011 bilden die NEUMÜLLER Unternehmungen duale Studenten der Fachrichtung Dienstleistungs-/Personalmanagement als zukünftige Leistungsträger aus. Die ehemalige Berufsakademie in Mosbach ist heute ein Standort der staatlichen Berufsakademie Baden-Württemberg. „Pro DHBW Mosbach" wurde gegründet, um die Zukunftsentwicklung der Akademie und des dualen Systems zu fördern und für die Wirtschaft zusätzliche Fachkräfte- und Führungsnachwuchs auszubilden.

Als Förderpartner beteiligt sich die NEUMÜLLER-Gruppe an der Finanzierung von Informationsveranstaltungen und Material für Abiturienten, der Gewinnung von zusätzlichen Ausbildungsbetrieben durch die Akademie sowie an Projekten verschiedener Fachbereiche.

Die Bewerber erhalten über die Mitarbeit in anspruchsvollen Projekten bei NEU-MÜLLER die Chance, in renommierte Firmen einzusteigen:

Ein Beispiel für das Potenzial der Rekrutierungsunterstützung von Neumüller: Ein einziger Personalreferent war für ca. 400 Forschungs-/Entwicklungsingenieure verantwortlich. Er hat sich im Bedarfsfall bei der Rekrutierung von externen Personaldienstleistern qualitativ passende Kandidaten empfehlen lassen. Bei Eignung erfolgte die Arbeitsaufnahme kurzfristig über die Arbeitnehmerüberlassung. Nach Ablauf von ca. 18 Monaten wurden diese bei Eignung und nach deren Zustimmung fast ausnahmslos übernommen. Dies mit hoher Entscheidungssicherheit und dadurch mit sehr geringer Folgefluktuation für alle Beteiligten, da sich alle bereits über längere Zeit kennengelernt hatten. Im mittelfristigen Ergebnis wurde der Referent zum Personalleiter, da er alle seine Zielvorgaben äußerst wirtschaftlich erreicht hatte und dies in einem von „War of Talents" geprägten Umfeld der hochqualitativen Vakanzen – der Forschung und Entwicklung!

Vorteile ergeben sich dabei auch für die beteiligten Bewerber von NEUMÜLLER:

Gelegenheit zur kurzfristigen direkten Mitarbeit in anspruchsvollen Projekten mit anschließender Gelegenheit zur Übernahme durch den Kunden („Einstieg durch die Hintertür").

Gerne werden die Kandidaten auf deren Wunsch an unterschiedliche passende Kundenunternehmen empfohlen und möglichst dort auch persönlich vorgestellt.

NEUMÜLLER versucht Coach und auch Förderer zu sein, während der Zeit der Zusammenarbeit, zum Beispiel in Bezug auf den richtigen Auftritt beim Bewerbungsgespräch oder bei zukünftigen Karriereoptionen.

Die Bewerber von NEUMÜLLER erhalten durch direkte Vorstellungen in den Fachabteilungen der Kunden die Mitarbeit in anspruchsvollen Projekten bei NEUMÜLLER die Chance, in renommierte Firmen einzusteigen.

2 Ökologie

Zu den Zielen des Umweltmanagements gehören bei den NEUMÜLLER Unternehmungen unter anderem die strikte Einhaltung sämtlicher umweltschutzrelevanter rechtlicher Vorgaben und Vorschriften, die Stärkung des Bewusstseins bzw. der Verantwortung der Mitarbeiter gegenüber der Umwelt und die Minimierung bzw. Meidung von sich auf die Umwelt negativ auswirkenden Geschäftstätigkeiten (Unternehmen NEUMÜLLER o. J.b).

Ausgewählte Umweltschutzmaßnahmen:

- 50–75 % der vom Unternehmen beschafften Arbeitsmittel und Ausstattung unterliegen einer umweltfreundlichen Beschaffung
- Verwendung von Umweltpapier
- Mülltrennung
- Verlagerung auf umweltfreundliche Verkehrsmittel (zum Beispiel bei Dienstreisen)
- Einsatz von energiesparenden möglichst neuen Elektrogeräten, Computern und Fahrzeugen
- mitarbeiterbezogene Maßnahmen (zum Beispiel aktuell Teilnahme an der Aktion „mit dem Rad zur Arbeit")
- zusätzlich zeitgesteuerte Heizkörperthermostate

3 Soziales & Partizipation

3.1 Nachhaltiges Recruiting in der Gesundheits- und Krankenpflege

Schon heute gibt es zu wenig Pflegekräfte. Das Problem wird sich in den nächsten Jahren noch verschärfen, weil immer mehr Menschen gepflegt werden müssen. Um einen Kollaps zu verhindern, muss der Pflegeberuf attraktiver werden. Dazu gehört nicht nur eine faire Bezahlung, denn nicht selten werden Pflegekräfte krank durch Arbeitsverdichtung, schlecht planbare Dienste, Überlastung und Dauerstress. Krankheitsbedingte Ausfälle kommen dann gehäuft vor. Keine gute Voraussetzung, um professionelle Leistungen zu erbringen. Nach meiner Meinung und Erfahrung muss und kann der Fachkräftemangel nicht nur mit monetären Ansätzen gelöst werden. Den Fach- und Pflegkräften muss vor allem mehr Wertschätzung, Anerkennung und Zuverlässigkeit entgegengebracht werden. Nahezu alle Interessierten sind sich der Vergütung in ihrem Wunschberuf in und nach der Ausbildung bewusst und entscheiden sich genau dafür.

Wenn dann aber aus Gründen des Personalmangels oder aus Kostendruck viele Planungen bezüglich der Arbeitsschichten und freien Wochenenden nicht eingehalten werden, ein tatsächlicher Freizeitausgleich für geleistete Überstunden nicht erfolgen kann oder nicht ausreichend Zeit zur eigentlichen Arbeit, der Pflege von Patienten und Menschen bleibt, dann entsteht große Unzufriedenheit. Sehr schwer zu ertragen ist das alles für Elternteile oder Ehepartner. Wie soll so das gemeinsame Leben organisiert und realisiert werden, wenn vieles nicht verlässlich ist? Für viele Menschen aus dem Pflegebereich dauerhaft unerträglich und mündet letztlich in berufliche Veränderungsbestrebungen.

Unser Geschäftsfokus lag bislang auf qualifiziertem Personal wie Ingenieuren/-innen. Den Bereich Pflege und Gesundheit betrachten wir als Anschlussmarkt. Wir möchten dazu beitragen, dass Ärzte und qualifizierte Pflegekräfte in der ambulanten und stationären Versorgung möglichst flächendeckend gut behandelt und fair bezahlt werden.

Dazu gehört auch eine entsprechende Würdigung ihrer Arbeit. Früher oder später werden wir ihre Hilfe nämlich alle brauchen. Es geht uns vor allem um gute Behandlung und faire Bezahlung. Wir fragen beispielsweise, was ihnen wichtig ist und versuchen dann, ihre Wünsche und Bedürfnisse zu berücksichtigen und umzusetzen. Dazu gehören etwa familienfreundliche Schichten für Alleinerziehende, höhere Bezahlungen für Jüngere oder persönliche Wertschätzung.

Kliniken und Pflegeheime können durch unseren Ansatz das eigene Personal entlasten oder dort, wo akuter Mangel herrscht, etwa wegen Krankheiten, Ersatz flexibel einsetzen – auch für Schichten am Wochenende. Zudem ist es nicht notwendig, zusätzliche Planstellen einzurichten. Die sehr rasch voranschreitende demografische Veränderung erfordert, dass sämtliche Themen vernetzt angegangen werden müssen. Denn nur wer die Rahmenentwicklung kennt, kann auch fachlich wie strategisch sinnvoll agieren. Vor diesem Hintergrund wurde 2019 die Firma consil med gmbh als Teil der Firmen NEU-MÜLLER gegründet, die Pflegepersonal und Ärzte an Top-Unternehmen in der Gesundheitsbranche vermittelt und überlässt.

3.2 Unternehmenskultur im Wandel

Die Firmenkultur ist in Zeiten des demografischen Wandels von besonderer Bedeutung. Sie zu pflegen und dafür Sorge zu tragen, dass sie mit der Kultur der Leistung, Professionalität und Effektivität der Organisation übereinstimmt und zu deren Funktionieren beiträgt, ist eine der wichtigsten Managementaufgaben der Zukunft.

Hintergrund: Bis 2030 wird die Zahl der Schulabgänger um 25 % sinken und die Zahl der „Rentenabgänger" steigen (Wirtschaft konkret 2016, S. 20). Immer mehr Unternehmen bemühen sich um Familienfreundlichkeit, wollen gutes Personal halten und befürchten den Fachkräftemangel.

All das hat Einfluss auf die Unternehmenskultur, die sich nicht vollständig steuern lässt und betriebswirtschaftlichen Entscheidungen nicht zuwiderlaufen darf. Denn jeder Mensch bringt persönliche Überzeugungen, Normen und Wertvorstellungen aus der Kultur ein, in der er aufgewachsen ist (Mikrokulturen).

Zu den zentralen Kulturbestandteilen, die nicht verordnet, sondern nur von innen gelebt werden können, gehören Wertschätzung, Offenheit, Zuverlässigkeit und Mitbestimmung.

Dafür braucht es eine effektive Entscheidungskultur und Rahmenbedingungen, innerhalb derer Mitarbeiter und Führungskräfte ihr Handeln als sinnvoll erachten.

Vor diesem Hintergrund hat sich die NEUMÜLLER Unternehmensgruppe entschieden, im Oktober 2014 die Charta der Vielfalt zu unterzeichnen. Bundeskanzlerin Dr. Angela Merkel ist Schirmherrin der Unternehmensinitiative zur Förderung von Vielfalt in Unternehmen und Institutionen, die von der Beauftragten der Bundesregierung für Migration, Flüchtlinge und Integration, Aydan Özoğuz, unterstützt wird.

3.3　Messbarkeit

Mit wachsender Bedeutung der Unternehmenskultur wächst auch das Bedürfnis, sie zu messen. Das unabhängige Great-Place-to-Work-Institut® verfügt nach eigenen Angaben über eine der größten und aktuellsten Mitarbeiterbefragungsdatenbanken weltweit, auch steht eine Best-Practice-Datenbank zur Verfügung, um den Unternehmen weitere Impulse für eine nachhaltige Kulturarbeit zu geben.

In Deutschland führen jährlich über 600 Unternehmen aller Branchen, Größen und Regionen eine umfangreiche Great-Place-to-Work-Mitarbeiterbefragung durch, welche die Arbeitsplatzqualität misst sowie Stärken und Schwächen aufdeckt.

Im Fokus stehen zentrale Arbeitsplatzthemen wie Vertrauen in das Management, Qualität der Zusammenarbeit, Identifikation mit der Arbeit und dem Unternehmen insgesamt, berufliche Entwicklungsmöglichkeiten, Vergütung, Gesundheitsförderung und Work-Life-Balance.

Zudem wird die Qualität der Maßnahmen der Personal- und Führungsarbeit in den Betrieben bewertet. Die Ermittlung basiert auf zwei Messinstrumenten: Trust-Index-Mitarbeiterbefragung und Kultur-Audit.

Der Trust-Index-Fragebogen besteht aus international vergleichbaren und länderspezifischen Statements, die mit einer fünfstufigen Skala bewertet werden. Die Statements lassen sich den fünf Dimensionen des sogenannten Great-Place-to-Work-Modells zuordnen. Diese setzen sich aus Glaubwürdigkeit, Respekt, Fairness, Stolz und Teamgeist zusammen. Im Fokus der Befragung steht die Messung von Vertrauen, das die Mitarbeiter bei ihrer Arbeit empfinden.

Im Kultur-Audit werden zum einen demografische Personaldaten sowie allgemeine Informationen über das Unternehmen erhoben, zum anderen werden offene Fragen zu relevanten Aspekten der Personalarbeit gestellt, die eine erfolgreiche Arbeitsplatzkultur ausmachen.

Das NEUMÜLLER Ingenieurbüro wurde im Dezember 2019 erneut von Great Place To Work zertifiziert. „Gute Arbeitgeber haben eines gemeinsam", sagt Sebastian Diefenbach, Leiter Kundenberatung bei Great Place to Work®, „sie engagieren sich für eine glaubwürdige, faire Führung und die aktive Förderung der Mitarbeitenden. Respekt, Vertrauen und Teamgeist sind in hohem Maße Teil der Unternehmenskultur." (https://www.neumueller.org/mitteilungen/2019/neumueller-ingenieurbuero-zaehlt-zu-deutschlands-besten-arbeitgebern/) Zugriff: 20.9.2020

3.4　Beitrag zum Gemeinwohl

Zum Nachhaltigkeits- und Unternehmensverständnis von Neumüller gehört auch, in die Ausgestaltung der Gesellschaft, in die Märkte bzw. Standorte zu investieren, in denen seine Firma tätig ist. Er zählt zu den über 90 % aller Unternehmen in Deutschland, die sich für Gemeinwohlzwecke engagieren und persönlich erhebliche Mittel für soziale und kulturelle Zwecke zur Verfügung stellen.

Seit der Firmengründung werden karitative und soziale Projekte unterstützt sowie Ausbildung, Bildung, Wissenschaft, Kultur und Sport gefördert. Beispielsweise wird ein Teil der jährlichen Unternehmenserträge zum Aufbau einer gemeinnützigen Stiftung, der Consilatio-Stiftung, verwendet.

Der Stiftungszweck ist der Erhalt und die Förderung der Gesundheit von Kindern und deren Ausbildung.

In den Jahren 2015 und 2016 wurden Schulbauten in Indien und auf den Philippen der Reiner-Meutsch-Stiftung FLY & HELP unterstützt.

Von 1989 bis Juni 2009 war Reiner Meutsch Geschäftsführender Gesellschafter des Reisedirektanbieters Berge & Meer Touristik GmbH. Seinen lebenslangen Wunsch, die Welt mit dem eigenen Flugzeug zu umrunden, erfüllte er sich zehn Monate lang im Jahr 2010.

Im Zusammenhang mit seiner Weltumrundung gründete er im Juni 2009 die „Reiner-Meutsch-Stiftung FLY & HELP", die gezielte und nachhaltig betreute Bildungsprojekte für Kinder in Entwicklungsländern finanziert.

In den letzten sechs Jahren konnten insgesamt mit einem Fördervolumen von ca. 3 Mio. Euro über 90 Schulprojekte umgesetzt werden. Durch die neuen Gebäude wird vielen Tausenden Kindern in Afrika, Asien und Lateinamerika der Schulbesuch ermöglicht und der Grundstein für eine selbstbestimmte Zukunft gelegt.

Für 2016 sind weitere 30 Projekte geplant. Alle Spendengelder fließen 1:1 in die Projekte, da Meutsch alle Kosten der Stiftung privat trägt bzw. diese durch Sponsoren finanziert werden.

Wie Reiner Meutsch ist auch Werner Neumüller ein Gesicht der Nachhaltigkeit, dem das globale Engagement genauso am Herzen liegt wie das lokale.

Außergewöhnlich dabei ist die Unterstützung und Engagement der Mitarbeiter und Mitarbeiterinnen von NEUMÜLLER – sowohl in Form von Spenden als auch in Form von zeitlichem Einsatz in regionalen Sozial Days (zum Beispiel bei Obdachlosen).

Mitarbeiter und Führungskräfte möchten wirksam an einer sozialen Bewegung teilhaben, die über den eigenen Umkreis hinausreicht. Das betrifft in besonderer Weise mittlerweile auch verstärkt die jüngeren Mitarbeiter, wie die Ergebnisse des Greenpeace Nachhaltigkeitsbarometer 2015 (Greenpeace 2016) bestätigen.

In den Jahren Auch im Juli 2019, dort waren es 21 interne Mitarbeiter haben sich 15 interne Mitarbeiter von NEUMÜLLER in der Knochenmarkspenderdatei registrieren lassen. Das Unternehmen hat die Kosten für die Registrierung als Spende übernommen und zusätzlichen Mitarbeitern Gelegenheit zur Registrierung angeboten. Davon haben weitere 30 das Angebot angenommen. Zwei Mitarbeiter haben im Zeitraum von zwölf Monaten eine Knochenmarkspende abgegeben, da eine Übereinstimmung zu Patienten vorhanden war. So konnte dazu beigetragen werden, hoffentlich zwei Leben zu retten oder zumindest die Chance dazu deutlich zu erhöhen. Selbstverständlich wurde auch hier der Lohnausfall für die Spendenzeit von NEUMÜLLER als Spende übernommen.

Gemeinwohlbelange waren und sind für die Unternehmen NEUMÜLLER immer selbstverständlich und werden auch zunehmend immer wichtiger.

Die Kulturförderung ist dabei ebenso selbstverständlich wie soziales Engagement. Unterstützt wurden im März 2020 beispielsweise Ärzte ohne Grenzen, zuvor wurden auch Kinderpatenschaften bei World Vision und SOS Kinderdorf, aber auch regionale Organisationen wie „Tröster Teddys", die Aktion Schutzbengel der Rummelsberger Diakonie, die Consilatio Stiftung, die Stiftung Kinder in Not, die Reiner-Meutsch-Stiftung, die Emanuel-Wöhrl-Stiftung sowie Kindergärten und Krankenhäuser im Raum Nürnberg.

Die in mehrere Bereiche aufgeteilten Spenden unterliegen keinem Gießkannenprinzip, sondern sind in dieser unterschiedlichen regelmäßigen Verteilung beabsichtigt. Es geht um die Notwendigkeit der Unterstützung im Ganzen – nicht um persönliche Betroffenheit im Kleinen.

Sport kann aufgrund seiner kulturellen Dynamik, seiner integrativen Kraft und sinnstiftenden Funktion mit dazu beitragen, Impulse für eine nachhaltige Entwicklung liefern. Das Sankt Paul „Haus der Athleten" in Nürnberg bietet jungen Nachwuchstalenten im Leistungssport ein pädagogisch begleitetes Wohnen in gemeinschaftlicher Atmosphäre.

Trainer, Sozialpädagogen und Erzieher gewährleisten eine individuelle Betreuung der jungen Sportler, die in den unterschiedlichen Sportarten aktiv sind.

Sie begleiten die Jugendlichen in sportlicher und medizinischer Hinsicht, leisten Hilfestellung für Schule und Ausbildung und stehen ihnen auch am Wochenende sowie in den Ferien für Fragen zur Verfügung. Außerdem arbeitet das Internat mit den Sportmedizinern der Universität Erlangen-Nürnberg zusammen.

Gerade in jungen Jahren ist es für Sportler oft finanziell schwierig, weil das Training teuer ist und sie neben dem Sport oft nicht arbeiten können. Bis die ersten großen Erfolge eintreten, kann es lange dauern. Gerade in dieser Phase braucht es Sponsoren.

Neumüller ist „Gold-Sponsor" der Initiative „Junge Leidenschaft", die der 1. FCN und IHK-Präsident Dirk von Vopelius ins Leben gerufen haben. Für die Bundestagsabgeordnete Dagmar Wöhrl, die sich als Kuratoriumsvorsitzende für Sankt Paul „Haus der Athleten" engagiert, bedeutet „Junge Leidenschaft", wenn „aus Disziplin Hingabe" (Wöhrl 2012) wird – ein Begriff, der im Nachhaltigkeitskontext immer wichtiger wird.

Mit diesem Engagement sollen auch alle anderen Unternehmer, die in der Region verwurzelt sind, motiviert werden, denn man kann nicht „immer nur jammern oder die Standortvorteile nutzen". Es ist auch wichtig, vor Ort Verantwortung zu übernehmen und zu handeln.

Ein solches Engagement bietet Unternehmen Zugang zu leistungsorientierten jungen Menschen, stellt engen Kontakt zu werbewirksamen Sportlern von morgen her und strahlt besonders auf junge Menschen im eigenen Unternehmen aus.

Die Neumüller Unternehmensgruppe bietet jungen Nachwuchssportlern in Sankt Paul auch Ausbildungsplätze an, die sich in den sportlichen Alltag integrieren lassen.

Ein wichtiger Partner des Haus der Athleten ist der 1. FCN mit seinem Nachwuchs-Leistungszentrum (NLZ) (1. FCN o. J.). Der 1. FCN liegt Werner Neumüller besonders am Herzen, weil „der Club zu Nürnberg gehört wie die ‚Drei im Weckla', die Fans den

Club brauchen und es nicht nur in München einen Erstligaverein geben darf" (Unternehmen NEUMÜLLER o. J.c).

Auch Fußballclubs leisten einen Gemeinwohlbeitrag. Im Gemeinwohl-Atlas 2015 schlagen Borussia Dortmund und Bayer 04 Leverkusen den FC Bayern München! Ein solches Ergebnis ist in der Bundesliga undenkbar. Und auch hier polarisiert der FC Bayern von allen Clubs am stärksten.

„Während der Verein im Kerngeschäft die beste Arbeit leistet, wird er jedoch abgestraft, wenn es um die Bewertung von Anstand und Moral geht. Dies zeigt nicht nur die differenzierte Betrachtung des Gemeinwohlbeitrags durch die Befragten, sondern auch, dass eine Gemeinwohlverträglichkeit auch im Hinblick auf Bundesliga-Vereine als bedeutsam eingestuft wird".

Im Sport werden Ideale gelebt: Teamgeist, Gemeinschaft, Leistung – junge Leidenschaft. Genau diese Vorbilder benötigen wir heute in unserer Gesellschaft und gerade diese zielorientierten Jugendlichen müssen unterstützt werden. Champions und Siegertypen tun Franken und unserem Selbstverständnis gut.

Damit haben im Sport genauso wie im richtigen Leben die Leitsätze von NEUMÜLLER ihre Berechtigung und Gültigkeit:

„Schaffe, net schwätze!"
Mit Taten überzeugen.
„AGIEREN!" – NICHT nur immer reagieren.
KONZENTRIEREN: auf das AKTUELLE und den Moment.
„Immer positiv": optimistisch, fair und freundlich bleiben.
„Sein Bestes geben!" NIE aufgeben! – und alles wird irgendwann gut!
„Verantwortung annehmen": für sich und seine Ergebnisse SELBER und PERSÖNLICH verantwortlich sein!

Literatur

Assfalg U (2014) Steter Feldzug gegen das schlechte Image. Nürnberger Nachrichten
Edding C (2016) Herausforderung Karriere. Strategien für Frauen auf dem Weg nach oben. Carl-Auer-Systeme Verlag und Verlagsbuchhandlung, Heidelberg
1. FCN (o. J.) www.fcn.de/nachwuchs/nachwuchsleistungszentrum, Zugegriffen: 24. Jan. 2017
Greenpeace (2016) http://www.greenpeace.de/Nachhaltigkeitsbarometer-2015. Zugegriffen: 24. Jan. 2017
Hoffmeyer M (2016) Generalist gesucht. Süddeutsche Zeitung, 23./24. Apr. 2016, S 67
Lübke F (2016) Wie steht es um den Ingenieurnachwuchs? Die Zeit, 14. Apr. 2016, S 70
Meißner Ch (2015) 10 Gründe Ingenieur zu werden. https://allmaxx.de/magazin-uniglobale/global-village/10-gruende-ingenieur-zu-werden. Zugegriffen: 24. Jan. 2017
nordbayern.de (2013) Der schwere erste Schritt ins Berufsleben. Nürnberger Zeitarbeitsfirma hilft jungen Ingenieuren
Unternehmen Neumüller (o. J.a) https://www.neumueller.org/ und https://www.neumueller.org/mediacenter-filme.html. Zugegriffen: 24. Jan. 2017

Unternehmen Neumüller (o. J.b) https://www.neumueller.org/nachhaltiges_engagement.html. Zugegriffen: 24. Jan. 2017

Unternehmen Neumüller (o. J.c) http://www.neumueller.org/tl_files/docs/presse/Business-Newsletter-1FCN.pdf, Zugegriffen: 24. Jan. 2017

VDI, Stiftung Mercator (2016) 15 Jahre Bologna-Reform. Quo vadis Ingenieursausbildung?

Wirtschaft konkret (2016) Wirtschaft konkret/IHK-Magazin Regensburg/WIKO. 1/2016, S 20

Wöhrl (2012) http://www.dagmar-woehrl.de/standpunkt/statements/unterstutze-nachwuchsleistungssport-in-franken-fcn/. Zugegriffen: 24. Jan. 2017

Werner Neumüller
(Fotocredit: Anna Seibel)

Werner Neumüller, Jahrgang 1965, ist verheiratet und Vater von drei Kindern. Nach der Schule, Berufsausbildung und Fachabitur studierte er Maschinenbau an der Fachhochschule Regensburg. Nach Auslandspraktikum, Werkstudententätigkeit und erster Berufserfahrung bei Aktiengesellschaften wechselte er nach fünf Jahren zur Herberg Ingenieurbüro GmbH in die Personaldienstleistung. Nach weiteren fünf Jahren erfolgte 2003 die Gründung der ersten Unternehmungen der heutigen Neumüller-Gruppe in Nürnberg. Ende 2019 wurde die „consil-med GmbH Ärzte Pflegefachkraft Vermittlung" gegründet. Aktuell beschäftigt Neumüller mehr als 300 Mitarbeiter an fünf Standorten. Kerngeschäft ist die Rekrutierungsunterstützung über die Personaldienstleistung v. a. im akademischen und medizinischen Umfeld. Für die außergewöhnliche Arbeitsweise wurde Neumüller vielfach in Form von Staats-, Kunden-, Mittelstandspreisen und Ehrungen ausgezeichnet. Das Unternehmen gehört zu den Gründungsmitgliedern von Ethics in Business – der Werte-Allianz des Mittelstands (seit 2012). Fachbeiträge bei Springer Gabler: Das resiliente Unternehmen im Mittelstand. Am Beispiel der Neumüller Unternehmensgruppe. In: Zukunftsvision Deutschland. Innovation für Fortschritt und Wohlstand. Hg. Marion A. Weissenberger-Eibl. SpringerGabler Verlag, Berlin Heidelberg 2019, S. 97–111; Mobilität in der dritten Dimension. Wie Flugtaxis und vernetzte Infrastrukturen Verkehrsprobleme der Zukunft lösen. In: CSR und Energiewirtschaft. Hg. von Alexandra Hildebrandt und Werner Landhäußer. 2. Auflage, SpringerGabler Verlag. Heidelberg, Berlin 2019, S. 357–364; Sport und Gesundheitsmanagement – eine Notwendigkeit in Zeiten des demografischen Wandels. Am Beispiel der Neumüller Unternehmensgruppe. In: CSR und Sportmanagement. Jenseits von Sieg und Niederlage: Sport als gesellschaftliche Aufgabe verstehen und umsetzen. Hg. von Alexandra Hildebrandt. 2. Auflage, SpringerGabler Verlag. Heidelberg, Berlin 2019, S. 219–225; Rekrutierungsunterstützung über Personaldienstleistung und Arbeitnehmerüberlassung. Am Beispiel der Neumüller Unternehmensgruppe. In: CSR und Digitalisierung. Der digitale Wandel als Chance und Herausforderung für Wirtschaft und Gesellschaft. Hg. von Alexandra Hildebrandt und Werner Landhäußer. 2. Aufl. Springer Gabler Verlag, Heidelberg Berlin 2020.

Gutes Klima: Warum Unternehmen einen Kompetenzmix aller Generationen brauchen. In: Klimawandel in der Wirtschaft. Warum wir ein Bewusstsein für Dringlichkeit brauchen. Hg. von Alexandra Hildebrandt. SpringerGabler Verlag, Berlin, Heidelberg 2020, S. 115–127. Herausgeberschaft bei Springer Gabler: Visionäre von heute – Gestalter von morgen Inspirationen und Impulse für Unternehmer. Hg. von Alexandra Hildebrandt und Werner Neumüller, Springer Gabler Verlag, Heidelberg Berlin 2018.

Komplexität braucht neue Formen der Zusammenarbeit

Daniela Röcker

Arbeitswelten verändern sich mit zunehmender technischer Digitalisierung und ihrer Auswirkung auf das Zusammenleben und -arbeiten. Sie werden komplexer, dezentraler, weniger planbar und unverbindlicher. Feste Arbeitsplätze wandeln sich hin zu flexiblen Modellen, die zwischen Lebensarbeitszeitkonten und freiberuflicher Projektarbeit oszillieren. Führungsstile wandeln sich von linear-hierarchisch hin zu moderativ-partnerschaftlich. Prozesshandbücher verschwinden mit der Implementierung agiler Methoden. Sogenannte Generationen Y und Z stellen das sinnhafte Arbeiten vor den „9 to 5-Job" und sind wenig bereit, sich in feste Hierarchien einzufügen. Schätzungen zufolge wird ein Mensch, der im Jahre 2000 ins Berufsleben eingetreten ist, im Laufe seines Lebens 12–15-mal die Arbeitsstelle wechseln. Was bewirkt Digitalisierung im CSR-Kontext? Ist die Stelle eines/einer CSR-Managers/-Managerin, CSR-Beauftragten oder eine fest geplante CSR-Strategie noch zeitgemäß? Muss auch CSR sich den veränderten Arbeitsumgebungen und den Ansprüchen an Arbeit anpassen?

Nur ein Teil der Unternehmen in Deutschland vollzieht den allerorten propagierten Wandel in Richtung neuer Arbeitswelt wirklich aktiv. In vielen Unternehmen, oft im wirtschaftlich gut etablierten Mittelstand oder in KMU, verändert sich noch wenig. Unternehmen, die agil und demokratisch aufgestellt sind, stellen aktuell noch die Minderheit. Mit zunehmender Vernetzung dieser Akteure und Verbreitung ihrer Ideen und Visionen in Kombination mit der zunehmenden Bereitschaft, selbst Unternehmen zu gründen, darf man jedoch davon ausgehen, dass diese Entwicklung auch bisher streng hierarchisch aufgestellte und prozessverhaftete Unternehmen erreicht und diese in wirtschaftlichen Zugzwang bringt.

D. Röcker (✉)
Kultur-Komplizen, Stuttgart, Deutschland
E-Mail: dr@kultur-komplizen.de

© Springer-Verlag GmbH Deutschland, ein Teil von Springer Nature 2021   727
A. Hildebrandt und W. Landhäußer (Hrsg.), *CSR und Digitalisierung,* Management-Reihe Corporate Social Responsibility, https://doi.org/10.1007/978-3-662-61836-3_49

1 Beispiel einer aktuellen Arbeitssituation

Die technische Digitalisierung begleitet uns seit Jahrzehnten und sorgt dafür, dass Informationen in kurzer Zeit einer großen Menge an Akteuren zur Verfügung stehen, die diese kooperativ oder kompetitiv in neue Produkte und Dienstleistungen umwandeln – sowohl auf kommerzieller wie nicht-kommerzieller Ebene. Insbesondere Unternehmen bringen jedoch die Auswirkungen dieser Digitalisierung in wirtschaftlichen Zugzwang – und zwar auf der Beziehungsebene der Akteure untereinander. Um zu verstehen was das bedeutet, möchte ich eine kurze Geschichte erzählen:

Es war eines der zweiwöchentlichen Cradle-to-Cradle-Treffen (siehe http://c2c-ev. de/) unserer Regionalgruppe in Stuttgart. Einer der frischgebackenen jungen Umweltingenieure hatte vor Kurzem bei einer größeren mittelständischen Firma angefangen. Sein Projektteam bestand aus etablierten Ingenieuren, die schon seit Jahrzehnten in der Firma arbeiteten. Während seiner Einarbeitungsphase schilderten sie ihm diverse Probleme, an denen teilweise schon mehrere Jahre gearbeitet wurde. Unser junger Ingenieur empfand die vorgebrachten Äußerungen als Einladung, Abhilfe zu schaffen und beobachtete, analysierte und ersann motiviert – teilweise in seiner Freizeit – Lösungen. Diese präsentierte er irgendwann seinem Team und freute sich auf das Feedback. Er war gerade lange genug in der Firma, um nicht unbedingt mit einer euphorischen Reaktion zu rechnen, hoffte aber wenigstens auf Anerkennung für seine Ideen. Was ihm jedoch entgegenschlug, war Ablehnung und Widerstand. Zunächst versuchten die etablierten Mitarbeiter, ihm technische Fehler aufgrund seiner mangelnden Erfahrung zu unterstellen. Als er diese Aspekte nachweislich ausschließen konnte und niemand mehr technische Mängel finden konnte, konzentrierte sich die Ablehnung auf die bestehenden Arbeitsprozesse. Die müsste man ja für seine Vorschläge ändern und das sei nahezu unmöglich, weil diese Prozesse schon jahrzehntelang praktiziert würden, außerdem hätte man dazu Prozesshandbücher entwickelt und eine Menge Arbeit in diese Entwicklung gesteckt. Daher müsste man sich auch an diese Handbücher halten. Bisher hätte sich auch nie jemand über die Abläufe beklagt. Die Abläufe würden eingehalten und die Einhaltung zeige doch, dass die Prozesse richtig wären. Dummerweise lag der Kern des Problems jedoch genau in dieser unhinterfragten Einhaltung der Abläufe. Um zur Lösung zu kommen, wäre eine Änderung von Arbeitsroutinen und Ablaufprozessen notwendig gewesen. Doch niemand im Team war zur Veränderung bereit, weil nach ihrem Verständnis dafür eine neue Prozessplanung erforderlich gewesen wäre, die viel zu viel Zeit und Kosten verursachen würde. Der junge Kollege schlug vor, doch einfach mal in kleinem Umfang zu experimentieren – ein Vorschlag, der ihn vollends ins Abseits manövrierte. Die Kollegen nahmen ihn noch weniger ernst, weil er ihre Annahmen über Arbeitsabläufe und Prozesse infrage gestellt hatte. In ihrer Vorstellung konnte eine Firma nur erfolgreich sein, wenn Abläufe geplant und eingehalten würden. Experimente waren für sie Ausdruck von Nicht-Können.

Ehemalige Mitarbeiter als Konkurrenten

Sie ahnen, was dieser intelligente junge Mensch machen wird? Aller Voraussicht nach wird er noch eine Weile in diesem Unternehmen versuchen, etwas anzustoßen, seine Ideen einzubringen. Doch mit jeder neuen Abfuhr wird er stiller werden. Er wird nicht aufbegehren und er wird nicht auf Umsetzung seiner Ideen beharren. Er wird einfach gehen. Möglicherweise versucht er es bei einer weiteren Firma. Ein anderes Szenario wäre, dass er erkennt, wie er aus seinen Ideen ein Geschäftsmodell machen kann. Also macht er sich selbstständig. Und wenn er gute Investoren findet, die ihm Gestaltungsfreiraum lassen, wird er irgendwann zum ernsthaften Konkurrenten seiner ehemaligen Firmen – oder trägt mit einer Innovation gar dazu bei, dass langfristig die Produkte/Dienstleistungen dieser Firmen obsolet werden. Weiterhin sorgt er mit der Gründung seines eigenen Unternehmens für ein zusätzliches Dilemma: Er steht einem Unternehmen nicht mehr als Fachkraft zur Verfügung und fördert damit unter anderem auch den vielbeschworenen Fachkräftemangel.

2 Die Lage ist komplex, nicht kompliziert

2.1 Ashby's Law

Kann tatsächlich so ein kleines individuelles Beispiel derart große Auswirkungen für ein Unternehmen haben und wenn ja, warum? Schauen wir uns zunächst die persönliche Ebene an: Seit Jahrzehnten pflegen und fördern wir Individualität als Merkmal und Ausdruck unseres Ichs. Jeder Mensch darf und soll einzigartig sein. In sozialen Netzwerken beruflicher wie privater Natur ist diese Entwicklung gut zu beobachten: Die Person versieht sich nicht nur mit einer virtuellen Gestalt, sondern bringt persönliche Attribute in Form von Kommunikation in die jeweilige Community. Man gibt Kommentare ab, teilt Beiträge, zeigt seine Teilnahme an Veranstaltungen etc. und baut somit eine ganz eigene Performance auf. Die Anerkennung dieser performativen Identität durch die Gemeinschaft (Netzwerk, Community) bedingt das persönliche Engagement. Die digitale Entwicklung hin zu immer mobileren Endgeräten in Kombination mit niedrigeren Netzzugangskosten verschafft immer mehr Menschen diese Möglichkeit des Engagements. Man gelangt schnell an Informationen und knüpft, weitgehend hierarchiefrei, Kontakte. So entstehen immer mehr netzwerkartige Verbindungen, die sowohl zu einem Wissens- und Erfahrungsaustausch führen als auch darüber hinaus neues Wissen generieren. Partizipation hat in diesem Kontext einen hohen Wert und wird wie selbstverständlich eingefordert.

Schauen wir uns auf der anderen Seite die Ebene der Unternehmen an, ist Ähnliches zu beobachten: Die globale Vernetzung fördert den Wissensaustausch. Technischer Fortschritt sorgt für einen breiteren und alternativen Zugang zu Ressourcen. Sind die Zugangskosten zu hoch, entwickeln sich alternative Modelle, zum Beispiel Sharing Economy, Open Source, Commons, Urban Gardening oder Transition-Town-Initiativen.

Mit einem Blick auf amerikanische Start-ups, die in kürzester Zeit höchste Renditen erzielen, ist auch in Deutschland die Gründung von Unternehmen leichter geworden. Gründungen aus dem Hochschulbereich werden mit öffentlichen Geldern gefördert. Wirtschaftsförderungen der Städte, Kammern und Verbände wenden sich verstärkt und offensiv an junge Gründungswillige. Bundesweit gibt es Gründerstammtische, Accelerate-Programme oder Start-up-Förderungen.

Mit dem Selbstverständnis der individuellen Kraft und Wirkung ist es schlichtweg attraktiv geworden, „etwas Eigenes" zu machen – insbesondere für gut ausgebildete Menschen, die um ihren Wert wissen. In diesem Kontext vernetzt sich unser junger Umweltingenieur sehr schnell virtuell mit Gleichgesinnten, die er in diversen weiteren Kontexten real antrifft (im konkreten Fall vielleicht die Cradle-to-Cradle-Regionalgruppe) oder er trifft zum Beispiel analog bei einem Barcamp oder einer ähnlich partizipativen Veranstaltung auf unzufriedene Konzernmitarbeitende oder andere Unternehmer, die nach Veränderung streben und schafft damit den nächsten Netzknoten im System. Unsere klassische Firma mit dem Prozesshandbuch und den festen Abläufen bemerkt von diesem Parallelsystem nichts oder ignoriert es, weil es mit seinem bisherigen Handeln erfolgreich war. Möglicherweise bemerkt es auch nicht, dass weitere Rahmenbedingungen sich verändert haben: Unser junger Ingenieur ist nicht mehr auf den Kredit einer Bank angewiesen, sondern kann sein Geschäftsmodell zum Beispiel mit einer Crowdfunding-Kampagne starten. Wendet er sich an einen privaten Venture-Kapitalgeber, verlangt dieser unter Umständen nicht nach einem klassischen Business-Plan, sondern es reicht ein ausgefülltes Lean-Start-up-Formular vom Umfang einer DIN-A-4 Seite.

Schauen wir auf die Ebene der Konsumenten/Kunden, haben sich auch hier die Rahmenbedingungen geändert: Die individuelle Ansprache, das individuelle Produkt, die Beteiligung am Produktionsprozess, die schnelle Verfügbarkeit und Transparenz in Lieferketten wird zunehmend gewünscht.

Bricht man diese weltweite Komplexität der diversen Systeme auf einzelne Unternehmen hinunter, wenden Systemwissenschaftler dazu gerne die Ideen der Kybernetik – der Theorie der Regelung und Steuerung – an. William Ross Ashby hat hier das Erkenntnismodell Ashby's Law (1956) geprägt, das heißt, immer dort, wo es ein komplexes System gibt, muss eine Organisation selbst intern so komplex und vernetzt sein, wie das äußere System (gegengleiche Varietät).

Stafford Beer, Begründer der Managementkybernetik, entwickelte 1959 das „Viable System Model (VSM)" – das Modell lebensfähiger Systeme (Lambertz 2016). Dieses Modell zielt auf die Anpassung an innere und äußere Veränderungen, ohne dass die Individualität aufgegeben wird.

2.2 Komplexitätsfallen in der Führung und V.U.C.A

Kybernetikmodelle können Anleitungen geben, wie Kontrolle in Systeme gebracht werden kann. Unsicherheit ist insbesondere im Unternehmenskontext kein wünschenswerter Zustand, da ein Unternehmensziel realisiert werden muss. Seit einigen Jahren bemerken wir einen Übergang von linearer zu nicht-linearer Systemdynamik und somit hinein in die zuvor beschriebenen komplexen Systeme. Insbesondere in der Führung von Unternehmen bedarf diese Entwicklung eines entscheidenden Paradigmenwechsels im Führungsverhalten und im Verständnis von Führung. Im linearen System wurde ein Ziel definiert und daran richtete man das unternehmerische Handeln prozesshaft aus. Es stand Wissen aus bisheriger, meist individueller Erfahrung zur Verfügung, aus dem man Annahmen für die Zukunft traf – ein typisches Ursache-Wirkung-Denken.

War das System kompliziert, reduzierte man auf wenige mutmaßlich gesicherte Fakten und trivialisierte somit das System. In diesem Kontext entstanden sogenannte „Good-Practice"-Beispiele. Führungskräfte waren Experten und durften sich als Planer erfolgreicher Umsetzungsprozesse verstehen. Was wir jedoch aktuell erleben, sind nicht komplizierte Systeme, sondern komplexe Systeme mit Wechselwirkungen und Spannungsverhältnissen untereinander und in weitere Systeme hinein. Die Wechselwirkungen und Spannungsverhältnisse sind im Modell der V.U.C.A-Welt abgebildet. Die Abkürzung V.U.C.A. steht für die englischen Begriffe volatility, uncertainty, complexity, ambiguity – zu Deutsch: Unbeständigkeit, Unsicherheit, Komplexität, Mehrdeutigkeit. Diese begrifflich abstrakte und real schwer zu fassende Umgebung versucht, Komplexität als Teil in einem System von Informationen abzubilden, von denen keine eine prognostische Aussagemöglichkeit hat.

Führungskräfte, die in den aktuellen komplexen Systemen Entscheidungen treffen müssen, handeln dennoch oft nach alten linearen Mustern. Es wird nach mehr Planung verlangt, mehr Daten, mehr Kontrolle. Der Irrtum liegt in der Annahme, dass mehr Information mehr Sicherheit und Klarheit bedeuten und somit Entscheidungen einfacher werden. Das Gegenteil ist der Fall.

Steigende Komplexität sorgt immer auch für Irritation beim einzelnen Individuum. Die Unsicherheit steigt, weil man nicht mehr auf bestehende Routinen und Annahmen aus der Vergangenheit zurückgreifen kann. Hinzu kommt eine ungesunde Fehlerkultur in Unternehmen. Fehler werden nicht als Potenzial erkannt, Scheitern ist nicht erwünscht. Zusammen mit weiteren sozialen Einflussfaktoren, zum Beispiel erlerntem Rollenverständnis/-verhalten und Anspruchsdenken, führt dies zu Überforderung – sowohl auf Mitarbeiterebene als auch auf Führungsebene.

3 Neue Formen der Zusammenarbeit für komplexe Systeme

3.1 „Neue Arbeit" – Utopie oder Dystopie?

Durch diese zunehmende Überforderung ist eine Wertediskussion in den Arbeitskontext eingetreten. Die Frage „Wie wollen wir in Zukunft leben und arbeiten?" findet sich in einer Vielzahl von Diskursen und Veranstaltungen, insbesondere im Kontext „Arbeiten 4.0", „Zukunft der Arbeit" und „New Work". In diesen Themenbereichen geht es um den Wert des arbeitenden Menschen selbst und das Menschenbild, welches ein Unternehmer von seinen Mitarbeitenden hat. Es werden Utopien inszeniert, in denen die technische Digitalisierung für mehr Freiheit für den einzelnen Mitarbeitenden sorgt und ihm somit mehr sinnvolles Handeln ermöglicht. Die entsprechende Dystopie nimmt die Ausbeutung durch prekarisierte, der völligen Überwachung ausgelieferte Arbeitsverhältnisse in den Blick, in denen sich der arbeitende Mensch keinerlei sozialer staatlicher Absicherung verlassen kann, weil er als Digitalsklave im Sekundentakt austauschbar ist. Unternehmen wie das private Taxiunternehmen Uber oder virtuelle Vermittlungsplattformen im IT-Bereich zeigen, dass die Dystopie bereits real vorhanden ist.

3.2 Augenhöhe, Partizipation und Demokratisierung

Im Kontext „Zukunft der Arbeit" taucht auch immer wieder der Begriff „Augenhöhe" auf. Er gilt im Kreis derer, die sich intensiv mit einem neuen Verständnis von Arbeit beschäftigen, fast schon als Buzzword – ebenso wie der Begriff „New Work". Beide Begriffe haben sich innerhalb kurzer Zeit verwässert und werden inflationär verwendet, dass keine klare Definition mehr möglich scheint. Nichtsdestotrotz haben beide Begriffe wertvolle Diskussionen, unter anderem verstärkt durch die Filme „Augenhöhe" (2015) und „Augenhöhewege" (2016) (https://augenhoehe-film.de/filme/, zuletzt abgerufen am 21.09.2020), angestoßen und sichtbar gemacht, wie sehr eine Veränderung in der Arbeitswelt gewünscht ist. Arbeitnehmer wünschen sich mehr Partizipation, mehr Mitsprache, mehr Anerkennung, mehr Verantwortung. Führungskräfte wünschen sich weniger Druck und mehr Kooperationsbereitschaft. Mehr Partizipation einhergehend mit ehrlicher Wertschätzung für Mitarbeitende scheint das Gebot der Stunde, will man sich als attraktiver Arbeitgeber präsentieren. Doch ist dies nicht alleine aus Gründen ethischen Verhaltens sinnvoll, sondern aufgrund der Erkenntnis über komplexe Systeme. Das Karl Valentin zugeschriebene Bonmot „Prognosen sind schwierig, besonders, wenn sie die Zukunft betreffen" darf durchaus ernst genommen und auf den Unternehmenskontext angewendet werden, denn in komplexen Systemen ist es schlichtweg unmöglich, als Einzelner alle notwendigen Informationen zu haben. Noch unmöglicher ist es, sich ändernde Rahmenbedingungen vorauszusehen und daraus Handlungen abzuleiten, die in Zukunft Erfolg haben sollen. Der bekannte Satz aus Managementkreisen „Wir fahren auf Sicht", bedeutet nichts weiter, als dass man keine Ahnung hat, wohin der Weg führt. Hier sei nur am Rande auf die sogenannte „Intelligenz der Vielen" oder „Schwarmintelligenz" hingewiesen, die zu großartigen Ergebnissen führen kann, ebenso wie ein unreflektierter und fehlgeleiteter Schwarm ins Gegenteil, die „Schwarmdummheit" (Dueck 2015), kippt.

Verschiedene Netzwerk-Initiativen widmen sich in regelmäßigen Veranstaltungen der Diskussion um neue Arbeit und Partizipation. Im Kontext „Demokratisierung in Unternehmen" entstanden Publikationen wie „Das demokratische Unternehmen", ein Gemeinschaftsprojekt von Thomas Sattelberger, Prof. Dr. Isabell M. Welpe und Dr. Andreas Boes (Sattelberger et al. 2015) oder „Alle Macht für Niemand" von Dr. Andreas Zeuch (2015). Auch Systemiken wie Soziokratie (www.soziokratie.org, Christian Rüther, Kees Boeke) oder Holacracy (www.holacracy.org, Brian J. Robertson) sprechen der Partizipation und weitergehend der Selbstorganisation ausschlaggebende Faktoren für den unternehmerischen Erfolg zu.

Zunehmend finden in Deutschland partizipativ angelegte analoge Veranstaltungen wie das Barcamp statt: Ein Veranstaltungsformat, das nicht im Dualismus „vortragende Experten – konsumierendes Publikum" funktioniert. Ein Barcamp hat idealerweise keine Hierarchie – weder auf der inhaltlichen Ebene der Beiträge noch auf der Ebene des Veranstaltungsdesigns. Es gibt weder Vortragsredner noch Experten noch Podiumsdiskussionen. Beim Barcamp sind alle Teilnehmer gleichberechtigt – jeder ist Lernender und Lehrender zugleich. Das Programm entsteht vor Ort im Zuge der sogenannten Sessionplanung, vorher ist es nicht bekannt. Jeder Teilnehmer (beim Barcamp heißt es „Teilgeber") darf und sollte einen Beitrag leisten. Der Name geht auf die Veranstaltungsreihe „FooCamp" des US-Amerikaners Tim O'Reilly zurück. Mit Foo und Bar werden in der Informatik Platzhalter bezeichnet. Barcamps sind eine Form der Großgruppenmoderation, ähnlich wie Open Space, jedoch weniger organisiert. Manche Unternehmen nutzen Barcamps auch als interne Möglichkeit der Partizipation.

In Deutschland gibt es pro Jahr rund 150 verschiedene Barcamps (Stand 2015), die entweder themenoffen sind oder mit einem Themenfokus angeboten werden. Die Verbreitung der Termine erfolgt mehrheitlich virtuell über Social-Media-Kanäle. Jeder kann ein Barcamp veranstalten und jeder kann sich über die jeweilige Barcamp-Website zum Camp anmelden. Die Teilnahmegebühr reicht von kostenlos bis in den dreistelligen Eurobereich. Die Kosten der Veranstaltung werden üblicherweise von Sponsoren getragen bzw. mitfinanziert.

Interessant ist, dass Barcamps regelmäßig auch am Wochenende stattfinden, also üblicherweise außerhalb der Arbeitszeit, sich aber oft um Themen drehen, die Teil der Arbeitswelt sind. Alleine die zunehmende Anzahl Barcamps als auch die Teilnehmerzahlen zeigen, dass der Wunsch nach Partizipation und Austausch groß ist.

4   Begriffe für eine neue Zusammenarbeit

4.1   Kooperation statt Konkurrenz

Richard Sennet (2015), US-amerikanischer Soziologe, stellt einen Rückgang menschlicher Kooperation fest und sieht darin auch eine Gefahr für Unternehmen. Nicht Konkurrenz treibt Menschen zu besseren Leistungen an, sondern Kooperation in Kombination mit Wettbewerb. Das Potenzial der Kooperation ist in allen sozialen Wesen bereits in den Genen angelegt und sichert unser Überleben. Das Potenzial wird im Laufe des Lebens in eine Fertigkeit umgewandelt, in die Dialogfähigkeit, die individuell verschieden gut oder weniger gut ausgeprägt ist. Die Herausforderung besteht darin, auf andere Menschen nach deren eigenen Bedingungen einzugehen (Richard Sennet). Unsere Kooperationsfertigkeit üben wir im Säuglings- und Kleinkindalter unbewusst aus. Erst ab dem vierten oder fünften Lebensjahr kooperieren wir laut Kinderpsychologin Alison Gopnik (2009) bewusst. Spätestens mit Eintritt ins Schulsystem kommt dieses Verhalten an seine Grenzen, weil das System von Bewertung und Ausgrenzung geprägt ist. Es macht Ungleichheit sichtbar und fördert somit Neid und Konkurrenzdenken. Im späteren beruflichen Kontext wird dieses System in Unternehmen reproduziert. Sennet beobachtete bei Fabrikarbeitern in Boston (1970) ein Beziehungsmodell, das er soziales Dreieck nannte. Bei späteren Interviews mit Bankern, die während der Finanzkrise (2008) arbeitslos wurden, sah er den Zerfall dieses sozialen Dreiecks. Das soziale Dreieck ist informeller Art und besteht aus den Komponenten Vertrauen/wechselseitiger Respekt, verdiente Autorität und Kooperation. Es braucht den Faktor Zeit, um entstehen zu können und stabil zu bleiben – laut Sennet kann ein stabiles soziales Dreieck nur in langfristigen Arbeitsbeziehungen entstehen. Der persönliche Kontakt in diesen Beziehungen ist von Empathie geprägt. Hier unterscheidet Sennet ausdrücklich das oft übliche Verständnis von Empathie im Sinne von „sich in jemanden hineinversetzen", das er eher mit Sympathie übersetzt. Empathie ist für Sennet die intelligentere Form des Umgangs miteinander. Im empathischen Dialog nimmt man den Unterschied zwischen sich und dem/der anderen wahr und wertschätzt diesen, indem man achtsam und aufmerksam zuhört.

In diesem Kontext ist es sinnvoll, sich als handelndes Individuum zu beobachten. Welches Menschenbild habe ich von meinen Mitarbeitenden/Kollegen? Bin ich der Ansicht, dass ich ihnen Sinn geben muss, sie motivieren muss? Eine Paradoxie im unternehmerischen Handeln ist unter anderem folgende: Im Recruiting-Prozess sucht man nach den besten Abschlüssen und bewertet den potenziellen Neumitarbeiter danach. Ist dieser intelligente Mensch eingestellt und macht seine Arbeit, wird ihm die Fähigkeit zum intelligenten Handeln abgesprochen, zum Beispiel durch Anreizsysteme, die ihn mutmaßlich zur Bestleistung motivieren sollen. Diese Anreizsysteme sind in zweierlei Hinsicht kontraproduktiv. Einerseits wird rein extrinsisch motiviert, zweitens wird mit einem solchen System eine – vielleicht bisher sogar unsichtbare – Hierarchie deutlich sichtbar gemacht. Ich als Unternehmer denke nicht, dass Du Mitarbeiter aus Dir selbst heraus Deine beste Arbeitsleistung gibst. Der Mitarbeiter wird nicht als Partner gesehen, sondern als humanes Kapital. Mit individuellen Belohnungssystemen wird weiterhin Konkurrenz statt Kooperation gefördert.

Mit diesem Denken korreliert die Theorie des US-amerikanischen Psychologen Douglas McGregor, der 1960 mit der Unterscheidung in X- und Y-Menschen das Menschenbild, welches ein Management pflegt, in den Kontext Unternehmensführung setzte. McGregors Theorie, die aktuell wieder aufgenommen wird und die Basis für verschiedene Managementmethoden bildet, unterscheidet zwischen Mitarbeitern, die entweder extrinsisch oder intrinsisch motiviert sind. Im Gegensatz zu diesem Modell gibt es jedoch differenziertere Ansätze, die deutlich weniger trivialisierten und den Menschen als komplexes Subjekt in lernenden Systemen betrachten. Hier sei „The 5th Discipline" (1990) von Peter Senge, MIT Sloan Management School, genannt ebenso wie die „Theorie U" (1995) von W. Otto Scharmer, ebenfalls MIT Sloan und Mitbegründer des Presencing Institutes (https://www.presencing.org/, zuletzt abgerufen am 21.09.2020) (Senge 2011; Scharmer 2015). Beide nehmen ein dynamisches Feld in den Blick, in dem sowohl der/die Andere mit seinen/ihren Werten und Erfahrungen wahrgenommen wird, aber explizit auch nach dem „eigenen blinden Fleck" (Scharmer 2015) geforscht wird. Erst wenn alle Positionen sichtbar werden, ist es möglich, auch das System selbst wahrzunehmen. In diesem emergenten Feld liegt das Potenzial für etwas Neues.

4.2 Von der Kollegenschaft zur Komplizenschaft

In Industrieunternehmen der 1970er- bis 1980er-Jahren gab es eine Kollegialität, die bis tief ins Private hineinreichte – durch langjährige Betriebszugehörigkeiten entstanden immer wieder auch private Freundschaften zwischen den Kollegen. Der Arbeitgeber mischte teilweise kräftig mit ins Private hinein. In der ehemaligen Maschinenfabrik Röperwerk im nordrhein-westfälischen Viersen zum Beispiel, besorgte der Betriebsinhaber regelmäßig persönlich Weihnachts- und Geburtstagsgeschenke für die Kinder der Mitarbeitenden. In familiär geführten Unternehmen mag eine solche private Nähe auch heute auch praktiziert werden, die Regel ist es nicht. So garantiert zum Beispiel die Trikotwarenfirma Trigema allen Betriebsmitarbeitenden einen Ausbildungs- oder Arbeitsplatz für deren Kinder nach der schulischen Ausbildung (Trigema o. J.).

In kleineren familiengeführten Unternehmen, oft in ländlicher Umgebung, ist es auch heute noch so, dass Mitarbeiter lange Jahre bleiben. In vielen Firmen ist die durchschnittliche Verweildauer jedoch nur noch wenige Jahre – mitunter weniger als ein Jahr. In dieser Zeit lassen sich schwerlich tiefere Beziehungen zu Mitarbeitenden aufbauen. Ebenso ist es in Firmen oder Organisationen (zum Beispiel interessenorientierte NGOs), die überwiegend projektorientiert arbeiten. Nach Sennet wäre in diesen Firmen das soziale Dreieck hochgradig gefährdet. Aber welcher Art sind dann die Beziehungen, die wir am Arbeitsplatz heute und in Zukunft vorfinden? Welche Qualität und welches Potenzial haben sie? Braucht es vielleicht Alternativen zum sozialen Dreieck?

Frau Prof. Gesa Ziemer, Professorin für Kulturtheorie und kulturelle Praxis, Vizepräsidentin Forschung an der HafenCity Universität Hamburg, forschte von Juni 2006 bis Dezember 2007 in Zusammenarbeit mit verschiedenen Partnern aus Kunst, Theorie und Wirtschaft zum Thema „Komplizenschaft – neue Perspektiven auf Kollektivität" (Ziemer 2013). Die Motivation zu ihrer Arbeit war unter anderem die praktische Erkenntnis, dass in kleinen Gruppen, die sich zu einem speziellen Projekt/Thema fanden, hocheffektiv gearbeitet wurde, obwohl man sich erst kurze Zeit kannte.

4.2.1 Definition und Umdeutung

Komplizenschaft ist in erster Linie ein Begriff aus dem Strafrecht und heißt Mittäterschaft, die einen Vorsatz voraussetzt. Eine konspirative Gruppe von Menschen begeht bewusst einen Regelübertritt, das heißt, sie setzt sich über gültiges Recht hinweg. Komplizenschaft ist mit einem relativ hohen Strafmaß belegt, was historische Gründe hat. Etliche Staaten machten in der Vergangenheit die Erfahrung, dass schon kleine widerständische Gruppen (zum Beispiel RAF, IRA, ETA) „… schwer kontrollierbare Kräfte freisetzten und damit Sicherheitssysteme jeglicher Art aushebeln können" (Ziemer, Komplizenschaft, 1.1 Strafrecht, S. 21).

Die individuelle Täterschaft wird von der Gruppe legitimiert und getragen und mindert so die eigene Angst. Die Tat lässt sich gemeinsam leichter durchführen als alleine, so Strafrechtler Daniel Jositsch.

Demgegenüber wird der Begriff auch in der Kunst, im Alltag oder im Journalismus verwendet. In der Kunst findet er sich unter anderem im Kontext von Künstlerkollektiven, im Alltag in der umgangssprachlichen Verwendung, im Journalismus im Zusammenhang mit Meldungen zu Verbrechen. Die sprachliche Metapher „unter einer Decke stecken", die man inhaltlich mit Komplizenschaft in Verbindung bringen kann, wird sowohl für negative als auch positive Umstände benutzt.

4.2.2 Phasen und Strukturen einer Komplizenschaft

Komplizenschaft besteht laut Ziemer aus drei Phasen: Entschlussfassung, Planung und Durchführung einer Tat. In einer klassischen Komplizenschaft durchlaufen die Beteiligten alle Phasen gemeinsam. Innerhalb der Komplizenschaft können durchaus hierarchische Strukturen existieren, manchmal sind diese flexibel. Die Rollen und Funktionen innerhalb der kriminellen Komplizenschaft sind klassischerweise festgelegt.

4.2.3 Komplizenschaft umdeuten

Nicht nur Kriminelle brechen Regeln, sondern auch Teams müssen mit schwankenden Regeln und Grenzen arbeiten, wenn sie Neues produzieren wollen. Wie kann Komplizenschaft also von der negativen in eine positive und konstruktive Arbeitsweise umdefiniert werden? Werfen wir hier zunächst einen Blick auf die Umsetzung: das Handeln bzw. die Tat. Der Begriff der Tat im strafrechtlichen Sinne umfasst drei

Handlungslehren: die kausale, die finale und die soziale. Bei der kausalen Lehre geht man davon aus, dass die Handlung eine Ursache hat: eine gewollte Körperbewegung oder auch eine bewusste Unterlassung einer Bewegung. Die finale Lehre beschreibt den Zweck der Handlung, die soziale deutet auf eine soziale Relevanz hin. Deutet man den Begriff nun positiv um, merkt man, dass wir in der Projektarbeit exakt auf diese drei Handlungslehren treffen: Es besteht ein bewusster Wille, der durch einen Grund motiviert ist und auf einen Zweck gerichtet ist. Auch in der Projektarbeit kann die tatsächliche Handlung mitunter aus Nichthandeln bzw. Unterlassen von etwas bestehen.

4.2.4 Komplizen im Projekt

In klassischen Komplizenschaften positiver Natur haben alle Beteiligten immer wieder Entscheidungsmöglichkeiten und können den Verlauf der Tat mitbestimmen. Die Funktionen und Rollen innerhalb der Gruppe sind hoch spezifisch, sodass die Tat ohne Zustimmung oder Ablehnung eines Einzelnen nicht durchgeführt werden könnte. Die jeweilige Kompetenz würde fehlen und sich negativ auf die Qualität und/oder Erfolg auswirken. Die Komplizenschaft funktioniert nach bestimmten Spielregeln, die einerseits den Handlungsspielraum begrenzen und fokussieren. Andererseits sorgen die sichtbaren Regeln dafür, dass sie bewusst wahrgenommen werden und animieren zum Regelbruch. Dieser wiederum kann starke Reaktionen auslösen, die eine Vielfalt an Perspektivwechseln möglich machen können.

11 Regeln von Komplizenschaft (nach Gesa Ziemer)

1. … agieren nie alleine, sie sind mindestens zu zweit.
2. … erscheinen nicht als solche, sondern als Einzelgänger.
3. … suchen sich nicht, sie finden sich.
4. … agieren taktisch, weniger strategisch.
5. … verwandeln Unsicherheit in Lust und folgen Affekten, weniger Emotionen.
6. … entfalten Kreativität durch diese Lust: am Ungewissen, Risiko und Spiel.
7. … achten auf das Informelle und kommunizieren auf anderen Wegen.
8. … sind kühl und leidenschaftlich zugleich (ähnlich wie Liebende).
9. … verfolgen ein gemeinsames Interesse, das beiden (allen) Nutzen verschafft.
10. … sind ein Beispiel für die Kraft des Schwachen.
11. … spielen mit der Macht.

Ich ergänze eine 12. Regel: Komplizen pflegen eine wechselseitige verdiente Autorität untereinander.

4.2.5 Komplizenschaft statt Mitarbeiterbindung

In immer komplexeren Systemen scheint es notwendig, die Bindungen eher zu lockern, statt zu festigen, damit taktisch und dynamisch reagiert werden kann. Die Komplizenschaft als Form der Zusammenarbeit liefert hier ein hohes Potenzial. Wenn Unternehmen nicht mehr versuchten, durch Belohnung jeglicher Art Mitarbeiter an sich zu binden, sondern lockere Bindungen akzeptierten und pflegten, könnte sich das tief in die Unternehmenskultur auswirken. Dann wäre sowohl Gelassenheit ein Thema ebenso wie eine gewisse Oberflächlichkeit, die nicht negativ zu verstehen wäre. Arbeitsbeziehungen würden unverbindlicher.

Schauen wir auf unsere Lebens- und Arbeitswelten, die sich durch die technische Digitalisierung zunehmend angenähert und verwoben haben, sehen wir, dass sich in unseren privaten Lebenswelten unsere Beziehungen ebenfalls stark verändert haben: Patchwork-Familien statt lebenslanger Mono-Partnerschaften, eine hohe Anzahl von Single-Haushalten in urbanen Umgebungen, Langzeit-Freundschaften, die über große Distanzen gepflegt werden können, Community-Bekanntschaften und Netzwerkbeziehungen, die online funktionieren, ohne dass man sich real trifft. Häufiger Wohnraum- und Wohnortwechsel – über Landesgrenzen hinweg. Obwohl uns kulturelle Prägung, Erziehung und Werbung oft immer noch die Reproduktion traditioneller konservativer Beziehungsformen vermitteln, merken wir, dass diese Formen in unserem sozialen Umfeld immer weniger stattfinden und Beziehungen lockerer werden.

In unseren beruflichen Welten ist es jedoch häufig so, dass Unternehmen sehr viel Kraft darauf verwenden, Mitarbeitende fest an sich zu binden und ein hundertprozentiges Engagement und Identifikation einfordern. Hier tut sich ebenso wie beim Thema Demokratisierung der Arbeit ein Spannungsverhältnis mit Wechselwirkungen in das jeweils andere System auf.

Dennoch ist auch in lockeren Beziehungen eine gewisse Verbindlichkeit notwendig, um Sicherheit und Vertrauen zu schaffen – auch wenn die Beziehung nur temporär ist. Diese Verbindlichkeit ist im Unternehmen grundsätzlich formal durch den Arbeitsvertrag gegeben. Mit dem Arbeitsvertrag einhergehend sind es aber die persönlichen Annahmen und Erwartungen (sogenannter psychologischer Vertrag), die die Qualität der Verbindlichkeit ausmachen. Werden diese arbeitgeberseitig nicht erfüllt, kommt es zu den bekannten Auswirkungen, die im jährlichen Gallup-Engagement-Index abzulesen sind und nach dem zwei Drittel aller Arbeitnehmer in Deutschland unzufrieden am Arbeitsplatz sind und nur Dienst nach Vorschrift leisten. Die Erfüllung des psychologischen Vertrags kann demnach eine fruchtbare und komplizenhafte Beziehung zwischen Arbeitgeber und Arbeitnehmer fördern und möglicherweise auch das soziale Dreieck wieder stärken.

Ein weiterer förderlicher Aspekt, der für das Arbeitsmodell Komplizenschaft sprechen kann, ist der Wunsch, sinnvolle und selbstbestimmte Arbeit zu leisten. Für einen Teil gut ausgebildeter Arbeitnehmer wird es zunehmend wichtiger, nicht nur einen Job zu haben, der ihnen gute Karriereaussichten bietet, sondern einen Arbeitsplatz, der sowohl zu den individuellen Wertvorstellungen passt als auch genügend Gestaltungsfreiraum und Mitbestimmung bietet. Insbesondere aus dem Umfeld derer, die sich der ökologischen und sozialen Nachhaltigkeit verpflichtet fühlen, wird der Ruf nach einem „Social Impact" auch in der beruflichen Tätigkeit laut. Infolge dieses Wunsches, teilweise sogar Anspruchs, und der auch grundsätzlich in der Gesellschaft zu beobachtenden Entwicklung hin zu mehr ökologischer und sozialer Verantwortung, bekommt auch das Thema CSR eine immer größere Relevanz in Unternehmen.

5 CSR in neuen Arbeitswelten

5.1 CSR-Komplizen statt CSR-Manager

Wie kann die Beziehung der Komplizenschaft im CSR-Kontext sinnvoll genutzt werden? Wir haben zuvor gesehen, dass unsere menschlichen Beziehungen sich geändert haben – vom lebenslangen Modell hin zu Lebensphasen-Modellen. Ähnlich vollzieht sich der Wandel am Arbeitsplatz. Die Funktion eines festen CSR-Managers oder Beauftragten wäre in diesem Verständnis nach wenig sinnvoll, weil sie zu statisch und nicht inklusiv angelegt ist.

In Unternehmen, in denen Mitarbeiter selbstbestimmt arbeiten und Führung als agil und moderativ verstanden wird, kann CSR anders gedacht werden. Denn hier gibt es keine CSR-Abteilungen oder CSR-Manager. Corporate Social Responsibility wäre hier eine integrale Strategie, die alle Mitarbeitenden gleich fordert. Alle hätten die Möglichkeit, CSR-Maßnahmen zu initiieren und selbstverantwortlich umzusetzen. Dies würde sowohl die Vielfalt der Aktivitäten fördern als auch ein verstärktes Bewusstsein dafür schaffen, wo überall CSR drinstecken kann. Ein angenehmer Nebeneffekt wäre die Motivation des Einzelnen, weil sich jeder für ein CSR-Thema engagieren könnte, das seiner persönlichen Lebenswelt am nächsten steht. Bei einer solchen, eher taktisch angelegten, CSR-Strategie wäre möglicherweise ein schnellerer gesellschaftlicher Effekt zu erzielen als bei klassischen Strategien. Die Rolle des Unternehmens würde sich hier vom rein zielorientierten System zu einem fluiden Netzwerk wandeln.

Hier sei noch einmal auf Stafford Beers Viable System Model verwiesen: Für Beer ist das darin beschriebene System nur dem Überleben verpflichtet, nicht jedoch der Gewinnmaximierung. In diesem Kontext gewinnen auch neue Unternehmensformen wie Social-Entrepreneurships eine besondere Bedeutung. Eine integrale CSR-Strategie könnte hier unternehmensübergreifend und netzwerkartig sein.

5.2 Cradle to Cradle als Weiterentwicklung von CSR

Im CSR-Kontext sind weitere Entwicklungen denkbar. Hier seien sowohl die Ideen der Circular Economy als auch das Cradle-to-Cradle-Konzept (Braungart und McDonough 2014; Rydzy und Griefahn 2014) als Weiterführung von CSR tief hinein in die Produktentwicklung, ins Produktdesign und in die Lieferkette erwähnt. Cradle to Cradle (C2C) bezeichnet das System der „intelligenten Verschwendung", in Abgrenzung zum gängigen Verständnis von Nachhaltigkeit, das mit Verzichtdenken belegt ist. Cradle to Cradle ist ein, an der Natur orientiertes, Modell und begreift Abfall als Nährstoff.

6 Vom Denken ins Handeln – Methoden für den Wandel

6.1 Agile und kreative Werkzeuge

Wir haben gesehen, dass wir in komplexen miteinander verwobenen Systemen leben und darin agieren. Unsere Handlungen haben Auswirkungen, die Einzelne oder Wenige nicht in Gänze überblicken oder voraussagen können. Die Beziehungen in diesen Systemen sind nur temporär stabil. Natürlich werden Unternehmen sich durch äußere Zwänge wie gesetzliche Regularien oder wegbrechende Märkte an neue Situationen anpassen. Möglicherweise erzeugen disruptive Veränderungen einen Lerneffekt. Sicherlich bringen diese Veränderungen aber auch irreversible Schäden mit sich, die unter Umständen ein Unternehmen zu Fall bringen.

Im Sinne einer nachhaltigen Entwicklung, die auf den langfristigen Erhalt eines Unternehmens zielt, scheint es jedoch sinnvoll zu überlegen, mit welchen Methoden, im konkreten Fall unser klassisches Unternehmen den Übergang hin zu einem dynamisch und taktil agierenden Unternehmen mit komplizenhaften Beziehungen intern (Mitarbeitende) wie extern (Kunden, Lieferanten, Gesellschaft) schafft. Bereits zuvor wurden schon die moderative Führung und demokratische Strukturen angesprochen. In diesem Umfeld gibt es bereits agile Methoden wie Lean-Management, Scrum, Kanban, die eine prozesshafte Basis haben oder auch Gruppenmoderationsformen wie World Café oder Open Space, die netzwerkartiger angelegt sind. Weitere Alternativen bieten kreative Methoden, zum Beispiel Design Thinking, Lego Serious Play, systemische Aufstellung oder Unternehmenstheater. Allen diesen Methoden ist gemein, dass es sich um „um-zu"-Methoden handelt. Es wird ein Problem definiert oder erfragt, für das eine Lösung kreativ entwickelt wird.

6.2 Künstlerische Intervention als systemische Beratung und Coaching

Das Mittel der künstlerischen Intervention geht einen Schritt weiter. Es erfasst den Einzelnen, die Gruppe, das Unternehmen als Ganzes und die umgebenden Felder wie Gesellschaft und Natur. Die künstlerische Intervention als Praxis innerhalb des Kunstbetriebes hat eine lange Tradition – Künstler haben zu allen Zeiten mit ihren Werken und Aktionen interveniert, oft war die Intervention illegal, irritierend und provozierend. Der Unterschied zu den vorgenannten Methoden liegt darin, dass die künstlerische Intervention kein Problem markiert, sondern Möglichkeiten beobachtet und sichtbar macht. Sie ist nicht zweckgerichtet, sondern zunächst auf die Intervention selbst gerichtet. Erst wenn diese eröffnet ist, wird etwas sichtbar, nämlich ein Aktionsraum, der mit der Fokussierung auf ein Problemfeld nicht erkennbar wäre.

Künstlerische Intervention im Unternehmen ist ein relativ neues Mittel und ist als begleitende systemische Beratung mit dem Ziel der nachhaltigen Veränderung zu sehen. Die Basis bildet die wertneutrale und objektive Beobachtung und Beschreibung einer Situation, eines Zustandes – ohne Interpretation. Die Wahrnehmung erfolgt rein ästhetisch, das heißt mithilfe der Sinnesorgane und nicht zweckgerichtet. Diese Vorgehensweise ist den meisten von uns zunächst einmal nicht mehr vertraut, weil wir von Kindesbeinen darauf trainiert werden zu kategorisieren, einzuordnen und zu interpretieren. Im Kontext Unternehmen bildet sich aus diesen Lernerfahrungen unter anderem die Unternehmenskultur. Sie beruht auf vielen verschiedenen Faktoren, die Mitarbeitende aus ihren Lebens- und Arbeitskontexten mitbringen. Über einen langen Zeitraum haben sich Verhaltensmuster, Routinen und Rituale etabliert. Die künstlerische Intervention macht durch das Heraustreten aus der Einordnung Muster erkennbar. Im nächsten Schritt können durch Überraschung, Irritation oder bewussten Regelbruch diese Muster aufgebrochen und hinterfragt werden. Reflexion leitet dann in ein Experimentierfeld über, in dem verändertes Handeln ausprobiert werden kann.

Joseph Beuys, einer der größten deutschen Künstler der Moderne, hat bereits 1967 mit der Einführung der „sozialen Plastik" in den Kunstbetrieb, das Denken selbst zum größten Gestaltungspotenzial aller Menschen erhoben. Analog wie eine künstlerische Skulptur oder Plastik könne auch das menschliche Denken geformt werden und im praktischen Handeln zu einer gesellschaftlichen Weiterentwicklung führen (Harlan 2011; Schata et al. 1984; Stiftung 7000 Eichen 2012).

Die Idee der sozialen Plastik hat eine Vielzahl von Künstlern seitdem weltweit aufgegriffen und für sich weiterentwickelt. Als herausragendes Beispiel sei hier Shelley Sacks (Sacks und Kurt 2013), ehemalige Beuys-Schülerin und Leiterin der Social Sculpture Research Unit an der Oxford Brooks University, genannt. Das von ihr 2002 entwickelte Earth Forum (Erdforum) wird international im Kontext nachhaltiger Entwicklung von Organisationen/Unternehmen eingesetzt. Den Kern dieser sozialen Plastik bildet die Erkenntnis „Ohne ich kein wir" und verbindet in empathischer Weise die Wertschätzung des Individuums mit seinen Fähigkeiten, die es für die Gruppe beiträgt, um gemeinsam etwas Neues zu schaffen und damit zu wachsen.

7   Fazit und Ausblick

Für Unternehmen als Teil komplexer externer Systeme ist es notwendig, selbst komplex zu sein, um sowohl wirtschaftlich erfolgreich als auch agil und dynamisch handlungsfähig zu sein. Das System Unternehmen mit seinen wechselseitigen Beziehungen und Auswirkungen muss so stabil sein, dass sowohl interne wie externe Unsicherheiten, Mehrdeutigkeiten und Unvorhersehbarkeiten ausgehalten und idealerweise als Energie zur Erzeugung von Innovationen genutzt werden können. Für ein solches System ist eine besondere Art von Arbeitsform sinnvoll, die von temporärer Natur ist und komplizenhafte Strukturen hat. Innerhalb dieser eher lockeren, flexiblen Struktur, die sowohl die reine Arbeitsebene als auch die Beziehungsebene der Akteure betrifft, ist ein temporär stabiler sozialer Kern notwendig. Dieser Kern ist durchgängig von Empathie getragen, die sowohl das Individuum wertschätzt als auch die Kraft der Gruppenidentität und deren Wissen nutzt. In diesem Kontext hat die künstlerische Intervention als Medium und Begleiter des Wandels besonderes Potenzial: Seit der Aufklärung sind wir immer tiefer in die Details eingestiegen, haben diese berechnet, vermessen, sortiert. Diese enorm wichtige Phase in der menschlichen Entwicklung kommt nun zu einem Ende. Es gibt unzählige Werkzeuge, die uns helfen, wie wir etwas machen können. Jetzt kommen wir an einen Punkt, an dem wir aus den Details in die Ganzheit zurücktreten und diese betrachten müssen. Jetzt werden der Überblick und das „Warum" wichtiger. Warum macht ein Unternehmen, was es macht? Welche Identität hat ein Unternehmen? „Bei der Beantwortung dieser Frage ist es sinnvoll, nicht nur die eigenen CSR-Strategien auf bekannte Nachhaltigkeitsmodelle wie z. B. das Integrative Nachhaltigkeitskonzept auszurichten, sondern generell unser bisheriges Wirtschaftsmodell – auch im Kontext zunehmender Digitalisierung – anders zu betrachten. Hier bietet z. B. das noch recht junge Konzept der „Donut-Ökonomie" (Raworth 2018) einen anschaulichen Perspektivwechsel an, der Wirtschaft ins Zentrum unseres Handelns setzt, welches von planetaren und sozialen Bedürfnissen umrahmt wird." Mit dem intelligenten Verständnis von CSR und begleitenden analogen Methoden der Reflexion und des Experimentierens, die unsere Kooperationsfähigkeit stärken, könnte die Utopie der Digitalisierung deutlich näher liegen als die Dystopie.

Literatur

Ashby MR (1956) An introduction to cybernetics. Wiley, New York
Braungart M, McDonough W (2014) Cradle to Cradle. Einfach intelligent produzieren. Piper, München
Dueck G (2015) Schwarmdumm. So blöd sind wir nur gemeinsam. Campus, Frankfurt a. M.
Gopnik A (2009) Kleine Philosophen. Was wir von unseren Kindern über Liebe, Wahrheit und den Sinn des Lebens lernen können. Ullstein, Berlin
Harlan V (2011) Was ist Kunst? Werkstattgespräch mit Beuys. Urachhaus, Stuttgart
Lambertz M (2016) Freiheit & Verantwortung für intelligente Organisationen. Das Modell lebensfähiger Systeme nach Stafford Beer. Verlag Lambertz M, Düsseldorf
Raworth K (2018) Die Donut-Ökonomie. Hanser, München
Rydzy E, Griefahn M (2014) Natürlich wachsen. Erkundungen über Mensch, Natur und Wachstum aus kulturpolitischem Anlass. Springer VS, Heidelberg
Sacks S, Kurt H (2013) Die rote Blume. Ästhetische Praxis in Zeiten des Wandels. Think Oya, Klein Jasedow
Sattelberger T, Welpe I, Boes A (2015) Das demokratische Unternehmen. Neue Arbeits- und Führungskulturen im Zeitalter digitaler Wirtschaft. Haufe Lexware, Freiburg
Scharmer CO (2015) Theorie U. Von der Zukunft her führen. Carl Auer, Heidelberg
Schata P, Rappmann R, Harlan V (1984) Soziale Plastik. Materialien zu Joseph Beuys. Achberger, Achberg
Senge PM (2011) Die fünfte Disziplin. Kunst und Praxis der lernenden Organisation. Schäffer-Poeschel, Stuttgart
Sennet R (2015) Zusammenarbeit. Was unsere Gesellschaft zusammenhält. dtv, München
Stiftung 7000 Eichen (2012) 30 Jahre. Joseph Beuys 7000 Eichen. Verlag der Buchhandlung Walter König, Köln

Trigema (o. J.) https://www.trigema.de/Nachhaltigkeit/Soziale-Verantwortung/. Zugegriffen 26. Jan. 2017

Zeuch A (2015) Alle Macht für Niemand. Aufbruch der Unternehmensdemokraten. Murmann, Hamburg

Ziemer G (2013) Komplizenschaft. Neue Perspektiven auf Kollektivität. Transcript, Bielefeld

http://barcamp.org/w/page/402869/FOO%20Camp. Zugegriffen 21. Sep. 2020

Daniela Röcker ist Organisationsberaterin und Betriebswirtin mit Fokus auf Unternehmenskultur, New Leadership, Circular Thinking sowie gleichzeitig Künstlerin. Die Komplizenschaft als Arbeitsform der Zukunft treibt sie genauso um wie die Umsetzung von Selbstorganisation und integraler CSR in lernenden Unternehmen. Sie unterstützt Unternehmen mit bereichsübergreifenden Peer-Learning-Formaten und ist Mit-Initiatorin des partizipativen Kunstprojekts 7000seeds, das Nachhaltigkeit und neue Arbeitswelten verbindet. Weitere Informationen: https://www.kultur-komplizen.de und https://www.7000seeds.de.

Daniele Röcker
(Fotocredit:
Kultur-Komplizen)

Keine digitale Transformation ohne soziale Innovation

Über die Notwendigkeit der Unternehmensdemokratie in der Digitalwirtschaft

Andreas Zeuch

1   Chancen und Risiken digitaler Transformation

Der Begriff der digitalen Transformation ist ebenso abgegriffen wie vielschichtig. Bekanntermaßen fallen darunter verschiedene Aspekte wie die zunehmenden digitale Vernetzungen innerhalb und zwischen Organisationen, Entstehung neuer Datenquellen, verbesserte Datenauswertung und gesteigerte Automatisierung von Unternehmens-abläufen. Von technischer Seite wird dies durch Big Data, Robotik, Internet der Dinge, Cloud Computing, Wearables, soziale Netzwerke, Drohnen, Smart Factories und dergleichen mehr realisiert.

Die gesamten ökonomischen Folgen sind beträchtlich, wie eine Studie von Roland Berger Strategy Consultants aus dem Jahr 2015 zeigt: „Gelingt es, die Möglichkeiten vernetzter, effizienterer Produktion und neuer Geschäftsmodelle zu nutzen, könnte Europa bis 2025 einen Zuwachs von 1,25 Bio. Euro an Bruttowertschöpfung erzielen. Sollte die europäische Industrie jedoch die digitale Transformation verpassen, so stehen in den nächsten Jahren insgesamt 605 Mrd. Euro auf dem Spiel" (Bloching et al. 2015, S. 2). Das macht, sofern die Studie richtig liegt, eine Differenz von fast 2 Bio. Euro zwischen Erfolg und Misserfolg, zwischen Chance und Risiko.

Die Chance einer erfolgreichen und das Risiko einer misslungenen digitalen Transformation wird maßgeblich durch ein anderes Chancen-Risiken-Paar beeinflusst: Einerseits kann durch die neuen technologischen Möglichkeiten und die damit verbundenen veränderten Formen der Kommunikation, Interaktion und Entscheidungsmöglichkeiten in Organisationen das erste Mal in der Geschichte der Menschheit eine weitreichende

A. Zeuch (✉)
Berlin, Deutschland
E-Mail: kontakt@unternehmensdemokraten.de

© Springer-Verlag GmbH Deutschland, ein Teil von Springer Nature 2021
A. Hildebrandt und W. Landhäußer (Hrsg.), *CSR und Digitalisierung,* Management-Reihe Corporate Social Responsibility, https://doi.org/10.1007/978-3-662-61836-3_50

Demokratisierung der Arbeit erreicht werden, die beileibe nicht das erste Mal diskutiert wird. Andererseits können diese neuen Technologien dazu verwendet werden, die Kontrolle der Mitarbeiter weiter auszubauen und so die Arbeit zu einem digitalen Fließband zu machen. Es liegt in der Hand jeder Geschäftsführung, den einen oder anderen Weg einzuschlagen.

Infolgedessen beurteilt auch Thomas Sattelberger die Bedeutung der Unternehmensdemokratie ausgesprochen klar: „Von herausragender Bedeutung ist die Frage der Demokratie. Wird die Unternehmensführung demokratischer? Haben Menschen Teil an der Strategie? Gibt es neue horizontale und diverse Karrierekulturen, die anders sind als die klassischen machtorientiert-vertikalen Hierarchien? Wie verteilt sich Macht in Organisationen" (Sattelberger 2015, S. 37)?

2   Alter Wein in neuen Schläuchen

Aber was ist eigentlich neu an der digitalen Transformation bzw. an ihren Folgen? Natürlich gibt es einerseits weitreichende Veränderungen, wie beispielsweise den Wandel von (relativ) starren Wertschöpfungsketten hin zu dynamischen Wertschöpfungsnetzwerken. Oder die Entwicklung digitaler Geschäftsmodelle, die sich an den neuen technologischen Möglichkeiten orientieren und alte Geschäftsmodelle verdrängen, wie Uber, Airbnb oder der längst bekannte und schon der Gewohnheit anheimgefallene Apple iTunes Store.

Andererseits bleibt vieles beim Alten: Wir rationalisieren weiter, indem wir die neuen Technologien nutzen, um noch mehr Arbeit durch Roboter, Computer und Künstliche Intelligenz ausführen zu lassen. Selbst Wissensarbeit ist nun keineswegs mehr sicher, sondern wird soweit als möglich durch Maschinen ersetzt. Diesbezüglich tendiert die Innovationskraft der digitalen Transformation gegen null. Zur Erinnerung nur ein Beispiel: Bereits im 18. Jahrhundert begann die flächendeckende Automatisierung des Webens als bis dahin manuelle Tätigkeit und machte damit viele Weber arbeitslos. Heute ersetzen uns nicht Webstühle, sondern Robotik und Algorithmen. Na und? Der gemeinsame Nenner lautet Rationalisierung. Nur dass heute und zukünftig nicht nur mechanische, sondern auch intellektuelle Arbeit automatisiert wird. Positiv gesehen ist das ein bisschen mehr Gerechtigkeit, denn nun bangen nicht nur Arbeiter um ihre Stelle, sondern auch Wissensarbeiter. Das Muster bleibt dasselbe.

3   Tradition der Innovation

Ein kurzer Blick auf die (staatliche) Förderung von Innovationen sowie private Investitionen in diesen Bereich entlarven unser Innovationsverständnis als ausgesprochen uninnovativ und traditionell. In Deutschland wurden bislang vorwiegend technische Innovationen und ihre Umsetzung bis hin zur Produktreife gefördert. Wer eine soziale Innovation entwickeln will und dazu Fördergelder beantragen oder Investoren finden möchte, hat wesentlich weniger Möglichkeiten als Erfinder technischer Innovationen.

Das mag erstens daran liegen, dass technische Produkte nach Erreichung der Marktreife höhere Gewinne und damit Renditen für Investoren versprechen als soziale Innovationen. Zweitens fußt unser bisheriges eindimensionales Verständnis von Innovationen darauf, dass wir Fortschritt vor allem mit neuen Technologien in Verbindung bringen. Das Rad, die Dampfmaschine oder der Verbrennungsmotor sind dafür typische Beispiele. Allerdings ist wohl kaum anzuzweifeln, dass wir gerade auch durch soziale Innovationen wie die Abschaffung der Sklaverei, das Wahlrecht für Frauen oder das Verbot von Kinderarbeit deutliche Fortschritte in Richtung einer gerechteren, menschenfreundlicheren Welt gemacht haben. Wenn wir das Leben aller Menschen weiter verbessern wollen, brauchen wir beide Seiten der Medaille.

4 Das Alte und Neue der Unternehmensdemokratie

Eine soziale Innovation, die die digitale Transformation hervorragend ergänzen kann, ist die Demokratisierung der Arbeit. Die Idee an sich ist keineswegs neu. Bereits 1897 wurde das Konzept der industriellen Demokratie von Sidney und Beatrice Webb mit ihrem Buch „Industrial Democracy" eingeführt. Der deutsche Kaufmann, Wirtschaftsjournalist, Gewerkschafter und spätere israelische Finanzminister Fritz Naphtali veröffentlichte 30 Jahre später sein Werk „Wirtschaftsdemokratie. Ihr Wesen, Weg und Ziel", mit dem er sich auf die Vorarbeit von Webb und Webb bezog (Naphtali 1969).

Das Neue besteht also nicht in der grundsätzlichen Idee, die ja insbesondere in Deutschland in Form des Betriebsverfassungsgesetzes oder der Montan-Mitbestimmung schon lange rechtlichen Niederschlag gefunden hat. Es liegt vielmehr in der aktuellen Möglichkeit, die Demokratisierung der Arbeit nun weitflächig zu realisieren, da wir heute über technologische Möglichkeiten verfügen, Unternehmens- und Wirtschaftsdemokratie besser als je zuvor zu verwirklichen. Internet, Mobile Computing, soziale Netzwerke und Medien, Wikis, Entscheidungs- und Vorhersagemärkte ermöglichen Echtzeitkommunikation virtueller, global operierender Teams, hierarchiefreien Austausch und asynchrone sowie lokal unabhängige Entscheidungsprozesse unabhängig von der Anzahl der Entscheider. Das Neue besteht in dieser bisher nie da gewesenen Kombinationsmöglichkeit.

5 Unternehmensdemokratie und ihre Verwandte

Unternehmensdemokratie ist ein Begriff, der kreativ polarisiert und recht verschiedene Emotionen weckt, wie ich es bei all meinen zahlreichen Vorträgen, Workshops oder Barcampsessions erlebte. Allerdings steht diese emotionale Reaktion in einem umgekehrt proportionalen Verhältnis zu einem präzisen Begriffsverständnis. Deshalb schlage ich zunächst vor, Unternehmensdemokratie von Wirtschaftsdemokratie ähnlich zu unterscheiden, wie Betriebs- von Volkswirtschaft. Der jeweils erste Begriff beschreibt dann mikroökonomische Zusammenhänge in Unternehmen, der zweite makroökonomische Aspekte der gesamten Wirtschaft.

Wirtschaftsdemokratie in diesem Sinne würde dann beispielsweise die Änderung des Bilanzrechts dahingehend umfassen, dass externe Kosten wie Ressourcenausbeutung, Umwelt- und Gesundheitsschäden eingepreist und nicht der Gemeinschaft auferlegt werden. Oder – ähnlich –, dass in der Finanzbranche Gewinne nicht länger privatisiert und Verluste sozialisiert werden, wie wir es alle in der Finanzkrise 2007/2008 erleben durften, verbannt auf die Zuschauerränge ohne Mitspracherecht. In den Bereich der Wirtschaftsdemokratie gehört auch die Rahmensteuerung von Gesellschaftsverträgen und weiteren rechtlichen Unternehmensvorgaben wie das Betriebsverfassungsgesetz, die bereits geforderte Ausweitung der Montan-Mitbestimmung und die Begrenzung der Einkommensschere. Ein weiteres Thema mit Sprengkraft wäre die Demokratisierung des Lobbyismus, der in der jetzigen Form eine definitiv undemokratische, privatwirtschaftlich geleitete Interessenvertretung darstellt.

Unternehmensdemokratie betrifft demgegenüber die demokratische Verfassung innerhalb von Unternehmen: Wer entscheidet was auf welche Art und Weise? In welchen Bereichen dürfen die Mitarbeiter und Führungskräfte mitentscheiden? Dürfen sie den eigenen Arbeitsplatz mitgestalten, die eigene Arbeitsorganisation oder Gruppenprozesse, wie in (teil)autonomen Arbeitsgruppen? Haben sie ein Mitspracherecht bei taktischen Entscheidungen wie Standortwahlen oder Personaleinstellungen und -entlassungen oder steuern sie diese Tätigkeit sogar selbst? Reicht die Entscheidungsmacht der Mitarbeiter und Führungskräfte noch weiter in den Bereich strategischer Entscheidungen wie über Fusionen oder ganze Strategieentwicklungen? Die allerwichtigste Entscheidungsfrage bei alldem lautet jedoch: Wer definiert Probleme in einem Unternehmen oder einer Organisation? Das ist deshalb so wichtig, weil die Problemdefinition den späteren Verlauf der Problemlösung vorausbestimmt. Wir suchen nach Lösungen für das beschriebene Problem, nicht nach Lösungen für ein Problem, das wir nicht glauben zu haben. Die Suche nach Problemlösungen kann mitunter so sinnvoll sein wie die Suche des Betrunkenen nach seinem Schlüssel im Lichtkegel der Laterne. Als er gefragt wird, ob er glaubt, den Schlüssel dort verloren zu haben, antwortet er nur: „Nein, aber hier kann ich etwas sehen."

Mit der Frage nach der Entscheidungskultur und -struktur ist – neben der nach einem Bündel von Grundrechten – der zentrale Stellhebel der Unternehmensdemokratie ausreichend beschrieben. Denn alles andere im Unternehmen ist dann eine Frage der mehr oder minder gemeinsamen Entscheidungsfindung. Nehmen wir zum Beispiel das neuralgische Thema des Vergütungsmodells. Wenn zunächst gemeinsam entschieden werden kann, dass das Gehalt ein Thema im Unternehmen ist, dann rückt es damit automatisch in den Fokus einer demokratischen Auseinandersetzung und Gestaltung. Infolgedessen ist es nicht nötig, über die Entscheidungskultur hinaus inhaltliche Themen einer Demokratisierung vorzugeben. Das wäre vielmehr ein Widerspruch, denn es käme einer Bevormundung gleich.

Neben dieser Unterscheidung kann und sollte Unternehmensdemokratie noch von einigen anderen Konzepten abgegrenzt werden:

1. Industrielle und Arbeitsplatzdemokratie, die noch am nächsten an der Unternehmensdemokratie dran ist. Der vorwiegende Unterschied liegt in der Historie bedingt. Früher sollte die Demokratisierung vorwiegend institutionell durch Gewerkschaften und Betriebsräte umgesetzt werden. In der zeitgenössischen Unternehmensdemokratie muss das keineswegs der Fall sein. Sie kann auch ohne Gewerkschaften und Betriebsräte verwirklicht werden. Wie ich mit verschiedenen aktuellen Beispielen belegt habe (Zeuch 2015b), kann eine Demokratisierung ohne Betriebsräte und Gewerkschaften sogar wesentlich weitreichender sein als auf dem traditionellen Weg. Und sie muss gleichzeitig keinen Konflikt mit den bekannten Mitteln der Unternehmensdemokratie hervorrufen, sondern kann sie hervorragend ergänzen.
2. Labor-Managed-Firms (LMF), in denen nicht die Maximierung des Unternehmensgewinns, sondern des Einkommens der Belegschaft im Zentrum steht. Dabei müssen fünf Kriterien zutreffen, um von LMF reden zu können: Die Angestellten leiten die Firma und verantworten deren Cashflow, diese beiden Rechte (und Pflichten) sind nicht übertragbar und an die Anstellung gebunden. Fünftens und letztens haben LMF keinen Besitzanspruch an das Kapitalvermögen.
3. Selbstverwaltete Betriebe sind durch die Ausschaltung formeller Hierarchie bei gleichzeitiger Entscheidungsgewalt durch die Betriebsmitglieder gekennzeichnet. Voraussetzung für diese Entscheidungsgewalt ist jedoch der Austausch privater „Verfügungsgewalt über das Eigentum an Produktionsmitteln durch kollektive Verfügungsgewalt" (Berger et al. 1985, S. 36 f.), was in Unternehmensdemokratien keineswegs sein muss.
4. Solidarische Ökonomie dient in Abgrenzung zur traditionellen Ökonomie vor allem der menschlichen Gemeinschaft und nicht der Gewinnmaximierung. Sie soll menschliche (Grund-)Bedürfnisse unter Wahrung von Solidarität, Zusammenarbeit und demokratischer Gestaltung erfüllen. Im allgemeinen Verständnis schließt dies auch ein ökologisch nachhaltiges Vorgehen ein. Im Unterschied zur Unternehmensdemokratie ist die solidarische Ökonomie keineswegs auf einzelne organisationale Einheiten beschränkt. Sie umfasst sowohl einzelne Betriebe, Initiativen, Tauschringe, Unternehmen und dergleichen mehr als auch Zusammenschlüsse von Kooperativen oder regionalen Wirtschaftssystemen. Damit umfasst die solidarische Ökonomie meinem Verständnis nach Unternehmens- und Wirtschaftsdemokratie.

6   Dimensionen der Unternehmensdemokratie

Das Konzept der Unternehmensdemokratie ist nicht schwarz-weiß, es ist keine einfaches On-Off-Muster. Vielmehr können sich (Profit-)Organisationen über eine große Bandbreite aus mindestens drei Dimensionen kontinuierlich entwickeln.

Erstens der Partizipationsgrad: Damit ist die grundsätzliche Frage gemeint, inwieweit Partizipation und damit Mit- oder sogar Selbstbestimmung ausgeübt wird.

Keine Partizipation: Die Mitarbeiter werden in keiner Weise in Entscheidungsprozesse einbezogen. Sie sind gewissermaßen Spielbälle der Entscheidungsmacht der Vorgesetzten.

Information: Die Mitarbeiter dürfen auch bei diesem Partizipationsgrad nicht mitentscheiden, werden aber über die Entscheidungen auch dann informiert, wenn es zur Leistung ihres Arbeitsauftrags nicht unbedingt nötig ist.

Konsultation: Führungskräfte sprechen mit ihren Mitarbeitern vor der Entscheidungsfindung über die zu treffende Entscheidung, diskutieren Wahlmöglichkeiten und erfragen die Einschätzung ihrer Untergebenen. Danach treffen sie weiterhin alleine die Entscheidung, die verbindlich für die Mitarbeiter ist.

Mitbestimmung: Hier beginnt die Unternehmensdemokratie. Alle Mitarbeiter sind eingeladen oder aufgefordert, bei anstehenden Entscheidungen, die der Mitbestimmung unterliegen, den Entscheidungsprozess aktiv mitzugestalten.

Selbstbestimmung: Dies ist der höchste Partizipationsgrad. Die Mitarbeiter gestalten die Entscheidungsprozesse eigenmächtig. Dies bedeutet zwingend die selbstbestimmte, demokratische Problemdefinition als Ausgangspunkt der darauffolgenden Entscheidungen.

Zweitens die Partizipationsreichweite, mit der der Grad der Mit- und Selbstbestimmung auf zwei Ebenen beschrieben werden kann: Die Zeitachse mit kurz-, mittel- und langfristigen Entscheidungen sowie die Bedeutungsachse mit nicht existenziellen, das Wohl des Unternehmens nachhaltig beeinflussenden und existenziellen Entscheidungen. Typischerweise lassen sich diese Ausprägungen den Reichweiten operativer, taktischer und strategischer Entscheidungen zuordnen.

Operativ: Die Mitarbeiter dürfen ihre eigene tägliche Arbeit und damit kurzfristige Entscheidungen mitgestalten, die keine direkte existenzielle Bedeutung für den Erfolg des Unternehmens haben. Ein dafür typischer Aspekt sind Gleitzeitregelungen.

Taktisch: Entscheidungen auf der taktischen Ebene beeinflussen das Unternehmen in seinem Erfolg und seiner wirtschaftlichen Gesundheit. Es sind Entscheidungen mit einem mittelfristigen Bedeutungshorizont wie Personalentscheidungen, die Mitarbeiter mit- oder sogar eigenverantwortlich treffen.

Strategisch: Am ungewöhnlichsten ist die strategische und damit langfristige sowie existenziell bedeutungsvolle Partizipationsreichweite. Mitarbeiter dürfen auch strategische Entscheidungen entweder durch direkte oder repräsentative Demokratie mit- oder selbst bestimmen.

Drittens und letztens meint die Partizipationsfrequenz, wie kontinuierlich die jeweiligen Partizipationsgrade und -reichweiten umgesetzt werden.

Das alles zusammenfassend und in Abgrenzung zum Begriff der Selbstorganisation definiere ich Unternehmensdemokratie zurzeit wie folgt:

Unternehmensdemokratie ist die Führung und Gestaltung von Organisationen durch alle interessierten Mitglieder, um den jeweiligen Organisationszweck zu verwirklichen. Sie ist verbindlich verfasste Selbstorganisation, die kein alleiniges Mittel zum Zweck der Gewinnmaximierung ist.

7 Unternehmensdemokratie als Bedingung erfolgreicher Digitalwirtschaft

Wo liegen nun die Verbindungen zwischen der digitalen Transformation, mithin zwischen der Digitalwirtschaft und Unternehmensdemokratie? Warum ist es notwendig, Organisationen im Zuge der Digitalisierung auch zu demokratisieren?

Wie im Abschnitt „Alter Wein in neuen Schläuchen" zuvor kurz skizziert, führt die digitale Transformation nur bedingt zu wirklich neuen Ergebnissen. In vielerlei Hinsicht ist sie nur eine Fortsetzung alter mentaler Modelle und damit bekannter, längst tradierter Vorgehensweisen. Vernetzt war die Belegschaft schon ehedem, dazu waren weder Facebook noch firmeninterne, individuelle Vernetzungsplattformen nötig. Big-Data-Lösungen führen nicht dazu, dass Entscheidungen plötzlich „datenbasiert" sind. Das waren sie schon lange. Oder kennen Sie auch nur ein einziges Unternehmen, das systematisch Zahlen, Daten und Fakten bei Entscheidungen ignoriert hat, bevor das Buzz-Wort „Big Data" existierte? Mit der Automatisierung verhält es sich nicht anders, oder erstellen Sie noch Kopien durch manuelle Abschriften?

Eine weitreichende, disruptive Innovation würde vielmehr darin bestehen, im Zuge der Digitalisierung das Unternehmen auch in seiner Organisationsform zu transformieren, sprich die bisherigen hierarchisch-bürokratischen Strukturen zu demokratisieren und es agiler, flexibler und damit anpassungsfähiger zu machen. Solange es trotz digitaler Transformation weiter zentrale Top-down-Entscheidungen gibt, können die vielen Vorteile eines digitalisierten Unternehmens gar nicht zum Tragen kommen. Wenn beispielsweise Echtzeitfeedback von Kunden für Mitarbeiter eines Callcenters („Aus Gründen der Qualitätssicherung zeichnen wir dieses Gespräch auf.") erst zur Führungsetage der Callcenter-Mitarbeiter läuft, dort ausgewertet und dann an die eigentlichen Adressaten gesendet wird, ist wertvolle Zeit verloren gegangen. In der alten Welt stellt sich die Frage, worum es eigentlich geht: maximal schnelle Verbesserung des Service oder Kontrolle?

Bei dem Beispiel können wir übrigens gleich bleiben. Es ist hilfreich, um noch etwas anderes zu verdeutlichen, denn die folgende Szene dürfte auch Ihnen bekannt sein: Sie rufen bei einem Support-Service an, weil Sie ein Problem haben. Der Support-Mitarbeiter darf allerdings die nötigen Schritte zur Problemlösung nicht gehen, weil das seine Entscheidungskompetenz überschreitet. Also muss er Sie erst mal vertrösten und mit seiner Vorgesetzten sprechen. Würde es Sie nicht wesentlich mehr überzeugen, wenn die Entscheidung sofort getroffen und Ihr Problem unmittelbar mit dem ersten Anruf gelöst werden würde, anstatt dass Ihre Geduld erst mal in einer Warteschleife strapaziert wird?

Einen weiteren, ganz anderen Sachverhalt, der klarmacht, dass vom technischen Fort-schritt alleine keine disruptiven Innovationen zu erwarten sind, beschreibt Rita McGrath, Professor an der Columbia Business School: „Technology is seldom the problem. The big issues tend to be political. Resources get locked into divisions, because senior executives want to hold on to their resources and not let go. You have cases where powerful political players feel threatened by innovation and try and bury it so that it never sees the light of day" (Garcia 2015, S. 14). Die Top-Führungskräfte haben also nicht nur Sorge, ihre bislang alleinige Gestaltungsmacht demokratisch zu teilen, sondern fühlen sich bereits durch neue digitale Technologien bedroht. Das ist nur zu verständlich, zumal ein wesentlicher Teil vieler neuer digitaler Technologien aus sozialer, interaktiver und kommunikativer Sicht darin besteht, dass sie häufig hierarchiefrei funktionieren. Jeder kann jeden, der ein Profil in Facebook hat, als Freund mit einem Klick hinzu-fügen, niemand muss erst bei der Chefsekretärin einen Termin für ein Gespräch ver-einbaren – falls er oder sie den überhaupt bekommen würde. Natürlich obliegt es dann wiederum jedem selbst, eine solche digitale Anfrage anzunehmen oder abzulehnen, aber welcher Mitarbeiter kann sich in ein paar Sekunden mit dem Vorstandsvorsitzenden ver-netzen und dann in Echtzeit chatten? Andreas Boes, Mitglied des Vorstands des Instituts für sozialwissenschaftliche Forschung (ISF) München e. V., bringt das bestens auf den Punkt: „Entscheidend für ein Verständnis des damit verbundenen Produktivkraftvor-sprungs ist, dass der Informationsraum mehr ist als bloße Datenbanken und digitale Algorithmen. Vielmehr entsteht mit dem Informationsraum ein neuer sozialer Hand-lungsraum" (Boes 2015, S. 62).

Dieser neue soziale Handlungsraum wird auch dadurch ermöglicht, dass sich beliebige Informationen schneller weltweit ausbreiten können, als noch vor wenigen Jahren. Kunden können, wenn sie sich von einem Unternehmen schlecht behandelt fühlen, einen Shitstorm auslösen, der massiv geschäftsschädigend wirkt. Bekannte Bei-spiele sind die Dell Hell (2005), die Kitkat-Kritik an Nestlé zur Nutzung nicht nach-haltigen Palmöls (2010), der Frust über Verspätungen bei der DB (2010), die Kampagne „Wir sind Einzelfall" gegen O2 (2011), der „For-You-Vor-Ort"-Patzer von Schlecker (2011) und der „Drosselkom"-Skandal der Deutschen Telekom (2013). Zuvor gab es keine vergleichbaren Möglichkeiten, Kundenerfahrungen für alle Interessierten derart einfach und kostengünstig transparent zu machen. Umgekehrt bedeutet dieses Risiko auch eine großartige Chance, wenn beispielsweise das Konzept des User Generated Content (UGC) als Marketinginstrument systematisch genutzt wird. Nichts überzeugt potenzielle Neukunden mehr als begeisterte Kunden, weshalb Unternehmen der Ver-lockung gefälschter Kundenkommentare widerstehen müssen, sonst droht der nächste Shitstorm. User Generated Content erhöht die Glaubwürdigkeit, denn jedes Unter-nehmen kann in der Selbstdarstellung auch den letzten uninnovativen Schrott als die Rettung der Menschheit anpreisen, Umweltsauereien oder Ausbeutung vertuschen und sich damit einen beliebigen Glanz verleihen. Wir alle kennen derartig verlogenes Marketinggeschrei. Es ist also gerade die demokratische Ermächtigung der Kunden, die zusammen mit neuen Technologien enorme Vorteile erzeugen kann.

Wenn jedoch die zuvor beschriebene Angst vor neuen digitalen Technologien zudem mit der Erfolgsfalle zusammenkommt, steht ein Unternehmen zwar nicht sofort am Abgrund, kann aber große Geschäftsmöglichkeiten verpassen. Eines der bekanntesten Beispiele ist Sony. Als Marktführer mobiler Musikgeräte („Walkman") und Verkäufer musikalischer Inhalte hatte das Unternehmen eigentlich alles, um den Sprung in die digitale Welt der MP3-Player noch vor den Wettbewerbern zu schaffen. Trotz der eigentlich hervorragenden Ausgangslage scheiterte der Konzern und versank bei mobilen Musicplayern in der Bedeutungslosigkeit. Es gab verschiedene Gründe, warum es dazu kam: Einerseits konnten sich verschiedene Teams nicht einigen. Das Hardware-Team wollte die Hardware verkaufen und die Inhalte verschenken, dass Content-Team avisierte das umgekehrte Vorgehen. Der daraus entstandene Konflikt wurde nicht gelöst. Mindestens genauso schwerwiegend war jedoch das Problem, dass die Unternehmensführung in die Erfolgsfalle tappte: weiterhin auf der Erfolgswelle des Walkmans reiten. Selbstzufriedenheit als Ergebnis früherer Erfolge ist ein nicht zu unterschätzendes Problem, wie unter anderem auch Didier Bonnet, Leiter Digital Transformation von Capgemini, klarstellt: „One of the biggest challenges in responding to disruption is complacency" (Bonnet et al. 2015, S. 80). Dies war auch einer der Gründe, warum Sony die Disruption hin zur Welt der MP3-Player verschlafen hat. Kleine, mehr oder minder homogene Führungskreise wie Geschäftsführungen oder Vorstände haben ein deutlich höheres Risiko, der Erfolgsfalle und damit verbundenen Selbstzufriedenheit des „Weiter-so" auf den Leim zu gehen. Denn es mangelt ihnen an der Vielfalt deutlich vielfältigerer (Groß-)Gruppen wie ganzer Belegschaften. Und genau das macht einen vitalen Teil von Unternehmensdemokratie aus: Gleichberechtigte Vielfalt großer Gruppen, statt elitärer Einfalt kleiner Führungsgremien, die die Strategie und damit Ausrichtung einer Organisation alleine bestimmen (vgl. Zeuch 2014).

Ein anderer Aspekt demokratischer Unternehmensführung besteht darin, als etabliertes Unternehmen mit Start-ups, die das eigene Kerngeschäft bedrohen, strategische Allianzen einzugehen, mithin: zu kooperieren, anstatt wie eher üblich, mit diesen Unternehmen in einen Verdrängungswettbewerb zu gehen und zu konkurrieren oder ihnen ihre kreative Identität zu nehmen, indem man sie aufkauft und dem eigenen Unternehmen einverleibt. So nimmt es nicht Wunder, dass auch David Cohen, Gründer und CEO des Start-ups Accelerators Techstar, Kooperation statt Krieg mit disruptiven Start-ups als zielführendere Strategie beschreibt.

Um die Chance der digitalen Transformation möglichst optimal zu nutzen, muss die Demokratisierung der Arbeit zwei wichtigen Anforderungen genügen. Erstens darf Mit- und Selbstbestimmung nicht nur eine Schönwetterkür bleiben, sondern muss auch und gerade dann, wenn der wirtschaftliche Erfolg bedroht ist, zur Krisenpflicht werden. Das lässt sich unter anderem erreichen, indem die inhaltliche Beteiligung der Mitarbeiter bei Entscheidungsprozessen institutionell abgesichert wird. Zweitens müssen wir vermeiden, „die neuen Möglichkeiten der Selbstbestimmung seitens der Beschäftigten gegen die verfassten Mitbestimmungsrechte auszuspielen, sondern vielmehr beide Elemente der

Demokratie in Unternehmen gemeinsam ausbauen" (Boes 2015, S. 69). Das sich daraus ergebende „Zusammenspiel" von individuellen Partizipations- und gesetzlich verankerten Mitbestimmungsrechten ermöglicht eine neue Dimension der Unternehmensdemokratie.

8   Unternehmensdemokratie als Instrument der Selbstausbeutung

Aber natürlich gibt es auch eine Kehrseite der Medaille. Die Demokratisierung der Arbeit im Kontext digitaler Transformation führt auf verschlungenem Weg auch auf mindestens einen Abgrund zu: Die Entwicklung einer subtilen Form von Selbstausbeutung. Wenn wir von unserer Arbeit begeistert sind, weil wir sie als sinnvoll erleben und selbst bestimmen dürfen, kann es schnell passieren, dass wir über unsere Grenzen gesunder Arbeit hinausschießen. Dann droht eine selbst verantwortete Form des Burn-outs, die sich im Effekt vermutlich nicht erheblich von einer fremdbestimmten Ausbeutung unterscheidet.

Dieses Risiko hat unter anderen die Sozialwissenschaftlerin Vanita Irene Matta untersucht. Mithilfe eines sozioökonomischen Panels über eine Befragung von 10.000 Haushalten kam sie zu bedenkenswerten Ergebnissen: „41 % (der befragten Männer, AZ) stecken jede Woche zehn Stunden mehr in den Job, als ihnen lieb ist." (Böckler Impuls 2015, S. 2) Das sollte natürlich zu denken geben. Andererseits stellen sich diverse Fragen zu den konkreten und genauen Arbeitsbedingungen und der Mitbestimmung bei den Arbeitgebern, für die die Befragten tätig sind. Um das Ergebnis von Matta sinnvoll interpretieren zu können, ist es unabdingbar zu wissen, ob die Befragten neben der mehr oder weniger selbstbestimmten Arbeitszeit auch ihre Arbeitsziele selber bestimmen können und ob die Zielerreichung mit variablen Gehaltsanteilen verbunden ist. Wenn sie die Ziele nämlich vorgesetzt bekommen und keinen Einfluss darauf haben, wäre das ein möglicher Hinweis auf einen anderweitigen Arbeitsdruck. Denn warum sollten die Mitarbeiter mehr arbeiten als sie wollen, wenn sie die Ziele nicht selbst bestimmt haben? Vermutlich dann, wenn mit der Zielerreichung variable Gehaltsanteile verbunden sind und/oder Druck auf sie ausgeübt wird, sofern sie die Ziele nicht erreichen. Aus der nachgewiesenen Korrelation selbstbestimmter Arbeitszeit und ungewollter Überstunden lässt sich noch längst kein kausales Verhältnis ableiten.

Unabhängig von diesen wissenschaftlichen Fragestellungen ist es zweifelsfrei sinnvoll, eine Kultur eigener und gegenseitiger Achtsamkeit zu entwickeln. Wir müssen lernen, auf uns und auf unsere Kollegen zu achten, dass wir die Grenzen unserer Leistungsfähigkeit wahren. Diese Aufgabe lässt sich nicht mit der Blaupause einer erfolgreicher Organisationskultur auf andere Organisationen standardisiert übertragen. Sie muss vielmehr individuell in jeder Organisation entwickelt und gepflegt werden. Das beginnt damit, die Demokratisierung der Arbeit nicht als Wundermittel anzupreisen, sondern sie im Zuge einer Umsetzung in den jeweiligen Organisationen von Anfang an auch hinsichtlich dieses Risikos kritisch zu reflektieren. Im nächsten Schritt bedarf es dann der Entwicklung und Pflege einer Kultur, die eine Selbstausbeutung so weit wie möglich verhindert.

9 Unternehmensdemokratie als gesellschaftliches und politisches Topthema

Neben all diesen insgesamt eher noch spärlichen Reflexionen in der Wirtschaft zeigt sich die dringend nötige Verbindung sozialer mit technologischen Innovationen aber auch in der Politik. Und zwar in einer für manch einen vielleicht überraschenden Aktualität. Das steht erfreulicherweise im Gegensatz zur häufigen Wahrnehmung und Kritik, unsere Politik hinke den gesellschaftlichen, technologischen und somit natürlich auch wirtschaftlichen Entwicklungen hinterher. In vielen Fällen ist das wohl kaum zu bezweifeln, wie viele Herausforderungen zeigen: Das Internetrecht ist längst nicht auf der Höhe dessen, was im World Wide Web möglich und längst Gang und Gebe ist; selbststeuernde Autos führen zu rechtlichen Fragestellungen juristischer Verantwortung, deren Beantwortung wohl noch eine Weile auf sich warten lassen wird und im Bereich anderer technologischer Innovationen wie Genfood oder Nanotechnologie sieht es nicht viel anders aus. Und doch hat insbesondere die deutsche Bundesregierung gezeigt, dass sie manches Mal schneller und weiter denkt als so manche Unternehmensführung.

Bereits 2015 startete das Bundesministerium für Arbeit und Soziales (BMAS) den „Dialogprozess Arbeiten 4.0" mit dem im April vorgelegten Grünbuch Arbeiten 4.0. Im dortigen Abschn. 3.6 „Wie arbeitet das erfolgreiche Unternehmen der Zukunft?" geht es ausdrücklich um gute „Unternehmenskultur und demokratische Teilhabe" (vgl. Zeuch 2015a, 2016). Gleich im ersten Absatz wird die Bedeutung von Mitbestimmung und Partizipation klargestellt: „Mitgestalten, mitwirken und mitbestimmen sind die zentralen Prinzipien einer guten Unternehmenskultur – denn sie sind die Grundlage für Kreativität, Offenheit und Engagement" (BMAS 2015, S. 68). Darüber hinaus fördert sowohl das BMAS als auch das Bundesministerium für Bildung und Forschung (BMBF) in nicht unerheblichem Maße die Entwicklung sozialer Innovationen im Kontext der digitalen Transformation. Im März 2016 erschien dann noch das Programm „Zukunft der Arbeit. Innovationen für die Arbeit von morgen" im Rahmen des Dachprogramms „Innovationen für die Produktion, Dienstleistung und Arbeit von morgen" des BMBF (2016). Dort findet sich in der Einleitung eine klare gesellschaftspolitische Positionierung hin zur Verbindung sozialer und technischer Innovationen: „Das Programm spricht Unternehmen, Forschungseinrichtungen und Organisationen an, nach Lösungen zu suchen, die technischen und sozialen Fortschritt verknüpfen" (BMBF 2016, S. 5).

10   Wenn nicht jetzt, wann dann?

Uns Deutschen wird nachgesagt, wir würden Gefahr laufen, die nächsten großen Innovationssprünge zu verschlafen. Dauernd wird das Silicon Valley als DAS große Vorbild beschworen und jeder, der innovativ sein will, bucht das nächste Flugticket dorthin, um auf die Höhe der Zeit zu kommen. Dabei haben wir in Deutschland bereits durchaus beachtliche soziale Innovationen in Form von Managementinnovationen aufzuweisen, mit denen wir uns in keiner Weise vor der globalen Entwicklung verstecken müssen. Eher das Gegenteil ist der Fall. Einige wegweisende Unternehmen und Organisationen weisen längst langjährige Erfolge auf (Sattelberger 2015; Zeuch 2015b), die sogar globalen Vorbildcharakter haben.

Jetzt ist die Zeit, da wir die Wünsche, Erwartungen und Versprechungen der Demokratisierung von Arbeit endlich realisieren können. Eben weil die digitalen Technologien nun zur Verfügung stehen, um demokratische Entscheidungsprozesse schnell und effizient zu ermöglichen. Gleichzeitig ist die Demokratisierung der Arbeit die nötige Voraussetzung, um die Versprechen der digitalen Transformation einlösen zu können.

Literatur

Berger J et al. (1985) Alternativen zur Lohnarbeit. Selbstverwaltete Betriebe zwischen Anspruch und Realität. AJZ, Hille

Bloching B et al. (2015) Die digitale Transformation der Industrie. Roland Berger Strategy Consultants, München

Böckler Impuls (2015) Freiheit zur Selbstausbeutung. In: Düsseldorf. Böckler Impuls 15/2015, S 2

Boes A (2015) Zwischen Empowerment und digitalem Fließband: Das Unternehmen der Zukunft in der digitalen Gesellschaft. In: Sattelberger T et al. (Hrsg) Das demokratische Unternehmen. Haufe, Freiburg, München, S 57–73

Bonnet D. et al. (2015) Organizing for digital: why digital dexterity matters. Capgemini Consulting

Bundesministerium für Arbeit und Soziales (Hrsg) (2015) Grünbuch Arbeiten 4.0. Berlin

Bundesministerium für Bildung und Forschung (Hrsg) (2016) Zukunft der Arbeit. Innovationen für die Arbeit von morgen. Bonn

Garcia C (2015) Fast thinking: reinventing strategy for a digitally-disrupted world. Digit Transform Rev 7:12–15

Naphtali F (1969) Wirtschaftsdemokratie. Ihr Wesen, Weg und Ziel. Europäische Verlagsanstalt, Frankfurt a. M. (Wiederabdruck des Originals von 1928)

Sattelberger T (2015) Abhängiger oder souveräner Unternehmensbürger – der Mensch in der Aera der Digitalisierung. In: Sattelberger T et al. (Hrsg) Das demokratische Unternehmen. Neue Arbeits- und Führungskulturen im Zeitalter digitaler Wirtshaft. Haufe, Freiburg, München, S 33–53

Zeuch A (2014) Strategie & Belegschaft. Vielfalt schlägt Einfalt. In: Becker L et al. (Hrsg) Business Development Management. Von der Geschäftsidee bis zur Umsetzung. Symposion, Düsseldorf, S 217–230

Zeuch A (2015a) Unternehmensdemokratie. Politisches Topthema. In: Blog der Unternehmensdemokraten. www.unternehmensdemokraten.de/blog, Short-URL: http://goo.gl/0YAxiD

Zeuch A (2015b) Alle Macht für niemand. Aufbruch der Unternehmensdemokraten. Murmann, Hamburg

Zeuch A (2016) Halbzeitkonferenz Arbeiten 4.0 In: Blog der Unternehmensdemokraten. www.unternehmensdemokraten.de/blog, Short-URL: http://goo.gl/c9OGSr

Dr. Andreas Zeuch
(Fotocredit: Andreas
Zimmermann)

Dr. Andreas Zeuch begleitet als Gründer und Geschäftsführer der Unternehmensdemokraten Unternehmen auf dem Weg zu mehr Partizipation und Demokratisierung. Im Zusammenhang damit stellt er in seinem letzten Buch „Alle Macht für Niemand. Aufbruch der Unternehmensdemokraten" acht Unternehmen und ihre je eigenen Wege zu einer erfolgreichen Unternehmensdemokratie vor.

Zeuch arbeitet mit seinen Kollegen/-innen zumeist für mittelständische Unternehmen diverser Branchen und Non-Profitorganisationen. Ihr Leistungsspektrum reicht von der demokratischen Gründungsberatung, über Beratung, Coaching, Training und Speaking bis hin zu selbstorganisiertem Mentoring und partizipativem Interim-Management. In Kooperation mit der betriebswirtschaftlichen Fakultät der Universität Mannheim beforschen die Unternehmensdemokraten Transformationsprozesse und neue Formen der Arbeit. Sie leisten damit einen Beitrag zur Entwicklung von Evidence Based New Work.

Zeuch promovierte von 1999–2003 im Bereich Erwachsenenbildung an der Universität Tübingen zum Training professioneller Intuition. Seit dem bildet auch die Professionalisierung von Intuition ein grundlegendes Fundament seiner Arbeit.

Sichere Datenkommunikation für die Smart City

Sven Meise

Einführung

Das 21. Jahrhundert gilt als „Jahrhundert der Städte": Lebten 2005 noch 3,2 Mrd. Menschen in Städten, was 50 % der Weltbevölkerung entsprach, sind in 2030 bereits 60 % Städter. In nur etwa zehn Jahren werden also 5 Mrd. Menschen weltweit in Städten leben (Bundeszentrale für politische Bildung 2008).

Parallel erhöht sich die Zahl der Megastädte. Nicht selten erreichen die Metropolen Einwohnerzahlen von über 20 Mio. In der chinesischen Stadt Chongqing leben bereits heute weit über 30 Mio. Einwohner. Unter Berücksichtigung der administrativen Stadtgrenzen ist Chongqing heute damit die größte Stadt der Welt nach Einwohnern. In den hoch entwickelten Ländern ist der Verstädterungsgrad mit 74 % noch höher als in den Entwicklungs- und Schwellenländern (Bundeszentrale für politische Bildung 2008). Aufgrund des demografischen Übergewichts leben in absoluten Zahlen bereits mehr als doppelt so viele Menschen in Städten wie in den reichen Ländern. In Deutschland sollen Prognosen zufolge im Jahr 2030 rund 78,6 % der Bevölkerung in Städten beheimatet sein (Statista GmbH 2014).

Das immense Bevölkerungswachstum in den Städten und der Trend zur Urbanisierung bringen viele Herausforderungen mit sich: Die Menschen müssen mit Strom, Lebensmitteln, Fernwärme und sauberem Trinkwasser versorgt werden. Am besten wird Strom gleich dezentral erzeugt und mit Energiespeichern vorgehalten. Der Müll muss entsorgt werden. Eine nachhaltige Kreislaufwirtschaft ist erforderlich. Es wird eine funktionierende Verkehrsinfrastruktur benötigt. Nicht zu vergessen: Die Lebensmittelversorgung erfordert entsprechende Kühlketten. Für eine bessere Umwelt muss ein ressourcenschonendes und umweltfreundliches Konzept mit einem möglichst

S. Meise (✉)
Francotyp-Postalia Holding AG, Berlin, Deutschland
E-Mail: kr.thiel@francotyp.com

© Springer-Verlag GmbH Deutschland, ein Teil von Springer Nature 2021
A. Hildebrandt und W. Landhäußer (Hrsg.), *CSR und Digitalisierung,* Management-Reihe Corporate Social Responsibility, https://doi.org/10.1007/978-3-662-61836-3_51

geringen ökologischem „Footprint" erstellt werden. Es besteht die Notwendigkeit, die ständig wachsenden Städte nachhaltiger zu entwickeln. Und genau an dieser Stelle ist die Smart City gefordert.

Digitale Technologien verbessern Angebote einer Stadt

Unter dem Sammelbegriff Smart City werden Entwicklungskonzepte verstanden, die das Ziel haben, unter Zuhilfenahme digitaler Technologien vor allem die Infrastrukturen und weitere Angebote der Städte zu verbessern und zu optimieren. Die Technologien dahinter stehen für die Lösung der Probleme der Urbanisierung, für vernetzte Lebens- und Arbeitsräume, für neue Mobilitätskonzepte, für die effiziente Nutzung der Energie und die Entlastung der Umwelt.

Die Konzepte sollen für mehr Effizienz, für fortschritlichen Technologieeinsatz, für mehr Nachhaltigkeit und auch für mehr Sicherheit sorgen. In einer Smart City werden moderne Technologien aus den Bereichen Energie, Mobilität, Stadtplanung, Verwaltung und Kommunikation so miteinander vernetzt, dass sich die Lebensqualität für die Bewohner erhöht. Gleichzeitig werden die vorhandenen Ressourcen geschont. In den Bereichen Verkehr, Energie und Datenmanagement geht es vor allem darum, Daten mit Technologien zu verbinden. Intelligente Städte arbeiten auch daran, digitale Abläufe und Produkte in Verwaltung und öffentliches Leben zu integrieren. Der Einsatz digitaler Technologien macht Städte sicherer, effizienter und nachhaltiger.

Allerdings: Stand heute ist der mit Abstand größte Teil der Gebäude noch nicht digital und erst recht nicht „intelligent" – Experten gehen von 99 % aus. Dabei könnte die Digitalisierung Gebäude von passiven Steinmauern zu aktiven „Organismen" entwickeln, die mit den Menschen interagieren und sich genau ihren Bedürfnissen anpassen. Dafür werden viele Anwendungen in der Smart City in den nächsten Jahren cloudfähig oder -native sein.

Die Digitalisierung basiert auf Daten und die müssen den richtigen Weg von A nach B finden. Geräte und Anlagen tauschen zunehmend untereinander aus. Es entsteht das Internet der Dinge (Internet of Things; IoT), welches das Datenvolumen noch stärker anwachsen lässt. Das stellt völlig neue Anforderungen an den Daten-Traffic, die Performance, Sicherheit und Verfügbarkeit von Netzen. Für diese Anforderungen sind IoT-Gateways die bevorzugte Wahl (Abb. 1). Mit ihnen können Daten zuverlässig übertragen werden. Nun macht der Einsatz von IoT-Gateways noch keine Digitalisierung aus. Aber sie sind ein wichtiger erster Schritt und Voraussetzung dafür, dass Digitalisierung funktioniert.

Datenübertragung mit hoher Sicherheit

Die Infrastrukturen einer Stadt, zum Beispiel die Wasser- und die Energieversorgung, sind kritisch – und dies sogar laut der EU-Richtlinie 2008/114/EG. Die Funktionsfähigkeit dieser Infrastrukturen muss unbedingt erhalten bleiben. Dies setzt voraus, dass die Datenübertragung für diese Infrastrukturen besonders sicher funktionieren muss. Hacker dürfen nicht die Kontrolle über öffentliche Einrichtungen übernehmen können.

Abb. 1 Mit FP Secure IoT Gateways von FP InovoLabs wird die letzte Meile der Datenkommunikation sicher überbrückt. Das Bild zeigt das modular erweiterbare OTGuard-System (Bildquelle: FP InovoLabs GmbH)

Gerade bei der sicheren Datenübertragung hat zum Beispiel der Berliner FP-Konzern ein Alleinstellungsmerkmal: Hier wurde eine hochsichere Lösung entwickelt, die seit 20 Jahren in mittlerweile 200.000 Frankiersystemen erfolgreich zum Einsatz kommt (Heinze 2019). Darüber werden Transaktionen mit Geldwerten von mehr als 1,35 Mrd. Euro/Jahr abgesichert. Jeder kann sich vorstellen, dass hier höchste Sicherheit gefragt ist. Die dahinterstehenden Sicherheitslösungen können nun auch der Datenübertragung in der Smart City zugutekommen. Ein großer Vorteil ist dabei die Skalierbarkeit: Auch nachträglich lassen sich die Datenübertragungslösungen von FP bis zur höchsten Sicherheitsstufe problemlos nachrüsten. Im Unterschied zu Wettbewerbssystemen gewährleisten die IoT-Gateways von FP die hohe Sicherheit auch bei einer Rückwirkung in die verschiedenen Anlagen. Damit wird das Risiko einer absichtlichen Manipulation lebenswichtiger Versorgungsbereiche einer Smart City signifikant minimiert. Ein PKI-gestütztes Freigabeverfahren ist dabei integrierter Bestandteil. Die sichere Datenkommunikation kann in unterschiedlichen Anwendungsszenarien einer Smart City zum Einsatz kommen, wie bereits heute unzählige Beispiele zeigen (Abb. 2).

Abb. 2 Die ENGuard-
Produktreihe ist eine Variante
der FP Secure IoT Gateways,
die für Anwendungen im
Bereich der Energietechnik
optimiert wurde. Die
Gateways sind die schnelle
und flexible Lösung für die
Erfassung und das Monitoring
von dezentralen Anlagen
in der Wasserversorgung,
Umwelttechnik, für
alternative Energieerzeuger
und Energieverteilungen
mit minimalen Montage-
und Einrichtungskosten.
(Bildquelle: FP InovoLabs
GmbH)

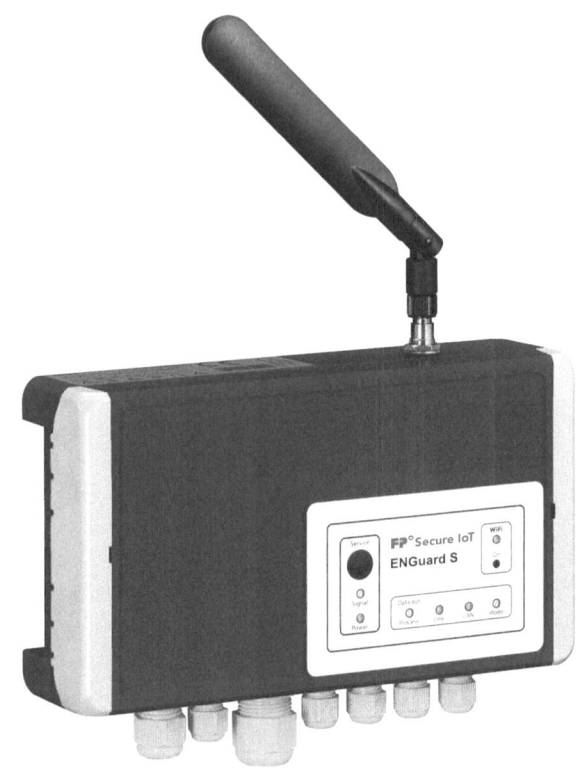

Energiemanagement schont Ressourcen

Ein Punkt mit besonderer Wichtigkeit für die Zukunft von Städten ist die Energieversorgung. Sie wird zum Betrieb der unterschiedlichen Infrastrukturen, der Versorgung
der vielen Haushalte sowie der Unternehmen benötigt. Neben Versorgungssicherheit
steht der Umweltschutz hier ganz weit vorne. So hat die Staatengemeinschaft in internationalen Umweltabkommen wie dem Kyoto-Protokoll oder dem Übereinkommen von
Paris vereinbart, hier mehr zu tun. Aus diesem Grunde sind Städte aufgefordert, einen
Beitrag zu weniger Ressourcenverbrauch zu leisten.

Unter Nachhaltigkeitsaspekten geht es darum, die Ressource Energie so sparsam wie
möglich einzusetzen. Viele sehen die Lösung dazu in einem intelligenteren Energiemanagement und der Einbindung von regenerativen Energien. So scheinen wir den
Anteil fossiler Brennstoffe am Energiemix reduzieren zu können.

Die beste Energie ist auch in der Smart City immer noch die, die gar nicht benötigt
wird. 40 % des Energieverbrauchs und 36 % der CO_2-Emissionen entfallen in Europa
auf den Gebäudebereich. 35 % der Gebäude sind in Europa 50 Jahre und älter. Davon
erfüllt nur ein Viertel die gängigen Energiestandards. Um Energie effizient einzusetzen, bedarf es Energiemanagementsysteme. Stimmt das Energiemanagement, können
Einsparpotenziale frühzeitig erkannt und Ressourcen nachhaltig genutzt werden. Für
Unternehmen jeglicher Art gibt es heute neben der Senkung des Stromverbrauchs noch

eine andere Motivation für die Einführung eines Energiemanagementsystems: Sie sparen Steuern und Abgaben.

Energiemanagement beinhaltet nach DIN EN 16001 oder ISO 50001 unter anderem die permanente Überwachung und kontinuierliche Aufzeichnung der Energieverbräuche – auch Energiemonitoring genannt, das Zusammenfassen, die prüfbare Dokumentation und die Analyse der Schlüsselwerte und deren Gegenüberstellung mit den Vergleichs- und Planwerten, die regelmäßige Überprüfung der Erfolge und Anpassung der Ziele sowie die Einleitung von Maßnahmen, um wiederholte Nichtkonformität auszuschließen.

Um Energie- und Effizienzmaßnahmen gezielt planen, umsetzen und kontrollieren zu können, nutzt das Großhandelsunternehmen METRO ein im Rahmen eines ISO 50001 zertifizierten Energiemanagementsystems als zentrale Datenbank für alle Energie- und Ressourcenverbräuche. Zur Kontrolle des Bedarfs werden zum Beispiel Instrumente wie Benchmarking für Energie- und Leckageraten sowie CO_2-Accounting zwischen den einzelnen METRO-Filialen verwendet. Dabei wurden genaue Vergleichsmaßstäbe geschaffen und zum Beispiel nicht nur die Verkaufsfläche, sondern sogar die Anzahl der Meter der Kühlmöbel berücksichtigt. Filialleiter haben die Möglichkeit, basierend auf den erfassten Daten zielgerichtet den Energieverbrauch zu senken. Dazu müssen natürlich die Messwerte der Anlagen der einzelnen Filialen zur Zentrale übertragen werden. Das Ergebnis: Der Energieverbrauch wurde von 378 kWh pro Quadratmeter

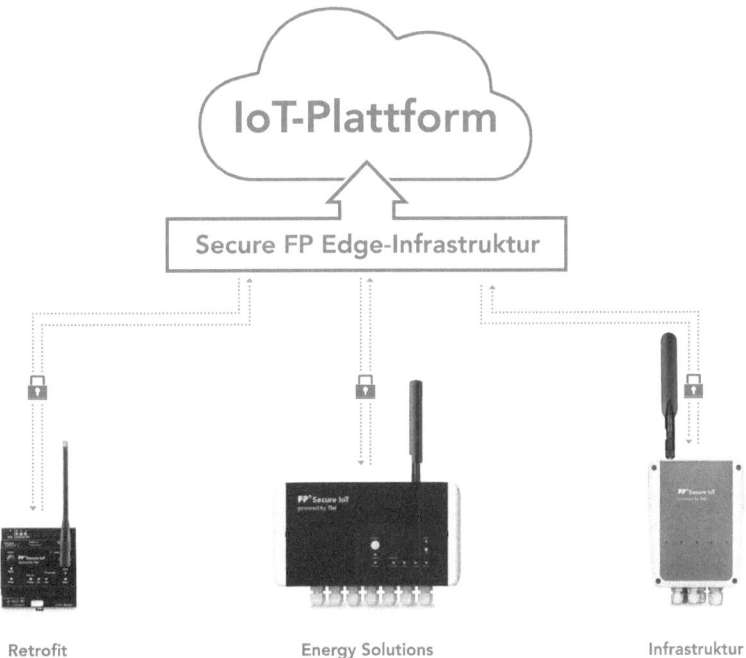

Abb. 3 Mit FP IoT Gatewas werden verschiedenartig strukturierte Prozessdaten sicher in die Cloud übertragen. (Bildquelle: FP InovoLabs GmbH)

auf 150 kWh pro Quadratmeter Verkaufsfläche und weniger gesenkt (adelphi research gemeinnützige GmbH 2018).

Die Grundlage für so ein Managementsystem ist eine gute und große Datenbasis. Ohne diese kann auch die beste und intelligenteste Analytik keinen Mehrwert erzeugen. Die zeit- und kostenintensive Herausforderung für die technischen Mitarbeiter ist hierbei die hohe Schnittstellenvielfalt in den Anlagen, die Energie nutzen, zur Verfügung stellen, speichern und messen. Hierfür werden Gateways benötigt, welche über möglichst viele Schnittstellen zu Sensorik, Steuerungen und vor allem Zähler verfügen, aber auch eine gute Datenschnittstelle zum Cloud-System (Abb. 3).

Für eine einheitliche Verbraucherfassung der unterschiedlichen Zähler hat sich zum Beispiel der Standard M-Bus (Meter-Bus) der Open Metering Group (OMG) etabliert. Dieser fördert die Interoperabilität für Gas-, Strom-, Wasser- und Wärmezähler. Die Zählertechnologie kann frei gewählt werden, ohne dass sich Anwender an Hersteller binden müssen. FP InovoLabs, die IoT-Spezialisten und Produktentwickler innerhalb des FP-Konzerns, unterstützt nicht nur diesen wichtigen Standard, sondern arbeitet auch aktiv in den OMG-Arbeitsgruppen zur Weiterentwicklung des M-Busses mit, um Zählerdaten direkt in die Cloud zu transferieren. Die hochsicheren FP-Gateways können den kabelgebundenen M-Bus direkt auslesen und die Wireless-Variante über einen Adapter.

Regenerative Energie intelligent einbinden

Eine wichtige Rolle bei der zukünftigen Energieversorgung von intelligenten Städten werden virtuelle Kraftwerke einnehmen. In einem virtuellen Kraftwerk werden dezentrale Stromerzeugungseinheiten, wie Photovoltaikanlagen, Windenergieanlagen und Blockheizkraftwerke, zu einem Verbund gebündelt. Dieser Verbund stellt elektrische Leistung verlässlich bereit und kann damit Leistung aus Großkraftwerken ersetzen. Ein wichtiger Aspekt von virtuellen Kraftwerken ist die Vermarktung des Stroms sowie die Bereitstellung von Systemdienstleistung aus einem Verbund kleiner dezentraler Anlagen. Das virtuelle Kraftwerk reguliert die dezentralen Anlagen abhängig davon, ob aufgrund ungleichmäßig verfügbarer erneuerbarer Energien zu viel oder zu wenig Strom erzeugt wird.

Regenerative Energie, die aus Sonne und Wind erzeugt wird, steht nicht immer zur Verfügung. Dazu kommt, dass derzeit immer mehr PV-Anlagen aus der EEG-Förderung fallen. Doch die Anlagen produzieren immer noch fleißig Ökostrom. Was passiert mit den Anlagen ohne attraktive Einspeisevergütung, fragen sich viele Betreiber. Es müsste eine Motivation entstehen, den hergestellten Strom selbst zu verbrauchen, um Fremdstrom nicht mehr bezahlen zu müssen. Doch was passiert, wenn keine Sonne scheint? Es werden also Stromspeicher benötigt. Die intelligente Überwachung der Photovoltaik- und Stromspeicheranlagen übernehmen IoT-Gateways.

Zum Beispiel gibt es ein Projekt mit dem Unternehmen NES GmbH aus Stephanskirchen bei Rosenheim. Hier übernehmen IoT Secure-Gateways von FP gleich noch eine wichtige Zusatzfunktion: Die EnGuard-Gateways fungieren nicht nur als Datendrehscheibe vor Ort, auf ihnen ist auch direkt eine intelligente Regelung implementiert (Abb. 2). Diese führt alle Parameter zusammen: Stromverbrauch, vorhandene Reserve im Speicher sowie Kosten des Netzstroms werden direkt in Abgleich gebracht. Aus der Cloud heraus kann der Anwender auf einem Dashboard alle Parameter sehen und die richtige Entscheidung für Nachhaltigkeit und Geldersparnis treffen.

Ein weiteres Beispiel: Das Unternehmen ISONA GmbH hat in Kooperation mit Kunden, Steuerungsherstellern sowie BHKW-Herstellern ein Automation WebCenter entwickelt, mit dem Anwender ihre Energieverbräuche erfassen und Energiesparmaßnahmen treffen können. Hierbei werden die Stromverbrauchswerte von weit verteilten Lokationen zentral erfasst und visualisiert. Ergänzend werden die Effektivitätsgrade von Energieerzeugungsanlagen wie Blockheizkraftwerke im WebCenter erfasst (ISONA GmbH 2019). Um die Daten vom BHKW sicher zur Zentrale zu übertragen, kommen wiederum die FP EnGuard-Gateways zum Einsatz. Die Anwender können aus der Ferne direkt auf ihr BHKW zugreifen und es bedienen, als ob sie davorsitzen würden.

Das FP EnGuard-Gateway wird auch als Router eingesetzt. Über eine abgesicherte Sicherheitsstruktur greift der Anwender auf alle Anlagen und Geräte zu, die an das Gateway angeschlossen sind. Somit lassen sich mit dem Gateway ein komplettes Netz basierend auf Hochsicherheitsrouter aufbauen. Die Versorgung mit Wärme und Strom gehört zu den kritischen Infrastrukturen. Datenintegrität und Authentizität sind wichtige Voraussetzungen, damit die Kommunikationsnetzwerke den hohen Sicherheitsanforderungen entsprechen. Die Gateways leisten einen wichtigen Beitrag, damit die Vertraulichkeit der Daten gewährleistet wird.

Die Digitalisierung der Fernwärmeversorgung

85 % des Energieverbrauchs im Gebäudesektor entfallen auf Wärme und Warmwasser. Nach Informationen des Bundesverbands der Energie- und Wasserwirtschaft (BDEW) wurden 2019 immerhin 13,9 % der etwa 40,6 Mio. Wohnungen in Deutschland mit Fernwärme versorgt (BDEW-Studie 2019). Im Fernwärmemarkt gibt es derzeit erhebliche Umwälzungen. Die typische Struktur von Wärmeerzeuger über Kohleverbrennung, Fernwärmeverteilnetz und Wärmeverbraucher befindet sich im Wandel. Die Netzbetreiber stellen ihre Wärmenetze auch anderen dezentralen Einspeiseanlagen, wie Blockheizkraftwerken, Kraft-Wärme-Kopplungsanlagen, Solarthermie, Geothermie und Industrieabwärme, zur Verfügung. Darüber hinaus bauen sie ihr Dienstleistungsportfolio aus und übernehmen die Heizungsregelungsanlagen in den Gebäuden. Die Netzbetreiber werden somit zu Contractoren und stellen den Hauseigentümern und Mietern die entsprechende Wärme als Dienstleistung zur Verfügung.

Dazu muss der Wärmefluss in den Netzen an deutlich mehr Übergabestationen gemessen und ausgesteuert werden. Um die Vorlauftemperaturen passgenau auszubalancieren, benötigt der Betreiber Informationen über typische Messgrößen wie die transportierte Energiemenge, Drücke und Temperaturen im Netz, Leckage informiert sein. Mehr denn je werden also auch an dieser Stelle wieder Gateways für die sichere und intelligente Datenübertragung erforderlich.

Um ein solches System zu balancieren, benötigt der Betreiber Informationen über typische Messgrößen wie die transportierte Energiemenge, Drücke und Temperaturen im

Netz, Leckage informiert sein. Mehr denn je werden also auch an dieser Stelle wieder Gateways für die sichere und intelligente Datenübertragung erforderlich. Nicht zuletzt geht es dabei auch um die Einhaltung der DSGVO. Niemand sollte wissen können, dass die Bewohner eines Hauses nicht anwesend sind, nur weil nicht geheizt wird. Was für Fernwärme gilt, hat seine Berechtigung ebenso für die Versorgung mit Fernkälte.

FP InovoLabs stellt für diese Anforderungen auch komplette Rund-um-Sorglos-Pakete inklusive des gesamten Projektmanagements zur Verfügung, damit der Betreiber die erforderlichen Daten nicht nur sicher übertragen, sondern auch visualisiert, analysiert und mit entsprechenden Entscheidungsvorlagen erhält. Die Datenübertragung endet dabei erst bei der Abrechnungsstelle und sorgt für die monatliche Heizkostenabrechnung sowie andersherum für die Regulierung der Wärme vor Ort.

Für solche Anwendungen gibt es bereits viele Beispiele, in denen sich die FP-Gateways zuverlässig bewähren, so zum Beispiel im Fernwärmenetz Ulm. Die Nutzung von Energie aus Müll, Biomasse und Biogas führte hier dazu, dass der Anteil regenerativer Brennstoffe an der Wärmeerzeugung bei der Fernwärme Ulm (FUG) bereits deutlich über 60 % beträgt und damit alle Anforderungen des EEWärmeG 2011 erfüllt (Stadt Ulm). Die Kraft-Wärme-Kopplungsanlagen sorgen außerdem für etwa 20 % des Strombedarfs der Stadt – ein erster Schritt in Richtung Selbstversorgung der Stadt. Für eine sichere Datenübertragung stellt die Fernwärme Ulm GmbH sukzessive auf die Gateways EnGuard von FP InovoLabs um, mit denen die bisherigen analogen Kommunikationslösungen abgelöst werden.

Was im digitalen Zeitalter als Geschäftsmodell der Zukunft propagiert wird – Dienstleistungen anstatt Produkte anzubieten, haben Contracting-Unternehmen im Gebäudesektor längst für sich entdeckt. Contracting-Unternehmen sind Betreiber und Errichter von Heizanlagen. Sie liefern die erzeugte Wärme und rechnen diese in kWh oder MWh ab. Contractoren sind verantwortlich für die Funktion der Heizanlagen. Sie kaufen dem Kunden die Heizung ab und verkaufen die erzeugte Wärme. Solche Verträge werden nicht selten über Zeiträume von zehn bis 20 Jahren abgeschlossen. Dazu kann es sogar auch Einträge im Grundbuch geben, die dem Contractor als Sicherheit die Flächen des Heizkellers zuschreiben. Die Contracting-Lösung bietet Vorteile für alle Seiten. Für den Contractor liegen diese vor allem in Synergieeffekten und vorhandenem technischen Know-how. Die Betreiber müssen nur für das zahlen, was sie wirklich benötigen und brauchen sich nicht um die Wartung kümmern.

Die ständige Verfügbarkeit von Wärme kann der Contractor nur dann garantieren, wenn die Anlagen automatisiert überwacht werden. Als Anreiz zur Einhaltung seiner vertraglichen Pflichten akzeptiert der Contractor nicht selten hohe Vertragsstrafen. Der Immobilienbesitzer profitiert davon, dass er sich um das Thema Wärme überhaupt nicht mehr kümmern muss. Zu den großen Contracting-Unternehmen gehört der Energiedienstleister GETEC sowie MVV. Energiedienstleister unterstützen im Rahmen des „Contracting" unter anderem Unternehmen der Immobilien- und Wohnungswirtschaft mit maßgeschneiderten Lösungen für die Energieversorgung.

GETEC optimiert laufend seine Anlagen, um die Effizienz immer weiter zu erhöhen. Dafür sind die GETEC-Experten auf valide statistische Daten aus den Heizungsanlagen angewiesen, vor allem in Bezug auf die Eingangs- und die Ausgangsenergie der Heizungsanlagen. Um eine bestmögliche Vergleichbarkeit der Werte aus den Heizungsanlagen zu erreichen, hat das Energiedienstleistungsunternehmen ein großes Interesse an einen hohen Standardisierungsgrad. Jede Abweichung ist ein unnötiger Einflussfaktor. Vor allem aber muss heute keiner mehr zu den Anlagen herausfahren, um diese Daten zu erhalten.

Der Energiedienstleister setzt daher seit ein paar Jahren auf die IoT-Gateways von FP. FP ist somit der technologische Enabler für das Contracting-Business. Mehrere Tausend IoT-Gateways sind inzwischen oder werden noch in den Heizungsanlagen verbaut. Die Gerätewartung kann flexibel über mobile Endgeräte erfolgen. Das macht die IoT-Gateways von FP nicht nur kosteneffizient, sondern auch essenziell für die Steuerung des wirtschaftlichen Erfolges.

Auch bei der MVV Energie AG aus Mannheim geht es um eine optimierte Wärmelieferung an Gebäude im Rahmen des Contracting. Mit den FP-Gateways wird die Wärmeabrechnung ermöglicht, Störungen frühzeitig erkannt und die Effizienz optimiert.

Kreislaufwirtschaft in der Smart City

Wenn viele Menschen in Metropolen zusammenleben, entstehen viel Müll und nicht mehr benötigte Wertstoffe, deren Entsorgung gesichert sein muss. Diese müssen auf möglichst kleinem Raum gelagert oder effizient abtransportiert werden. Ein Unternehmen, welches die entsprechende Technologie dafür liefert, ist die HUSMANN Umwelt-Technik. Presscontainer, Müllpressen, Umladeanlagen, stationäre Pressen und Walzenverdichter des Unternehmens sorgen für mehr Freiräume. Viel Material findet auf kleinstem Raum Platz. Entsorgungsfahrten werden eingespart und Kosten somit drastisch reduziert (Produkte der HUSMANN Umwelt-Technik GmbH). All diese Anlagen kommen nicht ohne intelligente Überwachung aus. Für die mobilen Verdichteranlagen setzt HUSMANN deshalb auf eine End-to-End-Lösung mit IoT-Gateways von FP InovoLabs für die Kontrolle und die Fernsteuerung.

Dabei hatte der Spezialist für Umwelttechnik bereits vor den ersten Gesprächen mit dem Gateway-Lieferanten klare Vorstellungen von der Lösung, die realisiert werden sollte. FP InovoLabs konnte so zum Beispiel sehr schnell durch einen PoC (Proof of Concept), also durch einen betriebsfähigen echten Aufbau, die erforderlichen Grundfunktionen nachweisen. Diese bestehen im Wesentlichen aus der sicheren Übertragung der Daten aus den vorhandenen Steuerung, der Rückwirkung in die Anlagensteuerung aus der Cloud und einem Dashboard zur Visualisierung, die als mandantenfähige Verwaltungslösung dient (Boeckh 2019).

Die Vorgehensweise, schnell mit einer sofort einsetzbaren Lösung zu beginnen und dieser dann Schritt für Schritt Funktionen hinzuzufügen, hat sich als richtige Strategie herausgestellt. Die dafür notwendige hohe Flexibilität und schnelle Anpassungsfähigkeit bringt die skalierbare Lösungsarchitektur von FP InovoLabs mit. Auch bei dieser Applikation war es mit ausschlaggebend, dass die IoT-Gateways in der Lage sind, auf

Sensordaten fast jeder Art sowie Steuerungen – auch Altsteuerungen – der verschiedenen Anbieter lesend und schreibend zuzugreifen. Dafür ist dank der FP-Technologie in den überwiegenden Fällen keine Änderung der jeweiligen Programme in der Steuerung erforderlich.

Ebenso ist der sichere Umgang mit Daten ein ausschlaggebendes Argument. Die Daten werden mit der richtigen und unverfälschten Zuordnung zu Ort und Zeitpunkt ihrer Entstehung geschützt nur zu dem Zielsystem übertragen, welches die Berechtigung hat, die Daten auszuwerten. Entscheidungen auf Basis falscher oder verfälschter oder unvollständiger Daten können also ausgeschlossen werden. Nur autorisierte und zulässige Rückwirkungen in die Anlagen werden sichergestellt.

Ein durchdachtes Entsorgungskonzept ist heute für jeden Betrieb unabdingbar, da gerade in diesem Bereich die Kosten in den letzten Jahren sprunghaft gestiegen sind. Möglich wird nun zum Beispiel die optimale Wahl der Betriebsparameter für die Pressen abhängig vom Material und die rechtzeitige, aber nicht zu frühe Leerung.

Ein geeignetes Entsorgungssystem zeichnet sich vor allem dadurch aus, dass es dem Umweltschutzgedanken Rechnung trägt und zu Kosteneinsparungen bei den Endkunden führt. Beides ist nur zu erreichen, wenn zum einen das Volumen des zu entsorgenden Materials reduziert wird, und zum anderen intelligentes Routenmanagement, aussage- kräftige Statistiken sowie eine Prozessoptimierung basierend auf den Prozessdaten ermöglicht werden.

Ein weiteres wichtiges Anwendungsfeld ist die konstante Überwachung von Deponien, bei der die Messdaten der verteilten Sensoren und Messgeräte erfasst und zur Analyse in die Cloud-Software gesichert übertragen werden. Dies erhöht die Sicherheit für die Umwelt und warnt rechtzeitig vor Kontamination durch Lecks – ein wesentlicher Beitrag für mehr Umweltverträglichkeit.

Die Versorgung der Bevölkerung sicherstellen
Für die Versorgung der Bevölkerung sind funktionierende Kühlketten erforderlich. Temperaturen im Lager und beim Transport von Lebensmittel oder Arzneimitteln müssen ständig überwacht werden. Die Kühlketten verderblicher Ware darf nie unter- brochen werden. Auch hier leisten IoT-Gateways den entscheidenden Beitrag für die geforderte Transparenz. Ein Beispiel: Temperaturschwankungen müssen bei der Her- stellung von Käse genau im Blick behalten werden, um den optimalen Geschmack zu erreichen und Abfallprodukte zu vermeiden. Der familienbetriebene Bauernhof Rozenburg verfügt über eine größere Käseherstellungsanlage sowie einen Hofladen für den Verkauf von Laib Käse an Endkunden. Im Käsehof aus Pilsum unterstützen IoT- Gateways von FP InovoLabs die Produktion von Käse und sorgen für hohe Transparenz. Die Digitalisierung bringt der Käseherstellung klare Vorteile.

Seit über 30 Jahren stellt der Familienbetrieb ihren Käse in liebevoller Handarbeit aus traditionellen Rezepten her. Das Angebot entspricht einer wachsenden Vielfalt an Geschmacksrichtungen. In dem Herstellungsverfahren gibt es bestimmte Anforderungen, die von Behörden festgelegt worden sind und sich unter anderem auf das Lebensmittel- gesetz beziehen. Hier ist eine hohe Transparenz gefordert. Für die Zubereitung von

Milchprodukten in der Anlage spielt die Temperatur eine wichtige Rolle, so zum Beispiel für die Aufbewahrung der Milch in den Tanks. Auch die Luftfeuchtigkeit im Lager beim Käsen muss überwacht werden (Camero-Kiesler 2019).

Für den optimalen Käse müssen mehrere Faktoren berücksichtigt werden: Dazu sind diverse Qualitäts- und Hygienestandards sowie strenge Richtlinien der Behörden einzuhalten. Werden beispielsweise erhebliche Abweichungen von Temperaturwerten nicht rechtzeitig erkannt, kann der Inhaber seine Käseproduktion nicht mehr auf den Markt bringen und bleibt auf seinen Produktionskosten sitzen (Camero-Kiesler 2019).

Der Käsehof-Eigentümer Dirk Berkhout sieht die Digitalisierung als Chance: Er suchte daher eine Lösung, um rechtzeitig vor Störungen informiert zu werden. Auch Schwankungen von Temperaturen sollen automatisch schnell erfasst und protokolliert werden, um fehlerhafte Produktionen in der Handwerkskunst zu vermeiden. Ganz oben auf der Agenda steht daher die rechtzeitige Benachrichtigung, sobald Störungen oder Schwankungen vorliegen. Dem Inhaber ist die Überwachung seiner Anlage sehr wichtig, um seinen Kunden immer die optimale Qualität seiner Käseproduktion anbieten zu können.

Dirk Berkhout entschied sich für die IoT-Gateways von FP InovoLabs. Diese entsprechen genau den Anforderungen an die Digitalisierung des Käsehofs. Die IoT-Gateways erfassen und protokollieren alle Alarmierungen und Abweichungen der Produktion, sodass der Käsehof-Inhaber seine Aufzeichnungen dokumentieren und daraus eine Analyse erstellen kann, warum und wann eine Störung vorlag. Für eine Käserei ist es ebenfalls wichtig, diese Daten für eine Qualitätsüberprüfung transparent zu halten. Da es sich um die Herstellung von Lebensmitteln handelt, müssen die strengen Richtlinien dazu eingehalten werden. Mit einer überschaubaren Investition in die digitale Unterstützung konnte die Produktion nachhaltig bei höchster Qualität optimiert werden (Camero-Kiesler 2019).

Intelligente Verkehrsinfrastruktur für smarte Mobilität
Lösungen für eine smarte Mobilität in einer Stadt erfordern eine intelligente Verkehrsinfrastruktur. Diese muss an die lokalen Anforderungen angepasst werden und trotzdem wirtschaftlich realisierbar sein. Technologisch sind auch dafür effiziente und sichere Kommunikationsnetzwerke erforderlich, mit denen die Daten von der Sensorik an die Zentralsysteme übertragen werden, um dort Anwendungen wie eine stadtübergreifende Verkehrsregelung zu realisieren. Ziel ist es unter anderem, eine automatische und völlig autarke Verkehrsregelung zu etablieren, die auch Faktoren wie die Niederschlagsmenge und besondere Ereignisse wie Konzerte oder Fußballspiele einbezieht.

Grundsätzlich geht es darum, **mit digitalen Technologien die Infrastrukturen und Angebote einer Stadt für die Mobilität zu verbessern.** Erste Anwendungsbeispiele gibt es heute bereits: So werden zum Beispiel Ampelschaltungen aufeinander abgestimmt. Eine weitere, bereits heute umgesetzte Applikation betrifft den Schienenverkehr in der Stadt. Weichen und Kurven sind die neuralgischen Punkte im Schienenverkehr, denn hier kommt es zu erhöhtem Verschleiß an Schienen, Zungen, Radlenkern und Rädern. Zusätzlich werden Fahrgäste und Anwohner durch erheb-

Abb. 4 Die Komponenten
des OTGuard-Systems
bieten vielfältige
Erweiterungsmodule für alle
erforderlichen Schnittstellen.
Auch ein optional integrierter
Mobilfunkanschluss ist dabei.
(Bildquelle: FP InovoLabs
GmbH)

liche Lärmimmissionen gestört. Doch es gibt wirksame Lösungen: Und das sind die
Schienenschmieranlagen von moklansa, die an allen neuralgischen Punkten eingesetzt
werden (Schienenschmiersysteme der moklansa GmbH). Mithilfe dieser Systeme
werden Schmiermittel in die Schiene gepresst. Die Systeme werden automatisch
gesteuert. Alle relevanten Anlagenparameter werden unter anderem über IoT-Gateways
OTGuard von FP InovoLabs an das jeweilige Leitsystem sicher übertragen (Abb. 4). Es
handelt sich immer um individuelle Lösungen für den jeweiligen Kunden. Ein großer
Vorteil der IoT-Gateways ist es auch hier, dass sich mit ihnen nahezu alle Datenformate
von überallher sicher standardisieren, einlesen, verschlüsseln und in die Cloud übertragen lassen.

Gewappnet für die Zukunft in der Smart City

Mit der Beteiligung an dem Start-up Juconn rundet FP die Kette am Ende ab. Mit
Juconn-Softwarelösungen werden die Datenströme einer Smart City zielgerichtet nutzbar gemacht. Dank der offenen Struktur lassen sich Daten unterschiedlicher Quellen
verarbeiten, auswerten, analysieren und zum Beispiel über Dashboards visualisieren.

Zusammen mit den sicheren Kommunikationslösungen von FP entstehen echte End-to-End-Lösungen, die für eine maximale Effizienz in der Smart City sorgen.

Alle Daten aus den unterschiedlichen Anwendungen einer Smart City, zum Beispiel Energietechnik, Gebäudedigitalisierung, Wasser- und Abwasser- sowie Umwelttechnik, werden für individualisierte Zwecke als aufbereitete intelligente Informationen zur Verfügung gestellt. Mit der ganzheitlichen Juconn-Lösungskompetenz werden aus Daten erst Informationen und daraus wertvolles Know-how für die Anwender. FP bietet für alle Anwendungen in der digitalen Stadt über alle Stufen der digitalen Kommunikation neben höchster Sicherheit auch höchste Effizienz, Tempo, Qualität. Somit wird die Smart City als Knotenpunkt der Vernetzung schon bald Wirklichkeit.

Als vor gut 50 Jahren der Vorgänger des Internets startete, ging es nur um ein Kommunikationsmedium zwischen vier Teilnehmern. Noch weit in die 1990er-Jahre hinein konnten nur wenige mit dem Internet etwas anfangen. Heute ist de facto die halbe Menschheit vernetzt. Aus dem Internet wird riesiger Nutzen gezogen. Die Smart City könnte eine ähnliche Entwicklung erleben. Am Anfang geht es nur um etwas mehr Effizienz für einzelne Gewerke. Zukünftig wird in Cloudsystemen alles zusammengebracht und enorme Synergien geschöpft.

Die Redewendung „Wenn Mauern sprechen könnten" erhält nochmal eine neue Bedeutung. Warum sollte der Müll nicht gleich für Fernwärme sorgen, wo diese gerade benötigt wird? Sollte die Waschmaschine nicht genau dann starten, wenn der Strom am günstigsten verfügbar ist? Lassen sich Kühltruhen nicht als Energiepuffer zur Aufnahme von Überschussenergie nutzen?

Das technologische Rückgrat für solche Entwicklungen stellt aber die Datenintegration dar, die auf unverfälschte Daten aus dem Feld angewiesen ist. Auf aktuelle Informationen, Kommunikation, Datenaustausch und Vernetzung bauen alle Kernthemen der Smart City auf. So können auch für Gebäude und zum Schluss für ganze Städte digitale Zwillinge für den gesamten Lebenszyklus entstehen. Mit diesen digitalen Zwillingen lassen sich wiederum die Effizienz von Gebäuden und Smart Cities erhöhen sowie signifikante Verbesserungen für die Bewohner erzielen.

Damit sich die Möglichkeiten von Smart Cities voll entfalten lassen, dürfen die damit verbundenen Cyber-Risiken nicht außer Acht gelassen werden. Mit dem FP-Lösungsportfolio werden die Cyber-Bedrohungen, denen intelligente Städte aufgrund der zunehmenden Vernetzung sowie Digitalisierung ausgesetzt sind, wesentlich reduziert. Eine höchstmögliche Datensicherheit gewährleistet darüber hinaus den Datenschutz zum Beispiel personenbezogener Daten, die auch im Zusammenhang mit technischen Anlagen eine wichtige Rolle spielen können.

Skalierbar gesicherte Kommunikation im IoT ist ein Alleinstellungsmerkmal von FP und sorgt dafür, Cyberattacken auf Smart Cities erfolgreich abzuwehren. Und sie ist nicht nur ein wirksames Mittel gegen Computerviren. Die FP Secure-Gateways können in fast jede Anlage eingebaut werden, die nicht persönlich vor Ort überwacht werden sollen, sondern über eine Cloud-Plattform oder eine Zentrale. Dies gilt auch für ältere Maschinen. Und somit können auch in Zeiten von Covid-19 Bediener sicher aus der

Ferne Anlagen steuern und warten, ohne vor Ort sein zu müssen. FP findet für jedes Projekt eine virenfreie Lösung.

Mehr unter: fp-secureiot.com

Literatur

adelphi research gemeinnützige GmbH (2018) https://www.hde-klimaschutzoffensive.de/de/kampagne/erfolgsgeschichten/metro-weltweites-energiemangement. Zugegriffen: Feb. 2020

BDEW-Studie (2019) „Wie heizt Deutschland?": https://www.bdew.de/media/documents/Pub_20191031_Wie-heizt-Deutschland-2019.pdf. Zugegriffen: Feb. 2020

Boeckh M (2019) Auf dem Weg zu mehr Transparenz. Umweltwirtschaft.com: https://www.umweltwirtschaft.com/news/abfallwirtschaft-und-recycling/Die-digitale-Transformation-wird-auch-die-Entsorgungsbranche-betreffen-Auf-dem-Weg-zu-mehr-Transparenz-19226. Zugegriffen: Feb. 2020

Bundeszentrale für politische Bildung (2008) https://www.bpb.de/internationales/weltweit/megastaedte/64736/staedtische-bevoelkerung. Zugegriffen: Feb. 2020

Camero-Kiesler, M. T. (2019) Käseherstellung mit Handwerk und digitaler Innovation. openautomation 22(4):26–28

Heinze R (2019) Security für das IoT. openautomation 21(5):22–23

ISONA GmbH (2019) www.isona.de. Zugegriffen: Feb. 2020

Produkte der HUSMANN Umwelt-Technik GmbH https://husmann-umwelt-technik.de/produkte/. Zugegriffen: Feb. 2020

Schienenschmiersysteme der moklansa GmbH https://moklansa.de/de/schienenschmiersystem-moklansa-e3s/. Zugegriffen: Feb. 2020

Stadt Ulm www.ulm.de. Zugegriffen: Feb. 2020.

Statista GmbH (2014) https://de.statista.com/statistik/daten/studie/152879/umfrage/in-staedten-lebende-bevoelkerung-in-deutschland-und-weltweit/. Zugegriffen: Feb. 2020

Sven Meise
(Fotocredit: Francotyp-Postalia Holding AG)

Sven Meise, Jahrgang 1971, Dipl.-Betriebswirt (BA) mit Schwerpunkt Wirtschaftsinformatik, verfügt über langjährige Erfahrungen in den Bereichen Output Management, Informationstechnologie und Softwarelösungsgeschäft. Nach dem Studium war er zunächst in nationalen und internationalen Funktionen bei der IBM Deutschland GmbH tätig. Zuletzt verantwortete er die Bereiche Professional Services, Informationstechnologie und Konzern Programm Management bei der TA Triumph-Adler GmbH, einer 100%igen Tochter der Kyocera Corporation. Seit 2015 ist Meise Chief Digital Officer (CDO) der Francotyp-Postalia Holding AG und damit zuständig für das weltweite digitale Geschäft und die Transformation des Unternehmens. Gleichzeitig verantwortet er seit 2018 als Chief Operations Officer (COO) den reibungslosen Geschäftsablauf sowie die Produktion, R&D und IT an den Standorten der Gesellschaft in Deutschland.

Smart Office & Green Office

Zwei große Trends in der Bürowelt

Robert Nehring

1 Einleitung

Diesen Beitrag habe ich im April 2020 geschrieben: Die Corona-Krise hat die Welt fest im Griff. Am 23. März hatten sich in Deutschland Bund und Länder auf ein umfangreiches Kontaktverbot geeinigt. Bereits eine Woche zuvor wurden Schulen und Kitas geschlossen. Seitdem ist in unserem Verlag Homeoffice angesagt, genau wie bei den meisten Office-Workern hierzulande. Ob, wann und wie die Krise vorübergehen wird, ist zum jetzigen Zeitpunkt trotz einiger Fortschritte nicht absehbar.

Es fragt sich, was anders werden könnte, wenn unsere Bürowelt aus ihrem künstlichen Koma erwacht. Wird uns das Virus mit Gewalt ins digitale Zeitalter katapultiert haben? Werden wir einen ordentlichen Vorgeschmack darauf bekommen haben, was ökologisch vielleicht längst notwendig wäre: weniger pendeln, weniger reisen, weniger verbrauchen etc.? Manches deutet darauf hin. Auch an mehr Händewaschen und weniger Händeschütteln könnte man sich gut gewöhnen. Weniger wohl an einen Mundschutz und das dauerhafte Ausbleiben von Veranstaltungen.

Wer nach der Krise aber mit dem großen Paradigmenwechsel – etwa in Sachen Homeoffice – rechnet, wird vielleicht enttäuscht. So riefen einige bereits früh: „Hurra, jetzt werdet ihr alle sehen, wie toll das ist, zu Hause zu arbeiten." Aber nicht wenige Erfahrungsberichte zeigen: Für manchen bleibt die Heimarbeit einfach keine gute Alternative. Vielen Singles macht die Einsamkeit schwer zu schaffen. Oder wer wie ich zwei Kitakinder zu Hause hat, kann dort tagsüber eigentlich nicht viel Anspruchsvolleres tun als E-Mails zu schreiben. Andere wiederum kommen sehr gut mit dem Homeoffice zurecht. Bei vielen wächst jedoch trotzdem die Sehnsucht nach dem Firmenbüro – mit

R. Nehring (✉)
PRIMA VIER Nehring Verlag GmbH, Berlin, Deutschland
E-Mail: RN@OFFICE-ROXX.DE

© Springer-Verlag GmbH Deutschland, ein Teil von Springer Nature 2021   773
A. Hildebrandt und W. Landhäußer (Hrsg.), *CSR und Digitalisierung,* Management-Reihe Corporate Social Responsibility, https://doi.org/10.1007/978-3-662-61836-3_52

den Kollegen und einer ergonomischen Arbeitsausstattung. Am Ende werden die Unternehmen künftig vielleicht einfach nur entschiedener dafür sorgen, dass ihre Mitarbeiter gut an jeweils dem Ort arbeiten können, wo sie gerade am besten dazu in der Lage sind. Damit wäre doch schon den meisten geholfen.

Ich werfe einen Blick auf die Office-Trends Digitalisierung und ökologische Nachhaltigkeit.

2 Smart Office

2.1 Alles nur Zukunftsmusik?

Ende Januar 2020 habe ich in Frankfurt am Main auf der Messe Paperworld einen Vortrag zum Thema Smart Office gehalten. Eingangs stellte ich die Frage: Smart Office – ist das nicht noch ganz schöne Zukunftsmusik? Das war natürlich rhetorisch gemeint. Ich hätte niemals gedacht, dass wir nur wenig später durch die Corona-Krise dermaßen unsanft ins digitale Zeitalter befördert werden.

In der Krise rächt sich nun für manche Unternehmen, dass sie lange Zeit nur reaktiv agiert haben. Hätte nicht längst einmal das Homeoffice samt aller technischen Voraussetzungen und ergonomischen Anforderungen ausprobiert werden sollen? Sind die heimischen WLANs stark genug für VPN-Tunnel & Co.? Über welche Kanäle soll man sich nun wie und wann erreichen? Welche Plattform wird für Telkos, welche für Videokonferenzen genutzt? Sind zu Hause eine externe Maus und ein angemessen großer Monitor für das Firmennotebook vorhanden? Dürfen solche überhaupt aus dem Büro mitgenommen werden? Kann daheim ergonomisch gesessen werden, gibt es ausreichend Licht, nicht zu viel Ablenkung etc.? (Abb. 1)

Meine Frage nach der Zukunftsmusik bezog sich auf zwei Studien von 2019. Sie stehen exemplarisch für die bislang nur schleppend vorankommende Verbreitung des smarten, digitalen Büros hierzulande.

Eine Umfrage des Digitalverbandes Bitkom hatte gezeigt, dass Locher und Fax in unseren Büros noch präsenter sind als Smartphone und Laptop. Jeweils 97 % der Befragten verfügen über Schreibmaterialien, Locher sowie Klammeraffe und können auf einen Drucker zugreifen. 93 % nutzen ein Festnetztelefon und 72 % sogar noch ein Fax. Die mobilen Arbeitsmittel der digitalen Welt rangieren teils deutlich hinter den Klassikern. Nur 65 % verfügen über ein dienstliches Smartphone, nur 55 % über ein Notebook und lediglich 34 % über ein Tablet.

Eine andere Studie machte deutlich, wie weit wir noch von der Idee des papierlosen Büros entfernt sind, welche bereits vor fast 50 Jahren formuliert wurde. Statista hatte im Auftrag des Druckerherstellers Kyocera herausgefunden, dass gerade einmal 4 % der

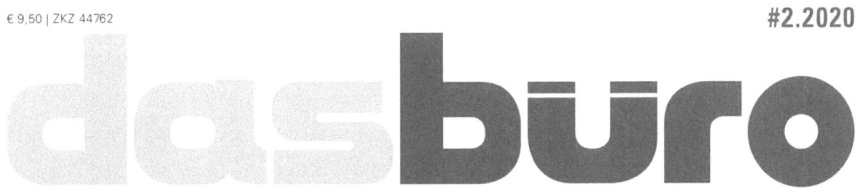

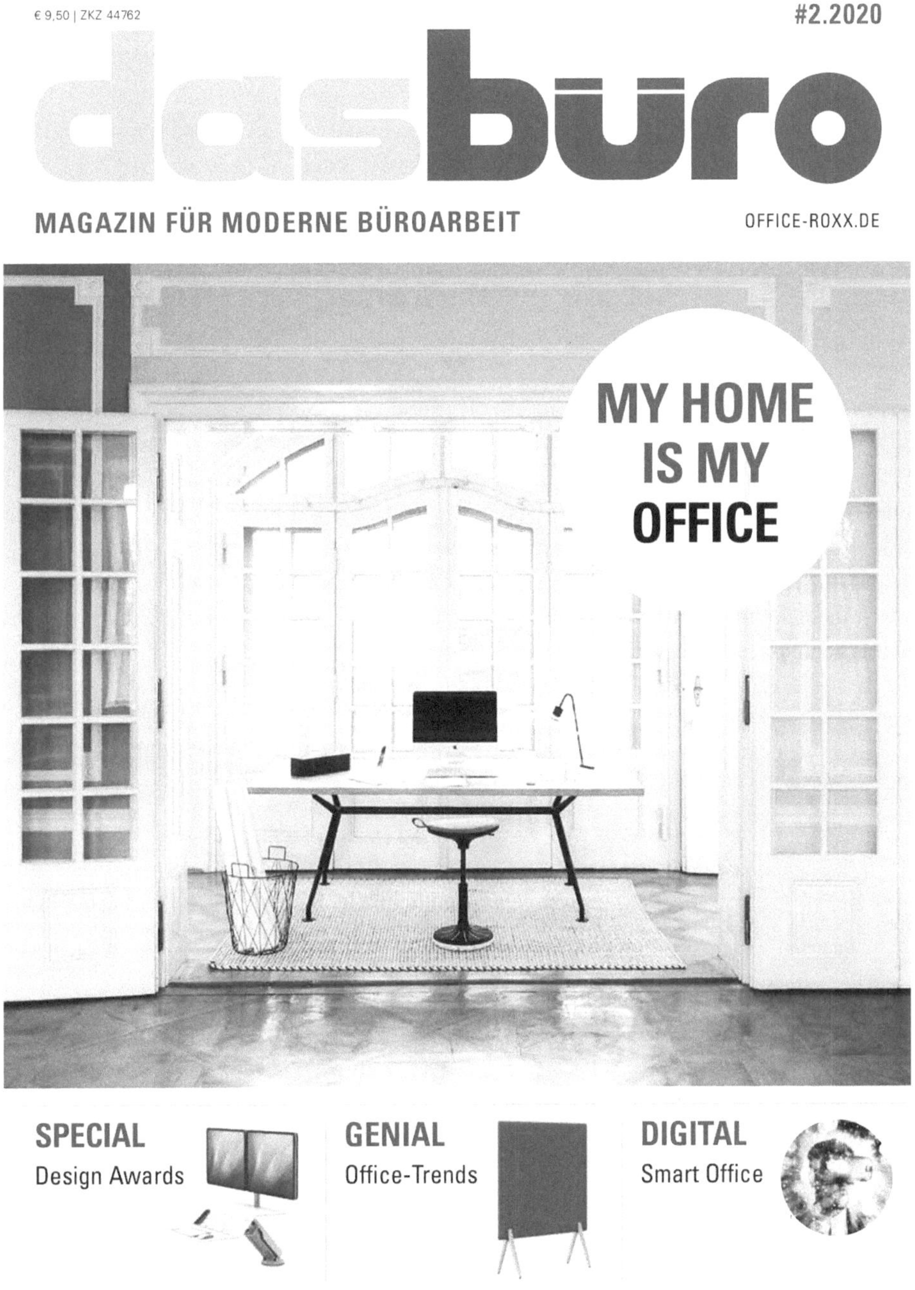
€ 9,50 | ZKZ 44762
#2.2020
dasbüro
MAGAZIN FÜR MODERNE BÜROARBEIT
OFFICE-ROXX.DE
MY HOME IS MY OFFICE
SPECIAL
Design Awards
GENIAL
Office-Trends
DIGITAL
Smart Office

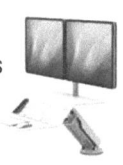

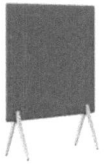

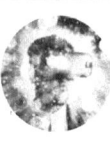

Abb. 1 Die Zeitschrift Das Büro thematisiert alle wichtigen Bürobelange

Büroangestellten in Deutschland und Österreich bereits papierlos arbeiten. Die Mehrheit der 1650 Befragten (39 %) druckt noch zwischen 21 und 100 DIN-A4-Seiten in der Woche. 24 % drucken nur bis zu 20 Seiten, aber 31 % sogar mehr als 100 Seiten (Abb. 2).

Ist das Smart Office deshalb hierzulande noch Zukunftsmusik? Nein. Denn Klammeraffe, Fax & Co. sind meist Relikte, die quasi noch vererbt wurden. Nahezu jeder Büroarbeitsplatz ist mittlerweile mit einem Computer ausgestattet, auch wenn es sich dabei nicht um ein Notebook oder ein Tablet handelt. Über ein Smartphone verfügt heute fast jeder Office-Worker privat. Manche nutzen es auch beruflich im Sinne von BYOD (Bring Your Own Device). Außerdem mag zwar noch oft gedruckt werden, aber der Anteil des Gedruckten geht gemessen am druckbaren Content drastisch zurück. Und immer weniger OK-Boomer-Geschäftsführer packen im ICE E-Mails aus, die ihre Sekretärin ihnen ausgedruckt hat.

Unsere Bürowelt befindet sich in einem grundlegenden Wandel. Sie entwickelt sich spürbar in Richtung Smart Office. Viele Büroprodukte sind vom Aussterben bedroht: Aktenordner und -schränke, Wiedervorlage- und Bewerbungsmappen. Einiges riecht schon etwas streng: Fax, Rolodex, Tippex, … Manches wird den Weg von Telefonbuch und Globus nehmen. Vieles aber wird auch weiterbestehen, künftig nur einfach weniger nachgefragt werden. Die digitale Transformation schafft neue Jobanforderungen und neue Geschäftsmodelle. Das smarte Büro ist in vielen Unternehmen bereits Praxis. Den meisten anderen steht es bevor. Ein kleines Szenario.

Abb. 2 Der Trend zum Smart Office schreitet unaufhaltsam voran (Foto: Marvin Meyer/ Unsplash)

2.2   Ein smartes Szenario

Maximilian Smart ist Office-Worker. Sein Tag beginnt mit dem Klingeln des Smart-phones. Die Smartwatch hat seinen Schlaf kontrolliert. Der Smart Assistant sorgt für Guten-Morgen-Licht und Wachmachermusik.

Vom Smarthome geht es mit dem Smart Bike ins Smart Office. Der E-Smart bleibt heute in der Garage. Auf dem Rad werden bereits per Sprachbefehl die ersten Termine fixiert, E-Mails beantwortet, Social-Media-Postings gemacht und Memos gespeichert. Das E-Bike wird in der Firmengarage aufgeladen.

Per App oder RFID-Chip gelingt der Zutritt zum Bürogebäude (einem Smart Building), die Auswahl des Sharing-Desks sowie die Belegung von Konferenz- und Deep-Work-Räumen. Das Real-Time-Lokalisierungssystem mit dynamischer Echtzeit-Funkortung sorgt nicht nur dafür, dass alle Mitarbeiter immer wissen, wer sich gerade wo aufhält. Dank ihm passen sich auch Beleuchtung, Lufttemperatur und Sauerstoff-anteil überall automatisch den persönlichen Vorlieben und dem Tagesrhythmus an.

Präsentiert wird auf interaktiven LFDs (Large Format Displays), digitalen White-boards und sogenannten Smart Tables. Alles Erarbeitete steht immer auch digital zur Ver-fügung. Spontan werden Daten-/Videokonferenzen einberufen. Cloudbasiert schaut man sich zusammen Videos an und erstellt gemeinsam Präsentationen.

Der Nachmittag findet am Smart Desk statt. Nach 45-minütigem Sitzen vibriert die Sitzfläche des Stuhls. Zeitgleich hebt und senkt sich die Tischplatte des Schreibtischs. Sowohl der Arbeitsstuhl als auch der Sitz-Steh-Tisch weisen Maximilian Smart so darauf hin, dass es nun Zeit für 30 min Arbeit im Stehen ist. Es folgt der Feierabend. Aus-stempeln ist nicht nötig. Sensoren registrieren das Verlassen des Gebäudes.

Technik längst im Einsatz
All diese smarten Office-Lösungen existieren bereits. Linak bietet zum Beispiel die Sitz-Steh-Software DPG. Interstuhl hat zusammen mit Garmin die App S 4.0 zur Bewegungs-animation entwickelt. Roomz ist ein bekanntes Raumreservierungstool. Die App Yoyo Smart Ergonomics von Kesseböhmer ist eine Art Allroundapp. Sie kümmert sich um die Raumbelegung, Bewegungserinnerung, Beleuchtung und einiges mehr. Die Programme K + N Smart.Office und se:connects von König + Neurath bzw. Sedus gehen in die gleiche Richtung.

Tatsächlich noch ein bisschen Zukunftsmusik oder zumindest in den Normalbüros bislang nicht sehr verbreitet sind der Einsatz von Künstlicher Intelligenz, wie zum Bei-spiel in Callcentern oder in Form von Chatbots, und Virtual-Reality-Anwendungen, die man eher bei Architekten, Planern, Entwicklern antrifft. Gleiches gilt für Augmented Reality. Und auch bis die Spracherkennung so weit ist, dass wir keine Tastaturen und Mäuse mehr benötigen, dauert es wohl noch ein wenig (Abb. 3).

Abb. 3 Virtual-Reality-Anwendungen kommen in den meisten Büros noch nicht zum Einsatz. Das könnte sich aber ändern. (Foto: Pixabay)

2.3   Begrifflichkeiten

So viel zur praktischen Seite smarter Büroarbeit. Aber mal einen kleinen Schritt zurück: Was bedeutet Smart Office eigentlich genau? Smart scheint ja heute fast alles zu sein. Die Überschriften in den Medien heißen „Smart leben", „Smart essen", „Smart schlafen" usw. Der Ausdruck smart stammt ursprünglich vom altenglischen Verb smeortan, was so viel bedeutet wie Schmerz verursachen. Das heute verwendete Verb outsmart bringt schon eher auf die Spur. Es steht für überlisten, übervorteilen. Genutzt wird das Wort smart im Deutschen heute meist für clever, klug, zweckdienlich und zeitgemäß. Im engeren Sinne bedeutet es digital vernetzt bzw. internetfähig.

Was den Begriff Smart Office betrifft, ist dieser im Grunde ein Nachfolger von Future Office, Digital Office, Flexible Office oder Mobile Office, die aber auch heute noch gleich oder ähnlich verwendet werden. Überschneidungen gibt es ebenfalls mit Smart Working, New Work und Büro 4.0. Allerdings ist auch mit diesen Begriffen nicht immer dasselbe gemeint.

Der Ausdruck Smart Office dient heute in der Regel als Klammer für digital vernetzte Lösungen im Büroumfeld, allen voran das Smartphone. Zum „cleveren" Büro gehören internetfähige IT-Lösungen, etwa Drucker, Projektoren oder digitale Whiteboards. Längst sind aber auch traditionelle Büroprodukte smart: etwa der Sitz-Steh-Tisch, der Haltungswechsel registriert und an solche erinnert. Oder die digital steuerbare Beleuchtung.

Der Begriff Smart Working dagegen beschreibt die Arbeitsweisen, die durch die Nutzung smarter Lösungen möglich werden. In diesem Zusammenhang geht es darum, wie flexibel, wie mobil, wie frei und unabhängig Wissensarbeiter heute sein können. Nine to Five und Festanstellung gelten hier als obsolet, soziale Medien, Freelancertum und Coworking als unverzichtbar. Die Risiken der schönen neuen Arbeitswelt werden unter dem Begriff nur selten thematisiert, noch seltener als unter Smart Office.

Dies galt lange Zeit auch für den Begriff New Work, den man aber keinesfalls gleichsetzen sollte mit Smart Office. Ursprünglich wird unter New Work ein Arbeitskonzept des Sozialphilosophen Frithjof Bergmann verstanden. Es beinhaltet ein Drittel Erwerbsarbeit, ein Drittel Selbstversorgung mit klugem Konsumverhalten sowie – am wichtigsten – ein Drittel Arbeit, „die man wirklich, wirklich will". Obwohl einige New-Work-Elemente aus der IT kommen und vieles ohne eine digitale Basis nicht möglich wäre, geht es hier aber gar nicht so sehr um smarte Technik, sondern um ein neues, hierarchiefreies, abteilungsübergreifendes Mindset, also eine weitgehend unabhängige Denkweise. Mittlerweile werden aber auch die Schwächen von New Work offen diskutiert.

Die Gefahren der neuen digitalen Möglichkeiten werden meist unter dem Begriff Büro 4.0 thematisiert, der als Synonym für Smart Office benutzt wird. Büro 4.0 leitet sich von Industrie 4.0 ab. Nach Maschinen mit Dampf (Industrie 1.0), Fordismus am Fließband (Industrie 2.0) und Programmierbarkeit dank Mikroelektronik (Industrie 3.0) wird mit dieser der flächendeckende Einsatz von moderner Informations- und Kommunikationstechnik in der Herstellung bezeichnet. Eine durch Sensoren digital vernetzte, hochautomatisierte Produktion, die Kundenwünsche in kürzester Zeit realisieren kann. Mit dem Ausdruck Büro 4.0 wird die Industrie 4.0 als eine digitale Vernetzung von Maschinen in einem Internet der Dinge auf den Officebereich übertragen.

Soviel zur sprachlichen Seite. Nun ein Blick auf die Vor- und Nachteile, die das Smart Office birgt.

2.4   Chancen & Herausforderungen

Die Vorteile liegen relativ klar auf der Hand. Sie dominieren auch die mediale Berichterstattung. Die digitale Transformation oder das Smart Office erlaubt es, an verschiedenen Orten zu arbeiten (Homeoffice, Coworking-Space, Café, Zug), zu verschiedenen Zeiten (früh, spät, in verschiedenen Zeitzonen; mit Vertrauensarbeitszeit) und auf verschiedene Weise (etwa in Generationen und Kulturen übergreifenden, schnell wechselnden Projektteams).

Diese große Flexibilität bewirkt, dass Office-Worker heute schneller, mobiler, kollaborativer und kommunikativer arbeiten können. Büroflächen können verkleinert werden. Theoretisch muss weniger gependelt und gearbeitet werden. Arbeit könnte weniger Stress bedeuten und sich besser mit dem Privatleben vertragen.

In der Realität sieht das jedoch nicht selten anders aus. Das smarte Büro stellt auch vor große Herausforderungen, etwa in Bezug auf die Datensicherheit (Computerviren, Wirtschaftsspionage), Big Data (Datenhandel), die Gig Economy (schlecht bezahlte Crowdworker) und die Privatsphäre, wenn Sensoren sogar die Dauer von Toilettenaufenthalten messen. Ich gehe nur auf drei näher ein.

#1 Produktivität

Die zunehmende Digitalisierung und damit das Smart Office führen zu einer Informationsflut und zu permanenter Ablenkung. Unterstützt durch sehr kommunikative Räumlichkeiten leidet die konzentrierte Arbeit, die für die Produktivität entscheidend ist. Viele kennen das Phänomen: Wir sind permanent beschäftigt, schaffen aber immer weniger.

Einer Studie der University of California in Irvine zufolge sind Büroarbeiter 2006 im Schnitt alle elf Minuten unterbrochen worden – vom Telefon, einer E-Mail, einem Kollegen, von sich selbst usw. Zehn Jahre später geschah dies laut einer Studie bereits alle drei Minuten. Forschern zufolge dauert es durchschnittlich 23 min, bis man wieder voll in eine anspruchsvollere Aufgabe eingetaucht ist. Zusammengenommen bedeutet dies, dass an einem Acht-Stunden-Tag im Schnitt nur 90 min wirklich gearbeitet wird. Kein Wunder! Wir sollen ja auch bereits 88 Mal am Tag aufs Smartphone schauen und unsere mittlere Aufmerksamkeitsspanne soll mit acht Sekunden schon unter die des Goldfischs gesunken sein.

#2 Gesundheit

Die digitale Revolution bedingt spezifische gesundheitliche Beeinträchtigungen. Das sind nicht nur physische Probleme wie Rückenschmerzen, Mausarm und Office-Eye-Syndrom, die nachvollziehbar erscheinen, wenn man sich die Einrichtung und Ausstattung in so manchem Start-up, Homeoffice oder Coworking-Space anschaut. Ergonomie ist hier oft (nur) ein Fremdwort.

Vor allem wird die Psyche belastet. 2007 wurde erstmals eine digitale Demenz diagnostiziert. Ärzte bemerkten in Südkorea bei vorwiegend jungen Erwachsenen immer öfter das Auftreten von Gedächtnis-, Aufmerksamkeits- und Konzentrationsstörungen sowie eine emotionale Verflachung und allgemeine Abstumpfung infolge übermäßigen Konsums von digital verbreiteten Informationen. Eng mit dieser Demenz verwandt ist die erworbene, umweltbedingte Aufmerksamkeitsstörung. Der amerikanische Psychiater Edward Hallowell hat sie als ADT (Attention Deficit Trait) bezeichnet, in Anlehnung an die meist genetisch bedingte ADD (Attention Deficit Disorder), welche hierzulande als ADHS bekannt ist. In engem Zusammenhang mit ADT steht übrigens auch die vermehrt anzutreffende „Aufschieberitis", die Prokrastination (Abb. 4).

Abb. 4 Das Notebook auf den Oberschenkeln – so arbeiten viele nicht nur unterwegs. Wie lange geht das gut? (Foto: Pixabay)

#3 Work-Life-Balance

Schließlich stellt für viele smarte Office-Worker auch der Abschied vom Feierabend eine Herausforderung dar. Das Konzept der notwendigen Work-Life-Balance gilt als überholt. Es ist einem Work-Life-Blending bzw. einer Work-Life-Integration gewichen, in dem oder der die Grenzen zwischen Privat- und Arbeitsleben verschwimmen. Wenn aber Erholung, Abstand, Muße fehlen, dann wirkt sich dies über kurz oder lang negativ auf die Arbeit und erst recht auf das Privatleben aus.

Einer Studie des Digitalverbandes Bitkom zufolge waren 71 % der Berufstätigen an Weihnachten 2019 für ihre Unternehmen erreichbar. Die Mehrheit telefonisch. Jeder Zweite checkte seine beruflichen Mails. Zwei Drittel meinten, damit die Erwartung ihres Chefs zu erfüllen.

Man kann die Welle nicht stoppen, nur lernen, auf ihr zu reiten: Selbst wer es wollte, könnte das Rad der Digitalisierung nicht zurückdrehen. Und ich will es sicher nicht. Das Smart Office ist Realität und die Zukunft. Seine Vorteile sind unbestritten. Richtig eingesetzt machen smarte Lösungen die Büroarbeit schneller, einfacher, erfolgreicher. Wir müssen die Vorteile nutzen und die Herausforderungen meistern.

Die Entwicklung zum Smart Office sollte einhergehen mit der zum Green Office. Die Folgen des Klimawandels vergegenwärtigen uns im Grunde täglich die Notwendigkeit dessen. Das digital vernetzte Büro bietet viel Potenzial für ökologisch nachhaltige Arbeit. Deshalb bewegt sich auch bereits vieles in diese Richtung. Jedoch gibt es auch noch sehr viel zu tun.

3   Green Office

Das Thema ökologische Nachhaltigkeit ist keineswegs neu. Dennoch ist es hochaktuell, auch wenn es gerade von der Corona-Krise überschattet wird. Greta Thunberg und Fridays for Future haben Massen mobilisiert. Die Grünen konnten in der Wählergunst deutlich zulegen. Eine CO_2-Steuer wird diskutiert. Die Europäische Union will bis 2050 klimaneutral werden. Der Weg dorthin soll über einen Green Deal führen. Zwischenziel: Senkung des CO_2-Ausstoßes bis 2030 im Vergleich zu 1990 um mindestens 50 %.

Im Privatbereich ist die ökologische Nachhaltigkeit längst angekommen. Biolebensmittel und vegane Ernährung, Müllvermeidung und -trennung, Recycling, Sharing-Economy, Flugscham usw. kennzeichnen einen neuen Lebensstil, den bereits viele Menschen teilen und der weiter deutlich im Vormarsch ist.

Zunehmend fordern Office-Worker aber auch mehr Nachhaltigkeit von ihren Arbeitgebern. Eine repräsentative Studie von OnePoll im Auftrag von Viking zeigte Anfang 2020, dass es 84 % der Bürobeschäftigten in Deutschland gern sehen würden, wenn ihr Arbeitgeber mehr für den Umweltschutz täte als bisher. 58 % behaupteten, motivierter und 56 % produktiver zu sein, wenn ihr Unternehmen klimaneutral wäre.

Auch das Thema Green Office ist alles andere als neu. Die Bereitschaft zu nachhaltiger Herstellung, Beschaffung und Entsorgung war in der Bürowelt aber wahrscheinlich noch nie so groß wie heute.

Auch wenn wir von der bereits erwähnten Vision vom papierlosen Büro noch ein gutes Stück entfernt sind, wird in vielen Büros immer mehr zum Umweltschutz beigetragen. Neben dem Stromsparen und dem Reduzieren von Geschäftsreisen zählt dazu beispielsweise auch die Beschaffung „grünen" Bürobedarfs: Recyclingpapier, biobasierte Schreibgeräte, nachfüllbare Patronen, kompostierbare Kaffeekapseln. Außerdem werden zunehmend langlebige Lösungen aus recycelten oder wenigstens recycelbaren Bestandteilen nachgefragt. Bei Technik und Mobiliar sinkt die Scheu vor Gebrauchtem (Stichwort Refurbishment). Und (wiederverwendendes) Mieten wird zum neuen Kaufen.

Viele Hersteller von Bürolösungen haben die Zeichen der Zeit längst erkannt und agieren bereits entsprechend. Über das Erfüllen der Umweltmanagement-Norm ISO 14001 hinaus lassen sie sich mit dem Blauen Engel, TCO, FSC, Cradle to Cradle, European Level und Ähnlichem zertifizieren. Microsoft hat jüngst angekündigt, spätestens 2030 der Atmosphäre mehr CO_2 entziehen zu wollen, als in sie zu entlassen. Die Dauphin Human Design Group, Hersteller von Büromöbeln, will ihre Stühle in Deutschland künftig ohne Kartons ausliefern. Längst gibt es Möbel aus recycelten PET-Flaschen, Bodenbeläge aus alten Fischernetzen und dergleichen mehr. Einige Hersteller haben auch bereits begonnen, den CO_2-Abdruck ihrer Lösungen offen auszuweisen und zu kompensieren.

Hier ist etwas in Gang gekommen, von dem wir gern ein Teil sein möchten, auch wenn unser Verlag vielleicht nur einen vergleichsweise kleinen Beitrag leisten kann. Die intensive Beschäftigung mit dem Thema ökologische Nachhaltigkeit hat dazu geführt, dass wir uns wiederholt an die eigene Nase gefasst haben: Wie groß ist eigentlich unser CO_2-Abdruck? Warum drucken wir unsere Magazine Das Büro und Modern Office nicht auf viel dünnerem, zertifiziertem Recyclingpapier? Warum drucken wir überhaupt noch Zeitschriften? Zwar pushen wir schon seit Langem auch unsere E-Paper-Ausgaben, senden seit vielen Jahren nur elektronische Rechnungen, arbeiten mit digitalen Unterschriften, archivieren im Grunde alles digital, drucken im Verlag nur sehr wenig aus und in der Regel Schwarz-Weiß/Duplex, reisen längst nur noch zu den nötigsten Terminen und bevorzugt mit der Bahn etc. Aber wir wollten noch einen Schritt weiter gehen. Deshalb haben wir zu Beginn des Jahres 2020 beschlossen, zusätzlich die elf Tonnen CO_2 zu kompensieren, die jeder Deutsche derzeit im Schnitt pro Jahr verursacht, multipliziert mit der Anzahl unserer Mitarbeiter (Abb. 5), (Abb. 6).

a

b

Abb. 5 a, b Der „amtliche Büroblog" OFFICE ROXX und der Bürowirtschaftsblog OFFICE DEALZZ informieren Office-Worker bzw. Hersteller und Händler der Bürobranchen kompetent und kenntnisreich

Abb. 6 OFFICE PIONEERS:
Das Büro 2030

Dr. Robert Nehring, Jahrgang 1974, wurde 2010 aufgrund einer philosophischen Arbeit über das Wesen des gesunden Menschenverstandes an der Humboldt-Universität zu Berlin promoviert. Für den heutigen PRIMA VIER Nehring Verlag ist er seit 1997 tätig. Seit 2016 ist er dessen geschäftsführender Alleingesellschafter. Robert Nehring fungiert als Chefredakteur der Magazine Das Büro und Modern Office sowie der Blogs OFFICE ROXX und OFFICE DEALZZ. Außerdem ist er Leiter des Deutschen Instituts für moderne Büroarbeit DIMBA und Sprecher der Initiativen „Bewegung im Büro", „Quiet please! Die Akustikaktion" und „PrimaBüroKlima".

Dr. Robert Nehring
(Fotocredit: Illing &
Vissbeck Fotografie)

Digitale Assistenten für den effektiven Wissensarbeiter in der digitalen Transformation

Adrian Vogler

Nur wenige Veränderungen beeinflussen die Zivilisation derart nachhaltig wie eine Änderung des Prinzips, auf dem die Organisation der Arbeit beruht (Drucker 2002, S. 774, 805).

1 Teil 1 – Die Bedeutung des Wissensarbeiters

Im Mittelpunkt des Managements steht der Mensch. Die Aufgabe des Managements besteht darin, Menschen in die Lage zu versetzen, gemeinsam Leistungen zu erbringen. Es muss ihre Stärken nutzen und ihren Schwächen die Bedeutung nehmen (Drucker 2002, S. 319–320).

Wie kommt ein Aufsatz wie dieser in eine Sammlung unter der Überschrift Corporate Social Responsibility und digitale Transformation? Die beiden einleitenden Zitate von Peter F. Drucker, dem in Wien geborenen Managementdenker, haben auf den ersten Blick nicht direkt etwas mit dem Thema zu tun. Von „Digitalisierung" ist in den Zitaten nichts zu lesen. Allerdings schreibt Peter Drucker davon, dass sich nichts so radikal auswirken würde, wie die Art und Weise, wie Arbeit organisiert wird. Und mit dieser Aussage befinden wir uns bereits im Zentrum des Themas. Denn durch die Digitalisierung bleibt bezüglich Arbeitsorganisation kein Stein auf dem anderen. Und 'dann stellt Peter Drucker eine Forderung auf, die er an seine Zielgruppe, die Manager in allen Institutionen richtet: Der Mensch muss im Mittelpunkt stehen.

Die Stärken der Menschen sollen im Rahmen der Leistungserbringung gefördert werden und ihren Schwächen soll die Bedeutung genommen werden. Bezüglich der Leistungserbringung der Institutionen im 21. Jahrhundert formulierte Drucker eine

A. Vogler (✉)
Winkelhaid, Deutschland
E-Mail: adrian.vogler@fachliteratur.onmicrosoft.com

© Springer-Verlag GmbH Deutschland, ein Teil von Springer Nature 2021   785
A. Hildebrandt und W. Landhäußer (Hrsg.), *CSR und Digitalisierung,* Management-Reihe Corporate Social Responsibility, https://doi.org/10.1007/978-3-662-61836-3_53

weitere Aussage, in der er beschrieb, wem den aus seiner Sicht der größte Anteil daran zukäme: nämlich dem Wissensarbeiter.

> Das wertvollste Kapital des 20. Jahrhunderts waren seine Produktionsmittel. Das wertvollste Kapital einer Institution des 21. Jahrhunderts, egal ob privatwirtschaftlich oder gemeinnützig, hingegen werden ihre Wissensarbeiter und deren Produktivität sein (Drucker 2003, S. 297, 437).

Die Produktivität des Wissensarbeiters zu erhöhen, so Drucker, komme ein ähnlich entscheidender Stellenwert zu wie der Erhöhung der Produktivität des Industriearbeiters in der industriellen Revolution. Allerdings stünden wir „hinsichtlich der tatsächlichen Erkenntnisse die Produktivität der Wissensarbeiter betreffend … im Jahr 2000 ungefähr dort, wo wir uns im Jahr 1900 hinsichtlich der Erkenntnisse über die Produktivität der Industriearbeiter befanden" (Drucker 2003, S. 312, 437).

1.1 Anwendung von Wissen auf Arbeit

Lohnt sich also der Blick zurück ins 19. und beginnende 20. Jahrhundert?

Wie wurde der Industriearbeiter produktiv? (vgl. Cappelli 2012; Drucker 1985, 1993; Lanier 2014; Simon 2004; Taleb 2009, 2013)

Indem wir Wissen auf Arbeit angewandt haben.

Mit dieser Aussage lässt sich das Konzept des „Taylorismus" zusammenfassen. Frederick Winslow Taylor (1856–1915) unterzog die Industriearbeit einer wissenschaftlich-theoretischen Betrachtung. Dabei liest sich das Beispiel, mit dem sich Taylor dieses Konzept initial erschloss, heute ziemlich trivial. Es war die Beobachtung eines Arbeiters in einer Sandgrube, der Sand von einem Punkt A an einen Punkt B zu schaufeln hatte.

> Das galt zum Beispiel für eine Schaufel, mit der der Sand in einer Gießerei transportiert wurde. Dies war der erste Arbeitsablauf, den Taylor untersuchte. Sie hatte die falsche Form, die falsche Größe und einen falschen Griff (Drucker 2003, S. 2188–2189).

Taylor beobachtete diesen Prozess und stellte sich die Frage, wie er zu optimieren wäre.

Dabei betrachtete er auch das Arbeitsmittel, die Schaufel, die dem Arbeiter für seine Arbeit zur Verfügung stand. Und er stellte fest: Sie hatte die falsche Form, die falsche Größe und einen falschen Griff.

Auf diese Art und Weise wurde Zug um Zug die manuelle Arbeit im Rahmen der Industrialisierung optimiert. Arbeitsabläufe wurden beobachtet, dokumentiert und analysiert. Man machte sich dazu Gedanken, wie diese Arbeit schneller, einfacher, besser durchzuführen ist.

1.2   Anwendung von Wissen auf Wissen

Wie können wir das, was wir bezüglich der Produktivität der Industriearbeiter gelernt haben, nun auf die Produktivität der Wissensarbeiter anwenden?

Wo gibt es Gemeinsamkeiten und wo liegen die Unterschiede?

Charles Handy (2008, S. 366, 477 ff.) beschreibt das Aufeinandertreffen von Vertretern dieser zwei Welten in einer kurzen Szene in seinem Buch „The Elephant And The Flea":

> Some days I read and write, some days I sit and think, and some days I just sit. It can be hard to explain to a busy world.
> Every day the local farmer would go past in his tractor on the way to his fields. He would wave. I would look up from my chair and wave back. One day he stopped.
> „That's a nice life you have", he said, „just sitting there all day."
> „It's my work," I said, „it's how I earn my money."
> „Funny sort of work if you ask me," he snorted as he started up his tractor again.

Wir können also bereits in der Anwendung des ersten Schritts einen entscheidenden Unterschied feststellen, wenn wir versuchen, die zu bewältigende Aufgabe zu beobachten und daraufhin die einzelnen Abläufe zu analysieren. Wenn wir einen Wissensarbeiter dabei beobachten, wie er vor einem Fenster steht und hinausschaut, können wir aus der Beobachtung nicht ableiten, was er gerade tut – ist er nun produktiv tätig oder macht er Pause? Und insofern bringt es auch nichts, wenn wir versuchen, das Gesehene zu optimieren.

Beim Industriearbeiter musste die Frage beantwortet werden: Auf welche Weise muss die Arbeit verrichtet werden? Die gefundene Antwort auf diese Frage lässt sich, wie wir gesehen haben, nicht auf den Wissensarbeiter anwenden. Denn hier lautet die Fragestellung eher: Welcher Aufgabe müssen wir uns stellen, um die Produktivität in diesem Bereich zu steigern?

> Doch die zuerst gestellte Frage ist die alles Entscheidende, denn sie betrifft die Produktivitätssteigerung der Wissensarbeiter: Welcher Aufgabe müssen wir uns stellen? Ganz anders lautet die Fragestellung im Bereich der Industriearbeit: Auf welche Weise muss die Arbeit verrichtet werden (Drucker 2003, S. 2290–2292)?

Wie kann man den Wissensarbeiter in seinem eigentlichen wertschöpfenden Prozess unterstützen?

1.3   Zusammenfassung

Die Bedeutung des Wissensarbeiters sollte nun hinlänglich deutlich geworden sein. Das wichtigste Instrument, mit dem ein Wissensarbeiter seine Arbeit versieht, ist sein mentales System. Im nächsten Abschnitt geht es deshalb genau darum. Und um die Erkenntnisse, die Prof. Daniel Kahneman zu den Grenzen unserer mentalen Fähigkeiten gewonnen hat.

2   Teil 2 – Die Grenzen unserer mentalen Fähigkeiten

> Wir haben weder die Neigung noch die mentalen Ressourcen, unsere Präferenzen konsistent zu
> strukturieren, und unsere Präferenzen sind auch nicht auf magische Weise auf Kohärenz aus-
> gerichtet, wie sie es im Modell des rationalen Agenten sind (Kahneman 2012, S. 927, 1412).

Die These, die Daniel Kahneman in dieser zitierten Passage aufstellt, ist schon starker Tobak. Zusammengefasst bedeutet sie ja wohl, wir wollen nicht (weder Neigung) und wir können auch gar nicht (noch mentale Ressourcen). Kann das denn sein? Um uns bewusst zu machen, wie eng gesteckt die Grenzen unserer eigenen mentalen Fähigkeiten doch sind, bringt Daniel Kahneman in seinem Buch „Schnelles Denken, langsames Denken" viele Beispiele.

Ein kurzer Selbstversuch …

> Drei der auch wegen ihrer Kürze einprägsamsten Beispiele, möchte ich für all diejenigen,
> die einen schnellen Selbstversuch durchführen möchten, hier vorstellen:
> Aufgabe 1
> Bitte beantworten Sie spontan die folgende Fragestellung:
> „Ein Schläger und ein Ball kosten 1,10 US-Dollar. Der Schläger kostet 1 US-Dollar mehr
> als der Ball. Wie viel kostet der Ball?"
> Antwort: siehe Fußnote 5 (Kahneman 2012, S. 884 ff.)[1]
> Aufgabe 2
> „Wie viele Tiere jeder Art nahm Moses mit in die Arche?"
> Antwort: siehe Fußnote 6 (Kahneman 2012, S. 840 ff.)[2]
> Aufgabe 3
> „Während Sie in gemütlichem Tempo mit einem Freund spazieren gehen, bitten Sie ihn,
> 23 · 78 im Kopf zu berechnen, und zwar sofort. Er wird höchstwahrscheinlich unvermittelt
> stehen bleiben."
> Details: siehe Fußnote 7 (Kahneman 2012, S. 121 ff.)[3]

---

[1]Antwort Aufgabe 1: Der Schläger kostet 1,05 US$, der Ball 0,05 US$. „Mit Sicherheit fiel die intuitive Antwort auch denjenigen ein, die schließlich auf die richtige Zahl kamen – es gelang ihnen irgendwie, sich der Intuition zu widersetzen. … Er benutzte die Schläger-und-Ball-Aufgabe, um eine zentrale Frage zu erkunden: Wie intensiv überwacht System 2 die Vorschläge von System 1?

Es ist bemerkenswert, wenn die intuitive Antwort nicht überprüft wird, weil die Kosten des Überprüfens so gering sind … Das Schläger-Ball-Problem ist unsere erste Begegnung mit einer Beobachtung, die sich wie ein roter Faden durch dieses Buch zieht: Viele Menschen vertrauen ihren Intuitionen allzu sehr."

[2]Antwort Aufgabe 2: Moses nahm gar keine Tiere auf die Arche. Das war Noah.

[3]Erklärung zu der Aufgabe 3: „Während Sie eine Reihe von Rechenschritten absolvieren, erleben Sie langsames Denken. Dieser Prozess ist geistige Arbeit: Er erfordert zielgerichtete Anstrengung und Strukturierung und er ist daher ein Prototyp langsamen Denkens. Die mentale Multiplikation zweistelliger Zahlen und die ‚Drei addieren'-Aufgabe liegen an der kognitiven Leistungsgrenze der meisten Menschen."

Diese Aufgaben sind eigentlich nicht schwer. Und dennoch liefert unser mentales System uns darauf intuitive, doch falsche Antworten bzw. es gerät an die Grenze seiner Leistungsfähigkeit.

2.1 Die Arbeitsteilung unseres mentalen Systems

Daniel Kahneman beschreibt, dass unser mentales System eigentlich aus zwei Systemen besteht. Ein System, das für schnelles Denken zuständig ist. Und ein System, das für langsames Denken zuständig ist. Daher auch der Titel seines Buches.

Das für „schnelle Denken" zuständige System, nennt er „System 1", das andere „System 2". Was macht diese beiden Systeme aus und wie spielen sie zusammen?Worin liegen die Stärken von System 1?

Betrachten wir zunächst unser System 1. System 1 erledigt seine Arbeit weitgehend automatisch Wir müssen uns dazu nicht besonders anstrengen. Ganz intuitiv und deshalb schnell liefert uns System 1 Antworten auf viele Fragen, denen wir begegnen.

Worin liegen die Stärken von System 2?

Bei System 2 ist das anders. System 2 ist der streng analytische Teil unseres mentalen Systems.

> Nur System 2 kann Regeln befolgen, Objekte in Bezug auf mehrere Merkmale vergleichen und wohlüberlegte Wahlen zwischen Optionen treffen (Kahneman 2012, S. 723 ff.).

Die Aufwände, die im Vergleich zu System 1 entstehen, sind deshalb um einiges höher. Denn System 2 liefert keine, möglicherweise voreilige Antworten. Es stellt Hypothesen auf, wie sich bestimmte wahrgenommene Sachverhalte erklären lassen. Und dann überprüft es diese Annahmen anhand von Regeln und indem es zum Beispiel weitere Fakten sammelt.

Wie erklärt Daniel Kahneman die Schwächen des Gesamtsystems?

Wenn wir uns die beiden Systeme betrachten, dann ergänzen sie sich eigentlich sehr gut. Worin liegt nun das Problem begründet? Denn eigentlich sollte doch kein Problem existieren, wenn beide Systeme Hand in Hand arbeiten würden, ein jedes in dem Job, für den es prädestiniert ist.

Zum einen sei System 1 nicht so klug, wie es von sich annimmt und zum anderen habe System 2 die Schwäche, dass es „ein fauler Kontrolleur" sei, so Kahneman. Wenn System 1 eine plausible Antwort auf eine Fragestellung liefert, dann wird System 2 erst gar nicht aktiv. Selbst wenn es sinnvoll wäre, eine scheinbar intuitive Antwort von System 1 genauer zu überprüfen, weil diesem häufig Fehler (auf Basis kognitiver Verzerrungen) unterlaufen:

> Die Leistungsfähigkeit von System 1 wird jedoch durch kognitive Verzerrungen beeinträchtigt, systematische Fehler, für die es unter spezifischen Umständen in hohem Maße anfällig ist (Kahneman 2012, S. 490 ff.).

Letztendlich hat das damit zu tun, dass wir für System 2 mehr Ressourcen aufwenden müssen. Es kostet mehr. Es ist teurer. Deshalb müssten wir unser System 2 „gezielt willentlich aktivieren" und warum sollten wir so etwas Anstrengendes tun, wenn uns System 1 doch scheinbar schon die Antwort geliefert hat?

Es gibt natürlich noch eine Vielzahl weiterer Aspekte (nicht ohne Grund ist das Buch von Daniel Kahneman 624 Seiten lang), doch für den Kontext dieses Aufsatzes sollte diese Übersicht ausreichen vgl. auch Malik 2015.

2.2 Zusammenfassung

Wie wir gesehen haben, ist unser mentales System, das uns als Wissensarbeiter zur Verfügung steht, alles andere als perfekt. Um als Wissensarbeiter effektiver zu werden, wie Peter F. Drucker es anmahnt, und auch um den Anforderungen, die die Digitalisierung an uns stellt, gewachsen zu sein, bedürfen wir dringend der Unterstützung. Der nächste Abschnitt beschäftigt sich deshalb mit der Digitalisierung. Es handelt sich quasi um eine Art Bestandsaufnahme. Behalten wir dabei im Blick, dass wir auf der Suche sind nach einer Unterstützung, die uns dabei hilft, als Wissensarbeiter einen besseren Job zu machen.

3   Teil 3 – Bestandsaufnahme zur Digitalisierung

Der erste Industrieroboter wurde 1961 von General Motors eingeführt. In den 1960er-Jahren verschwand das „Fräulein vom Amt" (Brynjolfsson und McAfee 2014, S. 1274–1275).

3.1   Was passiert gerade und warum passiert es jetzt?

Die Autoren Erik Brynjolfsson und Andrew McAfee haben der Zeit, in der wir leben, den Namen gegeben „The Second Machine Age". Während der Titel der deutschen Ausgabe den eher spröden Untertitel trägt „Wie die nächste digitale Revolution unser aller Leben verändern wird", lautet der Untertitel der Originalausgabe „Work, Progress, and Prosperity in a Time of Brilliant Technologies", Arbeit, Fortschritt und Wohlstand in einem Zeitalter brillanter Technologien.

Warum wir dieses Zeitalter genau jetzt erleben, leiten die Autoren aus Zusammenspiel von Moore's Law (alle 18 Monate verdoppelt sich die Rechnerkapazität der Computer – und das seit nahezu 50 Jahren) und den Möglichkeiten, die sich aus dem Einsatz von BIG DATA ergeben ab. Die Autoren stellen dabei die These auf, dass sich daraus eine noch nie dagewesene Anzahl an Innovationen ergeben kann, indem wir die vorhandenen Möglichkeiten einfach miteinander kombinieren.

Sie wählen als Bild für diese unglaublich große Zahl, die Anzahl der Reiskörner, die sich in der „zweiten Hälfte des Schachbretts" (Brynjolfsson und McAfee 2014, S. 780 ff.)[4] ergibt, wenn man auf dem ersten Schachfeld mit einem Reiskorn beginnt und dann einfach pro Schachfeld die Anzahl der Körner verdoppelt (siehe Abb. 1).

3.2   Wen die Digitalisierung bisher wie unterstützt …

Lassen wir die Brillanz der Technologien für einen Moment außen vor und betrachten wir ein triviales Beispiel, nämlich wie durch die Digitalisierung die Erstellung von Texten verändert wurde. Wie lief der Prozess der Erstellung eines solchen Dokuments als Ergebnis der Wissensarbeit in der Vergangenheit? Es war nicht ungewöhnlich, dass der Wissensarbeiter für den Prozess der Dokumentenerstellung mit einer Schreibkraft, der er das Dokument diktierte, zusammenarbeitete.

Diese Arbeitsteilung machte durchaus Sinn. Die eigentliche Wertschöpfung liegt in der Arbeit des Wissensarbeiters, der das Dokument bereits „im Kopf hat" und seine Argumentationslinie formuliert. Die Zeit des Wissensarbeiters ist kostbarer, da teurer als die Zeit der Schreibkraft. Zudem kann sich die Schreibkraft auf die schnelle Erfassung (Stenografie) und Umsetzung des Textes konzentrieren. Die Schreibkraft nutzte dann als Werkzeug eine Schreibmaschine, um eine erste Version des Dokuments zu erstellen. Der Prozess war ein manueller und es musste jeweils wieder Zeit von beiden Parteien aufgewendet werden, um Korrekturen vorzunehmen und schließlich die finale Version zu erstellen.

Betrachten wir nun die Digitalisierung durch die Einführung der elektronischen Textverarbeitung, zum Beispiel mit Microsoft Word. Wessen Arbeit wurde durch diese Art der Digitalisierung unterstützt? Die der Schreibkraft, nicht die des Wissensarbeiters.

---

[4]„Das Schachspiel wurde im heutigen Indien im 6. Jahrhundert christlicher Zeitrechnung erfunden, der Zeit des Gupta-Reichs.

Es heißt, es sei von einem hochintelligenten Mann entwickelt worden, der in die Hauptstadt Pataliputra reiste und seine Erfindung dem Kaiser präsentierte. Der Herrscher war so beeindruckt von dem komplexen, faszinierenden Spiel, dass er den Erfinder aufforderte, sich selbst eine Belohnung auszuwählen. Der Erfinder pries die Großzügigkeit des Kaisers und meinte: ‚Ich wünsche mir nur etwas Reis, um meine Familie zu ernähren.'

Wäre seine Bitte vollständig erfüllt worden, hätte der Erfinder 2^{64-1} Reiskörner erhalten müssen – bzw. mehr als 18 Trio. Stück. Ein Reishaufen dieser Größe hätte den Mount Everest überragt. So viel Reis war in der Weltgeschichte nie produziert worden.

Auf der zweiten Hälfte des Schachbretts jedoch geht es dann um Billionen, Billiarden und Trillionen, und diese Größen übersteigen unser Begriffsvermögen. Ebenso wenig können wir uns vorstellen, wie rasch solche Zahlen zusammenkommen, wenn sich exponentielles Wachstum fortsetzt.

Nach 32 solchen Verdoppelungen hatten US-Unternehmen bezüglich des Einsatzes digitaler Ausrüstung die zweite Hälfte des Schachbretts erreicht. Das war 2006."

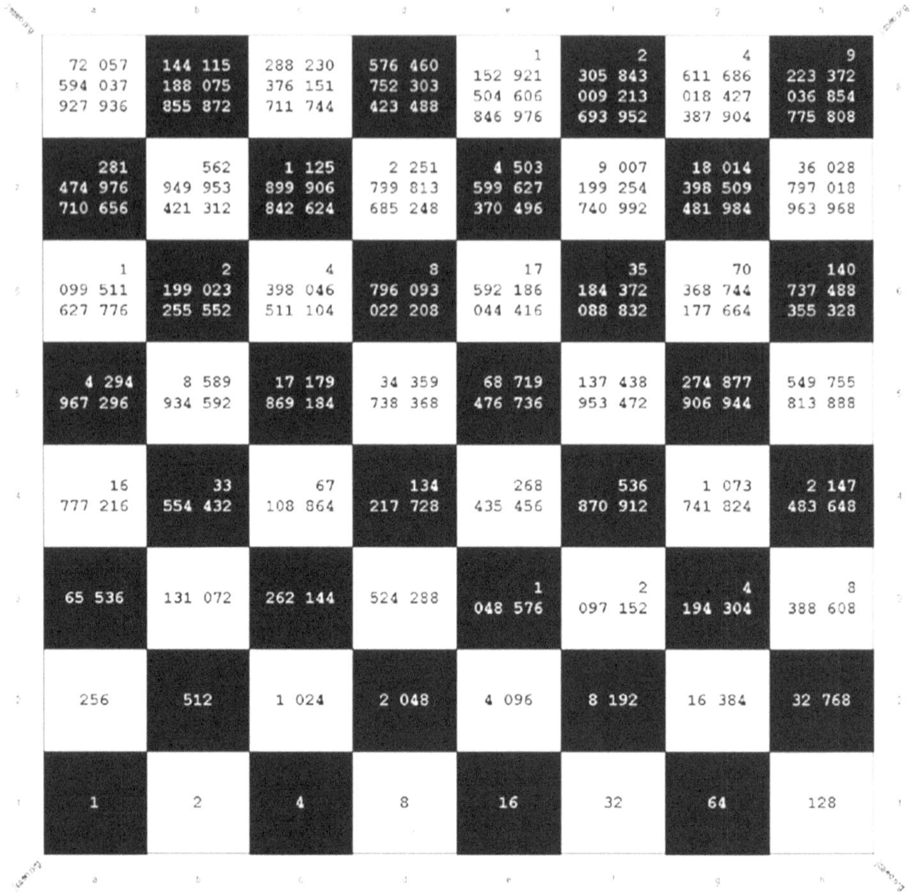

Abb. 1 „Unser Gehirn kann fortgesetztes exponentielles Wachstum nur schwer erfassen.“ (Brynjolfsson und McAfee 2014, S. 780) (jisseo-2-rice-on-a-chessboard: universumcorpusnostrum. blogspot.com)

Denn bis zu dem Punkt, dass der Wissensarbeiter der Schreibkraft das Dokument diktiert, ändert sich erst einmal nichts. Die Schreibmaschine wird ersetzt durch den PC. Und durch den Einsatz der elektronischen Textverarbeitung muss die Schreibkraft in einem Fehler- oder Ergänzungsfall nicht mehr den kompletten Text neu schreiben. Sondern sie muss nur den Aspekt des Texts korrigieren, der betroffen ist. Dadurch erhöht sich auch die Geschwindigkeit des gesamten Prozesses und weitere Optimierungs-möglichkeiten können greifen (standardisierte Textbausteine usw.).

Interessant ist anzumerken, dass es auf diese Art und Weise auch zu einer Rück-delegation von Aufgaben der Schreibkraft an den Wissensarbeiter kommen kann. Näm-lich dann, wenn die Stelle der Schreibkraft durch die Digitalisierung „wegrationalisiert“

wird. Doch selbst, wenn das nicht der Fall ist, kann man festhalten, dass durch die Werkzeuge, die im Rahmen der Digitalisierung im Laufe der letzten Jahrzehnte entstanden sind, der Wissensarbeiter in seiner Arbeit bestenfalls indirekt unterstützt wurde.

3.3   Und vor welche zusätzlichen Herausforderungen uns die Digitalisierung stellt …

Nicht nur die Erstellung von digitalen Dokumenten ist einfacher. Das gilt im gleichen Maße auch für ihre Verteilung.

Kennen Sie nicht auch diese E-Mails, die an Sie sicherheitshalber „cc" gesandt werden und bei denen Sie sich fragen, wann Sie die Zeit finden wollen, diese alle zu lesen?

Und das ist nur ein Symptom von vielen, die ursächlich sind für diese Datenflut.

Es ist unbestreitbar, dass die Digitalisierung tatsächlich einen ungeheuren Datenwust erzeugt.

Diese enormen Datensammlungen, die für fast jede Lebenslage existieren und die beständig weiterwachsen, wenn mit dem Internet of Things (IoT) nun auch Maschinen selbst miteinander kommunizieren, lassen sich prinzipiell unbegrenzt reproduzieren und wiederverwenden:

> Die Digitalisierung stellt enorme Datensammlungen für fast jede Lebenslage zur Verfügung, und diese Informationen lassen sich unbegrenzt reproduzieren und wiederverwenden, weil keine Rivalität vorliegt (Brynjolfsson und McAfee 2014, S. 353–1354).

Wie geht ein Wissensarbeiter damit um?

Wie ändert Big Data die Arbeitsweise des Wissensarbeiters?

Wie kann er sich die Masse an Daten sinnvoll und in einer vertretbaren Zeit erschließen?

Denn nur durch die wertschöpfende Arbeit des Wissensarbeiters werden aus all diesen Daten ja auch nutzbare Informationen.

Auch hier kommen wir sehr schnell an die Grenze unserer menschlichen Fähigkeiten, selbst wenn der Wissensarbeiter zu den Schnelllesern gehört, die 800 bis 1500 Worte in der Minute lesen können, ohne dass das Textverständnis leidet (https://de.wikipedia.org/wiki/Schnelllesen).

> IBM schätzt, dass ein menschlicher Arzt jede Woche 160 h lang lesen müsste, um sich über die einschlägige neue Literatur auf dem Laufenden zu halten (Brynjolfsson und McAfee 2014, S. 1543–1544).

3.4   Zusammenfassung

Die Erkenntnisse, die wir in diesem Abschnitt gewonnen haben, lassen sich wie folgt zusammenfassen: Zum einen kann man festhalten, dass die Anforderungen an den Wissensarbeiter durch das exponentielle Wachstum des technischen Fortschritts und insbesondere Big Data eher gestiegen als gesunken sind. Zum anderen waren nie zuvor waren so viele Daten – zu egal welchem Thema – „nur einen Mausklick" entfernt. Doch egal wie effizient sich ein Wissensarbeiter auch aufstellen mag, die ihm zur Verfügung stehende Zeit, um aus dem „Datenrauschen" die relevanten Daten zu identifizieren und daraus nutzbare Informationen zu machen, reicht nicht aus. Noch dazu vor dem Hintergrund, da wir ihn unterstützende Rollen häufig „wegoptimiert" haben und der Wissensarbeiter diese Nicht-Wissensarbeiten nun „so nebenbei" selbst mit erledigen darf. Wie könnte in einem Zeitalter so brillanter Technologien eine wirkliche Unterstützung des Wissensarbeiters aussehen, die ihn in die Lage versetzt, sich auf das Wesentliche seiner Tätigkeit zu konzentrieren, um so wertschöpfend in seiner Rolle tätig zu werden?

4   Teil 4 – Das Konzept der digitalen Assistenten

> Um die Leistungsfähigkeit der Menschen zu erhöhen, werden wir ihnen bessere Werkzeuge in die Hand geben müssen, anstatt einen plötzlichen Quantensprung bei den menschlichen Fähigkeiten zu erwarten (Drucker 2002, S. 481, 805).

4.1   Welche Anforderungen muss ein digitaler Assistent erfüllen, damit er dem Wissensarbeiter eine wirkliche Hilfe ist?

In dem zuvor aufgeführten Zitat spricht Peter Drucker von besseren Werkzeugen, die man dem Menschen an die Hand geben müsse, um seine Leistungsfähigkeit zu erhöhen.

Da sich Wissensarbeit, wie wir gesehen haben, so deutlich von manueller Arbeit unterscheidet, soll im Folgenden bei der Unterstützung des Wissensarbeiters nicht von Werkzeugen, sondern von digitalen Assistenten gesprochen werden.

Die nachfolgende Grafik verdeutlicht das (siehe Abb. 2).

Auf der X-Achse nimmt von links nach rechts der Grad der Wissensarbeit, der mit einer Rolle verbunden ist, zu.

Auf der Y-Achse nimmt von unten nach oben der Grad der Digitalisierung zu.

Im linken unteren Quadranten finden sich Werkzeuge, zum Beispiel der Hammer, den der Handwerker einsetzt.

Oder die Schreibmaschine, die von der Sekretärin genutzt wurde.

Durch die Digitalisierung entstehen digitale Werkzeuge, wie zum Beispiel der PC (Hardware), der in Kombination mit der Textverarbeitung (Software), zum Beispiel die Schreibmaschine als Werkzeug abgelöst hat.

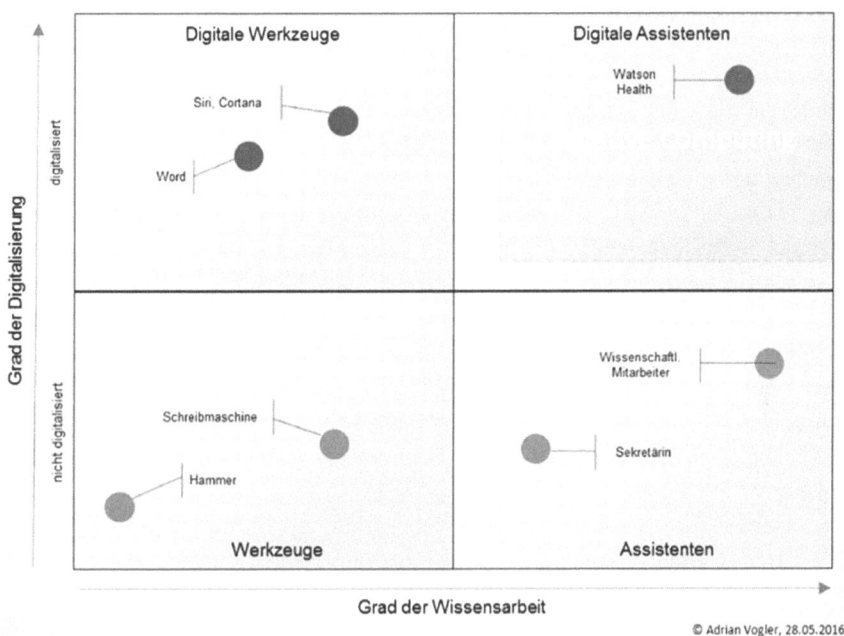

Abb. 2 Einordnung der digitalen kognitiven Assistenten. (Quelle: Adrian Vogler)

In diesem linken oberen Quadranten der digitalen Werkzeuge finden sich dann auch digitale Instrumente wie Siri und Cortana. Diese behaupten zwar von sich, sie seien digitale Assistenten, doch tatsächlich (zum augenblicklichen Zeitpunkt) sind sie nur gute digitale Werkzeuge, um einfache Arbeitsschritte, wie das Anlegen eines Termins, auch über Sprache zu ermöglichen.

Möglicherweise entwickeln sich diese digitalen Instrumente im Laufe der Zeit vom oberen linken, in den oberen rechten Quadranten.

Im unteren rechten Quadranten findet man die Assistenten, die einen Wissensarbeiter in der Vergangenheit und auch heute noch aktiv unterstützt haben.

Insbesondere mit dem wissenschaftlichen Mitarbeiter hat man ein gutes Beispiel, wie man einen wissenszentrierten Prozess arbeitsteilig organisieren kann.

Im oberen rechten Quadranten finden sich schließlich die digitalen Assistenten.

Der größte Teil der Fläche des oberen rechten Quadranten ist dabei mit „Cognitive Computing" hinterlegt.

Das führt uns zu der Fragestellung:

4.2   Welche Rolle spielt dabei Cognitive Computing?

Unter Einsatz von Cognitive Computing lassen sich digitale Assistenten bauen, die

- den Wissensarbeiter in seinem wertschöpfenden Prozess unterstützen und dabei,
- die Schwächen des Wissensarbeiters, die wir in Abschn. 2 beschrieben haben, ausgleichen und gleichzeitig,
- eine Antwort geben, auf die Herausforderungen der Digitalisierung, wie sie in Abschn. 3 auflistet sind.

Digitale Systeme sind bereits heute in der Lage, beliebig große Datenmengen unter Anwendung von programmierten Algorithmen auszuwerten.

Weder bereitet diesen Systemen das Einlesen große Datenmenge – in einem Umfang und in einer Zeit, die weit jenseits dessen liegt, was der beste Speed Reader erreichen kann – Schwierigkeiten, noch haben sie Probleme mit Berechnungen, die ein Vielfaches komplexer sind, als $23 \cdot 78$.

Das normale Softwareprogramm setzt dabei allerdings darauf auf, dass Daten in einer strukturierten Art und Weise erfasst werden und diese Daten in einer relationalen Datenbank hinterlegt sind.

Der Schlüssel für die Erschließung der in der Datenbank abgelegten Informationen ist das Datenbankschema. Die herkömmlichen Programme funktionieren nur, wenn sie auf Basis einer solchen Datenbank mit Daten versorgt werden.

Ein kognitives System unterliegt dieser Restriktion nicht. Es ist in der Lage, sowohl mit strukturierten, das heißt in einer Datenbank hinterlegten Daten, als auch mit unstrukturierten Daten, wie zum Beispiel einem Textdokument, umzugehen.

Außerdem prägt ein kognitives System ein semantisches Textverständnis aus. Dadurch wird es in die Lage versetzt, die Daten, egal ob strukturiert oder unstrukturiert, entsprechend der Fragestellung des Wissensarbeiters verarbeiten und aufzubereiten zu können.

Und schließlich ist ein kognitives System ein lernendes System. Je mehr Big Data es für seine Aufgabe zur Verfügung gestellt bekommt, desto besser.

Ein kognitives System ist in der Lage, in dem Datenrauschen die Muster zu identifizieren, auf die es dem Wissensarbeiter ankommt.

Noch dazu kann es neue Muster in den Big Data identifizieren, die mit den beschränkten Möglichkeiten des mentalen Systems des Wissensarbeiters nicht so offensichtlich erkennbar wären.

4.3 Die Unterstützung des Arztes durch einen digitalen Assistenten

Im vorigen Abschnitt wurde beschrieben, dass IBM ermittelt habe, wie viele Stunden ein Arzt nur mit dem Lesen von Fachliteratur zubringen müsste, um auf den Laufenden zu bleiben.

Das Unternehmen IBM hat für diese Domäne jedoch weit mehr getan.

Unter Einsatz ihrer Plattform für kognitives Computing, die ihren Namen vom ehemaligen Vorstandsvorsitzenden, (Thomas J.) Watson, erhielt, hat IBM einen digitalen Assistenten gebaut, der in der Lage ist, den Arzt im Bereich der Diagnose und Behandlungsempfehlung zu unterstützen (IBM Watson Health 2017).

4.4 Digitale kognitive Assistenten bauen

Es ist wichtig, zwischen der kognitiven Plattform und dem digitalen Assistenten für eine bestimmte Domäne zu unterscheiden.

Die kognitive Plattform bringt dabei die Instrumente mit, die man benötigt, um einen digitalen Assistenten zur Unterstützung der Wissensarbeiter in der eigenen Domäne zu bauen.

Der Erstellung des digitalen Assistenten selbst ist dabei eine Aufgabe, die bezüglich des Bereichs, in dem die Wissensarbeiter tätig sind, noch jeweils geleistet werden muss.

Letztendlich umfasst der Prozess die folgenden Schritte, um eine Domäne zu erschließen: vgl. Bowles und Hurwitz 2015

1. Definition der Aufgabenstellung, die es zu lösen gilt (siehe auch Abschn. 1 zum Wissensarbeiter).
2. Identifikation der Datenquellen, egal ob strukturiert oder unstrukturiert, die zur Lösung der Aufgabenstellung einbezogen werden sollen.
3. Anlernen der Datenquellen in einer Folge von manuellem und halbautomatischen Training und Feedback an das kognitive System.
   In diesem Schritt werden dem System beispielsweise die prinzipiellen Muster beigebracht, nach denen der Assistent in den angebundenen Datenquellen suchen soll.
4. Wenn ich das System entsprechend trainiert habe, ist es bereits einsatzfähig.
   Da es sich um ein selbstlernendes System handelt, kann man zum Beispiel auch neue Datenquellen anschließen und das System wird auch darin nach den Mustern suchen, auf die es trainiert ist.

4.5   Abschließendes Resümee

Mit den digitalen Assistenten, die sich über eine Cognitive-Computing-Plattform erstellen lassen, wird die Arbeit des Wissensarbeiters in ihrem Kernprozess unterstützt.

Der Wissensarbeiter wird in die Lage versetzt, eine Wertschöpfung auf einem anderen Niveau zu erzielen.

Das gelingt insbesondere auch dadurch, dass die digitalen Assistenten, wie sie sich mit einer Cognitive-Computing-Plattform bauen lassen, die Defekte unserer Systeme 1 und 2, wie sie von Daniel Kahneman diagnostiziert wurden, in der Lage sind, auszugleichen.

In Antwort auf die Frage, wie die Arbeitsteilung zwischen Mensch und Computer in diesem Szenario aussieht, können wir festhalten: Der Mensch wird nicht ersetzt, sondern durch den Computer an sehr sinnvollen Stellen ergänzt.

Dass die Erstellung solcher digitalen Assistenten keine Zukunftsmusik mehr ist, sondern die Zukunft bereits begonnen hat, zeigen die Beispiele, die es für den Einsatz im Rahmen der ärztlichen Diagnoseunterstützung oder aber der Reiseplanung mit Wayblazer (2017)[5] bereits gibt.

5   Weblinks

IBM Watson Health: Welcome to the New Era of Cognitive Healthcare
Link: http://www.ibm.com/smarterplanet/us/en/ibmwatson/health/,   Zugegriffen: 23.01.2017
Opus Impero – Projekt Digitalisierung des Skillmanagement
Link: http://tinyurl.com/zpr5ezo, Zugegriffen: 23.01.2017.
Eine Projektskizze für einen Digitalen Assistenten am Arbeitsmarkt 4.0
IBM Smarter Workforce – Kenexa
Link: http://www-01.ibm.com/software/smarterworkforce/, Zugegriffen: 23.01.2017.
Zum Beispiel „Digitalisierung Skillmanagement"
ioxp.de | learn, share, do
Link: http://www.ioxp.de, Zugegriffen: 23.01.2017.
Knack.it – Find your talent.

---

[5]„WayBlazer's Cognitive Conversion Suite helps improve the travel planning process for businesses that merchandise hotels, tours, cruises, and activities. It provides a way to personalize recommendations, images, insights, and local area points of interest in the context of travelers and their trip."

Link: http://www.knack.it, Zugegriffen: 23.01.2017.

Wayblazer – Cognitive Travel Platform

Link: http://www.wayblazer.com, Zugegriffen: 23.01.2017.

Senior Futurist & Keynote Speaker I DaVinci Institute

Link: http://www.futuristspeaker.com, Zugegriffen: 23.01.2017.

Literatur

Bowles A, Hurwitz Kaufmann JM (2015) Cognitive computing and big data analytics. Wiley, Indianapolis

Brynjolfsson E, McAfee A (2014) The Second Machine Age: Wie die nächste digitale Revolution unser aller Leben verändern wird. Plassen, Kulmbach

Cappelli P (2012) Why good people can't get jobs: the skills gap and what companies can do about it. Wharton Digital, Philadelphia

Drucker PF (1985) Innovations-Management für Wirtschaft und Politik. Econ, Wien

Drucker PF (1993) Die postkapitalistische Gesellschaft. Econ, Wien

Drucker PF (2002) Was ist Management? Das Beste aus 50 Jahren. Econ, Wien

Drucker PF (2003) Management im 21. Jahrhundert. Econ, Wien

Handy C (2008) The elephant and the flea. Random, London

Kahneman D (2012) Schnelles Denken, langsames Denken. Random, München (German Edition)

Lanier J (2014) Wem gehört die Zukunft? Hoffmann & Campe, Hamburg

Malik F (2015) Navigieren in Zeiten des Umbruchs: Die Welt neu denken und gestalten. Campus, Frankfurt a. M. (German Edition)

Simon H (2004) Think – Strategische Unternehmensführung statt Kurzfrist-Denke. Campus, Frankfurt a. M.

Taleb NN (2009) Der Schwarze Schwan – Die Macht Höchst Unwahrscheinlicher Ereignisse. Dt. Taschenbuch, München

Taleb NN (2013) Antifragilität: Anleitung für eine Welt, die wir nicht verstehen. E-Books der Verlagsgruppe Random House GmbH, München (German Edition)

Adrian Vogler ist Mitglied der Peter Drucker Society Europe sowie des Expert Network Horizon 2020 der EU. Er ist selbst Wissensarbeiter und hat sich seit 2015 dem Thema **gezielte** Automatisierung von Wissensarbeit im Rahmen der digitalen Transformation verschrieben. Seine Tätigkeitsschwerpunkte in den Jahren zuvor lagen in der operativen Umsetzung von Digitalisierungsstrategien (IT 2010, IT 2015, IT 2020), Open-Innovation, Social-Forecasting/Crowdsourcing sowie in den Bereichen Projektmanagement, Wissenstransfer und Wissensmanagement.

Adrian Vogler
(Fotocredit: privat)

Die neue Gleichzeitigkeit von Unterschieden – wie soll man da noch führen?

Herbert Schober-Ehmer, Susanne Ehmer und Doris Regele

Was ist los in dieser Welt?

Wir werden nicht so kühn sein, um auf diese große Frage mit einer umfassenden Analyse zu antworten, aber auch nicht zu bescheiden, um zentrale Aspekte aus unserer Perspektive als Soziologen und Unternehmensberater zu markieren.

Es ist nicht unwahrscheinlich, dass spätere Generationen unsere Epoche als die *Entdeckung der Gleichzeitigkeit* charakterisieren werden.

- Gleichzeitig im Hier und Jetzt navigieren und steuern, den richtigen Weg einschlagen, ohne wirklich zu wissen was das Morgen bringt.
- Gleichzeitig Shareholder und Stakeholder zufriedenstellen, kurzfristige Planziffern erreichen, ohne die langfristige Orientierung zu „verraten".
- Gleichzeitig die erfolgreiche Tradition fortsetzen und innovativ Neues wagen.

Es geht um die Fähigkeit zu erkennen, wann sind kurze Sprints und rasches Atmen erforderlich, ohne die Fähigkeit für den 100 km-Lauf zu verlieren und dort so anzukommen, dass man nach der Ziellinie nicht zusammenbricht.

Aus unserer Beobachtung können wir feststellen: Die agilsten Organisationen leben bereits die neue Gleichzeitigkeit von Unterschieden: Sie nutzen Hierarchie *und* Heterarchie, Anweisung *und* Selbststeuerung, Silostrukturen *und* bereichsübergreifende

H. Schober-Ehmer (✉) · S. Ehmer (✉) · D. Regele (✉)
Redmont GmbH, Wien, Österreich
E-Mail: h.schober-ehmer@redmont.biz

S. Ehmer
E-Mail: s.ehmer@redmont.biz

D. Regele
E-Mail: d.regele@redmont.biz

© Springer-Verlag GmbH Deutschland, ein Teil von Springer Nature 2021
A. Hildebrandt und W. Landhäußer (Hrsg.), *CSR und Digitalisierung,* Management-Reihe Corporate Social Responsibility, https://doi.org/10.1007/978-3-662-61836-3_54

Teams, Konkurrenz *und* Kollaboration, strikte Kontrolle *und* Vertrauen, Standardisierung *und* Flexibilisierung, …

Es gab noch nie so viele Möglichkeiten bzw. Freiheiten und gleichzeitig so viel Schwankungen und Unsicherheit. Die zumindest gefühlte Komplexität und Mehrdeutigkeit vieler Situationen in dieser Gleichzeitigkeit haben die Tendenz, kleine Probleme sehr groß werden zu lassen und Stress zu verstärken.

Sowohl Struktur als auch Optionen

Organisationen wurden geschaffen, um Gleichzeitigkeit zu bewältigen, Stabilität zu ermöglichen, die Wünsche nach Ordnung und Berechenbarkeit praktisch zu bedienen. Die dazu eingebauten Elemente namens Struktur, Spielregeln, Stellenbeschreibungen, Motivationsrezepte und vieles mehr sollen die „Kausalitätsmaschinen" am Laufen halten und die Illusion der Steuerbarkeit und Machbarkeit durch Führung bedienen. Leider gefehlt.

Die Erkenntnis, dass Mitarbeiter, Teams, Bereiche, Unternehmen doch nicht der technischen, linearen Logik folgen, löst verständlicherweise Unbehagen aus. Hinzu kommt, dass Führung selbst immer schon so vielfältig war wie die Anforderungen, die an sie gestellt wurden – inklusive aller Widersprüche bzw. Paradoxien: Nähe und Distanz, Sicherheit und unmittelbares Reagieren, klare Ausrichtung und Pragmatismus …

Führungskräfte, die die Fähigkeit entwickeln, mit Möglichkeiten und befragbaren Annahmen (statt mit „Wahrheit" und „Richtigkeit") zu operieren, werden es leichter haben, immer wieder neue Perspektiven einzunehmen. Wenn es ihnen gelingt, mit hoher Achtsamkeit neue Zusammenhänge und Wechselwirkungen zu entdecken bzw. auch mit Optionen und Annahmen zu operieren, werden sie an Nachhaltigkeit als weiterem Widerspruch nicht verzweifeln.

Unsicherheit ist nicht mehr das Problem, sondern die Quelle zu Lösungen

Ein mutiger Perspektivenwechsel: Verstehe Unsicherheit nicht als Problem, sondern als Lösung. So paradox es klingen mag, aber Unsicherheit hilft, die richtigen Fragen zu stellen. Sie ist die Voraussetzung für Kreativität und für einen verantwortungsvollen Umgang mit Risiko.

Für Führungskräfte gilt: keine Sicherheit vortäuschen, wo es keine Gewissheit geben kann. Sie müssen mit der Paradoxie umgehen, sowohl glaubwürdige Führungskraft zu sein, der zugeschrieben wird, vieles zu wissen, die aber auch immer wieder die Haltung *des Nichtwissens* einzunehmen im Stande ist, welche Unsicherheit nicht als Mangel, sondern geradezu als Voraussetzung für das Erkennen von Widersprüchen und das Auffinden von Alternativen versteht.

Unsicherheit oder die Expertise des Nichtwissens wird zur Schlüsselfunktion von Führung in einer Welt zunehmender Komplexität (Schober-Ehmer (2018), Reisen im Ungewissen, S. 11 ff).

Wie führt man in einer komplexen Welt?

Komplexität wurde zu Recht zum zentralen Begriff, um die Situationen der Wirtschaft, der Gesellschaft, der Dynamik von Märkten und Organisationen oder das Verhalten von Menschen zu charakterisieren. Der Begriff benennt die Eigenschaft eines Systems, dessen Gesamtverhalten man selbst dann nicht eindeutig beschreiben, berechnen und prognostizieren kann, wenn man vollständige Informationen über deren einzelne Elemente und deren Wechselwirkungen besäße.

Es ist jedoch unmöglich, eine komplette Beschreibung von biologischen oder sozialen Systemen (Menschen, Familien, Teams, Organisationen, Gesellschaften) anzufertigen. Diese Unmöglichkeit ist nicht das Resultat mangelnder Erhebungen, sondern der unvermeidbaren Selbstbezüglichkeit jeder Kommunikation: jede Beschreibung und Bewertung des Aktienmarktes kann zu dessen nicht voraussagbaren Veränderung führen, jede Meinungsumfrage wirkt auf die gerade erhobene Meinung zurück. Man jagt sozusagen immer hinterher.

Kybernetik ist die Wissenschaft, die sich mit solchen – in der Natur ganz selbstverständlichen – Kreisläufen beschäftigt. Erklärungen, warum etwas sich so oder so entwickelt hat, kann man letztlich immer erst im Nachhinein „konstruieren". Leider sind so gewonnene Erkenntnisse für das nächste komplexe Problem nur bedingt anwendbar, da sich jeweils andere Konstellationen mit neuen Nebenwirkungen ergeben können. Das ist aber keine Einladung zur Beliebigkeit, man kann komplexe Systeme nicht ingenieursmäßig gestalten, aber ihre Charakteristik verstehen und einen kreativen-spielerischen Zugang finden (Schober-Ehmer (2018), 12 Anregungen für die Praxis, S. 14 ff).

VUCA als hilfreiche Perspektive

Der Begriff VUCA ist eine Wortschöpfung, um die „Welt" zu benennen, mit der wir es heute zu tun haben, sie ist: volatil, uncertain, complex und ambiguous.

Jeder dieser vier Begriffe beschreibt ein Problem und verweist gleichzeitig auf das in ihm schlummernde *Lösungspotenzial*.

Das Akronym VUCA wurde vor mehr als 40 Jahren im amerikanischen Militärvokabular kreiert, fand rasch Eingang in den „Strategie-Sprech" und geriet im Laufe der Jahre wieder in Vergessenheit. Die Welt der Unternehmen in den 1970er/1980er-Jahren schien doch noch recht stabil und berechenbar. Seine Renaissance ist im Blick auf die Geschehnisse und Entwicklungen in den letzten Jahren mehr als verständlich.

Wir mögen diese Wortschöpfung: VUCA. Einerseits lässt deren Klang schon ahnen, womit wir es zu tun haben; andererseits kreiert der Begriff sowohl eine Problematik, die er gleichzeitig im wahrsten Sinn des Wortes (im Sprechakt als solchen) auflöst. Er macht dieses Phänomen der Unfassbarkeit in einem Begriff wieder fassbar: „Die Welt ist VUCA, na klar, dann *kann* man ja gar nicht anders, oder wie?" Wie beruhigend, die beunruhigende Nicht-Kausalität wird durch eine originelle *Wort-Kausalitätsmaschine* beruhigt.

Doch was sind die Lösungen, wie lauten die Rezepte für etwas, für das es eigentlich keine Rezepte geben dürfte? Was setzen wir an die Stelle von Fatalismus (selbst wenn es sich um einen unbekümmerten Fatalismus handelt, der sich mit dem Motto „anything goes!" angefreundet hat)? Schauen wir uns zunächst *praxisnah* an, wie sich VUCA im Organisationsalltag konkret äußert, bevor wir zum Aufzeigen möglicher Lösungen kommen.

„Wir sind für ein *stabiles Risikomanagement* zuständig. Ob der Vorstand den Widerspruch in dieser Aussage wohl versteht?" – fragte sich der zuständige Bereichsleiter einer internationalen Bank und resümiert weiter:

> Oder wurde bereits erkannt, dass nur *höchste Beweglichkeit* eine andere Form von Stabilität, nämlich Zuverlässigkeit, ermöglicht? Täglich müssen wir mit neuen Regularien rechnen, welche die Welt angeblich stabiler machen und keiner erkennt, dass damit *höchste Unsicherheit* für alle hergestellt wird. Und keiner sagt, dass man nicht wissen kann (!), welche Auswirkungen die Regeln auf die Bewertung der Risiken haben werden und schon müssen wir mit einer neuen Auswirkung rechnen.

Ein Beispiel eines Managers, der einiges durchschaut hat und mit seinem Führungsteam neue Wege sucht. Gerät die Welt aus den Fugen oder fügt sie sich einfach neu?

Was sagen andere Führungskräfte, wie sie VUCA erleben?

- „Alles ist sprunghafter, unklarer, widersprüchlicher geworden" so die Leiterin von Compliance, obwohl sie den einzigen Bereich im Unternehmen führt, der nicht von der Aufnahmesperre betroffen ist. Ein Bereich, der immer mehr an Bedeutung gewinnt und zugleich weder im Außenverhältnis noch nach innen wirklich gestaltend tätig sein kann. Mächtig und ohnmächtig zugleich. „Wir müssen Risiken aufzeigen, aber alle wollen nur die grüne Ampel sehen."
- „Wir sollen für Kunden und Mitarbeiter berechenbar sein und strategische Gewissheiten vermitteln, zugleich aber flexibel auf jede noch so unterschiedliche Erwartung antworten" (der Geschäftsführer eines internationalen Softwareunternehmens).
- „Wir sollen rasch entscheiden, aber natürlich alle Aspekte berücksichtigen" (ein Vorstandsteam).
- „Wir sollen die Erfahrung und Loyalität der älteren Mitarbeiter respektieren, aber auch die Ungebundenheit und Neugier der Y-Generation nutzen" (der HR-Vorstand eines Produktionsunternehmens).
- „Wir sollen Entscheidungen in eigenständige, dezentrale Einheiten verlagern, diese jedoch durch ein zentrales Controlling koordinieren – aber ohne bürokratische Regeln" (die GF eines globalen Automotive-Unternehmens).
- „Wir sollen die unterschiedlichen Logiken von Hierarchie und Matrix, von Teams und Netzwerken unter einen Hut bringen und natürlich als Unternehmen resilient und nachhaltig sein" (die Leiterin des Forschungsbereiches eines Sportartikelherstellers).
- „und dann sollen wir als Organisation – nicht nur wir Männer – auch ‚weiblicher' sein" (der Bereichsleiter eines Versicherungsunternehmens).

Eine Auswahl einiger Originalzitate aus einer aktuellen Befragung von 30 Top-Führungskräften zu den herausforderndsten Widersprüchen, die sie im täglichen Geschäftsleben zu bewältigen haben.

In vielen dieser Unterpunkte dürften Sie sich wiederfinden, oder? Wahrscheinlich haben Sie diese Liste durch Beispiele aus Ihrem beruflichen Alltag gedanklich ergänzt.

Eine Beschreibung dessen, was VUCA ist, liegt nun vor. Aber was tun?

Zu allererst auf Stabilisierung achten, sich bewusst machen, auf wie viele nutzvolle Routinen, orientierende Werte und Regeln Sie heute bauen können. Welche Ihrer Themen erlauben eindeutige Entscheidungen und Zurechenbarkeiten, wie präzise können Ursachen identifiziert werden und wo und wie kann man berechtigt „Schuldige" finden?

Dann können Sie sich etwas entspannter dem großen Feld der Unberechenbarkeit zuwenden. Die Lösung dafür lautet: Wenn die Welt VUCA ist, sei einfach selbst VUCA!

Das Denkkonzept der *Organisation N.N.* öffnet mehr Gestaltungsspielräume

Wir laden ein, in jedem dieser vier Begriffe, die ja eigentlich ein Problem benennen, das Lösungspotenzial zu entdecken (Wenn wir in den nächsten Imperativen das vertrauliche DU-Wort verwenden, dann verbirgt sich darin die ernst gemeinte Einladung, Sie zu Komplizen unserer Subversivität zu machen). Voilà:

Wenn das Umfeld *volatil (volatility), das heißt* sprunghaft, unbeständig, flüchtig ist, dann erlaube Dir Pragmatismus statt Prinzipientreue, aber erkläre Deinen Direct Reports Deine Sprünge. Baue in Deine Strategie mehrere *Sowohl-als-auch* oder schlicht Alternativen ein. Verzichte auf das *Wir tun so, als ob es stabil wäre* und operiere mit dem, was ohnehin alle wissen: Jede Planung, jede Aussage über das Zukünftige, jeder Forecast trägt das Unbeständige schon in sich. Planung ist kontrollierter Irrtum! (*Wir müssen Fehler machen, damit unsere Situation ernst genommen wird* – meinte der Leiter der Produktion, nach der dritten Rationalisierung und brachte damit sich und den Vorstand in ein Dilemma).

Gestalte Deine Organisation volatil, agil oder wie wir sagen: Mache aus Deiner *festen* Organisation *eine fluide und bewegliche:* Erkläre Dir die Organisation zur Leerstelle. Markiere sie mit dem Nomen Nominandum und nenne sie: *Organisation N.N.* Damit eröffnest Du einen Raum der Ermöglichung, damit lädst Du zur permanenten Kreation ein (Ehmer et al. 2016, S. 30 ff.) (Schober-Ehmer (2018), Auf der Suche nach der passenden Organisation, S. 28 ff).

Wenn das Leben oder zumindest das Managen und Entscheiden von Unsicherheit *(uncertainty)* gekennzeichnet ist, dann verstehe *Unsicherheit nicht als Problem, sondern als Lösung.* Sicherheit ist eine Illusion, die nur durch das Ausblenden der Vielfältigkeit sichergestellt werden kann. Erfolge (auch wenn man sie durchaus feiern sollte), können blind und manchmal dumm, zumindest „lernbehindert" machen und verführen, unbekannte Risiken einzugehen. Bei einer deutschen Airline wurde Unsicherheit dadurch gemanagt, indem mehrere Szenarien entwickelt wurden, wenn durch *irgendein Ereignis* erfolgskritische Prozessschritte ausfallen. Wenn der kritische Geschäftsprozess der Transport der Fracht von A nach B ist, dann ist es unerheblich, ob der Luftraum wegen eines Vulkanausbruchs oder eines Lotsenstreiks lahmgelegt wird: Hat der Logistiker den potenziellen Stillstand eines seiner Kernprozesse frühzeitig antizipiert, kann er auf Alternativen zurückgreifen, die unabhängig sind vom Grund des Ausfalls.

Natürlich erhöht der Fokus auf Nachhaltigkeit die Komplexität eines Unternehmens, neue Zusammenhänge sind zu sehen und zu beobachten. Die Frage nach dem Sinn muss erneut gestellt und beantwortet werden. Klimaprozesse, Verwendung von Energie, Abfall, alles was ein Unternehmen erfolgreich ins Außen – in die unbestimmte Komplexität der Umwelten – verlagern konnte, klopft wirkungsmächtig an deren Grenzen. Es macht den Umgang mit Komplexität nicht einfacher. Wenn also Dein Aktionsfeld nicht eindeutig und kausal strukturiert ist und die Bezeichnung Komplexität *(complexity)* verdient, dann wähle einen experimentellen, wir sagen bewusst, einen spielerischen Zugang. Ein Spiel, bei dem einmal die Komplexität erhöht und ein andermal reduziert werden muss, um mit einem passenden Verarbeitungsmodus aus der „unbestimmten Komplexität" der Umwelten eine organisierbare zu machen.

Welchen Prozess auch immer man wählt, man darf die Wirkungen der Erhöhung oder der Reduktion nicht außer Acht lassen. Aber wie erkennt man jetzt, was erst in der Zukunft sichtbar werden kann, wo sich zeigt, wie das „Reduzierte", die „beiseitegelegte" neue Situation (neue Sachthemen, neue zeitliche und soziale Dynamiken) geschaffen hat. Komplexität überfordert das rationale, kausale, analytische Denken, Zukunft lässt sich nicht berechnen. Aber zum Trost: Es genügt das Erahnen, das Erkennen von möglichen Wahrscheinlichkeiten, die ein sorgfältiges und achtsames Handeln im Hier und Jetzt erfordern. Gefragt ist ein Lernen durch Versuch und Irrtum – im Wissen, man weiß nur bedingt, worum man sich Sorgen machen muss und worauf zu achten ist. So verstehen wir den Begriff „Spiel".

Wenn es Dir nicht möglich ist, in Deine Prozesse „sich selbst stabilisierende Mechanismen" einzubauen und Du mit sich selbstverstärkenden Dynamiken rechnen musst, dann begrenze diese mit Werten, Moral und Sanktionen – und wisse: auch die wirken nur begrenzt. Vertraue auf die Klugheit Deiner Mitarbeiterinnen und deren Fähigkeit zur Selbstorganisation.

Wenn Deine Organisationswelt (hoffentlich) vielschichtig und bunt ist, dann kann sie nur Mehrdeutigkeit *(ambiguity)* aufweisen. Ruf Dir immer wieder in Erinnerung, dass Eindeutigkeiten nur in einem engen und klar bestimmbaren Kontext gefunden werden kann. Wisse, es kann so aber auch anders sein. Paradoxien gehören einfach zum Leben. Übe Dich in fröhlicher Ironie, versuche Dich im *Sowohl-als-auch* und schärfe Deine Sinne für die Vielfalt an Möglichkeiten. Erlaube Dir mehrdeutige Antworten auf mehrdeutige Situationen.

Ein Beispiel:

> Wir haben uns entschieden, in manchen Abteilungen täglich und bei den Projekten wöchentlich die Prioritäten zu überprüfen und wenn erforderlich zu verschieben. Es ist uns gelungen durch intensive Kommunikation – mittags steht der Vorstand immer für Fragen zur Verfügung – Verständnis zu schaffen und ich vermute, wir werden nicht mehr als Verrückte angesehen.

Die vielfältigen Rollen der Führung und die Gleichzeitigkeit von Unterschieden managen

Anweisen, kontrollieren, sanktionieren, motivieren, unterstützen, fordern, sagen wo es lang geht, sagen was nicht geht, fragen, worauf zu achten wäre, wissen was richtig ist, gemeinsam erarbeiten, worum es gehen könnte, loslassen, wissen, was man nicht weiß und nicht wissen kann, Regisseur von Meetings sein, Experte sein, erfahrener Anfänger sein, die Hierarchie bedienen, Teams entwickeln, ... man kann es noch lange fortsetzen. Führung ist ein vielfältiges Geschäft geworden.

Komplexe und immer mehr auch turbulente Situationen können nicht mehr mit wenigen Verhaltensrepertoires, mit einem einfachen Rollenverständnis gemanagt werden. Das kann faszinieren und überfordern. Da kann schon die Frage aufkommen „Wer bin ich und wie viele?" Und das Zauberwort „sei einfach authentisch" stellt sich, würde man es wirklich befolgen, als Komplexitätsverstärker und Konfliktproduzent heraus.

Unterschiedliche Situationen, unterschiedliche Aufgaben, unterschiedliche Menschen, unterschiedliche Zeitrhythmen erfordern unterschiedliches Vorgehen. Dazu bedarf es einer „professionellen Achtsamkeit" und einer daraus abgeleiteten „professionellen Authentizität". Für komplexe Situationen ist Achtsamkeit tatsächlich eine zentrale Fähigkeit: den Überblick behalten, Zusammenhänge entdecken, im Geschehen sein und sich distanzieren können, auf die Vernunft und auf die Intuition hören, erkennen, was man nicht wissen kann und nicht so tun, als ob man es wüsste, andere einladen, gemeinsam hinzuschauen.

Der Umgang mit dieser Vielfalt ist ein „Spezialgebiet" von Komplexitätsmanagement – sich selber als komplex erkennen und steuern. Unser Körper und unsere Gefühle sind Meister im Komplexitätsmanagement, was liegt also näher, sich sowohl auf die Informationen des Körpers (als Sensor für unsere Emotionen) als auch auf die Informationen der Mitarbeiter zu verlassen. Die Informationen des Körpers erhalten Sie durch professionelle emotionale Selbstwahrnehmung. Die Informationen der Mitarbeiter erhalten Sie durch professionelles Fragen.

Quellen der Komplexität erkennen und nutzen

Komplexität wird dort zum Problem, wo wir uns nicht mehr orientieren können, weil es zu viele Optionen gibt. Wir haben den Anspruch, Herr der Lage zu sein; zugleich fühlen wir uns überfordert durch die Fülle der Möglichkeiten und sehnen uns nach einfachen, verlässlichen Ratschlägen für den Weg durch den „Anything-goes-Dschungel".

Die Frage ist: Können wir unsere Sehnsucht nach einfachen Antworten stillen? Können wir mit „Komplexitätsmanagement" den verlorenen Überblick wieder erlangen?

Die Antwort ist: ja und nein. Ja, weil wir lernen können, zum Beispiel zwischen komplex und kompliziert zu unterscheiden und für komplizierte Sachverhalte Experten gute Antworten finden lassen. Nein, weil komplexe Situationen sich der linearen Kontrolle „entziehen".

„Komplexitätsmanagement" ist die Kunst des „Sowohl-als-auch": Mach es einfach, bring es auf den Punkt und erkenne die undurchschaubare Vielfalt, mach es klar und rechne mit dem Unvorhersehbaren, kontrolliere und erkenne dabei, was sich der Kontrolle entzieht.

Woran wird erfolgreiches Komplexitätsmanagement erkenn- und bemerkbar?

… Lösungen werden – durchaus rasch – pragmatischen Überlegungen und weniger strikten Prinzipien folgen (das hebelt aber nicht klare Prozessregeln aus)

… In Strategien sind immer Alternativen eingebaut

… Die Organisation wird mehr fluide und beweglich, statt fest erlebt

… Unsicherheit führt nicht zur Panik oder wird verleugnet, sondern als Chance erlebt, die richtigen Fragen zu stellen

… Führung weiß, dass nicht alles kontrollierbar ist und man auf die Kompetenz seiner Mitarbeiter vertrauen kann. Welch eine Entlastung!

… Durch ein Sowohl-als-auch-Denken entsteht eine Vielfalt an Möglichkeiten, die mehrdeutige (und kontextnahe) Antworten auf mehrdeutige Situationen erlaubt

… Kontrolle reicht nicht mehr aus, um ein Unternehmen auf Kurs zu halten. Vertrauen wird zum wichtigen Instrument der internen Kommunikation. Vertrauen kann allerdings nicht über Deklaration oder durch Verordnung erreicht werden. Ein vertrauensvolles Arbeitsklima ist Ergebnis persönlicher Investitionen und harter gemeinsamer Arbeit. Der Gewinn: Signifikant höhere Geschwindigkeit in der Kooperation und bei der Leistungserbringung für die Kunden

… Kontrolle wird nicht überflüssig, sie verändert aber ihre Gestalt. Aus der einseitig von oben erfolgenden „Kontrolle" wird das gemeinsame „Controlling" der erbrachten Leistungen. Man vereinbart gemeinsam, anhand welcher Kriterien man den Leistungserfolg messen wird und genau das geschieht dann auch zu gemeinsam festgelegten Zeitpunkten

… Gelungenes Komplexitätsmanagement ist im Wesentlichen das Management unterschiedlichster Interessen. Jede dieser Interessen ist – für sich selbst betrachtet – wahr und berechtigt. Es hilft, diese Interessen in all ihrer Unterschiedlichkeit und manchmal auch in all ihrer Fremdheit wahrzunehmen, bevor man sich eine eigene Meinung bildet

… Getragen vom Wissen um die Funktionsweise komplexer, sozialer Systeme wird man immer seltener in die Falle der sogenannten Personalisierungen tappen. Denn man hat verstanden, dass sich das Verhalten einzelner „Elemente eines Systems" nicht aus deren unabhängigen Eigenschaften erklären lässt. Charakterisierungen, wie, der Mitarbeiter A ist „engagiert", der Mitarbeiter B ist „pingelig", der Kunde ist „widerspenstig" sind beliebte aber unzulässig vereinfachende Etiketten. Erst durch das Einbeziehen des sozialen, inhaltlichen und zeitlichen Kontexts, der Beziehungen zwischen den „Elementen" und den Beobachter (der diese Beschreibung benutzt) wird Verhalten erklärbar und die Interventions- und Gestaltungsmöglichkeiten für Veränderungen sichtbar

Situationspotenziale erkennen und nutzen

Der strategische Fokus auf Nachhaltigkeit löst einen Beklemmungsreflex aus, „schon wieder eine Einschränkung", „was müssen wir nicht noch alles im Auge haben?" Diese Reaktion ist im Kontext klassischer Planungsprozesse nachvollziehbar. Traditionelle Planung hat die Aufgabe, die Zukunft so zu beschreiben, dass sie methodisch im Sinn einer Mittel-Zweck-Relation beherrschbar wird. Alle Ereignisse, die außerhalb des Geplanten auftreten, werden als Störgrößen betrachtet. Entweder ist die Umwelt *falsch* oder die Planungsprämissen. Der Blick auf Defizite (das halb leere Glas) begleitet jede Analyse. Potenziale der aktuellen Situationen kommen so nicht in den Fokus.

Die praktische Erfahrung mit Komplexität und Turbulenzen eröffnet die Chance, dem Paradigma der planbaren Steuerung das Paradigma *Erkenne die Potenziale der Situation* zur Seite zu stellen. Planung wird hier nicht außer Kraft gesetzt, sie wird zum Beobachtungs-, statt zum Kontroll- und Sanktionsinstrument. Die Planungsgrößen geben dann Auskunft über die Annahmen der verantwortlichen Entscheider, was sie im Umfeld für relevant erachten und was die Organisation erfolgreich machen müsste. Und Annahmen sind befragbar, aber nicht in einer abwertenden Haltung: *Was haben die sich denn da gedacht,* sondern als ein forschendes Führungssystem, welches als „Wahrnehmungsorgan" für die Dynamik in den Märkten und für die Ereignisse im eigenen Aktionsfeld, für die Veränderungen in der eigenen Kultur fungiert. So können die fertigen Konzepte und klugen Pläne um die Fähigkeiten im Umgang mit dem nicht Vorhersagbaren erweitert werden. Mit diesen Prämissen kann Nachhaltigkeit und gesellschaftliche Verantwortung die Perspektiven auf neue Potenziale öffnen und neue Sinnofferte erzeugen (aus potenziellen die aktuellen Möglichkeiten selektieren).

Vertrauen und Neugier als Begleiter durch das Ungewisse

„Das ist doch klar" – „Wir haben das genau analysiert" – „Die Trends zeigen doch eindeutig …" – „Die Ursache konnte eindeutig geklärt werden", „Dafür finden wir sicher rasch eine Lösung".

Solche Aussagen schaffen Gewissheit – aber nur, wenn es der Situation und der Problemlage angepasst ist.

Gewissheiten haben etwas Beruhigendes und Verführerisches. Und weil sie so entlastend sind, folgen wir auch jenen (Rollenträgern, Wissenschaften, Prozessen) die Gewissheiten nur vorgaukeln, die uns von einer berechenbaren Zukunft erzählen oder die komplexe, lebendige, nicht-triviale Systeme auf einfache Kausalitäten „runter reduzieren". Professionelle Story-Dealer (manchmal bedient man sich ja selbst dieser Rolle) wissen um die Sicherheitssehnsüchte und wissen – auch ohne böse Absichten – sie entsprechend zu bedienen. Nur zu welchem Preis?

Mit ungeprüften Behauptungen, Beweisen, Ideologien, PowerPoint-Präsentationen, kühnen Sprüchen wird Kontingenz, Vielfalt und Komplexität allzu schnell der Lächerlichkeit preisgegeben („Sie machen alles viel zu kompliziert").

Entdeckt man jedoch den Charme der Ungewissheit, gewinnt man eine realistischere Perspektive auf Menschen, Teams, Organisationen, wird man weniger anfällig für (Selbst-)Täuschungen, erwartet man nicht mehr „Welterklärungen", sondern wird zum Mit-Gestalter der Organisation.

Ersetze Schein-Gewissheiten durch die Weisheit aus dem Ungewissen

Diese Volte befreit, sie animiert zu fragen und zu hinterfragen (etwas, was Gewissheiten gar nicht goutieren), sie öffnet den Blick, mehr als nur über den Tellerrand. Sie immunisiert gegen die Schauergeschichten der Angst-Macher, gegen die Angst, die klein macht und die Nuancen verschwinden lässt.

Sie müssen bloß eine neue „Freundschaft" schließen und die Ungewissheit umarmen. Dann entdecken Sie den Reichtum durch Vielfalt, dann hat der göttliche Funke die Chance jene Kreativität zu zünden, die sich erst durch ein „jetzt-habe-ich-keine-Ahnung-mehr" entfalten kann. Dann öffnen sich Ihre Augen, Ohren, Herz und Hirn; die Voraussetzung für achtsames und reflektierendes Handeln.

Auch das ist kein „Allerweltsrezept", es wirkt nur bei der passenden Problemlage, der passenden Situation.

Gut strukturierte – wenn auch komplizierte – Problemlagen oder triviale Systeme erfordern expertenbasierte Analysen, die den Kausalitäten (den Ursachen, den Schuldigen) auf die Spur kommen. Unstrukturierte Problemlagen, deren Komplexität und Dynamik noch nicht erfasst ist (zum Beispiel Einschätzen von Entwicklungen in minderdynamischen Märkten) sind für das Denken in Szenarien, in Bildern gut geeignet. Dem Ungewissen, dem „Nicht-Trivialen", dem Hochkomplexen kommt man nicht durch Analysen bei, sondern nur durch aktives, sorgsames Entdecken. Trial and Error ist gefragt. Die Stunde klug abgegrenzter Experimente. Nennen Sie es „erproben und entdecken".

1   Hinweise für einen effizienten und kreativitätsfördernden Umgang mit dem Ungewissen

Schaffen Sie regelmäßig neue Herausforderungen!

Damit das Gehirn nicht in eingefahrenen Routinebahnen stecken bleibt, braucht es immer wieder neue Herausforderungen. Nur diese lösen im Gehirn eine emotionale Erregung (Arousal) aus. Um diese zu beruhigen, fängt das Gehirn an, ernsthaft nach einer Lösung zu suchen. Das Denken bleibt beweglich. Daher sollten Sie (sich selbst und) Ihre Mitarbeiter regelmäßig vor neue Herausforderungen stellen. Bitten Sie zum Beispiel Experten, Ideen zu einem Feld zu entwickeln, das nicht zu deren Disziplin gehört.

Vernetzen Sie das Know-how im Unternehmen!

Die Lösungssuche gelingt im Gehirn am besten, wenn viele und weit voneinander entfernt liegende neuronale Netzwerke gleichzeitig aktiviert werden. Im kreativen Prozess werden sie dann neu miteinander verknüpft. Kreativ sein heißt demnach nicht in erster Linie, Neues zu erfinden, sondern das bereits vorhandene, aber bisher voneinander getrennte Wissen auf eine neue Weise zu verbinden. Versuchen Sie das unterschiedliche Know-how in Ihrem Bereich, Ihrer Abteilung immer wieder neu zu mischen. Zum Beispiel indem Sie durch „Abteilungs-Hospitanten" Schnitt- und Nahtstellen bilden, abteilungsübergreifende Teams aufsetzen oder in Großgruppenkonferenzen die Organisationsmitglieder vernetzen.

Schaffen Sie eine positive Fehlerkultur!
Angst ist die Folge von Verunsicherung. Sie löst im Gehirn ein Notfallprogramm aus, das nur noch drei Verhaltensweisen zulässt: Angriff, Flucht oder Erstarrung. Andere komplexe, handlungsleitende Erregungsmuster sind nicht mehr aktivierbar. Kreative Problemlösungen sind unter solchen Umständen unmöglich. Sorgen Sie dafür, dass die Mitarbeiter möglichst wenig Druck und Versagensangst verspüren. Dafür ist vor allem eine positive Fehlerkultur notwendig. Heißt: Fehler sollten nicht bestraft, sondern vielmehr als Chance gesehen werden, aus ihnen zu lernen. Im Kreativprozess muss ein jeder das Recht haben, Fehler zu machen – ohne Sanktionen zu befürchten (Das gilt nicht für die präzise Einhaltung von notwendigerweise stabilen Prozessregeln).

Sorgen Sie für positive Erfahrungen!
Alle Netzwerke im Gehirn, die gleichzeitig aktiviert werden, werden aneinandergekoppelt. Das ist der Grund, warum das Gehirn bestimmte Emotionen mit bestimmten Bildern, Erinnerungen, Gerüchen, Personen oder Situationen verknüpft. Sorgen Sie dafür, dass Ihre Mitarbeiter Ihre Person mit positiven Erfahrungen verknüpfen. Zum Beispiel indem Sie deren Wert – im wahrsten Sinn des Wortes – schätzen, Interesse für die Person in ihrer Vielfalt zeigen oder ihnen in schwierigen Situationen mit Rat zur Seite stehen. Durch diese positiven Kopplungen erzeugen Sie Zugehörigkeitsgefühl und Leistungsbereitschaft bei den Mitarbeitern.

2　Wie wird Nachhaltigkeit zur wirksamen Größe von Organisation und Führung?

Erster Schritt, die Organisationen in ihrer Dynamik verstehen
Die Landkarte ist nicht die Landschaft, die Speisekarte nicht die Speise, die Bezeichnung nicht der Gegenstand und das Organigramm ist nicht die Organisation (auch wenn sie einen ersten Überblick über die gedachten Funktionsbereiche, die Über- und Unterordnungen gibt).

Nur die Insider, die durch diese Linien und Namen *hindurchzuschauen* imstande sind, sehen die Landschaft und das Leben darin, sie erinnern sich an das tägliche Geschehen, die Eröffnung eines Meetings, die Reaktionen auf Fragen oder die Interpretation eines Ereignisses als Problem oder auch als Lösung und vieles mehr.

Und indem Sie Zusammenhänge entdecken oder unterstellen, welche Ereignisse auf welche Ereignisse, welche Handlungen auf welche Handlungen folgen, welche Kommunikationen zu weiteren Kommunikationen, welche Entscheidungen zu weiteren Entscheidungen führen, beschreiben Sie, was Organisationen wirklich ausmacht.

Die Produkte, Dienstleistungen, Gebäude, Websites, Bilanzen und Geschäftsberichte sind nicht die Organisation, sondern die *Ergebnisse* von *sozialen Prozessen.*

Zunächst wirkt es etwas ungewöhnlich, nicht von der Organisation als Ding, als Objekt zu sprechen, sondern vom *Prozess des Organisierens* (Weick 1985). Man erfasst jedoch damit viel rascher und klarer, was *eigentlich* geschieht – und darauf sollte es Führung ja ankommen:

- Wie entstehen Erwartungen, wie und zwischen wem werden sie ausgetauscht, bewertet, fokussiert, verworfen?
- Welche Erwartungen werden in Rollen oder Strategien gebündelt und welche Antworten zur Wahrheit erklärt?
- Wie wird im Prozess der Kommunikation Ereignissen Sinn zugeschrieben („Sensemaking")?
- Wie und von wem werden Ereignisse und Ergebnisse mit welchen Zuschreibungen versehen, und was meint: rational, originell, intuitiv, unsinnig, zielorientiert, kosten-intensiv, bürokratisch, human, *nachhaltig?*
- Und wie gewinnen diese Eigenschaften, die den Prozessen gar nicht *inne-wohnen* können, sondern Etiketten sind, Deutungsmacht? Die dann wiederum viel mit den Organisationsmitgliedern macht?

Vertrauen, Glaubwürdigkeit, Respekt und Wertschätzung, Nachhaltigkeit, Fairness haben an realer Bedeutung gewonnen. Diese Begriffe, die viele Unternehmensgrundsätze schmücken, werden jetzt zum Maßstab des Vergleichs. Sollten die beobachteten Handlungen mit den Beschreibungen im Internetauftritt oder in den Unternehmensbroschüren nicht übereinstimmen, wird der Unterschied nicht mehr mit resignativem Achselzucken oder mit zynischen Kommentaren zur Kenntnis genommen, sondern zum Gegenstand ernst zu nehmender Auseinandersetzungen und Störungen, an denen sich die Über-lebensfähigkeit der Organisation mit entscheidet.

Werden diese Eigenschaften im Verhalten beobachtbar, kann es gelingen, die zunehmenden Widersprüche, Herausforderungen und Unterschiede mit ihren Konflikt-potenzialen gemeinsam zu bewältigen – sie sind für Aufmerksamkeit, Mitdenken, Mit-verantwortung unverzichtbar.

Zweiter Schritt, das Zusammenspiel von Ökonomie, Ökologie und sozialer Ver-antwortung ausbalancieren

Die Zukunftsfähigkeit von Unternehmen und Organisationen wird durch eine sinn-orientierte und verantwortungsvolle strategische Ausrichtung entschieden. Im Zusammenspiel von Ökologie, Ökonomie und sozialen Aspekten eröffnen sich Chancen und Risiken werden minimiert. Eine nachhaltige Unternehmenssteuerung berücksichtigt diese drei Dimensionen in der Entwicklung ihrer Strategie und beim Treffen operativer Entscheidungen.

Überträgt man diese Dimensionen auf eine praktische Ebene, halten wir die Triade aus Purpose & Strategien, Beziehungen & Personen und Prozesse & Strukturen für hilfreich (Abb. 1).

Sowohl in der Steuerung des Unternehmens als auch der Führung der Mitarbeitenden sind diese jeweils in ihrem Zusammen- und Wechselspiel zu berücksichtigen und auszubalancieren.

Was heißt das konkret?

- Mit **Purpose & Strategien** fokussieren Sie auf die Sinn- und Zweckorientierung Ihres Unternehmens in seiner wirtschaftlichen und gesellschaftlichen Verantwortung. Hier beschreiben Sie die Aufgaben und Ziele, die Strategien und Werte, wie die ökologischen und ökonomischen Fragestellungen gekoppelt werden. Der Purpose durchdringt die Gestaltung der Prozesse und Strukturen und gibt den Personen und den Kooperationsbeziehungen Orientierung.
- **Beziehungen & Personen** nehmen das kommunikative und kooperative Zusammenspiel der tätigen Menschen, deren Ressourcen, Kompetenzen und Überzeugungen in den Blick. Mit dieser Dimension achten Sie auf die Wirkung von Gefühlen, das Nutzen von Unterschieden, die Möglichkeit der Freude und Verbundenheit in der Arbeit und die konstruktive Bewältigung von Konflikten.
- Über **Prozesse & Strukturen** entwickeln und definieren Sie den Rahmen für die in der Leistungserstellung (Wertschöpfung) auszuführenden Tätigkeiten, für deren Koordination und Steuerung. Diese Dimension umfasst auch die Spielregeln und bildet Führungs- und Entscheidungsmethoden ab.

Abb. 1 Nachhaltige Unternehmenstransformation. (Quelle: Ehmer, Matje, Regele, Schober-Ehmer, Scholl)

Wird Nachhaltigkeit eine wirksame Größe Ihrer Organisation und der Führung, wird sich Ihr Unternehmen in einen umfassenden Transformationsprozess begeben, in dem Sie Ihre Einschätzungen und Antworten zu den Themen und Entscheidungen innerhalb der zuvor genannten Dimensionen kontinuierlich beobachten und reflektieren. Diese wiederkehrende Standortbestimmung zeigt Ihnen ein sehr genaues Bild, welche Aspekte in Ihrem Unternehmen in welcher Weise tatsächlich gelebt werden und was Sie miteinander weiter entwickeln wollen.[1]

Dritter Schritt, neue Bilder kreieren – Das Außen ist innen – das Innen ist außen
Eigentlich ist es ganz plausibel, wenn man davon ausgehen kann, dass alles, was eine Organisation über ihre Märkte, Kunden, Lieferanten, Mitarbeiter, über die Wirtschaftspolitik, gesetzliche Rahmenbedingungen, ihre Aufsichtsorgane sagt, stets eine Beschreibung ist, die sie aus ihrer ganz eigenen Innensicht selber angefertigt hat. Was die Organisation das Außen (ihre Umwelt) nennt, wurde eigentlich in ihrem Innen entworfen, und zwar meist in einer Weise, dass Führung auf dieses Außen eine erfolgswahrscheinliche Antwort finden kann. Wem dazu nichts Passendes einfällt, wird meist die Umwelt als etwas beschreiben, dem man ausgeliefert zu sein scheint – manchmal ein cleverer Trick, sich als Opfer der Umstände darzustellen und zu inszenieren. Wenn man die Täterrolle bevorzugen sollte, bieten wir ein alternatives Vorgehen an:

„Wenn das Außen immer schon das Innen ist", dann kann man – das ist der Clou – das Außen auch anders konstruieren:

Fertigen Sie Beschreibungen und Bewertungen des Marktes, der Banken, der Politik, des Aufsichtsrates, der Mitarbeiter, der Zulieferer usw. an, die es Ihnen ermöglichen, statt zu verzagen, neue und besser passende Antworten zu finden. Sie werden mit Erstaunen feststellen, wie leicht das gelingen kann. Auch die Akzeptanz eines Es-ist-wie-es-ist eröffnet eine veränderte Perspektive, die nicht zu Fatalismus, sondern zu Gelassenheit und Kreativität animiert. Und plötzlich (dieses spontane „Aha!" konnten wir in vielen Workshops erleben) wird „Nachhaltigkeit" zum „Animator" der Kommunikation und Lösungssuche.

Die Globalisierung und Vernetzung der Wirtschaft und Gesellschaft zwingen Organisationen, ihre Steuerung um einige Dimensionen weiter zu spannen: Compliance, Nachhaltigkeit, Werte und gesellschaftliche Verantwortung finden sich auf jeder Website und machen Organisationen anders beobachtbar.

Vierter Schritt, ein neues Führungsverständnis kreieren – Wandel ist Stabilität und Stabilität ist Wandel
Die Organisation der Zukunft verfügt über eine erstaunliche Vielfältigkeit an stabil-instabilen Prozessen. Das entspricht so ziemlich dem Gegenteil des bisherigen

---

[1]Diese Ausführung beruht auf den Arbeiten der Kooperation zu „Nachhaltige Unternehmenstransformation" mit den Autorinnen und Andreas Matje, Gerd Scholl.

organisationalen Selbstverständnisses und widerspricht bisherigen Erwartungen an Organisationen. Es verlangt von Führung Humor und Gelassenheit, Pragmatismus – ohne Prinzipien über Bord zu werfen – und das Spiel mit Paradoxien, das Ermöglichen und Zulassen von Experimenten.

Fünfter Schritt: Beobachten Sie die Beobachtung!

Wahrnehmen geschieht – ohne dass dies im Alltagsgeschehen in besonderer Weise wahrgenommen wird. Wir können uns auf unsere Sinnesorgane und die *automatischen* Verarbeitungen in unserem Gehirn (meist) verlassen. Außer, die Situation erfordert – damit wir nicht in Schwierigkeiten geraten – eine gezielte aufmerksame Beobachtung.

Dann bekommen wir auch *das Wahrnehmen* in den Blick.

Nicht anders verläuft es in Organisationen. Ohne Kommunikation über die *Beobachtung von Wahrnehmungen* durch Management und Mitarbeiter kann nicht sinnvoll gesteuert werden. Aber selbst in denjenigen Organisationen, wo diese (scheinbare) Selbstverständlichkeit auch wirklich gelebt wird, orientiert sich die Selektion des Ausgesprochenen, Geschriebenen und Gehörten daran, möglichst wenig Irritation – für möglichst alle Beteiligten – entstehen zu lassen. Gepflegt wird der Modus Routine; *alles im grünen Bereich*. Dieses sich wechselseitige, rücksichtsvolle *Verschonen* mit anderen Perspektiven können sich Organisationen – aus bereits genannten Gründen – kaum mehr ungestraft leisten.

Damit Beobachtung überlebenssichernd sein kann, darf sie selbst nicht unbeobachtet bleiben. Das ist die Zumutung, die Management und Mitarbeiter erst noch realisieren und dann organisieren müssen. Und das gilt in besonderem Maße, wenn neue Dimensionen, wie Nachhaltigkeit an Relevanz gewinnen sollen.

Damit Beobachtung Eingang in die täglichen Gespräche der Organisation findet, das heißt bei Meetings und nicht nur in Teeküchen, muss Beobachtung als aktive (Steuerungs-)Handlung erkannt und anerkannt werden. Das Management weiß, eine effektive Steuerung ist darauf angewiesen, eine Verknüpfung herzustellen zwischen dem *was* beobachtet wird mit dem *wer wie wann* beobachtet und zu welchen Entscheidungen, Aktionen und Handlungen dies führt und wie darüber wiederum geredet wird.

Das klingt komplizierter, als es sich dann in der Praxis erweisen wird.

Erst ein – auf bewusste Beobachtung hin – gestalteter, inszenierter, moderierter Kommunikationsprozess schafft die Basis für qualitative Entscheidungen in komplexen Situationen. Wirksam wird diese Form des Austauschs aber erst dann, wenn die daraus gewonnenen Erkenntnisse in den Prozessen, Strukturen, Entscheidungsprämissen, Werten und Regeln *erkennbar umgesetzt* werden.

Sechster Schritt: Bewertung und Strukturierung von Beobachtungen

Kann man bei der Bewertung von sogenannten Sachverhalten nicht schlüssig auf Algorithmen, auf mathematisch abbildbare Kausalzusammenhänge zurückgreifen, fallen die einfachen und eindeutigen Unterscheidungen gut/schlecht, richtig/falsch, wahr/unwahr, logisch/unlogisch weg. Man weiß, dass sie nur als Behauptungen auftreten und letztlich zu Gegenbehauptungen auffordern. Trotz vieler Zahlen ist man auf Einschätzungen, auf die Annahmen der Beobachter angewiesen. Mit der Objektivität kommt man dann nicht mehr wirklich weiter.

Jede Beobachtung macht eine Unterscheidung, wodurch der Beobachter erst seine Welt konstruiert.

Man muss schon den Vorhang lüften und aufzeigen:

- was man in seine Beobachtungen einbezogen, was man außen vor gelassen hat,
- womit man das Bewertete verglichen, also welche Unterschiede man in den Fokus genommen hat,
- von welchen Referenzebenen man ausging – dem Vorjahr, dem größten Konkurrenten, dem wichtigsten Unternehmenswert, den Vorlieben des Vorstands, um nur einige zu nennen.

Welche Kriterien auch immer gewählt werden, erspart nicht die Klärung, was verstehen wir unter *angemessen vs. unangemessen und mit wessen Augenmaß, das heißt mit welchen* Perspektiven wollen wir operieren. Durch den Verzicht auf sogenannte objektive oder scheinrationale Kategorien der Einordnung ersparte man sich den Umweg, die *sachlich klaren, persönlich unabhängigen Bewertungen* schlicht als *Meinungen* (wenn auch gut begründete) zu entlarven. Man muss dann nicht warten, bis alle aussprechen dürfen, dass der Kaiser nackt, dass Nachhaltigkeit nur eine Floskel ist. Man „erlaubt" von Beginn an zu fragen und zu klären, wie unterschiedliche Perspektiven, Erfahrungen und Interessen zu unterschiedlichen Beobachtungen und Bewertungen führen. *Beobachtungsmanagement* operiert mit der Perspektive. Statt eines Kampfes um das Richtige eröffnet man einen Prozess des Entdeckens, um das *Unentscheidbare* entscheiden zu können.

Einige nützliche Fragen dafür:

- Welche enttäuschten Erwartungen haben uns zu überraschenden, neuen Erkenntnissen geführt?
- Was haben wir – in Abweichung von unserem Ziel der Nachhaltigkeit – als Ausnahme interpretiert?
- Mit welchen Unterscheidungen/Widersprüchen zur Nachhaltigkeit operieren wir?
- Welches waren die Kriterien für die Richtigkeit einer Entscheidung und was wurde dadurch möglich, was verhindert?
- Wie kommt es durch wen zu welchen Umweltbeschreibungen, die zu der Annahme führen, wir müssen uns verändern?

Siebter Schritt: Kreieren Sie andere Entscheidungsmuster

Auch Entscheidungen sollen bewusst und ganz offiziell an beobachtete Beobachtungen rückgebunden werden können. Das hat weitreichende Folgen, denn dann wird es schwer, perspektivische Wahrheiten auf eine nicht mehr hinterfragbare, abstrakte, objektive Sachwahrheit, zum Beispiel der Rationalität von Zahlen und Algorithmen, zu transformieren. Im Gegenteil, die Zahlenlogik der Betriebswirtschaft selbst wird zum Gegenstand der kritischen Reflexion. Ein Aufwand, der sich lohnen dürfte, macht das doch frühzeitig auf Risikopotenziale aufmerksam.

Die *einzig richtige* Entscheidung wird dann kaum mehr zur Verfügung stehen. Das bedeutet, mehr oder weniger unterschiedliche Lösungen, Verfahren und Strukturen gleichzeitig zuzulassen und über abgegrenzte Experimente und über Fehler zulernen. Damit werden mittel- und langfristig Ressourcen und Nerven geschont.

Damit werden mittel- und langfristig Ressourcen und Nerven geschont.In der Organisation N.N. müsste man nicht das gesamte Unternehmen auf Nachhaltigkeit mit allen nachfolgenden Prozess-, IT- und Trainingsmaßnahmen umstellen. Man könnte in einem Geschäftsbereich anregen, unterschiedliche Struktur*logiken* neu zu verknüpfen und Schritt für Schritt entdecken, wie sich das auf den weiteren Wertschöpfungsprozess auswirkt. Eine Organisation mit einerseits hoch autonomen und andererseits stark vernetzten Teilbereichen sichert die Entscheidungsqualität durch *nur temporär gültige Kommunikationsstrukturen und Regeln*. Nur sie ermöglichen es, wenn erforderlich, Entscheidungsprozesse zu verlangsamen oder zu beschleunigen und zugleich Bindungen sicherzustellen.

Achter Schritt: Sichern Sie die Evolutionsfähigkeit

Innovative Unternehmen müssen *evolutionsfähig* sein. Das bedeutet zu erkennen, wie die eigene Organisation und mit ihr das Management, Optionen variiert, wonach sie selektiert und mit welchen Mechanismen sie sich stabil hält. Das innovative Unternehmen erkennt seine Muster des kontinuierlichen Wandels, lässt bewusst mehr Instabilität zu und behält sie verlässlich im Blick.

Und nicht mehr und nicht weniger leistet die Form der „Organisation N.N.". Experimente (gut geplant und vorbereitet) werden zum wichtigen Element. Sie eröffnen der Organisation die Möglichkeit, bei denjenigen Fragen und Themen, die im bestehenden Lösungsmodus nicht mehr adäquat (zeitlich, sachlich, sozial) bewältigt werden können, quasi spielerisch neue Muster zu entdecken und zu lernen.

3 Nachhaltigkeit ist der Weg zu einer übergeordneten Harmonie – der Einzug der Ästhetik in Organisationen

Ästhetik tritt an die Stelle der Zweckrationalität, da es die *nächsten Organisationen* immer mit vielen und teilweise divergenten Zwecken und Rationalitäten zu tun haben werden.

Der Prozess der Ästhetisierung der Gesellschaft, der im Konsum schon längst angekommen ist, wird nicht vor den Toren der Organisation haltmachen. Führung bekommt eine künstlerische Note. Die aus Gründen der Rationalität ausgeklammerte *Emotionalität* und *Sinnlichkeit* musste durch die Führungskräfte und Human-Resources-Abteilungen mit aufwendigen Incentive-Programmen und Verführungsinszenierungen in den Produktionsprozess eingeschleust werden, da wirkliche Motivation nicht anders zu gewinnen war. Das war früher.

Die neue Organisation wird selber Formen annehmen, die Freude und Lust am Arbeiten, am Entscheiden und Übernehmen von Verantwortung hervorzubringen imstande sind.

Neue Sinngrenzen erfordern das Lernen in und der Organisation

Lernprozesse einer Organisation sind vielschichtig und verwoben. Es bedarf einer permanenten Rückkoppelung zwischen individuellem und organisationalem Lernen bzw. zwischen individuellen Beobachtungen und Erkenntnissen und ihrer Bedeutung für die Organisation.

Lernen bzw. das *Gedächtnis der Organisation* ist die Verschaltung und der Speicher der mündlichen und schriftlichen Kommunikation. Es ist das, was weitererzählt wird, die ausgetauschten Beobachtungen, die Protokolle und die *Flurgeschichten.*

Organisationen lernen nur dann, wenn sie interessiert sind an ihren internen und externen Umwelten:

Was denken unsere Mitarbeiter und Mitarbeiterinnen, unsere Kunden, Lieferanten, die Gesellschaft, die Ortsgemeinde über die Organisation, unser Unternehmen?

Lernen ist gleichzeitig Verlernen – oder: neue Konzepte und Vorstellungen brauchen

- andere Betrachtungen,
- andere Denkweisen,
- andere Verknüpfungen,

eben solche, die nicht automatisch die Bisherigen sind, sondern die, die für die aktuelle Herausforderung brauchbar und hilfreich sind.

Hier entscheidet sich, woran die Organisation interessiert ist – und hier wird es richtig *spannend* und relevant: Macht sich das Management bewusst, welche Überlegungen und welche Mindsets zum neuen Beobachtungsfokus der Nachhaltigkeit führen?

Erst die Kommunikation der Erkenntnisse, der Sinnkonstruktionen, führt zu wirksamem Lernen im Sinne eines Entdeckens. Es reicht nicht, wenn Erkenntnisse nur individuell generiert werden.

Dies führt zu weiteren entscheidenden Fragen:

- Weiß die Organisation, wissen die verantwortlichen Führungskräfte, wissen die Mitarbeitenden, was relevant für das Überleben des Unternehmens ist?
- Und vor allem, wissen sie es frühzeitig und welche Schlüsse ziehen sie daraus?

Man muss sich darüber verständigen, mit welchen Auswirkungen gerechnet werden kann, wenn Beobachtungen auf *eine* relevante Umwelt eng geführt werden, wenn zum Beispiel Wirtschaftsunternehmen ihre Beobachtungen auf die Perspektive der Shareholder ausrichten, weil sie – nach der Logik der Finanzwirtschaft zu Recht – annehmen, dass diese Perspektive für das Überleben entscheidend ist.

Statt Lernfrust, Lernlust und Gestaltungslust

Dank zahlreicher Forschungen und der Beobachtungen im täglichen Leben wissen wir, wann Menschen bereit sind, ihren vollen Einsatz zu geben, unter welchen Voraussetzungen Gehirn und Körper zu Höchstleistungen bereit sind, wenn:

- der Sinn von Zielen, Forderungen und Erwartungen erkennbar ist – und man daran glaubt,
- Verstehen und Einverständnis entwickelt werden können,
- man durch persönlichen Einsatz wirklich etwas beitragen kann,
- Emotionen im Spiel sind,
- jeder innerlich wachsen und sich mit anderen und der Führung emotional verbunden fühlen kann.

Auf drei Punkte gebracht:

Sinn:	verstehen, was, warum und wozu getan oder unterlassen wird
Verbundenheit:	Anerkennung, Wahrnehmen, Wertschätzung der Person, Identifikation mit den Produkten, den Prozessen, dem Unternehmen
Entwicklung:	Möglichkeit der Entfaltung und der Autonomie

Wir sehen Sinn, Verbundenheit, Entwicklung als die *Quellen der Wirksamkeit,* die gleichzeitig *Voraussetzung für Vertrauen* sind.

Vertrauen ist eine nicht zu unterschätzende Voraussetzung für *lustvolles* Lernen. Es ermöglicht und stärkt die Begeisterung, Lernlust und die Entdecker- und Experimentierfreude.

Neue Erfahrungen und Erkenntnisse müssen sich neuronal mit vorhandenen Erfahrungen, also mit Vertrautem verknüpfen. Daher ist die Bereitschaft, sich auf etwas Neues einzulassen, umso größer, je sicherer und vertrauensvoller man sich fühlen kann.

Umgekehrt: Jede Art von Verunsicherung, von Druck und Angst erzeugen in unserem Gehirn Unruhe und Stress, was wiederum die Sinne bzw. die Wahrnehmungsmöglichkeiten einschränkt und somit „neu" eintreffende Wahrnehmungsmuster nicht mit den bereits abgespeicherten Erinnerungen (neuronalen Verschaltungen) abgeglichen werden können.

Wo Angst herrscht (und sei sie noch so klein), entsteht Enge. Organisationsmitglieder halten sich und halten Daten, Beobachtungen, Informationen zurück. Organisationales Lernen wird verhindert.

Wo Lust und Entdeckerfreude Wahrnehmen, Fühlen, Denken und Handeln prägen, weitet sich der Blick, erhöht sich die Zahl der Möglichkeiten. Beobachtungen, Bewertungen, Entscheidungen werden zur Verfügung gestellt. Die Organisation erhält Informationen, die für Lernen und Entwicklung unerlässlich sind.

Was heißt das praktisch?

- Neugierig fragen, frech hinterfragen und interessiert zuhören.
- Wissen ist längst nicht so wichtig wie gemeinsame Entdeckungen und pragmatische Lösungen.
- Wenn Führung darauf vertraut, dass Ideen entstehen, dass Engagement durch Selbstorganisation und Vernetzung des Know-how beflügelt wird, dann gelingt auch das Unmögliche oder schwer Vorstellbare.
- Dann ist die Organisation ein inspirierender Lernort, an dem motivierte Menschen ihr Bedürfnis nach Wandlung und Wachstum, ihren Musterwechsel im Wahrnehmen, Denken und Fühlen aktiv gestalten.
- Dann finden sich etablierte Routinen nur noch dort, wo sie wirklich sinnvoll sind.
- Dann werden Erfolge gefeiert – auch die scheinbar kleinen!

Beobachten, Wahrnehmen, Bewerten und Entscheiden sind dabei auf Nachhaltigkeit eingestellt, da sie sich nicht „automatisch" (wir denken zu 95 % die Gedanken, die wir auch gestern und vorgestern bereits gedacht haben!) und nur an den Erfahrungen der Vergangenheit orientieren, sondern sich in Richtung des Unbekannten, des Noch-nicht-Gedachten, des Neuen bewegen.

Zu lernen bedeutet, etwas zu tun oder zu denken, was man bisher noch nicht getan oder gedacht hat. Was es dann ist, das Neue, kann man erst erfahren, wenn es da ist. Sonst wäre es nicht neu – und man hätte nichts gelernt.

Erkenntnis durch Verlangsamung

Vielleicht sind Sie jetzt ganz beflügelt von diesen Ideen oder auch sehr verwirrt – oder beides gleichzeitig – also VUCA im Kopf? Machen Sie sich nichts draus: In der Gleichzeitigkeit kann alles so aber auch anders sein. Wenn die Welt VUCA ist, sei selber VUCA!

Als Handlungsempfehlung ist dieser flotte Satz allerdings nur dann wirklich brauchbar, wenn dabei auch der nachhaltige Erhalt der eigenen Ressourcen bzw. jener der Organisation im Blick ist. Sonst landet man schnell in einer der Beschleunigungsfallen, die den Weg zur Hochleistungspicken – mit ungewünschten Nebenwirkungen, wie sinkende Effizienz, Mitarbeiterproduktivität und Gesamtleistung.

Behalten Sie gezieltes Ressourcenmanagement, die notwendige Fokussierung und den bewussten Umgang mit Kapazitätsgrenzen im Auge bzw. machen Sie es zum Thema. Es geht ja auch um den nachhaltigen Erhalt bzw. die Entwicklung der Leistungsfähigkeit von Mensch und Organisation – mit Fragen wie zum Beispiel:

- Worauf muss ich als Führungskraft achten, um wirklich in meine Kraft zu kommen und dort zu bleiben?
- Wie können wir die Zusammenarbeit im Team so gestalten, dass wir die aktuellen Herausforderungen besser bewältigen können?

- Was können wir selbst dazu beitragen, um tatsächlich VUCA sein zu können, ohne uns dabei zu verausgaben?
- Welche Formen des Organisierens bzw. der Organisationen braucht es dafür?
- Wie kann Leistungsfähigkeit mit der Freude an der Arbeit verbunden werden?
- Wie balancieren wir besser Beschleunigung und Entschleunigung, Anstrengung und Erholung, Belastung und Entlastung?

Gönnen Sie sich und Ihrem Team regelmäßige Boxenstopps – sie können zur Erfolgs- und Überlebensfrage werden und sind ganz einfach durchzuführen. Es ist nur kurzes Innehalten, um einen (Zeit-)Raum zwischen Wahrnehmung und Reaktion zu öffnen. Statt dem ersten Reflex zu folgen, wird die eigene Wahrnehmung als solche beobachtet und der erste Impuls als nur eine Möglichkeit gesehen. In diesem Raum der Achtsamkeit (in dem man auch nur Millisekunden verweilen müsste) werden unterschiedliche Aspekte erkannt und DANN eine bewusste Entscheidung – zum Beispiel für einen der zuvor vorgeschlagenen Schritte – getroffen.

Diese Achtsamkeit erhöht die Geistesgegenwart, hilft zu fokussieren, Kraft zu tanken, sich neu auszurichten. Einmal darauf eingelassen, kann Ihnen Achtsamkeit als wesentliches Element von Leistungsfähigkeit eine neue Qualität der inneren Führung, Wahrnehmung, Problemlösungs- und Handlungskompetenz bringen. Ein „trainierter Achtsamkeitsmuskel" hilft auch beim intuitiven Erfassen einer Situation. Dadurch können schwache Signale frühzeitig wahrgenommen werden – eine große Hilfe im Begegnen von Unvorhergesehenem.

> Die innovativen Unternehmen der nächsten Gesellschaft werden entdecken, dass Geistesgegenwart … im Umgang mit Menschen, Maschinen und Idee die knappste Ressource von allen ist. Und sie werden entdecken, dass nur der Mensch diese Ressource bereitstellen kann. Dies wird die innere Organisation von Unternehmen grundlegend verändern (Baecker 2007, S. 21).

Das heißt – trotz und wegen der Digitalisierung – wird es nur unter Einbindung des „Faktor Mensch" möglich sein, die zahlreichen Herausforderungen – inklusive jener der Nachhaltigkeit – zu meistern.

Literatur

Baecker D (2007) Studien zur nächsten Gesellschaft. Suhrkamp, Frankfurt a. M.
Ehmer D, Regele H, Schober-Ehmer S (2016) ÜberLeben in der Gleichzeitigkeit. Leadership in der „Organisation N.N.". Carl-Auer, Heidelberg
Schober-Ehmer H (2018) Führen in der Ungewissheit – Mut zum Sowohl-als-auch. myMorawa, Wien
Weick K (1985) Der Prozeß des Organisierens. Suhrkamp, Frankfurt a. M.

Mag. Herbert Schober-
Ehmer (Fotocredit:
Kernthaler-Moser)

Mag. Herbert Schober-Ehmer (Jahrgang 1945) ist Mitgründer und Mitglied des Redmont Consulting Clusters und geschäftsführender Gesellschafter der Redmont GmbH. Er ist seit über 40 Jahren als Senior Consultant, Trainer, Coach und Lehrbeauftragter tätig. Seine Arbeitsschwerpunkte sind die Begleitung von Vorstands- und Geschäftsleitungsteams bei der Entwicklung ihrer Steuerungsfunktion und bei strategischen Fragen, die Unterstützung von Organisation beim Gestalten innovativer Strukturen und Führungskonzepte. Ein wichtiger Fokus ist die Dynamik von Unternehmerfamilien und Familienunternehmen. In seiner Arbeit ist ihm wichtig, die Entwicklungspotenziale von Menschen und Organisationen zu fördern, die ökonomischen Perspektiven mit den Fragen nach Sinn und Werten zu verbinden, um die Arbeit mit Freude, Klarheit und Begeisterung zu ermöglichen. Er versucht, Probleme und Herausforderungen mit Gelassenheit, Leichtigkeit und Humor zu bewältigen. Seine technische Grundausbildung, das betriebswirtschaftliche Studium, Systemtheorie, Sozialpsychologie, Gruppendynamik, Neurobiologie und Philosophie sind sein Nährboden für ein weiterführendes, lebendiges Verständnis von Menschen und Organisationen.

Dr. Susanne Ehmer
(Fotocredit: IKM)

Dr. Susanne Ehmer ist Mitgründerin und Mitglied des Redmont Consulting Clusters und geschäftsführende Gesellschafterin der Redmont GmbH. Seit 30 Jahren ist sie als Supervisorin, Coach und Organisationsberaterin in unterschiedlichen Feldern tätig. Als Professorin für Supervision leitete sie einen Master of Arts und bildet weiterhin aus. Sie publizierte in zahlreichen Fachbeiträgen und Büchern und war Redaktionsmitglied der Zeitschrift *Supervision*. Sie liebt Menschen und Begegnungen, Organisationen faszinieren sie. Ihr Motiv ist, Freude und Leidenschaft in dem zu ermöglichen, was man täglich tut – im Job. Sie versteht sich als Impulserin, sie hilft nicht, sie ermöglicht – dass Menschen ihren Mut finden, ihre Organisationen so zu gestalten, dass sie selbst davon begeistert sind. Ihre Arbeitsschwerpunkte sind Begleitung und Beratung von tiefgreifenden Entwicklungs- und Veränderungsprozessen von Menschen und Organisationen, Coaching von ambitionierten Funktionsträgerinnen, Initiierung von Musterwechseln und der Entwicklung innovativer Steuerungsformen. Sie nutzt kreative, spielerisch inspirierende Arbeits-, Gestaltungs- und Erfahrungsformen. Dies basiert unter anderem auf Systemtheorie, Sozialpsychologie, Kunst- und Gestaltungstherapie, „Dialogue", argentinischem Tango, Clownarbeit, intensiver Auseinandersetzung mit Bewusstseinsentwicklung und deren Zusammenhang mit Führungsfragen. Wichtig sind ihr die Erweiterung der Möglichkeiten, die Freude am Entdecken, der Tanz und ein kreatives, schöpferisches Leben.

Dr. Doris Regele
(Fotocredit: Bettina
Frenzel)

Dr. Doris Regele ist Mitgründerin und Mitglied des Redmont Consulting Clusters und geschäftsführende Gesellschafterin der Redmont GmbH. Das Studium der Publizistik und Kommunikationswissenschaften an der Universität Wien sowie zahlreiche Weiterbildungen bilden die Basis ihrer über 25 Berufsjahre. In diversen Agenturen Kommunikationsprozesse für kleine und große Unternehmen und Organisationen beratend zu gestalten, führten sie letztlich zur Organisations- und Teamentwicklung, zur Systemtheorie, Neurobiologie und dem lösungsfokussierten Ansatz, den sie im Rahmen ihres dreijährigen Auslandsaufenthalts in den USA schätzen lernte. Ihre Arbeitsschwerpunkte sind Beratung, Entwicklung und Begleitung von Führungskräften und Teams in Veränderungssituationen mit den Schwerpunkten Positionierung (Vision, Mission), Kommunikation, Organisationsberatung bei Mergers-und-Acquisitions-Prozessen sowie Resilienz und Salutogenese.

Clemens Brandstetter und Florian Junge

1 Die Chancen einer neuen Dialogkultur zwischen Wirtschaft und Gesellschaft im Internet – das Beispiel managerfragen.org

1.1 Vertrauenskrise in Führungskräfte und die Wirtschaft

Seit der Nachkriegszeit scheint das Verhältnis zwischen Wirtschaft, Politik und Zivilgesellschaft nicht mehr so sehr von Misstrauen geprägt wie heute. Das manager magazin titelte in der Augustausgabe im Jahr 2013 „Hall of Shame" und führte aus, dass gemäß einer eigens durchgeführten Befragung rund ein Viertel der CEOs in Deutschland einen schlechten, wenn nicht katastrophalen Ruf haben (manager magazin 2013). Ausgelöst oder beschleunigt durch die weltweite Finanz- und Wirtschaftskrise seit 2009 ff. haben Führungskräfte und Manager der Wirtschaft in den vergangenen Jahren einen dramatischen Ansehens- und Vertrauensverlust in der Öffentlichkeit erlitten. Laut Edelman Trust Barometer 2016 glauben nur noch 27 % der Befragten, dass Manager die Wahrheit sagen (Edelman 2016).

Das hat weitreichende Konsequenzen. Verbunden mit dem zunehmenden Vertrauensverlust von Bürgern in die Wirtschaft und ihre Manager sinkt auch die Akzeptanz von einseitig gefällten Entscheidungen. Wo Vertrauen fehlt, steigen die Transaktionskosten. Das kann weder im Interesse der Gesellschaft noch im Interesse der Wirtschaft als Teil der Gesellschaft sein. Ohne „Licence to operate" bleibt jedoch nicht nur die

C. Brandstetter (✉) · F. Junge
Düsseldorf, Deutschland
E-Mail: clemens.brandstetter@t-online.de

F. Junge
E-Mail: mail@junge-consulting.com

© Springer-Verlag GmbH Deutschland, ein Teil von Springer Nature 2021
A. Hildebrandt und W. Landhäußer (Hrsg.), *CSR und Digitalisierung,* Management-Reihe Corporate Social Responsibility, https://doi.org/10.1007/978-3-662-61836-3_55

unternehmerische Wertschöpfung unter ihren Möglichkeiten; langfristig gravierender sind die Auswirkungen auf den gesellschaftlichen Zusammenhalt und auf die Entwicklungsfähigkeit einer Gesellschaft.

Das Vertrauen der Bürger in die Soziale Marktwirtschaft und ihre Führungskräfte ist eine der zentralen Voraussetzungen, um wirtschaftliche, politische und gesellschaftliche Herausforderungen gemeinsam erfolgreich zu bewältigen.

Der zuvor genannte Vertrauensverlust verstärkt sich auch deshalb, weil viele Menschen immer öfter feststellen, dass sie von Managemententscheidungen direkter betroffen sind, als bislang angenommen. In der Folge ist bei vielen Bürgern ein wachsendes Bedürfnis nach Information, Rechenschaft und Dialog gegenüber der Wirtschaft festzustellen. Immer mehr Bürger nutzen daher das Internet, um sich zu informieren, eine Meinung über Führungskräfte und ihr Handeln zu bilden und diese mit anderen Bürgern im Netz zu teilen.

Öffentlichkeit und Zivilgesellschaft interessieren sich dabei weniger für die unternehmerischen Ziele als ihren volkswirtschaftlichen, gesellschaftlichen und ökologischen Auswirkungen und Nutzen. Das Misstrauen der Bürger gegenüber ausschließlich ökonomisch geprägten Zielen ist daher naheliegend und demonstriert das lebendige Interesse der Bürger, die Zukunftsfähigkeit der Gesellschaft mitzugestalten. Misstrauen ist eine Ressource, wie Martin Hartmann sinnigerweise argumentiert (Hartmann 2015).

Auch umgekehrt wächst bei vielen Führungskräften der Wunsch nach einer neuen Form der Stakeholder-Kommunikation, die wirtschaftliche und gesellschaftliche Themen gleichermaßen umfasst und die Bürger und Manager mithilfe des Internets in einen gleichberechtigten Dialog zusammenführt.

Eine Studie der Stiftung Neue Verantwortung hat festgestellt, dass Entscheider die Kluft zwischen den gesellschaftlichen Sektoren als gravierendes Problem empfinden (Wertekommission 2015). Viele Unternehmenslenker sehen dabei ihre Verantwortung und beurteilen ihre eigene Rolle durchaus selbstkritisch. Bei einer Forsa-Untersuchung im Jahr 2014 waren 80 % der Befragten der Meinung, dass Manager von Großkonzernen den Vertrauensverlust selbst zu verantworten haben und zwei Drittel der Wirtschaftsvertreter haben dem beigepflichtet. Eine Ursache wurde darin gesehen, dass Manager ihr Handeln zu wenig im gesellschaftlichen Kontext erklären und sich nicht genügend Unternehmensführer an gesellschaftlichen Debatten beteiligen.

Doch bisher beteiligen sich Manager kaum an gesellschaftlichen Debatten und Unternehmen. Und sie haben auch keine glaubwürdigen Antworten auf die Frage, was sie zur Gesellschaft beitragen, da diese Antworten selten als konsistent erlebt werden mit dem öffentlichen Unternehmensbild. So suchen viele Menschen – Bürger wie Manager – nach neuen Wegen, um relevante Antworten auf ihre Fragen zu erhalten und sich miteinander zu verbinden. Bislang fehlten jedoch die geeigneten Räume für fairen, direkten und öffentlichen Gesellschaftsdialog 2.0 zwischen Wirtschaft und Gesellschaft.

1.2 Individuelle Fähigkeiten, Rahmenbedingungen und Orte für vertrauensbildende Dialoge

Social Media hat unsere Kommunikations- und Informationsgewohnheiten grundlegend verändert – von medialen Monologen hin zu sozial-medialen Dialogen. Diese strukturellen Veränderungen von Kommunikation ziehen auch neue gesellschaftliche Aushandlungsprozesse nach sich. „Open and Connected" – Menschen wollen teilhaben und sich nicht nur untereinander verbinden, sondern auch mit den Unternehmen, deren Waren sie kaufen und die als Teil der Gesellschaft auch das Leben der Menschen maßgeblich mitbestimmt. Und sie erwarten, dass sie einen offenen Zugang bekommen, um selbst Einfluss nehmen zu können. In dieser durch Facebook und Co. geprägten Kultur bewirken glatt geschliffene, nichtssagende PR-Texte, abstrakte Grundsatzerklärungen oder um kritische Beiträge gereinigte Fanpages das Gegenteil: Glaubwürdigkeit und Vertrauen gehen verloren und damit letztlich auch die Führungsfähigkeit (Brandstetter und Junge 2013).

Vor diesem Hintergrund ist es erschreckend zu sehen, wie wenige CEOs bisher in den sozialen Medien aktiv sind. Insgesamt 61 % der CEOs der Fortune-500®-Unternehmen sind in keinem einzigen sozialen Netzwerk aktiv. Die Gründe sind angesichts der Chancen beschämend: keine Zeit, kein Social-Media-Coaching/Training, kein quantifizierbarer Return (CEO.com 2016).

> One of the things that has really surprised me about social media is how many people are afraid of it, or don't feel they have anything to say that anyone would be interested in. Too many leaders haven't thought through their own voice or have become too concerned about it. Quite frankly, too many leaders let these fears stop them from trying (Jack Salzwedel 2015, CEO American Family Insurance, Auszug aus „Finding Wisdom in the Crowd").

Dazu kommt, dass die CEO-Kommunikation in den meisten Fällen streng durch die PR-Abteilung reguliert ist. Alles wird abgestimmt, kontrolliert, eingeübt, damit keine Kommunikationspanne passiert, die die Aktienkurse, Partnerschaften oder eine ganze Branche negativ beeinflussen könnte. Es geht aber nicht um Strategie, Kennzahlen etc. – diese Themen bleiben bei PR und Marketing. Es geht darum, eine eigene Community – Angestellte, Kunden, Partner, Stakeholder – zu fördern, die eigenen Karriereerfahrungen mit jungen Menschen zu teilen oder ganz allgemein ein inspirierendes Vermächtnis zu hinterlassen. Es geht um die eigene Person, um den Menschen, der „zufällig" eine der größten und mächtigsten Unternehmen der Welt führt. Die Menschen wollen wissen, wer das ist und ob sie dieser Person trauen wollen. Und genau aus diesem Grund sollten heutige CEOs an ihrer „Social Voice" arbeiten.

Wir leben in einer Zeit, in der Vertrauen nicht gemanagt werden kann, sondern verdient werden muss. Auch im Internet kann Vertrauen nur in lebendigen und authentischen Wechselbeziehungen oder Rückkopplungen entstehen.

Unternehmen müssen geeignete Rahmenbedingungen schaffen, die es ihren Manager erleichtern, in den Dialog zu treten und Informationen zu teilen und über die Unternehmensgrenzen hinweg mit anderen Institutionen und Plattformen zu kollaborieren. Die gesellschaftlichen Krisen unserer Zeit betreffen auch die Wirtschaft, also tun Unternehmen gut daran, wenn sie aktiv den Kontakt suchen zu ihren Stakeholdern, um ein größeres Verständnis davon zu erlangen, wie ihr Business von außen im Zusammenhang mit diesen Herausforderungen wahrgenommen wird.

Führungsarbeit im Sinne von „Public Leadership" bedeutet heute mehr denn je – auch bei eingeschränkter Kenntnis der Folgen – persönlich Position zu beziehen, um den Führungsanspruch zu legitimieren und Orientierung zu vermitteln. Wer Verantwortung übernehmen will, muss Antworten zu getroffenen Entscheidungen geben können. Denn: Die Akzeptanz der Wirtschaft hängt von der Akzeptanz ihrer Repräsentanten ab – Führungskräften und Managern.

Umgekehrt nutzen Bürger die Medien und verstärkt das Internet und soziale Medien, um sich zu informieren und über Manager zu diskutieren. Dabei werden Führungskräfte oft an den Pranger gestellt, haben aber selten die Möglichkeit, ihre Entscheidungen direkt und öffentlich zu begründen. Kurzum: Es fehlen neutrale Orte, an denen Gruppen auf Augenhöhe und in einer wertschätzenden Dialogkultur in einen direkten Austausch treten können.

Unabhängige Dialogplattformen ermöglichen einen glaubwürdigen, neutralen Kommunikationskanal und können damit einen Beitrag leisten, wie in der Gesellschaft die Verantwortung für das Gemeinwohl (Public Value) wahrgenommen wird, auf welcher normativen Basis dieses definiert wird und worin der Grundkonsens besteht, der einen gesellschaftlichen Zusammenhalt gewährleistet.

1.3   Die Plattform managerfragen.org

Bei managerfragen.org handelt es sich um eine unabhängige, gemeinwohlorientierte und sozialunternehmerisch getriebene Frage- und Antwortplattform im Bereich der online-basierten Direktkommunikation, wo Bürger mit ihren Sach- und Wertefragen direkt auf Manager zugehen können und Manager umgekehrt Bürgern wiederum ihre Fragen stellen können.

Die Idee zu managerfragen.org entstand im Oktober 2010 geprägt durch den anfangs skizzierten Vertrauensverlust infolge der weltweiten Finanz- und Wirtschaftskrise. Was zu Beginn als Idee für ein Bildungsprojekt zur Stärkung von Onlinediskurskompetenzen begann, ist in den vergangenen Jahren zu einer umfänglichen und interaktiven bürgerschaftlichen Initiative herangewachsen. So avancierte managerfragen.org bis heute nicht nur zum größten Engagementprojekt deutscher Führungskräfte und zivilgesellschaftlicher Akteure im Internet, sondern es werden auch mit den Bildungsaktivitäten des Vereins wöchentlich mehrere Tausend Nutzer – digital wie analog – erreicht.

1.3.1 Vision, Mission und Ziele des Dialogangebotes

Die Vision von managerfragen.org e. V. ist eine bürgernahe und interaktive soziale Marktwirtschaft, die einem fairen, öffentlichen und direkten Gesellschaftsdialog 2.0 über aktuelle politische, wirtschaftliche, gesellschaftliche und kulturelle Fragen verpflichtet ist (managerfragen.org e. V. 2013).

Dahinter steht das Bild eines zuhörenden und umfassend informierten, mündigen Menschen, der sich und sein Umfeld verantwortungsvoll und im Einklang mit gemeinsamen Werten auf den gesellschaftlichen Wandel vorbereitet und gesellschaftliche Veränderungsprozesse gemeinschaftlich gestaltet.

Zur Förderung einer gemeinsamen Verantwortungsübernahme verfolgt manager-fragen.org e. V. die Mission, die individuellen Dialog- und Diskurskompetenzen von Bürgern und Managern im direkten und öffentlichen Dialog zu stärken. Hier-für entwickelt der Verein innovative digitale und analoge Dialogformate, aktivierende Programme zur Beteiligung und fördert den Aufbau von Wissensmanagementstrukturen zu den in den Dialogen behandelten gesellschaftlichen Herausforderungen.

Mit diesen Dialog- und Bildungsangeboten fördert managerfragen.org:

- Partizipations- und Mitgestaltungsmöglichkeiten, um Verantwortung wahrzunehmen und darüber Systemvertrauen wieder zu stärken;
- direkte Meinungsbildung und selbstbestimmte, informierte Entscheidungen über die gesellschaftlichen Herausforderungen unserer Zeit;
- Dialogkompetenz und Dialogkultur in der Online- wie Offlinekommunikation;
- bei den Führungskräften die Kompetenzbildung bezüglich zeitgemäßer Führung im Sinne von Public Leadership.

Wirtschaftliche sowie öffentlich-gemeinnützige Institutionen und Organisationen lernen so mithilfe von managerfragen.org, einen gemeinwohlorientierten Stakeholder-Dialog im Internet zu führen.

1.3.2 Dialogkultur

Das Internet und die durch managerfragen.org ermöglichte direkte und unabhängige Meinungsbildung bedeuten für Unternehmen auch einen Verlust der Informations- und Deutungshoheit im Sinne herkömmlicher Push-PR oder Unternehmenskommunikation. Dies geht einher mit der Gefahr von sogenannten Shitstorms – dem lawinenartigen Auf-treten negativer Kritik gegen eine Person oder ein Unternehmen. Der nachvollziehbare Reflex von Unternehmen, die Kommunikation der Unternehmensrepräsentanzen in den sozialen Netzwerken, zum Beispiel Facebook, zu kontrollieren, verfehlt nicht nur die Wirkung, da sich die Nutzer an anderer Stelle Luft verschaffen. Unternehmen ver-spielen damit auch die Chance, im Dialog selbst Position zu beziehen und gleichzeitig die Positionen ihrer Stakeholder fair, öffentlich und direkt zu erkunden.

Managerfragen.org hat dafür eine Plattform geschaffen, die einen fairen, öffentlichen und direkten Dialog ermöglicht. Das Registrierungsverfahren, die Dialogempfehlungen, die Nutzungsbedingungen sowie eine Onlineredaktion, die auf die Einhaltung der Dialogkultur achtet, ermöglichen Bürgern wie Managern einen konstruktiven und authentischen Dialograum, in dem über die Verantwortung zu den gesellschaftlichen Herausforderungen unserer Zeit die unterschiedlichen Perspektiven ausgetauscht werden können. Nur so entstehen Vertrauensimpulse, die glaubwürdig sind.

1.3.3 Dialogangebote und -formate

Mit den beiden Ansätzen managerfragen.org als Internetplattform (Onlinedialoge) einerseits und den persönlichen Dialog- und Begegnungsformaten (Offlinedialogen) andererseits wurden interaktive und multisektorale Kommunikationsplattformen geschaffen, die im Onlinebereich wöchentlich eine Vielzahl von Menschen in den sozialen Medien erreichen und sich durch persönliche Dialogformate und Begegnungen gegenseitig verstärken.

Neben der Dialogfunktion in Form von Fragen und Antworten bietet die Plattform auch spezifische Angebote für zivilgesellschaftliche Organisationen und Unternehmen an. Diese können Patenschaften für gesellschaftliche Themen übernehmen und darüber den Austausch dazu fördern. Solche sogenannten Themenpavillons behandeln gesellschaftliche Herausforderungen wie Energiewende, Karriere und Familie, Migration und Einwanderung und andere.

Darüber bietet ein Managerfragen-Plug-in eine direkte Integration des Dialogs auf die hauseigene Unternehmenswebsite. Dieses Plug-in ermöglicht es Bürger dort, wo sie die Homepage einer Organisation besuchen und Fragen haben, zum Beispiel zum aktuellen CSR-Bericht, direkt in einen Dialog mit dem Unternehmen zu treten.

Der Onlinedialog wird durch innovative und auf Dialogempfehlungen basierende Offlineveranstaltungen gezielt flankiert. Solche persönlichen Dialoge sind für gewöhnlich nicht öffentlich und bieten damit alleine schon einen Rahmen, das Vertrauen erleichtert. Zudem sind die Veranstaltungsformate so konzipiert, dass die Teilnehmer im Dialog von- und miteinander lernen können, indem sie wertschätzend und auf Augenhöhe Position beziehen und unterschiedliche Perspektiven zu einem Thema erkunden können.

Die bisher durchgeführten Veranstaltungstypen unterscheiden sich in den zugrundeliegenden Settings und eignen sich so für unterschiedliche Zwecke: Die MFO-Debatte ist ein Diskussionsformat, in der sich Top-Manager vor einem regionalen Publikum den Fragen eines Moderators stellen, während das MFO-Forum den Fokus darauf legt, alle Teilnehmer in den Dialog zu bringen. Bürger arbeiten hier mit einem Führungskreis eines Unternehmens gemeinsam an ausgewählten gesellschaftlichen Fragestellungen.

Eine besondere Veranstaltungsreihe sind die Bürgerdialoge im Rahmen der Baden-Badener Unternehmergespräche. Seit 2014 lädt managerfragen.org e. V. jedes Jahr rund 35 gesellschaftlich engagierte Akteure zum Dialog mit rund 35 Top-Managern ein. So kommen engagierte Bürger, Vertreter von Initiativen, Kampagnenorganisationen und NGOs sowie Gewerkschafter mit Vorständen und Geschäftsführern der deutschen Wirtschaft zusammen. Einen Tag lang arbeiten die Teilnehmer in aufeinander aufbauenden Dialogformaten und in zunehmender Konkretisierung an der Fragestellung, welche Rolle die Wirtschaft innerhalb der Gesellschaft in Bezug auf die Herausforderungen unserer Zeit einnimmt.

Bürger erhalten vertiefte Einblicke in sonst verschlossene Entscheiderwelten und können sich über die Motive der Manager aus erster Hand informieren. Und auch Manager profitieren vom ungefilterten Direktfeedback der Bürger: Sie lernen in einem geschützten und konstruktiven Rahmen die öffentlich sonst immer vehementer formulierten Erwartungen von Bürgern an die Wirtschaft kennen.

Verantwortung erkennen und ausfüllen – das wird in der komplexen Welt immer schwieriger für Top-Führungskräfte. Deshalb will managerfragen.org mit den Bürger-dialogen einen interaktiven Erfahrungsraum schaffen, bei dem Stereotype von Führungs-verantwortung in Bezug auf Information, Kommunikation und Vertrauen aufgebohrt werden und die Relevanz von Unternehmenskommunikation insgesamt erhöht wird.

1.4 Wirkung

Ein zentrales Ziel von managerfragen.org ist die Weiterentwicklung von individuellen Kommunikationsfähigkeiten zur gleichberechtigten Teilnahme am Gesellschaftsdialog 2.0 (digitale Medienbildung), dessen Relevanz sich aus Fragen und Antworten rund um das Thema Soziale Marktwirtschaft nährt. Genaugenommen sind es zwei wechsel-seitig miteinander verzahnte Ziele, die beide der politischen Bildung der Zielgruppen dienen. Doch wie werden die Zielgruppen erreicht? Was motiviert Bürger, was Manager den Dialog zu suchen? Ist es der Grad der persönlichen Betroffenheit? Sind es situative Einflüsse, wie die öffentliche Brisanz eines Themas? Oder entscheiden persönliche Erfahrungen und Fähigkeiten im Umgang mit den modernen Kommunikationsmedien, ob sich die Protagonisten tatsächlich auf einen Dialog einlassen (managerfragen.org e. V. 2013).

Managerfragen.org e. V. fragt danach, welche Kompetenzen die Beteiligten – Bürger wie Manager – brauchen und welche Hürden sich ihnen in den Weg stellen. Ein Dialog beginnt mit einem Interesse oder auch nur mit der Neugier auf das, was durch eine Frage in Bewegung kommt.

1.4.1 Erfahrungen mit Bürgern

Das Interesse an der Dialogplattform in der Zielgruppe Bürger ist signifikant. Auch danach beweist sich das Portal täglich als zentrale Anlaufstelle für Bürger, die sich hier Primärinformationen für ihre politische Bildung beschaffen. Auch in der methodischen Qualifizierung im Umgang mit digitalen Dialogformaten wie der Onlinedialog oder die MFO-Interviews erfolgt eine kontinuierliche Entwicklung. Bürger schlüpfen in die Rolle von Bürgerjournalisten und lernen, ihr Interesse auf eine Weise in Fragen zu kleiden, dass sie für alle Dialogrezipienten relevant erscheinen und damit auch das gesellschaft-liche Interesse hoch halten.

Die Palette der gestellten Fragen reicht von persönlichen Anliegen bis zu umfassenden gesellschaftlichen Themen. Dies sind Fragen zu Beruf und Karriere, zur Führungskultur, zu Führung allgemein, zum Thema Gesundheit am Arbeitsplatz, zu tagesaktuellen Managementthemen – aber eben auch Fragen zu den großen gesellschaftlichen Herausforderungen der Zeit und danach, wie Unternehmen sich dort einbringen: Energiewende, demografischer Wandel etc.

Doch zugleich bleibt noch weitere Überzeugungsarbeit für die Zukunft: Während Bürger durchaus zahlreich die Onlinedialogplattform besuchen und damit ihr Interesse an wirtschaftlichen Themen und gesellschaftlichen Fragestellungen bekunden, bleibt ihr Besuch vielfach „folgenlos", sprich, sie stellen weitaus weniger Fragen als es das Besucheraufkommen erwarten ließe. Das hat zum einen sicherlich mit den hohen Qualitätsanforderungen (unter anderem Klarnamen-Registrierung) an einen fairen, öffentlichen und direkten Dialog zu tun, was eine vergleichsweise hohe Partizipationsschwelle bedeutet. Zum anderen besteht aber generell auch eine gewisse soziale Ungeübtheit darin, öffentlich und direkt Fragen an Unternehmensvertreter zu stellen. Dies hat unterschiedliche Gründe:

Nach wie vor wird das Bild der Wirtschaft durch die Medien geprägt und nicht durch die Entscheidungsträger der Unternehmen selbst. Dies hat als Konsequenz, dass Meinungen schon gleich mitgeliefert werden und es wenig Bedarf gibt, sich ein eigenes Bild von der Vertrauenswürdigkeit und Verantwortungswahrnehmung der Unternehmensrepräsentanten zu machen. Zudem sind die Manager als Ansprechpartner einem Großteil der Bevölkerung (43 %) gar nicht bekannt (Dr. Döblin Gesellschaft für Wirtschaftsforschung 2015). So liegt es an den Managern selbst, nicht nur Verantwortung wahrzunehmen, sondern auch im Sinne von Public Leadership Stellung zu beziehen und den Dialog zu suchen.

Darüber hinaus mag es sein, dass die Managemententscheidungen zwar weitreichende Auswirkungen zeitigen, diese jedoch nicht als Risiko und somit auch nicht als relevant für die private Lebenswirklichkeit wahrgenommen werden. Das liegt einerseits an dem historisch gewachsenen Auseinanderdriften von der systemischen Eigenlogik des Marktes und der privaten Lebenswelt. Andererseits können die weit in die Zukunft reichenden Folgen unternehmerischen Handelns, bedingt durch die Komplexität unserer globalisierten Wirtschaft, oft nicht auf einzelne Managemententscheidungen zurückgeführt werden. Damit fehlt am Ende ein Beobachter, der einen Zusammenhang zwischen wirtschaftlichem Handeln und deren umwelt- und zukunftsverändernden Auswirkungen herstellt. Erst wenn wir unsere Aufmerksamkeit auf diesen Zusammenhang richten, sind wir überhaupt in der Lage, ihn als bedeutsam und riskant für die Gesellschaft bewerten zu können. Managerfragen.org e. V. möchte mitwirken, die Aufmerksamkeit auf die lebensweltlich relevanten Auswirkungen von unternehmerischen Entscheidungen zu richten und versteht sich in dieser Hinsicht als Forum für den Austausch von gegenseitigen Beobachtungen.

So lernen wir dialogisch die teils verborgenen rekursiven Zusammenhänge zwischen wirtschaftlichem Handeln und gesellschaftlichen Folgen besser zu verstehen, stiften gegenseitiges Vertrauen und neuartige Teilmengen zwischen Arbeits- und Lebenswelt. Bildlich gesprochen ist managerfragen.org e. V. eine immaterielle Stiftung der Bürgergesellschaft, die Währungen heißen Engagement und Kompetenz, das Renditeversprechen ist das Vertrauen.

1.4.2 Erfahrungen mit Managern

In Anlehnung an das St. Gallener Konzept eines ganzheitlichen, der gesellschaftlichen Wertschöpfung verpflichteten Integritätsmanagements gilt die Grundannahme, dass unternehmerische Freiheit nur durch verantwortliches Handeln zu rechtfertigen ist. Wir halten es für zieldienlich, wenn sich wirtschaftliche Entscheidungsträger freiwillig zum Dialog mit ihrem Umfeld verpflichten und fördern dazu individuelle Dialogkompetenzen und Methodenkompetenzen. Hier konnten wir durch vertrauensbildende Vorgespräche mit den verantwortlichen Ressortleitern, Geschäftsführern oder Vorständen, die eingesetzten Technologien nahebringen und vorhandene Unsicherheiten abbauen. Dazu gehört, dass die Führungskräfte lernen, Feedbacks als nachdenkenswerte und im besten Fall innovierende Impulse anzunehmen. Der wertschätzende Umgang miteinander wird so zum Saatgut der gesellschaftlichen Wertschöpfung.

Vonseiten der angesprochenen Führungskräfte gibt es mittlerweile ein großes Interesse am Gesellschaftsdialog. Nach anfänglicher Zurückhaltung fällt es mittlerweile sogar leichter, Manager zu identifizieren, die einen solchen direkten und konstruktiven Kommunikationskanal wertschätzen und verbindlich und kurzfristig auf die gestellten Fragen antworten als Bürger zu mobilisieren, die Fragen stellen. Erfahrungen aus Partnerprojekten wie dem Crowdfunding-Film „Augenhöhe" zeigen, dass die Erkenntnis längst im Top-Management der meisten Unternehmen angekommen ist, das die Kommunikationsstrategien der Vergangenheit intern wie extern nicht mehr ausreichen, um die eigenen Mitarbeiter, die Kunden sowie alle anderen Stakeholder des Unternehmens glaubwürdig zu erreichen.

Dennoch zeigt sich vereinzelt noch eine ähnliche Zurückhaltung wie bei den Bürgern. Die CEOs und Vorstände werden durch die Public-Relation-Abteilung „geschützt" – von außen eher „abgeschottet" und „entmündigt" oder werden nur in einem kontrollierbaren Umfeld mit vorgefertigten Botschaften in die Öffentlichkeit „entlassen".

Andere wiederum schauen und warten ab, wie sich ihre Vorgesetzten verhalten. „Ich würde mich ja gerne engagieren und finde das eine tolle und wichtige Sache, möchte dies jedoch nicht alleine ohne meinen Vorstand tun." So stellvertretend für viele, die Begründung eines Linienmanagers. Noch scheinen Freiheiten im Umgang mit Medien nicht so weit entwickelt, wie es nötig wäre, um sich auf dem Onlineparkett ebenso sicher zu bewegen wie auf Meetings und Workshops.

Weitere Gründe für die Zurückhaltung sind in den unterschiedlichen Unternehmensfunktionen selbst zu suchen. Während die Unternehmenskommunikation tendenziell kritisch eingestellt ist – eben aufgrund des befürchteten Kontrollverlustes in der Kommunikation – sind Vorstände, Geschäftsführer aber auch Führungskräfte aus den Bereichen Marketing, Personal oder auch CSR erkennbar aufgeschlossener. Wie sich das operative Management neben den Querschnitts- und Supportbereichen in den nächsten Jahren positionieren wird, bleibt abzuwarten. Dabei wird entscheidend sein, ob es gelingt, die Vorteile der Stakeholder-Kommunikation im Unternehmensalltag sichtbar zu machen.

Nicht zuletzt gibt es aber auch viele Fragen aufgrund der Neuartigkeit, die insbesondere die eigene Rolle als Führungskraft betreffen. Es geht um Fragen der notwendigen aufzubringenden Zeit für den Dialog, aber auch um die Frage, ob aus Compliance-Sicht geantwortet werden darf. Oftmals erfolgt dabei eine Fokussierung und Problematisierung auf Einzelfälle an Themen und Aspekten, die einer Regelung bedürfen oder auch Fragen, die aus juristischen oder börsenrechtlichen Regelungen nicht beantwortet werden können, während der Großteil der Kommunikation des Austauschs mit Bürgern eigentlich problemlos möglich wären. Es bleibt daher stets eine sehr persönliche Entscheidung und Frage der eigenen Haltung als Führungskraft und Manager für oder gegen ein Engagement: Welches Werte- und Führungsverständnis habe ich und wie definiere ich meine Verantwortung und meinen eigenen Handlungs- und Gestaltungsspielraum? Insofern geht es bei managerfragen.org darum, Führungskräfte zu erreichen, die sich in der Verantwortung sehen und den Mut haben, neue Wege zu gehen. Es geht um diejenigen, bei denen unternehmerische Verantwortung immer auch gesellschaftliche Verantwortung umfasst und die aus eigener Erfahrung überzeugt sind, dass nur durch direkten Dialog neues Vertrauen entstehen kann (Brandstetter 2013).

1.4.3 managerfragen.org in der öffentlichen Wahrnehmung

Durch crossmediale Kampagnenarbeit erreicht managerfragen.org heute viele Tausend Menschen wöchentlich. Renommierte überregionale Zeitschriften und Fachmagazine wie Der Spiegel, enorm, Zeitschrift für OrganisationsEntwicklung berichteten bereits über managerfragen.org, wie auch diverse Onlinemagazine und Plattformen, zum Beispiel ChangeX, Human-Resource-Manager, executives.net. Meinungsführer im politischen Diskurs der Republik wie die Konrad-Adenauer-Stiftung nutzen für ihre Onlinedialoge das MFO-Widget. Die Humboldt Viadrina School of Governance ergänzte ihre Trialogreihe mit einem MFO-Themenpavillon zur Energiewende. Ein Newsletter informiert Vereinsmitglieder und die Öffentlichkeit regelmäßig über aktuelle Aktivitäten mit einer Reichweite von rund 2000 Vertretern und Persönlichkeiten aus Wirtschaft, Politik, Medien und Gesellschaft.

Die Kultur des Dialogs in Form einer regelbasierten Kommunikation in Verbindung mit einer Prüfung durch unsere Redaktion hat sich bewährt, auch und gerade weil die Qualitätsanforderungen eine anfängliche Hürde darstellen. Der in der MFO-Werte-Trias „fair-öffentlich-direkt" beanspruchte wertschätzende Umgang in der Kommunikation konnte damit eingelöst werden. Aber auch auf die Relevanz der Anliegen erheben die Anfangshürden durchaus beabsichtigte Ansprüche.

Das Onlinedialogportal wird mit Blick auf die „Kultur des Dialoges" aber auch kritisch bewertet. Manchen sind die Antworten der Führungskräfte suspekt und werden als PR von Unternehmen abgetan. Handelt es sich um authentische Antworten oder doch nur um eine Variante des „Greentalks"? Glaubwürdigkeit stellt sich nicht zwangsläufig mit einer offenen Kommunikation (Transparenz) ein. Sie ist vielmehr dort zu erwarten, wo Dialogpartner spontan, wechselseitig und emotional interagieren können. Technologische Lösungen, die Linearität und Hierarchie des Frage-Antwort-Portals durchbrechen, werden zurzeit diskutiert und ausprobiert.

Ein andere Antwort auf die Glaubwürdigkeitsfalle in der Unternehmenskommunikation gibt eine Gemeinschaftsstudie des F.A.Z. Instituts, der Universität Leipzig und der Humboldt Universität Berlin. Sie legt nahe, dass Vorstände und Geschäftsführer deutscher Großunternehmen die Funktion von Kommunikation überwiegend in der Informationsvermittlung und nicht in der sozialen Realitätskonstruktion sehen. Eine folgenschwere Fehleinschätzung, wie die Ergebnisse der Studie nahelegen. So bewerten deutsche Top-Manager ihre persönliche Kommunikationsleistung für den Unternehmenserfolg positiv, nutzen aber nur selten soziale Medien für ihre strategische Kommunikation. Infolgedessen misst nur jede(r) vierte Top-Manager dem Gesellschaftsdialog eine große Bedeutung für die Unternehmenskommunikation bei (Huster 2013).

Die Ergebnisse der Studie und unsere Beobachtungen lassen den Schluss zu, dass das Bewusstsein der Wirtschaftselite für die Bedeutung von sozialen Medien noch in den Anfängen steckt und sie auch wenig Übung haben im Umgang mit ihnen. So stufen zwar die meisten Führungskräfte Coaching und Training von Geschäftsleitung und Mitarbeitenden bezüglich der Spielregeln öffentlicher Meinungsbildung, der kommunikativen Positionierung des Umgangs mit Medien und Bezugsgruppen als wichtig ein, bewerten diese aber eher als nachrangige Erfolgsfaktoren für eine gelingende Unternehmenskommunikation.

Und das obwohl sie gegenwärtig davon ausgehen, dass durch die Entwicklung neuer Medien der Druck auf die Unternehmenskommunikation deutlich zunehmen wird.

Durch wiederholte Mobilisierungskampagnen für neue Dialogformate und -veranstaltungen lenkt managerfragen.org e. V. die Aufmerksamkeit gezielt auf die wenig genutzten Potenziale einer an den Interessen der Gesellschaft ausgerichteten Unternehmenskommunikation (Stakeholder-Dialog). Online erhalten die Dialogpartner, wenn gewünscht, ein Coaching in Form einer redaktionellen Begleitung auf der Frage-Antwort-Plattform und intensiver noch in den MFO-Interviews.

Im Dialog mit Bürgern und der organisierten Zivilgesellschaft fragen mehr und mehr Entscheidungsträger der Wirtschaft die unterschiedlichen Dialogformate von managerfragen.org nach, weil sie mit ihrer Hilfe einen neutralen Ort betreten, wo sie die komplexen Bedingungen, Restriktionen und Zielsetzungen ihrer Entscheidungen offenlegen können, ohne dafür abgestraft zu werden.

1.5   Ein Zwischenfazit

1.5.1 Managerfragen.org

Nach den Entwicklungsschritten der Vereinsgründung im Jahr 2011, dem Going Live des Onlineportals in 2012 wurde in den Jahren 2013 und 2014 das Angebot als Verein um Offlineformate ergänzt, das heißt der Gesellschaftsdialog mit persönlichen Diskurs-formaten vertieft und auch wieder auf das Portal zurückgespielt. In 2015 wurde der nächste Schwerpunkt auf Content rund um Gesellschafts- und Wirtschaftsthemen gesetzt und eine entsprechende Partnerschaft initiiert; so mit CSR-news.net – dem größten CSR-Portal in Deutschland –, mit deren Unterstützung Redaktionsleistungen zu den Dialogen auf dem Portal erbracht werden und damit eine Stärkung der Inhalte und Reichweite der Dialoge erfolgt.

Darüber hinaus wurden in 2015 erste wichtige Schritte vollzogen eine zentrale Manager-Datenbank aufzubauen. Aktuell sind alle CEOs deutscher DAX-Konzerne bei managerfragen.org mit ergänzenden Hintergrundinformationen zu finden. Dies ist einmalig in Deutschland und ermöglicht es der deutschen Wirtschaft „ein Gesicht zu geben", Transparenz zu schaffen und dem „Manager als unbekanntes Wesen" „anfassbar und erfahrbar" zu machen.

Zentrales Ziel für die Zukunft bleibt die weitere Skalierung der Plattform und der Dialoge: so die Erhöhung von Traffic und der Reichweite über Value Creation von Nach-richten, um mehr Bürger und Manager in den Dialog zu bringen.

Ein weiterer Baustein ist dabei – neben der Manager-Datenbank – auch eine Gesell-schaftsdatenbank aufzubauen, bei der zu den zentralen gesellschaftlichen Fragen und Herausforderungen frei zugängliche Veröffentlichungen und Studien von Stiftungen und anderen Organisationen zentral abgelegt sind, sodass Inhalte und relevante Ansprech-partner unmittelbar zusammenfinden.

Neben den beschriebenen Entwicklungsschritten des Vereins hat sich auch der Dialog qualitativ im Laufe der Zeit verändert. Während in den Anfangsjahren vor allem typische Gesellschaftsthemen in den Fokus gestellt wurden – wie Nachhaltigkeit, Ethik usw. – zeigt sich seit einiger Zeit, dass einstige Managementthemen auch in Teilen der Gesell-schaft intensiv diskutiert werden. Dies betrifft insbesondere Themen rund um die Digitalisierung, zum Beispiel Industrie 4.0, Arbeit 4.0, Themen wie agile Organisations-ansätze, Führen auf Augenhöhe oder auch das Internet der Dinge. In der Folge werden seitens managerfragen.org zunehmend auch Experten, die eine Kompetenz in diesen Themen haben und diese in einen differenzierten Austausch mit Managern bringen möchten, auf der Plattform mit in den Dialog gebracht. Dazu wurde Anfang 2016 mit der Competence-Site als Experten-Netzwerk und Pionier der Online-Netzwerke eine weitere Partnerschaft eingegangen (Brandstetter und Junge 2016).

1.5.2 Unternehmen und Unternehmensführung

Mit Blick auf die Wirtschaft bzw. Unternehmen bleibt für die Zukunft als zentrales Handlungsfeld bzw. Diskussionsthema, ihre „License to operate" deutlich zu machen, also das, was sie zur Lösung gesellschaftlicher Fragen beitragen.

Unternehmen haben sich von einer Sinn- oder Zweckbestimmung im Hinblick auf das Gemeinwohl in der Vergangenheit zu sehr abgekoppelt – zumindest in der Außenwahrnehmung. Sie fokussieren ausschließlich auf den Customer Value, die Ausrichtung auf die Kundenzufriedenheit, und auf den Shareholder Value, die Ausrichtung auf die Wertsteigerung für Eigner. Das aber führte bekanntermaßen zu einer Dominanz der Finanzgrößen. Das ist in den letzten Jahren vor allem unter dem Schlagwort Corporate Social Responsibility stark problematisiert geworden. Corporate Social Responsibility vernachlässigt aber den Bezug zum Kerngeschäft und delegiert das Thema an eine Abteilung, die für das soziale und gesellschaftliche Gewissen zuständig ist – was mehr eine Alibifunktion hat und zu weiterem Glaubwürdigkeitsverlust führen kann. Die zentrale Frage ist und bleibt daher die der Einbindung in den gesellschaftlichen Kontext. Hier gibt es aber zugleich unverändert ein großes Informations- und Handlungsdefizit.

Es bedarf Antworten auf die Fragen „Genügt das wirtschaftliche Handeln ethischen Maßstäben?" und „Ist mein wirtschaftliches Handeln gesellschaftlich sinnvoll?". Daran müssen sich Unternehmen letztendlich orientieren. Ebenso muss umgekehrt geklärt werden, wieweit die Gemeinwohlorientierung von Unternehmen gehen kann – wie viel Gemeinwohl sich eine Gesellschaft leisten kann und will.

Vielfach herrscht in den Führungsetagen noch Ratlosigkeit, wie Systemzwänge, denen man sich unterordnet, überwunden werden können. Ein großer Teil der Manager konzentriert sich darauf, „zu funktionieren", also den Geschäftsauftrag zu erfüllen. In kleineren Kreisen oder hinter geschlossenen Türen wird schon darüber geredet, aber dem Reden folgt letztendlich noch kein Handeln. Noch fehlt daher der nächste Schritt gemeinsam mit Teilen der Gesellschaft zusammen öffentlich nach gemeinsamen Lösungen zu suchen und daran zu arbeiten.

Internet, Industrie 4.0 und soziale Netzwerke sind Ausdruck der digitalen Revolution. Social Media, Crowdsourcing, Collaboration und Sharing Economy beeinflussen die unternehmerische Wertschöpfung. Doch stehen wir heute unverändert erst am Anfang dieser Entwicklung, die auch die Anforderungen an Führung: Kommunikation, Organisation weiter verändern werden (Brandstetter und Sander 2016).

Das Internet hat die Kommunikations- und Informationsgewohnheiten grundlegend verändert. In einer nach Authentizität verlangenden Gesprächskultur bewirken die Worthülsen schönfärberischer PR-Statements und von Kritik bereinigter Fanpages das Gegenteil. Glaubwürdigkeit und Vertrauen entstehen durch Authentizität und nicht durch Marketing.

Führung bedeutet daher mehr denn je die Risikobereitschaft, persönlich Position zu beziehen, um Unternehmensentscheidungen gesellschaftlich zu legitimieren. Verantwortung bedeutet im Wortsinne auch, Antworten zu geben, wenn die eigenen unternehmerischen Entscheidungen aus Gesellschaftssicht kritisch hinterfragt werden. Gesellschaftliche Akzeptanz unternehmerischen Handelns ist an die Integrität der handelnden Akteure gebunden.

Ein offener, kritischer und kontinuierlicher Dialog mit Repräsentanten der organisierten Zivilgesellschaft und anderen gesellschaftlichen Akteuren ist eine neue zentrale Aufgabe von Führungskräften der Wirtschaft. Dabei ist der Dialog nicht ihrer Willkür überlassen, sondern als integrativer Bestandteil der Unternehmensstrategie wird er genauso geplant und gestaltet werden wie die sonstige Unternehmens-, Investoren- und Stakeholder-Kommunikation (Arndt 2013).

Am Ende dieser Entwicklung steht die systematische Heranbildung von Public Leadern in den Unternehmen zu Lotsen in den digitalen und realen Netzwelten von morgen. In Zukunft wird nur eine starke „Führungsmarke" wirken und verändern können: als Identifikationsfigur für Mitarbeitende nach innen und als Vertrauensfigur für die Öffentlichkeit nach außen, als Attraktor für Talente und als Beschleuniger für Kommunikation und Mobilisierung. Neben der zunehmenden Bedeutung der Sichtbarkeit von Managern wächst zugleich die Notwendigkeit, zu gesellschaftspolitischen Themen Stellung zu beziehen. Den meisten Managern fällt dies heute noch schwer, fehlen ihnen Mut und manchmal auch das Vermögen, in öffentlichen gesellschaftlichen Debatten zu reüssieren. „Die vornehme Zurückhaltung funktioniert nicht (mehr)", so Christine Stimpel, eine der wohl angesehensten Headhunter Deutschlands für Vorstands- und Aufsichtsratspositionen, in einem Interview im Handelsblatt (Terpitz 2011, S. 56 f.). Auch der Chefredakteur vom Handelsblatt führt in einem anderen Beitrag unter der Überschrift „Die Sprachstörung" im Jahr 2012 aus: „Manager verschanzen sich oftmals hinter Phrasen. Bürger hinter Vorurteilen. Soziale Marktwirtschaft und gesellschaftlicher Zusammenhalt kann es sich nicht leisten, dass ihre zwei wichtigsten Pfeiler sich nicht verstehen. Es ist an der Zeit, dass sich beide Seiten wieder verstehen" (Prange 2012, S. 63).

Wie im unternehmensinternen Kontext, ist gesellschaftliches Vertrauen nur durch Transparenz, Partizipation und Dialog zu erreichen. Dabei wird die öffentliche Meinung für Führungskräfte deutscher Großunternehmen immer wichtiger, wobei Vertrauen und Reputation nichts mit Public Relation und Investor Relation zu tun hat. Leider mangelt es noch vielfach an einer zeitgemäßen Vorstellung über die Dynamik der Meinungsbildung im Zeitalter des Social Web (Huster 2013).

Vertrauensbasierte Führung im unternehmensexternen Umfeld bedeutet zugleich einen kulturellen und strukturellen Wandel innerhalb des Unternehmens. Authentizität und Transparenz prägen die neuen Kommunikationsstrukturen, wobei der Dialog mit berechtigten Interessengruppen im Vordergrund steht. Wenn es beispielsweise gelingt, Kunden als Ko-Produzenten mitgestalten zu lassen oder sie in ihrer bürgerlichen Rolle in die Entscheidungsprozesse einzubeziehen (Brandstetter und Sander 2016).

Vertrauensbasierte Führung bedeutet nach außen erhöhten Bedarf an strategischer Kommunikation und den persönlichen Mut, mit Argumenten die berechtigten Interessen des Unternehmens als gleichwertig im Meinungsbildungsprozess zu vertreten. Die Angst vor Kontrollverlust ist dabei die größte Barriere. Führungskräfte können jedoch lernen, sich vermehrt und direkt kritischen Fragen zu stellen. Hilfreich sind neutrale Onlinedialogplattformen, die einen öffentlichen, fairen und direkten Gesellschaftsdialog gewährleisten. Managerfragen.org e. V. ist eine solche Plattform, gegenwärtig vielleicht die einzige ihrer Art.

Literatur

Arndt O (2013) Erklärt Euch! http://www.deekelingarndt.de/de/themenspecials/daa-entscheider-studie/erklaert-euch.html Zugegriffen: 15. Sept. 2020
Brandstetter C (2013) Zum Dialog Bitte. In: ChangeX. http://www.changex.de/Article/interview_brandstetter_zum_dialog Zugegriffen: 15. Sept. 2020
Brandstetter C, Junge F (2013) Gesellschaftsdialog Bürger und Manager. Zeitschrift für Organisationsentwicklung 32(4):95
Brandstetter C, Junge F (2016) Experten befragen zur Industrie 4.0, New Work und der Zukunft des Marketing. http://www.competence-site.de/experten-befragen-zu-industrie-4-0-new-work-und-der-zukunft-des-marketings-managerfragen-org-und-competence-site-kooperieren/ Zugegriffen: 15. Sept. 2020
Brandstetter C, Sander D (2016) Leadership for the Common Goods. In: Sommerlatte T, Keuper F (Hrsg) Vertrauensbasierte Führung. Springer, Berlin
CEO.com (2016) 2015 Social CEO Report. http://www.ceo.com/social-ceo-report-2015/ Zugegriffen: 15. Sept. 2020
Döblin Gesellschaft für Wirtschaftsforschung (2015) Bevölkerungsumfrage: Dax-CEOs als unbekannte Wesen. http://www.wp-online.de/snippet/15/05.pdf Zugegriffen: 15. Sept. 2020
Edelman (2016) Trust barometer – trust and innovation. http://www.edelman.de/de/studien/articles/trustbarometer2016 Zugegriffen: 15. Sept. 2020
Hartmann M (2015) Vertrauen wird überschätzt. Interview. http://www.zeit.de/2014/34/martin-hartmann-vertrauen-politik (Erstellt: 31. Aug. 2014). Zugegriffen: 26. Jan. 2015
Huster S (2013) Studie „Unternehmenskommunikation aus Sicht des Top-Managements", Universität Leipzig, Humboldt-Universität zu Berlin, F.A.Z.-Institut. http://de.slideshare.net/communicationmanagement/studie-unternehmenskommunikation-aus-der-perspektive-des-top-managements-juni-2013 Zugegriffen: 15. Sept. 2020
manager magazin (2013) Hall of shame. manager magazin, 08/2013
managerfragen.org e. V. (2013) Erfahrungs- und Wirkungsbericht 2011–2013
Prange S (2012) Die Sprachstörung. Handelsblatt 238:63
Salzwedel J (2015) Finding wisdom in the crowd. https://www.jacksalzwedel.com/finding-wisdom-in-the-crowd/. Zugegriffen: 31. Jan. 2017
Terpitz K (2011) Vornehme Zurückhaltung funktioniert nicht. Handelsblatt 11/21–11/25:56–57
Wertekommission (2015) Studie Führungskräftebefragung 2015. http://www.wertekommission.de/was-wir-tun/studien/ Zugegriffen: 15. Sept. 2020

Clemens Brandstetter
(Fotocredit: privat)

Clemens Brandstetter, Jahrgang 1970, ehemals Manager, heute Organisationsarchitekt, Netzwerkgestalter und Change-Maker, arbeitete rund 20 Jahre in der Informationstechnologie- und Telekommunikationsindustrie als leitender Angestellter in diversen Führungspositionen Dax-notierter Technologiekonzerne. Schwerpunkte seiner Tätigkeit waren Strategie- und Geschäftsentwicklung, Reorganisation von Unternehmenseinheiten sowie die Umsetzung unternehmensweiter Transformationsprogramme. Seit 2015 ist er Geschäftsführender Gesellschafter der Management- und Organisationsberatung macc GmbH und begleitet Unternehmen bei ihren Veränderungsvorhaben. Darüber hinaus ist er Gründer und Business-Angel von mehreren Initiativen und Start-ups. So ist er unter anderem Gründer und Vorsitzender des Vorstands von managerfragen.org, einer Online-Engagement-Plattform für einen Gesellschaftsdialog 2.0 zwischen Bürgern und Managern. Aus seiner Beratungs- und Berufstätigkeit entstanden diverse Buchprojekte und Fachbeiträge zu den Themen E-Business, Zukunft der Arbeit, Entrepreneurship, Führung 2.0, digitale Kommunikation und Public-Leadership. Er ist verheiratet und lebt in Düsseldorf.

Florian Junge
(Fotocredit: Sabine
Immken)

Florian Junge, geboren 1975 in Hamburg, arbeitet als Dialogexperte und Berater mit Unternehmen, die nachhaltige Veränderungsprozesse gestalten wollen. Seine professionellen Dialogverfahren stärken die Führungsfähigkeit und Selbstorganisation von Unternehmen und sorgen für bessere und schnellere Lösungen in Kooperation mit Kunden und Stakeholdern. Als Sozialunternehmer überträgt Florian Junge Grundhaltungen und Modelle seiner Beratung in Aufgabenstellungen des gesellschaftlichen Transformationsprozesses. Als Gründer und stellvertretender Vorstandsvorsitzender von managerfragen.org trägt er Verantwortung für die Entwicklung der Kultur des Dialoges und der Offline-Dialogformate. 2017 gründete Florian Junge mit internationalen Experten die „Academy of Professional Dialogue" mit dem Ziel, ein tieferes Verständnis für Dialog zu erarbeiten und dieses Wissen verfügbar zu machen. Aus seinen beraterischen und sozialen Engagements entstanden einzelne Fachbeiträge, unter anderem über den projektspezifischen Einsatz der Methode des „Vernetzten Denkens", über eine „Dialogkultur 2.0" sowie zum „Public-Leadership". Florian Junge lebt mit seiner Frau und seiner Tochter in Berlin-Mitte.

How Will Social Technologies Disrupt the Practice of Leadership…

Sylvain Newton

At the heart of social technologies is a promise. A promise to finally tear down all the walls standing in the way of connecting and communicating within and across organizations: hierarchies (junior vs. senior), value chain clusters (suppliers vs. customers), geographical distance (country x vs. country y), expertise level (apprentice vs. master), functional departments (marketing vs. operations) … Those walls were at times physical in nature (harder to communicate across long distances), more often implicit rules defined by culture (“*only experts can contribute*”), and very often artificial by-products of well-thought-out structures (the Marketing Department's KPIs vary in nature from those of the Operations Department). Those countless boundaries have, for a long time, limited the free flow of information between humans in the same organization, as well as between those of different organizations within ecosystems. Yet, those walls are about to fall. Social technology, with its random path of information distribution, is gradually making all those boundaries irrelevant. Information is available anytime, anywhere, and is not the privilege of just the few anymore. What was once tightly controllable is now spreading virally through the cascading effects of “forwarding”, “following”, “commenting”, and others “liking”. Well beyond the sheer increase of computing power that technology has enjoyed these last 10 years the true revolution comes from integrating the *social* component into its very fabric. By leveraging machines to not only process information faster, but to share it more broadly and as such to build, manage, and sustain networks effectively, the techno-logical revolution is now impacting the way humans interact, exchange, and create.

Every organization is, at its core, a social construct, whose longevity depends in large parts on the quality, intensity, and effectiveness of the interactions between all the participants in its value creation universe: employees, leaders, customers, suppliers … For

S. Newton (✉)
Head of the New Work Model, Allianz –Group HR, Munich, Germany
E-Mail: sylvain.newton@allianz.com

© Springer-Verlag GmbH Deutschland, ein Teil von Springer Nature 2021
A. Hildebrandt und W. Landhäußer (Hrsg.), *CSR und Digitalisierung,* Management-Reihe Corporate Social Responsibility, https://doi.org/10.1007/978-3-662-61836-3_56

centuries, these interactions were clustered. Information would follow specific and established paths: a memo would be written by a manager and posted on the messaging board for employees to read. Nowadays messages flow freely across entire industries in a non-scripted way, based on their resonance in the system. As the recipients consider them "relevant", they forward them to their own personal networks, and often beyond, for further consumption. Communication is at the heart of effective leadership; by transforming the usual way information circulates, social technologies redefine the role of leaders. As a company CEO I co-interviewed a few years ago (Deiser and Newton 2013a) mentioned: "*The type of leadership we need finds its full expression in the DNA of collaborative technology* (…)". To better understand the type of leaders our new context requires, let us look first into some essential aspects of the DNA of social technology. Considering established and static social media platforms like LinkedIn (business circle contacts and discussions), Twitter (brief thoughts, opinions, and info), or Facebook (friends-like community of exchange) or nimbler and dynamic ones like Periscope (live video streams), Snapchat (multimedia messages available for a few seconds only), Vine (brief videos limited to a length of 6 s), it is evident that an effective participation in those networks requires specific behaviors that are recognized by the community users as appropriate "unwritten rules" of contribution. These applications require regular, timely, and authentic participation. They involve others through impactful stories that get attention in a few seconds and engage the consumers through commenting, liking, and co-editing by leaving questions open. Consumption of information in the world of social technologies is a very active and intense role in which actors engage virtually in a co-meshing of content to create new ideas and posts. In fact, communication and leadership have been transformed. They have evolved from a top-down "lecturing" style, where the leader or expert has all the answers and communicates them to novices in a pre-defined way, to a 360° active co-creation process, where all actors have a point of view, a creative power, and are invited to make a contribution. In this context, the leader is gradually becoming a coach and an orchestrator.

In this chapter, we will look into this evolution in more depth and highlight what has changed specifically. To do so, we will follow a structure called the "SOCIAL" model:

- **S**peed: "think on your feet" … how the slightest delay in joining the discourse might significantly reduce your credibility in the exchange.
- **O**rchestrate: from "command and control" to "orchestrating the community" … the leader's focus shifts from the tasks at hand to the people at the heart.
- **C**aring: "Give before you take" … a team, network, or a community works like a bank account. You cannot withdraw before having made a deposit.
- **I**ntegrative: from "top-down" to "across" … co-creating solutions or strategies will exponentially increase people's engagement and the speed of execution.
- **A**uthenticity: from "flawless" to "flawed by design" … why, after centuries of trying hard to appear perfect, leaders need to nudge into the value of being *raw*.
- **L**ead or Follow? Yes is the answer. Distinguishing which role to play based on what your team or organization need will dramatically increase your resonance.

The type of leadership emerging from this "SOCIAL" model is one I had originally coined "*Unplugged Leadership*" in an article (Deiser and Newton 2013b) co-authored in an on-line blog. The idea originated from an interaction with the CEO of a global real-estate business who was being reverse-mentored by a younger leader in order to learn more about digital tools of communication. He confessed that so far, his sole way of sharing information with his employees had been the ritual of an e-mail being sent out every Friday, reflecting the main activities of the week. When his mentor, a millennial well versed in social technologies, asked him why he was not integrating rich content (i.e., podcasts, videos …) in his e-mail, the CEO indicated that he had had to close his recording studio as a result of the financial crisis and as such was no longer able to record video messages. At this very moment, the younger leader pointed at his smartphone and its recording capabilities. At first, the CEO resisted, indicating that he did not know how to edit the content, that the image might not be of high quality, that the sound would be suboptimal … and then realized that he had missed a powerful way of interacting with his teams. He understood that a perfectly produced video was not the only acceptable format in a context of "*always-on communication*". Short, unplugged, raw, and frequent content is what attracts large audiences on YouTube. In fact, this CEO later got his highest ratings and comments from a simple video update he recorded himself on a street in India, sharing a new market trend that needed to be considered as part of their deployment strategy to Asia. The images were shaky, the location was noisy, and yet he had never come across as natural, close, and personal as on that day.

The analogy of communication evolving from perfectly crafted messages, that are shared once edited and close to perfection, to self-recorded imperfect selfies, resonates with the transformation leaders have to undertake. From official, polished and perfect to direct, close and "raw" … from the boardroom to the kitchen table where discussions are direct, feedback immediate, and proximity required. This is the context in which those "SOCIAL" traits will amplify the resonance of every leader. The foundation on which these leadership attributes are built has not changed much over time. The core elements of leadership are not bound by time: performance, change, and integrity. The leader's first and foremost mission is to deliver the results expected by the organization which create new added value for the system (performance). Additionally, the leader needs to identify the evolutions required to remain relevant in the future and prepare his team for it (change). Finally, the achievements will be sustainable only if they have been delivered through the right means: following the spirit and the letter of the law, protecting the leader's reputation and that of the organization (integrity). Those attributes were essential in the past, they are key today, and will be *sine qua non* in the future. Let us now explore what is evolving, what is being amplified.

"Speed": when communication occurred through letters, it was acceptable to respond after a week or more. As messages began to be exchanged via e-mail, the generally accepted response time was reduced to only a day or two. When new social applications like Facebook started emerging, comments or likes were typically expected within hours. The shortest cycle has now been reached with WhatsApp where an answer should typically be sent within seconds. With the time available for engaging in a discourse almost reduced to *néant*, the leader's capability to craft an appropriate response now needs to be immediate. The challenge this creates is enormous: the message increasingly needs to be created by the leader himself, without time to discuss it with others as a sounding board. This leaves the creator alone, without safe-guards. No time for well-crafted, well-thought-out, broadly discussed, double- and triple-checked messages. The leader now needs to feel comfortable feeling uncomfortable … he needs to come out of the newsroom, into the debate arena, alone. While feeling exposed might first feel threatening, the prize looming for this courageous metamorphosis is great: the leader comes across as connected, close, and reasoning. His impact is created through the intensity and regularity of direct exchanges. He moves closer to his team, his organization, and all his stakeholders.

"Orchestrate": for decades leaders have led from the top, shaping policies with close advisors and then enforcing them across the organization through a system of controls. While this system has worked effectively in a stable environment, it is largely proven irrelevant in a fluid context. It consistently misses motivating younger generations who expect engagement, purpose, and co-creation. The actors of the community are rapidly moving up the value chain. Harnessing the collective wisdom of these teams and value clusters, that form and unform more rapidly than ever, requires leaders that orchestrate the dynamics of those empowered networks. Clarity of vision, judgement, quality of decision-making are all qualities that a leader needed and will continue to need to excel at. Yet, the "*leader knows-it-all*" era is over. With information available to all, team members are increasingly able to understand the complex dynamics of a given competitive playfield, and as such expect to evolve from "executors" to "co-designers". Giving those employees a voice, recognizing their contributions, shaping an environment that enhances their creativity are all part of the "orchestrator" role. And while the conductor's role is essential to the coherence and identity of the performance, each musician shapes the outcome through his skills, will, and attitude. It is the role of the conductor to magnify those for each of them and for the ultimate value of the common outcome.

Caring: let us get personal! It all starts by knowing your team or community members. Who are they? What motivates them? What will make them stay or leave? Who has been their best manager and why? Who has been their worst and why? Who are they outside work? What gives them energy every day? What would be their dream role? Those are all essential questions that often remain unanswered, or are not even asked. Yet, at their core are the real drivers of motivation and engagement. Once understood, those unique aspects of each individual's inner value system can be leveraged to truly connect with them. Connecting with their hopes, fears, history, and future. Caring for your team, for your community, means giving them recognition, feedback, direction, a perspective or clarity. While none of this can be achieved without personal encounters or regular discussions and common experiences, new technologies can bring an additional value in the process. By connecting devices, we have added the "social" component to technology. And with it comes the ability to know more about each other's tastes, experiences and activities, share more and more often, as well as praise others in front of an even larger audience. Touch points have been exponentially increased and are possible across geographic distances and time zones. Is the ultimate aim of technology not to make our interactions even more human?

Integrative: meshing up information, ideas, or contributions to create new content is an active component of effective consumption and creation in the social media universe. Newness or value increasingly comes from connecting various concepts. Innovation has often been found in the creative tension emerging from overlapping seemingly independent elements. This is true for information and this is true for people. For decades, strategy was formulated at the top and then disseminated to those executing it. Realizing that a wealth of knowledge is carried by those at the periphery of the organization, closer to the products, processes or customers, most communication channels have evolved from "top-down" to "bottom-up". Yet, this is still too limiting in a socially digital world. Impulses have to be found everywhere in the ecosystem: at the top, at the periphery, at the core, outside ... no component of the value chain and its actors should be dismissed. The best organizations know how to leverage every moment of serendipity happening in their system and scale them rapidly for competitive advantage. Connecting people, information, and insights, independently from their source, is increasingly becoming a hallmark of social leaders.

Authenticity: broadcasted communication often concluded with distributing the message to the selected audience. As such, the message would be polished almost till perfection before being shared. Corrections, rehearsals, and even "digital remastering" would ensure that the audience would be exposed to a final and perfect version. Social technologies have profoundly changed this dynamic. The communication process now often starts when the message has been "sent": the audience "likes", "comments", "replies", "shares", "follows", "retweets", "blogs", "hyperlinks" ... and in this process of active co-consuming, the audience grant relevance to the message. Encouraging this co-creation of the consumers now lies at the heart of a well-crafted communication strategy. Identifying what triggers a message to become viral is a leadership competence in itself. And while there are many technical components to it (channel dynamics, timeliness of distribution, response management ...), a key driver of audience's engagement is the credibility the message radiates. Can I trust it? Does it sound "true"? Is it engaging? Am I inclined to contribute? Polished messages create a distance to the audience, they appear "*written by a Public Relations department*". Raw messages appear authentic, spoken from the gut, "*shared by a friend at the water cooler*". They leave space for a dialogue, a debate, a collective process of discourse. Leaders need to become skilled at appearing authentic, and for this, they need to find their voice.

Lead or Follow: in a setting where the best ideas come from everywhere, where anyone can contribute, where organizations remain fluid for long time periods, where the community select what is "noise" and what is "value" in a matter of moments, the leader's role should move from the top or front of the team to its core. A place where he is fully immersed in the team's pulse, at the intersection of horizontal and vertical connections. From this privileged position, the leader can strategically decide when to lead to give impulses, correct a course, or shape a vision, and when to follow as ideas, energy, and execution organically emerge from the community. For a leader to follow its own team members requires courage ("shouldn't only the followers follow?") and discernment (when to lead and when to follow). Yet, by this very act of granting leadership capabilities to others, in recognition for innovation, contributions, or potential, the leader will ultimately ensure that the collective creativity of the group is leveraged and that the best solutions get implemented fast.

These SOCIAL competencies are necessary but not sufficient. With technology disrupting every industry no leader can afford to be digitally illiterate. While it does not have to go as far as mastering coding, understanding the main personal and professional applications available or in development, their value and risks, is inevitable. Yet, many leaders still delegate this to their assistant, the CIO or the younger generation within their organization. This is simply underestimating the transformational power of social technologies, and it will lead to digital blindness. Once they understand these digital tools, leaders have to learn how they can leverage them within the context of their business strategy. From a communication standpoint they will need to embrace the social media platforms, both as consumers and creators. Joining the discourse will enable them to shape it, for their benefit and that of their organizations. Many leaders are still unsure of how to behave in this seemingly unruly world of communication. Should they send messages often, directly, using a formal or informal language, can they "Like", how will they be perceived: too distant if they are not engaged or too close if they are? Leaders always had to balance distance and closeness. Being too close would undermine their ability of getting things through, particularly unpopular things, while being too distant limited their capacity of winning the hearts of their workforce. Often the particular economic or social context would provide a hint as to which one to amplify: closeness in difficult times, distance in good times. Social technologies will not change this quest for the right equilibrium, however, they suggest a solution to a problem they have contributed to create: how to be a ubiquitous leader? One that connects, engages, and creates across all boundaries (time, distance, hierarchies, organizations …)? The SOCIAL competencies described here, if mastered, will create leaders profoundly close to their community: able to connect at a personal level, genuinely committed to being themselves, timely in engaging with what matters most, a designer of creative interactions, passionate about enabling others to create their own stories, humble enough to recognize who should best be in charge and when. In essence an effective leader will learn the intrinsic capabilities of social technologies to harness their promise: design and activate an organization truly without boundaries.

References

Deiser R, Newton S (2013a) Six social media skills every leader needs. McKinsey Q (February). https://www.mckinsey.com/industries/high-tech/our-insights/six-social-media-skills-every-leader-needs

Deiser R, Newton S (2013b) Leadership unplugged. BrianSolis.com (November)

Sylvain Newton
(Fotocredit:
Allianz Group HR)

Sylvain Newton Sylvain is leading the New Work model for Allianz, a global financial services provider with headquarters in Munich, Germany. This multi-disciplinary team focuses on shaping a "new way to work" and a "new way to do business" across the group. Leveraging insights from the Covid crisis the aim is to accelerate the transformation of the company focusing on where work is happening, how it is happening, how we interact with our customers and finally building a strong protection and resilience foundation. Before this Sylvain led the "People Value Chain" at Allianz for 5 years. In this role he had group wide responsibilities for Employer Branding, Recruitment, Talent Management, Leadership Development, Learning, Engagement and Diversity. During this time he transformed the People practices with a dual focus: supporting the company's strategic agenda and designing an outstanding experience for all employees. He originally joined Allianz in October 2014 as Senior Advisor to the Group Chief HR Officer Previously Sylvain spent 15 years at General Electric, where he assumed various responsibilities in Leadership Development, Six Sigma and Business Integration roles, working in Cologne and Munich, Germany, in Brussels, Belgium and New-York, USA. His last role there was GE's Global Learning Leader as part of the Corporate University. In this role he led all Crotonville activities globally and oversaw a team spanning all regions and GE businesses, serving an audience of 160,000 GE leaders. His main areas of focus have been Leadership Development, Change Management, Six Sigma (Certified Master Black Belt), Post-acquisition Business integration, Executive Coaching and Strategic Facilitation. Sylvain has done interventions in over 35 countries globally and has lived and worked in 6 countries. Sylvain is engaged with the Columbia University, NY where he seats on the "Executive Education Advisory Board" and is the Program Director for their "Neuroscience to Enhance Leadership Development" executive course. As a result of this collaboration he has written an article published by the CLO Magazine "*3 ways to redefine talent development*" (April 2016) and completed a Columbia Business School's White Paper on the "Future of Talent and Development" (February 2016). Over the last few years, Sylvain developed a specific interest in the dynamics of social technologies and their impact on Organizations and Leadership, which culminated in publications in McKinsey Quarterly (*Six Social media skills every leader needs -*

February 2013), Wharton Leadership Digest (*Social Technology and the Changing Context of Leadership* – July 2013), "Briansolis.com" ("*Leadership Unplugged*" – November '13) and a chapter contribution to the Springer "CSR and Digitalization" book ("*How will Social Technologies disrupt the practice of Leadership*" – September 2017). Sylvain got his Master's degree in Business Administration at the Strasburg University, France, a Certificate in Strategic Human Resources Practices from Cornell University, US and studied Occupational Psychology at the CNAM University in Paris. He has been regularly intervening in Business Schools programs like AMP at Wharton and IESE, NeLD at Columbia, EMBA Alumni at Ashridge or MBA at Edhec. Sylvain is fluent in French, German and English, and lives in Germany.

Teil IX
Sport, Kultur und Kommunikation

Was die Digitalisierung dem Fußball bringt – und warum die analoge Kommunikation trotzdem wichtig bleibt

Christian Seifert

Digitalisierung ist in aller Munde. Sie revolutioniert unsere Art zu kommunizieren, zu arbeiten, zu leben. Es gibt kaum einen Bereich, der nicht von der Digitalisierung erfasst ist. Das gilt natürlich auch für den Fußball. Mehr noch: Der Fußball ist ein Treiber der digitalen Kommunikation, zum Beispiel in den sozialen Netzwerken. Bereits mehr als 40 % aller Fans beschäftigen sich in der virtuellen Welt mit ihrer Mannschaft – vor, während oder nach dem Spiel. Damit ist Fußball nicht nur in Deutschland, sondern weltweit eine treibende Kraft der Digitalisierung.

Gerade Onlinemedien müssen die Bedürfnisse der Konsumenten in immer schnelleren Zyklen befriedigen. Darunter leidet manches Mal die Qualität der Nachricht, aber Fakt ist: Mehr als die Hälfte aller Sportfans informiert sich bereits online, jeder Dritte von ihnen mindestens einmal am Tag. Onlineportale, Second-Screen- und andere Apps bieten neue Zugänge zu Spielen und Klubs und werden sukzessive zur Ergänzung, je nach Betrachtungsweise auch zur Konkurrenz der klassischen Berichterstattung. In diesem Umfeld ist die Bundesliga zu einem der größten Nachrichtenlieferanten in Deutschland aufgestiegen, denn sie bietet tagtäglich einen Fundus an spannenden News und Unterhaltung. Aus der digitalen Welt ist die Bundesliga nicht mehr wegzudenken – sowohl für Fans und Konsumenten als auch für Medienmacher.

Die Digitalisierung ist für die Deutsche Fußball Liga von höchster Bedeutung. Bereits vor zehn Jahren hat die DFL als erste europäische Profiliga mit der Sportcast eine eigene Produktionsfirma für Bewegtbildinhalte gegründet. Frühzeitig haben wir Inhalte in HD, 3-D und aktuell in UHD erstellt und über digitale Verbreitungswege an Medienpartner rund um den Globus distribuiert. Im Jahr 2008 folgte die internationale Vermarktungs-

———————————

C. Seifert (✉)
Geschäftsführer DFL GmbH Sprecher des Präsidiums des DFL e. V. DFB-Vizepräsident, Frankfurt, Deutschland
E-Mail: christian.pfennig@bundesliga.de

© Springer-Verlag GmbH Deutschland, ein Teil von Springer Nature 2021
A. Hildebrandt und W. Landhäußer (Hrsg.), *CSR und Digitalisierung,* Management-Reihe Corporate Social Responsibility, https://doi.org/10.1007/978-3-662-61836-3_57

einheit DFL Sports Enterprises und 2012 die DFL Digital Sports. Dieses Unternehmen entwickelt individuelle digitale Lösungen und verfolgt so das Ziel, die Wahrnehmung und Markenstärke der Bundesliga national und international weiter auszubauen. Und dies ist erst der Anfang: Um auf globalen Digitalmärkten vorne dabei zu sein, werden in Zukunft weitere strategische und strukturelle Weichenstellungen folgen. Im globalen Wettbewerb um Aufmerksamkeit müssen wir auch auf diesem Gebiet schneller und besser sein als andere. Nur so kann die Bundesliga ihren Status als eine der Top-Ligen weltweit halten und weiterentwickeln.

Die Digitalisierung bietet auch für das Spiel selbst Chancen für technologisches Neuland. Längst analysieren Trainer in der Halbzeitpause Spielszenen mithilfe digitaler Videosequenzen und richten das Spiel in der zweiten Halbzeit danach aus. Die Torlinientechnologie ist eine weitere Konsequenz der fortschreitenden Digitalisierung. Der Ligaverband hat das Für und Wider dieser Technik sehr intensiv diskutiert, weil er nach Möglichkeit nicht ins Spiel eingreifen möchte. Bei der Entscheidung für die Einführung spielte letztlich die mediale Entwicklung eine große Rolle: Immer mehr Zuschauer besitzen Smartphones mit Breitbandtechnik und immer mehr Bundesligastadien bieten kostenlosen WLAN-Zugang an. Vor diesem Hintergrund führte kaum ein Weg an der Einführung der Torlinientechnik vorbei. Denn bald wird jeder Zuschauer auf seinem Smartphone verfolgen können, ob ein Ball die Torlinie überschritten hat oder nicht. Nur einer eben nicht: der Schiedsrichter. Am Ende war die Einführung daher auch eine Konsequenz aus der Digitalisierung unserer Gesellschaft und aus dem Medienverhalten der Fans.

Bei aller positiven Bewertung der Chancen der Digitalisierung wird jedoch auch in Zukunft der direkte Kontakt, sozusagen die „analoge Kommunikation" zwischen Fans, Mannschaften, Klubs und Verbänden ihre Bedeutung behalten. Beides, Tradition und Innovation, zu verbinden, ist unsere Aufgabe.

Christian Seifert
(Fotocredit: DFL Deutsche
Fußball Liga)

Christian Seifert Die DFL Deutsche Fußball Liga ist für die Organisation und Vermarktung der Bundesliga und 2. Bundesliga zuständig und gilt heute mit ihren Tochterunternehmen unter anderem im Bereich der Medienproduktion und Datenerhebung sowie mit dem weltweit größten digitalen Fußballarchiv als eine der innovativsten und erfolgreichsten Sport-Organisationen der Welt.

Unter der Ägide von Christian Seifert entwickelte sich die DFL Deutsche Fußball Liga seit 2005 zu einem globalen Unternehmen, das mit Tochterfirmen für TV-Produktion, weltweiten Vertrieb, Digitales und Sporttechnologie als einzige der europäischen Top-Ligen die gesamte Wertschöpfungskette eines Medienunternehmens abdeckt. So avancierte die Bundesliga zur sechstgrößten Sportliga der Welt. Seit 2005 erzielte die DFL-Gruppe mehr als zehn Mrd. Euro an Medienerlösen. Das entspricht einer Steigerung von 287 %.

Seit 2018 beteiligt sich die DFL zudem im Rahmen der Investmentstrategie „DFL for Equity" gezielt an innovativen Unternehmen. Erste Partner sind das israelische Start-up Track160, das ein auf Künstlicher Intelligenz und Deep Learning basierendes System zur 3-D-Erfassung von Spielerbewegungen und des Spielballs entwickelt, sowie der Anti-Piraterie-Dienstleister Athletia aus Köln.

Vor seiner Zeit bei der DFL war Christian Seifert Vorstandsvorsitzender der KarstadtQuelle New Media AG, wo er unter anderem das damalige DSF (heute SPORT1) und die Merchandisingrechte an der FIFA WM 2006 erwarb sowie das Engagement des Unternehmens im Bereich E- und TV-Commerce forcierte. Zuvor war der gebürtige Badener von 1998 bis 2000 bei MTV Networks als Direktor Marketing in Zentraleuropa für Endkunden- und Eventmarketing sowie neue Medien zuständig, nachdem er von 1995 bis 1998 bei der MGM Media Gruppe München zum Leiter Produkt Management aufgestiegen war.

„Das Museum wird mehr denn je zu einem Kommunikationsort"

Manuel Neukirchner

Herr Neukirchner, inwiefern ist Fußball weltweit eine treibende Kraft der Digitalisierung?
Im E-Sports-Bereich ist der Fußball sicher eine treibende Kraft. Hier hat sich eine eigene populäre Sportart herausgebildet mit nationalen und internationalen Wettbewerben. Auch der DFB hat sich dem Thema inzwischen – wenn auch nach einigem Zögern – geöffnet und eine E-Nationalmannschaft ins Leben gerufen. In der Corona-Krise wurde das abgesagte Länderspiel zwischen Spanien und Deutschland vom Stadion an die Playstation verlegt, wobei sich die Teams aus E-Sportlern und Stars aus dem Bereich der Männer- und Frauennationalmannschaften zusammensetzte. Die Möglichkeiten digitaler Sportformate sind noch längst nicht ausgereizt.

Ansonsten ist der Fußball vornehmlich im Bereich der Spiel- und Spieler-Datenerfassung Profiteur der Digitalisierung und damit auch im Hinblick auf die Trainingssteuerung und eine gezieltere Transferpolitik. Wie schwer sich der Fußball jedoch zuweilen auch mit der digitalen Entwicklung tut, zeigen die Diskussionen um die sogenannten Laptop-Trainer. Der Begriff ist in der Szene eher negativ besetzt, weil dem Laptop-Trainer Tugenden wie Erfahrung, Intuition, Kreativität und Einfühlungsvermögen abgesprochen werden.

Die Spieler hingegen nutzen die virtuellen Plattformen, um in direkten Kontakten mit ihren Fans zu treten, betreiben dabei gleichzeitig Markenbildung und schaffen sich auf diese Weise neue Vermarktungsmöglichkeiten. Der anhaltende Zuschauerboom in der Bundesliga wiederum ist ein Indiz dafür, dass das Live-Erlebnis im Stadion – wenn man so will also die analoge Liebe zum Spiel – kein Auslaufmodell ist.

M. Neukirchner (✉)
Deutsches Fußballmuseum, Dortmund, Deutschland
E-Mail: Manuel.Neukirchner@fussballmuseum.de

© Springer-Verlag GmbH Deutschland, ein Teil von Springer Nature 2021   855
A. Hildebrandt und W. Landhäußer (Hrsg.), *CSR und Digitalisierung,* Management-Reihe Corporate Social Responsibility, https://doi.org/10.1007/978-3-662-61836-3_58

Das Spiel an sich, auf dem Platz, wird zwar auch zunehmend digital begleitet –
Video-Schiedsrichterassistent, Torlinientechnik, Echtzeitanalysedaten – seine breite
Faszination bezieht der Fußball aber aus meiner Sicht nach wie vor aus seiner Einfach-
heit und dass er für zig Millionen Menschen unmittelbar zugänglich ist. Hier ist Vorsicht
geboten, dass sich der Sport in der Elite durch die Digitalisierung nicht noch weiter von
seiner breiten Basis entfernt.

Wie verändert das digitale Zeitalter die Museumslandschaft?
Die Digitalisierung hat die Museumslandschaft bereits nachhaltig verändert und verändert sie weiterhin. Der Wandel spielt sich dabei auf unterschiedlichen Ebenen ab:

In Bezug auf Ausstellungskonzeptionen sehen wir seit einigen Jahren einen rapiden
Anstieg in der Nutzung digitaler Medien. Immersive Inszenierungen, die mittels Virtual-
bzw. Augmented-Reality oder mit 3-D-Technik dargestellt werden, finden sich heutzutage in vielen Museen. Auch werden vermehrt mobile Endgeräte eingesetzt, die den
Besucher durch die Ausstellung leiten und ihn nicht nur mit Audiodateien, sondern auch
mit Texten, Videos und Grafiken versorgen, die positions-, kontext- und altersbezogen
bereitgestellt werden können.

Auf diesem Wege birgt der technologische Wandel auch viele Chancen wie zum Beispiel mehr Offenheit, Zusammenarbeit und Austausch mit den Besuchern. Diese verlassen dabei zunehmend die Rolle des reinen Konsumenten und haben immer häufiger
die Möglichkeit, Ausstellungsstücke oder Ausstellungsinszenierungen zu kommentieren
oder sogar selbst mitzugestalten. So wird das Museum mehr denn je zu einem
Kommunikationsort.

Auch die Digitalisierung von Sammlungsbeständen ist seit einigen Jahren eine
wichtige Aufgabe von Museen geworden. Die computergestützte Erstellung objekt-
bezogener Daten der Sammlungsbestände beinhaltet nicht nur das Zusammentragen von
Informationen und Fotografien, sondern häufig auch die Schaffung dreidimensionaler
„1:1-Modelle" von Objekten. Die Verfügbarkeit dieser Datenfülle ermöglicht eine völlig
neue und effektivere Art der kuratorischen Arbeit. Darüber hinaus ergibt sich daraus ein
Weg, aktuellen oder potenziellen Besuchern zeitungebunden auch Themen oder Objekte
näher zu bringen, die sich in der Dauerausstellung nicht wiederfinden. Dies kommt dem
Bedürfnis vieler Besucher entgegen, individuelle Zugänge zu Museumskontexten zu
erlangen.

Nicht zuletzt hat sich das Internet als neuer Handlungsraum von Museen herausgestellt. Die Websites gewähren Einblicke in ihre Ausstellungen und weisen auf
kommende Veranstaltungen bzw. Projekte hin. Dazu kommt die Interaktion mit den
Besuchern über die sozialen Medien.

Welche Funktionen erfüllt ein Fußballmuseum heute aus kultureller Perspektive?
Auf der einen Seite ist das Deutsche Fußballmuseum ein identitätsstiftender
Erinnerungsort, also ein Ort nationaler Gedächtniskultur. Der Fußballsport ist
ein Spiegelbild der Gesellschaft und offenbart dabei unterschiedlichste Facetten.

Eine Fußballausstellung hat die Möglichkeit, Fußballgeschehen sportlich, aber auch kulturell, gesellschaftlich und historisch einzuordnen.

In Bezug auf die deutsche Geschichte ergibt sich daraus die Chance bzw. die Verantwortung, nicht nur die großen Erfolge und Triumphe des deutschen Fußballs darzustellen, sondern auch wichtige Themen wie zum Beispiel „Fußball im Nationalsozialismus" oder „Fußball in der DDR" anzusprechen. Dies ermöglicht es gerade jungen Besuchern, ihre Gegenwartserfahrungen mit den Perspektiven früherer Generationen zu verknüpfen.

So wird das Deutsche Fußballmuseum auch zu einem Ort des Lernens. Ein in vielen Teilen der Gesellschaft so positiv besetztes Thema wie Fußball lässt sich problemlos auch mit anderen wichtigen Lerninhalten verknüpfen. Die Beschäftigung mit dem Fußballsport kann indirekt dazu beitragen, dass sich Schülerinnen und Schüler beispielsweise mit einer gesunden Lebensführung bzw. Ernährung auseinandersetzen oder im Sinne des Teamgedankens das Leitbild einer vielfältigen und vorurteilsfreien Gesellschaft vermittelt bekommen.

Inwiefern wird das kulturelle Erbe des Fußballs durch die digitale Archivierung und Ihren Museumsansatz nachhaltig verändert?
Fußball ist heute allgegenwärtig. Verschiedene Akteure im Fernsehen und vor allem auch im Internet stellen Unmengen an Bildmaterial bereit. Heute ist es möglich, fast alle Ligen der Welt live am PC, Tablet oder im TV zu verfolgen. Jüngere Generationen von Zuschauern haben zwar immer noch starke Bezüge zu lokalen oder regionalen Fußballvereinen. Immer häufiger schwärmen sie aber auch für die Stars aus den europäischen Top-Ligen und folgen diesen täglich auf deren Profilen in sozialen Netzwerken. Bewegbildmaterial von Fußballspielen wird heute systematisch digital – meist unter kommerziellen Gesichtspunkten – archiviert.

Große Datenbanken unterhalten beispielsweise das Deutsche Fußballarchiv, das FIFA Filmarchiv, das UEFA Videoarchiv, aber auch die Archive der öffentlich-rechtlichen und privaten Fernsehanstalten. Über diese lassen sich Filmsequenzen, wenn auch nicht lückenlos, von fast allen professionellen Spielen oder Fußballsendungen spätestens seit den 1950er-Jahren beziehen.

Die Digitalisierung beeinflusst den Fußball heute – wie ich schon erwähnt habe – aber viel umfänglicher als noch vor einigen Jahren. Big Data ist längst ein großer Einflussfaktor auf das Training, die Taktik oder sogar die Kaderplanung von professionellen Teams geworden. Kameras oder spezielle Sensoren erfassen Leistungsparameter der Spieler, Computer berechnen die beste Zusammensetzung der Mannschaft und Analyseprogramme helfen beim Scouting. Ballkontakte, Laufwege oder Sprintgeschwindigkeit werden systematisch erfasst und ausgewertet. Trainer können auf diese Daten schon heute via Tablets in der Halbzeitpause zurückgreifen und entsprechend in Echtzeit auf die Informationen reagieren.

Der heutige Profifußballer ist schon längst zum gläsernen Sportler geworden. Der dahinterstehende Begriff des *Data Minings* impliziert bereits, dass diese großen Mengen an Daten auch archiviert werden. Es ist aus meiner Sicht abzusehen, dass diese mittelfristig auch in speziellen Datenbanken zusammengefasst und gegebenenfalls öffentlich verfügbar gemacht werden. Es wird also in ferner Zukunft möglich sein, Spieler unterschiedlicher Generationen anhand verschiedener Parameter objektiv miteinander zu vergleichen, ohne sich dabei auf die Anzahl der Siege oder Tore beschränken zu müssen. Wer hat die beste Passquote, wer die beste Packing-Rate aller Zeiten? Den Mehrwert eines solchen Vergleichs sehe ich persönlich allerdings als zweifelhaft an. Es lässt sich dennoch nicht abstreiten, dass auch diese neuen Daten Teil des kulturellen Erbes des Fußballs sind.

Aus Museumsperspektive geht es meiner Ansicht nach aber weniger um die Frage der Archivierung solcher digitalen Fußballdaten. Vielmehr geht es darum, diese im Rahmen der Ausstellung in einen gesellschaftlichen Kontext zu stellen. Einerseits lässt sich der Nutzen solcher digitaler Datenanalysen für den Fußball nicht bestreiten und in gewisser Weise als völlig normaler Professionalisierungsprozess des Sports beschreiben. Bezieht man diese Entwicklung des heutigen Fußballs aber auf den Fußball früherer Generationen, kommen unweigerlich Fragen auf. Ist ein Spieler heute nicht viel mehr die Summe seiner Leistungsparameter? Vernachlässigt diese Fokussierung auf Daten nicht den Blick auf Charakter, Persönlichkeit oder auch die Haltung des Spielers, die so viele Fußballer der Vergangenheit ausgezeichnet haben?

Ich denke, eine Fußballausstellung muss in letzter Konsequenz auch die Frage aufwerfen, ob die Digitalisierung den Fußball in dieser Hinsicht auch negativ beeinflussen könnte. Eine Antwort darauf muss aber jeder für sich selbst finden.

In welchen Bereichen des Fußballmuseums spielt bei Ihnen die Digitalisierung eine besonders wichtige Rolle? Lassen sich durch die Digitalisierung Geschichten besser erzählen?

Schon vor dem Besuch im Deutschen Fußballmuseum spielt die Digitalisierung eine wichtige Rolle – Stichwort Owned Media. Hintergründe, Blicke hinter die Kulissen und viele bunte Geschichten machen das Deutsche Fußballmuseum online erfahrbar. Gerade in einer sich wandelnden Medienlandschaft und steigender Nutzung von Social Media und Onlineinhalten ist es wichtig, in dieser digitalen Onlinewelt präsent zu sein. Der Kauf von Online-Tickets ist ein konkreter Bezugspunkt. Durch eine Rabattierung erhöhen wir den Anreiz, den Besuch im Deutschen Fußballmuseum von Zuhause aus zu planen und zu gestalten. Insbesondere größere Gruppen können auf diese Weise unnötige Wartezeiten an der Tageskasse vermeiden.

Das Ausstellungskonzept des Deutschen Fußballmuseums besitzt eine stark ausgeprägte Medienrelevanz und einen sehr hohen Erlebnisanspruch. Herzstück bleiben unsere rund 1600 Exponate. Doch sie stehen nicht für sich allein. Wir nutzen die Möglichkeiten der Digitalisierung, um sie vielfältig zu inszenieren. So entstehen Objektwelten, die Spuren vergangener Geschehnisse tragen, die unterschiedlichste Gefühle und Bilder bei den Besuchern auslösen, aber gleichsam auch Orientierungspunkte für Bedeutungszusammenhänge des komplexen und faszinierenden Fußballs sind.

Durch die Verbindung unterschiedlicher Kontexte und Wahrnehmungsformen entstehen andere, überraschende Blickwinkel und Perspektiven. So werden die Besucher plötzlich in die Situation vor dem Anpfiff versetzt, es erklingen Fangesänge, virtueller Regen prasselt nieder und der Gang im Spielertunnel öffnet sich in Richtung Spielfeld. Das Spielfeld ist die Erlebniswelt Fußball.

Der technische Aufwand ist enorm, um die Strahlkraft des Fußballs einzufangen, zu bündeln und zu reflektieren. Allein über 80 Monitore befinden sich im Einsatz, um kollektive Erinnerungen mit individuellen Erlebnissen während des Ausstellungsrundgangs verschmelzen zu lassen. Soundinstallationen, Touchscreens, Kopfhörer, mediale Archive, Seh-Hör-Fühlstationen ergänzen sich zu einer Inszenierung im Raum.

Weshalb müssen Archivare heute permanent über Möglichkeiten und Begrenzungen der jeweils zur Verfügung stehenden und eingesetzten Technologien reflektieren und ihre Arbeit daran anpassen?

Archivare oder auch Sammlungsleiter von Museen setzen sich seit jeher mit den ihnen zur Verfügung stehenden Technologien auseinander. Dabei ging es in der Vergangenheit meist um die Wahl eines geeigneten Datenträgers, der es ermöglichen sollte, Kulturgüter langfristig zu erhalten. Ausschlaggebend ist bis heute vor allem dessen Lebensdauer oder auch dessen Beständigkeit bei Wasserschäden oder im Brandfall. Archive, die eine sehr große Zahl an Dokumenten beinhalten, etwa Zeitungsarchive, sind deshalb schon früh dazu übergegangen, Bestände zusätzlich oder ausschließlich auf Mikrofilm zu speichern, der eine Lebensdauer von bis zu 500 Jahre aufweist, auch im Katastrophenfall als beständig gilt und notfalls ohne Auswertesysteme gelesen werden kann.

Viele digitale Medien, zum Beispiel CD-ROM können –im Gegensatz zu Mikrofilm – nur durch ein spezielles Lesegerät oder Laufwerk ausgelesen und so zugänglich gemacht werden. Dadurch besteht immer die Gefahr, dass in ferner Zukunft diese Lesegeräte nicht mehr zur Verfügung stehen oder mühsam beschafft werden müssen. Darüber hinaus weisen digitale Speichermedien, wie zum Beispiel Festplatten, nur eine sehr begrenzte Lebensdauer auf, die häufig unter 30 Jahren liegt. Die Herausforderung bei der Archivierung digitaler Medien besteht also weniger darin, das eigentliche Speichermedium möglichst lange zu konservieren, sondern vielmehr darin, die darauf befindlichen Daten in möglichst regelmäßigen Abständen auf neue Speichermedien zu kopieren und so zu erhalten.

Aus meiner Sicht vollzieht sich der größte Wandel momentan aber in der Weiterentwicklung der zur Verfügung stehenden Computerprogramme. Waren diese in der Vergangenheit noch reine Datenbanken, die eine Erfassung und Katalogisierung von Sammlungsbeständen ermöglichten, stellen sie heute eher komplexe Programme des Sammlungs- oder Museumsmanagements dar. Heute lässt sich mit solchen Programmen beispielsweise der gesamte Leihverkehr eines Museums organisieren oder auch die Vorbereitung von ganzen Ausstellungen managen. Dies setzt aber auch voraus, dass die zu den einzelnen Objekten und Dokumenten zusammengetragenen Daten möglichst umfangreich und präzise sind.

Inwiefern verändern sich durch die digitalen Technologien die Akzente der musealen Praxis?

Digitale Technologien verändern die Akzente der musealen Praxis auf sehr vielen Ebenen. Ich will nur zwei Beispiele nennen: Ein besonders großer Wandel ist in den letzten Jahren in der Steuerung von Ausstellungen bzw. Ausstellungsbereichen vonstattengegangen. Eine Ausstellung kann heute zentral von einem Computer aus kontrolliert und so die einzelnen Elemente bestmöglich aufeinander abgestimmt werden. Das bedeutet, dass das Licht, der Sound oder die Screens individuell so programmiert werden können, dass sich Räume atmosphärisch verändern und in verschiedenen Modi darstellen lassen.

Im Deutschen Fußballmuseum wechselt zum Beispiel der Ausstellungsbereich zum „Wunder von Bern" von einem stillen Ausstellungsmodus, bei dem die Besucher sich intensiv den einzelnen Exponaten widmen können, zu einem emotionaleren Modus. Dabei verdunkelt sich plötzlich der Raum, während der Original-Matchball des WM-Finals von 1954 ins Spotlight gerät. Zunächst ganz leise, vernimmt man den einsetzenden Regen, der vor und während des Spiels als „Fritz Walter-Wetter" zum geflügelten Wort wurde. Nach einer Weile setzt die deutsche Nationalhymne ein und komplettiert die Inszenierung der nebeneinander aufgereihten deutschen Endspielteilnehmer.

Ein weiteres Beispiel vom Einfluss digitaler Technologien auf die museale Praxis ergibt sich vor allem in Bezug auf die Aktualisierung von Museumsinhalten. Den Informationsgehalt von Ausstellungen auf dem neuesten Stand zu halten, stellt seit jeher eine große Herausforderung von Museen dar. Durch den deutlich gestiegenen Medieneinsatz der letzten Jahre hat sich diese Problematik eher noch erhöht. Eine potenzielle Lösung bieten Medieninszenierungen, die so programmiert sind, dass sie sich weitestgehend selbst aktualisieren. Ein einfaches Beispiel dafür stammt aus dem Social Web und lässt sich auch in Ausstellungen integrieren. Sogenannte „Twitterwalls" oder „Social Walls" bündeln Tweets oder Postings aus sozialen Netzwerken, die unter ein bestimmtes Thema oder einen Hashtag fallen. Im Deutschen Fußballmuseum findet man beispielsweise im Bereich der Nationalmannschaft einen Medientisch, der tagesaktuell die neuesten Tweets aller momentanen deutschen Nationalspieler abbildet. So ergibt sich ein umfangreiches und zum Teil privates Bild der gesamten deutschen Nationalelf, ohne dass der Content aufwendig manuell eingefügt werden muss.

Welche Anforderungen und Möglichkeiten erwachsen aus den digitalen Ansätzen auf Nutzerebene?

Setzt man diese Möglichkeiten geschickt ein, erhält ein Museum eine Timeline, besser gesagt ein Drehbuch, das den Besucher bewusst in verschiedene Stimmungslagen versetzt und ihn in gewisser Weise durch die Ausstellung führt. Dabei können mediale Inszenierungen auch überraschend und ohne Vorankündigung einsetzen und den Besucher unmittelbar in einen historischen Moment hineinziehen. Es besteht die

Möglichkeit, dass die Ausstellung zum Beispiel über einen Bewegungsmelder situativ reagiert.

Die Gäste unserer Ausstellung schlüpfen auf diese Weise in unterschiedliche Rollen: Mal sind sie Akteur, mal Regisseur und dann wieder Zuschauer. Grundsätzlich sollten digitale Technologien nie zum Selbstzweck eingesetzt werden und im Vergleich zu analogen Methoden oder in deren Ergänzung immer einen Mehrwert aufweisen.

Wie gewährleisten Sie die digitale Verknüpfung zu den analogen Vorlagen?
Indem wir Exponate nicht einfach nur hinter Glas ausstellen, sondern sie zum Bestandteil einer Inszenierung machen. Wo sich Klänge, Sound im Raum, Lichtinstallationen, Gebäude- und Ausstellungsarchitektur mit den Gegenständen und mit dem persönlichen Erinnerungshaushalt des Besuchers zu einem musealen Gesamterlebnis verdichten.

Welche Objekte enthält Ihre „Schatzkammer" – und wie sind sie analog und digital miteinander vernetzt?
Die Schatzkammer des Deutschen Fußballmuseums enthält die Siegertrophäen der deutschen Weltmeisterschafts- und Europameisterschaftserfolge. Man findet dort also den Siegerpokal des deutschen WM-Erfolgs von 1954, den *Coupe Jules Rimet,* die Siegertrophäen der WM-Erfolge von 1974, 1990 und 2014, die *World Cup Winners' Trophies, sowie die Siegerpokale der EM-Erfolge von 1972, 1980 und 1996, des Coupe* Henri *Delaunay.*

Alle Trophäen befinden sich in zentral im Raum platzierten Einzelvitrinen, in denen sie zurückhaltend von unten beleuchtet werden. Dabei bilden die drei EM-Pokale und die vier WM-Trophäen jeweils eine Reihe. Die gesamte Inszenierung ist bewusst puristisch gedacht und kommt ohne jegliche digitale, mediale oder akustische Besonderheiten aus.

Die schlichte dunkle Farbgebung des Raumes, kombiniert mit einer professionellen Ausleuchtung der Trophäen und Pokale, lässt den Besucher für einen kurzen Moment mit seinen eigenen Emotionen, Gefühlen und Erfahrungen allein, die er mit den verschiedenen Turnieren verbindet. So entsteht eine fast demütige Atmosphäre. Die Schatzkammer ist demnach ein Ort der Stille und des Innehaltens, der in bewusstem Kontrast zu anderen immersiven Medieninszenierungen des Museums steht.

Auf Ihrer Website heißt es: „Die HALL OF FAME im Deutschen Fußballmuseum ist hochmodern und dennoch in einer zeitlosen Ästhetik mit einem künstlerischen und medialen Konzept gestaltet." Was bedeutet das konkret?
Eine mit Klängen und Sound inszenierte Lichtinstallation mit den Köpfen der HALL-OF-FAME-Mitglieder schafft eine magisch anmutende Darstellung der größten deutschen Fußballpersönlichkeiten, bei der sich die projizierten Gesichter der Spieler und Trainer wie von Zauberhand durch den Raum bewegen.

Die stilisierten und illustrativen Punktbilder erzeugen eine visuelle und zeitlose Sprache, die alle Mitglieder der HALL OF FAME miteinander verbindet, egal ob sie

1954 Weltmeister geworden sind oder in den Epochen danach oder davor gewirkt haben. Diese reduzierte Form der Inszenierung trägt der Tatsache Rechnung, dass eine HALL OF FAME für die „Ewigkeit" gedacht werden muss und ihre Gestaltung somit möglichst losgelöst von technischen Trends sein sollte. Aus diesem Grund haben wir uns während der Konzeptionsphase der HALL OF FAME bewusst gegen neuere digitale Technologien wie zum Beispiel Virtual bzw. Augmented Reality oder andere 3-D-Formate entschieden, da diese zurzeit noch enormen Entwicklungsprozessen unterliegen und deshalb aus Museumssicht nur eine geringe Halbwertszeit aufweisen.

Nichtsdestotrotz ist die technische Ausstattung der HALL OF FAME hochmodern. Die Bewegung der einzelnen Spielerbilder, deren Erscheinen aber auch Verschwinden im Raum, basiert auf einer Programmierung, die mit der speziell für diese Inszenierung komponierten Musik und der sich verändernden Raumbeleuchtung abgestimmt ist. So lassen sich gleichsam einer Dramaturgie verschiedene Stimmungslagen erzeugen, die das Raumerlebnis komplettieren.

Welche Bedeutung hat Social Media für das Deutsche Fußballmuseum? Welches Medium ist für Sie das wichtigste und warum?

Social Media sind bei uns wie vielerorts auch ein Kommunikations- und Vermarktungs-instrument. Über Social Media interagieren wir mit unseren Besuchern. Wir kündigen an, senden live, betrachten nach und erhalten Feedback. Auch wir orientieren uns an dem Grundsatz: „Was virtuell nicht auffindbar ist, existiert nicht." Deshalb haben wir unseren Onlineauftritt jüngst noch einmal grundlegend überarbeitet, um möglichst umfassend zu informieren, ohne das Museumserlebnis vorwegzunehmen geschweige zu ersetzen.

Die Bandbreite sozialer Medien macht es möglich, uns an aktuellen Trends, Dis-kursen und Debatten aktiv zu beteiligen oder diese sogar zu initiieren. So wird der Austausch mit ehemaligen oder kommenden Besuchern zugelassen, der weit über die eigentliche Museums- bzw. Ausstellungsarbeit hinausgeht.

Und in Zeiten der Corona-Krise sind Social Media wichtiger denn je, um den Kontakt zu unseren Zielgruppen zu halten und mit Kreativität auf die vorgegebenen Ein-schränkungen zu reagieren.

Sie sind auch Autor mehrerer Bücher, darunter „Herbergers Welt der Bücher: Die unbekannten Seiten der Trainer-Legende". Weshalb werden das Analoge und die Bedeutung des Haptischen im Zeitalter der Digitalisierung nicht verschwinden?

Das ist zunächst eine Frage persönlicher Vorlieben. Ich zähle noch zu einer Generation, die mit dem Buch in der Hand kulturell geprägt wurde. Darüber hinaus bedeutet die Haptik ein wesentliches Kriterium, ob ich mich als Verbraucher für oder gegen ein Produkt entscheide. Grundsätzlich ist die Haptik in der Natur des Menschen markant angelegt. Kleinkinder erforschen die Welt sehr stark über Berührungen, viel stärker als über visuelle Reize.

Ich habe auch ein Buch über Herbergers Briefe an seine Weltmeister herausgegeben. Briefe zu lesen und zu schreiben ist sicher ein nachhaltigeres Unterfangen als
WhatsApp-Nachrichten zu empfangen oder zu senden.

Vielleicht noch ein persönliches Beispiel, wie es mir an einer analogen Station
in unserer Ausstellung ergeht: Klaus Fischer war ein Stürmer in den 1970er- und
80er-Jahren. Seine Spezialität war der Fallrückzieher, bei dem man waagerecht in der
Luft liegt und den Ball in einer Art Klappmesser-Bewegung mit dem Fuß am höchsten
Punkt trifft. Dieser Klaus Fischer war mein Kindheitsidol. Mit ihm bin ich sozialisiert
worden.

Jedenfalls gibt es bei uns eine Station, bei der die Besucher die Fallrückzieher-
Bewegung nachstellen können. Ein herrliches Fotomotiv übrigens. In diesem Ausstellungsbereich hängen auch Fischers Medaillen, die er für sein Tor des Jahrhunderts
bekommen hat.

Und sobald ich in diese Szenerie eintauche, bin ich gleich wieder ein Stück weit
in meiner eigenen Kindheit unterwegs. Ich glaube, das geht dort oder in anderen
Inszenierungen auch vielen Besuchern so.

Manuel Neukirchner
(Fotocredit: Deutsches
Fußballmuseum)

Manuel Neukirchner ist Direktor des Deutschen Fußballmuseums
und Vorsitzender der Geschäftsführung der DFB-Stiftung Deutsches
Fußballmuseum gGmbH. Als Gründungsdirektor verantwortete er
von 2009 bis 2015 die inhaltliche, szenografische und bauliche
Realisierung des Deutschen Fußballmuseums in Dortmund und
setzte mit der letzten großen Museumsneueröffnung in Nordrhein-
Westfalen neue Maßstäbe für eine erlebnisorientierte und multi-
mediale Ausstellungsgestaltung. Im Zuge seiner Museumsarbeit
veröffentlicht er Bücher und Beiträge zu kulturhistorischen Themen.

Neukirchner studierte an der Bergischen Universität Wuppertal
mit dem Abschluss „Magister Artium" (M.A.) Allgemeine Literaturwissenschaft, Neuere Deutsche Literaturgeschichte und Geschichte.
Während und nach seinem Studium arbeitete er als freier Print-
und Hörfunkjournalist mit den Schwerpunkten Kultur- und Sport-
journalismus.

Berufliche Stationen folgten in der Zeit von 1997 bis 2009
als Pressesprecher von Rot-Weiss Essen, Persönlicher Referent
und Büroleiter der DFB-Präsidenten Egidius Braun und Gerhard
Mayer-Vorfelder, Leiter Unternehmenskommunikation und Investor
Relations bei Borussia Dortmund, Pressechef des Organisations-
komitees der WM 2006 für den Spielort Dortmund und Leiter
Medienzentrum West, geschäftsführendes Vorstandsmitglied der
DFB-Stiftung Sepp Herberger (Geschäftsführer) und der DFB-
Stiftung Egidius Braun (Stv. Geschäftsführer).

Das Fenster zur Welt: Digitalisierung im Bild

Raimund Frey

Der Bildschirm als Sinnbild für Digitalisierung

Es geht mir darum, beim Thema Digitalisierung ein bestimmtes Gefühl bzw. eine Situation auszudrücken und ein Bild zu zeichnen, das mir durch den Kopf geht, wenn ich daran denke, welchen Platz das Thema in meinem Leben einnimmt. Die Digitalisierung soll auch nicht wertend, also positiv oder negativ, dargestellt sein. Digitalisierung hat heutzutage sehr viele Aspekte und greift auf immer mehr (Haushalts-)Gegenstände und Lebensbereiche über. Für mich als Illustrator steht als Sinnbild für Digitalisierung der Bildschirm, auf den ich täglich stundenlang starre.

Situation jetzt gerade: Ich bin im Büro, 7:30 Uhr, und es ist noch niemand sonst im Gebäude. Ich arbeite gern und produktiv so. Frühmorgens, in einem leeren Gebäude und mit Schlafmangel kommt einem das Ganze halt manchmal etwas bizarr vor. Der erste Handgriff morgens ist es, den PC anzuschalten, dann die Kaffeemaschine. Dann sitze ich am Schreibtisch. Der Morgenkaffee wirkt noch nicht so richtig, der Geist scheut sich noch, etwas zu konzeptionieren oder sich auf ein neues Thema einzulassen, wo doch so viele andere Projekte im Hinterkopf sitzen und beackert werden sollten. Der PC ist an, der Bildschirm ist der hellste Bereich im Raum. Der Blickwinkel beschränkt sich auf den Platz von der Kaffeetasse und Tastatur (ganz links) über den Bildschirm mit den Grafik-tablett davor bis zur Maus und dem Smartphone daneben (rechts).

Zu Hause waren es auch schon Bildschirme, auf die ich in regelmäßigen Abständen gesehen habe. Das Handy, der Fernseher, das Tablet. Manchmal auch zwei, drei Bild-schirme gleichzeitig, zum Beispiel Fernsehen und nebenher etwas googeln oder in die E-Mails schauen. Jetzt ist mein 32-Zoll-Bildschirm das Fenster zur Welt. Ich bin allein im Büro; trotzdem bin ich nicht einsam und habe das Gefühl, mit der ganzen Welt

R. Frey (✉)
Mainz, Deutschland
E-Mail: mail@raimund-frey.de

© Springer-Verlag GmbH Deutschland, ein Teil von Springer Nature 2021
A. Hildebrandt und W. Landhäußer (Hrsg.), *CSR und Digitalisierung,* Management-Reihe Corporate Social Responsibility, https://doi.org/10.1007/978-3-662-61836-3_59

verbunden zu sein; als würde man isoliert auf einem Berggipfel sitzen und trotzdem einen Überblick über alles und jedes haben; das Gefühl, in einer Kommandozentrale zu sitzen. Man verschickt und empfängt Botschaften an Auftraggeber, Kollegen und Freunde. Man erschafft neue Sachen: Illustrationen, Figuren, Konzepte oder auch einfach nur Kostenvoranschläge und Rechnungen.

Die Welt reduziert sich auf einzelne Programme: Zeichenprogramm, Textprogramm, Projektordner, Zeiterfassung, Projektmanagementsoftware, Musikprogramm, E-Mails. Planung von Illustrationen, Malen und Zeichnen und die Abwicklung bis hin zur Rechnungsstellung findet teilweise komplett in diesem kleinen Universum statt, das sich von der Tastatur, die mit der linken Hand bedient wird, bis zum Eingabestift in der rechten Hand erstreckt. Das soll nicht wertend sein, obwohl man sich über die positiven und negativen Aspekte auslassen könnte.

Raimund Frey (Fotocredit: Isabell Humpert)

Raimund Frey, Illustrator, Jahrgang 1982, geboren in Isny im Allgäu, ist Illustrator, Dipl. Kommunikationsdesigner und Graphic Recorder. Nach dem Design-Studium in Mainz machte er sich selbstständig und arbeitet heute als Freelancer unter anderem für Agenturen, Verlage und Unternehmen (Wirtschaft, Werbung, Bücher). Seit November 2011 hat er sein Atelier im Mainzer Kreativzentrum „Nordhafen". Dort lernte er Thomas Landini kennen, ebenfalls Kommunikationsdesigner und Vater eines Sohns mit Down-Syndrom. Landini ist auch Gründer von „Das bunte Zebra" (Werbeagentur und Verlag). Seine Idee war, ebenso schöne wie nützliche Produkte für Menschen mit und ohne körperlicher oder geistiger Beeinträchtigung anzubieten. Es erschien beispielsweise „Das bunte Zebra" von PEp, der Praxis für Entwicklungspädagogik in Mainz. Inzwischen ist Raimund Frey der Hausillustrator des „Zebras" und hat angefangen, Figuren zu entwickeln, Buchseiten zu illustrieren und Spielbretter zu zeichnen. Weitere Informationen: www.raimund-frey.de, www.dasbuntezebra. com/, www.pep-mainz.de/.

Nachhaltigkeit begreifen: Was wir gegen die dummen Dinge im Zeitalter der Digitalisierung tun können

Alexandra Hildebrandt und Claudia Silber

1 Die Rückkehr der „Materialitäten"

> „Ach, so viele Dinge galt es zu würdigen, an so viele Menschen zu erinnern, so vielen Schicksalen nachzuspüren! Ich wollte durch meine Zimmer reisen, und doch hatte ich das Gefühl, vor einer Weltreise zu stehen." (Gauß 2019, S. 220)

Auch wenn digitale Kompetenzen in Zukunft immer wichtiger werden, so werden sie nicht ausreichen, um ein voll gelebtes Leben zu führen. Es braucht auch den praktischen Zugriff auf die Welt der Dinge. Lebensklug ist es, das Internet nicht mit dem Leben zu verwechseln. Deshalb ist es wichtig, schon Kindern zu vermitteln, dass ein Mensch in beiden Sphären kundig sein sollte. Das Digitale in allen Lebensbereichen kommt von selbst auf uns zu – darum brauchen wir uns nicht den Kopf zerbrechen, aber um die nachhaltige Gestaltung des wirklichen und greifbaren Lebens sehr wohl.

Der Begriff „Dematerialisierung" steht im Zeitalter der Digitalisierung für die drastische Reduzierung der Materialien, die für die Produktion und den Verbraucherbedarf auf der Erde verwendet werden. „Alles, was sich digitalisieren lässt, wird digitalisiert werden" (Gensheimer 2016) Dieser Satz begegnet heute immer wieder. Wirklich „fassbar" macht er die gegenwärtige gesellschaftliche Entwicklung jedoch nicht.

A. Hildebrandt (✉)
Burgthann, Deutschland
E-Mail: drhildebrandt.alexandra590@gmail.com

C. Silber
memo AG, Greußenheim, Deutschland
E-Mail: c.silber@memo.de

© Springer-Verlag GmbH Deutschland, ein Teil von Springer Nature 2021
A. Hildebrandt und W. Landhäußer (Hrsg.), *CSR und Digitalisierung,* Management-Reihe Corporate Social Responsibility, https://doi.org/10.1007/978-3-662-61836-3_60

Dazu braucht es echte Dinge und ein greifbares Erleben (Hildebrandt und Silber 2017a, b). Mit fortschreitender Digitalisierung wächst heute nicht nur die Sehnsucht nach Ursprünglichkeit, Wahrhaftigkeit und Achtsamkeit an, sondern auch die Rückbesinnung auf die „Resonanzqualitäten der Dinge" (Rosa 2016): So ist eine steigende Zahl von Dingausstellungen, -geschichten und -forschungen zu verzeichnen. Auch der Erfolg der ZDF-Sendung „Bares für Rares", in dem Menschen alte, seltene oder kuriose Stücke vorstellen und Händlern verkaufen, hat mit der Liebe zur greifbaren Geschichte zu tun. Die Rückkehr der „Materialitäten" ist aber auch in der Kultursoziologie zu beobachten:

„Der Versuch, Alltagsgegenstände in Museen und Ausstellungen zum Sprechen zu bringen, und das Bestreben, museale und/oder handgemachte Objekte gleichsam artifiziell in den Alltag zu (re)integrieren, um diesem eine Stimme und ein Gesicht zu geben, könnten zwei Weisen des gleichen Bemühens sein, der erstarrten Dingwelt der (Spät-) Moderne wieder Resonanzqualitäten zu verleihen" (Rosa 2016, S. 388), schreibt der Soziologe und Politikwissenschaftler Hartmut Rosa.

Wir alle brauchen Dinge für unsere Identität und Stabilität. Bei den Kreativen ist die Sehnsucht nach greifbarer Überschaubarkeit der eigenen gestaltbaren Welt besonders ausgeprägt. Der durchschnittliche Europäer besitzt etwa 10.000 Gegenstände. Die Frage ist, was uns davon wirklich etwas bedeutet, welche einen inneren (nicht nur finanziellen) Wert für uns haben.

Der Beitrag zeigt, dass sich in vielen Produkten auch die eigene Haltung spiegeln kann, und dass es keinen erhobenen Zeigefinger braucht, um Dinge zu verändern, „dass das Machbare immer vor uns liegt, und dass wir den Weg zu mehr Nachhaltigkeit auch in kleinen Schritten gehen können" (Silber und Hildebrandt 2016; Hildebrandt und Silber 2017b). Es wird nachgewiesen, dass bereits kleine Änderungen im Verbrauchsverhalten eine große Wirkung haben. In Zukunft wird es immer wichtiger werden, über das eigentliche Produkt hinaus Informationen über die generelle Herstellerphilosophie sowie die Wirkung des Produkts auf Mensch und Umwelt zu vermitteln, um Nachhaltigkeit entlang der gesamten Wertschöpfungskette zu dokumentieren.

Folgende Fragen können beim Handeln im Alltag unterstützen:

- Woher stammt das Produkt?
- Aus welchen Materialien besteht es?
- Kann es leicht – also sortenrein – recycelt werden?
- Was passiert, wenn wir für das Produkt keine Verwendung mehr haben? Können wir es anderweitig nutzen?
- Ist im Falle eines Defekts eine Reparatur möglich?

Maßnahmen für den Schutz von Umwelt und Ressourcen:

- gebrauchte Geräte kaufen, sie möglichst lange nutzen und Schäden (zum Beispiel durch Schutzhüllen oder Displayfolien) vorbeugen.
- Defekte Geräte sollten nach Möglichkeit repariert und andernfalls bei Händlern oder Wertstoffhöfen abgegeben werden.
- Umweltzeichen wie der Blaue Engel und Produktbewertungen von Prüforganisationen wie Stiftung Warentest oder Öko-Test helfen besonders, umweltfreundliche Geräte zu erkennen.

Eine umfassende Denkweise fordert nicht nur eine Auseinandersetzung mit den komplexen Strukturen der Herstellungsprozesse und Stoffkreisläufe. Grundsätzlich muss auch dafür ein Umdenken stattfinden, auf welche Weise unser Konsum stattfindet. Wie sich Konsumenten für nachhaltige Produkte entscheiden können, lässt sich am Beispiel der memo AG, einem Versandhandel für ökofaire Produkte, zeigen. Relevant sind Aspekte wie verwendete Materialien, ressourceneffiziente Herstellung, sparsame recyclingfähige Verpackung, möglichst geringe gesundheitliche Belastung des Benutzers während des Gebrauchs, Energieeffizienz sowie die Recyclingfähigkeit bzw. problemlose Rückführung des Produktes in natürliche Kreisläufe. Beispielsweise sind recycelte Tonermodule eine ökologisch (und ökonomisch) sinnvolle Alternative zu neu hergestellten Markentonern. Im Gegensatz zu vielen Billigprodukten werden die von memo angebotenen nach hohen ökologischen Standards in Europa gefertigt. Ihre Verpackung besteht aus Recyclingkarton. Aluminium oder chlorierte Kunststoffe kommen nicht zum Einsatz. CDs/DVDs sind stark rückläufig und werden irgendwann „verschwinden".

Auch die Beschäftigung mit nachhaltigem Produktdesign gehört zu den vielfältigen Möglichkeiten, sich Nachhaltigkeit im Alltag bewusst zu machen und richtig zu handeln. Dabei geht es nicht nur um formschöne Gegenstände. Es geht auch um Aspekte wie Materialien und Stoffkreisläufe, ganzheitliche Ansätze in der Entwicklung, Konzeption und Produktion, bei der es wichtig ist, dass die einzelnen Teile des Produkts wieder vollständig voneinander getrennt werden können, um sie für eine spätere Wiederverwendung verwertbar zu machen. Die Prinzipien nachhaltigen Designs sind materialeffizient (zum Beispiel Multifunktionalität), materialgerecht (zum Beispiel Vorzug erneuerbarer Materialien, Einsatz lokaler Materialien), energieeffizient (zum Beispiel Reduzierung des Energieverbrauchs in allen Phasen des Lebenszyklus, schadstoffarm und abfallvermeidend), langlebig, reparaturfreundlich, zeitbeständig (zum Beispiel Modulardesign, hoher Bedienungs- und Nutzungskomfort), logistikgerecht, recycling- und entsorgungsgerecht.

Studierende der Bauhaus-Universität beschäftigten sich am 21. Oktober 2019 im Rahmen ihres Projektstudiums im Wintersemester 2019 mit dem Thema „Nachhaltigkeitsstrategien im Produktdesign" unter Leitung von Prof. Andreas Mühlenberend, Professor für Industrie-Design an der Bauhaus-Universität Weimar. Zu Forschungszwecken bestellten sich die Studierenden die „memo Box", ein Mehrweg-Versandsystem, mit dem die memo AG im Branchenvergleich ökologische Maßstäbe setzt:

Kunden erhalten damit die Möglichkeit, sich ihre Waren ohne Aufpreis in den stabilen, grünen Boxen zusenden zu lassen. Im Jahr 2019 lag der Versandanteil bei 25,8 % – dem höchsten Wert seit Einführung des Systems. Nach Erhalt kann der Kunde die Ware in Ruhe auspacken und die „memo Box" innerhalb von 14 Tagen bei einem Paketshop von DHL oder DPD abgeben oder einem Zusteller mitgeben. Über den beigefügten Retourenschein erfolgt die Rücksendung für den Kunden kostenlos. Jede „memo Box" ist mit einem individuellen Barcode ausgestattet. So werden nicht nur Verluste während des Transports durch eine eindeutige Rückverfolgbarkeit minimiert, sondern es kann auch exakt berechnet werden, wie viele Umläufe eine Box im Mehrwegsystem bereits erreicht hat. Aktuell (Stand 2019) haben die ersten „memo Boxen" über 230 Umläufe zum Kunden und wieder zurück erreicht.

Vorteile:

- stabil, sicher und stoßfest
- sortenrein, daher hochwertig recycelbar
- unempfindlich gegen Nässe
- sicheres Verschlusssystem
- kostenfrei innerhalb von 14 Tagen zurück sendbar
- für Retouren nutzbar
- spart Kartonagenabfall

Um die Umweltauswirkungen des Mehrweg-Versandsystems weiter zu minimieren, wird sie seit Herbst 2016 aus dem Recycling-Kunststoff „Procyclen", der aus Kunststoff-abfällen besteht, produziert. Durch den Wechsel zu Recyclingmaterial werden die Treibhausgasemissionen bei der Herstellung der Box um bis zu 30 % verringert. Hinsichtlich Langlebigkeit, Stabilität und Transportsicherheit ist die „memo Box" aus Recyclingmaterial den Behältern aus Neumaterial absolut ebenbürtig – bei deutlich positiverem Effekt für die Umweltbilanz.

Zusätzlich zum allgemeinen Rückgaberecht, das in den Liefer- und Zahlungsbedingungen des Unternehmens verankert ist, haben Kunden bereits seit vielen Jahren die Möglichkeit, alle hier gekauften Produkte – inklusive Verpackungsmaterial – nach Ge- oder Verbrauch zur Verwertung zurückzugeben. Mit dem „Wertstoff-Box"-System werden bereits seit 1992 – und in direkter Verbindung mit der „memo Box" auch kostenloses – Rücksendeverfahren für ge- und verbrauchte Produkte angeboten. Das Sammelsystem ermöglicht es dem Kunden, verbrauchte Produkte, wiederverwertbare Tonermodule oder Inkjet-Druckköpfe, alte CDs und DVDs oder Schreibgeräte zurückzusenden und so dem Wertstoffkreislauf wieder zuzuführen. In Zusammenarbeit mit den Lieferanten und zertifizierten Recyclingunternehmen werden für die zurückgesendeten Produkte die jeweils beste Verwertungsmöglichkeit herausgesucht. Nicht weiter nutzbare Produkte werden demontiert (sofern dies technisch und wirtschaftlich möglich ist) in reine Wertstoffe, die einer stofflichen Verwertung zugeführt werden. Seit der Einführung der „memo Box" im Jahr 2009 erreicht das Unternehmen inzwischen jährlich mehr als doppelt so viele Wertstoffrücksendungen durch seine Kunden. In 96 % der Fälle nutzten sie die Kombination mit der „memo Box".

Aufgrund der steigenden Ressourcenknappheit sind heutzutage mehr denn je intelligente Lösungen gefragt, wenn es um die Wiederverwendung von Wertstoffen geht. Lösungen:

- Um immer kürzer werdende Produktzyklen zu stoppen, muss die Bundesregierung die Rahmenbedingungen verändern: Dienstleistungen zum Erhalt von IKT-Geräten müssen im Vergleich zum Ressourcenverbrauch durch neue Produkte steuerlich begünstigt werden.
- Auch besonders umweltfreundliche Geräte (zum Beispiel gebrauchte Smartphones) sollten durch finanzielle Anreize für Verbraucher interessanter gemacht werden.
- Hersteller von Smartphones und anderen IKT-Geräten müssen viel stärker als bisher in die Pflicht genommen werden, Originalersatzteile zu verhältnismäßigen Kosten anzubieten.
- Kostenlose Reparaturanleitungen und Software-Updates müssen für die erwartete Lebensdauer der IKT-Geräte zur Verfügung gestellt werden.
- Die Bundesregierung muss dringend verbindliche Standards zum Ökodesign festlegen, damit Produkteigenschaften wie Haltbarkeit, Reparierbarkeit, Recyclingfähigkeit und der Einsatz von Recyclingmaterialien im Markt zur Regel werden.

Mit unserem E-Book „Gut zu wissen… wie es grüner geht: Die wichtigsten Tipps für ein bewusstes Leben" (Hildebrandt und Silber 2017a, b) möchten wir dazu beitragen, bei uns selbst anzufangen, wenn es darum geht, die Welt im Rahmen der eigenen Möglichkeiten zu verbessern. Nischen-Akteure wie Öko-Pioniere sind als mutige Vordenker und Vorreiter von grundlegender Bedeutung für gesellschaftliche Veränderungsprozesse.

Nicht zu vernachlässigen sind aber auch die „Dinge an sich", die nicht unbedingt im Kontext der Nachhaltigkeit von Bedeutung sind, aber für Menschen, die ihrem Leben Ordnung und Halt geben – durch ihr Dasein. So hat der amerikanische Bestsellerautor John Irving eine seltsame Begeisterung für Papier, Stifte und Arbeitsrituale entwickelt. Es ist, „als könnte man den Ideen des Autors über sein Werkzeug irgendwie näherkommen als mit seinen Büchern", bemerkt Thomas Pletzinger, der den Schreibtisch des Autors auf schönste Weise beschrieben hat: „In einem Marmeladenglas stehen Dutzende angespitzte Bleistifte, daneben Zwanzigerjahrepostkarten aus Zermatt, Radiergummis, gelbe Notizblöcke, weißes Papier" (Pletzinger 2016, S. 128).

Auch der französische Philosoph und Essayist Paul Valéry (1871–1945) hatte eine Vorliebe für unnütze kleine Dinge: So befanden sich in einer Schublade („Kramschublade") seines Arbeitstisches Lappen, Stückchen von Schnüren, Kerzenstummel, Zangen, Werkzeuge.

Tamara Dietl entdeckte im Nachlass ihres Mannes Helmut Dietl etliche persönliche Dinge wie Briefe, Notizbücher, Korken von Weinflaschen, Flugtickets und Koffer. Aber auch die beiden mechanischen Schreibmaschinen, auf denen er geschrieben hat, sowie runtergespitzte Bleistifte, „mit denen er seine Drehbücher skizzierte, ob für ‚Kir Royal‘, ‚Monaco Franze‘, ‚Münchner Geschichten‘ oder ‚Rossini‘ sind noch mehr als 200 da." Nach dem Tod des Regisseurs, der eine „Sammelwut" hatte, begann seine Frau, den Nachlass zu sichten, was für sie auch noch einmal „eine Art Aufbewahren" (Crone 2016, S. 40) ist.

Das Thema reicht aber noch weiter: Was von den 150 verstorbenen Menschen bleibt, die 2015 in jener Germanwings-Maschine saßen, die Andreas Lubitz absichtlich gegen einen Berg steuerte, sind Dinge: In den Trümmern fanden Helfer alltägliche Dinge wie Kleider, Armbänder, Ausweise, Schlüssel, Gürtelschnallen und Fotos – für Angehörige und Freunde sind es Symbole des Gedenkens (Stern 2016).

Warum wir auf die Dinge des Lebens nicht verzichten können:

- Dinge beherbergen unsere Geschichten, Träume, Wünsche und Hoffnungen.
- Dinge erzählen etwas über ihre Besitzer und ihre Erinnerungen, bieten Trost in schwierigen Zeiten und bilden eine Brücke zur Vergangenheit.
- Dinge vermitteln uns ein Gefühl von Heimat und Aufgehobensein.
- Die Geschichten der Dinge helfen uns, unsere eigene Lebensgeschichte besser zu konstruieren.
- Dinge können Verweisfunktionen übernehmen oder zu Symbolen werden.
- Dinge sind das, was wir am Ende unseres Lebens hinterlassen.
- Dinge sind in Form gebrachte Nachhaltigkeit (Hildebrandt 2019b).

2   Was hinter den Dingen liegt

2.1   Geschichten, die nie erzählt worden sind

Auch für den österreichischen Schriftsteller Karl-Markus Gauß haben Dinge eine tiefere Bedeutung, weil sie mit Geschichten aufgeladen sind. Er ist fähig, sie zu hören, und deshalb sprechen sie zu ihm. Bleistifte haben auch für Gauß eine wichtige Bedeutung: „dicht an dicht und stets gespitzt in einer blechernen Büchse" reiht er sie auf dem Aufsatz seines alten Schreibtisches auf, „als müssten sie allezeit dienstbereit strammstehen". Sind sie ins Alter gekommen und zu Stummeln geschrumpft, steckt er sie in Halter, damit er mit ihnen noch eine Zeit lang weiterschreiben kann, „während andere, ohne bedankt worden zu sein, nicht im Ehrenhain der Schreibgeräte ihre Ruhestätte fanden, sondern im Mistkübel gelandet sind." (Gauß 2019, S. 88/89).

In seinem Buch „Abenteuerliche Reise durch mein Zimmer" folgt er einigen Gegenständen in seiner Wohnung. Literarisches Vorbild ist der Franzose Xavier de Maistre, der 1795 eine „Voyage autour de ma chambre" schrieb. Es handelt von der Reise durch jenes Zimmer, das er für 42 Tage nicht verlassen durfte. Er war 27 Jahre alt, als er wegen eines Duells zu Hausarrest verurteilt wurde und sich entschloss, das Beste aus der Bestrafung zu machen und sich dem weiten Raum seiner Fantasie und seinen Erinnerungen zu überlassen. Er beschrieb einfache Gegenstände und bewegte sich dabei unsystematisch hin und her. Die Wohnung von Karl-Markus Gauß liegt in den beiden oberen Etagen eines 1896 gebauten Salzburger Hauses, das von der vierköpfigen Familie 1994 bezogen wurde. Die Fensterscheiben haben alle Zeiten überlebt: Im Herbst 1944, als Salzburg von der Luftwaffe der Alliierten angegriffen wurde, fiel eine Bombe auf dieses Wohngebiet, kaum hundert Meter von diesem Haus entfernt: „Unsere Fenster aber blieben unversehrt, all die 120 Jahre ist ihr Glas nicht in Bruch gegangen. Dieses Fensterglas ist erzeugt worden, noch ehe die Industrie so weit war, völlig gleichförmige Scheiben herstellen zu können." (Gauß 2019, S. 175).

Der ausgebaute Dachboden ist mit Holz verschalt und läuft spitz zu. Es entsteht der Eindruck eines Schiffsbauchs, dessen Kiellinie über dem Haupt des Betrachters verläuft. „Oben im Unterdeck" schaut man durch lukenartige Fenster. Hinter der Tür führt rechts eine Holztreppe hinauf in den dunklen Bauch des Schiffes. Dort lichtete er die Anker. Eine zentrale Bedeutung hat dabei sein Schreibtisch im „Unterdeck" der Wohnung. Er ist zwischen 1870 und 1890 getischlert worden. „Nirgendwo herrscht so unangefochten die strengste Ordnung" (Gauß 2019, S. 56/57) seiner Unordnung wie hier. Seine familiären Spurensuchen machen die Zimmerreise zugleich zu einem ungewöhnlichen Geschichtsbuch. Die kleinen Dinge des Lebens hängen mit der großen Geschichte zusammen und umgekehrt. Auch das Thema Nachhaltigkeit wird in all seinen Facetten reflektiert. So setzt er Joe Kemptner, einer der Pioniere der ökosozialen Bewegung Österreichs „Philosoph des Klimaschutzes", mit diesem Buch ein literarisches Denkmal. Er war sieben Jahre älter als Gauß. Er kannte niemanden, „der gelassener gestorben ist als er, der über Monate immer schwächer und schwächer wurde und am Ende das Bett fast nicht mehr verlassen konnte, so ausgekargt hatte ihn der Krebs" (Gauß 2019, S. 186/187).

Immer möchte Gauß etwas, das gerade dabei ist zu verschwinden, ins Gedächtnis retten. Dazu gehören auch Aschenbecher, Betten, Duschhauben, Hemden, Koffer, Tabakkästchen, Koffer oder Uhren. Zu Beginn widmet er sich einem alten Brieföffner mit der Aufschrift „Eternit-Schiefer", der immer schon im Haus war. Lange Zeit verwendete er ihn, ohne auf die Schriftzüge am Griff zu achten oder sich zu fragen, „was diese mit dem Werkzeug zu tun haben" (Gauß 2019, S. 10/11). Dann folgt ein Exkurs zu seinem Erfinder, der vermutlich an einer Krankheit starb, die von Asbest verursacht wurde. Die essayistische Herangehensweise an die Dinge stärkt zugleich das Zutrauen der Leser, sich der Welt intensiv zuzuwenden, wenn sie ihnen ihre Geheimnisse offenbaren soll.

2.2 Wie A-ha-Sänger Morten Harket die Welt begreift

Morten Harket, Sänger der norwegischen Popband A-ha, wirft in seiner Autobiografie „My Take On Me" nicht nur einen Blick auf sich selbst, sondern auch darauf, „was hinter den Dingen liegt" (Harket 2016, S. 8) und was einen Menschen letztlich ausmacht: Er zeigt, worum es im Leben geht: „die Balance zu finden und den Dingen, die wirklich wichtig sind, genügend Freiraum zu verschaffen" (Harket 2016, S. 155). Es ist ein Buch, das zum modernen Weltverständnis beiträgt und auf wunderbare Weise begreifbar macht, dass die Beziehung zu Menschen und Dingen nicht von der eigenen biografischen und kollektiven Geschichte zu trennen sind.

Am wichtigsten ist dabei die Erfahrung handelnder Selbstwirksamkeit, die Morten Harket immer beibehalten hat: „Nichts wird mich daran hindern, die Dinge selbst zu entdecken" (Harket 2016, S. 22). Damit verbunden ist ihre Berührung, Gestaltung und Veränderung. Während die Stimme für ihn für das steht, was der Soziologe und Politikwissenschaftler Hartmut Rosa „resonante Weltbeziehungen" (Rosa 2016, S. 111) nennt, stiftet die Hand „instrumentelle Weltbeziehungen".

Das Thema seines Buches ist so wichtig, weil wir heute vielfach (nicht zuletzt durch den Einfluss der digitalen Informationstechnik) die Kontrolle über viele Aspekte unseres Lebens verloren haben und das Gefühl verspüren, es nicht mehr im Griff zu haben. Das wird von vielen Menschen als Fremdbestimmung erlebt.

Als Jugendlicher wusste Morten Harket nicht genau, was er später machen wollte: Bildhauer, Maler oder Handwerker? Es sollte auf jeden Fall etwas mit den Händen sein, das seinen tätigkeitsbestimmten Zweck in sich selbst trägt und mit dem Gefühl von Glück und Freude verbunden ist. Hände haben für ihn eine so besondere Bedeutung, weil sie nicht nur Werkzeug, sondern auch Sinnesorgan sind, die der ganzheitlichen Weltwahrnehmung dienen.

Durch sie wird die Welt sinnlich und motorisch buchstäblich begriffen, was wiederum dazu führt, besser und aufmerksamer über sie nachdenken zu können.

Be-Greifen, die Entwicklung und das Training der Feinmotorik, räumliches Denken und die auf diese Weise begriffenen Dinge führen zum Handeln. Da sich Dinge greifen lassen, tragen sie auch dazu bei, die Welt im Kleinen zu begreifen (Hildebrandt 2019a).

Nur „durch Handeln erobern sich Kinder die Welt und machen sie zu ihrer Welt" (Spitzer 2015, S. 222), bestätigt auch der Psychiater und Psychologe Manfred Spitzer. Er verweist dabei auf Studien, die zeigen, dass tatsächlich „mit der Hand" gelernt wird, wenn man mit Dingen hantiert: Motorische und auch sensorische Zentren lernen mit, wodurch zusätzliche Bereiche des Gehirns für das Behalten und spätere Nachdenken zum Einsatz kommen. Man lernt schneller und kann mit dem Gelernten auch besser umgehen und kreativ einsetzen. Nobelpreisträger würden sich von „normalen" Menschen durch eine Kleinigkeit unterscheiden, wie eine Studie von Lebensläufen und insbesondere der Kindheit ergeben hat: Sie haben als Kind mehr mit Bauklötzen gespielt. Gelernt wird mit „Herz, Hirn und Hand". Das wussten schon die alten Pädagogen.

Selbstbestimmung und Weltbeziehung

Schon das „Backen eines Brotes oder das Hacken von Holz kann in diesem Sinne als ungemein befriedigend erlebt werden" (Rosa 2016, S. 23 f.), arbeitete der USamerikanische Soziologe Richard Sennett in seinen Arbeiten zum Handwerk heraus (Hildebrandt 2014). Auch schnitzen konnte Morten gut, was er teilweise auf seine Geschicklichkeit zurückführte und sein ausgeprägtes Gefühl für Formen. Von seiner

Mutter lernte er kochen. Besonders interessierte ihn das (Brot)Backen, das Kneten und Bearbeiten des Teiges, um danach etwas Köstliches herzustellen: „Die Konsistenz von selbstgebackenem Brot hängt davon ab, was du mit deinen Händen machst. Das ist ein sinnliches Erlebnis, das mir wirklich gefällt" (Harket 2016, S. 36 f.). Die schönen Dinge des Lebens sind für ihn mit sinnstiftenden Tätigkeiten und einer resonanten Weltbeziehung verbunden. Das zeigt sich in besonderer Weise an diesem Beispiel: Zu Weihnachten 1987 erhielt jeder der Band A-ha eine Gitarre von dem Gitarrenbauer Robert Steinegger, die für Morten Harket auch in anderer Hinsicht ein Geschenk wurde: Denn sie war nicht nur ein „wunderbares handgemachtes Instrument", sondern gab ihm auch eine „musikalische Stimme": „Ich konnte damit komponieren. Bei all meinem ungeschliffenen musikalischen Talent, das es mir als Kind erlaubt hatte, mich durch meine Klavierstunden zu improvisieren und so weiter, hatte ich doch nie ein Instrument besessen, mit dem ich schreiben und komponieren konnte. Ich brachte mir selbst das Spielen auf der Steinegger bei und begann, meine eigenen Stücke zu schreiben" (Harket 2016, S. 224).

Der gute Maßstab

Was für Morten Harket einst der gute Maßstab beim Backen war, bezog sich nun auf das Spielen. Teig und Bäcker waren nun Gitarre und Gitarrist. Zwischen ihnen bildete sich das, was Hartmut Rosa als „genuine Antwortbeziehungen in dem für resonante Weltbeziehungen charakteristischen Sinn" (Rosa 2016, S. 394 f.) bezeichnet.

Die Erkenntnisse der Soziologen, Philosophen und Psychologen decken sich mit denen von Morten Harket, der Wahrheiten allerdings nicht kategorisieren oder komplexe Sachverhalte umständlich formulieren muss.

Künstler wie er sortieren sich einfach immer wieder neu, verabschieden sich von „allen Wahrheiten", an denen sie zuweilen lange festhielten.

Das Buch von Morten Harket ist ein Plädoyer für mehr Selbstbestimmung, die nur entstehen kann, wenn wir die Welt vorher begriffen haben (Hildebrandt 2016):

„Wir entscheiden, in was für einer Gesellschaft wir leben wollen – sonst wird es hinter unserem Rücken für uns entschieden" (Harket 2016, S. 200).

3 Dinge, die auch im digitalen Zeitalter ein haptischer und nachhaltiger Gewinn sind

Wir brauchen mehr Licht in dunklen und unübersichtlichen Zeiten, denn es wird immer schwieriger, eine nachvollziehbare Stabilität und Ordnung in uns selbst, in der Wirtschaft, in den Märkten und vor der eigenen Haustür herzustellen. Leider sinkt die Halbwertzeit von Ordnung heute unaufhörlich. Damit geht auch das Bewusstsein für Nachhaltigkeit und der Blick für Gegenwart und Zukunft verloren. Viele Dinge sind heute so komplex geworden, dass sie keinen sichtbaren „Meister" mehr haben, sondern häufig aus einer intransparenten Organisation kommen. Dinge mit einer greifbaren

Geschichte sind deshalb heute umso wertvoller. Zudem unterstützen sie uns darin, unsere Möglichkeiten zu stärken, einsichtig und nachhaltig zu handeln und unser Geist zu trainieren. Kluge, reine Dinge zeigen uns etwas von ihrer Machart, sind langlebig und sind zugleich Symbole menschlicher Selbstbestimmtheit.

Die Dinge, die wir heute tun, müssen sich nicht ausschließen mit denen, die wir haben – in vielen Produkten kann sich auch die eigene Haltung spiegeln und unser Umgang mit Energie, die zugleich eine Kapazität ist, Dinge zu (ver)ändern. In immer kürzeren Abständen versagen Maschinen, Gerätschaften und Alltagsprodukte ihren Geist, weil sie ein eingebautes Verfallsdatum haben, das Konsumenten zwingt, sofort neue zu kaufen. Langlebigkeit erscheint vor diesem Hintergrund vielen Menschen als ein „anachronistisches" Qualitätskriterium. Die meisten haben den Konsum zu lange exzessiv gelebt und sich daran gewöhnt, nach Ablauf der Garantiezeit alte Produkte zu entsorgen. Diese Fragen sollten heute vor jedem Kauf stehen: Brauche ich das wirklich? Lässt sich das Produkt reparieren? Wie wird es entsorgt?

Wir begreifen von außen Dinge nur, die wir auch von innen verstehen. So sollten sich Produkte auseinanderbauen und selbst reparieren lassen können. Reparieren hat mit Ermächtigung zu tun, denn wer etwas reparieren möchte, muss zuvor verstanden haben und ein Könner sein.

Vorteile des Reparierens:

- Förderung der eigenen Urteilsfähigkeit
- Verminderung der Ausbeutung von Mensch und Natur
- Einsparung von Ressourcen und Transporten
- Einbeziehung aller Generationen
- Stärkung des lokalen Geistes von Gemeinden und Gemeinschaften
- Freude am Tun
- Stärkung der handwerklichen Intelligenz

Wolfgang Schmidbauer, der in den 1970er-Jahren einer der ersten Kritiker der Konsumgesellschaft aus ökologisch-psychologischer Sicht war, plädiert für das Reparieren. Es ermöglicht uns, die Geschichte einer Störung zu lesen und daraus Schlüsse zu ziehen, wie wir sie beheben oder ihr vorbeugen können. Dumm sind für ihn Dinge, von dessen Funktionsstörungen wir nichts lernen können. Handwerklich hergestellte Produkte (dazu gehört auch das Lebensmittelhandwerk) und die Verwendung traditioneller Materialien sind für Schmidbauer dagegen ein wertvolles Kulturgut, denn sie stellen eine nachhaltige Alternative zur Welt der Massenprodukte und zum schnellen Konsum dar. Er spricht von „klugen" und „dummen" Dingen, wobei sich letztlich ausgerechnet jene Dinge als „dumm" erweisen, in die sehr viel Intelligenz investiert wurde, dass sie die Benutzerinnen und Benutzer aufgrund ihrer Unzugänglichkeit „verdummen" lassen. Flugtaugliche Kugelschreiber gehören für Schmidbauer beispielsweise zu den dummen Dingen, weil sie teuer sind, zudem verlässt sich die Massenware auf die Schwerkraft und „versagt entsprechend schnell und radikal" (Schmidbauer 2015, S. 214). Hinzu kommt noch ein anderer Aspekt: Wer heute ausschließlich in die Automatik vertraut, lässt wichtige Fähigkeiten verkümmern, weil die geistige Auseinandersetzung mit den Dingen nicht mehr stattfindet. Aus einer Vielzahl von Dingen wurden hier jene in alphabetischer Reihenfolge ausgewählt, die einen konkreten Bezug zur Entnetzung, zum Selbstdenken und Handeln haben.

Besen und Bürsten

Gute Arbeit beschäftigt sich mit ihrem Zweck, dem Kontext und der Abläufe. Sie beruht auf der Hingabe an eine Aufgabe und verwandelt gewöhnliche Dinge in anmutige Werke. Kilian Schumm hat sich vor einiger Zeit unter dem Namen seines Urgroßvaters selbstständig gemacht. Er führt ein Geschäft für Besen und Bürsten mit eigener Werkstatt weiter, das Heinrich Nickles 1907 gründete. Nach dem Tod des Großvaters ging es mit dem Geschäft bergab. Dann kam der Wandel: Der Enkel suchte nach etwas, das ihn erfüllt. Wie viele Menschen spürte er die Berufung nach einem besseren Dasein. An seinem Beispiel zeigt sich, dass es heute darum geht, die Möglichkeiten zu erkennen, das Neue mit dem Alten zu verbinden, um sinnvolle Wege der Herstellung von Dingen zu entwickeln.

Als Kind schaute er dem Großvater zwar über die Schulter, aber wirklich interessiert hatte ihn das Handwerk nicht. Er studierte Tontechnik und Medieninformatik, weil er Programmierer in einem Tonstudio werden wollte. Schließlich arbeitete er in einer Softwarefirma in Köln. Die Routine und Vielfahrerei zwischen seiner Heimat Bamberg und Köln frustrierte ihn allerdings bald, wie er dem Wirtschaftsmagazin brand eins (Schröder 2018) mitteilte. Der Großvater starb 2010. In seinem Testament koppelte er Ladenwerkstatt und Wohnung aneinander. Durchdrungen von Optimismus entschied sich Kilian Schumm, den Beruf als Programmierer aufzugeben, weil er sich damit nie identifizieren konnte. Er belegte einen Buchhaltungskurs an der Volkshochschule, besuchte Marketingseminare und ließ sich von der Handelskammer beraten. In einer Regensburger Werkstatt wurden ihm die wichtigsten Handgriffe des Bürsten- und Besenmachens beigebracht. Auch von Familienangehörigen lernte er durch Schauen, Beobachten, Denken, Üben und Ausprobieren.

Handarbeit ist heute die Basis seines Geschäftsmodells. Selbst zu fertigen beweist für ihn Kompetenz. Er demonstriert es bei Werkstattführungen, die mittlerweile zum Programm der örtlichen Volkshochschule zählen. Auch Vereine und Unternehmen buchen das Angebot. Mittlerweile wird ein Drittel des Umsatzes mit Touristen erwirtschaftet. Früher arbeitete er als Programmierer für Kunden mit Webshops und machte die Erfahrung, dass Onlinehandel „Riesenaufwand und Riesenkonkurrenz" bedeutet. Er würde – selbst wenn er bei den Großen andockt – untergehen. Deshalb setzt er weiter auf den kleinen Laden als Hauptvertriebskanal.

Vieles kann nebeneinander gut bestehen und dient der Vielfalt der Nachhaltigkeit. Wer die guten alten Dinge in Onlineshops wie memolife kauft, hat auch einen Blick dafür in der analogen Welt. Es geht um die Wertschätzung des Handwerks in allen Lebensbereichen, die nachhaltig miteinander verbunden sind. Bei memolife sind beispielsweise Bürsten erhältlich, deren Körper aus heimischem und gewachsem Buchenholz bestehen. Die Borsten sind aus rein pflanzlichem Sisal. Sie werden in sorgfältiger Handarbeit in einem kleinen Familienbetrieb in Bayern hergestellt. Auch Möbelpinsel und Reinigungsbürste mit Natur-Fibreborsten sowie Besen mit reinen und robusten Borsten aus Kokosfasern und Kokos-Handfeger sind hier erhältlich. Hergestellt wird er wie die Tisch- und Tastaturbürsten, die aus rein natürlichen Materialien gefertigt werden, in Thüringen. Im Gegensatz zu den Onlineanbietern arbeitet Schumm wie sein Großvater ausschließlich auf Bestellung. Vieles wird hinzugekauft, denn die Eigenproduktion beträgt nur zwei Prozent des Umsatzes. Sie soll künftig aber wachsen. Gearbeitet wird mit Maschinen aus den 30er- und 50er-Jahren wie zu Großvaters Zeiten. Was wie Retro-Stil aussieht, ist bei Bürsten Nickles original.

Geführt werden in dem kleinen Laden in einer Gasse der Bamberger Altstadt Bürsten für Biotonnen, Fahrradfelgen, Melkmaschinen, Besen für Straßen, Schnee und Staub. Zwischen 300 und 400 Modelle werden angeboten. Angeboten werden aber auch Pinsel, Putzutensilien, Reinigungsmittel und Körperpflegeartikel. Im Fokus stehen dabei Spezialmarken kleiner Hersteller aus der Region. Auch aktuelle Entwicklungen, die zu den Kernprodukten passen, werden von ihm und anderen Manufakturen aufgegriffen: Mit den boomenden Barbershops ist auch der Trend zur aufwendigen Nassrasur und zum teuren, stylischen Rasierpinsel verbunden. So erlebt die Manufaktur „Mühle", die seit über 70 Jahren in Hundshübel im Erzgebirge Rasierpinsel in Handarbeit herstellt, gerade eine große Nachfrage bei Dachshaar-Pinseln. „Sinn für schöne Dinge und für langlebige Produkte aus Naturmaterialien" (Schröder 2018), beschreibt Schumm seine neue Zielgruppe. Aber auch die Stammkunden, die aus alter Verbundenheit hier bestellen, werden nicht vernachlässigt. Seine Frau hat sich neben der Werkstatt ein Geschäft eingerichtet. Das Konzept heißt „Blumen und Bürsten". Zu weiteren bekannten Unternehmen gehört das Bürstenhaus Redecker in Versmold, die Mürwiker Werkstätten GmbH in Flensburg und die Bürstenmacherei Reinke in Alpirsbach.

Brot

Etwa 47 kg Brot werden pro Haushalt und Jahr bundesweit verzehrt. Doch rund die Hälfte unserer Brot- und Backwaren stammen von Discountern und Backshops. In Deutschland beherrschen immer weniger Menschen das Brothandwerk. An ihrer Stelle verbreiten sich „Aufbäcker", die über keine Backstuben verfügen, sondern nur über Öfen, um darin Teiglinge fertig zu backen, von denen kaum jemand weiß, woher sie kommen. Immer mehr Menschen setzen sich dafür ein, dem Trend von billig produziertem Discounterbrot entgegenzuwirken und nachhaltige Wertschöpfungsketten fördern. Vor allem Familienbäckereien geben ihren Teigen so viel Zeit, wie sie benötigen. Nur so können sie in Ruhe reifen und das Aroma entfalten. Fertigbackmischungen werden hier schon aus Prinzip niemals eingesetzt. Ein gutes Brot hat eine ordentlich ausgebackene Kruste, und die Bilanz zwischen Säure und Fruchtigkeit ist stimmig. Immer mehr Menschen interessieren sich für gesunde Nahrungsmittel und wollen wissen, was darin enthalten ist. Aber nicht nur: Sie wollen auch das Ursprüngliche mit Laib und Seele: Früher wurde das Brot „Laib" genannt. Er bezeichnete ungesäuertes Brot. Im Lauf der Jahre wurde es dann zunehmend mit Sauerteig hergestellt. Bei dieser Art der Herstellung muss der Teig gären. Darauf nimmt das Brot sprachgeschichtlich noch Bezug. Es stammt aus dem Germanischen und hat dieselbe Wurzel wie Brauen und Bier („flüssiges Brot").

Brot symbolisiert aber auch, was mit unserer materiellen Existenz zu tun hat. So bedeutet es im übertragenen Sinne auch Geld. Vielfach wird von Brotberuf, Broterwerb oder Brotstudium gesprochen. Eine brotlose Kunst bringt kein Geld ein. Kommen allerdings manipulierte Getreidesorten oder Genmais auf den Feldern zum Einsatz, können sie sich durch Pollenflug auch auf benachbarte Nutzflächen ausbreiten. Das schadet nicht nur der ökologischen Landwirtschaft, sondern der gesamten Gesellschaft.

Briefe

Briefe werden uns überdauern, weil sie nicht nur ein freundlicher Schubs sind wie E-Mails oder SMS, sondern eine romantische „Liebkosung", die stets auf eine Neuentdeckung wartet. Doch wer schreibt heute noch Briefe? Noch die freundlichste E-Mail würde uns diese Achtung verweigern: Sie ist schnell verfertigt und zum sofortigen Verschleiß bestimmt, besteht aus Abkürzungen und hat viele praktische Vorteile. Briefen widmet sich auch Karl-Markus Gauß in einem Exkurs in seinem Buch „Abenteuerliche Reise durch mein Zimmer": „Wer Briefe liest, die er in früheren Zeiten seines Lebens erhielt, wird staunen, wie viele verschiedene Töne darin angeschlagen wurden, so wie man umgekehrt selbst seinen eigenen Stil, die Haltung, mit der man ans Schreiben eines Briefes ging, veränderte, je nachdem, wen man als Empfänger beim Schreiben vor sich sah." (Gauß 2019, S. 18/19) Er war schon über 30, als er begann, Briefe und Karten, die ihm geschickt wurden, auch aufzuheben.

In Zukunft würden angeblich nur noch 2,5 % aller Texte mit der Hand geschrieben, heißt es immer wieder. Die pessimistische Prophezeiung wird allerdings von der Gegenwart überstrahlt, denn die alte Briefkultur kehrt zurück. Sie wird auch von Nachhaltigkeitsunternehmen gefördert, die noch an die Kraft der guten alten Dinge glauben. Ihnen geht es nicht nur um das Bewahren einer Kulturtechnik, sondern auch um das, was ein nachhaltiges Briefprodukt ausmacht. „Direktrecycling" heißt zum Beispiel das Verfahren, bei dem der Rohstoff Altpapier sofort und direkt zu neuen Produkten verarbeitet wird. Die memo AG führt Direkt Recycelte Produkte (DRP) bereits seit Anfang der 2000er-Jahre. Die Briefumschläge, Versandhüllen und Notizblöcke waren einmal Plakate, Kalender, Industriepapiere oder Landkarten. Der Landkarten-Druck auf der Außenseite ist ein Blickfang im Posteingang. Im Gegensatz zum herkömmlichen Papierrecycling entfällt der Verbrauch von Wasser, Energie und weiteren Aufbereitungsstoffen. Eine Studie des Öko-Instituts e. V. belegt die hervorragende Umweltbilanz der Direktrecycling-Produkte. Diese Briefumschläge sind aus Recyclingpapier mit 100 % Altpapiereinsatz hergestellt und mit dem Blauen Engel ausgezeichnet. Die Fenster sind aus Pergamin und zusammen mit dem Kuvert recycelbar. Bei der Herstellung der Umschlagserie „Envirelope" wurde die Ressourcenschonung konsequent optimiert und der CO_2-Fußabdruck minimiert. Als Rohmaterial kommt mit der Sorte „Impact" der Firma

Lenzing ein hochwertiges Recyclingpapier aus 100 % Altpapier zum Einsatz, das ebenfalls den Blauen Engel trägt. Für den Innendruck kommt die Ökofarbe „EcoRecyColor"
zum Einsatz. Sie lässt sich im Recyclingprozess vollständig von der Papierfaser trennen.
Die verwendeten, wasserlöslichen Leime sind rückstandslos abbaubar. Die Fenster-
folie ist auf Basis nachwachsender Rohstoffe hergestellt und von der Deutschen Post
AG für die maschinelle Kuvertierbarkeit zertifiziert. Die bei der Papierherstellung selbst
anfallenden CO_2-Emissionen werden ebenso wie die Emissionen aus dem Produktionsprozess durch die Investition in ökologisch hochwertige Klimaschutzprojekte
kompensiert.

Es ist ausgerechnet das Internet, der einst erklärte Feind der „analogen Post", das
dazu beiträgt, dass sich immer mehr Gleichgesinnte finden (www.Postcrossing.com und
www.Handwrittenletterproject.com).

Handgeschriebene Briefe

- machen unser Leben innerlich reicher, denn sie enthüllen Motive und vertiefen unser
  Weltverständnis,
- stärken unser ökonomisches und emotionales Wohlbefinden,
- schärfen den Blick für unsere Geschichte und ihre Feinheiten,
- wecken unsere Achtsamkeit und lassen uns Anteil am anderen nehmen,
- stehen für Individualität und Authentizität,
- haben eine Form von Integrität, die anderen Arten der schriftlichen Kommunikation
  fehlt,
- sind augenblicksgenau und gedankenvoll,
- sind Beweisstücke der Zuwendung,
- sind wichtig für unser Selbstverständnis und Selbstwertgefühl,
- haben (bis auf einige Ausnahmen) ein unbegrenztes Haltbarkeitsdatum.

Briefe werden durch die Stimmung des Schreibenden bestimmt und stehen zwischen
Einsamkeit und Geselligkeit. Eine Lesart aus der Antike legt nahe, dass Briefe halbierte
Dialoge sind, die das Gespräch mit dem abwesenden Adressaten ersetzen. Briefe
schaffen nicht nur eine nachhaltige Verbindung zwischen Menschen, sondern sind auch
„Überlebensmittel", weil sie Halt und Trost geben können in schweren Zeiten.

Fahrräder

Es geht heute um Aufbruch, ums Entdecken und den Wunsch nach Unabhängigkeit und
Ungebundenheit, der seinen Ausdruck auch in der Do-it-yourself-Bewegung, der Liebe
zum Handwerk oder dem Urban Gardening findet. Die moderne Sehnsucht nach Freiheit verdankt sich einer Komplexität, die den Einzelnen immer mehr vereinnahmt und
dazu führt, dass er sich von sich selbst löst und fremdbestimmt ist: von den Medien, der
Technik und der Welt des Konsums. Inmitten dieser Unüberschaubarkeit von Möglichkeiten suchen Menschen nach etwas, das sie im buchstäblichen Sinn „selbst" bewegt, das
mit dem Spüren ihres Körpers verbunden ist und der Freude am Ursprünglichen. Der

Mensch mit seiner kleinen Kraft bewegt sich auf einer tragenden größeren Energie. Wer sie nutzt und sich auf den Weg macht, verändert sich – genauso wie seine Wahrnehmung und sein Denken. Diese Verbindung von innen und außen fördert zugleich die Kultur der Achtsamkeit („mindfulness"), die nicht sofort alles Geschaute in den Kategorien des bereits Bekannten und Gewussten ablegt. Vielmehr ist sie mit einem ständigen Lernprozess in einer Umgebung verbunden, die in ständiger Veränderung begriffen ist. Dabei sind die Gänge des Fahrrads auch mit Gedanken-Gängen eng verzahnt.

Viele der lebenswertesten Städte der Welt sind inzwischen Fahrradstädte. Ihre Bewohner und Entscheider haben erkannt, dass die zunehmende Mobilität des Menschen künftig umweltfreundlicher, effizienter und intelligenter sein muss, denn die steigende Bevölkerung in den größten Ballungszentren sowie der zunehmende Verkehr führen zur Verkehrslähmung. Die Verkehrskonzepte der Zukunft stehen unter dem Motto „Teile und kombiniere!". Sie sind „multimodal", bestehen nicht aus einer Einzellösung, sondern aus einem Ideen-Mix in einem ganzheitlichen Konzept. Besitz hat dabei einen viel geringeren Stellenwert als früher. Was heute zählt, sind Zugang, Nutzung und Dienstleistung. So entwickelt sich beispielsweise das Lastenrad vor allem in Großstädten zu einer kostengünstigen und sauberen Alternative zum Auto, das immer weniger an Bedeutung gewinnt. Künftig werden sich Menschen möglicherweise von zu Hause zum Bus, vom Bus in die Bahn und mit dem (Elektro)Fahrrad zum Arbeitsplatz bewegen. Zu den Begriffen, die mit dem neuen Mobilitätsgefühl assoziiert werden, gehören Funktionalität, Unabhängigkeit, Dynamik und Selbstverwirklichung. So wie unsere Lebensbereiche zunehmend nach persönlichen Vorlieben gestaltet werden, erleben wir auch eine neue Blütezeit für Maßfahrräder.

Millionen Deutsche nutzen mehrmals pro Woche das Fahrrad – sie machen zwölf Prozent des Verkehrs aus. Würden deutsche Bundesbürger doppelt so viele Kilometer mit dem Fahrrad oder zu Fuß zurücklegen wie bisher, könnten fünf bis sechs Mio. Tonnen CO_2 zusätzlich im Jahr eingespart werden (Bundesumweltministerium). Neben dem klassischen Rad werden die Pedelecs, die den Radfahrer mit einem Elektromotor unterstützen, immer beliebter. Mit regenerativem Strom betrieben, fahren sie leise, bequem und schadstofffrei in jene Regionen, in die kein takt- und spurgeführter öffentlicher Verkehr mehr kommt. Das elektrisch betriebene Fahrzeug ordnet sich durch die systembedingt begrenzte Reichweite in das Gesamtangebot ein. Der Motor schaltet sich nur ein, wenn der Fahrer auch in die Pedale tritt.

Die memo AG sitzt am Unternehmensstandort Greußenheim relativ ländlich und ist vergleichsweise schlecht mit dem öffentlichen Personennahverkehr zu erreichen. Deshalb und aufgrund der hohen Arbeitszeitflexibilität und der Vielzahl an Arbeitszeitmodellen muss ein Großteil der Mitarbeiter individuell mit dem eigenen Pkw zur Arbeit kommen. Durch verschiedene Maßnahmen sollen die Mitarbeiter dennoch zu nachhaltiger Mobilität motiviert werden. Mitarbeiter, die zu Fuß, mit dem Rad, mit dem Bus oder mit einer Fahrgemeinschaft zur Arbeit kommen, werden über ein internes Tool erfasst, diejenigen mit den meisten Einträgen pro Verkehrsmittel werden regelmäßig belohnt. Um Fahrgemeinschaften zur fördern, analysiert die Personalabteilung regelmäßig die Arbeitswege und unterstützt die Mitarbeiter dann bei der Koordination derartiger Gemeinschaften. Seit 2013 beteiligt sich die memo AG in Greußenheim am Modell „JobRad" der LeaseRad GmbH aus Freiburg.

Hemden

Das Hemd als großes Forschungsfeld liegt nicht nur in Deutschland, sondern auf der ganzen Welt brach, beklagt der Intellektuelle Hans Magnus Enzensberger in seinem Buch „Eine Experten-Revue in 89 Nummern", in dem er nicht nur einen Dialog zwischen der Natur und einem Unzufriedenen beschreibt, sondern auch Dinge des Alltags miteinander verwebt: Bierdeckel, Fahrräder, Hemden, Hüte, Nadeln, Papier, Taschen, Tresore, Knöpfe und Hemden. Sie sind in der Regel unauffällig – häufig bemerkt man sie erst, wenn sie fehlen. Viele Experten, über die er schreibt, kannte oder kennt er persönlich – zum Beispiel die Putzmacherin, den Schachuhrenvertreter, den Herrenausstatter, den Sammler von Geldschränken und Ines Schamberger, die in München eine Maßschneiderwerkstatt betreibt (Enzensberger 2019, S. 77). Vom Zuschnitt bis zum Annähen der Knöpfe werden hier Hemden in reiner Handarbeit angefertigt.

Ein Lob auf das Hemd findet sich auch im Buch „Abenteuerliche Reise durch mein Zimmer" von Karl-Markus Gauß. Nie hat er ein Hemd besessen, in dem er sich wohler fühlte „als in diesem blau, braun und violett gemusterten aus Flanell." Seine Frau hatte es in einem Geschäft für skandinavische Möbel und Alltagsdinge entdeckt. Gauß trägt dieses Hemd auf Fotos, auf denen seine Haare und sein Bart noch schwarz sind und auf denen er zwischen „daseinsfroh lächelnden Menschen" zu sehen ist, die schon lange nicht mehr leben. „Später wurde es ein Alltagshemd, nach dem ich wie von selber griff, wenn ich den Kleiderkasten öffnete, das Hemd, in dem ich meine ersten Bücher schrieb." (Gauß 2019, S. 87/88) Bei ihm kommt noch ein wesentlicher Nachhaltigkeitsaspekt hinzu, denn er wird dieses Hemd nicht einfach in die Mülltonne werfen, sondern sorgsam zerteilen. Mit den entstehenden Lappen wird er in den nächsten Jahren seine Schuhe eincremen. Zwar wird das von seinen Freunden belächelt, aber es ist „fast die einzige Handarbeit" (Gauß 2019, S. 90), die ihn mit Freude erfüllt. Wer heute auf Nachhaltigkeit Wert legt, achtet auch auf das Hemd, das meistens direkt auf der Haut getragen wird – hier wollen die meisten Menschen ein Naturmaterial fühlen. An heißen Tagen wird häufig auf einen luftdurchlässigen Materialmix aus Bio-Leinen und Bio-Baumwolle gesetzt, der GOTS-zertifiziert und für Veganer geeignet ist (memolife). Auch in der Öko-Szene ist das Hemd nicht nur perfekt für den Alltag, sondern eignet sich auch als edles Oberteil – ein Allrounder.

Vielleicht hat es das Hemd Enzensberger und Gauß auch besonders angetan, weil es kein reduzierteres und stilvolleres Kleidungsstück – das zu jedem Anlass und jeder Jahreszeit passt – für den männlichen Oberköper gibt. „Im Grunde ist das weiße Hemd die Grundierung des Mannes." (Mayer 2019, S. 58) So schätzte es der spanische Sänger Julio Iglesias beispielsweise sehr, vor jedem Auftritt ein noch ungetragenes Hemd aus der Verpackung zu nehmen. Für Karl Lagerfeld war es der schönste Moment des Tages,

morgens ein frisch gebügeltes und gestärktes Hemd auseinanderzunehmen und es anzu-
ziehen. Sein legendäres weißes Hemd trug er meistens mit einer schwarzen Seiden-
krawatte. Wer von ihm wissen wollte, was er sich wünschte, entworfen zu haben, dem
antwortete er: das weiße Hemd. „Ein Hemd ist der Ausgangspunkt von allem. Alles
andere kommt danach." (Mayer 2019, S. 58)

Für die Maßanfertigung bei Hilditch & Key gab er viel Geld aus, auch bestellte er
beim britischen Hemdenschneider in der Rue de Rivoli in Paris Hemden mit einzigartigen Offizierskragen. Ein „anständiges Männerhemd" musste seiner Meinung
nach hinten mit drei Falten gebügelt werden. „Damit das Zeug gut sitzt. Das sind
keine Abnäher!" (Bessing 2003). Der Mann, der das für ihn machte, nannte sich „Les
Spécialistes des trousseaux de l'homme". In Biarritz übernahm das eine alte Dame, die
diese Kunst auch jungen Menschen vermittelte. In den 1990er-Jahren kleisterte man die
Stoffe noch mit Kunstharz gegen Knitterfalten zu.

Im Herbst 2019 präsentierten zahlreiche Kreative im Rahmen des Projekts „A
Tribute to Karl: The White Shirt Project" ihre persönliche Interpretation des ikonischen
Lagerfeld-Hemds. Kuratiert wurde es von seiner Stilistin Carine Roitfeld, die ver-
schiedene Mode-VIPs wie Diane Kruger, Tommy Hilfiger, Kate Moss, Cara Delevingne,
Amber Valletta, Lewis Hamilton, Alessandro Michele, Sébastien Jondeau und Takashi
Murakami dazu einlud, ihre eigenen Versionen des Lagerfeld-Hemds zu entwerfen. Aus
den Designs wurden sieben ausgewählt und je 77 Mal hergestellt. Verkauft wurden sie
für wohltätige Zwecke zu einem Einheitspreis von 777 Euro. Die Sieben war Lagerfeld
Lieblingszahl (sein bevorzugter Stadtbezirk in Paris, 7. Arrondissement, Namen seiner
Buchhandlung und seines Verlagshauses, 7 L für 7 rue de Lille). Der gesamte Erlös
aus dem Projekt ging an die französische Stiftung „Sauver la Vie", die medizinische
Forschungsprojekte an der Pariser Universität Descartes finanziert und von Lagerfeld
jahrelang stillschweigend unterstützt wurde (Deeny 2019).

Knöpfe

Knöpfe sind in der Regel unauffällig – häufig bemerkt man sie erst, wenn sie fehlen.
Für die meisten Menschen sind sie lediglich Mittel zum Zweck, unauffällige Schnittstellen, die Kleidungsstücke zusammenhalten. Im Digitalisierungszeitalter, in dem
die Bedeutung des Analogen immer mehr verschwindet, sind sie für einige Menschen
zu begehrten Kunstwerken geworden, beispielsweise Knöpfe aus vergangenen Chanel-
Kollektionen. Knopfmanufakturen der Pariser Haute Couture stecken sehr viel Arbeit
und Sorgfalt in Designs und in kleinste Details. Es braucht ein Dutzend Arbeitsschritte,
bis die Knöpfe fertig sind. Knöpfe spiegeln den Zeitgeist wider und haben eine enorme
Symbolkraft: So werden Menschen als „aufgeknöpft" oder „zugeknöpft" bezeichnet,
wenn sie anderen gegenüber aufgeschlossen oder distanziert sind.

Wer das Kleine in seinem Denken und Tun vernachlässigt und geringschätzt, wird
es auch im Großen zu nichts Nachhaltigem bringen. Die Klugen verbinden das Kleine,
das buchstäblich begriffen und verändert werden kann, auch mit dem Anfang, der trennt,
verbindet und im Dazwischen liegt. Wenn sich in Büchern und Filmen Knöpfe öffnen,

tut sich eine große Fantasiewelt auf. Der Schlagersänger Bata Illic besang 1976, wohin das Ganze führen wird: „Ich möcht' der Knopf an deiner Bluse sein". Aber auch die hohe Kunst setzt auf dieses kleine Detail. Ihm widmete sich der chilenische Dichter und Literaturnobelpreisträger Pablo Neruda auch in seiner „Ode an die Dinge".

Knöpfe stabilisieren, sind Produkte des Übergangs und spielen für viele Menschen deshalb eine Rolle, weil sie Komplexität reduzieren, handhabbar und praktisch sind. Den Nerv der Zeit treffen vor allem Öko-Knöpfe, die aus biologisch abbaubarem Material bestehen und unterschiedliche Oberflächen haben, zum Beispiel Steinnuss-, Perlmutt- oder Lederoptik. Ökoversender wie die memo AG bieten unter anderem Produkte wie einen MELAWEAR Damen-Cardigan mit Kokosnuss-Knöpfen und in veganer Qualität an.

Die Zusammensetzung der Polymere sind Cellulose, Lignin, Harze und Wachse aus pflanzlichem Ursprung. Sie ermöglicht den natürlichen Abbau des Materials in der Erde: Es zersetzt sich innerhalb weniger Wochen, ohne dass Giftstoffe oder gesundheitsschäd- liche Elemente freigesetzt werden. Produkte aus gewebter Bio-Baumwolle werden oft mit Kokosnuss-Knöpfen angeboten. Hintergrundinformationen sind unter anderem auf Nachhaltigkeitsportalen wie Utopia oder memolife zu finden.

Das Thema Knöpfe offenbart zugleich das große Feld der Globalisierung und den damit verbundenen Problemen im Kleinen: So werden bei Kleidungsstücken, die außerhalb der EU produziert werden, häufig aggressive Mittel eingesetzt. Knöpfe und Reißverschlüsse sind oft aus Metallen und Stoffen hergestellt, die sogenannte Kontakt- allergien hervorrufen können. Sie manifestieren sich durch Symptome wie Juckreiz, Ausschläge und Rötungen der Haut bis hin zu chronischen Ekzemen. Viele Menschen reagieren allergisch auf ihren Jeansknopf, wenn beispielsweise eine Nickelallergie vor- liegt.

Nicht immer ist jedes Material für Knöpfe auf den Etiketten der Bekleidungsstücke vermerkt. Das gilt vor allem bei Billigkleidung. Deshalb empfiehlt es sich, bei öko- logischen Anbietern oder Modehäusern einzukaufen, die auf die Einhaltung von Nach- haltigkeitsstandards achten. Alles hängt heute mit allem zusammen – am Beispiel des Knopfes bündelt sich das Große im Kleinen, ja er ist nicht nur (nachhaltiger) „Öffner" zu etwas hin, sondern auch Haltepunkt in einer instabilen und komplexen Welt.

Kissen

Schlafzimmer werden künftig immer wichtiger, weil sie zum leistungsfreien Wohlfühl- raum werden, in dem Körper und Geist zur Ruhe kommen. Sie sind aber auch Rettungs- räume, die uns darin unterstützen, unser Leben zusammenzuhalten. Nichts macht es so gemütlich wie viele bauschige Kissen darauf. Besonders in instabilen Zeiten ziehen wir uns gern zu Hause zurück. Heimkommen fühlt sich dann oft wie eine Umarmung an. Und wir sorgen gerade dann für ein angenehmes Umfeld, zum Beispiel mit kuscheligen Wohnaccessoires. Wer abends heimkommt, begibt sich gern in sein selbst gebautes Nest – vor allem dann, wenn die äußere Welt als besonders unsicher und kalt empfunden wird. In solchen Zeiten wachsen die Sehnsucht nach wohlig weichen Wohnaccessoires und der Rückzug ins Private. Zwischen dicken Kissen, die nachgeben und sich dem Körper anpassen, fühlt sich der Mensch aufgehoben. Doch wie findet man das richtige Kopfkissen bei einer schier unendlichen Auswahl? Es gibt Kissen für Bauchschläfer, Rückenschläfer oder Seitenschläfer. Besonders individuell sind Kissen mit Füllungen aus Schafschurwolle, Hirseschalen, Zirbenholz, Dinkelspelzen und verschiedenen Kräutern. Kopfkissen mit Baumwoll-Hanffüllungen bereiten ein sehr angenehmes, trockenes Schlafklima. Hanf ist von Natur aus resistent gegen Mikroorganismen wie Bakterien, Schimmel und Pilze. Die antistatischen Eigenschaften machen ihn zusätzlich staubabweisend, saugfähig, luftdurchlässig und langlebig (memolife). Der Rohstoff Hanf überbietet mit seiner vorbildlichen Bilanz die der Baumwolle (geringerer Verbrauch an Dünger, Pestizideinsatz und Wasserverbrauch beim Anbau, Vorteile für Umwelt und Gesundheit). Viele Kissen werden heute gemäß dem Global Organic Textile Standard (GOTS) hergestellt. GOTS ist als weltweit führender Standard für die Verarbeitung von Textilien aus biologisch erzeugten Naturfasern anerkannt. All dies trägt dazu bei, dass Nachhaltigkeit heute auch ein Lebensgefühl wie Hygge ist, das glücklich machen kann, wenn man sich ganz darauf einlässt.

Knete

Der Trend zu haptischen Themen ist vermutlich ein Reflex auf die Digitalisierung, die unseren Lebens- und Arbeitsalltag prägt. Ohne Tastsinn wären wir nicht lebensfähig, auch ein gesundes Maß an Experimentierfreudigkeit und Neugier spielen eine wichtige Rolle. Das neue Kult-Material Knete unterstützt uns darin, uns nicht nur selbst zu denken, sondern vor allem zu fühlen. Schon kleine Kinder können damit ihre Umwelt nachbilden oder Fantasieskulpturen formen und ihrer Kreativität freien Lauf lassen. Mithilfe von Knetgummi oder Knetbienenwachs werden ihr Formgefühl und ihre Fingerfertigkeit sowie ihre Feinmotorik gefördert. Der Kult verdankt sich auch dem britischen Animationsstudio Aardman mit seinen handgekneteten Stop-Motion-Filmen („Wallace & Gromit", „Shaun, das Schaf"). Für seine Knetfilmwerke wurde der britische Trickfilmregisseur Nick Park bereits mit vier Oscars ausgezeichnet. Im Interview mit der Süddeutschen Zeitung sagte er, dass er es liebe, „wenn man auf unseren Figuren noch die Fingerabdrücke der Animatoren sieht." (Heidmann 2018).

Vor einigen Jahren kam Robert Henle auf die Idee, Anleitungen für Knetfiguren ins Internet zu stellen. Seine Tochter Miley brachte ihn darauf, weil sie solche Videos selbst begeistert anschaute. Da sie allerdings alle nur auf Englisch waren, vermutete er eine Marktlücke und eine Möglichkeit, damit Geld zu verdienen. Bereits neun Monate nach dem Start, im Herbst 2014, traten auch seine Tochter, später seine Frau und sein Sohn vor die Kamera. Heute wird die Familie, die ihren Alltag öffentlich zur Schau stellt, komplett von YouTube finanziert. Miley avancierte inzwischen mit ihrem Kanal „Mileys Welt" (vorher „Cute Baby Miley") zum YouTube-Star (Maas 2018).

Es gibt aber noch einen anderen Aspekt, der zwar weniger im Fokus der monetären Aufmerksamkeit in Zeiten der Digitalisierung steht, aber nicht minder wichtig ist: die Nachhaltigkeit. Denn vor allem biologische Öko-Knete, die zu 100 % aus nachwachsenden Rohstoffen gefertigt ist, ist ein wertvoller Werkstoff für Kinder. Mit diesen bunt eingefärbten und leicht formbaren Naturprodukten können sie gefahrlos gestalten und modellieren, weil sie hygienisch einwandfrei, schadstofffrei und gesundheitsverträglich sind. Sie färben nicht ab, schmieren nicht und sind unbegrenzt haltbar (ökoNORM). In ihren Bestandteilen sind sie kompostier- oder recycelbar, sparsam im Verbrauch und schlicht in der Verpackung. Onlineplattformen zum Thema nachhaltiges Basteln sind unter anderem Grüne Helden, Nachhaltig einkaufen, Utopia oder der Onlineshop memolife. Hier gibt es neben Knete auch Kreide und Fingerfarben, die die Motorik und Vorstellungskraft von Kindern schulen. Wer Knete selbst herstellen möchte, kann zu Mehl, Wasser, Speiseöl, Zucker oder Salz greifen und alles in einem Topf mit einem Rührgerät vermengen sowie ein paar Tropen Lebensmittelfarbe hinzugeben. Stefan Schmitt verweist neben diesem Knetteig-Rezept in seinem ZEIT-Artikel „Mach mir die Knete!" (Schmitt 2018) noch auf einen Kniff: Der eine Klumpen kann mit Wasser und Zitronensaft angerührt werden, der andere mit destilliertem Wasser – schon hat man eine leitende und isolierende Knete. Kinder können Stromkreise in unterschiedlicher Gestalt formen. Das Bedürfnis, dass Menschen trotz fortschreitender Digitalisierung ihre Hände benutzen wollen, wächst weltweit. Das erklärt auch, warum neben Knete auch Schleim in allen Varianten gerade Karriere macht: „In Manhattan hat ein eigenes Schleim-Museum eröffnet. Anfassen unbedingt erlaubt." (Cadeggianin 2020, S. 54).

Malbücher

Viele Menschen fühlen sich in den Illustrationen (Bäumchen und Blümchen, Eulen, Elfen und Kätzchen) der Schwarzweißmaler mittlerweile heimischer als in der Wirklichkeit, in der es nicht nur kompliziert, sondern komplex zugeht, was im Kern Unsicherheit, Unbestimmtheit und Unberechenbarkeit einschließt. Um die scheinbare Sicherheit und Kontrolle nicht zu verlieren, suchen sie nach Schemata, Regelmäßigkeiten und Vereinfachungen. Das Auseinanderfallen von innerer und äußerer Realität hat offenbar einen Selektionsvorteil mit sich gebracht – nämlich, dass Komplexität und Unsicherheit mit dem Bestreben nach Stabilität und Verlustvermeidung verbunden sind. Besonders zeigt sich das im Ausmalboom, der mit der Parallelentwicklung des „Verantwortungs-Outsourcings" einhergeht: Das Gehirn muss nicht denken, sondern nur der Form folgen. Dabei ruhen die Verbindungen zwischen den Gehirnzellen weitgehend, die Frustrationsrate ist gering und das Ergebnis immer bunt. Verlage verkaufen die Malbücher für Erwachsene als Anti-Stress-Mittel („Malen ist das neue Meditieren"). Sowohl in Großbritannien als auch in Amerika stand die schottische Künstlerin Johanna Basford seit Jahren in der Top-Ten-Bestsellerliste von Amazon (Löhr 2015). Ihr 2013 veröffentlichtes Erstlingswerk „Secret Garden" wurde weltweit ein Bestseller. Für die Werbemittelindustrie ist dieser Trend in mehrfacher Hinsicht bemerkenswert: Zum einen zeigt der Siegeszug der Ausmalbücher, dass die Menschen ihre reale Welt mit ihren berührbaren, Geschichten erzählenden Gegenständen nicht zugunsten einer völlig digitalisierten Lebenswelt eintauschen möchten. Sie wollen beides auch immer wieder miteinander verbinden. Vom Trend zum Ausmalen profitieren auch die Schreibwarenhersteller und Stiftenhersteller. Es ist noch nicht lange her, da plagten sie Sorgen über die zunehmende Digitalisierung. Doch seit einigen Jahren verzeichnen sie unverhofft eine große Nachfrage. Wenn ein solcher Trend in der Gesellschaft hochgespült wird, kommt freilich immer auch vieles Oberflächliche zum Vorschein – aber ebenso viel Substanzielles, das auf diese Weise gut verteilt wird und sonst vielleicht unbeachtet bliebe.

Notizbücher

4   Radiergummi

Um heute neu anfangen zu können, braucht es ein neues Denken, das in der Lage ist, viele Facetten und Perspektiven zu sehen, das große Ganze zu erfassen, aber auch ins Detail zu gehen und sich von alten Gewohnheiten und geistigem Ballast zu verabschieden. Denn wer nicht trennen kann, ist auch nicht urteilsfähig.

Gegen die Unordnung der Welt hilft durchstreichen und radieren. Denn Denken, das Erkenntnis will, bedeutet, zuvor Gedachtes oder lieb gewonnene Gewohnheiten auch infrage zu stellen, skeptisch zu betrachten.

Für jeden Bedarf gibt es auch bei memolife eine Vielzahl nachhaltiger Produkte (http://www.memolife.de/Papier-Schule-Buero/Bueromaterial-Schreibwaren/Radierer-Korrekturmittel/Radierer.html): „Im Sinne der Umwelt ist dabei zu beachten, dass das Material (meistens Synthetik-Kautschuk oder Kunststoff) frei von PVC und Weichmachern ist. Das ist vor allem bei Kindern wichtig, die ihr Malzubehör gerne auch mal in den Mund stecken. Alternativ zu synthetischem Material gibt es Radierer aus Naturkautschuk" (http://www.memolife.de/Faber-Castell-Radierer-7070-40.html?ono=S4297), so Claudia Silber (Abb. 1).

Abb. 1 Radierer von Maped
(Quelle: memo AG)

5   Schreibmaschine

Als letztes Instrument des selbstbestimmten Schreibens erlebt die Schreibmaschine heute ein Revival. Natürlich spielt hier auch der Sicherheitsaspekt mit hinein: Es gibt keine Hackerangriffe und keine Einsichtnahme ins Digitale – aber das ist nur ein Aspekt von vielen.

Das Bewahrende, Individuelle und Langsame ist für die meisten Liebhaber dieses Objekts allerdings weitaus wichtiger. Und die eigene Geschichte, die hier „prägend" im besten Wortsinn festgehalten wird.

Zu allen Zeiten übte die Schreibmaschine auf Menschen eine besondere Faszination aus: Als Kind liebte Claudia Silber alte amerikanische Filme von Hitchcock bis Doris Day:

„Ich saß, so oft es ging, vor dem Fernseher. Einer meiner Lieblingsschauspieler war Jerry Lewis, der alleine durch sein Auftauchen in einer Szene die Menschen zum Lachen gebracht hat. Seine Mimik in Verbindung mit seinem etwas ungelenkig wirkenden Körperbau hat mich sofort in ihren Bann gezogen. Heute ist meine Euphorie etwas abgeebbt, aber nach wie vor halte ich ihn für einen der besten Komiker, die es je gab. Und dazu brauchte es keine Worte."

Inzwischen erleben die Remingtons, Olivettis, Adlers und Olympias im Handel eine Renaissance. Es sind vor allem Menschen mit einem scharfen Verstand, die ihren Geist nicht stumpf werden lassen wollen durch neue Technologien, die nur auf Effizienz setzen. Richtiges Denken und Schreiben braucht Struktur und Präzision. Das finden Geistesgrößen durch die Schreibmaschine.

6   Spiele

Soziologisch betrachtet gehört das Spielen heute zum Bereich der Freizeit, als Komplement zur Arbeit oder Kompensation. Das Charakteristische ist vor allem die Veränderbarkeit der Situationen und die Verschiedenheit der Blickpunkte. Im Zeitalter der Digitalisierung und der Algorithmen wird auch der Zufall wieder geschätzt: Wer sich auf das Spielen einlässt, weiß, dass der Ausgang (wie im Komplexitätszeitalter) ungewiss ist, aber das Gemeinschaftsgefühl gestärkt wird. Das wissen auch die Spielfreaks und Anhänger von Brett- und Gesellschaftsspielen, die zu allen Zeiten neu verpackt werden, ohne ihren Kern zu verlieren. Im Zeitalter von Spiele-Apps und Spielekonsolen erleben die klassischen Brettspiele gerade eine Renaissance. Am besten laufen heute die Spiele, die von den Großeltern bis Enkeln gemeinsam gespielt werden können.

Vor allem Anbieter aus dem ökologischen Bereich wie memolife setzen auf eine breite Auswahl an pädagogischem Spielzeug, das Geschicklichkeit, Reaktionsfähigkeit und Kreativität fördert. Viele Spielzeuge wie Fingerkreisel oder das Wikingerschachspiel „Kubb" sind aus naturbelassenem Buchenholz aus verantwortungsvoller Forstwirtschaft.

Auch Gedächtnisspiele wie „Schattenmonster" oder „Versteckt! Entdeckt?" sind gefragt. Neben Huthüpfspielen, Steinbaukästen und Holzpuzzles sind auch Story Cubes sehr beliebt: Neun Würfel mit Symbolen dienen als „Geschichtengenerator" für fantasievolle Erzählungen. Stets neue Kombinationen der 54 Bilder ergeben immer neue Storys. Das fördert die Improvisationsgabe, kreatives Denken, Fantasie und die Lust an Sprache. Und es ergeben sich immer neue Storys. Sie geben uns unsere Geschichte(n) zurück, ohne die wir unsere digitale und analoge Welt nicht wirklich begreifen und gestalten können. Wer darauf verzichtet, schwächt seine Möglichkeiten, einsichtig zu handeln, zu lernen und seine Intelligenz zu trainieren.

Auch Spiele, die einen Lerneffekt haben, sind heute sehr beliebt. Experimente rund um die Umwelt bietet beispielsweise der bei memolife erhältliche „Mini-Umweltkoffer", bei dem aus Kindern kleine Wissenschaftler werden. In dem Köfferchen aus Recyclingkarton finden sich ein Reagenzgläschen aus Polystyrol, drei Teststreifen und eine Anleitung. Es lassen sich Experimente zur Bodenverschmutzung, zur Ozonbestimmung und zum Nitratgehalt im Wasser durchführen. Der Solar-Bausatz „Windgenerator" enthält ein detailgetreues Modell eines Windrads und benötigt keine Batterien. Auch wenn all das nur kleine Beispiele sind, um die Welt zu erklären und zu verändern – sie zeigen zugleich das Geheimnis der Beziehungen zu Mensch und Umwelt. Nur in diesem „Wechselspiel" können wir uns bilden und entfalten.

O. Fred Donaldson gilt als Spezialist zum Thema Spielen. Seine Ergebnisse zur Spielforschung mit Kindern, Jugendlichen, Erwachsenen und wilden Tieren (Wölfen, Kojoten, Grizzlybären, Delfinen) genießen weltweit Anerkennung. Am wichtigsten ist für ihn, dass Kinder im Spiel lernen, wie man lernt. Im Kontext des lebenslangen Lernens gilt das aber ebenfalls für Erwachsene. Der Begriff gewinnt im Zusammenhang mit der Digitalisierung heute eine völlig andere Qualität. Lernen und die persönliche Weiterentwicklung von Mitarbeitern und Führungskräften gehören künftig zu einem festen Teil der Unternehmenskultur. Erste Ansätze „spielerischer Einsichten" finden sich im verstärkten Einsatz von LEGO-Bausteinen statt PowerPoint im Rahmen von Mitarbeiter- und Führungskräfteseminaren (vgl. Beitrag zu „Small Data").

7 Stifte

Bereits seit einigen Jahren ist eine Gegenbewegung zu den digitalen und mechanisierten Gestaltungsmöglichkeiten spürbar. Das Interesse an Schrift auch abseits professioneller Kalligrafie erlebte schon während der Weltfinanzkrise (2007–2009) eine besondere Ausprägung. Die Bemühungen, die eigene Schrift zu pflegen, nahmen zu dieser Zeit spürbar zu.

Dass Füllfederhalter in Zeiten von Smartphones und Laptops noch eine Zukunft haben und nicht aus der Zeit gefallen sind, zeigt sich vor allem am Beispiel von Montblanc. Etwas Besseres als die Digitalisierung hätte der Traditionsmarke nicht passieren

Abb. 2 Pelikan Kolbenfüller
(Quelle: memo AG)

können, sagte CEO Jérôme Lambert. Für ihn sind Füllfederhalter eines der wenigen Luxusgüter, mit denen ihre Besitzer tatsächlich etwas tun können.

Claudia Silber verweist noch auf den Aspekt der Entschleunigung: „Allein die Zeit, die man sich zum Wiederbefüllen des Füllers nimmt, mag manch einem heute als Luxus erscheinen. Es wird nicht einfach die Tastatur bemüht, sondern die Hand. Hinzu kommt der Aspekt des ‚schönen Schreibens‘.“ Auch die Sehnsucht nach Selbstbestimmung „fließt“ hier ein (Abb. 2).

8   Telefonzellen

Der Wunsch nach Rückzug und räumlicher Verankerung in einer zunehmend entgrenzten und virtuellen Welt wird immer größer. Viele Menschen suchen deshalb nach einem Ort der Anbindung, der Einbindung und einer Kommunikation, die durch etwas Greifbares verbunden ist.

Telefonzellen, von denen es heute nur noch wenige gibt, stehen symbolisch für einen verlässlichen Schwerpunkt, an dem man sich innerhalb der Welt orientieren kann. Beim öffentlichen Straßenbibliothek-Projekt BücherboXX gestalten Jugendliche in der Berufsausbildung oder Berufsvorbereitung den Aus- und Umbau der Telefonzellen selbstständig – von der Beschaffung bis zur Aufstellung, Vermarktung sowie der Betreuung der Nutzungsphase. Das Prinzip: „Bring ein Buch, nimm ein Buch, lies ein Buch!“ Gelesene Bücher können in einer ausgedienten Telefonzelle getauscht werden.

Am Beispiel der sterbenden Telefonzellen zeigt sich allerdings auch, dass die Kommunikation immer öffentlicher geworden ist und sich das Verhältnis zwischen den Telefonierenden, den Apparaten und den Räumen, in denen miteinander kommuniziert wird, in den vergangenen Jahrzehnten gewandelt hat. Die gelben Kabinen von einst sind eingetauscht worden gegen Mobiltelefone, die im freien Raum und jederzeit verfügbar sind.

Wenn an den Trost von Telefonzellen erinnert wird, so geht es nicht um Verklärung, Rückwärtsgewandtheit oder Technikfeindlichkeit, sondern um Möglichkeiten der

Abb. 3 Telefonzelle als öffentlicher Bücherschrank in Bonn. (Foto: Dr. Alexandra Hildebrandt)

Selbstbestimmung im Onlinezeitalter und der Dauerpräsenz. Wohl niemand mag mehr auf die Annehmlichkeiten durch die modernen Kommunikationsmittel verzichten. Vielmehr geht es um Momente der Besinnung und die Nachhaltigkeit zeitloser Botschaften und Erinnerungen (Abb. 3).

9   Uhren

Uhren sind nicht nur Zeitmesser, sie sagen auch viel über unser Verhältnis zum Leben aus, in dem das Ansagen der Zeit oft wichtiger geworden ist als das Verständnis für das Uhrwerk. Damit geht der Zeitbegriff als Dimension des Lebens immer mehr verloren und führt zugleich in große Zeitbedrängnis, die mit einer beschleunigten Lebenszeit bezahlt wird, die das Leben durch Geschäftigkeit tötet.

Zeit ist eine der wertvollsten Ressourcen. Die Uhrensymbolik bietet sich im Nachhaltigkeitskontext deshalb an, weil es auch im Großen darum geht, dass alle Rädchen perfekt ineinandergreifen und das Getriebe funktioniert.

Auch wenn Staat, Wirtschaft und Zivilgesellschaft die Verantwortung haben, viele Rädchen in die richtige Richtung zu drehen, so sind wir letztlich alle ein Teil des Getriebes. Jeder Einzelne kann etwas bewegen, wenn er eine harmonische Beziehung zu seiner Umwelt aufbaut sowie nach einem nachhaltigen und würdigen Leben für alle strebt und das Uhrwerk der Natur versteht. Denn die Menschheit braucht dringend neue Ansätze für die Lösung der globalen Probleme.

Abb. 4 Solar-Armbanduhr.
(Quelle: memo AG)

Solaruhren stehen stellvertretend für viele andere Beispiele, die zeigen, was es bedeutet, anders mit Zeit und Energie umzugehen. Und dass es Freude macht, Verantwortung im besten Wortsinn zu „tragen" (Abb. 4).

10   Vogelhäuser

Wie in allen Krisenzeiten wächst heute das Bedürfnis, Vorräte anzulegen, um durch kalte Zeiten zu kommen. Der gesellschaftliche Nestbau erlebt derzeit einen Boom in allen Bereichen des Lebens.

Früher war ein Vogelhaus nur ein brauner rustikaler Holzkasten mit einem stabilen Holzgestell. Doch in den letzten Jahren ist die Nachfrage in Deutschland nach originellen Vogelhäusern gestiegen, die Designobjekte sind und gleichzeitig viel über Geld und Geist ihrer Besitzer aussagen: einige protzig und bunt, andere smart, elegant, mondän.

Vom futuristischen Eck- und Stadthaus über energieeffiziente Einfamilienhäuser mit Solarzelle, recyclingfähige Objekte in Leichtbauweise aus wasserabweisender Pappe, Upcycling-Häuschen aus Tetrapacks, alten Dosen, Flaschen, Gläsern, Keramik, Schaufeln, Korken und Schuhen, mal im Regenbogen- oder Prinzessinnen-Design oder im Stil von Miro oder Hundertwasser, bis zum Sicherheitsgebäude dank rundum Videoüberwachung (Big-Brother-Vogelhaus) ist alles vertreten.

Damit verbunden scheint der kollektive Wunsch, sich ein Stück heile Welt in verkleinertem Maßstab nach eigenen Vorstellungen zu gestalten, in dem zugleich auch die großen Probleme auf ein Minimum schrumpfen.

Nicht alle Modelle sind nachhaltig, schließlich ist die Vogelhauswelt ja nur ein Abbild der Wirklichkeit, die sich auch in den verschiedenen Typen widerspiegelt: Bauhaus, Jägerhaus, Bauernkate, Schweden, Maritim, Toskana oder Vogelvilla.

Vogelhäuser aus nachhaltiger Forstwirtschaft, die Kleinvögeln einen massiven und wetterfesten Unterschlupf bieten, sind ebenfalls beliebt. Allerdings ist es wichtig, auch bei Nischenprodukten wie diesen auf Qualitätsstandards in der gesamten Wertschöpfungskette zu achten.

Dazu gehört, dass beispielsweise auch alle verwendeten Farben umweltfreundlich sind und das Produkt einfach gereinigt werden kann, dass Vogelfutter im Haus vor Regen, Wind und Schnee geschützt ist und nicht herausfällt. Der Ökoversender memo AG bietet ebenfalls Futterhäuschen an.

Am Beispiel der Vogelhäuschen lässt sich in besonderer Weise zeigen, dass es sich lohnt, auch in der aktuellen Nachhaltigkeitsdebatte einmal abzuschweifen. Denn ein Gedanke, der fliegt und zuweilen auch „abirrt", bietet „eine tiefere Orientierung als der, der stur die Linie hält" (Botho Strauß).

Dabei ist es nicht wichtig, ihn immer zu Ende zu denken, sondern auf einen Ergänzer zu vertrauen, dem sich im Geist mühelos fügt, „was für ihn, wie Futter", lose ausgestreut wurde.

Wer die Welt verstehen will, muss immer auch ein guter und aufmerksamer „Leser" sein, der auch zwischen den Zeilen erkennt, dass keine bessere Zeit kommen wird. Denn sie ist „immer schon da" (https://www.memolife.de/search/index/sSearch/vogelhaus).

Literatur

Cadeggianin G (2020) Genialer Glibber. In: Süddeutsche Zeitung (8./9.2.2020), S 54

Crone P (2016) Es ist sein letzter Film. Süddeutsche Zeitung (23. März 2016), S 40

Deeny (2019) https://de.fashionnetwork.com/news/Hommage-an-karl-lagerfelds-weisses-hemd,1119035.html. zug: 8. Febr. 2020

Gauß K-M (2019) Abenteuerliche Reise durch mein Zimmer. Paul Zsolnay, Wien

Gensheimer B (2016) https://www.bme.de/alles-was-digitalisiert-werden-kann-wird-digitalisiert-werden-1427/

Harket M (2016) My take on me. Edel Germany GmbH. Edel, Hamburg

Heidmann (2018) http://www.sueddeutsche.de/kultur/trickkuenstler-nick-park-im-interview-die-kunst-des-knetens-1.3957049?reduced = true

Hildebrandt A (2016) 12 Richtige: Dinge, die auch im digitalen Zeitalter ein haptischer Gewinn sind. http://www.harmonyminds.de/12-richtige-dinge-die-auch-im-digitalen-zeitalter-ein-haptischer-gewinn-sind/

Hildebrandt A (2018) Mit Knöpfchen und Köpfchen. Wie sich die Welt im Kleinen öffnen und gestalten lässt. In: Der Vintage Flaneur (Jan./Februar 2018), S 10–11

Hildebrandt A (2019a) Wie wir der Welt der dummen Dinge entkommen können (4.12.2019). https://www.umweltdialog.de/de/management/wirtschaftsethik/2019/Wie-wir-der-Welt-der-dummen-Dinge-entkommen-koennen.php

Hildebrandt A (2019b) Nachhaltige Alternativen zur Welt der Massenprodukte (10.12.2019). https://www.umweltdialog.de/de/verbraucher/leben-und-wohnen/2019/Nachhaltige-Alternativen-zur-Welt-der-Massenprodukte.php

Hildebrandt A, Silber A (2017a) Von Lebensdingen: Eine verantwortungsvolle Auswahl. Amazon Media EU S.à.r.L. Kindle Edition 2017. https://www.amazon.de/dp/B06WW59F7D/ref=cm_sw_em_r_mt_dp_noVRybEX4ECDT

Hildebrandt A, Silber C (2017b) Gut zu wissen… wie es grüner geht: Die wichtigsten Tipps für ein bewusstes Leben. Amazon Media EU S.à r.l. Kindle Edition. https://www.amazon.de/dp/B01N1PGNO1/ref=cm_sw_em_r_mt_dp_Da-rybQ619E7B

Löhr (2015) www.faz.net/aktuell/wirtschaft/menschen-wirtschaft/johanna-basford-mit-malbuechern-fuer-erwachsene-zum-erfolg-13594196.html

Maas (2018) http://www.zeit.de/2018/13/mileys-welt-youtube-star-kind-geburtstagsparty/komplettansicht

Pletzinger T (2016) John hat Büchsenbier besorgt. Spiegel 13:128

Rosa H (2016) Resonanz. Eine Soziologie der Weltbeziehung. Suhrkamp, Berlin

Schmidbauer W (2015) Enzyklopädie der Dummen Dinge. Oekom, München

Schmitt (2018) http://www.zeit.de/2018/13/experimente-kinder-knete

Schröder D (2018) https://www.brandeins.de/magazine/brand-eins-wirtschaftsmagazin/2018/reset/buerstennickles-borsten-statt-bildschirm

Silber C, Hildebrandt A (2016)

Spitzer M (2015) Cyberkrank! Wie das digitalisierte Leben unsere Gesundheit ruiniert. Droemer Knaur GmbH & Co. KG, München

Stern (2016) Was von ihnen bleibt. Stern (17. März 2016), S 34–41

Dr. Alexandra Hildebrandt
(Fotocredit: Nicole Simon
Photography)

Dr. Alexandra Hildebrandt, Jahrgang 1970, ist Publizistin und Nachhaltigkeitsexpertin. Sie studierte Literaturwissenschaft, Psychologie und Buchwissenschaft. Anschließend war sie viele Jahre in oberen Führungspositionen der Wirtschaft tätig. Bis 2009 arbeitete sie als Leiterin Gesellschaftspolitik und Kommunikation bei der KarstadtQuelle AG (Arcandor). Beim Deutschen Fußball-Bund (DFB) war sie 2010 bis 2013 Mitglied der DFB-Kommission Nachhaltigkeit. Den Deutschen Industrie- und Handelskammertag unterstützte sie bei der Konzeption und Durchführung des Zertifikatslehrgangs „CSR-Manager (IHK)". Sie leitet die AG „Digitalisierung und Nachhaltigkeit" für das vom Bundesministerium für Bildung und Forschung geförderte Projekt „Nachhaltig Erfolgreich Führen" (IHK Management Training). Im Verlag Springer Gabler gab sie in der Management-Reihe Corporate Social Responsibility die Bände „CSR und Sportmanagement" (2014, 2. Aufl. 2019), „CSR und Energiewirtschaft" (2015, 2. Aufl. 2019) und „CSR und Digitalisierung" (2017, 2. Aufl. 2021) heraus. Aktuelle Bücher bei Springer Gabler (mit Werner Neumüller): „Visionäre von heute – Gestalter von morgen" (2018) und „Klimawandel in der Wirtschaft. Warum wir ein Bewusstsein für Dringlichkeit brauchen" (2020).

Claudia Silber
(Fotocredit: memo AG)

Claudia Silber war nach ihrem Studium der Germanistik und Journalistik an der Otto-Friedrich-Universität Bamberg einige Jahre in der Presse- und Öffentlichkeitsarbeit von Textilunternehmen tätig. Ein internes CSR-Projekt weckte ihr Interesse am Thema Nachhaltigkeit, dem sie sich seit 2009 bei der memo AG, einem Versandhandel für nachhaltige Alltagsprodukte im Büro und für Zuhause, auch beruflich widmet. Seit 2013 leitet sie den Bereich Unternehmenskommunikation des Unternehmens. In dieser Funktion ist sie nicht nur für die Presse- und Öffentlichkeitsarbeit des ganzheitlich nachhaltig tätigen Versandhandels zuständig, sondern ist auch Ansprechpartnerin für die zahlreichen Kooperationspartner der memo AG. Zu ihren Aufgaben gehört unter anderem die Mitarbeit am memo Nachhaltigkeitsbericht (https://www.memoworld.de/nachhaltigkeitsbericht), der alle zwei Jahre erscheint. Im Verlag Springer Gabler ist sie mit Fachbeiträgen in den Bänden „CSR und Sportmanagement" (2014, 2. Aufl. 2019) und „CSR und Digitalisierung" (2017, 2. Aufl. 2020, mit Alexandra Hildebrandt) vertreten. Als Kindle Editionen (Amazon Media EU S.à r.l.) erschienen von ihr unter anderem (mit Alexandra Hildebrandt) „Gut zu wissen… wie es grüner geht: Die wichtigsten Tipps für ein bewusstes Leben", „Circular Thinking 21.0: Wie wir die Welt wieder rund machen", „Von Lebensdingen: Eine verantwortungsvolle Auswahl", „Gartenzeit: Wie wir Natur und Kultur wieder in Gleichklang bringen", „Küchen-Kultur und Lebensart: Warum Verantwortung nicht zwischen Herd und Kühlschrank aufhört", „Mobilität und Logistik: Richtige Wege, die nicht aufs Abstellgleis führen".

Stift und Papier – analoge Multitalente

Christian Mähler

1 Digitalisierung des Lebens

Die Digitalisierung des Lebens aufzuhalten ist weder möglich noch wünschenswert. In den letzten 30 Jahren hat die Geschwindigkeit, in der die Digitalisierung voranschreitet, allerdings dramatisch zugenommen. Das Internet als Basis eines weltumspannenden Netzes in Kombination mit fortschreitender Miniaturisierung und Weiterentwicklung der notwendigen Technologien sorgt dafür, dass wir für immer mehr Aufgaben die Hilfe eines elektronischen Helfers in Anspruch nehmen, die wir früher analog erledigt haben. Besonders augenfällig wird dies seit der Verbreitung von Smartphones, Tablets und mobilen Computern.

Seit Digitalwerkzeuge manche Aufgaben viel einfacher und schneller lösen als der Mensch, überträgt man ihnen diese Aufgaben auch viel häufiger. Da Digitalwerkzeuge ihre Nützlichkeit unter Beweis gestellt haben, nutzt man sie auch für Aufgaben, die nicht notwendigerweise digital erledigt werden müssen. Dazu gehören viele Anwendungen rund um das Schreiben.

2 Verlagerung schriftbezogener Aktivitäten

Die Schrift ist eine der wichtigsten Erfindungen der Menschheit und die Handschrift eine der wichtigsten zugehörigen Kulturtechniken. In der Schule werden als erstes die Schrift, das Lesen und das Schreiben gelehrt. Schreiben ist uns derart vertraut, dass wir diese Tätigkeit gar nicht mehr bewusst tun, sondern sie als eine Tätigkeit unter vielen

C. Mähler (✉)
Notizbuchblog.de, Karlsruhe, Deutschland
E-Mail: christian.maehler@notizbuchblog.de

© Springer-Verlag GmbH Deutschland, ein Teil von Springer Nature 2021
A. Hildebrandt und W. Landhäußer (Hrsg.), *CSR und Digitalisierung,* Management-Reihe Corporate Social Responsibility, https://doi.org/10.1007/978-3-662-61836-3_61

wahrnehmen. Wir schreiben fast unbewusst, wie man beim Fahrradfahren auch nicht über den Akt des Fahrens bewusst nachdenkt. Wir brauchen die Handschrift im Alltag für eine Vielzahl von Aufgaben: Notizen machen, Kalendereinträge schreiben, Einkaufszettel erstellen, Tagebuch führen, Briefe, Glückwunschkarten und Postkarten schreiben usw.

Mittlerweile gehören Computer zum Berufsalltag und auch SMS, Mails und Direktnachrichten (etwa über WhatsApp) gehören zu unseren täglichen Schreibaktivitäten, sodass wir eine gewisse Routine im Schreiben auf digitalen Geräten erlangt haben. Das lässt es uns vertraut erscheinen, auch unsere Kalender digital zu führen, Notizen digital zu machen und vielleicht sogar unser Tagebuch einer Maschine anzuvertrauen. Postkarten werden durch E-Mails und andere Nachrichten ersetzt. Besprechungsmitschriften im Beruf werden digital angefertigt.

Diese schleichende Verlagerung schriftbezogener Aktivitäten wird uns erst dann im Alltag bewusst, wenn wir gezwungen sind, doch mal wieder von Hand zu schreiben: Unterschriften, eine persönliche Notiz in einer Glückwunschkarte oder ein Urlaub, aus dem klassische Postkarten mit etwas Text versandt werden, vielleicht auch ein defekter Laptop oder einer mit leerem Akku, der uns zwingt, ein Besprechungsprotokoll von Hand mitzuschreiben. Dann fühlt sich die Handschrift plötzlich nicht mehr selbstverständlich an und es wird einem bewusst, dass man „schon lange nicht mehr von Hand geschrieben" hat. Man hat das Gefühl, etwas verlernt zu haben.

3   Was geht mit der Handschrift verloren?

Aber was genau geht verloren, wenn die Handschrift verloren geht, wenn sie verlernt wird? Oder gar nicht erst gelernt wird? Schon heute gibt es Schulen in verschiedenen Ländern, die den Unterricht digitalisieren. Die Vorteile scheinen auf der Hand zu liegen: Kinder werden an moderne Technologien herangeführt, es muss kein Papier bedruckt werden und die Inhalte sind stets aktuell, ein Algorithmus kann den Lernfortschritt individuell messen und darauf reagieren – Kinder werden scheinbar ideal auf das moderne Arbeitsleben vorbereitet. Die Handschrift verkommt zum nostalgischen Anachronismus.

Über Ausbildung und Studium setzt sich die digitale Verführung fort. Wer mag bestreiten, dass digitale Texte schneller weltweit verfügbar gemacht werden können, besser zu durchsuchen sind, automatisch übersetzt werden können, viel schneller kopiert, verteilt und multipliziert werden können? Automatische Rechtschreibkorrektur bügelt die meisten Fehler aus und Besprechungsprotokolle können unmittelbar erstellt werden. Die Handschrift fällt Effizienzerwägungen zum Opfer.

Was also geht verloren? Es gibt einige Studien, die die vielfältigen Vorteile der Handschrift zeigen. Eine Zusammenfassung findet man im Artikel „Ten Reasons People Still Need Cursive" (Doverspike 2015). Hier eine kurze Liste, die fortgesetzt werden kann:

1. Handschrift erleichtert das Lernen der Schrift – die Kombination aus visueller und motorischer Leistung aktiviert im Gehirn mehr Areale als das Schreibenlernen auf der Tastatur. Dadurch festigt sich diese Aktivität einfacher im Gehirn und man lernt beim Schreiben von Hand die Schrift einfacher, als wenn man sie auf einer Tastatur lernt (Klemm 2013; Mähler 2014b).
2. Schreiben von Hand ist kreativer – von Hand geschriebene Texte enthalten mehr Wörter und sind vielfältiger, als wenn sie digital geschrieben werden; darauf deutet eine Studie mit Schulkindern hin (Klemm 2013; Berninger 2012).
3. Es scheint zudem einen Zusammenhang zwischen der Qualität der Handschrift und der Qualität des Geschriebenen zu geben.
4. Das Beherrschen verschiedener Schreibstile (Druckschrift, Schreibschrift …) erhöht angeblich das Textverständnis.
5. Wenn man einen Text von Hand schreibt, kann man das Geschriebene besser merken, als wenn man den Text digital schreibt (Mueller und Oppenheimer 2014; Mangen et al. 2015).
6. Handschrift hält das Gehirn im Alter fit (Briggs 2013).
7. Ginge die Handschrift verloren, ginge eine wichtige Kulturtechnik verloren.
8. Beim digitalen Schreiben korrigiert der Computer die Fehler und schlecht formulierte Sätze können mehrfach abgeändert werden. Schreiben von Hand zwingt zum sorgfältigen Nachdenken vor dem Formulieren und zum Lernen der Orthografie. Sie zwingt uns, unsere Gedanken vorab zu strukturieren und nachzudenken.
9. Handschrift entschleunigt auf zwei Arten: Das Nachdenken und das Strukturieren der eigenen Gedanken vor dem Schreiben benötigt Zeit. Zudem schreiben viele Menschen von Hand deutlich langsamer als auf einer Tastatur.

Das analoge Schreiben hat also auch Vorzüge, die aber nicht so offensichtlich sind wie die Effizienzargumente der digitalen Welt. Immerhin wurde der Wert der Handschrift im Bildungsbereich erkannt und 2016 wurde während der Bildungsmesse didacta die „Aktion Handschreiben 2020" ins Leben gerufen (Mähler 2016b). Allerdings scheint die Not groß zu sein: Es geht nicht nur um den Erhalt, sondern – etwas dramatischer – schon um die „Rettung der Handschrift".

Neben diesen unmittelbaren Vorteilen hat das analoge Schreiben noch einige implizite Effekte, wenn man es mit dem digitalen Schreiben vergleicht. Heutzutage ist fast jedes Gerät mit dem Internet verbunden und hat zudem viele andere Anwendungsmöglichkeiten parat. Das macht es vielen Menschen schwer, sich auf die eigentliche Aufgabe zu konzentrieren: Die nächste Internetseite oder App sind genauso weit weg wie die Arbeit auf dem Bildschirm. Stift und Papier bieten wenig Raum zur Ablenkung, sie zwingen den Schreiber zur Fokussierung.

Auch für junge Schreiber haben handgeschriebene Briefe durchaus Vorteile gegenüber E-Mail und WhatsApp: Man lernt das Warten, Freuen und Erinnern wieder wertzu-
schätzen (Mähler 2015c).

Die emotionalen Aspekte der Handschrift finden ihre Ausprägung sogar in der Idee,
dass die Handschrift etwas über die Persönlichkeit des Schreibers aussagt. Die Grafologie ist die „Wissenschaft von der Deutung der Handschrift besonders als Ausdruck des
Charakters" (Duden 2016, „Grafologie"). An der Frage, ob die Grafologie allerdings eine
Wissenschaft ist oder nicht, scheiden sich die Geister. Auch die Leser des Notizbuch-
blogs haben dazu in einer Umfrage nicht ganz eindeutig votiert (Mähler 2013b): 52 %
der Leser sind der Meinung, dass die Handschrift viel über einen Menschen aussagt, also
Einblick in seine Persönlichkeit gibt.

4   Ästhetik und Haptik der analogen Schreibwelt

Während ein Computer jeden Text gleich formatiert, ist die Handschrift immer
individuell. Dem digital Geschriebenen sieht man nicht an, ob der Text schnell oder
langsam geschrieben wurde, ob der Schreiber ordentlich schreibt oder unleserlich, ob
der Schreiber ein Faible für bestimmte Buchstaben hat und ob das Schreibgerät fest oder
weniger fest angedrückt wurde. Die Schriftgröße am Computer ist konstant einstell-
bar und zeigt keinerlei Unterschiede bei der Linienführung. Der saubere Schriftsatz des
Computers nivelliert jeden Unterschied und nimmt dem Geschriebenen die individuelle
Ausdrucksstärke und den Charakter.

Man kann sich der Ästhetik der Handschrift nur schwer entziehen. Kennen Sie diese
Situation? Zu Weihnachten erhalten Sie eine Hochglanzpostkarte, die mit Fotos der
Familie gestaltet und dann vom passenden Onlinedienst produziert und versandt wurde.
Außerdem erhalten Sie eine Postkarte mit ein paar handschriftlichen Zeilen, womöglich
inhaltlich noch individuell auf Sie abgestimmt. Welche Karte wird Ihnen ein wärmeres
Gefühl vermitteln? Die Liebenswürdigkeit der Absender ist unbenommen, aber die hand-
schriftliche Karte wird die meisten Menschen emotionaler ansprechen.

Diese Erkenntnis geht sogar so weit, dass man ein Geschäft daraus macht, Texte von
Robotern schreiben zu lassen, die nach menschlicher Handschrift aussehen (Mähler
2015b). Dabei führt ein Computerprogramm eine Roboterhand, die einen echten Füller
hält. Und im Marketing kann man den emotionalen Effekt der Handschrift nutzen, um
die Öffnungsrate von Werbeschreiben zu erhöhen (Mähler 2016d).

Natürlich ist es nicht nur der emotionale Aspekt, der die Ästhetik der Handschrift ausmacht, sondern auch das Erscheinungsbild der Schrift selbst. Die Kunst der Kalligrafie
versucht Handschrift zu einem Kunstobjekt zu machen, zu einem visuellen Erlebnis, das
man selbst dann genießen kann, wenn man die Sprache des Geschriebenen nicht versteht.

Doch nicht nur die Schrift selbst hat einen ästhetischen Aspekt; der Schreibende legt
auch Wert auf ein gutes Medium (Papier, Notizbuch) und auf ansprechendes Werkzeug
(Schreibwerkzeuge aller Art, Tinten etc.).

Papier hat eine sehr lange Geschichte und die meisten Menschen verbinden mit dem Begriff Briefpapier oder Zeitungspapier, wie man es vielleicht tagtäglich in der Hand hält. Dabei gibt es Papier in vielen Varianten und für eine Vielzahl verschiedener Einsatzzwecke.

Ein Buch, das aus Papieren für unterschiedliche Einsatzzwecke hergestellt wurde und das der Vielfalt des Papiers huldigt, ist das „Held der Arbeit"-Notizbuch der Firma brandbook (Mähler 2013a): Es versammelt 21 Spezialpapiere, darunter Tyvek (ein synthetisches Papier) und Packpapier für Fische. Eine umfangreiche Liste von Papiersorten findet sich auch in der Wikipedia (2016b, „Papiersorten").

Papier gibt es in verschiedenen Grammaturen. Die Grammatur gibt das Flächengewicht des Papiers an und umgangssprachlich spricht man häufig von „Papierstärke". Normales Briefpapier hat etwa eine Grammatur von 80–100 g/m², Seidenpapier etwa 8 g/m². Papier gibt es in verschiedenen Größen und Farben, mit Geruch und mit Aufdruck sowie aus verschiedenen Ausgangsmaterialien, darunter Elefantendung (Mähler 2011a). So lässt die Individualität des Papiers dem Schreiber die Wahl, das passende Papier als Schreibmedium auszuwählen. Die Papierdicke macht nicht nur einen haptischen Unterschied, sondern ist auch für verschiedene Schreib- und Zeichenwerkzeuge unterschiedlich gut geeignet. Eine beliebte Frage in der Notizbuchwelt ist etwa, ob das Papier eines Notizbuchs für das Beschreiben mit Füller geeignet ist.

Ähnlich umfangreich wie beim Papier ist der Variantenreichtum bei Stiften. Verschiedene Materialien, Farben, Größen und Verfahren lassen Stifte zu beliebten Sammlerobjekten werden. Es müssen aber gar nicht verschiedene Stifte sein: Auch ein einzelner Füller kann durch unterschiedliche Tinten Vielfalt in das Schriftbild bringen.

Papier ist das Medium und der Stift ist das Werkzeug des Schreibens, aber Schreibaktivitäten wie das Tagebuchschreiben oder Notizsammlungen erfolgen in der Regel in Notizbüchern, also in gebundenem Papier. Auch bei Notizbüchern ist man bei näherem Hinsehen überrascht, wie vielfältig der Markt an Büchern ist: Einband, Bindung, Papierqualität, Lineatur, Einsatzzweck, Zusatzfunktionen – Notizbücher erfüllen nahezu jeden Ausstattungswunsch, ob als fadengeheftetes Notizheft oder als aufwendig gebundenes Notizbuch. Allein im Notizbuchblog ist im Laufe der Jahre eine dreistellige Zahl an Notizbuchmarken vorgestellt worden.

Zeige mir dein Notizbuch und ich sage dir, wer du bist. So könnte man vereinfacht die Logik beschreiben, die beim Erwerb eines Notizbuchs häufig eine Rolle spielt. Wer sich ein Notizbuch kauft, der achtet darauf, dass der Anblick des Notizbuchs seine Persönlichkeit unterstreicht. Ein Notizbuch ist nicht einfach nur eine Sammlung leerer Seiten. Ein Notizbuch ist ein Statement, ein haptisches und visuelles Erlebnis, es möchte etwas über den Besitzer sagen. Die Wertigkeit eines Notizbuchs steht oft stellvertretend für den Wert, den der Schreiber den geschriebenen oder gezeichneten Inhalten des Buches beimisst.

Gleiches kann man häufig auch über Stifte sagen: Auch sind sie oft mehr als nur Schreibwerkzeug und der Besitzer möchte mit ihrem Besitz und ihrer Verwendung etwas ausdrücken. So ist es nicht verwunderlich, dass Notizbuch und Stift in den Augen vieler

Notizbuchfans zusammenpassen müssen – optisch wie technisch, das heißt, das Papier muss zur Tinte passen, das Medium zum Werkzeug.

Neben der Optik ist die Haptik ein wichtiges Kriterium für Schreiber, weswegen sie Papier und Stift bzw. Notizbücher nutzen. Das Argument hört man oft auch von Lesern: Ein physisches Buch kann man in die Hand nehmen, es raschelt beim Blättern, auf den Seiten spürt man die strukturelle Oberflächenbeschaffenheit, es ist griffig. Alles Eigenschaften, die ein E-Book nicht hat. Das haben Notizbuchhersteller längst erkannt und adressieren bei der Einbandgestaltung nicht nur das Auge, sondern auch den Tastsinn. Einbände gibt es glatt oder rau, in Leder oder in Plastik, mit Gumminoppen (Mähler 2012b), mit Fell (Mähler 2011b) oder einfach nur aus Pappe. Sogar Holz, kugelsicheres Metall, aber auch klassischer Stoff gehören zum Repertoire der Hersteller. Der Einband ist das Tor zum Notizbuch (Mähler o. J. a).

Interessanterweise berichten viele analoge Schreiber, dass sich handschriftliche Notizen in geliebten Notizbüchern wertiger anfühlen als andere Notizen. Der optische und physische Rahmen eines Buches verleiht den eigenen Gedanken scheinbar mehr Gewicht.

5   Brücken zwischen analoger und digitaler Welt

Die Natürlichkeit der Handschrift ist so stark im Alltag verankert, dass es viele Versuche gibt, eine Brücke zwischen analoger und digitaler Welt zu schlagen, ohne der Schrift allzu viel von ihrer Natürlichkeit zu nehmen.

Die einfachste Variante sind digitale Stifte, die es in verschiedenen Ausprägungen gibt und die auf normalem Papier arbeiten. Manche funktionieren nur mit bestimmten Abstandsmessern, andere benötigen Papier, das mit einem fast unsichtbaren Punktmuster bedruckt ist. Die Stifte übertragen mittels verschiedener technischer Verfahren das von Hand Geschriebene in einen Computer, wo es als Bild oder über eine Texterkennung als Text weiterverarbeitet werden kann.

Andere Varianten digitaler Stifte benötigen auch ein digitales Medium, sei es ein spezielles Notiz- bzw. Schreib-Tablet (etwa das Noteslate Tablet; http://noteslate.com/) oder ein normales Tablet (dann spricht man beim Stift von einem Eingabestift oder Touchpen).

Aber all diese Varianten fühlen sich trotz ihrer Nähe zur rein analogen Welt immer noch künstlich an, da das Geschriebene auf einen Computer übertragen wird und der analoge Anteil des Schreibens nur als Eingabehilfe bzw. als analoge Metapher dient.

6 Was steht in Notizbüchern?

Notizbücher werden für unterschiedlichste Zwecke eingesetzt. Sporadische Notizen, Aufgabenlisten, aber auch als sogenannte Sketchbooks, als Sammlung von Zeichnungen. Sogar hier gibt es Spezialisierung, etwa für Zeichner, die nur städtische Motive zeichnen. Dafür gibt es den Begriff der Urban Sketcher, der mittlerweile eine Art Markenname mit einer eigenen Community im Netz ist (http://germany.urbansketchers.org/).

Notizbücher eignen sich auch für Schreibexperimente aller Art, seien es Gedichte oder Reiseberichte (Ortheil 2012). Zwei Nutzungsformen sind weithin geläufig: Tagebücher und Notizsammlungen. Sie werden exemplarisch für viele Einsatzzwecke von Notizbüchern nun näher vorgestellt.

7 Tagebücher – „An sich selbst schreiben"

Das Tagebuchschreiben ist keine aussterbende Kunst, sie wird nur zunehmend aus dem privaten analogen Bereich in die öffentliche digitale Welt verlagert. Soziale Netzwerke dokumentieren Gedanken, Meinungen, Reiseberichte, kurz: das ganze Leben ihrer Nutzer. Facebook als Tagebuch der Moderne? Zweifel sind angebracht (Mähler 2011c, 2014a). Klassisches Tagebuchschreiben ist analog und privat.

Übrigens: Wer trotz analogen Schreibens den Drang verspürt, seine privaten Notizen öffentlich zu machen, der kann das auf sogenannten Diary Slams tun (Mähler und Aufseß o. J. a).

Tagebücher sind ein sehr vielseitiges Format, das eigene Leben zu reflektieren und zu dokumentieren. Eine umfangreiche Sammlung von Artikeln zum Thema gibt es im Notizbuchblog (Mähler und Aufseß o. J. b). Vielleicht erkennt sich der Leser auch in einem oder mehreren der Tagebuchtypen wieder, zu denen es eine Umfrage im Blog gab (Aufseß 2012). Viele denken bei dem Begriff „Tagebuch" an eine Sammlung von Prosatexten. Man kann den Begriff aber auch weiter fassen und jedwede Notizsammlung als Tagebuch interpretieren.

8 Notizensammlungen – das Alltägliche als Bewusstseinsstrom

Ein Notizbuch ist immer auch ein Tagebuch – ob man das möchte oder nicht. Je nachdem, wie die Notizsammlung aussieht, dokumentiert sie die Gedanken, Ideen und Geschichten ihres Schreibers. In einem Notizbuch zusammengefasst entsteht so eine

Dokumentation des Lebens. Bei schnellem und häufigem Schreiben kann man die Sammlung auch als eine Art Bewusstseinsstrom interpretieren, vor allem wenn sich in den Notizen spontane Gedanken, Ideenskizzen und Anmerkungen zu alltäglichen Gegebenheiten finden. Diese Notizsammlungen funktionieren auch themenbezogen. Ein Beispiel: Jemand führt zwei Notizbücher parallel, nämlich eines für das Büro und eines für den Alltag im Privatleben.

Im Büro enthält das Notizbuch Gesprächsprotokolle, Aufgabenlisten (To-do-Listen), spontane Gedanken, Notizen zu noch zu führenden Gesprächen, Ideenskizzen, Vorbereitungen von Reden und Vorträgen, technische Skizzen und Zeichnungen, kurz: alles, was im Berufsalltag anfällt und festgehalten werden möchte. Im einfachsten Fall ersetzt das Notizbuch die lose Blattsammlung bzw. eine „Zettelwirtschaft".

Privat ist die Notizsammlung beispielsweise eine Mischung aus Tagebucheinträgen, Ideen für die Gartengestaltung, Aufgabenlisten, Gedankenordnung, Gedichtexperimenten, Rückblicken, Notizen zu guten Weinen und gutem Essen, Hinweise auf Textpassagen und Zitate, Stichworte zu Buchlektüren, Erinnerungen an Freunde und an weniger schöne Tage.

Natürlich kann man auch mehr als zwei Notizbücher führen, was aber selbst unter Notizbuchfans eher selten zu finden ist. Häufig fragen Leser im Notizbuchblog, was sie nach dem Kauf mit ihrem schönen neuen Notizbuch anfangen sollen. Dann fällt es nicht schwer, die vielen Anwendungszwecke wie zuvor beschrieben zu nennen. Es gibt auch analoge Schreiber, die Notizbücher für dedizierte Anwendungen einsetzen. Darunter Reisetagebücher, Weintagebücher, Hundetagebücher, Babynotizbücher, Bautagebücher und „Tagebücher" für eine Vielzahl anderer Themen. Neben der selbst organisierten Struktur eines leeren Buches gibt es am Markt von verschiedenen Herstellern spezielle Notizbücher zu all diesen Themen, die auch spezielle vorgefertigte Layouts anbieten. Darunter finden sich auch Exoten wie ein Oldtimernotizbuch, mit dem sich festhalten lässt, wann man welche Arbeiten an seinem Oldtimer verrichtet hat (Mähler 2015d).

Ein ganz großes Anwendungsgebiet von Notizbüchern ist die Selbstorganisation (Mähler o. J. b). Das Spektrum der Themen in diesem Anwendungsgebiet ist sehr vielfältig und Artikel zu diesem Thema gehören zu den beliebtesten im Notizbuchblog. Es gibt verschiedene Systeme zur Selbstorganisation, wie etwa die Getting-Things-Done-(GTD-)Methode (http://gettingthingsdone.com/), das Cornell-System (Mähler 2010a) oder die 5 × 3-Methode (Büttner 2015). Hier alle Methoden aufzuzählen, würde den Rahmen sprengen. Einige Methoden kommen mit einem leeren Notizbuch aus, andere benötigen eine gewisse Strukturierung der Seiten, wobei es dann dazu meist Notizbücher mit passend strukturierten Seitenlayouts gibt. Die einfachste Organisationsform sind Aufgabenlisten, die meist als To-do-Listen bezeichnet werden. Sehr häufig ist auch das Datum das Organisationskriterium und dann liegt es nahe, die Organisation nicht über ein leeres Notizbuch, sondern über einen Kalender zu handhaben. Auch dafür gibt es verschiedene Varianten, die alle Geschmäcker bedienen.

Der Autor hat die typischen Vorgehensweisen, die er selbst beim Strukturieren eines Notizbuchs anwendet, in einer kleinen Sammlung von sogenannten Notizbuchregeln

Abb. 1 Screenshot des Blogs „Notizbuchblog.de". (© Christian Mähler)

zusammengefasst. Sie sammeln die Grundmuster, die sich im Laufe der Jahre beim täglichen Einsatz von Notizbüchern im Büro und im Privatleben als hilfreich erwiesen und bewährt haben. Entsprechend gibt es auch „Aufgabenregeln". Die „Notizbuchregeln" beschreiben kein eigenes System, sondern sind eine Sammlung von Tipps, wie man sein Notizbuch strukturieren kann. Im zugehörigen E-Book *25 Notizbuchregeln – Notizbücher einfach nutzen* (Mähler 2016e) sind die Tipps ausführlich beschrieben und werden auch anhand von Beispielen vorgestellt. Viele Artikel rund um die „Notizbuchregeln" finden sich auch im Blog (siehe Abb. 1, http://www.notizbuchblog.de/tag/notizbuchregel/).

9   Stift und Papier sind nicht nur Schreibwerkzeuge

Bisher hat der Artikel in erster Linie auf das Schreiben fokussiert. Stift und Papier sind als Werkzeuge natürlich vielfältiger. Zuvor wurden bereits die Zeichnungen der Urban Sketcher erwähnt, die aber ein Nischenthema sind. Seit ca. 2015 sind Malbücher für Erwachsene sehr beliebt. Dabei ist das Ausmalen oder Zeichnen für Erwachsene aber kein Selbstzweck, wie das etwa bei Kindern der Fall ist, sondern dahinter steckt der Wellnessaspekt des Malerlebnisses. Bestimmte Techniken versprechen sogar Effekte wie bei einer Meditation (Mähler 2016a). Ausmalbilder für Erwachsene stehen nicht nur zum Download im Netz zur Verfügung (Mähler 2016c), sondern sind auch im Schreibwarengeschäft um die Ecke erhältlich.

Selbst wer nicht künstlerisch begabt ist, kann ohne Vorlagen Zeichnungen „kritzeln". Kritzeln macht angeblich in bestimmten Situationen aufmerksamer (Mähler 2012a) bzw.

fördert die Konzentration (Mähler 2010b). Skizzieren und Kritzeln sind häufig die Übersetzung von Gedanken in Bilder. Die visualisierten Gedanken werden wiederum vom
Gehirn verarbeitet und so arbeitet man sich in einer stetigen Rückkopplung fort. Ein
Bild sagt mehr als tausend Worte, auch wenn es nur gekritzelt ist. Kritzeln löst gleich im
doppelten Sinn Blockaden (Mähler 2015a): Zum einen enthemmt es durch das Drauflos-
malen, weil es einen nicht zwingt, den richtigen Start zu finden. Zum anderen enthemmt
das Kritzeln, weil man damit in der Regel alles andere als Systematik assoziiert, man
muss also nicht alles perfekt machen, es muss nicht systematisch sein und Fehler kann
es per Definition nicht geben. Man spürt nicht den Druck, es richtig machen zu müssen,
und fängt einfach mal an. Das kann befreiend sein und die Gedanken in Schwung
bringen.

10   Digitale Enthaltsamkeit

Dieser Artikel ist nicht der Aufruf, digitale Helfer zu verdammen. Es geht nicht um ein
Entweder-oder, sondern um ein sinnvolles Nutzen des richtigen Werkzeugs. Digitale Enthaltsamkeit in Form von handschriftlichem Schreiben entschleunigt das eigene Tun und
lässt einen dabei den Akt des Schreibens, aber auch den Inhalt des Geschriebenen wieder
bewusster erfahren. Für manche ist es ein „Retro"-Trend, für andere war es nie aus der
Mode.

11   Wie geht digitale Enthaltsamkeit?

Vielleicht möchten Sie selbst Stift und Papier neu kennenlernen und Ihre Nische digitaler
Enthaltsamkeit finden? Daher ein paar einfache Tipps, was man mit Stift und Papier ausprobieren kann:

- Für Organisierte: Führen Sie eine Aufgabenliste (To-do-)Liste auf einem Blatt Papier
  oder einem Zettel in der Küche und notieren Sie sich alles, was Sie noch erledigen
  wollen. Gestalten Sie den Umfang der Aufgaben nicht zu groß, damit Sie schnell
  Erfolgsergebnisse haben und erledigte Punkte als erledigt markieren können. Sie
  werden sehen, dass das Abhaken von Aufgaben ein gutes Gefühl hinterlässt (Mähler
  2010c). Gerade im Job ist es oft einfacher, ein Notizbuch mit einer Aufgabenliste
  mitzuführen als einen digitalen Helfer wie einen Laptop. Tipp: für Aufgabenlisten
  keine Zettel, sondern tatsächlich Notizbücher verwenden. Dann haben Sie diese auch
  für Skizzen und andere Notizen zur Hand und es entsteht keine „Zettelwirtschaft".
- Für Kreative: Nehmen Sie sich ein Blatt Papier und schreiben Sie einfach drauf-
  los, egal welche Worte Ihnen in den Sinn kommen und unabhängig davon, ob das
  Geschriebene Sinn macht. Diese Methode nennt man „automatisches Schreiben"
  (Wikipedia 2016a, „Écriture automatique") und sie bringt oft Verblüffendes zutage.

- Für Büroarbeiten: Wenn Sie in Besprechungen regelmäßig mitschreiben und Protokoll führen, besorgen Sie sich ein ansprechendes Notizbuch, das Ihrem Stil entspricht, und schreiben Sie in Zukunft analog mit. Fertigen Sie danach eine digitale Aufbereitung des Mitgeschriebenen an. Dabei werden Sie feststellen, dass Sie gezwungen sind, Ihre schnellen Notizen zu strukturieren und das Geschriebene im Zusammenhang zu rekapitulieren. Das fördert das Verständnis und liefert Verständnislücken unmittelbar zutage. Der scheinbar doppelte Aufwand (zuerst analog mitschreiben, dann digital aufbereiten) hört sich zwar ineffizient an, Sie werden aber sehen, dass Sie dafür neue Einblicke in das Geschriebene erhalten und deutlich ausführlichere Zusammenfassungen mit klareren Formulierungen finden werden.
- Für die Selbsterkenntnis: Eine eher fortgeschrittene Tätigkeit ist das Tagebuchschreiben. Sie benötigen ein Notizbuch und dürfen keine Hemmungen haben, das niederzuschreiben, was Ihnen gerade in den Sinn kommt und das Ihnen wert scheint, festgehalten zu werden. Schreiben Sie für sich, nicht für andere. Tun Sie sich keinen Zwang an, jeden Tag zu schreiben. Halten Sie Banales und Tiefgründiges fest, schöne Sätze, Wörter, Gedanken, Ideen.

Und wer immer noch nicht überzeugt ist, dass Stift und Papier besondere Werkzeuge sind, dem sei in Erinnerung gerufen, dass sie viel günstiger sind als digitale Helfer, sie benötigen keinen Strom, sie sind nachhaltiger, sie sind unabhängig vom Netzzugang verfügbar und sie bieten ein haptisches Erlebnis, das von digitalen Werkzeugen bis heute nicht nachgebildet werden kann.

Literatur

Druckwerke

Mangen A, Anda LG, Oxborough GH, Brønnick K (2015) Handwriting versus keyboard writing: effect on word recall. J Writ Res 7(2):227–247. http://www.jowr.org/abstracts/vol7_2/Mangen_et_al_2015_7_2_abstract.html. Zugegriffen: Apr. 2016

Ortheil (2012) Schreiben auf Reisen. Bibliographisches Institut, Mannheim. http://www.duden.de/Shop/Schreiben-auf-Reisen. Zugegriffen: Apr. 2016

von Aufseß A (2015) Schreib an Dich! – 26 Arten, ein Tagebuch zu führen. Pattloch, München

Online-Ressourcen

Berninger V (2012) Evidence-based, developmentally appropriate writing skills K to 5: teaching the orthographic loop of working memory to write letters, spell Words, and express ideas. https://www.hw21summit.com/research-berninger. Zugegriffen: Apr. 2016

Briggs H (2013) Active brain ‚keeps dementia at bay'. http://www.bbc.com/news/health-23159127. Zugegriffen: Apr. 2016

Büttner M (2015) Die Methode 5 × 3: Für mehr Effizienz, mehr Zielorientierung und weniger Stress im Büro. http://www.x17.de/de/a5-quer/5x3-methode-effizienz-im-buero/. Zugegriffen: Apr. 2016

Doverspike J (2015) Ten reasons people still need cursive. http://thefederalist.com/2015/02/25/ten-reasons-people-still-need-cursive/. Zugegriffen: Apr. 2016

Duden (2016) „Grafologie". http://www.duden.de/rechtschreibung/Grafologie. Zugegriffen: Apr. 2016

Klemm WR (2013) Why writing by hand could make you smarter. https://www.psychologytoday.com/blog/memory-medic/201303/why-writing-hand-could-make-you-smarter. Zugegriffen: Apr. 2016

Mähler C (2010a) Notizen machen mit dem Cornell-System. http://www.notizbuchblog.de/2010/01/28/notizen-machen-mit-dem-cornell-system/. Zugegriffen: Apr. 2016

Mähler C (2010b) Kritzeln fördert die Konzentration. http://www.notizbuchblog.de/2010/02/10/kritzeln-fordert-die-konzentration/. Zugegriffen: Apr. 2016

Mähler C (2010c) Abhaken macht glücklich. http://www.notizbuchblog.de/2010/03/19/abhaken-macht-glucklich/. Zugegriffen: Apr. 2016

Mähler C (2011a) Notizbücher aus „Puh". http://www.notizbuchblog.de/2011/02/26/notizbucher-aus-puh/. Zugegriffen: Apr. 2016

Mähler C (2011b) Notizbücher mit Einband aus Kuhfell. http://www.notizbuchblog.de/2011/05/11/notizbucher-mit-einband-aus-kuhfell/. Zugegriffen: Apr. 2016

Mähler C (2011c) Facebook Timeline – Tagebuch der Moderne? http://www.notizbuchblog.de/2011/09/28/facebook-timeline-tagebuch-der-moderne/. Zugegriffen: Apr. 2016

Mähler C (2012a) Kritzeln macht aufmerksamer. http://www.notizbuchblog.de/2012/04/05/kritzeln-macht-aufmerksamer/. Zugegriffen: Apr. 2016

Mähler C (2012b) Mark's Notizbücher mit Silikoneinband. http://www.notizbuchblog.de/2012/07/15/marks-notizbucher-mit-silikoneinband/. Zugegriffen: Apr. 2016

Mähler C (2013a) paperworld 2013: „Held der Arbeit" von brandbook. http://www.notizbuchblog.de/2013/02/01/paperworld-2013-held-der-arbeit-von-brandbook/. Zugegriffen: Apr. 2016

Mähler C (2013b) Graphologie als Pseudowissenschaft. http://www.notizbuchblog.de/2013/05/06/graphologie-als-pseudowissenschaft/. Zugegriffen: Apr. 2016

Mähler C (2014a) Liebes Facebook Tagebuch. http://www.notizbuchblog.de/2014/02/04/liebes-facebook-tagebuch/. Zugegriffen: Apr. 2016

Mähler C (2014b) Wenn ihr euch konzentrieren wollt, arbeitet analog. http://www.notizbuchblog.de/2014/04/24/wenn-ihr-euch-konzentrieren-wollt-arbeitet-analog/. Zugegriffen: Apr. 2016

Mähler C (2015a) „Hände weg von Maus und Tastatur". http://www.notizbuchblog.de/2015/03/29/haende-weg-von-maus-und-tastatur/. Zugegriffen: Apr. 2016

Mähler C (2015b) Pensaki – Handschrift vom Roboter. http://www.notizbuchblog.de/2015/04/22/pensaki-handschrift-vom-roboter/. Zugegriffen: Apr. 2016

Mähler C (2015c) Briefeschreiben hat Vorteile gegenüber Facebook und WhatsApp. http://www.notizbuchblog.de/2015/10/03/briefeschreiben-hat-vorteile-gegenueber-facebook-und-whatsapp/. Zugegriffen: Apr. 2016

Mähler C (2015d) Edition 402 – ungewöhnliche Spezialnotizbücher. http://www.notizbuchblog.de/2015/11/23/edition-402-ungewoehnliche-spezialnotizbuecher/. Zugegriffen: Apr. 2016

Mähler C (2016a) Zentangle – Meditation und Zeichnen. http://www.notizbuchblog.de/2016/02/20/zentangle-meditation-und-zeichnen/. Zugegriffen: Apr. 2016

Mähler C (2016b) Aktion Handschreiben 2020. http://www.notizbuchblog.de/2016/02/21/aktion-handschreiben-2020/. Zugegriffen: Apr. 2016

Mähler C (2016c) Ausmalbilder für Erwachsene zum Herunterladen. http://www.notizbuchblog.de/2016/03/22/ausmalbilder-fuer-erwachsene-zum-herunterladen/. Zugegriffen: Apr. 2016

Mähler C (2016d) Mit Handschrift zum Marketingerfolg http://www.notizbuchblog.de/2016/03/25/mit-handschrift-zum-marketingerfolg/. Zugegriffen: Apr. 2016

Mähler C (2016e) E-Book. http://www.notizbuchblog.de/e-book/. Zugegriffen: Apr. 2016

Mähler C (o. J. a) Notizbuchblog: Archiv für die Kategorie »Einband«. http://www.notizbuchblog.de/category/einband/. Zugegriffen: Apr. 2016

Mähler C (o. J. b) Notizbuchblog: Tag-Archiv für »Selbstorganisation«. http://www.notizbuchblog.de/tag/selbstorganisation/. Zugegriffen: Apr. 2016

Mähler C, von Aufseß A (o. J. a) Notizbuchblog: Suchergebnisse für „diary" und „slam". http://www.notizbuchblog.de/?s=diary+slam. Zugegriffen: Apr. 2016

Mähler C, von Aufseß A (o. J. b) Notizbuchblog: Suchergebnisse für „tagebuch". http://www.notizbuchblog.de/?s=tagebuch. Zugegriffen: Apr. 2016

Mueller PA, Oppenheimer DM (2014) The Pen Is Mightier Than the Keyboard – Advantages of Longhand Over Laptop Note Taking. http://journals.sagepub.com/doi/abs/10.1177/0956797614524581. Zugegriffen: Apr. 2016

von Aufseß A (2012) Welcher Tagebuch-Typ bist Du? http://www.notizbuchblog.de/2012/02/14/welcher-tagebuch-typ-bist-du/. Zugegriffen: Apr. 2016

Wikipedia (2016a) „Écriture automatique". In: Wikipedia, Die freie Enzyklopädie. Bearbeitungsstand: 16. Februar 2015. https://de.wikipedia.org/w/index.php?title=%C3%89criture_automatique&oldid=138908069. Zugegriffen: Apr. 2016

Wikipedia (2016b) „Papiersorte". In: Wikipedia, Die freie Enzyklopädie. Bearbeitungsstand: 7. April 2016, https://de.wikipedia.org/w/index.php?title=Papiersorte&oldid=153259435. Zugegriffen: Apr. 2016

Christian Mähler ist von Beruf Informatiker und arbeitet als Entwicklungsleiter in einer Softwarefirma. Er gestaltet so direkt die Digitalisierung des Lebens mit und bloggt gleichzeitig privat seit 2009 über die analoge Welt. Sein *Notizbuchblog* ist zu einem der wichtigsten Blogs über Notizbücher und die ganz Welt drumherum geworden. Seine Erfahrungen im Umgang mit Notizbüchern hat er zudem in dem E-Book *25 Notizbuchregeln – Notizbücher einfach nutzen* zusammengefasst. Er lebt mit seiner Frau und drei Kindern in Karlsruhe.

Christian Mähler
(Fotocredit: privat)

Gut verlegt: Zum neuen Verhältnis von analog und digital am Beispiel des Kunstprojekts „KARL. Reflections"

Alexandra Hildebrandt und Nicole Simon

1 Warum wir ein neues Denken brauchen

„Die Leute wollen immer nur Vertrautes. Sie sperren sich gegen das Neue. Aber genau hier liegt die Aufgabe des Künstlers: gegen die Gewohnheiten anzukämpfen ..." Wassili Kandinsky (in: Eckert and Völkel 2019, S. 135)

Die deutsche Buch- und Zeitungsbranche kämpft mit der Digitalisierung. Viele Verlage sind an solche radikalen Veränderungen nicht gewöhnt und verwenden noch immer traditionelle Geschäftsmodellprinzipien, die auf alten Fundamenten basieren und nicht mit den neuen Denkmodellen harmonieren, die hinter den digitalen Technologien und den darauf entwickelten Leistungen und Produkten stehen. Sie denken noch nicht agil und nachhaltig, wenn es um das Erschließen neuer Möglichkeiten in Zeiten des digitalen Wandels geht. Das betrifft auch Redakteure und Verantwortliche klassischer Tageszeitungen, die in ihrem Medium nur gedruckte Bücher vorstellen, aber keine E-Books. Viele Redakteure nehmen sie meist nicht ernst, weil es keine „richtigen" Bücher sind, und weil die eigene Zeitung auch ein Printmedium ist. Das Segment ist auch für viele Verlage „noch unattraktiv oder wird lediglich als Scouting-Plattform betrachtet" (Hildebrandt 2017). Dabei ist ein E-Book kein minderwertiges Produkt – schließlich wird es mit der gleichen Aufmerksamkeit geschrieben und umgesetzt wie ein richtiges Buch. Dabei sollte die wichtige Trennlinie gute Qualität oder schlechte Qualität sein. Dass auch viele etablierte Verlage glauben, die Zukunft für sich gepachtet zu haben, wird

A. Hildebrandt (✉)
Burgthann, Deutschland
E-Mail: drhildebrandt.alexandra590@gmail.com

N. Simon
Viernheim, Deutschland
E-Mail: mail@nicolesimon.com

© Springer-Verlag GmbH Deutschland, ein Teil von Springer Nature 2021
A. Hildebrandt und W. Landhäußer (Hrsg.), *CSR und Digitalisierung,* Management-Reihe Corporate Social Responsibility, https://doi.org/10.1007/978-3-662-61836-3_62

schon daran sichtbar, dass sich die Preise ihrer E-Books kaum von denen der Papierbücher unterscheiden. Es wird nicht verstanden, dass beispielsweise mit preiswerten E-Books völlig neue Käuferschichten angesprochen und für das Lesen gewonnen werden können. Ohne Veränderungsbereitschaft und Mut bleibt kein Unternehmen lange wettbewerbsfähig.

Für unser Kunstprojekt *KARL. Reflections* (Hildebrandt und Simon 2020) wollten wir das Potenzial der Digitalisierung nachhaltig nutzen und fragten uns zu Beginn, welche sinnvollen Tools uns zur Verfügung stehen. Wir wollten aufgeschlossen sein für all das, was sich an neuen Möglichkeiten und Wegen eröffnete. Nur mit dieser Offenheit für das Neue lassen sich auch Chancen erkennen und den Nutzen erklären, wie Kunst auf verschiedenen Kanälen funktioniert. Wir wollten voraussehen, um später nicht das Nachsehen zu haben. Wer aber skeptisch ist, sieht überall Hindernisse und kommt als Bedenkenträger nur langsam ins Tun.

2   Der elektronische Karl

Zum ersten Todestag von Karl Lagerfeld am 19. Februar 2020 (Hildebrandt 2020a) veröffentlichten wir zunächst ein E-Book (Abb. 1), in dem jedes Foto einen Ausdrucksmoment, eine Zeitstimmung spiegelt und viele Augenblicke vor und nach Lagerfelds Tod im Jahre 2019 verdichtet.

Abb. 1   Cover des E-Books „KARL. Reflections". (Fotocredit: Nicole Simon)

Enthalten sind bisher unveröffentlichte Bilder der Fotokünstlerin Nicole Simon, die Lagerfeld in den späten 1990er-Jahren zeigen sowie Impressionen von dritten Orten, die für Lagerfeld von besonderer Bedeutung waren (Lagerfeld-Shops, Chanel-Läden oder Buchläden), ein umfangreicher Essay und teilweise noch unbekannte Lagerfeld-Zitate und Quellenverweise (Abb. 2). Wer glaubt, alles über den Modeschöpfer, Fotografen, Illustrator und Büchersammler Karl Lagerfeld zu wissen, wird hier eines Besseren belehrt. Auf dem von Nicole Simon gestalteten Cover des E-Books ist nur eine Hälfte seines Gesichts zu sehen. Die andere ist verborgen. So lebte er, und so starb er auch. Der Titel drückt aus, dass wir immer nur Teile von ihm wahrnehmen, aber nie das Ganze. Wo wir ihn greifbar glauben, entzieht er sich sofort. Lagerfeld kann nur in der ständigen Reflexion wahrgenommen werden, denn ein Genie lässt sich nicht fassen – es scheint immer nur in Teilen des eigenen Werkes auf und setzt sich im Leben selbst die Regeln. Lagerfeld ließ sich von niemandem sagen, was er zu tun hatte. Er kam sich nie abhanden, weil er unbestechlich war, ein Aufrichtiger, ein Perfektionist, auf den man sich verlassen konnte. Er hatte eine sehr reale Wahrnehmung von sich selbst und wusste,

Abb. 2 Haute Couture Karl Lagerfeld-Shop Paris. (Copyright: Nicole Simon Photography)

Abb. 3 KARL: A Symbol of Style. (Copyright: Nicole Simon)

was er wollte (Hildebrandt 2020a, b). Er lebte radikal aus seinem Inneren heraus und handelte nach seiner inneren Überzeugung (Abb. 3).

All das wollten wir in persönlichen Text-Bild-Reflexionen in Buchform bringen, doch viele Verlage verwiesen uns auf den Markt und das, was es alles schon von und über Lagerfeld gibt: die Bücher beim Steidl Verlag, von denen jedes die unverwechselbare Handschrift des Meisters trägt und die vielen Zitate-Bücher. Unser Eindruck war, dass das Hochpreisige, Ästhetische neben billigen, schnell verkäuflichen Printprodukten stand. Unser Projekt fiel aus dem Raster, und uns wurde einmal mehr bewusst, dass der Markt niemals gefragt werden sollte, weil er nur das sagt, was er ohnehin schon kennt. Und so sieht in der Regel auch das Bücherangebot aus: Immer das Gleiche, was wiederum zu Gleichgültigkeit beim Kunden führt und den Preis zum primären Entscheidungskriterium macht. Wer jedoch immer nur den Markt fragt, wird das Neue und Besondere – das sich auch durch die Chancen der Digitalisierung ergibt – nicht einmal bemerken.

Allerdings versuchen auch viele Autoren oder die, die es werden wollen, heute zu machen, was die meisten machen: Sie senden ihren Buchvorschlag, ihre Vita, einschließlich einer detaillierten Auflistung ihrer Veröffentlichungen, dem vorläufigen Inhaltsverzeichnis und Probekapiteln an Literaturagenten oder an Verlage. Aus der Fülle der eingereichten Manuskripte werden hier diejenigen ausgewählt, die gedruckt werden sollen und sich später in den begrenzten Regalen der Buchhandlungen finden. Schließlich sind sie enttäuscht, wenn sie eine Absage erhalten, weil ihr Buchprojekt nicht in den Markt passt. Aber das Problem ist doch: Wenn einem immer nur das Gewohnte vor die Nase gestellt wird, dann wird das Neue nicht einmal bemerkt. Deshalb sollten Mutmacher auch Marktmacher sein und Anderes ausprobieren und anbieten. Der Markt sollte nie als Orientierung genommen werden, denn wenn er gefragt wird, sagt er das, was er ohnehin schon kennt. So sieht es zuweilen auch in den Bücherregalen aus: immer das Gleiche. Wer etwas Neues bietet, hat alle Freiheiten, denn es gibt ja noch keinen Vergleich. Das gilt auch für Autoren: Wer sein Heil nur auf dem üblichen Verlagsweg sucht, sitzt immer öfter in der Klemme.

Abb. 4 Spiegelungen. (Fotocredit: Nicole Simon)

3   Warum die Zukunft keine Verlängerung der Gegenwart sein darf

Um die Zukunft produktiv zu nutzen, muss man ihren Wandel umfassend und systematisch verstehen. Wir sind uns bewusst, dass es in Zeiten der Digitalisierung auch das klassische Druckhandwerk und dessen Sinnlichkeit braucht – das gilt auch für unser Projekt, das es künftig auch erweitert in klassischer Buchform geben soll. Zudem ist es mit dem als Wanderausstellung angelegten Fotoprojekt von Nicole Simon, BEHIND GLASS – HINTER GLAS, verbunden: Auf Lagerfeld bezogene Impressionen wurden hinter Glas fotografiert und machen sichtbar, was bislang verborgen war, andererseits erzeugt jede neue Spiegelung der Schwarz-Weiß-Bilder auch Geheimnisse, die sich nicht entschlüsseln lassen (Abb. 4). Die etwa 25 Arbeiten sind ein persönliches Statement der Fotografin. Präsentiert werden Momente kultureller und medialer Aufbruchs- und Umbruchssituationen – ganz im Sinne Lagerfelds: Das angestrebte Neue soll das Alte überwinden und nicht Widerpart des Alten sein (Abb. 5).

Diese Fotografien sind wie ein seelisches Piktogramm von Lagerfeld an Dritten Orten. Third Place ist ein Fachausdruck der Soziologie, geprägt von Ray Oldenburg, der neben dem eigenen Heim („Erster Ort“) und dem Arbeitsplatz („Zweiter Ort“) von großer Bedeutung für das Funktionieren einer Gesellschaft ist. Darunter werden städtische Begegnungsräume (gathering spaces) verstanden, in denen sich Menschen – wie in Nicole Simons Bildern – versammeln oder auch trennen können. Auch wird in ihnen Öffentlichkeit hergestellt. Bei Simon sind das beispielsweise Chanel- und Lagerfeld-Geschäfte und Buchläden. Sie zeigen nicht nur authentische Ausdrucksmomente, sondern bieten auch einen seltenen Einblick in den außergewöhnlichen Schaffensprozess

Abb. 5 Auszug aud dem E-Book „KARL. Reflections". (Fotocredit: Nicole Simon)

der Fotografin. Jedes Foto spiegelt einen Ausdrucksmoment, eine Zeitstimmung und verdichtet viele kulturelle Tendenzen vor und nach Lagerfelds Tod. Abbruch und Aufbruch,
Witz und Wehmut sind hier miteinander verbunden – die schöne und schreckliche Wahrheit des Lebens, wie sie Lagerfeld gezeichnet und fotografiert hat. Hier ist sie noch einmal Bild geworden.

Dass wir uns im ersten Schritt für die Realisierung eines E-Books entschieden haben,
hat noch einen weiteren Grund: die langsame Produktionsweise und zähe Debatten
über Buchtitel und Cover, die dem eigentlichen Kunden der Verlage, dem Buchhändler,
gefallen sollen. Wir wollten den schwerfälligen Verlags-Lokomotiven überlegen sein,
blitzschnell reagieren und das Projekt immer aktuell halten. Wir erinnerten uns daran,
dass alle um die Jahrtausendwende über Amazon geschimpft haben. Statt von diesem
Unternehmen zu lernen, wurde es weiter kritisiert und verlacht – so lange, bis es Gewinn
machte. Dann wachten alle auf und es wurde weiter geschimpft, dass Amazon (und
Google) die Welt „beherrscht".

4   Amazon Publishing: Ein Weckruf an alle Verlage?

Amazon hat zwar das Self-Publishing nicht erfunden, doch mit dem Kindle-Programm
leitete der international tätige Konzern eine Explosion der Entwicklung ein, die das Self-
Publishing für jeden erschwinglich und technisch möglich machte. Das Unternehmen ist
der unangefochtene Marktführer aufgrund seiner aggressiven Preispolitik, der günstigen
Lesegeräte und einer ausgefeilten softwaregesteuerten Bindung zum Kunden. Amazon
Publishing sollte als Weckruf an alle Verlage betrachtet werden, ihr Serviceportfolio für

Autoren anzupassen, um neue Wege zu gehen und dringliche gesellschaftliche Inhalte schneller in den Markt zu bringen. Dieser Realität müssen sich Verlage heute stellen. Sie werden nicht verschwinden, nur ihre Aufgaben werden sich – wie auch in anderen Wirtschaftsbereichen – verschieben in Richtung Mehrwert und Dienstleistung für Autoren, die zum Beispiel darin unterstützt werden, ihr Manuskript besser zu machen und sich aus der Masse der anderen Autoren abzuheben.

Um anzufangen und sich im Self-Publishing auszuprobieren ist es wichtig, sich vom Perfektionismus zu verabschieden, von der Vorstellung, „vorher" noch mehr wissen zu wollen oder können zu müssen. Auch unser Projekt *KARL. Reflections* ist kein perfektes, bis ins Detail durchdachtes, „fertiges" Konzept, sondern ein Projekt, das ständig weiterentwickelt wird, denn auch kein Produkt ist heute mehr darauf ausgelegt, für eine lange Dauer in der immer gleichen Form auf dem Markt zu bestehen.

Wer bislang kein Handwerker seines eigenen Lebens war, der wird auch kein digitaler Handwerker werden, denn dazu gehört, vieles selbst zu machen und keinen Vorschuss zu erhalten. Dennoch wird am Ende jeder belohnt, der ständig übt und sich in seinem Tun verbessert. Deshalb ist uns der erste Schritt des Self-Publishings so wichtig, denn es hat auch mit Selbstbestimmung zu tun, die dort beginnt, wo man selbst eine Entscheidung trifft und die Konsequenzen trägt. Wer seinen eingeschlagenen Weg bedingungslos verfolgt, leidenschaftlich, unabgelenkt und mit voller Energie, wird auch erfolgreich sein. Wer größer werden will, muss zunächst kleiner werden. das heißt: kleiner denken, fokussierter und konzentrierter sein und sich immer wieder fragen, ob das, was man gerade tut, dazu beiträgt, wirklich seinen Zielen näher zu kommen.

Als Self-Publisher begreifen wir uns in der Doppelrolle als Autor und Unternehmer, da beide Seiten der Wertschöpfungskette (Autor und Verlag) bedient werden. Wir wollten einfach anfangen und uns selbst motivieren. Es nützt nichts, gut zu schreiben und gut fotografieren zu können, wenn die eigene Arbeit nicht sichtbar ist. Was nützt es, wenn wir unsere Leistung als besser empfinden, wenn andere sich besser verkaufen? Wissensriesen können nichts bewirken, wenn sie gleichzeitig Umsetzungszwerge sind. Wir haben etwas als für uns richtig erkannt und kamen sofort ins Handeln, in dem wir die Möglichkeit nutzten, unser E-Book über Amazons KDP zu veröffentlichen. Folgende Vorteile kamen uns dabei zugute.

- E-Books bei Kindle Direct Publishing (KDP) sind deutlich günstiger als die Hälfte vergleichbarer Verlagstitel. Viele Self-Publishing-Titel sind im Gegensatz zu aktuellen Verlagstiteln in Flatrates wie „Kindle Unlimited" zu finden (häufig verschenken Self-Publisher ihre Bücher sogar, um neue Leser zu gewinnen).
- Inhaltliche und gestalterische Experimente sind möglich: So können Inhalte jederzeit neu hochgeladen sowie Cover und Buchtitel verändert werden.
- Die Gestaltung (Layout und Design) des Buches liegt bei den Autoren oder Herausgebern. Dazu kann auch mit professionellen kostenlosen Programmen (zum Beispiel Kindle Cover Creator oder mithilfe des BoD easyEditor) gearbeitet werden.

- Autoren können hier deutlich mehr verdienen als mit eigenen Verlagstiteln. Bei KDP können täglich die Käufe verfolgt werden, zudem erhält man monatlich einen Bericht von Amazon über die verkauften Einheiten.
- „Betaversionen" der Bücher können nach ersten Leserfeedbacks sofort optimiert und hochgeladen werden.
- Neue Marktnischen können sofort bedient werden, was bei Verlagen mit ihren langwierigen Planungsprozessen nicht möglich ist.
- E-Books sind auch ein hervorragender Multiplikator eigener Blogs: So können gleiche Inhalte in beiden Medien angepasst werden – und der Blog kann auf die Bücher verweisen.
- Self-Publishing ermöglicht neue Preismodelle.
- Social-Media-Kommentare, Amazons Empfehlungsalgorithmen und Blogbeiträge über die Werke haben bei den Lesern häufig die Funktion des Qualitätsfilters.
- Es entsteht eine neue Verbindung zwischen Autor und Leser.
- Es braucht nur wenige Mausklicks, um das Manuskript hochzuladen und das Buch online zu stellen.
- Das Interesse der richtigen Zielgruppe kann schneller geweckt und der Nutzen für den Leser greifbarer gemacht werden.

Doch was ist nun besser: Bücher oder E-Reader? Ein schön gestaltetes Buch, der Geruch des Papiers und die Haptik des Materials ist digital nicht zu ersetzen, aber ein E-Reader hat auch viele Vorteile: Es muss kein Papier für den Lesestoff hergestellt, bedruckt und gebunden werden. Auch liegen sie nicht in den Lagerzentren und Buchladen, was mit hohen Kosten und Ressourcen verbunden wäre. Allerdings ist der Ressourcenverbrauch von E-Readern enorm (mehr als 99 Prozent des Energieverbrauchs und der Treibhausgasemissionen entstehen bei der Produktion). Zudem ist der Abbau der benötigten Rohstoffe sehr energieintensiv. Je länger ein E-Reader benutzt wird, desto besser ist seine Bilanz. Positiv hervorzuheben ist auch, dass E-Reader selten aufgeladen werden müssen und ihre Akkus entsprechend langlebig sind. An diesem Projektbeispiel, das die Vorzüge beider Medien verbindet, zeigt sich vor diesem Hintergrund auch, dass es Sinn macht, alle Möglichkeiten des Publizierens und Lesens immer wieder auf Nachhaltigkeitsaspekte hin abzuwägen.

Literatur

Eckert E, Völkel U (2019) DAS BAUHAUS WEIMAR. Von Anni Albers bis Wilhelm Wagenfeld. Weimarer Verlagsgesellschaft, Wiesbaden, S 135

Hildebrandt A (2017) Warum Verlage zu Dienstleistern der Autoren werden sollten. In: Buchreport (09.03.2017). https://www.buchreport.de/news/warum-verlage-zu-dienstleistern-der-autoren-werden-sollten/. Zugegriffen: 8. März 2020

Hildebrandt A (2020a) Zum ersten Todestag von Karl Lagerfeld am 19. Februar 2020 (19.02.2020). https://dralexandrahildebrandt.blogspot.com/2020/02/zum-ersten-todestag-von-karl-lagerfeld.html. Zugegriffen: 7. März 2020

Hildebrandt A (2020b) Der Welt abhandengekommen: Was von Karl Lagerfeld bleibt. In XING (24.02.2020). https://www.xing.com/news/insiders/articles/der-welt-abhandengekommen-was-von-karl-lagerfeld-bleibt-3003748?xng_share_origin=web. Zugegriffen: 7. März 2020

Hildebrandt A, Simon N (2020) KARL. Reflections. Kindle/Amazon

Dr. Alexandra Hildebrandt
(Fotocredit: Nicole Simon
Photography)

Dr. Alexandra Hildebrandt ist freie Publizistin, Autorin und Nachhaltigkeitsexpertin. Sie studierte Literaturwissenschaft, Psychologie und Buchwissenschaft. Anschließend war sie viele Jahre in oberen Führungspositionen der Wirtschaft tätig. Bis 2009 arbeitete sie als Leiterin Gesellschaftspolitik und Kommunikation bei der KarstadtQuelle AG (Arcandor). Beim Deutschen Fußball-Bund (DFB) war sie 2010 bis 2013 Mitglied der DFB-Kommission Nachhaltigkeit. Den Deutschen Industrie- und Handelskammertag unterstützte sie bei der Konzeption und Durchführung des Zertifikatslehrgangs „CSR-Manager (IHK)". Sie leitet die AG „Digitalisierung und Nachhaltigkeit" für das vom Bundesministerium für Bildung und Forschung geförderte Projekt „Nachhaltig Erfolgreich Führen" (IHK Management Training). Im Verlag Springer Gabler gab sie in der Management-Reihe Corporate Social Responsibility die Bände „CSR und Sportmanagement" (2014, 2. Aufl. 2019), „CSR und Energiewirtschaft" (2015, 2. Aufl. 2019) und „CSR und Digitalisierung" (2017, 2. Aufl. 2021) heraus. Aktuelle Bücher bei Springer Gabler (mit Werner Neumüller): „Visionäre von heute – Gestalter von morgen" (2018) und „Klimawandel in der Wirtschaft. Warum wir ein Bewusstsein für Dringlichkeit brauchen" (2020).

Nicole Simon
(Fotocredit: Nicole Simon
Photography)

Nicole Simon ist eine international erfahrene, deutsche Fotografin und Künstlerin. Sehr früh erkannte sie ihre Liebe zur Fotografie. Sie absolvierte eine klassische Ausbildung zur Fotografin im Werbeatelier und beendete diese im Anschluss mit dem Bachelor Professional der Fotografie. Menschen zu fotografieren ist ihre Passion. Zu ihrem bisherigen Schaffensprozess gehören mehrerer Porträtbildbände sowie Panorama-Landschaftskalender die unter anderem in der Edition Braus Berlin und im TeNeues Verlag erschienen sind. Zahlreiche Ausstellungen: Schwarz-weiß-Portraits in der Kunsthalle Mannheim (2007) und Mercedes-Benz Classic Museum in Stuttgart (2014) zu Stars & Cars. Die Reiss-Engelhorn Museen zeigten 2015 in der zweijährigen Einzelausstellung Landschaftsbilder von ihr. Fachbeiträge bei Springer Gabler: „Visionäre von heute – Gestalter von morgen" (hg. Alexandra Hildebrandt und Werner Neumüller 2018), „Klimawandel in der Wirtschaft – Warum wir ein Bewusstsein für Dringlichkeit brauchen" (hg. Alexandra Hildebrandt 2020). E-Books (Kindle Edition): „REFLECTIONS – Hommage – Karl Lagerfeld", „Goethe 21.0 Was die Welt im Innersten zusammenhält". Weitere Informationen: https://nicolesimon.com/.

Zukunft erkennt man nicht – man schafft sie

Claudia Schmidt und Alexandra Hildebrandt

Interview mit Claudia Schmidt, Geschäftsführerin MUTAREE GmbH

Frau Schmidt, wo spielt Digitalisierung in Ihrem Berufsalltag eine besondere Rolle?
In meinem Beratungsalltag hält Digitalisierung überall Einzug. Aber vielleicht erst einmal ein kurzer Ausflug dazu, wo der Unterschied zwischen Digitalisierung, Automatisierung und digitaler Transformation liegt. Digitalisierung ist kein Synonym für Automatisierung, auch wenn diesen Begriffen häufig eine ähnliche Bedeutung zugesprochen wird. Aber auf die unternehmerische Transformationsstrategie bezogen, sind diese Begriffe von ganz unterschiedlicher Tragweite und nehmen damit auch ganz unterschiedlich Einfluss.

Können Sie ein Beispiel geben?
Ganz am Anfang steht immer die Digitalisierung von analogen Inhalten. Im Geschäftsalltag heißt das zum Beispiel Scannen von Belegen wie Bestellungen, Aufträgen, Lieferscheinen, Rechnungen. Analoge Unterlagen werden in digitaler Form verfügbar gemacht. Zur Automatisierung, zum Beispiel der Auftragserfassung, reichen aber digitale Dokumente alleine nicht aus. Es müssen zusätzlich die „Daten" des Auftrags aus dem digitalen Dokument extrahiert und systematisch übernommen werden. Dazu gehört beispielsweise der Auftraggeber, die gewünschte Lieferadresse oder der bestellte Artikel in gewünschter Menge und möglicherweise weitere Daten. Sobald die Datenbasis geschaffen ist und die Daten vollständig und valide sind, lässt sich mit technischer

C. Schmidt (✉)
MUTAREE GmbH, Eltville, Deutschland
E-Mail: c.schmidt@mutaree.com

A. Hildebrandt
Burgthann, Deutschland
E-Mail: drhildebrandt.alexandra590@gmail.com

© Springer-Verlag GmbH Deutschland, ein Teil von Springer Nature 2021
A. Hildebrandt und W. Landhäußer (Hrsg.), *CSR und Digitalisierung,* Management-Reihe Corporate Social Responsibility, https://doi.org/10.1007/978-3-662-61836-3_63

Unterstützung eine (Teil-)Automatisierung des Prozesses realisieren, oftmals auch Workflow genannt.

Wie würde der Workflow ganz praktisch aussehen?

Der zum Beispiel per Fax eintreffende Auftrag wird automatisch als digitales Dokument erstellt und anschließend die Daten per OCR (Optical Character Recognition, das heißt optischer Zeichenerkennung) extrahiert. Mithilfe dieser Daten kann der Auftrag dann vollständig oder teilweise im ERP-System (Enterprise-Resource-Planning-System) angelegt werden. Sofern eine manuelle Weiterbearbeitung oder Kontrolle des Auftrags erforderlich ist, wird der Vorgang Skill-basiert dem entsprechend verantwortlichen Mitarbeiter digital zugeleitet und kann hier vervollständigt werden. Diese Schritte können in wenigen Minuten nach Eintreffen des Auftrags erledigt sein. In einer Prozessanalyse wäre zu prüfen, welche Arbeitsschritte nach der Auftragserfassung folgen und ob sich diese auch in den Workflow integrieren lassen. Häufig ist es besser, in mehreren kleinen und beherrschbaren Schritten vorzugehen, als gleich zu versuchen, den Gesamtprozess abzubilden. Aber die Automatisierung der Prozesse bedeuten nicht zwingend, dass die digitale Transformation erfolgreich abgeschlossen wurde. Die digitale Transformation bedeutet mehr.

Inwiefern?

Es muss nicht nur beantwortet werden, ob ein oder mehrere Prozesse automatisiert werden können. Es ist zu klären, ob der Prozess bzw. die Prozesse in der heutigen Form überhaupt noch notwendig sind. Am Beispiel der Auftragserfassung stellen sich beispielsweise folgende Fragen: Ist es zeitgemäß, dass Kunden ihre Bestellinformationen in (un-)strukturierter Form per Fax, E-Mail oder manchmal sogar per Post übermitteln? Welchen Bestellweg wünscht er sich? Ist er mit dem aktuellen Verfahren wirklich zufrieden oder wünscht er sich eine Bestellmöglichkeit zum Beispiel aus einem Internetshop heraus, um dann auch während des Bestellvorgangs weitere Vorteile nutzen zu können, wie zum Beispiel: Live-Informationen zu Bestand, Lieferzeit, Tracking sowie zusätzlichen Produktinformationen.

Das heißt im Umkehrschluss?

… dass digitale Transformation nicht von der Technik initiiert wird. Es geht darum, ein Problem zu lösen oder einen neuen Wert für Kunden schaffen. Und genau hier können neue technische Möglichkeiten helfen. Dadurch entstehen neue Produkte, neue Absatzkanäle, neue Märkte, es entstehen neue Geschäftsmodelle. Die digitale Transformation ist also noch nicht abgeschlossen, wenn einzelne Prozesse oder Prozessketten dem Kundenbedürfnis entsprechen und die internen Prozesse weitestgehend automatisiert sind. Damit soll kein Schreckensszenario entstehen, welches den einen oder anderen innerlich erstarren und kapitulieren lässt, weil es unvorstellbar scheint, das alles schaffen zu können. Wichtig ist, einen ersten Schritt zu tun und eine erfolgreiche Basis zu legen. So kann ein automatisierter Prozess ein guter Aufbruch in die digitale Transformation sein. Besonders etablierte Unternehmen überfordern sich damit, von heute auf morgen für jede Herausforderung die passende Lösung zu entwickeln. Es geht darum, ein Bewusstsein für Digitalisierungs- und Veränderungsnotwendigkeit aufzubauen, Potenziale zu ermitteln und diese erfolgreich zu heben.

Wann und wie sind Sie auf das Thema Nachhaltigkeit gekommen, und wie ist das Thema mit Ihrer Arbeit verbunden?

„Zukunft erkennt man nicht – man schafft sie!" (Brzozowski o. J.) – das Zitat von Stanislaw Brzozowski war schon damals mein Motto, als ich bei einem großen Finanzdienstleister für Personal- und Organisationsentwicklung viele Umstrukturierungen begleitete und als Managing Director Market Development and Communication sowie als Geschäftsführerin der VR-Consulting Network neue Bereiche und neue Unternehmen schuf. Nachhaltigkeit war und ist ein Kernelement für mich. Die Zukunft meiner Mitarbeiter und auch meiner Kunden ist eng verbunden mit meinem Handeln, sodass Nachhaltigkeit offensichtlich in meinen und in den Genen der von mir im Jahr 2008 gegründeten Unternehmensberatung liegt.

Auf welche Themen haben Sie sich fokussiert?

Die Mutaree GmbH ist fokussiert auf nachhaltiges Change-Management. Seit zwölf Jahren begleiten wir Unternehmen aller Branchen und Größen bei der Planung, Steuerung und Umsetzung ihrer Veränderungsvorhaben. Dabei steht für mich vor allem der Mensch mit seiner individuellen Persönlichkeit im Mittelpunkt. Meine Überzeugung ist es, dass Menschlichkeit und Erfolg Hand in Hand gehen. Wir begleiten die Menschen und befähigen und qualifizieren sie zugleich für eine nachhaltige Umsetzung der Veränderung. Dabei legen wir Wert auf die Entwicklung einer Change-Kultur und den Aufbau einer eigenen Change-Fitness. Nur wer die Menschen gewinnt, kann Veränderungen erfolgreich umsetzen. Unser Kernthema „Menschen im Mittelpunkt von Veränderungen" fokussieren wir auch in all unseren wissenschaftlichen Untersuchungen.

Was bedeutet das konkret?

Mit hohem Engagement ermitteln wir kontinuierlich die Trends im Change. Im Rahmen unseres Forschungsprojektes „Change-Evolution 2020", das wir in 2010 gestartet haben, veröffentlichen wir in Kooperation mit dem Institut für die Entwicklung zukunftsfähiger Organisationen alle zwei Jahre die umfassende Change-Fitness-Studie, die tiefe und umfassende Einblicke in die aktuelle Change-Praxis der Organisationen gibt. Zahlreiche weitere Untersuchungen liefern darüber hinaus umfangreiches und spezielles Change-Wissen, das wir täglich in unserer Beratungspraxis nutzen.

Mit den Change-Kollegen, die aus mehr als 45 namhaften Unternehmen unterschiedlicher Branchen kommen, haben wir ein Change-Netzwerk für den professionellen Austausch zum Thema Change geschaffen. Unser vorrangiges Ziel ist es, gemeinsam aus Fehlern zu lernen, um die Nachhaltigkeit von Veränderungen stetig auf ein höheres Niveau zu bringen. Unter der Schirmherrschaft von Mutaree treffen sich drei Mal im Jahr

Change-Experten aus Wirtschaft und Wissenschaft, um Neuigkeiten aus der Veränderungsforschung zu teilen, neue Tools und Methoden kennenzulernen und zu erproben, um aus der eigenen Change-Praxis zu berichten und um mit- und voneinander zu lernen.

Sie gestalten diese Prozesse nicht inhaltlich, sondern helfen Unternehmen dabei, die eigentliche Story der Veränderung auf den Punkt zu bringen. Welche Kernfragen sind damit verbunden?

Warum will man wie was machen?

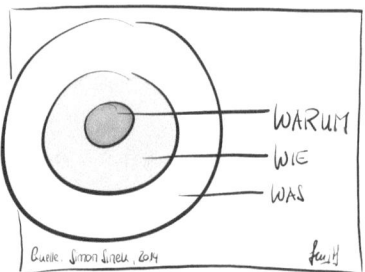

Copyright: Claudia Schmitt

Warum z. B. überhaupt Digitalisierung? Was will man damit erreichen? Was kann man nachher besser? Wie will man den Weg hin zur Digitalisierung gestalten? Wie sieht der Prozess aus? Gibt es Beteiligung oder auch nicht? Was wird sich verändern? Warum jetzt? Was ist im Scope und was ist out of Scope für dieses Vorhaben? Welche Konsequenzen wird das haben? Also nicht Digitalisierung der Digitalisierung Willen.

Was folgt danach?

Es gilt in einem Set-up im Detail zu klären, wie die konkrete Zielerreichung und die Rollenverteilung aussieht, aber auch in die Analyse einzusteigen, die Basis für die weitere Planung ist.

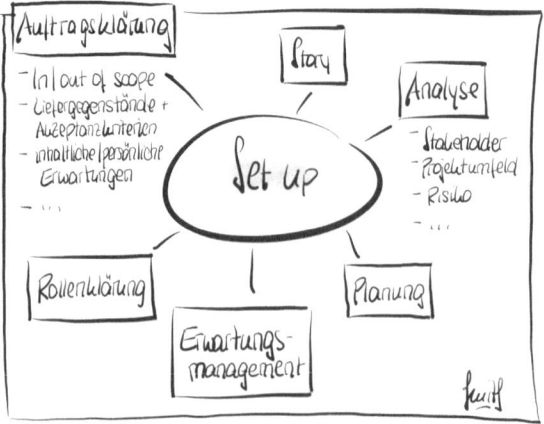

Copyright: Claudia Schmitt

Wichtig ist auch zu wissen, wie das Unternehmensumfeld im Hinblick auf Veränderungsbereitschaft und -fähigkeit aufgestellt ist. Wie viele Menschen sind betroffen? Wie tief greift die Veränderung in bestehende Prozesse und Geschäftsmodelle ein? Welche Erfahrungen gibt es mit Veränderungen? Wie stehen die verschiedenen Stakeholder zur anstehenden Veränderung? Welchen Einfluss haben sie?

Mit welchen Risiken ist mit welcher Wahrscheinlichkeit zu rechnen? Wie kann man diesen begegnen? Welche Schnittstellen bestehen zwischen Projekt und Tagesgeschäft? Erst auf dieser Basis kann festgelegt werden, wie man das Vorhaben steuern möchte, zum Beispiel agil, traditionell oder mit einem hybriden Projektmanagementansatz, und welche Aktivitäten auf der inhaltlichen und personalen Seite der Veränderung zu planen sind. Erst danach geht es in die aktive Gestaltung des Prozesses. Hier gilt es für uns Hand in Hand mit der inhaltlichen Seite des Projektes die personale Seite mit Führung, Beteiligung, Qualifizierung und Kommunikation zu gestalten, zu monitoren und zu steuern.

Was sind besondere Herausforderungen?
Sie bestehen darin, dass Unternehmen zunächst häufig glauben, dass es sich um eine technologisch umzusetzende Veränderung handelt, bei der Menschen eine untergeordnete Rolle spielen. Ein Trugschluss. Der Erfolg von Veränderungen wird nämlich genau durch sie bestimmt.

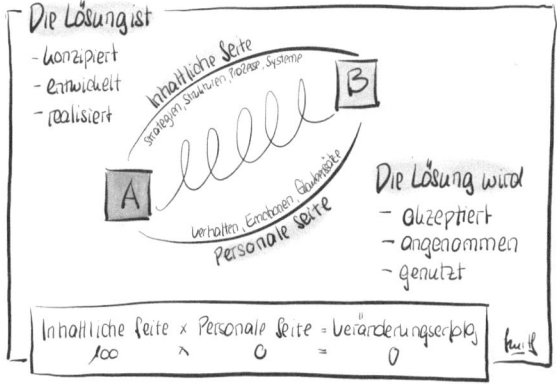

Copyright: Claudia Schmitt

Darüber hinaus gilt es, die Kosten so gering wie möglich zu halten, insbesondere auch vor dem Hintergrund, dass Unternehmen zunehmend nicht nur regional, sondern national, international und global verteilt arbeiten. Unabhängig davon, dass Unternehmen sich häufig übernehmen, weil sie schlicht verlernt haben, zu fokussieren, dadurch wenig erfolgreich sind und vor allem die Organisation überhitzen, geht durch den Veränderungsdruck Menschlichkeit, Ethik und Moral zunehmend verloren. Daher lautet die Maxime, die Kommunikation falls notwendig und Zusammenarbeit maximal virtuell und digital zu gestalten. Dabei ist auch vieles machbar. Basis ist aber eine gewisse Vertrautheit und das gegenseitige Vertrauen. Gerade in Situationen der Veränderung, wo vieles ungewiss ist und Unsicherheit hervorruft. Und dabei ist allzu häufig ein analoges Kennenlernen unverzichtbar. Menschen sind eben emotionale Wesen, die viel weniger über rationales Denken als vielmehr über ihre Emotionen gesteuert werden.

Copyright: Claudia Schmitt

Bewertungen und Entscheidungen erfolgen zumeist im Unterbewusstsein oder im Vorbewusstsein. Sie werden nicht rational, sondern über unser Emotionsgedächtnis gesteuert. Schnell und energiesparend. Das Emotionsgedächtnis basiert wiederum auf Erfahrungen, guten wie schlechten. Und die Erfahrungen entstehen wiederum unter den Rahmenbedingungen der persönlichen Veranlagung, die bereits im Mutterleib geprägt wird und der Sozialisierung. Deshalb ist es wichtig, positive Erfahrungen zu ermöglichen und gegebenenfalls negative Erfahrungen zu überschreiben. Und das funktioniert analog zunächst einmal besser als digital. Denn analog sendet man viel mehr Informationen als das geschriebene oder gesprochene Wort. Mimik, Gestik, körperliche Haltung wirken ergänzend. Sie können zum Beispiel Mangel an Ausdrucksfähigkeit aufgrund unzureichender Fremdsprachenkompetenz, Unzulänglichkeiten von Technik und Methode schnell ausgleichen. Auch hilft der gemeinsam erlebte Kontext für eine langfristig gute Verständigung. Deshalb braucht es einen guten Mix an digitaler aber auch analoger Kommunikation und Zusammenarbeitserfahrungen.

Binden Sie auch Illustrationen in Ihre Arbeit ein? Und weshalb braucht Nachhaltigkeit starke Bilder?
Wir verwenden eigene Grafiken und Bilder für die Illustrationen unserer Arbeiten – zum Beispiel in der alle zwei Jahre erscheinenden Change-Fitness-Studie, dem halbjährlich erscheinenden Change-TED, mit dem wir in Kurzbefragungen aktuelle Fragestellungen (zum Beispiel „Macht Change krank?", „Ist Change menschlich?", oder „Kosten Change-Projekte etische Werte und Moral?") untersuchen und damit auch das Thema

Nachhaltigkeit aus unterschiedlichen Perspektiven beleuchten. Starke Bilder bringen Befragungsergebnisse und Situationsanalysen auf den Punkt, reduzieren Komplexität, verdeutlichen Zusammenhänge und können in Veränderungsprozessen interpretierende und transformierende Funktion haben – Bilder sagen nach wie vor mehr als 1000 Worte oder 240 Zeichen.

Gibt es eine Illustration, auf der Nachhaltigkeit und Digitalisierung gezeigt wird?
Ja, zu Arbeit, Energie, Mobilität und Medizin. Ich bin aber bei aller Nützlichkeit der Digitalisierung überzeugt, dass wir auch hier wieder etwas schaffen, was in seiner absoluten Nutzung nicht nur gut ist. Denn mit unserem permanenten Online-Habitus sind wir auch nicht wirklich nachhaltig, sondern verbrauchen in unnötigem Maße Energie und sorgen somit auch im Kontext von Umwelt und Gesundheit für viele unerwünschte Nebenwirkungen. Also wäre es sicher gut, wenn wir hin und wieder einfach mal abschalten.

Wann haben Sie mit dem Zeichnen begonnen? Und wie würden Sie die Art Ihrer schöpferischen Umsetzungen beschreiben?
Sehr früh – schon als Kind habe ich gern gemalt und gezeichnet, was sich dann später in intensiver Acryl-Malerei fortsetzte. Die Illustrationen im „Business-Kontext" kamen hinzu, als ich mich dem Thema Change verschrieben habe. In Echtzeit entstanden auf dem Tablet illustrierte Konferenz-Skizzen – auch begann ich recht früh damit, meine Illustrationen im Rahmen von Change-Workshops als ein Instrument zu nutzen, um inhaltliche Komplexität zu reduzieren, Sachverhalte zu veranschaulichen und meine Workshop-Teilnehmer visuell anzusprechen. Es macht mir persönlich auch Riesenspaß und Freude, Bilder zu sehen und eigene Bilder zu entwickeln. Ich spüre, wie wir in der Beratung die Menschen mit Bildern erreichen – und das auf einer viel persönlicheren Ebene.

So habe ich im Laufe der Jahre sehr viele Illustrationen entwickelt und erstellt, die wir inzwischen auch auf verschiedenen Kommunikationskanälen, zum Beispiel auf Twitter oder YouTube, nutzen. Diese „ART" des visuellen Vermittelns bringt Themen einfach und klar auf den Punkt. Die Botschaften der Illustrationen sind greifbar und erreichen (fast immer) alle Betrachter (auch emotional). Somit schafft meine „ART" Nachvollziehbarkeit, insbesondere dann, wenn die Entstehung der Bilder miterlebt werden kann.

Haben Sie auch einmal überlegt, ein Buch mit Illustrationen für Kinder und Erwachsene zu machen?
Ich kann mir sehr gut vorstellen, ein solches Buch zu machen. In unserer jüngsten Publikation im Springer Verlag haben wir bereits einen kleinen Schritt in diese Richtung unternommen und die Kerninhalte in einer illustrierten Fabel zusammengefasst. Das macht es zu einer leichten Lektüre, die in spielerischer und gut verdaulicher Form den tieferen Sinn vermittelt und auch nachhaltig im Gedächtnis verankert. Sicherlich gibt es

im Change-Kontext eine Vielzahl von Möglichkeiten, Erkenntnisse in ähnlicher Form zu vermitteln. Wir werden an dieser „ART" weiterarbeiten, nicht nur aus eigener Überzeugung und Neigung, sondern auch und vor allem wegen der positiven Resonanzen.

Wie läuft der Prozess des Zeichnens und was ist der Unterschied zum Analogen?

Tatsächlich werde ich über Inhalte inspiriert, die mich dann überlegen lassen, wie ich das bildhaft ausdrücken kann. Nehmen wir zum Beispiel das Thema Nachhaltigkeit oder Klima. Warum gelingt es uns nicht oder zumindest so schwer ins Handeln zu kommen. Vielleicht deshalb, weil wir in Deutschland die Konsequenzen unseres Handelns nicht spüren. Noch sind die Auswirkungen gefühlt weit weg, auch wenn sie mit Corona deutlich näher kommen. Wir sitzen warm und trocken. Es geht uns gut. Was uns fehlt, ist die konkrete Erfahrung und die damit verbundene Emotion, die ich zum Beispiel entwickle, wenn ich mit der Hand auf eine heiße Ofenplatte fasse, mich verbrenne und den Schmerz direkt fühle, wie er durch den ganzen Körper geht. Etwas was in unserem Emotionsgedächtnis fast unauslöschlich gespeichert wird und fortan unsere Bewertungen, unsere Entscheidungen und unser Handeln steuert. Das können Bilder nicht ersetzen, aber sie sprechen andere Bereiche des Gehirns an und erzeugen oft mehr Emotion und Verständnis als alle richtigen und sachlogischen Argumente. Das heißt, meist ist erst die Idee da, was ich vermitteln möchte. Dann kommen die Bilder, und daraus wiederum entsteht eine Art Geschichte. So zumindest bei fast allem, was ich digital zeichne oder male.

Welche Bezüge gibt es diesbezüglich zur Nachhaltigkeit?

Digital geht leicht von der Hand und ist leicht zu korrigieren. Es ist wiederverwendbar und individuell auf andere Kontexte anpassbar. Außerdem ist es direkt digital weiter nutzbar. In Präsentationen, in den sozialen Medien. Und manchmal ist es auch einfach ein Eyecatcher und Kontaktvermittler zum Beispiel auf Konferenzen und Ähnlichem. Man wird beobachtet und angesprochen. Und ruck zuck ist man im Gespräch. Das ist schon schön. Und die Komplimente natürlich auch.

Anders ist es im Anlogen. Ich werde nie vergessen, als ich wieder anfing zu malen. Eine gefühlte Ewigkeit stand ich vor einem weißen Blatt. Bis mich jemand fragte, was das Schlimmste wäre, wenn ich jetzt einen ersten, aber falschen Strich setzen würde. Eigentlich passiert gar nichts Schlimmes. Es war die Angst, etwas falsch zu machen und nicht korrigieren zu können. Das Gefühl, noch nicht zu wissen, was es eigentlich für ein Bild werden soll. Wenn ich heute auf die Bilder schaue, ist eines interessant. Die Bilder, bei denen ich wusste, was es werden soll, empfinde ich heute als eher flach und schnell gemalt. Die Bilder, die immer und immer wieder übermalt wurden, bis entweder klar war, was es wirklich werden soll oder aber das Gefühl entstanden ist, dass es fertig ist, haben Tiefe. Sie gefallen, laden zum Anschauen ein und zeigen zum Beispiel über die Farben, in welcher Stimmung ich war, zuversichtlich, wütend, müde oder was auch immer. Das gilt insbesondere für die Jahresbilder, die ich seit vielen Jahren male. Sie geben versteckt wieder, was meine Ziele für die Jahre waren.

Es braucht ewig, bis ich mich so kurzfassen kann, dass es auf ein Bild passt und Symbolik oder Farbe finde, die sie ausdrückt. Aber dieser Prozess führt, glaube ich dazu, dass ich genau diese Ziele erreiche und zwar ohne, dass ich mich sklavisch über To-do-Listen steuere. Es führt zu einer Art unbemerktem Automatismus. Und außerdem ist das analoge Arbeiten mit so viel mehr haptischen Erleben verbunden und später auch irgendwie viel gegenwärtiger. Selbst das Zeichnen in einem Skizzenbuch, durch das man immer mal wieder durchblättert. Es ist eben nicht einfach weg, wenn man den Stecker zieht. Und außerdem entsteht hier noch mehr das Gefühl, etwas geschaffen zu haben.

Welche Rolle spielen für Sie im digitalen Zeitalter generell Skizzen- oder Notizbücher?

Skizzen- und Notizbücher machen mich unabhängig von Netzverfügbarkeit und Stromversorgung. Sie ermöglichen mir schnelles Skribbeln von Gedankengängen und auch Fingerübungen. Dem liegt Beobachten, Wahrnehmen und die Übersetzung auf Papier zugrunde. Man sieht genau den Arbeitsstand, den Fertigstellungsgrad, die Entwicklung und die Korrekturen. In unserem digitalen Zeitalter scheint alles nach Perfektion zu streben. Schneller, weiter, höher, reicher und eben perfekter. Mängel und Entwicklungen scheinen am Ende ausradiert. Und doch haben sie stattgefunden. Und diese Entwicklungsschritte zu erhalten, ist für mich eine gerne genutzte Möglichkeit, den Prozess zu erinnern zu reflektieren und immer wieder daraus zu lernen.

Mit welchen Themen beschäftigen Sie sich als Autorin?

Im Fachverlag Springer Gabler ist aktuell das Buch „Changemanagement im Gesundheitsunternehmen – Die geheime Macht der Emotionen in Veränderungsprozessen" (Oldhafer et al. 2019) erschienen. Das Buch vereint auf knapp 200 Seiten die aktuellen Sichtweisen von Branchen- und Change-Experten sowie der aktuellen wissenschaftlichen Forschung zum Thema Change. So werden beispielsweise neue neurowissenschaftliche Erkenntnisse der Informationsverarbeitung im Gehirn ebenso vorgestellt wie wichtige Erfolgsfaktoren und Best Practices erfahrener Kliniker und Führungskräften aus diversen Bereichen der Gesundheitswirtschaft.

Welches Thema ist für Sie eines der Kernpunkte im Kontext von nachhaltiger Entwicklung und Veränderung?

Für mich ist das Thema Gesundheit heute und in der Zukunft – ebenso wie die Themen Klima und Umwelt sowie das gesellschaftliche Miteinander – eines der wichtigsten Themen. Das gerade erschienene Buch beschäftigt sich im Schwerpunkt mit dem Thema Emotionen. Sie lassen sich nicht kontrollieren, wirken wesentlich stärker als unser Verstand. Und gerade in Veränderungsprozessen müssen wir alle nicht nur die Relevanz von Emotionen akzeptieren, wir müssen auch lernen, mit ihnen umzugehen. Organisationen neigen dazu, Emotionen und damit das Gefühlsleben der Mitarbeiter auszublenden – in einigen Fällen werden Emotionen gar als dysfunktionale Störung wahrgenommen. Dabei sind wir alle gut beraten, wenn wir Emotionen in Veränderungsvorhaben bewusst einbeziehen.

Was bedeutet Ihnen die Bewegung Fridays for Future?

Wir alle tragen im Klimaschutz eine große Verantwortung – die Gesellschaft und die Politik. Wir brauchen mehr Investitionen und Förderungen von nachhaltigerer Technologie und Energie, wir brauchen aber auch das Bewusstsein in den einzelnen Köpfen. Die junge Klimaaktivistin Greta Thunberg spricht klare Worte, Mut und Hartnäckigkeit finden Begeisterung, und ihre Forderungen finden Gehör. Fridays for Future ist zu einer weltweiten Bewegung geworden, die die Menschen erreicht. Junge Menschen setzen Zeichen, erzeugen maximale öffentliche Aufmerksamkeit und bewegen etwas. Chapeau!

In der Fabel im eben angesprochenen Buch nimmt diese Rolle Matilda ein. Eine verantwortungsvolle Rolle, die in jedem Veränderungsprozess wesentlich ist und auf die Dringlichkeit und Notwendigkeit der Veränderung hinweist. Diese Bewegung bedeutet nicht nur für mich, sondern für uns alle sehr viel – wenn nicht alles. Ich bin froh, dass Frederike Otte mit ihrem Buch „Wütendes Wetter" (Otto 2019) Klarheit in eine erhitzte Klima-Debatte bringt und die Dringlichkeit des Handelns unterstreicht. Wie in jedem nachhaltigen Change ist die Phase des Verstehens und Akzeptierens die schwierigste. Die Erfahrung zeigt, dass eine frühere Richtungsänderung möglich war, aber oft nicht passierte – leider warten wir sehr lange, hoffentlich nicht zu lange. Aber vielleicht gelingt es uns, neben den großen Lösungen im Kleinen bei uns selbst zu beginnen. Denn das, was wir direkt bewegen können, sind wir selbst. Und es gibt gute Beispiele, die uns inspirieren können. Das zeigt Rob Hopkins sehr schön in seinem Buch „Einfach. Jetzt. Machen!" (Hopkins 2014) Dann wird unser CO_2-Footprint in jedem Fall kleiner, vielleicht auf die Dauer sogar besser.

Das Interview führte Dr. Alexandra Hildebrandt.

Literatur

Brzozowski S (1878–1911), polnischer Schriftsteller, Erscheinungsdatum unbekannt, https://www.aphorismen.de/zitat/28000

Hopkins R (2014) Einfach. Jetzt. Machen! Wie wir unsere Zukunft selbst in die Hand nehmen. Oekom, München

Oldhafer M, Schneider S, Beil E, Schmidt C, Nolte F (2019) Changemanagement im Gesundheitsunternehmen – Die geheime Macht der Emotionen in Veränderungsprozessen. Gabler, Wiesbaden

Otto F (2019) Wütendes Wetter. Audio Verlag, München

Claudia Schmidt
(Fotocredit: privat)

Claudia Schmidt ist Expertin für Veränderungsmanagement und seit 2008 Geschäftsführerin der Mutaree GmbH. Mit ihrem Team unterstützt sie Unternehmen bei der Planung, Steuerung und Umsetzung von Veränderungsprozessen. Im Rahmen des Forschungsprojektes Change-Evolution 2020 ist sie Herausgeberin der alle zwei Jahre erscheinenden Change-Fitness-Studie. Darüber hinaus ist Schmidt auch als Beraterin an der Frankfurt School of Finance & Management, der European Business School und der WHU Otto Beisheim School of Management tätig. Anfang 2019 erschienen ihre jüngsten Publikationen als Mitherausgeberin „Change-management in Gesundheitsunternehmen – die Macht der Emotionen in Veränderungsprozessen" und als Mitautorin „Führung und ihre Herausforderungen – Neue Führungs-kontexte erfolgreich meistern und zukunftsfähig agieren" im Springer Verlag.

Nachhaltigkeit und Digitalisierung in der Eventbranche

Stefan Lohmann und Alexandra Hildebrandt

Herr Lohmann, Sie arbeiten als Live-Entertainment-Experte, Talent Buyer und Artist Relations Manager. Welche Rolle spielt die Digitalisierung in der Eventbranche?

Sie ist hier schon lange angekommen – zum Beispiel in den Bereichen Ticketing, Online-Marketing, Cashless Payment, Gesichtserkennung oder Guest-Management. Die digitale Transformation ist aber ein andauernder Prozess, wie die Leitmessen der Eventindustrie mit dem Thema der Digitalisierung und Nachhaltigkeit verdeutlichen. Die Digitalisierung der Eventbranche bietet auch für die Planung von nachhaltigen und klimaneutralen Veranstaltungen interessante Möglichkeiten und Chancen. Events werden mittlerweile digital vorausgeplant. Durch spezielle Software und Dienstleister ist es möglich, sich die komplette Veranstaltung vorab als Video anzuschauen inklusive der Location, Bestuhlung, Dekoration, Lichtstimmung, Entertainment und Technik etc. Durch die detaillierte Vorplanung können Materialien und Ressourcen eingespart und Fehlplanungen verhindert werden.

Das Gästemanagement ist mittlerweile vollkommen digitalisiert und bietet viele Vorteile für Veranstalter und Gäste. Die cloudbasierten Systeme fördern auch die Vernetzungsmöglichkeiten der Gäste untereinander – zum Beispiel bei Messen und Konferenzen.

S. Lohmann (✉)
Hamburg, Deutschland
E-Mail: info@stefanlohmann.de

A. Hildebrandt
Burgthann, Deutschland
E-Mail: drhildebrandt.alexandra590@gmail.com

© Springer-Verlag GmbH Deutschland, ein Teil von Springer Nature 2021   933
A. Hildebrandt und W. Landhäußer (Hrsg.), *CSR und Digitalisierung,* Management-Reihe Corporate Social Responsibility, https://doi.org/10.1007/978-3-662-61836-3_64

Welche Rolle spielt KI?

Mit Unterstützung von KI werden passende Gesprächs- und Geschäftspartner vorgeschlagen inklusive Kontaktmöglichkeiten. Das digitale Ticketing bietet auch Lösungen, um zum Beispiel Green Ticketing voll automatisiert zu realisieren. Denn durch die Anreise der Gäste entsteht der größte Teil an unvermeidbaren CO_2-Emissionen einer Veranstaltung. Im Live-Entertainment-Bereich ist die Ton- und Lichtsteuerung, in den meisten Fällen, ebenfalls vollkommen digital. Es gibt mittlerweile auch ganzheitlich digitalisiertes Live-Entertainment. Zum Beispiel mit Hologrammen oder mit Projection Mapping lassen sich Räume in den „Weltraum" verlegen. Auch Präsentationsinhalte lassen sich mit 3-D-Projektionen sehr anschaulich digital darstellen. Shows mit Drohnen als Feuerwerkersatz und der Einsatz von Video-Mapping bieten ebenfalls neue Möglichkeiten, digitales und analoges Entertainment zu verbinden und Marken neu zu inszenieren.

Für mich als Firmeninhaber eröffnet die Digitalisierung größere Unabhängigkeit von einem stationären Büro. Ich kann mittlerweile von überall aus arbeiten, und unsere Mitarbeiter/-innen können sich von überall aus zuschalten. Auch Kundengespräche und Meetings löse ich digital mit Skype und dem Programm Microsoft Teams. Damit sparen wir viel (Reise-) Zeit, Geld und CO_2. Dabei kann die Digitalisierung den Mehrwert eines persönlichen Treffens nicht zu 100 % ersetzen. Aber Online-Meetings sind definitiv jetzt schon die bessere Lösung für regelmäßige Meetings.

Die Live-Entertainment-Konzepte, die ich erstelle, erfordern ständigen Austausch mit allen Beteiligten: Mit Kunden/-innen, Managements, Künstler/-innen und diversen Gewerken, die für eine Veranstaltung tätig sind. Mittlerweile wird deutlich weniger Papier verbraucht als in meinen Anfangszeiten. Vieles lässt sich mittlerweile digitalisieren.

Woran arbeiten Sie derzeit?

Aktuell arbeite ich zum Beispiel daran, mit unserer Booking-Software die Informationen und Abläufe, die bei der Koordination von Veranstaltungen wichtig sind, den Künstler/-innen in Echtzeit zur Verfügung zu stellen. Sie haben dadurch immer den aktuellsten Stand auf dem Handy griffbereit: Termine, Anfragen, Zusagen, Absagen, Soundcheckzeiten, Auftrittszeiten, Reisedaten, Flugnummern, Ablaufpläne, Hotels, Locations, Adressen, Kontakte etc. Viele Daten unterliegen ständiger Anpassung während eines Projektes. Die Digitalisierung hilft bei der Organisation und Verteilung der Daten. Mein Ziel ist ein papierloses Büro.

Auch im Marketingbereich hat sich die Digitalisierung durchgesetzt. Marketing, sei es für die Bewerbung von Veranstaltungen oder für die Vermarktung der Künstler/-innen, findet immer mehr über die sozialen Medien statt. Mittlerweile werden aufsehenerregende Live-Events genutzt, um den Content für die Onlinestrategie zu erstellen, um im Internet die großen Reichweiten zu erzielen. So werden Fan- und Influencer-Events zu reichweitenstarken Online-Ereignissen.

Festivals erhalten durch die Videostreams und Virtual Reality Performances der Stars ganz neue Reichweiten, wie die Telekom Streetgigs eindrucksvoll belegen. Übrigens: Das mit 11 Mio. Live-Zuschauern reichweitenstärksten Konzert aller Zeiten fand nur online statt: DJ Marshmellow im Onlinespiel Fortnite.

Was ist für Sie die größte Herausforderung?
Zu lernen, die digitalen Möglichkeiten für sich effektiv zu nutzen. Welche Vorteile bieten welche digitalen und sozialen Medien, was passt zu mir und zur Firma, wo und wie erreiche ich meine Zielgruppe? Was ist ein kurzfristiger Hype (Snapchat?) und was ist die Plattform der Zukunft (TikTok?). Die Veranstaltungen selbst sind nur noch selten ein rein örtlich gebundenes – analoges – Erlebnis. Live-Entertainment bietet für Firmen den idealen Content, um mit ihren Zielgruppen oder „Fans" in Kontakt und Austausch zu treten. Die Emotionalisierung von Produkten und Services gilt in der Werbeindustrie als wichtige Voraussetzung für einen langanhaltenden Erfolg. Insofern nutzen Unternehmen ihre Veranstaltungen und das Entertainment, um ihrer Zielgruppe Erlebnisse auf unterschiedlichen Ebenen zu bieten. Die Emotionalisierung der Produkte findet daher immer öfter off- und online statt.

Wo gibt es heute positive Ansätze zu einem nachhaltigen Veranstaltungsmanagement?
Veranstaltungen wie der Deutsche Nachhaltigkeitspreis werden klimaneutral durchgeführt – das liegt auf der Hand. Mittlerweile werden aber immer mehr Veranstaltungen klimaneutral umgesetzt. Auch die Bundesregierung setzt alle Veranstaltungen nachhaltig um. Uns ist es gelungen, auch den Live Entertainment Award, der wichtigste Award der Live-Entertainment-Industrie, klimaneutral umzusetzen. Das ist ein richtiges und wichtiges Signal an die gesamte Branche, denn die ist ja bekanntlich für einen großen Teil der CO_2-Emissionen in Deutschland verantwortlich.

Mit Sustainable Event Solutions gibt es jetzt eine Plattform, auf der Veranstalter alle nachhaltigen Lieferanten für die Eventindustrie finden.

Welche konkreten Beispiele und Zahlen können Sie nennen?
Zum Beispiel den PRG Live Entertainment Award. Zur Verleihung 2016 sind etwa 1300 Gäste gekommen, fast alle aus Deutschland. Einige Redner/-innen und Künstler/-innen wurden aus England eingeflogen. Bei solch einer Award-Veranstaltung fallen ca. 250 t CO_2 an. 66 % der Emissionen entfallen auf die An- und Abreise der Teilnehmer/-innen und den Materialtransport. Weitere Emissionsquellen sind mit ca. 16 % der Energieverbrauch, sowie die Unterbringung und Verpflegung (12,7 %). Eine Tournee mit zehn Lkw Showtechnik und vier Nightlinern (Busse, in denen man in Kojen schlafen kann) mit 19 Terminen verursacht durch An- und Abreise der Band und Crew, deren Verpflegung und Unterbringung sowie dem Energieverbrauch der Veranstaltung Treibhausgasemissionen in Gesamthöhe von ca. 500–700 t CO_2.

Durch die An- und Abreise der Besucher (15.000) entstehen zusätzlich im Durchschnitt Emissionen in Höhe von 500 t CO_2 pro Konzert. Die Emissionen von großen mehrtägigen Events wie der Hessentag (mehr als 1.500.000 Besucher) verursachen auch schon mal bis zu 30.000 t CO_2. Die Organisatoren des diesjährigen Hessentages haben angekündigt, die Veranstaltung klimaneutral durchführen zu wollen.

Wenn man diese Zahlen hochrechnet mit den vielen Tausenden von Events und Tourneen, die jedes Jahr in Deutschland durchgeführt werden, dann erahnt man, wie hoch der CO_2-Ausstoß dieser Branche ist. An diesen Beispielen ist deutlich erkennbar, dass der Großteil der CO_2-Emissionen auf die An- und Abreise der Zuschauer zurückzuführen ist (First Climate AG).

Wie wird diese Entwicklung von den Veranstaltern angenommen?

Immer mehr Event- und Tourneeveranstalter/-innen, aber auch Künstler/-innen, stellen sich der Herausforderung, den CO_2-Ausstoß reduzieren zu wollen. Live Nation, das weltweit führende Live-Unterhaltungsunternehmen, gab 2019 bekannt, dass sich seine globale Nachhaltigkeitskoalition, Green Nation, zu neuen Umweltzielen verpflichtet. Das Hauptziel ist, die Treibhausgasemissionen bis 2030 um 50 % zu reduzieren und den Verkauf von Einweg-Kunststoffen an allen besessenen und betriebenen Veranstaltungsorten und Festivals bis 2021 zu beenden.

Es geht aber auch darum, die Festivalbesucher für den sorgsamen Umgang mit der Umwelt zu begeistern. Die Begeisterung halte ich auch für einen wichtigen Aspekt, denn erst durch die Mithilfe der Gäste, können die Bemühungen der Veranstalter Erfolg bringen.

Fridays for Future hat auf diesem Gebiet ganze Arbeit geleistet und mittlerweile sehen sich Veranstalter/-innen mit einem bewussteren Publikum konfrontiert, das nicht mehr alles akzeptiert und durchaus kritische Fragen stellt.

Was sind Ihrer Meinung hier die größten Herausforderungen?

Es gibt gleichzeitig zu dieser positiven Entwicklung auch eine große Verunsicherung in der Branche in Bezug auf Umweltmanagement, konkreter Umsetzung, Zertifikate und Kosten. Das Thema Nachhaltigkeit wirkt auf viele Entscheider beängstigend und viel zu groß und umfassend. Dabei ist Nachhaltigkeit eine der größten Chancen für Firmen genau wie Digitalisierung. Denn im Kampf um Fachkräfte spielen die Werte einer Firma eine immer größere Rolle. Hier sind verlässliche und erfahrene Experten/-innen und Berater/-innen gefragt, denn der Druck auf Firmen, Veranstalter/-innen und die Regierung steigt. Kunden/-innen, Gäste und Bürger/-innen erwarten sichtbare Fortschritte.

Es wurden beim Pariser Klimagipfel klare Vorgaben verabschiedet, die nun umgesetzt werden müssen. Seit 2017 müssen Firmen mit mehr als 500 Mitarbeitern Nachhaltigkeitsberichte vorlegen. Die Bundesrepublik und Europa haben ehrgeizige Ziele vorgegeben, die sich nur erreichen lassen, wenn jetzt auch gehandelt wird.

Mein Ziel ist es, dass Veranstaltungen immer nachhaltig umgesetzt werden. Dafür habe ich den Sustainability Rider und die Checkliste geschrieben, um JEDEN in die Lage zu versetzen, nachhaltige Veranstaltungen umsetzen zu können.

Haben Eventagenturen Angst, ihre Kunden mit dem Thema zu verschrecken?

Ja, weil viele Eventagenturen und Auftraggeber annehmen, dass nachhaltige Events immer mit Mehrkosten verbunden sind. Das stimmt so aber nicht und hier zeigt sich, dass in vielen Firmen das Wissen nicht vorhanden ist. Firmen fürchten den Aufwand, sich mit Nachhaltigkeit zu beschäftigen, und haben Angst davor, als Greenwasher bezeichnet zu werden.

Weshalb ist das Ihrer Meinung nach eine Fehleinschätzung?

Nachhaltigkeit ist ein super spannendes Thema und bietet enorm viel Platz für Kreativität, es bietet aber auch viel Potenzial für den Zusammenhalt in einer Firma und neue Touchpoints für Kunden/-innen und neue Ansätze für die Content Strategy.

Von Lovebrands wird heute mehr erwartet als nur Qualität. Es geht auch um Haltung und Verantwortung einer Marke. Und zur Klarstellung: Nachhaltige Events sind nicht automatisch teurer!

Ein gutes Umweltmanagement schließt auch Potenziale zur Effizienz, Kostenreduktion und Gewinnmaximierung mit ein. Zumal häufig auch der Mehrwert übersehen wird, den nachhaltige Events bieten. Denn Veranstaltungen mit einem Mehrwert, werden von den Gästen auch anders wahrgenommen. Es fühlt sich gut an, Teil von etwas Positiven zu sein.

Spannend finde ich Events, die nicht nur umweltfreundlich sind, sondern einen direkten Mehrwert für die Umwelt und Gesellschaft haben. Das Global Citizen Festival im Hamburg hat 9000 Karten verlost. Bedingung für die Bewerbung war eine gute Tat bzw. Aktion. Daraus wurden über 750.000 gute Taten und Aktionen und das führte zu Zusagen im Wert von 706 Mio. US\$, die 113 Mio. Menschen zugutekommen werden.

Sind die „Bürger/-innen" bereit, sich an der Reduzierung der CO_2-Emissionen zu beteiligen und für ihre eignen CO_2-Emissionen selbst die Verantwortung zu übernehmen?

Eindeutig ja. Seit Fridays for Future sind sich immer mehr Bürger/-innen ihre eigene Verantwortung bewusst. Die schnell steigende Anzahl an Vegetariern ist nur ein Anzeichen dafür. Cateringfirmen haben schon darauf reagiert. Heutzutage kann man keine fleischlastigen Veranstaltungen mehr machen, ohne dafür heftige Kritik zu ernten. Der Deutsche Nachhaltigkeitspreis hat 2019 komplett auf Fleisch verzichtet.

Immer mehr Fluggesellschaften und Urlaubsreiseanbieter sorgen für automatischen Kompensation, weil der Druck auf diese Firmen stetig steigt (Flugscham).

Was gehört für Sie noch zu einem professionellen Umweltmanagement?

Die richtige Auswahl der Location mit guter Anbindung und im Ticketpreis sollten öffentliche Verkehrsmittel inbegriffen sein. Gutes Kommunikationsmanagement, um auf die öffentlichen Verkehrsmittel und richtigen Haltestellen hinzuweisen, Kooperationen mit der Deutschen Bahn für Veranstaltungstickets, Kooperation mit Hybrid-, Biogas-, E-Taxi-Service, sichere ausreichende Stellplätze für Fahrräder etc. gehören genauso dazu wie die Betrachtung der Logistik, Optimierung der Technik, Berücksichtigung des individuellen Stromverbrauches (keine Pauschalen), Biostrom-Lieferanten, lokales Catering, Hotel, Merchandising und vieles mehr. Die Kompensation der unvermeidbaren Emissionen eines Events durch zertifizierte Projekte sorgt für die letztendliche Klimaneutralstellung der Veranstaltung. Aber durch Kooperationen können zusätzlich noch ein Baum pro Ticket gepflanzt werden und andere Projekte unterstützt werden.

Dass die Regierung die Industrie auffordert und verpflichtet, sich nachhaltig für den Umweltschutz zu engagieren, ist meiner Meinung nach richtig und im Hinblick auf die Zielvorgaben auch unerlässlich. Umweltmanagement für Veranstaltungen und Tourneen wird Standard werden. Das ist nicht mehr aufzuhalten. Ähnlich wie beim Rauchverbot in geschlossenen Räumen, wird man sich irgendwann fragen, warum es das nicht schon immer gab.

Sie möchten das Jahr 2020 nutzen, um die Eventbranche zu revolutionieren. Was bedeutet das konkret?

Mein Ziel ist es, dass nachhaltige Veranstaltungen zum Standard werden – sofort! Dafür habe ich den Sustainability Rider mit der Checkliste geschrieben, um jeden in die Lage zu versetzen, nachhaltige Veranstaltungen umzusetzen. Und mit Sustainable Event Solution bitten wir eine Plattform, auf der sich alle nachhaltigen Lieferanten der Eventindustrie präsentieren und sich untereinander vernetzen, um neue nachhaltige Services und Produkte an den Markt zu bringen. Deshalb beinhaltet das Netzwerk auch nachhaltige Banken und Investoren.

Mit dem Sustainability Rider inklusive Checkliste möchten Sie Veranstalter, Event-Agenturen und Künstler unterstützen. Was sind die wichtigsten Inhalte?

Wichtig war, mir etwas zu schaffen, was für die gesamte Eventindustrie funktioniert. Ich wollte eine einfache und extrem komprimierte Guideline, damit jeder Mensch nachhaltige Veranstaltungen umsetzen kann. Egal ob Veranstalter, Künstler und Lieferant. Es kommt darauf an, die richtigen Fragen zu stellen und den Rider und die Checkliste als Gesprächsgrundlage zu verstehen.

Ich will Hemmungen abbauen und zeigen, dass es wirklich jeder kann. Denn viele haben Angst vor dem „großen Berg" und die vielen Details, die zu bedenken sind. Und viele wollen erst dann anfangen, wenn sie jedes Details verstanden haben und eine Lösung dafür gefunden haben.

Der Einstieg in die nachhaltige Umsetzung von Events funktioniert aber einfacher, als die meisten denken. Die größten unvermeidbaren CO_2-Emissionen entstehen durch die Anreise der Gäste (über 60 %). Danach folgt der Energiebedarf und diese beiden Probleme lösen Sie mit zwei Anrufen. Einfach zu einem Ökostrom-Anbieter wechseln und einen Ticketing-Anbieter auswählen, der die Möglichkeiten des Green-Ticketings und der Einpreisung der CO_2-Kompensation anbietet. Das kann jeder! Damit ist das Event noch nicht nachhaltig, aber ich will damit zeigen, dass es bei der Klimaneutralstellung darauf ankommt zu handeln und dass es sehr einfach ist, 70–80 % der CO_2-Emissionen in den Griff zu bekommen.

Die 13 Leitlinien des Sustainability Riders und der Checkliste zeigen einem die wichtigsten Punkte auf, die man beachten sollte. Und für manche Bereiche wird man Partner/Supplier benötigen, die einem helfen, diese Probleme zu lösen. Das heißt, als Veranstalter/-in und Künstler/-in geht es darum, mit den Lieferanten/-innen und Gewerken zu sprechen und eine nachhaltige Lieferanten/-innenkette aufzubauen. Dann wird die Veranstaltung automatisch nachhaltig.

Weshalb bieten Sie Wissensvermittlung durch den Sustainability Rider mit der Checkliste trotz der Kosten und des zeitlichen Aufwandes grundsätzlich ohne Gegenleistung zum Abdruck oder als Online-Veröffentlichung an?

Ich möchte Hindernisse und Barrieren einreißen, denn mein Ziel ist es, dass möglichst alle Veranstaltungen nachhaltig umgesetzt werden. Das funktioniert aber nur, wenn der Wissenstransfer möglichst einfach und schnell funktioniert. Ich möchte damit auch Umweltmanager unterstützen, damit diese Spezialisten innerhalb von Firmen den Wissenstransfer schneller schaffen und damit die Akzeptanz, innerhalb der Firma, erhöhen.

Seit einigen Jahren arbeiten Sie als offizieller Partner des Deutschen Nachhaltigkeitspreises. Was hat sich in den vergangenen Jahren verändert?

Die Veranstaltung ist in einem stetigen Wandel und Verbesserungsprozess und bietet einen großen Mehrwert für die Wirtschaft und Gesellschaft. Und das Ziel, das Thema Nachhaltigkeit in der Mitte der Gesellschaft zu platzieren, ist geglückt. Nachhaltigkeit ist kein Nischenthema mehr. Ich freue mich jedes Jahr auf spannende Firmen und Produkte, die unsere Welt positiv beeinflussen und große Probleme lösen.

Ich bin beim Deutschen Nachhaltigkeitspreis für das Live-Entertainment-Konzept zuständig. Meine Aufgabe ist es, passende Künstler/-innen zu finden, die sich mit dem Thema Nachhaltigkeit beschäftigen oder selber Aktivist/-innen sind. Die internationale Strahlkraft der Stars sorgt für eine größere Reichweite für eines der wichtigsten Themen unserer Zeit. Spannend ist es, sich dabei mit den Biografien der Stars zu beschäftigen und zu sehen, was die Menschen antreibt und warum sie sich mit Nachhaltigkeit beschäftigen. Die Auszeichnung dieser Role Models ist für mich immer ein besonderer Moment, die Reden sind häufig sehr emotional und ergreifend.

Mit „Sustainable Event Solutions – All Suppliers In One Place!" entsteht gerade eine digitale Plattform und Dienstleister-Gemeinschaft, die alle nachhaltigen Lieferanten der Branche sichtbar macht und deren Produkte und Services vorstellt. Wie ist der aktuelle Stand?

Sustainable Event Solutions bietet als Plattform eine Übersicht über die nachhaltigen Lieferanten der Eventbranche (Hotel, Technik, Shuttle, Locations, Reinigungsfirmen, Recycling, Messebau, Catering …). Wir bauen die Datenbank gerade auf, aber die Resonanz der Medien, Veranstalter und Lieferanten ist jetzt schon sehr gut. Genauso eine Plattform hat bisher gefehlt, denn es ist sehr schwer, die passenden und nachhaltigen Partner bei Google zu finden. Damit Veranstaltungen nachhaltig umgesetzt werden können, müssen Veranstalter diese Anbieter finden. Und genau dabei helfen wir.

Darüber hinaus bietet Sustainable Event Solutions ein internes Netzwerk aus Gleichgesinnten. Es geht auch darum, neue Services und Produkte für den Markt zur Verfügung zu stellen. Darum bieten wir auch Start-ups, Investoren und Banken eine Plattform, damit wir gemeinsam für die Eventbranche proaktiv werden können.

Das Interview führte Dr. Alexandra Hildebrandt.

Literatur

Information von Sascha Lafeld (damals Vorstand von First Climate), erfragt 2018

Stefan Lohmann
(Fotocredit: privat)

Stefan Lohmann, Jahrgang 1973, geboren in Xanten in NRW, ist ein Hamburger Talent Buyer und Artist Relations Manager. Nach über zehn Jahren Tätigkeit als international tätiger Verkäufer von Live-Entertainment wechselte Stefan Lohmann 2014 auf die Kundenseite und stellt seitdem seine Erfahrung, Insiderwissen, Kontakte und Verhandlungsgeschick seinen Kunden als Einkäufer und Artist Relations Manager zur Verfügung. Mit seinem Team erstellt er Live-Entertainment-Konzepte für Veranstaltungen jeder Größenordnung und Ausrichtung. Internationale Stars, Shows, Showacts, Orchester-, Drohnen-, Tanz- und Aerial-Shows etc. Lohmann arbeitet vollkommen transparent, langfristig und auf partnerschaftlicher Basis mit seinen Kunden. Seit 2014 ist er offizieller Partner und Artist Relations Manager vom Deutschen Nachhaltigkeitspreis. 2015 gründete er das nachhaltig agierende Berlin Show Orchestra. 2016 folgte die Gründung des Sustainable-Event-Solutions-Netzwerks, woraus 2020 die Onlineplattform Sustainable Event Solutions hervorging. Stefan Lohmann ist Mitglied im Verein Versammlung eines Ehrbaren Kaufmanns zu Hamburg e. V. Weiterführende Informationen: www.stefanlohmann.com, www.sustainable-event-solutions.de.

Wahrnehmung und Interaktion auf Facebook: Deutsche und US-Amerikaner. Ängste, Möglichkeiten, Entwicklungen, Änderungen und Lektionen

Jacquelyn Reeves

1 Einleitung

Für mehr als 2.5 Mrd. Menschen weltweit (Statista.com 2019) hat Facebook die Art geändert, wie sie kommunizieren und Dinge erledigen. Zwar stammen die Plattform und Grundlagen von Facebook aus den USA, jedoch ist mit 70 % der Anteil der Facebook-Nutzer außerhalb der USA höher als in den USA. Mehr als 100 Sprachen werden unterstützt (Reuters.com 2019) und jeden Monat kommen neue Facebook-Nutzer hinzu. Facebook wächst.

Als internationale soziale Netzwerk-Site (im Folgenden: „SNS") bietet sich Facebook für Fragestellungen zur interkulturellen und virtuellen Kommunikation an, wie etwa: Welche Erwartungen und Wahrnehmungen haben wir im Hinblick auf andere Menschen, Menschengruppen, Kulturen und Differenzen und wie reagieren wir auf sie? Welche Parallelen zu persönlichen Begegnungen mit anderen Kulturen und Umgebungen und welche Unterschiede existieren? Hat Facebook unser kulturell geprägtes Verständnis von privatem und öffentlichem Raum verändert? Haben sich das Teilen von Informationen und unsere Vorstellung davon, was geteilt werden sollte, geändert? Ändert Facebook auch unsere nicht virtuelle Kommunikation? Beeinflusst der Facebook-Stil unsere familiären und anderen Beziehungen, Werte, Vorstellungen von Freiheit und unsere Arbeit?

In dieser Arbeit, die zuvor als Grundlage für eine Präsentation auf der Sietar Europa Konferenz 2011 in Krakau, Polen, diente, beschäftige ich mich eingehender mit den USA einerseits und Deutschland andererseits in den genannten Kontexten. Ferner verwende ich das vom Sozialpsychologen Kurt Lewin und vom interkulturellen Berater

J. Reeves (✉)
Reeves3c, Culture, Communication, Clarity, Berlin, Deutschland
E-Mail: jacquelyn@reevesic.com

Fons Trompenaars entwickelte „Einflusssphären"-Modell, das das kommunikative Verhalten, die Erwartungen und Reaktionen von US-Amerikanern und Deutschen sowie das unterschiedliche Maß an Involviertheit beschreibt und deutet (Trompenaars und Hampden-Turner 2008).

2 Facebook-Statistik für die USA und Deutschland

Im Folgenden einige grundlegende Daten zu Facebook-Nutzern in Deutschland und in den USA zur Vermittlung eines klareren Bildes:

USA
Länderranking nach Nutzerzahlen: 2 (nach Indien)
Anzahl der Nutzer: 180.000.000
Anteil an weltweiter Nutzung: 10 % (Stand: 10.02.2020)

Deutschland
Länderranking nach Nutzerzahlen: 18
Anzahl der Nutzer: 28.000.000
(Statista 2020)

3 Der deutsche und der US-amerikanische Kommunikationsstil

Das häufig in kulturellen Trainings verwendete „Pfirsich und Kokosnuss"-Modell hat sich als sehr gut geeignet erwiesen, um schnell und eindeutig Informationen über kommunikative Präferenzen, historische Einflüsse, Erwartungen, Enttäuschungen, Wahrnehmungen und blinde Flecken in Kommunikationsmustern von Deutschen und US-Amerikanern zu vermitteln (dabei sind auch die Niederlande und viele andere Kulturen durch den „Kokosnussstil" geprägt, wenn auch im geringeren Maß als diese beiden Kulturen).

Die Kreise beziehen sich auf die öffentliche bzw. die private Sphäre sowie auf Überschneidungsbereiche. Die US-Amerikaner – durch Abb. 1, links repräsentiert – haben eine vergleichsweise große öffentliche Sphäre, teilen also mehr Themen mit Personen, die ihnen wenig oder nicht bekannt sind, oder mit der Öffentlichkeit. Diese für viele Personen leicht und bequem zugängliche Sphäre wird durch den Pfirsich mit seinem weichen Fruchtfleisch repräsentiert.

In der deutschen Kultur – symbolisiert durch die Kokosnuss – herrscht eine diesem Konzept fast entgegengesetzte Vorstellung von privater und öffentlicher Sphäre. In der Abb. 1 repräsentiert der große mittlere Teil auf der rechten Seite die private Sphäre gemäß deutscher Vorstellung. In diesen Bereich fällt der Großteil der Kommunikation

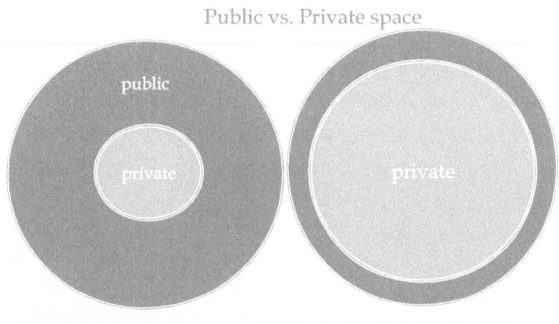

Abb. 1 Das für Trainingszwecke verwendete „Einflusssphärenmodell", dargestellt als „Pfirsich und Kokosnuss" (Copyright J. Reeves)

und der Beziehungen. Die öffentliche Sphäre ist im Vergleich dazu klein, das heißt, es werden wenige Informationen mit allen bzw. der Öffentlichkeit geteilt. Die private Sphäre ist von einer deutlichen Grenze umgeben, sie ist mit Verantwortung und langfristiger Orientierung verbunden (die harte Schale der Kokosnuss).

Welche Implikationen sind mit offenen Räumen bzw. den zahlreichen geteilten Räumen verbunden, die den US-amerikanischen Kommunikationsstil prägen?

4   US-Amerikanische Werte und Beziehungsherstellung

Die Geschichte der USA ist geprägt vom Pioniergeist. US-Amerikaner sind – und entsprechende Erwartungen werden an sie gestellt – unterwegs, auf dem Weg, um ihr Glück und ein besseres Leben für sich und ihre Kinder zu finden. Dieses Konzept des Unterwegsseins ist implizit verbunden mit der Idee des gesellschaftlichen, finanziellen Vorankommens oder eines Vorankommens, das Änderungen ermöglicht. Solche Änderungen werden wie das sprichwörtliche Wasser gesehen, das das Schlechte, Alte, Kranke wegspült und Frisches, Neues, Fruchtbares hervorbringt.

Für ein erfolgreiches Vorankommen brauchten und brauchen die US-Amerikaner Hilfe, um sich schnell in neuen Umgebungen zurechtzufinden. Ihr Konzept von öffentlicher Sphäre, das umfassender ist als das der meisten anderen Kulturen weltweit, erweiterte sich mit der Notwendigkeit, schnell Verbindungen herzustellen. Dies war für ihr Überleben unter extremen Bedingungen notwendig. Wichtig war also die schnelle Entwicklung von Gemeinschaften für die gegenseitige Unterstützung. Die entsprechenden

Erscheinungsformen sind Freundlichkeit, Hilfsbereitschaft, Einführung neuer Personen, nachbarschaftliche gemeinsame Grillveranstaltungen, Bildung von Fahrgemeinschaften und Small Talk.

Der sogenannte Small Talk hat eine Bedeutung, die keineswegs „small" ist. Er dient der Herstellung von Verbindung (Beziehung) und das Lächeln ist sein Botschafter. Small Talk wird verwendet, um wichtige praktische Informationen darüber zu erhalten, wer zur Gemeinschaft gehört, über Nahrungsmittelquellen, das Wetter, Unterkunft, Preise, Nachbarschaften und über andere Bedürfnisse wie Schule und medizinische Versorgung. Derartige Informationen passen sehr gut in die durch den Pfirsich symbolisierte öffentliche Sphäre. Die Botschaft vermittelt ein umfassendes Bild der Umgebung. Die Erwartung besteht darin, von der Nachbarschaft willkommen geheißen zu werden. Dazu gehört die Verpflichtung der Gemeinschaft, Neuankömmlingen dabei zu helfen, sich zurechtzufinden und niederzulassen.

Kurz gesagt handelt es sich um den Grund, warum US-Amerikaner sich verbinden (müssen). Diese Verbindungen – oder Freundschaften nach US-amerikanischem Stil – dienen auch bestimmten Zwecken und werden „spezifische" Kulturen genannt, da bestimmte Lebensbereiche bestimmten Gruppen oder gesellschaftlichen Funktionen wie Schule, Arbeit, Kirche, Bücherklub oder befreundeten Eltern vorbehalten sind. Alle diese Lebensbereiche fördern die Herausbildung großer Freundesgruppen, deren Mitglieder in Deutschland und vielen anderen Gesellschaften wahrscheinlich eher als „Bekanntschaften" bezeichnet würden.

5   Werte der deutschen Kultur und Grenzen

Kommunikation und Verhalten in Deutschland gehen auf eine ganz andere Vergangenheit und entsprechende Erwartungen zurück. Deutsche sind geprägt von einer Geschichte der Trennung gemäß und innerhalb (isolierter) feudaler Strukturen, vom Leben in schwer zugänglichen Bergregionen, die Bewegungen schwer oder unnötig machten. So bestand eine Notwendigkeit darin, nah beisammen und verbunden zu bleiben und sich nicht zu weit von der eigenen Region zu entfernen. Dieser Lebensstil, der darauf ausgerichtet war, an einem Ort zu überleben, diente der Sicherheit und ihm gemäß wurden sehr tief gehende Verbindungen gepflegt.

Deutschland geht auf die Gründung des Deutschen Reichs im Jahr 1871 zurück (ist also in dieser Hinsicht jünger als die USA). Die regionalen Unterschiede sind unter anderem auch aus diesem Grund erheblich. Sofern Bewegungen oder Änderungen eintraten, entsprach dies oftmals nicht dem Wunsch der Bewohner und häufig standen derartige Änderungen mit Krieg, Tod oder Hungersnöten im Zusammenhang. So hatte Deutschlands Beteiligung am Dreißigjährigen Krieg sehr wenig mit eigenen Interessen zu tun, sondern war vielmehr darauf zurückzuführen, dass das Land zwischen den Ländern der Kriegsparteien lag. Aus diesen Gründen wurde die Bewahrung von Stabilität als großer Wert betrachtet. Tatsächlich zählen Stabilität, Sicherheit und die Pflicht, diese

Werte aufrechtzuerhalten, sowie langfristige lokale Verbindungen zu den in Deutschland geltenden und viele Regionen übergreifenden Werten.

Eine große öffentliche Sphäre, wie sie durch den Pfirsich symbolisiert wird, entwickelte sich nicht, da keine entsprechende Notwendigkeit bestand. Die Informationen waren und sind zuverlässig vorhanden und werden gegebenenfalls in einen stabilen oder statischen Zustand gebracht. Die Aufrechterhaltung von Stabilität und Sicherheit begünstigt und begünstigte Änderungen nicht. Ein Änderungsprozess kann zu viele unbekannte Größen beinhalten und zu unbekannten Ergebnissen führen. Dies jedoch ist für die Erhaltung der lokalen Umgebung, der gesellschaftlichen Grundlage nicht förderlich.

6 Kommunikation: Deutsche und US-Amerikaner im Gespräch

Die Welt hat sich geändert. Deutschland ist ein wichtiges und mächtiges Land. Um seine Interessen als global führende Exportnation zu wahren und den Erwartungen gerecht zu werden, muss Deutschland heutzutage den Austausch mit vielen unterschiedlichen Menschen zulassen. Insbesondere intensiv ist der Kontakt zu US-Amerikanern. Dies hängt mit den Folgen des Zweiten Weltkriegs und mit der Rolle der USA als Besatzungsmacht in Westdeutschland zusammen sowie mit den zahlreichen in Deutschland tätigen US-Unternehmen und den in den USA tätigen deutschen Unternehmen.

Wie sehen also Interaktionen zwischen Deutschen und US-Amerikanern aus? Abb. 2 zeigt die beiden Kulturen im Gespräch: die große öffentliche Sphäre der US-Amerikaner

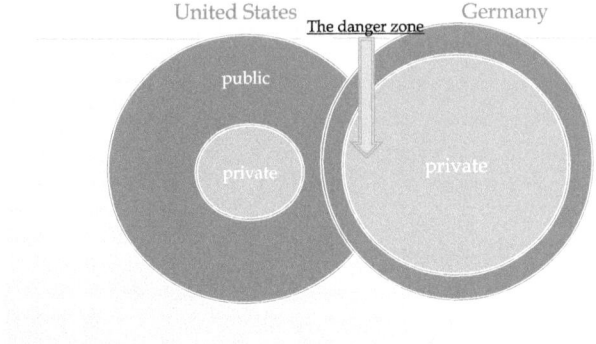

Abb. 2 Der Pfirsich und die Kokosnuss: Welche Schnittmengen existieren bei Gesprächen zwischen Deutschen und US-Amerikanern? (Copyright J. Reeves)

(Lächeln, Verbinden und Informationen über die Umgebung erhalten!) und die große private Sphäre der Deutschen mit geringem Bedarf an allgemeinen Informationen und Teilen dieser Informationen, denen auch nicht der gleiche Wert zugeschrieben wird.

Der geteilte Raum entspricht hinsichtlich der gewählten Themen den Erwartungen auf der US-amerikanischen Seite und ist typisch für sie. Auf der deutschen Seite wird im gleichen Gespräch die private Sphäre berührt. Das Gespräch fühlt sich hier möglicherweise wie eine Invasion an, wie eine übergroße Nähe oder aufgezwungene Intimität, wenn es sich um eine neue Freundschaft oder Beziehung handelt. Es kann sich auch ein gutes Gefühl einstellen, das jedoch auf einem Missverständnis beruht. Von der US-amerikanischen Seite aus geht es um schnelle Verbindung, Informationsaustausch und Freude am Augenblick. Wenn sich eine Freundschaft aufbaut, dann entwickelt sie sich im Laufe eines womöglich langen Zeitraums, jedoch besteht zu diesem Zeitpunkt keine Verpflichtung. Von der deutschen Seite aus geht es an dieser Stelle um Investition, Pflicht und Verantwortung, wenn die private oder innere Sphäre berührt wird (wie zuvor).

7 Wahrnehmungen: Deutsche und US-Amerikaner im Gespräch (und in Beziehungen)

In Interaktionen stehen die entsprechenden Werte im Widerspruch zueinander sowie zu Erwartungen, Reaktionen und Wahrnehmungen. Die Interaktion findet statt, Informationen werden wahrgenommen, bewertet und ausgelegt und Urteile gefällt. US-Amerikaner nehmen Deutsche möglicherweise folgendermaßen wahr: als unfreundlich, kalt, nicht bereit, Verbindungen einzugehen (da Verbindungen in den beiden Kulturen jeweils zu unterschiedlichen Zeitpunkten hergestellt werden), und als zu detailorientiert, zu sehr an unwesentlichen Dingen interessiert.

Deutsche nehmen US-Amerikaner möglicherweise folgendermaßen wahr: als übermäßig freundlich (falsche Freundlichkeit), Small Talk ist Zeitverschwendung, da der Inhalt nicht produktiv ist, nicht gradlinig (zu viele Witze), oberflächlich (US-Amerikaner sind nicht fähig, tief zu empfinden, meinen Einladungen nicht ernst, fragen, „Wie geht es?", und interessieren sich nicht für die Antwort).

Wenn kommunikative Werte und Ziele derartig über Kreuz gehen, kann dies zu Vertrauensverlust führen. Vertrauen jedoch ist grundlegend für produktive, stabile Beziehungen im Privat- und im Arbeitsleben.

8 Facebook ist US-amerikanisch

Anhand des Pfirsich-Kokosnuss-Modells wird ersichtlich, dass Facebook eine US-amerikanische, geradezu typisch US-amerikanische Erfindung ist. Der Zweck von Facebook ist das Teilen von Informationen in einer Kultur, die das Teilen von Informationen als einen Wert betrachtet. Facebook wurde in einer Kultur entwickelt, die eine sehr große öffentliche Sphäre wertschätzt, und ist die ultimative „Pfirsich-Platt-form" mit Bereichen für Gespräche zu bestimmten Themen, offenen oder geschlossenen Gruppen, Foren für jeglichen Zweck, Fotoseiten (auch mit Kommentarfunktion), Geburtstagsglückwunschfunktion und einem Plauderbereich, der geschlossen wird, wenn eine bestimmte Datenmenge erreicht ist (nicht zu tiefgehend bitte, nimm ein anderes Thema!).

Der Kleister, der Facebook zusammenhält, ist die Kommentarfunktion. Kommentare sind für eine echte Teilnahme an Facebook Voraussetzung und in den Reaktionen auf eigene Kommentare besteht der Spaß an der Interaktion. Facebook nutzt das von US-Amerikanern hoch geschätzte Small-Talk-Modell in einer virtuellen Anwendung. Hier allerdings können wir auch Personen, die wir nicht gut kennen oder nie real getroffen haben (je nach Einstellung der Privatsphäre, was eine eigene Kunst ist), Kommentare senden.

9   Facebook: die US-Amerikaner und die Extrovertiertheit

Das am meisten genutzte Tool auf Facebook ist wahrscheinlich „Newsfeed". News-feed ist ein offener Platz für Neuigkeiten, Klatsch, Postings, Witze, Fotos oder Geburtstagsgrüße, die an alle Freunde auf einer Freundesliste versendet werden. Es handelt sich insofern um das wahrscheinlich US-amerikanischste Tool, als seine Bot-schaften öffentlich und „laut" sind und es von allen Tools die größte Flexibilität beim Posten bietet und daher zu Neuigkeiten, Abwechslung, Überraschungen und Späßen ein-lädt, allesamt US-amerikanische Werte.

US-Amerikaner machen im Durchschnitt ausführlich vom Newsfeed Gebrauch. Aktuellen Statistiken zufolge verbringen US-Amerikaner 27 % der Zeit, die sie für Facebook aufwenden, mit dem Newsfeed. Damit ist dies das beliebteste Tool (Nummer 2 sind mit einem Anteil von 25 % Fotos;). Extrovertiertheit, ein US-amerikanischer Wert, hat im Newsfeed die ganz große Bühne. Manche Facebook-Benutzer veröffentlichen sechs Posts pro Tag. Andere nutzen es als persönliches Marketingtool für kleine Unter-nehmen, Unterhaltung und andere Unternehmensbereiche.

Einige Beispiele für die große Bandbreite der „Pfirsich"-Kommentare:

- Herrlich!
- Mein Sohn wurde heute auf einer Geburtstagsfeier durch den Kakao gezogen.
- Prag – so wunderschön!
- Graydon machte heute eine Rutschpartie und sang dabei: Ich bin nackt, ich bin nackt!
- *Bildunterschrift:* Mein hübscher Kerl auf dem Weg zu seinem ersten Schultag.

Dem Pfirsich- und Small-Talk-Modell entsprechend wird der Newsfeed auch verwendet, um schnell Informationen weiterzuleiten (Wetterwarnungen), jemanden zu grüßen, Freundlichkeiten auszutauschen, mit gesundheitsbezogenen Informationen weiterzuhelfen und gesellige Kommentare zu verbreiten.

10 Facebook: Deutsche Reserviertheit oder „der Newsfeed ist in der Tat sehr still"

Ein augenfälliger Verhaltensunterschied im Hinblick auf Facebook zwischen Deutschen und US-Amerikanern ist die geringere Verwendung des Newsfeeds durch Erstere. Im Newsfeed ist nicht viel los. Hier kommt der deutsche Wert „Zurückhaltung" klar zum Ausdruck.

Im Hinblick auf die Kommunikation selbst existieren einige Anzeichen dafür, dass im Newsfeed Sprache und Verhalten der US-Amerikaner imitiert werden. Dies ist insofern sinnvoll, als der Feed gemäß den gesellschaftlichen Normen der deutschen Kultur nicht so vielfältig genutzt werden kann. Einige Beispiele dafür: Verwendung von (britischem und US-amerikanischem) Englisch („kisses!") oder Denglisch, einem Gemisch aus Deutsch und Englisch, das in der gesprochenen Sprache heutzutage weitverbreitet ist, Liedtexte („California here I come") und einige moderne Kraftausdrücke, die möglicherweise schockierend auf US-Amerikaner wirken, für Deutsche jedoch „cool" klingen. Ebenfalls offensichtlich ist, dass viele Postings von Deutschen von englischsprachigen Websites stammen. YouTube wird in beiden Kulturen ausgiebig verwendet, von US-Amerikanern vor allem für Musikvideos, was von Deutschland aus aufgrund der strengeren Datenschutzbestimmungen unmöglich ist.

Eine Anmerkung zum Sprachgebrauch: Übersetzte (häufig direkt übersetzte), synchronisierte US-Filme und -Serien wie „Two and a half men" oder „How I met your mother", die US-amerikanische Alltagskonversation und Ausdrücke vermitteln, sind unter jungen Deutschen beliebt. „How are you?", das in der Regel in etwa dem „hello" im US-amerikanischen Englisch entspricht, wird im Deutschen mittlerweile mit „Wie geht es dir?" wiedergegeben. Die richtige Antwort kann mittlerweile „gut" oder „fein" (aus dem Englischen von „good", „fine" übernommen) sein und nicht mehr eine Beschreibung des Befindens, mit der das Gegenüber normalerweise reagiert.

11 Wahrnehmungen, Reaktionen und Interpretation des US-amerikanischen Verhaltens durch Deutsche

Deutsche Studenten des International-Business-Administration-Programms der Hochschule für Wirtschaft und Recht Berlin, die den Anlass für diese Arbeit gaben, griffen auf die durch die Kokosnuss symbolisierten Werte in ihrem Facebook-Verhalten zurück. Sie erlebten das Verhalten der US-Amerikaner teilweise als schwer verständlich in folgender

Hinsicht: Vermittlung zu vieler persönlicher Informationen. Tina, eine Studentin, sagte: „Ich habe amerikanische Freunde aus South Dakota. Aber ich schreibe ihnen nie, da ich aufgrund ihrer Postings schon alles weiß. Ich weiß, wie es ihnen geht, wie es ihren Kindern geht, wie es ihrem Hund geht." Tina weiter: „Außerdem gibt es einen, der Krebs hat. Sie laden Bilder von diesem kranken Mann hoch. Das kommt mir falsch vor. Ich möchte das einfach nicht wissen." Außerdem machen US-Amerikaner sich in ihren Augen zu Zielscheiben von Kriminellen (siehe diese Website über die Nutzung von Schwachstellen: www.pleaserobme.com). In die Diskussionen mischte sich auch ein Ton der Herablassung und Geringschätzung.

Einig war die Gruppe sich auch darüber, dass kleinere Freundesgruppen ihnen lieber seien: „Wir wählen unsere Freunde mit wirklich viel Bedacht aus. Es gibt Amerikaner mit 7000 Freunden. So etwas wäre für uns unvorstellbar" (HWR Berlin 2011).

Die Expressivität oder Emotionalität von Posts von US-Amerikanern, insbesondere im Sportbereich, jedoch auch bei Newsüberschriften, beschrieben sie als befremdlich oder extrem. Die große Empörung über gegen Obama gerichtete Feindlichkeit, die Aufregung um Casey Anthony, die Emotionen in vielen Posts, mit denen Freunde aufgefordert werden, verlassene Tiere zu retten oder aufzunehmen, oder die Wut über Mütter, die sich nicht um ihre Kinder kümmern, erschienen ihnen übertrieben.

12 Wahrnehmungen, Reaktionen und Interpretation des deutschen Verhaltens durch US-Amerikaner

US-Amerikaner können genauso überrascht reagieren, jedoch subtiler. Es geht in diesen Fällen um nicht zustande gekommene Bindungen, Interaktionen und Spaß. Einige US-Amerikaner sind der Auffassung, dass es schwierig ist, Deutsche ausfindig zu machen, dass sie verschwinden, nicht viel kommentieren, jedoch offen für private Chats und Nachrichten sind.

Die Feststellung, dass Deutsche keine Fotos posten sowie viele und strenge Datenschutzeinstellungen verwenden, führt bei ihnen zu Irritation. Deutsche lassen häufig keine Tags zu (damit gibt sich der Inhaber eines Facebook-Kontos einen Namen, der bestimmten Gruppen für Fotos des Kontoinhabers angezeigt wird) und prüfen ihre Seiten im Vergleich deutlich seltener. Auf US-amerikanischer Seite sind die Reaktionen seltener. Dies hängt damit zusammen, dass im Verhältnis betrachtet aus unterschiedlichen Gründen mehr Deutsche zu US-Amerikanern Kontakt haben als anders herum. Allgemein gesagt gilt es als schwieriger, mit Deutschen in Verbindung zu treten und zu bleiben (HWR Berlin 2011).

13 Die Deutschen und der Datenschutz

Datenschutz ist für Deutsche in jeder Hinsicht ein ernsthaftes Thema, für das viel Zeit aufgewendet wird, insbesondere in Bezug auf Facebook.

Die Kokosnuss, die die deutsche Mentalität symbolisiert, zeigt eine große private Sphäre, die darauf schließen lässt, dass Privatsphäre ein wichtiger Wert der Deutschen ist. Das deutsche Datenschutzrecht, das allgemeine Interesse an datenschutzbezogenen Fragen und die Möglichkeiten des Zugangs zu persönlichen Daten bestätigen dies.

Die Gesetze für den Schutz von Daten und der Privatsphäre in Deutschland und den anderen Mitgliedstaaten der Europäischen Union gehören zu den strengsten weltweit. Zu den wenigen Themen, die aus deutscher Perspektive im Bereich der öffentlichen Sphäre Platz haben, gehört neben Politik möglicherweise der *Datenschutz*.

14 Neue Verhaltensweise durch und auf Facebook

Facebook erzeugt möglicherweise schnellere und neue Formen des Networking- oder Community-Verhaltens, das dem Pfirsichmodell entspricht. Siehe zum Beispiel die Überlegungen von Pew Research, einer Non-Profit-Organisation mit Sitz in den USA:

> Soziale Networking-Sites (SNS) geben Menschen die Möglichkeit, Freundschaften zu Mitgliedern der Netzwerke von Familienmitgliedern, Kollegen und anderen Personen, zu denen Beziehungen bestehen, zu schließen. In diesem Kontext ist häufig die Rede von „Freund". Bei Personen, die auf SNS als Freunde gekennzeichnet sind, kann es sich tatsächlich um solche im herkömmlichen Sinne handeln, allerdings auch um alte Bekanntschaften, zum Beispiel aus Schulzeiten oder sehr lose Beziehungen zwischen Personen, die sich noch nie persönlich begegnet sind. Es gibt Bedenken, dass Menschen sich durch die Verwendung dieser Dienste isolieren und echte Unterstützung durch weniger bedeutungsvolle Beziehungen ersetzt würden. Andere sind davon überzeugt, dass durch diese Dienste Beziehungen bereichert und erweitert werden (Pew Research Center 2011).

Durch die Integration alter Netzwerke (zum Beispiel Schulfreunde aus Perspektive der Generation X, für die Facebook die SNS der Wahl ist) mit neuen sowie der Auswahl von „Freunden von Freunden" expandiert das Netzwerk exponentiell. Zu den weiteren Verhaltensweisen gehören das Kennenlernen über Facebook, der Austausch von Facebook-Namen anstatt von Telefonnummern oder die Suche nach potenziellen Partnern, indem junge Männer sich auf Partys nach den Namen von Frauen erkundigen und dann auf Facebook nach ihnen suchen.

15 Die US-Amerikaner und der Datenschutz

Aus US-amerikanischer Perspektive geht es im Zusammenhang mit Privatsphäre darum, dem Einflusssphärenmodell entsprechend spezifisch zu bleiben. Das funktioniert, da einige Personengruppen und Erfahrungen getrennt und nicht geteilt werden (an dieser Stelle entspricht das Verhalten nicht dem Pfirsichmodell, demgemäß allgemeine Informationen geteilt werden). Wenn sie geteilt werden, wird dadurch die Möglichkeit zu mehr Nähe in einer Beziehung eröffnet. Auch wenn aus deutscher Perspektive US-Amerikaner zu viel und zu Persönliches teilen, gibt es einiges, das nicht geteilt wird. Dies sind die Themen, die im Pfirsichkern anzusiedeln sind, der die US-amerikanische Privatsphäre symbolisiert. Dazu gehören gemäß Statistiken zum Teilen von Informationen neben einigen anderen die Themen Religion, Politik, ethnische Zugehörigkeit und Geld. Die Studentengruppe bemerkte dies nicht, möglicherweise, weil sie vom US-amerikanischen Stil des Teilens überwältigt war. Entsprechend groß war die Überraschung angesichts der Statistik.

16 „Aktuelle gesellschaftliche Normen" (Rosen 2010: Zuckerberg) und ein neues, auf neuen virtuellen Normen basierendes Kommunikationsmodell

Ändern sich die Kommunikationsstile? Es besteht ein entsprechender Druck, jedoch wurden derartige Änderungen (noch) nicht durch die Untersuchungen nachgewiesen. Erzeugen Facebook und seine Formatentwickler einen neuen Kommunikationsstil? Die Antwort der Verfasserin dieses Dokuments lautet: Ja. Die Vision von Mark Zuckerberg besteht darin, alle oder die meisten Informationen öffentlich und für Austausch und gemeinsame Nutzung verfügbar zu machen (Rosen 2010):

Bislang allerdings hat sich Zuckerberg, CEO von Facebook, in die entgegengesetzte Richtung bewegt – hin zu Transparenz, nicht zu Datenschutz. Im Januar, als Zuckerberg die jüngst erfolgte Entscheidung verteidigte, die Standardeinstellung für Profildaten über Freunde und Beziehungsstatus zu ändern, sodass sie öffentlich statt wie bislang privat ist, sagte er dem Gründer von TechCrunch, dass Facebook verpflichtet sei, „aktuelle gesellschaftliche Normen" widerzuspiegeln, denen zufolge Öffentlichkeit gegenüber Datenschutz bevorzugt werde. „Die Menschen fühlen sich inzwischen wohl damit, mehr und unterschiedliche Informationen offener und mit mehr Menschen zu teilen. Diese gesellschaftliche Norm hat sich einfach im Lauf der Zeit entwickelt", so seine Worte (Rosen 2010).

Wenn das Ziel darin besteht, online und im „real life" für den Schutz der Privatsphäre zu sorgen, dann sind diese beiden Kulturen nicht gleich gut auf die Herausforderungen vorbereitet. Das mit Facebook korrespondierende Symbol ist der Pfirsich, der nicht der deutschen Mentalität entspricht. Dazu passen die vergleichsweise seltenen Postings. Deutsche posten das, was sie als öffentlich betrachten, und das ist wenig. Sie sind also bereits gut darin, Informationen zu schützen und deutliche Grenzen zu setzen. Dies ist zwar nicht bequem und Datenschutz ein angstbesetztes Thema, aber die auf Datenschutz bezogenen Fähigkeiten (siehe Diskussion über Datenschutz als Small Talk) existieren ebenso wie die Datenschutzgesetze.

Was auf US-amerikanischer Seite passiert, ist möglicherweise viel alarmierender und führt bei den US-Amerikanern selbst zu Orientierungsverlust. Die Tatsache, dass das Modell sich aus der heimischen Kultur entwickelte, ist möglicherweise der Grund, warum es für US-Amerikaner am wenigsten durchschaubar ist und Diskussionen ebenso wie effektive Bewertung schwierig sind.

Das von Zuckerberg verwendete Modell ist kein „Hyperpfirsich", sondern eine von innen nach außen gewendete Kokosnuss. Mit seinem Modell wird alles, was Deutsche als privat behandeln und was sich teilweise bereits in der öffentlichen Sphäre der US-Amerikaner befindet, in die öffentliche Sphäre gebracht. Der Vision von Zuckerberg zufolge wird aus der dünnen öffentlichen Schicht ein Punkt der Privatsphäre im Zentrum. Alle Facebook-Nutzer werden in ein umgekehrtes Kokosnusskommunikationsmodell oder „eine universelle virtuelle Sphäre" gepresst (Abb. 3).

Das Verhalten der US-Amerikaner mag zwar als schlicht und wenig durchdacht erscheinen, jedoch sind ihre Sicht und Verwendung der privaten Sphäre und spezifischer Sphären individuell und genau austariert. Ohne individuelle Kontrolle und Auswahl funktioniert Facebook nicht. Der Verlust dieser Mobilität und Flexibilität der Sphären hat erhebliche Auswirkungen auf Kommunikationsstile, auf Menschenrechte, das Recht auf freie Meinungsäußerung und auf Datenschutz. Dieses Thema muss proaktiv angegangen und offen(!) durch US-amerikanische Entscheidungsträger in allen Bereichen diskutiert werden. Andernfalls sind viele gesetzlich geschützte Rechte (auch solche wie ein

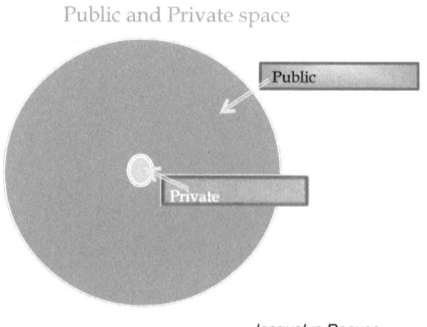

Abb. 3 Ein universeller virtueller Raum auf Facebook (Copyright J. Reeves)

Bier auf einer Party zu trinken) durch Risiken wie Strafverfolgung oder Stellenverlust bedroht.

Deutsche sind durch rechtliche Bestimmungen und durch ihre kulturellen Präferenzen und Verhaltensweisen geschützt. Das trifft auf die US-Amerikaner im weitaus geringeren Maße zu.

„Es funktioniert nicht, sein Arbeits-Ich und sein Spiel-Ich zu trennen", so ein Professor der Psychologie (Rosen 2010). „Ich muss mein Professor-Ich mit dem Ich-gehe-jetzt-was-trinken-Ich versöhnen. Aber das ist gut. Das macht uns weniger heuchlerisch und wir werden besser darin, die Menschen anzunehmen wie sie sind."

„Die unterschiedlichen Aspekte unserer Identität in unterschiedlichen Kontexten, das Ich bei der Arbeit, in der Freizeit, zu Hause … werden durch Datenschutz geschützt … wenn das segmentierte Selbst verschwindet und man für alles zur Rechenschaft gezogen wird, dann bezweifle ich, dass dies gut für die Individualität, Kreativität und all das ist, was wir als Menschen wertschätzen" (Rosen 2010).

17 Danksagung

Vielen Dank an den Kurs „Cross Cultural Management 3", 2011, der Berliner Hochschule für Wirtschaft und Recht. Mein Dank gilt auch Cynthia Tilden-Machleidt, die Zeit und Mühe aufgewendet hat, Rachel Reeves Hagelin für ihre schwesterliche Liebe, meinem Vater für seine Unterstützung und all meinen vergangenen und künftigen Freunden und Klienten, von denen ich weiterhin lerne.

Aufgrund des Themas und der Natur dieser Arbeit sind die meisten Informationen nur online verfügbar, daher viele weitere Onlinereferenzen.

Literatur

HWR Berlin (2011) Erfahrungen und Video aus dem Lehrgang "Cross Cultural Management 3", Berliner Hochschule für Wirtschaft und Recht (HWR Berlin), International Business Administration, Fachbereich Duales Studium. Paraphrasierte, genehmigte Zitate und Äußerungen von Tina, Lena und Isabelle

Trompenaars F, Hampden-Turner C (2008) Riding the waves of culture: understanding cultural diversity in business. Nicholas Brealey, Boston

Onlineressourcen

Cox T, Rosen J (2010) Redefining empathy in the light of web's long memory, talk of the nation, national public radio. http://www.npr.org/templates/story/story.php?storyId=128825584. Zugegriffen: 11. Febr. 2011

Facebook Emotions (2012) http://mashable.com/2012/01/06/facebook-emotions/. Zugegriffen: 5. Apr. 2012

Offizielle Facebook-Website (2012) http://www.facebook.com/press/info.php?statistics. Zugegriffen: 4. Apr. 2012

Pew Research Center (2011) Technology and social networks. http://pewinternet.org/Reports/2011/Technology-and-social-networks/Part-4/Points-of-view.aspx. Zugegriffen: 5. Apr. 2012

Reuters.com (2019) Facebook's flood of languages leaves it struggling to monitor content. Zugegriffen: 21. Apr. 2020

Rosen J (2010) The web means the end of forgetting. The New York Times Magazine. http://www.nytimes.com/2010/07/25/magazine/25privacy-t2.html?scp=1&sq=the%20end%20of%20forgetting&st=cse. Zugegriffen: 11. Febr. 2011

statista (2019) statista.com 2019. Zugegriffen: 21. Apr. 2020

The Ultimate List: 100 Facebook Statistics (2012) http://blog.hubspot.com/blog/tabid/6307/bid/6128/The-Ultimate-List-100-Facebook-Statistics-Infographics.aspx. Zugegriffen: 4. Apr. 2012

What's on your Mind? Facebook Data Team (2012) https://www.facebook.com/notes/facebook-data-team/whats-on-your-mind/477517358858. Zugegriffen: 3. Apr. 2012

Weiterführende Literatur

Facebook Demographics Revisited (2011) http://www.kenburbary.com/2011/03/facebook-demographics-revisited-2011-statistics-2/. Zugegriffen: 4. Apr. 2012

Firsching J (2010) Welche Informationen teilen Nutzer auf Facebook? http://www.futurebiz.de/artikel/welche-informationen-teilen-nutzer-auf-facebook/. Zugegriffen: 10. Apr. 2012

Leading Countries based on Facebook Users as of January 2020 (2020) https://www.statista.com/statistics/268136/top-15-countries-based-on-number-of-facebook-users/. Zugegriffen: 21. Apr. 2020

statista (2012) Veröffentlichung von persönlichen Informationen im Internet. http://de.statista.com/statistik/daten/studie/77640/umfrage/veroeffentlichung-von-persoenlichen-informationen-im-internet/. Zugegriffen: 4. Apr. 2012

Jacquelyn Reeves ist interkulturelle Trainerin und Inhaberin der Agentur Reeves 3C. Sie hat Germanistik am Bennington College, USA, und der Wilhelm-Pieck-Universität, DDR, (Bachelor of Arts) studiert, sowie ein Masterstudium in Occupational Continuing and Adult Education an der Kansas State University, USA, absolviert. Danach war sie in verschiedenen internationalen Firmen in Deutschland und den USA tätig. Ihre dort gesammelten Erfahrungen in internationalem Team-Building, insbesondere auch virtueller Teams, Konfliktmanagement und internationaler Verhandlungstechnik gibt sie seit mehreren Jahren als Beraterin weiter. Neuerdings hat sie ihr Spektrum auf das aktuelle Thema Kultur des Datenschutzes und der Datensicherheit im internationalen Kontext erweitert.

Jacquelyn Reeves
(Fotocredit: privat)

Persönliche Verantwortung in einer digitalisierten Welt – oder warum ich meinem Kind YouTube erlaube

Simone Brett-Murati

1 Verantwortung von Anfang an

Ich liebe es, meinen Sohn beim Spielen zu beobachten. Spaß macht es deshalb, weil jetzt im Alter von zweieinhalb Jahren erste Vorlieben zutage treten. Klassische Musik hören und auf eigenen Instrumenten selber spielen, steht dabei ganz oben. Den lieben langen Tag rennt er mit seiner Spielzeuggeige oder einem als Cello umfunktionierten Regenschirm vor den Spiegel, um sich selbst zuzuschauen und dabei auf eine möglichst professionelle Haltung zu achten. Woher er weiß, wie sich Künstler auf der Bühne bewegen? Ich habe es ihm gezeigt. Er kennt es unter anderem von YouTube. Gemeinsam mit mir und auch allein schaut er Live-Videos von Jazz- und Klassikkonzerten oder Orchesterproben – und er liebt es. Weil er sich außerdem regelmäßig seine eigenen Bilder und Videos ansieht, kann er sowohl ein Tablet als auch ein Smartphone bereits so bedienen, dass er weiß, wo er das findet, was ihn am meisten interessiert. Genauso wie den CD-Stereoplayer oder den Fernseher. Für Letzteres interessiert er sich am allerwenigsten. Verständnislos und wütend reagiert er jedoch, wenn ich das Smartphone oder Tablet wieder ausstelle. Doch sobald das Gerät wieder außer Sichtweite ist, wird die Wirklichkeit wieder spannender und die eigenen Instrumente ausgepackt.

Für sein Alter sind seine motorische und sprachliche Entwicklung wahrscheinlich durchschnittlich ausgeprägt. Mit seinem Medienkonsum gehört er allerdings bald zu der Gruppe der Dreijährigen in Deutschland, von denen jedes Zehnte online ist und

S. Brett-Murati (✉)
Eskimos mit Kühlschränken Agentur für Vertriebsmarketing und Kommunikationsberatung, Hamburg, Deutschland
E-Mail: sbm@eskimos-mit-kuehlschraenken.de

© Springer-Verlag GmbH Deutschland, ein Teil von Springer Nature 2021　　　　955
A. Hildebrandt und W. Landhäußer (Hrsg.), *CSR und Digitalisierung,* Management-Reihe Corporate Social Responsibility, https://doi.org/10.1007/978-3-662-61836-3_66

dessen „zunehmende Digitalisierung des Alltags fest im Familienleben verankert ist."[1]
Bei den Sechs- bis Achtjährigen sind es bereits 42 %. In den ersten fünf Jahren werden
im Gehirn die wichtigsten und stärksten neuronalen Verbindungen geschaffen, die die
Grundlage bilden für das künftige Lernverhalten und die den unersättlichen Wissens-
durst unserer Kleinen treiben. Laut einer weiteren Studie[2] des Cohen Children's Medical
Center of New York beginnen Kinder jedoch oft bereits im Alter von elf Monaten mit
Medienkonsum über Bildschirme – zu einem großen Teil deshalb, weil die Eltern mit
der Erziehungsaufgabe überfordert sind, und sich nicht mehr anders zu helfen wissen,
als über ein mobiles Gerät für Ablenkung zu sorgen. Ein schlimmes Missverständnis,
das ebenso noch mehr Aufklärung erfordert. Denn nichts fördert die Gehirn- und Sprach-
entwicklung sowie Problemlösungskompetenz von Kleinkindern so nachhaltig wie die
persönliche Ansprache, Vorlesen, freies Spielen und Erlebnisse in der realen Welt.

1.1 Werte vermitteln, die stark machen und zur Reflexion anregen

Eltern übernehmen persönliche Verantwortung für die positive Entwicklung ihrer Kinder,
die Raum lässt für Fantasie und die Werte vermittelt, die sie stark machen. Werte, die den
Grundstein für einen verantwortlichen Umgang mit sich selbst und mit eigenen Bedürfnissen legen. Denn Digitalisierung ist einer der größten Trends, der unsere Gesellschaft
prägt und der schon jetzt dazu führt, dass sich unsere Umwelt und unsere Gewohnheiten permanent verändern und anpassen müssen. Inwieweit wir Veränderung und die
Möglichkeit, jederzeit bewertet zu werden, als Chance oder Bedrohung wahrnehmen,
wird maßgeblich von der Haltung und dem Vorleben durch unsere Eltern und Bezugs-
personen beeinflusst.

Indem ich meinem Sohn musikalische Inhalte analog und digital zugänglich mache,
verschaffe ich ihm nicht nur die Möglichkeit, an Erlebnissen wie Live-Konzerten teil-
zuhaben, die für Kleinkinder meist gar nicht zugänglich sind, allein wegen der geringen
oder sehr teuren Verfügbarkeit des Angebots für Kleinkinder. Ich fördere seine Stärken,
zum Beispiel eine Leidenschaft zu entwickeln, die er im echten Leben vertiefen kann
und die ihm Glücksgefühle, Selbstbewusstsein und Kraft geben. Die Frage, wofür
brauchen Zweijährige Tablets, stellt sich mir erst einmal nicht.

Auf der anderen Seite sind die reellen Auswirkungen, die gerade soziale Medien und
die Verwendung von Apps auf Kinder und Jugendliche haben, nicht wegzudiskutieren.

---

[1]Deutsches Institut für Vertrauen und Sicherheit im Internet DVISI: U9-Studie „Kinder in einer
digitalen Welt" Juni 2015.
[2]https://www.psychologytoday.com/blog/singletons/201407/how-digital-devices-affect-infants-
and-toddlers.

Aktuell sorgt in den USA das neue Buch der Journalistin Nancy Jo Sales für Aufregung und Debatten.

Ihr Buch „American Girls: Social Media and the Secret Lives of Teenagers" ist eine Nabelschau der Welt von Minderjährigen, die sich ausschließlich in sozialen Netzwerken wie Snapchat, WhatsApp oder YikYak abspielt. Und das ist leider viel verstörender als befürchtet. Nacktfotos von sich oder Klassenkameraden zu verschicken oder sich über das Telefon zum Sex zu verabreden, ist demnach normal. Sales, die für das Buch über zwei Jahre an Schulen in zehn Staaten recherchiert hat, fand heraus, dass es an jeder Schule sogenannte „Slut Pages" gibt, auf der Schüler Nacktbilder und -videos von sich oder anderen veröffentlichen. Es lässt sich ausmalen, welchen Druck diese Entwicklungen in einer virtuellen Welt, in die Eltern meist keinen Zugang haben und auch nicht bekommen sollen, auf Jugendliche ausüben müssen. Druck, der über Cyberbullying auch bis zum Selbstmord führen kann. Eine Entwicklung, an der die Eltern wahrscheinlich nicht ganz unschuldig sind – laut Nancy Jo Sales besitzen 92 % amerikanischer Kinder vor ihrem zweiten Geburtstag bereits ein Onlineprofil. Bis zu ihrem fünften Geburtstag haben Eltern durchschnittlich 1000 Bilder ihrer Kinder online gestellt – und jedes Bild konkurriert um die höchste Aufmerksamkeit und die meisten „Likes"[3].

Dem Gruppenzwang kann nur entkommen, wer sein eigenes Verhalten und das der Gruppe infrage stellen, reflektieren und angemessen bewerten kann.

Worum es eigentlich geht, sind daher diese Fragen: Wie gehen wir mit schnellen Veränderungen persönlich erfolgreich um? Wie schaffen wir es als Menschen und in Unternehmen in einer entfesselten digitalisierten Welt, auf Bedürfnisse einzugehen? Und wie kann ich die Persönlichkeitsbildung meines Kindes so unterstützen, dass es einen werteorientierten und selbstbewussten Umgang mit digitalen Medien entwickelt?

Die Fragen können in diesem Beitrag nicht abschließend beantwortet werden. Jedoch ist es mein Anliegen, sie ins gesellschaftliche Bewusstsein zu rücken und einen Diskurs anzustoßen.

2 Die Chancen von Veränderung

2.1 Trends, die das Geschäftsleben auf den Kopf stellen

Die digitale Transformation stellt uns vor große Herausforderungen. Die disruptivsten Veränderungen liegen wahrscheinlich sogar noch vor uns, trotzdem fühlen sich schon viele überfordert. Organisationen mit der Strukturierung und Auswertung von Big Data, die oft den eigenen IT-Abteilungen überlassen werden. Schulen und Universitäten mit der Anpassung ihrer Lehrpläne, Behörden mit der Bereitstellung von Breitband-Internet an jedem Ort in Deutschland. Normale Menschen überfordert einfach die Tatsache,

---

[3]Sales, Nancy Jo (2016) "American Girls: Social Media and the Secret Lives of Teenagers".

den Tag, den Job und das Privatleben mit durchschnittlich vier mobilen Endgeräten managen zu müssen. Die Vereinfachung bürokratischer Prozesse mithilfe des Internets zeigt das skandinavische Vorbild. In vielen Bereichen des Lebens in Dänemark ist der elektronische Weg keine Alternative, sondern vorgeschrieben. Umzüge melden, Anträge zum Beispiel auf Kinderbetreuung, Terminvereinbarungen bei Ärzten und Steuerdaten einsehen, werden selbstverständlich digital abgewickelt. Seit November 2014 müssen außerdem alle in Dänemark gemeldeten Bürger ein elektronisches Postfach der Digital Post anlegen. Im Dokk1, dem Bürgerzentrum im dänischen Aarhus, werden Besucher nur noch mit Bildschirmen empfangen. Im gleichen Gebäude ist übrigens auch die umfangreichste skandinavische Bibliothek untergebracht. Allerdings: Werden Bücher innerhalb von zwei Jahren nicht einmal ausgeliehen, werden sie konsequent aussortiert. Unterhalb von Dokk1 befindet sich zudem das größte vollautomatisierte Parkhaus Europas. Dank digitaler Technik werden die Fahrzeuge mit Aufzügen zu Stellplätzen befördert und über die Kreditkarte wieder geortet und nach oben gefahren.

Dies sind nur kleine Beispiele, die zeigen, dass uns die Digitalisierung in immer mehr Bereichen zwingt, uns anders zu verhalten, als wir es gewohnt sind. Doch was sind die wirklich großen Veränderungen, die sich nachhaltig auswirken werden auf die Art, wie das Geschäfts- und Finanzwesen weltweit funktioniert, wie wir arbeiten, was wir arbeiten und wo? Da in diesem Buch zahlreiche Beispiele und Treiber erwähnt werden, möchte ich nur die wichtigsten zwei kurz skizzieren. Das sind meiner Meinung nach

- Plattform-Ökonomie
- Blockchain

Hinzu kommt der Forschungs- und Anwendungsbereich Künstliche Intelligenz, den ich hier aber außen vorlasse.

2.2   Gebot der Stunde: die Plattform-Ökonomie

Bei der Plattform-Ökonomie[4] handelt es sich um die Geschäftsmodelle der weltweit größten und erfolgreichsten Unternehmen – die selbst aber keine kapitalbindenden Werte in Form eigener Produkte besitzen. Dazu gehören Uber, das als größtes Taxi-Unternehmen der Welt keine eigenen Fahrzeuge besitzt. Facebook als größtes Medienunternehmen produziert keine Inhalte, Ali Baba als größter Händler besitzt kein Inventar und AirBnB als größter Zimmervermittler besitzt keine eigenen Hotels oder Betten. Obwohl die meisten als Privatmensch diese Plattformen kennen und nutzen, sind sie deutschen Top-Managern als Unternehmensstrategie für die Digitalisierung ihres eigenen Business noch nicht bekannt. Dies ist das Ergebnis einer aktuellen Studie des Bitkom

---

[4]https://www.netzoekonom.de/arbeit-der-zukunft/.

von Februar 2016[5] unter 507 Unternehmen. Demnach können sechs von zehn deutschen CEOs mit dem Begriff Plattform-Ökonomie nichts anfangen. Von den Top-Managern, denen das Thema Plattform-Ökonomie bekannt ist, gibt die Hälfte an, dass es bereits eine oder mehrere für ihr Unternehmen relevante digitale Plattformen gibt. 37 % sagen, dass es bislang keine für ihr Unternehmen bedeutende digitale Plattform gibt. Dabei ist das Geschäftspotenzial immens: „Anbieter von Produkten oder Diensten können ihre Reichweite über eine digitale Plattform enorm erhöhen und theoretisch jeden Internetnutzer weltweit erreichen", so Bitkom-Hauptgeschäftsführer Dr. Bernhard Rohleder. Und nicht nur das: Die Ökonomie von Plattformen hat das Potenzial, ganze Geschäftsmechanismen, wie wir sie kennen und gelernt haben, umzudrehen. Denn in einer Wirtschaft ohne Plattformen funktioniert die Koordination zwischen Angebot und Nachfrage über den Markt und ist für Unternehmen mit immensen Marketingkosten verbunden, um überhaupt ins Mindset der Käufer zu kommen.[6] Auf der einen Seite müssen Käufer sehr viel Zeit aufwenden, um das passende Angebot zu finden und zu vergleichen, was im Geschäftsleben wiederum hohe Kosten verursachen kann.

Im Internet der Plattformen filtern diese für uns anhand unserer Onlineprofile die relevantesten Informationen und Produkte. Dies übernehmen jetzt schon die sogenannten GAFA's, ohne dass es uns wirklich bewusst ist. GAFA steht als Akronym für Google, Amazon, Facebook und Apple. Die Folge der Plattform-Ökonomie: User profitieren von schnellen Suchergebnissen, niedrigen Preisen aufgrund der hohen Preistransparenz und einfachen Zahlungsmethoden. Die Plattformen wiederum gewinnen an Macht, Informationsmonopolen und satten Gewinnen aufgrund der Provisionen pro Transaktion.

Interessant ist, dass sich das aus dem B2C bekannte Plattformprinzip tendenziell in B2B-Segmente überträgt. Laut Bernd Rohleder vom Bitkom formieren sich für die digitale Beschaffung, für Logistikprozesse und Auftragsvergaben derzeit digitale Plattformen im Maschinenbau oder in der Landwirtschaft. „Auf digitalen Plattformen kann jeder die angebotenen Technologien nutzen, um damit eigene Anwendungen zu entwickeln und anzubieten", sagte Rohleder. Voraussetzung sei, dass sich die Anbieter den teilweise oder komplett offenen Betriebssystemen öffnen und zum Beispiel Programmierschnittstellen (APIs) für eine Software zur Verfügung stellen. Klassische Unternehmen sollten sich daher also fragen, welchen Wert sie in einer digitalen Welt mit ihrem Dienst für User erzeugen können.[7] Denn er wird immer weniger gewillt sein, für Leistungen, die virtuell um ein Vielfaches weniger kosten, in der realen Welt, Geld auszugeben – besonders dann nicht, wenn er es nicht muss.

---

[5]https://www.bitkom.org/Presse/Presseinformation/Digitale-Plattformen-sind-vielen-Top-Managern-kein-Begriff.html.

[6]https://www.netzoekonom.de/arbeit-der-zukunft/.

[7]http://www.internetworld.de/e-commerce/internet-world-messe/tun-gafa-monopol-1081478.html.

2.3   Das Blockchain-Prinzip verändert das Geschäftsleben radikal

Diese zweite wesentliche Veränderung kann Blockchain mit sich bringen. Das Blockchain-Prinzip ist aus der virtuellen Zahlungsmethode Bitcoin entstanden. Es kann sein Potenzial aber nicht nur im Finanzwesen entfalten, sondern immer dann, wenn Menschen Verträge miteinander schließen, Wertübertragungen vereinbaren und wenn es um den Erwerb zum Beispiel von Immobilien, Aktien und Fahrzeugen geht. Da bei den genannten Beispielen Banken aber auch Anwälte, Notare, Kommunen, Immobilienverwalter und Steuerbehörden zu einem großen Maße involviert sind oder sich vor allem dadurch finanzieren, wird das disruptive weltweite Potenzial von Blockchain als extrem hoch eingeschätzt. Was genau macht die Blockchain?

„Die Blockchain ist ein digitaler Kontoauszug für Transaktionen zwischen Computern, der jede Veränderung genau erfasst, sie dezentral und transparent auf viele Rechner verteilt speichert. Damit ist die Information nicht (oder nur mit ungeheurem Aufwand) manipulierbar und verifiziert.“[8]

Ein Beispiel für eine Blockchain wäre zum Beispiel, die Verlagerung des Grundbuchs ins Internet. Informationen daraus wären von überall aus für jeden zugänglich. Aufgrund der Verteilung über verschiedene, dezentrale Rechenzentren würden Manipulationen und Korruption ein größerer Riegel vorgeschoben, als es bislang in vielen Ländern der Fall ist. Da Intermediäre wie Notare und Banken wegfallen, werden Transaktionen um ein Vielfaches günstiger und einfacher für Nutzer. Mögliche Konsequenz: Ganze Ämter und Kommunalbehörden werden geschlossen, weil sich ihre Tätigkeiten über die Blockchain abwickeln lassen. Grundsätzlich können alle erdenklichen Arten von Verträgen mit der Blockchain gesteuert werden. Die sogenannten Smart Contracts können zum Beispiel auch an vereinbarte Vorgaben wie Ratenzahlungen geknüpft sein. Da in Zukunft auch Geräte miteinander kommunizieren, könnte es schon mal passieren, dass die Tür nicht mehr aufgeht oder das Licht ausbleibt, sollte man mit Raten für das Smarthome einmal in Verzug geraten.

Bisher galten die Jobs von Wissensarbeitern wie Finanzanalysten, Anwälten, Ärzten als weniger automatisierbar als beispielsweise die Bearbeitung von Routineaufgaben durch Sachbearbeiter. Je höher die Bildung desto weniger anfällig für Automatisierung, so die weit verbreitete Annahme. Das kann sich in Zügen bewahrheiten. Allerdings führen Blockchain aber auch zukunftsweisende Entwicklungen aus dem Bereich der Künstlichen Intelligenz wie IBM's Watson vor Augen, dass das Automatisierungspotenzial sehr viel höher ist als angenommen. Die Unternehmensberatung McKinsey hat für die USA errechnet, dass schon heute 45 % aller Berufstätigkeiten automatisiert

---

[8]http://www.sueddeutsche.de/digital/blockchain-prinzip-erst-bitcoin-dann-die-welt-1.2272735.

werden könnten, wenn die heute schon verfügbare Technik in diesen Bereichen eingesetzt werden würde.[9] Dazu gehören zum Beispiel auch automatisierte Check-in-Schalter am Flughafen. Das Szenario scheint angesichts von Terroranschlägen nicht so weit entfernt zu sein.

2.4 Automatisierung und Arbeitsplätze: Das Bild für Deutschland

Laut dem Institut für Arbeitsmarkt und Berufsforschung IAB ist derzeit kaum ein Beruf vollständig durch Computer ersetzbar.[10] Das Institut beziffert ca. 15 % aller sozialversicherungspflichtig Beschäftigten, in deren Berufen ca. 70 % der Tätigkeiten durch Computer übernommen werden könnten. Rund 45 % aller Beschäftigten arbeiten in Berufen mit einer mittleren Substituierbarkeit. Demnach können 30 bis 70 % der Aufgaben computergestützt oder komplett von Computern übernommen werden. Bei 40 % der Berufe können der IAB-Studie[11] zufolge weniger als 30 % der Tätigkeiten innerhalb des jeweiligen Berufs automatisiert werden.

Die wichtigste Erkenntnis der im Dezember 2015 vorgelegten Studie[12] : Die Forschung ist der Meinung, dass nicht ganze Berufsbilder verschwinden oder von Maschinen ersetzt werden, sondern Tätigkeiten innerhalb der Berufe. Die Studie liefert erstmals eine repräsentative Forschung, was die Substituierbarkeit von Berufen betrifft, nicht von Arbeitsplätzen. In diesem Punkt seien Sorgen wie Massenentlassungen aufgrund der Digitalisierung unbegründet. Vielmehr fördert die Studie die Erkenntnis, dass die Digitalisierung wahrscheinlich mehr neue Arbeitsplätze schafft als vernichtet. Konkret heißt das, Berufe werden sich verändern – aber nicht komplett verschwinden. Und wie sich die 3900 eingetragenen Berufe in Deutschland verändern, liegt auch in der Verantwortung von Unternehmen und Politik. Sie müssen dafür sorgen, dass Mitarbeiter auf allen Ebenen jederzeit Zugang zu neuesten technologischen Erkenntnissen haben und dass Tools zur Verfügung gestellt werden, die zum Beispiel die Datenanalyse erleichtern und beschleunigen. Ziel sollte es sein, Routineaufgaben zu automatisieren und die neu gewonnenen Zeitressourcen für strategische Neuentwicklungen und Teamführung einzusetzen.

---

[9]http://www.mckinsey.com/business-functions/business-technology/our-insights/four-fundamentals-of-workplace-automation.

[10]http://www.iab.de/de/informationsservice/presse/presseinformationen/kb2415.aspx.

[11]http://doku.iab.de/forschungsbericht/2015/fb1115.pdf.

[12]http://doku.iab.de/forschungsbericht/2015/fb1115.pdf.

2.5   Psychologische und systemische Ansätze in der Change Communication

Organisationen und Berufstätige müssen sich also auf weitere, noch gravierendere Veränderungen einstellen, als das es jetzt bereits der Fall ist. Dabei sind diese im Geschäftsleben nicht neu. Unternehmen bewegen sich permanent in Change-Prozessen – nur selten waren sie so fundamental. Das liegt auch daran, weil die digitale Transformation konsequent fordert, den Kunden und seine Bedürfnisse in den Fokus zu stellen. Und dieser erwartet auch unter der Berücksichtigung verschiedener involvierter Player wie Zwischenhändler und Logistikpartner oder ausgelagerte Call- und Servicecenter eine lückenlose Betreuung, einheitliche Kenntnisstände und schnelle Abwicklung auf einem gleichbleibenden Qualitätsniveau. Für produktorientierte Organisationen, die ihre Vertriebsteams üblicherweise mit Provisionen und Incentives motivieren und mehr daran interessiert sind, Produkte zu verkaufen, als auf Bedürfnisse einzugehen, eine echte Herausforderung.

Glücklicherweise haben immer mehr Unternehmen verstanden, welche Konsequenzen die digitale Transformation für ihr Geschäftsmodell haben kann und wie disruptive Modelle angestammte Kernkompetenzen von heute auf morgen infrage stellen können. Auch wenn sie, wie im Fall von Blockchain für Banken, existenziell bedrohlich wirken, kann es keine Alternative sein, die Trends zu ignorieren. Neuausrichtungen, Übernahmen oder Anpassungen von Geschäftsmodellen waren bisher Auslöser für strategisch angelegte Change-Prozesse. Im Rahmen der digitalen Transformation geht der Wandel jedoch einher mit signifikanten Änderungen des Produktsortiments, der Absatzkanäle, der Identität und damit der gesamten Unternehmensentwicklung inklusive Corporate Culture und Behaviour. Und der Kulturwandel kann sehr gut sein, mitunter lebensnotwendig für die Organisation.

Für das Management stehen der finanzielle und strukturelle Turn-Around jedoch oft aus nachvollziehbaren Gründen an erster Stelle, um Stakeholdern und Öffentlichkeit ein aktives, positives Bild medial vermitteln zu können. Die Motivation der Mitarbeiter, sich für den Change-Prozess zu begeistern, ist dann meist schon auf einem geringen Level und werden oft begleitet von der Angst des Jobverlusts. In diesem Punkt sollten Unternehmen von Beginn an so weit wie möglich eindeutig kommunizieren, um Produktivität und Betrieb so weit wie möglich aufrechtzuerhalten und um Spekulationen von innen und außen vorzubeugen.

Der Kommunikation von Change-Prozessen kommt in erfolgreichen Unternehmen eine strategische Rolle zu. Neben den operativen Aspekten sollten Change-Kommunikatoren auch die psychologische Komponente berücksichtigen. Denn die digitale Transformation kann aufgrund ihrer Dimension zusätzlich für zahlreiche Systemverletzungen sorgen, was die Akzeptanz und „das Mitziehen" stark beeinträchtigen und den Change-Prozess verzögern kann. Konkrete Systemverletzungen finden zum Beispiel auf der Ebene der Zugehörigkeit statt oder auf der Ebene Vorrang des höheren Dienstalters. Konkret heißt das, dass sich meist ältere, langjährige

Mitarbeiter von der Transformation ausgeschlossen fühlen, wenn ihnen vermittelt wird, dass bisherige Produkte und Konzepte nicht mehr gebraucht werden. Eine ähnliche Reaktion wird ausgelöst, wenn jüngere Kollegen mit einer kürzeren Dienstzeit aber mehr Know-how in neuen geforderten Technologien bei Beförderungen bevorzugt werden. Werden Systemgesetze ignoriert, kann es sehr lange dauern und kostspielig für Unternehmen werden, neue Strukturen erfolgreich und nachhaltig zu implementieren.

Was können Unternehmen tun, um Mitarbeiter für Veränderungen zu begeistern? Neben der strategischen Ausrichtung sind Organisationen gut beraten, die Unternehmenskultur unter die Lupe zu nehmen und hinsichtlich Innovations-, Fehler- und Dialogkultur zu überprüfen – das Management muss sich hier seiner Rolle als Vorbild bewusst sein und sollte folgende Fragen beantworten und diese vermitteln:

- Wie offen darf über Fehler gesprochen werden?
- Welchen Handlungs- und Entscheidungsspielraum haben Führungskräfte und Mitarbeiter bei der Mitgestaltung von neuen Strukturen und der Entwicklung von Produkten?
- Welchen Reiz üben Veränderungen auf mein Team aus und welchen persönlichen Nutzen tragen die Teammitglieder davon?
- Welcher Support wird benötigt, um neue Fähigkeiten zu trainieren?
- Wie kann der Austausch zwischen älteren und jüngeren Generationen vorangetrieben werden?
- Wie werden Betroffene zu Beteiligten und Befürwortern?
- Womit können Führungskräfte Raum schaffen für die Entwicklung und für die Übernahme von mehr Verantwortung des Einzelnen?

3 Der Wert von Veränderung

3.1 Offenheit ermöglicht, Verantwortung zu übernehmen

In Unternehmen sind Mitarbeiter in Change-Prozessen dennoch oft auf sich allein gestellt oder fühlen sich zunächst so. Aber das muss nicht schlecht sein. Führungskräfte und Manager sollten ihre Teams dazu ermutigen, gerade in Change-Prozessen Verantwortung für sich und das Unternehmen zu übernehmen. Führung kann dann auch heißen, den Mut zu haben, unzureichende Kenntnisse darüber zu äußern „wie es weitergeht", einfach auch deshalb, weil im Wandel hin zu einer kundenzentrierten Organisation der Weg auch oft noch nicht klar ist. Nach der Devise des „sich empor Irrens" zu handeln verlangt Mut, ist aber besser, als Entscheidungen auf die lange Bank zu schieben oder aus Angst und Unsicherheit gar nicht zu agieren oder zu kommunizieren.

Arbeitnehmer kompensieren Unsicherheit über zukünftige Arbeitsverhältnisse abhängig von der eigenen Wahrnehmung. Aber wie viel Spaß bringt der Job, wenn die Veränderung durch äußere Umstände aufgezwungen wird? Oder als solches empfunden wird? Die Auswirkungen durch die Digitalisierung verlangen Digital Immigrants eine wichtige Fähigkeit ab, die vielen schwerfällt, je älter sie werden und die von Unternehmen leider oft zu wenig gefördert wird – den Willen zur Veränderung. Im Coaching ist Offenheit die wichtigste Grundvoraussetzung für einen Perspektivwechsel. Nur wer die Offenheit mitbringt für neue Sichtweisen, auch für konstruktives Feedback zur eigenen Person, ermöglicht sich selbst das Überwinden alter Glaubenssätze – und wird sich seiner Verantwortung bewusst, das eigene Leben positiv gestalten zu können. Dem Coachee zuzutrauen, selbst die beste Lösung zu erkennen, ist wiederum die Grundvoraussetzung des Coaches hinsichtlich dem Coachee.

3.2   Selber anpacken oder warten, bis es mir andere aufdrücken?

Persönlichkeit wird durch Erziehung geprägt und durch persönliche Bedürfnisse. Wie wir mit Alltagssituationen, Chancen und Herausforderungen umgehen und wie wir uns dabei fühlen, hat maßgeblich damit zu tun, wie bewusst uns eigene Bedürfnisse sind. Zu wissen, was mir guttut und Kraft gibt oder Energie entzieht, beeinflusst mein Verhalten gegenüber gesellschaftlichen Ansprüchen. Und diese haben sich noch nie so rasant verändert, wie seit dem Marktlaunch des ersten iPhones. Wie schnell wir es schaffen, mit den Herausforderungen, die die Veränderungen mit sich bringen, umzugehen und diese zu unserem Vorteil zu nutzen, beeinflusst die berufliche Weiterentwicklung und den individuellen Lebensentwurf.

Wie schafft man es aus eigener Kraft, Veränderungen im Leben aktiv anzugehen? Im Interview mit Spiegel Online erläuterte die Entwicklungspsychologin Professor Ursula Staudinger, dass es anhand ihrer Studien in Unternehmen keinen Unterschied mache, ob Veränderung vom Management verordnet wird oder auf freiwilliger Basis geschieht. Entscheidend sei, wie Betroffene den Wandel für sich persönlich interpretieren. Grundsätzlich sei es möglich, sich jenseits der Altersgrenze 40 grundlegend zu verändern und seinem Leben eine neue Orientierung und mehr Sinnhaftigkeit zu geben.[13]

Lange sei man in der Persönlichkeitspsychologie davon ausgegangen, so die Professorin weiter, dass der Charakter mit ca. 30 Jahren ausgebildet sei und sich nicht mehr grundlegend verändert. Studien hätten aber gezeigt, dass sich die Persönlichkeit während des gesamten Lebens verändern kann und dass das Potenzial auch bei älteren Menschen sehr hoch ist, sowohl kognitiv als auch emotional. Doch um die Offenheit wieder zu steigern, braucht der Mensch Anreize und eine für ihn sinnhafte Aufgabe. Dies gilt es im Unternehmenskontext durch eine regelmäßige und dialogorientierte Kommunikation seitens des Managements zu berücksichtigen. Gründe und

---

[13]http://www.spiegel.de/karriere/berufsleben/persoenlichkeitsentwicklung-wie-sich-der-mensch-mit-der-zeit-veraendert-a-915309.html.

Notwendigkeit des Wandels müssen nachvollziehbar erläutert, die persönlichen Vorteile für die Betroffenen genauso wie die Strategie des Turn-Arounds in Meilensteinen veranschaulicht werden.

Eine weitere wichtige Grundvoraussetzung, um Veränderungen in Gang zu setzen, ist der persönliche Grad der Kontrollüberzeugung (locus of control) nach dem amerikanischen Psychologen Julian B. Rotter. Unterschieden wird zwischen interner und externer Kontrollüberzeugung, bei der es ausschließlich um die eigene Wahrnehmung geht, nicht um tatsächliche Fakten. Dr. Dunja Voss beschreibt den Unterschied in ihrem Blog „Medizin im Text" so: „Entscheidend dafür, ob wir die Dinge anpacken und verändern wollen oder nicht, ist unsere „Kontrollüberzeugung". Menschen, die glauben, dass andere oder die Lebensumstände „die Macht über sie" haben, haben eine hohe „externale Kontrollüberzeugung" (external = die Quelle liegt außen). Andere wiederum, die das Gefühl haben, selbst etwas verändern zu können, haben eine hohe „internale Kontrollüberzeugung".[14] Je höher die internale Kontrollüberzeugung, desto weniger habe ich das Gefühl, Veränderungen hilflos ausgeliefert zu sein.

3.3　„Unternehmen haben keinen Therapieauftrag"

„Unternehmen haben weder einen Erziehungs- noch einen Therapieauftrag", wie es der Unternehmensberater, Philosoph und Psychologe Reinhard Sprenger in einem Interview mit dem Philosophiemagazin Hohe Luft treffend formulierte.[15] Im Rahmen ihrer Unternehmens- und Führungskultur können und sollten sie aber bewusst den Raum schaffen für mündige und verantwortungsbewusste Mitarbeiter, die sich auch selbst motivieren können – und weniger durch die nächste Gehaltserhöhung.

Leider gibt es keine aktuellen Studien, die den Einfluss von Werten auf den Unternehmenserfolg belegen. Laut einer Studie des Bundesarbeitsministeriums aus dem Jahr 2006 macht eine mitarbeiterorientierte Unternehmenskultur jedoch bis zu 31 % des Unternehmensgewinns aus. Die Studie konnte einen signifikanten Zusammenhang zwischen Mitarbeiterengagement und Unternehmenserfolg nachweisen (Hauser et al. 2006, S. 25).[16] In einer weiteren Studie wurden die Werte ermittelt, die sich am positivsten auf die Renditeentwicklung auswirkten (Berth 2006, S. 9).[17]

---

[14]http://www.medizin-im-text.de/blog/2012/18271/internale-und-externale-kontrolluberzeugung/.

[15]Interview Reinhard K. Sprenger Interview Führungs-Beilage Hohe Luft 04/2016.

[16]https://www.controlling-wiki.com/de/index.php/Werte:_Auswirkungen_auf_den_Unternehmenserfolg. Im Rahmen der Studie wurden zwischen Mai und Oktober 2006 37.151 Mitarbeiter aus 314. Unternehmen befragt (*Hauser et al. 2006, S. 19 f.*).

[17]https://www.controlling-wiki.com/de/index.php/Werte:_Auswirkungen_auf_den_Unternehmenserfolg.

Ganz oben auf der Liste:

- Sich öffnen, um sich zu ergänzen
- Alles muss sich rechnen
- Sich voll einbringen
- Vielfalt im Team
- Vertrauen statt Kontrolle

Es wäre sicher sehr aufschlussreich, den Einfluss der Werte von Facebook, Google, Amazon und Snapchat auf den Unternehmenserfolg zu untersuchen.[18]

3.4   Für welchen Wert würden Sie töten?

Doch es soll hier vor allem um den persönlichen Erfolg gehen. Wir sind meistens dann am erfolgreichsten und produktivsten, wenn unsere eigenen Werte mit den real gelebten Unternehmenswerten im Einklang sind. Lege ich Wert auf Schnelligkeit und Kreativität und kann gut mit Zahlen umgehen, könnte eine Unternehmensberatung genauso gut passen wie ein Arbeitsplatz im Börsensektor. Ist mein höchster Wert Nachhaltigkeit, suche ich mir mein Umfeld wahrscheinlich noch bewusster aus als andere.

Werte beeinflussen unser Verhalten oft mehr, als es uns bewusst ist. Sie ergeben für uns Sinn, weil wir sie logisch erklären können und ohne nachzudenken eine Menge Beispiele parat haben, die unsere Werte subjektiv rechtfertigen. Deshalb ist es so wichtig, sich klarzumachen, an welchen Werten wir uns orientieren. Damit ist aber erst die Grundarbeit geleistet. Fragen Sie sich doch einmal, für welchen Wert Sie töten würden? Oder welcher Wert den größten Druck ausübt? Werte stehen auch in Konkurrenz miteinander, lösen Gefühle aus und meistens eng mit Glaubenssätzen verknüpft. Obwohl uns Werte einerseits Sicherheit geben (weil sie dazu beitragen, dass wir Glaubenssätze erfüllen), können sie auch dazu führen, dass wir uns selbst im Weg stehen, weil wir an etwas festhalten, ohne zu erkennen, was in diesem Augenblick wichtiger oder richtiger zu tun wäre. Werte beeinflussen, inwiefern wir anderen mehr Einflussmöglichkeiten auf unser Verhalten und damit unser Leben geben, als ihnen eigentlich zusteht. Sich seiner selbst und seiner Werte bewusst zu werden, ist deshalb der erste und wichtigste Schritt, Veränderungen im Leben zuzulassen – und darauf zu achten, persönlichen Bedürfnissen den Raum zu geben, den sie brauchen.

---

[18]http://t3n.de/news/unternehmenswerte-facebook-apple-zappos-salesforce-zalando-google-amazon-612933/.

3.5   Wertewandel in der digitalen Welt

Kommt es in einer digitalisierten Welt auf andere Werte an als in einer analogen Welt? Die „Macher" der digitalen Transformation haben es oftmals vorgemacht: dynamisch und voller Ehrgeiz wurden die Ärmel hochgekrempelt, um Investoren und Kunden von der eigenen Idee zu begeistern. Die Persönlichkeitsmerkmale der gefragten erfolgreichen „Productive Disruptors" zeichnen sich angeblich durch besonders hohe Ausprägungen in Innovation, Disruption, Führung, Sozialkompetenz und Entschlossenheit aus.[19] Diese Schema erinnert mich an den sogenannten ESTJ-Typen[20] aus Myers-Briggs-Typenindikator (MBTI), dem aktuell von vielen Unternehmen bevorzugten Führungstyp. Der ESTJ ist extrovertiert, orientiert sich an Hierarchien, erwartet das auch von seinem Umfeld und hat sich die Werte Leistung, Verantwortung und Effizienz zu eigen gemacht. Er mag schnelle Erfolge und agiert angriffslustig, um sein hoch gestecktes Ziel zu erreichen… Erkennen Sie sich hier wieder? Falls teilweise ja, könnte es durchaus sein, dass Sie jeden Tag so agieren und sich damit wohlfühlen. Es kann aber auch sein, dass Ihre Persönlichkeit ganz anders gepolt ist, Sie aber aufgrund der Erwartungshaltung die Ansichten und Verhaltensweisen angenommen haben, die von Ihrem Umfeld als Norm vorausgesetzt werden.

3.6   Fazit

Sicher ist, dass in Zukunft Offenheit und die Fähigkeit, flexibel auf Veränderungen reagieren zu können, Grundvoraussetzungen sein werden. Doch anstelle meinem Sohn alle im Trend liegenden Werte einzutrichtern, halte ich es für wichtiger, dass er zu einer starken Persönlichkeit reift, die dem Reichtum einer zwischenmenschlichen Beziehung größeren Wert beimisst und mehr Zeit einräumt als virtuell allen gefallen zu wollen. Dass er die virtuelle Welt und ihre Mechanismen reflektiert. Dass er für sich und seine Ideen aber auch für Mitschüler oder Kollegen kämpft und Cybermobbing nicht mitmacht oder akzeptiert. Dass er versteht, dass das virtuelle Erleben von Hobbys und Leidenschaften niemals das echte Ausprobieren und Lernen in der realen Welt ersetzen kann und auch nur halb so viel Spaß macht. Und dass er erkennt, was für ihn wichtig ist, und für was er das Digitale braucht – und dass es ebenso Momente gibt und geben muss, in denen das nicht der Fall ist. Um Kindern dies beizubringen, muss man erst

---

[19]http://www.russellreynolds.com/newsroom/management-40-funf-personlichkeitsmerkmale-unterscheiden-den-erfolgreichen-digitalen-transformation-leader.

[20]http://charaktertest.net/estj/ Der MBTI hat insgesamt 16 Typen klassifiziert und fußt auf den „Psychologischen Typen" von Carl Gustav Jung. Die Typen beschreiben dabei das jeweilige bevorzugte Verhalten. In Deutschland ist der Typenindikator der breiten Öffentlichkeit weitestgehend nicht bekannt. Auch deshalb, weil sich viele oft nicht mit dem Ergebnis identifizieren können oder dass Ergebnisse variieren, führt man sie mit ein paar Jahren Abstand wieder durch.

einmal bei sich selbst anfangen. Verantwortung für sein Tun zu übernehmen beinhaltet auch, verantwortlich für das eigene Wohlbefinden zu sein, sich unabhängig machen von Bewertungen durch Dritte und zulassen, dass es einem selbst gut geht. Nicht die Umstände verantwortlich machen, sondern selbst aktiv werden. Indem ich außerhalb des Internets etwas erschaffe, das Bestand hat und für das es sich zu arbeiten und zu kämpfen lohnt, schaffe ich Relevanz und Sinnstiftendes für mein eigenes Leben und motiviere dabei mich und mein Umfeld, das eigene Leben aktiv zu gestalten. Darauf kommt es an. Jack Ma, Gründer und CEO von Ali Baba, der größten chinesischen IT- und Online-Unternehmensgruppe hat bei der Eröffnung der CeBIT 2015 gesagt, dank Digitalisierung und Technologie war es noch nie so vielen Menschen möglich, eigene Träume wahr werden zu lassen. Das glaube ich auch. Ich möchte die Talente um mich herum erkennen, fördern und sie das Universum selbst erforschen zu lassen – mit ihrem eigenen inneren Kompass.

Literatur

Berth (2006):9 https://www.controlling-wiki.com/de/index.php/Werte:_Auswirkungen_auf_den_ Unternehmenserfolg

Sales, Nancy Jo (2016) "American Girls: Social Media and the Secret Lives of Teenagers"

Weiterführende Literatur

Bitkom (2016) „Digitale Plattformen sind vielen Top-Managern kein Begriff". https://www. bitkom.org/Presse/Presseinformation/Digitale-Plattformen-sind-vielen-Top-Managern-kein- Begriff.html. Zugegriffen: 19. Apr. 2020

Chui M et al. (2016) „Four fundamentals of workplace automation" aus McKinsey Quarterly by Michael Chui, James Manyika, Mehdi Miremadi. http://www.mckinsey.com/business- functions/business-technology/our-insights/four-fundamentals-of-workplace-automation. Zugegriffen: 19. Apr. 2020

Deutsches Institut für Vertrauen und Sicherheit im Internet (2015) DVISI: U9-Studie „Kinder in einer digitalen Welt". https://www.divsi.de/publikationen/studien/divsi-u9-studie-kinder-der- digitalen-welt/. Zugegriffen: 19. Apr. 2020

ESTJ – Aufseher, charaktertest.net. http://charaktertest.net/estj/. Zugegriffen: 19. Apr. 2020

Institut für Arbeitsmarkt- und Berufsforschung (2015a) „Digitalisierung wird nur sehr wenige Berufe verschwinden lassen", Institut für Arbeitsmarkt- und Berufsforschung. http://www.iab. de/de/informationsservice/presse/presseinformationen/kb2415.aspx. Zugegriffen: 19. Apr. 2020

Institut für Arbeitsmarkt- und Berufsforschung (2015b) „Folgen der Digitalisierung für die Arbeitswelt – Substutierungspotenziale von Berufen in Deutschland". http://doku.iab.de/ forschungsbericht/2015/fb1115.pdf. Zugegriffen: 19. Apr. 2020

Interview mit Dr. Reinhard Sprenger in Hohe Luft 04/2016. Beilage liegt vor. https://www. controlling-wiki.com/de/index.php/Werte:_Auswirkungen_auf_den_Unternehmenserfolg.   Im Rahmen der Studie wurden zwischen Mai und Oktober 2006 37.151 Mitarbeiter aus 314 Unter- nehmen befragt (*Hauser et al. 2006: 19 f.*). Zugegriffen: 19. Apr. 2020

Kuhn J (2015) „Erst Bitcoin, dann die Welt" von Johannes Kuhn, sueddeutsche.de. http://www.sueddeutsche.de/digital/blockchain-prinzip-erst-bitcoin-dann-die-welt-1.2272735. Zugegriffen: 19. Apr. 2020

Newman S (2014) „How digital devices affect infants and toddlers". https://www.psychologytoday.com/blog/singletons/201407/how-digital-devices-affect-infants-and-toddlers. Zugegriffen: 19. Apr. 2020

„Management 4.0: Fünf Persönlichkeitsmerkmale unterscheiden den erfolgreichen digitalen Transformation Leader von der analogen Führungskraft", Russel Reynolds Associates. http://www.russellreynolds.com/newsroom/management-40-funf-personlichkeitsmerkmale-unterscheiden-den-erfolgreichen-digitalen-transformation-leader. Zugegriffen: 19. Apr. 2020

„Richtig wachsen: An diese Werte glauben Facebook, Zappos, Amazon oder Salesforce", t3n digital pioneers. http://t3n.de/news/unternehmenswerte-facebook-apple-zappos-salesforce-zalando-google-amazon-612933/. Zugegriffen: 19. Apr. 2020

Schmidt H (2015) „Wirtschaft 4.0 – Die neuen Spielregeln der digitalen Ökonomie" von Dr. Holger Schmidt. https://www.netzoekonom.de/arbeit-der-zukunft/. Zugegriffen: 19. Apr. 2020

Schneider K (2016) „Was tun gegen das GAFA-Monopol" von Katharina Schneider, Internet World Business. http://www.internetworld.de/e-commerce/internet-world-messe/tun-gafa-monopol-1081478.html. Zugegriffen: 19. Apr. 2020

Schnurr EM(2013) „Das Leben ist eine Baustelle" von Eva-Maria Schnurr, spiegel.de. http://www.spiegel.de/karriere/berufsleben/persoenlichkeitsentwicklung-wie-sich-der-mensch-mit-der-zeit-veraendert-a-915309.html. Zugegriffen: 19. Apr. 2020

Strake J (2015) „Werte: Auswirkungen auf den Unternehmenserfolg" von Jutta Strake, controlling-wiki.com. https://www.controlling-wiki.com/de/index.php/Werte:_Auswirkungen_auf_den_Unternehmenserfolg. Zugegriffen: 19. Apr. 2020

Voss D (2012) „Internale und externale Kontrollüberzeugung" von Dr. Dunja Voss. http://www.medizin-im-text.de/blog/2012/18271/internale-und-externale-kontrolluberzeugung/. Zugegriffen: 19. Apr. 2020

Simone Brett-Murati ist Gründerin und Inhaberin der Eskimos mit Kühlschränken Agentur für Vertriebsmarketing & Kommunikationsberatung sowie THINK DREAM LOVE DO Personal Branding Coach. Seit über 15 Jahren ist sie in der Kommunikationsbranche tätig und berät und begleitet international tätige Unternehmen und Marken kommunikativ in ihrem strategischen Wandel im Rahmen der Digitalisierung. Als zertifizierter systemischer Business Coach bringt sie fundiertes Know-how über Change-Management-Prozesse in die Kommunikation mit ein.

Simone Brett-Murati
(Fotocredit: privat)